"buddho kira loke uppanno"ti "붇도- 끼라 로-께- 웁빤노-"띠

부처님께서 세상에 출현하셨다. (SN 10.8-수닷따 경)

부처님의 주제는 '삶'입니다. 그래서 삶에 대한 제한 없는 지(知-앎)와 견(見-봄)의 선언이 깨달음입니다. 그런데 외도 유행승들은 삶과 다른 것에 의해 삶과 다른 것에서 답을 찾고자 합니다. 그러나 삶의 문제의 답은 삶에 있습니다.

삶의 이야기로의 불교! 이 책을 관통하는 주제입니다.

⇒ '책을 마치며① 그래서 여래라고 불린다' 참조(646쪽)

"satthā kira me anuppatto, sugato kira me anuppatto sammāsambuddho kira me anuppatto"ti

"삿타- 끼라 메- 아눕빳또-, 수가또- 끼라 메- 아눕빳또-, 삼마-삼붇도- 끼라 메- 아눕빳또-"띠

참으로 스승께서 나에게 오셨다. 참으로 선서께서 나에게 오셨다. 참으로 정등각께서 나에게 오셨다.

(MN 140-요소 분석의 경)

한국붇다와다불교 : buddhavada.com

근본경전연구회 : nikaya.kr
니까야번역불사터 : sutta.kr

가장 오래된, 그러나 전혀 새로운 불교로 이끄는 「되돌림 불서(佛書) Ⅰ-②」

여래는 이것을
깨닫고 실현하였다

불교입문(Ⅱ-사실)

한국붇다와다불교 해피법당 근본경전연구회
buddhavada.com (nikaya.kr & sutta.kr)

이 책은 두 가지 범주로 구성되었습니다.

• 범주 1 : 불교를 구성하는 중심 주제인 삼법인-연기-오온-팔정도-사성제에 대한 경의 꿰뚫음입니다. 삼법인에 속한 주제(행-무상-고-락-열반-무아)를 90쪽 정도로 상세히 설명하였고, 연기와 오온은 책의 전체 내용에 걸쳐 상세히 설명하였는데(특히, 식에 대한 서술만도 45쪽), 삶의 메커니즘으로 모입니다. 팔정도를 수행지도의 개념으로 85쪽의 분량으로 구체적이고 상세하게 설명하였으며, 모든 내용은 사성제로 모아져 완성됩니다.

• 범주 2 : '인식론적 인격론으로의 불교'의 새로운 지평을 열었습니다. 후대의 교재가 제시하는 시각을 배제하고 경으로 직접 경을 해석하는 방법으로 접근하였는데, 「전통과 진정의 분기점(心行 = 想-受) → 불교의 분기점(딱까가 해석된 불교) → 지(知)와 견(見)의 성숙에 의한 삶의 향상 → 깨달음 ⇒ 인식론적 인격론」입니다.

범주 1은 초기불교에서 답을 찾아야 하는 많은 주제들에 대한 최선의 교재가 될 것입니다. 그리고 범주 2는 「분별 앎(識) → 존재 앎(無明) → 가치 앎(貪-嗔) ⇒ 앎(心 : 분별 앎+존재 앎+가치 앎)」이라는 인식의 전개로 해석하는 삶의 이야기인데, 앎의 성숙을 통한 삶(존재성)의 향상 즉 불교를 인식론(여실지견 → 해탈지견)적 인격론(예류자 → 아라한 : 인격의 완성)으로 해석하는 새로운 사조(思潮)의 지평을 여는 작업입니다.

범주 2가 새로운 사조의 지평을 여는 작업이지만, 이런 관점에서 해석된 범주 1은 불교의 근본에 대한 확실한 답을 줍니다. 그래서 타당한 사조이고, 이 책은 그 지평을 여는 장입니다.

【책을 쓰면서① – 경은 이런 것입니다!】(존중하고 순응하는 삶)

바야흐로 깨달음을 성취한 부처님은 깨달음의 소회를 드러냅니다.

(SN 6.1-범천의 요청 경)에서 부처님은 '내가 성취한 법은 딱까(愛의 형성 과정)의 영역을 넘어선 것(atakkāvacaro)'이라고 말하는데, 애(愛)의 형성 과정에서 애가 형성되지 않게 함 즉 애멸의 성취를 통한 고멸(苦滅)의 실현입니다.

이어지는 (SN 6.2-존중 경)에서 드러내는 두 번째 소회는 존중과 순응입니다. — "존중하지 않고 순응하지 않는 자는 괴롭게 머문다. 참으로 나는 어떤 사문이나 바라문을 존경하고 존중하고 의지하며 머물러야 하는가?"라고.

하지만 부처님은 계-정-혜-해탈-해탈지견의 다섯 가지 법의 무더기에서 자신을 능가하는 누구도 찾지 못합니다. 부처님의 성취가 완성이기 때문에 완성을 능가하는 경우는 없기 때문입니다. 그래서 부처님은 "나는 내가 깨달은 법을 존경하고 존중하고 의지하여 머물러야겠다."라고 결정합니다.

그렇습니다. 존중하지 않고 순응하지 않는 자는 괴롭게 머뭅니다. 그래서 완성자인 부처님조차 당신이 깨달은 법을 존경하고 존중하고 의지하며 살아가셨습니다.

나는 완성자가 아닙니다. 그래서 행복하기 위해서는 존중과 순응이 필요합니다. 그러면 나는 무엇을 존중하고 무엇에 순응하며 살아야 합니까? 내가 존경하고 존중하고 의지하여 머물 것은 무엇입니까?

참 다행입니다! 나는 불교 신자입니다. 의지처인 부처님과 가르침과 성자들에게로 가는 삶을 살겠다고 다짐하였습니다. 존중과 순응, 존경하고 존중하고 의지하여 머물 자리를 찾았습니다.

> buddhaṁ saraṇaṁ gacchāmi. dhammaṁ saraṇaṁ gacchāmi. saṅghaṁ saraṇaṁ gacchāmi.
> 붓당 사라낭 갓차-미. 담망 사라낭 갓차-미. 상강 사라낭 갓차-미.
>
> 의지처인 부처님에게로 나는 갑니다. 의지처인 가르침에게로 나는 갑니다. 의지처인 성자들에게로 나는 갑니다.

의지처인 부처님을 존중하고, 의지처인 가르침에 순응하면 됩니다. 앞서 부처님을 만나 삶을 향상한 성자들을 존경하고 존중하고 의지하여 머물면 됩니다.

그런데 부처님은 어디 계십니까? (DN 16.36-대반열반경, 여래의 마지막 말씀)에서 부처님은 「내가 그대들에게 가르치고 선언한 법과 율이 내가 가고 난 후에는 그대들의 스승이 될 것」이라고 말하면서 법은 오직 경에 견주어 판단하라 합니다(DN 16.23-대반열반경, 네 가지 큰 기준). 그래서 지금, 부처님은 경에 있습니다. 또한, 경은 그대로 가르침이고, 성자들도 경에 있습니다. 주변에서 성자들을 직접 만날 수 없다면, 경에서 성자들을 만나면 됩니다.

이렇게 경에서 부처님과 가르침과 성자들을 만나야 합니다. 그래서 존중과 순응, 의지하며 살아가는 것이 불교 신자의 바른 신행(信行)입니다.

경은 이런 것입니다. 그만큼 경은 정확히, 부처님 살아서 직접 설한 가르침으로, 그 표현과 의미에 어긋남이 없이 내 곁에 와야 합니다. 그래야 존중과 순응, 의지하여 살아가는 나의 신행이 바르게 부처님이 이끄시는 그 자리로 나아갈 수 있습니다.

부처님 돌아가시고 오랜 세월이 흘렀습니다. 많은 선배 스님이 경에 대한 자신의 이해를 남기고, 뒤따르는 사람들은 그분들의 시각을 얹어 경을 보게 되었습니다. 그렇게 공부의 전통이 생겼습니다.

근본경전연구회는 그분들의 시각 없이 부처님을 만나고자 합니다. 과학의 발전으로 학습 능력이 높아져서 이제는 그분들의 시각 없이도 경을 해석하여 부처님을 직접 만날 수 있게 되었기 때문입니다.

때론 그분들의 시각이 부처님의 표현과 의미에 어긋남을 유발하기도 합니다. 그래서 근본경전연구회는 '심행(心行) = 상(想)-수(受)'를 전통과 진정의 분기점으로, '딱까가 해석된 불교'를 '딱까가 해석 안 된 불교'와의 분기점으로 삼아 부처님의 표현과 의미에 들어맞는 공부의 지표를 마련하였습니다.

이런 공부의 이유는 단 하나입니다. 존중과 순응 그래서 의지해야 하는 단 하나의 가치인 경에서 부처님을 바르게, 표현과 의미에 어긋남 없이 만나야 하는 필요성 때문입니다.

늦은 나이에 출가하고, 오직 부처님만을 스승으로 공부하는 과정은 쉽지 않았습니다. 그래도 경에서 부처님을 만나는 외길 삶이 쌓인 덕에 오늘 이 책을 출판하게 되었습니다.

2020년 10월~2024년 11월에 걸쳐 맛지마 니까야 관통 법회를 완성하였습니다. 동시에 앙굿따라 니까야 관통 법회도 진행 중입니다. 바라기로는 앙굿따라 니까야 관통 법회까지 완성하고서 이 책을 출판하고 싶습니다. 그러나 그러기에는 아직도 여러 해가 더 지나야 하고, 그때까지 공부가 필요한 많은 분을 기다리게 하는 것은 옳지 않다고 생각하게 되었습니다. 그래서 지금 공부가 필요한 분들을 위해 이 정도에서 책을 출판하게 되었습니다.

몇 년이 더 지나 앙굿따라 니까야 관통 법회가 완성되면 조금은 더 세밀하게 이 책의 완성도를 높일 수 있을 것입니다. 그때까지는 지금의 공부를 담고 있는 이 책을 활용하시기 바랍니다.

경숙 법우님이 어떻게 이 힘든 공부를 해내셨냐고 물어서 법우님이 밥만 먹여주면 이 일은 내가 해내겠다고, 해낼 수 있다고 답했습니다. 의식주와 약품의 필수품을 제공받는 출가 제자는 부처님의 가르침을 확인하고 유지하고 전승하는 일을 해야 합니다. 필수품은 그 일에 부족함이 없으라고 재가 제자들이 제공해 주는 것입니다. 살아가면서 그 의미를 잊지 않고 출가 제자로의 역할을 지켜나가고 싶습니다. 이 책도 그런 바람의 일환으로 출판하게 되었습니다.

언제나 큰 응원 주시는 빤냐디빠 스님, 수마나 스님, 위수따 스님 그리고 누생의 인연 무량 스님께 감사드립니다.

향운 환희 스님께서 늘 함께하여 힘이 되고 있습니다. 특별한 감사의 말씀을 드립니다. 오랜 세월 이 공부의 토대가 되어준 김법영 법우님과 이 책의 제작에 또 다른 주인공인 박희애 법우님 그리고 깊은 공감으로 함께하시는 윤희조 교수님께도 특별한 감사의 말씀을 드립니다. 또한, 이 공부의 유지를 위해 특별히 애쓰시는 박채림, 김경숙, 이장미, 윤원욱, 범현균, 정송채 법우님 그리고 굳건한 남건우-이정옥 법우님과 오랜 시간 큰 힘이 되어주시는 이동환 법우님께도 같은 감사의 말씀을 드립니다.

이 책의 출판을 위해 보시해주신 사천 불이암, 통영 용봉사, 원주 법웅사 등 사찰과 (사)삼법인(임문우), 부산불교의사회 그리고 정진화-정성화 형제, 이의자, 장행자 법우님께도 깊이 감사드립니다.

그리고 책의 표지 디자인을 맡아주신 김계윤 법우님께도 고마운 마음을 전합니다.

모쪼록 이 책이 부처님을 만나서 존중과 순응 그리고 의지하는 삶을 이끄는 버팀목이 되기를 바랍니다.

2025년 11월 17일

한국분다와다불교 해피법당 근본경전연구회 bhikkhu puññadīpa 해피 합장

(MN 150-나가라윈다 경)은 누가 존중받는지에 대한 부처님의 가르침입니다.

재가자인 장자들과 같은 삶을 살 뿐 이것을 넘어선 안정된 행동을 보여주지 못하는 사문-바라문들은 존중되고, 존경받고, 숭상되고, 예배 되어서는 안 됩니다. 그러나 재가자인 장자들의 삶을 넘어선 안정된 행동을 보여주는 사문-바라문들은 존중되고, 존경받고, 숭상되고, 예배받아야 합니다.

그래서 이 경의 주제는 탐-진-치의 삶과 탐-진-치에서 벗어났거나 제어를 위해 실천하는 삶에 의해 존중의 여부를 판단하라는 가르침입니다. 그리고 경은 존중되어야 하는 이유를 거듭 보고 나서 즐거워할 안~신으로 인식해야 하는 색~촉들이 없는 깊은 숲속 외딴 거처를 수용하기 때문이라고 말합니다.

【책을 쓰면서② – 마음은 이런 것입니다! (인식론적 인격론으로의 불교, 그 지평을 열며)】

마음은 무얼까?

경은 몸과 짝하여 나를 구성하는 이것을 심(心-citta)이라고도 의(意-mano)라고도 식(識-viññāṇa)이라고도 부르는데, 식으로 대표됩니다. – 오온(五蘊-나를 구성하는 요소) = 색(色)-수(受)-상(想)-행(行)들-식(識)

viññāṇa는 vi-ñ-ñāṇa인데, 앎을 의미하는 ñāṇa에 접두사 vi-가 붙은 '분별 앎'입니다. 식이 '분별 앎'이라는 것 그래서 앎이 곧 마음이라는 관점은 이 책을 관통하는 중심 주제입니다.

내입처와 외입처를 연(緣)하여 외입처를 분별한(아는) 앎(ñāṇa)이 생기는데, 식(識-viññāṇa)입니다. 그래서 식이 분별 앎이라는 단어의 의미는 분명합니다. 그런데 식은 '분별해서 안다(vijānāti)고 해서 식'이라고 불립니다. 아는 것에 더하여 활동성을 가지는 것입니다. 그래서 식 등 마음은 자기 활동성을 가지는 앎 즉 '행위적 앎'입니다.

; 앎의 자기 활동성(agency of knowing) → 행위적 앎(active knowing)

행위적 앎인 식(분별 앎)이 행위 과정에서 무명(존재 앎)과 탐 또는 진(가치 앎)으로 커지면 앎이 완성되는데, 심(心-앎 = 분별 앎+존재 앎+가치 앎)입니다. 심도 행위적 앎인데, 존재 앎에 따르는 삶을 보는 시각(견해)에 이어 가치 앎(좋다-싫다)의 영향으로 좋은 것으로는 접근하고 싫은 것에서는 멀어지는 행위(사유)로 이끌립니다(탐+소망=애). 이렇게 행위는 봄(견해 또는 사유)입니다. 그래서 심은 행위 즉 보는 마음입니다.

행위적 앎인 식은 분별 앎이어서 아는 행위(인식)를 하고, (완성된) 행위적 앎인 심은 보는 행위를 합니다. 행위적 앎이어서 알고(식) 보는(심) 자기 활동성을 가지는 것, 마음은 이런 것입니다.

이때, 존재 앎(무명)과 가치 앎(탐-진)의 영향을 받는 앎(심)의 영향으로 분별 앎(식)의 질이 결정됩니다. 어떤 질의 앎이 생기는지는 그대로 마음의 질이고, 마음이 몸과 함께한 존재로서의 내 삶의 질입니다.

그래서 앎 즉 인식은 인격입니다. 존재 앎의 전도와 가치 앎의 왜곡이 크면 낮은 앎 낮은 인격의 내가 되고, 전도와 왜곡이 적으면 높은 앎 높은 인격의 내가 됩니다. 그래서 앎의 성숙은 나의 성숙입니다. 부처님은 여실지견(如實知見-사실에 들어맞는 앎과 봄=예류자)에 이어 해탈지견(解脫知見-해탈된 앎과 봄=아라한)으로 삶의 완성을 선언합니다. (봄의 영향을 받는) 앎의 성숙이 완성되어 삶이 완성되는 것이 깨달음입니다.

불교는 이렇게 앎(인식)의 관점에서 인격을 말합니다. –「불교 = 인식론적 인격론」

; 앎이 단순한 지적 작용이 아니라 세계와의 관계 속에서 존재를 구성하고, 동시에 그 존재를 평가하고 반응하는 전체적 사건이라는 관점(제2부 총론 제3장 II. 지와 견) (ChatGPT와의 10월 8일 대화 내용) 참조(182쪽)

한편, 우빠니샤드는 브리하다란야카 우파니샤드 (Bṛhadāraṇyaka Upaniṣad) 3.7.23에서 「draṣṭā śrotā mantā vijñātā eṣa ta ātmā "보는 자, 듣는 자, 생각하는 자, 아는 자 – 그것이 아트만(我)이다."」라고 말합니다. 아뜨만이 의식 주체이고, 모든 경험의 '주체'라는 입장입니다.

그러나 불교는 우빠니샤드의 입장에 동의하지 않습니다. 의식 주체, 모든 경험의 주체를 아(我)라고 보지 않는 것입니다. 그렇다면 불교는 의식 주체, 모든 경험의 주체를 어떻게 설명합니까?

앎(ñāṇa)입니다. 자기 활동성을 가진 행위적 앎이 의식 주체, 모든 경험의 주체인데, 인식(앎)의 측면에서는 분별 앎인 식이고, 행위(봄)의 측면에서는 (완성된) 앎인 심입니다. 특히, 분별 앎(식)은 우빠니샤드의 아(我)처럼 본질적 존재가 아니라 삶의 과정을 누적하며 변화하는 것(연기된 식)인데, 인격의 변화를 이끕니다.

이렇게 앎이 본질 즉 상(常)-락(樂)-아(我)-정(淨)의 성질을 가지는 아(我)가 아니라 변화 즉 무상(無常)-고(苦)-무아(無我)-부정(不淨)의 성질을 가지기 때문에 불교의 근본은 무아(無我)입니다. 이것이 삶의 심오함의 끝에 닿아 직접 확인한 정등각(正等覺-완전한 깨달음을 성취한 자)인 부처님의 선언입니다. 그래서 아(我)의 주장은 심오함의 끝에 도달하지 못해서 직접 확인하지 못한 것에 대해 인위적으로 설정된 거짓입니다.

「불교 = 인식론적 인격론」으로의 접근은 현대철학과도 연결됩니다. ChatGPT는 이런 접근을 현대철학의 '사건적 존재론(evental ontology)'으로 연결하는데, 인식의 연기론적 구조를 '앎의 자기발현(event)'으로 파악하기 때문이라고 설명합니다.

ChatGPT는 이어서 이런 접근이 "존재의 사건(viññāṇa) → 앎의 사건(ñāṇa) → 가치의 사건(citta)"이라는 삼층적 사건론으로 전개될 수 있어서 불교의 무명-행-식-명색의 연기 연쇄를 철학적으로 재해석할 수도 있으니 다음 토론에서는 이런 "사건적 존재론"의 불교적 형태를 조금 더 구체적으로 다뤄보자고 제안합니다. 예컨대 "연기(paṭicca-samuppāda)를 evental becoming으로 해석할 수 있는가?" 같은 식인데, 지금까지의 ñāṇa 논의와도 완전히 연결된다고 말합니다.(제2부 총론 제3장 Ⅱ. 지와 견) (ChatGPT와의 10월 8일 대화 내용) 참조(182쪽)

부처님의 깨달음은 삶에 대한 완전한 해석입니다. 말하자면, 철학 가운데 최고의 철학이어서 종교가 되었습니다(*). 그런데 어쩌면 전통이란 이름 위에서 불교는 자기 정체성을 잃고 있는지도 모릅니다. 그래서 분명히 이 책은 전통과 진정 가운데서 진정을 지향하는 책입니다.

(*) 낮은 종교성(사실에 어긋남 = 거짓) ⇒ 철학(사실에의 접근) ⇒ 높은 종교성(사실의 구현 = 참)

이때, '심행(心行) = 상(想)-수(受)'가 ①심의 작용이 상-수라는 가르침인지 아니면 ②상과 수의 과정이 심을 형성하는 작용인지의 문제에서 ②로 이해하여 전통보다 진정으로의 분기점을 삼았고, 이어서 딱까(takka)가 애(愛)의 형성 과정이라는 해석으로 '딱까가 해석된 불교'를 선언하여 '딱까가 해석 안된 불교'와의 분기점으로 삼았습니다.

딱까가 해석된 불교는 ①연기(십이연기)를 내가 세상을 만나는, 마음이 몸과 함께 세상을 만나는 삶의 이야기로 풀어주는데, '삶의 메커니즘'으로 그려내었습니다. 또한, 이 이야기 위에서 괴로움을 생겨나게 하는 문제를 해결하고 행복을 만드는 길과 실천인 ②팔정도에 대해서도 정확한 의미를 드러내는데, 수행지도(修行地圖)로 그려내었습니다. 그리고 이 두 가지를 매개하는 것이 「불교 = 인식론적 인격론」의 관점을 제시하는 ③지와 견(앎과 봄)입니다.

; 딱까가 해석된 불교 – 「삶의메커니즘 → 지와 견(앎과 봄) → 수행지도」

이것이 '부처님 가르침의 진정 찾기'이고 '불교(佛教)를 부처님에게로 되돌리는 불사(佛事)'의 몸통입니다.

(2025년 11월 17일)

【책을 쓰면서③ – 사실에 대하여 → 단(斷)도 상(常)도 극복한 연기(緣起)된 식(識)의 윤회(輪廻)】

1. 있는 것을 없다고 말하기는 저렇게 쉽다!

아지따 께사깜발리는 사람을 지-수-화-풍으로 구성되었다고 말합니다. 오직 물질 요소만으로 구성되었다는 것인데, 마음은 물질인 몸의 작용에서 생겨난 2차적 요소라는 것입니다.

마음은 알기도 보기도 어렵습니다. 그러니 그냥 없다고, 구성 요소 아닌 2차적인 것이라고 치부해 버리는 것인데, 유물론이고 단멸론입니다. 윤회하지 않는다고 보는 단견입니다.

윤회 없음. 죽으면 끝이니 살아있는 지금이 모든 의미라는 시각은 저열합니다. 업(業)에 따르는 과(果)와 보(報)를 알지 못하고, 과가 지금의 조건들과 엮이고 익어서 경험되는 보의 원리를 모르는 단편적 시각입니다. 그러나 이런 시각은 나를 저열한 인격으로 이끕니다.

잘 살펴보면 있습니다. 무명을 조건으로 행들이 있고 내지 생을 조건으로 노사가 있는 조건의 방식으로 몸과 마음으로 구성된 내가 있고, 몸이 무너져 죽은 뒤에 몸 따라 소멸하지 않고 다음 몸으로 옮겨가 삶을 이어가는 식(識-다시 태어나는 식-saṃvattanikaṃ viññāṇaṃ)이 있습니다. 그래서 부처님은 사람을 지-수-화-풍-공-식으로 구성되었다고 합니다. 이런 방법으로 다음의 존재는 있습니다. 이것이 연기(緣起)입니다.

연기는 심오한 진리여서 보기 어렵습니다. 그래서 죽으면 끝이라고, 다시 태어나는 식 따위는 없다고 말하기는 쉽습니다. 그러나 그것은 사실이 아니어서 괴로움을 이끕니다. 부처님을 따라 배워야 하는 이유입니다.

그런데도 한국불교에는 윤회 없음을 주장하는 사람들이 있습니다. 부처님을 부정하고 다른 스승을 따르는 어리석음입니다. 따라 배우지 않아야 합니다.

2. 없는 것을 있다고 말하려니 저렇게 힘들다!

브라만교는 아(我-atta/ātman)를 주장합니다. 다시 태어나는 식의 정체가 본질이어서 고정불변의 실체라는 것입니다.

마음은 알기도 보기도 어렵습니다. 있는 줄은 알겠지만 자세히 알 수 없어서 그냥 본질인 것이라고 치부하는 것인데, 일원론이고, 상주론입니다. 변치 않는 그 자가 윤회한다는 상견입니다.

아(我)의 윤회, 살아서도 죽어서도 변하지 않는 존재의 설정 위에서 접근하는 삶은 향상하지 못합니다. 그저 창조주인 범(梵)과 본질인 나(我)가 하나라는 것의 확인을 지향해 나가지만, 사실 아닌 것은 노력에 의해 사실이 되지 못합니다.

잘 살펴보면 없습니다. 무명이 남김없이 바래어 소멸하면 행들이 소멸하고 내지 생이 소멸하면 노사가 소멸하는 방식으로 몸과 마음으로 구성된 이 존재는 소멸합니다. 몸이 무너져 죽은 뒤에는 몸으로 가지 않음으로써 생이 소멸합니다. 이렇게 불사(不死)가 실현되는데, 깨달음입니다.

마음은 비유하기도 어려울 만큼 빨리 변합니다. 그래서 다시 태어나는 식의 변화를 알고 보지 못해서 아(我)라고 인정해 버리지만, 아가 아닙니다. 심지어 (MN 75-마간디야경)은 '오랫동안 나는 이 심(心)에 의해 속고 기만당하고 부추겨졌다.'라고 이런 오해의 심각성을 지적하기도 합니다. 마음은 삶의 과정을 누적하며 변화하는 '연기(緣起)된 식(識)(paṭiccasamuppannaṃ viññāṇaṃ)'이어서 연기의 조건'(무명과 애)이 완전히 해소되면 더는 연기의 영역인 여기에서 몸으로 가지 않고, 태어나지 않습니다.

이렇게 아는 없습니다(無我). 알지 못하고 보지 못해서 없는 것을 있다고 삶을 잘못 설명하면 불사로 나아가지 못합니다. 연기의 조건(무명과 애)이 완전히 해소되면 연기된 식의 정체성을 가진 다시 태어나는 식이 몸이 무너져 죽은 뒤 몸으로 가지 않는 사실을 보지 못하기 때문입니다. 그래서 없는 것을 있다고 전제하는 것은 정등각(正等覺-완전한 깨달음을 성취한 자) 아닌 자에 의해 설해진 가르침이고, 거기에는 사실 아님에 따르는 한계가 있습니다.

그런데 불교 안에서 참된 존재성을 주장하는 사람들이 있습니다. 불교인 한, 무아는 거부할 수 없는 기준입니다. 그런 무아 위에서 참된 존재성을 말하려니 참 어렵습니다. 그러나 아무리 어려운 길을 찾아 참된 존재성을 말한다 해도 불교인 한 참된 존재성을 가지는 것은 없습니다. 그것은 그대로 아(我)이기 때문입니다.

이렇게 없는 것을 있다고 말하기는 어렵습니다. 말한다 해도 그것은 사실이 아니라 가르침을 왜곡하는 거짓의 시도에 불과합니다. 사실이 아니면, 괴로움의 소멸을 이끌지 못합니다. 부처님을 따라 배워야 하는 이유입니다.

3. 부처님은 있는 것은 있다고 알고, 없는 것은 없다고 압니다.

몸이 무너져 죽은 뒤에 대해서도

①연기의 조건이 있으면 다시 태어나는 식이 몸으로 가서 태어납니다. 이렇게 윤회 있음을 선언하고,
②연기의 조건이 없으면 조건을 상실한 연기된 식이 몸으로 가지 않음으로써 태어나지 않습니다. 다음의 존재 없음(존재의 소멸)이 성취되어 불사가 실현됩니다. 이렇게 윤회에서 벗어남을 선언

합니다. 이것이 깨달음이고, 열반의 실현입니다.

(MN 76-산다까 경)은 외도의 가르침에 대해 네 가지 범행 아닌 삶과 네 가지 안락을 주지 못하는 범행을 말하는데, '1.(단견)'은 범행 아닌 삶의 첫 번째여서 삶을 향상으로 이끌지 못하고, '2.(상견)'은 안락을 주지 못하는 범행의 두번째여서 삶의 향상이 완성에 미치지 못하는 저열함이라는 설명입니다.

그럼에도 불교 안에서, 있는 것을 없다고 말하는 사람들과 없는 것을 있다고 말하는 사람들이 많습니다. 그렇다면 그것은 알기 어려운 삶의 진실을 스승이신 부처님을 의지하지 않고 다른 스승을 의지하여 배우는 사람들이라고 해야 합니다. 존중할 것을 존중하지 않고, 순응할 것에 순응하지 않기 때문입니다.

부처님에게서 멀어지면 불교가 정체성을 잃게 되고, 경쟁력이 저하됩니다. 현재 한국불교 또는 세계불교가 어려움에 처하게 된 이유입니다.

그래서 사실을 분명히 알아야 합니다. 이 책 「불교입문(佛教入門)(Ⅱ-사실) – 여래는 이것을 깨닫고 실현하였다」가 쓰여지는 이유입니다.

(2025년 11월 17일)

【약어】

(DN -) : 디가 니까야 – 번 경 (예) (DN 1-범망경) – 디가 니까야 1번 범망경

(MN -) : 맛지마 니까야 – 번 경 (예) (MN 1-근본 법문 경) – 맛지마 니까야 1번 근본 법문 경

(SN -.-) : 상윳따 니까야 – 번 상윳따 – 번 경 (예) (SN 1.2-해탈 경) – 상윳따 니까야 제1 상윳따 2번 해탈 경

(AN -.-) 앙굿따라 니까야 –의 모음 – 번 경 (예) (AN 2.1-결점 경) – 앙굿따라 니까야 둘의 모음 1번 결점 경

(KN 2.-) 쿧다까 니까야 법구경 – 번 품 (예) (KN 2.1-쌍 품) – 쿧다까 니까야 2번 법구경 제1 쌍 품

(KN 5.-) 쿧다까 니까야 숫따니빠따 – 번 경 (예) (KN 5.1-뱀 경) – 쿧다까 니까야 5번 숫따니빠따 1번 뱀 경

【빠알리어 병기】

경을 소개하는 경우에 정확한 의미 전달을 위해 필요할 때 빠알리 원전을 함께 제시하였습니다. 때로 단어나 구문의 경우도 빠알리 원어를 ( ) 안에 나타내었는데, 일부는 우리말 발음도 함께 표시하였습니다. 이 책은 입문서(入門書)이지만 부처님 살아서 직접 설한 가르침에 의해 바른 입문을 이끄는 교리 서적이기 때문에 원어의 확인이 필요한 분이 있을 것이기 때문입니다. 필요치 않은 분에게는 불편이 있겠지만 많은 사람을 위한 공부의 목적에서 이해해 주시기 바랍니다.

【해피스님 번역의 원전과 참고한 앞선 번역】

1. 번역에 활용한 빠알리 원전은 Pali.Sirimangalo.Org(Ven. yuttadhammo)에서 제공하는 Digital Pali Reader(Digital Pali Dictionary 포함)인데, 육차 결집본입니다. → sutta.kr(니까야 번역 불사 터)에서 번역 작업 중

2. 4부 니까야의 번역에서는 초기불전연구원(각묵스님, 대림스님)과 한국빠알리성전협회(전재성 박사님)의 우리말 번역본을, 그리고 WISDOM PUBLICATIONS • BOSTON(in association with the Barre Center for Buddhist Studies)의 보디 스님(bhikkhu bodhi)을 중심으로 하는 영역본(英譯本)을 참고하였습니다.

3. 율장(律藏-vinaya)과 숫따니빠따의 번역에서는 한국빠알리성전협회(전재성 박사님)의 번역을 참고하였습니다.

4. 맛지마 니까야와 법구경(法句經)은 저자 해피스님의 번역이 완성되었습니다.

【일러두기】

1. 이 책은 교재의 범위가 명확합니다. 「부처님 살아서 직접 설한 가르침(1차 결집)」이어서 교리적 충돌이 발생하지 않는 영역이라고 근본경전연구회에서 이해하는 공부의 기준입니다.

- 율장(律藏) — 마하위방가 – 비구 227계(戒), 비구니위방가 – 비구니 311계(戒)
- 경장(經藏)
  1) 4부 니까야 전부 : 디가 니까야, 맛지마 니까야, 상윳따 니까야, 앙굿따라 니까야
  2) 쿳다까 니까야 일부 : 법구경, 숫따니빠따

2. 삶의 골격을 구성하는 용어들에 대해서 익숙한 단어를 부호처럼 사용하였습니다.

1) 오온(五蘊) — 색(色-물질), 수(受-느낌/경험), 상(想-경향), 행(行-형성작용)들, 식(識-마음)

2) 연기(緣起)된 법들 — 무명(無明), 행(行-형성작용), 식(識), 명색(名色), 육입(六入), 촉(觸-만남), 수(受-느낌/경험), 애(愛-갈애), 취(取-집착), 유(有-존재), 생(生-태어남), 노사(老死-늙음-죽음), 수비고우뇌(愁悲苦憂惱-슬픔-비탄-고통-고뇌-절망), 고온(苦蘊-괴로움 무더기), 집(集-자라남), 멸(滅-소멸)

3) 마음 — 심(心), 의(意), 식(識)

4) 삶의 골격을 이루는 용어들

- 육입(六入) = 육처(六處) = 육내입처(六內入處) — 안(眼), 이(耳), 비(鼻), 설(舌), 신(身), 의(意)

- 육외입처(六外入處) — 색(色)들, 성(聲)들, 향(香)들, 미(味)들, 촉(觸)들, 법(法)들

- 육식(六識) — 안식(眼識), 이식(耳識), 비식(鼻識), 설식(舌識), 신식(身識), 의식(意識)

- 육근(六根) — 안근(眼根), 이근(耳根), 비근(鼻根), 설근(舌根), 신근(身根), 의근(意根)

- 육촉(六觸) — 안촉(眼觸), 이촉(耳觸), 비촉(鼻觸), 설촉(舌觸), 신촉(身觸), 의촉(意觸)

- 육수(六受) — 안촉생수(眼觸生受-안촉에서 생긴 수), 이촉생수(耳觸生受), 비촉생수(鼻觸生受), 설촉생수(舌觸生受), 신촉생수(身觸生受), 의촉생수(意觸生受)

- 육상(六想) — 색상(色想), 성상(聲想), 향상(香想), 미상(味想), 촉상(觸想), 법상(法想)

- 육사(六思-의도) — 색사(色思), 성사(聲思), 향사(香思), 미사(味思), 촉사(觸思), 법사(法思)

- 육애(六愛-갈애) — 색애(色愛), 성애(聲愛), 향애(香愛), 미애(味愛), 촉애(觸愛), 법애(法愛想)

5) 기타 중요한 개념들

• dukkha — 고(苦-괴로움), sukha — 락(樂-행복-즐거움)

• rāga — 탐(貪), lobha — 망(望), dosa — 진(嗔). moha — 치(癡)

• māna — 자기화(自己化), vidha — 자만(自慢)

• chanda — 관심[욕(欲)], chandarāga — 욕탐(欲貪-지나친 관심)

• kāma — 욕(慾-소유 또는 소유의 사유), kāmarāga — 욕탐(慾貪)
kāmā — 소유의 삶 또는 소유의 사유들, kāmaguṇa — 소유의 사유에 묶인 것, 소유의 대상

• nandi — 소망

• takka — 애(愛)의 형성 과정

• bhava — 유(有-존재), bhūta — 활성존재

3. 모든 용어는 때때로 시각적으로 필요한 때는 한자를 함께 표기하고 뒤에 이어 나오거나 문맥상 분명한 경우에는 되도록 한자를 표기하지 않았습니다. 그러나 我나 愛는 분명한 의미 전달이 필요할 때는 한자만 표기하기도 하였습니다. 또한, 오온(五蘊)과 연기(緣起)의 용어들은 한자와 우리말을 문맥을 자연스럽게 진행하기 위해 혼용하였습니다. 특히, '상'이나 '욕'처럼 한자는 다르지만 우리말은 같은 교리 용어들은 주의해서 구분해야 합니다.

1) 심(心)과 의(意)와 식(識) — 시각적으로 필요한 때에는 한자를 함께 표기하였습니다. 때로 '마음'이라고 표기하는 경우는 심-의-식 가운데 어떤 하나를 지시하거나 몸의 짝으로의 포괄적 표현입니다.

2) 아(我-atta/ātman)와 무아(無我-anatta/anātman) & 고(苦)와 고멸(苦滅)과 락(樂) — 시각적으로 필요한 때에는 한자를 함께 표기하거나 한자만 표기하였습니다.

3) 상(想-saññā)과 상(常-aniccā)과 상(相-nimitta) — 문맥 상관 없이 한글로 상이라고 표기한 경우는 상(想-saññā)입니다. 이외에는 첫 번째 나올 때만 한자를 병기하였습니다.

4) 욕탐(欲貪)과 욕탐(慾貪) — 한자를 생략하고 욕탐이라고 나타낸 것은 모두 욕탐(欲貪-chandarāga-지나친 관심)이고, 욕탐(慾貪-kāmarāga)은 반드시 욕탐(慾貪)으로 표기하였습니다.

4. '심행(心行) = 상(想)-수(受)'는 '상과 수가 심행이다.'라는 문장을 나타내는데, 상과 수의 과정이 심을 형성하는 작용이라는 뜻입니다. 마찬가지로 '신행(身行) = 들숨-날숨'인데, '들숨도 날숨도 신행이다.'라는 문장이고, 들숨과 날숨 즉 호흡이 몸을 형성하는 작용이라는 의미입니다.

때로, 반복되는 문구에 대해 이런 생략형 표현을 하였는데, 첫 번째 자리에서 의미를 서술하였습니다.

◐ 그림 목록 ◑

• 전통보다 진정 – 「동질성 위에 차별성」(심이라고도 의라고도 식이라고도 하는 이것) / 57
• 전통보다 진정 – 「동질성 위에 차별성」(내적인 심의 사마타와 법의 위빳사나 & 사마타와 위빳사나) / 59
• 「식(識) → 심(心) → 애(愛)」의 전개 /67
• 애(愛-taṇhā) – 소망과 탐이 함께한 것(nandīrāgasahagatā) = 양분 / 67
• 불교의 구성 – 삼법인과 사성제 / 75
• 사실에서 진리로 확장되는 불교 / 76
• 몸과 마음에 의한 나의 형성 / 83
• 존재는 무엇인가? – 중생-존재-유신-활성존재 / 89
• (MN 85-보디 왕자 경)[소유의 삶의 비유]과 (SN 56.11-전법륜경)으로 이해하는 중도(中道) / 103
• 안-지-혜-명-광 / 104
• 팔정도의 구조① / 125
• 팔정도의 구조② / 126
• 사성제의 삼전십이행 – (SN 56.11-전법륜경) / 132
• 사성제 – ①포괄적 사성제 / 133
• 사성제 – ②심층적 사성제 / 133
• 부처님의 깨달음은 어떤 것일까? – 사성제에 포괄되는 깨달음 / 134
• 상(想)-심(心)-견해의 전도와 전도 되지 않음 / 145
• 앎의 전개(분별 앎 → 존재 앎 → 가치 앎 ⇒ 앎) & 탐(貪-rāga)과 망(望-lobha)의 위치 / 148
• 중생을 대표하는 개념(takkāvacara)과 부처님을 대표하는 개념(atakkāvacara) / 154
• 여실지견(相과 견해의 문제)과 해탈지견(가치 앎과 존재 앎의 문제)의 의미 / 180
• paññā(慧-지혜)의 성숙 / 185
• 다양한 수행체계의 관통 – 수행의 중심 개념, 네 가지 삼매수행, 네 가지 삼매, 팔정도 / 190
• 부처 이전의 것과 불교의 최상위 개념 / 197
• 세 가지 행(行-saṅkhārā)의 연결된 의미 / 207
• 무상(無常)의 이해 – 다양한 조건들의 결합으로 결과를 만드는 원리 즉 무상(無常)하게 생겨난 것 / 209
• 고(苦)와 락(樂)의 영역 — 삼법인(三法印) / 218
• 번뇌의 부서짐[누진(漏盡) - āsavakkhaya] / 235
• 삼법인(三法印) : 고(苦) - 락(樂) / 259
• 배우지 못한 범부의 아(我)를 전제한 관찰① / 275
• 배우지 못한 범부의 아(我)를 전제한 관찰② / 276
• '나는 색(色)이다. 색은 나의 것이다.'라는 관찰 - (SN 22.1-나꿀라삐따 경) / 280
• (MN 1-근본법문 경) – [범부 ~ 여래의 차이] / 287
• 물질 세상 = [kāmaguṇā - 소유의 대상 - 소유의 사유에 묶인 것] / 323
• chanda(관심) – 인식의 질적 요소(책임) / 324
• 세상의 개념의 확장 : 물질 세상 → 존재성으로의 세상 / 326
• 세상 = 번뇌의 영향을 받는 영역 즉 유위(有爲) / 327

• 「영역(gocara)/외입처(bāhira āyatana)/경(境-visaya)/상(相-nimitta)」 / 329
• 세상의 상과 세상의 자기화를 가진 자 / 336
• 상과 함께하고 의와 함께하는 한 길 크기의 이 몸 / 337
• 삶의 골격과 질적인 삶 / 338
• 세상의 끝과 벗어남 / 340
• 세 가지 삶의 방식 / 348
• 아산(我山)과 무아산(無我山)으로 이해하는 세상[소유의 삶 → 존재의 삶 ⇒ 해탈된 삶] / 349
• 불교의 세계관과 범천의 세상 / 358
• 삼천대천세계(三千大千世界) / 359
• 나는 누구인가? – '나'의 개념의 확장 / 369
• 지금 삶의 현장 / 371
• 「나 = 식(識)과 근(根)이 함께한 것으로의 육내입처 (六內入處)」 / 374
• 오온(五蘊) 또는 [식(識)과 명색(名色)]의 시각적 이해 / 394
• 오온(五蘊)의 구성 및 연결 / 394
• 오온(五蘊)의 정의 및 식(識)에 대한 이해의 확장 / 400
• 세상의 관점에서 이해하는 육계(지-수-화-풍-공-식) / 409
• 독송집(讀誦集) 「제1장 깨달음의 자리」의 대의 / 417
• 심(心)-의(意)-식(識)의 이해 – H2O의 비유 / 430
• 의(意) = 인식의 통합자 / 433
• (SN 22.47-관찰 경)이 설명하는 1차 인식 – 기능의 참여 & 의-법-무명의 요소 / 434
• 식(識)과 함께한 이 몸과 밖의 모든 상(相) / 435
• (SN 12.19-우현 경) – 이 몸과 밖의 명색 / 435
• 육내입처와 육외입처의 구성 / 436
• 연기된 식의 윤회 – 금생과 내생 / 482
• 누적된 삶과 지금 삶 / 483
• 인식과 행위[인식(識) → 심행(心行) → 행위(心)] / 484
• 인식과 행위 & 딱까 / 485
• 딱까의 경계와 안팎 – 몸의 참여 여부 / 486
• 육내-외입처 상세 / 487
• 일체 = 육내입처(식+근)와 육외입처 / 488
• 활성존재와 활성화된 일체의 동치 / 489
• 계(界-system)로 해설한 인식 작용(1차 인식과 2차 인식) / 491
• 인식의 메커니즘 / 492
• 인식의 통합자 = 의 = 육식 + 의근 / 493
• 인식의 통합자[식온(識蘊) = 의(意) = 통합자] / 494
• 딱까 안에서 진행되는 현상① / 496
• 딱까 안에서 진행되는 현상② – 딱까(愛의 형성 작용)의 상세 / 496
• 지금 삶이 누적된 삶의 변화를 이끄는 과정 / 498

• 식의 머묾 : 머문 식의 이중적 작용 / 499
• 행위를 시발점으로 하는 3개의 순환 구조 / 500
• 「존재화(bhavikā) → 자기화(māna) → 다음의 존재로 태어남(punabbhavābhinibbatti)」 / 502
• 연기(緣起)의 구조 – 삶에 대한 완전한 해석(깨달음) / 503
• 존재(有-bhava)를 중심에 둔 십이연기(十二緣起) / 504
• 삶의 메커니즘 – 십이연기 / 505
• 딱까가 전제된 삶의 과정(십지연기) : 「식(識) = 아는 자, 심(心) = 보는 자」 / 517
• 딱까를 포함한 삶의 과정(십이연기) : 「식(識) = 아는 자, 심(心) = 보는 자 + 행위자」 / 520
• 번뇌(āsava-漏)는 상(想)입니다 / 527
• 지(知)와 견(見) – 삶의 메커니즘과 수행지도(修行地圖)의 연결① / 532
• 지(知)와 견(見) – 삶의 메커니즘과 수행지도(修行地圖)의 연결② / 532
• 다섯 가지 기능[오근(五根)]의 개념도 – Ⅰ / 573
• 다섯 가지 기능[오근(五根)]의 개념도 – Ⅱ / 574
• 수행(修行)의 중심 개념 – 예외가 없는 법의 과정 / 579
• 다섯 가지 장애와 칠각지의 자량과 자량 아닌 것 – (SN 46.51-자량 경) / 580
• 사문과경의 수행체계도 / 583
• (SN 34-선(禪) 상윳따)를 구성하는 11요소의 단계적 전개 / 585
• 「(MN 117-커다란 마흔의 경) – 기반을 가지고 필수품을 갖춘 성스러운 바른 삼매」 / 587
• 「(SN 34-선 상윳따)를 구성하는 11요소의 이중적 전개」 / 588
• 구차제주 분석표[법의 위빳사나 – (MN 111-순서대로 경)] / 594
• 수행지도(修行地圖) 개념 / 602
• 수행지도(修行地圖) – 단계적 치유[구차제주] / 603
• 수행(修行) – 3층집 짓기 / 604
• 수행의 삼분(三分)[십정도 – 정정(토대) → 정지(사념처 - 여실지견) → 정해탈(사마타-위빳사나-해탈지견)] /605
• 수행지도의 골격 – (AN 4.41-삼매수행 경) / 606
• 여실지견(如實知見)에 대한 양방향의 접근 – 수행자와 완성자 / 607
• 딱까를 중심에 둔 수행지도(修行地圖) / 608
• 사념처의 개념[행위적 앎과 염처의 관계] / 609
• 삼매수행에서 대상의 전개 – 「상(相-nimitta) → 심상(心相-cittassa nimitta) → 드러나는 법」 / 610
• (MN 118-입출식념 경)의 들숨-날숨에 대한 사띠 16단계 분석 / 611
• 사념처 정형 구문에서 수(受)와 법(法)에 대한 수(數)의 관점에서의 이해 / 622
• 호흡수행의 전개의 세 가지 설명 / 624
• ānāpānassatisuttaṃ (MN 118-입출식념경 = 들숨-날숨에 대한 사띠 경)의 호흡수행 16단계 / 642
• (MN 118-입출식념경)의 호흡수행 16단계에서 염처 간 전개의 연결 / 643
• (MN 118-입출식념경) — 「수행의 중심 개념」으로 이해하는 사념처와 사마타-위빳사나 / 644
• 깨닫고 실현한 법 ↔ 딱까의 영역을 넘어섬 ↔ 매력-위험-해방 / 650

◐ 차 례 ◑

【책을 쓰면서① – 경은 이런 것입니다!】(존중하고 순응하는 삶) 5
【책을 쓰면서② – 마음은 이런 것입니다! (인식론적 인격론으로의 불교, 그 지평을 열며)】 8
【책을 쓰면서③ – 사실에 대하여 → 단도 상도 극복한 연기된 식의 윤회】 10
【약어】 & 【빠알리어 병기】 & 【해피스님 번역을 위해 참고한 원전과 앞선 번역】 12
【일러두기】 13

◐ 그림 목록 ◑ 15

【들어가는 글】 33

Ⅰ. 종교는 무엇입니까? / 35

1. 종교(宗教) — 공통점과 차이점 / 37
2. 종교의 새로운 정의 / 39

Ⅱ. 전통과 진정 / 43

[1] 공부의 기준 / 45
[2] 전통과 진정의 분기점 –「심행(心行) = 상(想)-수(受)」 / 49
◐ 붇다고사 스님의 밖에서 부처님에게 접근하는 이유 ◑ 54

[3] 딱까의 발견 – 불교의 분기점 –「딱까를 해석한 불교와 해석 못한 불교」 / 55
[4] 동의어보다 '동질성 위에 차별성' / 56
1. 심(心)-의(意)-식(識) / 2. 3가지 식(識) / 3. 2가지 의(意) / 4. 4가지 앎 / 5. 3가지 행(行) / 6. 내적인 심(心)의 사마타와 법(法)의 위빳사나 & 사마타와 위빳사나

[5] 부처님의 정의를 벗어나지 않음 / 60
1. 명색(名色-nāmarūpa) / 2. 연기와 연기의 정형구문 / 3. 혜해탈자
◐ 단(斷)-상(常)의 극복에 대한 입장 차이 / 61

[6] 한역의 문제 / 62
1. 탐-진-치와 망-진-치 / 2. 慾과 欲 / 3. 두 가지 촉(觸) / 4. 유위(有爲)와 무위(無爲) / 5. 제행(諸行)과 일체(一切)/6. māna와 vidha

[7] 심오한 해석 ⇒ 삶의 메커니즘 / 66
1. 두 가지 일체 / 2. 인식의 메커니즘 ⇒ 애(愛) / 3. 상(想)의 잠재와 식(識)의 머묾 / 4. 집착과 동요의 자리 / 5. 기능의 단속(indriyasaṃvara) – 상(相-nimitta)과 심상(心相-cittassa nimitta)
◐ 심오함의 완성 – 아라한을 검증하는 6단계 → (MN 112-여섯 가지 청정 경) ◑ 70

Ⅲ. 불교의 구성 / 71

1. 삼법인(三法印) - 오온(五蘊)과 열반(涅槃) / 73
2. 연기(緣起) / 74
3. 팔정도(八正道)와 중도(中道) / 74
4. 사성제(四聖諦) / 74

Ⅳ. 고(苦)와 고멸(苦滅) / 77

1. 고(苦)와 고멸(苦滅) & 지(知)와 견(見) / 79
2. 고(苦)의 당사자 / 80

◐ 매력(assāda)-위험(ādīnava)-해방(nissaraṇa)의 깨달음 / 82

Ⅴ. 고(苦)의 당사자, 존재[유(有)-bhava]는 무엇인가? / 83
◐ 존재 : 업을 잇는 자와 식의 머묾(머문 식)의 개념 ◑ 84

제1부 여섯 개의 경 / 91

Ⅰ. 여래(如來)는 이것을 깨닫고 실현하였다. / 93

1. 여래(如來)의 출현과 무관하게 세상에 적용되는 사실 ①삼법인(三法印) — uppādāsuttaṃ (AN 3.137-출현 경) / 93
2. 여래(如來)의 출현과 무관하게 세상에 적용되는 사실 ②연기(緣起) — paccayasuttaṃ (SN 12.20-조건 경) / 94
3. 오온(五蘊)의 특성 — pupphasuttaṃ (SN 22.94-꽃 경) / 96

Ⅱ. 함께하는 다섯 비구에게 설해진 경 / 99

1. dhammacakkappavattanasuttaṃ (SN 56.11-전법륜(轉法輪) 경) / 99
2. anattalakkhaṇasuttaṃ (SN 22.59-무아상(無我相) 경) / 104

Ⅲ. 진리의 분석 / 108

1. saccavibhaṅgasuttaṃ (MN 141-진리의 분석 경) / 108

제2부 총론 / 115

제1장 불교의 구성(삼법인-연기-팔정도-사성제) / 119

Ⅰ. 사실① — 삼법인(三法印) / 121

Ⅱ. 사실② — 연기(緣起) / 122
【연기의 구조 – 삶에 대한 완전한 해석(깨달음)】 123

Ⅲ. 팔정도(八正道) / 124
◐ 바른 삼매의 펼침 : 「팔정도(八正道) → 십정도(十正道)」 / ◐ 용어 정의 – vibhaṅgasuttaṃ (SN 45.8-분석 경)

Ⅳ. 진리(眞理-sacca) / 128
【mahādukkhakkhandhasuttaṃ (MN 13-괴로움 무더기 큰 경) 요약】 / 135

제2장 딱까(takka-애의 형성 과정) / 139
◐ 선행 공부 ◑ 마음= 행위적 앎(active knowing) & 앎의 자기활동성(agency of knowing) / 140

Ⅰ. 여래가 성취한 법 –atakkāvacara(딱까의 영역을 넘어섬) = 애멸(愛滅)의 삶 / 141

[1] 「딱까(애의 형성 과정)」 → 무명(無明)과 애(愛) / 141
[2] 2차 인식 → 탐과 소망 또는 심과 애 / 143
1. 인식의 특징 두 가지 / 2. 잠재된 것인 상(想)에서 생기는 심(心) / 3. 애(愛) / 4. 1차 인식과 2차 인식의 영역

[3] 몸과 함께하는 영역과 몸과 함께하지 않는 영역 / 149
[4] 상(想)-심(心)-견해 / 150
[5] atakkāvacara(딱까의 영역을 넘어섬) = 애멸의 성취 = 누진 / 151
[6] atakkāvacara(딱까의 영역을 넘어섬) : 부처님이 성취한 법의 중심 개념(구체성) / 152
1. (SN 6.1-범천의 요청 경) / 2. 다른 용례

【참고 –탐(貪-rāga)-망(望-lobha)-진(嗔-dosa)-치(癡-moha)의 이해】 / 157
◐ 탐-망-진-치의 의미 / ◐ 탐(貪)-망(望)-진(嗔)-치(癡)의 분석 및 주변 용어들 / ◐ 주변 용어들 약술

[7] (MN 95-짱끼 경)의 연장 – (SN 35.153-방법이 있는가 경)/(AN 3.66-께사뭇띠 경)/(AN 3.67-살하 경)/(AN 4.193-밧디야 경) / 161

Ⅱ. 「불교의 분기점 – atakkāvacaro에서 takka의 해석」 / 164

[1] takka(딱까)의 해석이 불교에 미치는 영향 / 164
1. 전통적인 해석 / 2. 근본경전연구회의 해석

[2] 딱까(takka)라는 개념의 발견 / 166
1. 딱까의 전통적 해석 / 2. 근본경전연구회의 해석 / 3. 위대한 발견, 불교의 시작과 끝 / 4. takkī(딱끼-)-vīmaṃsī(위-망시-)
◐ 딱까의 분석 / ◐ 자연과학의 발전 / ◐ 여래(如來)가 알고 보는 다섯 가지

제3장 딱까가 해석된 불교 / 173

Ⅰ. 삶의 메커니즘 / 175
1. 근본경전연구회의 비유① - 심(心)-의(意)-식(識)의 이해 – H2O의 비유 / 2. 삶의 메커니즘

Ⅱ. 지(知-앎)와 견(見-봄) / 178
1. 삶의 메커니즘의 관점에서 앎(ñāṇa)과 봄(dassana) / 2. 앎과 봄의 이해는 수행을 설명해 줍니다.
◐ 지(知-앎-ñāṇa) – ChatGPT와의 2025년 10월 8일 대화 내용 / 182

Ⅲ. 두 단계의 깨달음과 예류자 / 185
◐ abhiññā는 신통(神通)을 지시하기도 합니다. / ◐ 실다운 지혜(abhiññā)는 불교 고유의 용어일까? / ◐ ChatGPT에 abhiññā와 pariññā가 불교 밖에서도 용례가 있는지 물어 보았습니다.

Ⅳ. 수행지도(修行地圖) / 189

제3부 사실 — 삼법인(三法印)-연기(緣起) / 191

제1장 부처 이전의 것 / 193

제2장 사실① - 삼법인(三法印) / 199

Ⅰ. 삼법인(三法印)의 용례 / 201

Ⅱ. 법(法)과 행(行)과 열반(涅槃)의 관계 –「법(法) = 행(行)+열반(涅槃)」/ 203

Ⅲ. 행(行-saṅkhāra) – 유위(有爲-saṅkhata)에서 형성된 것 / 204

[1]「법(法) = 오온(五蘊)+열반(涅槃)」/ 204
[2] 세 가지 행(行)과 행(行)의 특성 / 206
[3] 무상(無常)-고(苦) / 208
1. 무상(無常)/2. 고(苦) → ◐ 고(苦)의 성질(dukkhatā) / ◐ 고(苦)의 뿌리가 되는 것 / ◐ 괴로움을 끝냄 / 3. 고(苦)와 락(樂)

[4] 행(行)들과 고(苦)의 가라앉음 / 214
1. 행(行)들의 가라앉음(saṅkhārūpasama) / 2. 고(苦)의 가라앉음으로 이끄는 것(dukkhūpasamagāminaṃ)

Ⅳ. 락(樂-sukha-즐거움-행복) / 217

[1] dukkhasmiṃ과 sukhasmiṃ의 용례 / 217

[2] 개발된 느낌(nirāmisā vedanā) / 220
◐ 개발된 느낌의 용례

[3] 락(樂)의 영역에서의 진보 / 224
1. 여읨의 희열(pavivekaṃ pītiṃ) / 2. 소유의 삶과 다르고 불선법과 다른 희열 / 3. (MN 102-다섯이면서 셋 경) / 4. 출리-여읨-가라앉음-깨달음의 행복(즐거움) / 5. 그 즐거움보다 더 훌륭하고 더 뛰어난 다른 즐거움 / 6. 해탈락(解脫樂-vimuttisukha) / 7. 열반락(涅槃樂-nibbānasukha)

▣ 삼매 가는 길 –「환희 → 희열 → 진정 → 행복 → 삼매」/ 230
◐ 삼매 수행을 구성하는 세 가지 / ◐ '삼매 가는 길' 보충 – 두 가지 용례 / 233

V. 열반(涅槃-nibbāna) / 234

[1] 성질의 측면 / 236
; 1. 열반(涅槃) = 락(樂) / 2. 탐(貪)-진(嗔)-치(癡)의 부서짐(rāgakkhayo dosakkhayo mohakkhayo) / 3. 무위(無爲-asaṅkhata) = 열반(涅槃-nibbāna) / 4. 애(愛)의 부서짐/5. 애(愛)의 부서짐의 확장 1) –「모든 행의 그침-모든 재생의 조건을 놓음-애의 부서짐-이탐-소멸인 열반」/ 6. 애(愛)의 부서짐의 확장 2) / 7. 존재의 소멸

[2] 이름의 측면 / 244
1. 집착 없는 완전한 열반(anupādāparinibbāna) / 2. 지금여기에서의 열반(diṭṭhadhammanibbāna)

[3] 열반으로 굽게 하고 열반으로 경사지게 하고 열반으로 이끌리게 하는 것 / 248
1. 일곱 가지 보리분법(菩提分法)과 선(禪) 상윳따(SN 53) – 반복 품 / 2. 예류의 구성요소 네 가지
◐ 떨침(viveka)은 초선의 성취부터 나타나는 수행의 중요 개념입니다.(화–원한/위선-악의/질투-인색/사기-교활의 4쌍) /249

[4] 구차제주(九次第住)의 열반 / 250
1. (AN 9.47-스스로 보이는 열반 경) / 2. 열반의 다른 측면

[5] 기타 – 검지도 희지도 않은 열반 –(AN 6.57-여섯 가지 태생 경) / 251

[참고] 유여열반(有餘涅槃-saupādisesanibbāna)과 무여열반(無餘涅槃-anupādisesa nibbāna) – 아라한에게 유여(有餘)는 없습니다. / 252

VI. 무아(無我) / 254

[1] 우파니샤드의 아(我-attan/(s.)ātman)의 부정으로의 무아(無我-anattan/(s.)anātman) / 254
[2] 경이 설명하는 무아(無我) / 255
1. (SN 22.59-무아상 경) / 2. (MN 35-삿짜까 작은 경) / 3. (MN 148-육육 경) – 여섯의 여섯 무아(無我)의 선언 – 고정 관념의 타파 /258

[3] 제법무아(諸法無我) – 마음도 무아 & 열반도 무아! / 259
두 가지 대반열반경(大般涅槃經) /260

[4] 무아로써 아를 타파하는 주요 경전 / 261
1. (MN 49-범천(梵天)의 초대 경) / 2. (DN 15.4-대인연경, 我의 관찰) / 3. (SN 35.187-우다이 경) / 4. (MN 109-보름달 큰 경) / 5. (MN 8-더 높은 삶 경) / 6. 바라문 계급만이 으뜸이고 다른 계급은 저열한가?
◐ 무아를 확인하는 가르침 = 물리침의 법(paṭivinītā) 또는 질의응답으로 설명한 부처님의 가르침(paṭipucchāvinītā) / 264

【참고 1】 ChatGPT의 대답 / 269
◐ 질문 : 우빠니샤드의 ātman에 대해 설명해 주세요.

◐ 아(我)와 무아(無我)의 포괄적 대응성 ◑ 272

【참고 2】 윤회 특강(부산 9) 힌두에 대한 불교의 반동 관계[닮은 골격 위에서의 식(識)에 대한 관점 차이](근본경전연구회 해피스님 250204) / 273

Ⅶ. 무아(無我) – 아(我)가 전제된 관찰 / 275

[1] 아(我)가 전제된 관찰 – 배우지 못한 범부와 잘 배운 성스러운 제자가 함께 비교되는 경들 / 275
1. 개요 / 2. 용례① – 유신견(有身見) / 3. 용례② – 현재의 법에 끌려감 / 4. 용례③ – 어떻게 몸도 병들고 심(心)도 병듭니까? / 5. 용례④ – 집착과 동요의 자리 / 6. 용례⑤ – 대상의 끊어짐 / 7. 용례⑥ – '아라한의 사후 단멸'은 삿된 견해 / 8. 용례⑦ – 오온(五蘊)의 주위를 달리고 맴 돎 / 9. 용례⑧ – 오온의 속박에 묶인 자

[2] 아(我)가 전제된 관찰 – 배우지 못한 범부의 경우만 나타나는 경들 / 283
1. 용례① – 스스로 섬이 됨 & 섬=열반 / 2. 용례② – '나는 있다(asmi)!'가 사라지지 않음 / 3. 용례③ – 어떻게 알고 어떻게 보는 자에게 뒤따라 번뇌들이 부서질까? / 4. 용례④ – 아(我)가 전제된 관찰을 해도 오온은 무너지고 그것으로 인해 불행과 고통을 겪음

[3] 기타 용례 / 285
1. ①(배우지 못한 범부)와 ②(잘 배운 성스러운 제자)가 함께 비교되는 경들 / 2. ①(배우지 못한 범부)가 단독으로 나타나는 경

◐ 무아(無我) 총괄 문답 ◑ 288
◐ 뱀의 비유와 뗏목의 비유 ◑ 289

제3장 사실② - 연기(緣起) / 291

Ⅰ. 「사실② - 연기(緣起)」의 개념 / 295
1. 또 하나의 부처 이전의 것 / 2. 연기(緣起)의 정의 / 3. 연기(緣起)의 범주 – idappaccayatā: 여기에서의 조건성 = 중생 세상에서의 조건성 = 행(行)들의 토대 / 4. 연기(緣起) 즉 paṭiccasamuppāda의 분석 / 5. 연기(緣起)의 개념의 확장 –「중(中-majjha)에 의해 설해진 법(法)」

Ⅱ. 연기(緣起-paṭiccasamuppāda)의 상세 – paṭiccasamuppāda의 용례 / 298

[1] 연기(緣起)를 보는 것은 법(法)을 보는 것 / 298
[2] 연기(緣起)는 부처님이 성취한 법의 두 가지 토대[①연기(緣起)-②열반(涅槃)] 중 한 가지 –「여기(중생 세상)에서의 조건성」 / 299
(☆) 잡기 - ālaya(아-ㄹ라야) / 299

[3] 연기는 참으로 심오한 것 / 300
[4] 부처님의 제자라면 연기를 바르게 알아야 합니다. / 301
1. 연기(緣起)의 정의 및 확장된 의미 –연기를 사실에 들어맞게 잘 사고함 & 중(中)에 의해 설해진 법(法)/2. 여래(如來)의 출현과 무관하게 존재하는 조건성 ②연기(緣起) 그리고 연기(緣起)된 법(法) – paccayasuttaṃ (SN 12.20-조건 경)/3. 연기된 법들에 대한 부처님의 용어 정의 – (SN 12.2-분석 경)
◐ 공(空-suññatā)-가(假-paññatti)-중(中-majjhima)에 관한 소고(小考) / 304

[5] 연기(緣起) 의 정형구문 / 309
1. (SN 12.49-성스러운 제자 경) / (SN 12.50-성스러운 제자 경2) / 2. (SN 12.10-고따마 경) / ◐ (DN 14.11-대전기경, 보살의 희망)과 (SN 12.65-도시 경) / 3. 연기를 사실에 들어맞게 잘 사고함 / 4. 이외의 연기의 정형구문의 용례

[6] 기타 / 315
1. 능숙해야 하는 것들 → 연기(緣起)에 대한 능숙 / 2. 검증해야 하는 것들 / 3. 연기(緣起)를 보는 것 – 업(業)을 보는 것, 업(業)과 보(報)에 숙련되는 것
◐ 조건의 해소 – asesavirāganirodhā 남김없이 바래어 소멸할 때 ◑ 318

제4부 (연기의 상세 Ⅰ) 세상(loka)[(식-명색) → (육입-촉-수)]/ 319

Ⅰ. 깨달음 –세상과 나에 대한 실다운 앎의 실현 / 321

Ⅱ. 그렇다면 부처님이 실답게 알아서 실현하고 선언한 세상은 무엇입니까? / 323
1. 세상 = 색(色)-성(聲)-향(香)-미(味)-촉(觸) = 물질 영역 / 2. 세상에 대한 개념의 전환 – 인식 과정에서 차별되어 경험되는 질적 세상 = 존재성으로의 세상 / 3. [참고] 일체(一切-sabba) – 「활성화된 일체의 개념」 / 4. 확장된 세상의 의미 – 「세상 –마라 – 중생 – 괴로움」 / 5. 자라나고 줄어드는 세상 / 6. 세상의 끝 / 7. 「삼계(三界)로부터의 벗어남 –해탈된 삶의 실현」 – 불교 본연의 공부 영역/아산(我山)-무아산(無我山)

【참고】 세상에 대한 논의는 다양하게 진행됩니다. / 350
신은 있는지(하늘 세상의 유무) 묻고 답하는 2개의 경 / 351

▣ 범천(梵天)의 세상과 삼천대천세계(三千大千世界) / 352
1. 범천(梵天)의 세상(brahmaloka) / 2. 범천의 세상과 범천의 세상에 이르는 길 / 3. 창조주라고 알려진 대범천(大梵天) / 4. 대범천보다 높은 범천의 세상 / ◐ 범천의 세상의 범주에 대한 몸의 진화 / 5. 복수로 나타나는 범천의 세상
• 표 – 사선과 사무량심의 대응 /356

제5부 (연기의 상세 Ⅱ) 나 / 361

제1장 나 그리고 삶의 현장(식-명색 ↔ 육입-촉-수) / 363
1. ahaṃ과 atta / 2. 삶 = 마음이 몸과 함께 세상을 만나는 이야기 – ①나 = 「유신(有身)-오취온(五取蘊)-식(識)과 명색(名色)」 / 3. 삶 = 마음이 몸과 함께 세상을 만나는 이야기 –②식-명색과 육입-촉-수의 동치 & 지금 삶의 현장 = 「육입(六入)=육처(六處)=육내입처(六內入處), 법(法)=수(受)-상(想)-행(行)」 / 4. 삶 = 마음이 몸과 함께 세상을 만나는 이야기 – ③지금 삶의 현장 = 「나=육내입처(六內入處), 내입처(內入處)=식(識)+근(根)」

제2장 유신(有身)과 오온(五蘊) & 식(識)-명색(名色) / 375

Ⅰ. 유신(有身) / 377

Ⅱ. 오온(五蘊) / 381

[1] 정의① : 구성의 측면 – (SN 22.56-집착의 양상 경) / 381
1. 색(色-rūpa) – 사대(四大)와 사대조색(四大造色) / 2. 수(受-vedanā) –안촉생수(眼觸生受)~의촉생수(意觸生受) / 3. 상(想-saññā) – 색상(色想)~법상(法想) / 4. 행(行-saṅkhāra)들 – 색사(色思)~법사(法思) / 5. 식(識-viññāṇa) – 안식(眼識)~의식(意識)

[2] 정의② : 성질의 측면 – (SN 22.79-삼켜버림 경) / 386
1. 색(色-rūpa) – 부딪힌다고 해서 색(色)이라고 불린다. / 2. 수(受-vedanā) – '경험한다.'고 해서 수(受)라고 불린다. / 3. 상(想-saññā) – '함께 안다(想한다)'고 해서 상(想)이라고 불린다. / 4. 행(行)들(saṅkhārā) – '유위(有爲)에서 형성한다.'고 해서 행(行)들이라고 불린다. / 5. 식(識-viññāṇa) – '인식(認識)한다[분별(分別)해서 안다].'고 해서 식(識)이라고 불린다.

【참고】 주제의 확장 – (23)「saṅkharoti와 abhisaṅkharoti & saṅkhā(헤아림)과 saṅkhata(유위)」 / 391

오온(五蘊)의 정의(SN 22.79-삼켜버림 경) – 번역 비교 / 395
【행(行)의 상세 정의에 대한 번역 비교】 / 397

Ⅲ. 식(識)에 대한 이해의 확장 – 1. 식(識) / 399

[1] 식(識)은 완전히 알려져야 하는 것 / 399
1. 식(識)과 혜(慧) –「혜(慧) - 닦아야 하는 것, 식(識) - 완전히 알려져야 하는 것」/ 2. 다섯 가지 기능에서 풀려난 의식 / 3. 식(識) –「속성이 없고, 한계가 없고, 모든 관점에서 빛나는 것」

[2] 식(識)은 무아다. / 405
[3] 여섯 가지 요소(六界)를 구성하는 식(識) / 406
1. 「'chadhāturo ayaṃ, bhikkhu, puriso'ti 비구여, 육계(六界), 이것이 사람이다.」/ 2. 단(斷)과 상(常)을 극복한 윤회(輪廻) / 3. 육계(六界)의 상태로 태(胎)에 듦
◐ 한편, 육계는 세상의 구성과도 연결되는데, 표로 구성하였습니다. / 409

[4] 윤회하는 자 –「①다시 태어나는 식 → ②연기된 식 : 단(斷)-상(常)을 극복한 연기(緣起)」/ 410
◐ (MN 38-애의 부서짐의 큰 경) 정리 / 411
◐ 맛지마 니까야 관통 법회 - 38. 애의 부서짐의 큰 경[식에 대한 두 가지 관점 & 연기된 식의 윤회] / 413

[5] 아라한의 사후는 단멸인가? → 몸으로 가지 않게된 아라한의 사후는 어떤 상태입니까?/ 414
[6] 식(識)의 발생 : 다른 곳에서는 생기지 않음 - (MN 38-애의 부서짐의 큰 경) / 416
◐ (SN 12.45-냐띠까 경) / 417

[7] 식(識)의 역할 – 분별해서 앎 / 418

Ⅳ. 식(識)에 대한 이해의 확장 – 2. 심(心)-의(意)-식(識) / 422

[1] (DN 1.7-범망경, 일부 영속의 주장)과 (SN 12.61-배우지 못한 자 경)의 비교 –「심(心)-의(意)-식(識)이라는 세 가지 이름」/ 422
1. 'itipi(~라고도)'와 '~ti vā(~라거나)'의 형태의 차별된 이해 / 2. '오랫동안 나는 이 심(心)에 의해 속고 기만당하고 부추겨졌다.' – (MN 75-마간디야 경)

[2] 청정도론(清淨道論)과 상윳따 니까야 주석서의 관점 / 426
1. 청정도론(清淨道論)의 해석/2. 상윳따 니까야 주석서의 해석

[3] '심(心)이라고도 의(意)라고도 식(識)이라고도 불리는 그것'이라는 문장의 의미 / 428
그림 : H_2O의 비유 / 430

[4] 심(心)-의(意)-식(識)의 이해 / 431
1. 인식하는 마음 = 식(識), 행위 하는 마음 = 심(心) / 2. 의(意) -몸과 함께 작용할 때의 이름 / 3. 두 가지 의(意)의 용례 – ①심의식(心意識)의 의(意) / 4. 두 가지 의(意)의 용례 – ②육내입처(六內入處)의 의(意)

[5] 심(心)-의(意)-식(識)을 차별하는 조건들 / 437
1. 생겨남의 조건 – 어떤 조건 관계에 의해 심과 식은 생겨나는 것입니까? / 2. 역할의 조건 / 3. 질을 결정하는 조건 : ①사띠(관심의 제어) – 심 → 식, ②지혜(번뇌의 부서짐) – 식 → 심 → 식 / 4. 누적된 삶과 지금 삶의 행위자

[6] 심(心)-의(意)-식(識)의 이해와 수행 / 439

V. 식(識)과 명색(名色) / 440
1. (DN 15.1-대인연경, 연기)는 이렇게 말합니다. / 2. 명색(名色)을 조건으로 식(識)이 있다.('nāmarūpapaccayā viññāṇan'ti)'라고 말하는 경들 / 3. 그런데 명색(名色)은 무엇입니까? / 4. 세 개의 게송 -「명(名)-심(心)-애(愛) = 모든 것을 지배하고 뒤따르게 하는 것」/ 5. 명색의 멈춤

Ⅵ. 명색(名色)의 확장된 정의의 문제 / 445

◐ TEXT별 명색(名色-nāmarūpa)의 정의들 - 상세 ◑ 448

제6부 딱까가 해석된 불교 / 459

제1장 삶의 메커니즘 / 461

제1절 삶 – 개략적인 설명 / 463

[1] 삶 – 개략적인 설명 / 465
1. 생존 기간의 불균형에 따르는 두 가지 전개 과정 → 순환구조의 등장 / 2. 누적된 지난 삶과 연속되는 지금 삶 / 3. 육입(六入-saḷāyatana) – 지금 세상을 만나는 현장 → 하나의 객관, 두 개의 공동주관 / 4. 몸과 함께하지않는 작용의 영역 / 5. 행위 –지금 만난 세상에 대응하는 현장 / 6. 행위 이후 / 7. 존재의 형성 / 8. 삶의 이해의 요약

【참고】• 과(果)도 보(報)도 고(苦)인 업(業) • 과(果)도 보(報)도 락(樂)인 업(業) / 473

[2] 순환구조로 이해하는 삶 / 475
[3] 존재를 중심에 둔 십이연기 / 477

제2절 삶의 메커니즘 / 479

Ⅰ. 삶에 대한 여러 시각 / 482

1. 연기된 식의 윤회 – 금생과 내생 / 2. 누적된 삶과 지금 삶 / 3. 인식과 행위 / 4. 딱까의 안팎 – 마음이 몸과 함께 작용하는 영역과 몸의 참여 없이 마음 혼자서 작용하는 영역 / 5. 딱까에 접근하는 선행 과정 –「내입처 → 외입처 → 식 → 촉 → 수」/ 6. 처의 해석 –「내입처(內入處) = 식(識) + 근(根)」/ 7. '나'의 동치 – 활성존재(식과 명색) = 활성화된 일체(육입 → 촉 → 수) / 8. 인식의 메커니즘 / 9. 인식의 통합자 = 의 = 육식 + 의근 / 10. 딱까 안에서 진행되는 현상 / 11. 딱까를 떠난 뒤 → 위딱까(vi-takka) –「지금 삶이 누적된 삶의 변화를 이끄는 과정」/ 12. 행위를 시발점으로 하는 3개의 순환 구조 –작은 순환 고리, 잠재 순환 고리, 큰 순환 고리 / 13. 존재화와 자기화 & 다음의 존재로 태어남 / 14. 연기의 구조 – 삶에 대한 완전한 해석(깨달음) = 존재를 중심에 둔 십이연기 ◐ 식의 머묾 : 머문 식의 이중적 작용 / 498

Ⅱ. (그림) 삶의 메커니즘 / 505

◐ 친밀(sārāga : abhinandati abhivadati ajjhosāya tiṭṭhati)의 용례 분석 ◑ 506

제2장 지(知-앎)와 견(見-봄) / 507

[1] 지(知-앎)와 견(見-봄)의 이해 – 1) 개요 / 509

◐ 지(知-앎)와 견(見-봄) = 인식론적 인격론 ◑ 512

[2] 지(知-앎)와 견(見-봄)이 쌍으로 나타나는 경우 – 삶의 향상을 이끄는 중요한 교리 / 513

[3] 지(知-앎)와 견(見-봄)의 이해 – 2) 상세 / 515

1. 지(知-앎)와 견(見-봄) 특히 견(見)은 무엇인가? – 앎의 눈으로 보다! / 2. 앎(ñāṇa)이 '안다-모른다'라는 일반적 개념으로 나타나는 경우 / 3. takka의 안과 밖 – 견해(diṭṭhi)와 봄(dassana) / 4. 씨앗에 비유되는 견해

무명(無明-avijjā)과 명(明-vijjā)의 정의들 / 517

[4] 지와 견의 주요 용례 – 1) 삶의 향상 / 521

1. (DN 34.10-십상경, 9가지 법) – '심(心)이 삼매를 닦을 때 있는 그대로 알고 본다.' / 2. (SN 46.56-아바야 경) – 앎과 봄 그리고 알지 못함과 보지 못함의 원인-조건 / 3. (SN 46.55-상가라와 경) = (AN 5.193-상가와라 경) – 기억 → 다섯 가지 장애의 개별 비유 / 4. (AN 10.2-의도적으로 행해져야 함 경)/(AN 11.2-의도적으로 행해져야 함 경) / 5. (MN 115-많은 요소를 가진 것 경) – yato jānāti passati(알고 볼 때) 계(界)에 능숙하고, 처(處)에 능숙한 비구라고 불릴 만함 / 6. '어떻게 알고 어떻게 보는 자에게 (kathaṃ jānato kathaṃ passato) ~'의 문답을 통해 삶의 완성을 이끄는 경들 / 7. 위의 용례 외에 문답 없이 jānato passato만으로 쓰이는 경우도 있음

[5] 지와 견의 주요 용례 – 2) 알고 보는 자에게 번뇌들이 부서짐(漏盡) / 526

◐ 번뇌(āsava-漏)는 상-락-아-정으로 전도된 상(想)이 2차 인식에 공동주관으로 참여하는 작용성입니다. / 527

[6] 지와 견의 주요 용례 – 3)「tena bhagavatā jānatā passatā arahatā sammāsambuddhena ~ 아시는 분, 보시는 분, 그분 세존-아라한-정등각에 의해 ~」/ 528

[7] 지와 견의 향상 – 삶의 메커니즘과 수행지도(修行地圖)의 매개 / 530

[8]「alamariyañāṇadassanavisesa 성자들에게 적합한 차별적 지(知)와 견(見)」/ 533

[9] 지(知)와 견(見)의 완성에 의한 깨달음의 선언 – 해탈지견의 의미와 용례 :「해탈의 흔들리지 않음 → 태어남의 끝 → 다음의 존재 없음(존재의 소멸)」/ 534

[10] 남김 없는 지와 견(aparisesaṃ ñāṇadassanaṃ)의 주장 — 전지(全知)의 실제성 / 537

제3장 두 단계의 깨달음과 예류자 / 541

◐ 실다운 지혜(abhiññā)와 완전한 지혜(pariññā) / 543
◐ abhiññā는 신통(神通)을 지시하기도 합니다. – chaḷabhiññā(육신통) / 543
◐ 실다운 지혜(abhiññā)는 불교 고유의 용어일까? / 544

[1] 「두 단계의 깨달음 – 예류자(預流者)와 아라한(阿羅漢)」 / 546
1. 두 단계의 깨달음 – 예류자(預流者)와 아라한(阿羅漢) / 2. 비유를 통해 깨달음을 두 단계로 설명하는 경전들 / 3. 그러면 부처님은 왜 사쌍(四雙)의 성자 가운데 예류자와 아라한만을 언급하는 것입니까? / 4. 여실지견 → 염오-이탐-소멸 또는 해탈

◐ [참고] dhammacakkhu[법안(法眼)]의 두 가지 용례 / 551

[2] 예류자는 누구인가? – 1) 견해를 갖춘 자 / 553
◐ 불사(不死)의 문과 불사(不死)의 북 ◑ 555

[3] 예류자는 누구인가? – 2) (MN 48-꼬삼비 경) / 556
1. 상가 화합의 여섯 요소 / 2. 예류자의 일곱 요소 / 3. 예류자는 누구인가? / 4. 예류과(預流果)의 성취
【꼬삼비의 비구들 관련 에피소드】 558

[4] 예류자는 누구인가? – 3) 예류의 4요소와 법의 거울의 법문 / 559
1. 예류자의 정형구 / 2. 법의 거울[법경(法鏡)]의 법문(dhammādāso dhammapariyāyo)

제4장 수행지도(修行地圖) / 561

◐ 세 가지 필수품(parikkhāra) / 562
◐ 앞선 책들의 수행 서술 / 563

Ⅰ. 마음 / 564

Ⅱ. 수행의 도구/수단 – 다섯 가지 기능(五根 – 믿음-정진-사띠-삼매-지혜) / 565
1. 다섯 가지 기능 또는 힘 / 2. 다섯 가지 기능의 정의 – (SN 48.10-분석 경2) / 3. 다섯 가지 기능의 비유를 통한 이해 – 「올챙이, 개구리 되기!」 / 4. 다섯 가지 기능의 개괄

Ⅲ. 「수행의 중심 개념 – 예외가 없는 법의 과정」 / 575
1. 이 구문이 사용된 네 가지 형태 / 2. 예외가 없는 법의 과정을 설명하는 경 – 세 가지 형태, 다섯 개 / 3. 「수행의 중심 개념 - 예외가 없는 법의 과정」 / 4. 보충 설명 – 장애-칠각지-사념처
◐ 다섯 가지 장애와 칠각지의 자량과 자량 아닌 것 – āhārasuttaṃ (SN 46.51-자량 경) / 580

Ⅳ. (DN 2-사문과경)의 수행체계도(修行體系圖)와 (SN 34-선(禪) 상윳따) / 581

[1] 사문과경(沙門果經)의 수행체계도(修行體系圖) / 581
디가 니까야 제1권의 3번~13번 경

[2] (SN 34-선(禪) 상윳따) / 584

V. 수행지도(修行地圖) – 1) 설명 / 589

[1] 개요 / 589
1. 성스러운 바른 삼매 / 2. 팔정도(八正道)를 펼친 열 가지 법(십정도) / 3. 일상의 제어 위에서 삼매를 성취하는 방법 → 「사념처의 정형 구문」 / 4. 바른 앎(正知-sammāñāṇa)의 과정 / 5. 올라가는 수행과 벗어나는 수행 / 6. 바른 해탈(正解脫-sammāvimutti)

[2] 수행의 삼분(三分) / 595

[3] 4단계의 삼매수행 / 596
1. (AN 4.41-삼매수행 경) / 2. 법의 드러남(dhammānaṃ pātubhāva) – 벗어나는 수행에서의 변곡점 / 3. 방일에 머무는 자(pamādavihārī)와 불방일에 머무는 자(appamādavihārī)

[4] 삼매수행에서 대상의 전개 / 598

【컵의 비유 – 수행에서 대상의 전개】 598

[5] 수행지도의 일반형 / 599
그림 1. 수행지도 개념 / 그림 2. 수행지도 – 단계적 치유 : 구차제주(九次第住) / 그림 3. 수행 – 3층집 짓기 / 그림 4. 수행의 삼분(三分) / 그림 5 : 수행지도의 골격 – (AN 4.41-삼매수행 경) / 그림 6 : 여실지견에 대한 양방향의 접근 – 수행자와 완성자 / 그림 7 : 딱까를 중심에 둔 수행지도 / 그림 8 : 사념처(四念處)의 개념[행위적 앎과 염처(念處)의 관계] / 그림 9 : 삼매수행에서 대상의 전개 – 「상(nimitta) → 심상(心相-cittassa nimitta) → 드러나는 법(法)」 / 그림 10 : (MN 118-입출식념경)의 들숨-날숨에 대한 사띠 16단계 분석

VI. 수행지도(修行地圖) 2) 관련 경전 / 612

[1] 아침독송(250814) – (AN 11.1-어떤 목적 경)[수행지도의 골격 – 계에 둘러싸인 법의 호수 & 삼매의 목적 = 깨달음(여실지견-해탈지견)] / 612

[2] 아침독송(250818) – (SN 47.44-사띠 경), (SN 47.2-사띠 경), (SN 47.35-사띠 경)[이어지는 가르침(가르침의 근본) – 동일한 깨달음에 의한 계보] / 613

[3] 아침독송(250819) – (AN 4.41-삼매수행 경)[수행지도의 골격 – 올라가는 수행과 벗어나는 수행 → 지와 견으로 이끎의 의미] / 614

[4] 아침독송(250820) – (AN 4.92-삼매 경1), (AN 4.93-삼매 경2), (AN 4.94-삼매 경3)[수행지도의 골격 – 내적인 심(心)의 사마타와 법의 위빳사나] / 615 ⇒ 컵의 비유 & 법의 드러남의 의미 / 616

[5] 아침독송(250821) – (AN 2.22-32-어리석은 자 품) 32.[수행지도의 골격 – 사마타와 위빳사나 & 6차 결집본과 PTS본의 차이의 예] / 616

[6] 아침독송(250822) – (SN 54.1-하나의 법 경), (SN 54.2-각지 경)[수행지도의 골격 – 들숨-날숨에 대한 사띠

16과정과 칠각지] / 618

[7] 아침독송(250825) – (SN 46.56-아바야 경)[지(知)와 견(見)의 원인-조건 → 수행의 중심 개념 – 장애와 각지] / 619

[8] 아침독송(250826) – (AN 9.44-혜해탈자 경), (AN 9.45-양면해탈자 경)[구차제주(九次第住)에 의한 혜해탈자] / 620

Ⅶ. 수행지도(修行地圖) – 3) 대표적 수행 경전 — ①대념처경 / 621

Ⅶ-1. 제4부 윤회 대응 제2장 수행 Ⅱ.대표적인 수행 경전 / 621

Ⅶ-2.『초기불교 경전백선 독송집 (별책) 수행경전』/ 624
▣ (아침독송 발췌 250903~16) 대념처경 해설(해피스님 251006)

[1] 아침독송(250903) — (DN 22/MN 10-대념처 경)(1)[대표적 수행경전 3개의 구조 & 사념처 = 법의 호수에서 씻는 내면의 목욕(중생의 청정)] / 624

[2] 아침독송(250904) — (DN 22/MN 10-대념처 경)(2)[사띠 확립을 위한 대상의 수(4→16→40) & 이어보는 자 = 심(心) & 사띠의 역할] / 625

[3] 아침독송(250905) — (DN 22/MN 10-대념처 경)(3)[수념처-심념처 → 소분류 & 구체적 대상 = 조각(락-고-불고불락)] / 626

[4] 아침독송(250908) — (DN 22/MN 10-대념처 경)(4)[법념처(장애와 오취온) & 후렴 해설] / 627

[5] 아침독송(250909) — (DN 22/MN 10-대념처 경)(5)[법념처(족쇄와 각지) → 후렴(자라나는 법-무너지는 법)에 적용] & 뇌과학의 바른 관점 / 628

[6] 아침독송(250910) — (DN 22/MN 10-대념처 경)(6)[법념처 – 사성제1)고성제의 상세 설명] / 628

[7] 아침독송(250911) — (DN 22/MN 10-대념처 경)(7)[법념처 – 사성제2)고집성제 – 애(愛)의 정의(식 위에 얹어져 있는 것) & 활성화된 법] / 629

[8] 아침독송(250912) — (DN 22/MN 10-대념처 경)(8)[법념처-사성제3)고멸성제 → 활성화된 법의 자리(6×10=60)에서 애의 집-멸을 관찰] / 630

[9] 아침독송(250916) — (DN 22/MN 10-대념처 경)(9)[법념처-사성제4)고멸도성제 & 경의 마무리(깨달음에 걸리는 시간)] / 630

Ⅷ. 수행지도(修行地圖) – 3) 대표적 수행 경전 — ②신념처경 / 631
▣ (아침독송 발췌 250917~0922) 신념처경 해설(해피스님 251007)

[1] 아침독송(250917) — (MN 119-신념처 경)(1)[수행경전(대념처경-신념처경-입출식념경)의 체계 — 신념처경 정형구문의 의미(수행의 변곡점)] / 631

[2] 아침독송(250918) — (MN 119-신념처 경)(2)[사선(四禪)의 3가지 경우 & 남김없이 소멸하는 자리(법의 드러남 → 여실지견 → 무상삼매)] / 631

[3] 아침독송(250919) — (MN 119-신념처 경)(3)[몸에 속한 사띠(내적인 심의 사마타→법의 드러남)와 마라의 지배력 & 사띠토대→딱까를 비움] / 632

[4] 아침독송(250922) — (MN 119-신념처 경)(4)[kāyagatāsati(몸에 속한 사띠)의 영역과 중심 주제 4가지] / 633

【경 요약】 634

Ⅸ. 수행지도(修行地圖) – 3) 대표적 수행 경전 — ③입출념처경 / 636

▣ (아침독송 발췌 250923~0926) 입출념처경 해설(해피스님 251007)

[1] 아침독송(250923) — (MN 118-입출식념경)(1)[고귀한 전후의 차이, 부처님의 상가, 무상(無常)의 상(想)을 닦음] / 636

[2] 아침독송(250924) — (MN 118-입출식념경)(2)[무상의 상을 닦음 & 메커니즘과 수행의 테크닉 — 호흡 수행 준비 단계(사띠의 준비)] / 636

[3] 아침독송(250925) — (MN 118-입출식념경)(3)[들숨-날숨에 대한 사띠 16단계 분석 = 신-수-심-법(단계적 전개)의 성취] / 637

[4] 아침독송(250926) — (MN 118-입출식념경)(4)[올라가는 수행의 두 자리와 사념처의 성취 & 칠각지(정각지와 사각지 해석)] / 637

▣ 맛지마 니까야 관통 법회 - 118. 입출식념 경[호흡수행 16단계 & 사념처-칠각지에 의한 깨달음] / 639

【책을 마치며】 645

【책을 마치며① 여래(如來) 또는 불(佛)인 이유 & 깨달음 총괄】 646
【책을 마치며② 인식론적 인격론 → 이 책에서의 용례】 651
【책을 마치며③ 여래는 길을 가리킬 뿐】 653

【 인용 경전 목록 】 655

들어가는 글

경을 공부하는 것은 이렇게 법의 호수에 물을 받는 작업이어서 수행의 목욕을 준비하는 과정으로의 필수 요소입니다(591쪽).

Ⅰ. 종교는 무엇입니까?

「부산불교방송 주말특집 해피스님의 마음 이야기(2016년 7월 방송)」에서 설명한 종교(宗敎)에 대한 해석입니다. 이해의 편의를 돕기 위해 그대로 인용하였습니다.

1. 종교(宗教) – 공통점과 차이점

종교! 종교란 무엇일까요?

얼마 전에 제가 출가 전에 가까이 지내던 벗님을 만났습니다. 이 벗님은 오랫동안 교회를 잘 다니는 훌륭한 기독교 신자입니다. 출가하고 나서 벗님을 처음 만났는데, 저에게 이런 이야기를 합니다.

> "스님, 이제 스님이 되셨네요. 기독교도 그렇고 불교도 그렇고 차이점을 보이고는 있지만, 궁극적으로 가면 목적점이 같지 않겠습니까? 저기에는 목사님이 계시고, 여기 내 앞에는 스님이 계시지만, 서로 간의 종교가 이름을 달리할 뿐. 스님이 가고자 하는 그 길과 우리가 목사님을 따라서 가고자 하는 그 길이 결국 한 가지 길이 아니겠습니까?"

법우님 생각엔 어떠세요, 이런 이야기가 타당한가요? 예. 저도 사실은 타당하지 않다고 봅니다. 그래서 제가 벗님한테 '벗님, 나는 그렇게 생각하지 않습니다.'라고 하면서 이런 이야기를 했습니다.

– 불교, 기독교, 천주교, 이슬람교, 힌두교 등과 같은 세계적인 종교들은 대부분 공통점을 가지고 있다고 할 수 있습니다. 그 공통점은 무엇일까요?

만약 절에서 '그대가 갖고 싶은 것을 가지는 것이 최고입니다. 다른 생명을 해쳐서라도, 또는 도둑질을 해서라도 그대가 가지고 싶은 것을 가지십시오.'라고 가르친다면, 아마도 이런 종교가 세계적인 종교로 발전할 수는 없었을 겁니다.

이것은 절에 다니는 사람들만의 문제가 아니고 다른 종교를 믿는 사람에게도 마찬가지입니다. 교회에서 목사님이 '그대가 갖고 싶은 것을 위해서 다른 사람을 해쳐도 됩니다, 도둑질을 해도 됩니다.'라고 가르친다면 기독교가 지금처럼 세계적인 종교가 되지는 못했을 겁니다. 이슬람교도, 힌두교도 마찬가지고요.

그래서 기본적으로 세계화된 종교라고 하면 공통점이 있다고 해야 합니다, 무엇일까요?

'관계의 유지를 위한 행위 기준'이라고 말해도 좋을 거 같습니다. 몸으로든 말로든 마음으로든 행위 할 때 이런 행위는 하고 저런 행위는 하지 말라는 기준의 제시인 거지요. 예를 들어볼까요. '그대가 행복하고 싶다면, 그대와 함께 하는 다른 존재들에게 폭력을 행사하지 마십시오. 다른 생명의 안전과 행복 위에서 그들과 함께하는 내가 더불어 안전하고 더불어 행복해지는 것입니다.' 등인 겁니다.

그럴 때 행위 하는 나도 스스로 괴로움을 만들지 않고, 행위의 대상인 남들도 나 때문에 괴롭게 되지 않는 것이고, 이런 가르침이 우리 사회에 보편 되면 나와 남 즉 우리들의 관계에서 행복이 만들어지는 것이겠지요.

• 경전 읽고 가겠습니다. (AN 5.145-지옥 경)에 나타나는 오계(五戒)에 대한 가르침입니다.

> 비구들이여, 다섯 가지 법을 갖추면 운반되듯 지옥에 놓인다. 무엇이 다섯인가? 그는 생명을 해치고, 주지 않는 것을 가지고, 음행(淫行)에 대한 삿된 행위를 하고, 거짓을 말하고, 술과 발효액 등 취하게 하는 것으로 인해 방일하게 머문다. 비구들이여, 이런 다섯 가지 법을 갖추면 운반되듯 지옥에 놓인다.

> 비구들이여, 다섯 가지 법을 갖추면 운반되듯 하늘에 놓인다. 무엇이 다섯인가? 그는 생명을 해치는 행위로부터 피하고, 주지 않는 것을 가지는 행위로부터 피하고, 음행(淫行)에 대한 삿된 행위로부터 피하고, 거짓을 말하는 행위로부터 피하고, 술과 발효액 등 취하게 하는 것으로 인한 방일한 머묾으로부터 피한다. 비구들이여, 이런 다섯 가지 법을 갖추면 운반되듯 하늘에 놓인다.

아마도 표현은 달라도 세계화된 종교들은 이런 점에서 공통점을 가지고 있을 겁니다. 이런 점에서 기준을 달리한다면, 그런 가르침이 다양한 사람들이 어울리고 더불어 살아가는 이 세상에서 세계화된 종교로 성장할 수는 없을 것이라고 보아야 하는 거겠지요.

그래서 벗님이 말하는 '기독교도 그렇고 불교도 그렇고 차이점을 보이고는 있지만, 궁극적으로 가면 목적점이 같지 않겠습니까?' 라는 말씀은 일견 타당성을 가지는 것처럼 보이기도 합니다.

그러나 그럼에도 불구하고 모든 종교가 하나의 지향점을 가진다는 벗님의 말씀에 대해 저는 동의하지 않습니다. 그 이유는 무엇일까요?

삶 즉 산다는 것이 그렇게 단순하지 않기 때문이라고 해야 합니다. 삶은 몸과 말과 마음으로 다른 존재들과 관계를 맺는 영역으로만 구성된 것이 아닙니다. 다른 존재들과의 관계 이전에 존재하는 자기의 내면, 자신의 내적 영역을 가지고 있는 것입니다. 그리고 관계의 영역보다는 내적 영역이 훨씬 더 심오한 영역이어서 삶을 지배하고, 내가 괴로울 것인지 행복할 것인지를 결정한다고 보아야 할 것입니다.

이때, 각각의 종교는 자기의 내면, 자신의 내적 영역에 대한 차이를 보여줍니다. 각각의 종교가 심오한 교리를 제시하고 거기에 맞춘 삶을 살아야 한다고 말하는 것이 바로 이것일 텐데요, 이 심오함의 영역에서 차이가 있을 때 종교는 이름을 달리하게 되는 것입니다. 심지어는 같은 뿌리를 가진 종교가 세월이 지나면서 다른 종교로 나누어지는 것도 보게 되는데요, 이렇게 심오함의 영역에 대한 해석이 달라지기 때문이라고 해야 합니다.

예를 들면, 기독교는 삶에 대한 나름의 설명을 가지고 있습니다. 상식의 선에서 말해보면, 기독교는 생겨나지 않았으면서 모든 것을 창조한 창조주 하나님으로의 신을 전제합니다. 그 신이 세상을 창조했고 모든 존재를 창조했고 인간도 창조했다고 합니다. 그래서 창조된 것인 나의 삶은 창조주 하나님인 그분의 것입니다. 그분의 뜻에 맞게 살아가면 잘 사는 것이고, 그렇게 잘 살면 죽은 후에는 천국에 태어나서 영생을 누린다는 것입니다.

이렇게 기독교에는 다른 존재들과의 관계에서 몸과 말과 마음으로 착하게 살아가야 하는 표면적인 삶의 영역보다는 기독교를 대표하는 훨씬 더 중요하고 심오한 영역이 있습니다. 그 심오함의 영역에서 창조주 하나님의 뜻에 맞는 삶을 살아내고, 죽은 후에는 하나님 곁에 태어나서 영생을 누리는 것이 아마도 그분들이 기독교 신자가 되어서 신앙생활을 하는 궁극적인 이유일 겁니다.

같은 맥락에서 불교도 삶에 대한 나름의 설명을 제시합니다. 상식의 선에서 말해보면, 불교는 생겨나지 않은 것을 부정하는데, 무아(無我)라는 교리입니다. 나라는 존재를 포함한 모든 것은 생겨나는 것이고, 생겨나는 과정에 참여하는 조건들에 의해 그 상태가 결정됩니다. 그래서 창조가 아니라 생겨나는 것인 나의 삶은 창조주의 것이 아닙니다. 오직, 생겨나는 그대로 나의 삶입니다. 생겨나는 과정이 잘 제어되지 않으면 불만족 즉 괴로움의 상태를 만들 것이고, 잘 제어되면 만족 즉 행복의 상태를 만들게 될 것입니다.

• 경전 읽고 가겠습니다. (SN 22.59-무아상(無我相) 경)에 나타나는 무아(無我)의 선언입니다.

> 비구들이여, 색(色)은 무아(無我)다. 비구들이여, 참으로 이 색(色)이 아(我)라면 이 색(色)은 결점으로 이끌리지 않을 것이고, 색(色)에 대해 '나의 색(色)은 이런 상태로 있어라. 나의 색(色)은 이런 상태가 되지 말아라.'라는 권한이 있어야 한다. 그러나 비구들이여, 색(色)은 무아(無我)이기 때문에 색(色)은 결점으로 이끌리고, 색(色)에 대해 '나의 색(色)은 이런 상태로 있어라. 나의 색(色)은 이런 상태가 되지 말아라.'라는 권한이 없다. … 수(受) - 상(想) - 행(行)들 –식(識)에 반복 …

그래서 불교에도 다른 존재들과의 관계에서 몸과 말과 마음으로 착하게 살아가야 하는 표면적인 삶의 영역보다는 불교를 대표하는 훨씬 더 중요하고 심오한 영역이 있습니다. 그 심오함의 영역에서 생겨나는 과정이 잘 제어되는 삶을 살아냄으로써 살아서도 행복하고 죽어서는 더 좋은 삶이 이어지게 하다가 끝내는 모든 불만족 모든 괴로움에서 벗어나는 것이 아마도 우리가 불교 신자가 되어서 신앙생활을 하는 궁극적인 이유일 겁니다.

어떤가요? 상식적인 선에서 기독교와 불교를 비교해 보았는데요. 두 세계적 종교의 공통점과 차이점이 보이시나요? 그렇습니다. 표면적인 삶의 영역에서 주어지는 '관계의 유지를 위한 행위 기준'에서는 공통점을 볼 수 있겠고요, 심오한 영역에서 제시하는 신앙생활의 궁극적인 이유에서는 종교 간의 차이를 발견할 수 있는 거지요.

그래서 제가 벗님에게 이렇게 말한 것입니다. – "벗님이 모든 종교가 다 목적점이 같으니까 우리가 남이 아니라고 말씀해주시는 것은 고맙지만, 사실은 그 차이를 볼 줄 알아야 합니다. 기독교는 기독교대로 표면적인 삶과 심오한 영역에서 지향하는 바가 있고, 불교는 불교대로 표면적인 삶과 심오한 영역에서 지향하는 바가 있습니다. 이 각각에 대해서 서로가 지향하는 바가 다르고 세상을 보는 눈이 다르다고 서로를 인정해주고, 그러는 가운데 표면에 드러나는 몸과 말과 마음의 행위 기준이 같다고 함으로써 함께 어울려서 살아갈 수 있습니다. 그렇게 되면 종교가 다르다고 하여 서로가 다투거나 욕할 일도 없을 것입니다. 어쨌든 표면적인 삶에서는 나 이외의 존재들과의 관계를 잘 맺어야 하고, 그렇기 위해서는 착한 일을 해야 하는 점이 서로 같으니까요."

다행히 벗님은 "다른 것과 틀린 것의 차이를 제가 압니다."라면서 제 말씀을 이해하고 받아주었습니다. 참 건전한 대화를 나눈 거지요.

2. 종교의 새로운 정의

그렇다면 종교는 무엇일까요? 무엇이기에 이런 공통점과 차이점을 가지고 여러 종교가 함께 존재하고 있는 걸까요?

산업혁명으로부터 시작된 서구 중심의 물질문명이 세계를 지배한 수백 년의 세월 동안 종교는 기독교적인 시각에서 해석되었습니다. '종교는 신에 대한 의존'이란 개념을 앞세우고, 그런 점에서 불교는 종교가 아니라는 해석까지도 공공연히 주창되었던 것이지요.

스승이시고, 교주이신 석가모니 부처님을 모시고 올바른 신앙생활을 통해 나와 남이 함께 행복한 삶, 그런 세상을 실현해 가는 우리의 종교인 불교가 아예 종교도 아니라는 편견 속에 갇혀 있었던 것입니다. 불교 신자로서 정말이지 자존심 상하는 현상인 거지요. 이제 그런 편견을 벗겨내고 진정한 의미의 종교는 어떤 것이어야 하는지 생각해보겠는데요, 역시 표면적인 삶의 영역에서 주어지는 '관계의 유지를 위한 행위 기준'에서의 공통점과 심오한 영역에서 제시하는 신앙생활의 궁극적인 이유에서의 차이라는 측면에서의 접근입니다.

예를 들면, 기독교는 왜 종교인 걸까요? 이렇게 말할 수 있지 않을까요? 예수님이라는 기독교의 교주가 당신 나름으로 나라는 존재를 해석하고, 그의 삶의 방법 그리고 삶의 토대인 세상을 이해하였겠지요. 그래서 당신대로 '아, 존재는 이러한 것이구나. 창조주 하나님에 의해 창조된 것이구나.'라고 보았을 테고, '이러한 존재가 어떻게 살아야 행복할 것인가?'에 대해서 고민한 결과 '하나님 뜻대로 살아야 한다.'라고 보았을 테지요. 그리고 이런 삶의 토대가 되는 세상이란 하나님에 의해서 창조된 세상이라고 보셨겠지요.

즉, 예수님이라는 한 분의 스승이 당신대로의 공부를 통해 '존재란 무엇일까? 존재들의 삶은 무엇일까? 이러한 삶의 토대인 세상은 무엇일까?'라는 심오하고 궁극적인 문제에 대해 해석해낸 것입니다. 심지어 그런 해석 위에서 하나님의 뜻에 맞는 삶을 완성하기까지 한 것이지요. 그러고 나서 '여보시오. 내가 존재를, 삶을, 세상을 이렇게 해석하였습니다. 그리고 하나님의 뜻에 맞는 삶을 완성하였습니다.'라고 사람들 앞에서 선언하는 것입니다. 또한, 이런 선언을 통해 그는 자신을 하나님의 독생자(獨生子)라고 소개합니다.

그러면 예수님이라는 스승이 해석해서 선언한 이 내용을 많은 사람이 듣게 됩니다. 그중에 어떤 사람은 '그것은 사실이 아닌 것 같아요.'라고 거부했을 것입니다. 그러나 어떤 사람은 '아, 정말로 그렇다! 참으로, 저분의 말씀대로 창조주 하나님이 창조하셔서 내가 있게 된 것이고, 그러므로 하나님의 뜻대로 내가 살아가야 하고, 하나님이 만들어주신 삶의 토대인 이 세상에서 하나님의 뜻에 맞게 살아가는 것이 옳겠다.'라고 공감하고 동의하였을 것입니다.

더 나아가 예수님의 말씀에 공감하고 동의하는 사람 중에는 예수님에 대해 신뢰하는 마음을 일으켜서 '참으로 내가 저분을 스승으로 삼아 뒤따라가야겠다. 그래서 나의 삶도 저분을 닮아야겠다.'라고 생각하는 사람들도 있었을 겁니다.

어떻습니까? 예수님께서 해석해서 선언한 '존재, 삶, 세상'이라는 내용에 대해, 누군가가 공감하고 동의하고 신뢰하는 마음을 일으켜서 '참으로 내가 저분을 스승으로 삼아 뒤따라야겠다. 그래서 나의 삶도 저분을 닮아야겠다.'라고 한다면, 이런 사람을 예수님의 신자라고 부르는 것이 적절한 설명이 되지 않을까요?

사실은 이런 분들이 기독교 또는 천주교 신자입니다. 그리고 이러한 사람들이 모여 있는 집단을 기독교 또는 천주교라고 부른다고 하면 기독교 또는 천주교라는 종교에 대한 적절한 정의라고 할 수 있을 것입니다.

불교도 마찬가지일 겁니다. 2600년 전에 고따마 싣달타라는 한 사람이 당신대로, '무슨 이유로 우리는 태어나야 하고 늙어야 하고 죽어야 할까? 또한, 그 삶의 과정에서 다양한 괴로움을 겪어야 할까?'라고 고민하고, 답을 찾기 위해 아주 힘들게 공부를 하고, 그 끝에 깨달음이라는 성과를 거두었습니다. 깨달음이라는 특별한 측면에서, '존재란 무엇일까? 존재들의 삶은 무엇일까? 이러한 삶의 토대인 세상은 무엇일까?'에 대해 해석해낸 것입니다. 심지어 그런 해석 위에서 존재에 따르는 모든 괴로움을 해소하고 완전한 행복의 경지를 실현하기까지 한 것이지요. 그러고 나서 '여보시오. 내가 존재를, 삶을, 세상을 이렇게 해석하였습니다. 그리고 완전한 행복을 실현하였습니다.'라고 사람들 앞에서 선언하는 것입니다. 또한, 이런 선언을 통해 그는 자신을 부처라고 소개합니다.

그러면 부처님이라는 스승이 해석해서 선언한 이 내용을 많은 사람이 듣게 됩니다. 그중에 어떤 사람은 '그것은 사실이 아닌 것 같아요.'라고 거부했을 것입니다. 그러나 어떤 사람은 '아, 정말로 그렇다! 참으로, 저분의 말씀대로 나는 생겨나는 것이다. 생겨나는 과정의 조건들에 의해 상태가 결정되는 것이고, 생겨나는 그대로 나의 삶이다. 생겨나는 과정이 잘 제어되지 않으면 불만족 즉 괴로움의 상태를 만들 것이고, 잘 제어되면 만족 즉 행복의 상태를 만들 것이다. 그러니 생겨나는 것인 이 세상에서 부처님의 안내를 받아 살아가는 것이 옳겠다.'라고 공감하고 동의하였을 것입니다.

더 나아가 부처님의 말씀에 공감하고 동의하는 사람 중에는 부처님에 대해 신뢰하는 마음을 일으켜서 '참으로 내가 저분을 스승으로 삼아 뒤따라가야겠다. 그래서 나의 삶도 저분을 닮아야겠다.'라고 생각하는 사람들도 있었을 겁니다.

• 경전 읽고 가겠습니다. (AN 3.61-상가라와 경)에 나타나는 중생구제(衆生救濟)에 관한 부처님의 입장입니다.

한 곁에 앉은 상가라와 바라문은 세존에게 이렇게 말했다. ―"고따마 존자여, 우리 바라문들은 제사를 지내기도 하고 지내게 하기도 합니다. 고따마 존자여, 거기서 지내는 것과 지내게 하는 것은 모두 많은 사람에 대한 공덕의 실천을 실천하는 것이니 곧 제사(祭祀)로 인한 것입니다. 고따마 존자여, 그러나 어떤 또는 그 가문의 집으로부터 집 없는 곳으로 출가한 자는 자기 하나만을 길들이고, 자기 하나만을 가라앉히고, 자기 하나만을 완전히 꺼지게 합니다. 이렇게 이것은 한 사람에 대한 공덕의 실천을 실천하는 것이니 곧 출가로 인한 것입니다."라고.

"바라문이여, 그것 때문에 여기서 나는 그것을 되물을 것입니다. 그대에게 좋아 보이는 대로 그것을 설명하십시오. 바라문이여, 이것을 어떻게 생각합니까? 여기 아라한(阿羅漢)-정등각(正等覺)-명행족(明行足)-선서(善逝)-세간해(世間解)-무상조어장부(無上調御丈夫)-천인사(天人師)-불(佛)-세존(世尊)인 여래(如來)가 세상에 출현합니다. 그는 이렇게 말합니다. ―'그대들은 오라! 이런 길이 있고 이런 실천이 있다. 이런 방법으로 실천한 나는 위없는 범행(梵行)에 속한 것을 스스로 실다운 지혜로 알고, 실현하여 선언한다. 오라! 그대들도 그와 같이 실천하라. 그와 같은 방법으로 실천한 그대들도 위없는 범행(梵行)에 속한 것을 스스로 실다운 지혜로 알고, 실현하고, 성취하여 머물 것이다.'라고. 이렇게 이 스승은 법을 설하고 다른 사람들은 진실을 얻기 위해 실천합니다. 그리고 그들은 수백, 수천, 수십만 명입니다."

"이렇게 이것이, 고따마 존자여, 이러할 때, 출가로 인한 이것은 많은 사람을 위한 공덕의 실천입니다."

어떻습니까? 부처님께서 해석해서 선언한 '존재, 삶, 세상'이라는 내용에 대해, 누군가가 공감하고 동의하고 신뢰하는 마음을 일으켜서 '참으로 내가 저분을 스승으로 삼아 뒤따라야겠다. 그래서 나의 삶도 저분을 닮아야겠다.'라고 한다면, 이런 사람을 부처님의 신자라고 부르는 것이 적절한 설명이 되지 않을까요?

사실은 이런 분들이 불교 신자입니다. 그리고 이러한 사람들이 모여 있는 집단을 불교라고 부른다고 하면 불교라는 종교에 대한 적절한 정의라고 할 수 있을 것입니다.

자, 이제 구체적으로 질문해 보겠습니다. 종교란 무엇일까요?

그렇습니다. 각각의 스승들이 당신들대로 '존재와 삶과 세상'을 해석하여 선언하고, 공감과 동의와 신뢰로써 그를 뒤따르는 사람들이 많아서 하나의 집단을 구성하고, 거기에 천년, 이천 년, 삼천 년을 유지되어 내려오면, 이것을 종교라고 정의할 수 있을 것입니다.

종교는 이렇게 정의되어야 합니다. 그때, 더 이상 불교 신자인 우리가 '신에 대한 의존'이란 개념을 배제한다는 이유로 종교를 상실하는 어처구니없음에서 벗어날 것입니다. 심오한 영역을 '신에 대한 의존'으로 접근하는 기독교와 '생겨남의 제어'로 접근하는 불교로 대표되는 두 부류를 모두 아우르는 확장된 종교의 개념이 정립되는 것입니다.

깨달음에 대한 부처님의 선언을 (SN 56.11-전법륜(轉法輪) 경)을 통해 들어보겠습니다.

비구들이여, 나에게 세 번 굴린 열두 형태[삼전십이행(三轉十二行)]의 방법으로 이 네 가지 성스러운 진리에 대한 있는 그대로의 지(知)와 견(見)의 아주 청정함이 없었던 때까지는, 비구들이여, 나는 신과 마라와 범천과 함께하는 세상에서, 사문-바라문과 신과 사람을 포함한 무리를 위해 '위없는 바른 깨달음을 깨달았다.'라고 선언하지 않았다.

그러나 비구들이여, 나에게 세 번 굴린 열두 형태[삼전십이행(三轉十二行)]의 이런 방법으로 이 네 가지 성스러운 진리에 대한 있는 그대로의 지(知)와 견(見)의 아주 청정함이 있었기 때문에, 비구들이여, 나는 신과 마라와 범천과 함께하는 세상에서, 사문-바라문과 신과 사람을 포함한 무리를 위해 '위없는 바른 깨달음을 깨달았다.'라고 선언했다. 그리고 나에게 지(知)와 견(見)이 생겼다. – '나의 해탈은 흔들리지 않는다[부동(不動)의 심해탈(心解脫)]. 이것이 태어남의 끝이다. 이제 다음의 존재는 없다.'라고.

참조1 : 제3부 사실 제1장 부처 이전의 것(193쪽)

참조2 : 아산(我山)과 무아산(無我山)으로 이해하는 세상[소유의 삶 → 존재의 삶 ⇒ 해탈된 삶](349쪽)

Ⅱ. 전통과 진정

(episude) 출가자가 가장 잘 말하는 것은 부처님 말씀 그대로를 말하는 것입니다.(2012년 4월 - 버스 안에서)

그저께 저녁, 법회를 마치고 법당으로 돌아오는 버스 안에서 어떤 남자분이 합장을 하며 말합니다. "짧은 시간이지만 스님께 한 말씀 부탁 드립니다."

"욕심내지 말고 성내지 말고 어리석지 않게 살아야 합니다. 그러면 괴로움은 갈수록 즐어들고 행복은 갈수록 늘어난다고 부처님은 말씀하셨습니다."라고 말했더니, 이 분, "부처님 말씀 말고 스님 말씀을 해 주십시오." 합니다.

저는 이렇게 답했습니다. "부처님을 따라 배우고, 배운 대로 살려는 사람이 출가자입니다. 출가자가 가장 잘 말하는 것은 부처님 말씀 그대로를 말하는 것입니다. 그 말씀 그대로를 우리 삶에서 실현할 수 있도록 설명해 드리는 것입니다. 그것이 스님인 제가 할 수 있는 가장 훌륭한 말씀입니다."

매우 의외로운 눈으로 쳐다보던 이 분은 다시 말합니다. "교회를 다니는 사람입니다. 은혜 덕분에 아들은 서울대학교-대학원을 다닙니다. 그러나 제 인생은 무엇인지 모르겠습니다."

저는 다시 말하였습니다. "무어 특별한 것이 있겠습니까? 욕심-성냄-어리석음이 잘 제어되어 오늘보다 내일이 괴로움은 줄어들고 행복은 늘어나고, 오늘보다 일 년 후에는 괴로움은 훨씬 많이 줄어들고 행복은 훨씬 많이 늘어날 수 있으면, 그저 되는 것이지요."

가끔씩 이런 질문은 왜 기독교 신자분들의 몫인지 모릅니다마는, 설법을 마치고 돌아오는 길이어서일까? 갑작스런 질문에 머뭇댐 없이 답할 수 있어서 참 다행이라는 생각으로 버스에서 내릴 수 있었습니다. 법우님들 모두 해피[解彼 & happy] 하십시오!

(MN 104-사마가마 경)은 니간타 나따뿟따의 사후 이야기와 관련한 세 개의 경(DN 29-정신경)/(DN 33-합송경)/(MN 104-사마가마 경) 가운데 하나여서 '정등각(正等覺)에 의해 선언된 법(法)과 율(律)'을 중심으로 설해집니다.

아난다 존자는 세존께서 돌아가신 뒤에 상가에 갈등이 생기지 않아야 한다고 걱정하지만, 부처님은 여래가 실답게 안 뒤에 설한 법들인 일곱 가지 보리분법을 소개하며 「아난다여, 생활에 관계되거나 계목에 관계된 갈등은 사소한 것이다. 아난다여, 그러나 상가에 도(道)나 실천에 관한 갈등이 일어난다면, 그 갈등은 많은 사람의 이익을 위한 것이 아니고, 많은 사람의 행복을 위한 것이 아니고, 많은 사람을 위한 것이 아니고, 신과 인간들의 이익을 위한 것이 아니고, 괴로움을 위한 것이다.」라고 말합니다. 여래가 실답게 안 뒤에 설한 법들로의 길과 실천에서는 갈등이 없어야 한다는 것을 선언하는 것입니다.

부처님은 이어서 갈등에 대한 가르침을 설하는데, ①여섯 가지 갈등의 뿌리, ②네 가지 사건(adhikaraṇa), ③일곱 가지 사건의 그침(adhikaraṇasamatha)입니다. 그리고 여섯 가지 기억해야 하는 법들의 실천으로 갈등이 생기지 않게 할 것을 말합니다.

오랜 시간 전통으로 이어지는 공부가 있습니다. 그 세월의 성과를 담아 공부는 더욱 깊어지고 넓어졌다고 말합니다. 그러나 깊어지고 넓어졌다는 것이 반드시 더 좋은 공부라고 말할 수는 없습니다. 특히, 정등각인 부처님의 깨달음과 가르침에 토대한 불교에서는 더 넓을 필요도 더 깊을 필요도 없다고 해야 합니다. 단지, 말씀하신 그대로를 유지할 수 있다면 그것이 최선이라고 하겠습니다.

(DN 29.7-정신(淨信) 경, 범행이 완성되지 않음 등의 이야기)는 「'passaṃ na passatī'ti 보면서 보지 못한다.」라고 하면서 ①'이렇게 모든 조건을 갖추고, 모든 조건을 완성하고, 모자라지도 않고 넘치지도 않고, 잘 설해지고, 오로지 완성된 범행을 잘 드러내었다.'라고 이것을 본다. ②'이것을 제거해야 이렇게 그것이 더 청정해질 것이다.'라는 것을 보지 못하고, '이것을 더해야 그것이 완성될 것이다.'라는 것을 보지 못한다.」라고 설명합니다.

부처님의 가르침은 이렇게 자체로 완전하여 더할 바 뺄 바가 없습니다. 더하거나 빼면 그만큼 완전함에 흠결을 내게 됩니다. 그런 의미에서 근본경전연구회는 오랜 전통의 성과로 얻어진 더 깊고 더 넓은 공부 대신 부처님 살아서 직접 설한 가르침으로 돌아가는 공부를 하는데, '전통보다 진정'입니다.

예를 들면, '명색(名色)의 확장된 정의의 문제(445쪽)'에서 설명하듯이, 명(名)에 대한 정의가 달라지면서 재생연결식(paṭisandhiviññāṇa)이란 경에 없는 개념이 생겨납니다. 재생연결식은 쿳다카 니까야의 의석(義釋-niddesa)과 청정도론(淸淨道論-visuddhimagga) 그리고 abhidhammatthasaṅgaha[(초기불전연구원 번역) 아비담마 길라잡이]에서 나타납니다. 그 외에는 율장의 주석서와 복주서, 디가니까야의 주석서와 복주서, 맛지마 니까야의 주석서와 복주서, 상윳따 니까야의 주석서와 복주서, 앙굿따라 니까야의 주석서와 복주서, 쿳다까 니까야의 소송경과 법구경과 숫따니빠따의 주석서, 논장(論藏-아비담마)의 주석서와 복주서, 청정도론의 주석서에 나타납니다. 후대에 편찬된 교재들에 의해 나타난 이 개념을 사용해서 율과 경을 해석하고, 주석하고, 또 복주석하는 것입니다. 부처님에 의한 삶의 해석을 부처님에 의하지 않은 개념을 만들어 설명하는 것인데, 정등각인 부처님의 가르침을 정등각 아닌 자들의 시각으로 변질시키는 결과를 가져옵니다.

어떤 것이 전통의 과정에서 생겨났고, 어떤 것이 부처님 살아서 직접 설한 진정에 속한 가르침인지 구별하기는 어렵습니다. 그래서 근본경전연구회는 부처님 살아서 직접 설한 가르침으로의 공부의 기준을 설정하였습니다. 그리고 어려움을 극복해 가면서 기준 안에 있는 교재만을 공부하고 연구하여 부처님 가르침의 진정을 드러내는 일을 하고 있습니다.

몇 가지 관점에서 이 책이 제공하는 「전통보다 진정」의 주제를 소개합니다.

[1] 공부의 기준

1. 삼장(三藏)이 아니라 이장(二藏)

테라와다 불교의 전통 교재는 경(經-sutta)-율(律-vinaya)-론(論-abhidhamma) 삼장(三藏-tipiṭaka)입니다.

- 경장(經藏-sutta piṭaka)은 3권 34경으로 구성된 Dīgha Nikāya(디가 니까야), 3권 15품 152경으로 구성된 Majjhima Nikāya(맛지마 니까야), 5권 56 상윳따(주제)로 구성된 Saṃyutta Nikāya(상윳따 니까야), 하나~열하나의 모음으로 구성된 Aṅguttara Nikāya(앙굿따라 니까야), 18개의 단행본으로 구성된 Khuddaka

Nikāya(쿧다까 니까야)로 구성되어 있습니다.

• 율장(律藏-vinaya piṭaka)은 비구 227계를 분석하는 mahāvibhaṅga(마하 위방가), 비구니 311계를 분석하는 bhikkhunīvibhaṅga(비구니 위방가), mahāvagga(대품), cūḷavagga(소품), parivāra(부수)로 구성되어 있습니다.

• 논장(論藏-abhidhamma piṭaka)은 법집론(法集論-dhammasaṅgaṇī)-분별론(分別論-vibhaṅga)-논사(論事-kathāvatthu)-인시설론(人施設論-puggalapaññatti)-계론(界論-dhātukathā)-쌍론(雙論-yamaka)-발취론(發趣論-paṭṭhāna)의 칠론(七論)으로 구성됩니다.

이외에도 청정도론(清淨道論-Visuddhimagga)과 주석서, 복주석서 등 많은 교재들이 테라와다 불교의 공부를 위한 교재를 구성하고 있습니다.

한국붇다와다불교 해피법당 근본경전연구회는 이 교재 가운데 1차 결집에서 결집된 것으로 알려진

• 율장

mahāvibhaṅga(마하 위방가), bhikkhunīvibhaṅga(비구니 위방가),

• 경장

Dīgha Nikāya(디가 니까야), Majjhima Nikāya(맛지마 니까야), Saṃyutta Nikāya(상윳따 니까야), Aṅguttara Nikāya(앙굿따라 니까야), Khuddaka Nikāya(쿧다까 니까야)의 dhammapada(법구경)과 suttanipāta(숫따니빠따)

만을 부처님 살아서 직접 설한 가르침이어서 공부의 기준 교재로 삼고 있습니다.

특히, 전통의 교재 가운데 논장(論藏-abhidhamma piṭaka)을 배제한 것은 논쟁을 부르기도 합니다.

abhidhamma는 이 기준 안에서 '서로 질문을 하고, 질문 받은 사람은 서로의 질문에 대답하는 것'으로의 '법(dhamma)에 대한(abhi)' 공부로 나타날 뿐(MN 32-고싱가 큰 경) 삼장에 속한 논장으로의 구성은 나타나지 않습니다.

또한, 논장(論藏-abhidhamma piṭaka)에서 설명하는 삶의 이야기가 이 기준의 설명과 다르다는 점에서 교리의 충돌을 일으킬 뿐 필요한 주제에 대한 확정적 결론을 얻을 수 없게 하는 문제가 있어서 근본경전연구회의 공부 기준에 포함하지 않았습니다.

그래서 이 기준은 부처님 살아서 직접 설한 가르침의 범주입니다. 이 범주 안에서 교리적 충돌을 일으키지 않으며, 어떤 주제든 확정적 결론을 도출할 수 있습니다. 불교는 더 이상 다양성을 특징으로 하지 않습니다. 삶의 이야기에 포함된 주제에 대해 단일한 결론을 제시하는 정등각의 가르침입니다.

◐ 앞선 책 『초기불교 경전백선 독송집 (별책) 수행경전』 (별책의 보충)에서 이 기준이 '부처님 살아서 직접 설한 가르침인가?'의 질문에 답하였습니다.

(별책의 보충) 1. 부처님 살아서 직접 설한 가르침

1) 부처님 살아서 직접 설한 가르침인가?

한국분다와다불교 해피법당 근본경전연구회는 부처님 살아서 직접 설한 가르침의 범주로 ①율장(律藏-vinaya piṭaka)의 마하 위방가와 비구니 위방가 그리고 ②경장(經藏-sutta piṭaka)의 4부(디가-맛지마-상윳따-앙굿따라) 니까야와 쿳다까 니까야에 속한 법구경과 숫따니빠따를 지정하고 있습니다.

하지만 세상에서 만나는 사람들은 니까야 심지어 이런 범주의 가르침조차도 부처님의 원음이 아니라고 말합니다. 단지, 원음에 가장 가까울 뿐이라고 말합니다.

원음에 가장 가까운 가르침은 있어도 원음은 아니다! 그러면 불교는 어디에 있습니까?

아닙니다. 가장 가까운 그것이 원음입니다. 그것보다 더 가까운 것이 없다면, 그리고 2600년 전으로 찾아가 부처님의 설법 장면을 동영상으로 촬영해 올 수 없다면, 그것이 원음에 수렴하는 것이고, 그대로 원음인 것입니다.

다만, 증명해야 합니다. 이것이 원음이고, 원음에서 부처님은 이렇게 삶을 설명하고[고(苦)-연기(緣起)], 이런 방법으로 삶의 문제의 해소를 이끈다고[고멸(苦滅)-팔정도(八正道)] 교리적 체계를 제시해야 하고, 그것이 가르침에 대한 다른 주장이 접근하지 못하는 부처님의 깨달음을 잘 드러내고 있다고 세상에서 인정받아야 합니다. 그러면 그것이 다만 가장 가까운 가르침이 아니라 부처님의 원음 즉 부처님 살아서 직접 설한 가르침이라는 증명이 되는 것입니다.

한국분다와다불교 해피법당 근본경전연구회는 삶에 대한 부처님의 설명으로 「삶의 메커니즘」을, 삶의 문제의 해소를 이끄는 부처님의 방법으로 「수행지도(修行地圖)」를 교리적 체계로 제시하고 있습니다. 전통보다는 진정이라는 관점에서 니까야를 꿰어서 만든 공부의 성과입니다.

; 「삶의 메커니즘과 수행지도(修行地圖)」 참조

누구든, 「삶의 메커니즘」과 「수행지도(修行地圖)」가 설명하는 깨달음의 길과 다른 방법으로 부처님의 깨달음을 설명할 수 있으면 그 성과를 제시해 주기 바랍니다. 그래서 어떤 성과가 더 타당하게 부처님을 대변할 수 있는지 토론해 보면, 이 가르침이 단지 가장 가까운 가르침인지 아니면 그대로 부처님의 원음인지를 판단하게 될 것입니다.

누구든, 공부의 성과를 제시하지 못하면서 그저 아니라고 부정만 하지는 말기를 바랍니다. 공부를 통한 성과를 대안으로 드러내면서 타당성을 가지고 부정할 때, 그 부정이 의미를 가지고 불교를 더 부처님에게로 이끌 수 있을 것입니다.

이런 점에서 공부를 대하는 이 기준은 그대로 부처님 살아서 직접 설한 가르침입니다.

2) 제자들이 설한 가르침 — (AN 8.8-웃따라 실패 경)

그런데 부처님 살아서 직접 설한 가르침을 공부하다 보면 부처님이 직접 설하지 않은 가르침들이 종종 눈에 띕니다. 제자들이 설하는 가르침입니다. 그러면 제자들이 설한 가르침을 부처님이 직접 설한 가르침이라고 인정할 수 있을까요?

이런 점에서 「부처님 살아서 직접 설한 가르침」으로의 공부 기준 안에 신(神) 또는 제자들이 설한 경도 많으니 부처님이 직접 설했다는 주장은 옳지 않다는 지적이 있는 것은 당연하다고 하겠습니다. 이때, (AN 8.8-웃따라 실패 경)은 바로 이런 지적을 위해 준비된 답인 듯 이렇게 묻고 답합니다.

질문 — "대덕이시여, 이 말씀은 웃따라 존자 스스로의 이해입니까, 아니면 그분 세존-아라한-정등각의 말씀입니까?"

대답 — "예를 들면, 신들의 왕이여, 마을이나 번화가의 멀지 않은 곳에 큰 곡물 무더기가 있습니다. 그것으로부터 많은 사람이 들통이거나 바구니거나 감는 천이거나 두 손을 모아서 곡물을 가져갈 것입니다. 신들의 왕이여, 어떤 사람이 그 많은 사람에게 가서 이렇게 물을 것입니다. — '그대들은 어디에서 이 곡물을 가져갑니까?' 라고. 신들의 왕이여, 어떻게 말하는 것이 그 많은 사람이 바르게 말하는 자로서 말하는 것입니까?"

"대덕이시여, '우리는 이러저러한 곡물 무더기로부터 가져갑니다.'라는 것이 그 많은 사람이 바르게 말하는 자로서 말하는 것입니다."

"이처럼, 신들의 왕이여, 잘 말해진 모든 것은 어떤 것이든지 그분 세존-아라한-정등각의 말씀입니다. 그것으로부터 거듭 취하여 우리도, 다른 사람들도 말합니다."

잘 말해진 모든 것 즉 부처님이 설한 가르침을 옮겨 말하는 것은 신(神)이나 제자들이 해야 하는 역할입니다. 그러니 신이나 제자들이 말한 일화로서 니까야에 포함된 경들은 그들의 가르침이 아니라 부처님이 설한 가르침입니다. 다만, 잘 말해진 부처님 가르침의 무더기[무아(無我)] 안에서 거듭 옮겨 말해진 것만이 그 일화 자체로서 니까야에 포함되어 있다고 이해해야 합니다. 그렇다고 후대의 제자들이 그 무더기 안에서라는 전제를 달고 새로운 경을 만드는 것에 대해서도 타당성을 부여하자는 의미는 아닙니다. 오직 전승된 범주 안에 있는 옮겨 말해진 경들에 대한 이해의 측면일 뿐입니다.

; 그렇다면 우리도 그들처럼 부처님이 설한 가르침을 옮겨 말해야 합니다. 다만, 다른 무더기[아(我)] 안에서 옮겨 말하면 그것은 바르게 말하는 것이 아니고 외도(外道)의 가르침을 전달하는 것이 되니 신중하게 옮겨 말해야 합니다.

이런 의미에서 붇다와다 불교의 공부 기준은 「부처님 살아서 직접 설한 가르침」입니다. 잘 말해진 부처님 가르침의 무더기[무아(無我)] 안에서 거듭 옮겨 말해진 신(神)이나 제자들의 대화를 포함하여 1차 결집에서 결집된 공부입니다. 그래서 이 기준 안에서는 교리적 충돌이 발생하지 않습니다. 그리고 어떤 주제에 대해서든 부처님의 의도에 따르는 확정적 결론을 도출할 수 있습니다. 또한, 아직 잘 이해되지 않는 것은 공부가 성숙하여 이해하게 될 때까지 미뤄 놓으면 됩니다. 섣불리 자기의 몰이해를 근거로 부처님의 가르침을 부정하지 않아야 합니다.

[2] 전통과 진정의 분기점 –「심행(心行) = 상(想)-수(受)」

연기는 '무명을 조건으로 행들이, 행들을 조건으로 식이 ~'의 조건 관계를 설명하는데, 행들은 신행(身行)-구행(口行)-심행(心行)입니다(SN 12.2-분석 경). 그리고 (MN 44-교리문답의 작은 경)/(SN 41.6-까마부 경2)는 신행-구행-심행을 정의해 주는데, '신행=들숨-날숨, 구행=위딱까-위짜라, 심행=상-수'입니다.

"kati panāyye, saṅkhārā"ti? "그런데 스님, 몇 개의 행(行)들이 있습니까?"

"tayome, āvuso visākha, saṅkhārā — kāyasaṅkhāro, vacīsaṅkhāro, cittasaṅkhāro"ti. "도반 위사카여, 이런 세 개의 행(行)이 있습니다. – 신행(身行), 구행(口行), 심행(心行)."

"katamo panāyye, kāyasaṅkhāro, katamo vacīsaṅkhāro, katamo cittasaṅkhāro"ti? "그러면 스님, 무엇이 신행(身行)이고, 무엇이 구행(口行)이고, 무엇이 심행(心行)입니까?"

"assāsapassāsā kho, āvuso visākha, kāyasaṅkhāro, vitakkavicārā vacīsaṅkhāro, saññā ca vedanā ca cittasaṅkhāro"ti. "도반 위사카여, 들숨도 날숨도 신행이고, 위딱까도 위짜라도 구행이고, 상(想)과 수(受)가 심행입니다."

"kasmā panāyye, assāsapassāsā kāyasaṅkhāro, kasmā vitakkavicārā vacīsaṅkhāro, kasmā saññā ca vedanā ca cittasaṅkhāro"ti? "그러면 스님, 왜 들숨도 날숨도 신행이고, 왜 위딱까도 위짜라도 구행이고, 왜 상과 수가 심행입니까?"

"assāsapassāsā kho, āvuso visākha, kāyikā ete dhammā kāyappaṭibaddhā, tasmā assāsapassāsā kāyasaṅkhāro. pubbe kho, āvuso visākha, vitakketvā vicāretvā pacchā vācaṃ bhindati, tasmā vitakkavicārā vacīsaṅkhāro. saññā ca vedanā ca cetasikā ete dhammā cittappaṭibaddhā, tasmā saññā ca vedanā ca cittasaṅkhāro"ti.

"도반 위사카여, 들숨도 날숨도 몸에 속하는 것들이고, 그 법들은 몸이 의존하는 것들입니다. 그래서 들숨도 날숨도 신행입니다. 도반 위사카여, 먼저 위딱까 한 뒤, 위짜라 한 뒤 나중에 말을 터뜨립니다. 그래서 위딱까도 위짜라도 구행입니다. 상과 수는 심에 속하는 것들이고 그 법들은 심이 의존하는 것입니다. 그래서 상과 수가 심행입니다."

이때, 행은 무엇입니까? 신행과 구행과 심행은 무엇이기에 들숨-날숨이 신행이고, 위딱까-위짜라가 구행이며, 상과 수가 심행입니까?

행은 여러 의미를 가지지만, 기본은 형성작용입니다. 그러면 신행-구행-심행은 몸의 형성작용-말의 형성작용-마음의 형성작용입니다. 그런데 몸의 형성작용은 몸이 작용(행위)하여 결과를 형성하는 작용일 수도 있고, 몸을 형성하는 작용일 수도 있습니다. 이때, 연기가 정의하는 행은 무엇입니까?

이 주제에 대해 붇다고사 스님의 맛지마 니까야 주석서인 멸희론소(滅戱論疏-papañcasūdanī)는 이렇게 주석합니다.

tattha kāyapaṭibaddhattā kāyena saṅkharīyati karīyati nibbattīyatīti kāyasaṅkhāro. vācaṃ saṅkharoti karoti nibbattetīti vacīsaṅkhāro. cittapaṭibaddhattā cittena saṅkharīyati karīyati nibbattīyatīti cittasaṅkhāro.

거기서 몸에 의존한다는 것은 몸에 의해서 형성되어지고 만들어지고 생겨나진다고 해서 신행(身行)이다. 말을 형성하고 만들고 생겨난다고 해서 구행(口行)이다. 심(心)에 의존한다는 것은 심(心)에 의해서 형성되어지고 만들어지고 생겨나진다고 해서 심행(心行)이다.

신행은 몸에 의해서(kāyena 수단격) 형성되어지고 만들어지고 생겨나진다고 주석하기 때문에 kāyapaṭi-baddhattā를 '몸이 의존한다는 것' 대신 '몸에 의존한다는 것'으로 번역하였는데, 신행은 '몸 → 들숨-날숨'의 방향성이고,

구행은 말을(vācaṃ 목적격) 형성하고 만들고 생겨난다고 주석하기 때문에 구행은 '위딱까-위짜라 → 말'의 방향성이며,

심행은 심(心)에 의해서(cittena 수단격) 형성되어지고 만들어지고 생겨나진다고 주석하기 때문에 '심이 의존한다는 것' 대신 '심에 의존한다는 것'으로 번역하였는데, 심행은 '심 → 상-수'의 방향성입니다.

이 부분에 대한 초기불전연구원과 한국빠알리성전협회의 주해는 이렇습니다.

• 초기불전연구원 : 맛지마 니까야 2권(대림스님) 주해324)

"'몸에 계박되어 있다(kāya-paṭibaddha).'고 했다. 몸에 계박되어 있기 때문에 몸에 의해 행해지고 만들어지고 생긴다. 그러므로 '몸의 작용(kāyasaṅkhāra)'이라고 한다. 말을 만들고 하고 일으키기 때문에 '말의 작용(vacī-saṅkhāra)'이고, 마음에 계박되어 있기 때문에 마음에 의해 행해지고 만들어지고 생긴다. 그러므로 '마음의 작용(citta-saṅkhāra)'이라고 한다."(MA. ii.364)

• 한국빠알리성전협회 맛지마 니까야(전재성) 주해 797)

kāyapaṭibaddhattā, vacīpaṭibaddhattā, cittapaṭibaddhattā : Pps. II. 364에 따르면, 신체의 형성과 마음의 형성은 신체나 마음에 의해서 형성된다는 의미에서 신체나 정신(=마음)에 묶여있는 형성이라고 불리지만 언어적 형성은 언어를 형성한다는 의미에서의 언어에 묶여있는 형성이다.

그런데 멸희론소의 이런 주석은 타당한 해석입니까? – 「몸 → 들숨-날숨, 말 ← 위딱까-위짜라, 심 → 상-수」

우선, 화살표의 방향은 '→/←/→'의 불일치를 보여줍니다. saṅkhāra(행)이라는 하나의 개념을 설명하면서 서술의 방향이 일치하지 않는다는 점은 의문을 표할 수 있습니다. 그렇다면 방향을 일치시키는 방법을 생각해 볼 수 있는데, 말과 위딱까-위짜라는 삶의 진행 방향이기 때문에 '말 → 위딱까-위짜라 : 말에서 위딱까-위짜라 생김'은 옳지 않다고 해야 합니다. 그래서 일치된 방향은 「들숨-날숨 → 몸, 위딱까-위짜라 → 말, 상-수 → 심」의 방향입니다.

만약, 몸과 심에서 이 방향으로의 일치가 적절하게 설명될 수 있다면, 이 주제는 멸희론소의 주석보다 일치된 방향성으로 해석하는 것이 타당하다고 하겠습니다.

1. '몸 → 들숨-날숨' ↔ '들숨-날숨 → 몸'

몸이 있어야 숨쉰다는 점에서 '몸 → 들숨-날숨'은 타당합니다. 그러나 숨쉬지 않으면 마음과 함께 나를 구성하는 이것이 더 이상 몸이 아니라 시체라고 불리는 점에서 '들숨-날숨 → 몸'도 타당합니다. 몸의 작용이 숨쉬는 것이라는 측면과 숨이 끊어지면 몸이 무너져 죽는 것이고, 죽으면 다른 생명의 먹이가 되는 것이어서 시체라 불리지 몸이라고 불리지 않으므로 들숨-날숨이 몸을 형성하는 작용이라는 측면입니다. 부처님은 무엇을 설명하기 위해 연기에서 신행을 설명하고, 두 경우 가운데 어떤 경우를 지시하는 것입니까?

2. '심 → 상-수' ↔ '상-수 → 심'

내입처와 외입처를 연하여 식이 생기고, 촉을 조건으로 수가 있습니다(SN 12.45-냐띠까 경). 그리고 식이 수를 인식할 때 상이 함께 아는데, 수와 상과 식은 연결된 것(saṃsaṭṭhā)이고, 분리된 것(visaṃsaṭṭhā)이 아니어서 이 법들을 구별하여 차이점을 선언하는 것은 가능하지 않습니다. 경험한 것을 함께 알고, 함께 안 것을 분별해 알기 때문에 이 법들은 연결된 것이고, 분리된 것이 아닙니다(MN 43-교리문답의 큰 경).

이렇게 상과 수는 식-상-수가 연결되어 하나의 과정으로 진행되는 인식 작용입니다. 그런데 '심행 = 상-수'는 cittappaṭibaddhā(심이 의존하는 것 또는 심에 의존하는 것)인데, ①심이 의존한다는 해석은 식-상-수의 하나된 인식 작용의 결과로 심이 생겨난다는 방향이고, ②심에 의존한다는 해석은 심 이후에 식-상-수의 하나된 인식 작용이 진행된다는 방향입니다.

그런데 '심이라고도 의라고도 식이라고도 불리는(SN 12.61-배우지 못한 자 경)' 마음에게서 ①은 내입처와 외입처를 연하여 생긴 식이 상과 수의 과정을 통해 심을 형성한다는 전개여서 삶의 전개를 자연스럽게 설명해줍니다. 그러나 ②는 내입처와 외입처를 연하여 생기는 식과 상-수가 연결된 하나의 묶음 앞에 심을 두는데, 심과 하나의 묶음의 연결이 자연스럽지 않고, 무엇보다도 심이 생겨나는 과정이 설명되지 않습니다.

그래서 cittappaṭibaddhā는 ②보다는 ① 즉 '심이 의존하는 것'이어서 '식-상-수 → 심'의 심이 생겨나는 과정으로 해석하는 것이 적절합니다. -「심행(心行) = 상(想)-수(受) : 상과 수가 심을 형성하는 작용이다」

3. 하나의 방향성으로의 해석 -「들숨-날숨 → 몸, 위딱까-위짜라 → 말, 상-수 → 심」

그렇다면 '신행 = 들숨-날숨'도 '들숨-날숨 → 몸'의 방향성을 선택할 수 있습니다. 들숨-날숨이 몸을 형성하는 작용이어서 숨쉬고 있을 때 물질 무더기인 이것이 몸이 되어 마음과 함께 나를 구성한다는 관점입니다. 그러다 숨이 끊어지면 몸이 무너져 죽는 것이어서 마음은 몸을 떠나게 되고, 이것은 더 이상 몸이 아니라 다른 생명의 먹이가 되는 고기 덩어리가 된다는 해석입니다.

'구행 = 위딱까-위짜라'는 의논의 여지 없이 '위딱까-위짜라 → 말'입니다.

그리고 '심행(心行) = 상(想)-수(受)'도 '상-수 → 심(상과 수가 심을 형성하는 작용이다)'라고 해석되면, 신행-구행-심행의 세 가지 행은「들숨-날숨 → 몸, 위딱까-위짜라 → 말, 상-수 → 심」의 하나의 방향성을 가진 개념으로 설명됩니다.

행은 연기와 오온과 삼법인의 세 가지 교리에 나타납니다. 특히, (SN 12.25-부미자 경)/(AN 4.171-의도 경)은 몸-말-마음(意)이 있을 때 몸-말-마음의 의도(業)를 원인으로 즐거움과 괴로움이 생긴다고 하여 행위 이전에 몸과 말과 마음이 있어야(생겨나야) 하는 필요성을 말하는데, 연기의 행들(신행-구행-심행)을 하나의 방향으로 해석하면 몸-말-마음(心)의 생겨남을 위한 조건 관계가 확보됩니다. ⇒ 세 가지 행 참조(207쪽)

4. 하나의 방향성으로의 해석에 따른 삶의 이해 –「행위적 앎(active knowing) & 앎의 자기활동성(agency of knowing)」

내입처와 외입처를 연하여 식이 생겨나는데, 내입처는 식과 근이 함께한 것입니다. 그래서 식은 식(식온-이전의 삶이 누적된 식의 무더기)이 근과 함께 외입처를 인식해서 생겨나는데, 분별하기 때문에 식이라고 그 성질(작용성)이 정의됩니다.

식은 viññāṇa인데, vi-ñ-ñāṇa 즉 '분별 앎'입니다. 이전 삶이 쌓여 있는 분별 앎의 무더기가 외입처를 분별하여 분별 앎을 생기게 하는데, 분별에서 생긴 앎이 다시 분별하는 작용을 한다는 설명입니다. – 행위적 앎(active knowing) : 앎(①체)이면서 동시에 행위(②작용성)하는 이중성 =「앎의 자기활동성(agency of knowing)」

인식에 대한 서술들(*)을 참고하면, 행위적 앎인 식(분별 앎)은 상과 수의 과정에서 무명(존재 앎)과 탐(가치 앎)을 생겨나게 해서 커지고, '분별 앎+존재 앎+가치 앎'으로 완성되는데, 이렇게 완성된 앎(知-ñāṇa)이 자기 활동성을 가진 심(心-citta)입니다. 이런 과정으로 생겨나는 심에 대한 서술이 '심행 = 상-수(상과 수가 심의 형성 작용 → 상과 수의 과정에서 생겨나는 심)'입니다.

(*) ①제2부 총론 제2장 딱까 Ⅰ.여래가 성취한 법(141쪽) / ②제5부 (연기의 상세 Ⅱ) 나 제1장 나 그리고 삶의 현장 Ⅲ. 식(識)에 대한 이해의 확장 – 1. 식(識) [7] 식(識)의 역할 – 분별해서 앎(418쪽) / ③제6부 딱까가 해석된 불교 제1장 제2절 Ⅰ. 삶에 대한 여러 시각(482쪽)

식(識-viññāṇa)과 심(心-citta)을 이렇게 행위적 앎(active knowing)과 앎의 자기활동성(agency of knowing)의 관점으로 이해하는 것은 중요합니다. 불교에서 깨달음이 여실지견(如實知見)과 해탈지견(解脫知見)으로 제시되기 때문입니다.

; 여실지견 – 행들에 대한 사실(무상-고-무아)에 들어맞는 앎의 확보와 이어지는 삶에 대한 시각 = 예류자

; 해탈지견 – 해탈의 흔들리지 않음-태어남의 끝-다음의 존재 없음에 대한 앎의 확보와 이어지는 삶에 대한 시각으로의 열반의 실현(=삶의 완성) = 아라한

이런 앎의 확보에 의한 심해탈(사마타 → 심이 애에서 벗어남)-혜해탈(위빳사나 → 식이 번뇌에서 벗어남)이 삶의 완성이기 때문에 마음 즉 식과 심을 앎의 관점(행위적 앎-앎의 자기활동성)에서 이어지는 관계(식=분별 앎 → 심=앎=분별 앎+존재 앎+가치 앎)로 이해하는 것은 마음에 대한 바른 해석입니다.

5. 멸희론소 주석의 오류가 불교에 미친 영향

있는 것(법)은 모두 무아입니다(제법무아). 그래서 생겨나는 것입니다. 행들은 무상해서 조건들의 결합에 의해

생겨나고, 열반은 행들의 가라앉음에 의해 실현됩니다.

행들 가운데 중요한 것에 대해서는 부처님이 생겨남을 위한 조건 관계를 설명해 줍니다. 우리가 직접 알기 어려운 그러나 삶의 문제를 해결하기 위해서는 정확히 알아야 하는 것(스승의 영역에 속한 것)들에 대해 부처님이 깨달아 아는 것을 직접 알려주는 것입니다. 그래서 우리는 식은 내입처와 외입처를 연하여 생겨나서 인식하는 일을 하는 줄 알고, 심은 상-수의 과정을 조건으로 생겨나서 행위하는 일을 하는 줄 압니다.

그러나 붇다고사 스님의 멸희론소 이래 오랜 세월 불교는 심의 조건 관계를 알 수 없었습니다. '심행 = 상-수'에 대한 해석의 오류 때문에 심의 형성작용에 대한 부처님의 정의가 감춰져 버렸기 때문입니다. 경이 알려주는 심의 형성 작용을 해석의 오류로 배제한 탓에 부처님이 심의 생겨남을 설명해 주지 않은 것이 되었습니다. → 심(心)의 정체를 밝히지 못함

오랜 세월, 1600년(*)의 세월을 두고 부처님에 의해 심의 정체를 확인하지(안내받지) 못한 불교 안에서 심은 무아(無我)라는 사실의 측면보다는 세간적 경향에 이끌려 참된 것/진여/주인공 등 다양한 언어의 묘사를 통해 생겨나지 않는 것으로 다가가게 되었는데, 생겨나지 않는 것은 불생불멸의 아(我-atta/ātman)입니다. 무아의 선언 위에 있는 불교이다 보니 아(我)라고 직접 선언하지는 못한다 해도 다양한 방법으로 심을 아의 성질을 가지는 것으로 수용하게 된 것입니다. → 불교의 힌두화

(*) 붇다고사 스님은 400년 대에 활동하였으므로 1600년의 세월입니다. 그러나 붇다고사 스님의 독자적인 이해뿐 아니라 전해오던 주석들의 완성이라는 측면에서는 1600년이 아니라 2000년 넘는 세월의 오류라고 볼 수도 있습니다.

심(心)의 정체를 밝히지 못함! 이것이 멸희론소 주석의 오류가 불교에 미친 영향의 본질입니다.

이런 본질적 영향은 뒤따라

1) 앎의 관점에서 식과 심을 이해하지 못하게 하고(1차 인식-2차 인식-공동주관),
2) 탐-진-치/망-진-치의 의미를 파악하지 못하게 하고,
3) 무명과 애의 연결 관계를 설명하지 못하게 하고,
4) 딱까의 의미를 드러내지 못해 삶의 심오함으로 접근하지 못하게 합니다.
   → 불교의 추상화-형이상학화(낮은 깨달음)

5) 일방향성과 순환구조로 삶을 이해할 수 없게 하여 연기를 바르게 해석할 수 없고(삶의 메커니즘),
6) 연기의 구조 위에서 설명되는 팔정도를 바르게 설명할 수 없게 하였습니다(수행지도 - 공동주관의 제어).

이런 영향은 수행자들의 삶에도 영향을 줍니다. 마음의 정체에 대해서는 부처님이 알려주신 대로 배워 알면 될 뿐, 수행자는 그 정체성 위에서 고멸의 실현을 위해 나아가야 합니다. 그러나 심의 정체성이 감춰졌을 때, 수행자들은 먼저 심의 정체를 확인하러 나아가게 됩니다. 오랜 세월, 부처님의 많은 제자가 마음이 무언지 찾아 나서느라 고멸의 실현으로 나아가지 못하는 현상을 보이는 이유입니다.

– 불교는 부처님의 가르침에 의지해서 고멸을 실현하는 종교입니다. 부처님에 의해 완전히 알려진 사실 위에

서 삶의 문제를 직접 해소해 가는 공부인 것입니다[자주(自洲)-법주(法洲)]. 그러나 이 한 가지 오해 때문에 삶의 문제 해소 이전에 삶을 정의하는 공부에 나서게 되어 버렸습니다.

6. 전통과 진정의 분기점 – 「부처님 가르침의 진정 찾기」 또는 「불교(佛敎)를 부처님에게로 되돌리는 불사(佛事)」

근본경전연구회는 아비담마/청정도론 등 후대의 교재를 배제하고, 오직 「니까야로 푸는 니까야」의 기법으로 경을 연구하고 해석하고 있는데, 바로 이 오류의 발견으로부터 시작되었다고 하겠습니다.

이 오류의 발견을 근본으로 '생겨나는 것'인 심의 정체성을 확보하였기에

1) 앎의 관점에서 식과 심을 이해하고(1차 인식-2차 인식-공동주관),
2) 탐-진-치/망-진-치의 의미를 파악하고,
3) 무명과 애의 연결 관계를 설명하고,
4) 딱까의 의미를 드러내어 삶의 심오함으로 접근하게 되었습니다.
→ 불교를 사는 이야기 위에서 해석(1쪽) 참조

5) 일방향성과 순환구조로 삶을 이해하여 연기를 바르게 해석할 수 있게 되고(삶의 메커니즘),
6) 연기의 구조 위에서 설명되는 팔정도를 바르게 설명할 수 있게 되었습니다(수행지도 - 공동주관의 제어).

이렇게 이 주제에서의 오류 해소는 부처님 가르침의 진정에 접근하고, 「불교(佛敎)를 부처님에게로 되돌리는 불사(佛事)」의 중심이 되었습니다. 이제 이 공부가 완성되어 가는 만큼 불교 신자는 '배워 알고 실천하기만 하면 부처님이 이끄는 삶이 나에게서 실현되는' 바른 신행의 길을 확보하게 되었습니다.

부처님 살아서 직접 설한 가르침의 공부라는 특별한 시도의 성과는 실로 1600년 또는 2000년 넘는 세월을 격하여 부처님 가르침의 진정으로 우리를 이끌고 있습니다. 이것이 「불교(佛敎)를 부처님에게로 되돌리는 불사(佛事)」이고, 이 책이 만들어지는 이유입니다. – 「전통과 진정의 분기점」

◐ 붇다고사 스님의 밖에서 부처님에게 접근하는 이유 ◑

멸희론소의 저자인 붇다고사 스님의 대표 저술은 청정도론(清淨道論-visuddhimagga)입니다. 학자들에 따라서는 테라와다 불교의 부동의 준거라고 부를 정도로 영향력이 큰 책입니다. 그런데 청정도론은 마음(심-의-식)에 대해서 '심(心)이라고도 의(意)라고도 식(識)이라고도 불리는 그것'을 심=의=식(식과 심과 의라는 것은 의미로부터는 하나이다)이라고 해석합니다. 마음에 대해 '동질성 위에 차별성'을 보지 못하는 문제를 야기함으로써 여기에서 '심행 : 심 → 상-수'로의 해석이 뒤따르게 되었다고 하겠습니다. ⇒ 426쪽 참조

마음을 바르게 보지 못하면 삶을 바르게 볼 수 없습니다. ①'심=의=식'의 해석에서 차별성을 놓쳐 삶의 심오한 영역(딱까)에 접근할 수 없게 되고, ②'심행 : 심 → 상-수'의 해석이 뒤따르면서 심의 생겨남에 대한 부처님의 설명(정의)을 놓치게 되어 심의 정체성에 바르게 접근할 수 없게 되었습니다.

근본경전연구회가 붇다고사 스님의 밖에서 부처님에게 접근하는 이유입니다.

[3] 딱까의 발견 – 불교의 분기점 – 「딱까를 해석한 불교와 해석 못한 불교」

딱까(takka)라는 용어가 있습니다. 행위의 시작점을 지시하는 생각 떠오름(떠오른 생각-尋)을 의미하는 vitakka(위딱까)와 연결되는데, vi-takka여서 takka에서 분리됨(떠남)입니다. 행위의 시작점이 'takka라는 어떤 것'에서 떠나는 현상이라면, takka는 행위가 시작되기 이전의 무엇입니다. 그런데 행위의 뿌리에는 애(愛)가 있습니다(愛를 조건으로 取가 있다). 그래서 vi-takka에 선행하는 것으로의 takka를 애가 생겨나는 과정이라고 이해하면 타당합니다(뒤에서 상세히 설명).

한편, 부처님은 '내가 성취한 법'을 「딱까의 영역을 넘어선(atakkāvacara 아딱까-와짜라)」 법이라고 말합니다. vi-takka에 선행하는 것으로의 딱까는 애가 생겨나는 과정 즉 '애의 형성과정'인데, 그 영역을 넘어섬 즉 애가 생겨나지 않게 된 성취(愛滅)야말로 부처님이 성취한 법이라고 말하는 것입니다.

; 딱까의 영역 → 애(愛) → 취(取) → 유(有) → 고(苦)
; 딱까의 영역을 넘어섬 → 애멸(愛滅) → 취멸(取滅) → 유멸(有滅) → 고멸(苦滅)

이렇게 딱까는 '애의 형성 과정'이어서 중생의 삶을 결정합니다. 그리고 딱까의 영역을 넘어섬(atakkāvacara)은 애멸이어서 중생의 삶에서 벗어난 깨달음의 실현입니다.

전통의 공부에서 딱까는 위딱까와의 차이를 구체적으로 드러내지 못합니다. 그래서 부처님이 성취한 법인 '딱까의 영역을 넘어섬(atakkāvacara)'도 '사유가 미치지 못하는' 정도로 해석하는데, 애와 애멸의 과정으로의 역할을 구체적으로 드러내지 못합니다.

그러나 근본경전연구회는 딱까를 '애의 형성과정'이라고 구체적 의미로 해석하였는데, 이것이 가르침의 진정에 접근하는 출발이고, 완성입니다. → 불교의 분기점 – 「딱까를 해석한 불교와 해석 못한 불교」

이 책은 삼법인-연기-오온-팔정도-사성제라는 불교의 중심 주제를 딱까의 해석 위에서 새롭게 서술한 책입니다. 딱까는 부처님 깨달음의 근본이어서 「딱까를 해석한 불교와 해석 못 한 불교」는 삶에 대한 전혀 다른 시각을 제시합니다.

제2부 총론은 제1장 불교의 구성에 이어 제2장에서 딱까를 자세히 설명한 뒤 제3장에서 '딱까가 해석된 불교'를 소개합니다. 그리고 제6부에서 자세히 설명하는데, 「삶의 메커니즘 → 지와 견 → 두 단계의 깨달음과 예류자 → 수행지도(修行地圖)」입니다.

[4] 동의어보다 '동질성 위에 차별성'

; 1~4.에 대해서는 '제5부 제2장 Ⅳ. 식(識)에 대한 이해의 확장 – 2. 심(心)-의(意)-식(識)'에서 자세히 설명하였습니다.

※ 동질성 위에 차별성은 'Ⅰ. 종교는 무엇입니까?'에도 적용할 수 있는 관점입니다. 이뿐만 아니라 삶의 많은 요소는 이렇게 동질성과 차별성을 가진 구성을 보여줍니다.

1. 심(心)-의(意)-식(識)

마음이라는 것이 있습니다. 몸과 함께 나를 구성하는 내 마음입니다. 그런데 경에는 이런 마음을 직접 지시하는 단어가 없습니다. 'etaṃ vuccati cittaṃ itipi, mano itipi, viññāṇaṃ itipi 심(心)이라고도 의(意)라고도 식(識)이라고도 불리는 그것'(SN 12.61-배우지 못한 자 경)이라고 해서 우리말 마음을 '그것'이라고 지시하면서 심 또는 의 또는 식이라고 부른다는 설명입니다.

전통의 공부는 이 내용을 '심=의=식'이라고 해석합니다. 그러나 근본경전연구회는 '조건에 따라 심이라고도 의라고도 식이라고도 불리는 그것, 마음'을 설명하는데, 몸과 짝하여 나를 구성하는 것으로의 마음이라는 동질성 위에서 조건에 따른 차별성을 함께 보는 해석입니다.

'동질성 위에 차별성'은 불교의 중심에서 많은 주제를 설명합니다. 의(with 몸)-사띠-사념처, 심(행위자)-삼매-사마타, 식(인식자)-지혜-위빳사나의 과정에 의한 ①여실지견과 ②해탈지견으로의 삶의 완성으로 귀결되는데, 차별성을 보는 것은 이렇게 삶에 대한 이해(연기)와 깨달음(팔정도)의 출발입니다.

2. 3가지 식(識) – 「연기된 식 → 씨앗 식 → 머문 식 → 연기된 식」(자기 증식에 의한 변화)

식은 viññāṇa(윈냐-나)인데, 경에서는 같은 형태로 3가지 차별된 상태를 지시합니다. 식은 순환 구조 위에서 ① 삶의 과정이 누적된 식온(識蘊)은 연기된 식이고 윤회의 주체인데, 순환하여 몸과 함께 인식주관이 되어 새로운 식을 출산합니다. 출산된 식은 이어지는 행위 과정의 씨앗에 비유되어 씨앗 식이라고 부연하였습니다. 씨앗 식의 인식에서 출발하는 행위는 열매를 맺는데, 중생 세상에 머문 식입니다. 머문 식은 다시 이전의 식온에 더해져 연기된 식의 상태를 바꾸는데, 자기 증식에 의한 변화여서 무아의 현상을 확인해 줍니다.

이렇게 식은 같은 용어로 '연기된 식 → 씨앗 식 → 머문 식'의 3가지 차별 상태를 지시합니다.

3. 2가지 의(意) – ①'심-의-식'의 의와 ②'안-이-비-설-신-의'의 의

의(意)는 mano인데, 같은 형태로 2가지 차별된 의미를 지시합니다. 첫째는 심-의-식의 의여서 심도 식도 몸과 함께 작용할 때를 지시합니다. 몸과 함께하는 영역 즉 딱까의 밖에서 행위하고 인식하는 마음을 모두 의로서 나타냅니다. – 행위 : 의업(意業), 인식 : 작의(作意)

둘째는 육내입처(안처~의처)를 구성하는 의처인데, 보통 처를 생략하고 안~의로 나타내기 때문에 의식과 의근이 함께하여 법을 인식하는 인식주관의 하나를 지시합니다. – 의(意) = 의식(意識)+의근(意根)

이런 의에 대한 차별은, 특히, 인식의 통합자의 주제에서 답을 주는데, 심-의-식의 의가 인식의 통합자입니다. 이런 통합자가 해석되지 않으면 제3의 통합자를 설정하게 되는데, 유식(唯識) 불교로 나아가는 단초가 된다고 해야 합니다.

4. 4가지 앎 –「식(識-분별 앎) → 무명(無明-존재 앎) → 탐(貪-가치 앎) → 심(心-앎)」

내입처가 외입처를 인식하면 식(識-viññāṇa)이 생기는데, 외입처의 분별 앎(vi-ñ-ñāṇa)이고 이어지는 삶의 과정을 위한 씨앗이 됩니다(분별 앎=씨앗 식 → 행위적 앎-앎의 자기 활동성). 씨앗 식이 수를 인식하면 상(常)-락(樂)-아(我)의 전도에 따른 무명(존재 앎)과 즐거운 느낌에 대해 좋은 것이라는 왜곡(정(淨)의 전도)인 탐과 괴로운 느낌에 대해 나쁜/싫은 것이라는 왜곡(정(淨)의 전도)인 진이 생기는데, 가치 앎입니다. 그리고 분별 앎인 식과 존재 앎인 무명 그리고 가치 앎인 탐이나 진이 함께하면 앎이 완성되는데, 앎(ñāṇa)인 심(心)입니다. 그래서 분별 앎인 식이 존재 앎인 무명이 스민 채 가치 앎인 탐으로 커지면 심이 되고, 심은 가치 앎인 탐의 영향으로 바라는 성질(望-lobha)을 가져서 소망(nandi)을 생겨나게 한 뒤 몸과 함께하는 행위로 나아갑니다.

이렇게 아는 마음인 식에 이어 심은 행위하는 마음이라는 것을 알 수 있습니다.

• 그림 : 전통보다 진정 –「동질성 위에 차별성①」

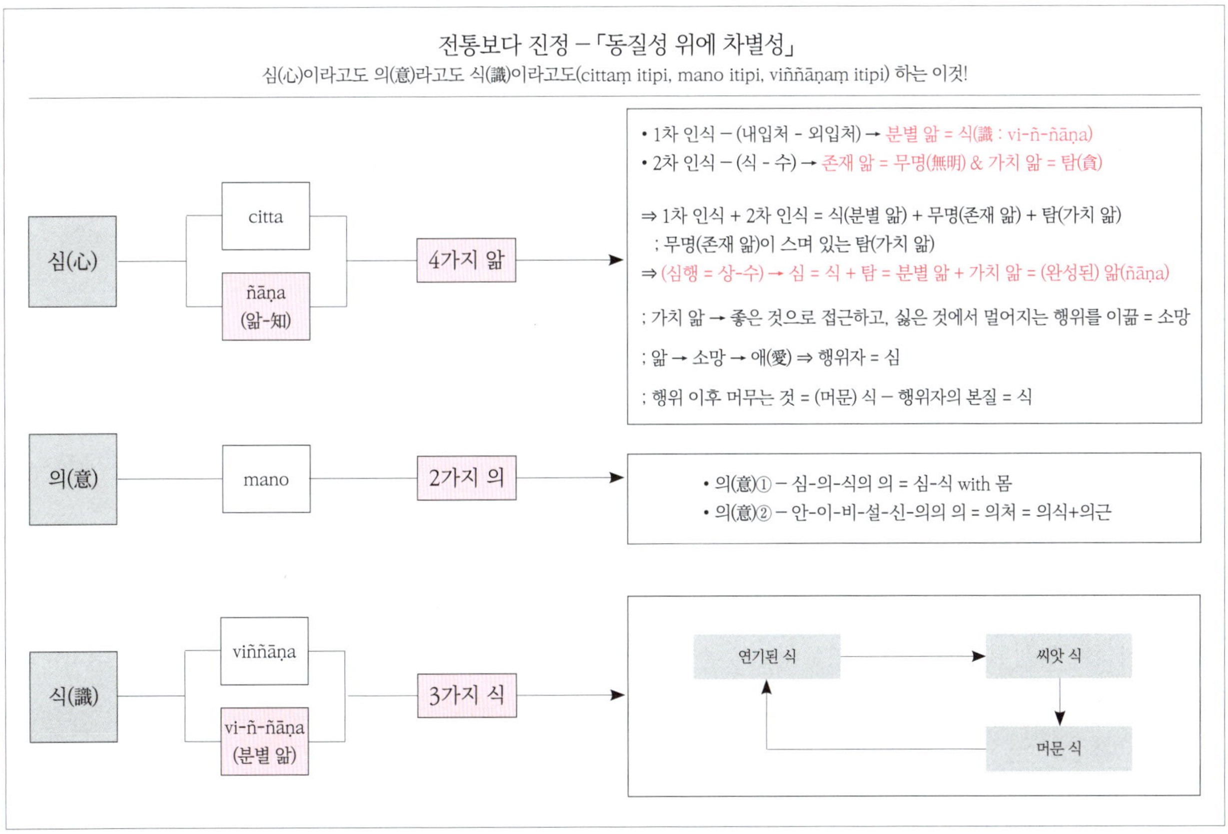

※ 이 주제는「제2부 총괄 제3장 Ⅱ. 지와 견」에서 더 상세하고 정형된 용어로 설명하였습니다.(178쪽)

• 1차 인식 – (내입처 - 외입처) → 외입처의 ①분별 앎 = 식(識)
• 2차 인식 – (식 - 수) → ②존재 앎 = 무명(無明) → ③가치 앎 = 탐(貪) & 진(嗔) → ④(완성된) 앎(知) = 심(心)

5. 3가지 행(行) – 「연기의 행들 → 오온의 행들 → 삼법인의 행들」 → 그림(207쪽)

행(行)은 saṅkhāra(상카-라)인데, 복수형인 saṅkhārā(행들)로 주로 나타납니다. 그런데 행은 3가지 교리에서 같은 형태로 쓰이는데, 연기와 오온과 삼법인입니다.

연기에서는 '무명을 조건으로 행들이 있고, 행들을 조건으로 식이 있다.'인데, 신행(身行)-구행(口行)-심행(心行)의 3가지 행으로 정의됩니다.

오온은 색-수-상-행들-식의 5가지 무더기인데, 신행(身行)-구행(口行)-의행(意行)의 3가지 행으로 나타납니다.

삼법인에서는 제행무상-제행개고로 나타나는데, 제법무아의 법(법 = 행 + 열반)에서 열반을 제외한 유위에서 형성된 것들이고, 구체적으로는 세상에 있는 세상의 법들인 오온입니다.

전통의 공부에서는 연기의 행과 오온의 행을 같은 것으로 간주하는데, 심-의-식을 동의어로 보는 시각 때문이라고 해야 합니다(심=의=식 → 심행=의행). 그래서 연기의 행을 전생의 행위라고 해석하는데, 삼세양중인과설의 근본입니다.

그러나 근본경전연구회는 동질성 위에 차별성의 관점에서 행들을 해석하는데, 연기의 행들은 신-구-심을 생겨나게 하는 형성작용이고, 오온의 행들은 생겨난 신-구-심(with 몸 → 의)의 행위를 통한 형성작용이며, 삼법인의 행들(諸行)은 그런 형성작용을 통해 생겨난 것들입니다.

이런 해석에서 3가지 행은 형성작용이라는 동질성 위에서 차별성을 가지고 「연기 → 오온 → 삼법인」으로 전개되는데, '여래는 이것을 깨닫고 실현하였다.'라는 용례에 속한 3가지 중심 주제입니다. 이렇게 3가지 행은 부처님 깨달음의 근본 자리를 설명해 줍니다.

6. 내적인 심(心)의 사마타와 법(法)의 위빳사나 & 사마타와 위빳사나

불교에서 수행은 「사념처 → 사마타-위빳사나」의 체계로 제시됩니다. 사념처는 여실지견에 이르는데, 예류자의 성취이고, 사마타-위빳사나는 해탈지견에 이르는데, 아라한의 성취입니다.

다시, 사념처는 「필수품을 갖춘 삼매 → 내적인 심의 사마타 → 법의 드러남 → 법의 위빳사나 → 여실지견」의 과정으로 완성되어 완성된 사띠로의 사띠토대를 갖춥니다. 그러면 사띠토대 위에서 「염오 → 이탐 ⇒ 심해탈(사마타) → 소멸 ⇒ 혜해탈(위빳사나)」의 과정으로 해탈지견하는데, 부동의 심해탈로의 완성입니다.

이때, 내적인 심의 사마타와 사마타는 '그침/진정'이라는 동질성 위에서 역할의 차별성에 따른 다른 테크닉이고, 법의 위빳사나와 위빳사나도 '관찰'이라는 동질성 위에서 역할의 차별성에 따르는 다른 테크닉입니다. 그래서 여실지견의 과정과 해탈지견의 과정이라는 다른 자리를 차지하게 됩니다.

전통의 공부는 내적인 심의 사마타와 사마타, 법의 위빳사나와 위빳사나를 동의어로 간주합니다. 예류자에 이르는 과정과 아라한의 성취과정은 천길 멉니다. 그런데 천길 먼 두 가지를 압착하여 하나의 과정으로 수행을 설명하면 깨달음의 길이 왜곡됩니다. 여실지견의 과정 없이 해탈지견을 설명하는 것과 같아서 삼매의 과정이 배제됩니다. 그래서 삼매의 습기없는 마른 위빳사나 또는 사마타 없는 순수 위빳사나라는 경에 없는 방법으로 수행을 설명하게 되는데, 이런 방법으로는 깨달을 수 없습니다.

한국불교의 어른 스님들이 '위빳사나로는 깨달을 수 없다.'라고 말할 때, 부처님의 깨달음의 길을 부정한다고 지적하게 되는데, 어쩌면 부처님의 깨달음의 길인 「사념처 → 사마타-위빳사나」가 아닌, 경에 없는 방법인 마른 위빳사나 또는 순수 위빳사나가 위빳사나라는 이름으로 전달되었기 때문이라고 이해할 수도 있을 것입니다.

근본경전연구회는 딱까의 해석 위에서 밖의 영역으로부터 딱까에 접근하는 과정으로의 사념처와 딱까 안에서 진행되는 염오-이탐-소멸 과정으로의 사마타-위빳사나를 설명하는데, 이것이 깨달음의 바른길입니다.

• 그림 : 전통보다 진정 –「동질성 위에 차별성②」

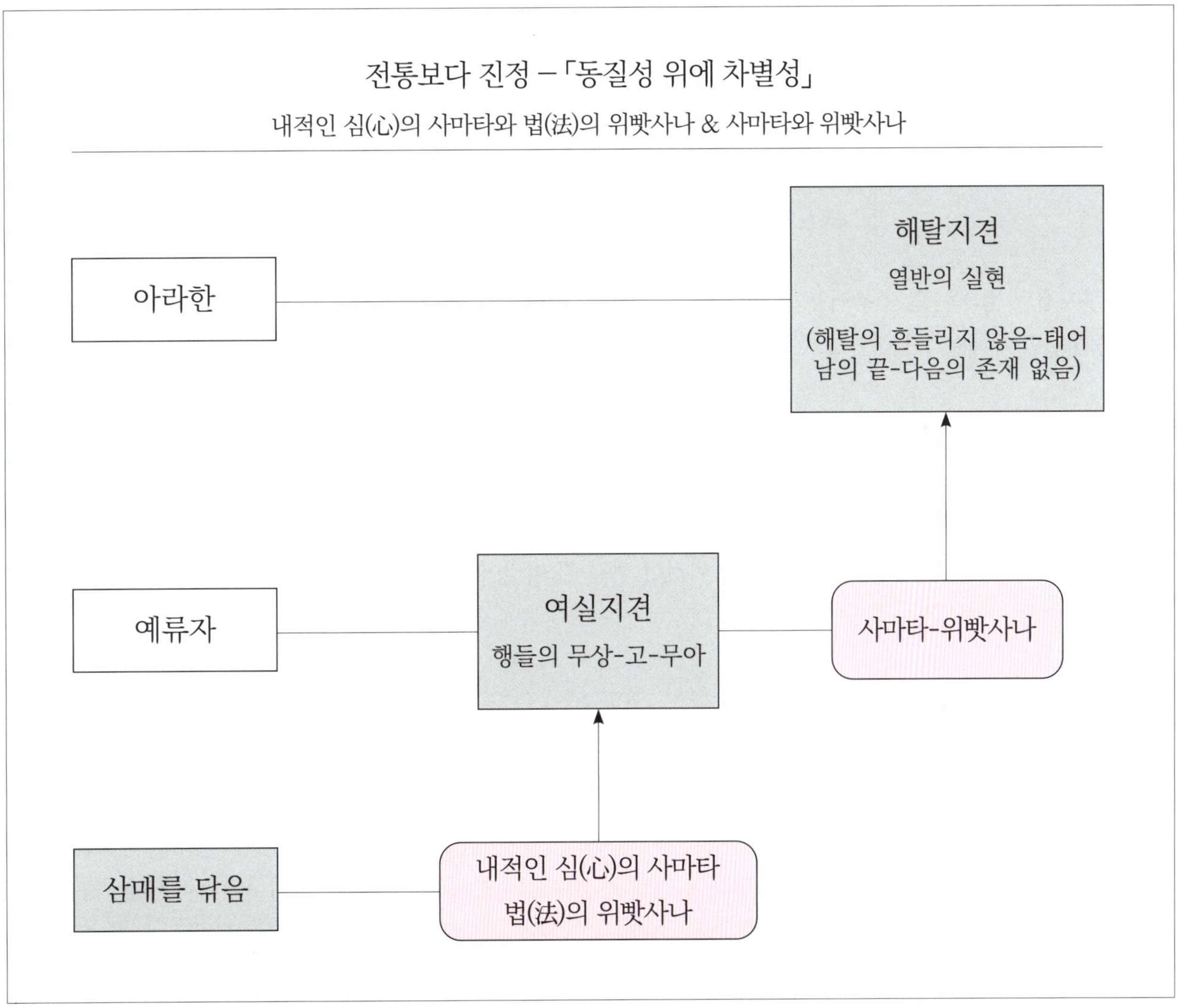

• 그림 : 딱까를 중심에 둔 수행지도 ⇒ (608쪽)

[5] 부처님의 정의를 벗어나지 않음

중생들의 삶의 영역을 벗어나 실현되는 깨달음의 경지 또는 그 과정을 인간의 언어로 설명해야 하는 부처님은 중요한 교리 용어에 대해 직접 그 의미를 정의해 줍니다. 여러 주제의 (vibhaṅgasuttaṃ 분석 경) 등에 나타나는 용어 정의는 부처님의 가르침을 왜곡없이 배우기 위한 기준이 됩니다.

부처님으로부터 멀어지면서 이런 용어에 대한 분석에서 벗어나 새로운 정의가 부여되는데, 용어의 정의가 달라지는 만큼 가르침의 해석이 달라지고, 그만큼 불교는 부처님에게서 멀어집니다.

1. 명색(名色-nāmarūpa)

대표적으로 명색(名色-nāmarūpa)의 정의 변화는 다양하게 전개되는데, 그만큼 연기(십이연기)의 해석이 부처님에게서 멀어집니다. 사성제에서 고집(苦集)인 애(愛)를 전후한 괴로움의 발생과정이어서 고와 고집의 영역을 차지하는 연기가 부처님의 깨달음과 다른 방법으로 해석되면 고멸의 방법 또한 달라지게 되는데, 팔정도가 제시하는 수행법에 차이를 유발하고, 그런 방법으로는 깨달을 수 없습니다.

명색에 대한 정의의 변화에 대해서는 「제5부 제2장 VI. 명색(名色)의 확장된 정의의 문제」에서 자세히 설명하였습니다.

한편, 부처님의 정의는 단지 용어에만 국한되지는 않습니다. 여기서는 연기의 의미 변화가 미치는 영향과 보편적 깨달음의 길인 혜해탈자에 대한 오해를 이어서 소개하였습니다.

2. 연기와 연기의 정형구문

경은 무명~노사의 열두 개로 구성된 괴로움의 발생 과정을 여기에서의 조건성인 연기라고 정의합니다(SN 12.1-연기 경). 그리고 「이것이 있을 때 이것이 있고, 이것이 생길 때 이것이 생긴다. 이것이 없을 때 이것이 없고, 이것이 소멸할 때 이것이 소멸한다.」라는 정형구문은 모든 용례가 연기에 연결되어 고의 발생과 소멸의 100% 조건 관계를 지시합니다.

그런데 후대의 불교에서는 이 정형구문에 연기라는 이름을 붙인 뒤 존재하는 것들의 상의상관/상호의존으로 해석합니다. 그리고 연기에는 십이연기라는 이름을 붙이는데, 경에 없는 개념입니다. 하지만, 연기와 연기의 정형구문은 상호 의존을 지시하지 않습니다. 오직 한 방향의 100% 조건 관계(연기)여서 결과(생겨나는 것)의 해소를 위해서는 조건(생겨나게 하는 것)의 해소가 필요하다(연멸)는 괴로움의 발생과 소멸을 위한 하나의 목적성을 가진 조건 관계일 뿐입니다.

이렇게 부처님의 관심은 오직 고와 고멸(최상위 개념)입니다. 그러나 이런 개념의 변화는 불교의 관심을 존재하는 것들 간에 적용되는 법칙성 정도로 돌리게 하는데, 불교의 존재 목적의 훼손이라고 해야 합니다.

- 경 : 연기의 정형 구문(이것이 있을 때 이것이 있고~)은 '즉'으로 연기를 제시함
- 후대의 교재 : 연기의 정형구문 = 연기 = 상호 의존성(자성 없음, 그러나 梵-我로 전개됨), 연기 = 십이연기

◐ 단(斷)-상(常)의 극복에 대한 입장 차이

- 경 : 연기 → 단견(斷見)의 극복, 연멸 → 상견(常見)의 극복
- 후대의 교재 : 공성 → 단견의 극복, 연기→ 상견의 극복 — 연기를 정형구문으로 적용

	단견(斷見) 극복	상견(常見) 극복	비고
경	연기(緣起)	연멸(緣滅)	중(中)에 의해 설해진 법
후대의 교재	공성(空性)	연기(緣起)	연기 = 정형구문 (자성 없음)

3. 혜해탈자

불교에서 보편적 깨달음의 길은 혜해탈자입니다(SN 8.7-자자 경). 초선~상수멸을 성취하여 머묾(九次第住) 위에서 번뇌를 부수고 깨닫는 길이어서(AN 9.44-혜해탈자 경) 「사념처 → 사마타-위빳사나」 또는 「필수품을 갖춘 삼매 → 내적인 심의 사마타 → 법의 드러남 → 법의 위빳사나 → 여실지견 → 사마타-위빳사나 → 해탈지견」의 과정으로 설명됩니다.

그런데 [4] 6.에서 설명하였듯이, 전통의 불교에서는 경에 없는 방법인 마른 위빳사나 또는 순수 위빳사나에 의해 깨달은 자를 혜해탈자라고 설명합니다. 말하자면, 불교에서 보편적 깨달음을 부처님 깨달음에 미치지 못하는 낮은 성취로 대체한 것인데, 지금 우리 곁에서 아라한을 만날 수 없게 한 주된 이유라고 할 수 있을 것입니다.

혜해탈자의 개념은 어려워서 외도들은 잘 이해하지 못했습니다. 경에서도 이런 상황을 묘사하고 있는데, (SN 12.70-수시마 경)과 (MN 80-웨카나사 경)입니다.

▣ 주제의 확장 – (78)「혜해탈자(慧解脫者-paññāvimutta)에 대한 비난」 ⇒ nikaya.kr에서 '혜해탈자비난'으로 검색

(MN 80-웨카나사 경)은 사문 됨의 의미가 무명(無明)의 속박에서 바르게 풀려나는 것이라는 관점을 통해 혜해탈자의 타당성을 드러내 보여줍니다.

웨카나사 유행승은 과거의 끝을 모르고 미래의 끝을 보지 못하면서 깨달음을 선언하는 것은 궁핍하고, 단지 이름만 얻는 것이고, 공허하고 가치가 없는 것이라고 세존을 헐뜯는 말을 하는데, 부처님은 웨카사나 유행승의 혜해탈자에 대한 이런 비난을 정당하다고 인정하지 않습니다. 오히려 같은 비난을 하는 유행승도 있었다고 유행승들의 교리의 문제를 지적한 뒤 혜해탈자의 타당성을 드러내 보여줍니다.

부처님은 과거의 끝과 미래의 끝은 그만두고라도, 정직하고 속이지 않고 올곧음을 갖춘 지혜로운 사람이 오면 가르치고 법을 설합니다. 실 끈에 묶인 어린아이가 성장하여 기능이 성숙하면 그 묶임에서 벗어나듯이, 가르친 대로 실천하는 사람은 오래지 않아 스스로 사문 됨(sāmañña)에 대해 알고 볼 것인데, 사문 됨은 무명(無明)의 속박에서 바르게 풀려나는 것 즉 혜해탈자의 성취입니다.

[6] 한역(漢譯)의 문제

빠알리 경전이 한역(漢譯)을 거쳐서 우리에게 닿는 과정에서 원전이 확인되지 못하는 데에 따르는 한역의 문제는 교리의 해석에서 정확성을 잃게 할 수 있습니다. 한역에 대해 원전의 관점을 적용해 되돌렸습니다.

1. 탐-진-치와 망-진-치

탐(貪)으로 한역된 빠알리 단어는 두 개가 있는데, rāga와 lobha입니다. 그런데 rāga와 lobha는 동의어가 아닙니다. 서로 다른 두 개의 단어를 중국에서 탐(貪)이라는 같은 단어로 번역한 것인데, 이때부터 탐은 원전으로 환원되지 못하게 되었습니다. 영역(英譯)에서는 rāga는 excitement/passion 등으로, lobha는 covetousness/greed 등으로 구분하여 번역하고 있습니다.

rāga는 즐거운 느낌(樂受)에 대해 좋은 것이라는 왜곡된 앎인데, 식(識)과 함께 심(心)을 구성하는 요소이고, lobha는 구성요소인 rāga의 영향으로 즐거운 느낌을 바라는 심의 성질입니다.

rāga와 lobha를 모두 貪으로 번역한 것은 이 둘의 차이를 보아내지 못했기 때문이라고 해야 할 것인데, 근본경전연구회는 그 차이를 고려하여 rāga는 貪으로 번역어를 유지하고, lobha는 망(望-바람)이라는 새로운 번역어를 부여하였습니다.

- 식(識-viññāṇa) = 분별 앎 → 무명(無明-avijjā) = 존재 앎 → 탐(貪-rāga) = 가치 앎 ⇒ 분별 앎 + 존재 앎 + 가치 앎 = 앎(知-ñāṇa) = 심(心-citta)

- 가치 앎 – 행위 유발 → 심(心) = 행위 하는 마음 → 심의 성질 = 바라는 성질 = 망(望-lobha) → 소망 → 애(愛)

특히, 업과 관련해서 그 뿌리 또는 원인-조건을 서술할 때는 탐(貪-rāga)아 아니라 망(望-lobha)이 전적으로 쓰인다는 점에서 이 둘의 구분은 중요합니다.

⇒ 제2부 제2장 Ⅰ. [2] 2차 인식 → 탐(rāga)과 소망(nandi) 또는 심(心-citta)과 애(愛-taṇhā) 참조(143쪽)
⇒【참고 –탐(貪-rāga)-망(望-lobha)-진(嗔-dosa)-치(癡-moha)의 이해】참조(157쪽)

2. 慾과 欲

'욕'이라는 같은 발음을 가지는 慾과 欲으로 한역된 빠알리는 kāma와 chanda가 있습니다. kāma는 (번역자에 따라) 慾이나 欲으로 한역되고, chanda는 일관되게 欲으로 번역되었습니다.

- 慾 — kāma, 欲 — kāma & chanda

문제는 欲으로 번역된 원어가 kāma인지 chanda인지 확인되지 않는다는 데에 있습니다. 그러나 kāma는 소유를, chanda는 관심을 지시하는 매우 중요한 용어이기 때문에 이 두 가지가 원전으로 환원되지 않는 것은 가르침의 의미를 해석하는 데에 큰 장애가 됩니다.

• 인식에서 공동주관은 질적 요소입니다. 삶의 향상을 위한 제어의 대상인데, 1차 인식에서는 chanda(관심)이고, 2차 인식에서는 상(想)입니다. 그래서 수행의 중심은 chanda(*)와 상(想)의 제어입니다. 그래서 欲이 kāma와 chanda 두 가지를 함께 지시하면 공부의 획일성을 놓칠 수 있습니다.

(*) (SN 22.2-데와다하경) – '도반들이여, 우리의 스승께서는 (오온에 대한) 욕탐(欲貪)의 제어를 가르칩니다.'

이런 문제 때문에 근본경전연구회는 니까야의 번역에 있어 kāma는 慾으로, chanda는 欲으로 엄격히 구분하고 있습니다.

3. 두 가지 촉(觸)

촉(觸)으로 한역된 빠알리 용어는 두 개가 있는데, phoṭṭhabba(폿탑바)와 phassa(팟사)입니다.

phoṭṭhabba는 육외입처 즉 색들-성들-향들-미들-촉들-법들을 구성하는 촉(觸)이어서, 물질 세상을 구성하는 일부이고, phassa는 연기의 촉이어서 육외입처의 인식 과정에서 내입처-외입처-식의 세 가지가 만남(三事和合)으로써 수(受-느낌-외입처의 경험)를 생겨나게 하는 활성 요소입니다.

원전이 함께하지 않는 공부의 과정에서 두 가지 촉은 온전하게 구분되지 못했던 것 같습니다. 그래서 삼사화합 촉을 외입처의 촉 즉 신(身)과 촉(觸) 두 가지의 만남으로 설명하는 경우를 보게 됩니다. 그러나 두 가지는 전혀 다른 것입니다. 특히, 삼사화합 촉(phassa)은 육내입처-육외입처와 함께 육촉처(六觸處)라고 불릴 만큼 불교 교리에서 큰 비중을 차지하는데, 이런 한역의 문제는 가르침을 진정에서 멀어지게 합니다.

특히, 촉(觸-phassa)을 근(根)-경(境)-식(識)의 삼사화합(三事和合)으로 설명하는 경우도 있는데, 경(니까야)에 없는 설명입니다. —「내입처(內入處) = 식(識)+근(根)」

4. 유위(有爲)와 무위(無爲)

유위(有爲)와 무위(無爲)는 각각 saṅkhata와 asaṅkhata의 한역입니다. 그리고 asaṅkhata가 탐-진-치가 부서진 상태(rāgakkhayo dosakkhayo mohakkhayo)라고 정의되기 때문에 saṅkhata는 탐-진-치가 함께한 상태를 의미합니다. 탐-진-치가 부서진 상태는 열반의 정의와 같기 때문에 asaṅkhata는 열반의 동의어입니다. 그렇다면 saṅkhata는 열반 아닌 것 즉 삼법인의 행과 같은 것입니다.

한역의 과정에서 도덕경의 무위를 asaṅkhata의 번역어로 선택하였는데, 삶의 완성을 지시하는 용어라는 점에서는 타당한 번역이라고 하겠습니다. 하지만 중국의 영향 아래 있던 한역의 불교는 삶의 완성을 지시하는 것인 무위가 탐-진-치의 부서짐(rāgakkhayo dosakkhayo mohakkhayo)인 asaṅkhata라는 원전의 이해에 접근하기보다는 도덕경의 무위 사상으로 접근하게 되면서 가르침의 진정에서 멀어진 현상(정체성의 상실)을 볼 수 있습니다.

도덕경의 무위는 인간의 의지(의도)가 참여하지 않는 자연 그대로의 삶을 말한다고 할 것입니다. 그러나 불교에서 인간의 의지(의도)는 삶의 골격을 구성하는 것입니다. 그래서 참여를 배제할 수 없습니다. 다만, 의도 이전에 작용하는 탐-진-치가 부서져 무탐(무망)-무진-무치의 의도로써 삶이 진행되어 해탈된 삶을 사는 것이 불교의 무위입니다.

5. 제행(諸行)과 일체(一切)

제행(諸行-모든 행)은 sabbe saṅkhārā인데, 삼법인에서 sabbe saṅkhārā aniccā와 sabbe saṅkhārā dukkhā로 나타납니다. 이때, aniccā는 무상(無常)이고, dukkhā는 고(苦)입니다. 그래서 제행무상(諸行無常)과 제행개고(諸行皆苦)입니다.

sabbe는 sabba의 복수 남성/중성의 주격/목적격인데, 단수 주격은 sabbo(남성)-sabbaṃ(중성)이고, 단수 목적격은 남성/여성/중성 모두 sabbaṃ입니다.

일체(一切)는 (SN 35.23-일체 경)에서 sabbaṃ으로 소개되는 육내입처와 육외입처를 함께 지시하는 개념(십이처)의 한역입니다.

그래서 제행(sabbe saṅkhārā)과 일체(sabbaṃ)는 지시하는 바가 다르다고 보아야 합니다. 물론, 제행과 일체가 구체적으로 지시하는 바가 색-수-상-행-식 오온(오온과 십이처의 동치)이라는 점에서 동질성을 말할 수있지만, 제행은 행을 구성하는 모든 요소이고, 일체는 오온 모두를 묶어서 지시하는 개념이어서 차별되는 것입니다.

그런데 한역 불교에서는 sabbe saṅkhārā aniccā와 sabbe saṅkhārā dukkhā를 제행무상(諸行無常)과 일체개고(一切皆苦)로 번역하고 있어서 불필요한 고민을 만드는데, 반복을 피하는 한문의 경향 때문이라고 하겠습니다.

근본경전연구회는 이런 문제를 지적합니다. 그래서 sabbe saṅkhārā dukkhā도 제행개고(諸行皆苦)로 번역하였습니다. → 삼법인(三法印) : 제행무상(諸行無常)-제행개고(諸行皆苦)-제법무아(諸法無我)

6. māna와 vidha ⇒ 별책 : 「괴로움을 끝내기 위한 필수 요소 세 가지 – III」 참조

자만이라고 번역되는 단어는 두 가지가 있는데, māna와 vidha입니다

māna는 자만(自慢)-교만-거만-오만-자부심 등으로 번역되었고, pride, conceit, arrogance 등으로 영역되어 있습니다.

하지만 이런 번역이 이 용어에 대한 적절한 해석은 아닌 것 같습니다. māna는 '나를 만들고 나의 것을 만드는 것'이라고 정의되기 때문입니다. — 「ahaṅkāramamaṅkāramāna (ahaṅ-kāra)-(mamaṅ-kāra)-(māna)」

그래서 나를 만들고 나의 것을 만드는 것이 무엇인지 해석해야 그것을 부르는 용어로의 māna를 설명할 수 있다고 하겠습니다. 그런데 물리침의 법(paṭivinītā) 또는 질의응답으로 설명한 부처님의 가르침(paṭipucchāvinītā)은 '이것은 나의 것이다. 이것은 나다. 이것은 나의 아(我)다'라는 아(我)로부터의 관찰과 '이것은 나의 것이 아니다. 이것은 내가 아니다. 이것은 나의 아(我)가 아니다.'라는 무아(無我)로부터의 관찰을 말합니다.

그렇다면 '나를 만들고 나의 것을 만드는 것'은 아(我)로부터의 관찰자 즉 중생이고, māna는 아(我)로부터의 관찰자의 관찰 작용이라고 이해할 수 있습니다. — 「아(我)라는 전도된 상(想)-심(心)-견해에 의해서 '이것은 나의 것이다. 이것은 나다.'라고 관찰하는 작용 = māna」

; '이것은 나의 아(我)다'라는 아(我)로부터의 관찰 = 존재화(bhavikā)
; '이것은 나의 것이다. 이것은 나다.'라는 관찰 = 자기화(māna)

; 딱까 → 존재화 → 욕탐 → 자기화 → 1차 인식

한편, (AN 6.76-아라한의 경지 경)은 아라한의 경지를 실현하기 위해서는 māna-omāna(열등의 māna)-atimāna(우월의 māna)-adhimāna(뽐냄의 māna)-thambha(완고)-atinipāta(비열)의 여섯 가지를 끊어야 한다고 합니다. māna를 포함하여 조성된 단어 세 가지(omāna-atimāna-adhimāna)가 함께 나타나는데, māna에 의해 나와 남을 만든 뒤 남들과의 관계로 확장된 개념이라고 이해할 수 있습니다.

그런데 자만이라고 번역되는 빠알리 단어가 하나 더 있습니다. vidha인데, 「세 가지 자만(vidha) — '내가 더 뛰어나다.'라는 자만(seyyohamasmīti vidhā), '나와 동등하다.'라는 자만(sadisohamasmīti vidhā), '내가 더 못하다.'라는 자만(hīnohamasmīti vidhā)」으로 나타납니다.

하지만 이 두 단어[māna - vidhā]를 동의어로 보지는 않아야 합니다. (SN 18.22-제거 경)은

"kathaṃ nu kho, bhante, jānato kathaṃ passato imasmiṃ ca saviññāṇake kāye bahiddhā ca sabbanimittesu ahaṅkāramamaṅkāramānāpagataṃ mānasaṃ hoti vidhā samatikkantaṃ santaṃ suvimuttan"ti?

라고 묻는 데, 이때 (ahaṅ-kāra)-(mamaṅ-kāra)-(māna)-(apagataṃ)의 māna와 vidhā가 함께 나타나기 때문입니다.

아마도 '이것은 나의 것이다. 이것은 나다.'라고 자신을 만드는 작용인 māna에서 더 나아가 세상을 만나면서 남들과의 관계에서 '더 뛰어나다-동등하다-더 못하다'라는 비교의 개념으로 사용되는 용어가 vidha인 것 같습니다. 또한, (AN 6.76-아라한의 경지 경)이 말하는 omāna-atimāna-adhimāna는 māna라는 기본 의미의 용어가 남들과의 관계로 확장된 개념의 용어들이라는 점에서 vidha와 유사성이 발견되기 때문에 māna와 vidha는 함께 검토되어야 하는 것을 알 수 있습니다.

이런 접근을 통해 māna는 기존의 번역과 다르게 (나를 만들고 나의 것을 만드는) '자기화'로, vidhā는 자기화된 나를 남과 비교하는 것으로의 '자만'이라고 기존의 번역과 같이 번역하였습니다.

그러면 (AN 6.76-아라한의 경지 경)의 네 가지는 자기화-열등의 자기화-우월의 자기화-뽐냄의 자기화가 되고, (SN 18.22-제거 경)의 문장은

"대덕이시여, 어떻게 알고 어떻게 보는 자에게 의(意)는 식(識)과 함께한 이 몸과 밖의 모든 상(相)에서 나를 만들고 나의 것을 만드는 자기화를 제거하고, 자만을 넘어섭니까, 평화롭게 잘 해탈합니까?"

라고 번역됩니다.

[7] 심오한 해석

1. 두 가지 일체 –「오온과 십이처 & 활성존재(bhūta = 식-명색)와 활성화된 일체(내입처-외입처-식-촉-수)」

(SN 35.23-일체 경)은 육내입처와 육외입처의 대응 즉 십이처(十二處)가 일체라고 정의합니다. 그런데 (SN 22.94-꽃 경)은 세상에 있는 세상의 법으로 색(色)-수(受)-상(想)-행(行)들-식(識) 오온(五蘊)을 말합니다. 이때, 일체는 무명을 조건으로 하는 일체이고, 오온은 중생들의 삶의 영역인 세상에 있는 법들 모두입니다. 그래서 일체는 십이처와 오온의 두 가지입니다.

이때, 내입처는 식(識)과 근(根)이 함께한 인식 주관입니다. 이런 이해 위에서 십이처와 오온의 두 가지 일체를 대응시키면, 법(法)은 수(受)-상(想)-행(行)입니다. –「법① = 수-상-행」

; 그림 –「육내-외입처 상세」 참조(487쪽)

그런데 (SN 35-육처 상윳따)의 일체 품-태어남 품-일체 무상 품의 이어지는 3개 품 30개의 경에서 첫 번째 (SN 35.23-일체 경)을 제외한 29개의 경은 내입처-외입처-식-촉-수의 법들을 일체라고 말합니다. 내입처가 외입처를 작의(作意)하여 알고(識), 삼사화합(三事和合) 촉(觸)하여 경험하는(受) 과정을 다시 일체라고 표현하는 것인데, 십이처인 일체가 작의와 촉의 두 가지 활성 요소에 의해 활성화된 일체입니다.

그런데 십이처와 대응하는 오온도 서로 조건 되는 식과 명색으로 확장되는데, 오온에 촉과 작의가 함께한 구성입니다. 그래서 일체는 십이처와 오온의 두 가지 일체에서 십이처가 확장된 활성화된 일체와 오온이 확장된 식-명색[= 활성존재(bhūta)]의 두 가지 활성 상태를 보여줍니다. 그리고 활성화된 일체에서 법은 활성화된 삶의 과정을 구성하는 것들이 더해져서 확장됩니다. –「법② = 수-상-행 + 활성화된 삶의 과정을 구성하는 것들」

2. 인식의 메커니즘 ⇒ **애(愛)**

; 애(愛)의 정의의 해석 — 존재 앎(무명)에 의한 존재화 → ①무명이 스민 ②애(愛) = 소망+가치 앎(탐-진) → ③여기저기서 기뻐함 → 다음의 존재로 태어남

인식하는 자는 식입니다. 그러나 식이 혼자 인식하는 것은 아닙니다. 인식 과정에서 식은 직접 인식하는 자이지만(작의), 인식의 질(여리작의/비여리작의)은 제3자의 참여에 의해 결정됩니다. 이때, 인식의 질을 결정하는 제3자를 공동주관이라고 이름 붙였습니다. 그래서 인식은 주관과 공동주관 그리고 객관의 3자 간에 진행되는 삶의 과정입니다.

그런데 식의 인식 작용은 2단계로 진행됩니다. 그리고 공동주관은 단계에 따라 달라집니다.

• 1차 인식 – 식(識)이 몸(根)과 함께 인식의 주관인 내입처가 되어 객관인 외입처를 분별하면 외입처에 대한 앎으로의 식이 생겨나고(씨앗 식-분별 앎), 내입처-외입처-(씨앗) 식의 만남(촉)에 의해 락-고-불고불락의 느낌으로 외입처를 경험합니다(受).

다만, 공동주관인 욕탐(欲貪-chandarāga)의 참여에 의해 인식의 질이 결정되는데, 내입처는 여리작의 또는 비

여리작의로 인식하고, 외입처는 왜곡됩니다. 이때, 외입처의 왜곡상태를 상(相-nimitta)라고 합니다.

• 2차 인식 – 씨앗 식(분별 앎)이 수를 인식하면 무명(존재 앎)에 이어 탐(가치 앎)이 생겨나는데, 심(心-앎)의 형성입니다. 심은 기뻐하고 드러내고 묶여 머무는 내적 행위를 통해 소망을 생겨나게 하는데, **소망과 탐이 함께한 것은 애(愛-taṇhā)**입니다. 애는 씨앗 식의 위에서 붙잡는 성질(ālaya)을 가지는데, 이런 성질은 취(取-upādāna-집착)로 전개되어 업의 질을 결정합니다(씨앗 식 + 취 = 업).

다만, 1차 인식의 공동주관인 욕탐(欲貪-chandarāga)의 참여에 의해 왜곡된 수를 심상(心相-cittassa nimitta)이라고 합니다. 거기에 2차 인식의 공동주관인 상(想-saññā)의 전도된 참여에 의해 인식은 2중으로 왜곡됩니다(무명-탐).

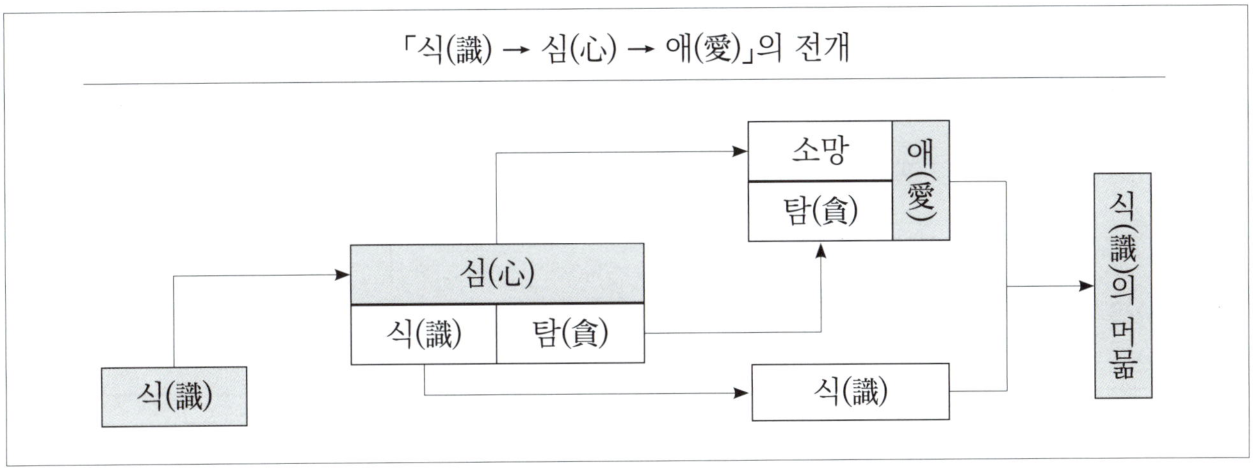

3. 애(愛) → 상(想)의 잠재와 식(識)의 머묾

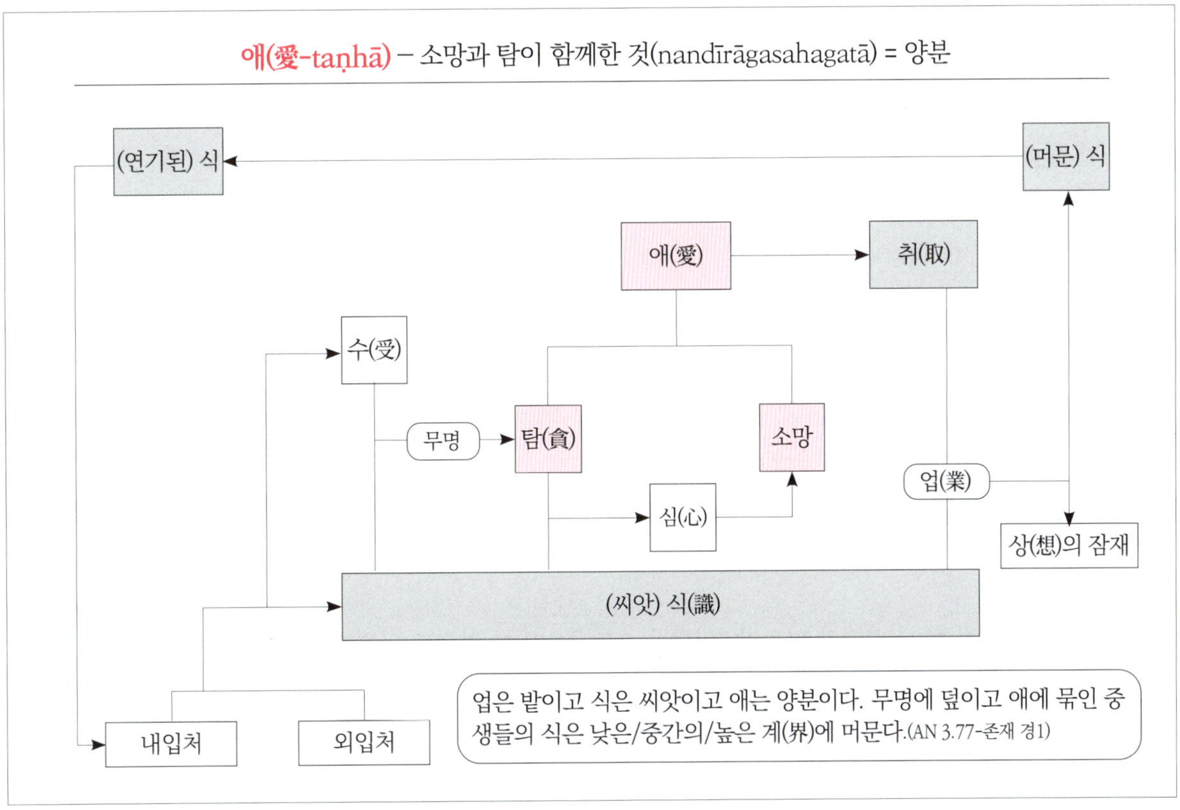

공동주관의 참여로 무명과 탐이 생겨서 애가 형성되면 유위의 업(取)이 이어집니다. 유위의 업은 2가지 결과를 만드는데, 상(想)의 잠재와 식(識)의 머묾입니다. 잠재한 상은 삶의 포괄적 질을 결정하는데, 상(常)-락(樂)-아(我)-정(淨)의 전도된 상(想)-심(心)-견해의 전개입니다. 머문 식은 삶을 변화 가운데 자기 정체성을 유지하게 하는데, 몸이 유지되는 동안은 순환하여 반복함으로써 자기 증식에 의한 변화를 이끌고, 몸이 무너지면 새로운 몸으로 옮겨가 태어나는 윤회의 주체가 됩니다(다시 태어나는 식/연기된 식).

4. 집착과 동요의 자리

(MN 138-개요의 분석 경)과 (SN 22.7-집착에 따르는 동요 경)은 집착(取-upādāna-연기된 법 9번째)과 동요(paritassanā)에 대한 연결된 상황을 설명합니다.

(SN 22.7-집착에 따르는 동요 경)은 집착하여 동요함과 집착하지 않으면서 동요하지 않음을 설명하고, (MN 138-개요의 분석 경)은 집착하지 않으면서 동요함과 집착하지 않으면서 동요하지 않음을 설명합니다.

	집착	동요
(SN 22.7-집착에 따르는 동요 경)	○	○
	×	×
(MN 138-개요의 분석 경)	×	○
	×	×

이때, 두 경을 함께 정리하면 「①집착하여 동요함 → ②집착하지 않으면서 동요함 → ③집착하지 않으면서 동요하지 않음」의 3단계로 진행되는 것을 볼 수 있습니다(*). 그래서 집착은 선행하는 표면의 법(딱까의 밖)이고, 동요는 순환하여 뒤따르는 내면의 법(딱까의 안)이라는 것을 알 수 있습니다. ⇒ 「제6부 제1장 제1절 [2] 순환구조로 이해하는 삶」 참조(475쪽)

(*) 유사한 경우로 3가지 삼매가 있는데, 「①위딱까도 있고 위짜라도 있는 삼매 → ②위딱까는 없고 위짜라는 있는 삼매 → ③위딱까도 없고 위짜라도 없는 삼매」의 전개를 보여줍니다.

◐ 딱까가 해석된 불교의 입장에서 이 두 개의 경은 이렇게 순환구조 위에 있는 딱까의 안팎의 상황으로 설명됩니다. 그러나 딱까가 해석 안된 불교의 관점에서는 이런 차이로 설명되는 안팎의 상황이 해석되지 않습니다. 그래서 〈초기불전연구원〉 상윳따 니까야 3권 137쪽 주해 80)에 의하면, '나쁘게 정착된 경문에 대한 나쁜 주석의 보기'라고 설명되기도 합니다.

또한, 〈한국빠알리성전협회〉 맛지마 니까야 1498쪽 주해 2439)는 이렇게 이와 관련한 해석의 어려움을 소개합니다. 그런데 이 주해는 원전의 'kathañcāvuso, anupādā paritassanā hoti' 부분을 '어떻게 집착에 매임으로서 혼란이 있습니까?'라고 upādā paritassanā hoti로 번역하고 이에 대해 제공된 주해입니다.

2439) upādā paritassanā hoti : 이 구절에 대해서는 현존하는 모든 빠알리 문헌이 '집착없음으로써 혼란된다

(anupādā paritassanā)'를 택하고 있다. 그러나 부처님의 가르침은 '집착함으로써 혼란이 일어나고 집착하지 않음으로써 혼란이 소멸한다.'는 것이다. 그러나 Pps. V. 28에 따르면, '집착 없음으로써 혼란된다.'는 표현이 옳다고 주장한다. 그 이유는 다음과 같다. 어떤 의미에서 집착이 없음으로써 혼란이 있는가? 집착할만한 아무 것도 없음을 통해서이다. 영원하고 견고하고 실체가 있고 자아에 속하는 어떠한 형성이 존재한다면, 그것에 집착할 수 있을 것이다. 그렇다면, 그것은 집착에 기인하는 혼란이 될것이다. 그러나 물질적인 형상 등이라도, 집착할 수 있는 형성이 없기 때문에 '형상은 자아이다.'라는 견해에 집착하는 것이다. 그들은 그들이 생각하는 방식으로 집착하지 않는다. 집착 없음에 기인하는 혼란이라는 것은 견해를 통한 집착에 기인하는 혼란을 말한다. 그래서 냐나몰리(Ñāṇamoli)는 '집착할 만한 어떠한 곳도 발견하지 못하는 데서 오는 혼란'이라고 번역했다. SN. Ⅲ. 16에 이와 동일한 문구가 있는데, 그곳에는 '집착에 매임으로서 혼란이 생겨난다(upādā paritassanā hoti)'이라고 표기되어있다.

5. 기능의 단속(indriyasaṃvara) – 상(相-nimitta)과 심상(心相-cittassa nimitta)

행위의 영향을 받은 인식은 생겨나는 식(분별→인식)과 심(가치→행위)을 왜곡하는데, 상(相-nimitta)입니다. 1차 인식에서 nimitta(相)는 식의 생김을 위한 대상(외입처)의 왜곡이고, 2차 인식에서 nimitta는 심의 생김을 위한 대상(수)의 왜곡입니다. 그리고 구분을 위해 수의 왜곡을 심상(心相-cittassa nimitta)이라고 차별합니다.

- 1차 인식 : 내입처 ↔ 외입처(nimitta) → 식 ⇒ nimitta : 욕탐에 의한 왜곡 → 생겨나는 식을 왜곡

- 2차 인식 : 식 ↔ 수(cittassa nimitta) → 심 ⇒ cittassa nimitta : ①욕탐에 의한 왜곡 → ②전도된 상에 의해 생겨나는 심을 2중으로 왜곡

이런 이해 위에서 기능의 단속(indriyasaṃvara)은 상(相-nimitta)과 뒤따르는 것(anubyañjana)을 붙잡지 말라고 하는데, 여기서 뒤따르는 것이 수(受) 즉 심상(心相-cittassa nimitta)인 것을 알 수 있습니다.

> 비구들이여, 어떻게 비구는 기능들에서 문을 보호하는가? 여기, 비구들이여, 비구는 안(眼)으로 색(色)을 보면서 상(相)을 붙잡지 않고, 뒤따르는 것(受)을 붙잡지 않는다(cakkhunā rūpaṃ disvā na nimittaggāhī hoti nānubyañjanaggāhī). 그 안근(眼根)을 단속하지 않고 머무는 자에게 간탐과 고뇌와 악한 불선법들이 흘러들어올 것이기 때문에 그것의 단속을 위해 실천한다. 안근을 보호하고, 안근에서 단속한다.(여섯에 반복)

anubyañjana 1 nt. secondary characteristic; detail; feature; lit. differentiating
anubyañjana 2 nt. (vinaya) detailed exposition of a rule; commentary; lit. differentiating

⇒ (MN 152-기능수행 경) 참조(427쪽)

me dhammā ajjhattaṃ appahīnā – ādīnavadassāvī
메- 담마- 앗잣땅 압빠히-나- – 아-디-나와닷사-위-
내 안에 버려지지 않은 법들 – 위험을 보는 자

◐ 심오함의 완성 – 아라한을 검증하는 6단계 → (MN 112-여섯 가지 청정 경) ◑

무위의 앎을 선언한 아라한도 검증되어야 합니다. 경은 아라한을 검증하는 6단계의 깨달음의 길을 설명합니다.

; 아시는 분, 보시는 분, 그분, 세존-아라한-정등각에 의해 바르게 선언된 6가지를 어떻게 알고 어떻게 보아서 집착 없이 번뇌들로부터 심(心)이 해탈했습니까?

1. 네 가지 표현 – 볼 때 본 것을 말하고, 들을 때 들은 것을 말하고, 닿아 알 때 닿아 안 것을 말하고, 인식할 때 인식한 것을 말함 → 접근하지 않고 떠나지 않고 의지하지 않고 묶이지 않고 해방되고 족쇄를 벗고 제한되지 않은 심(心)으로 머묾

2. 다섯 가지 집착된 무더기[오취온(五取蘊)] – 색취온(色取蘊), 수취온(受取蘊), 상취온(想取蘊), 행취온(行取蘊), 식취온(識取蘊) → 무력한 것이고, 바래는 것이고, 위안을 주지 않는 것이라고 안 뒤에 집착으로 이끄는 심의 결정-경향-잠재성향들의 부서짐, 바램, 소멸, 포기, 놓음 때문에 나의 심은 해탈했다고 분명히 앎

3. 여섯 가지 요소[육계(六界)] – 땅의 요소(地), 물의 요소(水), 불의 요소(火), 바람의 요소(風), 공간의 요소(空), 식(識)의 요소 → 나는 아(我)로부터 땅의 요소에 접근하지 않고, 땅의 요소에 의지한 아에 접근하지 않습니다. 땅의 요소에 의지한, 집착으로 이끄는 심의 결정-경향-잠재성향들의 부서짐, 바램, 소멸, 포기, 놓음 때문에 나의 심은 해탈했다고 분명히 압니다.(여섯에 반복)

4~5. 여섯 가지 안팎의 처[육내외입처(六內外入處)] – 안(眼)과 색(色)들, 이(耳)와 성(聲)들, 비(鼻)와 향(香)들, 설(舌)과 미(味)들, 신(身)과 촉(觸)들, 의(意)와 법(法)들 → 안과 색과 안식과 안식으로 인식해야 하는 법들에 대한 관심과 탐과 소망과 애와 집착으로 이끄는 심의 결정-경향-잠재성향들의 부서짐, 바램, 소멸, 포기, 놓음 때문에 나의 심은 해탈했다고 분명히 압니다.(여섯에 반복)

6. 어떻게 알고 어떻게 보아서 식(識)과 함께한 이 몸과 밖의 모든 상(相)에 대한 나를 만들고 나의 것을 만드는 자기화의 잠재성향을 뿌리 뽑았습니까? → 「사문과경의 수행체계도」 단, 제4선 이후 바로 누진(漏盡)의 길로 아라한 됨(혜해탈자)

Ⅲ. 불교의 구성

불교는 오온(五蘊)과 열반(涅槃)으로 구성되는 ①삼법인(三法印)과 오온의 영역(여기)에서의 조건성인 ②연기(緣起)와 열반의 실현을 이끄는 ③팔정도(八正道) 그리고 이 세 가지를 포괄하는 진리인 ④사성제(四聖諦)의 네 가지로 구성됩니다.

1. 삼법인(三法印) – 오온(五蘊)과 열반(涅槃) → 고와 고멸의 기준

세상(loka)이라는 말이 있는데, 무명(無明)에 덮이고 애(愛)에 묶여서 옮겨가고 윤회하는 중생들의 삶의 영역입니다. 세상에는 세상의 법이 있는데, 삶의 과정이 누적된 색(色)-수(受)-상(想)-행(行)들-식(識)의 다섯 가지 무더기(五蘊)입니다. 그리고 오온에 대해 '이것은 나의 것이다. 이것은 나다. 이것은 나의 아(我)다.'라고 집착(取)하면 오취온(五取蘊)이라고 불리는 자기가 생겨나는데(자기화 māna), 중생(sattā)이라고 불리는 불완전한 존재 상태의 형성입니다(有 - 苦의 영역). 그러나 계(戒)-정(定)-혜(慧)-해탈(解脫)-해탈지견(解脫知見)의 다섯 가지 법의 무더기(五法蘊)를 쌓아 자기화를 해소하면 불완전한 존재 상태가 해소되는데, 이렇게 실현되는 고멸(苦滅)의 상태를 열반(nibbāna)이라고 합니다(有滅 = 열반 = 고멸).

이때, 세상의 법인 색-수-상-행들-식은 행(유위에서 형성하는 작용 - 조건)에 의해 생겨난 것들인데, 다시 행(유위에서 형성된 것 - 결과)이라는 말로 포괄합니다. 그래서 세상의 법인 오온과 오온으로 구성된 세상을 벗어나서 실현되는 열반에 대한 보편적 원리를 설명하는 삼법인은 행과 행 아닌 열반을 두고 제행무상(諸行無常)-제행개고(諸行皆苦)-제법무아(諸法無我)라고 설해집니다. 이때, 법(法-dhamma)은 행들과 열반을 포괄하여 있는 것 모두를 지시합니다.

- 제행무상(諸行無常) – 유위(有爲)에서 형성된 것은 모두 무상(無常)하다.
- 제행개고(諸行皆苦) – 유위(有爲)에서 형성된 것은 모두 고(苦)다.
- 제법무아(諸法無我) – 있는 것은 모두 무아(無我)다.

여기서 유위(有爲-saṅkhata)는 탐-진-치와 함께한 중생의 상태를 말하는데, 번뇌(漏-āsava)의 영향 위에서 진행되는 삶의 과정이고, 열반은 유위의 상태를 벗어나 실현되는 것이어서 탐-진-치가 부서진 무위(無爲-asaṅkhata → 무탐-무진-무치)입니다(SN 43-무위 상윳따).

그래서 삼법인은 유위에서 형성된 것인 행 즉 오온은 고의 영역에 있고, 벗어나서 실현되는 열반은 고멸 즉 락의 영역에 있다는 것을 알려줍니다. 이런 방법으로 삼법인은 고와 고멸에 대한 기준을 제시합니다.

그런데 삼법인은 부처님의 출현 여부와 관계없이 세상에 존재하는 원리요 이치며 법칙성입니다. 이런 법칙성의 선언에 의하면, 부처님의 관심은 오직 고와 고멸입니다. 괴로울 것인지 행복할 것인지의 문제인데, 불교에서는 이것이 최상위 개념입니다.

「pubbe cāhaṃ bhikkhave, etarahi ca dukkhañceva paññāpemi, dukkhassa ca nirodhaṃ 비구들이여, 예전에도 지금도 나는 오직 고와 고멸을 꿰뚫어 알게 한다.」(MN 22-뱀의 비유 경)

「pubbe cāhaṃ, anurādha, etarahi ca dukkhañceva paññāpemi dukkhassa ca nirodhan 아누라다여, 예전에도 지금도 나는 오직 고와 고멸을 꿰뚫어 알게 한다.」(SN 22.86/SN 44.2-아누라다 경)

- dukkha – 고(苦)
- dukkhanirodha – 고멸(苦滅)

2. 연기(緣起)

이렇게 행들은 고이고, 열반은 고멸입니다. 그래서 유위인 중생의 삶의 영역 즉 세상에 속해 있으면 고이고, 세상에서 벗어나 열반을 실현하면 고멸 즉 락입니다. 그런데 고의 당사자는 누구입니까? 누가 유위에서 형성하는 삶의 과정에서 아픔을 겪는 것입니까?

물론 그 당사자는 '나'입니다. 내가 고의 당사자여서 유위에서 형성하는 나의 삶의 과정에서 아픔을 겪는 것입니다. 부처님은 연기와 연기된 법들을 설명하는데, 고를 유발하는 조건 관계(연기)와 그 과정을 구성하는 것(연기된 법)들입니다. 그리고 연기와 연기된 법들을 바르게 이해하면 과거-미래-현재에 걸쳐 나의 존재성에 대해 의심하지 않게 된다고 합니다. 즉 '나는 누구인가?'의 질문에 대한 답이 연기와 연기된 법들의 설명에 포함되어 있다는 것입니다.(SN 12.20-조건 경)

연기는 존재(有-bhava)를 중심으로 삶을 설명합니다. 어떤 조건 과정에 의해 불완전한 존재가 생겨나고, 그 불완전성 때문에 생겨나서 자라나는 괴로움을 그 존재가 겪어야 하는지의 설명입니다. 그래서 고의 원인 또는 고를 생겨나서 자라나게 하는 조건 관계라는 의미로 고집(苦集)이라고 부르는데, 12개의 연기된 법들로 구성된 조건 관계입니다[십이연기(十二緣起)]. –「무명(無明) → 행(行)들 → 식(識) → 명색(名色) → 육입(六入) → 촉(觸) → 수(受) → 애(愛) → 취(取) → 유(有) → 생(生) → 노사(老死)-수비고우뇌(愁悲苦憂惱)-고온(苦蘊)」

- dukkhasamudaya – 고집(苦集) = 애(愛) 또는 애를 전후하여 괴로움이 생겨나고 자라나는 조건 관계(연기)

3. 팔정도(八正道)와 중도(中道)

반면에 팔정도는 존재의 불완전성을 해소하는 방법입니다. 불완전한 존재가 생겨나는 조건 과정의 문제를 해소함으로써 불완전한 존재가 생겨나지 않게 하는 것인데, 불완전한 존재에서 벗어남으로써 존재가 겪어야 하는 아픈 현실에서 해방되는 방법입니다. 또한, 팔정도는 단지 방법일 뿐 아니라 그 방법의 실천을 통해 구체적으로 삶의 문제를 해소할 때 의미가 있는데, 이런 실천이 중도(中道)이고, 고멸도(苦滅道-고멸로 이끄는 실천)라고 불립니다. –「정견(正見-바른 견해)-정사유(正思惟-바른 사유)-정어(正語-바른말)-정업(正業-바른 행위)-정명(正命-바른 생활)-정정진(正精進-바른 노력)-정념(正念-바른 사띠)-정정(正定-바른 삼매)」

- majjhimā paṭipadā – 중도(中道)
- dukkhanirodhagāminī paṭipadā – 고멸도(苦滅道)

4. 사성제(四聖諦)

그리고 불교는 이렇게 삼법인에 의해 제시되는 고와 고멸 그리고 애 또는 연기라는 고집과 팔정도의 실천이라는 고멸도를 하나로 묶어서 사성제(四聖諦-네 가지 성스러운 진리)라고 부르는데, 불교에 유일한 진리입니다. –「고성제(苦聖諦-괴로움의 성스러운 진리)-고집성제(苦集聖諦-괴로움의 자라남의 성스러운 진리)-고멸성제(苦滅聖諦-

괴로움의 소멸의 성스러운 진리)-고멸도성제(苦滅道聖諦-괴로움의 소멸로 이끄는 성스러운 진리)」

이렇게 불교는 ①삼법인(三法印)과 ②연기(緣起)와 ③팔정도(八正道) 그리고 이 세 가지를 포괄하는 진리인 ④사성제(四聖諦)의 유기적 연결을 통해 사실에서 진리로 확장되면서 삶의 문제와 그 해소를 설명하고 그런 삶의 실현을 이끕니다.

• 그림 : 불교의 구성 –「삼법인과 사성제」

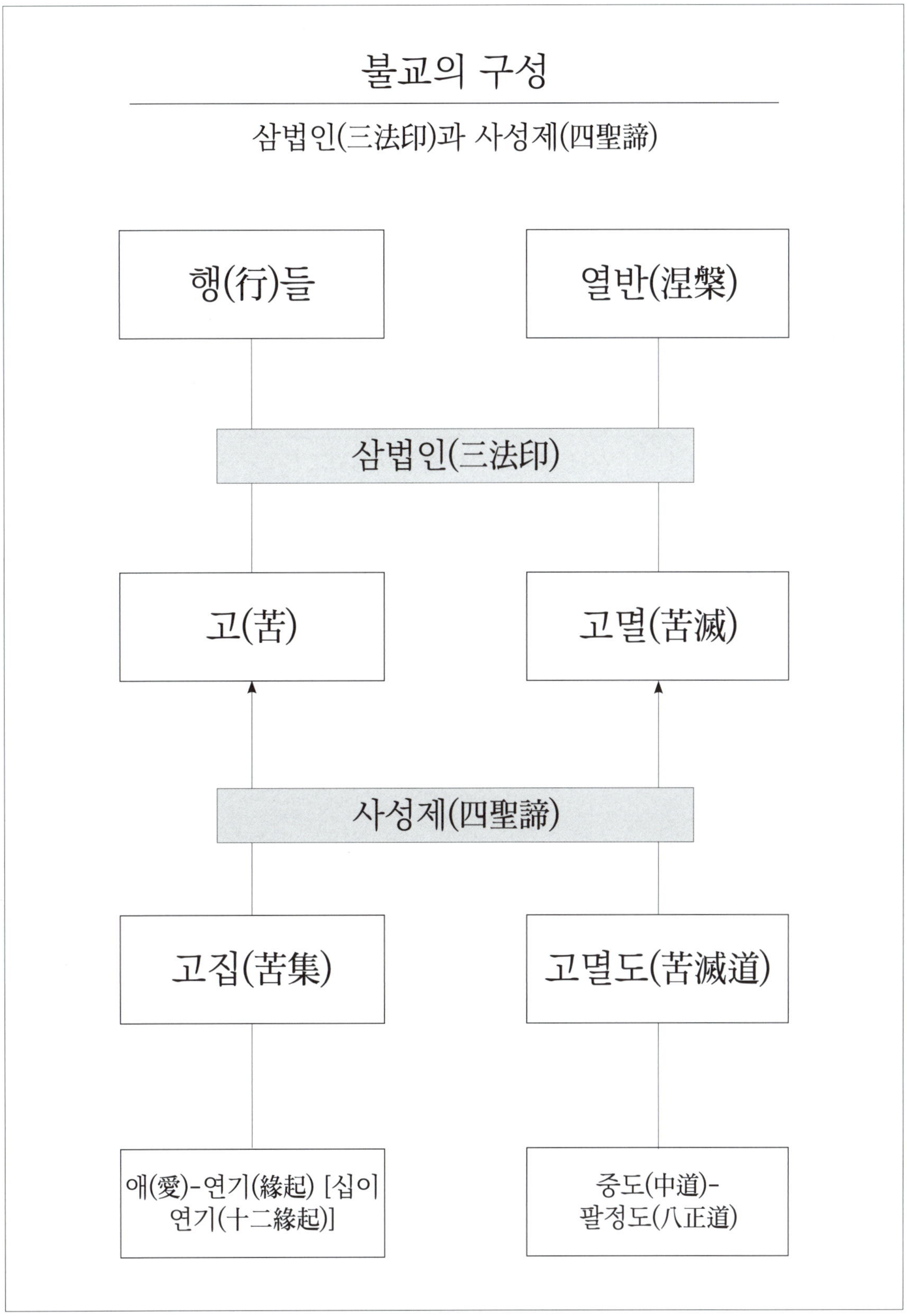

• 그림 : 사실에서 진리로 확장되는 불교 – 「사실 = 삼법인 = 고와 고멸 → 조건(연기와 팔정도)의 서술 = 사성제 → 연기의 무명(모름)과 팔정도의 정견(앎)의 대응」

; (SN 12.2-분석 경) "katamā ca, bhikkhave, avijjā? yaṃ kho, bhikkhave, dukkhe aññāṇaṃ, dukkhasamudaye aññāṇaṃ, dukkhanirodhe aññāṇaṃ, dukkhanirodhagāminiyā paṭipadāya aññāṇaṃ. ayaṃ vuccati, bhikkhave, avijjā.

비구들이여, 무엇이 무명(無明)인가? 비구들이여, 괴로움(苦)에 대한 무지(無知), 괴로움의 자라남(苦集)에 대한 무지(無知), 괴로움의 소멸(苦滅)에 대한 무지(無知), 괴로움의 소멸로 이끄는 실천(苦滅道)에 대한 무지(無知). 비구들이여, 이것이 무명(無明)이라고 불린다.

; (SN 45.8-분석 경) "katamā ca, bhikkhave, sammādiṭṭhi? yaṃ kho, bhikkhave, dukkhe ñāṇaṃ, dukkhasamudaye ñāṇaṃ, dukkhanirodhe ñāṇaṃ, dukkhanirodhagāminiyā paṭipadāya ñāṇaṃ — ayaṃ vuccati, bhikkhave, sammādiṭṭhi.

그러면 비구들이여, 무엇이 정견(正見-바른 견해)인가? 비구들이여, 괴로움(苦)에 대한 앎, 괴로움의 자라남(苦集)에 대한 앎, 괴로움의 소멸(苦滅)에 대한 앎, 괴로움의 소멸로 이끄는 실천(苦滅道)에 대한 앎 — 이것이 비구들이여, 정견(正見)이라고 불린다.

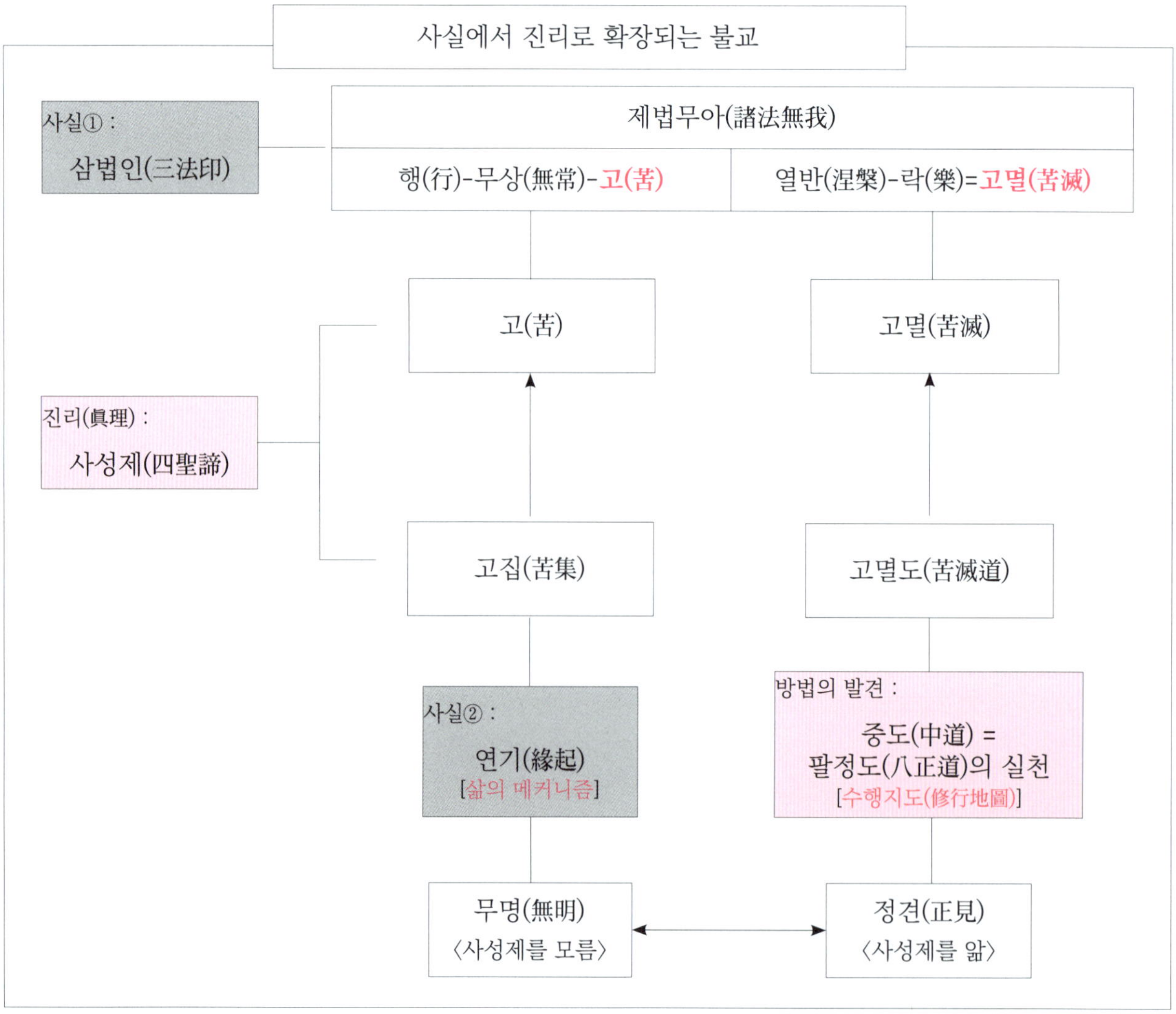

Ⅳ. 고(苦)와 고멸(苦滅)

니간타가 주장하는 고멸(苦滅)의 길 ↔ 팔정도(八正道)

(MN 101-데와다하 경)은 니간타의 고멸(苦滅)의 길에 대한 부처님의 논파인데, 니간타에 대한 비난(결실 없음)과 여래에 대한 칭찬(결실 있음)의 이유를 설명합니다.

니간타가 주장하는 고멸(苦滅)의 길은 「락이든 고든 불고불락이든 사람이 경험하는 것은 무엇이든지 모두 이전에 행해진 것이 원인이다. 이렇게 이전의 업들은 고행으로 부수고, 새로운 업들을 짓지 않음으로써 미래에 영향을 미치지 않는다. 미래에 영향을 미치지 않을 때 업의 부서짐이 있고, 업의 부서짐에서 고(苦)의 부서짐이 있다. 고의 부서짐에서 수(受)의 부서짐이 있고, 수의 부서짐에서 일체 고의 다함이 있게 된다.」라고 서술되는데, 부처님은 '압니까?'와 '가능합니까?'의 관점에서 논파합니다.

이런 주장을 하는 니간타들에게 법다운 말들에 의해 열 가지로 비난의 이유가 생기는데, 니간타의 방법과 노력은 결실이 없습니다. 그러면 어떻게 방법과 노력은 결실이 있는지에 대해 부처님은 설명하는데, 이런 주장을 하는 여래에게 법다움에 의해 열 가지 칭찬의 이유가 생깁니다.

한편, 이 일화는 (MN 14-괴로움 무더기 작은 경)에서 인용됩니다.

그런데 고(苦)와 고멸(苦滅)은 무엇입니까? 그리고 고와 고멸의 당사자는 누구입니까? 누가 괴로워하고 누가 그 괴로움을 소멸하여 행복해하는 것입니까?

1. 고(苦)와 고멸(苦滅) & 지(知)와 견(見)

삼법인(제행무상-제행개고-제법무아)은 행(行)들의 특성으로 무상(無常)-고(苦)-무아(無我)를 말하고, 행 아닌 것인 열반의 특성으로 무상-고의 가라앉음에 따르는 락(樂)-무아(無我)를 말합니다. 그래서 고는 무상한 것인 행들의 특성이고, 고멸 즉 락은 무상을 극복한 것인 열반의 특성입니다. 이때, 무상은 생겨나고 무너지는 성질인데, 조건들이 결합하여 결과를 만들고, 조건들이 해체되면 그 상태를 잃는 현상(원리)입니다. 그래서 조건들이 원하는 대로 제어되지 못할 때 불만족한 결과를 만들고, 이렇게 생겨나는 불만족이 고(苦)입니다. 그래서 조건들이 얼마만큼 제어되는지에 따라 고와 고멸의 크기가 정해지고[얼마만큼의 고(苦-위험)와 얼마만큼의 고멸(苦滅-해방)], 고멸의 완성이 완전한 락(樂-매력)인 열반입니다(*)(**).

(*) "aniccā vata saṅkhārā, uppādavayadhammino. uppajjitvā nirujjhanti, tesaṃ vūpasamo sukho"ti.

"유위에서 형성된 것들은 참으로 무상(無常)하여 생겨나고 무너지는 성질을 가졌다. 생겨남을 원인으로 소멸한다. 그들의 가라앉음이 행복이다."라고.

(**) 매력(assāda)-위험(ādīnava)-해방(nissaraṇa) ⇒ (82쪽) & (135쪽) 참조

그런데 조건은 안팎의 것이 있습니다. 특히, 중생들의 세상에서 윤회를 이끄는 조건들을 upadhi(우빠디)라고 하는데, '재생의 조건'이라고 번역하였습니다.

(MN 26-덫 경)은 「생-노-병-사-슬픔-오염이 없는 열반」을 말합니다. 이때, 태어나는 것 ~ 오염되는 것으로 가족-가축-재물 등 중생의 삶을 구성하는 것들을 말하면서, 이것들이 upadhi라고 정의합니다(ete upadhayo). 이런 것들로 구성된 중생의 삶의 바탕이 있어야 다시 태어날 수 있게 된다는 의미입니다. 하지만, upadhi를 이런 측면으로만 이해해서는 안 됩니다. 부처님을 anuttare upadhisaṅkhaye vimutto(더 이상이 없이 upadhi를 부수고 해탈한 자)라고 말하는 (SN 4.25-마라의 딸들 경)과 sabbakammakkhayaṃ patto, vimutto upadhisaṅkhaye(업의 완전한 부서짐을 성취한 자, upadhi를 부수고 해탈한 자)를 말하는 (SN 5.8-시수빠짤라 경) 등 upadhi의 부서짐에 의한 해탈을 말하는 경들은 세상에 존재하는 것들을 부순 것이 아니라 그것들에 대한 중생의 특성 즉 붙잡는 성질(ālaya)을 해소하고 해탈했다는 의미로 보아야 하기 때문입니다. 그래서 upadhi는 중생의 삶을 유지하게 또는 벗어나지 못하게 하는 안팎의 것들이라고 해야 합니다. ⇒「upadhi = 재생의 조건」

※ upadhi의 번역 비교 – 초기불전연구원 – 재생의 근거, 한국빠알리성전협회 – 집착 또는 집착의 대상, bhikkhu bodhi – acquisitions(습득/취득한 것)

이때, 안팎의 조건은 대응합니다. 밖의 조건은 무상(無常)의 원리에 의해 생겨나고 무너질 뿐인데, 안의 조건이 이런 사실에 대해 얼마나 이해하는 가운데 대응하는지에 따라 괴롭기도 하고 행복하기도 합니다.

(AN 6.63-꿰뚫음 경)은 「"saṅkapparāgo purisassa kāmo, nete kāmā yāni citrāni loke. saṅkapparāgo purisassa kāmo, tiṭṭhanti citrāni tatheva loke. athettha dhīrā vinayanti chandan"ti. 사람의 소유의 사유는

탐이 함께한 사유이다. 세상에 있는 다채로운 것들은 소유의 사유들이 아니다. 사람의 소유의 사유는 탐이 함께한 사유이다. 세상에 있는 다채로운 것들은 단지 사실로서 머물 뿐이고, 여기서 현명한 사람들은 관심을 제어한다.」라고 하는데,

- 세상에 있는 다채로운 것들 즉 밖의 조건은 단지 사실(무상-고-무아)의 이치로서 머물 뿐이고,

- 현명한 사람은 탐이 함께한 사유(kāma-慾)를 실어나르는 욕탐(欲貪-chandarāga-탐이 함께한 관심=지나친 관심) 즉 안의 조건을 제어한다

라는 설명입니다.

그렇다면 제어되지 않은 안의 조건은 안팎의 조건들에 대한 사실(무상-고-무아)의 이치를 알지(知) 못하고 보지(見) 못함으로써 사실과 괴리된 삶을 살게 하는 상태를 의미한다고 해야 합니다. 그리고 안의 조건은 두단계로 제어되는데, ①안팎의 조건들에 대한 사실(무상-고-무아)의 이치를 알고(知) 보아가는(見) 과정이어서 사실 그대로의 알고 봄(여실지견)에 의해 1단계 완성되고, ②무상과 고를 가라앉혀 안팎의 조건들로부터 벗어나는 과정이어서 열반의 실현(해탈의 흔들리지 않음-태어남의 끝-다음의 존재 없음 = 존재의 소멸)으로 완성됩니다(해탈지견). 결국, 세상의 무상보다는 안의 조건의 무상을 수용하지 못해서 생기는 문제(苦)를 앎과 봄의 향상을 통해 해소하는 것(苦滅)이 ①무상의 이치를 있는 그대로 안 뒤에 ②무상을 가라앉히는 것인데, 열반으로 완성된다고 하겠습니다.

이런 관점에서 (DN 33.6-합송경, 세 가지로 구성된 법들)/(SN 38.14-고에 대한 질문 경)/(SN 45.-고의 성질 경)이 말하는 고의 세 가지 성질(고고성-행고성-괴고성)은 설명됩니다.

①생겨나는 과정에 대한 안팎의 조건들의 불완전 때문에 생기는 성질 – 행고성(行苦性-saṅkhāradukkhatā)
②그에 따르는 불완전한 존재 상태에 수반되는 현상적/구체적 아픔의 성질 – 고고성(苦苦性-dukkhadukkhatā)
③그나마의 존재 상태도 유지하지 못하고 변하는 데에서 생기는 성질 – 괴고성(壞苦性-vipariṇāmadukkhatā)

2. 고(苦)의 당사자

한편, 고와 고멸의 당사자를 존재(有-bhava)라고 합니다. 식(識) 즉 마음이 몸과 함께한 상태여서 유신(有身-sakkāya)이고, 지난 삶의 누적에 대한 집착으로 자기화된 상태(오취온)이며, 촉과 작의에 의해 활성화된 상태(bhūta-활성존재 = 식-명색)인데, 중생(sattā)입니다.

사성제는 고성제에 대해 '간략히 말하면 오취온고(五取蘊苦)'라고 하는데, 오취온 즉 고의 당사자인 존재가 생겨났기 때문에 그 당사자가 존재의 불완전성에 따르는 모든 고를 경험한다는 의미입니다. 그래서 고멸은 당사자인 오취온이 가지는 불완전성의 해소 즉 지난 삶의 누적에 대한 집착을 버림으로써 자기화되지 않는 것을 의미합니다.

존재(有-bhava)는 '무명(無明)에 덮이고 애(愛)에 묶여서 옮겨가고 윤회하는 중생'인데, 무명과 애를 원인으로 윤회 즉 죽고 태어남의 반복 과정에 수반되는 수비고우뇌(愁悲苦憂惱 - 슬픔-비탄-고통-고뇌-절망) 등 모든 고의 무더기를 경험하는 아픈 삶의 당사자를 말합니다.

연기(緣起)는 이런 아픈 삶 즉 불완전한 존재 상태를 생겨나게 하는 불완전한 조건 관계를 구명하고, 존재의 불완

전에 따르는 삶의 문제 즉 생-노사와 수반되는 고의 조건 관계를 열두 요소로써 설명합니다(十二緣起). -「무명(無明)→행(行)들→식(識)→명색(名色)→육입(六入)→촉(觸)→수(受)→애(愛)→취(取)→유(有)→생(生)→노사(老死)-수비고우뇌(愁悲苦憂惱)-고온(苦蘊)」

사성제는 이렇게 고가 생겨나고 자라나는 조건 관계를 고집성제(苦集聖諦)라고 하는데, 애(愛)로써 대표합니다. 전술하였듯이, 애의 형성 과정을 딱까라고 하는데, 번뇌(漏-āsava)로부터 무명-탐-진과 소망을 거쳐 애에 이르는 내적인 과정입니다. 그래서 십이연기는 ①「무명(無明)→행(行)→애(愛)~」의 과정과 ②「식(識)→명색(名色)→육입(六入)→촉(觸)→수(受)→애(愛)~」의 과정이 중첩적으로 배열된 조건 관계인 것을 알 수 있습니다. 이렇게 중첩된 조건 관계에서 생기는 애는 잡는 성질(ālaya-잡기-잡음)를 가지는데, 애를 조건으로 취(取-집착된 행위)가 생기는 이유입니다.

또한, 사성제는 고가 생겨나고 자라나는 조건 관계를 대표하는 애의 멸을 고멸성제(苦滅聖諦)라고 하는데, 원인이 해소되면 결과가 생겨나지 않는다는 무상의 관점에 따른 것입니다. 그리고 번뇌의 부서짐에 의해 딱까의 영역을 넘어섬(atakkāvacara)으로써 실현되는 애멸이 부처님의 깨달음을 대표하는 개념이고(SN 6.1-범천의 요청 경) 등, 이것이 고멸의 실현입니다.

그렇다면 번뇌를 부숨으로써 무명과 애의 문제를 해소하고 딱까의 영역을 넘어서는 방법이 필요한데, 여덟 요소로 구성된 성스러운 길(八正道)입니다.

그런데 팔정도는 단지 길로서만 제시되지 않고 실천에 따른 성취에 의미를 둡니다. 이때, 팔정도의 실천을 중도(中道)라고 하는데, 고멸로 이끄는 실천이어서 고멸도성제(苦滅道聖諦)라고 부릅니다.

이렇게 불교는 삼법인으로 고와 고멸의 삶을 제시하면서 고(苦-五取蘊)-고집(苦集-愛-緣起)-고멸(苦滅-愛滅-涅槃)-고멸도(苦滅道-八正道의 실천=中道)의 사성제(四聖諦-네 가지 성스러운 진리)로써 진리를 표방합니다.

- 그림 : 불교의 구성 -「삼법인과 사성제」⇒ (75쪽)

한편, 팔정도는 바른 견해 ~ 바른 사띠를 필수품으로 하는 바른 삼매라고 설명하는데, 필수품을 갖춘 삼매입니다. 일곱 가지 앞선 요소에 의해 성취되는 삼매라야 닦음 즉 삼매수행이 깨달음을 이끈다는 의미입니다. 이때, 바른 삼매는 삼매 즉 심(心)의 집중 위에서 이어지는 관찰을 통해 삼법인이 제시하는 사실을 알고 본[여실지견(如實知見) = 정지(正知)] 뒤에 번뇌를 부수는 과정[해탈지견(解脫知見) = 정해탈(正解脫)]입니다. 이렇게 깨달음은 앎과 봄(知-見)의 관점에서 설명됩니다.

그렇다면, 역으로, 고는 존재하는 것들에 대한 앎과 봄의 문제입니다. 삼법인이 제시하는 사실을 알고 보지 못하고, 번뇌들이 부서지는 과정을 알고 보지 못할 때, 앎과 봄의 왜곡 때문에 고가 생겨나는 것입니다.

- 사실에 어긋나는 삶은 괴로움을 만들고(苦)
- 사실에 들어맞는 삶은 행복을 만든다(苦滅)

그래서 존재하는 것들의 존재 상태를 존재의 특성 그대로 받아들이고, 앎과 봄을 완성할 때 고는 소멸합니다.

매력(assāda)-위험(ādīnava)-해방(nissaraṇa)의 깨달음

「'anuttaraṃ sammāsambodhiṃ abhisambuddho'ti paccaññāsiṃ '위없는 바른 깨달음을 깨달았다.' 라고 선언했다.」라는 용례의 경은 17개가 있는데, 12개의 경(70%)이 이 형태로 나타나기 때문에 이 주제가 부처님 깨달음의 또 다른 중심이라는 것을 알 수 있습니다.

(예) (SN 14.31-깨달음 이전 경) – "비구들이여, 나는 이렇게 이 네 가지 요소들(지-수-화-풍)의 매력을 매력으로부터, 위험을 위험으로부터, 해방을 해방으로부터 있는 그대로 실답게 알지 못한 때까지는, 비구들이여, 나는 신과 마라와 범천을 포함하는 세상에서, 사문-바라문과 신과 사람을 포함하는 존재를 위해 '위없는 바른 깨달음을 깨달았다.'라고 선언하지 않았다.

그러나 비구들이여, 나는 이렇게 이 네 가지 요소들의 매력을 매력으로부터, 위험을 위험으로부터, 해방을 해방으로부터 있는 그대로 실답게 알았기 때문에, 비구들이여, 나는 신과 마라와 범천을 포함하는 세상에서, 사문-바라문과 신과 사람을 포함하는 존재를 위해 '위없는 바른 깨달음을 깨달았다.'라고 선언했다. 그리고 나에게 앎과 봄이 생겼다. – '나의 해탈은 흔들리지 않는다. 이것이 태어남의 끝이다. 이제 다음의 존재는 없다.'라고."

삶에서 만나는 것들에서 긍정적 요소(매력-assāda)와 부정적 요소(위험-ādīnava) 그리고 부정적 요소의 해소(해방-nissaraṇa)를 말하는 것은 모든 스승에게 공통된 관점이라고 할 것인데, 부처님의 깨달음도 이런 공통 즉 삶에 대한 보편적 시각 위에 있다는 것을 알 수 있습니다. 다만, 그 요소에 대한 정확한 값과 해소를 위한 정확한 방법의 제시라는 점에서 부처님의 깨달음은 차별됩니다.

; 매력 = 연(緣)하여 생기는 즐거움과 만족 – 긍정적 요소
; 위험 = 무상(無常)하고 고(苦)이고 변하는 성질 – 부정적 요소
; 해방 = 욕탐(欲貪)의 제어와 버림 – 부정적 요소의 조건을 해소하여 부정적 요소의 영향에서 벗어남

• 수학적 표현 – 분자(매력)와 분모(위험)의 값 = 수(受-느낌) → 분자를 키우고(관계의 성숙 : 사무량심-사섭법), 분모를 줄이는(내적 성숙 : 사념처 → 사마타-위빳사나) 과정이 불교 신자의 신행(信行)이고 수행임

– 분모의 극소화 또는 '0'화를 통한 해방 → 분모 '0'에 의한 무한대의 수(受-즐거움) = 열반

– 분모의 극소화 또는 '0'화를 통한 해방의 방법 = 욕탐의 제어와 버림(1차 인식의 공동주관의 제어) → 번뇌의 부서짐(漏盡)으로 완성(2차 인식의 공동주관의 제어)

; (SN 14.31-깨달음 이전 경)/(SN 14.32-유행 경)/(SN 22.26-매력 경)/(SN 22.27-매력 경2)/(SN 35.13-깨달음 이전 경1)/(SN 35.15-매력의 추구 경1)/(SN 35.14-깨달음 이전 경2)/(SN 35.16-매력의 추구 경2)/(AN 3.104-깨달음 이전 경)/(AN 3.105-매력 경1)/(SN 48.21-다시 존재가 됨 경)/(SN 48.28-깨달음 경)

V. 고(苦)의 당사자, 존재 (有-bhava)는 무엇인가?

[중생(衆生)-존재(bhava)-유신(有身)-활성존재(bhūta)]

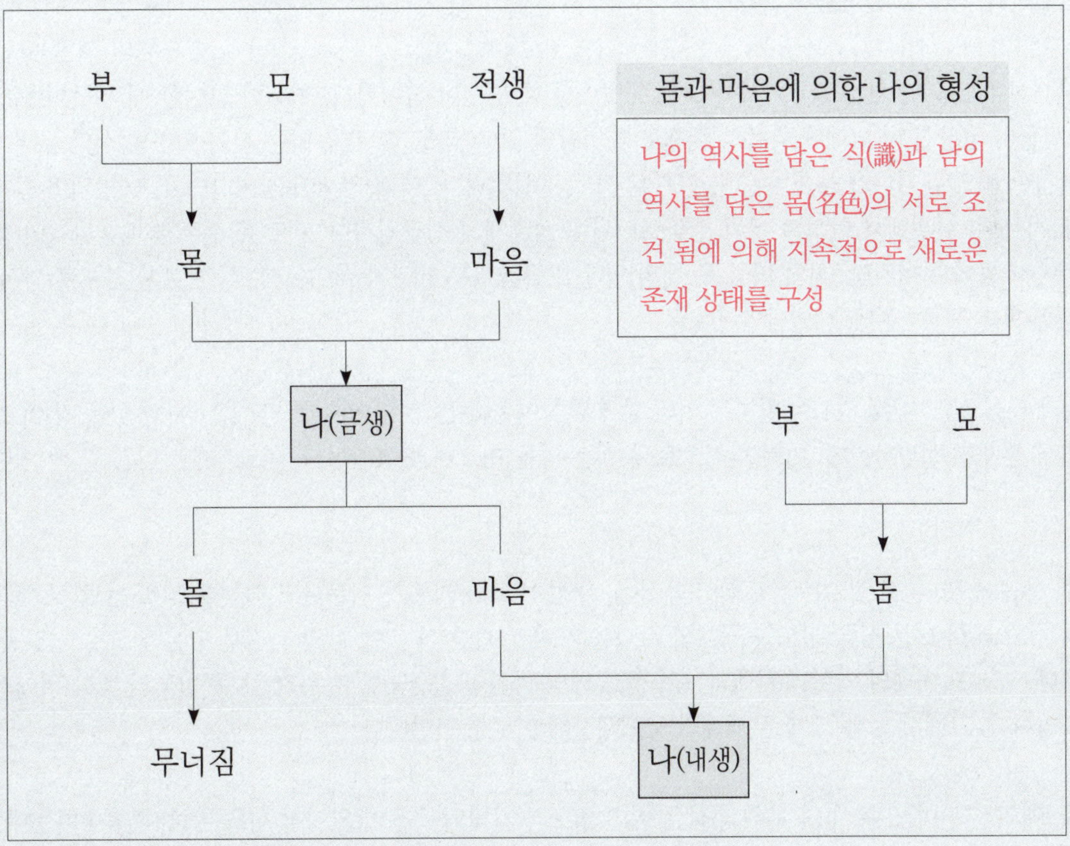

◐ 존재 : 업을 잇는 자와 식의 머묾(머문 식)의 개념 ◑

중생은 업을 잇는 자(kammadāyāda)입니다(MN 135-업 분석의 작은 경). (AN 3.77-존재 경1)은 업이 없는데도 존재가 나타나겠느냐는 문답을 통해 업이 존재의 근간이라는 것을 알려줍니다. 업(業)은 밭이고 식(識)은 씨앗이고 애(愛)는 양분이라는 비유를 통해 무명에 덮이고 애에 묶인 중생들의 식이 낮은(慾)-중간의(色)-높은(無色) 계(界)에 머묾으로써 미래에 다음의 존재로 태어나게 되는 방식으로 존재가 있다는 설명입니다.

그렇다면 존재를 설명하는 핵심 개념인 '식의 머묾(viññāṇaṃ patiṭṭhitaṃ)' 또는 '머문 식'은 무엇입니까?

업은 밭이고 식은 씨앗이고 애는 양분입니다. 식의 씨앗이 업의 밭에 뿌려졌는데 애의 양분이 있으면 식의 머묾이라는 현상에 의해 머문 식의 열매가 맺힙니다. 사과씨를 심으면 사과가 열립니다. 사과의 씨앗이 밭에 뿌려지면 한 철 동안의 햇볕과 비와 땅의 양분을 모아 사과씨를 담은 사과가 열리는 것입니다. 식의 씨앗이 뿌려지면 2차 인식과 업의 과정을 통해 씨앗 식을 담고 성장한 열매 식이 맺히는데, 이런 현상을 식의 머묾이라고 하고, 열매 식을 경은 '머문 식'이라고 부르는 것입니다.

행위 즉 업을 지으면 어떤 일(결과)이 생길까? 부처님은 스승의 영역에 속한 이 질문에 답을 주는데, 상(想)의 잠재와 식(識)의 머묾입니다. 행위를 재현하려는 경향인 상은 잠재한 뒤 공동주관으로 2차인식에 참여하여 삶의 질을 결정합니다. 그리고 머문 식은 씨앗 식 위에 삶의 과정을 담은 앎으로 성장하여 욕계-색계-무색계의 어느 자리에 머뭅니다. 이것이 업을 지음 즉 식의 씨앗과 애의 양분으로 업의 밭에서 지은 농사의 결실입니다. ⇒ (474 & 482쪽) 참조

다시 (SN 12.64-탐 있음 경)은 '식이 머물고 늘어날 때 명색이 참여한다. 명색이 참여할 때 행들이 성장한다. 행들이 성장할 때 미래에 다음의 존재로 태어남이 있다.'라고 합니다. 머문 식이 이전의 식의 무더기에 더해지면 식의 무더기가 늘어나는데, 연기된 식의 구성입니다. 이때 명색이 참여하여 식과 명색이 함께한다고 하는데, 유위에서 형성된 것인 행들로서의 활성존재의 성장입니다. 이런 활성존재의 순환적인 삶의 과정에서 몸이 무너지면, 식의 머묾 즉 애의 양분이 공급되는 유위적 삶이어서, 식은 다시 몸으로 가서 새로운 존재를 구성하는데, 태어남입니다.

이렇게 (AN 3.77-존재 경1)이 말하는 업의 밭에서 식이 머무는 현상 이후를 (SN 12.64-탐 있음 경)이 보충하면서 존재를 설명하는데, 이런 방식으로 존재는 업을 이으며 변화합니다. 바로 '업을 잇는 자'의 의미입니다.

한편, (AN 3.78-존재 경2)는 같은 과정에서 식 대신 의도와 기대가 머문다고 하는데, 의도는 업의 시작점입니다. 그래서 머문 식은 의도와 기대의 속성을 가지고 씨앗 식 위에 삶의 과정을 담은 앎으로 성장한 것입니다. 그리고 이때의 의도와 기대라는 속성도 애의 양분이 공급되는 유위적 삶 즉 번뇌의 영향 위에서의 상황입니다. 그래서 욕계-색계-무색계의 중생세상에 머무는 것입니다.

이때, 애의 양분이 없는 삶 즉 무위의 삶은 이런 의도와 기대의 속성이 없어서 식을 머물지 않게 하는데, 행들을 형성하지 않음에 의한 해탈입니다. 이렇게 해탈된 삶에서의 식도 설명되는데, (DN 11-께왓따 경)과 (MN 49-범천의 초대 경)이 말하는 「'viññāṇaṃ anidassanaṃ anantaṃ sabbato pabhaṃ 식(識)은 속성이 없고, 한계가 없고, 모든 관점에서 빛난다.」입니다.

(MN 43-교리문답의 큰 경)의 한 가지 주제는 존재(有-bhava)입니다.

"kati panāvuso, bhavā"ti? "도반이여, 몇 가지 유(有-존재)가 있습니까?"

"tayome, āvuso, bhavā — kāmabhavo, rūpabhavo, arūpabhavo"ti. "도반이여, 이런 세 가지 유(有)가 있습니다. – 욕유(慾有-욕계의 존재), 색유(色有-색계의 존재), 무색유(無色有-무색계의 존재)

"kathaṃ panāvuso, āyatiṃ punabbhavābhinibbatti hotī"ti? "도반이여, 어떻게 미래에 다시 존재로 태어남이 있습니까?"

"avijjānīvaraṇānaṃ kho, āvuso, sattānaṃ taṇhāsaṃyojanānaṃ tatratatrābhinandanā – evaṃ āyatiṃ punabbhavābhinibbatti hotī"ti. "도반이여, 무명(無明)에 덮이고 애(愛)에 묶인 중생들이 여기저기서 기뻐할 때 미래에 다음의 존재로 태어남이 있습니다."

"kathaṃ panāvuso, āyatiṃ punabbhavābhinibbatti na hotī"ti? "도반이여, 어떻게 미래에 다음의 존재로 태어남이 없습니까?"

"avijjāvirāgā kho, āvuso, vijjuppādā taṇhānirodhā — evaṃ āyatiṃ punabbhavābhinibbatti na hotī"ti. "도반이여, 무명(無明)이 바래고 명(明)이 생겨나 애(愛)가 소멸할 때 미래에 다음의 존재로 태어남이 없습니다."

그런데 존재(有-bhava)는 무엇입니까? 이 설명에 의하면, 무명에 덮이고 애에 묶인 상태는 중생(衆生)이고, 중생이 여기저기서 기뻐하면 미래에 다시 태어나는데, 그 태어남의 상태가 존재이고, 욕계-색계-무색계와 연결된 세 가지 상태가 있다는 의미로 이해됩니다. 또한, 무명과 애가 해소되어 중생으로의 조건이 배제되면 미래에 다시 태어나지 않게 되는데, 말하자면, 존재를 구성하지 않는다는 것입니다.

그렇다면 중생은 무명과 애와 연결되는 개념이고, 존재는 중생의 기뻐함에 의한 태어남과 연결되는 개념인데, 이 두 가지 개념이 무명과 애를 매개로 연결된 하나의 개념이라는 것을 알 수 있습니다. 그래서 무명과 애 그리고 태어남이라는 개념 위에서 존재는 설명되어야 합니다.

이때, (SN 12.19-우현경)은 특별한 설명을 제공합니다. 무명과 애가 해소되지 않은 채 몸이 무너지면 몸으로 가고, 괴로움에서 벗어나지 못합니다. 반면에 무명과 애를 해소한 뒤에 몸이 무너지면 몸으로 가지 않고, 괴로움에서 벗어납니다. 무명과 애의 유무가 몸으로 가고 말고의 차이로 나타나는 것입니다. 그렇다면 무명과 애는 몸이 무너져 죽은 뒤 몸을 붙잡는 특징이 있다고 말할 수 있습니다. 그래서 무명에 덮이고 애에 묶여 옮겨가고 윤회하는 중생은 이 몸에서 다음 몸으로 옮겨갑니다. 이것이 죽고 태어남이고, 이렇게 태어나면 존재라고 불리는 것입니다.

그런데 이렇게 몸으로 가는 것은 무엇입니까? (DN 11-대전기경)과 (SN 12.65-도시 경)은 「paccudāvattati kho idaṃ viññāṇaṃ nāmarūpamhā na paraṃ gacchati. ettāvatā jāyetha vā jīyetha vā mīyetha vā cavetha vā upapajjetha vā, yadidaṃ nāmarūpapaccayā viññāṇaṃ; viññāṇapaccayā nāmarūpaṃ 이 식(識)은 되돌아간다. 명색(名色)으로부터 더 나아가지 못한다. 그 안에서 태어나거나, 늙거나, 죽거나, 옮겨가거나, 다시 태어난다. 즉 명색을 조건으로 식이 있고, 식을 조건으로 명색이 있다.」라고 합니다. 여기서 명색의 범주 안에서 옮겨가고 다시 태어난다는 문장의 주어는 식입니다. 그렇다면 몸으로 가는 것은 식(識-viññāṇa)이라는 것을 알 수 있습니다. 식이라고 불리는 마음이 몸과 함께 내가 되어 살다가 몸이 무너져 죽으면 무명과 애의 구속 때문에 몸으로 가는 것입니다.

※ (MN 106-흔들리지 않는 경지에 적합함 경)은 '몸이 무너져 죽은 뒤에 다시 태어나는 식(識)이 흔들리지 않는 경지로 갈 것이라는 경우는 있다(kāyassa bhedā paraṃ maraṇā ṭhānametaṃ vijjati yaṃ taṃ-saṃvattanikaṃ viññāṇaṃ assa āneñjūpagaṃ)'라고 해서 몸으로 가는 식에 대해 '다시 태어나는 식(saṃvattanikaṃ viññāṇaṃ)'이라고 직접 말해주는데, 흔들리지 않는 경지(제4선~식무변처)에서 비상비비상처까지 반복됩니다.

그래서 존재는 몸 즉 색과 식이 함께한 상태를 말한다고 하겠습니다. 그런데 식에게 몸이 있는 상태를 지시하는 다른 용어가 있습니다. 몸은 kāya고, '있다'는 sat=sant(ppr of atthi-√as 존재하고 있는)인데, sat-kāya로 결합한 뒤 발음의 변화로 sakkāya가 된 용어입니다. 보통 유신(有身)이라고 번역하는데, 몸이 있는 상태를 의미합니다. 식이 무명과 애 때문에 몸으로 가서 몸이 있는 상태가 된 것을 의미합니다.

그렇다면 무명에 덮이고 애에 묶인 중생이 기뻐하는 삶의 결과로 몸이 무너져 죽은 뒤 다시 태어나는 것으로의 존재는 그대로 몸이 있는 상태 즉 유신이라고 이해해야 합니다. 이때, (SN 22.78-사자 경) 등은 신(神)들도 무상하고, 안정되지 않고, 영원하지 않고, 유신에 속해있다(sakkāyapariyāpannā)고 하여, 중생이라면 신이라 해도 몸이 있는 상태를 벗어나지 못한다는 것을 알려줍니다.

※ (MN 106-흔들리지 않는 경지에 적합함 경) – '비상비비상처는 참으로 맨 앞에 있는 집착'이라고하여 비상비비상처가 집착된 영역 즉 중생 세상의 시작이라는 것을 알려줍니다. 또한, 중생 세상에 속한 유신에 대해 「지금여기에 속한 소유의 삶과 다음 세상에 속한 소유의 삶 그리고 지금여기에 속한 소유의 경향[욕상(慾想)]과 다음 세상에 속한 소유의 경향, 지금여기에 속한 색들과 다음 세상에 속한 색들 그리고 지금여기에 속한 색의 경향[색상(色想)]과 다음 세상에 속한 색의 경향 그리고 흔들리지 않는 경지의 상(想)과 무소유처의 상과 비상비비상처의 상 – 이런 유신이 있을 때까지 유신이다(esa sakkāyo yāvatā sakkāyo).」라고 하여 그 범위를 분명히 합니다. 그리고 집착하지 않음에 의한 심(心)의 해탈이 불사(不死)라고 하여 맨 앞의 집착인 비상비비상처를 벗어난 것으로의 해탈과 불사의 실현을 알려줍니다.

유신은 다시 오취온으로 연결됩니다. (SN 22.105-유신 경) 등은 「katamo ca, bhikkhave, sakkāyo? pañc-upādānakkhandhātissa vacanīyaṃ. 그러면 비구들이여, 무엇이 유신인가? 오취온이라고 말해야 한다.」라고 하여 색취온(色取蘊)-수취온(受取蘊)-상취온(想取蘊)-행취온(行取蘊)-식취온(識取蘊)이 유신이라고 알려줍니다. 색과 식으로의 유신은 정지 상태가 아니라 삶을 살아가는 것이기 때문에 삶의 과정에서 파생된 것들의 누적인 수-상-행과 함께 오온을 구성하고, 여기에 집착할 때 오취온이 되는데, 이것이 바로 유신의 확장된 의미라는 것입니다. 그래서 오취온이 곧 유신으로의 중생이고 존재인 '나'라는 것을 알 수 있습니다.

그런데 이런 오취온으로의 나는 지난 삶의 누적으로 이루어진 것입니다. 그리고 이렇게 지난 삶의 누적으로의 나는 지금을 살아가는데, 촉(觸)과 작의(作意)에 의한 활성화입니다. 작의에 의해 대상을 알고[→식(識-분별 앎-아는 마음)], 촉에 의해 대상을 경험[→수(受-느낌/경험)]합니다. 이런 활성화의 관점에서 나는 오온과 촉-작의로 확장되는데, 경은 서로 조건 되는 식과 명색으로 구분하여 설명합니다. (SN 12.2-분석 경)은 식과 명색을 이렇게 정의하는데, 사(思)는 곧 행(行)이기 때문에(SN 22.56-집착의 양상 경) 서로 조건 되는 식과 명색은 오온과 촉-작의입니다.

• "katamañca, bhikkhave, nāmarūpaṃ? vedanā, saññā, cetanā, phasso, manasikāro — idaṃ vuccati nāmaṃ. cattāro ca mahābhūtā, catunnañca mahābhūtānaṃ upādāyarūpaṃ. idaṃ vuccati rūpaṃ. iti idañca nāmaṃ, idañca rūpaṃ. idaṃ vuccati, bhikkhave, nāmarūpaṃ. 비구들이여, 무엇이 명색(名色-파생된 것과 물질)인가? 수(受), 상(想), 사(思), 촉(觸), 작의(作意) — 이것이 명(名-파생된 것)이라 불린다. 사대(四大)와 사대조색(四大造色). 이것이 색(色-물질)이라 불린다. 이렇게 이것이 명이고, 이것이 색이다. 비구들이여, 이것이 명색이라고 불린다.

• "katamañca, bhikkhave, viññāṇaṃ? chayime, bhikkhave, viññāṇakāyā — cakkhuviññāṇaṃ, sotaviññāṇaṃ, ghānaviññāṇaṃ, jivhāviññāṇaṃ, kāyaviññāṇaṃ, manoviññāṇaṃ. idaṃ vuccati, bhikkhave, viññāṇaṃ. 비구들이여, 무엇이 식(識)인가? 비구들이여, 이런 여섯 가지 식의 무리가 있다. — 안식(眼識), 이식(耳識), 비식(鼻識), 설식(舌識), 신식(身識), 의식(意識). 비구들이여, 이것이 식이라고 불린다.

그래서 서로 조건 되는 식과 명색은 지난 삶의 누적인 오취온으로의 내가 촉과 작의에 의해 지금 세상을 만나는 활성 상태를 말한다고 하겠습니다.

한편, 존재(有-bhava)도 활성의 측면을 설명하는데, 활성존재(bhūta)입니다. 사식(四食-cattāro āhārā)은 「cattārome, bhikkhave, āhārā bhūtānaṃ vā sattānaṃ ṭhitiyā sambhavesīnaṃ vā anuggahāya 비구들이여, 활성존재인 중생을 유지하고 존재를 추구하는 자를 도와주는 네 가지 자량(資糧)이 있다.」라고 하여 존재(有-bhava)와 차별되는 활성존재(bhūta)를 말합니다. 자량은 애(愛)를 인연-자라남-생김-기원으로 하기 때문에(SN 12.11-자량 경) 활성존재(bhūta)는 존재(有-bhava)가 애에 의해 활성화된 상태라고 이해할 수 있습니다. 이런 이해 위에서 (SN 12.31-활성존재 경)은 활성존재에 대해 염오-이탐-소멸을 실천하면 유학(有學)이고, 염오-이탐-소멸하여 집착 없이 해탈하면 법을 헤아려 아는 자(saṅkhātadhamma) 즉 아라한이라고 알려줍니다(392쪽 참조).

※ √bhū - to become → bhavati: becomes; to be; exists. (bhu + a)
bhava: the state of existence. (m.) / bhūta: become; existed. (pp. of bhavati)

그렇다면 '유신(有身) → 오취온(五取蘊) → 식(識)-명색(名色)'의 진행과 '존재(有-bhava) → 활성존재(bhūta)'의 양방향의 전개를 참작할 때 활성존재(bhūta)는 식과 명색으로 구성된 활성화된 나를 말한다고 하겠습니다.

활성존재(bhūta)에 대한 이런 이해는 두 개의 경을 통해 검증되는데,

• 유(有)로부터 생(生)이 있고, 활성존재(bhūta)에게 노사(老死)가 있다.(MN 1-근본법문의 경)
• 그 활성존재(bhūta)가 있을 때 육입(六入)이 있다.(SN 12.12-몰리야팍구나 경)

입니다. 몸이 유지되는 금생의 삶 동안에는 순환해서 ③식과 ④명색으로 ⑤육입의 조건이 되고, 몸이 무너져 죽으면 ⑩유(有-bhava)를 조건으로 태어나(⑪생) 늙고 죽는(⑫노사) 삶의 과정의 주체가 된다는 설명입니다.

이때, 활성존재(bhūta)를 구성하는 식과 명색에 대한 이런 관점도 필요합니다. 살아있는 동안에는 「자량에 대한 탐이 있고 소망이 있고 애가 있으면 거기서 식이 머물고 늘어난다. 식이 머물고 늘어날 때 명색이 참여한다. 명색이 참여할 때 행들이 성장한다.(SN 12.64-탐(貪) 있음 경)」라고 하여 육입으로의 순환 과정이 설명되는데, 몸이 무너져 죽지 않았을 때 식과 명색은 어떻게 구성되는지의 측면입니다.

(DN 11-대전기경)과 (SN 12.65-도시 경)에 의하면, 몸으로 가는 것은 식(識-viññāṇa)입니다. 몸이 무너져 죽으면 몸 또는 몸을 포함하는 명색과 함께하여 나를 구성하는 식은 다시 몸으로 가서 새로운 몸과 함께하는 삶을 시작하는데(다음의 존재 있음), 생(生-태어남)입니다.

한편, (AN 3.62-근본 교리 등 경)은 「channaṃ, bhikkhave, dhātūnaṃ upādāya gabbhassāvakkanti hoti; okkantiyā sati nāmarūpaṃ 비구들이여, 육계의 붙잡음을 원인으로 모태에 듦이 있다. 듦이 있을 때 명색이 있다.」라고 하는데, 식은 죽고 태어남의 과정에도 물질요소와 분리되지 않아서 지(地)-수(水)-화(火)-풍(風)-공(空)-식(識)의 육계(六界)로서 모태에 들어오고, 이때 모태에는 명색이 있어서 육계로서 붙잡은 식을 맞는다는 설명입니다.

그런데 왜 식이 들어올 때 색이 아니라 명색이 있다고 말하는 것입니까?

어머니의 태에서 수정란의 형태로 식을 맞는 것이 단순한 물질요소로서의 색이 아니라 정자와 난자의 결합으로 유전되는 DNA에 의한 몸으로의 삶의 정보를 담고 있기 때문이라고 해야 할 것입니다. 이렇게 DNA에 의한 몸의 연결도 경은 설명하고 있는 것입니다.

이때, 몸으로 가는 것인 식은 나의 전생에서 옵니다. 그리고 몸을 구성하는 것인 명색은 부모님의 가계 즉 남에게서 옵니다. 식과 명색은 이렇게 각각의 삶의 연장선 위에서 함께 만나 나를 구성합니다. 다만, 식은 나의 삶의 연장이어서 다음 생으로 이어지고, 명색은 남의 삶에서 와서 한평생 나를 구성하지만, 몸이 무너져 죽은 뒤에는 다음 생으로 이어지지 않습니다.

그렇다면 삶이 아(我-attan)의 몸바꾸기에 의한 정적 과정의 단순한 전개(常見)가 아니라 나의 역사를 담은 식과 남의 역사를 담은 명색의 서로 조건 됨에 의해 지속적으로 새로운 존재 상태를 구성해 가는 동적 과정의 복잡한 전개(무아 - 연기된 식의 윤회)라는 것을 알 수 있습니다.

이렇게 '존재(有-bhava)는 무엇인가?'라는 질문은 중생(衆生)-존재(bhava)-유신(有身)-활성존재(bhūta)의 관점에서 포괄적으로 답해져야 합니다.

- 그림 : 몸과 마음에 의한 나의 형성 ⇒ (83쪽) 참조
- 그림 : 존재(有-bhava)는 무엇인가? - 중생(衆生)-존재(bhava)-유신(有身)-활성존재(bhūta)

◐ 이런 이해는 몸의 비중에 대해 차별합니다. 상견에서 몸은 '옷이 낡으면 벗어버리고 새옷으로 갈아입듯이' 부수적으로 수반되는 것이지만, 연기된 식의 윤회에서 몸은 식과 대등하게 참여하여 나를 구성하는 요소입니다.

그래서 중생은 몸에 구속된 삶이고, 중생을 대표하는 개념이 몸과 함께하는 현상입니다. 결국, 중생으로부터의 벗어남은 몸의 구속에서 벗어나는 것입니다. – 몸이라는 종기와 그 뿌리(SN 35.103-우다까 경)

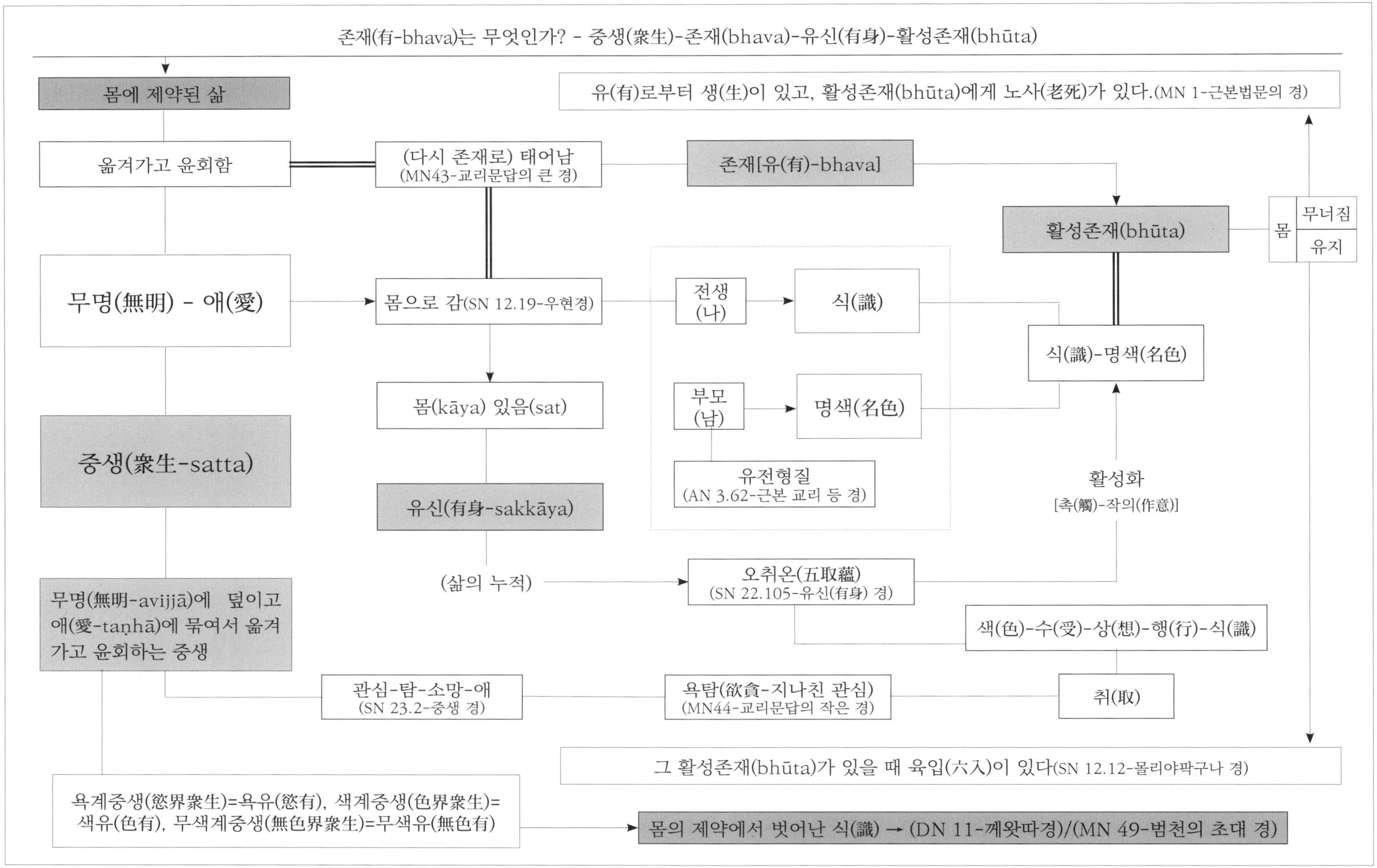
존재(有-bhava)는 무엇인가? - 중생(衆生)-존재(bhava)-유신(有身)-활성존재(bhūta)
몸에 제약된 삶
유(有)로부터 생(生)이 있고, 활성존재(bhūta)에게 노사(老死)가 있다.(MN 1-근본법문의 경)
옮겨가고 윤회함
(다시 존재로) 태어남
(MN43-교리문답의 큰 경)
존재[유(有)-bhava]
활성존재(bhūta)
몸
무너짐
유지
무명(無明) - 애(愛)
몸으로 감(SN 12.19-우현경)
전생
(나)
식(識)
식(識)-명색(名色)
부모
(남)
명색(名色)
몸(kāya) 있음(sat)
유전형질
(AN 3.62-근본 교리 등 경)
중생(衆生-satta)
유신(有身-sakkāya)
활성화
[촉(觸)-작의(作意)]
(삶의 누적)
오취온(五取蘊)
(SN 22.105-유신(有身) 경)
무명(無明-avijjā)에 덮이고 애(愛-taṇhā)에 묶여서 옮겨가고 윤회하는 중생
색(色)-수(受)-상(想)-행(行)-식(識)
관심-탐-소망-애
(SN 23.2-중생 경)
욕탐(欲貪-지나친 관심)
(MN44-교리문답의 작은 경)
취(取)
그 활성존재(bhūta)가 있을 때 육입(六入)이 있다(SN 12.12-몰리야팍구나 경)
욕계중생(慾界衆生)=욕유(慾有), 색계중생(色界衆生)=색유(色有), 무색계중생(無色界衆生)=무색유(無色有)
몸의 제약에서 벗어난 식(識) → (DN 11-께왓따경)/(MN 49-범천의 초대 경)

제1부

여섯 개의 경

사실을 설명하는 이 책의 토대가 되는 가르침을 설하는 경 여섯 개의 전문을 담았습니다. 세 개는 「taṃ tathāgato abhisambujjhati abhisameti 여래는 이것을 깨닫고 실현하였다.」라고 설해진 경이고, 두 개는 보통 오비구(五比丘)라고 알려진 함께하는 다섯 비구(pañcavaggiye bhikkhū)에게 설해져 깨달음의 재현을 이끈 경이며, 한 개는 사성제를 직접 분석하는 경입니다.

adhigato kho myāyaṃ dhammo gambhīro duddaso duranubodho santo paṇīto atakkāvacaro nipuṇo paṇḍitavedanīyo. ālayarāmā kho panāyaṃ pajā ālayaratā ālayasammuditā. ālayarāmāya kho pana pajāya ālayaratāya ālayasammuditāya duddasaṃ idaṃ ṭhānaṃ yadidaṃ idappaccayatā-paṭiccasamuppādo. idampi kho ṭhānaṃ duddasaṃ yadidaṃ sabbasaṅkhārasamatho sabbūpadhi-paṭinissaggo taṇhākkhayo virāgo nirodho nibbānaṃ.

내가 성취한 이 법은 심오하고, 보기 어렵고, 깨닫기 어렵고, 평화롭고, 숭고하고, takka(愛의 형성 과정)의 영역을 넘어섰고, 독창적이고, 현자에게만 경험될 수 있다. 그러나 존재들은 잡기를 즐기고 잡기를 좋아하고 잡기를 기뻐한다. 잡기를 즐기고 잡기를 좋아하고 잡기를 기뻐하는 사람들은 이런 토대 즉 여기에서의 조건성인 연기(緣起)를 보기 어렵다. 또한, 이런 토대 즉 모든 행(行)을 그침이고, 모든 재생의 조건을 놓음이고, 애(愛)의 부서짐이고, 바램이고, 소멸인 열반(涅槃)을 보기 어렵다.(SN 6.1-범천의 요청 경)

Ⅰ. 여래(如來)는 이것을 깨닫고 실현하였다.

「taṃ tathāgato abhisambujjhati abhisameti 여래는 이것을 깨닫고 실현하였다.」라고 말하는 세 개의 경 – 부처님의 깨달음의 내용을 구체적으로 밝혀주는 용례

1. 여래(如來)의 출현과 무관하게 세상에 적용되는 사실 ①삼법인(三法印) – uppādāsuttaṃ (AN 3.137-출현 경)

• 여래의 출현 여부와 무관하게 세상에 존재하고 내 삶에 적용되는 원리/이치 – ①삼법인(三法印) – 일반적 존재성

• 행(行-saṅkhāra) – 유위에서 형성된 것, 법(法-dhamma) – 있는 것

• 유위에서 형성된 것들은 모두 무상(無常)하다 – 제행무상(諸行無常)
• 유위에서 형성된 것들은 모두 고(苦)다 – 제행개고(諸行皆苦)
• 있는 것들은 모두 무아(無我)다 – 제법무아(諸法無我)

"uppādā vā, bhikkhave, tathāgatānaṃ anuppādā vā tathāgatānaṃ, ṭhitāva sā dhātu dhammaṭṭhitatā dhammaniyāmatā. sabbe saṅkhārā aniccā. taṃ tathāgato abhisambujjhati abhisameti. abhisambujjhitvā abhisametvā ācikkhati deseti paññāpeti paṭṭhapeti vivarati vibhajati uttānīkaroti — 'sabbe saṅkhārā aniccā'ti.

"비구들이여, '유위에서 형성된 것들은 모두 무상(無常)하다(제행무상).'라는 이 요소는 여래들의 출현이나 출현하지 않음을 원인으로 움직이지 않는 안정되고 확실한 원리(사실)이다. 여래는 이것을 깨닫고 실현하였다. 깨닫고 실현한 뒤 '유위에서 형성된 것들은 모두 무상하다.'라고 공표하고, 전달하고, 선언하고, 시작하고, 드러내고, 분석하고, 해설한다.

uppādā vā, bhikkhave, tathāgatānaṃ anuppādā vā tathāgatānaṃ ṭhitāva sā dhātu dhammaṭṭhitatā dhammaniyāmatā. sabbe saṅkhārā dukkhā. taṃ tathāgato abhisambujjhati abhisameti. abhisambujjhitvā abhisametvā ācikkhati deseti paññāpeti paṭṭhapeti vivarati vibhajati uttānīkaroti — 'sabbe saṅkhārā dukkhā'ti.

비구들이여, '유위에서 형성된 것들은 모두 고(苦)다(제행개고).'라는 이 요소는 여래들의 출현이나 출현하지 않음을 원인으로 움직이지 않는 안정되고 확실한 원리이다. 여래는 이것을 깨닫고 실현하였다. 깨닫고 실현한 뒤 '유위에서 형성된 것들은 모두 고다.'라고 공표하고, 전달하고, 선언하고, 시작하고, 드러내고, 분석하고, 해설한다.

uppādā vā, bhikkhave, tathāgatānaṃ anuppādā vā tathāgatānaṃ ṭhitāva sā dhātu dhammaṭṭhitatā dhammaniyāmatā. sabbe dhammā anattā. taṃ tathāgato abhisambujjhati abhisameti. abhisambujjhitvā abhisametvā ācikkhati deseti paññāpeti paṭṭhapeti vivarati vibhajati uttānīkaroti — 'sabbe dhammā anattā'"ti.

비구들이여, '있는 것들은 모두 무아(無我)다(제법무아).'라는 이 요소는 여래들의 출현이나 출현하지 않음을 원인으로 움직이지 않는 안정되고 확실한 원리이다. 여래는 이것을 깨닫고 실현하였다. 깨닫고 실현한 뒤 '있는 것들은 모두 무아다.'라고 공표하고, 전달하고, 선언하고, 시작하고, 드러내고, 분석하고, 해설한다."

2. 여래(如來)의 출현과 무관하게 세상에 적용되는 사실 ②연기(緣起) – paccayasuttaṃ (SN 12.20-조건 경)

• 여래의 출현 여부와 무관하게 세상에 존재하고 내 삶에 적용되는 원리/이치 – ②연기(緣起) – 여기에서의 조건성 – 괴로움이 생겨나고 자라나는 나의 삶에 특화된 조건 관계

• 연기(緣起) : 여기(중생들의 삶의 영역)에서의 조건성 → 십이연기(十二緣起)
• 연기된 법들 12개 : 노사(老死) ← 생(生) ← 유(有) ← 취(取) ← 애(愛) ← 수(受) ← 촉(觸) ← 육입(六入) ← 명색(名色) ← 식(識) ← 행(行)들 ← 무명(無明)

; 자라남의 측면 – 무상(無常)하고 유위(有爲)이고 연기(緣起)된 것 → 고(苦)
; 줄어듦의 측면 – 부서지는 것이고 무너지는 것이고 바래는 것이고 소멸하는 것 → 고멸(苦滅)

• '나는 누구인가?'라는 질문에 대한 부처님의 대답 = 연기와 연기된 법들

⇒ 불교신자는 나는 누구인지 찾아나서지 않아야 합니다. 나에 대해서는 부처님에게 배워 안 뒤, 나의 삶에 수반되는 괴로움을 소멸하기 위해 실천하면 됩니다. 이것이 스승 잘 둔 불교 신자의 특권입니다.

※ 존재(有-bhava)를 중심에 둔 십이연기 ⇒ 504쪽 그림 참조

sāvatthiyaṃ viharati … "paṭiccasamuppādañca vo, bhikkhave, desessāmi paṭiccasamuppanne ca dhamme. taṃ suṇātha, sādhukaṃ manasi karotha, bhāsissāmī"ti. "evaṃ, bhante"ti kho te bhikkhū bhagavato paccassosuṃ. bhagavā etadavoca —

사왓티에 머물다. … "비구들이여, 그대들에게 연기(緣起)와 연기된 법(法)들에 대해 설하겠다. 그것을 듣고 잘 사고하라. 나는 말할 것이다." "알겠습니다, 대덕이시여."라고 그 비구들은 세존에게 대답했다. 세존은 이렇게 말했다. –

"katamo ca, bhikkhave, paṭiccasamuppādo? jātipaccayā, bhikkhave, jarāmaraṇaṃ. uppādā vā tathāgatānaṃ anuppādā vā tathāgatānaṃ, ṭhitāva sā dhātu dhammaṭṭhitatā dhammaniyāmatā idappaccayatā. taṃ tathāgato abhisambujjhati abhisameti. abhisambujjhitvā abhisametvā ācikkhati deseti paññāpeti paṭṭhapeti vivarati vibhajati uttānīkaroti. 'passathā'ti cāha — 'jātipaccayā, bhikkhave, jarāmaraṇaṃ'".

그러면 비구들이여, 무엇이 연기(緣起)인가? 비구들이여, '생(生)을 조건으로 노사(老死)가 있다.'라는 이 요소는 여래들의 출현이나 출현하지 않음을 원인으로 움직이지 않는 안정되고 확실한 원리(사실)이며, 여기에서의 조건성이다. 여래는 이것을 깨닫고 실현하였다. 깨닫고 실현한 뒤 '보라! 비구들이여, 생을 조건으로 노사가 있다.'라고 공

표하고, 전달하고, 선언하고, 시작하고, 드러내고, 분석하고, 해설한다.

“bhavapaccayā, bhikkhave, jāti ... pe ... upādānapaccayā, bhikkhave, bhavo... taṇhāpaccayā, bhikkhave, upādānaṃ... vedanāpaccayā, bhikkhave, taṇhā... phassapaccayā, bhikkhave, vedanā... saḷāyatanapaccayā, bhikkhave, phasso... nāmarūpapaccayā, bhikkhave, saḷāyatanaṃ... viññāṇapaccayā, bhikkhave, nāmarūpaṃ... saṅkhārapaccayā, bhikkhave, viññāṇaṃ... avijjāpaccayā, bhikkhave, saṅkhārā uppādā vā tathāgatānaṃ anuppādā vā tathāgatānaṃ, ṭhitāva sā dhātu dhammaṭṭhitatā dhammaniyāmatā idappaccayatā. taṃ tathāgato abhisambujjhati abhisameti. abhisambujjhitvā abhisametvā ācikkhati deseti paññāpeti paṭṭhapeti vivarati vibhajati uttānīkaroti. ‘passathā’ti cāha ‘avijjāpaccayā, bhikkhave, saṅkhārā’. iti kho, bhikkhave, yā tatra tathatā avitathatā anaññathatā idappaccayatā — ayaṃ vuccati, bhikkhave, paṭiccasamuppādo.

비구들이여, ‘유(有)를 조건으로 생이 있다.’라는 … ‘취(取)를 조건으로 유가 있다.’라는 …‘애(愛)를 조건으로 취가 있다.’라는 … ‘수(受)를 조건으로 애가 있다.’라는 … ‘촉(觸)을 조건으로 수가 있다.’라는 … ‘육입(六入)을 조건으로 촉이 있다.’라는 … ‘명색(名色)을 조건으로 육입이 있다.’라는 … ‘식(識)을 조건으로 명색이 있다.’라는 … ‘행(行)들을 조건으로 식이 있다.’라는 … 비구들이여, ‘무명(無明)을 조건으로 행들이 있다.’라는 이 요소는 여래들의 출현이나 출현하지 않음을 원인으로 움직이지 않는 안정되고 확실한 원리이며, 여기에서의 조건성이다. 여래는 이것을 깨닫고 실현하였다. 깨닫고 실현한 뒤 ‘보라! 비구들이여, 무명을 조건으로 행들이 있다.’라고 공표하고, 전달하고, 선언하고, 시작하고, 드러내고, 분석하고, 해설한다. 이렇게, 비구들이여, 거기서 사실임, 사실을 벗어나지 않음, 다른 방법으로 생겨나지 않음, 여기에서의 조건성 – 비구들이여, 이것이 연기라고 불린다.

“katame ca, bhikkhave, paṭiccasamuppannā dhammā? jarāmaraṇaṃ, bhikkhave, aniccaṃ saṅkhataṃ paṭiccasamuppannaṃ khayadhammaṃ vayadhammaṃ virāgadhammaṃ nirodhadhammaṃ. jāti, bhikkhave, aniccā saṅkhatā paṭiccasamuppannā khayadhammā vayadhammā virāgadhammā nirodhadhammā. bhavo, bhikkhave, anicco saṅkhato paṭiccasamuppanno khayadhammo vayadhammo virāgadhammo nirodhadhammo. upādānaṃ bhikkhave ... pe ... taṇhā, bhikkhave... vedanā, bhikkhave... phasso, bhikkhave... saḷāyatanaṃ, bhikkhave... nāmarūpaṃ, bhikkhave... viññāṇaṃ, bhikkhave... saṅkhārā, bhikkhave... avijjā, bhikkhave, aniccā saṅkhatā paṭiccasamuppannā khayadhammā vayadhammā virāgadhammā nirodhadhammā. ime vuccanti, bhikkhave, paṭiccasamuppannā dhammā.

그러면 비구들이여, 무엇이 연기된 법인가? 비구들이여, 노사는 무상하고 유위이고 연기되었고 부서지는 것이고 무너지는 것이고 바래는 것이고 소멸하는 것이다. 비구들이여, 생은 무상하고 유위이고 연기되었고 부서지는 것이고 무너지는 것이고 바래는 것이고 소멸하는 것이다. 비구들이여, 유는 무상하고 유위이고 연기되었고 부서지는 것이고 무너지는 것이고 바래는 것이고 소멸하는 것이다. 비구들이여, 취는 … 비구들이여, 애는 … 비구들이여, 수는 … 비구들이여, 촉은 … 비구들이여, 육입은 … 비구들이여, 명색은 … 비구들이여, 식은 … 비구들이여, 행들은 … 비구들이여, 무명은 무상하고 유위이고 연기되었고 부서지는 것이고 무너지는 것이고 바래는 것이고 소멸하는 것이다. 비구들이여, 이것이 연기된 법이라고 불린다.

“yato kho, bhikkhave, ariyasāvakassa ‘ayañca paṭiccasamuppādo, ime ca paṭiccasamuppannā dhammā’ yathābhūtaṃ sammappaññāya sudiṭṭhā honti, so vata pubbantaṃ vā paṭidhāvissati — ‘ahosiṃ nu kho ahaṃ atītamaddhānaṃ, nanu kho ahosiṃ atītamaddhānaṃ, kiṃ nu kho ahosiṃ atītamaddhānaṃ, kathaṃ nu kho ahosiṃ atītamaddhānaṃ, kiṃ hutvā kiṃ ahosiṃ nu kho ahaṃ atītamaddhānan'ti; aparantaṃ vā upadhāvissati — 'bhavissāmi nu kho ahaṃ anāgatamaddhānaṃ, nanu kho bhavissāmi anāgatamaddhānaṃ, kiṃ nu kho bhavissāmi anāgatamaddhānaṃ, kathaṃ nu kho bhavissāmi anāgatamaddhānaṃ, kiṃ hutvā kiṃ bhavissāmi nu kho ahaṃ anāgatamaddhānan'ti; etarahi vā paccuppannaṃ addhānaṃ ajjhattaṃ kathaṃkathī bhavissati — 'ahaṃ nu khosmi, no nu khosmi, kiṃ nu khosmi, kathaṃ nu khosmi, ayaṃ nu kho satto kuto āgato, so kuhiṃ gamissatī'ti — netaṃ ṭhānaṃ vijjati. taṃ kissa hetu? tathāhi, bhikkhave, ariyasāvakassa ayañca paṭiccasamuppādo ime ca paṭiccasamuppannā dhammā yathābhūtaṃ sammappaññāya sudiṭṭhā"ti.

비구들이여, 성스러운 제자가 '이것이 연기다, 이것들이 연기된 법들이다.'라고 있는 그대로 바른 지혜로써 잘 보았기 때문에 그가 ①'참으로 나는 과거에 존재했을까? 존재하지 않았을까? 무엇으로 존재했을까? 어떻게 존재했을까? 무엇으로 존재한 뒤에 무엇이 되었었을까?'라고 과거로 달려가거나, ②'참으로 나는 미래에 존재할까? 존재하지 않을까? 무엇으로 존재할까? 어떻게 존재할까? 무엇으로 존재한 뒤에 다시 무엇이 될까?'라고 미래로 달려가거나, ③'참으로 나는 존재하는가? 존재하지 않는가? 나는 무엇인가? 어떻게 존재하는가? 이 중생은 어디에서 온 것인가? 그는 어디로 갈 것인가?'라고 안으로 지금 현재를 의심하는 자가 될 것이라는 그런 경우는 없다. 그 원인은 무엇인가? 비구들이여, 이런 방법으로 성스러운 제자가 '이것이 연기다. 이것이 연기된 법들이다.'라고 있는 그대로 바른 지혜로써 잘 보았기 때문이다.

3. 오온(五蘊)의 특성 – pupphasuttaṃ (SN 22.94-꽃 경)

- 없는 것 — 상(常)하고 안정되고 영원하고 변하지 않는 오온(五蘊)
- 있는 것 — 무상(無常)하고 괴롭고 변하는 오온(五蘊) = 오온의 특성

⇒ 상(常) ↔ 무상(無常), 안정되고 영원함 ↔ 괴로움(苦), 변하지 않는 것 ↔ 변하는 것(無我)
⇒ 괴로움(苦) = 안정되지 못하고 영원하지 않은 성질

- 깨닫고 실현한 법 — 세상에 있는 세상의 법 = 색(色)-수(受)-상(想)-행(行)들-식(識) 오온(五蘊) → 세상의 법인 오온과 세상을 벗어나 실현되는 열반 외에 다른 것 없음 → 다른 존재를 주장하는 것은 없는 것을 있다고 말하는 것이어서 거짓이고, 단지 설정된 허구임 — 예) 아뜨만(我)

- 세상에서 태어났고 세상에서 자란 여래는 세상을 이긴 뒤 세상에 의해 더럽혀지지 않고 머묾

"nāhaṃ, bhikkhave, lokena vivadāmi, lokova mayā vivadati. na, bhikkhave, dhammavādī kenaci lokasmiṃ vivadati. yaṃ, bhikkhave, natthisammataṃ loke paṇḍitānaṃ, ahampi taṃ 'natthī'ti vadāmi. yaṃ, bhikkhave, atthisammataṃ loke paṇḍitānaṃ, ahampi taṃ 'atthī'ti vadāmi".

"비구들이여, 나는 세상과 더불어 다투지 않는다. 단지 세상이 나를 상대로 다툴 뿐이다. 비구들이여, 법을 말하는 자는 세상에서 누구와도 더불어 다투지 않는다. 비구들이여, 세상에서 현자들에게 없다고 동의된 것을 나도 역시 '없다'라고 말한다. 세상에서 현자들에게 있다고 동의된 것을 나도 역시 '있다'라고 말한다."

"kiñca, bhikkhave, natthisammataṃ loke paṇḍitānaṃ, yamahaṃ 'natthī'ti vadāmi? rūpaṃ, bhikkhave, niccaṃ dhuvaṃ sassataṃ avipariṇāmadhammaṃ natthisammataṃ loke paṇḍitānaṃ;

ahampi taṃ 'natthī'ti vadāmi. vedanā... saññā... saṅkhārā... viññāṇaṃ niccaṃ dhuvaṃ sassataṃ avipariṇāmadhammaṃ natthisammataṃ loke paṇḍitānaṃ; ahampi taṃ 'natthī'ti vadāmi. idaṃ kho, bhikkhave, natthisammataṃ loke paṇḍitānaṃ; ahampi taṃ 'natthī'ti vadāmi".

비구들이여, 그러면 세상에서 현자들에게 없다고 동의된 것이고, '없다'라고 내가 말하는 것은 무엇인가? 비구들이여, 상(常)하고 안정되고 영원하고 변하지 않는 것인 색(色)은 세상에서 현자들에게 없다고 동의된 것이고, 나도 그것을 '없다'라고 말한다. 수(受) … 상(想) … 행(行)들 … 상(常)하고 안정되고 영원하고 변하지 않는 것인 식(識)은 세상에서 현자들에게 없다고 동의된 것이고, 나도 그것을 '없다'라고 말한다. 비구들이여, 이것이 세상에서 현자들에게 없다고 동의된 것이고, 나도 그것을 '없다'라고 말한다.

"kiñca, bhikkhave, atthisammataṃ loke paṇḍitānaṃ, yamahaṃ 'atthī'ti vadāmi? rūpaṃ, bhikkhave, aniccaṃ dukkhaṃ vipariṇāmadhammaṃ atthisammataṃ loke paṇḍitānaṃ; ahampi taṃ 'atthī'ti vadāmi. vedanā aniccā ... pe ... viññāṇaṃ aniccaṃ dukkhaṃ vipariṇāmadhammaṃ atthisammataṃ loke paṇḍitānaṃ; ahampi taṃ 'atthī'ti vadāmi. idaṃ kho, bhikkhave, atthisammataṃ loke paṇḍitānaṃ; ahampi taṃ 'atthī'ti vadāmi".

비구들이여, 그러면 세상에서 현자들에게 있다고 동의된 것이고, '있다'라고 내가 말하는 것은 무엇인가? 비구들이여, 무상(無常)하고 괴롭고 변하는 것인 색(色)은 세상에서 현자들에게 있다고 동의된 것이고, 나도 그것을 '있다'라고 말한다. 수(受) … 무상(無常)하고 괴롭고 변하는 것인 식(識)은 세상에서 현자들에게 있다고 동의된 것이고, 나도 그것을 '있다'라고 말한다. 비구들이여, 이것이 세상에서 현자들에게 있다고 동의된 것이고, 나도 그것을 '있다.'라고 말한다.

"atthi, bhikkhave, loke lokadhammo, taṃ tathāgato abhisambujjhati abhisameti; abhisambujjhitvā abhisametvā taṃ ācikkhati deseti paññapeti paṭṭhapeti vivarati vibhajati uttānīkaroti.

비구들이여, 세상에는 세상의 법이 있다. 여래(如來)는 그것을 깨닫고 실현하였다. 깨닫고 실현한 뒤에 그것을 공표하고, 전달하고, 선언하고, 시작하고, 드러내고, 분석하고, 해설한다.

"kiñca, bhikkhave, loke lokadhammo, taṃ tathāgato abhisambujjhati abhisameti, abhisambujjhitvā abhisametvā ācikkhati deseti paññapeti paṭṭhapeti vivarati vibhajati uttānīkaroti? rūpaṃ, bhikkhave, loke lokadhammo taṃ tathāgato abhisambujjhati abhisameti. abhisambujjhitvā abhisametvā ācikkhati deseti paññapeti paṭṭhapeti vivarati vibhajati uttānīkaroti.

비구들이여, 그러면 무엇이 세상에 있는 세상의 법이어서 여래(如來)는 그것을 깨닫고 실현하였고, 깨닫고 실현한 뒤에 그것을 공표하고, 전달하고, 선언하고, 시작하고, 드러내고, 분석하고, 해설하는가? 비구들이여, 색(色)은 세상에 있는 세상의 법이어서 여래는 그것을 깨닫고 실현하였고, 깨닫고 실현한 뒤에 그것을 공표하고, 전달하고, 선언하고, 시작하고, 드러내고, 분석하고, 해설한다.

"yo, bhikkhave, tathāgatena evaṃ ācikkhiyamāne desiyamāne paññapiyamāne paṭṭhapiyamāne vivariyamāne vibhajiyamāne uttānīkariyamāne na jānāti na passati tamahaṃ, bhikkhave, bālaṃ puthujjanaṃ andhaṃ acakkhukaṃ ajānantaṃ apassantaṃ kinti karomi! vedanā, bhikkhave, loke lokadhammo ... pe ... saññā, bhikkhave... saṅkhārā, bhikkhave... viññāṇaṃ, bhikkhave, loke lokadhammo taṃ tathāgato abhisambujjhati abhisameti. abhisambujjhitvā abhisametvā ācikkhati deseti paññapeti paṭṭhapeti vivarati vibhajati uttānīkaroti.

비구들이여, 여래가 이렇게 공표하고, 전달하고, 선언하고, 시작하고, 드러내고, 분석하고, 해설한 것을 알지 못하고 보지 못하는 어리석은 범부, 장님, 눈이 없는 자, 알지 못하고 보지 못하는 자에게, 비구들이여, 내가 무엇을 할 수 있겠는가? 비구들이여, 수(受)는 세상에 있는 세상의 법이어서 … 비구들이여, 상(想)은 … 비구들이여, 행(行)들은 … 비구들이여, 식(識)은 세상에 있는 세상의 법이어서 여래는 그것을 깨닫고 실현하였고, 깨닫고 실현한 뒤에 그것을 공표하고, 전달하고, 선언하고, 시작하고, 드러내고, 분석하고, 해설한다.

"yo, bhikkhave, tathāgatena evaṃ ācikkhiyamāne desiyamāne paññapiyamāne paṭṭhapiyamāne vivariyamāne vibhajiyamāne uttānīkariyamāne na jānāti na passati tamahaṃ, bhikkhave, bālaṃ puthujjanaṃ andhaṃ acakkhukaṃ ajānantaṃ apassantaṃ kinti karomi!

비구들이여, 여래가 이렇게 공표하고, 전달하고, 선언하고, 시작하고, 드러내고, 분석하고, 해설한 것을 알지 못하고 보지 못하는 어리석은 범부, 장님, 눈이 없는 자, 알지 못하고 보지 못하는 자에게, 비구들이여, 내가 무엇을 할 수 있겠는가?

"seyyathāpi, bhikkhave, uppalaṃ vā padumaṃ vā puṇḍarīkaṃ vā udake jātaṃ udake saṃvaḍḍhaṃ udakā accuggamma ṭhāti anupalittaṃ udakena; evameva kho, bhikkhave, tathāgato loke jāto loke saṃvaḍḍho lokaṃ abhibhuyya viharati anupalitto lokenā"ti.

예를 들면, 비구들이여, 물에서 생겼고 물에서 자란 청련(青蓮)이나 홍련(紅蓮)이나 백련(白蓮)이 물에서 벗어나서 물에 의해 더럽혀지지 않고 서 있다. 이처럼, 비구들이여, 세상에서 태어났고 세상에서 자란 여래는 세상을 이긴 뒤 세상에 의해 더럽혀지지 않고 머문다.

me dhammā ajjhattaṃ appahīnā – ādīnavadassāvī
내 안에 버려지지 않은 법들에서 위험을 보겠습니다.

Ⅱ. 함께하는 다섯 비구에게 설해진 경 – 깨달음의 재현

「pañcavaggiye bhikkhū 함께하는 다섯 비구들」에게 직접 설해져 깨달음의 재현을 이끈 경 두 개
– 부처님의 깨달음의 내용이 세상에 드러난 최초의 형태(①법안이 생김 → ②아라한 됨)
〈깨달음의 재현은 시간과 공간을 초월하여 부처님과 가르침을 지금 나에게 닿게 하는 중요한 사건임〉

1. dhammacakkappavattanasuttaṃ (SN 56.11-전법륜(轉法輪) 경)

• 두 끝과 중도(中道) ⇒ (103쪽) 그림 : (MN 85-보디 왕자 경)[소유의 삶의 비유]과 (SN 56.11-전법륜(轉法輪) 경)으로 이해하는 중도(中道)

※ 도(道)① — magga = 길 → 팔정도(八正道) = ariyo aṭṭhaṅgiko maggo(여덟 가지 성스러운 길)
도(道)② — paṭipadā = 실천 → 중도(中道) = majjhimā paṭipadā(중(中)의 실천)

• 여래가 깨달은 중도 = 여덟 요소로 구성된 성스러운 도(八正道)의 실천 = 눈을 만들고 앎을 만들고, 가라앉음으로 실다운 지혜로 깨달음으로 열반으로 이끄는 것 → 위없는 바른 깨달음을 위한 방법을 깨달은 것

• 사성제(四聖諦) 그리고 세 번 굴린 열두 형태[삼전십이행(三轉十二行)] = 위없는 바른 깨달음 ⇒ 「제2부 제1장 Ⅳ. 진리」 참조(128쪽)

• 안(眼-눈)-지(知-앎)-혜(慧-지혜)-명(明-밝음)-광(光-빛) ⇒ (104쪽) 그림 참조

• 법의 눈(法眼)이 생김 — '자라나는 것은 무엇이든지 모두 소멸하는 것이다.' → 고멸의 가능성에 눈뜸 & 스승에 대한 믿음이 생김

• 육차결집본 : 'aññāsikoṇḍañño-이해한 꼰단냐' → 의미상 타당함
PTS본 : 'Aññā-Koṇḍañño-깨달은 꼰단냐' → 의미상 타당하지 않음

ekaṃ samayaṃ bhagavā bārāṇasiyaṃ viharati isipatane migadāye. tatra kho bhagavā pañcavaggiye bhikkhū āmantesi — "dveme, bhikkhave, antā pabbajitena na sevitabbā. katame dve? yo cāyaṃ kāmesu kāmasukhallikānuyogo hīno gammo pothujjaniko anariyo anatthasaṃhito, yo cāyaṃ attakilamathānuyogo dukkho anariyo anatthasaṃhito. ete kho, bhikkhave, ubho ante anupagamma majjhimā paṭipadā tathāgatena abhisambuddhā cakkhukaraṇī ñāṇakaraṇī upasamāya abhiññāya sambodhāya nibbānāya saṃvattati".

한때 세존은 바라나시에서 이시빠따나의 사슴 공원에 머물렀다. 그때 세존은 함께하는 다섯 비구에게 말했다. – "비구들이여, 출가자가 실천하지 않아야 하는 이런 두 끝이 있다. 무엇이 둘인가? 소유의 삶에서 소유의 즐거움에 묶인 이런 실천은 저열하고 천박하고 범속하고 성스럽지 못하고 이익을 가져오지 않는다. 자신을 지치게 하는 이런 실천은 괴롭고 성스럽지 못하고 이익을 가져오지 않는다. 비구들이여, 이런 양 끝을 가까이하지 않고서 여래가

깨달은 중도(中道)는 눈을 만들고, 앎을 만들고, 가라앉음으로 실다운 지혜로 깨달음으로 열반으로 이끈다.

"katamā ca sā, bhikkhave, majjhimā paṭipadā tathāgatena abhisambuddhā cakkhukaraṇī ñāṇakaraṇī upasamāya abhiññāya sambodhāya nibbānāya saṃvattati? ayameva ariyo aṭṭhaṅgiko maggo, seyyathidaṃ — sammādiṭṭhi sammāsaṅkappo sammāvācā sammākammanto sammāājīvo sammāvāyāmo sammāsati sammāsamādhi. ayaṃ kho sā, bhikkhave, majjhimā paṭipadā tathāgatena abhisambuddhā cakkhukaraṇī ñāṇakaraṇī upasamāya abhiññāya sambodhāya nibbānāya saṃvattati.

비구들이여, 그러면 무엇이 눈을 만들고 앎을 만들고, 가라앉음으로 실다운 지혜로 깨달음으로 열반으로 이끄는, 여래가 깨달은 중도인가? 오직 이것, 정견(正見-바른 견해)-정사유(正思惟-바른 사유)-정어(正語-바른말)-정업(正業-바른 행위)-정명(正命-바른 생활)-정정진(正精進-바른 노력)-정념(正念-바른 사띠)-정정(正定-바른 삼매)의 여덟 요소로 구성된 성스러운 도(道)이다. 비구들이여, 이것이 눈을 만들고 앎을 만들고, 가라앉음으로 실다운 지혜로 깨달음으로 열반으로 이끄는, 여래가 깨달은 중도이다.

"idaṃ kho pana, bhikkhave, dukkhaṃ ariyasaccaṃ — jātipi dukkhā, jarāpi dukkhā, byādhipi dukkho, maraṇampi dukkhaṃ, appiyehi sampayogo dukkho, piyehi vippayogo dukkho, yampicchaṃ na labhati tampi dukkhaṃ — saṃkhittena pañcupādānakkhandhā dukkhā. idaṃ kho pana, bhikkhave, dukkhasamudayaṃ ariyasaccaṃ — yāyaṃ taṇhā ponobbhavikā nandirāgasahagatā tatratatrābhinandinī, seyyathidaṃ — kāmataṇhā, bhavataṇhā, vibhavataṇhā. idaṃ kho pana, bhikkhave, dukkhanirodhaṃ ariyasaccaṃ — yo tassāyeva taṇhāya asesavirāganirodho cāgo paṭinissaggo mutti anālayo. idaṃ kho pana, bhikkhave, dukkhanirodhagāminī paṭipadā ariyasaccaṃ — ayameva ariyo aṭṭhaṅgiko maggo, seyyathidaṃ — sammādiṭṭhi … pe … sammāsamādhi.

비구들이여, 이것이 괴로움의 성스러운 진리(苦聖諦)이다. – 태어남도 괴로움이고, 늙음도 괴로움이고, 병도 괴로움이고, 죽음도 괴로움이다. 재미없는 것들과 함께 엮이는 것도 괴로움이고, 즐거운 것들과 갈라지는 것도 괴로움이고, 구하는 것을 얻지 못하는 것도 괴로움이다. 간략히 말하면, 오취온(五取蘊)이 괴로움이다.

비구들이여, 다시 존재가 되고 소망과 탐이 함께하며 여기저기서 기뻐하는 애(愛)가 괴로움의 자라남의 성스러운 진리(苦集聖諦)인데, 소유의 애, 존재의 애, 존재에서 벗어남의 애[욕애(慾愛)-유애(有愛)-무유애(無有愛)]가 있다.

비구들이여, 애(愛)의 남김없이 바랜 소멸, 포기, 놓음, 풀림, 잡지 않음이 괴로움의 소멸의 성스러운 진리(苦滅聖諦)이다.

비구들이여, 이것이 괴로움의 소멸로 이끄는 실천의 성스러운 진리(苦滅道聖諦)이니, 오직 이것, 정견-정사유-정어-정업-정명-정정진-정념-정정의 여덟 요소로 구성된 성스러운 길(八正道)이다.

"'idaṃ dukkhaṃ ariyasaccan'ti me, bhikkhave, pubbe ananussutesu dhammesu cakkhuṃ udapādi, ñāṇaṃ udapādi, paññā udapādi, vijjā udapādi, āloko udapādi. 'taṃ kho panidaṃ dukkhaṃ ariyasaccaṃ pariññeyyan'ti me, bhikkhave, pubbe … pe … udapādi. 'taṃ kho panidaṃ dukkhaṃ ariyasaccaṃ pariññātan'ti me, bhikkhave, pubbe ananussutesu dhammesu cakkhuṃ udapādi, ñāṇaṃ udapādi, paññā udapādi, vijjā udapādi, āloko udapādi.

비구들이여, 나에게 '이것이 괴로움의 성스러운 진리이다.'라는 이전에 들어보지 못한 법들에 대한 눈이 생겼고, 앎이 생겼고, 지혜가 생겼고, 밝음이 생겼고, 빛이 생겼다. 나에게 '이 괴로움의 성스러운 진리는 완전히 알려져야 한다.'라는 이전에 … 생겼다. 나에게 '이 괴로움의 성스러운 진리는 완전히 알려졌다.'라는 이전에 들어보지 못한 법들에 대한 눈이 생겼고, 앎이 생겼고, 지혜가 생겼고, 밝음이 생겼고, 빛이 생겼다.

"'idaṃ dukkhasamudayaṃ ariyasaccan'ti me, bhikkhave, pubbe ananussutesu dhammesu cakkhuṃ udapādi, ñāṇaṃ udapādi, paññā udapādi, vijjā udapādi, āloko udapādi. 'taṃ kho panidaṃ dukkhasamudayaṃ ariyasaccaṃ pahātabban'ti me, bhikkhave, pubbe … pe … udapādi. 'taṃ kho panidaṃ dukkhasamudayaṃ ariyasaccaṃ pahīnan'ti me, bhikkhave, pubbe ananussutesu dhammesu cakkhuṃ udapādi, ñāṇaṃ udapādi, paññā udapādi, vijjā udapādi, āloko udapādi.

비구들이여, 나에게 '이것이 괴로움의 자라남의 성스러운 진리이다.'라는 이전에 들어보지 못한 법들에 대한 눈이 생겼고, 앎이 생겼고, 지혜가 생겼고, 밝음이 생겼고, 빛이 생겼다. 나에게 '이 괴로움의 자라남의 성스러운 진리는 버려져야 한다.'라는 이전에 … 생겼다. 나에게 '이 괴로움의 자라남의 성스러운 진리는 버려졌다.'라는 이전에 들어보지 못한 법들에 대한 눈이 생겼고, 앎이 생겼고, 지혜가 생겼고, 밝음이 생겼고, 빛이 생겼다.

"'idaṃ dukkhanirodhaṃ ariyasaccan'ti me, bhikkhave, pubbe ananussutesu dhammesu cakkhuṃ udapādi, ñāṇaṃ udapādi, paññā udapādi, vijjā udapādi, āloko udapādi. 'taṃ kho panidaṃ dukkhanirodhaṃ ariyasaccaṃ sacchikātabban'ti me, bhikkhave, pubbe … pe … udapādi. 'taṃ kho panidaṃ dukkhanirodhaṃ ariyasaccaṃ sacchikatan'ti me, bhikkhave, pubbe ananussutesu dhammesu cakkhuṃ udapādi, ñāṇaṃ udapādi, paññā udapādi, vijjā udapādi, āloko udapādi.

비구들이여, 나에게 '이것이 괴로움의 소멸의 성스러운 진리이다.'라는 이전에 들어보지 못한 법들에 대한 눈이 생겼고, 앎이 생겼고, 지혜가 생겼고, 밝음이 생겼고, 빛이 생겼다. 나에게 '이 괴로움의 소멸의 성스러운 진리는 실현되어야 한다.'라는 이전에 … 생겼다. 나에게 '이 괴로움의 소멸의 성스러운 진리는 실현되었다.'라는 이전에 들어보지 못한 법들에 대한 눈이 생겼고, 앎이 생겼고, 지혜가 생겼고, 밝음이 생겼고, 빛이 생겼다.

"'idaṃ dukkhanirodhagāminī paṭipadā ariyasaccan'ti me, bhikkhave, pubbe ananussutesu dhammesu cakkhuṃ udapādi, ñāṇaṃ udapādi, paññā udapādi, vijjā udapādi, āloko udapādi. taṃ kho panidaṃ dukkhanirodhagāminī paṭipadā ariyasaccaṃ bhāvetabban'ti me, bhikkhave, pubbe … pe … udapādi. 'taṃ kho panidaṃ dukkhanirodhagāminī paṭipadā ariyasaccaṃ bhāvitan'ti me, bhikkhave, pubbe ananussutesu dhammesu cakkhuṃ udapādi, ñāṇaṃ udapādi, paññā udapādi, vijjā udapādi, āloko udapādi.

비구들이여, 나에게 '이것이 괴로움의 소멸로 이끄는 실천의 성스러운 진리이다.'라는 이전에 들어보지 못한 법들에 대한 눈이 생겼고, 앎이 생겼고, 지혜가 생겼고, 밝음이 생겼고, 빛이 생겼다. 나에게 '이 괴로움의 소멸로 이끄는 실천의 성스러운 진리는 닦아져야 한다.'라는 이전에 … 생겼다. 나에게 '이 괴로움의 소멸로 이끄는 실천의 성스러운 진리는 닦아졌다.'라는 이전에 들어보지 못한 법들에 대한 눈이 생겼고, 앎이 생겼고, 지혜가 생겼고, 밝음이 생겼고, 빛이 생겼다.

"yāvakīvañca me, bhikkhave, imesu catūsu ariyasaccesu evaṃ tiparivaṭṭaṃ dvādasākāraṃ yathābhūtaṃ ñāṇadassanaṃ na suvisuddhaṃ ahosi, neva tāvāhaṃ, bhikkhave, sadevake loke samārake sabrahmake sassamaṇabrāhmaṇiyā pajāya sadevamanụssāya 'anuttaraṃ sammāsambodhiṃ abhisambuddho'ti paccaññāsiṃ.

비구들이여, 나에게 세 번 굴린 열두 형태[삼전십이행(三轉十二行)]의 방법으로 이 네 가지 성스러운 진리에 대한 있는 그대로의 지(知-앎)와 견(見-봄)의 아주 청정함이 없었던 때까지는, 비구들이여, 나는 신과 마라와 범천과 함께하는 세상에서, 사문-바라문과 신과 사람을 포함한 무리를 위해 '위없는 바른 깨달음을 깨달았다.'라고 선언하지 않았다.

"yato ca kho me, bhikkhave, imesu catūsu ariyasaccesu evaṃ tiparivaṭṭaṃ dvādasākāraṃ yathābhūtaṃ ñāṇadassanaṃ suvisuddhaṃ ahosi, athāhaṃ, bhikkhave, sadevake loke samārake sabrahmake sassamaṇabrāhmaṇiyā pajāya sadevamanussāya 'anuttaraṃ sammāsambodhiṃ abhisambuddho'ti paccaññāsiṃ. ñāṇañca pana me dassanaṃ udapādi — 'akuppā me vimutti, ayamantimā jāti, natthidāni punabbhavo'"ti. idamavoca bhagavā. attamanā pañcavaggiyā bhikkhū bhagavato bhāsitaṃ abhinandunti.

비구들이여, 나에게 이렇게 세 번 굴린 열두 형태의 방법으로 이 네 가지 성스러운 진리에 대한 있는 그대로의 지와 견의 아주 청정함이 있었기 때문에, 비구들이여, 나는 신과 마라와 범천과 함께하는 세상에서, 사문-바라문과 신과 사람을 포함한 무리를 위해 '위없는 바른 깨달음을 깨달았다.'라고 선언했다. 그리고 나에게 지와 견이 생겼다. – '나의 해탈은 흔들리지 않는다. 이것이 태어남의 끝이다. 이제 다음의 존재는 없다.'라고."

세존은 이렇게 말했다. 함께하는 다섯 비구는 즐거워하면서 세존의 말씀을 기뻐했다.

imasmiñca pana veyyākaraṇasmiṃ bhaññamāne āyasmato koṇḍaññassa virajaṃ vītamalaṃ dhammacakkhuṃ udapādi — "yaṃ kiñci samudayadhammaṃ, sabbaṃ taṃ nirodhadhamman"ti.

이 설명이 설해지고 있을 때 꼰단냐 존자에게 '자라나는 것은 무엇이든지 모두 소멸하는 것이다.'라는 티끌이 없고 때가 없는 법의 눈(法眼)이 생겼다.

pavattite ca pana bhagavatā dhammacakke bhummā devā saddamanussāvesuṃ — "etaṃ bhagavatā bārāṇasiyaṃ isipatane migadāye anuttaraṃ dhammacakkaṃ pavattitaṃ appaṭivattiyaṃ samaṇena vā brāhmaṇena vā devena vā mārena vā brahmunā vā kenaci vā lokasmin"ti. bhummānaṃ devānaṃ saddaṃ sutvā cātumahārājikā devā saddamanussāvesuṃ — "etaṃ bhagavatā bārāṇasiyaṃ isipatane migadāye anuttaraṃ dhammacakkaṃ pavattitaṃ, appaṭivattiyaṃ samaṇena vā brāhmaṇena vā devena vā mārena vā brahmunā vā kenaci vā lokasmin"ti. cātumahārājikānaṃ devānaṃ saddaṃ sutvā tāvatiṃsā devā ... pe ... yāmā devā ... pe ... tusitā devā ... pe ... nimmānaratī devā ... pe ... paranimmitavasavattī devā ... pe ... brahmakāyikā devā saddamanussāvesuṃ — "etaṃ bhagavatā bārāṇasiyaṃ isipatane migadāye anuttaraṃ dhammacakkaṃ pavattitaṃ appaṭivattiyaṃ samaṇena vā brāhmaṇena vā devena vā mārena vā brahmunā vā kenaci vā lokasmin"ti.

세존에 의해 법륜(法輪)이 굴려졌을 때, 땅의 신들이 소리쳤다. – "바라나시 이시빠따나의 사슴 공원에서 세존에 의해 굴려진 이 위없는 법륜은 사문이나 바라문이나 신이나 마라나 범천이나 세상의 그 누구에 의해서도 되돌려지지 않는 것이다."라고. 땅의 신들의 소리를 듣고 사왕천(四王天)의 신들이 소리쳤다. – "바라나시 이시빠따나의 사슴 공원에서 세존에 의해 굴려진 이 위없는 법륜은 사문이나 바라문이나 신이나 마라나 범천이나 세상의 그 누구에 의해서도 되돌려지지 않는 것이다."라고. 사왕천의 신들의 소리를 듣고 삼십삼천(三十三天)의 신들이 … 야마천(夜摩天)의 신들이 … 도솔천(兜率天)의 신들이 … 화락천(化樂天)의 신들이 … 타화자재천(他化自在天)의 신들이 … 범신천(梵身天)의 신들이 소리쳤다. – "바라나시 이시빠따나의 사슴 공원에서 세존에 의해 굴려진 이 위없는 법륜은 사문이나 바라문이나 신이나 마라나 범천이나 세상의 그 누구에 의해서도 되돌려지지 않는 것이다."라고.

itiha tena khaṇena (tena layena) tena muhuttena yāva brahmalokā saddo abbhuggacchi. ayañca dasasahassilokadhātu saṅkampi sampakampi sampavedhi, appamāṇo ca uḷāro obhāso loke pāturahosi atikkamma devānaṃ devānubhāvanti.

이렇게 그 순간, 그 짧은 시간 동안에 범천(梵天)의 세상까지 소리가 퍼져나갔다. 일만의 세계는 흔들렸고, 거세게 흔들렸고, 심하게 흔들렸다. 그리고 신들의 신통력을 능가하는 한량없고 밝은 빛이 세상에 나타났다.

atha kho bhagavā imaṃ udānaṃ udānesi — "aññāsi vata, bho, koṇḍañño, aññāsi vata, bho, koṇḍañño"ti! iti hidaṃ āyasmato koṇḍaññassa 'aññāsikoṇḍañño' tveva nāmaṃ ahosīti. paṭhamaṃ.

그때 세존은 이런 감흥을 읊었다. – "벗들이여, 참으로 꼰단냐는 알았다. 벗들이여, 참으로 꼰단냐는 알았다."라고. 이렇게 꼰단냐 존자에게 '안냐시꼰단냐'라는 이런 이름이 생겼다.

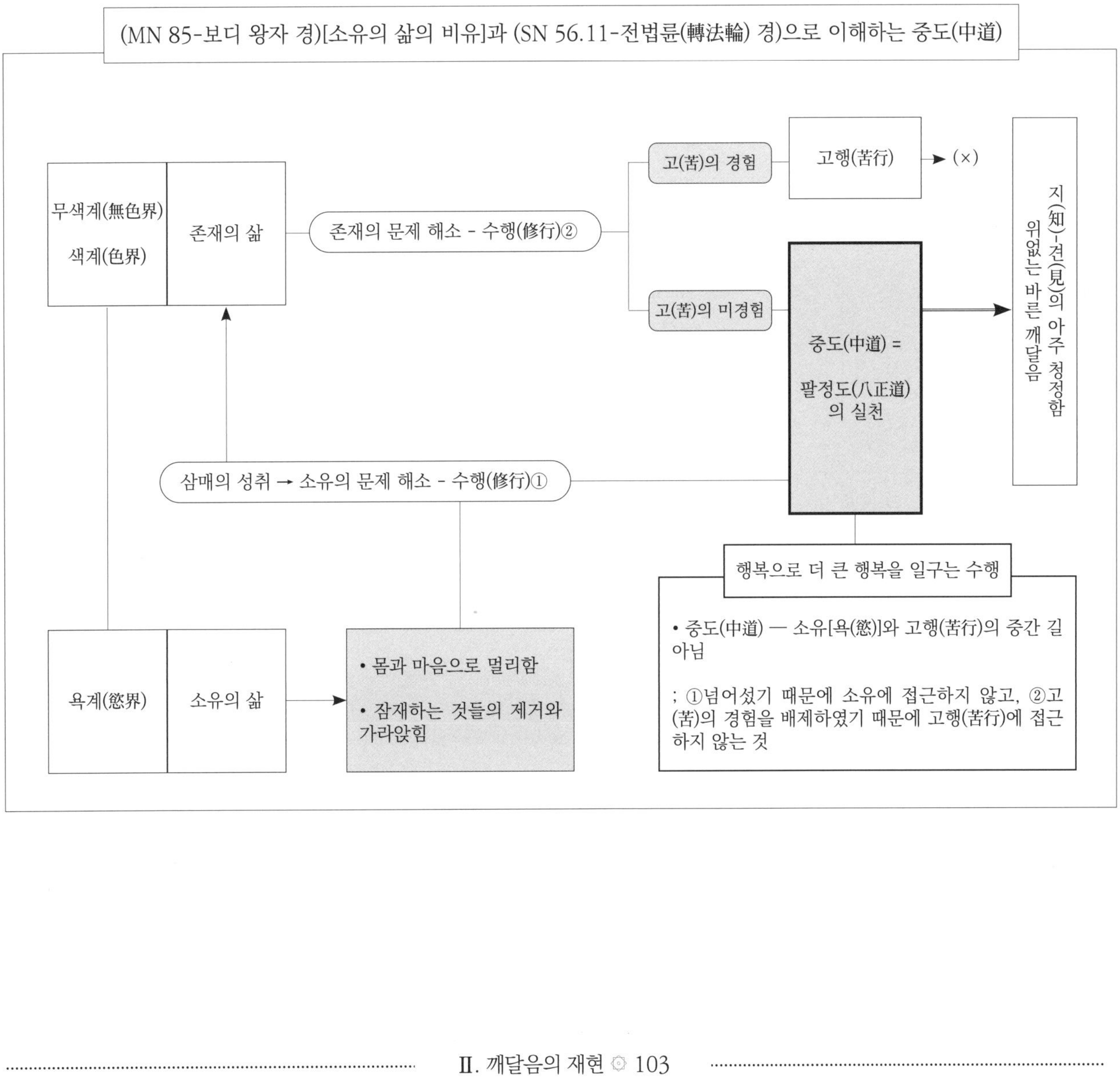

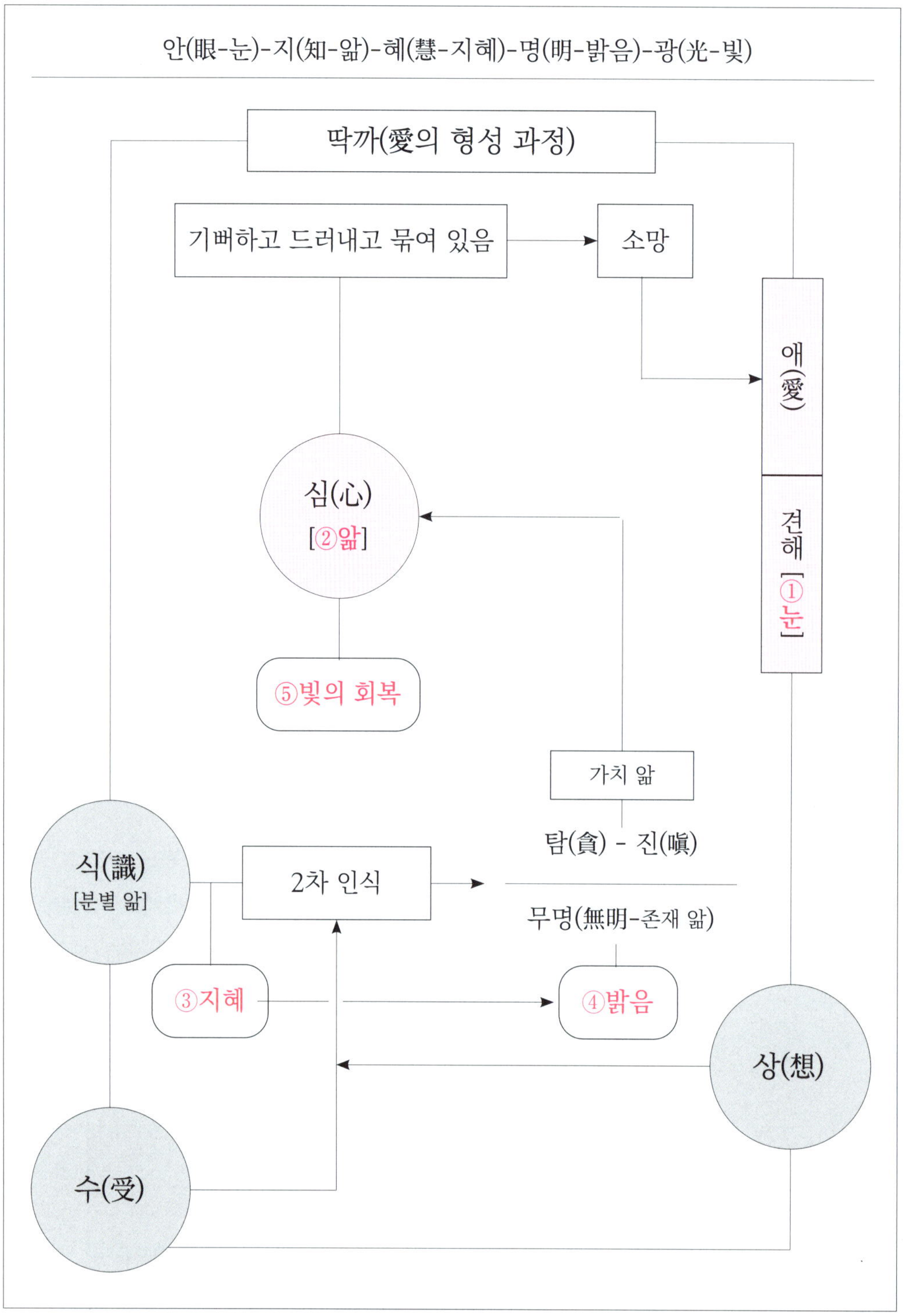

2. anattalakkhaṇasuttaṃ (SN 22.59-무아상(無我相) 경)

• 법안(法眼)이 생긴 제자들에게 이어서 설해진 가르침

• [paṭipucchāvinītā(질의응답으로 설명한 가르침)의 최초 사례] ⇒ (264쪽) 참조

; 무아(無我)의 선언 → 제자들의 동의 → 기준의 제시 → 여실지견(如實知見)
; 여실지견 이후 깨달음의 과정 : 염오(厭惡) → 이탐(離貪) → 해탈(解脫) → 해탈지견(解脫知見)

• 깨달음이 재현된 첫 번째 사건 — 「이 가르침이 설해졌을 때 함께하는 다섯 비구의 심(心)은 집착에서 벗어나 번뇌들로부터 해탈하였다.」

※ (MN 109-보름달 큰 경)은 「paṭivinītā kho me tumhe, bhikkhave, tatra tatra dhammesu 비구들이여, 그대들을 위해 여기저기서 거듭 그 법들에 대하여 질의응답으로 설명한 나의 가르침이 있다.」라고 하면서 「"비구들이여, 어떻게 생각하는가? 색(色)은 상(常)한가 무상(無常)한가?" ~ '태어남은 다했다. 범행은 완성되었다. 해야 할 일을 했다. 다음에는 현재 상태[유(有)]가 되지 않는다.'라고 분명히 안다."」의 내용을 소개합니다. 이때, paṭivinītā는 '물리침의 법'인데 paṭipucchāvinītā(질의응답으로 설명한 가르침)으로 대체되기도 합니다. 그래서 오온의 무상-고-무아에 대한 동의를 구하는 데서 시작해 여실지견과 해탈지견에 이르는 깨달음의 과정을 지시하는 용어가 이 두 가지인 것을 알 수 있습니다.

ekaṃ samayaṃ bhagavā bārāṇasiyaṃ viharati isipatane migadāye. tatra kho bhagavā pañcavaggiye bhikkhū āmantesi — "bhikkhavo"ti. "bhadante"ti te bhikkhū bhagavato paccassosuṃ. bhagavā etadavoca —

한때 세존은 바라나시에서 이시빠따나의 사슴 공원에 머물렀다. 거기서 세존은 "비구들이여."라고 함께하는 다섯 비구를 불렀다. "대덕이시여."라고 그 비구들은 세존에게 대답했다. 세존은 이렇게 말했다. —

"rūpaṃ, bhikkhave, anattā. rūpañca hidaṃ, bhikkhave, attā abhavissa, nayidaṃ rūpaṃ ābādhāya saṃvatteyya, labbhetha ca rūpe — 'evaṃ me rūpaṃ hotu, evaṃ me rūpaṃ mā ahosī'ti. yasmā ca kho, bhikkhave, rūpaṃ anattā, tasmā rūpaṃ ābādhāya saṃvattati, na ca labbhati rūpe — 'evaṃ me rūpaṃ hotu, evaṃ me rūpaṃ mā ahosī'"ti.

• labbhati: to be obtained or received. (labh + ya) — 얻어지다 → ' 'ti → ' '라는 것이 얻어지다 → 의도하는 대로 되다. ⇒ (MN 35-삿짜까 짧은 경)과 연계하여 '권한이 있다'로 해석함.

[①무아(無我)의 선언] "비구들이여, 색(色)은 무아(無我)다. 비구들이여, 참으로 이 색이 아(我)라면 이 색은 결점으로 이끌리지 않을 것이고, 색에 대해 '나의 색은 이런 상태로 있어라. 나의 색은 이런 상태가 되지 말아라.'라는 권한이 있어야 한다. 그러나 비구들이여, 색은 무아이기 때문에 색은 결점으로 이끌리고, 색에 대해 '나의 색은 이런 상태로 있어라. 나의 색은 이런 상태가 되지 말아라.'라는 권한이 없다.

"vedanā anattā. vedanā ca hidaṃ, bhikkhave, attā abhavissa, nayidaṃ vedanā ābādhāya saṃvatteyya, labbhetha ca vedanāya — 'evaṃ me vedanā hotu, evaṃ me vedanā mā ahosī'ti. yasmā ca kho, bhikkhave, vedanā anattā, tasmā vedanā ābādhāya saṃvattati, na ca labbhati vedanāya — 'evaṃ me vedanā hotu, evaṃ me vedanā mā ahosī'"ti.

수(受)는 무아(無我)다. 비구들이여, 참으로 이 수가 아라면 이 수는 결점으로 이끌리지 않을 것이고, 수에 대해 '나의 수는 이런 상태로 있어라. 나의 수는 이런 상태가 되지 말아라.'라는 권한이 있어야 한다. 그러나 비구들이여, 수는 무아이기 때문에 수는 결점으로 이끌리고, 수에 대해 '나의 수는 이런 상태로 있어라. 나의 수는 이런 상태가 되지 말아라.'라는 권한이 없다.

"saññā anattā ... pe ... saṅkhārā anattā. saṅkhārā ca hidaṃ, bhikkhave, attā abhavissaṃsu, nayidaṃ saṅkhārā ābādhāya saṃvatteyyuṃ, labbhetha ca saṅkhāresu — 'evaṃ me saṅkhārā hontu, evaṃ me saṅkhārā mā ahesun'ti. yasmā ca kho, bhikkhave, saṅkhārā anattā, tasmā saṅkhārā ābādhāya saṃvattanti, na ca labbhati saṅkhāresu — 'evaṃ me saṅkhārā hontu, evaṃ me saṅkhārā mā ahesun'"ti.

상(想)은 무아(無我)다. … 행(行)들은 무아(無我)다. 비구들이여, 참으로 이 행들이 아라면 이 행들은 결점으로 이끌리지 않을 것이고, 행(行)들에 대해 '나의 행들은 이런 상태로 있어라. 나의 행들은 이런 상태가 되지 말아라.'라는 권한이 있어야 한다. 그러나 비구들이여, 행들은 무아이기 때문에 행들은 결점으로 이끌리고, 행들에 대해 '나의 행들은 이런 상태로 있어라. 나의 행들은 이런 상태가 되지 말아라.'라는 권한이 없다.

"viññāṇaṃ anattā. viññāṇañca hidaṃ, bhikkhave, attā abhavissa, nayidaṃ viññāṇaṃ ābādhāya saṃvatteyya, labbhetha ca viññāṇe — 'evaṃ me viññāṇaṃ hotu, evaṃ me viññāṇaṃ mā ahosī'ti. yasmā ca kho, bhikkhave, viññāṇaṃ anattā, tasmā viññāṇaṃ ābādhāya saṃvattati, na ca labbhati viññāṇe — 'evaṃ me viññāṇaṃ hotu, evaṃ me viññāṇaṃ mā ahosī'"ti.

식(識)은 무아(無我)다. 비구들이여, 참으로 이 식이 아라면 이 식은 결점으로 이끌리지 않을 것이고, 식에 대해 '나의 식은 이런 상태로 있어라. 나의 식은 이런 상태가 되지 말아라.'라는 권한이 있어야 한다. 그러나 비구들이여, 식은 무아이기 때문에 식은 결점으로 이끌리고, 식에 대해 '나의 식은 이런 상태로 있어라. 나의 식은 이런 상태가 되지 말아라.'라는 권한이 없다."

"taṃ kiṃ maññatha, bhikkhave, rūpaṃ niccaṃ vā aniccaṃ vā"ti? "aniccaṃ, bhante". "yaṃ panāniccaṃ dukkhaṃ vā taṃ sukhaṃ vā"ti? "dukkhaṃ, bhante". "yaṃ panāniccaṃ dukkhaṃ vipariṇāmadhammaṃ, kallaṃ nu taṃ samanupassituṃ — 'etaṃ mama, esohamasmi, eso me attā'"ti? "no hetaṃ, bhante". "vedanā... saññā... saṅkhārā... viññāṇaṃ niccaṃ vā aniccaṃ vā"ti? "aniccaṃ, bhante". "yaṃ panāniccaṃ dukkhaṃ vā taṃ sukhaṃ vā"ti? "dukkhaṃ, bhante". "yaṃ panāniccaṃ dukkhaṃ vipariṇāmadhammaṃ, kallaṃ nu taṃ samanupassituṃ — 'etaṃ mama, esohamasmi, eso me attā'"ti? "no hetaṃ, bhante".

[②제자들의 동의] "비구들이여, 어떻게 생각하는가? 색(色)은 상(常)한가, 무상(無常)한가?" "무상합니다, 대덕이시여." "그러면 무상한 것은 고(苦)인가, 락(樂)인가?" "고입니다, 대덕이시여." "그렇다면 무상하고 고이고 변하는 것을 '이것은 나의 것이다. 이것은 나다. 이것은 나의 아다.'라고 관찰하는 것이 타당한가?" "아닙니다, 대덕이시여." "수(受) … 상(想) … 행(行)들 … 식(識)은 상한가, 무상한가?" "무상합니다, 대덕이시여." "그러면 무상한 것은 고인가, 락인가?" "고입니다, 대덕이시여." "그렇다면 무상하고 고이고 변하는 것을 '이것은 나의 것이다. 이것은 나다. 이것은 나의 아다.'라고 관찰하는 것이 타당한가?" "아닙니다, 대덕이시여."

"tasmātiha, bhikkhave, yaṃ kiñci rūpaṃ atītānāgatapaccuppannaṃ ajjhattaṃ vā bahiddhā vā oḷārikaṃ vā sukhumaṃ vā hīnaṃ vā paṇītaṃ vā yaṃ dūre santike vā, sabbaṃ rūpaṃ — 'netaṃ mama, nesohamasmi, na meso attā'ti evametaṃ yathābhūtaṃ sammappaññāya daṭṭhabbaṃ. yā kāci vedanā atītānāgatapaccuppannā ajjhattā vā bahiddhā vā ... pe ... yā dūre santike vā, sabbā vedanā — 'netaṃ mama, nesohamasmi, na meso attā'ti evametaṃ yathābhūtaṃ sammappaññāya daṭṭhabbaṃ.

[③기준의 제시] "그러므로 비구들이여, 안의 것이든 밖의 것이든, 거친 것이든 미세한 것이든, 저열한 것이든 뛰어난 것이든 과거-미래-현재의 어떤 색에 대해서도, 멀리 있는 것이든 가까이 있는 것이든 모든 색에 대해 '이것은 나의 것이 아니다. 이것은 내가 아니다. 이것은 나의 아가 아니다.'라고 바른 지혜로써 있는 그대로 보아야 한다. 안의 것이든 밖의 것이든, … 어떤 수에 대해서도, 멀리 있는 것이든 가까이 있는 것이든 모든 수에 대해 '이것은

나의 것이 아니다. 이것은 내가 아니다. 이것은 나의 아가 아니다.'라고 바른 지혜로써 있는 그대로 보아야 한다.

"yā kāci saññā ... pe ... ye keci saṅkhārā atītānāgatapaccuppannā ajjhattaṃ vā bahiddhā vā ... pe ... ye dūre santike vā, sabbe saṅkhārā — 'netaṃ mama, nesohamasmi, na meso attā'ti evametaṃ yathābhūtaṃ sammappaññāya daṭṭhabbaṃ.

어떤 상에 대해서도 … 안의 것이든 밖의 것이든, … 과거-미래-현재의 어떤 행들에 대해서도, 멀리 있는 것이든 가까이 있는 것이든 모든 행에 대해 '이것은 나의 것이 아니다. 이것은 내가 아니다. 이것은 나의 아가 아니다.'라고 바른 지혜로써 있는 그대로 보아야 한다.

"yaṃ kiñci viññāṇaṃ atītānāgatapaccuppannaṃ ajjhattaṃ vā bahiddhā vā oḷārikaṃ vā sukhumaṃ vā hīnaṃ vā paṇītaṃ vā yaṃ dūre santike vā, sabbaṃ viññāṇaṃ — 'netaṃ mama, nesohamasmi, na meso attā'ti evametaṃ yathābhūtaṃ sammappaññāya daṭṭhabbaṃ.

안의 것이든 밖의 것이든, 거친 것이든 미세한 것이든, 저열한 것이든 뛰어난 것이든 과거-미래-현재의 어떤 식에 대해서도, 멀리 있는 것이든 가까이 있는 것이든 모든 식에 대해 '이것은 나의 것이 아니다. 이것은 내가 아니다. 이것은 나의 아가 아니다.'라고 바른 지혜로써 있는 그대로 보아야 한다.

"evaṃ passaṃ, bhikkhave, sutavā ariyasāvako rūpasmimpi nibbindati, vedanāyapi nibbindati, saññāyapi nibbindati, saṅkhāresupi nibbindati, viññāṇasmimpi nibbindati. nibbindaṃ virajjati; virāgā vimuccati. vimuttasmiṃ vimuttamiti ñāṇaṃ hoti. 'khīṇā jāti, vusitaṃ brahmacariyaṃ, kataṃ karaṇīyaṃ, nāparaṃ itthattāyā'ti pajānātī"ti.

비구들이여, 이렇게 보는 잘 배운 성스러운 제자는 색에 대해서도 염오하고, 수에 대해서도 염오하고, 상에 대해서도 염오하고, 행들에 대해서도 염오하고, 식에 대해서도 염오한다. 염오하는 자는 이탐한다. 이탐으로부터 해탈한다. 해탈했을 때 '나는 해탈했다.'라는 앎이 있다. '태어남은 다했다. 범행은 완성되었다. 해야 할 일을 했다. 다음에는 현재 상태[유(有)]가 되지 않는다.'라고 분명히 안다."

idamavoca bhagavā. attamanā pañcavaggiyā bhikkhū bhagavato bhāsitaṃ abhinanduṃ.

세존은 이렇게 말했다. 함께하는 다섯 비구는 즐거워하면서 세존의 말씀을 기뻐했다.

imasmiñca pana veyyākaraṇasmiṃ bhaññamāne pañcavaggiyānaṃ bhikkhūnaṃ anupādāya āsavehi cittāni vimucciṃsūti. sattamaṃ.

그리고 이 가르침이 설해졌을 때 함께하는 다섯 비구의 심(心)은 집착에서 벗어나 번뇌들로부터 해탈하였다.

Ⅲ. 진리의 분석

사성제(四聖諦)가 온전한 형태로 설해진 경은 (MN 141-진리의 분석 경)과 (DN 22/MN 10-대념처경(大念處經))이 있습니다. (MN 141-진리의 분석 경)은 이름 그대로 사성제를 분석한 경이고, (DN 22/MN 10-대념처경은 사념처 수행의 법념처에서 이어보는 법의 관찰의 관점에서 수행의 테크닉을 설명합니다. 여기서는 (MN 141-진리의 분석 경)을 소개하였습니다.

1. saccavibhaṅgasuttaṃ (MN 141-진리의 분석 경)

evaṃ me sutaṃ — ekaṃ samayaṃ bhagavā bārāṇasiyaṃ viharati isipatane migadāye. tatra kho bhagavā bhikkhū āmantesi — "bhikkhavo"ti. "bhadante"ti te bhikkhū bhagavato paccassosuṃ. bhagavā etadavoca —

이렇게 나는 들었다. - 한때 세존은 바라나시에서 이시빠따나의 사슴 공원에 머물렀다. 거기서 세존은 "비구들이여."라고 비구들을 불렀다. "대덕이시여."라고 그 비구들은 세존에게 대답했다. 세존은 이렇게 말했다. -

"tathāgatena, bhikkhave, arahatā sammāsambuddhena bārāṇasiyaṃ isipatane migadāye anuttaraṃ dhammacakkaṃ pavattitaṃ appaṭivattiyaṃ samaṇena vā brāhmaṇena vā devena vā mārena vā brahmunā vā kenaci vā lokasmiṃ, yadidaṃ — catunnaṃ ariyasaccānaṃ ācikkhanā desanā paññāpanā paṭṭhapanā vivaraṇā vibhajanā uttānīkammaṃ. katamesaṃ catunnaṃ? dukkhassa ariyasaccassa ācikkhanā desanā paññāpanā paṭṭhapanā vivaraṇā vibhajanā uttānīkammaṃ, dukkhasamudayassa ariyasaccassa ācikkhanā desanā paññāpanā paṭṭhapanā vivaraṇā vibhajanā uttānīkammaṃ, dukkhanirodhassa ariyasaccassa ācikkhanā desanā paññāpanā paṭṭhapanā vivaraṇā vibhajanā uttānīkammaṃ, dukkhanirodhagāminiyā paṭipadāya ariyasaccassa ācikkhanā desanā paññāpanā paṭṭhapanā vivaraṇā vibhajanā uttānīkammaṃ. tathāgatena, bhikkhave, arahatā sammāsambuddhena bārāṇasiyaṃ isipatane migadāye anuttaraṃ dhammacakkaṃ pavattitaṃ appaṭivattiyaṃ samaṇena vā brāhmaṇena vā devena vā mārena vā brahmunā vā kenaci vā lokasmiṃ, yadidaṃ — imesaṃ catunnaṃ ariyasaccānaṃ ācikkhanā desanā paññāpanā paṭṭhapanā vivaraṇā vibhajanā uttānīkammaṃ.

"비구들이여, 바라나시 이시빠따나의 사슴 공원에서 여래-아라한-정등각에 의해 사문이나 바라문이나 신이나 마라나 범천이나 세상에서 누구에 의해서도 되돌릴 수 없는 위없는 법의 바퀴가 굴려졌다. 즉 네 가지 성스러운 진리(四聖諦)의 공표이고, 전달이고, 선언이고, 시작이고, 드러냄이고, 분석이고, 해설이다. 무엇이 넷인가? 괴로움의 성스러운 진리(苦聖諦)의 공표이고, 전달이고, 선언이고, 시작이고, 드러냄이고, 분석이고, 해설이다. 괴로움의 자라남의 성스러운 진리(苦集聖諦)의 공표이고, 전달이고, 선언이고, 시작이고, 드러냄이고, 분석이고, 해설이다. 괴로움의 소멸의 성스러운 진리(苦滅聖諦)의 공표이고, 전달이고, 선언이고, 시작이고, 드러냄이고, 분석이고, 해설이다. 괴로움의 소멸로 이끄는 실천의 성스러운 진리(苦滅道聖諦)의 공표이고, 전달이고, 선언이고, 시작이고, 드러냄이고, 분석이고, 해설이다. 비구들이여, 바라나시 이시빠따나의 사슴 공원에서 여래-아라한-정등각에 의해 사문이나 바라문이나 신이나 마라나 범천이나 세상에서 누구에 의해서도 되돌릴 수 없는 위없는 법의 바퀴가 굴려졌다. 즉 네 가지 성스러운 진리의 공표이고, 전달이고, 선언이고, 시작이고, 드러냄이고, 분석이고, 해설이다.

"sevatha, bhikkhave, sāriputtamoggallāne; bhajatha, bhikkhave, sāriputtamoggallāne. paṇḍitā bhikkhū anuggāhakā sabrahmacārīnaṃ. seyyathāpi, bhikkhave, janetā, evaṃ sāriputto; seyyathāpi jātassa āpādetā, evaṃ moggallāno. sāriputto, bhikkhave, sotāpattiphale vineti, moggallāno uttamatthe. sāriputto, bhikkhave, pahoti cattāri ariyasaccāni vitthārena ācikkhituṃ desetuṃ paññāpetuṃ paṭṭhapetuṃ vivarituṃ vibhajituṃ uttānīkātun"ti. idamavoca bhagavā. idaṃ vatvāna sugato uṭṭhāyāsanā vihāraṃ pāvisi.

비구들이여, 현명하고 동료 수행자들에게 도움을 주는 비구이니, 사리뿟따와 목갈라나와 함께 교제하라. 도반들이여, 사리뿟따와 목갈라나와 함께 실천하라. 말하자면, 비구들이여, 사리뿟따는 낳는 자와 같고, 목갈라나는 태어난 자를 양육하는 자와 같다. 비구들이여, 사리뿟따는 예류과로 이끌고, 목갈라나는 가장 높은 곳으로 이끈다. 비구들이여, 사리뿟따는 사성제를 상세하게 공표하고, 전달하고, 선언하고, 시작하고, 드러내고, 분석하고, 해설하는 것이 가능하다." 세존은 이렇게 말했다. 이렇게 말한 뒤 선서는 자리에서 일어나서 거처로 들어갔다.

tatra kho āyasmā sāriputto acirapakkantassa bhagavato bhikkhū āmantesi — "āvuso, bhikkhave"ti. "āvuso"ti kho te bhikkhū āyasmato sāriputtassa paccassosuṃ. āyasmā sāriputto etadavoca —

세존이 가고 오래되지 않았을 때, 사리뿟다 존자는 "도반 비구들이여."라고 비구들을 불렀다. "도반이시여."라고 그 비구들은 사리뿟따 존자에게 대답했다. 사리뿟따 존자는 이렇게 말했다. –

"tathāgatena, āvuso, arahatā sammāsambuddhena bārāṇasiyaṃ isipatane migadāye anuttaraṃ dhammacakkaṃ pavattitaṃ appaṭivattiyaṃ samaṇena vā brāhmaṇena vā devena vā mārena vā brahmunā vā kenaci vā lokasmiṃ, yadidaṃ — catunnaṃ ariyasaccānaṃ ācikkhanā desanā paññāpanā paṭṭhapanā vivaraṇā vibhajanā uttānīkammaṃ. katamesaṃ catunnaṃ? dukkhassa ariyasaccassa ācikkhanā desanā paññāpanā paṭṭhapanā vivaraṇā vibhajanā uttānīkammaṃ, dukkhasamudayassa ariyasaccassa ācikkhanā desanā paññāpanā paṭṭhapanā vivaraṇā vibhajanā uttānīkammaṃ, dukkhanirodhassa ariyasaccassa ācikkhanā desanā paññāpanā paṭṭhapanā vivaraṇā vibhajanā uttānīkammaṃ, dukkhanirodhagāminiyā paṭipadāya ariyasaccassa ācikkhanā desanā paññāpanā paṭṭhapanā vivaraṇā vibhajanā uttānīkammaṃ.

"도반들이여, 바라나시 이시빠따나의 사슴 공원에서 여래-아라한-정등각에 의해 사문이나 바라문이나 신이나 마라나 범천이나 세상에서 누구에 의해서도 되돌릴 수 없는 위없는 법의 바퀴가 굴려졌습니다. 즉 네 가지 성스러운 진리의 공표이고, 전달이고, 선언이고, 시작이고, 드러냄이고, 분석이고, 해설입니다. 무엇이 넷입니까? 괴로움의 성스러운 진리의 공표이고, 전달이고, 선언이고, 시작이고, 드러냄이고, 분석이고, 해설입니다. 괴로움의 자라남의 성스러운 진리의 공표이고, 전달이고, 선언이고, 시작이고, 드러냄이고, 분석이고, 해설입니다. 괴로움의 소멸의 성스러운 진리의 공표이고, 전달이고, 선언이고, 시작이고, 드러냄이고, 분석이고, 해설입니다. 괴로움의 소멸로 이끄는 실천의 성스러운 진리의 공표이고, 전달이고, 선언이고, 시작이고, 드러냄이고, 분석이고, 해설입니다.

"katamañcāvuso, dukkhaṃ ariyasaccaṃ? jātipi dukkhā, jarāpi dukkhā, maraṇampi dukkhaṃ, soka paridevadukkhadomanassupāyāsāpi dukkhā, yampicchaṃ na labhati tampi dukkhaṃ; saṃkhittena pañcupādānakkhandhā dukkhā.

그러면 도반들이여, 무엇이 고성제입니까? 태어남(生)도 괴로움이고, 늙음(老)도 괴로움이고, 죽음(死)도 괴로움입니다. 슬픔-비탄-고통-고뇌-절망(愁悲苦憂惱)도 괴로움이고, 원하는 것을 얻지 못하는 것도 괴로움(求不得苦)입니다. 간략히 말하면, 오취온(五取蘊)이 괴로움입니다(五取蘊苦).

“katamā cāvuso, jāti? yā tesaṃ tesaṃ sattānaṃ tamhi tamhi sattanikāye jāti sañjāti okkanti abhinibbatti khandhānaṃ pātubhāvo āyatanānaṃ paṭilābho, ayaṃ vuccatāvuso — ‘jāti’”.

도반들이여, 무엇이 태어남입니까? 이런저런 중생에 속하는 그러그러한 중생의 무리에서 태어남, 출생, 나타남, 탄생, 온의 출현, 처의 획득, 도반들이여, 이것이 태어남이라고 불립니다.

“katamā cāvuso, jarā? yā tesaṃ tesaṃ sattānaṃ tamhi tamhi sattanikāye jarā jīraṇatā khaṇḍiccaṃ pāliccaṃ valittacatā āyuno saṃhāni indriyānaṃ paripāko, ayaṃ vuccatāvuso — ‘jarā’”.

도반들이여, 무엇이 늙음입니까? 이런저런 중생에 속하는 그러그러한 중생의 무리에서 늙음, 노쇠함, 치아가 부러짐, 머리가 흼, 주름진 피부, 수명의 감소, 기능의 파괴, 도반들이여, 이것이 늙음이라고 불립니다.

“katamañcāvuso, maraṇaṃ? yā tesaṃ tesaṃ sattānaṃ tamhā tamhā sattanikāyā cuti cavanatā bhedo antaradhānaṃ maccu maraṇaṃ kālaṃkiriyā khandhānaṃ bhedo kaḷevarassa nikkhepo jīvitindriyassupacchedo, idaṃ vuccatāvuso — ‘maraṇaṃ’”.

도반들이여, 무엇이 죽음입니까? 이런저런 중생에 속하는 그러그러한 중생의 무리로부터 종말, 제거됨, 해체, 사라짐, 사망, 죽음, 서거, 온의 해체, 육체를 내려놓음, 명근(命根)의 끊어짐, 도반들이여, 이것이 죽음이라고 불립니다.

“katamo cāvuso, soko? yo kho, āvuso, aññataraññatarena byasanena samannāgatassa aññataraññatarena dukkhadhammena phuṭṭhassa soko socanā socitattaṃ antosoko antoparisoko, ayaṃ vuccatāvuso — ‘soko’”.

도반들이여, 무엇이 슬픔입니까? 도반들이여, 이런저런 불행을 만나고 이런저런 불만족한 것에 맞닿은 사람의 슬픔, 슬퍼함, 슬퍼짐, 내면의 큰 슬픔, 도반들이여, 이것이 슬픔이라고 불립니다.

“katamo cāvuso, paridevo? yo kho, āvuso, aññataraññatarena byasanena samannāgatassa aññataraññatarena dukkhadhammena phuṭṭhassa ādevo paridevo ādevanā paridevanā ādevitattaṃ paridevitattaṃ, ayaṃ vuccatāvuso — ‘paridevo’”.

도반들이여, 무엇이 비탄입니까? 도반들이여, 이런저런 불행을 만나고 이런저런 불만족한 것에 맞닿은 사람의 한탄, 비탄, 한탄함, 비탄함, 한탄스러움, 비탄스러움, 도반들이여, 이것이 비탄이라고 불립니다.

“katamañcāvuso, dukkhaṃ? yaṃ kho, āvuso, kāyikaṃ dukkhaṃ kāyikaṃ asātaṃ kāyasamphassajaṃ dukkhaṃ asātaṃ vedayitaṃ, idaṃ vuccatāvuso — ‘dukkhaṃ’”.

도반들이여, 무엇이 괴로움입니까? 도반들이여, 몸에 속한 괴로움, 몸에 속한 불편함, 신촉에서 생긴 괴로움과 불편함의 경험, 도반들이여, 이것이 괴로움이라고 불립니다.

“katamañcāvuso, domanassaṃ? yaṃ kho, āvuso, cetasikaṃ dukkhaṃ cetasikaṃ asātaṃ manosamphassajaṃ dukkhaṃ asātaṃ vedayitaṃ, idaṃ vuccatāvuso — ‘domanassaṃ’”.

도반들이여, 무엇이 고뇌입니까? 도반들이여, 심(心)에 속한 괴로움, 심에 속한 불편함, 의촉에서 생긴 괴로움과 불편함의 경험, 도반들이여, 이것이 고뇌라고 불립니다.

"katamo cāvuso, upāyāso? yo kho, āvuso, aññataraññatarena byasanena samannāgatassa aññataraññatarena dukkhadhammena phuṭṭhassa āyāso upāyāso āyāsitattaṃ upāyāsitattaṃ, ayaṃ vuccatāvuso — 'upāyāso'".

도반들이여, 무엇이 절망입니까? 도반들이여, 이런저런 불행을 만나고 이런저런 불만족한 것에 맞닿은 사람의 실망, 절망, 실망스러움, 절망스러움, 도반들이여, 이것이 절망이라고 불립니다.

"katamañcāvuso, yampicchaṃ na labhati tampi dukkhaṃ? jātidhammānaṃ, āvuso, sattānaṃ evaṃ icchā uppajjati — 'aho vata, mayaṃ na jātidhammā assāma; na ca, vata, no jāti āgaccheyyā'ti. na kho panetaṃ icchāya pattabbaṃ. idampi — 'yampicchaṃ na labhati tampi dukkhaṃ'. jarādhammānaṃ, āvuso, sattānaṃ ... pe ... byādhidhammānaṃ, āvuso, sattānaṃ... maraṇadhammānaṃ, āvuso, sattānaṃ... sokaparidevadukkhadomanassupāyāsadhammānaṃ, āvuso, sattānaṃ evaṃ icchā uppajjati — 'aho vata, mayaṃ na sokaparidevadukkhadomanassupāyāsadhammā assāma; na ca, vata, no sok aparidevadukkhadomanassupāyāsā āgaccheyyun'ti. na kho panetaṃ icchāya pattabbaṃ. idampi — 'yampicchaṃ na labhati tampi dukkhaṃ'".

도반들이여, 무엇이 원하는 것을 얻지 못하는 괴로움입니까? 도반들이여, 태어나는 존재인 중생들에게 '오 참으로 우리가 태어나는 존재가 아니기를! 참으로 우리에게 태어남이 오지 않기를!'이라는 원함이 생깁니다. 그러나 이것은 원함에 의해 성취되지 않습니다. 이것도 원하는 것을 얻지 못하는 괴로움입니다. 도반들이여, 늙는 존재인 중생들에게 '오 참으로 우리가 늙는 존재가 아니기를! 참으로 우리에게 늙음이 오지 않기를!'이라는 원함이 생깁니다. 그러나 이것은 원함에 의해 성취되지 않습니다. 이것도 원하는 것을 얻지 못하는 괴로움입니다. 도반들이여, 병드는 존재인 중생들에게 '오 참으로 우리가 병드는 존재가 아니기를! 참으로 우리에게 병이 오지 않기를!'이라는 원함이 생깁니다. 그러나 이것은 원함에 의해 성취되지 않습니다. 이것도 원하는 것을 얻지 못하는 괴로움입니다. 도반들이여, 죽는 존재인 중생들에게 '오 참으로 우리가 죽는 존재가 아니기를! 참으로 우리에게 죽음이 오지 않기를!'이라는 원함이 생깁니다. 그러나 이것은 원함에 의해 성취되지 않습니다. 이것도 원하는 것을 얻지 못하는 괴로움입니다. 도반들이여, 슬픔-비탄-고통-고뇌-절망하는 존재인 중생들에게 '오 참으로 우리가 슬픔-비탄-고통-고뇌-절망하는 존재가 아니기를! 참으로 우리에게 슬픔-비탄-고통-고뇌-절망이 오지 않기를!'이라는 원함이 생깁니다. 그러나 이것은 원함에 의해 성취되지 않습니다. 이것도 원하는 것을 얻지 못하는 괴로움입니다.

"katame cāvuso, saṃkhittena pañcupādānakkhandhā dukkhā? seyyathidaṃ — rūpupādānakkhandho, vedanupādānakkhandho, saññupādānakkhandho, saṅkhārupādānakkhandho, viññāṇupādānakkhandho. ime vuccantāvuso — 'saṃkhittena pañcupādānakkhandhā dukkhā'. idaṃ vuccatāvuso — 'dukkhaṃ ariyasaccaṃ'".

도반들이여, 무엇이 간략히 말한 오취온고입니까? 이러합니다. – 색취온, 수취온, 상취온, 행취온, 식취온. 이것이, 도반들이여, 간략히 말한 오취온고라고 불립니다. 이것이, 도반들이여, 고성제라고 불립니다.

"katamañcāvuso, dukkhasamudayaṃ ariyasaccaṃ? yāyaṃ taṇhā ponobbhavikā nandīrāgasahagatā tatratatrābhinandinī, seyyathidaṃ — kāmataṇhā bhavataṇhā vibhavataṇhā, idaṃ vuccatāvuso —

'dukkhasamudayaṃ ariyasaccaṃ'".

도반들이여, 무엇이 고집성제입니까? 다시 존재가 되고(존재화) 소망과 탐이 함께하며 여기저기서 기뻐하는 애(愛)가 괴로움의 자라남의 성스러운 진리인데, 소유의 애(慾愛), 존재의 애(有愛), 존재에서 벗어남의 애(無有愛)가 있습니다. 이것이, 도반들이여, 고집성제라고 불립니다.

"katamañcāvuso, dukkhanirodhaṃ ariyasaccaṃ? yo tassāyeva taṇhāya asesavirāganirodho cāgo paṭinissaggo mutti anālayo, idaṃ vuccatāvuso — 'dukkhanirodhaṃ ariyasaccaṃ'".

도반들이여, 그러면 무엇이 고멸성제입니까? 애의 남김없이 바랜 소멸, 포기, 놓음, 풀림, 잡지 않음이, 도반들이여, 고멸성제라고 불립니다.

"katamañcāvuso, dukkhanirodhagāminī paṭipadā ariyasaccaṃ? ayameva ariyo aṭṭhaṅgiko maggo, seyyathidaṃ — sammādiṭṭhi, sammāsaṅkappo, sammāvācā, sammākammanto, sammāājīvo, sammāvāyāmo, sammāsati, sammāsamādhi.

도반들이여, 무엇이 고멸도성제입니까? 오직 이것, 정견(바른 견해)-정사유(바른 사유)-정어(바른말)-정업(바른 행위)-정명(바른 생활)-정정진(바른 노력)-정념(바른 사띠)-정정(바른 삼매)의 여덟 요소로 구성된 성스러운 길(八正道)입니다.

"katamācāvuso, sammādiṭṭhi? yaṃ kho, āvuso, dukkhe ñāṇaṃ, dukkhasamudaye ñāṇaṃ, dukkhanirodhe ñāṇaṃ, dukkhanirodhagāminiyā paṭipadāya ñāṇaṃ, ayaṃ vuccatāvuso — 'sammādiṭṭhi'".

"도반들이여, 그러면 무엇이 바른 견해입니까? 도반들이여! 괴로움(苦)에 대한 앎, 괴로움의 자라남(苦集)에 대한 앎, 괴로움의 소멸(苦滅)에 대한 앎, 괴로움의 소멸로 이끄는 실천(苦滅道)에 대한 앎 – 이것이, 도반들이여, 바른 견해라고 불립니다.

"katamo cāvuso, sammāsaṅkappo? nekkhammasaṅkappo, abyāpādasaṅkappo, avihiṃsāsaṅkappo, ayaṃ vuccatāvuso — 'sammāsaṅkappo'".

도반들이여, 그러면 무엇이 바른 사유입니까? 출리의 사유, 분노하지 않는 사유, 비폭력의 사유 – 이것이, 도반들이여, 바른 사유라고 불립니다.

"katamā cāvuso, sammāvācā? musāvādā veramaṇī, pisuṇāya vācāya veramaṇī, pharusāya vācāya veramaṇī, samphappalāpā veramaṇī, ayaṃ vuccatāvuso — 'sammāvācā'".

도반들이여, 그러면 무엇이 바른 말입니까? 거짓을 말하는 행위를 삼가고, 험담하는 행위를 삼가고, 거칠게 말하는 행위를 삼가고, 쓸모없고 허튼 말하는 행위를 삼가는 것 – 이것이, 비구들이여, 바른말이라고 불립니다.

"katamo cāvuso, sammākammantī? pāṇātipātā veramaṇī, adinnādānā veramaṇī, kāmesumicchācārā veramaṇī, ayaṃ vuccatāvuso — 'sammākammanto'".

도반들이여, 그러면 무엇이 바른 행위입니까? 생명을 해치는 행위를 삼가고, 주지 않는 것을 가지는 행위를 삼가고, 음행에 대한 삿된 행위를 삼가는 것 – 이것이, 비구들이여, 바른 행위라고 불립니다.

“katamo cāvuso, sammāājīvo? idhāvuso, ariyasāvako micchāājīvaṃ pahāya sammāājīvena jīvikaṃ kappeti, ayaṃ vuccatāvuso — ‘sammāājīvo’”.

도반들이여, 그러면 무엇이 바른 생활입니까? 여기, 도반들이여, 성스러운 제자들은 삿된 생활을 버리고, 바른 생활로써 생계를 유지합니다. – 도반들이여, 이것이 바른 생활이라고 불립니다.

“katamo cāvuso, sammāvāyāmo? idhāvuso, bhikkhu anuppannānaṃ pāpakānaṃ akusalānaṃ dhammānaṃ anuppādāya chandaṃ janeti vāyamati vīriyaṃ ārabhati cittaṃ paggaṇhāti padahati, uppannānaṃ pāpakānaṃ akusalānaṃ dhammānaṃ pahānāya chandaṃ janeti vāyamati vīriyaṃ ārabhati cittaṃ paggaṇhāti padahati, anuppannānaṃ kusalānaṃ dhammānaṃ uppādāya chandaṃ janeti vāyamati vīriyaṃ ārabhati cittaṃ paggaṇhāti padahati, uppannānaṃ kusalānaṃ dhammānaṃ ṭhitiyā asammosāya bhiyyobhāvāya vepullāya bhāvanāya pāripūriyā chandaṃ janeti vāyamati vīriyaṃ ārabhati cittaṃ paggaṇhāti padahati, ayaṃ vuccatāvuso — ‘sammāvāyāmo’”.

도반들이여, 그러면 무엇이 바른 노력입니까? 여기, 도반들이여, 비구는 생겨나지 않은 악한 불선법들이 생겨나지 않도록 관심을 생기게 하고, 노력하고, 힘을 다하고, 심(心)을 돌보고, 애씁니다. 생겨난 악한 불선법들이 버려지도록 관심을 생기게 하고, 노력하고, 힘을 다하고, 심을 돌보고, 애씁니다. 생겨나지 않은 선법들이 생겨나도록 관심을 생기게 하고, 노력하고, 힘을 다하고, 심을 돌보고, 애씁니다. 생겨난 선법들이 유지되고, 혼란스럽지 않게 되고, 점점 더 커져서 가득 차게 되고, 닦아서 완성되도록 관심을 생기게 하고, 노력하고, 힘을 다하고, 심을 돌보고, 애씁니다. – 이것이, 도반들이여, 바른 노력이라고 불립니다.

“katamā cāvuso, sammāsati? idhāvuso, bhikkhu kāye kāyānupassī viharati ātāpī sampajāno satimā vineyya loke abhijjhādomanassaṃ. vedanāsu vedanānupassī viharati ... pe ... citte cittānupassī viharati... dhammesu dhammānupassī viharati ātāpī sampajāno satimā vineyya loke abhijjhādomanassaṃ, ayaṃ vuccatāvuso — ‘sammāsati’”.

도반들이여, 그러면 무엇이 바른 사띠입니까? 여기, 도반들이여, 비구는 몸(身)에서 몸을 이어보면서 머뭅니다. 알아차리고, 옳고 그름을 판단하고, 옳음의 유지-향상을 위해 노력하는 자는 세상에서 간탐과 고뇌를 제거합니다. 느낌(受)들에서 느낌을 이어보면서 머뭅니다. 알아차리고, 옳고 그름을 판단하고, 옳음의 유지-향상을 위해 노력하는 자는 세상에서 간탐과 고뇌를 제거합니다. 마음(心)에서 마음을 이어보면서 머뭅니다. 알아차리고, 옳고 그름을 판단하고, 옳음의 유지-향상을 위해 노력하는 자는 세상에서 간탐과 고뇌를 제거합니다. 현상(法)들에서 현상을 이어보면서 머뭅니다. 알아차리고, 옳고 그름을 판단하고, 옳음의 유지-향상을 위해 노력하는 자는 세상에서 간탐과 고뇌를 제거합니다. – 이것이, 도반들이여, 바른 사띠라고 불립니다.

“katamo cāvuso, sammāsamādhi? idhāvuso, bhikkhu vivicceva kāmehi vivicca akusalehi dhammehi savitakkaṃ savicāraṃ vivekajaṃ pītisukhaṃ paṭhamaṃ jhānaṃ upasampajja viharati, vitakkavicārānaṃ vūpasamā ajjhattaṃ sampasādanaṃ cetaso ekodibhāvaṃ avitakkaṃ avicāraṃ samādhijaṃ pītisukhaṃ dutiyaṃ jhānaṃ upasampajja viharati, pītiyā ca virāgā upekkhako ca viharati ... pe ... tatiyaṃ jhānaṃ... viharati, ayaṃ vuccatāvuso — ‘sammāsamādhi’. idaṃ vuccatāvuso — ‘dukkhanirodhagāminī paṭipadā ariyasaccaṃ’”.

도반들이여! 무엇이 바른 삼매입니까? 여기, 도반들이여, 비구는 소유의 삶에서 벗어나고, 불선법들에서 벗어나서, 위딱까가 있고 위짜라가 있고 떨침에서 생긴 기쁨과 즐거움의 초선을 성취하여 머뭅니다. 위딱까와 위짜라의 가라앉음으로 인해, 안으로 평온함과 마음의 집중된 상태가 되어, 위딱까도 없고 위짜라도 없이, 삼매에서 생긴 기쁨과 즐거움의 제2선을 성취하여 머뭅니다. 기쁨의 바램으로부터 평정하게 머물고, 사띠와 바른 앎을 가지고 몸으로 즐거움을 경험하면서, 성인들이 '평정을 가진 자, 사띠를 가진 자, 즐거움에 머무는 자'라고 말하는 제3선을 성취하여 머뭅니다. 즐거움의 버림과 괴로움의 버림으로부터, 이미 만족과 불만들의 줄어듦으로부터, 괴로움도 즐거움도 없고 평정과 청정한 사띠의 제4선을 성취하여 머뭅니다. – 이것이, 도반들이여, 바른 삼매라고 불립니다. 이것이, 도반들이여, 고멸도성제라고 불립니다.

"tathāgatenāvuso, arahatā sammāsambuddhena bārāṇasiyaṃ isipatane migadāye anuttaraṃ dhammacakkaṃ pavattitaṃ appaṭivattiyaṃ samaṇena vā brāhmaṇena vā devena vā mārena vā brahmunā vā kenaci vā lokasmiṃ, yadidaṃ — imesaṃ catunnaṃ ariyasaccānaṃ ācikkhanā desanā paññāpanā paṭṭhapanā vivaraṇā vibhajanā uttānīkamman"ti.

도반들이여, 바라나시 이시빠따나의 사슴 공원에서 여래-아라한-정등각에 의해 사문이나 바라문이나 신이나 마라나 범천이나 세상에서 누구에 의해서도 되돌릴 수 없는 위없는 법의 바퀴가 굴려졌습니다. 즉 네 가지 성스러운 진리(四聖諦)의 공표이고, 전달이고, 선언이고, 시작이고, 드러냄이고, 분석이고, 해설입니다."라고.

idamavoca āyasmā sāriputto. attamanā te bhikkhū āyasmato sāriputtassa bhāsitaṃ abhinandunti.

사리뿟따 존자는 이렇게 말했다. 그 비구들은 즐거워하면서 사리뿟따 존자의 말씀을 기뻐했다.

me dhammā ajjhattaṃ appahīnā – ādīnavadassāvī
내 안에 버려지지 않은 법들에서 위험을 보겠습니다.

제2부

총론

- 사실(tatha) = 삼법인(三法印)/연기(緣起)
- 진리(sacca) = 사성제(四聖諦)
- 삶의 메커니즘 = 연기(緣起)
- 수행지도(修行地圖) = 팔정도(八正道)

불교를 하나의 문장으로 압축하면

> 사실에 어긋난 삶은 괴로움(苦-dukkha)을 만들고(苦集)
> 사실에 들어맞는 삶은 행복(樂-sukha)을 만든다(苦滅道).

가 됩니다.

그러면 사실은 무엇입니까? 경은 두 개의 사실을 알려주는데, 삼법인(三法印)과 연기(緣起)입니다.

삼법인은 「여래들의 출현이나 출현하지 않음을 원인으로 움직이지 않는 안정되고 확실한 원리(사실)이다.」이고, 연기는 「여래들의 출현이나 출현하지 않음을 원인으로 움직이지 않는 안정되고 확실한 원리(사실)이며, 여기에서의 조건성이다.」라고 설명됩니다. 삼법인에 비해 연기는 '여기에서의 조건성'이라는 설명이 더해진다는 점에 주목해야 합니다.

이렇게 삼법인과 연기는 사실이어서 불교의 토대가 됩니다. 심지어 부처님이 출현하지 않은 시절에도 세상에 존재하고 내 삶에 적용되는 움직이지 않고 안정된 확실한 원리입니다. 그래서 불교의 모든 것은 이 두 가지 사실 위에 있습니다.

불교(佛敎-buddhism)

안정되고 확실함 → 흔들리지 않는 토대

[삼법인(三法印) - 연기(緣起)]

제1장

불교의 구성
(삼법인-연기-팔정도-사성제)

Ⅰ. 사실① — 삼법인(三法印)

삼법인은 불교의 근본입니다. 「제3부 사실 제2장 사실①삼법인」에서 상세히 서술하였습니다.

'sabbe saṅkhārā aniccā'ti. 유위에서 형성된 것들은 모두 무상(無常)하다. – 제행무상(諸行無常)

'sabbe saṅkhārā dukkhā'ti. 유위에서 형성된 것들은 모두 고(苦)다. – 제행개고(諸行皆苦)

'sabbe dhammā anattā'"ti. 있는 것들은 모두 무아(無我)다. – 제법무아(諸法無我)

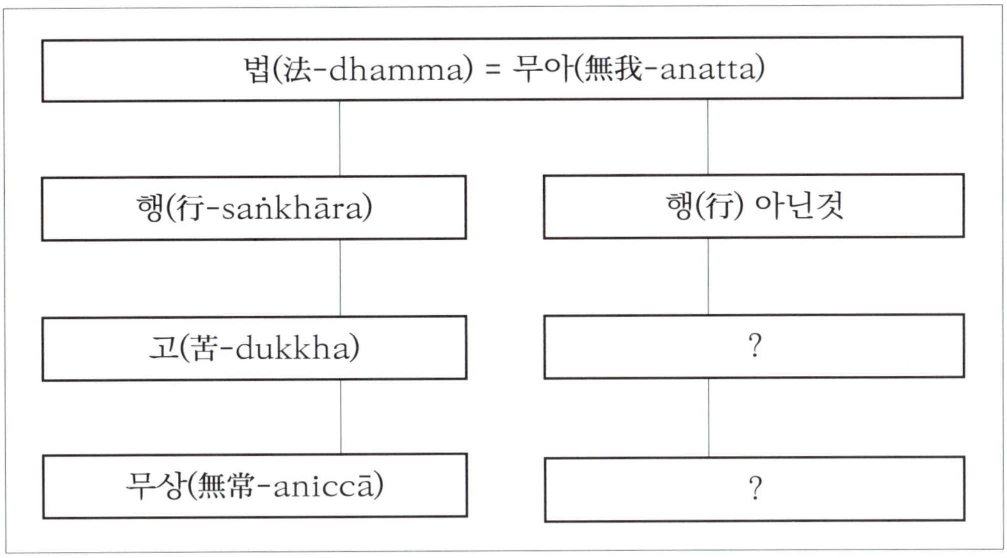

◐ 행(行-saṅkhāra)은 유위(saṅkhata)에서 형성된 것입니다. 유위는 탐-진-치가 함께한 상태인데, 번뇌의 영향 위에 있는 중생들의 영역 즉 세상(loka)에 속한 것입니다. 그래서 제행(諸行)은 세상에 속한 모든 것을 말하는데, 세상에 있는 세상의 법들이라고 소개되는 ①색-수-상-행들-식 오온과 십이처(육내입처-육외입처)를 지시하는 ②일체 그리고 여기에서의 조건성인 연기를 구성하는 ③연기된 법들(무명~노사)입니다.

있는 것은 법(法-dhamma)인데, 세상에 속한 행들(오온=일체=연기된 법들)과 세상에서 벗어나 실현되는 열반으로 구성됩니다. 이때, 열반은 탐-진-치가 부서진 무위(asaṅkhata)입니다.

삼법인은 이렇게 법과 행들과 열반에 대한 사실을 알려주는데, 법은 무아(無我)이고, 법 가운데서 행들은 무상-고이며, 무상-고가 가라앉아서 생기는 열반은 락입니다.

그래서 행들은 무상-고-무아이고, 열반은 락-무아입니다.

◐ 행들은 무상-고-무아의 성질을 가졌는데, 이렇게 사실 그대로 알고 보는 것이 첫 단계의 깨달음인 여실지견입니다. 번뇌의 영향 위에 있는 세상에 속한 것들에 대한 바른 앎과 봄입니다.

여실지견에 도달한 수행자는 더 나아가 번뇌들의 부서짐을 위하여 수행해야 합니다. 번뇌들이 부서지면 해탈의 흔들리지 않음-태어남의 끝-다음의 존재 없음(존재의 소멸)을 알고 보게 되는데, 해탈지견이고, 락-무아인 열반의 실현입니다.

II. 사실② — 연기(緣起)

여기 즉 중생으로 살아가는 나의 삶에 적용되는 조건성 즉 내 삶의 현실에 대한 부처님의 설명입니다. 「제3부 사실 제2장 사실②연기」 & 「제4부 (연기의 상세 I) 세상」 & 「제5부 (연기의 상세 II) 나」 & 「제6부 딱까가 해석된 불교 제1장 삶의 메커니즘」에서 상세히 설명하였습니다.

"katamo ca, bhikkhave, paṭiccasamuppādo? avijjāpaccayā, bhikkhave, saṅkhārā; saṅkhārapaccayā viññāṇaṃ; viññāṇapaccayā nāmarūpaṃ; nāmarūpapaccayā saḷāyatanaṃ; saḷāyatanapaccayā phasso; phassapaccayā vedanā; vedanāpaccayā taṇhā; taṇhāpaccayā upādānaṃ; upādānapaccayā bhavo; bhavapaccayā jāti; jātipaccayā jarāmaraṇaṃ sokaparidevadukkhadomanassupāyāsā sambhavanti. evametassa kevalassa dukkhakkhandhassa samudayo hoti. ayaṃ vuccati, bhikkhave, paṭiccasamuppādo.

"비구들이여, 무엇이 연기(緣起)인가? 비구들이여, 무명을 조건으로 행들이, 행들을 조건으로 식이, 식을 조건으로 명색이, 명색을 조건으로 육입이, 육입을 조건으로 촉이, 촉을 조건으로 수가, 수를 조건으로 애가, 애를 조건으로 취가, 취를 조건으로 유가, 유를 조건으로 생이, 생을 조건으로 노사와 수비고우뇌가 생긴다. 이렇게 이 모든 괴로움 무더기가 자라난다(苦集). 비구들이여, 이것이 연기라고 불린다.(SN 12.1-연기 경)」

◐ 연기(緣起) = 고온(苦蘊)의 자라남[고집(苦集)]

①무명(無明) → ②행(行)들 → ③식(識) → ④명색(名色) → ⑤육입(六入) → ⑥촉(觸) → ⑦수(受) → ⑧애(愛) → ⑨취(取) → ⑩유(有) → ⑪생(生) → ⑫노사(老死)-수비고우뇌(愁悲苦憂惱)-일체의 괴로움 무더기(苦蘊)

◐ 일반적으로 십이연기(十二緣起)라고 알려져 있지만 경에는 나타나지 않는 용어입니다. 다만, 연기(緣起-paṭiccasamuppāda)라고 나타날 뿐입니다. 아마도, 원래 연기는 고(苦)와 고집(苦集)의 조건 관계를 위해 사용된 개념인데 후대에 연기에 다른 개념을 부여하면서 원래의 개념을 지시하기 위해 십이연기라는 경에 없는 용어를 사용하게 된 것 같습니다.

◐ 연기의 정형구문 – '즉'으로 연결되는 구조

'iti imasmiṃ sati idaṃ hoti, imassuppādā idaṃ uppajjati; imasmiṃ asati idaṃ na hoti, imassa nirodhā idaṃ nirujjhati — yadidaṃ avijjāpaccayā saṅkhārā ~

'이렇게 이것이 있을 때 이것이 있고, 이것이 생길 때 이것이 생긴다. 이것이 없을 때 이것이 없고, 이것이 소멸할 때 이것이 소멸한다. 즉 무명을 조건으로 행들이 ~

; 연기의 정형구문은 이런 구조, 오직 연기와 연멸에만 적용되어 나타납니다. 고의 조건 관계 밖에서 이 정형구문을 적용하지 않아야 합니다.

【연기의 구조 – 삶에 대한 완전한 해석(깨달음)】 ⇒ (503쪽) 그림 참조

연기는 아주 심오한 주제여서 공부하기 어렵습니다. 그러나 이것은 불교가 어려워서가 아니라 삶이 어려워서라고 알아야 합니다. 어떤 문제를 풀기 위해서는 문제의 수준에 맞는 해법을 갖춰야 하는데, 불교는 어려운 삶의 문제를 완전히 해결하기 위한 유일한 해법입니다. 어려운 것은 삶이고, 불교는 해결 가능한 즉 시도하는 사람에게는 쉬운 방법이라는 시각입니다. 그래서 부처님은 '여기에만 있다'라고 사자후를 토하라고 합니다.

불교는 사는 이야기 즉 마음이 몸과 함께 세상을 만나는 이야기입니다. '괴로울 것인가, 행복할 것인가?'의 관점에서 오직 행복을 지향하는 공부인 것입니다. 행복 즉 괴로움의 소멸을 위해서는 나에게 어떤 괴로움이 있는지와(苦), 그 괴로움이 생겨나 자라나는 조건 관계(苦集)가 알려져야 합니다. 이렇게 삶의 괴로움의 측면에 대한 부처님의 해석이 연기(緣起-paṭiccasamuppāda)입니다.

; 나 = 오취온 → 고(苦) = 오취온고(五取蘊苦)
; 연기(緣起) = 고(苦)와 고집(苦集)의 삶(여기)에서의 조건성

연기는 「무명 → 행들 → 식 → 명색 → 육입 → 촉 → 수 → 애 → 취 → 유 → 생 →노사」의 연기된 법 12개의 조건 관계의 전개인데, 유(有-존재)를 중심으로 해석됩니다.

유(有-존재)는 서로 조건되는 몸과 마음이 함께하여 구성되는데, 마음이 몸에 구속된 상태입니다. 마음이 몸에 구속됨 즉 불완전한 존재 상태에서 불완전을 초래하는 조건 관계를 밝히는 것이 연기라고 해야 하는데, 무명~취의 과정에 의한 존재의 불완전과 거기에 따르는 생-노사의 과정입니다.

여기서 특히 주목해야 하는 두 가지 법을 말할 수있는데. 첫 번째는 고집(苦集)인 ⑧애(愛)입니다. ⑦수를 조건으로 하는 외적 과정과 ①무명과 ②행들(*)을 조건으로 하는 (애를 구성하는 소망과 탐이 생겨나는) 내적 과정의 입체적 관계 위에서 생겨나고, (애의) 붙잡는 성질에 의해 ⑨취의 조건이 되는 관계입니다.

(*) 취(取) – 몸과 말과 마음으로 붙잡는 행위 → 행(行)들 – 몸과 말과 마음으로 행위 하기 위해 몸과 말과 마음을 생겨나게 하는 형성 작용

두 번째는 ⑩유의 과정인데, ⑨취를 조건으로 생겨난 ⑩유의 두 갈래 전개입니다. 몸이 유지되는 동안과 무너졌을 때에 다른 전개를 보여주기 때문입니다. 몸이 무너져 죽으면 마음(識)이 다음 몸으로 옮겨 가서 새로운 존재를 구성하는 것이 태어남이고, 새로운 몸과 함께하는 다음 생으로 윤회하여 또 다시 한평생을 살아가는데 ⑪생과 ⑫노사로의 과정입니다. 그러나 몸이 유지되는 한평생 동안에는 몸과 마음으로의 내가 세상을 만나는 새로운 출발점인 '③식 ↔ ④명색'이 되어 '⑤육입 → ⑥촉'(*)을 거쳐 ⑦수로 연결된 뒤 '⑩유'까지의 과정을 순환하며 변화합니다.

(*) ⑤육입 → 식(識-마음)이 생김(대상을 앎), ⑥촉 → 수(受-느낌)가 생김(대상을 경험)

그래서 1) 이 몸이 유지되는 동안의 과정을 누적하며 변화하는 삶(今生)으로의 「③식 → ④명색 → ⑤육입 → ⑤촉 → ⑦수 → ⑧애 → ⑨취 → ⑩유」와 2) 삶의 질을 결정하는 「①무명 → ②행들 → ⑧애」의 입체적 구조이며, 3) 몸이 무너져 죽은 뒤 다음 몸으로 옮겨가서 태어나 다음 생을 이어가는 과정(來生)인 「⑩유 → ⑪생 → ⑫노사」의 세 가지 그룹으로 구성되는 것이 연기의 구조입니다.

Ⅲ. 팔정도(八正道)

팔정도는 수행지도(修行地圖)로 그려냈습니다. 「제6부 제4장 수행지도」에서 상세히 설명하였습니다.

“katamo ca, bhikkhave, ariyo aṭṭhaṅgiko maggo? seyyathidaṃ — sammādiṭṭhi sammā-saṅkappo sammāvācā sammākammanto sammāājīvo sammāvāyāmo sammāsati sammāsamādhi.

“그러면 비구들이여, 무엇이 여덟 요소로 구성된 성스러운 길인가? 말하자면 정견(正見-바른 견해), 정사유(正思惟-바른 사유), 정어(正語-바른말), 정업(正業-바른 행위), 정명(正命-바른 생활), 정정진(正精進-바른 노력), 정념(正念-바른 사띠), 정정(正定-바른 삼매)이다.

● 수행의 서술 : 팔정도(八正道) – 「필수품을 갖춘 삼매 = 바른 삼매」

수행의 포괄적 정의는 팔정도입니다. 고성제(五取蘊苦)-고집성제(愛)-고멸성제(愛滅)에서 애멸(愛滅)의 방법으로 제시되는 것이 팔정도이고, 팔정도의 실천이 중도(中道) 곧 고멸도성제입니다.

그래서 수행의 서술은 팔정도에서 시작해야 합니다. 팔정도는 정견-정사유-정어-정업-정명-정정진-정념-정정인데, (AN 7.45-삼매의 필수품 경) 등은 정견~정념을 정정의 필수품이라고 합니다. 수행의 본질은 정정(正定-바른 삼매)인데, 필수품과 함께하기 때문에 팔정도 즉 여덟 가지 성스러운 길이라고 이름 붙여진다는 것을 알 수 있습니다.

이런 의미에서 수행은 필수품의 과정으로 삼매를 성취하고, 삼매 위에서 깨달음으로 나아가는 과정이라고 해야 하는데, 삼매수행(samādhibhāvanā)입니다. 이런 과정은 (DN 2-사문과경)에서 수행체계도(修行體系圖)로 정리되고, (SN 34-선(禪) 상윳따)에서 삼매 이후의 과정을 10단계로 제시하는 등 그 체계를 발견할 수 있습니다.

◐ 일곱 가지 보리분법(菩提分法)을 포괄하는 팔정도

일곱 가지 보리분법(한역 – 37조도품)은 사념처-사정근-사여의족-오근-오력-칠각지-팔정도인데, 모두 팔정도에 포괄됩니다. 특히, 이 일곱 가지는 ①강가 강의 반복 품, ②불방일의 반복 품, ③힘씀 품, ④추구 품, ⑤폭류 품의 다섯 품이 반복되는 구조를 보여주는데, 「1) 떨침의 과정이고 이탐의 과정이고 소멸의 과정이고 쉼으로 귀결되는, 2) 탐의 제어의 완성이고 진의 제어의 완성이고 치의 제어의 완성인, 3) 불사(不死)로 뛰어들고 불사로 끝나고 불사로 완성되는, 4) 열반으로 굽게 하고 열반으로 경사지게 하고 열반으로 이끌리게 하는 정견(正見) ~ 정정(正定)을 닦음」의 형태로 일곱 가지 보리분법과 팔정도의 정정(正定)인 사선(四禪)에 반복됩니다.

특히, 필수품을 총괄하는 사념처는 여실지견에 이르는 과정으로서 팔정도에 포괄됩니다.

◐ 「오계(五戒) → 십선업(十善業) → 팔정도(八正道)」의 전개

필수품 가운데 정견~정업은 상세함에서는 약간의 차이가 있지만 십선업(十善業)에 해당하고, 정명은 바른 생활로써 생계를 유지하는 것이어서 (재가자의 경우) 십선업의 실천에 적합한 직업의 선택까지도 포함합니다. 그리고 십선업은 몸과 말과 마음의 행위(신업-구업-의업)를 바르게 하는 것이어서 오계를 포함합니다.

그래서 팔정도라는 수행의 기법에는 일상의 제어가 선행합니다. 오계를 지니지 않은 사람, 십악업을 짓는 사람은 삼매를 성취하더라도 깨달음으로 나아가지 못합니다. 부처님이 제정한 오계를 삶의 기준으로 삼고, 더 나아가 십악업은 피하고 십선업은 적극 실천하는 제어된 일상 위에서 삼매를 성취할 때 깨달음을 성취할 수 있습니다.

; 법은 계(戒)로 둘러싸인 호수 – 계가 선행하지 않는 삶의 향상은 없음!!!(SN 7.9-순다리까 경)/(SN 7.21-상가라와 경) ⇒ (590쪽) 참조

"dhammo rahado brāhmaṇa sīlatittho, anāvilo sabbhi sataṃ pasattho. yattha have vedaguno sinātā, anallagattāva taranti pāran"ti

바라문이여, 법은 계(戒)로 둘러싸인 호수이고, 장애가 없고 지혜롭고 평화로운 자에게 칭송받는 것. 참으로 거기서 목욕하여 높은 앎을 성취한 자들이 몸을 말리듯이 저편으로 건너갑니다.

◐ 바른 삼매의 펼침 : 「팔정도(八正道) → 십정도(十正道)」

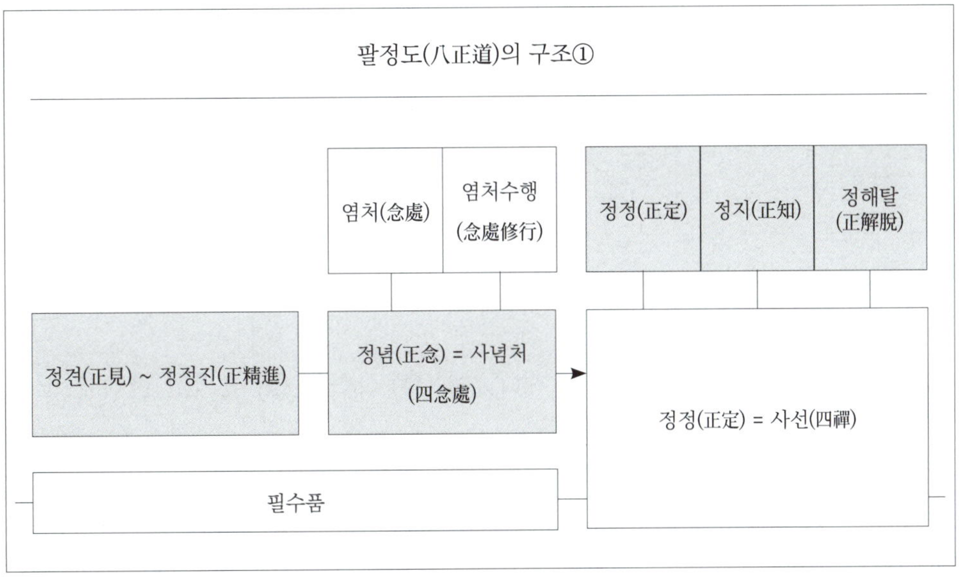

일곱 가지 필수품이라는 특별한 과정으로 성취된 바른 삼매는 깨달음을 이끄는데, 삼매수행입니다. 삼매수행은 올라가는 수행과 벗어나는 수행으로 구성되는데, 올라가는 수행으로 토대를 만들고 벗어나는 수행으로 깨달음을 성취합니다.

; 구차제주(九次第住-아홉 단계의 순서적 머묾) = 또 하나의 초전법륜 : 초선-제2선-제3선-제4선-공무변처-식무변처-무소유처-비상비비상처-상수멸을 성취(올라가는 수행)하여 머묾(벗어나는 수행)

그런데 팔정도의 정정(正定-바른 삼매)이라는 하나의 개념으로 이런 깨달음의 과정을 설명하기는 어렵습니다. 그래서 경은 바른 삼매를 펼쳐서 3단계로 이 과정을 지시하는데, ①바른 삼매(正定-sammāsamādhi)로는 토대를 지시하고, 벗어나는 수행의 과정을 2단계로 나누어 첫 단계의 깨달음인 여실지견을 ②바른 앎(正知-sammāñāṇa), 깨달음의 완성인 해탈지견을 ③바른 해탈(正解脫-sammāvimutti)로 나타냅니다.

그래서 팔정도는 8개의 법에서 10개의 법으로 펼쳐지는데, (경의 표현은 아니지만) 십정도입니다.

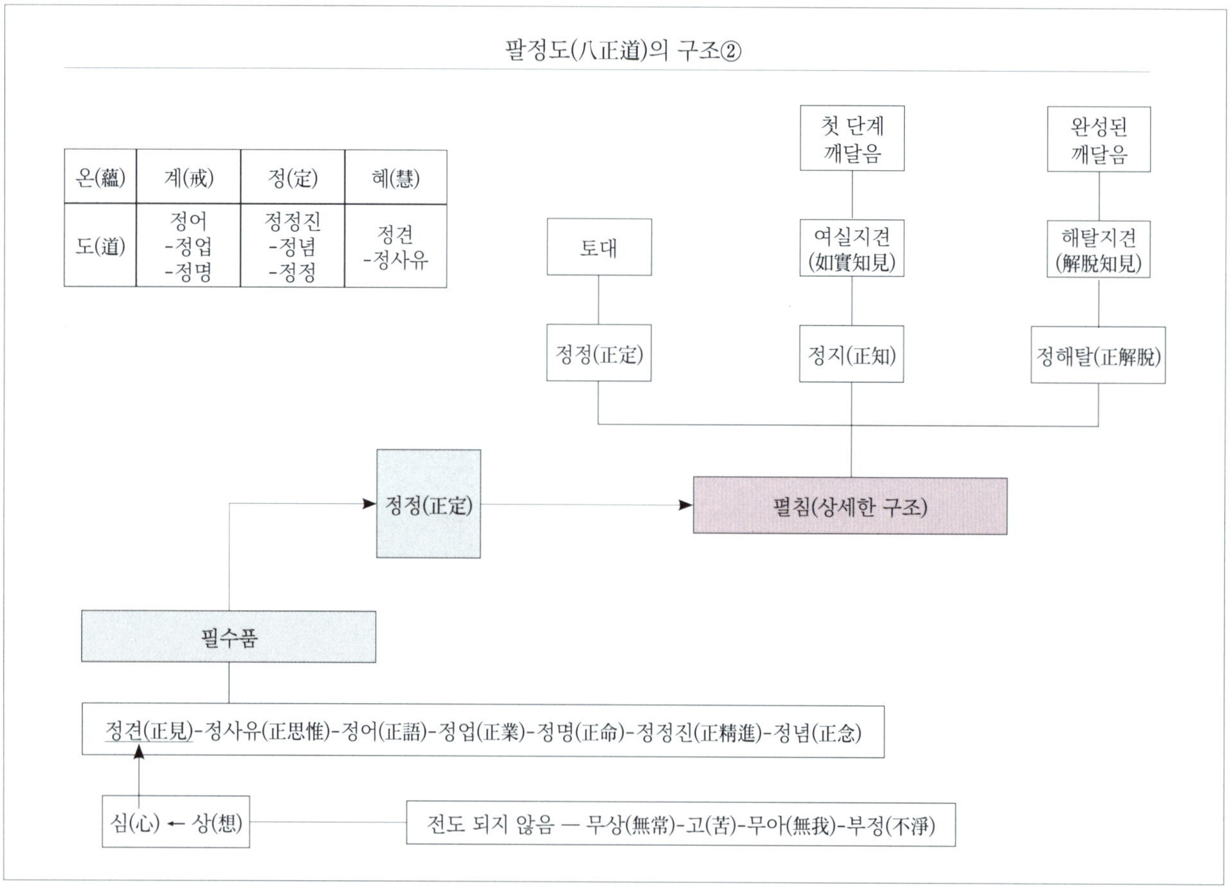

◐ 계(戒)-정(定)-혜(慧) 삼온(三蘊)과 계(戒)-심(心)-혜(慧) 삼학(三學) 그리고 팔정도의 배분

삼온(三蘊)	계온	정온	혜온
삼학(三學)	계학	심학	혜학
팔정도(八正道)	정어-정업-정명	정정진-정념-정정	정견-정사유

• (MN 44-교리문답의 작은 경)

"스님, 여덟 요소로 구성된 성스러운 길에 의해서 세 가지 온(蘊)이 따라지는 것(saṅgahitā)입니까 아니면 세 가지 온에 의해 여덟 요소로 구성된 성스러운 길이 따라지는 것(saṅgahito)입니까?"

"도반 위사카여, 여덟 요소로 구성된 성스러운 길에 의해서 세 가지 온이 따라지는 것이 아닙니다. 도반 위사카여, 세 가지 온에 의해 여덟 요소로 구성된 성스러운 길이 따라지는 것입니다. 도반 위사카여, 계온(戒蘊) 위에서 정어-정업-정명의 법들이 따라지고, 정온(定蘊) 위에서 정정진-정념-정정의 법들이 따라지고, 혜온(慧蘊) 위에서 정견-정사유의 법들이 따라집니다."

◐ 용어 정의 – vibhaṅgasuttaṃ (SN 45.8-분석 경)

"ariyaṃ vo, bhikkhave, aṭṭhaṅgikaṃ maggaṃ desessāmi vibhajissāmi. taṃ suṇātha, sādhukaṃ manasi karotha; bhāsissāmī"ti. "evaṃ, bhante"ti kho te bhikkhū bhagavato paccassosuṃ. bhagavā etadavoca —

"비구들이여, 그대들에게 여덟 요소로 구성된 성스러운 도(道)를 설하고 분석할 것이다. 그것을 듣고 잘 사고하라. 나는 말할 것이다." "알겠습니다, 대덕이시여."라고 그 비구들은 세존에게 대답했다. 세존은 이렇게 말했다. –

"katamo ca, bhikkhave, ariyo aṭṭhaṅgiko maggo? seyyathidaṃ — sammādiṭṭhi ... pe ... sammāsamādhi.

"그러면 비구들이여, 무엇이 여덟 요소로 구성된 성스러운 도(道)인가? 말하자면, 정견(正見-바른 견해) … 정정(正定-바른 삼매)이다.

"katamā ca, bhikkhave, sammādiṭṭhi? 그러면 비구들이여, 무엇이 정견(正見-바른 견해)인가?
… katamo ca, bhikkhave, sammāsamādhi? 그러면 비구들이여, 무엇이 정정(正定-바른 삼매)인가?

; 제1부 여섯 개의 경 5. (MN 141-진리의 분석 경)(108쪽)의 반복

; 단, 정업(正業-바른 행위-sammākammanto)의 '음행에 대한 삿된 행위를 삼가는 것(kāmesumicchācārā veramaṇī)'이 '범행(梵行) 아닌 행위를 삼가는 것(abrahmacariyā veramaṇī)'으로 대체되어 음행에 대해 더 넓은 제어를 지시하는 차이가 있음.

me dhammā ajjhattaṃ appahīnā – ādīnavadassāvī
내 안에 버려지지 않은 법들에서 위험을 보겠습니다.

Ⅳ. 진리(眞理-sacca)

삼법인도 연기도 팔정도도 모두 고와 고멸을 중심으로 모아지는데, 사성제라는 하나의 진리입니다.

이렇게 불교는 삼법인과 연기라는 두 가지 사실(원리)의 토대 위에 안정되고 확실하게 서 있습니다. 그리고 이 두 가지 사실 위에서 팔정도로써 만들어가는 불교를 포괄하는 개념이 있는데, 진리(眞理-sacca)입니다.

부처님의 관심은 오직 고(苦)와 고멸(苦滅)입니다. 고의 자각과 고의 소멸(락의 실현)인데, 사실로서의 삼법인이 제시하는 행들과 열반의 특성입니다.

- (MN 22-뱀의 비유 경) & (SN 44.2/SN 22.86-아누라다 경) ⇒ (73쪽) 참조

그런데 고의 자각을 위해서는 고의 정체가 드러나야 합니다. 고의 정체가 드러날 때 자각과 적절한 대응을 통해 고를 소멸할 수 있기 때문입니다. 이때, 고의 정체는 고의 현상(결과)이기도 하지만 '어떤 과정에 의해서 생겨나고 자라나는 것인지(조건)'이기도 합니다. 무아(無我)이고, 무상(無常)에 의해 생겨나고 자라나는 것이기 때문에 그 조건 관계가 분명히 알려져야 거기에 대한 대응방법이 찾아질 수 있는 것입니다. 그래서 고가 생겨나고 자라나는 원인 또는 조건 관계가 필요한데, 원인은 애(愛-taṇhā)이고, 조건 관계는 연기입니다. 특히, 이렇게 조건 관계가 알려질 때 그 조건의 해소를 위한 방법이 찾아지는데, 팔정도이고, 팔정도의 실천 즉 중도를 통해서 조건이 해소되면 고는 소멸하게 됩니다.

고와 고멸은 이런 방법으로 고-고집(애)(→ 연기) 그리고 고멸-고멸도(중도=팔정도의 실천)로 확장되는데, 이것이 불교에서 유일하게 진리의 자격이 부여된 사성제(四聖諦 – 네 가지 성스러운 진리)입니다.

; (MN 28-코끼리 발자국 비유의 큰 경) – "예를 들면, 도반들이여, 밀림의 생명의 여러 발자국은 어떤 것이든 모두 코끼리 발자국 안에 들어갑니다. 코끼리 발자국이 크기에 있어서 그들 가운데 으뜸이라고 알려졌습니다. 이처럼, 도반들이여, 선법(善法)이라면 어떤 것이든 모두 네 가지 성스러운 진리에 따르게 됩니다.

(SN 56.11-전법륜 경)(99쪽)에서 부처님은 사성제를 설명하는데, 3회전한 12형태[삼전십이행 (三轉十二行)]의 방법으로 사성제에 대한 있는 그대로의 지(知)와 견(見)이 아주 청정해졌을 때 위없는 바른 깨달음을 깨달았다는 선언입니다.

비구들이여, 이것이 괴로움의 성스러운 진리(苦聖諦)이다. – 태어남도 괴로움이고, 늙음도 괴로움이고, 병도 괴로움이고, 죽음도 괴로움이다. 재미없는 것들과 함께 엮이는 것도 괴로움이고(원증회고), 즐거운 것들과 갈라지는 것도 괴로움이고(애별리고), 구하는 것을 얻지 못하는 것도 괴로움이다(구부득고). 간략히 말하면, 오취온(五取蘊)이 괴로움이다(오취온고).

비구들이여, 다시 존재가 되고 소망과 탐이 함께하며 여기저기서 기뻐하는 애(愛)가 괴로움의 자라남의 성스러운 진리(苦集聖諦)인데, 소유의 애, 존재의 애, 존재에서 벗어남의 애(慾愛-有愛-無有愛)가 있다.

비구들이여, 애의 남김없이 바랜 소멸, 포기, 놓음, 풀림, 잡지 않음이 괴로움의 소멸의 성스러운 진리(苦滅聖諦)

이다.

비구들이여, 이것이 괴로움의 소멸로 이끄는 실천의 성스러운 진리(苦滅道聖諦)이니, 오직 이것, 바른 견해-바른 사유-바른말-바른 행위-바른 생활-바른 노력-바른 사띠-바른 삼매의 여덟 요소로 구성된 성스러운 길이다.

• 3회전한 12형태[삼전십이행(三轉十二行)]

	1회전	2회전	3회전
고(苦)	이것이 괴로움의 성스러운 진리이다.	완전히 알려져야 한다.	완전히 알려졌다.
고집(苦集)	이것이 괴로움의 자라남의 성스러운 진리이다.	버려져야 한다.	버려졌다.
고멸(苦滅)	이것이 괴로움의 소멸의 성스러운 진리이다.	실현되어야 한다.	실현되었다.
고멸도(苦滅道)	이것이 괴로움의 소멸로 이끄는 실천의 성스러운 진리이다.	닦아져야 한다.	닦아졌다.

• 그림 : 사성제의 삼전십이행 ⇒ (132쪽)

또한, (SN 56.12-여래 경)은 3회전한 12형태의 방법이 여래들에게 공통됨을 설하는데, 부처님들의 계보(위빳시 → 시키 → 웻사부 → 까꾸산다 → 꼬나가마나 → 깟사빠 → 고따마 부처님)가 동일한 깨달음에 의한다는 것을 알려줍니다.

이외에 (SN 56.13-온(蘊) 경)은 고성제를 오취온으로, (SN 56.14-내입처경)은 고성제를 육내입처로 설명하는데, 중생으로의 존재 자체가 괴로움이라는 것을 알 수 있습니다.

그리고 (AN 3.62-근본 교리 등 경)은 특별한 관점에서 사성제를 설명하는데, 경험하고 있는 자에게 사성제를 설한다는 것 그리고 고집과 고멸을 연기와 그 조건 관계의 소멸(연멸)의 측면으로 설명한다는 점입니다

'비구들이여, '이런 사성제가 있다.'라고 나에 의해 설해진 법은 현명한 사문-바라문들에 의해 질책받지 않고 더럽혀지지 않고 비난받지 않고 책망받지 않는다.'라고 말했다. 무엇을 연(緣)하여 이것을 말했는가?

비구들이여, 육계(六界 : 지-수-화-풍-공-식)의 붙잡음을 원인으로 모태에 듦이 있다. 듦이 있을 때 명색이 있다. 명색을 조건으로 육입이 있고, 육입을 조건으로 촉이 있고, 촉을 조건으로 수가 있다. 비구들이여, 나는 경험하고 있는 자에게(vediyamānassa) '이것은 고다.'라고 선언하고, '이것은 고집이다.'라고 선언하고, '이것은 고멸이다.'라고 선언하고, '이것은 고멸로 이끄는 실천이다.'라고 선언한다.

비구들이여, 그러면 무엇이 고성제인가? 태어남도 괴로움이고, 늙음도 괴로움이고, 죽음도 괴로움이다.

슬픔-비탄-고통-고뇌-절망도 괴로움이다. (재미없는 것들과 함께 엮이는 것도 괴로움이고, 즐거운 것들과 갈라지는 것도 괴로움이다.) 원하는 것을 얻지 못하는 것도 괴로움이다. 간략히 말하면, 오취온이 괴로움이다. 비구들이여, 이것이 고성제라고 불린다.

비구들이여, 무엇이 고집성제인가? 무명을 조건으로 행들이, 행들을 조건으로 식이, 식을 조건으로 명색이, 명색을 조건으로 육입이, 육입을 조건으로 촉이, 촉을 조건으로 수가, 수를 조건으로 애가, 애를 조건으로 취가, 취를 조건으로 유가, 유를 조건으로 생이, 생을 조건으로 노사와 수비고우뇌가 생긴다. 이렇게 이 모든 괴로움 무더기가 자라난다. 비구들이여, 이것이 고집성제라고 불린다.

비구들이여, 무엇이 고멸성제인가? 그러나 무명이 남김없이 바래어 소멸할 때 행들이 소멸하고, 행들이 소멸할 때 식이 소멸하고, 식이 소멸할 때 명색이 소멸하고, 명색이 소멸할 때 육입이 소멸하고, 육입이 소멸할 때 촉이 소멸하고, 촉이 소멸할 때 수가 소멸하고, 수가 소멸할 때 애가 소멸하고, 애가 소멸할 때 취가 소멸하고, 취가 소멸할 때 유가 소멸하고, 유가 소멸할 때 생이 소멸하고, 생이 소멸할 때 노사와 수비고우뇌가 소멸한다. 이렇게 이 모든 괴로움 무더기가 소멸한다. 비구들이여, 이것이 고멸성제라고 불린다.

비구들이여, 무엇이 고멸도성제인가? 오직 이것, 바른 견해-바른 사유-바른말-바른 행위-바른 생활-바른 노력-바른 사띠-바른 삼매의 여덟 요소로 구성된 성스러운 길이다. 비구들이여, 이것이 고멸도성제라고 불린다.

'비구들이여, '이런 사성제가 있다.'라고 나에 의해 설해진 법은 현명한 사문-바라문들에 의해 질책받지 않고 더럽혀지지 않고 비난받지 않고 책망받지 않는다.'라고 말한 것은 이것을 연(緣)하여 말했다.

그런데 사성제는 깨달음으로 이끄는 진리입니다. 그래서 사성제를 설하는 경들은 대부분 깨달음의 전 과정 즉 고-고집-고멸-고멸도를 포괄적 영역에서 설명합니다. 그런데 (MN 149-육처에 속한 큰 경)/(SN 45.93-객사 경)/(AN 4.254-실다운 지혜 경)은 실다운 지혜(abhiññā) 이후를 제한적으로 설명하는데, 여실지견 이후 해탈지견에 이르는 심층적인 사성제입니다.

- 그림 : 사성제 – ①포괄적 사성제 ⇒ (133쪽)
- 그림 : 사성제 – ②심층적 사성제 ⇒ (133쪽)

※ 차제설법(次第說法)을 설하는 경들에서는 유독 고(苦-dukkha)-집(集-samudaya)-멸(滅-nirodha)-도(道-magga)로 나타남.

한편, 사성제를 분석하여 포괄적으로 설명하는 경은 (MN 141-진리의 분석 경)과 (DN 22/MN 10-대념처경)이 있습니다.

- (MN 141-진리의 분석 경) – (SN 56.11-전법륜 경)이 설해진 사건을 소개하면서 사성제를 구성하는 요소들을 분석(용어 정의)함(108쪽)

"도반들이여, 바라나시 이시빠따나의 사슴 공원에서 여래-아라한-정등각에 의해 사문이나 바라문이나 신이나 마라나 범천이나 세상에서 누구에 의해서도 되돌릴 수 없는 위없는 법의 바퀴가 굴려졌습니다. 즉 네 가지 성스러운 진리의 공표이고, 전달이고, 선언이고, 시작이고, 드러냄이고, 분석이고, 해설입니다. 무엇이 넷입니까?

• (DN 22/MN 10-대념처경) – 사념처의 법념처에 속한 다섯번째 소분류로 사성제를 이어보는 수행을 설명합니다. –「다시 비구들이여, 비구는 사성제의 현상들에서 현상을 이어보면서 머문다. 비구들이여, 어떻게 비구가 사성제의 현상들에서 현상을 이어보면서 머무는가? 비구들이여, 여기 비구는 '이것이 고다.'라고 있는 그대로 분명히 안다. '이것이 고집이다.'라고 있는 그대로 분명히 안다. '이것이 고멸이다.'라고 있는 그대로 분명히 안다. '이것이 고멸로 이끄는 실천이다.'라고 있는 그대로 분명히 안다.」

이어서 (MN 141-진리의 분석 경)과 같은 구조로 사성제를 설명하는데, 고집성제와 고멸성제의 설명에서 차별됩니다. 수행의 관점이어서, 고집성제와 고멸성제를 지금 삶의 전개 과정에 사띠로 눈 떠 직접 관찰하는 기법입니다. ⇒「제6부 제4장 수행지도 Ⅶ.대표적 수행경전 ①대념처경」 참조(629쪽)

① 고집성제 –「그런데 비구들이여, 그런 애(愛)는 생길 때 어디에서 생기고, 자리 잡을 때 어디에서 자리 잡는가? 세상에 있는 마음을 끌고 즐거운 것, 애는 생길 때 여기에서 생기고, 자리 잡을 때 여기에서 자리 잡는다. 그러면 무엇이 세상에 있는 마음을 끌고 즐거운 것인가?」 → 내입처-외입처-식-촉-수-상-사-애-위딱까-위짜라(6×10=60곳)

② 고멸성제 –「다시 비구들이여, 애(愛)는 버려질 때 어디에서 버려지고, 소멸할 때 어디에서 소멸하는가? 세상에 있는 마음을 끌고 즐거운 것, 애는 버려질 때 여기에서 버려지고, 소멸할 때 여기에서 소멸한다. 무엇이 세상에 있는 마음을 끌고 즐거운 것인가?」 → 고집성제의 자리와 동일 → (사띠 하지 않는 자에게) 생겨나 자리잡은 곳에서 (사띠하는 자에게) 버려져 소멸함

그리고 고성제에 대해서는 여기에 소개된 경들 외에 (MN 28-코끼리 발자국 비유의 큰 경)의 설명이 있고, 무엇보다도 연기에 포함되어 나타나는데,

생(生)-노(老)-병(病)-사(死)-원증회고(怨憎會苦)-애별리고(愛別離苦)-구부득고(求不得苦)-오취온고(五取蘊苦)-수비고우뇌(愁悲苦憂惱) 등의 개별적인 것과 고온(苦蘊-괴로움 무더기)으로 포괄되어 나타납니다.

이때, 고온에 대해서는 (MN 13-괴로움 무더기 큰 경)과 (MN 14-괴로움 무더기 작은 경)이 '매력(assāda)-위험(ādīnava)-해방(nissaraṇa)'의 측면에서 상세하게 설명합니다.

; mahādukkhakkhandhasuttaṃ (MN 13-괴로움 무더기 큰 경) 요약 참조 ⇒ (135쪽)

그리고 고집성제인 애와 애를 전후한 괴로움의 발생 과정인 연기는 제3부 ~ 제6부에서 상세히 설명됩니다.

그런데 이렇게 설명되는 사성제는 닦아야(수행해야) 하는 것입니다(yogo karaṇīyo).

(SN 56-진리 상윳따)는 131개의 경으로 구성되는데, (SN 56.11-전법륜경)/(SN 56.12-여래 경)/(SN 56.21-꼬띠가마 경1)/(SN 56.22-꼬띠가마 경2)/(SN 56.30-가함빠띠 경)의 5개를 제외한 126개의 경이 모두 '수행해야 하는 것'이라고 마무리됩니다.

"그러므로 비구들이여, '이것이 고다.'라고 수행해야 한다(yogo karaṇīyo). '이것이 고집이다.'라고 수행해야 한다. '이것이 고멸이다.'라고 수행해야 한다. '이것이 고멸도다.'라고 수행해야 한다."

• 그림 : 사성제의 삼전십이행

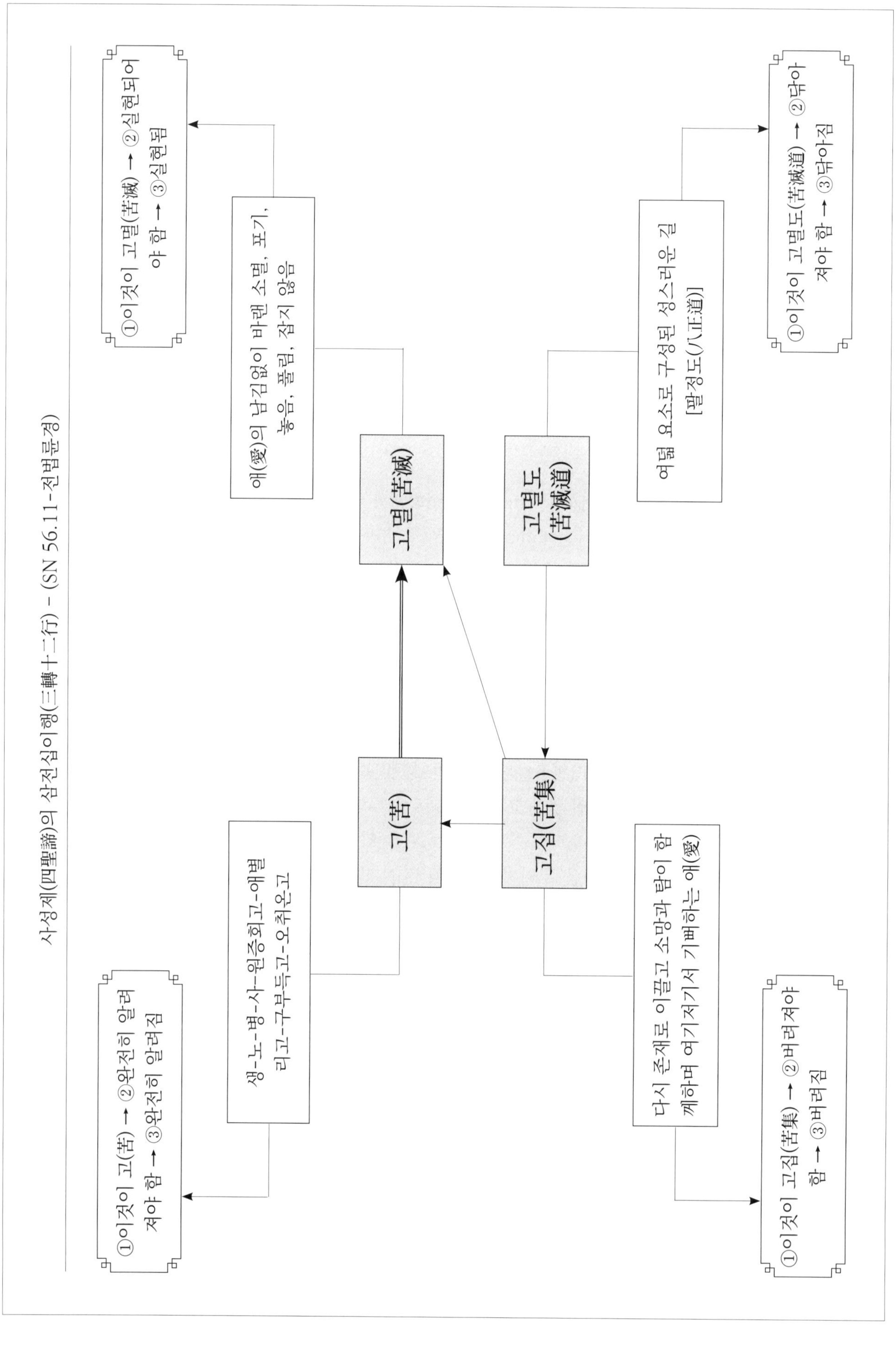

• 그림 : 사성제 – ①포괄적 사성제

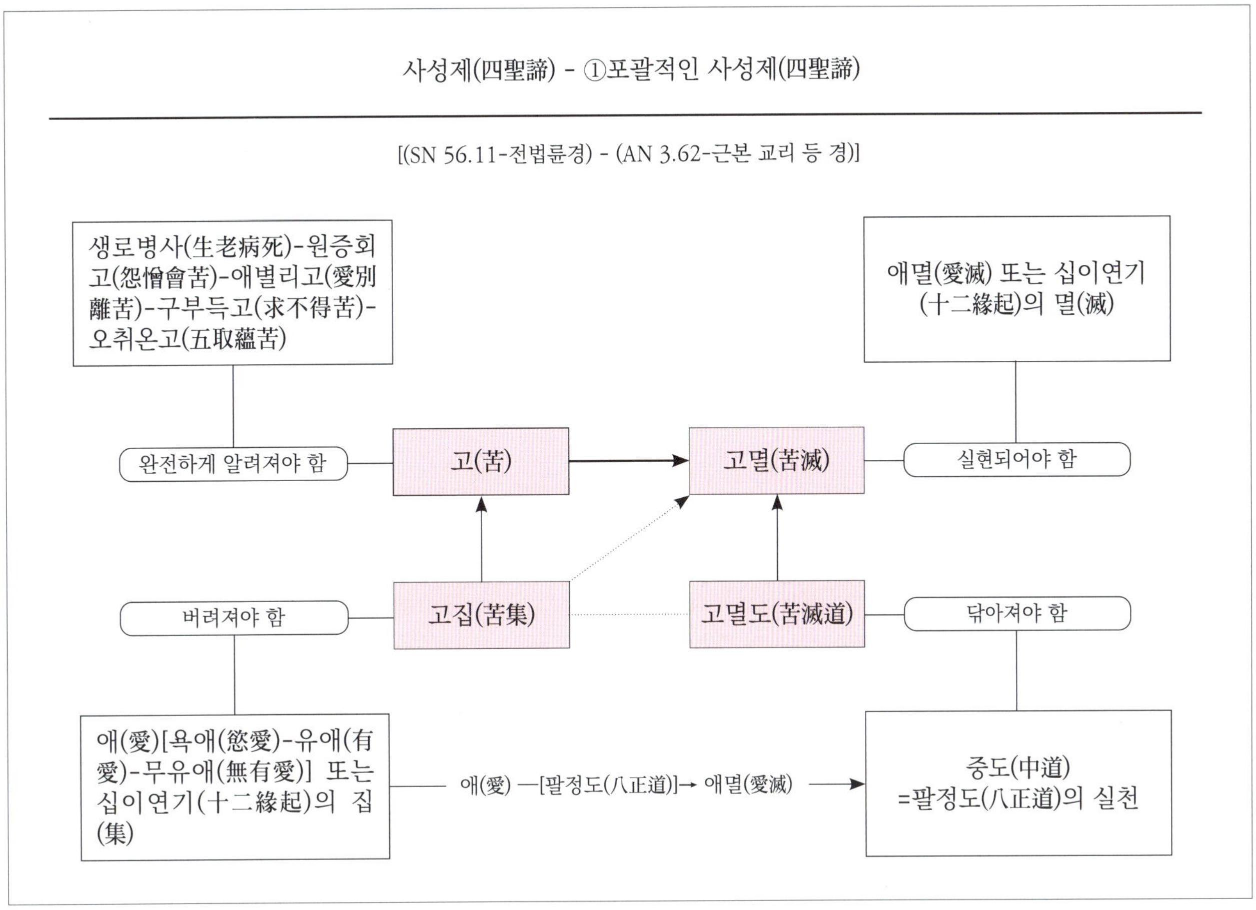
사성제(四聖諦) - ①포괄적인 사성제(四聖諦)
[(SN 56.11-전법륜경) - (AN 3.62-근본 교리 등 경)]
생로병사(生老病死)-원증회고(怨憎會苦)-애별리고(愛別離苦)-구부득고(求不得苦)-오취온고(五取蘊苦)
애멸(愛滅) 또는 십이연기(十二緣起)의 멸(滅)
완전하게 알려져야 함
고(苦)
고멸(苦滅)
실현되어야 함
버려져야 함
고집(苦集)
고멸도(苦滅道)
닦아져야 함
애(愛)[욕애(慾愛)-유애(有愛)-무유애(無有愛)] 또는 십이연기(十二緣起)의 집(集)
애(愛) —[팔정도(八正道)]→ 애멸(愛滅)
중도(中道) =팔정도(八正道)의 실천

• 그림 : 사성제 – ②심층적 사성제

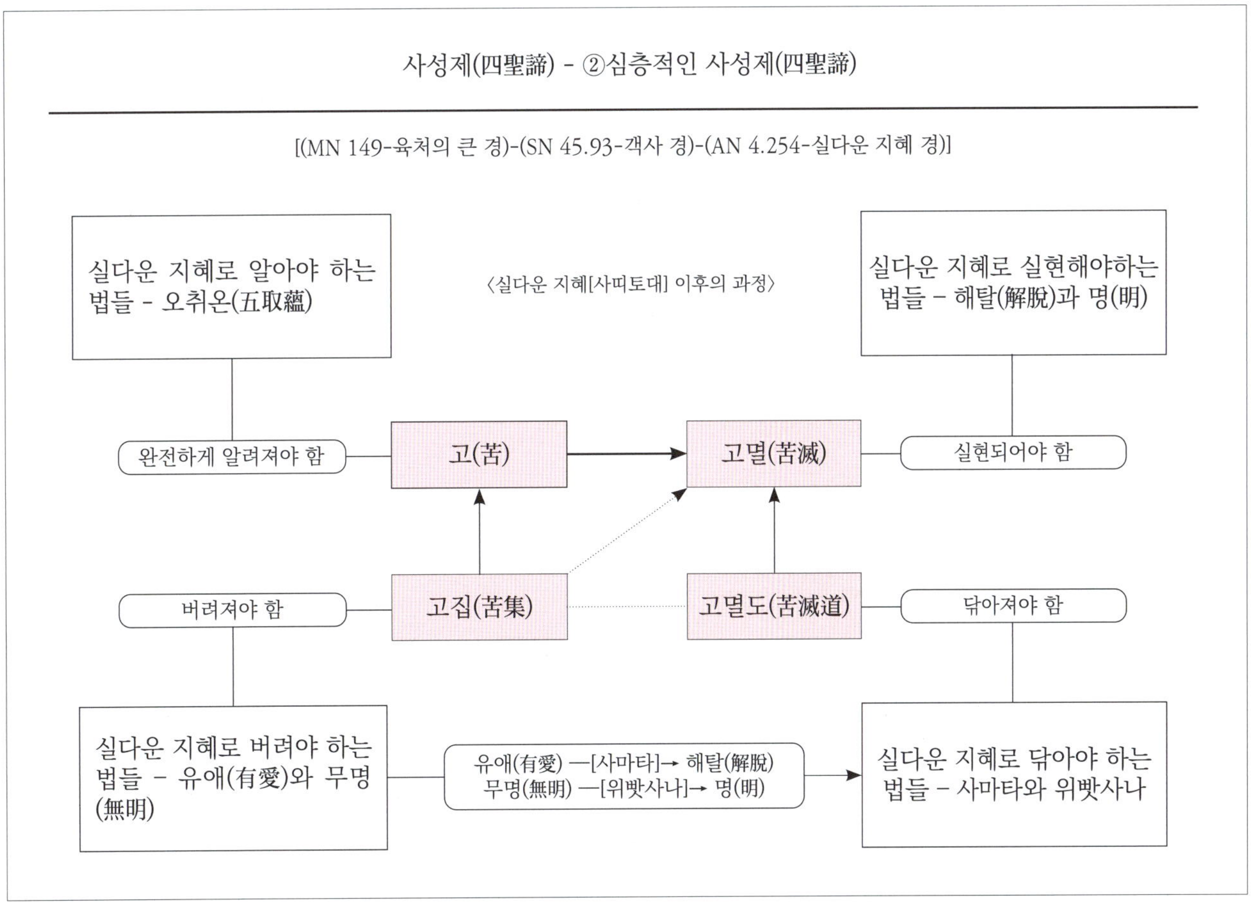
사성제(四聖諦) - ②심층적인 사성제(四聖諦)
[(MN 149-육처의 큰 경)-(SN 45.93-객사 경)-(AN 4.254-실다운 지혜 경)]
실다운 지혜로 알아야 하는 법들 - 오취온(五取蘊)
〈실다운 지혜[사띠토대] 이후의 과정〉
실다운 지혜로 실현해야하는 법들 – 해탈(解脫)과 명(明)
완전하게 알려져야 함
고(苦)
고멸(苦滅)
실현되어야 함
버려져야 함
고집(苦集)
고멸도(苦滅道)
닦아져야 함
실다운 지혜로 버려야 하는 법들 - 유애(有愛)와 무명(無明)
유애(有愛) —[사마타]→ 해탈(解脫)
무명(無明) —[위빳사나]→ 명(明)
실다운 지혜로 닦아야 하는 법들 – 사마타와 위빳사나

• 그림 : 부처님의 깨달음은 어떤 것일까? – 사성제에 포괄되는 깨달음

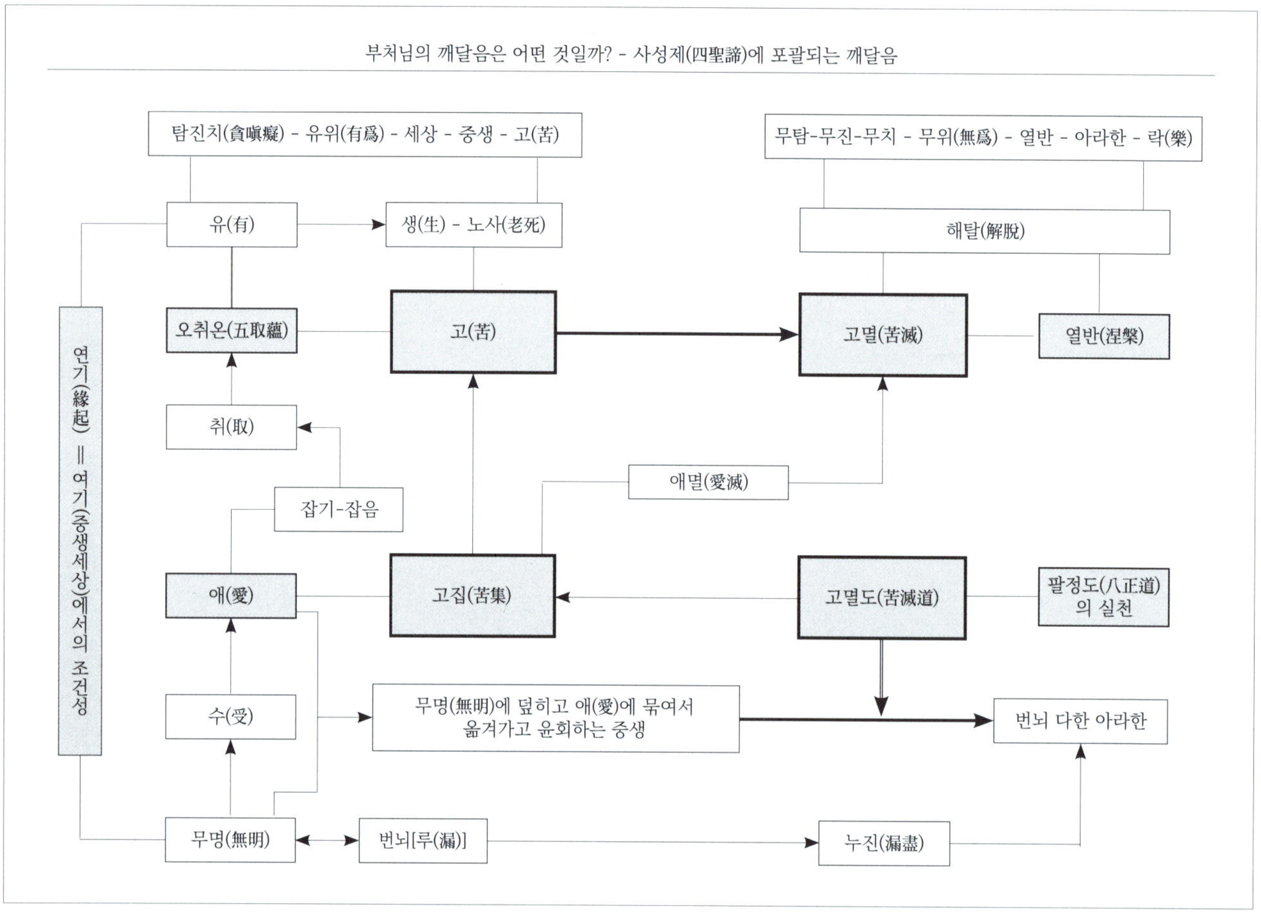

◐ 부처님의 깨달음이 사성제에 포괄되는 것은 「tasmā buddhosmi 그래서 나는 불(佛-buddha-부처)입니다.」의 용례에서도 확인됩니다. – 실답게 알고 닦아서 버림으로써 불(佛)이 됨 ⇒ (647쪽) 참조

「abhiññeyyaṃ abhiññātaṃ, bhāvetabbañca bhāvitaṃ.
pahātabbaṃ pahīnaṃ me, tasmā buddhosmi brāhmaṇa.

나는 실답게 알아야 하는 것을 실답게 알았고, 닦아야 하는 것을 닦았고, 버려야 하는 것을 버렸습니다.
그래서 바라문이여, 나는 불(佛-buddha-부처)입니다.」

• 실답게 알아야 하는 것 — 오취온(五取蘊) → 고(苦)
• 닦아야 하는 것 — 팔정도(八正道) → 고멸도(苦滅道)
• 버려야 하는 것 — 애(愛) → 고집(苦集)
• 불(佛-buddha-부처) — 열반(涅槃)의 실현 → 고멸(苦滅)

; (MN 91-브라흐마유 경)/(MN 92/KN 5.33-셀라 경)

【mahādukkhakkhandhasuttaṃ (MN 13-괴로움 무더기 큰 경) 요약】

1. 외도 유행승들의 질문 – 「도반들이여, 사문 고따마는 소유의 삶(慾)에 대한 완전한 지혜를 선언합니다. 우리도 소유의 삶에 대한 완전한 지혜를 선언합니다. 도반들이여, 사문 고따마는 물질(色)들에 대한 완전한 지혜를 선언합니다. 우리도 물질들에 대한 완전한 지혜를 선언합니다. 사문 고따마는 경험(受)들에 대한 완전한 지혜를 선언합니다. 우리도 경험들에 대한 완전한 지혜를 선언합니다. 도반들이여, 여기 즉 법을 설함과 가르침의 근본에 있어 사문 고따마와 우리 사이에 어떤 차이, 어떤 특별함, 어떤 다름이 있습니까?」

→ 외도 유행승들의 말을 인정하지도 부정하지도 못한 비구들이 '세존의 곁에서 이 말의 의미를 알아봐야겠다.'라면서 돌아와 부처님께 보고함.

※ 완전한 지혜를 선언함(pariññaṃ paññapeti) → 완전히 알다(parijānāti) → 무위(無爲)의 앎(aññā)

2. 부처님의 답변 – 매력(assāda)-위험(ādīnava)-해방(nissaraṇa)을 있는 그대로 분명히 아는 것

	매력	위험	해방
소유의 삶 - 욕(慾)	다섯 가지 소유의 사유에 묶인 것을 연(緣)하여 생기는 즐거움과 만족	• 스스로 보이는 소유의 삶의 위험 • 다음 생에 속하는 소유의 삶의 위험	욕탐(欲貪)의 제어와 버림
물질 - 색(色)	깨끗하고 빛나는 용모를 연(緣)하여 생기는 즐거움과 만족	늙고 병들고 죽어서 이전의 깨끗하고 빛나던 용모가 사라지는 것	
경험 - 수(受)	사선(四禪) → 최상의 거슬림 없음	경험이 무상(無常)하고 고(苦)이고 변하는 것	

「이렇게 말해야 한다. – '도반들이여, 무엇이 소유의 삶의 매력이고, 무엇이 위험이고, 무엇이 해방입니까? 무엇이 물질들의 매력이고, 무엇이 위험이고, 무엇이 해방입니까? 무엇이 경험들의 매력이고, 무엇이 위험이고, 무엇이 해방입니까?' 라고.」

→ 그것은 영역이 아니기 때문에 외도 유행승들은 설명할 수 없고 더 곤란하여 당황할 것

→ 여래거나 여래의 제자거나 여기에서 들은 자만이 이 질문에 대해 바르게 답할 수 있음

; 「매력(assāda)-위험(ādīnava)-해방(nissaraṇa)의 깨달음」 참조(82쪽)

3. 소유의 삶(kāmā)

1) 무엇이 소유의 삶의 매력인가? 다섯 가지 소유의 사유에 묶인 것을 연하여 생기는 즐거움(sukha)과 만족(somanassa) – 이것이 소유의 삶의 매력이다.

• 다섯 가지 소유의 사유에 묶인 것(pañca kāmaguṇā) – 원하고 좋아하고 마음에 들고 사랑스럽고 소유의 사유

를 수반하며 좋아하기 마련인 안(眼)으로 인식되는 색(色)들, … 이(耳)로 인식되는 성(聲)들, … 비(鼻)로 인식되는 향(香)들, … 설(舌)로 인식되는 미(味)들, … 원하고 좋아하고 마음에 들고 사랑스럽고 소유의 사유를 수반하며 좋아하기 마련인 신(身)으로 인식되는 촉(觸)들

2) 무엇이 소유의 삶의 위험인가? – 소유의 사유가 원인이고 소유의 사유가 인연이고 소유의 사유가 이유이고 오직 소유의 삶이 원인인 괴로움 무더기

• 스스로 보이는 소유의 삶의 위험

① 생계의 유지에 수반되는 괴로움
② 노력하고 애쓰고 정진해도 재물을 얻지 못하는 괴로움
③ 얻은 재물의 보호를 위해 겪는 괴로움과 고뇌
④ 소유의 삶을 원인으로 생기는 싸움과 다양한 시도에서 생기는 괴로움
⑤ 이런 시도 때문에 붙잡혀 여러 가지 체벌을 당하는 괴로움

• 다음 생에 속하는 소유의 삶의 위험

⑥ 소유의 삶을 원인으로 몸으로 나쁜 행위를 하고 말로 나쁜 행위를 하고 마음으로 나쁜 행위를 함 → 몸이 무너져 죽은 뒤에 상실과 비탄의 상태, 비참한 존재, 벌 받는 상태, 지옥에 태어남

3) 무엇이 소유의 삶의 해방인가? 소유의 삶에 대한 욕탐(欲貪-chandarāga)의 제어와 욕탐의 버림

; 이렇게 소유의 삶의 매력-위험-해방을 있는 그대로 분명히 알지 못하는 자가 자신이 소유의 사유에 대해 완전히 알거나, 다른 사람에게 그 실천을 진실되게 부추겨 소유의 사유를 완전히 알게 할 것이라는 경우는 없음.

; 이렇게 소유의 삶의 매력-위험-해방을 있는 그대로 분명히 아는 자가 자신이 소유의 사유에 대해 완전히 알거나, 다른 사람에게 그 실천을 진실되게 부추겨 소유의 사유를 완전히 알게 할 것이라는 경우는 있음.

4. 물질(色-rūpa) – 몸

1) 무엇이 물질들의 매력인가? – (젊은 시절에) 깨끗하고 빛나는 용모를 연(緣)하여 생기는 즐거움과 만족

2) 무엇이 물질들의 위험인가? – 늙고 병들고 죽어서 이전의 깨끗하고 빛나던 용모가 사라지는 것

3) 무엇이 물질들의 해방인가? – 물질들에 대한 욕탐의 제어와 욕탐의 버림

; 이렇게 물질의 매력-위험-해방을 있는 그대로 분명히 알지 못하는 자가 자신이 물질에 대해 완전히 알거나, 다른 사람에게 그 실천을 진실되게 부추겨 물질을 완전히 알게 할 것이라는 경우는 없음.

; 이렇게 물질의 매력-위험-해방을 있는 그대로 분명히 아는 자가 자신이 물질에 대해 완전히 알거나, 다른 사람에게 그 실천을 진실되게 부추겨 물질을 완전히 알게 할 것이라는 경우는 있음.

5. 경험(受-vedanā)

1) 무엇이 경험들의 매력인가? – 초선-제2선-제3선-제4선을 성취해서 머묾 → 자신을 해치는 의도도 하지 않고, 남을 해치는 의도도 하지 않고, 둘 모두를 해치는 의도도 하지 않음 → 오직 거슬림 없는 느낌을 경험함 → 「최상의 거슬림 없음 = 경험들의 매력」

; 고(苦-dukkha) → 저항의 상(想)(paṭighasaññā) → 진(嗔-dosa) → 거슬림(byābajjha) → 진에-byāpāda)

2) 무엇이 경험들의 위험인가? – 경험이 무상(無常)하고 고(苦)이고 변하는 것

3) 무엇이 경험들의 해방인가? – 경험들에서 욕탐의 제어와 욕탐의 버림

• 이렇게 경험의 매력-위험-해방을 있는 그대로 분명히 알지 못하는 자가 자신이 경험에 대해 완전히 알거나, 다른 사람에게 그 실천을 진실되게 부추겨 경험을 완전히 알게 할 것이라는 경우는 없음.

• 이렇게 경험의 매력-위험-해방을 있는 그대로 분명히 아는 자가 자신이 경험에 대해 완전히 알거나, 다른 사람에게 그 실천을 진실되게 부추겨 경험을 완전히 알게 할 것이라는 경우는 있음.

(MN 54-뽀딸리야 경)은 성스러운 율에서 모든 것에 걸쳐 완전하게 삶에서 물러나는 법을 설명합니다. 뽀딸리야 장자는 소유에 대한 권한을 포기하는 정도로 삶에서 물러남을 말하지만, 부처님은 존재로부터 벗어나는 것을 삶에서 물러남이라고 설명합니다. 성스러운 율에서의 '삶에서 물러남'으로 이끄는 여덟 가지 법에 이어 모든 것에 걸쳐 완전하게 삶에서 물러나는 법을 설하는데, 일곱 가지 비유를 통해 '소유의 삶은 괴로움과 절망이 많다. 여기서 위험은 반복된다.'라고 소유의 삶의 문제를 지적한 뒤 단일함에 의지한 단일함의 평정을 닦아 삼명(三明)의 과정으로 깨닫는 것입니다. 이만큼이 성스러운 율에서 모든 것에 걸쳐 완전하게 삶에서 물러나는 것입니다.

제2장

딱까(takka-愛의 형성 과정)

◐ 선행 공부 ◑

마음 = 행위적 앎(active knowing)
앎의 자기활동성(agency of knowing)

1. 삶의 과정이 누적된 연기된 식(①체 : 삶의 과정에 대한 앎, ②속성 : 의도-기대)(AN 3.77-존재 경1)/(AN 3.78-존재 경2)이 순환한 내입처와 외입처를 연(緣)하여 1)식(①체 : 삶의 과정에 대한 앎)에 의해 외입처가 분별되고, 2)촉에서 식(②속성 : 의도-기대)에 의해 즐거움과 괴로운 느낌으로 경험됩니다(*). 이렇게 생기는 분별 앎이 식(vi-ñ-ñāṇa → 씨앗 식)인데, 분별해서 아는 작용성을 가집니다. –「'vijānāti vijānātī'ti kho, āvuso, tasmā viññāṇanti vuccati '인식한다(분별해 안다), 인식한다'라고 해서, 도반이여, 식이라고 불립니다.」(MN 43-교리문답의 큰 경)

(*) (SN 12.45-냐띠까 경) – "안과 색들을 연하여 안식이 생긴다. 셋의 만남이 촉이다. 촉을 조건으로 수가, 수를 조건으로 애가 … .(여섯에 반복)

;「식의 머묾 : 머문 식의 이중적 작용」 참조(498쪽)

2. 그런데 식(識-viññāṇa)은 vi-ñ-ñāṇa여서 용어 자체의 의미가 '분별 앎'입니다. 누적된 식(내입처)이 외입처에 대한 분별 앎을 생겨나게 하고(씨앗 식), 여기서 생겨난 씨앗 식(분별 앎)은 수(受)를 헤아리는 과정(saṅkhā)에서 무명(존재 앎)과 탐-진(가치 앎)을 생겨나게 하여 앎(知-ñāṇa)을 완성하는데 심(心-citta)입니다.

식(識-viññāṇa)은 분별 앎이면서 분별하는 작용성을 가지고, 심(心-citta)은 더해진 가치 앎에 의해 (망 → 소망 →) 행위 하는 작용성을 가집니다. 이렇게 지금 삶의 과정을 거치면 식은 (분별 앎-존재 앎-가치 앎 → 행위)에 대한 앎(①체 : 삶의 과정에 대한 앎)으로 머물고 쌓이는데, 행위 과정에 속한 의도와 기대가 (②속성 : 의도-기대)로 함께 머뭅니다. –「머문 식 → 연기된 식」

이때, (②속성 : 의도-기대)은 외입처의 분별에 이어 외입처와 씨앗 식과 함께 만남(觸-삼사화합)에 의해 외입처를 (의도-기대에 대한 부응 정도에 따라) 즐거움과 괴로움의 느낌으로 경험하게 하는데, 수(受)이고, 존재 앎과 가치앎이 생겨나는 과정에서 객관이 됩니다. ⇒ (499쪽) 참조

3. 그래서 마음 즉 식(know)도 심(act)도 행위적 앎(active knowing)입니다. 앎(①체)이면서 동시에 행위(②작용성)하는 이중성을 가집니다. – 앎의 자기활동성(agency of knowing)

⇒ 제3장 딱까가 해석된 불교 Ⅱ.지(知-앎-ñāṇa)와 견(見-봄-dassana)(178쪽)

Ⅰ. 여래가 성취한 법 – atakkāvacara(딱까의 영역을 넘어섬) = 애멸(愛滅)의 삶

[1] 「딱까 – (愛의 형성 과정)」 → 무명(無明)과 애(愛)

여기에서의 조건성(idappaccayatā)인 연기(緣起-paṭiccasamuppāda)는 여기 즉 중생 세상에서 괴로움이 생겨나 자라나는 조건 관계입니다. 그런데 중생을 대표하는 개념은 몸의 구속입니다(*). 몸(色)에 구속된 식(識) 즉 몸과 마음이 함께한 존재 상태(有身-몸 있음)가 중생인데, 무명(無明)의 덮개에 덮이고 애(愛)의 족쇄에 묶였기 때문입니다(무명에 덮이고 애에 묶여서 옮겨가고 윤회하는 중생). 그래서 무명과 애가 있는 한, 몸과 마음이 함께한 삶은 이어지고(몸으로 감), 무명과 애가 해소되면 식은 몸의 구속에서 벗어나게 되는데(몸으로 가지 않음), 해탈(解脫)/열반(涅槃)/불사(不死)의 의미입니다.

(*) (MN 23-개미집 경)은 몸을 개미집에 비유한 뒤 개미집 안 즉 몸 안에서 지혜의 칼로 무명과 애 등 부정적 요소를 해소하고 번뇌 다한 아라한이 되는 과정을 설명합니다. – 무명의 장벽 제거 → 화와 절망을 버림 → 의심을 버림 → 다섯 가지 장애를 버림 → 오취온을 버림 → 다섯 가지 소유의 사유에 묶인 것을 버림 → 소망과 탐을 버림 → 번뇌 다한 비구

그래서 무명과 애의 유무는 그대로 중생인 존재로의 삶의 유무입니다. 애가 있으면 존재(有-bhava)가 되어 불만족한 삶을 살게 되고, 존재에서 벗어남(vibhava)을 통해 애가 없으면 비존재(abhava-존재 상태를 넘어섬-존재의 소멸)가 되어 불만족한 삶에서 벗어납니다.

그런데 무명과 애는 어떤 관계인데 함께해서 삶의 문제의 근원이 됩니까?

(MN 19-두 부분의 생각 떠오름 경)에서 부처님은 제자들을 위해 스승이 해야 할 바를 했다고 말하는데, '나는 평화롭고 안전하고 기쁨을 주는 길(팔정도)을 열었고, 나쁜 길(팔사도)을 막았고, 집에서 기르는 짐승 수컷(소망과 탐 = 애)을 몰아냈고 암컷(무명)을 쫓아냈다.'입니다.

집에서 기르는 짐승에 견주어 무명은 암컷에, 애는 수컷에 비유하는 것입니다. 애가 집(오취온-존재)을 지키기 위해 세상을 향해 짖고 맹렬히 물어뜯는 수컷의 역할을 한다면, 무명은 수컷을 낳고 보듬어 집을 유지하는 암컷의 역할을 한다는 것입니다. 그래서 집을 허물기 위해서는 짖고 맹렬히 물어뜯는 수컷을 몰아내야 할 뿐만 아니라, 지속적으로 수컷을 낳고 보듬는 암컷도 소굴에서 쫓아내야 한다는 것입니다.

또한, (MN 105-수낙캇따 경)은 '애(愛)는 화살이고, 무명(無明)은 독(毒)을 가진 결점이다. 욕탐(欲貪)과 진에를 수단으로 괴롭힌다.'라고 하는데, 애는 화살이고, 무명은 독을 가진 결점이라는 관계를 설명합니다. 독화살을 맞았을 때, 직접 타격하는 (독이 발라진) 화살은 애이고, 거기에 발라진 독은 무명이라는 관계를 알려줍니다. 그래서 무명과 애 가운데 직접적 타격을 가하는 문제 요소는 애라는 것을 알 수 있는데, 집을 지키는 수컷의 용맹함이라고 하겠습니다.

연기가 '무명 → 행들 ~ 수 → 애 ~ 생 → 노사'의 연기된 법 12개로 설해지지만(십이연기), 때로 무명과 행들이 배제된 '식-명색 ~ 수 → 애 ~ 생 → 노사'의 10개로 설해지기도 하는 것(십지연기)은 ①수컷이 직접 세상으로부터 집을 지켜내는 삶과 소굴 속에 자리하여 그 수컷을 낳고 보듬는 암컷의 역할까지도 포함한 삶 또는 ②화살인 애에 직접 꿰뚫린 삶과 꿰뚫은 화살에 독이 발라지는 결점의 과정까지도 포함한 삶에 대한 설명의 차이라고 할 수 있습니다.

그래서 직접적으로는 애가 있으면 존재가 되고, 존재에서 벗어남을 통해 애가 없으면 비존재(존재 상태를 넘어섬-존재의 소멸)가 되는 것인데, 사성제에서 고집성제가 ①포괄적인 사성제에서 무명이 아니라 애인 이유이고, ②심층적인 사성제에서 유애와 무명인 이유입니다.

이런 이해를 통해 '무명 → 행들'은 암컷(무명)이 수컷(애)을 낳는 과정, (독이 발라진 화살인) 애가 생겨나는 과정이고, '식-명색 ~ 수 → 애 ~ 생 → 노사'는 수컷(애)이 세상을 향해 맹렬히 짖고, 생겨난 (독이 발라진 화살인) 애에 의해 꿰뚫려 괴로움이 생겨나 자라나는 삶의 과정인 것을 알 수 있습니다.

이렇게 삶은 애가 생겨나는 과정과 생겨난 애에 의한 고집(苦集-괴로움의 자라남)의 과정(*)으로 구성됩니다. 이때, 생겨난 애에 의한 고집의 과정은 몸의 구속에 따라 마음이 몸과 함께 작용(인식과 행위)하는 과정입니다. 그러나 애가 생겨나는 과정은 (마음이 몸을 떠날 수는 없지만 작용의 측면에서) 몸의 참여 없이 마음 혼자 작용(인식과 행위)하는 내면의 영역인 것을 알 수 있습니다. 그리고 부처님의 깨달음에 의해 밝혀진 이 내면의 영역은 takka(딱까)라고 불립니다. 그래서 마음 혼자 인식하고 행위하는 내면의 영역인 딱까는 애의 형성 과정입니다. –「딱까(애의 형성 과정)」

(*) 생겨난 애에 의한 고집(苦集-괴로움의 자라남)의 과정 – 사식(四食-cattāro āhārā)

활성 존재인 중생을 유지하고 존재를 추구하는 자를 도와주는 것인 네 가지 자량이 있는데, 사식(四食)이라고 한역된 교리입니다. 그런데 네 가지 자량의 인연-자라남-생김-기원은 애(愛)라고 정의됩니다. 그래서 자량은 애가 전제된 중생의 삶에 적용되는 개념입니다. 해탈-열반으로 나아가는 자량이 아니라 무명에 덮이고 애에 묶여서 옮겨가고 윤회하는 중생으로의 삶을 벗어나지 못하게 붙잡는, 해탈-열반의 반대 방향으로 이끄는 동력이라는 의미입니다.

"cattārome, bhikkhave, āhārā bhūtānaṃ vā sattānaṃ ṭhitiyā sambhavesīnaṃ vā anuggahāya. katame cattāro? kabaḷīkāro āhāro – oḷāriko vā sukhumo vā, phasso dutiyo, manosañcetanā tatiyā, viññāṇaṃ catutthaṃ. ime kho, bhikkhave, cattāro āhārā bhūtānaṃ vā sattānaṃ ṭhitiyā sambhavesīnaṃ vā anuggahāya".

비구들이여, 활성 존재인 중생을 유지하고 존재를 추구하는 자를 도와주는 네 가지 자량이 있다. 무엇이 넷인가? 거칠거나 미세한 덩어리진 자량[=단식(段食)], 촉(觸)이 두 번째이고[=촉식(觸食)], 의사(意思)가 세 번째이고[=의사식(意思食)], 식(識)이 네 번째이다[=식식(識食)].

이때, 활성 존재인 중생과 존재를 추구하는 자는 개별의 두 존재를 의미하지 않습니다. 1차 인식에 참여하는 공동주관으로의 육내입처와 욕탐(欲貪)/무명(無明)의 요소/지금 삶의 행위자인 심(心)을 의미하는데, 네 가지 자량에 대한 기본적 시각입니다.

; 주제의 확장 – (12)「사식(四食-cattāro āhārā)」 참조 ⇒ nikaya.kr에서 '주제 사식'(제목)으로 검색

[2] 2차 인식 → 탐(rāga)과 소망(nandi) 또는 심(心-citta)과 애(愛-taṇhā)

연기에서 애는 수를 조건으로 생깁니다.

(MN 148-육육(六六) 경)은 내입처와 외입처를 연(緣)하여 식이 생기는데, 셋의 만남이 촉이며, 촉을 조건으로 수가 있고, 수를 조건으로 애가 있다고 합니다.

내입처가 외입처를 인식하여 알고 경험하는 것이 식과 수입니다. 이때, 식은 「인식한다(분별해 안다)('vijānāti vijānātī' ti)고 해서 식(viññāṇa)」인데, 락(樂)-고(苦)-불고불락(不苦不樂)의 느낌을 인식합니다.(MN 43-교리문답의 큰 경)

그러면 내입처(주관)와 외입처(객관)를 조건으로 생기는 식(씨앗 식)이 다시 수를 인식하는데, 이런 수를 조건으로 애가 있다는 설명입니다. 이때, 식은 내입처와 외입처를 연하여 생기고, 수는 내입처-외입처-식 셋의 만남(삼사화합)인 촉을 조건으로 생깁니다. 그래서 수를 조건으로 애가 있다는 것은 이렇게 생긴 식(주관)이 이렇게 생긴 수(객관)를 인식하는 과정에서 애가 생긴다는 것입니다.

그런데 내입처가 외입처를 인식하는 작용은 이렇게 직접적으로는 식을 생기게 하고, 한 단계 연장되어 수를 생기게 합니다. 그렇다면 식(주관)이 수(객관)를 인식하는 작용에서도 이렇게 직접적으로 생겨나는 것과 한 단계 연장되어 생겨나는 것을 생각할 수 있습니다. 그렇다면 애는 직접적인 것입니까? 아니면 한 단계 연장된 것입니까?

1. 인식의 특징 두 가지 → 제6부 제1장 제2절 Ⅰ.삶에 대한 여러 시각 8.인식의 메커니즘(489쪽) 참조

인식에는 두 가지 특징이 있습니다. 한 가지는 인식이 두 단계로 진행된다는 것이고, 다른 한 가지는 하나의 객관을 인식하기 위해 두 개의 주관이 참여한다는 것입니다.

두 단계 진행은 ①내입처(주관)가 외입처(객관)를 인식하여 알고(식) 경험하는(수) 과정과 ②식(주관)이 수(객관)를 인식하는 과정인데, 편의상 1차 인식과 2차 인식이라고 이름 붙였습니다.

하나의 객관에 두 개의 주관이라는 것은 삶의 골격을 구성하는 주관-객관에 인식의 질을 결정하는 공동주관의 참여를 의미합니다. 1차 인식에서는 내입처가 외입처를 인식하여 직접적으로는 식을 생기게 하고, 한 단계 연장되어 수를 생기게 하는 과정으로 삶의 골격을 갖추는데, 여기에 욕탐(欲貪-chandarāga)이 공동주관으로 참여하여 인식의 질을 결정합니다. 2차 인식에서도 식이 수를 인식하는 골격에서 생기는 무언가에 대해 공동주관의 참여를 통한 질의 결정을 생각할 수 있는데, 상(想)입니다.

(MN 43-교리문답의 큰 경)은 '함께 안다(sañjānāti)고 해서 상(想-saññā)'이라고 말하는데, "도반이여, 수(受)와 상(想)과 식(識) – 이 법들은 연결된 것이고, 분리된 것이 아닙니다. 이 법들을 구별하고 구별하여 차이점을 선언하는 것은 가능하지 않습니다. 참으로 도반이여, 경험한 것을 함께 알고, 함께 안 것을 분별해 압니다. 그래서 이 법들은 연결된 것이고, 분리된 것이 아닙니다. 이 법들을 구별하고 구별하여 차이점을 선언하는 것은 가능하지 않습니다."라고 해서 식과 수에 의한 인식의 골격에 참여하는 공동주관(함께 아는 것)이 상이라는 것을 확인해 줍니다.

2. 잠재된 것인 상(想)에서 생기는 심(心) → 「심행(心行) = 상(想)-수(受)」

이렇게 식이 상과 함께 수를 인식하는 과정이 2차 인식입니다. 그런데 연기는 '무명을 조건으로 행들이 생긴다.'라고 하는데, 행들은 신행(身行)-구행(口行)-심행(心行)입니다(SN 12.2-분석 경). 이때, (MN 44-교리문답의 작은 경)에 의하면, 신행은 들숨-날숨이고, 구행은 위딱까-위짜라이며, 심행은 상(想)-수(受)입니다.

• 「심행(心行) = 상(想)-수(受)」 – 상과 수가 심을 형성하는 작용!(들어가는 글 II. [2] 전통과 진정의 분기점) 참조(49쪽)

식이 상과 함께 수를 인식하는 과정이 2차 인식인데, 상과 수가 심을 형성하는 작용이라는 것은 식이 상-수의 과정을 통해 심을 형성 즉 인식하는 자인 식이 행위 하는 자인 심이 된다는 의미입니다. 그래서 2차 인식에서 생겨나는 것은 수(受)를 조건으로 하는 애(愛) 외에 심(心)도 있습니다.

그렇다면 2차 인식에서는 식이 수를 인식하여 직접적으로 생기게 하는 것과 한 단계 연장되어 생겨나는 것으로 삶의 골격을 갖추는데, 여기에 상(想)이 공동주관으로 참여하여 인식의 질을 결정합니다.

이때, 2차 인식에서 생기는 심(心)과 애(愛)는 어떤 것이 직접적인 것이고, 어떤 것이 한 단계 연장된 것입니까?

수는 외입처에 대한 즐거운 느낌(樂)-괴로운 느낌(苦)-괴롭지도 즐겁지도 않은 느낌(不苦不樂)의 경험입니다.

상(想)은 행위가 애(愛)로부터 벗어나지 못했을 때 잠재하는 (행위의 재현을 위한) 경향입니다. – '소유의 삶에서 벗어나 머무는, 불확실함이 없고 후회를 잘랐고 존재와 비존재에 대한 애(愛)에서 벗어난 바라문에게 상(想)들은 잠재하지 않습니다.'(MN 18-꿀 과자 경)

다양한 상이 있지만, (AN 4.49-전도 경)은 상(常)-락(樂)-아(我)-정(淨)의 전도된 상(想)과 무상(無常)-고(苦)-무아(無我)-부정(不淨)의 전도되지 않은 상을 소개하는데, 심(心)과 견해로 전개됩니다.

cattārome, bhikkhave, saññāvipallāsā cittavipallāsā diṭṭhivipallāsā. katame cattāro?

"비구들이여, 이런 네 가지 상(想)의 전도(轉倒), 심(心)의 전도, 견해의 전도가 있다. 어떤 네 가지인가?

anicce, bhikkhave, niccanti saññāvipallāso cittavipallāso diṭṭhivipallāso; dukkhe, bhikkhave, sukhanti saññāvipallāso cittavipallāso diṭṭhivipallāso; anattani, bhikkhave, attāti saññāvipallāso cittavipallāso diṭṭhivipallāso; asubhe, bhikkhave, subhanti saññāvipallāso cittavipallāso diṭṭhivipallāso.

비구들이여, 무상(無常)에 대해 상(常)이라는 상의 전도, 심의 전도, 견해의 전도가 있다. 비구들이여, 고(苦)에 대해 락(樂)이라는 상의 전도, 심의 전도, 견해의 전도가 있다. 비구들이여, 무아(無我)에 대해 아(我)라는 상의 전도, 심의 전도, 견해의 전도가 있다. 비구들이여, 부정(不淨)에 대해 정(淨)이라는 상의 전도, 심의 전도, 견해의 전도가 있다.

ime kho, bhikkhave, cattāro saññāvipallāsā cittavipallāsā diṭṭhivipallāsā.

비구들이여, 이런 네 가지 상의 전도, 심의 전도, 견해의 전도가 있다."

cattārome, bhikkhave, nasaññāvipallāsā nacittavipallāsā nadiṭṭhivipallāsā. katame cattāro?

비구들이여, 이런 네 가지 상의 전도되지 않음, 심의 전도되지 않음, 견해의 전도되지 않음이 있다. 어떤 네 가지인가?

anicce, bhikkhave, aniccanti nasaññāvipallāso nacittavipallāso nadiṭṭhivipallāso; dukkhe, bhikkhave, dukkhanti nasaññāvipallāso nacittavipallāso nadiṭṭhivipallāso; anattani, bhikkhave, anattāti nasaññāvipallāso nacittavipallāso nadiṭṭhivipallāso; asubhe, bhikkhave, asubhanti nasaññāvipallāso nacittavipallāso nadiṭṭhivipallāso.

비구들이여, 무상에 대해 무상이라는 상의 전도되지 않음, 심의 전도되지 않음, 견해의 전도되지 않음이 있다. 비구들이여, 고에 대해서 고라는 상의 전도되지 않음, 심의 전도되지 않음, 견해의 전도되지 않음이 있다. 비구들이여, 무아에 대해서 무아라는 상의 전도되지 않음, 심의 전도되지 않음, 견해의 전도되지 않음이 있다. 비구들이여, 부정에 대해서 부정이라는 상의 전도되지 않음, 심의 전도되지 않음, 견해의 전도되지 않음이 있다.

여기서 상-락-아의 상과 무상-고-무아의 상은 존재성의 측면에서 전도 여부이고, 정상과 부정상은 존재화 이후, 현상의 측면에서의 전도 여부입니다. 현상의 측면은 중생들의 존재 현상 즉 욕(慾)-색(色)-무색(無色)에 따라 욕상(慾想)-색상(色想)-무색상(無色想)으로 구분됩니다.

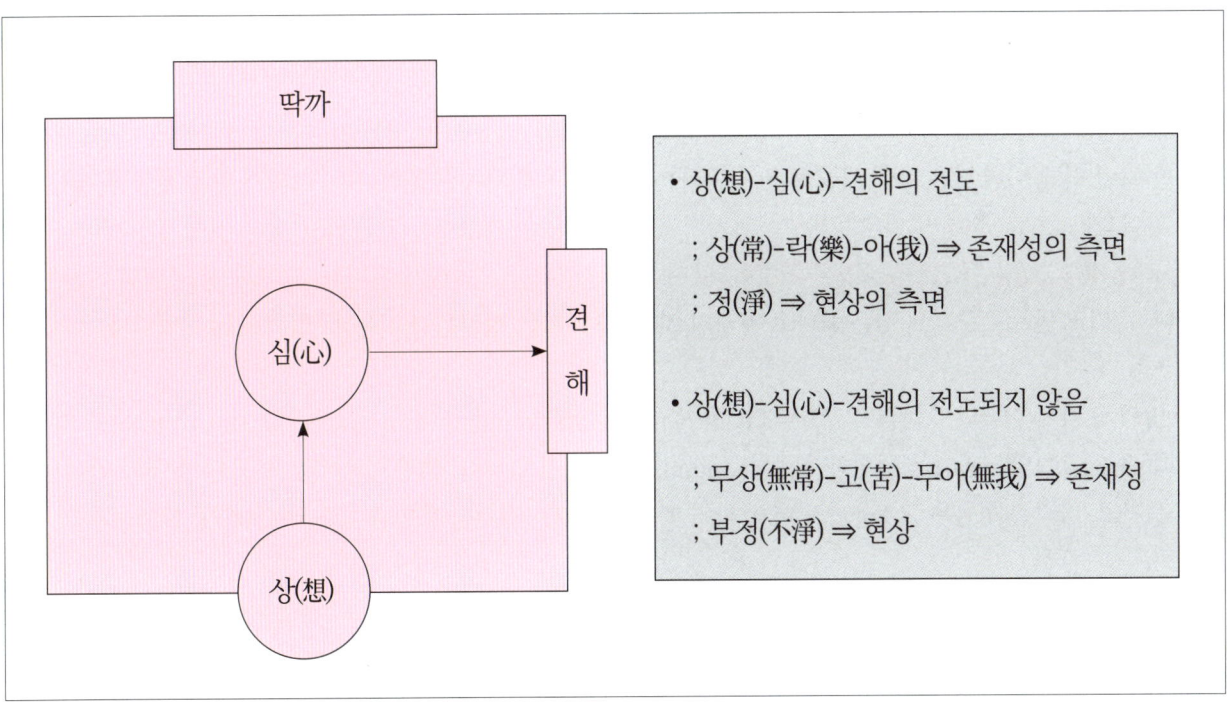

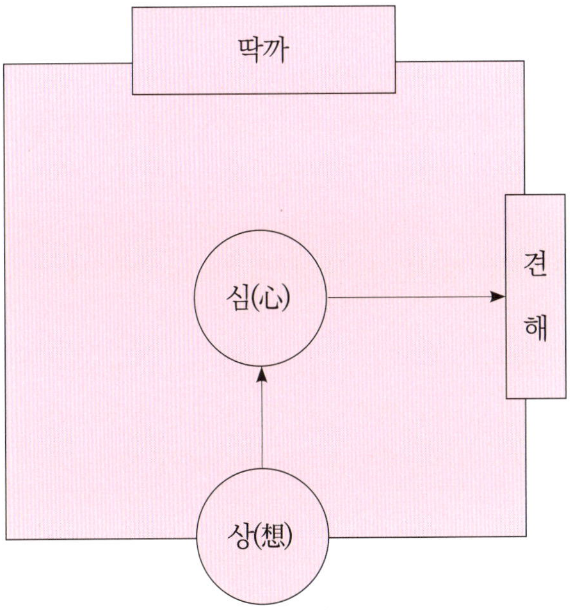

- 상(想)-심(心)-견해의 전도
  ; 상(常)-락(樂)-아(我) ⇒ 존재성의 측면
  ; 정(淨) ⇒ 현상의 측면
- 상(想)-심(心)-견해의 전도되지 않음
  ; 무상(無常)-고(苦)-무아(無我) ⇒ 존재성
  ; 부정(不淨) ⇒ 현상

식은 이런 상의 참여 가운데 수를 인식합니다.

- 즐거운 느낌(樂) – ①존재성의 측면 : 상-락-아의 상(想) → 즐거운 느낌은 항상 하고 만족하며 본질이라는 왜곡된 앎 = 무명(無明-존재 앎) ⇒ ②현상의 측면 : 정상(淨想) → 항상 한 즐거운 느낌은 좋은 것이라는 왜곡된 앎 = 탐(貪-가치 앎) – 욕탐(慾貪)-색탐(色貪)-무색탐(無色貪)

- 괴로운 느낌(苦) – ①존재성의 측면 : 상-락-아의 상 → 괴로운 느낌은 항상 하고 만족하며 본질이라는 왜곡된 앎 = 무명(존재 앎) ⇒ ②현상의 측면 : 저항의 상 → 항상 한 괴로운 느낌은 나쁜/싫은 것이라는 왜곡된 앎 = 진

(瞋-가치 앎)

그런데 식(vi-ñ-ñāṇa)은 외입처에 대한 앎(분별 앎)입니다. 그리고 2차 인식의 과정에서 느낌(受)에 대한 앎(無明-존재 앎 → 貪-가치 앎)으로 커지는데, 이렇게 '식이 커진 것이 심'이라는 설명이 「심행(心行) = 상(想)-수(受)」의 의미입니다.

그래서 심은 식이 존재가 되고, 탐으로 커진 마음입니다. 즉 외입처에 대한 분별 앎(識)과 수에 대한 가치 앎(貪)이 함께한 앎(知-ñāṇa)이 존재의 심인데, (DN 9.3-뽓타빠다 경, 상(想)은 원인과 함께 생기고 소멸함)은 「'saññā kho, poṭṭhapāda, paṭhamaṃ uppajjati, pacchā ñāṇaṃ, saññuppādā ca pana ñāṇuppādo hoti. so evaṃ pajānāti – 'idappaccayā kira me ñāṇaṃ udapādī'ti 상(想)이 먼저 일어나고 나중에 앎이 생긴다. 또한, 상이 일어날 때 앎이 생긴다. 그는 참으로 이것을 조건으로 나에게 앎이 생긴다.'라고 꿰뚫어 안다.」라고 하여 수에 대한 상의 참여를 조건으로 앎이 생겨나 심이 형성되는 현상을 확인해 줍니다.

(AN 4.49-전도 경)이 말하는 전도와 전도 되지 않음의 상-심-견해에서, 심은 이렇게 상의 참여에 의한 2차 인식에서 직접적으로 생기는 것(존재의 마음)입니다.

3. 애(愛) – 「다시 존재가 되고(ponobbhavikā-존재화) 소망과 탐이 함께하며(nandirāgasahagatā) 여기저기서 기뻐하는(tatratatrābhinandinī) 애가 괴로움의 자라남의 성스러운 진리인데, 소유의 애, 존재의 애, 존재에서 벗어남의 애[욕애(慾愛-kāmataṇhā)-유애(有愛-bhavataṇhā)-무유애(無有愛-vibhavataṇhā)]가 있다.」

이렇게 심은 「심(心-citta-앎) = 식(識-viññāṇa-분별 앎)+탐(貪-rāga-가치 앎)」입니다. 그런데 외입처 즉 대상을 분별한 앎인 식에 비해 탐은 수에 대해 좋은 것이라는 가치 측면의 왜곡된 앎입니다. 그래서 심은 분별 된 앎(識)에 좋고 싫은 가치(貪)가 더해진 앎(知)입니다. 가치가 더해지면 좋은 것으로는 접근하고 싫은 것에서는 벗어나려는(좋은 것은 붙잡고/친밀하고, 싫은것은 저항하는/거부하는) 행위를 유발하게 됩니다. 그래서 심은 행위 하는 마음입니다. 그리고 탐으로 구성된 심은 좋다고 알려진 것(樂)을 바라는 성질을 가지는데 망(望-lobha)입니다.

심은 망의 성질에 이끌려 '기뻐하고 드러내고 묶여 머무는(abhinandati abhivadati ajjhosāya tiṭṭhati)' 행위를 하는데(sārāga 친밀/sārajjati 친밀하다), 소망(nandi)을 생기게 합니다. 좋은 것이라는 왜곡된 앎에서 바라는 성질이 생기고, 바라는 성질은 그것을 소망하게 하여 행위를 이끄는 전개를 보여줍니다. ⇒ (506쪽) 참조

이렇게 심은 「탐 → 망 → 소망」의 전개를 보이는데, 탐은 심을 구성하고, 망은 심의 성질이어서 행위의 뿌리가 되고(MN 9-정견 경), 소망은 심의 몸과 함께하는 행위를 이끕니다(SN 1.64-족쇄 경)/(SN 1.65-속박 경).

그런데 (SN 56.11-전법륜 경) 등은 소망과 탐이 함께한 것을 애(愛)라고 알려줍니다. 식을 2단계로 확장하는 탐과 소망을 하나의 개념으로 묶은 것입니다. 심의 입장에서는 안으로 자기를 구성하는 요소와 밖으로 행위를 이끄는 요소인데, 안과 밖을 구성하는 두 가지를 묶어 애라는 하나의 개념으로 나타내는 것입니다. 그만큼 애는 심과 직접 연결된 채 고(苦)를 이끌기 때문에 고집성제(苦集聖諦)입니다. ⇒ 「들어가는 글 66쪽 참조」

; 심해탈(心解脫) – 심이 애에서 벗어나는 것

이렇게 애는 상의 참여에 의한 2차 인식에서 한 단계 연장되어 생기는 것입니다.

; 2차 인식에서 생기는 것 – 「식-수-상 → ①(탐→심) → ②(소망→애)」 ⇒ '탐→소망' 또는 '심→애'

사실 이 과정은 「2차 인식에서 직접적으로 생기는 것은 탐이고, 한 단계 연장되어 생기는 것은 소망」이라고 말해야 합니다. 다만, 탐이 생기면 (식+탐)인 심이 되고, 소망이 생기면 (탐+소망)인 애가 되므로 「2차 인식에서 직접적으로 생기는 것은 심이고, 한 단계 연장되어 생기는 것은 애」라고 말해도 된다고 이해해야 합니다.

※ (SN 12.32-깔라라 경)은 「애(愛)는 수(受)가 인연이고, 수에서 자라나고, 수에서 생기고, 수가 근원입니다. → 그대가 어떻게 알고 어떻게 볼 때 수들에 대해 소망이 생기지 않습니까? → 락-고-불고불락의 세 가지 경험은 무상(無常)합니다. '무상한 것은 고다.'라고 알면 수들에 대해 소망이 생기지 않습니다. ⇒ 경험된 것은 무엇이든지 고의 영역에 있다.」라고 설명하는데, 무상-고의 전도되지 않은 과정에서 소망이 생겨나지 않아 애가 형성되지 않는 애멸의 과정입니다. 이렇게 수에서 애가 생기는 조건 관계 안에 애를 구성하는 소망이 생기는 과정이 포함되는 것을 확인할 수 있는데, '딱까'입니다.

4. 1차 인식과 2차 인식의 영역 → 「딱까(애의 형성 과정)」 ⇒ 「인식론적 인격론으로의 불교」의 성립

이런 서술을 정리하면, 1차 인식은 내입처-욕탐-외입처의 인식에서 식을 거쳐 수를 형성하는 과정이고, 2차 인식은 식-상-수의 인식에서 (탐→) 심을 거쳐 (소망→) 애를 형성하는 과정입니다. 그런데 식과 심은 마음이고, 수와 애는 질적 요소입니다. 그래서 인식은 삶의 주관인 마음과 삶의 질적 요소를 각각 생겨나게 한다는 것을 알 수 있는데, 마음은 앎이어서 인식이고, 질적 요소는 인격이라고 보면, 「인식론적 인격론으로의 불교」가 성립됩니다.

	주관		객관	결과	
	주관	공동주관		직접적으로 생기는 것 (마음)	한 단계 연장되어 생기는 것 (질적 요소)
1차 인식	내입처(內入處)	욕탐(欲貪)	외입처(外入處)	식(識)	수(受)
2차 인식	식(識)	상(想)	수(受)	(탐→) 심(心)	(소망→) 애(愛)

※ 이런 이해에 의하면, 인식은 세 가지 관점에서 이해해야 하는데, 인식이 ①2단계로 진행되어 ②단계별로 두 개의 결과(마음과 질적 요소)를 생겨나게 하는 것, 그리고 ③두 개의 주관이 하나의 객관을 인식한다는 것입니다. 이후의 서술에서는 이렇게 세 개의 관점으로 서술하였습니다.

그리고 2차 인식이 진행되는 영역을 딱까(takka)라고 부르는데, 애의 형성 과정입니다. – 「딱까(애의 형성 과정)」

한편, 탐과 소망으로 구성된 애는 붙잡는 성질을 가지는데, 잡기/잡음(ālaya 아-ㄹ라야)입니다. 그리고 이런 성질 때문에 여기저기서 기뻐합니다(tatratatrābhinandinī). 그래서 이어지는 몸과 말과 마음(意)은 구체적으로 붙잡는 행위를 하게 되는데, 취(取-upādāna-집착)입니다.

; 심(心)의 전개 – 「탐(貪) → 망(望) → 소망 → 애(잡기/잡음) → 취(집착)」

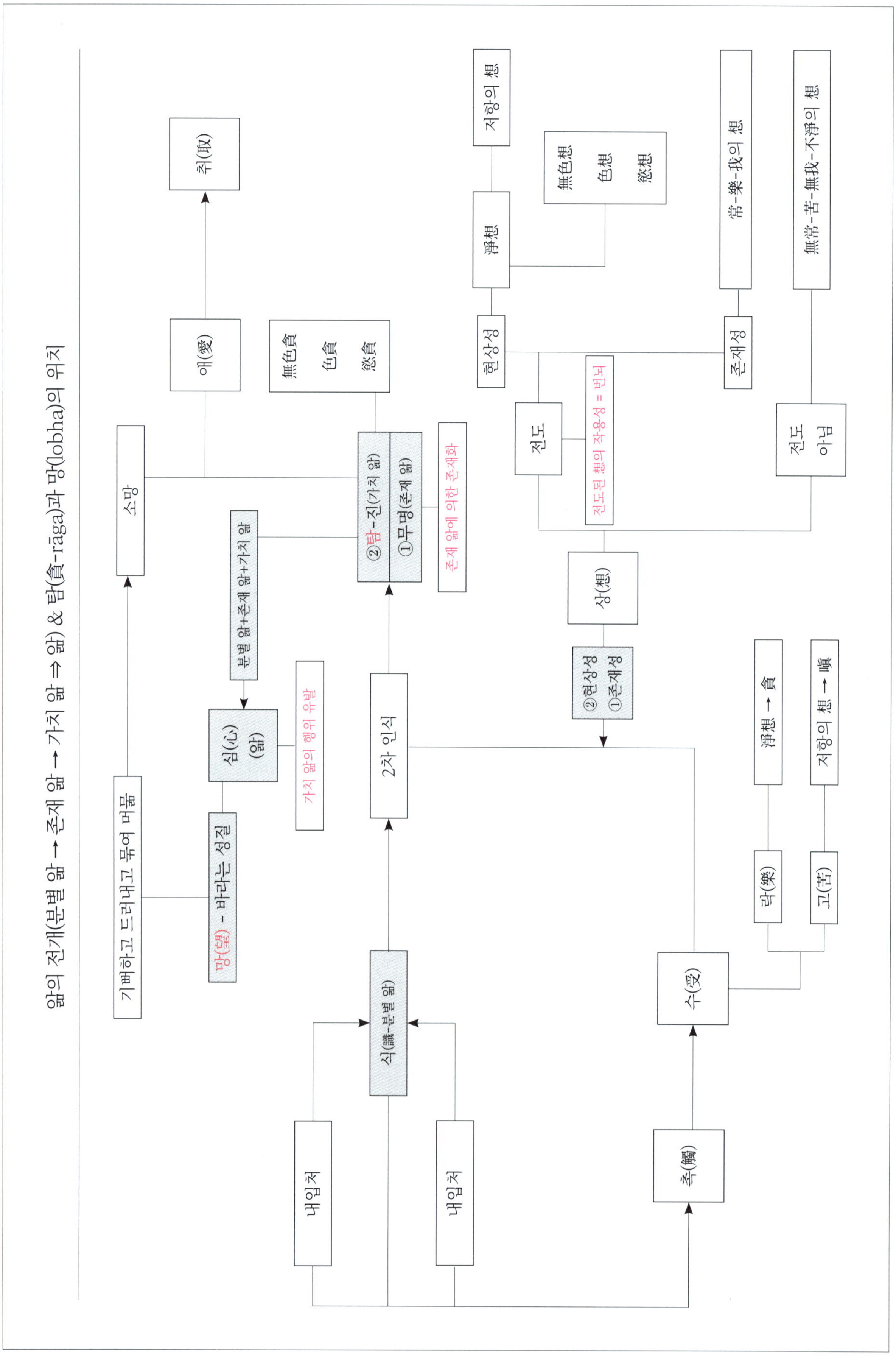
앎의 전개(분별 앎 → 존재 앎 → 가치 앎 ⇒ 앎) & 탐(貪-rāga)과 망(lobha)의 위치
기뻐하고 드러내고 묶여 머묾
소망
취(取)
애(愛)
망(望) - 바라는 성질
심(心) (앎)
가치 앎의 행위 유발
분별 앎+존재 앎+가치 앎
②탐-진(가치 앎)
①무명(존재 앎)
존재 앎에 의한 존재화
無色貪
色貪
慾貪
2차 인식
식(識-분별 앎)
내입처
내입처
촉(觸)
수(受)
락(樂)
고(苦)
淨想 → 貪
저항의 想 → 瞋
②현상성
①존재성
상(想)
전도
전도된 想의 작용성 = 번뇌
전도 아님
현상성
존재성
淨想
저항의 想
無色想
色想
慾想
常-樂-我의 想
無常-苦-無我-不淨의 想

[3] 몸과 함께하는 영역과 몸과 함께하지 않는 영역

그러면 1차 인식과 2차 인식은 어떤 차이가 있습니까? 이렇게 애는 십지연기에서 수를 조건으로 생기는 측면과 십이연기에서 무명-행을 조건으로 생기는 측면의 두 가지 관점이 있습니다. 이때, 수는 딱까의 입력(input)이고 애는 출력(output)입니다. 그리고 입력과 출력의 중간 즉 딱까의 영역 안에 무명과 행이 있습니다.

이때, (SN 12.2-분석 경) 등에 의하면, 수는 안촉생수(眼觸生受-안촉에서 생긴 느낌) ~ 의촉생수(意觸生受-의촉에서 생긴 느낌)이고, 애는 색애(色愛-형색에 대한 갈애) ~ 법애(法愛-법에 대한 갈애)입니다. 또한, 수와 함께 2차 인식의 주관과 공동주관인 식과 상도 안식(眼識) ~ 의식(意識)과 색상(色想) ~ 법상(法想)입니다. 그래서 삶의 골격의 전개에서 딱까의 입력으로의 경계인 식-수-상 그리고 출력으로의 경계인 애는 모두 마음이 몸과 함께 인식하고 행위하는 영역에 속합니다.

; 식-수-상은 생겨남의 측면, 애는 작용의 측면에서 몸과 함께하는 영역에 속함

또한, (MN 43-교리문답의 큰 경)에 의하면, 수는 락-고-불고불락이고, (AN 4.49-전도 경)에 의하면, 상은 상-락-아-정 또는 무상-고-무아-부정이며, (SN 56.11-전법륜 경)에 의하면, 애는 욕애-유애-무유애입니다. 삶의 골격의 측면과 다른 질적 측면의 구성도 함께 설명하는 것입니다.

그렇다면 삶의 골격으로는 (식과 상에 의한) 수를 조건으로 애가 생기는 과정에 대한 질적 서술의 필요성을 보게 되는데, 이 질적 서술의 영역이 딱까입니다(*). 이때, 중간의 구성을 포함한 딱까의 영역은 「식-상-수 → [무명(無明) → 탐(貪)-진(嗔) → 심(心) → 망(望) → 친밀(기뻐하고 드러내고 묶여 머묾) → 소망] → 애」가 됩니다.

(*) 부처님이 설명하는 삶의 이야기는 이렇게 두 갈래로 제시됩니다. 인식의 주관도 골격과 질의 두 가지가 함께 해서 식도 심도 만들고, 애도 골격과 질의 두 갈래 조건 관계가 모여서 만들어집니다. 또한, 수행도 올라가는 수행과 벗어나는 수행의 두 가지 방향이 함께해서 깨달음을 이끕니다.

그런데 중간의 구성인 [무명(無明) → 탐(貪)-진(嗔) → 심(心) → 망(望) → 친밀(기뻐하고 드러내고 묶여 머묾) → 소망]은 내입처와 외입처에 연결된 몸과 함께한 용례가 나타나지 않습니다. 몸과 함께 작용하지 않는 영역이기 때문입니다.

; 식-수-상은 작용의 측면, 애는 생겨남의 측면에서 몸과 함께하지 않는 영역에 속함
; 이렇게 딱까의 경계를 구성하는 식-수-상-애는 한 측면은 몸과 함께하는 영역에 걸치고, 한 측면은 몸과 함께하지 않는 영역에 걸침

그래서 삶은 ①몸과 함께하는 딱까 밖의 영역과 ②(중생인 한 마음이 몸을 떠날 수는 없지만 작용의 측면에서) 몸과 함께하지 않는(몸의 참여가 없는) 딱까 안의 영역으로 구성되고, ②의 영역이 [무명(無明) → 탐(貪)-진(嗔) → 심(心) → 망(望) → 친밀(기뻐하고 드러내고 묶여 머묾) → 소망]이라는 것을 알 수 있습니다.

1차 인식과 2차 인식은 이렇게 몸과 함께하는 영역에서 1차 인식의 경계에 이르고, 몸과 함께하는 경계(딱까의 입력-출력)의 안에서 몸과 함께하지 않는 영역에서 2차 인식은 진행됩니다. 1차 인식과 2차 인식은 이런 차이가 있습니다.

[4] 상(想)-심(心)-견해

한편, (AN 4.49-전도 경)은 전도와 전도되지 않은 것을 상(想)과 심(心)과 견해의 3단계로 설명합니다.

애(愛)는 ①다시 존재가 되고(ponobbhavikā), ②소망과 탐이 함께 하고(nandirāga-sahagatā), ③여기저기서 기뻐하는 것이라고 정의됩니다. 이때, ②와 ③은 소망과 탐이 함께함의 작용으로 여기저기서 기뻐한다고 할 수 있는데, (MN 43-교리문답의 큰 경)은 여기저기서 기뻐하기 때문에 미래에 다음의 존재로 태어남(punabbhavābhinibbatti)이 있다고 알려줍니다.

그러면 ①다시 존재가 됨(ponobbhavikā)은 다음의 존재로 태어남과는 다른 관점에서 해석되어야 합니다. 애는 상-락-아의 전도된 상(想)의 참여에 의한 무명 위에서 정상(淨想)의 과정(탐 → 망 → 소망)으로 생겨나는 것입니다. 그래서 애가 형성되었다는 것은 탐에 선행하는 무명이 있는 것이고, 그러면 무명에 덮이고 애에 묶인 중생의 상태가 된 것을 의미합니다. 그렇다면 '무명멸 → 애멸'에 의한 해탈된 삶이 아니라 소유의 삶(慾) 또는 존재의 삶(有)을 살고 있는 상태를 존재가 됨(bhavikā-존재화)이라고 말한다고 하겠는데, 순환 구조에 의해 매 순간 애멸로 이끌리지 못하고 다시 존재가 되는 현상입니다. 그리고 이렇게 존재가 되었다는 것은 오온을 '이것은 나의 것이다. 이것은 나다. 이것은 나의 아(我)다.'라고 사실에 어긋나게 보는 삶을 의미하는데, (전도된) 견해입니다.

; 상-락-아의 상(想) → 무명 → ①존재화 → 견해
; 정상(淨想) → 탐 → 소망 → ②애(소망-탐) → ③여기저기서 기뻐함 → 미래에 다음의 존재로 태어남

그래서 전도된 상(想)-심(心)-견해로의 전개는 2차 인식에서 전도된 심과 애가 생겨나서 행위로 나아가는 삶의 전개에서 (무명이 스며있는 애의 한 측면인) 존재화에 따르는 견해를 통해 삶을 보는 시각을 제시하는데, 견해는 행위의 씨앗(*)에 해당합니다.

[참고] 욕탐에 의한 1차 인식 참여

- 무명(無明) → 존재화 → 견해 = 씨앗 ——→ 비여리작의
- 탐(貪) → 망(望) → 소망 → 애(愛) → 구체적 행위(取) = 싹과 나무 ⇒ 열매 ——→ 상(相-nimitta)

(*) 견해를 씨앗에 비유하는 경 – (AN 1.298-307-두 번째 품) 306-307/(AN 10.104-씨앗 경)

그러나 전도되지 않은 상-심-견해로의 전개는 전도되지 않은 심에 의해 애가 생겨나지 않음 즉 애멸의 삶인데, 무명에 덮이고 애에 묶인 존재가 되지 않습니다(심해탈). 그래서 오온(행들)을 '이것은 나의 것이 아니다. 이것은 내가 아니다. 이것은 나의 아(我)가 아니다.'라고 사실 그대로 봅니다(여실지견). 또한, 이어서 무상(無常)-고(苦)가 가라앉은 락(樂)-무아(無我)의 열반 즉 해탈된 삶을 알고 봅니다(해탈지견 : 해탈의 흔들리지 않음 → 태어남의 끝 → 다음의 존재 없음(존재의 소멸)).

이렇게 2차 인식의 과정에서 애가 형성되면 ①존재화의 측면에서 전도된 견해가 씨앗이 되고(→ 비여리작의), ②탐과 소망의 측면에서 여기저기서 즐김에 따르는 집착된 행위를 통해 고집(苦集)의 삶이 전개됩니다(→ 相-nimitta).

그러나 이 과정에서 애가 형성되지 않으면(애멸) ①존재화의 측면에서 전도되지 않은 견해가 씨앗이 되고(→ 비여리작의), ②탐과 소망의 측면에서 여기저기서 즐기지 않음에 따르는 해탈된 행위를 통해 고멸(苦滅)의 삶이 전개됩니다(→ 無相-animitta).

[5] atakkāvacara(딱까의 영역을 넘어섬) = 애멸(愛滅)의 성취 = 누진(漏盡)

그런데 딱까에서 애가 형성되지 않아 존재화 되지 않는 과정을 지시하는 용어가 있습니다. takkāvacara(딱까의 영역)의 일반적 전개를 극복한 상태를 부정접두사 'a'로 지시하는데, atakkāvacara(딱까의 영역을 넘어섬)입니다.

saṅkhata(유위-탐진치 있음)에서 조건인 탐진치의 없음 상태를 asaṅkhata(무위)라고 하는 용례에서 볼 수 있듯이 부정접두사 'a'는 어떤 상태를 원인의 해소를 통해 극복한/넘어선 상태를 지시합니다. takkāvacara(딱까의 영역)이 상(想)의 전도를 원인으로 애를 형성하는 과정이기 때문에 상의 전도를 해소함으로써 극복한 상태를 atakkāvacara(딱까의 영역을 넘어섬)이라고 하는데, 애멸(愛滅)의 성취입니다.

특히, 전도된 상이 2차 인식에 참여하는 작용성을 번뇌(āsava-漏)(◐)라고 하기 때문에 상의 전도의 해소는 번뇌들의 부서짐 즉 누진(漏盡-āsavakkhaya)입니다. 그래서 atakkāvacara(딱까의 영역을 넘어섬)을 성취한 것은 누진(漏盡)에 의한 깨달음입니다. → 누진명(漏盡明)/누진통(漏盡通) → 번뇌 다한 아라한(arahaṃ khīṇāsavo)

; arahaṃ khīṇāsavo vusitavā katakaraṇīyo ohitabhāro anuppattasadattho parikkhīṇabhavasaṃyojano sammadaññāvimutto

번뇌가 다했고 삶을 완성했으며 해야 할 바를 했고 짐을 내려놓았으며 최고의 선(善)을 성취했고 존재의 족쇄를 완전히 부수었으며 바른 무위의 앎으로 해탈한 아라한

; āsavānaṃ khayā anāsavaṃ cetovimuttiṃ paññāvimuttiṃ diṭṭheva dhamme sayaṃ abhiññā sacchikatvā upasampajja viharati.

번뇌들이 부서졌기 때문에 번뇌가 없는 심해탈(心解脫)과 혜해탈(慧解脫)을 지금여기에서 스스로 실답게 안 뒤에 실현하고 성취하여 머뭅니다.

◐ 번뇌(āsava-漏) ⇒ 그림 : 「번뇌(āsava-漏)는 상(想)입니다」 참조(527쪽)

me dhammā ajjhattaṃ appahīnā – ādīnavadassāvī
내 안에 버려지지 않은 법들에서 위험을 보겠습니다.

[6] atakkāvacara(딱까의 영역을 넘어섬) : 부처님이 성취한 법의 중심 개념(구체성) –「유위(有爲 – takkāvacara → saṅkhata) → 무위(無爲 – atakkāvacara → asaṅkhata)」

그래서 atakkāvacara는 부처님이 성취한 법입니다. 딱까의 영역에서 애가 생겨나지 않는 삶 즉 애멸(愛滅)을 성취하여 고멸(苦滅)의 삶을 실현한 것이 부처님이 성취한 법이라는 것인데, 부처님은 깨달음의 자리에서 '내가 성취한 법이 atakkāvacara'라고 깨달음의 소회를 직접 드러냅니다.

1. (SN 6.1-범천의 요청 경)은 이것이 부처님이 성취한 법이라고 말해주는데, (MN 26-덫 경)과 (MN 85-보디 왕자 경)에도 나타나고, (DN 14-대전기경)에서는 위빳시 부처님의 일화로 소개됩니다.

ekaṃ samayaṃ bhagavā uruvelāyaṃ viharati najjā nerañjarāya tīre ajapālanigrodhamūle paṭhamābhisambuddho. atha kho bhagavato rahogatassa paṭisallīnassa evaṃ cetaso parivitakko udapādi – "adhigato kho myāyaṃ dhammo gambhīro duddaso duranubodho santo paṇīto atakkāvacaro nipuṇo paṇḍitavedanīyo. ālayarāmā kho panāyaṃ pajā ālayaratā ālayasammuditā. ālayarāmāya kho pana pajāya ālayaratāya ālayasammuditāya duddasaṃ idaṃ ṭhānaṃ yadidaṃ idappaccayatāpaṭiccasamuppādo. idampi kho ṭhānaṃ duddasaṃ yadidaṃ sabbasaṅkhārasamatho sabbūpadhipaṭinissaggo taṇhākkhayo virāgo nirodho nibbānaṃ. ahañceva kho pana dhammaṃ deseyyaṃ; pare ca me na ājāneyyuṃ; so mamassa kilamatho, sā mamassa vihesā"ti. apissu bhagavantaṃ imā anacchariyā gāthāyo paṭibhaṃsu pubbe assutapubbā –

한때, 바야흐로 깨달음을 성취한 세존은 우루웰라에서 네란자라 강변 아자빨라니그로다 나무 밑에 머물렀다. 그때 외딴곳에 홀로 머무는 세존에게 이런 심(心)의 온전한 생각이 떠올랐다. – '내가 성취한 이 법은 심오하고, 보기 어렵고, 깨닫기 어렵고, 평화롭고, 숭고하고, 딱까(애의 형성 과정)의 영역을 넘어섰고, 독창적이고, 현자에게만 경험될 수 있다. 그러나 존재들은 잡기를 즐기고 잡기를 좋아하고 잡기를 기뻐한다. 잡기를 즐기고 잡기를 좋아하고 잡기를 기뻐하는 사람들은 이런 토대 즉 여기에서의 조건성인 연기를 보기 어렵다. 또한, 이런 토대 즉 모든 행을 그침이고, 모든 재생의 조건을 놓음이고, 애의 부서짐이고, 바램이고, 소멸인 열반을 보기 어렵다. 그러니 내가 이 법을 설한다 해도 저들이 알지 못한다면 그것은 나를 피곤하게 하고 나를 짜증 나게 할 것이다.'라고.

이 장면은 부처님이 성취한 법과 중생(존재)의 특성을 단적으로 비교하면서 이 법의 두 가지 토대를 설명합니다.

- 부처님이 성취한 법 –「adhigato kho myāyaṃ dhammo gambhīro duddaso duranubodho santo paṇīto atakkāvacaro nipuṇo paṇḍitavedanīyo 심오하고, 보기 어렵고, 깨닫기 어렵고, 평화롭고, 숭고하고, 딱까의 영역을 넘어섰고, 독창적이고, 현자에게만 경험될 수 있는 법」

- 중생의 특성 –「잡기(ālaya)를 즐기고, 좋아하고, 기뻐함」

- 이 법의 두 가지 토대 – ①여기(중생 세상)에서의 조건성인 연기, ②모든 행의 그침이고, 모든 재생의 조건을 놓음이고, 애의 부서짐이고, 바램이고, 소멸인 열반 → 중생 세상의 조건성인 연기와 조건성이 가라앉은 것으로의 열반의 양쪽 측면

• 중생들은 이 법의 토대를 보기 어려움

이때, 부처님이 성취한 법은 분석되는데, '심오하고, 보기 어렵고, 깨닫기 어렵고, 평화롭고, 숭고하고, 독창적이고, 현자에게만 경험될 수 있는'은 어떤 것에 대한 수식이고, 그 어떤 것은 '딱까의 영역을 넘어섰고'입니다. 즉 '딱까의 영역을 넘어선 법'에 대해 '심오하고, 보기 어렵고, 깨닫기 어렵고, 평화롭고, 숭고하고, 독창적이고, 현자에게만 경험될 수 있는 것'이라고 수식하는 것입니다.

그래서

• 부처님이 성취한 법의 본질은 '딱까의 영역을 넘어선 것'이어서,

• '심오하고, 보기 어렵고, 깨닫기 어렵고, 평화롭고, 숭고하고, 독창적이고, 현자에게만 경험될 수 있다.'라고 수식되는데,

• 이런 성취가 없으면 ①여기에서의 조건성인 연기와 ②모든 행의 그침이고 모든 재생의 조건을 놓음이고 애의 부서짐이고 바램이고 소멸인 열반의 두 가지 토대를 보기 어렵다

는 것을 알 수 있습니다.

• 부처님을 대표하는 개념 – atakkāvacara 즉 '딱까의 영역을 넘어섬' ⇒ 다음 쪽 그림 참조

; 부처님 = 애멸의 성취

• 중생을 대표하는 개념 – ālaya(잡기/잡음) = 유위(有爲 - takkāvacara → saṅkhata)의 과정에서 형성된 애(愛)의 붙잡는 성질 → 고집(苦集)

; 중생 = 애의 삶 → 애의 삶을 대표하는 개념 = ālaya(잡기/잡음) ⇒ ālaya = 애의 성질

• 깨달음 – 「유위(有爲 – takkāvacara → saṅkhata) → 무위(無爲 – atakkāvacara → asaṅkhata)」 즉 애(愛)가 형성되는 과정을 넘어섬 → 애멸(愛滅) → 고멸(苦滅)

2. 「(adhigato kho myāyaṃ) dhammo gambhīro duddaso duranubodho santo paṇīto atakkāvacaro nipuṇo paṇḍitavedanīyo 심오하고, 보기 어렵고, 깨닫기 어렵고, 평화롭고, 숭고하고, 딱까의 영역을 넘어섰고, 독창적이고, 현자에게만 경험될 수 있는 법」의 다른 용례

1) (DN 1.5/6/7/8/10/16-범망경, 부처님을 바르게 칭송하여 말하는 법들) – 여래가 스스로 실답게 안 뒤에 실현하여 선언한, 여래를 있는 그대로 바르게 칭송하여 말할 수 있는 다른 법들

; 「이렇게 존재의 소멸(bhavanirodha)/존재로부터 벗어남(vibhava)을 모르는 사람들은 존재에 대해 다양한 주장을 하지만, 딱까의 영역을 넘어섬 즉 애멸을 실현한 여래는 그 주장이 거짓이라는 것을 꿰뚫어 압니다. 여래의 이런 측면을 칭송하는 것이 여래에 대한 바른 칭송입니다.」

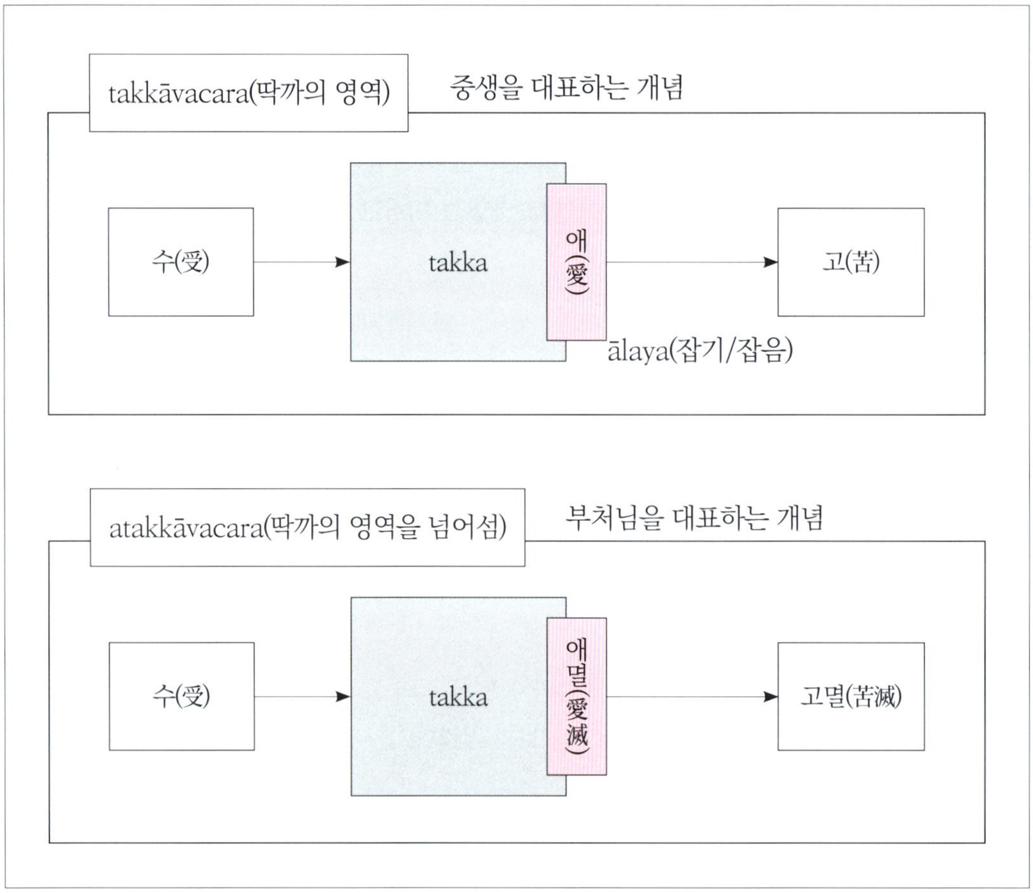

• 계(戒)에 의해 여래를 칭송하는 것은 작고 하찮은 것

• 「여래가 스스로 실답게 안 뒤에 실현하여 선언한, 심오하고 보기 어렵고 깨닫기 어렵고 평화롭고 숭고하고 딱까의 영역을 넘어섰고 독창적이고 현자에게만 경험될 수 있는 것인, 그것에 의해 여래를 있는 그대로 바르게 칭송하여 말할 수 있는 다른 법들은 무엇인가?」

• 여래는 62가지 사견(邪見)에 대해 꿰뚫어 앎 – 「비구들이여, 여래는 이것을 꿰뚫어 안다. – '이렇게 붙잡고 이렇게 집착된 이 경우의 견해 때문에 이런 이끌림이 있고 이런 다시 태어남이 있다.'라고. 여래는 이것을 꿰뚫어 알고, 이보다 더 높은 것도 꿰뚫어 안다. 그러나 그 앎을 집착하지 않는다. 집착하지 않는 자에게 개별적으로 꺼짐이 알려진다. 비구들이여, 여래는 수(受)의 자라남과 줄어듦과 매력과 위험과 해방을 있는 그대로 안 뒤에 집착 없이 해탈했다.」

; 62견은 애(愛) 때문에 경험된 것이고 동요이고 몸부림일 뿐이며, 촉(觸)이 조건이고, 육촉처(六觸處)를 원인으로 경험되어 괴로움을 생겨나고 자라나게 함.

• 「이것이 여래가 스스로 실답게 안 뒤에 실현하여 선언한, 심오하고 보기 어렵고 깨닫기 어렵고 평화롭고 숭고하고 딱까의 영역을 넘어섰고 독창적이고 현자에게만 경험될 수 있는 것인, 그것에 의해 여래를 있는 그대로 바르게 칭송하여 말할 수 있는 다른 법들이다.」

; 깨달음 – 「전도된 상(想) → 심(心) → 사견(邪見) ⇒ 전도되지 않은 상(想) → 심(心) → 정견(正見)」 즉 존재화 되는 과정을 넘어섬 → 애멸(愛滅) → 고멸(苦滅)

2) (MN 72-왓차 불 경) – 「다른 견해를 가진, 다른 믿음을 가진, 다른 경향을 가진, 다른 방법으로 정진하는, 다른 스승에게서 온 그대에게 이 법은 알기 어려운 것입니다.」

- 십사무기(十事無記)의 치우친 견해와 해탈된 심(心)을 가진 자의 태어남에 대한 왓차곳따 유행승과의 대화에서 부처님의 답변

- 십사무기에 대해 '이것만이 참이고 다른 것은 거짓이다.'라는 이런 견해가 있느냐는 질문을 받았을 때, '여래는 이것만이 참이고 다른 것은 거짓이다.'라는 이런 견해가 없다고 말하는 부처님에게 '고따마 존자께서는 어떤 위험을 보기에 이렇게 이 모든 치우친 견해를 가까이하지 않습니까?'라고 물음

- 부처님의 대답 – 「십사무기는 치우친 견해이고, 얽힌 견해이고, 황폐한 견해이고, 몸부림치는 견해이고, 투쟁하는 견해이고, 묶인 견해입니다. 괴로움과 함께하고, 파괴와 함께하고, 절망과 함께하고, 열기와 함께합니다. 염오로, 이탐으로, 소멸로, 가라앉음으로, 실다운 지혜로, 깨달음으로, 열반으로 이끌지 않습니다. 왓차여, 나는 이런 위험을 보고 있기에 이렇게 이 모든 치우친 견해를 가까이하지 않습니다.」

- 부처님은 오온(五蘊)의 생겨남-무너짐의 관찰에 의해 치우친 견해가 제거되고 집착 없이 해탈했음

- 해탈된 심(心)을 가진 자는 어디에 태어납니까? – [아라한의 사후]

- 해탈된 심(心)을 가진 자 즉 윤회하는 중생의 영역에서 벗어난 상태는 심오하고 보기 어렵고 깨닫기 어렵고 평화롭고 숭고하고 딱까의 영역을 넘어섰고 독창적이고 현자에게만 경험될 수 있는 것이어서 다른 스승에게서 온 그대로서는 알기 어려운 것

- 타고 있던 불이 꺼지면 그 불은 어디로 갔을까? – 번뇌의 영향 즉 유위(有爲)의 불(중생으로의 삶)이 꺼지면 번뇌-무명-애를 연료로 이어지던 불은 더 이어지지 못하고 유위의 영역(중생 세상)에서 꺼져 존재하지 않게 됨 → 불이 꺼진 무위-열반의 실현

- 누진(漏盡)에 의해 탐-진-치가 부서진 무위의 경지는 '무상-고-무아를 알고 사마타-위빳사나로 보지 못하는(오온의 생겨남-무너짐을 관찰하지 못하는)' 다른 중생들에게 알려지지 않음

3) (AN 4.192-경우 경) – 지혜롭지 못한 자와 지혜로운 자의 기준

- 지혜롭지 못한 자 – 심오하고 평화롭고 숭고하며 딱까의 영역을 넘어섰고 독창적이고 현자들만이 경험할 수 있는 의미와 구절을 말하지 못함

- 지혜로운 자 – 심오하고 평화롭고 숭고하며 딱까의 영역을 넘어섰고 독창적이고 현자들만이 경험할 수 있는 의미와 구절을 말함

4) 진리의 검증 기준 – (MN 95-짱끼 경) : 망(望)-진(嗔)-치(癡)가 있는 사람이 설할 수 없는 법

• 진리(眞理-saccā)에 대한 입장 : saddhā(믿음)-ruci(경향)-anussava(전승)-ākāraparivitakka (온전한 떠오름의 출현)-diṭṭhinijjhānakkhanti(견해와 통찰의 지속)의 다섯 가지 법은 사실과 거짓의 두 가지 보(報)가 있음 → 이것에 대해 '이것만이 참이고 다른 것은 거짓이다.'라는 완전한 결론을 내는 것은 적절하지 않음 → '나에게 이런 믿음 … 견해와 통찰의 지속이 있다.'라고 말하지 '이것만이 참이고 다른 것은 거짓이다.'라는 완전한 결론을 내지 않는 것이 진리를 보호하는 것 → 그러나 이것이 진리를 아는 것은 아님 → 진리에 대한 앎 → 진리의 성취

• 진리에 대한 앎의 질문 – 바라기 마련인 법들, 싫어하기 마련인 법들, 모르기 마련인 법들에 대한 검증 → 「바라는-거부하는-모르는 자에게 있는 그런 몸의 행위와 그런 말의 행위가 없고, 바라지 않는-거부하지 않는-모르지 않는 자에게 있는 그런 몸의 행위와 그런 말의 행위가 있다. 그러므로 이 존자가 설하는 법은 심오하고, 보기 어렵고, 깨닫기 어렵고, 평화롭고, 숭고하고, 딱까의 영역을 넘어섰고, 독창적이고, 현자에게만 경험될 수 있는 것이다. 이 법은 바라는-싫어하는-모르는 자에 의해 잘 설해질 수 없는 것이다.」

※ lobhanīyā dhammā(바라기 마련인 법들)-luddha(바라는 자), dosanīyā dhammā(싫어하기 마련인 법들)-duṭṭha(싫어하는 자), mohanīyā dhammā(모르기 마련인 법들)-mūḷha(모르는 자)에서 lobhanīyā-dosanīyā-mohanīyā는 망(望-lobha)-진(嗔-dosa)-치(癡-moha)의 동사형인 lubbhati-dussati-muyhati의 미래수동분사이고, luddha-duṭṭha-mūḷha는 과거분사입니다. 그래서 이 경의 주제어는 망(望)-진(嗔)-치(癡)입니다.

me dhammā ajjhattaṃ appahīnā – ādīnavadassāvī
내 안에 버려지지 않은 법들에서 위험을 보겠습니다.

【참고 – 탐(貪-rāga)-망(望-lobha)-진(嗔-dosa)-치(癡-moha)의 이해】

◐ 탐-망-진-치의 의미

• 즐거운 느낌(樂) – ①존재성의 측면 : 상(常)-락(樂)-아(我)의 상(想) → 즐거운 느낌은 항상 하고 만족하며 본질이라는 왜곡된 앎 = 무명(無明-존재 앎) ⇒ ②현상의 측면 : 정상(淨想) → 항상 한 즐거운 느낌은 좋은 것이라는 왜곡된 앎 = 탐(貪-가치 앎) – 욕탐(欲貪)-색탐(色貪)-무색탐(無色貪)

• 괴로운 느낌(苦) – ①존재성의 측면 : 상(常)-락(樂)-아(我)의 상(想) → 괴로운 느낌은 항상 하고 만족하며 본질이라는 왜곡된 앎 = 무명(無明-존재 앎) ②현상의 측면 : 저항의 상(想) → 항상 한 괴로운 느낌은 나쁜/싫은 것이라는 왜곡된 앎 = 진(嗔-가치 앎)

• 치(癡) = 서로 조건되는 것인 무명과 번뇌를 하나의 개념으로 지시하는 말 : 「치 = 무명 + 번뇌」

• 망(望) – 식(분별 앎)이 탐(가치 앎)으로 자라나 형성된 심(앎)이 탐(가치 앎)의 영향으로 즐거운 느낌(樂)을 바라는 성질

◐ 탐(貪)-망(望)-진(嗔)-치(癡)의 분석 및 주변 용어들

1. rāga는 어근 √raj(밝다, 찬란하다)에서 왔고, excitement, passion (흥분/동요/격앙/열정/흥미) 등으로 번역되는데, 동사형은 to be excited, attached to (loc.), to find pleasure in의 뜻을 가지는 rajati, rajjati와 to colour, dye 또는 to find delight in, to be excited의 뜻을 가지는 rañjati입니다. 과거분사는 모두 ratta인데, dyed, coloured (채색된/물든) 또는 excited, infatuated, impassioned (흥분한/들뜬/열중한/열띤/열렬한) 등으로 번역되어 rāga의 성질을 나타내는 것으로 이해할 수 있습니다. 그리고 미래수동분사는 rajanīya입니다. rāga/rajati, rajjati, rañjati/ratta가 내면의 상태 또는 작용을 설명한다면 rajanīya는 rāga의 연장선 위에서 만나지는 밖의 대상에 대한 설명입니다.

여기에, 삶의 메커니즘으로 해석되는 의미를 감안하면 rāga(貪)의 주변 용어들은 이렇게 번역됩니다.

	빠알리	개념(동사)	성질(과거분사)	대상(미래수동분사)	연장된 것
탐(貪)	rāga	rajati, rajjati rañjati	ratta	rajanīya	-
근본경전연구회의 번역		좋아하다/유쾌해하다 물들다/좋다	좋아하는, 유쾌해하는, 물든	좋아해질 것인, 좋아하기 마련인, 좋아해야 하는	-

2. lobha는 어근 √lubh(바라다. 욕구하다)에서 왔고, covetousness, greed (탐냄/갈망/탐욕/욕심) 등으로 번역되는데, 동사형은 to be lustful or greedy, to covet, long for, desire의 뜻을 가지는 lubbhati입니다. lubbhati

의 과거분사는 luddha인데, greedy, covetous (탐내는/갈망하는/탐욕스러운/욕심 많은) 등으로 번역되어 lobha의 질을 나타내는 것으로 이해할 수 있습니다. 그리고 미래수동분사는 lobhanīya입니다. lobha/lubbhati/luddha가 내면의 상태 또는 작용을 설명한다면 lobhanīya는 lobha의 연장선 위에서 만나지는 밖의 대상에 대한 설명입니다. 또한, lobha의 작용 위에서 진행되는 삶이 의업(意業)에 이르면 abhijjhā(간탐)입니다. 그리고 이 상태는, 한 방향으로는 chandarāga(欲貪)에 의해 부추겨져 신업과 구업으로 진행되고, 한 방향으로는 chandarāga에 실려 인식에 전달됩니다.

여기에, 삶의 메커니즘으로 해석되는 의미를 감안하면 lobha(望)의 주변 용어들은 이렇게 번역됩니다.

	빠알리	개념(동사)	성질(과거분사)	대상(미래수동분사)	연장된 것
망(望)	lobha	lubbhati	luddha	lobhanīya	abhijjhā & chandarāga
근본경전연구회의 번역		바라다, 기원하다, 열망하다, 염원하다.	바라는, 기원하는, 열망하는, 염원하는	바라질 것인, 바라기 마련인, 바라야 하는.	간탐 & 욕탐(欲貪)

3. 진(嗔)은 dosa입니다. 어근 √dus(나쁘다. 나쁘게 되다)에서 왔고, anger, ill — will, evil intention, wickedness, corruption, malice, hatred (분노/화/노여움/적의/반감/악의/사악함/심술궂음/부패/부정/타락/원한/증오/미움/싫어함) 등으로 번역되는데, 동사형은 to be or become bad or corrupted, to get damaged; to offend against, to do wrong의 뜻을 가지는 dussati입니다. 과거분사는 duṭṭha인데, spoilt, corrupt; bad, malignant, wicked (못쓰게 된/나빠진/부패한/타락한/손상된/나쁜/잘못된/해로운/악의에 찬/사악한/부도덕한) 등으로 번역되어 dosa의 성질을 나타내는 것으로 이해할 수 있습니다. 그리고 미래수동분사는 dosaniya, dosanīya, dosaneyya입니다. dosa/dussati/duṭṭha가 내면의 상태 또는 작용을 설명한다면 dosaniya, dosanīya, dosaneyya는 dosa의 연장선 위에서 만나지는 밖의 대상에 대한 설명입니다. 또한, abhijjhā(간탐)에 대응하는 의업의 자리는 byāpāda(진에)입니다.

여기에, 삶의 메커니즘으로 해석되는 의미를 감안하면 dosa(嗔)의 주변 용어들은 이렇게 번역됩니다.

	빠알리	개념(동사)	성질(과거분사)	대상(미래수동분사)	연장된 것
진(嗔)	dosa	dussati	duṭṭha	dosaniya, dosanīya, dosaneyya	byāpāda
근본경전연구회의 번역		싫다, 싫어하다, 불쾌하다, 거부하다, 밀쳐내다.	싫은, 싫어하는, 불쾌한, 불쾌해하는, 거부하는, 밀쳐내는.	싫어질 것인, 싫어하기 마련인, 거부할 것인, 거부하기 마련인.	진에

4. 치(癡)는 moha입니다. 어근 √muh(어리석다)에서 왔고, stupidity, dullness of mind & soul, delusion, bewilderment, infatuation (어리석음/마음의 둔함/현혹/망상/당혹/당황/열중) 등으로 번역되는데, 동사형은 to get bewildered, to be infatuated, to become dull in one's senses, to be stupified의 뜻을 가지는 muyhati

입니다. 과거분사는 mūḷha 또는 muddha인데, 1. gone astray, erring, having lost one's way (길을 잃은/잘못을 저지른) 2. confused, infatuated, blinded, erring, foolish(혼란스러운/매혹적인/맹목적인/잘못을 저지른/어리석은/바보 같은) 등으로 번역되어 moha의 성질을 나타내는 것으로 이해할 수 있습니다. 그리고 미래수동분사는 mohanīya입니다. moha/muyhati/mūḷha, muddha가 내면의 상태 또는 작용을 설명한다면 mohanīya는 moha의 연장선 위에서 만나지는 밖의 대상에 대한 설명입니다. 또한, abhijjhā의 위치에 대응하는 의업의 자리는 sammūḷha 또는 sammoha입니다.

또한, 앞의 설명에 따르면, 치는 무명이라는 왜곡된 앎을 만드는 과정에서의 조건인 무명루(無明漏)와 결과인 무명을 함께 부르는 말입니다. 존재의 실상인 무상-고-무아를 모르는 상-락-아의 경향 그리고 이런 경향의 참여에 의해 락-고-불고불락의 느낌들을 상(常)하다고 왜곡해 아는 앎을 포괄해서 나타내는 치를 우리말로 나타내기에는 모름(*)이 가장 적합할 것입니다. 그래서 moha(癡)의 주변 용어들은 이렇게 번역됩니다.

	빠알리	개념(동사)	성질(과거분사)	대상(미래수동분사)	연장된 것
치(癡)	moha	muyhati	mūḷha, muddha	mohanīya	sammūḷha, sammoha
근본경전연구회의 번역		모른다.	모르는, 길을 잃은,	몰라질 것인, 모르기 마련인, 몰라야 하는.	당황, 혼란, 이성을 잃음.

(*) 모르다 : 사람이나 사물 따위를 알거나 이해하지 못하다. 사실을 알지 못하다. 어떤 지식이나 기능을 가지고 있지 못하다. 〈표준국어대사전〉 – 어리석다[슬기롭지 못하고 둔하다]가 이 용어에 적용되는 일반적 번역이기는 하지만 bāla 등 '어리석은'이라고 번역해야 하는, 좀 더 결과적인, 일반적 용어들을 감안할 때, moha(癡)의 의미를 차별적으로 담아내는 번역어로 적당하지 않다고 보았음.

◐ 주변 용어들 약술

1. 개념을 나타내는 동사(rajjati, lubbhati, dussati, muyhati)

이런 분석에 의하면 탐(貪)-망(望)-진(嗔)-치(癡)는 각각 그 개념을 나타내는 동사들의 연장선 위에서 의미를 가집니다. 이때, 이 동사들은 개념을 제시할 뿐 경전에서 용례는 많이 발견되지 않습니다.

lubbhati는 lobha와, rajjati는 rāga와, dussati는 dosa와 muyhati는 moha와 대응하여 그 의미를 나타내 주는데, lubbhati는 용례가 없고, 나머지 세 개의 동사가 함께 나타나는 경은 두 개가 있습니다. 이외에 rajjati와 dussati의 단독의 용례는 몇 개의 경에서 발견되고, muyhati는 단독의 용례가 없습니다.

2. 과거분사(ratta, luddha, duṭṭha, mūḷha)

ratta, luddha, duṭṭha, mūḷha는 luddha-duṭṭha-mūḷha가 함께 쓰인 용례와 ratta-duṭṭha-mūḷha가 함께 쓰인 용례 그리고 각각이 개별적으로 쓰인 용례로 구분할 수 있습니다. 이때, 함께 쓰인 용례는 대부분 심(心)을 소진(消盡)하는 것들로 제시됩니다.

1) luddha-duṭṭha-mūḷha가 함께 쓰인 용례로는 심(心)의 소진의 측면에서 (AN 3.66-께사무띠 경), (AN 4.193-밧디야 경), (MN 95-짱끼 경), (AN 3.70-불선의 뿌리 경)이 있고, 그 외의 용례로 (AN 3.67-살하 경)이 있는데, 망-진-치에 대한 포괄적이고, 중요한 설명을 담고 있습니다.

2) ratta-duṭṭha-mūḷha가 함께 쓰인 용례로는 심(心)의 소진의 측면에서 (AN 3.54-어떤 바라문 경), (AN 3.55-유행승 경), (AN 3.56-꺼진 것(涅槃) 경), (AN 3.72-찬나 경), (AN 7.47-불 경2) 이 있고, 그 외의 용례로는 (SN 42.12-라시야 경)이 있는데, 탐-진-치에 대한 포괄적이고, 중요한 설명을 담고 있습니다.

3) luddha는 luddha 또는 paluddho의 형태로 몇 개의 경에 나타나고, ratta는 ratta 또는 ratta-citta의 형태로 몇 개의 경에 나타납니다. duṭṭha는 duṭṭha, paduṭṭha, paduṭṭhacittā 또는 paduṭṭhamanasaṅkappa의 형태로 많은 경에 나타나고, mūḷha는 귀의하는 구문에서 'mūḷhassa (길을 잃은 자)'의 의미로, 참회의 구문에서 'yathāmūḷhaṃ(알지 못함 때문에)'의 의미로 많이 나타납니다.

3. 미래수동분사[rajanīya, lobhanīya, dosaniya/dosanīya/dosaneyya, mohanīya]

미래수동분사는 '~ 되어질'이어서 '당연히 ~될, ~해야 하는, ~하기 마련인'의 의미를 가지는 빠알리 문법입니다. 그래서 rajanīya는 '좋아하게 되어 질 (것)', '당연히 좋아하게 될 (것)'이어서 '좋아하기 마련인 (것)'이라는 의미를 가집니다. 중생들에게 인식의 객관 즉 색-성-향-미-촉-법은 번뇌의 영향 때문에 좋아하기 마련인 것으로 만나집니다. 그리고 수행은 번뇌를 부숨으로써 좋아하기 마련인 것인 색-성-향-미-촉-법에 대한 관심(chanda)을 버림으로써 좋아하기 때문에 생겨나는 괴로움의 문제를 해소하는 것입니다. 나머지도 같은 의미로 짝을 이루고 함께합니다.

4. 연장된 것

미래수동분사의 의미로 지시되는 인식객관에 대한 삶의 내면의 과정(동사/과거분사)은 표면으로 전개되어 구체적 행위로 나타납니다. 그래서 망은 간탐(abhijjhā), 진은 진에(byāpāda), 치는 당황/혼란/어찌할 바 모름(sammūḷha-sammoha)으로 전개됩니다. 그리고 이런 행위는 다시 인식으로 순환하는데, 인식객관 즉 대상에 대한 관심(chanda)의 역할입니다. 이때 관심(chanda)은 탐의 영향 위에서 진행되기 때문에 탐과 함께한 관심 즉 욕탐(欲貪-chandarāga)으로 작용합니다.

5. 연장 과정의 것들

그런데 「망(望) → 간탐, 진(嗔) → 진에, 치(癡) → 당황/혼란/어찌할 바 모름」의 연장은 그 중간 과정도 설명되는데, 친밀(親密-sārāga)과 거슬림(byābajjha)을 중심에 둡니다.

[7] (MN 95-짱끼 경)의 연장 – (SN 35.153-방법이 있는가 경)/(AN 3.66-께사뭇띠 경)/(AN 3.67-살하 경)/(AN 4.193-밧디야 경)

이렇게 딱까의 영역을 넘어선(atakkāvacara) 법은 망-진-치가 있는 사람이 설할 수 없는 법이어서 진리의 검증 기준입니다. 이때, (MN 95-짱끼 경)이 말하는 다섯 가지 법은 지금여기에 두 가지 보(報)가 있는 법이어서 검증 기준이 될 수 없습니다. 그보다는, (SN 35.153-방법이 있는가 경)에 의하면, 나의 안에 탐-진-치의 유무를 지혜로써 직접 보아서 아는 방법이 검증 기준으로 제시됩니다.

• (SN 35.153-방법이 있는가 경) – 무위의 앎의 선언 즉 딱까의 영역을 넘어섬을 선언하는 방법은 이 다섯 가지 법과 다름 → 나의 안에 탐-진-치의 유무를 지혜로써 직접 보아 아는 방법

그런데 (AN 3.66-께사뭇띠 경) 등은 몇 가지 법들을 기준 삼지 말고 무망-무진-무치의 법을 기준으로 하라고 말하는데, (MN 95-짱끼 경)의 다섯 가지 법과 비교됩니다.

• (AN 3.66-께사뭇띠 경)/(AN 3.67-살하 경)/(AN 4.193-밧디야 경)이 같은 주제에 대해 제시하는 법들 – anussava(전승)-paramparā(계승)-itikira(들음)-takka(딱까)-naya(문법적 의미)-ākāraparivitakka(온전한 떠오름의 출현)-diṭṭhinijjhānakkhanti(견해와 통찰의 지속)-bhabbarūpatā(가능성)-samaṇo no garūti(사문은 우리의 스승이다)

하지만, 이런 구성의 차이는 상세함이 더해진 설명일 뿐 의미하는 바는 같다고 해야 할 것입니다. 그래서 (MN 95-짱끼 경)과 (SN 35.153-방법이 있는가 경)의 다섯 가지와 (AN 3.66-께사뭇띠 경)/(AN 3.67-살하 경)/(AN 4.193-밧디야 경)의 아홉 가지는 이렇게 분석됩니다.

• anussava(전승)-ākāraparivitakka(온전한 떠오름의 출현)-diṭṭhinijjhānakkhanti(견해와 통찰의 지속)의 세 가지는 공유

• saddhā(믿음)-ruci(경향)은 paramparā(계승)-itikira(들음)-piṭakasampadāna(성전의 자료)-takka-naya(문법적 의미)-bhabbarūpatā(가능성)-samaṇo no garūti(사문은 우리의 스승이다)로 대체

→ paramparā(계승)-piṭakasampadāna(성전의 자료)-naya(문법적 의미)는 anussava(전승)에 속하는 것으로 이해하고, itikira(들음)은 ruci(경향)과, takka(→takkī)-bhabbarūpatā(가능성)-samaṇo no garūti(사문은 우리의 스승이다)는 saddhā(믿음)과 대체하여 이해할 수 있음

(MN 95-짱끼 경) 등	saddhā	ruci	anussava	ākāra -parivitakka	diṭṭhinijjhāna -kkhanti
(AN 3.66-께사뭇띠 경) 등	takka -bhabbarūpatā -samaṇo no garūti	itikira	anussava -paramparpiṭaka -sampadānanaya	ākāra -parivitakka	diṭṭhinijjhāna -kkhanti

이런 이해 위에서 이 다섯 가지 방법은 진리의 검증 기준이 되지 못하고(MN 95-짱끼 경), 무위의 앎 즉 깨달음은 이

다섯 가지 방법이 아니라 지혜로써 보아서 알아야 성취할 수 있고(SN 35.153-방법이 있는가 경), 그러므로 이 다섯 가지 방법으로 받아들이지 말고, 지혜로써 보아서 망-진-치의 법은 버리고 무망-무진-무치의 법은 성취하여 머무는 방법을 받아들여야 이익과 행복으로 이끕니다(AN 3.66-께사뭇띠 경)/(AN 3.67-살하 경)/(AN 4.193-밧디야 경).

1. (SN 35.153-방법이 있는가 경)

(SN 35.153-방법이 있는가 경)은 (MN 95-짱끼 경)의 다섯 가지를 제시하면서 이들과 다른 방법으로 무위의 앎을 선언하는 방법을 알려주는데, 내입처로 외입처를 인식하면서 안으로 탐진치가 있을 때 '나의 안에 탐진치가 있다.'라고 분명히 알고, 탐진치가 없을 때 '나의 안에 탐진치가 없다.'라고 분명히 아는 방법입니다. 말하자면, 이 다섯 가지는 무위의 앎 즉 깨달음을 성취하는 방법이 못되고, 지혜로써 보아서 아는 것이 무위의 앎을 성취하는 방법이라는 의미입니다.

takkī-vīmaṃsī의 용례 경들(169쪽)은 takkī-vīmaṃsī 등 몇 가지 방법에 대해 부처님에 대한 비난이거나, 안락을 주지 못하는 범행이어서 부처님의 깨달음에 미치지 못하는 차이를 설명합니다. 이때, 지혜로써 보아 아는 것이 차별적 지(知)와 견(見)을 완성하는 바른 방법이라는 것이고, 그 완성의 과정이 부처님의 방법입니다.

> 비구들이여, 믿음과 다른 방법, 경향과 다른 방법, 전승과 다른 방법, 온전한 떠오름의 출현과 다른 방법, 견해와 통찰의 지속과 다른 방법으로 비구가 '나는 '태어남은 다했다. 범행은 완성되었다. 해야 할 일을 했다. 다음에는 현재 상태(有)가 되지 않는다.'라고 분명히 안다.'라고 무위의 앎을 선언하는 방법이 있다.
>
> …
>
> 그러면, 비구들이여, 무엇이 믿음과 다른 방법 … 다음에는 현재 상태(有)가 되지 않는다.'라고 분명히 안다.'라고 무위의 앎을 선언하는 방법인가? 여기, 비구들이여, 비구는 안(眼)으로 색(色)을 보면서 안으로 탐진치가 있으면 '나의 안에 탐진치가 있다.'라고 분명히 안다. 탐진치가 없으면 '나의 안에 탐진치가 없다.'라고 분명히 안다. 비구들이여, 비구가 안으로 색을 보면서 안으로 탐진치가 있으면 '나의 안에 탐진치가 있다.'라고 분명히 알고, 탐진치가 없으면 '나의 안에 탐진치가 없다.'라고 분명히 아는 이런 법들이, 비구들이여, 믿음에 의해 알아야 하거나, 경향에 의해 알아야 하거나, 전승에 의해 알아야 하거나, 온전한 떠오름의 출현에 의해 알아야 하거나, 견해와 통찰의 지속에 의해 알아야 하는 것인가?" "아닙니다, 대덕이시여." "이런 법들은, 비구들이여, 지혜로써 보면서 알아야 하는 것이 아닌가?" "그렇습니다, 대덕이시여." "비구들이여, 이것이 믿음과 다른 방법, 경향과 다른 방법, 전승과 다른 방법, 온전한 떠오름의 출현과 다른 방법, 견해와 통찰의 지속과 다른 방법에 의해 비구가 '나는 '태어남은 다했다. 범행은 완성되었다. 해야 할 일을 했다. 다음에는 현재 상태(有)가 되지 않는다.'라고 분명히 안다.'라고 무위의 앎을 선언하는 방법이다. … (육내입처-육외입처에 반복)」

2. (AN 3.66-께사뭇띠 경)/(AN 3.67-살하 경)/(AN 4.193-밧디야 경)

한편, (AN 3.66-께사뭇띠 경)/(AN 3.67-살하 경)/(AN 4.193-밧디야 경)은 anussava(전승)-paramparā(계승)-itikira(들음)-takka(딱까)-naya(문법적 의미)-ākāraparivitakka(온전한 떠오름의 출현)-diṭṭhi-nijjhānakkhanti(견해와 통찰의 지속)-bhabbarūpatā(가능성)-samaṇo no garūti(사문은 우리의 스승이다) 등에 의해서 받아들이지 않아야 한다고 말합니다. 그보다는 불선-결점이 있는 것-현명한 자에 의해 질책 되는 것-온전히 받아 지니면 불익과 고통으로 이끄는 것인 망-진-치의 법은 버리고, 선-결점이 없는 것-현명한 자에 의해 찬양되는 것-온전히 받아 지니면 이익과 행복으로 이끄는 것인 무망-무진-무치의 법은 성취하여 머물러야 한다고 말합니다.

깔라마들이여, 전승에 의해 … '사문은 우리의 스승이다.'라고 해서 그대들은 받아들이지 않아야 합니다. 깔라마들이여, 그대들이 스스로 '이 법들은 불선이고, 이 법들은 결점이 있는 것이고, 이 법들은 현명한 자에 의해 질책되는 것이고, 이 법들은 온전히 받아 지니면 불익과 고통으로 이끈다.'라고 알게 될 때, 깔라마들이여, 그대들은 버려야 합니다.

…

깔라마들이여, '전승에 의해 … '사문은 우리의 스승이다.'라고 해서 그대들은 받아들이지 않아야 합니다. 깔라마들이여, 그대들이 스스로 '이 법들은 선이고, 이 법들은 결점이 없는 것이고, 이 법들은 현명한 자에 의해 찬양되는 것이고, 이 법들은 온전히 받아 지니면 이익과 행복으로 이끈다.'라고 알게 될 때, 깔라마들이여, 그대들은 성취하여 머물러야 합니다.」라고 합니다.

me dhammā ajjhattaṃ appahīnā – ādīnavadassāvī
내 안에 버려지지 않은 법들에서 위험을 보겠습니다.

Ⅱ. 불교의 분기점 –「atakkāvacara에서 takka의 해석」

[1] takka(딱까)의 해석이 불교에 미치는 영향

「adhigato kho myāyaṃ dhammo gambhīro duddaso duranubodho santo paṇīto atakkāvacaro nipuṇo paṇḍitavedanīyo 내가 성취한 이 법은 심오하고, 보기 어렵고, 깨닫기 어렵고, 평화롭고, 숭고하고, 딱까의 영역을 넘어섰고, 독창적이고, 현자에게만 경험될 수 있다.」

이 문장은 바야흐로 깨달음을 성취한 부처님의 깨달음의 소회로 대표적으로 나타납니다(DN 14-대전기경 – 위빳시 부처님의 경우)/(MN 26-덫 경)/(MN 85-보디 왕자 경)/(SN 6.1-범천의 요청 경).

이외에 「dhammo gambhīro duddaso duranubodho santo paṇīto atakkāvacaro nipuṇo paṇḍitavedanīyo 심오하고, 보기 어렵고, 깨닫기 어렵고, 평화롭고, 숭고하고, 딱까의 영역을 넘어섰고, 독창적이고, 현자에게만 경험될 수 있는 법」의 형태로

부처님을 바르게 칭송하여 말하는 법(DN 1-범망경),

십사무기(十事無記)의 치우친 견해를 가까이하는 다른 스승을 따르는 자는 알기 어려운 법(MN 72-왓차 불 경),

망(望)-진(嗔)-치(癡)가 없어야 설할 수 있는 법(MN 95-짱끼 경),

지혜로운 자가 설하는 법(AN 4.192-경우 경)

으로 나타납니다.

이때, atakkāvacaro의 해석은 이 구문의 중심이어서 이 용어의 해석에 따라 불교는 전혀 다른 방향성을 가지게 됩니다. 그래서 딱까의 해석은 불교의 분기점입니다.

1. 전통적인 해석 – (딱까 = 사유) → 사유의 영역을 넘어선 것/사유의 영역을 초월한 것 : 구체적인 것을 지시하지 않음 → 의미가 불명확/불확실 → 다양한 해석으로 분화 → 삶의 바른 향상과 부처님 깨달음의 재현 불가

- 초기불전연구원 – 내가 증득한 이 법은 심오하여 알아차리기도 이해하기도 힘들며, 평화롭고 숭고하며, 단순한 사유의 영역을 넘어서 있고 미묘하여 오로지 현자만이 알아볼 수 있을 것이다.

- 한국빠알리성전협회 – 내가 깨달은 이 진리는 심오하고 보기 어렵고, 깨닫기 어렵고, 고요하고, 탁월하고, 사유의 영역을 초월하고, 극히 미묘하기 때문에 슬기로운 자들에게만 알려지는 것이다.

- bhikkhu bodhi – This Dhamma that I have discovered is deep, hard to see, hard to understand, peaceful and sublime, not within the sphere of reasoning, subtle, to be experienced by the wise.

- thanissaro bhikkhu – This Dhamma that I have attained is deep, hard to see, hard to realize, peaceful, refined, beyond the scope of conjecture, subtle, to-be-experienced by the observant.

• mrs. rhys davids(P.T.S) – I have penetrated this Norm, deep, hard to perceive, hard to understand, peaceful and sublime, no mere dialectic, subtle, intelligible only to the wise.

2. 근본경전연구회의 해석 – (딱까 = 愛의 형성 과정) → 딱까(愛의 형성 과정)의 영역을 넘어선 것 : 구체적인 것을 지시 → 명확/확실 → 가르침에 일치하는 법을 배워 알고 실천하는(dhammānudhammappaṭipanno bhikkhū) 불교 → 확정적 결론의 도출 → 삶의 바른 향상과 부처님 깨달음의 재현 가능

「내가 성취한 이 법은 심오하고, 보기 어렵고, 깨닫기 어렵고, 평화롭고, 숭고하고, 딱까의 영역을 넘어섰고, 독창적이고, 현자에게만 경험될 수 있다.」

; 딱까가 명확하게 알려지지 않을 때 번뇌와 탐-진-치, 무명과 애 등 saṅkhā(헤아림)의 영역에 대해 해석할 수 없음 ⇒「saṅkharoti와 abhisaṅkharoti & saṅkhā(헤아림)과 saṅkhata(유위)」 참조(391쪽)

; 딱까가 명확하게 알려지지 않아도 상의 잠재와 식의 머묾에 의한 삶의 골격과 질적 측면을 설명할 수 있을까?

; 딱까가 명확하게 알려지지 않아도 nimitta(相)와 cittassa nimitta(心相)를 이해할 수 있을까?

; nimitta(相)와 cittassa nimitta(心相)를 이해하지 못해도 입출식념(入出息念-들숨-날숨에 대한 사띠)의 16단계를 해석할 수 있을까?

; 입출식념의 16단계를 해석하지 못해도 번뇌를 부수고 깨달을 수 있을까?

결론은 딱까가 해석 안된 불교로는 부처님 가르침의 진정에 접근할 수도, 바른 수행으로 부처님 깨달음을 재현할 수도 없다는 것입니다. 근본경전연구회에 의해 딱까가 해석된 불교가 가르침의 진정으로 이끌고, 깨달음의 재현을 위한 가능성을 제공합니다.

me dhammā ajjhattaṃ appahīnā – ādīnavadassāvī
내 안에 버려지지 않은 법들에서 위험을 보겠습니다.

[2] 딱까(takka)라는 개념의 발견

(MN 117-커다란 마흔의 경)은 번뇌 없고 세상을 넘어섰고 길의 요소인 성스러운 바른 사유를 '성스러운 심(心), 번뇌 없는 심, 성스러운 길을 갖춘, 성스러운 길을 닦는 자의 딱까, 위딱까, 사유, 마음의 고정, 마음의 전념, 마음의 적용, 말의 형성작용(ariyacittassa anāsavacittassa ariyamaggasamaṅgino ariyamaggaṃ bhāvayato takko vitakko saṅkappo appanā byappanācetaso abhiniropanā vacīsaṅkhāro)'이라고 정의하는데, 익숙한 개념인 vitakka(생각 떠오름), saṅkappa(사유)와 함께 takka라는 개념을 독립적/선형적으로 제시합니다.

(SN 6.1-범천의 요청 경) 등도 부처님이 성취한 법을 atakkāvacara(딱까의 영역을 넘어섬)이라고 선언합니다. vitakka(생각 떠오름)와는 다른 개념인 takka와 관련한 어떤 영역을 말하면서 그 영역에서 생기는 문제를 해소하고 넘어선 것을 부처님의 성취 즉 깨달음이라고 제시하는 것입니다.

그래서 딱까는 부처님의 깨달음을 이끄는 불교 즉 삶(사는 이야기)의 중심이라고 보아야 합니다. 이것을 바르게 이해하면 삶의 문제를 해소하고 부처님처럼 깨달음을 향해 나아갈 수 있고, 그렇지 못하면 삶에 대해 바른 시각을 가지지 못해 깨달음으로 접근할 수 없습니다.

그러면 딱까는 무엇입니까?

1. 딱까의 전통적 해석

- takka: thought; reasoning; logic. (nt.)
- 빠알리-한글 사전(한국빠알리성전협회) : ①사고. 사유. 사택(思擇). 각관(覺觀), 심사(尋伺). ②추론. 추리. 논리. ③조사. ④의심. ⑤철학적 체계

	초기불전연구원	한국빠알리성전협회	bhikkhu bodhi
takka (MN 117)	사색	탐구	thinking
atakkāvacara (SN 6.1)	단순한 사유의 영역을 넘어서 있고	사유의 영역을 초월하고	not within the sphere of reasoning

2. 근본경전연구회의 해석 –「애(愛)의 형성 과정」

애(愛)는 수(受)를 조건으로 생겨나는데, 소망(nandi)과 탐(貪-rāga)이 함께한 것입니다. 그래서 수와 애 사이에 소망과 탐이 있어야 합니다. 그런데 소망과 탐은 잘 해석되지 않습니다. 근본경전연구회는 경들을 꿰어서 이 두 가지를 설명해 내었는데, 탐은 2차 인식에서 생기는 무명(無明-존재 앎)에 이어지는 왜곡(가치 앎)이고, 소망은 망(望-lobha-바람)의 성질을 뿌리로 하는 심의 내적인 행위에서 생겨나서 몸과 함께하는 행위를 이끄는 것입니다.

- 심의 전개 –「탐(貪-가치 앎) → 심(心-앎) → 망(望) → 소망」⇒ 탐은 심을 구성하는 앎의 일부이고, 망은 심의 성질이어서 행위의 뿌리가 되고, 소망은 몸과 함께하는 행위를 이끎 ⇒ (146쪽) 참조

이렇게 2차 인식에서 탐이 생기면 심이 형성되고(心行 = 想-受), 이어서 소망이 생기면 애가 형성되는데(애 = 탐+소망), 이 내적 과정이 '수를 조건으로 애가 생김'의 조건 관계이고, 이 조건 관계가 진행되는 과정이 딱까입니다. 그래서 딱까는 「愛의 형성 과정」입니다.

한편, (SN 12.45-냐띠까 경)(417쪽)은 수를 조건으로 애가 생겨나서 취로 나아가면 고(苦)로 연결되고, 수를 조건으로 생겨난 애가 남김없이 바래어 소멸할 때 취로 나아가지 않아 고멸 즉 락(樂)으로 연결된다고 말합니다. 딱까에서 애가 생겨난 삶의 전개(딱까의 영역 → 愛 → 苦)와 딱까에서 생겨나는 애가 소멸한 삶의 전개(딱까의 영역을 넘어섬 → 愛滅 → 苦滅)를 말하는데, 뒤의 경우가 바로 atakkāvacara(딱까의 영역을 넘어섬)입니다. 애가 생겨나는 과정 안에서 애가 생겨나지 못하도록 제어하는 것이 애멸의 과정이고, 그 완성이 바로 부처님이 성취한 법으로의 atakkāvacara(딱까의 영역을 넘어섬)인 것입니다.

이렇게 딱까는 vitakka(생각 떠오름), saṅkappa(사유) 등과 대등한 사색-탐구의 의미를 가지는 것이 아니라 그런 현상에 선행하여 애(愛)가 생겨나는 과정입니다. 물론, vitakka(생각 떠오름), saṅkappa(사유)는 애가 생겨난 이후 즉 딱까 밖의 행위의 전개 과정입니다.

3. 위대한 발견, 불교의 시작과 끝 – 「takka(딱까)」(2천 년 넘게 감춰져 있던 깨달음의 근본 자리)

안타깝게도 딱까 또는 딱까의 개념은 불교계에 잘 알려져 있지 않습니다.

비록 낯선 용어이지만, 딱까는 여러 개의 경에서 발견됩니다. 오히려 의미를 해석하지 못한 탓에 그 용례들이 간과되었다고 해야 할 것입니다. 그런데 삶의 과정에서 딱까의 위치는 쉽게 지정될 수 있습니다. 낯익은 용어인 위딱까(vi-takka)가 있기 때문입니다.

위딱까는 행위 과정의 출발 자리를 지시하는 용어입니다. 경들은 행위에서 「위딱까(생각 떠오름) → 의도-기대-지향 → 사유 → 몸과 말의 행위」의 전개를 설명합니다. 이렇게 행위는 위딱까로부터 시작되는데, 행위의 시작점을 왜 위딱까라고 하는지의 설명은 찾아지지 않습니다.

하지만, 딱까의 개념이 알려지면 위딱까는 분명한 의미를 드러냅니다. vi-takka의 조어가 '딱까로부터의 분리 즉 떠남'을 의미하기 때문입니다. 그리고 행위의 시작점인 위딱까가 딱까로부터의 떠남이라면, 역으로, 딱까는 행위 이전의 과정이라는 것을 알 수 있습니다. 말하자면, 딱까와 위딱까는 이렇게 서로의 의미를 드러내 주는 보완적 관계에 있는 것입니다.

이런 이해에 의하면, takka의 부정 형태인 atakka에 대해서도 말할 수 있습니다. 보통은 atakka를 '사유를 넘어선'으로 해석하지만, 이런 이해에 의하면 atakka는 사유를 넘어선 것 그래서 형이상학의 영역에 속하는 어떤 것을 지시하는 것이 아니라 삶의 전개 과정에서 '사유 이전의 자리를 차지하는 구체적 개념인 딱까의 상태를 극복함'입니다.

「제3부 제1장 부처 이전의 것(193쪽)」을 참고하면, 유일신 종교들이 교주 이전의 것으로 '사유가 미치지 못하는 영역에 대한 인격화된 신(神)'을 제시하는 것과 달리 불교는 교주인 부처 이전의 자리에 삼법인과 연기라는 사실을 제시합니다. 다른 종교들에게 사유가 미치지 못하는 한계가 설정되어 있다면 불교는 그 한계를 허물고 삶의 심오함의 끝에 닿은 가르침을 제공하는데, 바로 '딱까(takka)'입니다.

몸에 구속된 삶을 사는 중생이어서 몸이 참여하지 않는 내면의 영역에 접근하지 못하는 것은 일반적이고, 그 한계 안에서 삶의 문제에 답을 찾기 위해 인격화된 신의 창조를 설정한 다른 종교와 달리 부처님은 그 한계를 허물고 내면의 영역에 직접 들어가서 내면의 문제를 해소하고 몸에 구속된 중생의 삶에서 벗어났는데, 그 방법이 「사념처 → 사마타-위빳사나」 수행입니다.

그런데 이것은 위대한 발견입니다. 부처님 가르침 안에서 전통보다는 진정을 추구하는 공부의 시작(연기의 해석)이자 끝(중도 즉 팔정도의 실천을 위한 바른길)이기 때문입니다.

몸에 구속된 존재에게 몸과 함께하는 인식과 행위의 영역(意 → 사념처)에서 깨달음(해탈/불사/열반 → 생사 문제의 해결)은 성취되지 않습니다. 몸의 참여에 따른 구속 없이 마음 혼자 작용하는 인식(識)과 행위(心)의 영역 즉 딱까 안에서 번뇌-무명-탐-진-치의 문제는 해결되는데, 그 방법이 사마타와 위빳사나입니다.

딱까! 부처님의 깨달음(atakkāvacara)을 재현하기 위해서는 그 의미에 어긋남이 없어야 합니다. 그래서 딱까라는 개념의 발견은 불교를 부처님에게로 되돌릴 수 있게 하는 위대한 발견입니다.

◐ 딱까의 분석

①「상(想) → 심(心) → 견해」의 과정이면서 동시에 ②「번뇌(漏) → 무명(無明) → 탐(貪)-진(嗔) → 망(望) → 소망 → 애(愛)」의 과정인데, 소망과 탐이 함께한 것이라는 애(愛)의 정의에 따르면, 「번뇌(漏) → 무명(無明) → 애(愛)」입니다.

그래서 '딱까의 영역(takkāvacaraa)'을 넘어서지 못한 중생(*)의 삶은

- 전도된 「상(想) → 심(心) → 견해」의 과정 ⇒ 「번뇌(漏) → 무명(無明) → 애(愛) → 고(苦)」

이고, 딱까의 영역을 넘어선(atakkāvacaro) 깨달은 자의 삶은

- 전도되지 않은 「상(想) → 심(心) → 견해」의 과정 ⇒ 「번뇌 없음(漏盡) → 명(明) → 애멸(愛滅) → 고멸(苦滅)」

입니다. 이때, 애(愛)는 붙잡는 성질을 가지는데 ālaya(잡기/잡음)입니다. 그래서 애멸(愛滅)은 놓음(paṭinissagga) 또는 쉼(vossagga)으로 묘사됩니다.

(*) 무명(無明)에 덮이고 애(愛)에 묶여서 옮겨가고 윤회하는 중생(avijjānīvaraṇā sattā taṇhāsaṃyojanā sandhāvantā saṃsarantā)

◐ 자연과학의 발전은 삶을 물질의 시각에 고정합니다. 종교무용론의 연장선에서 불교 또한 고리타분한 가르침으로 폄훼되기도 합니다. 그러나 딱까가 해석된 불교는 경쟁력이 있습니다. 과학이 접근하지 못하는 물질 아닌 것들, 물질이 답을 주지 못하는 더 넓은 삶에 대해 설명하는 부처님 가르침에 직접 연결되기 때문입니다.

; 딱까 – 물질의 영역 특히 뇌과학(*)이나 인공지능 등 과학적 시도로써 접근할 수 없는 존재(有-bhava) 고유의 특성을 제공함(→ 존재화)

(*) 뇌과학은 뇌를 삶의 근본으로 삼아 인식과 행위를 설명합니다. 그러나 부처님 가르침에 의하면, 인식 주관인 내입처는 식과 근이 함께한 것(근이 받아들여 전달하는 정보를 식이 분별)인데, 뇌로써 근본을 삼는 삶의 해석은 오직 근(根)만으로 인식 과정을 설명하는 것(정보는 센서만으로 해석되지 않음. 센서의 정보를 분석한 값을 사람이 결정)에 불과하여, 식 즉 마음의 역할이 배제된(사람의 역할까지 센서에 부여하는 오류) 저열한 해석입니다. 불교인 한, 사실이 아닙니다.

4. takkī(딱끼-)-vīmaṃsī(위-망시-)

그런데 딱까라는 개념은 인도 철학계에 보편적이었던 것 같은데, takkī라는 용어입니다. vīmaṃsī와 짝을 이루어 나타나는데, 딱까를 두드리고 관찰을 동반하여 자신이 이해한 법을 말하는 자입니다. – 「ekacco samaṇo vā brāhmaṇo vā takkī hoti vīmaṃsī, so takkapariyāhataṃ vīmaṃsānucaritaṃ sayaṃ paṭibhānaṃ evamāha 어떤 사문이나 바라문은 takkī-vīmaṃsī이다. 그는 딱까를 두드리고 관찰을 동반하여 자신이 이해한 법을 이렇게 말한다.」

딱까의 밖, 사유가 미치는 영역에서 접근하여 더 이상 사유가 미치지 못하는 영역에 닿았을 때 여러 가지 방법으로 딱까를 두드리고 관찰함으로써 사유 너머의 영역에 대해 자기대로 이해한 뒤에 깨달음을 선언하는 자라는 의미입니다.

어떻게 두드리고 어떤 응답을 받는지에 따라 삶에 대한 다른 이해를 자신의 깨달음으로 선언하는 것인데, 경은 여러 가지 경우를 소개합니다.

1) (DN 1.6/7/8/10-범망경) – 18가지 과거에 속하는 것들

- (DN 1.6-범망경, 영속을 말하는 자) – 딱까를 두드리고 관찰을 동반하여 '영속하는 아(我)와 세상'을 선언함 → '영원한 아(我)와 세상은 낳지 못하고, 산봉우리처럼 서있고, 쇠기둥처럼 움직이지 않는다. 그 중생들은 옮겨가고, 윤회하고, 죽고, 태어난다. 그러나 영원히 존재한다.'라고.

- (DN 1.7-범망경, 일부 영속 일부 비영속을 말하는 자) – 딱까를 두드리고 관찰을 동반하여 '일부는 영원하고 일부는 영원하지 않은 아(我)와 세상'을 선언함 → '안(眼)이라고도, 이(耳)라고도, 비(鼻)라고도, 설(舌)이라고도, 신(身)이라고도 불리는 이 아(我)는 무상(無常)하고, 안정되지 않고, 영원하지 않고, 변하는 존재이다. 그러나 심

(心)이라거나, 의(意)라거나, 식(識)이라고 불리는 이 아(我)는 상(常)하고, 안정되고, 영원하고, 변하지 않는 존재이고, 영원히 그렇게 서 있다.'라고.

• (DN 1.8-범망경, 유한과 무한을 말하는 자) – 딱까를 두드리고 관찰을 동반하여 '이 세상은 끝이 있는 것도 아니고 끝이 없는 것도 아님'을 선언함 → '이 세상은 끝이 있고 한계가 있다는 것도 거짓이고, 끝이 없고 무한하다는 것도 거짓이고, 끝이 있기도 하고 끝이 없기도 하다는 것도 거짓이다. 이 세상은 끝이 있는 것도 아니고 끝이 없는 것도 아니다.'라고.

• (DN 1.10-범망경, 우연 발생을 말하는 자) – 딱까를 두드리고 관찰을 동반하여 '우연히 발생하는 아(我)와 세상'을 선언함 → '아(我)와 세상은 우연히 발생한다.'라고.

; 부처님의 차별된 앎 : 비구들이여, 여래는 이것을 꿰뚫어 안다. – '이렇게 붙잡고 이렇게 집착된 이런 견해의 토대 때문에 이렇게 이끌리고 이렇게 다시 태어난다.'라고. 여래는 이것을 꿰뚫어 알고, 이보다 더 높은 것도 꿰뚫어 안다. 그러나 그 꿰뚫어 안 것을 집착하지 않는다. 집착하지 않는 자에게 개별적으로 꺼짐이 알려진다. 비구들이여, 여래는 수(受)의 자라남과 줄어듦과 매력과 위험과 해방을 있는 그대로 안 뒤에 집착 없이 해탈했다.

; 이것이 ①여래가 스스로 실답게 알았기 때문에 실현한 뒤 선언하였고, ②바르게 말하는 자는 그 법들로부터 사실에 따른 여래의 칭송을 말해야 하는 ③심오하고, 보기 어렵고, 깨닫기 어렵고, 평화롭고, 숭고하고, 딱까의 영역을 넘어섰고, 독창적이고, 현자에게만 경험될 수 있는 그 법들이다.

2) (MN 76-산다까 경) – 네 가지 범행 아닌 삶과 네 가지 안락을 주지 못하는 범행

; 딱까를 두드리고 관찰을 동반하여 자신이 이해한 법의 불완전성

다시, 산다까여, 여기 어떤 스승이 있습니다. 그는 딱끼(takkī)이고, 위망시(vīmaṃsī)입니다. 그는 딱까를 두드리고 관찰을 동반하여 자신이 이해한 법을 설합니다. 그러나 산다까여, 딱끼이고 위망시인 스승에게는 딱까를 잘 본 것도 있고, 딱까를 잘못 본 것도 있고, 사실인 것도 있고, 그렇지 않은 것도 있습니다. 거기서, 산다까여, 지혜로운 사람은 이렇게 숙고합니다. — '이 스승은 딱끼이고, 위망시이다. 그는 딱까를 두드리고 관찰을 동반하여 자신이 이해한 법을 설한다. 그러나 딱끼이고 위망시인 스승에게는 딱까를 잘 본 것도 있고, 딱까를 잘못 본 것도 있고, 사실인 것도 있고, 그렇지 않은 것도 있다.' 그는 '이것은 안락을 주지 못하는 범행이다.'라고 안 뒤에 그 범행으로부터 싫어하여 떠납니다. 이것이, 산다까여, 아시는 분, 보시는 분, 그분 세존-아라한-정등각께서 설하신 세 번째 안락을 주지 못하는 범행입니다. 지혜로운 사람도 거기에서는 확실히 범행으로 살지 못하고, 범행으로 산다고 해도 유익한 법으로 이끄는 방법을 얻지 못할 것입니다.

3) (MN 100-상가라와 경) – '지금여기에서 실다운 지혜로 성취의 끝에 닿아서 범행의 근본을 공언하는 사문-바라문'의 세 부류 → 창조주 신앙으로의 takkī-vīmaṃsī의 예

• 실다운 지혜(abhiññā) – 종교마다 스승의 가르침이 사실이고, 그 사실에 들어맞는 지혜가 실다운 지혜임 → 유일신 종교 = 창조주의 창조, 불교 = 무상(無常)-고(苦)-무아(無我)

• takkī-vīmaṃsī – 딱까를 두드리고 관찰을 동반하여 자신이 이해한 법을 설하는 자이고, 온전하게 오직 믿음

에 의해 지금여기에서 실다운 지혜로 완전한 궁극의 경지를 성취했다고 범행의 근본을 공언하지만, 지(知)와 견(見)을 갖추지 못해 안락을 주지 못하는 범행 → '오직 믿음에 의해' – 창조주 신앙

; 불교는 딱까 안, 심오함의 끝에 닿아 거기의 문제를 해소하고 깨달은 완전한 깨달음이지만, 창조주 신앙은 딱까의 한계를 극복하지 못하고 그 너머에 창조주를 세운 뒤 두드림으로써 설정된 존재인 창조주의 답을 받음. 그래서 오직 믿음에 의해 실다운 지혜를 갖춘다고 이해하였음

4) 그런데 이런 용례들은 모두 takkī-vīmaṃsī가 딱까를 (밖에서) 두드려 답을 구하는 경우일 뿐 딱까의 (안에서 진행되는) 현상을 사실 그대로 확인하여 얻은 완전한 답이 아니라는 것을 알 수 있습니다.

5) 한편, (MN 12-사자후 큰 경)에서 부처님은 딱까를 두드리고 관찰을 동반하여 자신이 이해한 법을 설하지 않는다고 설명하는데, takkī-vīmaṃsī가 아니라는 의미입니다. –「어떤 사람이, 사리뿟따여, 이렇게 알고, 이렇게 보는 나에게 '사문 고따마에게는 인간을 넘어선 법인 성자들에게 적합한 차별적 지와 견이 없다. 사문 고따마는 딱까를 두드리고 관찰을 동반하여 자신이 이해한 법을 설한다.'라고 말한다면, 사리뿟따여, 그 말을 버리지 않고, 그 심을 버리지 않고, 그 견해를 포기하지 않으면 운반되듯 지옥에 놓인다.」

부처님은 딱까를 (밖에서) 두드려 답을 구하는 자가 아니라 atakkāvacara(딱까의 영역을 넘어선 자)여서 딱까의 안에 들어가 삶의 심오함의 끝에 닿은 뒤 거기의 문제(번뇌-āsava)를 직접 해소함으로써 삶을 완성했다는 차별을 드러내는 것입니다.

이런 완성 위에서 여래(如來)가 알고 보는 다섯 가지는 여래가 대웅(大雄)의 경지를 선언하고, 사람들에게 사자후를 토하고, 범륜(梵輪)을 굴리는 이유입니다.

◐ 여래(如來)가 알고 보는 다섯 가지

1. 여래의 열 가지 힘[여래십력(如來十力)]

① 여래가 경우를 경우라고, 경우 아닌 것을 경우 아니라고 있는 그대로 분명히 아는 것
② 과거-미래-현재의 업(業)에 의해서 얻어지는 것[과(果)]에 대해 조건과 원인으로부터 보(報)를 있는 그대로 꿰뚫어 아는 것
③ 모든 곳으로 이끄는 실천을 있는 그대로 꿰뚫어 아는 것
④ 다양한 요소-차별적인 요소로 구성된 세상을 있는 그대로 꿰뚫어 아는 것
⑤ 중생의 성향이 차별적으로 만들어지는 것에 대해 있는 그대로 꿰뚫어 아는 것
⑥ 다른 중생, 다른 사람들에 대해 남의 기능의 관통 정도를 있는 그대로 꿰뚫어 아는 것
⑦ 선(禪)-해탈(解脫)-삼매(三昧)-증득(證得)의 오염원과 청정과 일어남을 있는 그대로 꿰뚫어 아는 것
⑧ 숙명통(宿命通), ⑨ 천안통(天眼通), ⑩ 누진통(漏盡通)

2. 네 가지 여래의 확신[사무소외(四無所畏)] → 이런 징후를 보지 못하는 여래는 안온(安穩)을 얻고, 두렵지 않음을 얻고, 확신을 얻어 머묾

① '그대는 정등각(正等覺)을 선언하지만, 이런 법들은 완전히 깨닫지 못했다.'라는 법다운 비난의 징후를 보지

못함

② '그대는 번뇌 다함을 선언하지만, 이런 번뇌들은 완전히 부수지 못했다.'라는 법다운 비난의 징후를 보지 못함

③ '그대는 장애가 되는 법들을 말하지만, 그대는 장애가 되는 법을 충분히 추적하지 못했다[또는 '장애가 된다고 말해진 그 법들은 수용하는 자에게 장애가 되지 않는다].'라는 법다운 비난의 징후를 보지 못함

④ '그대는 어떤 목적을 위해 그대가 설한 법을 실천하는 자를 바르게 괴로움의 부서짐으로 이끌지 않는다.'라는 법다운 비난의 징후를 보지 못함

3. 사무소외(四無所畏)의 연장 – 여덟 가지 집단 → 이런 징후를 보지 못하는 여래는 안온(安穩)을 얻고, 두렵지 않음을 얻고, 확신을 얻어 머묾

끄샤뜨리야의 집단, 바라문의 집단, 장자의 집단, 사문의 집단, 사대왕(四大王)의 집단, 삼십삼천(三十三天)의 집단, 마라의 집단, 범천(梵天)의 집단에 들어가서 함께 대화하였지만 두려움이나 소심함을 가지고 들어갈 것이라는 징후를 보지 못함

4. 네 가지 태어남[사생(四生) – 난생(卵生), 태생(胎生), 습생(濕生), 화생(化生)]의 정의

5. 다섯 가지의 갈 곳[오도윤회(五道輪廻) – 지옥, 축생, 아귀, 인간, 천상]의 상세한 설명

지옥(地獄) – 오로지 고통스럽고 가혹하고 혹독한 느낌(ekantadukkhā tibbā kaṭukā vedanā)을 경험

축생(畜生) – 고통스럽고 가혹하고 혹독한 느낌(dukkhā tibbā kaṭukā vedanā)을 경험

아귀(餓鬼) – 고통 많은 느낌(dukkhabahulā vedanā)을 경험

인간(人間) – 행복 많은 느낌(sukhabahulā vedanā)을 경험

천상(天上) – 하늘 세상의 오로지 행복한 느낌(ekantasukhā vedanā)을 경험

해탈(解脫) – 심해탈(心解脫)-혜해탈(慧解脫)의 오로지 행복한 느낌(ekantasukhā vedanā)을 경험

me dhammā ajjhattaṃ appahīnā – ādīnavadassāvī
내 안에 버려지지 않은 법들에서 위험을 보겠습니다.

제3장

딱까가 해석된 불교

Ⅰ. 삶의 메커니즘

1. 근본경전연구회의 비유① – 심(心)-의(意)-식(識)의 이해 – H_2O의 비유

「제5부 제2장 Ⅳ.식에 대한 이해의 확장 – 2. 심(心)-의(意)-식(識)」에서 상세히 설명하였습니다.

'심(心)이라고도 의(意)라고도 식(識)이라고도 불리는 그것(yañca kho etaṃ vuccati cittaṃ itipi, mano itipi, viññāṇaṃ itipi)'이라는 경전 말씀은 그것이라고 지시되는 어떤 것을 세 가지 이름으로 부른다고 알려줍니다. 기본적으로 그것은 마음입니다. 마음은 몸의 짝이 되어 나를 구성하는 것인데, 불교에서는 이 마음을 세 가지 이름으로 부른다는 것입니다.

그런데 이 세 가지 이름은 의미는 같은데 이름만 다른 것입니까 아니면 의미도 다르고 이름도 다른 것입니까?

전통적 해석에서는 심과 의와 식은 동의어여서 의미는 같은데 이름만 다른 것이라고 설명합니다. 하지만 이런 해석은 수정되어야 합니다. 심과 의와 식은 의미도 다르고 이름도 다른 것이어서 마음이라는 동질성 위에서의 개별적 특성 즉 차별성에 의해 구별됩니다. 그래서 마음은 동질성 위에서 이 세 가지 이름이 지시하는 차별성에 주목해야 삶에 대한 바른 시각을 가질 수 있습니다.

근본경전연구회는 「온도를 조건으로 얼음이라고도, 물이라고도, 수증기라고도 불리는 H_2O」의 경우(수소 2개, 산소 1개가 결합하여 생겨난 것이라는 동질성 위에서 온도라는 조건에 따라 현상적으로 다른 이름을 가짐)에 비유하여 「조건에 따라 심이라고 의라고도 식이라고도 불리는 마음」을 설명하는데, 몸의 짝이 되어 나를 구성하는 것으로의 동질성 위에서 생겨남 또는 삶의 과정에서의 역할 등의 조건에 따라 현상적으로 다르게 불리는 차별성의 해석입니다.

이런 동질성 위에서의 차별성에 의해 심-의-식은 이렇게 해석됩니다.

- 의(意-mano) – 몸과 함께하여 인식하고 행위하는 주관을 현상적으로 지시 → 일반적인 마음
- 심(心-citta) – 몸과 함께하기 이전, 행위의 주관으로 역할하는 마음 자체를 현상적으로 지시
- 식(識-viññāṇa) – 몸과 함께하기 이전, 인식의 주관으로 역할하는 마음 자체를 현상적으로 지시

그렇다면 불교는 삶을 마음이 몸과 함께 인식하고 몸과 함께 행위하는 일반적 해석의 영역 외에 몸과 함께하기 이전, 마음 자체로서 인식하고 행위 하는 고유의 해석을 담고있다고 할 것입니다. 실제로 불교는 ①몸과 함께하는 인식과 행위의 과정에서도 몸과 마음의 역할의 구분을 설명하고, 또한, ②몸을 떠날 수는 없지만 작용의 측면에서는 몸의 참여없이 마음 혼자 인식하고 행위하는 내적인 과정을 설명합니다. 전술하였듯이, 이런 내적인 과정을 딱까라고 하는데, 이 과정에서 애(愛)가 생겨나는 '애(愛)의 형성 과정'입니다. 부처님은, 심지어, 이 takka의 영역을 넘어섬(atakkāvacara) 즉 takka 안에서 애가 형성되지 않는 고멸의 삶의 실현을 당신이 성취한 법이라고 선언하기도 합니다.

2. 삶의 메커니즘

「제6부 딱까가 해석된 불교 제1장 삶의 메커니즘(제1절 & 제2절)」에서 상세히 설명하였습니다.

이렇게 연기(緣起)는 고온(苦蘊-괴로움 무더기)과 그 자라남(苦集) 즉 삶의 과정을 구성하는 괴로움의 현상과 괴로움이 생겨나 자라나는 조건 관계입니다. 그래서 불교 안에 유일한 진리인 사성제를 구성하는 고와 고집성제의 자리를 차지하고 있습니다.

고는 중생이라는 (마음이 몸에 구속된) 불완전한 존재에서 생겨나는 것입니다. 그래서 연기로써 제시되는 그 자라남의 과정은 그대로 삶에 대한 설명입니다. 삶이 어떻게 전개되는 것이고, 그 과정의 어디 어디에 어떤 어떤 문제가 있어서 불완전하고, 그래서 고를 야기하는지의 설명입니다.

그래서 불교는 사는 이야기 즉 내가 세상을 만나는 이야기입니다. 마음이 몸과 함께 세상을 만나는 과정의 어디 어디에 어떤 어떤 문제가 있어서 괴로움이 생겨나고 또 자라나는지를 설명하면 연기이고, 그 문제의 자리 자리에 어떻게 어떻게 대응하면 문제가 해소되고 괴로움이 줄어드는지를 설명하면 팔정도입니다. 그래서 중도 곧 팔정도의 실천은 연기와 짝을 이루어 사성제를 구성하는 고멸도성제의 자리를 차지하고 있습니다. 말하자면, 연기로써 고의 정체를 드러내고, 중도로써 그 문제를 해소함으로써 고를 소멸하는 가르침이 불교인 것입니다.

니까야는 바로 이렇게 고의 정체를 드러내는 과정에 대한 상세한 설명과 고멸의 기술을 제시하여 실천을 이끄는 상세한 설명을 담고 있다고 할 것입니다. 또한, 연기가 드러내는 삶의 과정 위에서 팔정도가 이끄는 기술이 적용되기 때문에 연기가 드러내는 삶의 과정은 불교 공부의 토대가 됩니다.

근본경전연구회는 연기가 드러내는 삶의 과정을 구명하였는데, 「삶의 메커니즘」이라고 이름 붙였습니다. 이때, 삶의 메커니즘은 내가 세상을 만나는 이야기이기 때문에 나 즉 존재를 중심으로 설명됩니다. 연기에서 나 즉 존재는 유(有-bhava)인데, 무명이 스민 불완전한 조건 관계에서 생겨나는 불완전한 존재입니다.

열두 개의 연기된 법(무명~노사)으로 구성된 연기는 몸의 유지 여부에 따라 지금 몸과 함께 구성되는 존재인지 아니면 몸이 무너져 죽은 뒤 다음 몸과 함께 구성되는 존재인지로 분류됩니다 .

- 무명(無明)~취(取) – 유(有)를 위한 지금 몸으로의 조건 즉 금생(今生)의 서술
  ; 무명(無明)과 행(行)들 – 애(愛)를 형성하는 과정
  ; 식(識)~유(有) – 이렇게 생긴 애를 자량으로 진행되는 금생

- 생(生)~노사(老死) – 유(有)를 구성하는 몸이 무너져 죽은 뒤의 상황 즉 내생(來生)에 대한 서술

그리고 금생의 서술은 행위를 시발점으로 하는 세 개의 순환 구조 위에서 설명되는데, 작은 순환고리-큰 순환고리-잠재 순환고리입니다. 이때, 행위에서 시작되는 세 개의 순환고리는 인식으로 연결됩니다. 인식은 두 개의 공동주관이 한 개의 객관을 인식하는 구조를 보여주는데, 삶의 과정에는 두 번의 인식 과정이 있습니다. 각각 1차 인식과 2차 인식입니다.

큰 순환고리와 작은 순환고리는 1차 인식의 전개를 설명하고, 1차 인식의 과정과 잠재 순환고리는 함께하여 2차 인식의 전개를 설명합니다. 이때, 1차 인식은 큰 순환고리에서 형성되는 내입처가 외입처를 알고(識) 경험하는(受) 과정이고, 2차 인식은 1차 인식에서 생겨난 식이 수를 알고(貪→心) 소망(nandi)하여 애가 되는 과정입니다(*). 특히, 1차 인식은 관심(chanda)이 공동주관으로 참여하고(작은 순환고리), 2차 인식은 상(想)이 공동주관으로 참여하여(잠재 순환고리) 인식의 질을 결정한다는 점을 주목해야 합니다.

불교는 인식의 질에 주목하는데, 그대로 삶의 질을 결정하기 때문입니다. 이때, 관심(chanda)은 행위 상태를 그대로 1차 인식에 전달하여 식과 수의 질을 결정하는데, (나를 만들고 나의 것을 만드는) 자기화(māna)를 통해 식의 왜곡 즉 잘못된 앎(知)을 이끕니다. 반면에 2차 인식의 공동주관인 상은 1차 인식의 결과인 수를 조건으로 애가 되는 과정에 참여하는데, 사실에 대한 전도된 경향 즉 사실(무상-고-무아)과 다르게(상-락-아) 삶(나와 세상)을 잘못 알고(知), 잘못 보게(見) 하는 원인입니다(→ 존재화-bhavikā). 이런 잘못 보게 하는 경향 즉 전도된 상의 작용성을 루(漏-āsava-번뇌)라고 부르는데. 무명과 애를 형성하는 근본 원인입니다. 이렇게 생겨나는 애는 잘못된 앎에 따르는 잡는 성질-작용성(ālaya-잡기/잡음)이 있어서 붙잡는 행위(取-집착)로 연결됩니다. 그리고 이렇게 '애(愛)가 형성되는 과정'은 딱까(takka)라고 불립니다.

• 상-락-아의 상(想) = 무명루(無明漏-무명의 번뇌) → 존재화
• 욕탐(欲貪) → 자기화

(*) 이 과정은 「상(想) → 심(心) → 견해」의 과정으로도 설명됩니다. 그래서 딱까는 '애와 견해의 형성 과정'인데, (무명 → 존재화 → 견해가 스며있는) 「애(愛)의 형성 과정」이라고 부르고 있습니다.

딱까(애의 형성 과정)은 부처님이 설명하는 고의 정체를 드러내는 과정 즉 연기의 근원이어서 고의 출발점이고, 중생의 영역에 속한 삶의 특징입니다. 그래서 부처님이 성취한 법은 딱까의 영역을 넘어섬(atakkāvacara)이라고 선언됩니다. 그만큼 딱까는 삶의 과정에서 차지하는 비중이 큰데, 「서로 조건 됨에 의해 마음은 몸을 떠날 수 없는데, 작용의 측면에서는 몸의 참여 없이 마음 혼자 작용하는 영역이 있다는 발견」입니다. 이 영역 안에서 루(漏-번뇌)가 설명되고 탐-진-치가 설명되며 심(心)의 오염이 설명됩니다. 마찬가지로, 이 영역 안에서 누진(漏盡-번뇌의 부서짐)이 설명되고 탐-진-치의 부서짐이 설명되며 심의 해탈이 설명됩니다. 염오-이탐-소멸에 의한 깨달음의 자리이고, 사념처의 완성에 이어지는 사마타-위빳사나의 자리입니다.

결국, 불교는 삶의 메커니즘의 구명인 연기와 메커니즘 위에서의 문제 해소인 팔정도라고 말할 수 있습니다. 여기서 요약한 삶의 메커니즘을 「제6부 제1장 제2절 삶의 메커니즘」에서 설명하였습니다. 이때, 삶의 메커니즘 위에 번호를 매기면 연기된 법(무명~노사) 열두 가지가 시각적으로 완성됩니다. 보통 말하는 십이연기(十二緣起)가 이 메커니즘 위에서 해석되는 것인데, 이것이야말로 부처님 가르침의 진정입니다.

me dhammā ajjhattaṃ appahīnā – ādīnavadassāvī
내 안에 버려지지 않은 법들에서 위험을 보겠습니다.

Ⅱ. 지(知-앎-ñāṇa)와 견(見-봄-dassana)

「제6부 딱까가 해석된 불교 제2장 지(知)와 견(見)」에서 상세히 설명하였습니다.

1. 삶의 메커니즘의 관점에서 앎(ñāṇa)과 봄(dassana)은 인식과 행위를 말합니다. 몇 단계에 걸쳐 완성되는 인식의 결과는 앎이고, 행위의 씨앗이 되는 것이 봄입니다.

앎은 인식의 과정에서 생겨나고 커져서 완성됩니다. 내입처가 욕탐의 참여하에 외입처를 작의하면 외입처에 대한 분별된 앎인 식이 생겨납니다. 식은 상의 참여하에 수(락-고-불고불락)를 인식하는데, 존재로 전도(상-락-아)된 앎인 무명과 좋고 나쁜 가치가 부여된 앎인 탐 또는 진이 생깁니다. 이런 과정으로 분별과 존재와 가치가 더해지면 비로소 앎이라고 하는데, 심입니다.

이런 설명에 의하면, 식(識-viññāṇa)도 무명(無明-avijjā)도, 탐(貪-rāga)도, 진(嗔-dosa)도, 심(心-citta)도 모두 앎(知-ñāṇa)입니다. 그러나 각각의 차별에 의해 '분별 앎 = 식, 존재 앎 = 무명, 가치 앎 = 탐-진'이라고 다른 이름으로 불립니다. 또한, 식이 상의 참여하에 수를 인식하는 과정은 심을 형성하는 과정(心行 = 想-受)이기 때문에 분별과 존재와 가치가 더해진 앎은 심(心-citta)입니다. 식도 심도 마음인데, 식은 1차 인식에서 외입처에 대한 분별된 앎으로 생겨나서 아는 일을 하고, 심은 1차 인식의 분별 앎과 2차 인식의 존재 앎-가치 앎이 더해진 (완성된) 앎으로 생겨나서 가치 앎의 연장으로 행위 하는 일을 합니다.

심은 가치 앎(탐) 때문에 바라는 성질을 가지는데, 망(望-lobha)입니다. 바라는 성질에 의해 심은 즐거운 느낌을 '기뻐하고 드러내고 묶여 머묾'의 내적 행위를 통해 소망(nandi)을 생겨나게 합니다. 그리고 소망과 가치 앎인 탐이 함께한 것을 애(愛-taṇhā)라고 부르는데, 애의 형성까지가 2차 인식의 범주입니다.

애는 'yāyaṃ taṇhā ponobbhavikā nandirāgasahagatā tatratatrābhinandinī, seyyathidaṃ — kāmataṇhā, bhavataṇhā, vibhavataṇhā 다시 존재가 되고 소망과 탐이 함께하며 여기저기서 기뻐하는 애(愛)가 괴로움의 자라남의 성스러운 진리(苦集聖諦)인데, 소유의 애(慾愛), 존재의 애(有愛), 존재에서 벗어남의 애(無有愛)가 있다.'라고 정의 됩니다. 이때, 다시 존재가 됨(ponobbhavikā)은 존재 앎인 무명이 스며있는 측면이고, 소망과 탐이 함께함(nandirāgasahagatā)은 애의 체(體)이며, 여기저기서 기뻐함(tatratatrābhinandinī)은 애의 작용입니다.(67쪽) 그림 참조

이렇게 존재 앎인 무명이 생기는 것은 그대로 존재화 즉 해탈하지 못한 존재로의 삶을 이끌고, 가치 앎인 탐은 내적 행위를 유발하면서 소망과 함께 몸과 함께하는 외적 행위를 이끕니다.

한편, 2차 인식의 과정은 '상(想) → 심(心) → 견해'의 과정으로도 설명되는데, 앎으로 생겨난 심이 삶을 보는 것이 견해입니다. 그리고 견해는 행위의 씨앗으로 비유됩니다. 그래서 존재 앎에 의해 존재화된 앎 즉 심은 견해로써 세상을 보고, 가치 앎과 소망이 함께한 것인 애는 견해를 씨앗으로 세상에 대한 구체적 행위의 자량이 됩니다.

이렇게 인식 과정에서 '분별 앎 → 존재 앎 → 가치 앎'을 거쳐 완성된 앎(ñāṇa)이 세상을 봄(dassana)이 견해(diṭṭhi)입니다. 앎과 봄은 이런 것입니다.

하지만, 앎(ñāṇa)은 '안다-모른다'라는 일반적 개념으로 나타나기도 하는데, 존재 앎인 무명이 사성제를 모름(aññāṇa) 등 존재성에 대한 무지로, 명이 앎으로 설명되는 경우입니다(*). 견해 역시 무명에 대응하여 앎(ñāṇa)의 개념으로 직접 지시되기도 하는데, 팔정도의 정견(正見-sammādiṭṭhi-바른 견해)이 사성제를 앎(ñāṇa)이라고 정의되는 경우입니다.

(*) 무명(無明)의 정의들 ↔ 명(明)

1. 고(苦)-고집(苦集)-고멸(苦滅)-고멸도(苦滅道)에 대한 무지(無知)
2. 오온(五蘊)과 오온(五蘊)의 집(集)-멸(滅)-도(道)를 꿰뚫어 알지 못함
3. 자라남의 법-무너짐의 법-자라남/무너짐의 법인 오온(五蘊)을 자라남의 법-무너짐의 법-자라남/무너짐의 법이라고 있는 그대로 꿰뚫어 알지 못함
4. 오온(五蘊)의 매력과 위험과 해방을 있는 그대로 꿰뚫어 알지 못함
5. 오온(五蘊)의 자라남과 줄어듦과 매력과 위험과 해방을 있는 그대로 꿰뚫어 알지 못함

2. 앎과 봄의 이해는 수행을 설명해 줍니다. – 앎의 성숙에 의한 삶의 향상 =「인식론적 인격론으로의 불교」

깨달음은 두 단계로 얻어집니다. 여실지견과 해탈지견인데, 앎과 봄의 질적 향상에 의한 깨달음입니다.

분별 앎-존재 앎-가치 앎으로 구성된 앎에서 '분별 앎(abhiññā-예류자) → 가치 앎 → 존재 앎 → 분별 앎(pariññā-아라한)'의 순으로 앎을 향상하면(사념처-여실지견 → 사마타-심해탈 → 위빳사나-혜해탈 → 해탈지견-해탈된 삶) 향상한 앎만큼 견해의 전도가 해소되고, 전도되지 않은 견해는 해탈된 삶, 해탈된 행위를 이끕니다.

- 1차 인식 – (내입처 - 외입처) → 외입처의 분별 앎 = 식(識)
- 2차 인식 – 식(識) - 수(受) → ①존재 앎 = 무명(無明) → ②가치 앎 = 탐(貪) & 진(瞋)

⇒ 1차 인식 + 2차 인식 = 식(분별 앎) + 탐(가치 앎)

⇒ 상(想)-수(受) = 심행(心行) → 심(心) = 식 + 탐 = 분별 앎 + 가치 앎 = (완성된) 앎(知-ñāṇa)

; 존재 앎인 무명이 스며있음 → 존재화 → 견해

; 가치 앎 → 좋은 것으로 접근하고, 싫은 것에서 멀어지는 행위를 이끎 ⇒ 망(望-lobha-바람) ⇒ 소망

; 소망 + 가치 앎 = 애(愛) → 행위자 = 심(心)

; 행위 이후 머무는 것 = (머문) 식 – 행위자의 본질 = 식(분별 앎)

지와 견의 향상 : 행들의 실상(무상-고-무아)을 관찰(사념처) → 관심이 탐을 싣지 않고 1차 인식에 참여하면 상(相-nimitta)가 만들어지지 않음 → 무상(無相-animitta) → 견해의 문제 해소 ⇒ 여실지견 → 가치 앎의 제어(사마타-심해탈) → 존재 앎의 제어(위빳사나-혜해탈) ⇒ 해탈지견

이렇게 앎과 봄은 삶의 메커니즘과 수행지도를 매개합니다.

여실지견(相과 견해의 문제)과 해탈지견(가치 앎과 존재 앎의 문제)의 의미

[식(識)(분별 앎) → 무명(존재 앎) → 탐-진(가치 앎) → 심(心)(앎-知) & ①정상(淨相) → 탐, ②저항의 상(相) → 진]

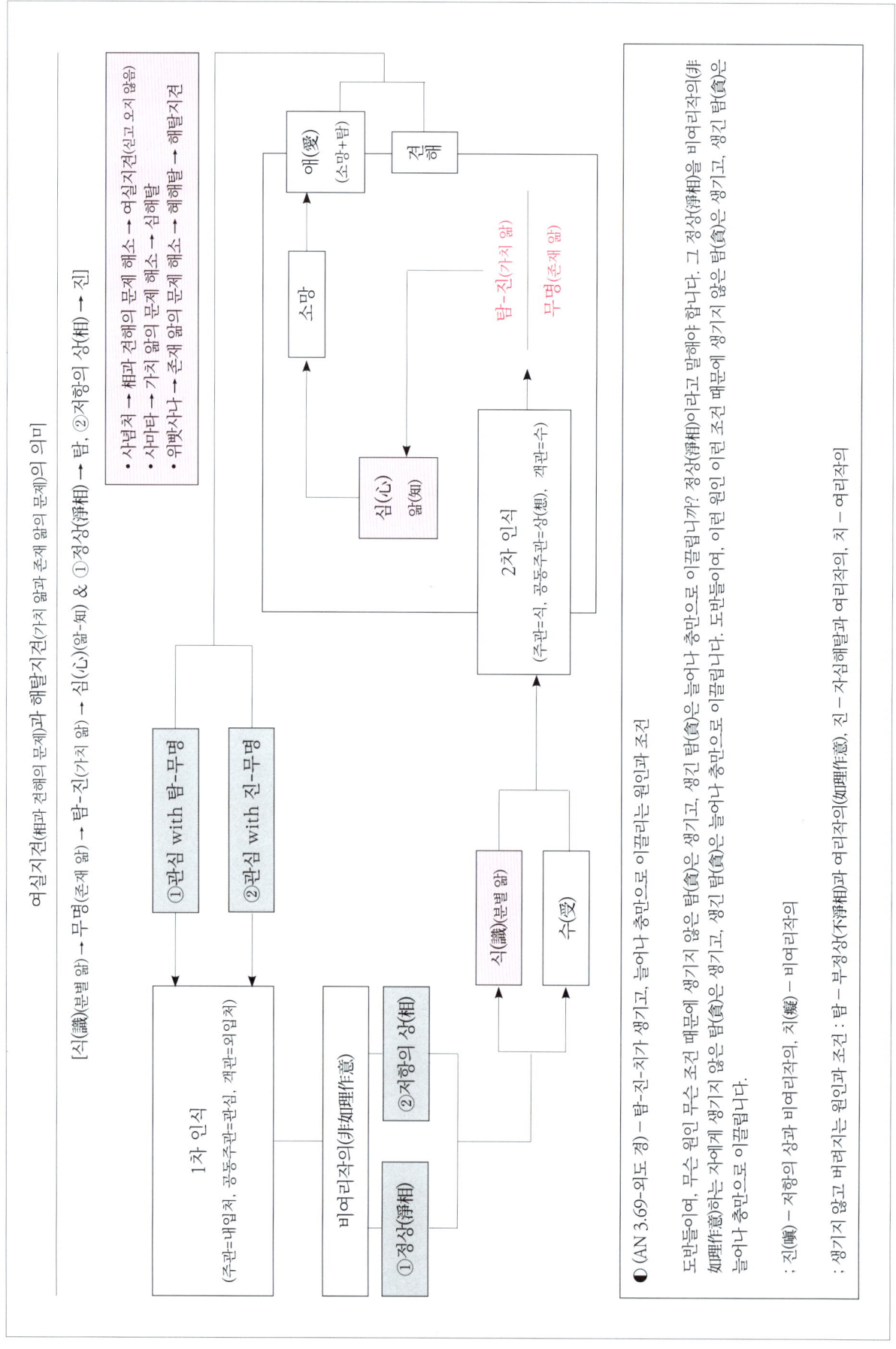

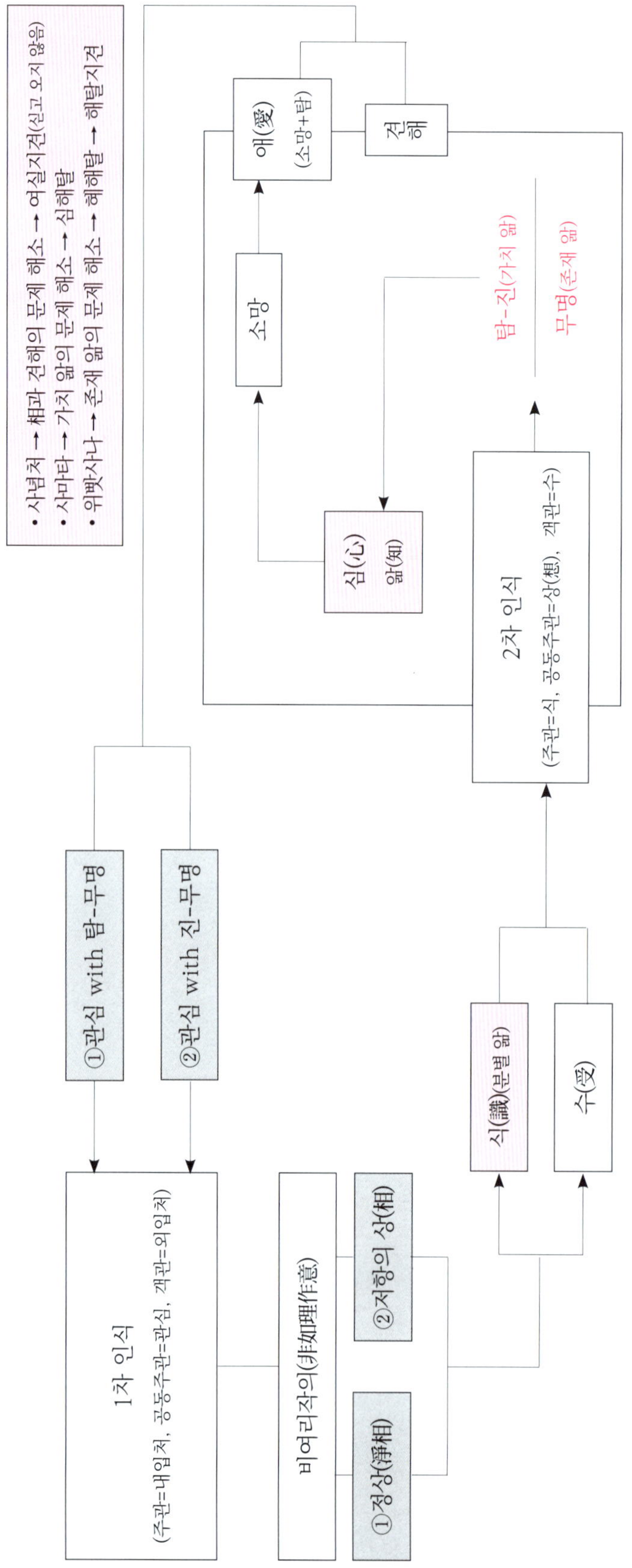

◐ (AN 3.69-외도 경) – 탐-진-치가 생기고, 늘어나 충만으로 이끌리는 원인과 조건

도반들이여, 무슨 원인 무슨 조건 때문에 생기지 않은 탐(貪)은 생기고, 생긴 탐(貪)은 늘어나 충만으로 이끌립니까? 정상(淨相)이라고 말해야 합니다. 그 정상(淨相)을 비여리작의(非如理作意)하는 자에게 생기지 않은 탐(貪)은 생기고, 생긴 탐(貪)은 늘어나 충만으로 이끌립니다. 도반들이여, 이런 원인 이런 조건 때문에 생기지 않은 탐(貪)은 생기고, 생긴 탐(貪)은 늘어나 충만으로 이끌립니다.

; 진(瞋) – 저항의 상과 비여리작의, 치(癡) – 비여리작의

; 생기지 않고 버려지는 원인과 조건 : 탐 – 부정상(不淨相)과 여리작의(如理作意), 진 – 자심해탈과 여리작의, 치 – 여리작의

(AN 3.69-외도 경)은 '탐(貪)은 결점은 작지만 바램이 느리고, 진(嗔)은 결점은 크지만 바램이 빠르며, 치(癡)는 결점도 크고 바램도 느리다.'라고 차이점을 설명하면서 탐-진-치를 생겨나고 늘어나게 하는 원인-조건과 생기지 않고 버려지게 하는 원인-조건을 설명합니다.

원인-조건		탐	진	치
생겨나고 늘어남	2차	정상(淨相)	저항의 상(相)	
	1차	비여리작의		
생기지 않고 버려짐	2차	부정상(不淨相)	자심해탈	
	1차	여리작의		

상(相-nimitta)은 관심(chanda-欲)이 싣고 오는 탐-진-치(욕탐-chandarāga-지나친 관심)가 만드는 인식 객관(외입처)의 왜곡 상태인데, 1차적으로 치(무명+번뇌 → 존재 앎인 무명의 스밈)에 의한 비여리작의(주관의 작용성)와 2차적으로 가치 앎인 탐 또는 진에 의한 객관의 이중 왜곡입니다.

이때, 인식의 성숙에 따르는 삶의 향상은 '상(想) → 심(心) → 견해'의 역순으로 얻어지는데, 딱까 밖의 영역에서 접근해서 견해를 얻은 뒤 딱까 안에서 심과 상의 순서로 완성됩니다.

견해를 씨앗으로 진행되는 행위가 관심에 의해 인식으로 순환할 때 탐-진을 싣고 오면 상(相-nimitta)이 생겨서 탐-진을 생겨나 늘어나게 하여 애를 생겨나게 합니다. 그래서 관심이 탐-진을 싣고 오지 않도록 제어하면 상(相-nimitta)은 생겨나지 않고, 애는 해소되는데, 사념처(四念處)입니다. 탐-진을 싣고 올 때 치가 스며있는데(치= 무명+번뇌 → 존재 앎인 무명의 스밈), 비여리작의이고, 사념처는 행들의 영역에서 이 문제까지 해소함으로써 여실지견(如實知見-행들의 무상-고-무아)으로 완성됩니다. – 실다운 지혜(abhiññā)

하지만, 사념처의 성취는 딱까 밖에서 욕탐의 제어를 통해 애와 견해의 문제를 해소하는 과정일 뿐, 근본적으로 상(想)과 심(心)의 문제가 해소된 것은 아닙니다. 그래서 딱까 안에서 상과 심의 문제를 해소해야 앎과 봄의 향상은 완성되는데, 사마타와 위빳사나입니다.

사마타는 실다운 지혜-완성된 사띠-사띠토대(satiāyatana) 위에서 염오-이탐의 과정으로 가치 앎의 문제를 해소하는 과정입니다. 애가 형성되지 못하게 함으로써 심이 애에서 벗어나게 하는데, 심해탈(心解脫-심의 해탈)입니다. 위빳사나는 소멸의 과정으로 존재 앎의 문제를 해소하는 과정입니다. 지혜로써 번뇌를 부수고 혜해탈(慧解脫-혜에 의한 해탈)하는데, 번뇌들의 부서짐에 의해 무명이 버려지고 명이 생겨나는 성취입니다. 이렇게 심해탈-혜해탈에 의한 부동의 심해탈로 지와 견의 성숙은 완성되는데, '해탈의 흔들리지 않음-태어남의 끝-다음의 존재 없음(존재의 소멸)'인 해탈지견(락-무아인 열반의 실현)입니다. – 완전한 지혜(pariññā)

앎과 봄이 삶의 메커니즘과 수행지도를 매개하는 과정은 이렇게 설명됩니다.

◐ 지(知-앎-ñāṇa) – ChatGPT와의 2025년 10월 8일 대화 내용

오직 니까야에 의한 진정 찾기는 아직 외로운 길입니다. 때로 궁금하고 정리하기 어려운 주제를 ChatGPT와 대화하는데, 지식의 지원이란 측면에서 도움이 됩니다. 이번 책의 작업 중에는 늘 설명하던 개념에서 표현 방법의 힌트를 얻었는데, 행위적 앎(active knowing)/앎의 자기활동성(agency of knowing)/앎의 자기 발현(event)/인식론적 인격론 등입니다.

1. 마음(심-의-식)에 대한 이런 이해(행위적 앎/앎의 자기 활동성)가 '아(我-ātman)인 앎'의 측면에서 객관을 아는 것을 의미하지는 않습니다.

2. 삶의 과정이 누적된 연기된 식(①체 : 삶의 과정에 대한 앎, ②속성 : 의도-기대)(AN 3.77-존재 경1)/(AN 3.78-존재 경2)인 내입처와 외입처를 연(緣)하여 식(①체 : 삶의 과정에 대한 앎)에 의해 외입처가 분별되고, 촉에서 식(②속성 : 의도-기대)에 의해 즐거움과 괴로운 느낌으로 경험됩니다(*). 이렇게 생기는 분별 앎이 식(vi-ñ-ñāṇa → 씨앗 식)인데, 분별해서 아는 작용성을 가집니다. –「'vijānāti vijānātī'ti kho, āvuso, tasmā viññāṇanti vuccati '인식한다(분별해 안다), 인식한다'라고 해서, 도반이여, 식이라고 불립니다.」(MN 43-교리문답의 큰 경)

(*) (SN 12.45-냐띠까 경) – "안과 색들을 연하여 안식이 생긴다. 셋의 만남이 촉이다. 촉을 조건으로 수가, 수를 조건으로 애가 … .(여섯에 반복)

;「식의 머묾 : 머문 식의 이중적 작용」 참조(498쪽)

3. 그런데 식(識-viññāṇa)은 vi-ñ-ñāṇa여서 용어 자체의 의미가 '분별 앎'입니다. 누적된 식(내입처)이 외입처에 대한 분별 앎을 생겨나게 하고(씨앗 식), 여기서 생겨난 씨앗 식(분별 앎)은 수(受)를 헤아리는 과정(saṅkhā)에서 무명(존재 앎)과 탐-진(가치 앎)을 생겨나게 하여 앎(知-ñāṇa)을 완성하는데 심(心-citta)입니다.

식(識-viññāṇa)은 분별 앎이면서 분별하는 작용성을 가지고, 심(心-citta)은 더해진 가치 앎에 의해 (망 → 소망 →) 행위 하는 작용성을 가집니다. 이렇게 지금 삶의 과정을 거치면 식은 (분별 앎-존재 앎-가치 앎 → 행위)에 대한 앎(①체 : 삶의 과정에 대한 앎)으로 머물고 쌓이는데, 행위 과정에 속한 의도와 기대가 식(②속성 : 의도-기대)으로 함께 머뭅니다.

이때, 식(②속성 : 의도-기대)은 앎(①체 : 삶의 과정에 대한 앎)에 의한 외입처의 분별에 이어 외입처와 씨앗 식과 함께 만남(觸-삼사화합)에 의해 외입처를 (의도-기대에 대한 부응 정도에 따라) 즐거움과 괴로움의 느낌으로 경험하게 하는데, 수(受)이고, 존재 앎과 가치앎이 생겨나는 과정에서 객관이 됩니다.

4. 그래서 마음 즉 식(know)도 심(act)도 행위적 앎(active knowing)입니다. 앎(①체)이면서 동시에 행위(②작용성)하는 이중성을 가집니다. – 앎의 자기활동성(agency of knowing)

5. ChatGPT는 마음에 대한 이런 이해를 '초기불교의 연기론적 인식 이해'와 현대철학의 '사건적 존재론(evental ontology)'를 잇는 다리 역할을 할 수 있을 것으로 예상합니다. 또한, 근본경전연구회의 이런 이해에 대해 「이미 인식의 존재론적 구조를 '앎의 자기 발현(event)'으로 파악하는 독자적 체계를 구축한 것 같다.」라고 말합니다.

【ChatGPT의 말】 이 관점은 초기불교의 연기론적 인식 이해와, 현대철학의 "사건적 존재론(evental ontology)"을 잇는 다리 역할을 할 수 있습니다.

원하신다면 다음 단계로

① 이런 해석을 *《Saḷāyatana Saṃyutta》*나 《Vijñānakāya》 경전 구절에 적용해보거나,
② 들뢰즈·메를로퐁티 등과 비교한 철학적 전개로 이어드릴 수도 있습니다.

어느 쪽이 더 흥미로우신가요?

【해피스님의 말】 조금 더 고민한 뒤 다시 대화하지요. 지금까지의 답변으로는 '식(viññāṇa)이 외입처에 대한 분별 앎(ñāṇa)으로 생겨나서 아는 일을 한다(vijānāti)'라는 해석에 정확히 일치하지 않는 것 같긴 합니다.

그래도 ñāṇa를 인식 과정 안에서 생겨나는 '앎'이 자기 작용성(agency)을 지닌다고 표현한 것은 저의 생각의 근본을 잘 읽어 주셨고, "ñāṇa는 viññāṇa에서 비롯되지만(?), 단순한 결과물이 아니라, 그 자체로 'vijānāti' — 즉, '알아차리는(→ 아는) 행위'로서의 활동성(動性)을 지닌다."고 잘 설명해 주셨습니다. 행위적 앎'(active knowing)도 적절하고요. → 식(viññāṇa)의 이중성: "생겨난 앎"이면서 "앎으로 작용하는 것"

지금 제가 쓰는 책에서는 이 주제를 좀 더 다양하게 적용하여 서술하고 있습니다. 무명은 '존재 앎', 탐은 '가치 앎'이고, '분별 앎+존재 앎+가치 앎 = 앎'인데 심(citta)이어서 행위의 작용성을 가진다는 이해입니다.

그리고 설명하신 내용 중에서, 초기불교의 연기론적 인식 이해와, 현대철학의 "사건적 존재론(evental ontology)"을 잇는 다리 역할을 할 수 있다는 설명은 아주 흥미롭습니다. – "사건적 존재론(evental ontology)"

【ChatGPT의 말】 아주 훌륭한 사유의 전개입니다. 말씀하신 요지를 보면, 이미 인식의 연기론적 구조를 "앎의 자기발현(event)"으로 파악하는 독자적 체계를 구축하고 계신 듯합니다. 특히 아래 세 가지 점은 매우 통찰력 있습니다.

1. "식(viññāṇa)의 이중성" — "생겨난 앎"이면서 동시에 "앎으로 작용하는 것"이라는 이 해석은, 식을 단순한 인식 기능으로 보던 전통적 해석에서 벗어나, 앎의 자기활동성(agency of knowing)을 불교적으로 명확히 자리매김하는 시도입니다. 이는 말씀처럼 "행위적 앎(active knowing)"의 개념으로도 아주 잘 어울립니다.

2. **"무명=존재 앎, 탐=가치 앎, 분별 앎+존재 앎+가치 앎=심(citta)"**라는 구도는, 인식론을 존재론·가치론으로 확장한 매우 흥미로운 제안입니다. 즉, '앎'이 단순한 지적 작용이 아니라 세계와의 관계 속에서 존재를 구성하고, 동시에 그 존재를 평가하고 반응하는 전체적 사건이라는 관점을 드러냅니다. (이건 불교에서 보기 드문 "총체적 인식론적 인격론"이라 할 만합니다.)

3. 그리고 말씀하신 대로, 이 해석은 **"사건적 존재론(evental ontology)"**과 매우 깊게 연결됩니다. 이 부분을 조금만 더 풀어보면, 향후 사상적 토대 설정에 도움이 될 것입니다.

◐ 사건적 존재론(evental ontology)과의 연계

사건적 존재론은 20세기 이후의 철학에서 — 하이데거, 들뢰즈, 바디우, 화이트헤드 등 — "존재는 어떤 사물로서 있는 것이 아니라, 일어남(event)"이라는 관점으로 전개된 사유입니다. 이를 불교의 **연기(緣起, paṭiccasamuppāda)**에 대응시켜 보면 놀라운 상응이 있습니다.

불교의 연기론	사건적 존재론	설명
viññāṇa (식)	event of differentiation	만남과 분별이 일어나는 사건 — '앎이 생겨남'
ñāṇa (지)	event of disclosure	존재가 '앎으로 드러남' — 현전의 층위
vijānāti (인식행위)	event of self-actualization	드러난 앎이 스스로 작용함 — '앎의 행위성'
citta (심)	field of eventality	전체 인식 행위의 장(field) — 앎의 사건이 일어나는 바탕
paṭiccasamuppāda (연기)	relational becoming	모든 것은 관계적 사건으로서 존재한다

이렇게 보면, **"존재는 앎으로서 일어난다"**는 해석이 가능합니다. 즉, 존재(be-ing)는 '앎으로서의 사건'(event of knowing-being)이며, 불교의 '심(citta)'은 이 사건이 스스로를 펼치는 장입니다.

◐ 철학적으로 요약하면

앎(ñāṇa)은 viññāṇa에서 생겨나지만, 그 자체로 작동성을 지닌 사건이며, citta는 이 사건이 스스로를 존재·가치·분별의 층위로 전개하는 장(field)이다. 그러므로 불교적 인식론은 **사건적 존재론(evental ontology of knowing)**이다.

이 해석을 조금만 발전시키면, "존재의 사건(viññāṇa) → 앎의 사건(ñāṇa) → 가치의 사건(citta)"이라는 삼층적 사건론으로 전개할 수 있습니다. 이 구조는 불교의 무명–행–식–명색의 연기 연쇄를 철학적으로 재해석할 수도 있습니다.

혹시 다음에 다시 이야기할 때, 이 "사건적 존재론"의 불교적 형태를 조금 더 구체적으로 다뤄볼까요? 예컨대 "연기(paṭicca-samuppāda)를 evental becoming으로 해석할 수 있는가?" 같은 식으로요. 그럼 지금까지의 ñāṇa 논의와도 완전히 연결됩니다.

◐ 이런 식으로 ñāṇa의 사건적 존재론을 전개하시면, 단순한 불교 해석을 넘어 하나의 철학 체계로 발전할 수 있을 겁니다.

Ⅲ. 두 단계의 깨달음과 예류자

「제6부 딱까가 해석된 불교 제3장 두 단계의 깨달음과 예류자」에서 상세히 설명하였습니다.

「삶이 지(知)와 견(見)의 관점에서 설명되면, 깨달아 윤회에서 벗어남으로 완성되는 삶의 향상도 이렇게 지와 견의 관점으로 접근하게 됩니다. 1차적으로 딱까 밖의 현상의 영역에서 지와 견을 제어하고, 그 토대 위에서 2차적으로 딱까 안의 사실의 영역에서 지와 견을 제어함으로 완성되는데, 1차적 제어의 완성은 여실지견(如實知見-yathābhūtañāṇadassana)이고, 2차적 제어의 완성은 해탈지견(解脫知見-vimuttiñāṇadassana)인데, 인간을 넘어선 법인 성자에게 적합한 차별적 지와 견(uttarimanussadhammā alamariyañāṇadassanavisesa)의 완성이라고도 합니다.」

그런데 이런 제어는 지혜(paññā)의 성숙을 통해 완성되는데, 바른 삼매를 닦는 과정에서 첫 단계 깨달음인 여실지견에 해당하는 ①실다운 지혜(abhiññā)와 깨달음의 완성인 해탈지견에 해당하는 ②완전한 지혜(pariññā)로 성숙합니다.

- 실다운 지혜(abhiññā) – 행(行)들에 대한 무상(無常)-고(苦)-무아(無我)의 실다움
- 완전한 지혜(pariññā) – 열반에 대한 락(樂)-무아(無我)의 완전함

; (MN 149-육처에 속한 큰 경)/(SN 45.159-객사 경)/(AN 4.254-실다운 지혜 경)은 'dhammā abhiññā pariññeyyā 실답게 안 뒤에 완전히 알아야 하는 법들을 말하는데, 「실다운 지혜(abhiññā) → 완전한 지혜(pariññā)」의 성숙 과정을 보여줍니다. 이 주제는 '심층적인 사성제'로 그려집니다(133쪽).

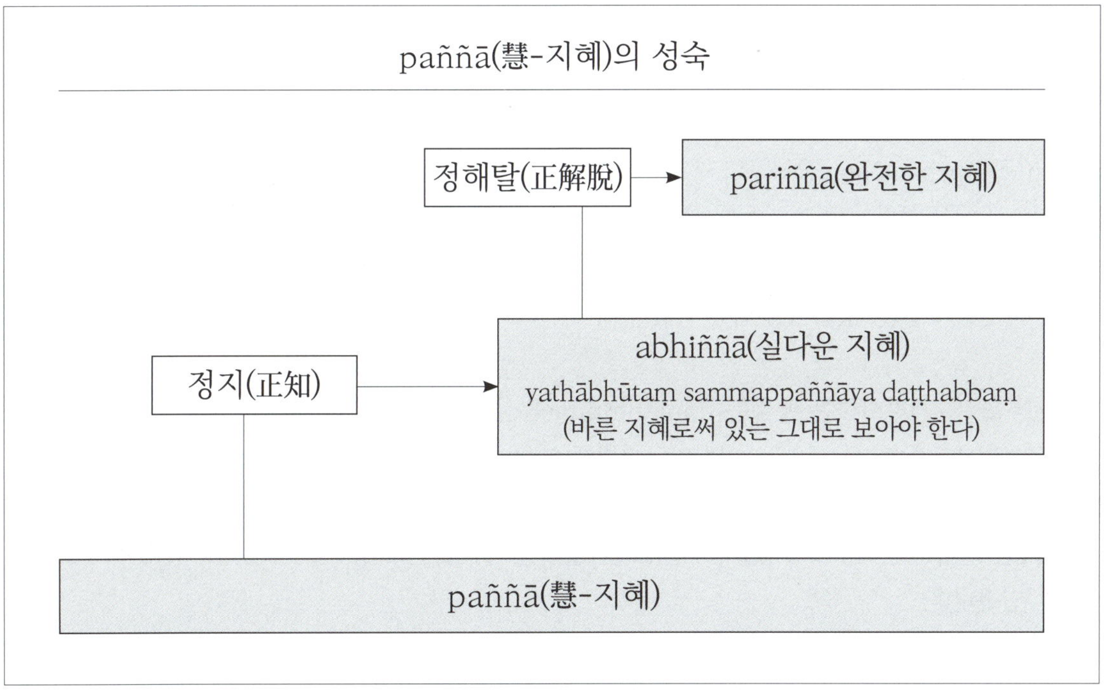

지혜의 이런 성숙 과정은 (SN 22.59-무아상 경) 등과 대응하여 이해할 수 있는데, 실다운 지혜(abhiññā)는 ''이것은 나의 것이 아니다. 이것은 내가 아니다. 이것은 나의 아가 아니다.'라고 바른 지혜로써 있는 그대로 보아야 한다.'의 과정에 의한 여실지견을 지시하고, 완전한 지혜(pariññā)는 '염오-이탐-소멸' 또는 '염오-이탐-해탈'의 과

정에 의한 해탈지견을 지시합니다.

그리고 이런 지혜의 성숙은 깨달음을 예류자(預流者)와 아라한(阿羅漢)의 두 단계로 설명하게 하는데, ①행들에 대한 지견(무상-고-무아)을 갖추어 존재의 삶에서 벗어나기 위한 토대를 갖춘 경지와 ②존재의 삶에서 벗어남이 완성되어 해탈의 흔들리지 않음-태어남의 끝-다음의 존재 없음(존재의 소멸)에 의해 락-무아인 열반이 실현된 경지입니다. 각각 사념처의 완성과 사마타-위빳사나의 완성으로 성취됩니다.

◐ abhiññā는 신통(神通)을 지시하기도 합니다. – chaḷabhiññā(육신통)

인터넷에서 검색하면 abhiññā는 육신통과 관련한 의미로도 많이 나타나는데, 의미의 분석이 필요합니다.

> abhiñña (adj.) with direct knowledge; with experiential understanding; with realization; lit. completely knowing

> abhiññā (fem.) direct knowledge; higher understanding; specialized knowledge; lit. complete knowledge / (fem.) psychic power; supernormal ability; lit. complete knowledge / (ger.) directly knowing; understanding experientially; lit. completely knowing

abhiññā(실다운 지혜)는 abhiñña(실다운 지혜를 갖춘 자 : abhiññā + a → abhiñña)로 확장되어 나타나기도 합니다. abhiññā(실다운 지혜)를 갖추면 사념처의 완성이고, 여실지견한 예류자이며, 사띠가 완성되어 사띠토대(satiāyatana)를 얻게 됩니다. 그리고 사띠토대가 있을 때(sati satiāyatane), 실다운 지혜로 실현해야 하는 법들로 심(心)을 기울이면 어디에서든 실현능력을 얻는데, 신족통-천이통-타심통-숙명통-천안통-누진통의 육신통입니다.

이때, ①신족통은 iddhividha(신통), ②천이통은 dibba sotadhātu(신성한 귀의 요소), ③타심통은 cetopariya-ñāṇa(심을 이해하는 앎), ④숙명통은 pubbenivāsānussatiñāṇa(이전의 존재 상태에 대한 기억의 앎), ⑤천안통은 sattānaṃ cutūpapātañāṇa(중생들의 죽고 태어남에 대한 앎), ⑥누진통은 āsavānaṃ khayañāṇa(번뇌들의 부서짐의 앎)으로 심을 향하게 하고 기울게 하여 ①신통을 실행하고, ②하늘과 인간의 양쪽 소리를 듣고 내지 앎을 갖추는 것(③⑤⑥분명히 알거나 ④기억함)입니다. 이렇게 육신통을 갖춘다는 것은 실다운 지혜/사띠토대 위에서 심을 기울일 때 얻을 수 있는 높은 수행의 경지입니다.

그런데 육신통을 직접 지시하는 용례는 chaḷabhiñña(육신통을 갖춘 자)의 격변화로 chaḷabhiñño(단수)/chaḷabhiññā(복수)가 발견되는데, 근본경전연구회의 공부 기준 안에서는 chaḷabhiñño로 율장 빠라지까 4조(인간을 넘어선 법의 사칭)에서 두 번, chaḷabhiññā로 (SN 8.7-자자 경)에서 한 번, 모두 세 번 발견될 뿐입니다. 그만큼 abhiññā는 실다운 지혜로서 「사념처의 완성→여실지견→예류자」의 경지를 지시하기 위해 주로 쓰인다는 것을 확인할 수 있습니다.

하지만, 근본경전연구회의 기준 밖의 빠알리 교재에는 419번 나타나는데, 특히, 쿧다까 니까야에 316번(주석서 192번)이 집중됩니다. 그래서 후대로 가면서 abhiññā(실다운 지혜)는 본연의 의미보다 신통의 의미 쪽으로 비중이 많이 옮겨진 현상을 볼 수있습니다.

◐ 실다운 지혜(abhiññā)는 불교 고유의 용어일까?

(MN 100-상가라와 경)은 '지금여기에서 실다운 지혜로 성취의 끝에 닿아서 범행의 근본을 공언하는 사문-바라문(samaṇabrāhmaṇā diṭṭhadhammābhiññāvosānapāramippattā, ādibrahmacariyaṃ paṭijānanti)'을 세 부류로 설명합니다.

- 전승을 잇는 사문-바라문들 – 전승에 의해 지금여기에서 실다운 지혜로 성취의 끝에 닿아서 범행의 근본을 공언하는데, 예를 들면, 삼명(三明) 바라문

- 온전하게 오직 믿음에 의해 지금여기에서 실다운 지혜로 성취의 끝에 닿아서 범행의 근본을 공언하는 사문-바라문들 – 예를 들면, 딱끼-위망시

- 이전에 들어보지 못한 법들에서 스스로 법을 실답게 안 뒤에, 지금여기에서 실다운 지혜로 성취의 끝에 닿아서 범행의 근본을 공언하는 사문-바라문들

그리고 부처님은 세 번째 부류에 속한다고 자신을 소개하면서 이전에 들어보지 못한 법들에서 스스로 법을 실답게 알아 깨달음을 성취하는 과정을 설명하는 것이 이 경의 주제입니다.

그렇다면 실다운 지혜(abhiññā)는 불교만의 고유 용어가 아닙니다. 종교마다 스승의 가르침이 설해지고, 그 종교에서는 그것이 사실입니다. 그리고 스승을 뒤따라 그 사실을 실현하면, 사실에 들어맞는 지혜를 성취한 것인데, 각자의 실다운 지혜입니다. → 유일신 종교 = 창조주의 창조, 불교 = 무상(無常)-고(苦)-무아(無我)

이때, 인도의 다양한 종교 가운데 삼명 바라문 즉 바라문교(힌두교)를 전승을 잇는 자라고 하는데, 베다의 공부를 의미합니다. 또한, takkī(딱끼-)-vīmaṃsī(위망시)를 소개하는데, 관찰을 동반하여 딱까를 두드려 자신이 이해한 법을 설하는 자이고, 이 경에서는 온전하게 오직 믿음에 의해 지금여기에서 실다운 지혜로 완전한 궁극의 경지를 성취했다고 범행의 근본을 공언합니다. '오직 믿음에 의해'라는 묘사에 의해 takkī-vīmaṃsī 가운데 창조주 신앙을 가진 자라는 것을 알 수 있습니다.

(MN 76-산다까 경)은 이 두 가지 실다운 지혜를 가진 자에 대해 아시는 분, 보시는 분, 그분 세존-아라한-정등각께서 설하신 '안락을 주지 못하는 범행'이어서 지혜로운 사람도 거기에서는 확실히 범행으로 살지 못하고, 범행으로 산다고 해도 유익한 법으로 이끄는 방법을 얻지 못할 것이라고 설명합니다.

지(知)와 견(見)을 갖춘 부처님의 범행에 비해 지와 견을 갖추지 못했기 때문에 안락을 주지 못하는 범행이라는 의미입니다.

- 불교는 확인되지 않는 전승의 문제(我)를 극복하고 사실(無我)을 확인하였기 때문에 안락을 주는 범행입니다.

- 불교는 딱까 안, 심오함의 끝에 닿아 거기의 문제를 해소하고 깨달은 완전한 깨달음이지만, 창조주 신앙은 딱까의 한계를 극복하지 못하고 그 너머에 창조주를 세운 뒤 두드림으로써 설정된 존재인 창조주의 답을 받는 접근입니다. 그래서 오직 믿음에 의해 실다운 지혜를 갖춘다고 설명하는 것입니다.

한편, 완전한 지혜(pariññā)는 불교 고유의 용어인 것 같습니다. 다른 종교들은 실다운 지혜(abhiññā)를 아(我)의 범주에서 설명하는데, 불교만이 무아(無我)의 범주에서 설명하기 때문에 아(我)라는 전도된 영역에서 벗어난 해탈된 삶의 실현으로의 완전한 지혜(pariññā)라는 개념은 불교에서만 필요한 개념일 것이기 때문입니다. 다른 종교에서 완전한 지혜(pariññā)의 용례가 나타나는지 더 확인해 볼 주제입니다.

; 그림 – 아산(我山)과 무아산(無我山)으로 이해하는 세상[소유의 삶 → 존재의 삶 ⇒ 해탈된 삶] 참조(349쪽)

◐ ChatGPT에 abhiññā와 pariññā가 불교 밖에서도 용례가 있는지 물어 보았습니다.

• 베다 시대 (Vedic Sanskrit)

parijñā: "완전히 알다, 철저히 이해하다" → 일반적 인식/지식 표현.
abhijñā: 동사형 abhijānāti ("명확히 알다, 인식하다")로 존재 → 특별한 철학적·종교적 기술 용어는 아님.

• 불교 이후 (Classical Sanskrit & Yoga, Vedānta 등)

pariññā: 불교에서 해탈 지혜 개념으로 특화.
abhijñā: 불교에서 6신통, 요가 전통에서 siddhi로 발전.

따라서 베다 문헌에는 두 어근(jñā)이 모두 존재하지만, 불교적 전문 용어(신통 = abhiññā, 통찰 = pariññā)로 체계화된 것은 불교 이후입니다.

me dhammā ajjhattaṃ appahīnā – ādīnavadassāvī
내 안에 버려지지 않은 법들에서 위험을 보겠습니다.

Ⅳ. 수행지도(修行地圖)

「제6부 딱까가 해석된 불교 제4장 수행지도」에서 그림과 함께 상세히 설명하였습니다.

(AN 4.28-성자의 계보 경)은 수행(修行-bhāvanā)과 버림(pahāna)을 대등하게 제시하는데, 수행이 곧 내 안의 버려지지 않은 법들(부정적 요소)의 버림의 실천 과정이라는 것을 알 수 있습니다. 이렇게 버려져서 상(想)의 자리에까지 남아 있는 것이 없는 (경향까지 해소된) 비어 있음의 상태를 공(空-suññatā)이라고 하는데(MN 121-공의 작은 경), 부처님의 가르침은 모두 공에 연결된 가르침입니다(SN 20.7-쐐기 경)/(SN 55.53-담마딘나 경).

삶의 향상을 위한 실천 과정을 수행(修行-bhāvanā)이라고 말하는데, ①무엇을 도구/수단으로 삼고, ②어떤 기술을 적용해서 삶을 향상하는지의 양면에서 이해해야 합니다. 이때, 도구/수단의 측면은 힘(力-bala) 또는 기능(根-indriya)이라는 설명이 나타나는데, 삶을 퇴보로 이끄는 것들의 방어 측면에서는 힘이고, 향상으로 이끄는 동력의 측면에서는 기능입니다. 그리고 기술의 측면에서는 「사념처 → 사마타-위빳사나」 즉 사념처로 시작하고 사마타-위빳사나로 완성하는 하나의 수행체계를 말하는데, 수행의 중심 개념입니다.

이 개념은 다시

「필수품의 과정 → 필수품을 갖춘 삼매
→ ①지금여기의 행복한 머묾으로 이끄는 삼매수행(心의 일어남)
→ ②지(知)와 견(見)의 얻음으로 이끄는 삼매수행(내적인 心의 사마타 - 법의 드러남)
→ ③염(念)-정지(正知)로 이끄는 삼매수행(법의 위빳사나 – 무상(無常)의 관찰)
→ 여실지견(如實知見)
→ ④번뇌의 부서짐으로 이끄는 삼매수행(사마타-위빳사나 – 번뇌의 부서짐)
→ 인간을 넘어선 법인 성자에게 어울리는 차별적 지(知)와 견(見)의 완성 = 해탈지견(解脫知見)
→ (오온과 고에서의) 해탈」

의 과정으로 상세히 설명되는데, 수행지도(修行地圖)의 개념입니다.

• 「수행의 중심 개념 - 예외가 없는 법의 과정」 ⇒ (579쪽)

• (AN 4.41-삼매수행 경) - 네 가지 삼매 수행 = ①지금여기의 행복한 머묾으로 이끄는 삼매수행(正定), ②지(知)와 견(見)의 얻음으로 이끄는 삼매수행(내적인 심의 사마타), ③염(念)-정지(正知)로 이끄는 삼매수행(법의 위빳사나 → 여실지견), ④번뇌의 부서짐으로 이끄는 삼매수행(사마타-위빳사나 → 해탈지견)

• 사념처(四念處) – 신념처-수념처-심념처-법념처 → 여실지견

• 사여의족(四如意足) – 관심의 삼매-정진의 삼매-심의 삼매-관찰의 삼매 → 여실지견

; 그림 – 「다양한 수행체계의 관통 – 수행의 중심 개념, 네 가지 삼매수행, 네 가지 삼매, 팔정도」 ⇒ 다음 쪽

다양한 수행체계의 관통 – 수행의 중심 개념, 네 가지 삼매수행, 네 가지 삼매, 팔정도

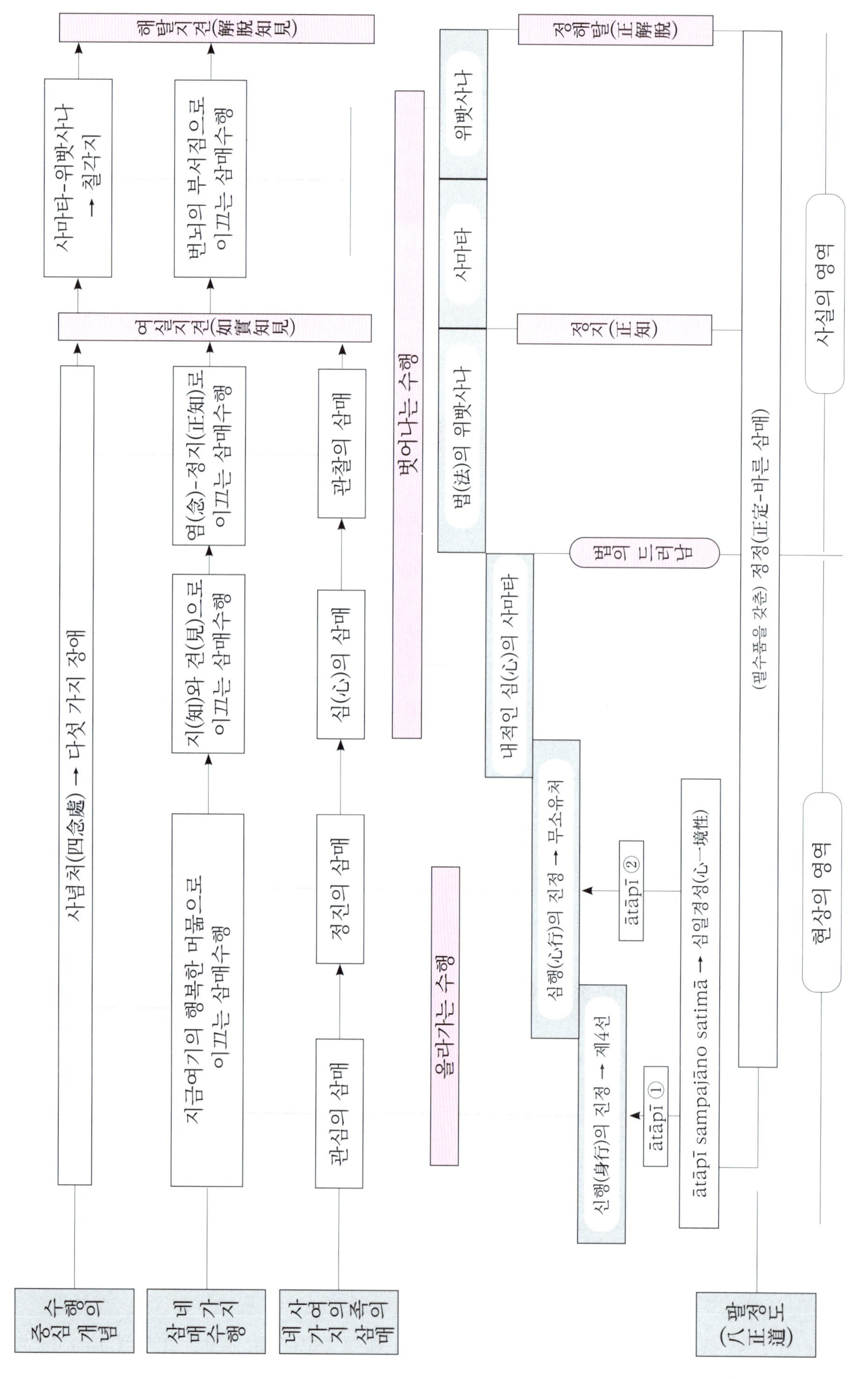

제3부

사실 – 삼법인(三法印) – 연기(緣起)

uppādā vā tathāgatānaṃ anuppādā vā tathāgatānaṃ, ṭhitāva sā dhātu dhammaṭṭhitatā dhammaniyāmatā 여래들의 출현이나 출현하지 않음을 원인으로 움직이지 않는 안정되고 확실한 원리(사실)

제1장

부처 이전의 것

사실에의 접근도(知-見)

(얼마만큼 사실에 접근했을까?)

… 인식론적 인격론 …

부처님의 가르침을 한 문장으로 압축하면

사실에 어긋난 삶(知-見)은 괴로움(苦-dukkha)을 만들고(苦集),
사실에 들어맞는 삶(知-見)은 행복(樂-sukha)을 만든다(苦滅道).

가 됩니다. 고(苦)와 고멸(苦滅)의 근거가 되는 것이 사실(전도되지 않음)이어서, 사실에의 접근도에 따라 삶은 괴로울 수도 행복할 수도 있다는 의미가 됩니다. 그렇다면 사실은 무엇입니까?

「여래들의 출현이나 출현하지 않음을 원인으로 움직이지 않는 안정되고 확실한 원리(사실)」라고 선언된 가르침이 있습니다. 여래의 출현과 무관하게 세상에 존재하고 내 삶에 적용되는 원리/이치인데, ①삼법인과 ②여기에서의 조건성인 연기입니다. 알려지지 않았지만 여래의 출현 이전에도 존재하던 것이 여래의 출현을 통해 비로소 그 존재가 세상에 알려졌다는 것입니다.

여래가 출현하지 않았을 때는 알려진 길이 없어서 아무도 고멸로 나아갈 수 없었습니다. 그러나 여래가 출현한 때에는 길이 알려졌기 때문에 배워-알고-실천하는 사람은 고멸을 실현할 수 있게 되었습니다.

여래 출현의 여부에는 이런 차이가 있습니다. 고멸의 가능성! 이것이 여래 출현의 의미입니다.

세상의 종교들은 교주(教主)와 교주 이전의 것을 제시합니다. 그리스도교의 교주가 예수라면, 예수 이전의 것은 유일신이고 창조주인 야훼/여호와이고, 이슬람교의 교주가 무함마드라면, 무함마드 이전의 것은 유일신이고 창조주인 알라입니다. 마찬가지로 불교의 교주가 부처라면, 부처 이전의 것이 있는데, 「부처의 출현 여부를 원인으로 움직이지 않는 안정되고 확실한 원리(사실)」라는 의미입니다.

위키백과에 의하면, 이슬람에서 정의하는 알라의 속성은 독존성(獨存性), 무한성(無限性), 창조성(創造性), 자비성(慈悲性)인데, 기독교에서 정의하는 여호와의 속성과도 부합한다고 할 수 있습니다.

그런데 알라 또는 여호와의 이런 속성은 인격화(人格化)된 신(神)에게 부여된 것이라고 할 수 있습니다. 반면에, 부처 이전의 것은 인격화되지 않습니다. 세상의 구성과 전개의 원리/이치이고, 이런 원리/이치가 작용하는 세상에서 중생들이 살아가는 것일 뿐, 부처는 원리/이치의 인격화를 시도하지 않습니다.

무함마드와 예수가 계시(啓示)에 의해 알라 또는 여호와에 부합한 삶을 이끌었다면[알라 또는 여호와 – (계시) → 무함마드 또는 예수], 부처는 깨달음에 의해 원리/이치에 부합한 삶을 이끈다고 할 것입니다[부처 – (깨달음) → 원리/이치].

- 예수와 무함마드에게서의 사실 – 유일신인 창조주
- 부처에게서의 사실 – 원리/이치

【교주 이전의 것으로 비교한 그리스도교-이슬람교-불교】

종교(宗教)	교주 이전		접근 방향	교주
	사실(이름)	상태		
그리스도교	야훼/여호와	인격신 - 유일신 - 창조주	계시 →	예수
이슬람교	알라			무함마드
불교	원리 [삼법인 - 연기]	인격화 않음	← 깨달음	부처

※ 대승불교에서는 법신(法身)-보신(報身)-화신(化身)의 삼신불(三身佛)을 말하는데, 원리/이치로의 부처 이전의 것에 대한 인격화 측면에서는 그리스도교/이슬람교에 접근하고, 계시보다는 깨달음을 중심에 두는 측면에서는 불교에 접근한다고 할 수 있습니다. 그러나 보신불(報身佛)에 의한 세계의 건립이나 화신불(化身佛)의 개념에서는 오히려 그리스도교/이슬람교에 대한 접근성이 크다고 말할 수 있습니다.

; 법신(法身-dhammakāya)이란 용어는 니까야에서도 발견되지만, 삼신불 사상이 말하는 법신과는 같은 의미가 아니라는 점은 주목해야 합니다.

(DN 27.2-처음에 대한 앎 경, 네 계급의 청정)에 나타나는데, 여래(如來)를 부르는 '법의 몸[법신(法身)]', '신성한 몸[범신(梵身)]', '법(法)의 존재', '신성한 존재' 등 여러 이름 가운데 하나이지 '진리(眞理) 당체(當體)'로서의 비로자나불(毗盧遮那佛)을 지시하지 않습니다. 부처님은 원리/이치를 인격화하지 않기 때문입니다.

"tumhe khvattha, vāseṭṭha, nānājaccā nānānāmā nānāgottā nānākulā agārasmā anagāriyaṃ pabbajitā. 'ke tumhe'ti — puṭṭhā samānā 'samaṇā sakyaputtiyāmhā'ti — paṭijānātha. yassa kho panassa, vāseṭṭha, tathāgate saddhā niviṭṭhā mūlajātā patiṭṭhitā daḷhā asaṃhāriyā samaṇena vā brāhmaṇena vā devena vā mārena vā brahmunā vā kenaci vā lokasmiṃ, tassetaṃ kallaṃ vacanāya — 'bhagavatomhi putto oraso mukhato jāto dhammajo dhammanimmito dhammadāyādo'ti. taṃ kissa hetu? tathāgatassa hetaṃ, vāseṭṭha, adhivacanaṃ 'dhammakāyo' itipi, 'brahmakāyo' itipi, 'dhammabhūto' itipi, 'brahmabhūto' itipi.

와셋타여, 여러 태생, 여러 이름, 여러 종족, 여러 가문의 집에서 집 없는 곳으로 출가한 그대들은 '그대들은 누구입니까?'라고 질문을 받으면 '우리는 사꺄의 아들인 사문입니다.'라고 대답해야 한다. 또한, 와셋타여, 여래에 대한 믿음이 생겨서 뿌리내리고, 확립되고, 굳건해지고, 사문이나 바라문이나 신이나 마라나 범천이나 세상의 누구에 의해서도 부서지지 않는 자는 '나는 세존(世尊)의 정통한 아들이고, 입에서 태어났고, 법에 의해 생겨났고, 법에 의해 창조되었고, 법의 후계자이다.'라고 적절하게 말해야 한다. 그 원인은 무엇인가? 와셋타여, 여래(如來)에게는 '법의 몸(法身)'이라고도, '신성한 몸(梵身)'이라고도, '법(法)의 존재'라고도 '신성한 존재'라고도 하는 이런 이름이 있다.

※ 교주 이전의 것으로 유일신/창조주를 제시하는 종교의 입장에서 부처 이전의 것으로 원리/이치를 제시하는 불교는 부처의 보는 능력이 부족해서 유일신/창조주를 보지 못한 탓이라고 할 수 있을 것입니다. 반면에 부처 이전의 것으로 원리/이치를 제시하는 불교의 입장에서 교주 이전의 것으로 유일신/창조주를 제시하는 종교는 삶의 심오함의 끝에 닿지 못하고 완전한 지와 견을 갖추지 못한 까닭에, 닿은 자리에 한계를 두고 인간의 영역과 신의 영역을 구분하는 불완전을 지적할 수 있습니다. 불교의 입장에서는 정등각(正等覺-완전한 깨달음을 성취한 자)에 의한 깨달음과 정등각 아닌 자에 의한 깨달음의 차이라고 할 것인데, 두 부류의 종교는 이렇게 차별된다고 할 것입니다.

이때, 교주 이전의 것으로 유일신/창조주를 제시하는 경우와 원리/이치를 제시하는 경우 가운데 어떤 것을 인정(공감-동의-신뢰)하는지를 믿음이라고 할 것인데, 종교(宗教) 선택의 기준입니다.

;「들어가는 글 Ⅰ. 종교는 무엇입니까?」 참조(35쪽)

그런데 이런 부처 이전의 것이 있다면, 여래의 출현은 어떤 의미를 가집니까?

고(苦)와 고멸(苦滅)을 최상위 개념으로 하는 불교에서 여래의 출현은 고멸의 가능성입니다. 알려진 길이 없어서 아무도 고멸을 실현할 수 없는 시절에서 길이 알려짐에 따라 배워-알고-실천하는 사람은 고멸을 실현할 수 있는 행운의 시절에 들어서게 된 것입니다.

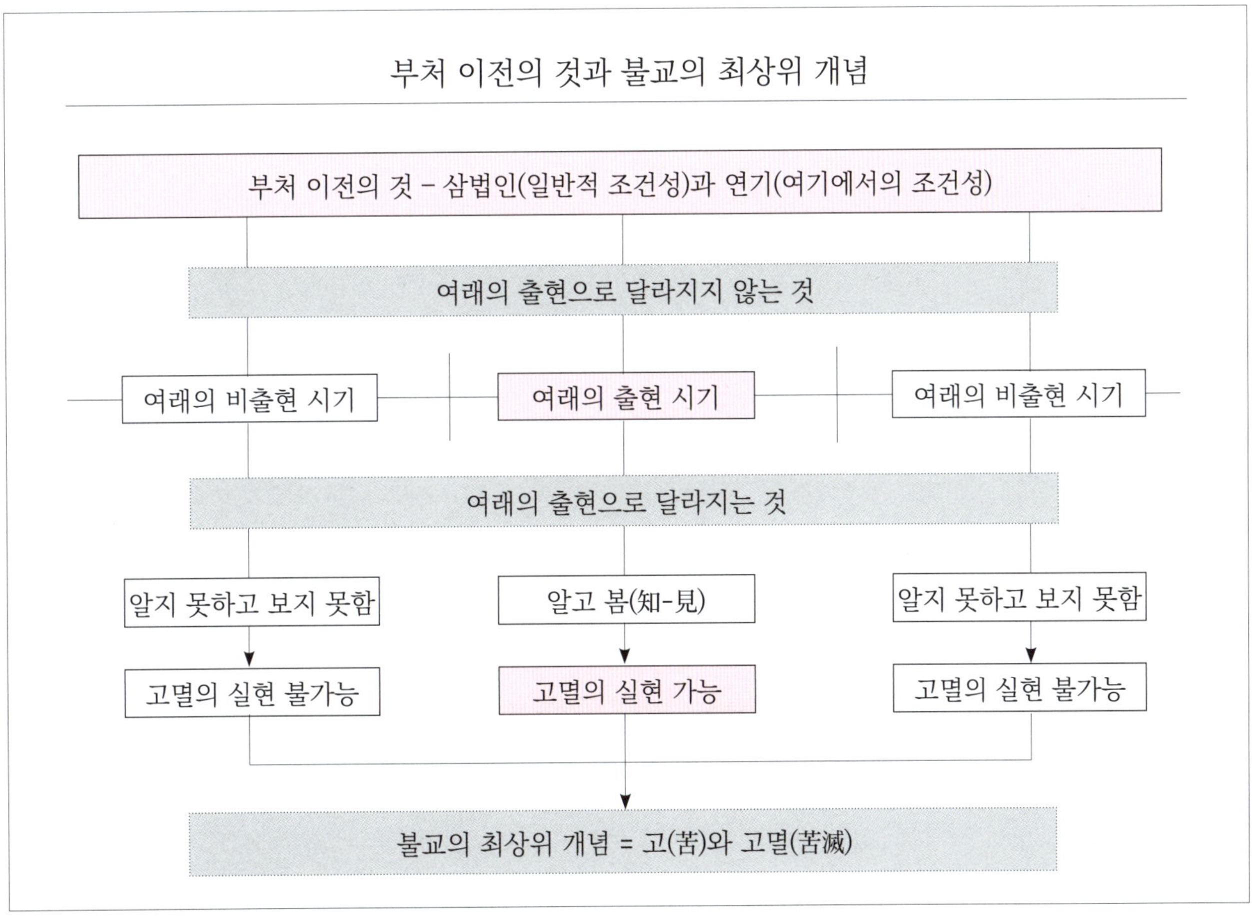

그러면 이렇게 부처 이전의 것으로 제시된 원리/이치로서의 사실은 무엇입니까?

제2장

사실① - 삼법인(三法印)

「비구들이여, '유위에서 형성된 것들은 모두 무상(無常)하다[제행무상(諸行無常)-sabbe saṅkhārā aniccā].' 라는 이 요소는 여래들의 출현이나 출현하지 않음을 원인으로 움직이지 않는 안정되고 확실한 원리(사실)이다. 여래는 이것을 깨닫고 실현하였다. 깨닫고 실현한 뒤 '유위에서 형성된 것들은 모두 무상하다.'라고 공표하고, 전달하고, 선언하고, 시작하고, 드러내고, 분석하고, 해설한다.」(AN 3.137-출현 경)

Ⅰ. 삼법인(三法印)의 용례

sabbe saṅkhārā aniccā / sabbe saṅkhārā dukkhā /sabbe dhammā anattā
유위에서 형성된 것은 모두 무상(無常)하다 / 유위에서 형성된 것은 모두 고(苦)다 / 있는 것은 모두 무아(無我)다
제행무상(諸行無常) / 제행개고(諸行皆苦) / 제법무아(諸法無我)

1. 부처 이전의 것을 소개하는 (AN 3.137-출현 경)(93쪽)은

비구들이여, '유위에서 형성된 것은 모두 무상(無常)하다[제행무상(諸行無常)-sabbe saṅkhārā aniccā].'라는 이 요소는 여래들의 출현이나 출현하지 않음을 원인으로 움직이지 않는 안정되고 확실한 원리(사실)이다. 여래는 이것을 깨닫고 실현하였다. 깨닫고 실현한 뒤 '유위에서 형성된 것은 모두 무상하다.'라고 공표하고, 전달하고, 선언하고, 시작하고, 드러내고, 분석하고, 해설한다.

라고 하는데, '유위에서 형성된 것은 모두 고(苦)다[제행개고(諸行皆苦-sabbe saṅkhārā dukkhā)]'와 '있는 것(*)은 모두 무아(無我)다[제법무아(諸法無我)-sabbe dhammā anattā)].'에 반복됩니다.

(*) '있는 것'은 존재하는 것입니다. 그러나 존재라는 용어가 연기에서 유(有-bhava)의 번역어로 번뇌의 영향 위에서 살아가는 중생이란 의미로 정착되었기 때문에 행과 열반을 포괄하는 것으로의 법을 '있는 것'이라고 차별하여 번역하였습니다. → '제법무아(諸法無我) - 있는 것은 모두 무아(無我)다.'

있는 것에 대한 이런 관점은 몇 개의 경을 통해 다른 방법으로도 표현됩니다.

2. (KN 2.20-법구경, 길 품) 277-279.

"sabbe saṅkhārā aniccā"ti, yadā paññāya passati. atha nibbindati dukkhe, esa maggo visuddhiyā.
"유위에서 형성된 것은 모두 무상하다."라고 지혜로써 볼 때 괴로움에 대해 염오한다. 이것이 청정을 위한 길이다.

"sabbe saṅkhārā dukkhā"ti, yadā paññāya passati. atha nibbindati dukkhe, esa maggo visuddhiyā.
"유위에서 형성된 것은 모두 고다."라고 지혜로써 볼 때 괴로움에 대해 염오한다. 이것이 청정을 위한 길이다.

"sabbe dhammā anattā"ti, yadā paññāya passati. atha nibbindati dukkhe, esa maggo visuddhiyā.
"있는 것은 모두 무아다."라고 지혜로써 볼 때 괴로움에 대해 염오한다. 이것이 청정을 위한 길이다.

3. (AN 1.268-277-첫 번째 품)

비구들이여, 이것은 경우가 아니고 여지가 없다. 견해를 갖춘 사람이 어떤 것이든 행(行)을 상(常)으로부터 접근할 것이라는 경우는 없다. 그러나 비구들이여, 이런 경우는 있다. 범부가 어떤 것이든 행을 상으로부터 접근할 것이라는 경우는 있다.

비구들이여, 이것은 경우가 아니고 여지가 없다. 견해를 갖춘 사람이 어떤 것이든 행을 락(樂)으로부터 접근할 것이라는 경우는 없다. 그러나 비구들이여, 이런 경우는 있다. 범부가 어떤 것이든 행을 락으로부터 접근할 것이라는 경우는 있다.

비구들이여, 이것은 경우가 아니고 여지가 없다. 견해를 갖춘 사람이 어떤 것이든 법을 아(我)로부터 접근할 것이라는 경우는 없다. 그러나 비구들이여, 이런 경우는 있다. 범부가 어떤 것이든 법을 아로부터 접근할 것이라는 경우는 있다.

4. (MN 115-많은 요소를 가진 것 경)

대덕이시여, 어떤 점에서 '경우와 경우 아님에 능숙한 비구'라고 불릴 만합니까?" "여기, 아난다여, 비구는 '이것은 경우가 아니고 여지가 없다. 견해를 갖춘 사람이 어떤 것이든 행을 상으로부터 접근할 것이라는 경우는 없다.'라고 분명히 안다. '그러나 이런 경우는 있다. 범부가 어떤 것이든 행을 상으로부터 접근할 것이라는 경우는 있다.'라고 분명히 안다. '이것은 경우가 아니고 여지가 없다. 견해를 갖춘 사람이 어떤 것이든 행을 락으로부터 접근할 것이라는 경우는 없다.'라고 분명히 안다. '그러나 이런 경우는 있다. 범부가 어떤 것이든 행을 락으로부터 접근할 것이라는 경우는 있다.'라고 분명히 안다. '이것은 경우가 아니고 여지가 없다. 견해를 갖춘 사람이 어떤 것이든 법을 아로부터 접근할 것이라는 경우는 없다.'라고 분명히 안다. '그러나 이런 경우는 있다. 범부가 어떤 것이든 법을 아로부터 접근할 것이라는 경우는 있다.'라고 분명히 안다.

5. (AN 6.93-불가능한 경우 경2)

비구들이여, 이런 여섯 가지 경우는 불가능하다. 어떤 여섯 가지인가? 견해를 갖춘 사람이 어떤 것이든 행을 상으로부터 접근하는 것은 불가능하다. 견해를 갖춘 사람이 어떤 것이든 행을 락으로부터 접근하는 것은 불가능하다. 견해를 갖춘 사람이 어떤 것이든 법을 아로부터 접근하는 것은 불가능하다. 견해를 갖춘 사람이 무간업(無間業)을 짓는 것은 불가능하다. 견해를 갖춘 사람이 길상에 신나서 청정에서 물러나는 것은 불가능하다. 견해를 갖춘 사람이 여기의 밖에서 보시받을만한 자를 찾는 것은 불가능하다.

6. (AN 7.16-무상(無常)을 이어 보는 자 경)/(AN 7.17-고(苦)를 이어 보는 자 경)/(AN 7.18-무아(無我)를 이어 보는 자 경)/(AN 7.19-열반 경) – 행들의 무상-고-무아와 열반의 락-무아를 설명

어떤 사람은 모든 행에 대해 무상을 이어 보면서 머문다. 무상의 상(想)을 가졌고, 무상을 경험한다. 끊임없이 언제나 충만하게 心을 기울이고, 혜(慧)로써 관통한다. … 모든 행에 대해 고를 이어 보면서 머문다. … 모든 법에 대해 무아를 이어 보면서 머문다. … 열반에 대해 락(즐거움-행복-고멸)을 이어 보면서 머문다. 락의 상(想)을 가졌고, 락을 경험한다. 끊임없이 언제나 충만하게 심을 기울이고, 혜로써 관통한다.

II. 법(法)과 행(行)과 열반(涅槃)의 관계 – 「법(法) = 행(行)+열반(涅槃)」

행(行) = 무상(無常) - 고(苦) → [법法) – 행(行)] = 열반 = 고멸(苦滅) = 락(樂)

있는 것을 행(行)의 영역과 법(法)의 영역으로 구분하여 행은 무상-고, 법은 무아로 특징 짓는 것입니다. 그러면 행과 법은 어떤 차이가 있습니까?

(AN 7.16-무상을 이어 보는 자 경)/(AN 7.17-고를 이어 보는 자 경)/(AN 7.18-무아를 이어 보는 자 경)/(AN 7.19-열반 경)은 이 세상의 위없는 복전(福田)인 사람들에 대해 행의 무상-고, 법의 무아, 열반의 락을 말합니다.

이때, 법은 '있는 것'입니다. 그래서 모든 법은 '있는 것 모두'를 지시하는데, 무아 즉 아인 것은 없다거나(無我) 있는 것은 모두 아가 아니라는(非我) 의미입니다. 그런데 모든 법은 수(受)로 모입니다(AN 8.83-뿌리 경)/(AN 10.58-뿌리 경). 그렇다면 이 경들은 모든 법을 고와 락(고멸)의 영역으로 구분하는 것을 알 수 있는데, 고의 영역에 있는 것은 무상이라는 설명을 담고 있습니다. 특히, 무상게(無常偈)는 행들의 무상과 행들의 가라앉음인 행복을 설명합니다.

• 무상게(無常偈)

anіccā vata saṅkhārā, uppādavayadhammino. uppajjitvā nirujjhanti, tesaṃ vūpasamo sukho

유위에서 형성된 것들은 참으로 무상하여 생겨나고 무너지는 성질을 가졌다.
생겨남을 원인으로 소멸한다. 그들의 가라앉음이 행복이다.

그렇다면 있는 것 즉 법은 모두 무아라는 공통점 위에서 ①고의 영역에 있으면서 무상을 특성으로 하는 행과 ②락의 영역에 있는 행 아닌 것(열반)으로 구성된다는 것을 알 수 있습니다. –「법(法) = 행(行)+열반(涅槃)」

부처님은 「예전에도 지금도 나는 오직 고와 고멸을 꿰뚫어 알게 한다.(MN 22-뱀의 비유 경)/(SN 22.86-아누라다 경)/(SN 44.2-아누라다 경)」라고 하는데, 고의 영역에 있는 행들의 문제를 해소하여 고멸의 영역에 있는 락인 열반을 실현하는 가르침이라는 의미입니다.

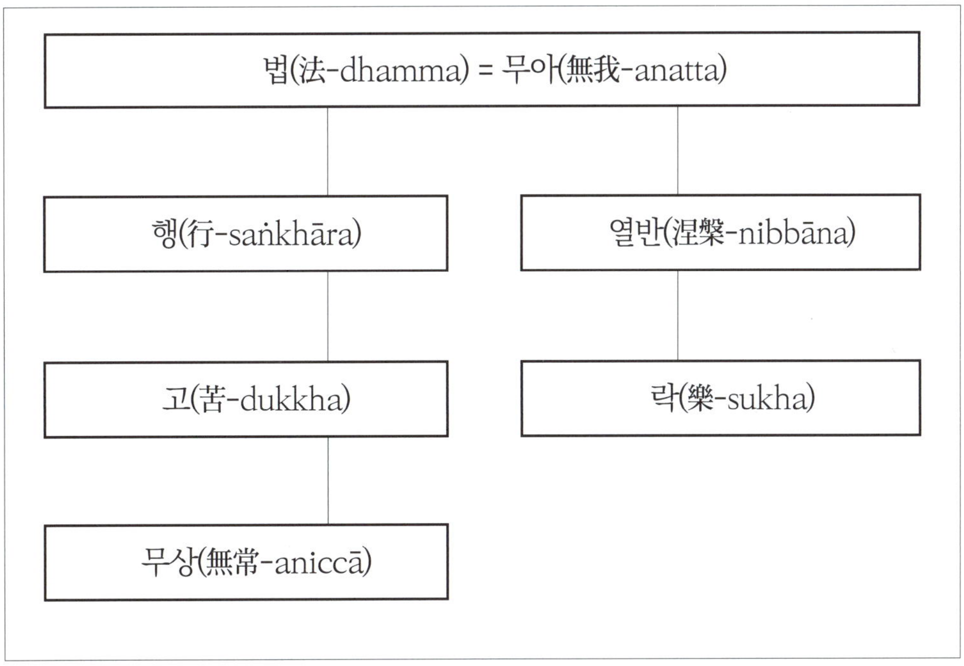

Ⅲ. 행(行-saṅkhāra) – 유위(有爲-saṅkhata)에서 형성된 것

세 가지 행(行-saṅkhāār)의 연결된 의미 : 「연기의 행 → 오온의 행 → 삼법인의 행」
; 여래가 깨닫고 실현한 법들(여래는 이것을 깨닫고 실현하였다)과 동일

[1] 「법(法) = 오온(五蘊)+열반(涅槃)」

비구들이여, 유위에서 형성한다고 해서 행(行)들이라고 불린다(saṅkhatamabhisaṅkharontīti kho, bhikkhave, tasmā 'saṅkhārā'ti vuccati)(*). 무엇을 유위에서 형성하는가? 색(色)을 색의 속성을 위해 유위에서 형성한다(abhisaṅkharoti). 수(受)를 수의 속성을 위해 유위에서 형성한다. 상(想)을 상의 속성을 위해 유위에서 형성한다. 행(行)들을 행의 속성을 위해 유위에서 형성한다. 식(識)을 식의 속성을 위해 유위에서 형성한다. 비구들이여, 유위에서 형성한다고 해서 행들이라고 불린다.(SN 22.79-삼켜버림 경)

⇒ 유위에서 형성된 것[행(行)] = 색-수-상-행들-식을 유위에서 형성한 결과
⇒ 제행(諸行) = 오온(五蘊)
⇒ 법(法) = 제행 + 열반 = 오온+열반

한편, 행(行-saṅkhāra)을 '유위에서 형성된 것'이라고 번역하였는데, '유위에서 형성한다고 해서 행들이라고 불린다.'라는 정의에서 연장되는 것입니다. (SN 43-무위 상윳따)의 경들은 탐(貪)의 부서짐(rāgakkhaya), 진(嗔)의 부서짐(dosakkhaya), 치(癡)의 부서짐(mohakkhaya)이 무위(無爲-asaṅkhata)라고 정의하기 때문에 유위(有爲)는 탐-진-치와 함께한 상태 즉 번뇌(漏-āsava)의 영향을 받는 상태를 말하고, 이런 삶을 중생(衆生-satta)이라고 부릅니다. 그리고 형성한다는 것은 어떤 과정에 의해 결과가 생겨나는 것이라고 이해하였습니다. 그러므로 행은 유위 즉 번뇌의 영향을 받는 영역에서 결과를 생겨나게 하는 어떤 과정인데, 특히, 이 경은 이런 과정에 의해 생겨나는 결과물이 색-수-상-행들-식이고, 각각의 쌓임이 색온-수온-상온-행온-식온의 오온이라고 알려줍니다.

이때, (SN 22.94-꽃 경)(96쪽)은

상(常)하고 안정되고 영원하고 변하지 않는 것인 색 … 수 … 상 … 행들 … 식은 세상에서 현자들에게 없다고 동의된 것이고, 나도 그것을 '없다'라고 말한다. ~ 무상(無常)하고 고(苦)이고 변하는 것인 색 … 수 … 상 … 행들 … 식은 세상에서 현자들에게 있다고 동의된 것이고, 나도 그것을 '있다'라고 말한다.

라고 합니다. 오온은 모두 상하고 안정되고 영원하고 변하지 않는 것이 아니라 무상하고 고이고 변하는 것이라는 설명입니다.

또한,

비구들이여, 세상에는 세상의 법이 있다. 여래는 그것을 깨닫고 실현하였다. 깨닫고 실현한 뒤에 그것을 공표하고, 전달하고, 선언하고, 시작하고, 드러내고, 분석하고, 해설한다. 비구들이여, 그러면 무엇이 세상에 있는 세상의 법이어서 여래는 그것을 깨닫고 실현하였고, 깨닫고 실현한 뒤에 그것을 공표하고, 전달하고, 선언하고, 시작하고, 드러내고, 분석하고, 해설하는가? 비구들이여, 색 … 수 … 상 … 행들 … 식은 세상에 있는 세상의 법이어

서 여래는 그것을 깨닫고 실현하였고, 깨닫고 실현한 뒤에 그것을 공표하고, 전달하고, 선언하고, 시작하고, 드러내고, 분석하고, 해설한다.

라고 하여 오온이 세상에 존재하는 법들을 포괄한다는 것을 알려줍니다.

그렇다면 유위에서 형성된 것인 행(行-saṅkhāra)은 색온-수온-상온-행온-식온의 오온이고, 무상하고 고이고 변하는 성질을 가졌다는 것을 알 수 있습니다. 그런 점에서 「법 = 행+열반」은 「법 = 오온+열반」이라고 나타낼 수 있습니다.

법(法)
- 번뇌[루(漏)] → 유위(有爲) → 행(行)들 → 무상(無常) → 고(苦)
- 무아(無我)
- 번뇌 없음[누진(漏盡)] → 무위(無爲) → 열반(涅槃) → 무상(無常)의 가라앉음 → 락(樂)

(*) (SN 22.79-삼켜버림 경)의 이 부분은 PTS본에서는 「'Saṅkhataṁ abhisaṅkhārontī' ti bhikkhave, tasmā 'saṅkhārā' ti vuccanti」로 나타납니다.

근본경전연구회는 6차 결집본에 의해 saṅkhatamabhisaṅkharontīti(saṅkhata-m-abhisaṅkharontīti)로 해석하는데, saṅkhata와 abhisaṅkharonti의 복합 관계를 처격으로 해석하여 '유위에서 형성한다고 해서 ~ '라고 번역하였는데, PTS본의 번역들과 비교하였습니다.

- 초기불전연구원 : 'Saṅkhataṁ abhisaṅkhāronti' – '형성된 것을 계속해서 형성한다.'고 해서~
- 한국빠알리성전협회 : 'Saṅkhataṁ abhisaṅkhāronti' – 유위로 조작하는 까닭으로 ~
- bhikkhu bhodhi : 'They construct the conditioned,' – '그들은 조건을 구성한다.'고 해서 ~
- thānissaro bhikkhu : 'They fabricate the fabricated, – ''그들은 만들어진 것을 만들어내고.'라고 해서 ~

이때, saṅkhārā는 행(行)들이고, saṅkhata는 유위(有爲-탐진치 있음의 상태)를 지시하는 다른 단어입니다.

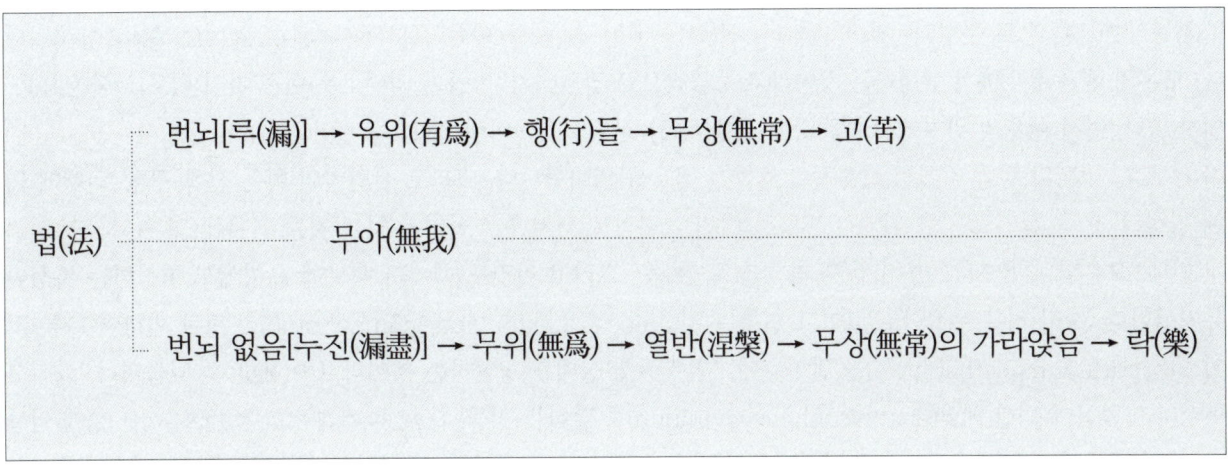

[2] 세 가지 행(行)과 행(行)의 특성

「들어가는 글 Ⅱ. 전통과 진정 [2]전통과 진정의 분기점」은 '심행(心行) = 상(想)-수(受)'를 상-수의 과정에서 심이 형성되는 작용이라고 해석하는데, 여기의 세 가지 행의 동질성 위의 차별성에 의한 교리의 체계를 이끕니다. 이 체계를 삶에 적용하면 그대로 여기에서의 조건성인 연기(십이연기)의 골격이 됩니다.

전통의 해석에서 접근할 수 없는 진정의 공부가 이끄는 전도되지 않은 지와 견의 사례입니다.

행은 불교 교리의 세 곳에서 발견되는데, ①연기와 ②오온 그리고 ③삼법인입니다(*). 연기의 행은 신행(身行)-구행(口行)-심행(心行)으로 구성되는데, 유위에서 신(身)-구(口)-심(心)을 형성하는 작용(무명을 조건으로 행들이 있다)입니다. 오온의 행은 유위에서 형성하는 것이라고 포괄적으로 정의되지만, 좁은 의미로는 여섯 가지 의도[색사(色思) ~ 법사(法思)]여서 행위의 위치에서 행해지는 신행(身行)-구행(口行)-의행(意行) 즉 신업(身業)-구업(口業)-의업(意業)이 유위 즉 번뇌의 영향 위에서 진행되는 제한적 경우를 의미합니다. 그리고 삼법인의 행은 신행-구행-의행에 의해 형성된 것 즉 번뇌의 영향 위에서 진행된 행위의 결과로 생겨난 것이어서 있는 것들 가운데 '유위에서 형성된 것'인데, 오온입니다(SN 22.79-삼켜버림 경 참조 → 386쪽). 그리고 이것도 행이기 때문에 유위에서 형성하는 특성이 유지됩니다. 여러 경은 무상하고 고이고 변하는 것(aniccā dukkhā vipariṇāmadhammā) 또는 변하여 다른 것이 됨(vipariṇāmaññathābhāvā)을 말하는데, 다른 존재 상태를 형성하는 것이라고 이해할 수 있습니다. 그리고 형성하지 않음에 의한 해탈(anabhisaṅkhaccavimutta)을 말하는 경들(SN 22.53-애착 경)/(SN 22.54-씨앗 경)에 의하면, 이런 행들의 특성인 유위에서의 형성작용이 멈추면 행 아닌 것 즉 열반이 실현된다는 것을 알 수 있습니다.

(*) 이 세 곳은 그대로 「여래는 이것을 깨닫고 실현하였다.」라고 말하는 세 개의 경과 일치합니다.

(SN 22.94-꽃 경)에 의하면, 행의 특성은 세 가지 측면으로 제시되는데 무상과 안정되지 않음과 영원하지 않음입니다. 이것을 (SN 22.78-사자 경)은 존재에게 적용하여 말합니다.

'aniccāva kira, bho, mayaṃ samānā niccamhāti amaññimha. addhuvāva kira, bho, mayaṃ samānā dhuvamhāti amaññimha. asassatāva kira, bho, mayaṃ samānā sassatamhāti amaññimha. mayampi kira, bho, aniccā addhuvā asassatā sakkāyapariyāpannā'ti.

'존자들이여, 상(常)하다고 생각했는데 참으로 우리는 무상(無常)합니다. 존자들이여, 안정되었다고 생각했는데 참으로 우리는 안정 되지 않습니다. 존자들이여, 영원하다고 생각했는데 참으로 우리는 영원하지 않습니다. 존자들이여, 참으로 우리는 무상하고, 안정되지 않고, 영원하지 않고, 유신(有身)에 속해있습니다.'

행에 대한 잘못된 관점을 상과 안정과 영원의 세 가지로 제시하면서 무상과 불안정과 영원하지 않음의 세 가지로 행의 특성을 제시해 줍니다. 그렇다면 무상은 안정 또는 영원의 측면과는 다른 측면에서 행의 특성을 설명한다는 것을 알 수 있습니다.

- 행(行)에 대한 오해 : 「상(常) → 안정 → 영원」
- 행(行)에 대한 바른 시각 : 「무상(無常) → 불안정 → 영원하지 않음」

세 가지 행(行-saṅkhārā)의 연결된 의미

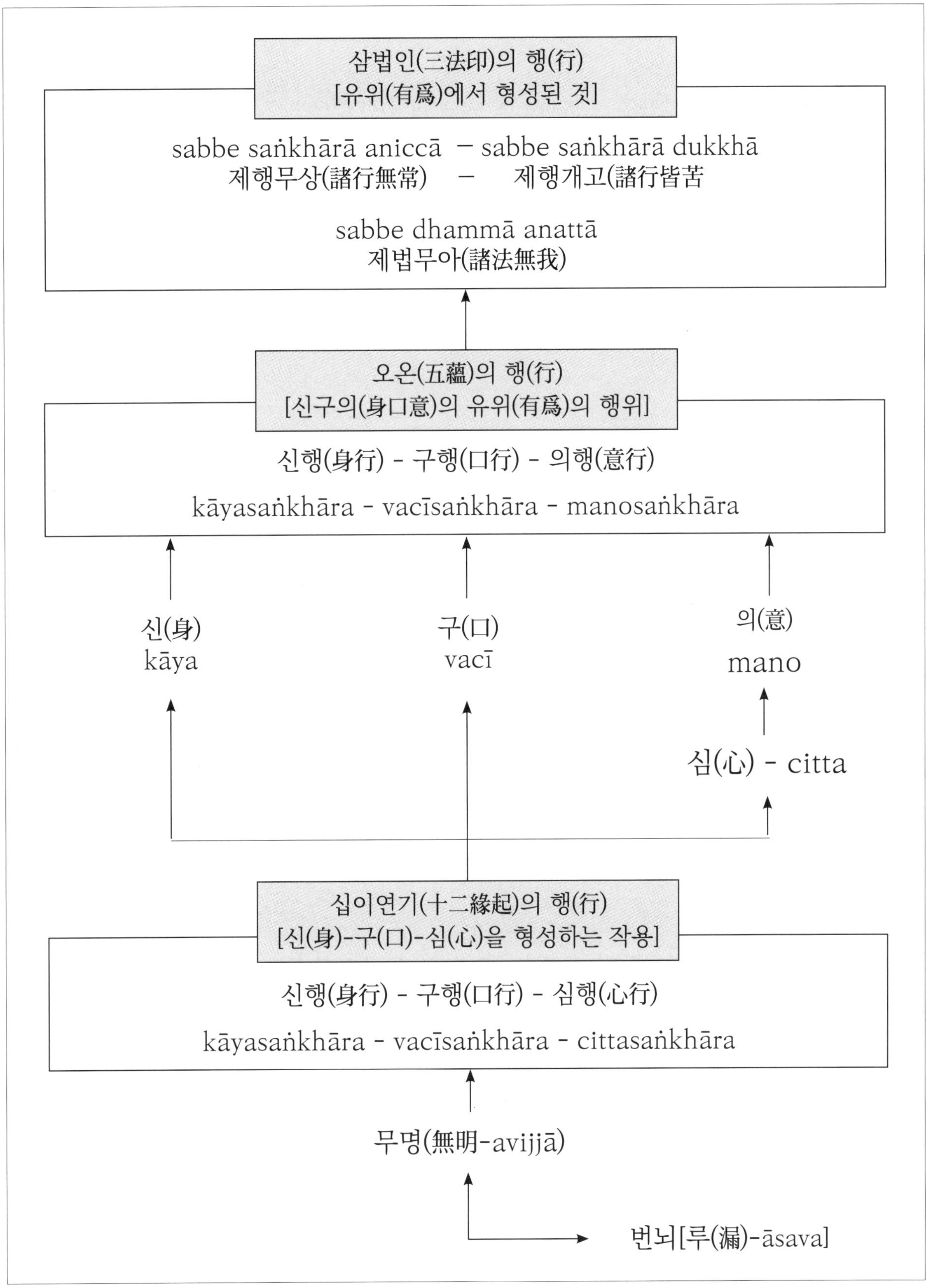

[3] 무상(無常)-고(苦)

그렇다면 무상(無常)은 무엇입니까?

(SN 15.20-웨뿔라 산 경) 등은 행(行-saṅkhāra)을 설명하는데, 무상게(無常偈)입니다.

> "aniccā vata saṅkhārā, uppādavayadhammino. uppajjitvā nirujjhanti, tesaṃ vūpasamo sukho"ti.
>
> 유위(有爲)에서 형성된 것(行)들은 참으로 무상(無常)하여 생겨나고 무너지는 성질을 가졌다. 생겨남을 원인으로 소멸한다. 그들의 가라앉음이 행복이다. (무상게)

행은 무상하고, 무상한 행은 생겨나고 무너지는 성질이 있습니다. 그래서 생겨난 것은 그 성질 때문에 소멸한다는 것입니다. 그리고 그것 즉 행들의 가라앉음이 락이라는 것인데(형성하지 않음에 의한 해탈), 역으로 말하면, 행들의 활성 상태(형성작용의 진행)는 고라는 의미입니다.

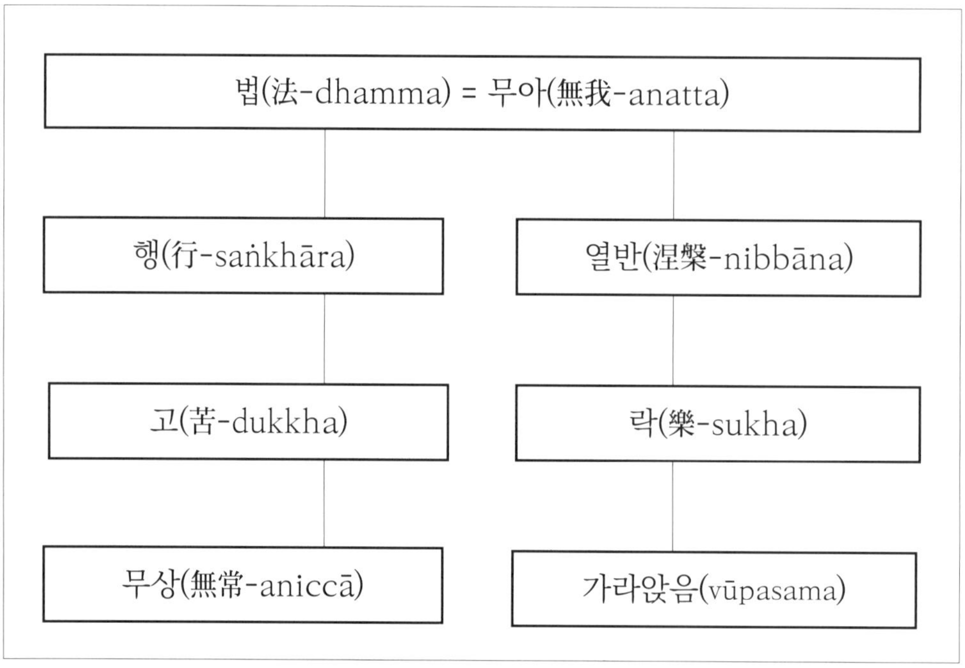

그렇다면 무상한 것인 행들의 활성 상태는 무엇이고, 그 가라앉음은 무엇입니까?

1. 무상(無常)

먼저, (SN 35.123-안의 무상의 원인 경) 등은

> 「안(眼)은 무상(無常)하다. 안의 생김을 위한 원인도 조건도 무상하다. 비구들이여, 무상에 의해 생겨난 안이 어떻게 상이 되겠는가?(육내입처(六內入處)와 육외입처(六外入處)에 반복, 무상(無常)-고(苦)-무아(無我)에 반복)」

라고 하는데, 무상한 것인 원인-조건에 의해 생겨난 결과로서의 안 등도 다시 무상하다는 것입니다. 원인-조건 즉 다양한 조건들에 의해 생겨난 것의 무상 그리고 선행하는 조건 자체의 무상입니다. 무상한 조건들이 결합해서 무

상한 결과를 만든다는 설명입니다.

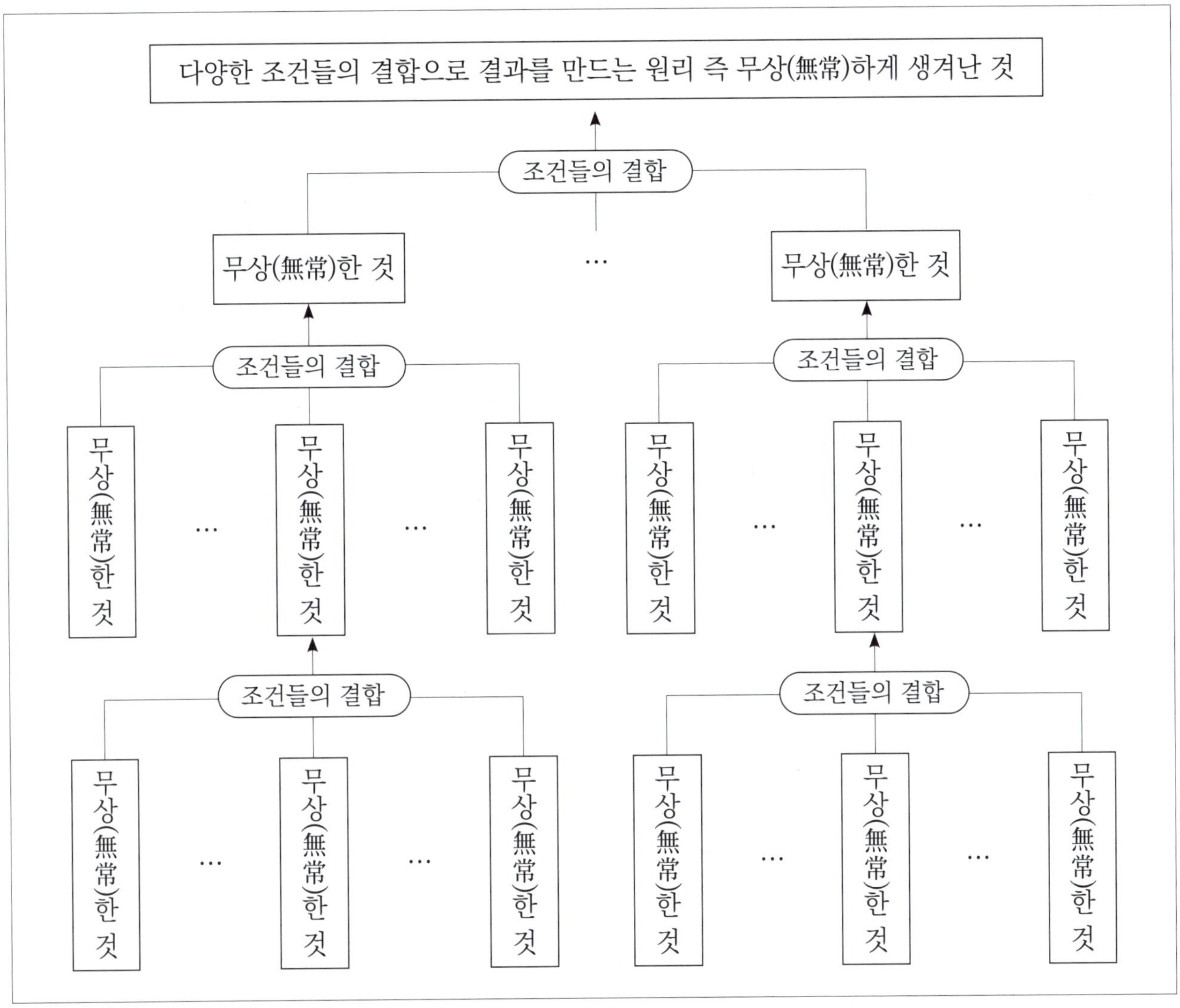

● 무상(無常) - 「무상한 것인 ①원인과 조건에 의해 생겨난 ②결과의 무상입니다. 그렇다면 상(常)하지 않은 것으로의 무상(無常)은 다양한 조건들의 결합에 의해 ①생겨나고, 조건들의 해체(다른 조건들과의 재결합에 의한 현재 상태의 상실 포함 → 다른 것이 됨)에 의해 ②무너지는 성질입니다.」

; 상(常)과 무상(無常)을 변하지 않음과 변함으로 설명하기도 하지만, (SN 22.94-꽃 경)의 설명에 의하면, 오온은 '무상하고 고고 변하는 것'입니다. 그래서 무상과 변함은 다른 관점으로 이해해야 하는데, 이런 설명이 타당성을 갖게 합니다.

; 인생무상(人生無常)도 '덧없는 인생'으로 해석하지 않아야 합니다. 인생은 덧없는 것이라기 보다는 '어떤 조건을 가지고 왔든지 거기에 새로운 조건들을 제공해 가면서 나의 삶은 달라진다(변화에의 가능성).'라는 관점으로 이해할 때 삶은 더 활기차고 능동적이고 행복으로 나아갈 수 있습니다.

한편, (AN 3.47-유위의 특징 경)은 유위 즉 행의 특성을 생겨남과 무너짐과 변화가 알려지는 것으로, (AN 3.48-무위의 특징 경)은 무위 즉 열반의 특징을 생겨남과 무너짐과 변화가 알려지지 않는 것으로 알려줍니다. 이미 생겨난 것으로의 유위와 무위에 적용되는 특성입니다.

• (AN 3.47-유위의 특징 경)

비구들이여, 유위(saṅkhata)에게 이런 세 가지 유위의 특징이 있다. 어떤 세 가지인가? 생겨남(uppādo)이 알려지고, 무너짐(vayo)이 알려지고, 머묾(상태)의 변화(ṭhitassa aññathattaṃ)가 알려진다. 비구들이여, 유위에게 이런 세 가지 특징이 있다.

• (AN 3.48-무위의 특징 경)

비구들이여, 무위(asaṅkhata)에게 이런 세 가지 무위의 특징이 있다. 어떤 세 가지인가? 생겨남이 알려지지 않고, 무너짐이 알려지지 않고, 머묾(상태)의 변화가 알려지지 않는다. 비구들이여, 무위에게 이런 세 가지 특징이 있다.

; 무상(無常)의 가라앉음에 의한 생겨남-무너짐-변화를 위한 조건의 상실에 따른 현상

그런데 행들은 오온입니다. 색-수-상-행들-식의 무더기입니다. 그러므로 행들의 무상은 색-수-상-행들-식의 무상입니다. 그렇다면 색-수-상-행들-식은 조건들의 결합에 의해 생겨나고, 조건들의 해체에 의해 무너지는 성질을 가진 것입니다.

색(色-물질)은 지(地)-수(水)-화(火)-풍(風) 사대(四大)와 사대가 결합한 것[사대조색(四大造色)]이고, 수(受-느낌/경험)는 삼사화합(三事和合) 촉(觸)에서 생기는 것이어서 색의 직접 영향을 받는 것(안촉~신촉)과 색의 직접 영향을 받지 않는 것(의촉)으로 구성됩니다. 상(想)은 행(行)에 의해 잠재하고, 식(識)은 행(行)에 의해 머뭅니다. 그리고 행(行)은 유위(有爲) 즉 전도된 상(想)의 작용성으로의 번뇌의 영역에서 진행되는 형성작용입니다. 그래서 색은 물질과 연결된 무상의 성질을 가지고, 상-행-식은 행위와 연결된 무상의 성질을 가지며, 수는 물질과 연결된 무상과 행위와 연결된 무상의 양면의 성질을 가진다는 것을 알 수 있습니다.

색은 안의 색과 밖의 색이 있는데, 안의 색은 몸[안근(眼根)-이근(耳根)-비근(鼻根)-설근(舌根)-신근(身根)]이고, 밖의 색은 색(色)-성(聲)-향(香)-미(味)-촉(觸)으로 구성된 물질 세상입니다. (AN 6.63-꿰뚫음 경)은

세상에 있는 다채로운 것들은 단지 사실로서 머물 뿐이고, 여기서 현명한 사람들은 관심(chanda)을 제어한다.

라고 하는데, 여기서 세상의 다채로운 것은 지-수-화-풍의 결합으로 무상하게 생겨난 물질 세상을 의미합니다. 그래서 물질 세상은 지-수-화-풍에 대한 공(空-공간)의 참여를 조건으로 생겨나 존재하고, 그 조건의 해체를 통해 무너집니다.

반면에 안의 색 즉 몸은 마음과 함께 나를 구성하는 요소입니다. 밖의 색은 내가 만나야 하는 세상일 뿐이지만 안의 색은 나를 구성하는 일부라는 것입니다. 그래서 밖의 색은 색의 무상이 적용되지만, 안의 색은 색의 무상에 더해 나의 무상이 함께한다는 차별을 가집니다(MN 13-괴로움 무더기 큰 경) 참조(135쪽).

상-행-식은 행위를 조건으로 생겨나고 무너집니다. 행위는 심(心)의 지향과 망-진-치 그리고 작의를 조건으로 질적 차별을 가져오는데(AN 10.47-마할리 경), 번뇌(漏-āsava)의 정도에 따라 생겨나고(중생) 무너집니다(漏盡 → 涅槃).

수는 안의 색(안근-이근-비근-설근-신근)과 밖의 색(색-성-향-미-촉)의 접점의 과정과 마음(意根)과 물질 아닌 것(法)의 접점의 과정에 대한 행위의 참여(欲貪)를 조건으로 생겨나고 무너집니다. ⇒ 「[4]행들과 고의 가라앉음 1.행(行)들의 가라앉음(vūpasama)」(214쪽)에서 상세 설명

2. 고(苦)

고(苦)에 대한 현상의 측면은 「제2부 총론 Ⅳ. 진리(眞理-sacca)」(사성제)의 고성제에서 설명하였습니다(128쪽). 여기에서는 무상에 이어지는 고의 성질의 측면을 설명하였습니다.

존재하는 것들은 이렇게 항상하지 않습니다. 오히려 다양한 조건들의 결합에 의해 생겨나고, 조건들의 해체에 의해 무너지는 무상하다는 특징을 가지고 있습니다. 그리고 결합에 참여하는 조건들의 다양성과 독립성 때문에 결합의 과정은 나의 바람대로 잘 제어되지 않는데, 결합이 제어되지 않는 현실은 결합 상태에 대한 불만족을 가져옵니다. 이렇게 나의 바람에 견주어 무상의 특징에 따르는 불만족을 고(苦)라고 하는데, 앞에서 행들의 활성 상태라고 표현한 것입니다.

특히, (SN 22.94-꽃 경)은 상(常)하고 안정되고 영원하고 변하지 않는 오온(五蘊)은 없고, 무상(無常)하고 괴롭고 변하는 오온은 있다고 하여 '안정되고 영원함'과 '고'를 대응합니다. 그래서 고는 '안정되지 않고 영원하지 않은 상태'를 지시하는데, 이것이 무상의 특징에 따르는 불만족의 근본입니다.

◐ 고(苦)의 성질(dukkhatā) 세 가지

(DN 33.6-합송경, 세 가지로 구성된 법들)/(SN 38.14-고에 대한 질문 경)/(SN 45.165-고의 성질 경)은 고고성(苦苦性-dukkhadukkhatā), 행고성(行苦性-saṅkhāra dukkhatā), 괴고성(壞苦性-vipariṇāmadukkhatā)의 세 가지 성질의 고를 설명하는데,

①삶의 과정에서 직접 경험하는 구체적 괴로움 – 고고성(苦苦性),
②무상에 따르는 생겨남의 측면에서의 불만족 – 행고성(行苦性),
③무상에 의해 생겨난 것이 자신을 유지하지 못하고 변하여 다른 것이 됨에 따르는 불만족 – 괴고성(壞苦性)

입니다.

- 무상(無常)한 것(行)의 불만족한 성질 = 행고성(行苦性)
- 무상(無常)한 것(行)의 변하는 성질 = 괴고성(壞苦性)

◐ 고(苦)의 뿌리가 되는 것 = 고를 초래하는 근본 조건 – dukkhamūla/dukkhassa mūlan/mūlaṃ dukkhassa

- dukkhamūla(고의 뿌리) – 괴로움의 뿌리인 재생의 조건(upadhidukkhamūlaṃ)/괴로움의 뿌리인 갈망(jāliniṃ dukkhamūlaṃ)(MN 116-이시길리 경)

- 'upadhi dukkhassa mūlan'ti(재생의조건은 괴로움의 뿌리이다.)

① 'upadhi dukkhassa mūlan'ti – iti viditvā nirupadhi hoti, upadhisaṅkhaye vimutto '재생의 조건은 괴로움의 뿌리이다.'라고 알아서 재생의 조건을 벗어나고, 재생의 조건을 파괴하고, 해탈한다.(MN 66-메추라기 비유 경)

② so vata bhikkhu chasu phassāyatanesu saṃvutakārī 'upadhi dukkhassa mūlan'ti — iti viditvā nirupadhi upadhisaṅkhaye vimutto upadhismiṃ vā kāyaṃ upasaṃharissati cittaṃ vā uppādessatīti — netaṃ ṭhānaṃ vijjati"ti. 육촉처(六觸處)에서 단속한 자, '재생의 조건은 괴로움의 뿌리다.'라고 이렇게 알아서 재생의 조건이 없는 자, 재생의 조건을 부수었기 때문에 해탈한 자인 그 비구가 재생의 조건 때문에 몸을 붙잡을 것이라거나 심(心)을 일으킬 것이라는 그런 경우는 없다.(MN 105-수낙캇따 경)

- mūlaṃ dukkhassa(고의 뿌리)

① chando hi mūlaṃ dukkhassa 참으로 관심은 괴로움의 뿌리이다.(SN 42.11-바드라까 경)

; 'yaṃ kiñci dukkhaṃ uppajjamānaṃ uppajjati, sabbaṃ taṃ chandamūlakaṃ chandanidānaṃ. chando hi mūlaṃ dukkhassā'ti '괴로움이 생겨난다면 어떤 것이든 모두 관심이 뿌리이고, 관심이 인연이다. 참으로 관심은 괴로움의 뿌리이다.'

② 사성제를 있는 그대로 보지 못함(DN 16.9-대반열반경, 진리 이야기)/(SN 56.21-꼬띠가마 경1)

; "catunnaṃ ariyasaccānaṃ, yathābhūtaṃ adassanā. saṃsitaṃ dīghamaddhānaṃ, tāsu tāsveva jātisu. 네 가지 성스러운 진리를 있는 그대로 보지 못했기 때문에 거듭 태어나면서 오랜 시간을 윤회하였다.

"tāni etāni diṭṭhāni, bhavanetti samūhatā. ucchinnaṃ mūlaṃ dukkhassa, natthidāni punabbhavo"ti 네 가지 성스러운 진리를 보아서 존재의 도관은 폐쇄되었다. 괴로움의 뿌리는 잘렸고, 이제 다음의 존재는 없다.

◐ 괴로움을 끝냄 – 'antamakāsi dukkhassa(괴로움을 끝냈다)'의 용례 ⇒ 별책의 중심 주제

'antamakāsi dukkhassa(괴로움을 끝냈다)'는 「acchecchi taṇhaṃ, vivattayi saṃyojanaṃ, sammā mānābhisamayā antamakāsi dukkhassā 애(愛)를 잘랐고, 족쇄를 끊었고, 자기화의 바른 관통을 통해 괴로움을 끝냈다.」의 정형된 구문으로 나타나는데, 경에 따라 다른 것이 부가되기도 합니다.

그래서 괴로움을 생겨나게 하는 근본은 애(愛-taṇhā)와 족쇄(saṃyojana)와 자기화(māna)입니다. 마찬가지, 괴로움을 끝내기 위해서는 ①애(愛)를 자르고, ②족쇄를 끊고, ③자기화를 바르게 관통하는 것이 근본입니다. → 괴로움을 끝내기 위한 필수 요소 세 가지

여러 개의 경들은 이 세 가지 위에 상황에 따라 다른 요소들을 부가하여 설명하는데, 부가되는 것의 성취가 그대로 이 세 가지 문제를 해소하고 괴로움을 끝내는 것이란 의미입니다. 별책에서 자세하게 정리하였습니다.

3. 고(苦)와 락(樂)

한편, 고(苦)와 락(樂)을 직접 설명하는 경도 있는데, (AN 10.65-행복 경1)과 (AN 10.66-행복 경2)입니다.

• (AN 10.65-행복 경1)

"도반 사리뿟따여, 무엇이 락(樂-즐거움-행복)이고, 무엇이 고(苦-괴로움)입니까?" "참으로, 도반이여, 태어남은 고이고, 태어나지 않음은 락입니다. 도반이여, 태어나면 이런 고가 예상됩니다. – 차가움, 뜨거움, 배고픔, 목마름, 똥, 오줌, 불에 닿음, 몽둥이에 닿음, 칼에 닿음이 있고, 친척과 친구가 만나고 함께 모임을 원인으로 성가십니다. 도반이여, 태어나면 이런 고가 예상됩니다.

도반이여, 태어나지 않으면 이런 락이 예상됩니다. – 차가움, 뜨거움, 배고픔, 목마름, 똥, 오줌, 불에 닿음, 몽둥이에 닿음, 칼에 닿음이 없고, 친척과 친구가 만나고 함께 모임을 원인으로 성가시지 않습니다. 도반이여, 태어나지 않으면 이런 락이 예상됩니다."

• (AN 10.66-행복 경2)

"도반 사리뿟따여, 이 법과 율에서는 무엇이 락(樂-즐거움-행복)이고, 무엇이 고(苦-괴로움)입니까?"

"참으로, 도반이여, 이 법과 율에서는 만족하지 못함(기쁘지 않음-anabhirati)이 고이고, 만족(기쁨-abhirati)이 락입니다. 도반이여, 만족하지 못할(기쁘지 않을) 때, 이런 고가 예상됩니다. – 가고 있을 때도 즐거움과 편안함을 얻지 못하고, 서 있을 때도 … 앉아 있을 때도 … 누워있을 때도 … 마을에 갔을 때도 … 숲으로 갔을 때도 … 나무 밑으로 갔을 때도 … 빈집에 갔을 때도 … 열린 장소에 갔을 때도 … 비구들 가운데로 갔을 때도 즐거움과 편안함을 얻지 못합니다. 만족하지 못할(기쁘지 않을) 때, 이런 고가 예상됩니다.

도반이여, 만족할(기쁠) 때, 이런 락이 예상됩니다. – 가고 있을 때도 즐거움과 편안함을 얻고, 서 있을 때도 … 앉아 있을 때도 … 누워있을 때도 … 마을에 갔을 때도 … 숲으로 갔을 때도 …나무 밑으로 갔을 때도 … 빈집에 갔을 때도 … 열린 장소에 갔을 때도 … 비구들 가운데로 갔을 때도 즐거움과 편안함을 얻습니다. 만족할(기쁠) 때, 이런 락이 예상됩니다."

me dhammā ajjhattaṃ appahīnā – ādīnavadassāvī
내 안에 버려지지 않은 법들에서 위험을 보겠습니다.

[4] 행(行)들과 고(苦)의 가라앉음

1. 행(行)들의 가라앉음(saṅkhārūpasama)

'무상한 행들의 가라앉음이 락(tesaṃ vūpasamo sukho)'인데, 고(苦)인 행들의 활성 상태의 해소를 가라앉음이라고 말한다고 하겠습니다.

• (KN 2.25-법구경, 비구 품)

368. mettāvihārī yo bhikkhu, pasanno buddhasāsane. adhigacche padaṃ santaṃ, saṅkhārūpasamaṃ sukhaṃ 자애로 머물고, 부처님의 가르침에서 기뻐하는 비구가 행(行)들이 가라앉아 행복한 평화로운 경지를 얻을 수 있다.

381. pāmojjabahulo bhikkhu, pasanno buddhasāsane. adhigacche padaṃ santaṃ, saṅkhārūpasamaṃ sukhaṃ 충만하게 환희하고, 부처님의 가르침에서 기뻐하는 비구가 행(行)들이 가라앉아 행복한 평화로운 경지를 얻을 수 있다.

밖의 색은 (AN 6.63-꿰뚫음 경)이 지적하듯 나의 바람과 무관하게 단지 지-수-화-풍의 결합 위에서 사실 즉 무상(無常) 가운데 머물 뿐입니다. 그런데 사람들은 그것에 대해 상(常)하기를 바라고, 그것 때문에 사실과의 괴리에 따르는 불만족(고)을 겪게 되는 것입니다. 그래서 밖의 색과 관련한 고의 해소는 상하기를 바라는 심의 작용의 제어로써 얻어지는데, 관심의 제어입니다. 이것이 밖의 색에 대한 가라앉음입니다.

안의 색은 몸이어서 마음과 함께 나를 구성하지만, 색으로서의 제약 즉 지-수-화-풍의 결합 위에서의 무상 가운데 머무는데, 늙고 병들고 죽는 것이 그것입니다. 사람들은 그것에 대해 상 즉 늙지 않고 병들지 않고 죽지 않기를 바라고, 그것 때문에 사실과의 괴리에 따르는 불만족을 겪게 됩니다. 그래서 안의 색과 관련한 고의 해소는 ①지-수-화-풍의 결합의 제어를 통한 건강의 유지와 ②상하기를 바라는 심의 작용의 제어로써 얻어지는데, 관심의 제어입니다. 이것이 안의 색에 대한 가라앉음입니다.

상-행-식은 행위를 조건으로 생겨나고 무너집니다. 행위는 심의 지향과 망-진-치 그리고 작의를 조건으로 질적 차별을 가져오는데(AN 10.47-마할리 경), 번뇌의 정도에 따라 생겨나고 무너집니다. 그래서 번뇌의 제어를 통한 행위의 질적 향상이 상-행-식의 가라앉음입니다.

수는 ①신(身)에 속한 것과 ②심(心)에 속한 것 그리고 ③촉(觸)을 조건으로 생겨나는 것이 있는데, 촉은 안팎의 색의 영역인 안촉~신촉과 색 아닌 것의 영역인 의촉으로 구성됩니다(*). 이때,

②심에 속한 것과 ③-2)의촉을 조건으로 생겨나는 것은 상-행-식의 가라앉음에 의해 가라앉고, ③-1)안촉~신촉을 조건으로 생겨나는 것은 밖의 색의 가라앉음에 의해 가라앉습니다.

그리고 ①신에 속한 것은 안의 색의 가라앉음 즉 깨달음 이후 몸이 무너져 죽은 뒤에 몸으로 가지 않음(태어나지 않음)을 통해 완전히 가라앉습니다. 그래서 아라한에게도 안의 색은 완전히 가라앉지 않았고, 신에 속한 것으로의 고의 일부는 해소되지 않고 남아있다는 것을 알 수 있습니다. -「그러나 생명을 조건으로 이 몸을 연한 육처

(六處)에 속한 것만은 비어있지 않다.(MN 121-공의 작은 경)」 또한, 이것이 두 번째 화살을 맞지 말라고 말하는 (SN 36.6-화살 경)의 첫 번째 화살의 의미입니다.

(*) (SN 48.38-분석 경3)

"pañcimāni, bhikkhave, indriyāni. katamāni pañca? sukhindriyaṃ, dukkhindriyaṃ, somanassindriyaṃ, domanassindriyaṃ, upekkhindriyaṃ.

비구들이여, 이런 다섯 가지 기능이 있다. 어떤 다섯 가지인가? 즐거움의 기능(樂根), 괴로움의 기능(苦根), 만족의 기능(喜根), 고뇌의 기능(憂根), 평정의 기능(捨根)이다.

"katamañca, bhikkhave, sukhindriyaṃ? yaṃ kho, bhikkhave, kāyikaṃ sukhaṃ, kāyikaṃ sātaṃ, kāyasamphassajaṃ sukhaṃ sātaṃ vedayitaṃ – idaṃ vuccati, bhikkhave, sukhindriyaṃ.

그러면 비구들이여, 무엇이 즐거움의 기능인가? 비구들이여, 신(身)에 속한 즐거움, 신에 속한 편안함, 신의 촉에서 생긴 즐거움과 편안함의 경험 – 이것이, 비구들이여, 즐거움의 기능이라 불린다.

"katamañca, bhikkhave, dukkhindriyaṃ? yaṃ kho, bhikkhave, kāyikaṃ dukkhaṃ, kāyikaṃ asātaṃ, kāyasamphassajaṃ dukkhaṃ asātaṃ vedayitaṃ – idaṃ vuccati, bhikkhave, dukkhindriyaṃ.

비구들이여, 그러면 무엇이 괴로움의 기능인가? 비구들이여, 신에 속한 괴로움, 신에 속한 불편함, 신의 촉에서 생긴 괴로움과 불편함의 경험 – 이것이, 비구들이여, 괴로움의 기능이라 불린다.

"katamañca, bhikkhave, somanassindriyaṃ? yaṃ kho, bhikkhave, cetasikaṃ sukhaṃ, cetasikaṃ sātaṃ, manosamphassajaṃ sukhaṃ sātaṃ vedayitaṃ – idaṃ vuccati, bhikkhave, somanassindriyaṃ.

비구들이여, 그러면 무엇이 만족의 기능인가? 비구들이여, 심(心)에 속한 즐거움, 심에 속한 편안함, 의촉에서 생긴 즐거움과 편안함의 경험 – 이것이, 비구들이여, 만족의 기능이라 불린다.

"katamañca, bhikkhave, domanassindriyaṃ? yaṃ kho, bhikkhave, cetasikaṃ dukkhaṃ, cetasikaṃ asātaṃ, manosamphassajaṃ dukkhaṃ asātaṃ vedayitaṃ – idaṃ vuccati, bhikkhave, domanassindriyaṃ.

비구들이여, 그러면 무엇이 고뇌의 기능인가? 비구들이여, 심에 속한 괴로움, 심에 속한 불편함, 의촉에서 생긴 괴로움과 불편함의 경험 – 이것이, 비구들이여, 고뇌의 기능이라 불린다.

"katamañca, bhikkhave, upekkhindriyaṃ? yaṃ kho, bhikkhave, kāyikaṃ vā cetasikaṃ vā nevasātaṃ nāsātaṃ vedayitaṃ – idaṃ vuccati, bhikkhave, upekkhindriyaṃ.

비구들이여, 그러면 무엇이 평정의 기능인가? 비구들이여, 신(身)에 속하거나 심(心)에 속한 편안함도 아니고 불편함도 아닌 경험 – 이것이, 비구들이여, 평정의 기능이라 불린다.

"tatra, bhikkhave, yañca sukhindriyaṃ yañca somanassindriyaṃ, sukhā sā vedanā daṭṭhabbā. tatra, bhikkhave, yañca dukkhindriyaṃ yañca domanassindriyaṃ, dukkhā sā vedanā daṭṭhabbā. tatra, bhikkhave, yadidaṃ upekkhindriyaṃ, adukkhamasukhā sā vedanā daṭṭhabbā. iti kho, bhikkhave, imāni pañcindriyāni pañca hutvā tīṇi honti, tīṇi hutvā pañca honti pariyāyenā"ti.

거기서, 비구들이여, 즐거움의 기능과 만족의 기능은 즐거움의 경험이라고 보아야 한다. 거기서, 비구들이여, 괴로움의 기능과 고뇌의 기능은 괴로움의 경험이라고 보아야 한다. 거기서, 비구들이여, 평정의 기능은 괴롭지도 즐겁지도 않음의 경험이라고 보아야 한다. 이런 방법으로, 비구들이여, 이 다섯 가지 기능은 다섯이면서 셋이 되고, 셋이면서 다섯이 된다.

2. 고(苦)의 가라앉음으로 이끄는 것(dukkhūpasamagāminaṃ)

- 부처님들이 드러내 보여주는 법들 = 고의 가라앉음으로 이끄는 법
- 고의 가라앉음으로 이끄는 길 = 팔정도

행들의 가라앉음은 락이어서 그대로 고멸이고 열반입니다. 그런데 고의 가라앉음을 직접 말해주는 경우도 발견되는데, 고(苦)의 가라앉음으로 이끄는 것(dukkhūpasamagāminaṃ)의 형태입니다. 그래서 락인 열반은 행들의 가라앉음에 의한 고의 가라앉음으로 실현되는 것을 알 수 있습니다.

- ariyaṃ caṭṭhaṅgikaṃ maggaṃ, dukkhūpasamagāminaṃ 고의 가라앉음으로 이끄는 여덟 요소로 구성된 성스러운 길(SN 15.10-사람 경)/(SN 22.78-사자 경)/(AN 4.33-사자 경)/(KN 2.14-법구경, 부처 품)191.

- tañca maggaṃ na jānanti, dukkhūpasamagāminaṃ 그들은 고의 가라앉음으로 이끄는 그길을 모른다 & tañca maggaṃ pajānanti, dukkhūpasamagāminaṃ 그들은 고의 가라앉음으로 이끄는 그길을 꿰뚫어 안다.(SN 56.22-꼬띠가마경2)/(KN 5.38-두 가지 관찰 경)

- "yadā ca buddhā lokasmiṃ, uppajjanti pabhaṅkarā. te imaṃ dhammaṃ pakāsenti, dukkhūpasamagāminaṃ 빛을 비추는 분인 부처님들이 세상에 출현할 때, 그 부처님들은 고의 가라앉음으로 이끄는 법을 드러내 보여준다.(AN 4.49-전도 경)

me dhammā ajjhattaṃ appahīnā – ādīnavadassāvī
내 안에 버려지지 않은 법들에서 위험을 보겠습니다.

Ⅳ. 락(樂-sukha-즐거움-행복)

(MN 44-교리문답의 작은 경)에 의하면, 고의 반대편에 있는 것은 락이고, 락의 반대편에 있는 것은 고입니다. 이때, 고의 영역과 락의 영역은 대부분 중복되는데(고와 락이 섞여 있는 상태), 고만의 영역과 락만의 영역도 있습니다.

> "도반 위사카여, 즐거움의 경험에게 대응하는 것은 괴로움의 경험입니다." "도반 위사카여, 괴로움의 경험에게 대응하는 것은 즐거움의 경험입니다." "도반 위사카여, 괴롭지도 즐겁지도 않음의 경험에게 대응하는 것은 무명입니다." → "도반 위사카여, 무명에게 대응하는 것은 명입니다." → "도반 위사카여, 명에게 대응하는 것은 해탈입니다." → "도반 위사카여, 해탈에게 대응하는 것은 열반입니다."

행들이 가라앉는 만큼 고도 가라앉고, 고가 가라앉는 만큼 락이 생겨납니다. 행들의 완전한 가라앉음은 고의 완전한 가라앉음이고, 그만큼 락만의 영역이 되는데, 열반입니다.

[1] dukkhasmiṃ과 sukhasmiṃ의 용례

> • dukkhasmiṃ : 'yaṃ kiñci vedayitaṃ, taṃ dukkhasmin'ti 경험된 것은 무엇이든지 고의 영역에 있다.
>
> • sukhasmiṃ : api ca, āvuso, yattha yattha sukhaṃ upalabbhati yahiṃ yahiṃ taṃ taṃ tathāgato sukhasmiṃ paññapetī"ti 도반들이여, 여래는 즐거움이 있는 어디에서든지 그것을 즐거움의 영역에서 설명합니다.

dukkha(苦)의 처격은 dukkhe와 dukkhasmiṃ의 두 가지가 있고, sukha(樂)의 처격은 sukhe와 sukhasmiṃ의 두 가지가 있습니다.

dukkhe는 '고에서, 고에 대한'의 의미로, sukhe는 '락에서, 락에 대한'의 의미로 많은 경에 나타납니다.

그러나 dukkhasmiṃ은

「'yaṃ kiñci vedayitaṃ, taṃ dukkhasmin'ti 경험된 것은 무엇이든지 고(苦)의 영역에 있다.」

라는 용례로만 (MN 136-업 분석의 큰 경)/(SN 12.32-깔라라 경)/(SN 36.11-한적한 곳에 감 경)에 나타나는데, 경험된 것 즉 유위인 수(受)는 모두 고의 영역에 속한다는 것을 말합니다.

sukhasmiṃ은 락의 영역의 의미로 (MN 59-많은 경험 경), (SN 36.19-빤짜깡가 경), (SN 36.20-비구 경), (DN 26-전륜성왕 경)에 나타납니다. 이때, 앞의 세 경은 상과 수가 멸한 상수멸(想受滅-saññāvedayitanirodha)을 락이라고 말하는 것에 대한 외도 유행승들의 의문에 대해 유위에 속한 수(受-경험된 것/느껴진 것-vedayita)가 멸한 자리로의 열반을 설명합니다.

그런데 아난다여, 외도 유행승들이 이렇게 말하는 경우가 있을 것이다. – '사문 고따마는 상수멸을 말했다. 그리고 즐거움의 영역에서 그것을 설명한다. 이것이 무슨 상황인가? 어떻게 이럴 수 있는가?'라고. 아난다여, 이렇게 말하는 외도 유행승들에게 이렇게 말해줘야 한다. '도반들이여, 세존께서는 즐거움의 영역에 대해서 즐거움의 경험만을 설명하지 않았습니다. 도반들이여, 여래는 즐거움이 있는 어디에서든지 그것을 즐거움의 영역에서 설명합니다(yattha yattha sukhaṃ upalabbhati yahiṃ yahiṃ taṃ taṃ tathāgato sukhasmiṃ paññapetī).'」

이렇게 상과 수가 멸한 상수멸을 다시 락이라고 말하는 것에 대한 외도 유행승들의 의문에 대해 느껴진 것 즉 유위에 속한(=무명이 스며있는) 수가 멸한 자리에 남아있는 락의 영역으로의 열반을 설명하는 것인데, '열반(涅槃)은 락(樂)'이라는 정의의 의미입니다.

; (무명이 스며있는) 수(受-vedanā) : 「무명 → 행들 → 식 → 명색 → 육입 → 촉 → 수 → 애 …」

이렇게 sukhasmiṃ 즉 락의 영역에는 즐거움의 경험(sukhaṃ vedanaṃ) 아닌 다른 것도 있다는 의미를 알 수 있습니다. 이때, 즐거움의 경험(sukhaṃ vedanaṃ)은 vedayitaṃ(느껴진 것/경험된 것)에 속하고, vedayitaṃ은 dukkhasmiṃ 즉 고의 영역에 속하는데, 무상한 행들의 특성입니다. 그리고 무상의 가라앉음에 의해 생겨나는 열반이 있는데, dukkhasmiṃ 즉 고의 영역에 속하지 않는 것이어서 락입니다. 대부분 락의 영역은 고의 영역과 중첩되는데, 이렇게 고의 영역과 중첩되지 않는 것인 열반도 즐거움의 경험(sukhaṃ vedanaṃ)과 함께 락의 영역에 속해있는 것입니다.

; 「락(樂)의 영역 = 즐거움의 경험(sukhaṃ vedanaṃ) + 열반」

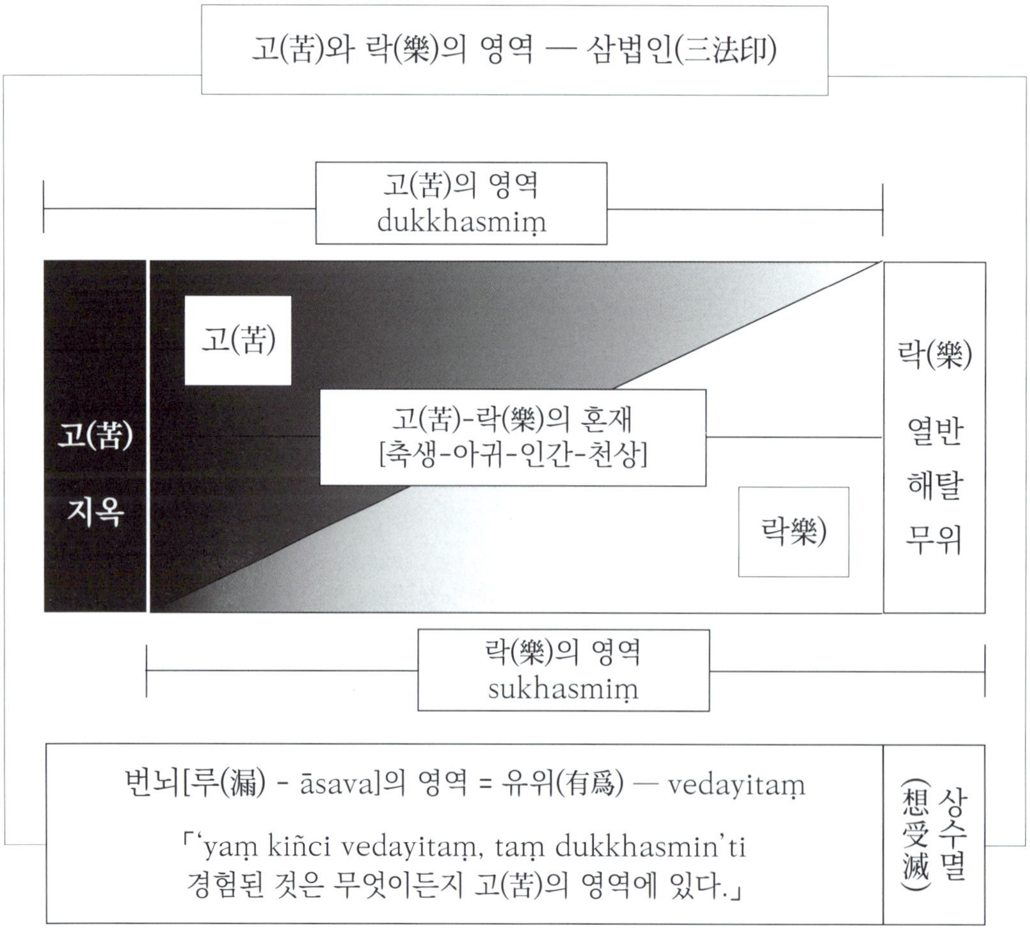

이런 이해 위에서 상수멸(想受滅-saññāvedayitanirodha)은 상(想-saññā)과 느껴진 것(vedayita)의 멸(滅-nirodha)이어서 vedayitaṃ 즉 고의 영역에 속하지 않는 열반의 멸은 포함하지 않습니다. 그래서 상수멸의 상태는 고와 락이 중첩되지 않은 열반에 있는 락의 상태이고, 이것을 '즐거움이 있는 어디에서든지 그것을 즐거움의 영역에서 설명한다.'라고 표현하는 것입니다.

그래서 sukhasmiṃ 즉 락의 영역에는 dukkhasmiṃ 즉 고의 영역인 vedayitaṃ에 속하지 않는 어떤 것으로의 열반의 락이 포함된다는 것을 알 수 있습니다.

특히, 앞에 소개한 (AN 10.65-행복 경1)과 (AN 10.66-행복 경2)가 알려주는 행복은 이런 의미에서 다시 주목해야 합니다.

- 태어남은 고(苦)이고, 태어나지 않음은 락(樂)입니다.
- 이 법과 율에서는 만족하지 못함(기쁘지 않음-anabhirati)이 고이고, 만족(기쁨-abhirati)이 락입니다.

한편, (DN 26-전륜성왕 경)은 즐거움의 영역 가운데 비구를 위한 자리로서 사선(四禪)을 제시하는데, 열반의 즐거움으로 나아가는 과정으로의 사선을 닦는 것이 비구의 행복이어야 하지 소유의 즐거움에 서지 않아야 한다는 것을 말해줍니다.

> 그러면 비구들이여, 즐거움의 영역에서 비구를 위한 것은 무엇인가? 여기, 비구들이여, 비구는 소유의 삶에서 벗어나고, 불선법들에서 벗어나서, 위딱까가 있고 위짜라가 있고 떨침에서 생긴 기쁨과 즐거움의 초선을 성취하여 머문다. … 제4선을 성취하여 머문다. 이것이, 비구들이여, 즐거움의 영역에서 비구를 위한 것이다.

이렇게 즐거움에서는 무위 즉 번뇌의 영향에서 벗어난 열반의 즐거움으로 나아가는 과정에 주목해야 하는데, 즐거움의 영역 가운데 비구를 위한 자리로서 제시되는 개발된 느낌(nirāmisā vedanā)입니다.

me dhammā ajjhattaṃ appahīnā – ādīnavadassāvī
내 안에 버려지지 않은 법들에서 위험을 보겠습니다.

[2] 개발된 느낌(nirāmisā vedanā)

개발된 느낌(nirāmisā vedanā) - āmisā는 개발되지 않은 것(original, raw)의 의미인데, sa-를 접두하면 sāmisā(개발되지 않은 것)이고, nir-를 접두하면 nirāmisā(개발되지 않은 것이 아님 즉 개발된 것)입니다. 그래서 수행의 과정에서 심(心)이 잘 집중될 때부터 생겨나는, 일상에서는 경험되지 않는 특별한 느낌을 개발된 느낌(nirāmisā vedanā)이라고 부릅니다.

◐ 개발된 느낌(nirāmisā vedanā)의 용례

1) 행복(락-즐거움)의 종류 - (AN 2.65-77-행복 품) - 두 가지로 대응하는 행복 13가지

• 비구들이여, 이런 두 가지 행복이 있다. 어떤 두 가지인가? 재가자의 행복(gihisukha)과 출가자의 행복(pabbajitasukha)이다. 비구들이여, 이런 두 가지 행복이 있다. 비구들이여, 이 두 가지 행복 중에 출가자의 행복이 으뜸이다.

• 비구들이여, 이런 두 가지 행복이 있다. 어떤 두 가지인가? 소유의 행복(kāmasukha)과 출리의 행복(nekkhammasukha)이다. 비구들이여, 이런 두 가지 행복이 있다. 비구들이여, 이 두 가지 행복 중에 출리의 행복이 으뜸이다.

• 비구들이여, 이런 두 가지 행복이 있다. 어떤 두 가지인가? 재생의 조건에서의 행복(upadhisukha)과 재생의 조건에서 벗어난 행복(nirupadhisukha)이다. 비구들이여, 이런 두 가지 행복이 있다. 비구들이여, 이 두 가지 행복 중에 재생의 조건에서 벗어난 행복이 으뜸이다.

• 비구들이여, 이런 두 가지 행복이 있다. 어떤 두 가지인가? 번뇌와 함께하는 행복(sāsavasukha)과 번뇌와 함께하지 않는 행복(anāsavasukha)이다. 비구들이여, 이런 두 가지 행복이 있다. 비구들이여, 이 두 가지 행복 중에 번뇌와 함께하지 않는 행복이 으뜸이다.

• 비구들이여, 이런 두 가지 행복이 있다. 어떤 두 가지인가? 개발되지 않은 행복(sāmisa sukha)과 개발된 행복(nirāmisa sukha)이다. 비구들이여, 이런 두 가지 행복이 있다. 비구들이여, 이 두 가지 행복 중에 개발된 행복이 으뜸이다.

• 비구들이여, 이런 두 가지 행복이 있다. 어떤 두 가지인가? 성스러운 행복(ariyasukha)과 성스럽지 않은 행복(anariyasukha)이다. 비구들이여, 이런 두 가지 행복이 있다. 비구들이여, 이 두 가지 행복 중에 성스러운 행복이 으뜸이다.

• 비구들이여, 이런 두 가지 행복이 있다. 어떤 두 가지인가? 신(身)에 속한 행복(kāyika sukha)과 심(心)에 속한 행복(cetasika sukha)이다. 비구들이여, 이런 두 가지 행복이 있다. 비구들이여, 이 두 가지 행복 중에 심(心)에 속한 행복이 으뜸이다.

• 비구들이여, 이런 두 가지 행복이 있다. 어떤 두 가지인가? 희열이 함께한 행복(sappītika sukha)과 희열이 함

께하지 않는 행복(nippītika sukha)이다. 비구들이여, 이런 두 가지 행복이 있다. 비구들이여, 이 두 가지 행복 중에 희열이 함께하지 않는 행복이 으뜸이다.

• 비구들이여, 이런 두 가지 행복이 있다. 어떤 두 가지인가? 편안함의 행복(sātasukha)과 평정의 행복(upekkhāsukha)이다. 비구들이여, 이런 두 가지 행복이 있다. 비구들이여, 이 두 가지 행복 중에 평정의 행복이 으뜸이다.

• 비구들이여, 이런 두 가지 행복이 있다. 어떤 두 가지인가? 삼매의 행복(samādhisukha)과 삼매 아닌 행복(asamādhisukha)이다. 비구들이여, 이런 두 가지 행복이 있다. 비구들이여, 이 두 가지 행복 중에 삼매의 행복이 으뜸이다.

• 비구들이여, 이런 두 가지 행복이 있다. 어떤 두 가지인가? 희열이 함께함에 토대한 행복(sappītikārammaṇa sukha)과 희열이 함께하지 않음에 토대한 행복(nippītikārammaṇa sukha)이다. 비구들이여, 이런 두 가지 행복이 있다. 비구들이여, 이 두 가지 행복 중에 희열이 함께하지 않음에 토대한 행복이 으뜸이다.

• 비구들이여, 이런 두 가지 행복이 있다. 어떤 두 가지인가? 편안함에 토대한 행복(sātārammaṇa sukha)과 평정에 토대한 행복(upekkhārammaṇa sukha)이다. 비구들이여, 이런 두 가지 행복이 있다. 비구들이여, 이 두 가지 행복 중에 평정에 토대한 행복이 으뜸이다.

• 비구들이여, 이런 두 가지 행복이 있다. 어떤 두 가지인가? 색(色)에 토대한 행복(rūpārammaṇañca sukha)과 무색(無色)에 토대한 행복(arūpārammaṇa sukha)이다. 비구들이여, 이런 두 가지 행복이 있다. 비구들이여, 이 두 가지 행복 중에 무색에 토대한 행복이 으뜸이다.

2) 느낌의 6 또는 9가지 분류

• 6가지 분류 : (AN 6.63-꿰뚫음 경)

비구들이여, 무엇이 경험들의 차별(vedanānaṃ vemattatā)인가? 비구들이여, 개발되지 않은 즐거움의 경험(sāmisā sukhā vedanā)이 있고, 개발된 즐거움의 경험(nirāmisā sukhā vedanā)이 있다. 개발되지 않은 괴로움의 경험(sāmisā dukkhā vedanā)이 있고, 개발된 괴로움의 경험(nirāmisā dukkhā vedanā)이 있다. 개발되지 않은 괴롭지도 즐겁지도 않음의 경험(sāmisā adukkhamasukhā vedanā)이 있고, 개발된 괴롭지도 즐겁지도 않음의 경험(nirāmisā adukkhamasukhā vedanā)이 있다. 비구들이여, 이것이 경험들의 차별이라고 불린다.

• 9가지 분류 : 수념처(受念處) – (DN 22/MN 10-대념처경)

비구들이여, 어떻게 비구가 경험[수(受)]에서 경험을 이어 보면서 머무는가? 비구들이여, 여기 비구는 ①즐거운 느낌을 경험하면서 '즐거운 느낌을 경험한다(sukhaṃ vedanaṃ vedayāmī).'라고 분명히 안다(pajānāti). ②괴로운 느낌을 경험하면서 '괴로운 느낌을 경험한다(dukkhaṃ vedanaṃ vedayāmī).'라고 분명히 안다. ③괴롭지도 즐겁지도 않은 느낌을 경험하면서 '괴롭지도 즐겁지도 않은 느낌을 경험한다(adukkhamasukhaṃ vedanaṃ vedayāmī).'라고 분명히 안다. ④개발되지 않은 즐거운 느낌을 경험하면서 '개발되지 않은 즐거운 느낌을 경험한다(sāmisaṃ sukhaṃ vedanaṃ vedayāmī).'라고 분명히 안다. ⑤개발된 즐거운 느낌을 경험하면서 '개발된 즐거운 느낌을 경험한다(nirāmisaṃ sukhaṃ vedanaṃ vedayāmī).'라고 분명히 안다. ⑥개발되지 않은 괴로운 느낌을 경험하면서 '개발되지 않은 괴로운 느낌을 경험한다(sāmisaṃ dukkhaṃ vedanaṃ vedayāmī).'라고 분명히 안다. ⑦개발된 괴로운 느낌을 경험하면서 '개발된 괴로운 느낌을 경험한다(nirāmisaṃ dukkhaṃ vedanaṃ vedayāmī).'라고 분명히 안다. ⑧개발되지 않은 괴롭지도 즐겁지도 않은 느낌을 경험하면서 '개발되지 않은 괴롭지도 즐겁지도 않은 느낌을 경험한다(sāmisaṃ adukkhamasukhaṃ vedanaṃ vedayāmī).'라고 분명히 안다. ⑨개발된 괴롭지도 즐겁지도 않은 느낌을 경험하면서 '개발된 괴롭지도 즐겁지도 않은 느낌을 경험한다(nirāmisaṃ adukkhamasukhaṃ vedanaṃ vedayāmī).'라고 분명히 안다.

; 9가지로 분류돼 있지만, 사념처의 수념처에서 이 경험은 락-고-불고불락의 3개의 조각으로 구성된 것입니다. 3가지 조각 가운데 어떤 것을 대상으로 이어보는 과정에서 개발된 것인지 개발되지 않은 것인지 분명히 아는 것이 수념처 수행의 기법입니다.

• 9가지 분류 – (SN 36.14-숙소 경)

예를 들면, 비구들이여, 손님을 위한 숙소가 있다. 거기에는 동쪽에서 와서 머물기도 하고, 서쪽에서 와서 머물기도 하고, 북쪽에서 와서 머물기도 하고, 남쪽에서 와서 머물기도 한다. 끄샤뜨리야들이 와서 머물기도 하고, 바라문들이 와서 머물기도 하고, 와이샤들이 와서 머물기도 하고, 수드라들이 와서 머물기도 한다. 이처럼, 비구들이여, 이 몸에도 다양한 느낌들이 생긴다. 즐거운 느낌(sukhā vedanā)이 생기기도 하고, 괴로운 느낌(dukkhā vedanā)이 생기기도 하고, 괴롭지도 즐겁지도 않은 느낌(adukkhamasukhā vedanā)이 생기기도 한다. 개발되지 않은 즐거운 느낌(sāmisā sukhā vedanā)이 생기기도 하고, 개발되지 않은 괴로운 느낌(sāmisā dukkhā vedanā)이 생기기도 하고, 개발되지 않은 괴롭지도 즐겁지도 않은 느낌(sāmisā adukkhamasukhā vedanā)이 생기기도 한다. 개발된 즐거운 느낌(nirāmisā sukhā vedanā)이 생기기도 하고, 개발된 괴로운 느낌(nirāmisā dukkhā vedanā)이 생기기도 하고, 개발된 괴롭지도 즐겁지도 않은 느낌(nirāmisā adukkhamasukhā vedanā)이 생기기도 한다.

3) 다섯 가지 앎을 가진 바른 삼매 – 성스럽고 개발된 삼매

• (DN 34.6-십상경, 다섯 가지 법)

무엇이 일어나게 해야 하는 다섯 가지 법인가? 다섯 가지 앎을 가진 바른 삼매이다. – '이 삼매는 현재의 즐거움과 미래의 즐거운 보(報)가 있다.'라는 개별적인 앎이 생긴다. '이 삼매는 성스럽고 개발된 것이다(ayaṃ samādhi ariyo nirāmiso).'라는 개별적인 앎이 생긴다. '이 삼매는 훌륭한 사람이 실천하는 것이다.'라는 개별적인 앎이 생긴다. '이 삼매는 평화롭고 뛰어나고 진정을 얻고 단일한 상태에 도달한 삼매이지 행에 의해 제한되고 장애가 있는 삼매가 아니다.'라는 개별적인 앎이 생긴다. '나는 사띠하면서 이 삼매를 증득하고 사띠하면서 나온다.'라는 개별적인 앎이 생긴다. 이것이 일어나게 해야 하는 다섯 가지 법이다.

• (AN 5.27-삼매 경)

비구들이여, 신중함과 밀착된 사띠를 가진 자가 되어 무량한 삼매를 닦아라(samādhiṃ, bhikkhave, bhāvetha appamāṇaṃ nipakā patissatā). 무량한 삼매를 닦은 신중하고 밀착된 사띠를 가진 자에게 개별적으로 다섯 가

지 앎이 생긴다. 어떤 다섯인가? '이 삼매는 현재의 즐거움과 미래의 즐거운 보(報)가 있다.'라는 개별적인 앎이 생긴다. '이 삼매는 성스럽고 개발된 것이다(ayaṃ samādhi ariyo nirāmiso).'라는 개별적인 앎이 생긴다. '이 삼매는 훌륭한 사람이 실천하는 것이다.'라는 개별적인 앎이 생긴다. '이 삼매는 평화롭고 뛰어나고 진정을 얻고 단일한 상태에 도달한 삼매이지 행에 의해 제한되고 장애가 있는 삼매가 아니다.'라는 개별적인 앎이 생긴다. '나는 사띠하면서 이 삼매를 증득하고 사띠하면서 나온다.'라는 개별적인 앎이 생긴다. 비구들이여, 신중함과 밀착된 사띠를 가진 자가 되어 무량한 삼매를 닦아라. 무량한 삼매를 닦은 신중하고 밀착된 사띠를 가진 자에게 개별적으로 이런 다섯 가지 앎이 생긴다.

4) (MN 102-다섯이면서 셋 경)

「여읨의 희열(pavivekaṃ pītiṃ) → 개발된 느낌인 행복(nirāmisaṃ sukhaṃ) → 괴롭지도 즐겁지도 않은 느낌(adukkhamasukhaṃ vedanaṃ) → '나는 평화롭고, 나는 꺼졌고, 나는 집착이 없다.' - 열반(涅槃)에 적합한 실천」

⇒ 「[3] 락(樂)의 영역에서의 진보」

5) 희각지(喜覺支) – (MN 118-입출식념경)/(SN 46.3-계 경)/(SN 54.13-아난다 경1)/(SN 54.16-비구 경2)

열심히 정진하는 자에게 개발된 느낌인 희열(pīti nirāmisā)이 생긴다. 비구들이여, 열심히 정진하는 비구에게 개발된 느낌인 희열이 생길 때, 비구에게 희각지(喜覺支-pītisambojjhaṅgo)가 시작된다. 그때 비구는 희각지를 닦는다. 그때 비구에게 희각지는 닦아져 완성된다.

6) (SN 36.31-개발된 것 경)

비구들이여, 개발되지 않은 희열(sāmisā pīti)이 있고, 개발된 희열(nirāmisā pīti)이 있고, 개발된 것보다 더 개발된 희열(nirāmisā nirāmisatarā pīti)이 있다. 개발되지 않은 행복(sāmisaṃ sukhaṃ)이 있고, 개발된 행복(nirāmisaṃ sukhaṃ)이 있고, 개발된 것보다 더 개발된 행복(nirāmisā nirāmisataraṃ sukhaṃ)이 있다. 개발되지 않은 평정(sāmisā upekkhā)이 있고, 개발된 평정(nirāmisā upekkhā)이 있고, 개발된 것보다 더 개발된 평정(nirāmisā nirāmisatarā upekkhā)이 있다. 개발되지 않은 해탈(sāmiso vimokkho)이 있고, 개발된 해탈(nirāmiso vimokkho)이 있고, 개발된 것보다 더 개발된 해탈(nirāmisā nirāmisataro vimokkho)이 있다.

7) 기타 용례 – (AN 6.45-빚 경)

그와 같이 성스러운 율에서 믿음(saddhā)이 확고하고, 자책의 두려움이 있고(hirīmano), 타책의 두려움이 있고(ottappī), 지혜롭고(paññavā), 계로 단속하는(sīlasaṃvuto) 사람은 개발된 느낌인 행복(nirāmisaṃ sukhaṃ)을 얻고 평정(upekkhaṃ)에 확고하여 성스러운 율에서 행복하게 사는 자(sukhajīvī)라고 불린다.

8) 이외에 (SN 1.50/SN 2.24-가띠까라 경)에서도 nirāmiso가 나타나는데 '성적 욕망에서 벗어난'의 의미입니다.

[3] 락(樂)의 영역에서의 진보 – 행복에 의해 행복이 얻어지는 과정

(MN 85-보디 왕자경)에서 보디 왕자는 '참으로 행복에 의해 행복은 얻어지지 않는다. 참으로 괴로움에 의해 행복은 얻어진다.'라는 생각(인도 전통의 관념)을 말하고, 부처님은 깨달음 이전, 수행의 과정을 소개합니다.

– ①소유의 삶의 극복 즉 삼매의 성취 → ②괴로움의 경험(苦行)이 존재의 삶의 해소를 위한 바른길이 아님을 확인 → ③괴로움의 미경험(=행복의 경험) 위에서 진행되는 삼매 수행으로의 팔정도(八正道)를 찾아서 깨달음을 성취하는 과정 ⇒ '삼매 가는 길 –「환희 → 희열 → 진정 → 행복 → 삼매」' 참조(230쪽)

고행(苦行)의 극복이 괴로움에 의해 행복이 얻어진다는 선입관을 해소하고 행복에 의해 행복이 얻어지는 과정(행복으로 더 큰 행복을 일구는 과정)으로의 불교를 부처님 깨달음의 과정을 통해 확인해 주는 것입니다.

1. 여읨의 희열(pavivekaṃ pītiṃ)

1) (AN 3.94-여읨(paviveka) 경) – 세 가지 여읨 : 계의 경시가 버려짐 → 삿된 견해가 버려짐 → 번뇌들의 버려짐

비구들이여, 외도 유행승들은 이런 세 가지 여읨을 선언한다. 어떤 세 가지인가? 가사의 여읨, 탁발 음식의 여읨, 거처의 여읨이다.

거기서, 비구들이여, 외도 유행승들은 가사의 여읨에 대해 선언한다. 그들은 삼베로 만든 옷을 입고, 거친 천으로 만든 옷을 입고, 송장을 쌌던 천을 입고, 분소의를 입고, 노린재 나무껍질로 만든 옷을 입고, 영양 가죽을 입고, 영양 가죽으로 만든 망토를 입고, 꾸사 풀로 만든 옷을 입고, 나무껍질로 만든 옷을 입고, 판자로 만든 옷을 입고, 머리털로 만든 담요를 입고, 말의 털로 만든 담요를 입고, 올빼미 털로 만든 옷을 입는다. 비구들이여, 이렇게 외도 유행승들은 가사의 여읨에 대해 선언한다.

거기서, 비구들이여, 외도 유행승들은 탁발 음식의 여읨에 대해 선언한다. 그들은 채소를 먹고, 수수를 먹고, 생쌀을 먹고, 연한 뼈를 먹고, 수초를 먹고, 겨를 먹고, 뜨물을 먹고, 깻가루를 먹고, 풀을 먹고, 쇠똥을 먹고, 나무뿌리와 열매의 자량과 떨어진 열매를 먹으며 삶을 유지한다. 비구들이여, 이렇게 외도 유행승들은 탁발 음식의 여읨에 대해 선언한다.

거기서, 비구들이여, 외도 유행승들은 거처의 여읨에 대해 선언한다. 그들은 숲속이나 나무 아래나 묘지나 밀림이나 노지나 짚더미나 왕겨저장소이다. 비구들이여, 이렇게 외도 유행승들은 거처의 여읨에 대해 선언한다.

그런데 비구들이여, 이 법과 율에는 비구를 위한 이런 세 가지 여읨이 있다. 어떤 세 가지인가? 여기, 비구들이여, 비구는 계를 중시한다. 계의 경시가 버려짐에 의해 벗어난다. 바른 견해를 가진다. 삿된 견해가 버려짐에 의해 벗어난다. 번뇌가 다한다. 번뇌들의 버려짐에 의해 벗어난다. 비구들이여, 비구가 '계를 중시한다. 계의 경시가 버려짐에 의해 벗어났다. 바른 견해를 가진다. 삿된 견해가 버려짐에 의해 벗어났다. 번뇌가 다한다. 번뇌들의 버려짐에 의해 벗어났다.'라고 할 때, 비구들이여, 이것이 '비구는 으뜸을 얻고, 정수를 얻고, 청정해지고, 정수에 확고히 섰다.'라고 불린다.

2) (AN 5.176-희열(pīti) 경)

"장자여, 그대들은 가사와 탁발 음식과 거처와 병의 조건으로부터 필요한 약품으로 비구 상가를 섬긴다. 장자여, '우리는 가사와 탁발 음식과 거처와 병의 조건으로부터 필요한 약품으로 비구 상가를 공양한다.'라는 것만으로 기뻐하지 않아야 한다. 그러므로 장자여, '우리는 적절한 때에 여읨의 희열을 성취하여 머물고 있는가?('kinti mayaṃ kālena kālaṃ pavivekaṃ pītiṃ upasampajja vihareyyāmā'ti!)' 라고 공부해야 한다. 장자여, 그대들은 이렇게 공부해야 한다.

이렇게 말했을 때 사리뿟따 존자가 이렇게 말했다. - "대덕이시여, 참으로 놀랍습니다. 대덕이시여, 참으로 신기합니다. 대덕이시여, 세존께서는 이렇게 잘 말씀하셨습니다. - '장자여, 그대들은 가사와 … 그대들은 이렇게 공부해야 한다.'라고. 대덕이시여, 성스러운 제자가 여읨의 희열을 성취하여 머물 때(yasmiṃ, bhante, samaye ariyasāvako pavivekaṃ pītiṃ upasampajja viharati), 다섯 가지 상태가 없습니다. 그때 소유와 연결된 고와 고뇌가 없습니다. 그때 소유와 연결된 락과 만족이 없습니다. 그때 불선(무익)과 연결된 고와 고뇌가 없습니다. 그때 불선(무익)과 연결된 락과 만족이 없습니다. 그때 선(유익)과 연결된 고와 고뇌가 없습니다. 대덕이시여, 성스러운 제자가 여읨의 희열을 성취하여 머물 때, 이런 다섯 가지 상태가 없습니다(*)."라고.

(*) 선(유익)과 연결된 락과 만족만이 있다는 뜻 - 소유와 고행의 두끝에 접근하지 않고 중도를 실천하는 장면

"훌륭하고 훌륭하다, 사리뿟따여. 성스러운 제자가 여읨의 희열을 성취하여 머물 때, 다섯 가지 상태가 없다. 그때 소유와 연결된 고와 고뇌가 없다… 사리뿟따여, 성스러운 제자가 여읨의 희열을 성취하여 머물 때, 이런 다섯 가지 상태가 없다."

2. 소유의 삶과 다르고 불선법과 다른 희열 - 풀과 나무토막의 연료 없이 불이 일어나는 비유

1) (MN 99-수바 경)

그것을 어떻게 생각합니까, 젊은 바라문이여? 풀과 나무토막의 연료를 연(緣)하여 불을 일으킨 것과 풀과 나무토막의 연료 없이 불을 일으킨 것 중에 어떤 불이 화염과 색채와 빛이 있겠습니까?" "고따마 존자여, 만약 풀과 나무토막의 연료 없이 불을 일으킬 수 있다면 그 불이 화염과 색채와 빛이 있겠습니다." "젊은 바라문이여, 신통력 외에는 풀과 나무토막의 연료 없이 불을 일으킨다는 것은 경우가 아니고 여지가 없습니다. 예를 들면, 젊은 바라문이여, 풀과 나무토막의 연료를 연하여 불이 일어나는 비유에 대해, 젊은 바라문이여, 다섯 가지 소유의 사유에 묶인 것을 연한 희열(pīti pañca kāmaguṇe paṭicca)을 나는 말합니다. 예를 들면, 젊은 바라문이여, 풀과 나무토막의 연료 없이 불이 일어나는 비유에 대해, 젊은 바라문이여, 소유의 삶과 다르고 불선법과 다른 희열(pīti aññatreva kāmehi aññatra akusalehi dhammehi)을 나는 말합니다.

그러면, 젊은 바라문이여, 무엇이 소유의 삶과 다르고 불선법과 다른 희열입니까? 여기, 젊은 바라문이여, 비구는 소유의 삶에서 벗어나고, 불선법들에서 벗어나서, 위딱까가 있고 위짜라가 있고 떨침에서 생긴 기쁨과 즐거움의 초선을 성취하여 머뭅니다. 이것도, 젊은 바라문이여, 소유의 삶과 다르고 불선법과 다른 희열입니다. 다시, 비구들이여, 비구는 위딱까와 위짜라의 가라앉음으로 인해, 안으로 평온함과 마음의 집중된 상태가 되어, 위딱까도 없고 위짜라도 없이, 삼매에서 생긴 기쁨과 즐거움의 제2선을 성취하여 머뭅니다. 이것도, 젊은 바라문이여, 소유의 삶과 다르고 불선법과 다른 희열입니다. …

젊은 바라문이여, 바라문들이 공덕의 결실과 유익의 성취를 위하여 선언하는 그 다섯 가지 법이라는 심(心)의 필수품들에 대해 '원망 없고 거슬림 없는 심을 닦기 위한 것'이라고 나는 말합니다. 여기, 젊은이여, 비구는 진실을 말합니다. 그는 '나는 진실을 말한다.'라면서 의미에 대한 앎을 얻고, 법에 대한 앎을 얻고, 법에 수반되는 환희를 얻습니다. 그 유익에 수반되는 환희라는 심의 필수품에 대해 '원망 없고 거슬림 없는 심을 닦기 위한 것'이라고 나는 말합니다. 여기, 젊은이여, 비구는 종교적 삶을 삽니다. … 범행을 실천합니다. … 많이 공부합니다. … 많이 베풉니다. 그는 '나는 많이 베푼다.'라면서 의미에 대한 앎을 얻고, 법에 대한 앎을 얻고, 법에 수반되는 환희를 얻습니다. 그 유익에 수반되는 환희라는 심의 필수품에 대해 '원망 없고 거슬림 없는 심을 닦기 위한 것'이라고 나는 말합니다. 젊은이여, 바라문들이 공덕의 결실과 유익의 성취를 위하여 선언하는 그 다섯 가지 법이라는 심의 필수품들에 대해 '원망 없고 거슬림 없는 심을 닦기 위한 것'이라고 나는 말합니다.

3. (MN 102-다섯이면서 셋 경)

; 여읨의 희열(pavivekaṃ pītiṃ) → 개발된 느낌인 행복(nirāmisaṃ sukhaṃ) → 괴롭지도 즐겁지도 않은 느낌(adukkhamasukhaṃ vedanaṃ) → '나는 평화롭고, 나는 꺼졌고, 나는 집착이 없다.' – 열반에 적합한 실천

비구들이여, 여기 과거에 대한 견해를 놓고, 미래에 대한 견해를 놓고, 모든 소유의 족쇄를 버린 어떤 사문이나 바라문은 여읨의 희열을 넘어서고, 개발된 느낌인 행복을 넘어서고, 괴롭지도 즐겁지도 않은 느낌을 넘어서서 '나는 평화롭고, 나는 꺼졌고, 나는 집착이 없다.'라고 관찰한다.

비구들이여, 여래는 이것을 실답게 안다. 과거에 대한 견해를 놓고, 미래에 대한 견해를 놓고, 모든 소유의 족쇄를 버린 이 사문이나 바라문 존자는 여읨의 희열을 넘어서고, 개발된 느낌인 행복을 넘어서고, 괴롭지도 즐겁지도 않은 느낌을 넘어서서 '나는 평화롭고, 나는 꺼졌고, 나는 집착이 없다.'라고 관찰한다. 참으로 이 존자는 열반에 적합한 실천을 선언한다.

그런데 이 사문이나 바라문 존자가 붙잡는 자여서 과거에 대한 견해를 붙잡거나, 붙잡는 자여서 미래에 대한 견해를 붙잡거나, 붙잡는 자여서 소유의 족쇄를 붙잡거나, 붙잡는 자여서 여읨의 희열을 붙잡거나, 붙잡는 자여서 개발된 느낌인 행복을 붙잡거나, 붙잡는 자여서 괴롭지도 즐겁지도 않은 느낌을 붙잡는다. 그러면서도 이 존자가 '나는 평화롭고, 나는 꺼졌고, 나는 집착이 없다.'라고 관찰할 때 그 사문-바라문 존자에게 집착이 알려진다. '이것은 유위이고 거친 것이다. 그러나 행들의 소멸은 있다. 그것은 있다'라고 이렇게 안 뒤에 그것의 해방을 보는 자인 여래는 그것을 넘어섰다.

비구들이여, 이것이 여래에 의한 위없는, 평화롭고 뛰어난 경지의 깨달음이니 즉 육촉처의 자라남과 줄어듦과 매력과 위험과 해방을 있는 그대로 안 뒤에 집착 없이 해탈한 것이다.

4. 출리-여읨-가라앉음-깨달음의 행복(즐거움)

• 즐거움의 판별

; 실천해야 하는 것 – 출리의 즐거움(nekkhammasukha), 여읨의 즐거움(pavivekasukha), 가라앉음의 즐거움(upasamasukha), 깨달음의 즐거움(sambodhasukha) = 사선(四禪)

; 실천하지 않아야 하는 것 – 소유의 즐거움[욕락(慾樂)], 똥의 즐거움, 졸음의 즐거움, 얻음과 존경과 명성의 즐거움

• 교제하는 자는 얻을 수 없고, 무리를 떠나서 머무는 자는 얻을 수 있음 – 마을 주변에 머무는 비구와 숲에 머무는 비구

1) (MN 66-메추라기 비유 경)

다섯 가지 소유의 사유에 묶인 것을 연(緣)하여 생기는 즐거움과 만족, 이것이 소유의 즐거움[욕락(慾樂)], 불결한 즐거움, 평범한 즐거움, 성스럽지 못한 즐거움이라고 불린다. '그 즐거움은 실천하지 않아야 하고, 닦지 않아야 하고, 많이 행하지 않아야 하고, 두려워해야 한다.'라고 나는 말한다.

사선(四禪)을 성취하여 머묾 – 이것이 출리(出離)의 즐거움, 여읨의 즐거움, 가라앉음의 즐거움, 깨달음의 즐거움이라고 불린다. '그 즐거움은 실천해야 하고, 닦아야 하고, 많이 행해야 하고, 두려워해야 하는 것이 아니다.'라고 나는 말한다.

2) (MN 122-공(空)의 큰 경)

교제하기를 즐기고, 교제하기를 좋아하고, 교제하는 즐거움에 묶이고, 무리 짓기를 즐기고, 무리 짓기를 좋아하고, 무리 짓기를 기뻐하는 비구는 얻지 못하고, 무리를 가까이 않고 머무는 비구는 얻을 수 있음. – ①출리의 즐거움, 여읨의 즐거움, 가라앉음의 즐거움, 깨달음의 즐거움, ②일시적인 심해탈(心解脫)이나 일시적이지 않은 부동의 심해탈을 성취하여 머묾

3) (MN 139-평화의 분석 경)

즐거움의 판별을 알아야 한다. 즐거움의 판별을 안 뒤에 내적인 즐거움을 추구해야 한다.

다섯 가지 소유의 사유에 묶인 것을 연(緣)하여 생기는 즐거움과 기쁨 … 두려워해야 하는 것이다.'

사선(四禪)을 성취하여 머묾 – 이것이 출리의 즐거움 … 두려워해야 하는 것이 아니다.' → '즐거움의 판별을 알아야 한다. 즐거움의 판별을 안 뒤에 내적인 즐거움을 추구해야 한다.'라고 이렇게 말한 것은 이것을 연(緣)하여 말했다.

4) (AN 5.30-나기따 경)≒(AN 6.42-나기따 경)≒(AN 8.86-명성 경)

명성을 만나지 말라 – 출리의 즐거움, 여읨의 즐거움, 가라앉음의 즐거움, 깨달음의 즐거움을 원하는 대로 얻지 못하고, 어렵지 않게 얻지 못하고, 힘들이지 않고 얻지 못하는 자는 그 똥의 즐거움, 졸음의 즐거움, 얻음과 존경과 명성의 즐거움을 즐긴다.

부정상(不淨相)을 실천하는 자에게 정상(淨相)에 대한 혐오가 확립된다. 육촉처에서 무상(無常)을 이어보며 머무

는 자에게 촉에 대한 혐오가 확립된다. 오취온에서 자라남-줄어듦을 이어보며 머무는 자에게 집착에 대한 혐오가 확립된다.

5. 그 즐거움보다 더 훌륭하고 더 뛰어난 다른 즐거움(etamhā sukhā aññaṃ sukhaṃ abhikkantatarañca paṇītatarañca) – (MN 59-많은 경험 경)/(SN 36.19-빤짜깡가 경)/(SN 36.20-비구 경)

아난다여, 이런 다섯 가지 소유의 사유에 묶인 것을 연하여 생기는 즐거움과 기쁨, 이것이 소유의 즐거움이라고 불린다.

아난다여, '그것이 중생들이 경험하는 최상의 즐거움과 기쁨이다.'라고 누가 말한다면, 나는 이것에 동의하지 않는다. 그 원인은 무엇인가? 아난다여, 그 즐거움보다 더 훌륭하고 더 뛰어난 다른 즐거움이 있다. 그러면 아난다여, 무엇이 그 즐거움보다 더 훌륭하고 더 뛰어난 다른 즐거움인가? 여기, 아난다여, 비구는 소유의 삶에서 벗어나고, 불선법들에서 벗어나서, 위딱까가 있고 위짜라가 있고 떨침에서 생긴 기쁨과 즐거움의 초선을 성취하여 머문다. 이것이, 아난다여, 그 즐거움보다 더 훌륭하고 더 뛰어난 다른 즐거움이다.

… 아난다여, '그것이 중생들이 경험하는 최상의 즐거움과 기쁨이다.'라고 누가 말한다면, 나는 이것에 동의하지 않는다. 그 원인은 무엇인가? 아난다여, 그 즐거움보다 더 훌륭하고 더 뛰어난 다른 즐거움이 있다. 그러면 아난다여, 무엇이 그 즐거움보다 더 훌륭하고 더 뛰어난 다른 즐거움인가? 여기, 아난다여, 비구는 비상비비상처를 완전히 초월하고 상수멸을 성취하여 머문다. 이것이, 아난다여, 그 즐거움보다 더 훌륭하고 더 뛰어난 다른 즐거움이다.

그런데 아난다여, 외도 유행승들이 이렇게 말하는 경우가 있을 것이다. – '사문 고따마는 상수멸을 말했다. 그리고 즐거움의 영역(sukhasmiṃ)에서 그것을 설명한다. 이것이 무슨 상황인가? 어떻게 이럴 수 있는가?'라고. 아난다여, 이렇게 말하는 다른 외도 유행승들에게 이렇게 말해줘야 한다. '도반들이여, 세존께서는 즐거움의 영역에 대해서 즐거움의 경험만을 설명하지 않았습니다. 도반들이여, 여래는 즐거움이 있는 어디에서든지 그것을 즐거움의 영역에서 설명합니다.'라고."

6. 해탈락(解脫樂-vimuttisukha) – (MN 86-앙굴리말라 경)/(SN 8.12-왕기사 경)/(AN 5.180-가웨시 경)

1) (MN 86-앙굴리말라 경)

앙굴리말라 존자가 오전에 옷차림을 바르게 하고 발우와 가사를 지니고서 탁발을 위해 사왓티에 들어갔다. 그때 어떤 사람이 던진 흙덩어리가 앙굴리말라 존자의 몸을 때리고, 어떤 사람이 던진 막대기가 앙굴리말라 존자의 몸을 때리고, 어떤 사람이 던진 돌맹이가 앙굴리말라 존자의 몸을 때렸다. 그러자 앙굴리말라 존자는 머리가 깨지고, 피를 흘리고, 발우가 부서지고, 대가사가 찢어진 채로 세존에게 왔다. 세존은 멀리서 오고 있는 앙굴리말라 존자를 보았다. 보고서 앙굴리말라 존자에게 이렇게 말했다. – "그대는 인내해야 한다, 바라문이여, 그대는 인내해야 한다, 바라문이여, 바라문이여, 그대가 여러 해, 여러 백 년, 여러 천 년 동안 지옥에서 겪어야 했을 업(業)의 보(報)를, 바라문이여, 그대는 지금여기에서 겪은 것이다(*)."라고. 그때 외딴곳에서 홀로 머물던 앙굴리말라 존자는 해탈락(解脫樂)을 경험했다.

(*) 이 문장을 아라한도 이전의 업(業)의 보(報)를 받아야 한다고 이해하지 않아야 합니다. 이 문장은 앙굴리말라

존자가 1)출가하지 않고 힘센 살인자로서 악업을 계속하였다면 ①사람들은 두려워서 보복에 나서지 않았을 것이고, ②힘센 살인자 앙굴리말라는 살아서는 보복당하지 않지만, ③죽어서는 지옥에 태어나 그 보를 겪어야 했을 것인데, 2)출가하여 힘센 살인자의 행위를 하지 않게 되었기 때문에 ①두려워하지 않게 된 사람들이 보복하게 되어서 ②힘센 살인자일 때 행한 악업의 보를 ③지금 출가자인 앙굴리말라 존자가 겪게 되었다는 의미입니다.

그래서 아라한도 이전의 업의 보를 받아야 한다는 의미가 아니라 몸으로 살아있는 동안에는 아라한에게도 몸 또는 몸에 따르는 관계성에 수반되는 괴로움이 남아있다는 측면에서 이 문장을 이해해야 합니다.

2) (SN 8.12-왕기사 경)

한때 왕기사 존자가 사왓티에서 제따와나의 아나타삔디까 사원에 머물렀다. 그때 왕기사 존자는 최근에 아라한을 성취하여 해탈락을 경험하는 자였다

3) (AN 5.180-가웨시 경)

그러자 아난다여, 가웨시 비구에게 이런 생각이 떠올랐다. – '나는 이 위없는 해탈락을 원하는 대로 어렵지 않고 고통스럽지 않게 얻는다. 이 오백 명의 비구들도 이 위없는 해탈락을 원하는 대로 어렵지 않고 고통스럽지 않게 얻을 것이다.'라고. 그때, 아난다여, 홀로 외딴곳에서 방일하지 않고 노력하고 단호한 의지를 가지고 머문 그 오백 명의 비구들은 오래지 않아 좋은 가문의 아들들이 집에서 집 없는 곳으로 출가한 목적인 위없는 범행의 완성을 지금여기에서 스스로 실답게 안 뒤에 실현하고 성취하여 머물렀다. "태어남은 다했다. 범행은 완성되었다. 해야 할 일을 했다. 다음에는 현재 상태[유(有)]가 되지 않는다."라고 실답게 알았다.

7. 열반락(涅槃樂-nibbānasukha) – (AN 9.34-열반락 경)/(MN 75-마간디야 경)

고(苦)와 락(樂)의 주제에서는 주목할 내용이 더 있는데, 열반이 락이라고 직접 말해주는 경우입니다.

1) (AN 9.34-열반락 경)

거기서 사리뭇따 존자는 비구들에게 말했다. – "도반들이여, 열반은 행복입니다. 도반들이여, 열반은 행복입니다.("sukhamidaṃ, āvuso, nibbānaṃ. sukhamidaṃ, āvuso, nibbānan"ti)"라고. 이렇게 말하자 우다이 존자가 사리뭇따 존자에게 이렇게 말했다. – "도반 사리뭇따여, 경험되는 것이 없는 여기에 어떻게 행복이 있습니까?"라고. "도반이여, 여기서 경험되는 것이 없는 그것이 행복입니다."

2) (MN 75-마간디야 경)

병 없음이 최상의 얻음이고, 열반은 최상의 행복이다(nibbānaṃ paramaṃ sukhaṃ). 그리고 길들 가운데 안온(安穩)과 불사(不死)로 이끌기 위해 여덟 요소로 구성된 길이 있다.

▣ 삼매 가는 길 –「환희 → 희열 → 진정 → 행복 → 삼매」

> 불교에서 행복은 고(苦)의 과정으로 성취되는 것이 아니라 행복(樂)의 과정으로 성취되는 것

불교에서 바른 삼매(正定)는 삼매를 성취해서 머무는 가운데 깨달음으로 이끌리는 삼매수행(三昧修行)의 과정입니다(正定 → 正知 → 正解脫). 그래서 바른 삼매는 정견(正見)~정념(正念)의 일곱 가지 요소와 심일경성(心一境性)이 갖추어진 것으로의 '기반과 필수품을 갖춘 성스러운 삼매'입니다(MN 117-커다란 마흔의 경). 이런 기반과 필수품 위에서라야 삼매는 깨달음으로 이끌리는 수행의 토대로서 역할을 하게 됩니다.

이렇게 특별한 삼매는 가는 길도 특별한데, 개발된 느낌의 과정입니다. 이런 특별함은 부처님의 깨달음의 과정에서 나타나는 극적인 장면으로부터 시작되는데, 불교의 정체성을 드러내는 대표적 경전인 (MN 85-보디 왕자 경)입니다. 경에서 부처님을 초청하여 공양을 올린 보디 왕자는 "대덕이시여, 저는 '참으로 행복에 의해 행복은 얻어지지 않는다. 참으로 괴로움에 의해 행복은 얻어진다.'라고 생각합니다."라고 말하는데, 부처님은 당신의 깨달음의 과정을 소개하면서 괴로움의 과정(苦行)으로는 깨달음을 얻을 수 없고(선입견 타파), 행복의 과정으로 깨달음을 성취하였음을 알려줍니다.

이 경에 의하면, 출가하여 수행자가 된 부처님은 알라라 깔라마와 웃다까 라마뿟따라는 두 분의 스승에게서 삼매를 익혀 무소유처와 비상비비상처에 이르지만 깨달음-열반으로 이끌지 못함을 알고 떠난 뒤에, 행하기 어려운 과정으로의 고행(苦行)을 합니다. 고행의 끝에서 고행 역시 깨달음의 길이 아니라고 판단한 부처님은 깨달음을 위한 다른 길을 찾게 되는데, 초선의 기억입니다. 이때, 부처님의 소회는 이렇습니다. –「'그런데 나는 아버지의 삭까 족의 행사에서 시원한 잠부 나무 그늘에 앉아 있을 때 소유의 삶에서 벗어나고, 불선법들에서 벗어나서, 위딱까가 있고 위짜라가 있고 떨침에서 생긴 기쁨과 즐거움의 초선을 성취하여 머물렀던 것을 기억한다. 참으로 이것이 깨달음을 위한 길일까?'라고. 왕자여, 그런 나에게 사띠를 따르는(사띠가 기억하는) 식(識)이 있었다. – '오직 이것이 깨달음을 위한 길이다.'라고. 왕자여, 그런 나에게 이런 생각이 들었다. – '그런데 나는 왜 소유의 삶과도 다르고 불선법들과도 다른 그런 행복을 두려워하는가?'라고. 왕자여, 그런 나에게 이런 생각이 들었다. – '나는 소유의 삶과도 다르고 불선법들과도 다른 그런 행복을 두려워하지 않는다.'라고.」(MN 85-보디 왕자 경)

한편, (MN 14-괴로움 덩어리 작은 경)에서 니간타들은 '도반 고따마여, 행복은 행복에 의해서 성취되는 것이 아닙니다. 참으로 행복은 괴로움에 의해서 성취되는 것입니다. 도반 고따마여, 행복이 행복에 의해서 성취되는 것이라면, 마가다의 왕 세니야 빔비사라는 행복을 성취했을 것입니다. 마가다의 왕 세니야 빔비사라는 고따마 존자보다 더 행복하게 머뭅니다.'라고 부처님에게 말합니다.

- 니간타 나타뿟따(자이나교) - 욕(慾)의 초월 → 고행(苦行) : 괴로움으로 즐거움을 얻는 수행

- 부처님(불교) - 욕(慾)과 고행(苦行)의 초월 → 중도(中道) : 즐거움으로 즐거움을 얻는 수행 – 더 훌륭하고 더 뛰어난 다른 즐거움

행복에 의해서 행복은 얻어지지 않지만, 고(苦)에 의해서 행복은 얻어진다는 것이 부처님의 깨달음 이전, 인도 사회의 고정 관념이라고 해야 할 것입니다. 부처님도 그런 관념 위에서 고행을 실천했을 텐데, 이후에 깨달음의 길로 찾아진 초선의 행복은 이 관념에 어긋나기 때문에 고민하는 장면과 그 고민의 끝에 마가다의 왕 세니야 빔비사라

의 행복(소유-불선법)과는 다른 부류의 행복을 수용하는 장면입니다.

이때, 이런 다른 부류의 행복을 개발된 느낌(nirāmisā vedanā)이라고 하는데, 불교 수행을 정의하는 특별함입니다. (MN 118-입출식념경)에서 부처님은 「들숨-날숨에 잘 작의 하는 것을 느낌들 가운데 하나의 느낌」이라고 말합니다. 들숨-날숨에 잘 작의 하는 것 즉 호흡에 잘 집중하는 것을 하나의 느낌이라고 하는 것인데, 심(心)의 집중을 통해 내면에서 생겨나는 특별함 즉 개발된 느낌입니다.

이렇게 시작되는 개발된 느낌은 삼매를 성취하는 과정과 각각의 삼매를 성취해서 머무는 과정에 대해 자세히 설명되는데, 여기서는 삼매를 성취하는 과정 즉 삼매 가는 길로서의 개발된 느낌에 대해서만 정리하였습니다.

삼매 가는 길의 전형은 (DN 2.19-사문과경, 장애를 버림)에서 설명합니다.

「“tassime pañca nīvaraṇe pahīne attani samanupassato pāmojjaṃ jāyati, pamuditassa pīti jāyati, pītimanassa kāyo passambhati, passaddhakāyo sukhaṃ vedeti, sukhino cittaṃ samādhiyati.

자신에게서 이런 다섯 가지 장애의 버려짐을 보는 그에게 환희가 생깁니다. 환희하는 자에게 희열(기쁨)이 생깁니다. 의(意)가 희열하면 몸이 진정되고, 몸이 진정된 자는 행복을 경험합니다. 행복한 자의 심(心)은 삼매에 들어집니다.」

이렇게 삼매 가는 길은 「사념처(四念處) → 장애의 제거 → 환희 → 의(意)의 희열 → 몸의 진정 → 행복(樂) → 심(心)이 삼매에 듦」의 체계로 제시됩니다. 이외에 장애의 제거 즉 개발된 느낌의 시작인 환희 이전의 과정에 대해 다른 설명을 제시하는 경(AN 5.26-해탈의 토대 경)도 있는데, 의미로는 「사념처(四念處) → 장애의 제거」와 같습니다.

또한, (AN 11.1-어떤 목적 경)/(AN 11.2-의도적으로 행해져야 함 경)/(AN 11.3~5조건 경1~3)은 sīla(계) → avippaṭisāra(뉘우침 없음) → pāmojja(환희) → pīti(희열) → passaddhi(진정) → sukha(행복) → sammāsamādhi(바른 삼매) → yathābhūtañāṇadassana(여실지견) → nibbidā(염오) → virāga(이탐) → vimuttiñāṇadassana(해탈지견)의 11가지 법의 전개에 대해 목적-법다움-조건을 갖춤이라고 설명하는데, 「pāmojja(환희) → pīti(희열) → passaddhi(진정) → sukha(행복)」의 목적-법다움-조건이 바른 삼매여서 앞의 정형과 같은 삼매에 들어지는 과정을 보여줍니다.

이때, (AN 10.1-어떤 목적 경)/(AN 10.2-의도적으로 행해져야 함 경)/(AN 10.3~5-조건 경1~3)은 nibbidā-virāga(염오-이탐)을 묶어서 하나의 법(사마타)으로 간주하고 나머지는 동일한 10가지 법의 전개로 설명하고 있습니다.

한편, 이렇게 ‘pāmojjaṃ jāyati’로 시작되는 개발된 느낌의 과정을 이끄는 방법은 여러 형태로 제시됩니다.

- 용례 형태 1 – pañca nīvaraṇe pahīne attani samanupassato pāmojjaṃ jāyati 다섯 가지 장애의 버려짐을 자신에게서 관찰하는 그에게 환희가 생깁니다. – (DN 2-사문과경) ~ (DN 13-삼명 경)/(MN 27)/(MN 38)/(MN 51)/(MN 60)/(MN 76)/(MN 79)/(MN 94)/(MN 101)/(MN 125)/(AN 4.198)/(AN 10.99)

- 용례 형태 2 – tassa sabbehi imehi pāpakehi akusalehi dhammehi visuddhamattānaṃ samanupassato pāmojjaṃ jāyati 이 모든 악한 불선법(不善法)들로부터 청정한 자신을 관찰하고 있는 그에게 환희가 생긴다. – (MN 40-앗사뿌라 작은 경)

• 용례 형태 3 – tassa atthapaṭisaṃvedino dhammapaṭisaṃvedino pāmojjaṃ jāyati 의미를 경험하고 법을 경험하는 그에게 환희가 생긴다. – (DN 33.8-합송경, 다섯 가지로 구성된 법들)-다섯 가지 해탈의 토대/(DN 34.6-십상경, 다섯 가지 법)-실답게 알아야 하는 법/(AN 5.26-해탈의 토대 경)

• 용례 형태 4 – yonisomanasikaroto pāmojjaṃ jāyati 여리작의하는 자에게 환희가 생긴다. – (DN 34.10-십상경, 아홉가지 법)

• 용례 형태 5 – tassa abyāsittacittassa pāmojjaṃ jāyati 뿌려지지 않은 심(心)을 가진 그에게 환희가 생긴다. – (SN 35.97-방일에 머무는 자 경)

• 용례 형태 6 – tassa evaṃ appamattassa viharato pāmojjaṃ jāyati 이렇게 불방일(不放逸)로 머무는 그에게 환희가 생긴다. – (SN 55.40-삭까 사람 난디야 경)

• 용례 형태 7 – so iti paṭisañcikkhati ~ tassa pāmojjaṃ jāyati 이렇게 숙고하는 그에게 환희가 생긴다. – (SN 42.13-빠딸리야 경)

• 용례 형태 8 – tassa kismiñcideva pasādanīye nimitte cittaṃ paṇidahato pāmojjaṃ jāyati 무언가 믿음을 고무하는 상(相)에 대해 심(心)을 지향하는 그에게 환희가 생긴다. – (SN 47.10-비구니 거처 경)

• 용례 형태 9[다른 형태 - jāyati 없음] – labhati atthavedaṃ, labhati dhammavedaṃ, labhati dhammūpasaṃhitaṃ pāmojjaṃ 의미에 대한 앎을 얻고, 법에 대한 앎을 얻고, 법에 수반되는 환희를 얻는다. – (MN 7-옷감 경)/(AN 6.10-마하나마 경)/(AN 11.11-마하나마 경1)/(AN 11.12-마하나마 경2)

※ 예외적 용례 형태 1 : pāmojjaṃ 이후만 나타나는 용례 – brahmaṃ, bhikkhave, vihāraṃ tasmiṃ samaye bhikkhū viharanti, yadidaṃ muditāya cetovimuttiyā. pamuditassa pīti jāyati 그때 비구는 희심해탈(喜心解脫)의 성스러운 머묾으로 머문다. 환희하는 그에게 희열이 생긴다. – (AN 3.96-그룹 경)

예외적 용례 형태 2 : pāmojjaṃ까지만 나타나는 용례 – labhati atthavedaṃ, labhati dhammavedaṃ, labhati dhammūpasaṃhitaṃ pāmojjaṃ. 의미에 대한 앎을 얻고, 법에 대한 앎을 얻고, 법에 수반되는 환희를 얻는다. – (MN 33-소 치는 사람 큰 경)/(MN 48-꼬삼비 경)/(MN 99-수바 경)/(AN 11.17-소 치는 사람 경)

한편, 이렇게 삼매가는 길로 삼매를 성취하면 삼매 위에서 진행되는 깨달음의 길도 설명되는데, 이 길 또한 개발된 느낌의 향상 과정입니다. 이때, 이런 깨달음의 길로서의 삼매수행은 세 가지 요소로 구성됩니다.

◐ 삼매 수행을 구성하는 세 가지 – ①집중(내적인 심(心)의 사마타 → 사마타), ②관찰(법의 위빳사나 → 위빳사나), ③느낌(개발된 느낌의 향상)

1) 수행의 삼분(三分) ⇒ (595쪽)

2) 사선(四禪)

	초선(初禪)	제이선(第二禪)	제삼선(第三禪)	제사선(第四禪)
집중	• 소유의 삶과 불선 법에서 벗어남 • 위딱까-위짜라 [유심유사(有尋有伺)]	• 위딱까-위짜라의 가라앉음 • 안으로 평온함과 심(心)의 집중	평정하게 머묾	평정
		위딱까-위짜라 없음[무심무사(無尋無伺)]		
관찰	사띠-지혜	사띠-지혜	사띠와 바른 앎/지혜	청정한 사띠-지혜
느낌	떨침에서 생긴 희(喜)와 락(樂)	삼매에서 생긴 희(喜)와 락(樂)	몸으로 락(樂)을 경험	불고불락(不苦不樂)

◐ '삼매 가는 길' 보충 - '희열 → 진정 → 행복 → 행복한 자의 심(心)은 삼매에 들어짐'의 두 가지 용례

1) (DN 2.19-사문과경, 장애를 버림) : 삼매 가는 길(= 의(意)의 삼매) – 염(念)-정지(正知)① 필수품의 과정

이런 다섯 가지 장애의 버려짐을 자신에게서 관찰하는 그에게 환희가 생깁니다. 환희하는 자에게 희열[기쁨]이 생깁니다. 희열하는 의(意)에게 몸은 진정됩니다. 진정된 몸은 행복을 느낍니다. 행복한 자의 심(心)은 삼매에 들어집니다. ⇒ 초선으로 연결

2) (MN 118-입출식념경) : 내적인 심의 사마타(= 심(心)의 삼매) → 염(念)-정지(正知)② 법의 위빳사나

열심히 정진하는 자 → 희각지(喜覺支) → 경안각지(輕安覺支) → 몸이 진정되어 행복한 자의 심(心)은 삼매에 들어진다. 비구들이여, 몸이 진정되어 행복한 비구의 심이 삼매에 들어질 때, 비구에게 정각지(定覺支-삼매의 깨달음의 요소)가 시작된다. ⇒ 사각지(捨覺支)로 연결

; '심이 삼매에 들어짐 → 정각지'의 과정은 삼매 가는 길을 넘어서서 심의 삼매 즉 내적인 심의 사마타로 보아야 함 → 이어지는 사각지는 'so tathāsamāhitaṃ cittaṃ sādhukaṃ ajjhupekkhitā hoti 그는 그렇게 삼매를 닦는 심(心)을 평정 가운데 잘 지켜본다'라고 설명되는데, 정각지의 상태를 삼매를 닦는 상태로 묘사하면서 법념처와 대응(법의 위빳사나) 하므로 수행의 체계에 잘 부합합니다. ⇒ 제6부 제4장 수행지도(638쪽)

(MN 4-두려움과 무시무시함 경)은 부처님은 믿음으로 출가한 비구들의 선봉에 있고, 도움이 되고, 이끌고, 그들은 부처님에게서 보이는 것을 뒤따른다는 자눗소니 바라문과의 대화로 시작하는데, 경의 주제는 삼매를 얻지 못한 비구에게 깊은 숲속의 외딴 거처는 극복하기 어렵다는 것입니다. 그래서 '삼매를 얻지 못한 비구에게 숲은 의(意)를 빼앗는다.'라고 말하는 또 하나의 경인 (AN 10.99-우빨리 경)은 "오라, 우빨리여, 그대는 상가에 머물러라. 상가에 머무는 그대에게 편안함이 있을 것이다."라고, 삼매를 얻을 때까지는 상가에서 보호받고 준비하며 머물 것을 안내합니다.

V. 열반(涅槃-nibbāna)

열반은 불교인 한 양보할 수 없는 목적점입니다. 열반에 대한 오해가 생긴다는 것은 불교 신자로서의 목적점이 달라진다는 것입니다. 부처님의 제자라고 말하면서도 사실은 다른 스승의 길을 따라가는 바보스러움입니다. 열반이 정확하게 알려져야 하는 이유입니다. 아무리 빨리 달려도 방향이 어긋나면 가고픈 곳에 도착할 수 없습니다. 그래서 경에 의지하여 열반을 바르게 아는 것은 중요하고, 그런 사람이 지혜로운 사람입니다.

있는 것은 모두 무아(無我-anatta)입니다. 브라만교에서 말하는 아(我-atta)가 아니라는 의미입니다. 그리고 있는 것들은 번뇌(漏-āsava)를 기준으로 두 가지로 구분되는데(*) 번뇌의 영향을 받는 것과 번뇌의 영향에서 벗어난 것입니다. 이때, 번뇌의 영향을 받는 것은 유위(有爲-saṅkhata)이고 행(行-saṅkhāra)이며, 번뇌의 영향에서 벗어난 것은 무위(無爲-asaṅkhata)이고 열반(nibbāna)입니다. 이렇게 유위인 행들이 번뇌의 영향 위에서 다양한 조건들의 결합에 의해 ①생겨나고, 조건들의 해체(다른 조건들과의 재결합에 의한 현재 상태의 상실 포함)에 의해 ②무너지는 성질을 무상(無常-aniccā)이라고 하는데 고(苦)를 초래합니다. 반면에 번뇌의 영향에서 벗어나면 무상에서 초래되는 고의 문제가 해소되는데, 고멸 즉 락입니다. 그래서 있는 것은 번뇌의 영향 위에 있을 때는 무상-고의 특성을 가지는 행이고, 번뇌의 영향에서 벗어남 즉 가라앉음에 의해서 락의 특성을 가지는 열반으로 전환됩니다. 그리고 행과 열반을 포괄하여 있는 것은 모두 법(法-dhamma)이라고 부르는데, 무아의 공통성을 가집니다.

이렇게 법과 행과 열반의 관계에서 부처님은 삼법인을 선언하는데, 제행무상-제행개고-제법무아입니다. 또한, 열반은 락이라고 함께 선언됩니다. 네 개의 연속된 경인 (AN 7.16-무상을 이어 보는 자 경)/(AN 7.17-고를 이어 보는 자 경)/(AN 7.18-무아를 이어 보는 자 경)/(AN 7.19-열반 경)은 이 관계를 잘 보여주는데, 이 세상의 위없는 복전(福田)인 사람들에 대해 「어떤 사람은 모든 행에 대해 무상을 이어 보면서 머문다. 무상의 상을 가졌고, 무상을 경험한다. 끊임없이 언제나 충만하게 심을 기울이고, 혜(慧)로써 관통한다. … 모든 행에 대해 고를 이어 보면서 머문다. … 모든 법에 대해 무아를 이어 보면서 머문다. … 열반에 대해 락(즐거움-행복-고멸)을 이어 보면서 머문다. 락의 상을 가졌고, 락을 경험한다. 끊임없이 언제나 충만하게 심을 기울이고, 혜로써 관통한다.」라고 말합니다.

(*) 열반을 번뇌의 관점으로 접근하는 것은 타당합니다. 중생으로의 삶에서 벗어난 깨달음 즉 열반을 실현하는 과정을 수행이라고 하는데, 번뇌의 부서짐(漏盡-āsavakkhaya)으로 완성되기 때문입니다. -「āsavānaṃ khayā anāsavaṃ cetovimuttiṃ paññāvimuttiṃ diṭṭheva dhamme sayaṃ abhiññā sacchikatvā upasampajja viharati. 번뇌들이 부서졌기 때문에 번뇌가 없는 심해탈과 혜해탈을 지금여기에서 스스로 실답게 안 뒤에 실현하고 성취하여 머문다.」

또한, 번뇌는 무명과 서로 조건 관계여서 무명을 생겨나게 하는데, 무명은 존재 앎입니다. 그래서 번뇌의 부서짐은 존재 앎의 해소이고, 이런 해소가 해탈지견으로의 깨달음이어서 열반의 실현입니다. -「상-락-아의 전도 → 무상-고-무아의 전도되지 않음」

이렇게 번뇌의 부서짐은 불교 수행의 완성입니다. 지혜로써 번뇌를 부수고 깨닫는 것입니다. 그리고 이렇게 완성된 아라한을 혜해탈자(慧解脫者)라고 합니다. 불교는 양면해탈자(兩面解脫者)-혜해탈자(慧解脫者)-육신통(六神通) 아라한-삼명(三明) 아라한 등 다양한 분류로 깨달은 자를 설명하는데, 모든 분류에 공통되는 과정은 누진(漏盡)이고, 이런 깨달음의 성취[āsavakkhayañāṇa-번뇌들의 부서짐의 앎-누진통(漏盡通)-누진명(漏盡明)]가 혜해탈자인 것입니다.

즉 번뇌가 완전히 부서져서 더 이상 번뇌의 영향권 안에 있지 않으면 깨달음이 완성되는 것인데, 번뇌의 영향이 완전히 가라앉아서 번뇌의 영향을 받지 않는 무위이고, 락인 열반이 실현되는 것입니다.

그리고 이렇게 번뇌의 부서짐의 과정은 정형된 구문으로 나타납니다.

「그는 이렇게 심(心)이 삼매를 닦고, 청정하고 아주 깨끗하고 침착하고 오염원이 없고 유연하고 준비되고 안정되고 흔들림 없음에 도달했을 때, 번뇌들의 부서짐의 앎으로 심을 향하게 하고 기울게 한다. 그는 '이것이 고다.'라고 있는 그대로 꿰뚫어 알고, '이것이 고집이다.'라고 있는 그대로 꿰뚫어 알고, '이것이 고멸이다.'라고 있는 그대로 꿰뚫어 알고, '이것이 고멸로 이끄는 실천이다.'라고 있는 그대로 꿰뚫어 안다. '이것들이 번뇌(漏)들이다.'라고 있는 그대로 꿰뚫어 알고, '이것이 번뇌의 집(集)이다.'라고 있는 그대로 꿰뚫어 알고, '이것이 번뇌의 멸(滅)이다.'라고 있는 그대로 꿰뚫어 알고, '이것이 번뇌의 멸로 이끄는 실천이다.'라고 있는 그대로 꿰뚫어 안다. 그가 이렇게 알고 이렇게 볼 때 소유의 번뇌(慾漏)로부터도 심이 해탈하고, 존재의 번뇌(有漏)로부터도 심이 해탈하고, 무명의 번뇌(無明漏)로부터도 심이 해탈한다. '해탈했을 때 나는 해탈했다'라는 앎이 있다. '태어남은 다했다. 범행은 완성되었다. 해야 할 일을 했다. 다음에는 현재 상태[유(有)]가 되지 않는다.'라고 분명히 안다.」(DN 2.31-사문과경, 번뇌들의 부서짐의 앎)

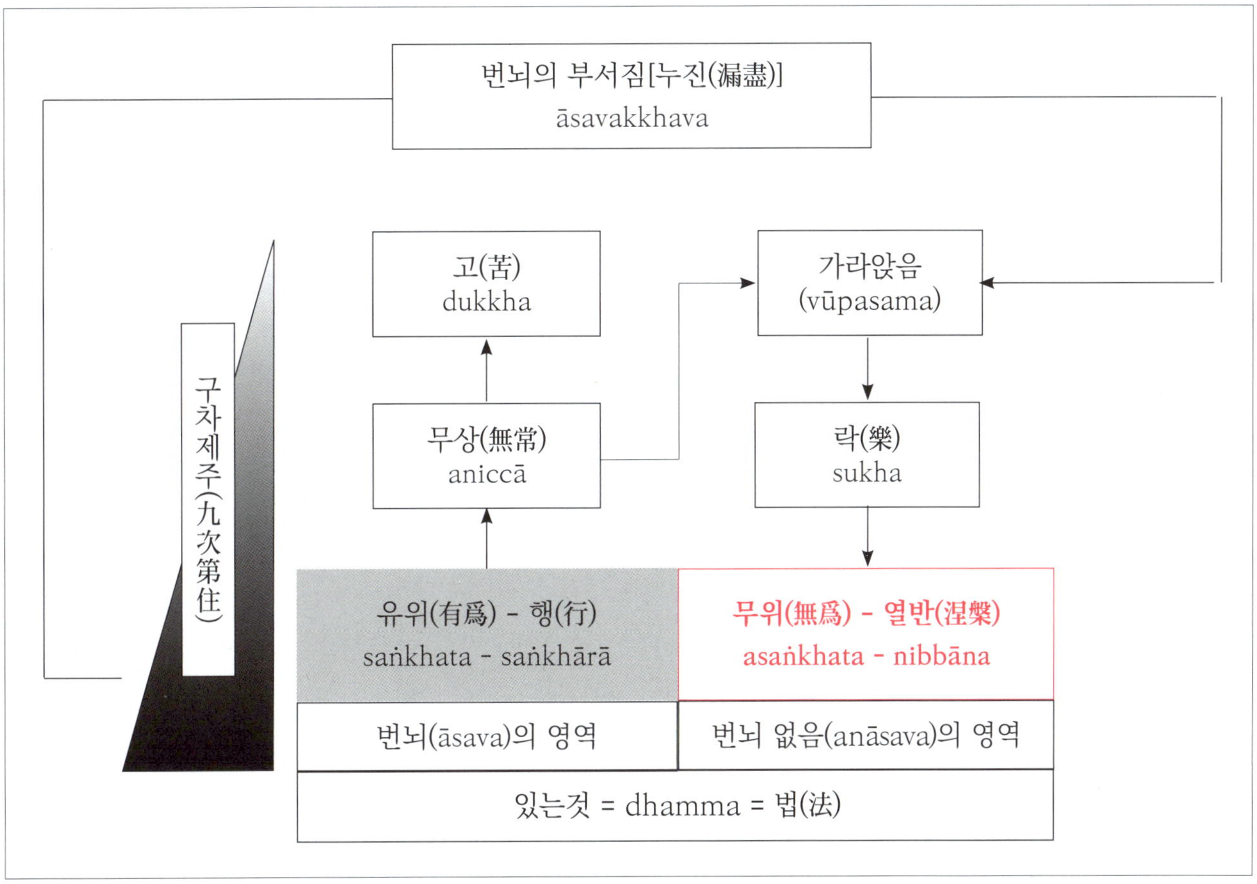

한편, 이런 열반에 대해 (MN 26-덫 경)은 구체적으로 설명합니다. 생-노-병-사-슬픔-오염이 없는 열반인데, 이렇게도 깨달음이 생사 문제의 해결이라는 것을 알 수 있습니다. -「그런 나는, 비구들이여, 자신이 태어나는-늙는-병드는-죽는-슬픈-오염되는 존재이면서 태어나는-늙는-병드는-죽는-슬픈-오염되는 것에서 위험을 본 뒤에 태어남-늙음-병-죽음-슬픔-오염이 없는 위없는 유가안온인 열반을 구하여 태어남-늙음-병-죽음-슬픔-오염이 없는 위없는 유가안온인 열반을 성취했다. 나에게 '나의 해탈은 흔들리지 않는다. 이것이 태어남의 끝이다. 이제 다시 존재로 이끌리지 않는다.'라는 앎과 봄이 생겼다.」

또한, 자주(自洲)-법주(法洲)[스스로 섬이 되어 머물고, 법으로써 섬을 삼아 머묾]의 가르침과 관련해서 (KN 5.65-젊은 바라문 깝빠의 질문)은 「akiñcanaṃ anādānaṃ, nibbānaṃ, jarāmaccuparik-khayaṃ 곤란이 없고 집착이 없는 것, 늙음과 죽음이 완전히 부서진 열반」이라고 하여 고해(苦海-괴로움의 바다)에서 벗어난 안전한 섬이 열반이라는 것을 알려줍니다. 이렇게 열반은 수행의 완성에 의해 도달하는 안전한 거기입니다.

그런데 이런 열반은 성질의 측면과 이름의 측면에서 다양하게 설명됩니다.

[1] 성질의 측면

1. 열반(涅槃) = 락(樂)

행(行)들은 무상(無常)-고(苦)의 특성이 있고, 그 가라앉음은 락(樂)이고 열반(涅槃)입니다.

• (AN 9.34-열반락(涅槃樂) 경)

"sukhamidaṃ, āvuso, nibbānaṃ. sukhamidaṃ, āvuso, nibbānan""ti 도반들이여, 열반은 행복입니다. 도반들이여, 열반은 행복입니다.

• (MN 75-마간디야 경)

"ārogyaparamā lābhā, nibbānaṃ paramaṃ sukhaṃ. aṭṭhaṅgiko ca maggānaṃ, khemaṃ amatagāminan"ti. 병 없음이 최상의 얻음이고, 열반은 최상의 행복이다. 그리고 길들 가운데 안온(安穩)과 불사(不死)로 이끌기 위해 여덟 요소로 구성된 길이 있다.

2. 탐(貪)-진(嗔)-치(癡)의 부서짐(rāgakkhayo dosakkhayo mohakkhayo)

그런데 행은 번뇌의 영향 위에 있는 탐-진-치의 영역이고 그 위에서 무상-고의 특성을 나타냅니다. 그래서 열반은 탐-진-치의 부서짐으로 정의되기도 하는데, 탐-진-치의 부서짐은 다양한 방법으로 표현되어 락인 열반을 설명합니다.

1) 열반 = 탐이 부서지고, 진이 부서지고, 치가 부서진 것 – (SN 38.1-열반 질문 경)/(SN 39.1-사만다까 경)

"yo kho, āvuso, rāgakkhayo dosakkhayo mohakkhayo – idaṃ vuccati nibbānan"ti 도반이여, 탐이 부서지고, 진이 부서지고, 치가 부서진 것 – 이것이 열반이라고 불립니다.

2) 열반 = 탐-진-치의 완전한 부서짐에 의해 알려지는 법(法) – (AN 3.56-꺼진 것(열반) 경)

"yato kho ayaṃ, brāhmaṇa, anavasesaṃ rāgakkhayaṃ paṭisaṃvedeti, anavasesaṃ dosakkhayaṃ paṭisaṃvedeti, anavasesaṃ mohakkhayaṃ paṭisaṃvedeti; evaṃ kho, brāhmaṇa, sandiṭṭhikaṃ nibbānaṃ hoti akālikaṃ ehipassikaṃ opaneyyikaṃ paccattaṃ veditabbaṃ viññūhī"ti.

바라문이여, 그가 완전한 탐의 부서짐을 경험하고, 완전한 진의 부서짐을 경험하고, 완전한 치의 부서짐을 경험할 때, 이렇게, 바라문이여, 열반은 스스로 보이는 것이고, 시간을 넘어선 것이고, 와서 보라는 것이고, 향상으로 이끌고, 지혜로운 이들에 의해 개별적으로 알려지는 것이다.

3) 열반과 대등한 개념들

• 완전한 지혜 – (SN 22.23-완전한 지혜 경)

비구들이여, 탐이 부서지고, 진이 부서지고, 치가 부서진 것, 비구들이여, 이것이 완전한 지혜(pariññā)라고 불린다.

• 완전한 지혜 – (SN 22.106-완전히 알려져야 하는 법 경)/(SN 23.4-완전히 알려져야 하는 법 경)

비구들이여, 완전히 알려져야 하는 법들(pariññeyyā dhammā)과 완전한 지혜(pariññā)와 완전히 안 사람(pariññātāvī puggalo)을 설하겠다. 그것을 들어라. 무엇이 완전히 알려져야 하는 법들인가? 비구들이여, 색은 완전히 알려져야 하는 법이다. 수는 완전히 알려져야 하는 법이다. 상은 완전히 알려져야 하는 법이다. 행들은 완전히 알려져야 하는 법이다. 식은 완전히 알려져야 하는 법이다. 비구들이여, 이것이 완전히 알려져야 하는 법들이라고 불린다. 비구들이여, 무엇이 완전한 지혜인가? 비구들이여, 탐이 부서지고, 진이 부서지고, 치가 부서진 것, 비구들이여, 이것이 완전한 지혜라고 불린다. 비구들이여, 누가 완전히 안 사람인가? 이런 이름과 이런 성을 가진 아라한 존자라고 말해져야 한다. 비구들이여, 이것이 완전히 안 사람이라고 불린다.

• 아라한 됨 – (SN 38.2-아라한 됨 질문 경)

도반이여, 탐이 부서지고, 진이 부서지고, 치가 부서진 것 – 이것이 아라한 됨(arahattan)이라고 불립니다.

• 불사(不死) – (SN 45.7-어떤 비구 경2)

비구여, 탐이 부서지고, 진이 부서지고, 치가 부서진 것. – 이것이 불사(不死-amataṃ)라고 불린다.

• 범행(梵行)의 완성 – (SN 45.19-꾹꾸따라마 경2)/(SN 45.20-꾹꾸따라마 경3)

도반이여, 탐이 부서지고, 진이 부서지고, 치가 부서진 것. – 이것이 범행의 완성(brahmacariyapariyosānan)입니다.

• 사문 됨의 목적 – (SN 45.36-사문됨 경2)

비구들이여, 탐이 부서지고, 진이 부서지고, 치가 부서진 것 – 비구들이여, 이것이 사문 됨의 목적(sāmaññattho)이라고 불린다.

• 바라문 됨의 목적 – (SN 45.38-바라문됨 경2)

비구들이여, 탐이 부서지고, 진이 부서지고, 치가 부서진 것 – 비구들이여, 이것이 바라문 됨의 목적(brahmaññattho)이라고 불린다.

• 범행의 목적 – (SN 45.40-범행 경2)

비구들이여, 탐이 부서지고, 진이 부서지고, 치가 부서진 것 – 비구들이여, 이것이 범행의 목적(brahmacariyattho)이라 불린다.

3. 무위(無爲-asaṅkhata) = 열반(涅槃-nibbāna)

그런데 (SN 43-무위 상윳따)의 경들은 모두 「katamañca, bhikkhave, asaṅkhataṃ? yo, bhikkhave, rāgakkhayo dosakkhayo mohakkhayo – idaṃ vuccati, bhikkhave, asaṅkhataṃ. 비구들이여, 무엇이 무위인가? 비구들이여, 탐이 부서지고, 진이 부서지고, 치가 부서진 것 – 이것이, 비구들이여, 무위라고 불린다.」라는 정의를 반복합니다. 그래서 열반과 무위는 같은 상태의 다른 측면을 지시하는 용어라는 것을 알 수 있습니다.

또한, (SN 43-무위 상윳따)의 경들은 다양한 용어의 동등한 나열을 통해 무위의 상태를 서술하는데, 서술된 그대로가 열반을 설명하는 것이라고 할 수 있습니다.

anata(치우치지 않음)/anāsava(번뇌 없음)/sacca(진리)/pāra(저편)/nipuṇa(독창적인 것)/sududdasa(아주 보기 어려운 것)/ajajjara(시들지 않음)/dhuva(안정)/apalokita(우러러봄)/anidassana(속성이 없음)/nippapañca(희론 없음)/santa(평화)/amata(불사(不死))/paṇīta(뛰어남)/siva(안전장소)/khema(안온)/taṇhākkhaya(갈애의 부서짐)/acchariya(놀라움)/abbhuta(신기함)/anītika(건강)/anītikadhamma(건강한 법)/abyāpajjha(거슬림 없음)/virāga(바램)/suddhi(청정)/mutti(자유)/anālaya(집착의 경향 없음)/dīpa(섬)/leṇa(동굴)/tāṇa(피난처)/saraṇa(의지처)/parāyana(종점)

그래서 락인 열반은

탐-진-치가 부서진 것으로의 무위입니다. 그대로 anāsava(번뇌 없음)이어서 anidassana(속성이 없음)이니, anālaya(잡지 않음)이어서 taṇhākkhaya(갈애의 부서짐)입니다. 또한, nipuṇa(독창적인) sacca(진리)여서 anata(치우치지 않음)에 의해 도달하는 pāra(저편)이고, parāyana(종점)입니다. 그래서 nippapañca(희론 없음)이고, santa(평화)이고, amata(불사(不死))의 실현입니다. dhuva(안정) 되어서 ajajjara(시들지 않음)이고, sududdasa(아주 보기 어려운 것)이어서 apalokita(우러러봄)입니다. paṇīta(뛰어남)에 의해 성취된 khema(안온)이어서 siva(안전장소), dīpa(섬), leṇa(동굴), tāṇa(피난처), saraṇa(의지처)입니다. 이것이 abyāpajjha(거슬림 없음)과 virāga(바램)을 통해 얻어지는 suddhi(청정)과 mutti(자유)입니다. anītika(건강)이고, anītikadhamma(건강한 법)이어서 참으로 acchariya(놀라움)과 abbhuta(신기함)으로 밖에 달리 말할 수 없습니다.

4. 애(愛)의 부서짐

한편, 고(苦)의 원인 즉 고집성제는 애(愛)입니다. 그래서 애가 부서지면 고는 생겨나지 않습니다. 즉 고멸이고 락입니다. 그래서 열반은 애의 부서짐을 중심으로 다양하게 설명됩니다.

; 애의 부서짐으로의 열반은 부처님이 성취한 법인 atakkāvacara(딱까의 영역을 넘어선 것)에서도 확인됩니다. 애의 형성 과정인 딱까의 영역을 넘어선 것은 딱까의 영역에서 애가 형성되지 않음 즉 애멸의 실현입니다. 애가 부서져 더 이상 애가 없는 삶의 실현이 부처님의 성취 즉 열반의 실현인 것입니다. 이렇게 '애의 부서짐 = 열반' 입니다.

• 애(愛)의 부서짐(taṇhākkhaya) = 열반 – (SN 23.2-중생 경)

한 곁에 앉은 라다 존자는 세존에게 이렇게 말했다. – "대덕이시여, '중생(衆生), 중생'이라고 불립니다. 대덕이시여, 왜 중생이라고 불립니까?" "라다여, 색에 대한 관심, 탐, 소망, 애가 있다. 거기에 들러붙고, 거기에 강하게 들러붙는다. 그래서 중생이라고 불린다. … 수에 대한 … 상에 대한 … 행들에 대한 … 식에 대한 관심, 탐, 소망, 애가 있다. 거기에 들러붙고, 거기에 강하게 들러붙는다. 그래서 중생이라고 불린다(tatra satto, tatra visatto, tasmā sattoti vuccati).

예를 들면, 라다여, 소년들이나 소녀들이 모래성을 지으면서 놀고 있다. 그 모래성들에 대해 탐을 여의지 못하고, 관심을 여의지 못하고, 애정을 여의지 못하고, 갈증을 여의지 못하고, 열기를 여의지 못하고, 애를 여의지 못하는 한, 그들은 그 모래성들을 붙잡고, 꾸미고, 자기 것으로 여기고, 소중히 여긴다. 그러나 라다여, 소년들이나 소녀들이 그 모래성들에 대해 탐을 여의고, 관심을 여의고, 애정을 여의고, 갈증을 여의고, 열기를 여의고, 애를 여읠 때, 그 모래성들을 손과 발에 의해 흩어버리고, 부수고, 허물고, 놀이를 끝낸다. 이처럼, 라다여, 그대들도 색을 흩어버리고, 부수고, 허물고, 놀이를 끝내야 한다. 애의 부서짐을 위해 실천하라. 수를 … 상을 … 행들을 … 식을 흩어버리고, 부수고, 허물고, 놀이를 끝내야 한다. 애의 부서짐을 위해 실천하라. 라다여, 참으로 애의 부서짐이 열반이다.(taṇhākkhayāya paṭipajjatha. taṇhākkhayo hi, rādha, nibbānan"ti)"

※ [열반과 해탈①] taṇhākkhaye vimutta

sabbañjaho taṇhākkhaye vimutto 모든 것을 놓은 자, 애의 부서짐에 의해 해탈한 자(MN 26-덫경)/(MN 85-보디 왕자 경)/(SN 21.10-장로라고 불리는 자 경)

api vāsava jānāsi, taṇhākkhayavimuttiyo 와사와여, 그대는 애의 부서짐에 의한 해탈을 아는가?(MN 50-마라 질책 경)

viññāṇassa nirodhena, taṇhākkhayavimuttino 식의 멸에 의해 애가 부서져 해탈한 자들(AN 3.91-세 가지로 구성된 공부 경2)

5. 애(愛)의 부서짐의 확장 1) – 「모든 행의 그침-모든 재생의 조건을 놓음-애의 부서짐-이탐-소멸인 열반」

1) 두 가지 토대 : ①연기, ②열반 – (DN 14-대전기경)/(MN 26-덫 경)/(MN 85-왕자 보디 경)/(SN 6.1-범천의 요

청 경)

한때, 처음 바른 깨달음을 성취한 세존은 우루웰라에서 네란자라 강변 아자빨라니그로다 나무 밑에 머물렀다. 그때 외딴곳에 홀로 머무는 세존에게 이런 심(心)의 온전한 생각이 떠올랐다. – '내가 성취한 이 법은 심오하고, 보기 어렵고, 깨닫기 어렵고, 평화롭고, 숭고하고, 딱까(愛의 형성 과정)의 영역을 넘어섰고, 독창적이고, 현자에게만 경험될 수 있다. 그러나 존재들은 잡기를 즐기고 잡기를 좋아하고 잡기를 기뻐한다. 잡기를 즐기고 잡기를 좋아하고 잡기를 기뻐하는 사람들은 이런 토대 즉 여기에서의 조건성인 연기를 보기 어렵다. 또한, 이런 토대 즉 모든 행을 그침이고, 모든 재생의 조건을 놓음이고, 애의 부서짐이고, 바램이고, 소멸인 열반(sabbasaṅkhārasamatho sabbūpadhipaṭinissaggo taṇhākkhayo virāgo nirodho nibbānaṃ)을 보기 어렵다. 그러니 내가 이 법을 설한다 해도 저들이 알지 못한다면 그것은 나를 피곤하게 하고 나를 짜증 나게 할 것이다.'라고.

2) 평화롭고 뛰어난 것

'etaṃ santaṃ etaṃ paṇītaṃ yadidaṃ sabbasaṅkhārasamatho sabbūpadhipaṭinissaggo taṇhākkhayo virāgo nirodho nibbānan'ti 이것은 평화롭고 이것은 뛰어나다. 즉 모든 행의 그침이고, 모든 재생의 조건을 놓음이고, 애의 부서짐이고, 바램이고, 소멸인 열반이다.

• 오하분결(五下分結)을 버리기 위한 길과 실천 – (MN 64-말루꺄 큰 경)

• 식(識)과 함께한 이 몸에서 나를 만들고 나의 것을 만드는 자기화의 잠재성향들이 없고, 밖의 모든 상(相)에서 나를 만들고 나의 것을 만드는 자기화의 잠재성향들이 없는 삼매의 성취 방법 – (AN 3.32-아난다 경)

• 번뇌들의 부서짐을 위한 토대 – (AN 9.36-선(禪) 경)

• 이런 상(想)을 가진 삼매의 성취 – (AN 10.6-삼매 경)/(AN 11.7-상(想) 경)/(AN 11.8-작의(作意) 경)/(AN 11.18-삼매 경1)/(AN 11.19-삼매 경2)/(AN 11.20-삼매경3)/(AN 11.21-삼매경4)

여기, 아난다여, 비구는 이런 상(想)을 가졌다. – '이것은 평화롭고 이것은 뛰어나다. 즉 모든 행의 그침이고, 모든 재생의 조건을 놓음이고, 애의 부서짐이고, 바램이고, 소멸인 열반이다.'라고. 이렇게, 아난다여, 비구는 땅에 대해 땅의 상(想)이 없고, 물에 대해 물의 상이 없고, 불에 대해 불의 상이 없고, 바람에 대해 바람의 상이 없고, 공무변처에 대해 공무변처의 상이 없고, 식무변처에 대해 식무변처의 상이 없고, 무소유처에 대해 무소유처의 상이 없고, 비상비비상처에 대해 비상비비상처의 상이 없고, 이 세상에 대해 이 세상의 상이 없고, 저세상에 대해 저세상의 상이 없지만, 상이 있는 그런 삼매를 성취할 수 있다.

• 이탐의 상(想)/소멸의 상(想) – (AN 10.60-기리마난다 경)

3) 지혜의 기능 – āpaṇasuttaṃ (SN 48.50-아빠나 경)

대덕이시여, 참으로 믿음이 있고, 열심히 정진하고, 사띠를 확립하고, 삼매를 닦는 심(心)을 가진 성스러운 제자에게 이런 것이 예상됩니다. – '윤회는 시작점이 알려지지 않는 것이다. 무명에 덮이고 애에 묶여서 옮겨가고 윤회하는 중생에게 시작점은 선언되지 않는다. 그러나 어둠의 무더기인 무명이 남김없이 바랜 소멸은 평화로운 경지이고 뛰어난 경지이다. 즉 모든 행의 그침이고, 모든 재생의 조건을 놓음이고, , 바램이고, 소멸인 열반이다.' 라고. 대덕이시여, 참으로 이런 지혜가 지혜의 기능입니다(yā hissa, bhante, paññā tadassa paññindriyaṃ).

; 다섯 가지 기능 – 믿음 → 정진 → 사띠 → 삼매 ⇒ 지혜

4) 이전에 가보지 못한 방향 – (AN 4.114-코끼리 경)/(AN 5.140-듣는 자 경)

비구들이여, 어떻게 비구는 가는 자인가? 비구들이여, 여기 비구는 이 긴 과정 동안 이전에 가보지 못한 방향(yāyaṃ disā agatapubbā iminā dīghena addhunā) 즉 모든 행의 그침이고, 모든 재생의 조건을 놓음이고, 애의 부서짐이고, 바램이고, 소멸인 열반으로 빠르게 간다. 비구들이여, 이렇게 비구는 가는 자이다. 비구들이여, 이런 네 가지 법을 갖춘 비구는 공양 받을만한 분들, 환영 받을만한 분들, 보시 받을만한 분들, 합장 받을만한 분들이며, 이 세상의 위없는 복전(福田)이다.

5) 여래(如來)나 여래(如來)의 제자가 설한 법의 목적 – (MN 22-뱀의 비유 경)

"대덕이시여, 안으로 존재하지 않는 것에 대해 동요가 있습니까("siyā nu kho, bhante, ajjhattaṃ asati paritassanā"ti)?" "있다, 비구여."라고 세존은 말했다. "여기, 비구여, 어떤 사람은 이런 견해를 가졌다. – '이것이 세상이고, 이것이 아(我)다. 그런 나는 죽은 뒤에 상(常)하고, 안정되고, 영원하고, 변하지 않는 것일 것이다. 오로지 그렇게 영원히 서 있을 것이다.'라고. 그는 모든 견해의 토대-결정-선입감-성향-잠재성향들을 뿌리 뽑기 위해, 모든 행(行)을 그치기 위해, 모든 재생의 조건을 놓기 위해, 애(愛)의 부서짐을 위해, 이탐을 위해, 소멸을 위해, 열반을 위해 여래나 여래의 제자가 설한 법을 듣는다. 그에게 이런 생각이 든다. – '참으로 나는 단멸할 것이다. 참으로 나는 상실될 것이다. 참으로 나는 존재하지 않게 될 것이다.'라고. 그는 슬퍼하고 힘들어하고 비탄에 빠지고 가슴을 치며 울부짖고 당황한다. 비구여, 이렇게 안으로 존재하지 않는 것에 대해 동요가 있다."라고.

; 상(常)의 극복을 위한 가르침을 단(斷)으로 이끄는 가르침으로 오해 – 존재의 파괴자(MN 75-마간디야 경)

"대덕이시여, 안으로 존재하지 않는 것에 대해 동요하지 않음이 있습니까("siyā pana, bhante, ajjhattaṃ asati aparitassanā"ti)?" "있다, 비구여."라고 세존은 말했다. "여기, 비구여, 어떤 사람은 이런 견해를 가지지 않았다. – '이것이 세상이고, 이것이 아(我)다. 그런 나는 죽은 뒤에 상(常)하고, 안정되고, 영원하고, 변하지 않는 것일 것이다. 오로지 그렇게 영원히 서 있을 것이다.'라고. 그는 모든 견해의 토대-결정-선입감-성향-잠재성향들을 뿌리 뽑기 위해, 모든 행(行)을 그치기 위해, 모든 재생의 조건을 놓기 위해, 애(愛)의 부서짐을 위해, 이탐을 위해, 소멸을 위해, 열반을 위해 여래나 여래의 제자가 설한 법을 듣는다. 그에게 이런 생각이 들지 않는다. – '참으로 나는 단멸할 것이다. 참으로 나는 상실될 것이다. 참으로 나는 존재하지 않게 될 것이다.'라고. 그는 슬퍼하지 않고 힘들어하지 않고 비탄에 빠지지 않고 가슴을 치며 울부짖지 않고 당황하지 않는다. 비구여, 이렇게 안으로 존재하지 않는 것에 대해 동요 않음이 있다."라고.

; 상(常)의 극복을 위한 가르침을 단(斷)으로 이끄는 가르침으로 오해하지 않음 – 존재의 파괴자가 아니라 존재에서 벗어남으로써 고멸의 실현을 이끎(MN 75-마간디야 경)

6) '누가 나의 아(我)인가?'라고 질문하지 않게 됨 – (SN 22.90-찬나 경)

그러자 찬나 존자에게 이런 생각이 떠올랐다. – "나도 이렇게 생각한다. – '색은 무상(無常)하고, 수는 무상하고, 상은 무상하고, 행들은 무상하고, 식은 무상하다. 색은 무아(無我)이고, 수는 … 상은 … 행들은 … 식은 무아다. 모든 행은 무상하고, 모든 법은 무아다.'라고. 그런데 모든 행의 그침이고, 모든 재생의 조건을 놓음이고, 애의 부서짐이고, 바램이고, 소멸인 열반에 대해 나의 심은 다가가지 않고 순일해지지 않고 안정되지 않고 기울지 않는다. 동요 때문에 집착이 생기고, 의(意)는 '그러면 이제 누가 나의 아(我)인가?'라고 다시 되돌아온다(paritassanā upādānaṃ uppajjati; paccudāvattati mānasaṃ – 'atha ko carahi me attā'ti?). 이런 법을 본 자에게는 그것이 없다. 누가 나에게 내가 법을 볼 수 있도록 그런 법을 설할 수 있을 것인가?"라고.

6. 애(愛)의 부서짐의 확장 2)

1) 바램(virāga) – (AN 4.34-으뜸의 믿음 경)/(AN 5.32-쭌디 경)

"yāvatā, cundi, dhammā saṅkhatā vā asaṅkhatā vā, virāgo tesaṃ aggamakkhāyati, yadidaṃ – madanimmadano pipāsavinayo ālayasamugghāto vaṭṭupacchedo taṇhākkhayo virāgo nirodho nibbānaṃ. 쭌디여, 유위법 또는 무위법들과 비교할 때 자기화의 억제, 갈증의 제어, 잡기의 뿌리 뽑음, 윤회의 끊음, 애의 부서짐, 이탐, 소멸, 열반인 바램이 그들 가운데 으뜸이라고 불린다.

2) 부처님이 설한 법 – ①paṭhamapārājikaṃ, sudinnabhāṇavāro(첫 번째 빠라지까, 수딘나 부문)

그 비구들은 수딘나 존자를 여러 방법으로 꾸짖은 뒤에 세존에게 이런 뜻을 알렸다. 그러자 세존은 이런 인연에 대해, 이런 경우에 대해 비구상가를 모이게 한 뒤에 수딘나 존자에게 물었다 - "수딘나여, 그대가 옛 아내와 함께 음행을 한 것이 사실인가?" "사실입니다, 대덕이시여." 불(佛) 세존(世尊)은 꾸짖었다. – "쓸모없는 자여, 타당하지 않고 적절하지 않고 알맞지 않고 사문의 삶의 아니고 부당하고 해서는 안 될 일을 행한 것이다. 쓸모없는 자여, 어떻게 그대는 이렇게 잘 설해진 법과 율에 출가한 뒤에 평생 완전하고 청정한 범행을 실천하는 것이 불가능해질 것인가!

쓸모없는 자여, 나는 여러 방법으로 친밀이 아니라 이탐을 위한 법을 설했고, 속박이 아니라 속박에서 벗어남을 위한 법을 설했고, 집착 있음이 아니라 집착 없음을 위한 법을 설하지 않았는가! 거기서, 쓸모없는 자여, 그대는 내가 이탐을 위해 설한 법에 대해 친밀을 의도할 것이고, 속박에서 벗어남을 위해 설한 법에 대해 속박을 의도할 것이고, 집착 없음을 위해 설한 법에 대해 집착을 의도할 것이다! 쓸모없는 자여, 나는 여러 방법으로 탐의 바램을 위한 법을 설했고, 자기화를 억누르기 위한, 갈증의 제어를 위한, 잡기를 뿌리 뽑기 위한, 윤회를 끊기 위한, 애의 부서짐을 위한, 이탐을 위한, 소멸을 위한, 열반을 위한 법을 설하지 않았는가! 쓸모없는 자여, 나는 여러 방법으로 소유의 삶의 버림을 선언하고, 소유의 상(想)(慾想)의 완전한 지혜를 선언하고, 소유의 갈증의 억누름을 선언했고, 소유의 위딱까의 뿌리 뽑음을 선언했고, 소유의 열기의 가라앉음을 선언하지 않았는가! 쓸모없는 자여, 그대는 뱀의 무섭고 독이 있는 아가리에 성기를 넣는 것이 더 낫다. 그러나 여인의 성기에 성기를 넣는 것은 아니다. 쓸모없는 자여, 그대는 검은 뱀의 아가리에 성기를 넣는 것이 더 낫다. 그러나 여인의 성기에 성기를 넣는 것은 아니다. 쓸모없는 자여, 그대는 타오르고 화염을 내고 달아오른 숯불구덩이에 성기를 넣는 것이 더 낫다. 그러나 여인의 성기에 성기를 넣는 것은 아니다. 그 원인은 무엇인가? 쓸모없는 자여, 그것을 인연으로 죽거나 죽음만큼의 고통을 당할 것이다. 그러나 그것을 조건으로 몸이 무너져 죽은 뒤에 상실과 비탄의 상태, 비참한 존재, 벌 받는 상태, 지옥에 태어나지는 않을 것이다. 그러나 쓸모없는 자여, 이것을 인연으로 몸이 무너져 죽은 뒤에 상실과 비탄의 상태, 비참한 존재, 벌 받는 상태, 지옥에 태어날 것이다. 쓸모없는 자여, 거기서 그대는 정법(正法)이 아니고, 저열한 법이고, 비천한 법이고, 더럽고, 지저분하고, 비밀스럽고, 거듭 거짓된 죄를 범할 것이다. 쓸모없는 자여, 그대는 많은 불선법의 시작으로부터 앞선 자이다. 쓸모없는 자여, 그것은 믿음이 없는 자들을 믿음으로 이끌고, 믿음이 있는 자들을 더욱 확대시키는 것이 아니다. 쓸모없는 자여, 그것은 오히려 믿음이 없는 자들을 불신으로 이끌고 믿음이 있는 자들 가운데 어떤 자들을 변화로 이끈다."라고.

② saṅghādisesakaṇḍaṃ, 1. sukkavissaṭṭhisikkhāpadaṃ(승단잔류죄, 정액의 방출에 대한 학습계율)

쓸모없는 자여, 타당하지 않고 적절하지 않고 알맞지 않고 사문의 삶이 아니고 부당하고 해서는 안 될 일을 행한 것이다. 쓸모없는 자여, 어떻게 그대는 손을 사용하여 정액을 방출할 것인가! ~

※ 애의 부서짐을 말하는 대표적 경으로는 cūḷataṇhāsaṅkhayasuttaṃ (MN 37-애(愛)의 부서짐의 작은 경)(*)과 mahātaṇhāsaṅkhayasuttaṃ (MN 38-애(愛)의 부서짐의 큰 경)을 들 수 있는데, taṇhākkhaya와 단어가 다르고 열반이란 단어와 직접 연결되지 않아 이 자리에 소개하지 않았습니다(**). 다만, 별책의 「괴로움을 끝내기 위한 필수 요소 세 가지 - Ⅰ.애(愛-taṇhā)」에서 소개하였습니다.

(*) taṇhāsaṅkhayavimutto 애(愛)의 부서짐에 의한 해탈
(**) (MN 38-애(愛)의 부서짐의 큰 경)은 411쪽에서 연기된 식의 주제로 정리

7. 존재의 소멸

• (SN 12.68-꼬삼비 경) - 'bhavanirodho nibbānan''ti 존재의 소멸이 열반이다.

• (AN 10.7-사리뿟따 경)

"도반 사리뿟따여, 그러면 어떻게 해서 비구는 땅에 대해 땅이라는 상(想)이 없고, … 저 세상에 대해 저 세상이라는 상이 없지만, 그러나 상이 있는 그런 삼매를 얻을 수 있습니까?" "도반 아난다여, 한때 나는 여기 사왓티에서 어둠의 숲에 머물렀습니다. 거기서 나는 땅에 대해 땅이라는 상이 없었고, 물에 대해 물이라는 상이 없었고, 불에 대해 불이라는 상이 없었고, 바람에 대해 바람이라는 상이 없었고, 공무변처에 대해 공무변처라는 상이 없었고, 식무변처에 대해 식무변처라는 상이 없었고, 무소유처에 대해 무소유처라는 상이 없었고, 비상비비상처에 대해 비상비비상처라는 상이 없었고, 이 세상에 대해 이 세상이라는 상이 없었고, 저 세상에 대해 저 세상이라는 상이 없었습니다. 그러나 상이 있었던 그런 삼매를 얻었습니다.

"사리뿟따 존자는 그때 어떤 상(想)을 가지고 있었습니까?" "도반이여, 내게는 '존재의 소멸인 열반, 존재의 소멸인 열반(bhavanirodho nibbānaṃ bhavanirodho nibbānan)'이라는 다른 상이 일어나고 다른 상이 소멸합니다. 도반이여, 예를 들면 지저깨비에 불이 타고 있으면 다른 불꽃이 일어나고 다른 불꽃이 소멸하는 것과 같이, 내게는 '존재의 소멸인 열반, 존재의 소멸인 열반'이라는 다른 상이 일어나고 다른 상이 소멸합니다. 도반이여, 그때 내게는 '존재의 소멸인 열반'이라는 상이 있었습니다."

[2] 이름의 측면

1. 집착 없는 완전한 열반(anupādāparinibbāna)

☞ [참고] 유여열반(有餘涅槃-saupādisesanibbāna)과 무여열반(無餘涅槃-anupādisesa nibbāna)(252쪽)

1) (AN 7.55-사람들의 갈 곳 경) – 정의

비구들이여, 무엇이 집착 없는 완전한 열반인가? 여기, 비구들이여, 비구는 이렇게 실천한다. – '그것이 아니고 나의 것도 아니라면, 그것은 없을 것이고 나의 것도 없을 것이다. 있는 것, 활성존재를 나는 버린다.('no cassa no ca me siyā, na bhavissati na me bhavissati, yadatthi yaṃ bhūtaṃ taṃ pajahāmī'ti)'라고 평정을 얻는다. 그는 존재들을 유쾌해하지 않고, 태어남을 유쾌해하지 않고, '더 평화로운 경지가 있다.'라고 바른 지혜로 본다. 그리고 그 경지를 온전히 완전하게 실현한다. 그에게 자기화의 잠재성향(mānānusayo)은 온전히 완전하게 버려진다. 유탐(有貪)의 잠재성향(bhavarāgānusayo)은 온전히 완전하게 버려진다. 무명의 잠재성향(avijjānusayo)은 온전히 완전하게 버려진다. 그는 번뇌들의 부서짐으로부터 번뇌가 없는 심해탈과 혜해탈을 지금여기에서 스스로 실답게 안 뒤에 실현하고 성취하여 머문다. 비구들이여, 이것이 집착 없는 완전한 열반이라고 불린다.

2) 세존에게서 범행(梵行)의 삶을 사는 목적 – (MN 24-훈련된 마차 경)

이처럼, 도반이여, 계(戒)의 청정은 심(心)의 청정까지의 목표에 미치고, 심(心)의 청정은 견해의 청정까지의 목표에 미치고, 견해의 청정은 의심을 넘어선 청정까지의 목표에 미치고, 의심을 넘어선 청정은 길과 길 아님에 대한 지(知)와 견(見)의 청정까지의 목표에 미치고, 길과 길 아님에 대한 지와 견의 청정은 실천에 대한 지와 견의 청정까지의 목표에 미치고, 실천에 대한 지와 견의 청정은 지와 견의 청정까지의 목표에 미치고, 지와 견의 청정은 집착 없는 완전한 열반의 목적에 미칩니다. 도반이여, 집착 없는 완전한 열반을 목적으로 세존에게서 범행의 삶을 삽니다.

3) 세존에게서 범행(梵行)의 삶을 사는 목적 & 길과 실천 – (SN 45.43-집착 없는 완전한 열반 경)

비구들이여, 만약 외도 유행승들이 그대들에게 물을지도 모른다. – '어떤 목적 때문에 사문 고따마에게서 범행의 삶을 삽니까?'라고. 비구들이여, 이런 질문을 받으면 그대들은 그 외도 유행승들에게 이렇게 설명해야 한다. – '도반들이여, 집착 없는 완전한 열반을 목적으로 세존에게서 범행의 삶을 삽니다.'라고.

비구들이여, 만약 외도 유행승들이 다시 그대들에게 물을지도 모른다. – '다시 도반들이여, 집착 없는 완전한 열반을 위한 도(道)가 있고 실천이 있습니까?'라고. 비구들이여, 이런 질문을 받으면 그대들은 그 외도 유행승들에게 이렇게 설명해야 한다. – '도반들이여, 집착 없는 완전한 열반을 위한 도가 있고 실천이 있습니다.'라고.

비구들이여, 그러면 무엇이 집착 없는 완전한 열반을 위한 도이고 무엇이 실천인가? 오직 이 여덟 요소로 구성된 도이니 정견(正見) … 정정(正定)이다. 비구들이여, 이것이 집착 없는 완전한 열반을 위한 도이고, 이것이 집착 없는 완전한 열반을 위한 실천이다. 비구들이여, 이런 질문을 받으면 그대들은 그 외도 유행승들에게 이렇게 설명해야 한다.

4) 세존께서 설하신 법은 집착 없는 완전한 열반을 위한 것 – (SN 35.75-병 경2)

"대덕이시여, 저는 세존께서 설하신 법이 계(戒)의 청정을 위한 것이라고 알지 않습니다."

"만약, 비구여, 내가 설한 법을 계(戒)의 청정을 위한 것이라고 그대가 알지 않는다면, 비구여, 이제 그대는 내가 설한 법을 무엇을 위한 것이라고 아는가?"

"대덕이시여, 세존께서 설하신 법은 집착 없는 완전한 열반을 위한 것이라고 저는 압니다."

"훌륭하고, 훌륭하다, 비구여! 비구여, 그대가 집착 없는 완전한 열반을 위해 내가 설한 법을 아는 것은 훌륭하다. 참으로, 비구여, 내가 설한 법은 집착 없는 완전한 열반을 위한 것이다."

5) 집착 없는 완전한 열반으로 이끄는 것 – 몸에 속한 사띠 – (AN 1.563-584-599-몸에 속한 사띠 품)

비구들이여, 닦고 많이 행한 하나의 법은 지혜의 열림으로 이끈다. … 집착 없는 완전한 열반으로 이끈다. 어떤 하나의 법인가? 몸에 속한 사띠이다. 비구들이여, 닦고 많이 행한 이 하나의 법은 지혜의 열림으로 이끈다. … 집착 없는 완전한 열반으로 이끈다.

6) (AN 10.29-꼬살라 경1)

비구들이여, 지금여기의 궁극의 열반(paramadiṭṭhadhammanibbānaṃ)을 선언하는 어떤 사문-바라문들이 있다. 비구들이여, 육촉처의 자라남-줄어듦-매력-위험-해방을 있는 그대로 안 뒤에 집착 없이 해탈한 것(yadidaṃ channaṃ phassāyatanānaṃ samudayañca atthaṅgamañca assādañca ādīnavañca nissaraṇañca yathābhūtaṃ viditvā anupādā vimokkho)이 지금여기의 궁극의 열반의 선언 가운데 으뜸이다. 비구들이여, 이렇게 주장하고 이렇게 알려진 나를 어떤 사문-바라문들은 근거 없고 헛되고 거짓이고 사실 아닌 것으로 비방한다. – '사문 고따마는 욕(慾)의 완전한 지혜(kāmānaṃ pariññaṃ)를 선언하지 못하고, 색(色)의 완전한 지혜(rūpānaṃ pariññaṃ)를 선언하지 못하고, 수(受)의 완전한 지혜(vedanānaṃ pariññaṃ)를 선언하지 못한다.'라고. 그러나 비구들이여, 나는 욕의 완전한 지혜를 선언하고, 색의 완전한 지혜를 선언하고, 수의 완전한 지혜를 선언한다. 지금여기에서 갈망이 없고 꺼졌고 식은 나는 집착 없는 완전한 열반을 선언한다.

※ [열반과 해탈②] anupādāvimutto – (DN 1.6/7/8/10/16-범망경)

비구들이여, 여래는 이것을 꿰뚫어 안다. – '이렇게 붙잡고 이렇게 집착된 이 경우의 견해 때문에 이런 이끌림이 있고 이런 다시 태어남이 있다.'라고. 여래는 이것을 꿰뚫어 알고, 이보다 더 높은 것도 꿰뚫어 안다. 그러나 그 앎을 집착하지 않는다. 집착하지 않는 자에게 개별적으로 꺼짐이 알려진다. 비구들이여, 여래는 수의 자라남과 줄어듦과 매력과 위험과 해방을 있는 그대로 안 뒤에 집착 없이 해탈한 자이다.

ime kho te, bhikkhave, dhammā gambhīrā duddasā duranubodhā santā paṇītā atakkāvacarā nipuṇā paṇḍitavedanīyā, ye tathāgato sayaṃ abhiññā sacchikatvā pavedeti, yehi tathāgatassa yathābhuccaṃ vaṇṇaṃ sammā vadamānā vadeyyuṃ.

비구들이여, 이것이 참으로 ①여래가 스스로 실답게 안 뒤에 실현하여 선언하였고, ②바르게 말하는 자는 그 법들로부터 사실에 따른 여래의 칭송을 말해야 하는 ③심오하고, 보기 어렵고, 깨닫기 어렵고, 평화롭고, 숭고하고, 딱까의 영역을 넘어섰고, 독창적이고, 현자에게만 경험될 수 있는 그 법들이다.

2. 지금여기에서의 열반(diṭṭhadhammanibbāna)

1) (DN 1.16/17/18/19-범망경) – II. 44가지 미래에 속하는 것들 → II-5. 지금여기에서의 열반을 설하는 이론들 - 다섯 가지를 기반으로 지금여기에서의 구경의 열반을 선언함.

"비구들이여, 5가지 기반에 의해 지금여기에서의 열반을 말하고, 존재하는 중생들의 지금여기에서의 구경의 열반을 선언하는 어떤 사문-바라문들이 있다. 그러면 무엇에 근거하고 무엇에 의거한 5가지 기반에 의해 그 사문-바라문들은 지금여기에서의 열반을 말하고, 존재하는 중생들의 지금여기에서의 구경의 열반을 선언하는가?"

- 지금여기① - 다섯 가닥의 소유적 사유의 대상을 마음껏 충분히 즐김.
- 지금여기② - 초선을 성취하여 머묾.
- 지금여기③ - 제2선을 성취하여 머묾.
- 지금여기④ - 제3선을 성취하여 머묾.
- 지금여기⑤ - 제4선을 성취하여 머묾.

2) 아(我)와 단멸(斷滅)과 지금여기에서의 열반 – (MN 102-다섯이면서 셋 경)

세존은 이렇게 말했다. – "비구들이여, 미래를 사유하고 미래에 대한 견해를 가지고 미래에 대한 다양한 입장을 말하는 어떤 사문-바라문들이 있다.

'아(我)는 상(想)을 가졌고 죽은 뒤에 병이 없다('saññī attā hoti arogo paraṃ maraṇā'ti).'라고 여기서 어떤 자들은 말한다. '아는 상을 가지지 않았고 죽은 뒤에 병이 없다(asaññī attā hoti arogo paraṃ maraṇā'ti).'라고 여기서 어떤 자들은 말한다. '아는 상을 가지지도 가지지 않지도 않았고 죽은 뒤에 병이 없다('nevasaññīnāsaññī attā hoti arogo paraṃ maraṇā'ti).'라고 여기서 어떤 자들은 말한다. 또는 어떤 자들은 존재하고 있는 중생의 단멸과 상실에 의한 존재에서 벗어남을 선언하거나(sato vā pana sattassa ucchedaṃ vināsaṃ vibhavaṃ paññapenti), 지금여기에서의 열반(diṭṭhadhammanibbānaṃ)을 말한다.

이렇게 ①죽은 뒤에 병이 없는 아의 존재를 선언한다, ②존재하고 있는 중생의 단멸과 상실에 의한 존재에서 벗어남을 선언한다, ③지금여기에서의 열반을 말한다.

이렇게 이것들은 다섯이었다가 셋이 되고, 셋이었다가 다섯이 된다. – 이것이 다섯이면서 셋의 대강이다.

※ [열반과 해탈③] anupādāvimokkho – (MN 102-다섯이면서 셋 경)

"idaṃ kho pana, bhikkhave, tathāgatena anuttaraṃ santivarapadaṃ abhisambuddhaṃ yadidaṃ – channaṃ phassāyatanānaṃ samudayañca atthaṅgamañca assādañca ādīnavañca nissaraṇañca yathābhūtaṃ viditvā anupādāvimokkho"ti.

비구들이여, 이것이 여래에 의한 위없는, 평화롭고 수승한 경지의 깨달음이니 즉 육촉처의 자라남과 줄어듦과 매력과 위험과 해방을 있는 그대로 안 뒤에 집착 없는 해탈이 있다.

3) 지금여기에서의 열반을 성취한 비구(diṭṭhadhammanibbānappatto bhikkhū)

• (SN 12.16-법을 설하는 자 경)/(SN 12.67-갈대 묶음 경)

만약 비구가 노사(老死)의 염오-이탐-소멸을 위하여 법을 설하면 '법을 설하는 비구(dhammakathiko bhikkhū)'라고 말하기에 적절하다. 만약 비구가 노사의 염오-이탐-소멸을 위하여 실천하면 '가르침에 일치하는 법을 실천하는 비구(dhammānudhammappaṭipanno bhikkhū)'라고 말하기에 적절하다. 만약 비구가 노사의 염오-이탐-소멸로부터 집착 없이 해탈하면 '지금여기의 열반을 성취한 비구(diṭṭhadhammanibbānappatto bhikkhū)'라고 말하기에 적절하다.

만약 비구가 생(生)의 … 만약 비구가 유(有)의 … 만약 비구가 취(取)의 … 만약 비구가 애(愛)의 … 만약 비구가 수(受)의 … 만약 비구가 촉(觸)의 … 만약 비구가 육입(六入)의 … 만약 비구가 명색(名色)의 … 만약 비구가 식(識)의 … 만약 비구가 행(行)들의 … 만약 비구가 무명(無明)의 염오-이탐-소멸을 위하여 법을 설하면 '법을 설하는 비구'라고 말하기에 적절하다. 만약 비구가 무명의 염오-이탐-소멸을 위하여 실천하면 '가르침에 일치하는 법을 실천하는 비구'라고 말하기에 적절하다. 만약 비구가 무명의 염오-이탐-소멸로부터 집착 없이 해탈하면 '지금여기의 열반을 성취한 비구'라고 말하기에 적절하다.

• (SN 22.115)-법을 설하는 자 경/(SN 22.116-법을 설하는 자 경2) – 오온에 대해 동일하게 설해짐

• (SN 35.138-법을 설하는 자 질문 경) – 육내입처에 대해 동일하게 설해짐

4) 지금여기에서의 열반의 완성 – (AN 9.1-깨달음 경)/(AN 9.3-메기야 경)

탐을 버리기 위해서는 부정(不淨)을 닦아야 한다. 진에를 버리기 위해서는 자(慈)를 닦아야 한다. 위딱까를 자르기 위해서는 입출식념을 닦아야 한다. '나는 있다.'라는 자기화를 뿌리 뽑기 위해서는 무상(無常)의 상(想)을 닦아야 한다. 무상의 상을 가진 자에게 무아의 상이 안정된다. '나는 있다.'라는 자기화를 뿌리 뽑은 무아의 상을 가진 자에게 지금여기에서의 열반이 완성된다.

5) 지금여기의 궁극의 열반 – (AN 10.29-꼬살라 경1) ☞ 「1. 집착 없는 완전한 열반(anupādāparinibbāna) 6)」

6) 구차제주(九次第住) – (AN 9.51) ☞ 「[4] 구차제주(九次第住)의 열반」

[3] 열반으로 굽게 하고 열반으로 경사지게 하고 열반으로 이끌리게 하는 것

1. 일곱 가지 보리분법(菩提分法)(*)과 선(禪) 상윳따(SN 53) – 반복 품

(*) (SN 45-도(道) 상윳따)/(SN 46-각지(覺支) 상윳따)/(SN 47-염처(念處) 상윳따)/(SN 48-기능 상윳따)/(SN 49-바른 노력 상윳따)/(SN 50-힘 상윳따)/(SN 51-여의족(如意足) 상윳따)

• 어떻게 팔정도를 닦고 많이 행하는가? – 「1) 떨침(◐)의 과정이고 이탐의 과정이고 소멸의 과정이고 쉼으로 귀결되는(vivekanissitaṃ virāganissitaṃ nirodhanissitaṃ vossaggapariṇāmiṃ), 2) 탐의 제어의 완성이고 진의 제어의 완성이고 치의 제어의 완성인(rāgavinayapariyosānaṃ dosavinayapariyosānaṃ mohavinayapariyosānaṃ), 3) 불사(不死)로 뛰어들고 불사로 끝나고 불사로 완성되는(amatogadhaṃ amataparāyanaṃ amatapariyosānaṃ), 4) 열반으로 굽게 하고 열반으로 경사지게 하고 열반으로 이끌리게 하는(nibbānaninnaṃ nibbānapoṇaṃ nibbānapabbhāraṃ) 정견(正見) ~ 정정(正定)을 닦음.」

→ 팔정도를 닦고 많이 행하는 것 즉 떨침-이탐-소멸의 과정에 의해 귀결되는 쉼이 곧 탐-진-치의 제어가 완성된 것이고, 이것이 불사의 완성이고 열반의 실현임.

; 일곱 가지 보리분법과 사선(四禪)에 반복 – bhāvento … bahulīkaronto nibbānaninno hoti nibbānapoṇo nibbānapabbhāro

2. 예류의 구성요소 네 가지 – (SN 55.22-마하나마 경2)

두려워하지 말라, 마하나마여. 두려워하지 말라, 마하나마여. 그대의 죽음은 나쁘지 않을 것이다. 나쁘게 죽음을 맞지 않을 것이다. 마하나마여, 네 가지 법을 갖춘 성스러운 제자는 열반으로 굽고, 열반으로 경사지고, 열반으로 이끌린다. 어떤 네 가지인가? 여기, 마하나마여, 성스러운 제자는 붇다(佛)에 대해 확실한 믿음(분명함)을 갖춘다. – '이렇게 그분 세존께서는 모든 번뇌 떠나신 분, 스스로 완전한 깨달음을 이루신 분, 밝음과 실천을 갖추신 분, 진리의 길 보이신 분, 세상일을 모두 훤히 아시는 분, 어리석은 이도 잘 이끄시는 위없는 분, 천상과 인간의 스승, 깨달으신 분, 존귀하신 분이시다.'라고.

담마(法)에 대해 확실한 믿음(분명함)을 갖춘다. – '세존에 의해 잘 설해진 법은 스스로 보이는 것이고, 시간을 넘어선 것이고, 와서 보라는 것이고, 향상으로 이끌고, 지혜로운 이에게 개별적으로 알려지는 것이다.'라고.

상가(僧)에 대해 확실한 믿음(분명함)을 갖춘다. – '세존의 제자 상가는 잘 실천하고, 세존의 제자 상가는 올곧게 실천하고, 세존의 제자 상가는 방법에 맞게 실천하고, 세존의 제자 상가는 가르침에 일치하게 실천한다. 쌍으로는 넷이고, 홀으로는 여덟인 이들이 세존의 제자 상가이니, 공양 받을만하고, 환영 받을만하고, 보시 받을만하고 합장 받을만하며, 세상의 위없는 복전(福田)이다.'라고.

'깨지지 않고, 끊어지지 않고, 결점이 없고, 얼룩지지 않고, 구속되지 않고, 지자들이 칭찬하고, 움켜쥐지 않고, 삼매로 이끄는' 성자들이 지니는 계들을 갖춘다.

"seyyathāpi, mahānāma, rukkho pācīnaninno pācīnapoṇo pācīnapabbhāro, so mūlacchinno katamena papateyyā"ti? "yena, bhante, ninno yena poṇo yena pabbhāro"ti. "evameva kho, mahānāma, imehi catūhi dhammehi samannāgato ariyasāvako nibbānaninno hoti nibbānapoṇo nibbānapabbhāro"ti.

예를 들면, 마하나마여, 동쪽으로 굽고, 동쪽으로 경사지고, 동쪽으로 이끌린 나무가 있다. 그 나무를 뿌리에서 자르면 어디로 쓰러지겠는가?" "굽은 쪽으로, 경사진 쪽으로, 이끌린 쪽으로 쓰러질 것입니다, 대덕이시여." "이처럼, 마하나마여, 이런 네 가지 법을 갖춘 성스러운 제자는 열반으로 굽고, 열반으로 경사지고, 열반으로 이끌린다."

◐ 떨침(viveka)은 초선의 성취부터 나타나는 수행의 중요 개념입니다. –「비구는 소유의 삶에서 벗어나고, 불선법들에서 벗어나서, 위딱까가 있고 위짜라가 있고 떨침에서 생긴 기쁨과 즐거움의 초선을 성취하여 머문다.」

(MN 3-법(法)의 후계자 경)에서 부처님은 제자들에게 재물의 후계자가 아닌 법의 후계자가 될것을 당부합니다. 이어서 사리뿟따 존자는「스승이 홀로 머무실 때 제자들은 얼마만큼 떨침을 이어서 공부하지 않습니까? 또한, 스승이 홀로 머무실 때 제자들은 얼마만큼 떨침을 이어서 공부합니까?」라고 하여 떨침(viveka)을 법의 후계자가 되기 위한 공부의 중심으로 제시합니다. 또한, 스승이 버려야 한다고 말한 법들을 소개하는데, 망(望-lobha)-진(嗔-dosa)/화(kodha)-원한(upanāha)/위선(makkha)-악의(paḷāsa)/질투(issā)-인색(macchera)/사기(māyā)-교활(sāṭheyya)/고집(thambha)-격분(sārambha)/자기화(māna)-오만(atimāna)/잠김(mada)-방일(pamāda)의 8쌍 16개입니다. 그리고 이 법들을 버리는 방법은 중도(中道) 곧 팔정도(八正道)의 실천입니다. → 스승이 버려야 한다고 말한 법들을 떨침!

스승이 버려야 한다고 말한 법들은 (MN 7-옷감 경)에서는 심의 오염원(cittassa upakkilesā)으로 나타나는데, 첫 번째 쌍이 망(望)이 일어난 간탐(abhijjhāvisamalobha)-진에(byāpāda)로 대체됩니다. 부처님은 청정하고 깨끗한 업에 의한 목욕으로 심의 오염원으로부터 청정해지라고 하는데, 내적인 목욕입니다.

한편, (MN 5-때 없음 경)은 자기 내면에 대해 때(aṅgaṇa)의 유무를 모르는 사람과 아는 사람을 구분하는데, 비구의 때 19가지를 제시합니다. 이때, 때는 악하고 불선/무익한 것인 원함에 속한 것들, 그것 때문에 화내는 것과 불쾌해하는 것입니다. 때가 버려지지 않은 비구는 어떤 삶을 살더라도 동료 수행자들은 그를 존경하지 않고 중히 여기지 않고 우러르지 않고 예배하지 않고, 때가 버려진 비구는 어떤 삶을 살더라도 동료 수행자들은 그를 존경하고 중히 여기고 우러르고 예배합니다.

그리고 (MN 15-미루어 생각함 경)은 모나게 하는 법과 원만하게 하는 법 16가지에 대해 자신을 미루어 생각하고, 자신을 돌이켜 살펴볼 것을 말하는데, 화-원한/위선-악의/질투-인색/사기-교활/고집-오만이 중심에 있습니다.

특히, 화-원한/위선-악의/질투-인색/사기-교활의 4쌍은 여기의 경들 외에도 과도 보도 괴로움인 법, 사문에게 적합하지 않은 실천(MN 40-앗사뿌라 작은 경)이어서 정법(正法)을 혼란하게 하고 사라지게 하는 법(AN 4.160-선서의 율 경)/(AN 5.156-정법을 혼란스럽게 함 경3) 등 다양한 경우에 나타나는 중요한 교리입니다.

[4] 구차제주(九次第住)의 열반

- 초선(初禪)~비상비비상처(非想非非想處) = 단계 지어진(pariyāyena) 열반
- 상수멸(想受滅)에서 번뇌 다함 = 단계 지어지지 않은(nippariyāyena) 열반

1. (AN 9.47-스스로 보이는 열반 경) – 'sandiṭṭhikaṃ nibbānaṃ sandiṭṭhikaṃ nibbānan'ti

"도반이여, '스스로 보이는 열반, 스스로 보이는 열반'이라고 불립니다. 세존은 어떤 점에서 스스로 보이는 열반을 말했습니까?"

"여기, 도반이여, 비구는 소유의 삶에서 벗어나고, 불선법들에서 벗어나서, 위딱까가 있고 위짜라가 있고 떨침에서 생긴 기쁨과 즐거움의 초선을 성취하여 머뭅니다. 이만큼도, 도반이여, 세존은 단계 지어진 스스로 보이는 열반이라고 말했습니다. …

다시, 도반이여, 비구는 비상비비상처를 완전히 초월하고 상수멸을 성취하여 머물면서 지혜로써 보아서 번뇌들이 다합니다. 이만큼도, 도반이여, 세존은 단계 지어지지 않은 스스로 보이는 열반이라고 말했습니다."

2. 열반의 다른 측면

- (AN 9.48-열반 경) – 'nibbānaṃ nibbānan'ti

- (AN 9.49-반열반 경) – "'parinibbānaṃ parinibbānan''ti

- (AN 9.50-그 요소에 의한 열반 경) – "'tadaṅganibbānaṃ tadaṅganibbānan''ti

- (AN 9.51-지금여기에서의 열반 경) – "'diṭṭhadhammanibbānaṃ diṭṭhadhammanibbānan''ti

me dhammā ajjhattaṃ appahīnā – ādīnavadassāvī
내 안에 버려지지 않은 법들에서 위험을 보겠습니다.

[5] 기타 – 검지도 희지도 않은 열반 – (AN 6.57-여섯 가지 태생 경)

"아난다여, 나는 여섯 가지 태생들을 선언한다. 듣고 잘 사고하라. 나는 설할 것이다." "알겠습니다, 대덕이시여." 라고 아난다 존자는 세존에게 대답했다. 세존은 이렇게 말했다. – "무엇이 여섯 가지 태생인가? 아난다여, 여기 검은 태생들과 같은 어떤 사람은 검은 법(kaṇhaṃ dhammaṃ)을 생겨나게 한다. 아난다여, 여기 검은 태생들과 같은 어떤 사람은 흰 법(sukkaṃ dhammaṃ)을 생겨나게 한다. 아난다여, 여기 검은 태생들과 같은 어떤 사람은 검지도 희지도 않은 열반(akaṇhaṃ asukkaṃ nibbānaṃ)을 생겨나게 한다. 아난다여, 여기 흰 태생들과 같은 어떤 사람은 검은 법(kaṇhaṃ dhammaṃ)을 생겨나게 한다. 아난다여, 여기 흰 태생들과 같은 어떤 사람은 흰 법(sukkaṃ dhammaṃ)을 생겨나게 한다. 아난다여, 여기 흰 태생들과 같은 어떤 사람은 검지도 희지도 않은 열반(akaṇhaṃ asukkaṃ nibbānaṃ)을 생겨나게 한다."

me dhammā ajjhattaṃ appahīnā – ādīnavadassāvī
내 안에 버려지지 않은 법들에서 위험을 보겠습니다.

[참고] 유여열반(有餘涅槃-saupādisesanibbāna)과 무여열반(無餘涅槃-anupādisesa nibbāna) – 아라한에게 유여(有餘)는 없습니다.

• [아비담마불교의 열반관] 「열반개념의 연속과 불연속」(조준호) 7~8쪽

"초기경전 가운데 열반이 두 종류로 나오는 곳은 많지 않다. 빠알리 경전을 중심으로 볼 때 두 종류의 열반은 15개의 초기와 후기층의 경전이 뒤섞여 있는 Khuddaka Nikāya의 Itivuttaka의 작은 경 하나에서 최초로 유여열반(有餘涅槃 : saupādisesanibbāna)과 무여열반(無餘涅槃 : anupādisesanibbāna)이 대비적으로 구분되어 나타난다. 여기서 upādi는 12연기의 아홉 번째 지분인 upādāna(取)와 동의어로 볼 수 있다. 따라서 취의 잔여(sesa)를 함께(sa-)하느냐 그렇지 않느냐(an-)에 두 가지 열반은 구분된다. 때문에 유여열반은 열반을 성취했으되 아직 집착이 남아있는 열반이고, 무여열반은 집착이 남아있지 않은 열반의 뜻으로 해석한다. 이는 열반이라는 궁극적 경지에 있어서조차 두 종류 또는 두 단계가 있음을 시사하고 있으며 용어상으로 보면 유여열반보다는 무여열반이 더 완전한 그리고 높은 열반으로 이해해야 할 것이다. 그런데 이는 열반을 설명하는 초기불교 전체 맥락에서 보면 대단히 이질적이다. 초기경전의 전반에 걸쳐 두 종류 또는 두 단계의 열반은 전혀 시사되어 있지 않다."

• 조준호 교수의 지적처럼 근본경전연구회의 공부 기준 안에서 유여열반(有餘涅槃 : saupādisesanibbāna)과 무여열반(無餘涅槃 : anupādisesanibbāna)이란 용어는 나타나지 않습니다. 열반(nibbāna)-반열반(parinibbāna)-그 요소에 의한 열반(tadaṅganibbāna)-지금여기에서의 열반(diṭṭhadhammanibbāna)-집착없는 완전한 열반(anupādā parinibbāna) 등이 나타나는데 유여(有餘)와 무여(無餘)의 개념과는 다르다고 보아야 합니다.

다만, 무여열반(無餘涅槃 : anupādisesanibbāna)과 의미가 연결되는 표현으로 「anupādisesāya nibbānadhātuyā parinibbāyati 집착이 남아있지 않은 열반의 요소로 완전히 열반하다」가 몇 개의 경전에서 발견되는데, (DN 16-대반열반경), (DN 29-정신(淨信) 경), (AN 4.23-세상 경), (AN 4.118-기억해야 함 경), (AN 8.19-빠하라다 경), (AN 8.70-대지의 흔들림 경) 등입니다.

그러나 이 표현은 유여와 무여의 비교되는 열반을 말하지는 않습니다. 다만 열반의 상태가 무여라는 것을 알려줄 뿐입니다. 그리고 유여(有餘-saupādisesa)는 (AN 7.56-띳사 범천 경)과 (AN 9.12-남아 있는 것이 있음 경)에서 무여(無餘-anupādisesa)와 함께 나타나는데, 양면해탈자와 혜해탈자인 아라한(無學)에 대해 적용하는 무여(無餘-anupādisesa)와 차별하여 불환자 이하의 성자들(有學)에게 적용하여 나타납니다. 즉 무여는 아라한이고, 유여는 아라한을 성취하지 못한 상태를 지시하는 것입니다.

특히, 유여(有餘-saupādisesa)가 무여(無餘-anupādisesa)와 함께하지 않고 독립적으로 나타나는 경우로 (MN 105-수낙캇따 경)과 숫따니빠따의 (KN 5.24-니그로다깝빠 경)이 있습니다.

(MN 105-수낙캇따 경)에서 이 용어는 독화살을 맞은 사람의 치유과정에서 화살을 뽑아내고 독기를 제거했지만, 아직 남아있는 흔적을 지시합니다. 그래서 남아있는 흔적까지 완전히 치유하기 위한 처방이 제시됩니다. 이때, 처방에 따라 남아있는 흔적의 완전한 치유를 마친 자는 괴로움을 겪지 않게 되지만 처방에 따르지 않아 남아있는 흔적의 완전한 치유에 실패한 사람은 다시 괴로움을 겪게 됩니다. 여기서도 역시 무여는 아라한이고, 유여는 아라한을 성취하지 못한 상태를 지시하는 것을 알 수 있습니다.

(KN 5.24-니그로다깝빠 경)의 356게송은 유여를 열반과 직접 비교하는데, 유여가 열반이 아니라는 것을 직접 말해주는 용례입니다.

yadatthikaṃ brahmacariyaṃ acarī, kappāyano kaccissa taṃ amoghaṃ.
nibbāyi so ādu saupādiseso, yathā vimutto ahu taṃ suṇoma

범행을 추구한 자인 깝빠의 길은 누구에게든 헛된 것은 아닙니까? 그는 열반에 들었습니까 아니면 남은 것이 있습니까(有餘)? 해탈한 자였는지에 대해 그것을 우리는 듣고자 합니다.

후대의 문헌들은 유여열반(有餘涅槃)을 아라한이 이 몸으로 살아있는 동안의 열반이라 하고, 무여열반(無餘涅槃)을 아라한의 사후에 몸을 가지고 태어나지 않음을 통해 얻어지는 열반이라고 설명합니다. 그러나 이런 이해는 경전과 다릅니다. (MN 105-수낙캇따 경)이 지시하는 유여의 의미가 적용되면, 자칫 아라한이 다시 괴로움의 영역 즉 중생으로 되돌아올 수 있다는 오류를 빚을 수 있습니다. 즉 유여열반을 말하는 후대의 문헌은 부처님 살아서 직접 설한 가르침(근본경전연구회의 공부 기준)과 교리적 충돌을 빚고 있는 것입니다.

또한, 여러 경은 「dvinnaṃ phalānaṃ aññataraṃ phalaṃ pāṭikaṅkhaṃ – diṭṭheva dhamme aññā, sati vā upādisese anāgāmitā 두 가지 결과 중의 하나를 기대할 수 있으니 지금여기서 무위의 앎을 얻거나 남아 있는 것이 있을 때 불환자의 상태이다.」라고 하는데, 'sati vā upādisese'는 '남아 있는 것이 있을 때'의 의미여서 유여(有餘-saupādisesa)와 같은 서술입니다.

즉 아라한에게 유여는 없습니다. 그래서 단계 지어진 열반의 개념과 다른, 아라한을 대상으로 하는 유여열반은 적절한 용어가 아니라고 바르게 알아야 합니다.

me dhammā ajjhattaṃ appahīnā – ādīnavadassāvī
내 안에 버려지지 않은 법들에서 위험을 보겠습니다.

VI. 무아(無我)

「아(我)와 무아(無我)의 포괄적 대응성」 참조(272쪽)

행들과 열반을 포괄하여 있는 것 모두를 관통하는 존재성은 무아(無我)입니다. 그래서 '아는 없다-아가 아니다'라는 이것이 불교의 정체성이고, 벗어날 수 없는 기준입니다. 아가 무엇이길래 부처님은 아인 것은 없다고, 있는 것은 모두 아가 아니라고 선언할까요? 무아라는 이 사실이 내 삶에 가지는 의미는 무엇일까요?

[1] 우파니샤드의 아(我-attan/(s.)ātman)의 부정으로의 무아(無我-anattan/(s.)anātman)

무아(無我-anatta/(s-산스끄리뜨)anātman)는 아(我-atta/(s.)ātman)의 부정어입니다. 그래서 무아는 아에 대한 이해로부터 설명되어야 하는데, (1)김정근 박사의 학위 논문[〈무아와 아트만에 관한 연구: 初期佛典과 우파니샤드를 중심으로〉 동국대 대학원, 2010]에서 발췌한 아에 대한 내용을 참고하였습니다. 또한, (2)ChatGPT에 물어본 아에 대한 답변과 (3) 「윤회 특강(부산 9) 힌두에 대한 불교의 반동 관계[닮은 골격 위에서의 식(識)에 대한 관점 차이](근본경전연구회 해피스님 250204)」를 뒤에서 【참고】로 소개하였습니다.

(1) 김정근 박사의 학위 논문 발췌

- 우파니샤드 – 아트만-브라만에 대한 지식(vidyā)을 논한 힌두 문헌.
- 몸이 없는 존재[유(有)-sat]
- 베다-브라흐마나-아란야까-우빠니샤드[상견(常見)] – 아뜨만-브라만을 상주적 유(有)로 인식하는 우빠니샤드의 상견(常見) → 만물의 궁극적 근원이고 영원한 실체

; 유일[ekaṃ]-최초[purānaṃ]-상주[ajaṃamṛtaṃ=불생불멸(不生不滅)]인 유(有)[sat]

- [존재] 유(有-sat) –몸이 없는 것(anatmya) – 「자아 속에 있는 만물, 만물 속에 있는 자아」

(*) 심장 속에 머묾[가장 큰 것보다 크고 가장 작은 것보다 작음]

- 아뜨만-브라흐만의 3대 특징

① 유(有)[sat] - 형이상학적 본질 → 생겨나지 않음[aja]
② 식(識)[cit] - 인식론적 본질
③ 희(喜)[ānanda] - 윤리학적 본질

우파니샤드는 '있는 것'의 성질을 이렇게 설명하지만, 부처님은 '있는 것들의 성질은 그렇지 않다(非我) 또는 그런 성질을 가지는 것은 없다(無我).'라고 선언합니다. 있는 것들의 성질을 사실 즉 있는 그대로 설명하는 것인데, 이것이 불교의 정체성으로 제시되는 무아(無我-anatta)입니다[→ 제법무아(諸法無我)].

그래서 중생세상에서 존재는 몸이 있는 상태입니다(有身-sakkāya). 존재에는 유일성을 가진 자가 없고, 최초의 존재를 선언할 수도 없으며, 무상(無常)하여 생멸(生滅)하는 한계를 가졌습니다. 그리고 형이상학적이고 생겨나지 않는 것은 없습니다.

[2] 경이 설명하는 무아(無我)

우파니샤드의 아(我)는 현실 위에서 확인되지 않습니다. 사실의 영역 밖에서 설정된 개념이라고 보아야 합니다. 그래서 아의 사실 아님을 지적하고 사실을 드러내는 것이 무아라고 할 것인데, 이런 관점에서 무아의 의미를 설명하는 경은 세 개가 발견됩니다. – (SN 22.59-무아상 경)/(MN 35-삿짜까 작은 경)/(MN 148-육육경)

- (SN 22.59-무아상 경) – 아(我)라면 ①결점으로 이끌리지 않을 것, ②권한이 있을 것

- (MN 35-삿짜까 작은 경) – 아(我)라면 ②(아에 속한 것에 대해) 권한이 있을 것

- (MN 148-육육 경) – 아(我)라면 ③생겨나지도 무너지지도 않을 것[불생불멸(不生不滅)]

그런데 이런 사실의 드러냄은 철저히 삶의 이야기 위에 있습니다. (DN 29.13-정신 경, 질문에 대한 설명)은 '그 외도 유행승들은, 배우지 못한 어리석은 자처럼, 다른 것과 관련된 지와 견에 의해 다른 것과 관련된 지와 견이 선언되어야 한다고 생각한다(647쪽 참조).'라고 하여 삶과 다른 곳에서 사실을 알고 보려 하는 방향성을 지적합니다. 그렇듯 부처님의 깨달음은 오직 삶의 이야기에 대한 앎과 봄이어서, 여실지견에 이어지는 해탈지견으로 완성됩니다.

1. (SN 22.59-무아상 경)(104쪽)

이 경은 함께하는 다섯 비구에게 설해진 경입니다. (SN 56.11-전법륜경)에서 법안(法眼)이 생긴 함께하는 다섯 비구를 깨달음으로 이끄는 과정이 설해진 경인데, 오온에 대한 여실지견에 이어 염오-이탐-해탈에 의해 해탈지견으로 완성되는 과정입니다.

여기서 여실지견은 「무아의 선언 → 제자들의 동의 → 기준의 제시」로 설명되는데, '무아의 선언'에서 무아의 성질을 서술합니다.

> "rūpaṃ, bhikkhave, anattā. rūpañca hidaṃ, bhikkhave, attā abhavissa, nayidaṃ rūpaṃ ābādhāya saṃvatteyya, labbhetha ca rūpe – 'evaṃ me rūpaṃ hotu, evaṃ me rūpaṃ mā ahosī'ti. yasmā ca kho, bhikkhave, rūpaṃ anattā, tasmā rūpaṃ ābādhāya saṃvattati, na ca labbhati rūpe – 'evaṃ me rūpaṃ hotu, evaṃ me rūpaṃ mā ahosī'"ti.
>
> [무아(無我)의 선언] "비구들이여, 색은 무아다. 비구들이여, 참으로 이 색이 아라면 이 색은 ①결점으로 이끌리지 않을 것이고, 색에 대해 ②'나의 색은 이런 상태로 있어라. 나의 색은 이런 상태가 되지 말아라.'라는 권한이 있어야 한다. 그러나 비구들이여, 색은 무아이기 때문에 색은 ①결점으로 이끌리고, 색에 대해 ②'나의 색은 이런 상태로 있어라. 나의 색은 이런 상태가 되지 말아라.'라는 권한이 없다.(오온에 반복)

이때, '①결점으로 이끌리지 않을 것'은 우파니샤드의 아의 성질에 연결된 것이라고 하겠습니다. 만약 세상에 있는 세상의 법인 오온(색-수-상-행들-식)이 만물의 궁극적 근원이고 영원한 실체인 아라면 완전한 것이므로 결점으로 이끌리지 않는 것은 당연한 일일 것입니다. 그러나 사실은 아가 아니기 때문에 결점으로 이끌리는 것입니다.

그런데 나의 색-수-상-행들-식에 대해 권한이 있다는 것은 어떻게 이해해야 합니까? (MN 35-삿짜까 작은 경)은

이 주제를 설명합니다.

2. (MN 35-삿짜까 작은 경)

이 경은 부처님과 니간타인 삿짜까의 대화 기록입니다. 색-수-상-행들-식은 무상이고 무아라는 부처님의 가르침에 대해 삿짜까는 「색의 속성(rūpatta) 위에서 인간은 색에 확고히 선 뒤 공덕이나 악덕을 쌓습니다. 수의 속성(vedanatta) 위에서 … 상의 속성(saññatta) 위에서 … 행의 속성(saṅkhāratta) 위에서 … 식의 속성(viññāṇatta) 위에서 인간은 식에 확고히 선 뒤 공덕이나 악덕을 쌓습니다.」라고 반박합니다.

부처님은 「그대는 '색은 나의 아다. 수는 … 상은 … 행들은 … 식은 나의 아다.'라고 말하는 것입니까?」라고 되묻고, 삿짜까는 그렇다고 답합니다.

'색의 속성(rūpatta) 위에서 인간은 색에 확고히 선 뒤 공덕이나 악덕을 쌓습니다.'라는 것은 색이 속성 즉 고유한 성질을 가진 것(참된 것 = 我)이라고 전제한 뒤 그 성질의 범위에서 살아간다는 의미라고 할 텐데, 그래서 부처님은 그 말의 의미가 색을 나의 아라고 말하는 것이냐고 되물은 것이고, 삿짜까는 긍정하는 것입니다.

- (MN 49-범천의 초대 경)과 (DN 11-께왓따 경)은 「'viññāṇaṃ anidassanaṃ anantaṃ sabbato pabhaṃ 식(識)은 속성이 없고, 한계가 없고, 모든 관점에서 빛난다.」라고 하는데, 여기에서의 서술과 연결하면, 속성(nidassana) 있음은 아(我)를, 속성 없음(a-nidassana)은 무아(無我)를 의미한다고 하겠습니다.

- 아라는 알맹이가 있으면 속성이 있습니다. 그러나 무상하게 생겨나는 것이어서 알맹이가 없다면 속성도 없고 무아입니다.

부처님은, 왕들은 자신의 왕국에 속한 것들에 대한 권한을 가진다는 예를 들면서, 어떤 것이 진짜 나의 것이려면 내가 의도하는 대로 할 수 있는 권한이 있어야 한다는 논리로 삿짜까의 주장을 타파하는데, 「그대가 '색은 나의 아다.'라고 말한 그 색에 대해 그대에게 '나의 색은 이런 상태로 있어라. 나의 색은 이런 상태가 되지 말아라.'라는 권한이 있습니까?(오온에 반복)」입니다. 왕이 자기의 왕국에 속한 것들에 대해 지배력을 가져서 죽일 자에 대해 죽이고, 재산을 몰수할 자에 대해 재산을 몰수하고, 추방할 자에 대해 추방하는 권한이 있듯이, 오온이 참으로 나에 속한 것이라면 나는 나에 속한 것인 오온에 대해 권한을 가져야 합니다. 그러나 색-수-상-행들-식은 나의 의도와는 다르게 자기를 형성하는 조건들에 의해 변해갑니다. 그래서 나의 색에게 늙지 말고 병들지 말라고 해도 색은 단지 조건의 결합에 의해서 늙기도 하고 병이 들기도 합니다. 오온은 이렇게 조건들에 의해 변하는 성질 즉 무상에 속한 것이지 나에 속한 것이 아닙니다.

부처님은 삿짜까에게 이렇게 나에 속하지 않고 무상에 속한 것들, 무상해서 고이고 변하는 것에 대해 '①이것은 나의 것이다. ②이것은 나다. ③이것은 나의 아다.'라고 관찰하는 것이 타당하지 않음 즉 무아를 확인시킵니다. 또한, 오취온인 고(苦)도 마찬가지입니다.

이런 방법으로 부처님은 오온을 아라고 주장하는 삿짜까의 주장을 무아로써 반박합니다.

3. (MN 148-육육 경) – 여섯의 여섯

- 여섯 가지 안의 처 : 안처-이처-비처-설처-신처-의처
- 여섯 가지 밖의 처 : 색처-성처-향처-미처-촉처-법처
- 여섯 가지 식의 무리 : 안과 색들을 연하여 생기는 안식 ~ 의와 법들을 연하여 생기는 의식
- 여섯 가지 촉의 무리 : 안과 색들을 조건으로 안식이 생기고, 셋의 만남 ~ 의와 법들을 조건으로 의식이 생기고, 셋의 만남
- 여섯 가지 수의 무리 : 안과 색들을 연하여 안식이 생기며, 셋의 만남이 촉이고, 촉을 조건으로 수가 있음 ~ 의와 법들을 연하여 의식이 생기며, 셋의 만남이 촉이고, 촉을 조건으로 수가 있음
- 여섯 가지 애의 무리 : 안과 색들을 연하여 안식이 생기는데, 셋의 만남이 촉이며, 촉을 조건으로 수가 있고, 수를 조건으로 애가 있음 ~ 의와 법들을 연하여 의식이 생기는데, 셋의 만남이 촉이며, 촉을 조건으로 수가 있고, 수를 조건으로 애가 있음

• 여섯의 여섯(6×6 = 36)의 현상 – '안(眼)은 아(我)다!'라고 말할 수 있는 것은 생겨나지 않는다. 안의 생겨남도 무너짐도 알려진다. 그러면 생겨남도 무너짐도 알려지는 것에게 '나의 아는 생겨나기도 하고 무너지기도 한다.'라고 다가간 것이 된다. 그러므로 '안은 아다!'라고 말할 수 있는 것은 생겨나지 않는다. 이렇게 안(眼)은 무아(無我)다. → 36가지 법에 반복

; 아(我-attan)라면 생겨나지도 무너지지도 않아야 함(不生不滅) → 현상은 생겨남도 무너짐도 알려짐(生滅) → 무아(無我-anattan)임

• 유신(有身)의 집(集)으로 이끄는 실천 : 사실에 어긋난 삶(→苦) – 36가지 법을 '이것은 나의 것이다. 이것은 나다. 이것은 나의 아다.'라고 관찰

• 유신(有身)의 멸(滅)로 이끄는 실천 : 사실에 들어맞는 삶(→ 苦滅) – 36가지 법을 '이것은 나의 것이 아니다. 이것은 내가 아니다. 이것은 나의 아가 아니다.'라고 관찰

• 삼사화합(三事和合) 촉(觸) → 수(受)① ⇒ 고집(苦集)

; 즐거운 느낌에 닿아있는 자 → 기뻐하고 드러내고 묶여 머묾 → 탐(貪)의 잠재성향이 잠재

; 괴로운 느낌에 닿아있는 자 → 슬퍼하고 힘들어하고 비탄에 빠지고 가슴을 치며 울부짖고 당황함 → 저항의 잠재성향이 잠재

; 괴롭지도 즐겁지도 않은 느낌에 닿아있는 자 → 그 느낌의 자라남과 줄어듦과 매력과 위험과 해방을 꿰뚫어 알지 못함 → 무명(無明)의 잠재성향이 잠재

⇒ 탐(貪)의 잠재성향을 버리지 못하고(appahāya), 저항의 잠재성향을 제거하지 못하고(appaṭi-vinodetvā), 무명(無明)의 잠재성향을 뿌리 뽑지 못하고(asamūhanitvā), 무명(無明)을 버리지 못하고 명(明)을 일으키지 못한 채 지금여기에서 괴로움의 끝을 만들 것이라는 경우는 없음

• 삼사화합(三事和合) 촉(觸) → 수(受)② ⇒ 고멸(苦滅)

; 즐거운 느낌에 닿아있는 자 → 기뻐하지 않고 드러내지 않고 묶여 머물지 않음 → 탐(貪)의 잠재성향이 잠재하지 않음

; 괴로운 느낌에 닿아있는 자 → 슬퍼하지 않고 힘들어하지 않고 비탄에 빠지지 않고 가슴을 치며 울부짖지 않고 당황하지 않음 → 저항의 잠재성향이 잠재하지 않음

; 괴롭지도 즐겁지도 않은 느낌에 닿아있는 자 → 그 느낌의 자라남과 줄어듦과 매력과 위험과 해방을 꿰뚫어 앎 → 무명(無明)의 잠재성향이 잠재하지 않음

⇒ 탐(貪)의 잠재성향을 버리고(pahāya), 저항의 잠재성향을 제거하고(paṭivinodetvā), 무명(無明)의 잠재성향을 뿌리 뽑고(samūhanitvā), 무명(無明)을 버리고 명(明)을 일으킨 뒤 지금여기에서 괴로움의 끝을 만들 것이라는 경우는 있음

무아(無我)의 선언 – 고정 관념의 타파

(DN 1.7-범망경, 일부 영속 일부 비영속을 말하는 자)는 takkī-vīmaṃsī를 말하는데, 딱까를 두드리고 관찰을 동반하여 '일부는 영원하고 일부는 영원하지 않은 아(我)와 세상'을 선언하는 자입니다.

takkī-vīmaṃsī는 '안(眼)이라고도, 이(耳)라고도, 비(鼻)라고도, 설(舌)이라고도, 신(身)이라고도 불리는 이 아(我)는 무상(無常)하고, 안정되지 않고, 영원하지 않고, 변하는 존재이다. 그러나 심(心)이라거나, 의(意)라거나, 식(識)이라고 불리는 이 아(我)는 상(常)하고, 안정되고, 영원하고, 변하지 않는 존재이고, 영원히 그렇게 서 있다.'라고 존재에 대해 일부 영속 일부 비영속을 말합니다.

상(常)하고 안정되고 영원하고 변하지 않는 존재는 아(我)이고, 무상(無常)하고 안정되지 않고 영원하지 않고 변하는 존재는 무아(無我)입니다. 그러나 아가 전제된 사회에서 아라는 고정관념을 떨치고 무아라는 개념에 접근하지 못해 무상한 현상을 보면서도 무아를 선언하지 못했다고 해야 할 것입니다. 또한, 비교할 수도 없을 만큼 빠르게 변하는(*) 심(心)-의(意)-식(識) 즉 마음에 대해서는 무상을 보지 못했기 때문에 당연히 아라고 오해했다고 말할 수 있습니다.

그렇다면 불교의 의미는 고정관념을 타파하고 무상의 현상에 따르는 당연함으로의 무아를 선언한데 있다고 하겠습니다. 다만, 단순히 고정관념에 대한 심정적 거부만이 아니라, 딱까의 영역에 들어가 삶의 심오함의 끝을 보아 마음(심-의-식)의 무상까지도 확인함으로써 고정관념을 타파하고 무아를 선언하였다고 하겠습니다. → 「'심행(心行 = 상(想)-수(受)'가 전통과 진정의 분기점인 이유」

(*) 마음이 빠르게 변하기 때문에 아(我)인줄 알지만 사실은 무아(無我)임을 말하는 경들

1) (SN 12.61-배우지 못한 자 경)/(SN 12.62-배우지 못한 자 경2)
2) (AN 1.41-50-잘못된 지향 품)48. –「심(心)처럼, 이렇게 빨리 변하는 다른 어떤 법도, 비구들이여, 나는 보지 못한다. 비구들이여, 심(心)이 빨리 변하는 것 만큼에 대해서는 어떤 비유로도 그만큼은 쉽지 않다.」

[3] 제법무아(諸法無我) – 마음도 무아 & 열반도 무아!

이렇게 마음까지도 포함하여 모든 것이 무아입니다. 이렇게 무아의 존재성에 예외가 없다는 것을, 부처님은 심지어 질적 향상을 통해 삶이 완성된 열반까지 포함하여, 제법무아라고 선언하는 것입니다. 무아에 대한 이런 이해 위에서 삼법인은 이렇게 완성됩니다.

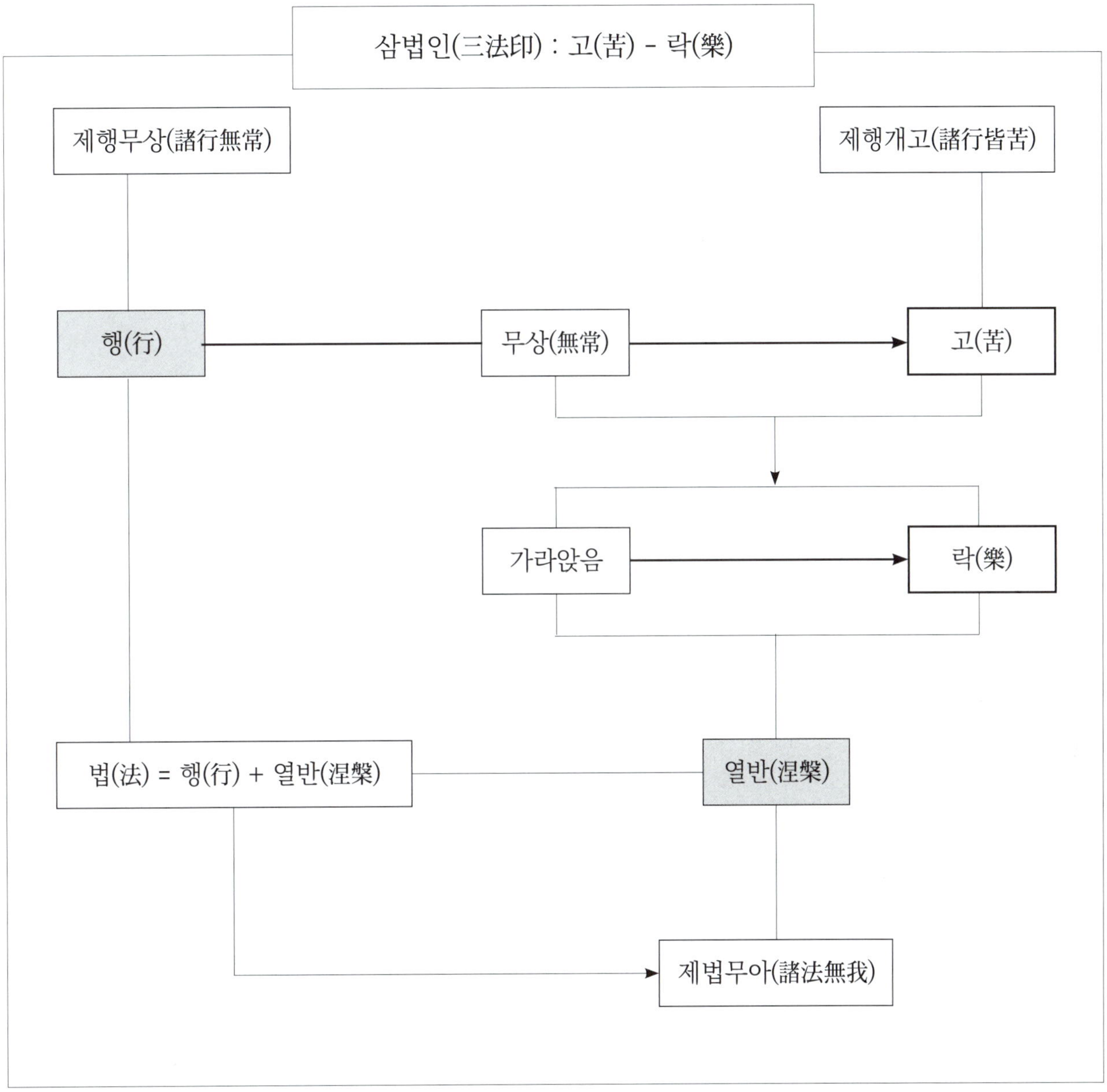

그런데 열반이 무아라는 것은 어떻게 이해해야 합니까?

번뇌들의 부서짐에 의해 실현되는 열반은 삶의 문제를 해결하고 삶을 완성하여 고멸을 실현한 것이지 우파니샤드의 아 또는 속성을 가진 것으로의 아가 되는 것이 아니라는 의미로 이해해야 합니다. 그래서 무상-고-무아-부정인 행들의 영역에서 깨달아 열반을 실현하면 상-락-아-정의 상태가 된다는 대승열반경의 설명은 옳지 않습니다. 경은 분명히 무상과 고의 가라앉음에 의한 락-무아라고 열반을 설명하고 있습니다.

; 아(我)에 설정된 성질(거짓) – 상(常)-락(樂)-아(我)-정(淨)

; 행(行)들의 사실로서의 성질 (참) – 무상(無常)-고(苦)-무아(無我)-부정(不淨)

; 열반의 실현된 성질(참) – (가라앉음)-락(樂)-무아(無我)

열반도 존재성의 측면에서 생겨나지 않는 것이 아님 즉 무아입니다. 그러나 행들의 성질인 무상이 가라앉았기 때문에 무상 때문에 생겨나는 고와 변화의 현상을 나타낼 수 없습니다(**변화를 위한 조건의 상실**). 그래서 열반은 무아임에도 고멸이어서 락이고, 변화하는 현상을 보여주지 못합니다.

두 가지 대반열반경(大般涅槃經)

대반열반경(大般涅槃經)은 두 가지가 있습니다. 니까야에 속한 (DN 16-대반열반경)과 담무참에 의해 한역된 대승불교의 대반열반경인데, 구별을 위해 대승불교의 대반열반경을 보통 대승열반경이라고 부릅니다.

(DN 16-대반열반경)은 부처님 만년의 기록을 담고 있는 경으로 잘 알려져 있고, 대승열반경은 열반을 열반사덕(涅槃四德) 즉 상(常)-락(樂)-아(我)-정(淨)으로 규정한 것으로 유명한데, 이것 때문에 대승불교의 정수를 담은 대표 경전의 하나로 널리 알려져 있습니다.

그런데 열반에 대한 이런 설명은 주목해야 합니다.

니까야는 열반을 무상-고의 가라앉음에 의한 락-무아라고 규정하고 있고, (DN 16-대반열반경)은 몸이 무너진 뒤 몸으로 가지 않음으로써 완성되는 열반에 들 때까지의 부처님의 여정을 소개합니다. 반면에 대승열반경은 이런 완성으로의 열반을 상-락-아-정이라고 규정하는데, 완성점이고 목적점인 열반에 대해 두개의 경 또는 니까야와 대승경전 사이에 불일치가 생긴 것입니다.

그러면 일치하지 않는 두 가지는 표현만 다른 것입니까? 아니면 의미도 다른 것입니까?

표현만 다르고 의미는 같은 것이라면 대승열반경이 그 의미를 설명하고, 기왕이면 같은 의미를 가지는 부처님의 말씀으로 되돌려 일치시켜야 합니다. 그래야 공부하는 사람들의 어려움이 해소될 것입니다.

표현도 다르고 의미도 다른 것이라면, 이것은 심각합니다. 열반은 불교인 한 양보할 수 없는 목적점입니다. 열반에 대한 오해가 생긴다는 것은 불교 신자로서의 목적점이 달라진다는 것입니다. 부처님의 제자라고 말하면서도 사실은 다른 스승의 길을 따라가는 바보스러움이기 때문입니다. 실제로 상-락-아-정은 우빠니샤드가 설명하는 아(我-ātman)의 특성이기 때문에, 의도하지 않는다 해도, 부처님의 제자를 힌두교도로 이끄는 시도가 될 수 있습니다.

마음까지도 그리고 열반까지도 무아라는 사실을 부처님은 제법무아로써 분명히 선언합니다. 이것이 부처 이전의 것이고, 불교의 토대가 되는 삼법인입니다. 이 사실에 어긋남이 있으면 안됩니다!

[4] 무아로써 아를 타파하는 주요 경전

1. (MN 49-범천(梵天)의 초대 경) – 아를 주장하는 바까 범천을 무명이 스몄기 때문이라고 반박함으로써 무아를 드러냄

• 바까 범천(梵天)의 악한 견해 – '이것은 상(常)하고, 이것은 안정되고, 이것은 영원하고, 이것은 완전하고, 이것은 변하지 않는 것이다. 참으로 이것은 태어나지 않고, 늙지 않고, 죽지 않고, 옮겨가지 않고, 다시 태어나지 않는다. 이것보다 더 높은 다른 해방은 없다.'

1) 부처님의 반박 – 바까 범천은 무명이 스몄음

①무상(無常)한 것을 상(常)하다고, 불안정한 것을 안정된 것이라고, 영원하지 않은 것을 영원하다고, 완전하지 않은 것을 완전하다고, 변하는 것을 변하지 않는다고 말할 것이고,

②태어나고 늙고 죽고 옮겨가고 다시 태어나는 곳에서 '이것은 태어나지 않고 늙지 않고 죽지 않고 옮겨가지 않고 다시 태어나지 않는다.'라고 말할 것이고,

※ 태어나고 늙고 죽고 옮겨가고 다시 태어나는 곳 = 중생 세상 = 여기 = 무명(無明)의 영역

③더 높은 해방이 있는 것을 더 높은 해방이 없다고 말할 것 → 무상(無常)하고 괴롭고 변하는 것인 오온(五蘊)의 세상에는 여기에서 벗어나 실현되는 열반이라는 더 높은 해방이 있음

2) 마라 빠삐만뜨의 참견

바까 범천은 대범천(大梵天), 정복자, 정복당하지 않는 자, 모든 것을 보는 자, 지배자, 권능 가진 자, 창시자, 창조자, 으뜸 된 자, 신분을 부여하는 자, 주인, 과거와 미래의 것들의 아버지이니 그 범천이 말한 것을 행하고, 이 세상에서 범천의 말을 넘어서지 마시오!

3) 마라 빠삐만뜨에 대해 부처님은 '나는 그대의 지배력 안에 있지 않다.'라고 반박

※ 마라의 영역이 대범천의 영역보다 더 높다는 것을 알 수 있음 – 비상비비상처(非想非非想處) 즉 중생 세상의 꼭대기까지가 마라의 영역임

4) 바까 범천의 반발 – "나는 ①상(常)한 것-안정된 것-영원한 것-완전한 것-변하지 않는 것을 상(常)-안정-영원-완전-변하지 않는 것이라고 말하고, ②태어나지 않고, 늙지 않고, 죽지 않고, 옮겨가지 않고, 다시 태어나지 않는 곳에서 '참으로 이것은 태어나지 않고, 늙지 않고, 죽지 않고, 옮겨가지 않고, 다시 태어나지 않는다.'라고 말하고, ③더 높은 다른 해방이 없는 것을 '더 높은 다른 해방은 없다.'라고 말합니다."

• 반발의 이유 – 오랜 시간 고행을 한 사문-바라문들이 '다른 더 높은 해방이 있을 때 다른 더 높은 해방이 있다, 다른 더 높은 해방이 없을 때 다른 더 높은 해방이 없다.'라고 알았을 것 → '그대는 더 높은 다른 해방을 보지 못할 것입니다. 오히려 피곤하고 짜증이 나게 될 것입니다. 그대가 땅-물-불-바람-활성 존재-신-빠자빠띠-범천에

묶이면 나에게 가까운 자, 나의 영역에서 쉬는 자, 내가 원하는 대로 행해야 하는 자, 나를 위해 물러나는 자가 될 것입니다.(*)'라고 말함

(*) 창조주 하나님 신앙의 특징을 나타내고 있음

5) 부처님의 대응

① 만약 묶이면(무명이 스미면) 그렇게 될 것.

② 범천이 알지 못하고 보지 못하는 더 높은 하늘의 무리들을 소개 → 창조주 하나님 신앙의 극복

③ 일체를 실답게 앎 → 일체가 가진 일체의 속성에 의해 경험할 수 없는 것으로 '속성이 없고, 한계가 없고, 모든 관점에서 빛나는 식(識)(viññāṇaṃ anidassanaṃ anantaṃ sabbato pabhaṃ)'을 제시함

2. (DN 15.4-대인연경, 我의 관찰)

아난다여, 어떻게 아(我)를 관찰하는가? 아난다여, ①'수(受-느낌)가 나의 아(我)다.'라고 아인 수를 관찰한다. 또는 ②'나의 수는 아가 아니다. 나의 아는 경험되지 않는 것이다.'라고, 아난다여, 아를 관찰한다. 또는 ③'나의 수는 아가 아니다. 나의 아는 경험되지 않는 것도 아니다. 아는 나에게 경험된다. 나의 아는 경험되는 것이다.'라고, 아난다여, 이렇게 아를 관찰한다.

… 그러므로 아난다여, '수(受-느낌)가 나의 아(我)다.'라고 관찰하는 것은 이렇게 해서 옳지 않다. … 그러므로 아난다여, '나의 수는 아가 아니다. 나의 아는 경험되지 않는 것이다.'라고 관찰하는 것은 이렇게 해서 옳지 않다. … 그러므로 아난다여, '나의 수는 아가 아니다. 나의 아는 경험되지 않는 것도 아니다. 아는 나에게 경험된다. 나의 아는 경험되는 것이다.'라고 관찰하는 것은 이렇게 해서 옳지 않다.

아난다여, 비구가 아인 수를 관찰하지 않고, 경험되지 않는 아를 관찰하지도 않고, '아는 나에게 경험된다. 나의 아는 경험되는 것이다.'라고 관찰하지도 않을 때, 이렇게 관찰하지 않는 그는 세상에서 아무것도 집착하지 않는다. 집착하지 않을 때 동요하지 않는다. 동요하지 않을 때 개별적으로 완전히 꺼진다. – '태어남은 다했다. 범행은 완성되었다. 해야 할 일을 했다. 다음에는 현재 상태[유(有)]가 되지 않는다.'라고 분명히 안다. 아난다여, 이렇게 해탈된 심(心)을 가진 비구에게 어떤 사람이 '그는 여래는 죽은 뒤에 존재한다는 견해를 가졌다.'라고 말한다면 그것은 옳지 않다. '그는 여래는 죽은 뒤에 존재하지 않는다는 견해를 가졌다.'라고 말한다면 그것은 옳지 않다. '그는 여래는 죽은 뒤에 존재하기도 하고 존재하지 않기도 한다는 견해를 가졌다.'라고 말한다면 그것은 옳지 않다. '그는 여래는 죽은 뒤에 존재하는 것도 아니고 존재하지 않는 것도 아니라는 견해를 가졌다.'라고 말한다면 그것은 옳지 않다.

3. (SN 35.187-우다이 경)

"도반 아난다여, 몸에 대해서는 '이렇게 몸은 무아(無我)다.'라고 세존에 의해 다양한 방법으로 선언되고, 분명해지고, 알려졌습니다. 이처럼 '이렇게 식(識)도 무아(無我)다.'라고 식(識)을 공표하고, 전달하고, 선언하고, 시작하고, 드러내고, 분석하고, 해설하는 것이 가능합니까?"

… 가능합니다 … 도반이여, 안(眼)과 색(色)들을 연(緣)하여 안식(眼識)이 생깁니까?" "그렇습니다, 도반이여." "도반이여, 안식의 생김을 위한 원인과 조건이 모든 것에 의해 모두, 모든 방법으로부터 모두 남김없이 소멸된다면 그래도 안식이 선언될 수 있습니까?" "아닙니다, 도반이여." "이런 방법에 의해서도 세존에 의해 '이렇게 식은 무아다.'라고 선언되고, 분명해지고, 알려졌습니다. … 여섯에 반복 …

예를 들면, 도반이여, 심재를 바라고 구하고 찾아다니는 사람이 날카로운 도끼를 들고 숲에 갈 것입니다. 그는 거기서 곧게 서고 새로 돋은 거대한 높이의 까달리 나무(열대 파초의 일종) 줄기를 볼 것입니다. 그는 뿌리를 자를 것입니다. 뿌리를 자른 뒤에 꼭대기를 자를 것입니다. 꼭대기를 자른 뒤에 가장자리를 제거할 것입니다. 그는 거기서 중심을 둘러싼 부분(겉재목)도 얻지 못할 것입니다. 어디에서 심재(속재목)을 얻겠습니까! 이처럼, 도반이여, 비구는 육촉처(六觸處)에서 아(我)도 아에 속한 것도 관찰하지 않습니다. 이렇게 관찰하지 않는 그는 세상에서 아무것도 붙잡지 않습니다. 붙잡지 않으면 갈망하지 않습니다. 갈망하지 않으면 스스로 완전히 꺼집니다."

4. (MN 109-보름달 큰 경) → 무아에서 지어진 업들은 어떤 아에 닿을 것인가? ⇒ 무아를 확인하는 가르침

무아를 확인하는 가르침 = (SN 22.59-무아상 경) 등 여러 경에서 오온(五蘊)의 무상(無常)에 대한 동의로 시작하여 깨달음에 이르는 과정을 문답의 형식으로 진행하는 대화를 지시하는 표현이 발견됨 – 「물리침의 법(paṭivinītā) 또는 질의응답으로 설명한 부처님의 가르침(paṭipucchāvinītā)」

그런데 어떤 비구에게 "이렇게, 참으로, 색은 무아(無我)다. 수는 무아다. 상은 무아다. 행들은 무아다. 식은 무아다. 무아에서 지어진 업들은 어떤 아에 닿을 것인가?"라는 심(心)의 온전한 생각이 떠올랐다. 그러자 세존은 그 비구의 심으로부터 심의 온전한 생각을 알고서 비구들에게 말했다. – "비구들이여, 알지 못하고 무명(無明)이 스민 어떤 쓸모없는 자가 애(愛)에 지배되어 심으로 스승의 가르침을 능가해야 한다고 생각하는 이런 경우가 있다. – '이렇게, 참으로, 색은 무아다. 수는 무아다. 상은 무아다. 행들은 무아다. 식은 무아다. 무아에서 지어진 업들은 어떤 아에 닿을 것인가?'라고. 비구들이여, 그대들을 위해 여기저기서 거듭 그 법들에 대하여 질의응답으로 설명한 나의 가르침이 있다."

5. (MN 8-더 높은 삶 경) – 아(我)에 대한 또는 세상에 대한 주장에 속한 다양한 견해들을 버리고 놓는 실천적 접근

아(我)와 세상에 대한 다양한 견해들은 '이것은 나의 것이 아니다. 이것은 내가 아니다. 이것은 나의 아(我)가 아니다.'라고 있는 그대로 바른 지혜로 보는 자에게 버려집니다.

이어지는 가르침(613쪽)(*)에 속하는 이 경은 이제 겨우 작의(作意)를 시작하는 비구가 아(我) 또는 세상에 속한 견해를 버리고 놓을 수 있는지의 문답으로 시작합니다. 경은 사선(四禪)을 성취해서 머무는 것은 지금여기의 행복한 머묾이고, 무색계(無色界)를 성취해서 머무는 것은 평화로운 머묾이지 더 높은 삶이 아니라고 설명합니다.

(*) 이어지는 가르침 – anusāsanī의 번역인데, 일곱 부처님에게 이어지는 가르침입니다. 별책에서 자세히 정리하였습니다. – 「ayaṃ kho amhākaṃ anusāsanī 이것이 우리의 이어지는 가르침(가르침의 근본)이다.」

그러면 더 높은 삶(sallekha)은 무엇입니까? 이 질문에 대해 경은 44개의 항목으로 설명하는데,

①더 높은 삶을 위한 방법(더 높은 삶을 살아내야 한다)
→ ②심(心)의 일어남의 방법(심을 일으켜야 한다)
→ ③피함의 방법(평탄치 못한 길을 피하고 평탄한 길에 올라야 한다)
→ ④높은 상태를 위한 방법(높은 상태로 이끌려야 한다)
→ ⑤완전한 꺼짐을 위한 방법(완전히 꺼져야 한다)

에 공통됩니다. 더 높은 삶을 살아내야 하고, 심(心)을 일으켜 평탄치 못한 길을 피해야 하고, 높은 상태로 이끌려 완전히 꺼져야 한다고 안내하는 것인데, 이런 과정을 통해 이제 겨우 작의를 시작한 비구가 '이것은 나의 것이 아니다. 이것은 내가 아니다. 이것은 나의 아(我)가 아니다.'라고 있는 그대로 바른 지혜로 보아서 아(我) 또는 세상에 속한 견해를 버리고 놓는다는 의미입니다.

; 더 높은 삶은 위한 44가지 항목 ⇒ 표 참조

근본경전연구회는 (MN 8-더 높은 삶 경)의 44가지 삶의 방법을 「불자 가정의 포괄적 가훈」으로 추천하고, 「초기불교 백팔배」의 중심 주제로 채택하였습니다.

◐ **무아를 확인하는 가르침** = 물리침의 법(paṭivinītā) 또는 질의응답으로 설명한 부처님의 가르침(paṭipucchāvinītā)

"비구들이여, 어떻게 생각하는가? 색은 상(常)한가 무상(無常)한가?" "무상합니다, 대덕이시여." "그러면 무상한 것은 고(苦)인가 락(樂)인가?" "고입니다, 대덕이시여." "그렇다면 무상하고 고이고 변하는 것에 대해 '이것은 나의 것이다. 이것은 나다. 이것은 나의 아다.'라고 관찰하는 것이 타당한가?" "아닙니다, 대덕이시여." "수 … 상 … 행들 … 식은 상한가 무상한가?" "무상합니다, 대덕이시여." "그러면 무상한 것은 고인가 락인가?" "고입니다, 대덕이시여." "그렇다면 무상하고 고이고 변하는 것에 대해 '이것은 나의 것이다. 이것은 나다. 이것은 나의 아다.'라고 관찰하는 것이 타당한가?" "아닙니다, 대덕이시여."

"그러므로 비구들이여, 안의 것이든 밖의 것이든, 거친 것이든 미세한 것이든, 저열한 것이든 뛰어난 것이든 과거-미래-현재의 어떤 색에 대해서도, 멀리 있는 것이든 가까이 있는 것이든 모든 색에 대해 '이것은 나의 것이 아니다. 이것은 내가 아니다. 이것은 나의 아가 아니다.'라고 바른 지혜로써 있는 그대로 보아야 한다. 안의 것이든 밖의 것이든, … 어떤 수 … 어떤 상 … 어떤 행들 … 어떤 식에 대해서도, 멀리 있는 것이든 가까이 있는 것이든 모든 식에 대해 '이것은 나의 것이 아니다. 이것은 내가 아니다. 이것은 나의 아가 아니다.'라고 이렇게 바른 지혜로써 있는 그대로 보아야 한다.

비구들이여, 이렇게 보는 잘 배운 성스러운 제자는 색에 대해서도 염오하고, 수에 대해서도 염오하고, 상에 대해서도 염오하고, 행들에 대해서도 염오하고, 식에 대해서도 염오한다. 염오하는 자는 이탐한다. 이탐으로부터 해탈한다. 해탈했을 때 '나는 해탈했다.'라는 앎이 있다. '태어남은 다했다. 범행은 완성되었다. 해야 할 일을 했다. 다음에는 현재 상태[유(有)]가 되지 않는다.'라고 분명히 안다."

더 높은 삶(sallekha) 44가지 — (MN 8-더 높은 삶 경)

	낮은 삶	더 높은 삶	비고
1	폭력	비폭력	
2	생명을 해침	생명을 해치는 행위를 피함	십악업(十惡業)/십선업(十善業) & 십사도(十邪道)/십정도(十正道)
3	주지 않는 것을 가짐	주지 않는 것을 가지는 행위를 피함	
4	범행 아닌 것을 행함	범행을 실천	
5	거짓을 말함	거짓을 말하는 행위를 피함	
6	험담함	험담하는 행위를 피함	
7	거친 말을 함	거칠게 말하는 행위를 피함	
8	쓸모없고 허튼 말을 함	쓸모없고 허튼 말하는 행위를 피함	
9	간탐	간탐하지 않음	
10	거슬린 심(心)	거슬리지 않은 심(心)	
11	삿된 견해	바른 견해	
12	삿된 사유	바른 사유	
13	삿된 말	바른말	
14	삿된 행위	바른 행위	
15	삿된 생활	바른 생활	
16	삿된 정진	바른 정진	
17	삿된 사띠	바른 사띠	
18	삿된 삼매	바른 삼매	
19	삿된 앎	바른 앎	
20	삿된 해탈	바른 해탈	
21	해태-혼침이 스며듦	해태-혼침에서 벗어남	다섯 가지 장애
22	들뜸	들뜨지 않음	
23	의심	의심을 건넘	
24	화	화내지 않음	모나게 하는 법 & 원만하게 하는 법
25	원한	원한을 품지 않음	
26	위선	위선적이지 않음	
27	악의	악의를 품지 않음	
28	질투	질투하지 않음	
29	인색	인색하지 않음	
30	교활	교활하지 않음	
31	사기	사기치지 않음	
32	고집	고집부리지 않음	
33	오만	오만하지 않음	
34	완고	유연	
35	나쁜 친구	좋은 친구	보호자
36	방일(放逸)	불방일(不放逸)	
37	믿음 없음	믿음을 가짐	일곱 가지 정법(正法)
38	자책(自責)의 두려움 없음	자책의 두려움	
39	타책(他責)의 두려움 없음	타책의 두려움	
40	적게 배움	많이 배움	
41	게으름	열심히 정진함	
42	사띠를 잊음	사띠를 확립함	
43	어리석음	지혜를 갖춤	
44	세속적인 것에 오염되고, 고치기 힘들고, 놓기 어려움	세속적인 것에 오염되지 않고, 고치기 쉽고, 잘 놓음	모나게/원만하게 하는법

6. 바라문 계급만이 으뜸이고 다른 계급은 저열한가?

참된 존재성으로의 아(我)가 전제된 사회에서 바라문들은 바라문 계급만이 으뜸이고 다른 계급은 저열하다고 다양한 방법으로 주장합니다. 그러나 무아로써 아를 타파하는 부처님은 계급의 차별도 타파하고 네 계급의 평등을 선언합니다. 아의 불합리가 적용된 사회 현상을 무아의 선언을 통해 타파하는 것인데, 사실에 근거한 사회 개혁입니다.

1) (DN 27.1-처음에 대한 앎 경, 와셋타와 바라드와자)

• 바라문들이 늘 쏟아내는 정형된 욕설

'바라문 계급만이 으뜸이고 다른 계급은 저열하다. 바라문 계급만이 선(善)이고 다른 계급은 악(惡)이다. 바라문만이 깨끗하고 바라문 아닌 자들은 깨끗하지 않다. 바라문만이 범천(梵天)의 정통한 아들이고, 입에서 태어났고, 범천에 의해 생겨났고, 범천에 의해 창조되었고, 범천의 후계자이다.'라고.

부처님은 바라문들의 독선적인 비난의 부당함을 설명합니다. 사회의 변천 과정에서 끄샤뜨리야-바라문-와이샤-수드라의 네 계급이 생겨났는데, 옛날을 기억하지 못하는 바라문들이 이런 독선적 비난을 일삼지만 바라문의 아내도 월경을 하고, 임신을 하고, 출산을 하고, 젖을 빨립니다. 이렇게 자궁에서 생겨난 바라문들이 이런 말을 하는 것은 옳지 않다는 것입니다.

특히, 무익하고 현자들에 의해 질책받는 십악업(十惡業)과 유익하고 현자들에 의해 찬양받는 십선업(十善業)이 네 계급 모두에게서 발견되기 때문에 이렇게 나쁘고 좋은 법들, 현자에게 질책받고 찬양받는 양 측면이 섞여서 존재하고 있는 이런 네 가지 계급에 대해 바라문들이 이렇게 말하는 것은 현명한 자들에게서 인정받지 못합니다. 오히려 이런 네 가지 계급 가운데 번뇌 다한 아라한이 그들 가운데 으뜸이라고 법(法)에 의해 선언되기 때문에 지금여기에도 미래에도 법을 가진 자가 사람들 가운데 으뜸입니다.

그래서 법을 가진 자로서의 부처님의 제자들은 '그대들은 누구입니까?'라고 질문을 받으면

'우리는 사꺄의 아들인 사문입니다.'라고 대답해야 한다. 또한, 와셋타여, 여래에 대한 믿음이 생겨서 뿌리내리고, 확립되고, 굳건해지고, 사문이나 바라문이나 신이나 마라나 범천이나 세상의 누구에 의해서도 부서지지 않는 자는 '나는 세존(世尊)의 정통한 아들이고, 입에서 태어났고, 법에 의해 생겨났고, 법에 의해 창조되었고, 법의 후계자이다.'라고 적절하게 말해야 한다.

라고 알려주는데, 여래(如來)에게는 '법의 몸(法身)'이라고도, '신성한 몸(梵身)'이라고도, '법(法)의 존재'라고도 '신성한 존재'라고도 하는 이런 이름이 있기 때문입니다.

바라문들의 독선적인 비난에 대응하는 불교적 입장이라고 할 수 있는 이 대답은 사리뿟따 존자와 마하깟사빠 존자의 일화에서 직접 발견되는데, (MN 111-순서대로 경)과 (SN 16.11-의복 경)입니다.

2) 태어남이 아니라 행위에 의해 바라문이 된다 – (MN 98-와셋타 경)/(KN 5.35-와셋타 경)

두 개의 와셋타 경은 태생이 삶을 결정하는 것이 아니라 업 즉 행위가 결정한다고 말합니다. 사람들은 '태생에 의해 바라문이 된다.'라는 말로써 태어나면서부터 사회적 신분이 결정되고 신분에 부합한 삶을 살도록 강제되어야 한다고 주장하지만, 부처님은 '업에 의해 세상이 있고, 업에 의해 존재가 있다.'라고 합니다. 스스로 어떤 업을 짓는지에 따라 삶이 규정된다고 말하는 것입니다. 현명한 사람은 있는 그대로 그 업을 본다고 하는데, 바로 연기를 보는 것이고, 이것이 업과 보에 숙련된 것입니다.

3) (MN 84-마두라 경)

마두라의 아완띠뿟따 왕이 마하깟짜나 존자에게 바라문들이 늘 쏟아내는 정형된 욕설에 대해 어떻게 가르치냐고 묻고, 마하깟짜나 존자는 바라문들의 이런 주장은 단지 말로만 있을 뿐 이 네 계급은 대등해서 그들에게 어떤 차이점도 볼 수 없다는 점을 끄샤뜨리야든 바라문이든 와이샤든 수드라든 상관없이 누구에게나 적용되는 현상 4가지로 설명합니다.

- 재산이나 곡식이나 은이나 금을 가진 자에 대해 먼저 일어나고 나중에 잠자고 어떤 일을 할 때 복종하고 기쁘게 일하고 사랑스럽게 말하는 것

- 십악업(十惡業)을 짓고 몸이 무너져 죽은 뒤에 상실과 비탄의 상태, 비참한 존재, 벌 받는 상태, 지옥에 태어나거나 십선업(十善業)을 짓고 몸이 무너져 죽은 뒤에 좋은 곳, 하늘 세상에 태어난다는 것

- 집에 침입하거나, 약탈하거나, 도둑질을 하거나, 길가에 서 있거나, 남이 아내에게 가는 등 범죄를 저지르고 붙잡혀 처벌받을 때 이전의 계급의 이름은 사라지고 단지 도둑이라는 이름이 생긴다는 것

- 출가해서 계를 중시하고, 선법을 가진 자에게 공양하고, 법답게 경계하고, 장애로부터 보호할 것

4) (MN 93-앗살라야나 경)

네 계급의 청정을 선언하는(cātuvaṇṇiṃ suddhiṃ paññapeti) 부처님을 논파하기 위해 젊은 바라문 앗살라야나가 나서는데, 바라문들이 늘 쏟아내는 정형된 욕설에 대한 의견을 묻고, 부처님은 그 부당함을 설명합니다.

- 바라문의 아내도 월경을 하고, 임신을 하고, 출산을 하고, 젖을 빨리며, 이렇게 자궁에서 생겨난 바라문들이 이렇게 말하는 것은 옳지 않음.

- 주인과 노예의 두 계급 뿐인 요자나 깜보자나 다른 변방의 예를 볼 때 바라문들이 이렇게 말하는 것은 옳지 않음.

- 네 계급에 속한 사람들 모두 십악업(十惡業)을 짓고 몸이 무너져 죽은 뒤에 상실과 비탄의 상태, 비참한 존재, 벌 받는 상태, 지옥에 태어나므로 바라문들이 이렇게 말하는 것은 옳지 않음.

- 네 계급에 속한 사람들 모두 십선업(十善業)을 짓고 몸이 무너져 죽은 뒤에 좋은 곳, 하늘 세상에 태어나므로 바라문들이 이렇게 말하는 것은 옳지 않음.

• 네 계급에 속한 사람들 모두 원망 없고 거슬림 없는 자심(慈心)을 닦을 수 있으므로 바라문들이 이렇게 말하는 것은 옳지 않음.

• 네 계급에 속한 사람들 모두 강에서 목욕하여 먼지와 때를 씻을 수 있으므로 바라문들이 이렇게 말하는 것은 옳지 않음.

• 네 계급에 속한 사람들이 일으킨 불은 모두 같은 불이므로 바라문들이 이렇게 말하는 것은 옳지 않음.

젊은 바라문 앗살라야나는 이런 설명에도 바라문들의 독선적인 비난이 정당하다는 입장을 보이지만,

• 보시의 결실의 크기는 태생에 의해 결정되지 않고 보시받는 자의 삶의 질에 의해 결정된다는 설명에 이르러 정당성을 주장하지 못하게 됨.

5) (MN 96-에수까리경)

에수까리 바라문이 부처님에게 바라문들이 선언하는 네 가지 섬김과 네 가지 재산을 말하는데, 바라문-끄샤뜨리야-와이샤-수드라를 위한 섬김과 그들의 재산(삶에 부여된 역할)입니다. 부처님은 이런 섬김과 재산이 세상의 동의를 받지 않은 바라문들의 독단에 의한 것이라고 지적하면서 모두를 섬겨야 한다거나 모두를 섬기지 않아야 한다고 획일적으로 말하지 않는다고 합니다. 그래서 섬기는 사람에게 더 좋은 것이 아니라 더 나쁜 것이 생긴다면 그를 섬겨야 한다고 말하지 않고, 섬기는 사람에게 더 나쁜 것이 아니라 더 좋은 것(믿음-계-배움-보시-지혜)이 생긴다면 그를 섬겨야 한다고 말합니다. 또한, 부처님은 세상이 동의하지 않는 독단적인 선언 대신 세상을 넘어선 성스러운 법(출세간법)의 재산을 선언합니다.

; 바라문들이 선언하는 바라문의 재산 – 걸식(bhikkhācariyā)/끄샤뜨리야의 재산 – 활과 화살통/와이샤의 재산 – 농사와 목축/수드라의 재산 – 낫과 짐 나르는 막대기

⇒ 각자 자기의 재산을 경멸하고 해야 할 일을 하지 않으면 마치 지키는 자가 주지 않은 것을 가지는 것으로 여김

; 재산에 대한 부처님의 입장 — 바라문/끄샤뜨리야/와이샤/수드라가 동의하지 않은 재산임 → 부처님이 선언하는 재산 = 성스러운 세상을 넘어선 법[출세간법(出世間法)-ariyaṃ lokuttaraṃ dhammaṃ]

어떤 가문의 집에서 출가하더라도 여래가 선언한 법과 율에 와서 십선업(十善業)을 실천하면 유익을 위해 방법이 되는 법(ñāyaṃ dhammaṃ kusalaṃ)을 성취함 — (MN 93-앗살라야나 경)과 같은 예로써 설명함

; 예1) 네 계급 모두가 브라만교의 가르침에 따라 사무량심(四無量心)을 닦을 수 있음
; 예2) 네 계급 모두가 때밀이와 목욕 가루를 가지고 강에 가서 먼지와 때를 씻는 것이 가능함
; 예3) 어떤 계급의 가문에서 어떤 재료로 불을 피우든지 모든 불은 화염이 있고, 색깔이 있고, 밝게 빛나고, 모든 불은 불의 역할을 할 수 있음

【참고 1】 ChatGPT의 대답

◐ 질문 : 우빠니샤드의 ātman에 대해 설명해 주세요.

◐ ChatGPT의 대답 :

우파니샤드의 ātman(아트만, 我) 개념은 인도 사상사에서 가장 중요한 핵심 가운데 하나입니다. 간단히 말하면, 아트만은 **"인간 존재의 궁극적 자아, 참된 자아, 불멸의 본질"**로 이해됩니다. 하지만 이 개념은 시대와 문헌에 따라 조금씩 다르게 전개됩니다. 아래에 체계적으로 설명드릴게요.

1. 어원과 초기 의미

ātman은 원래 산스크리트에서 **"숨, 호흡, 생명력"**을 뜻했습니다. (그리스어 atmós = '김, 증기'와 어원이 같음) 초기 베다에서는 단순히 "몸, 혼, 자기 자신" 정도로 쓰였지만, 우파니샤드 시대(기원전 800~500년경)에 들어서 존재의 가장 깊은 본질로 철학화되었습니다.

2. 우파니샤드에서의 발전

(1) 육체·감각과 다른 '내적 자아'

《브리하다란야카 우파니샤드》 3.7.23:

draṣṭā śrotā mantā vijñātā eṣa ta ātmā
"보는 자, 듣는 자, 생각하는 자, 아는 자 – 그것이 곧 아트만이다."

→ 아트만은 감각의 대상이 아니라, 감각·사유·지식의 주체입니다.

(2) 불멸성과 영원성

《카타 우파니샤드》 2.18:

"아트만은 태어나지 않고 죽지 않는다. 불멸하며 영원하다. 몸은 죽어도 아트만은 죽지 않는다."

→ 아트만은 생사(生死)를 초월한 본질로 설명됩니다.

(3) 브라흐만과의 동일시

《찬도갸 우파니샤드》 6.8.7:

tat tvam asi (그것이 곧 그대다)

→ 우주 절대 원리인 브라흐만과 개인의 참된 자아인 아트만이 동일함을 선언.

《브리하다란야카 우파니샤드》 3.4.1:

ayam ātmā brahma (이 아트만이 곧 브라흐만이다).

☞ 이 동일시가 우파니샤드 철학의 핵심 명제입니다. 즉, 개인(ātman)과 우주(brahman)는 본질적으로 하나라는 깨달음이 해탈의 길이라고 보았습니다.

3. 아트만의 성격 요약

내적 주체: 모든 경험의 궁극적 '나'.
불멸: 태어나거나 죽지 않음.
변치 않는 자아: 변화하는 신체·정신 현상과 구분됨.
보는 자, 아는 자: 감각·마음·의식의 근원.
우주적 실재와 동일: 브라흐만과 하나.

4. 불교와의 차이

불교는 바로 이 "불멸하는 의식적 자아(ātman)" 개념을 비판합니다. 붓다는 "보는 자·듣는 자·생각하는 자"라는 주체를 **무상하고 조건 지어진 오온(五蘊)**으로 해석하며, **항구한 자아(ātman)는 없다(無我, anattā)**고 주장했습니다. 그래서 《디가니까야》에서 나오는 **"식(viññāṇa)이 아트만이다"**라는 당시 견해가 비판의 대상이 된 것입니다.

▷ 정리

우파니샤드에서 아트만은 "인간의 참된 자아이자 의식 주체이며, 죽지 않는 불멸의 본질"로 정의됩니다. 그리고 이 아트만은 우주적 진리인 브라흐만과 동일시됩니다.

→ 이것이 곧 "아트만 = 브라흐만" 명제이며, 이후 불교가 무아설로 정면 반박한 사상적 배경입니다.

▷ 우파니샤드의 아트만(ātman) 핵심 구절 모음

1. 아트만은 불멸하는 자

카타 우파니샤드 (Katha Upaniṣad) 2.18

na jāyate mriyate vā vipaścin nāyaṃ kutaścin na babhūva kaścit |
ajo nityaḥ śāśvato 'yaṃ purāṇo na hanyate hanyamāne śarīre ||

na jāyate mriyate: "태어나지 않고 죽지 않는다."

nityaḥ śāśvataḥ: "영원하고 불변하다."
na hanyate hanyamāne śarīre: "몸이 죽어도 아트만은 죽지 않는다."

☞ 아트만 = 불생불멸, 영원한 자아

2. 아트만은 의식 주체

브리하다란야카 우파니샤드 (Bṛhadāraṇyaka Upaniṣad) 3.7.23

draṣṭā śrotā mantā vijñātā eṣa ta ātmā
"보는 자, 듣는 자, 생각하는 자, 아는 자 – 그것이 아트만이다."

☞ 아트만 = 모든 경험의 '주체'

3. 아트만은 미세하고 측정 불가능한 본질

카타 우파니샤드 1.2.20

aṇor aṇīyān mahato mahīyān
ātmāsya jantor nihito guhāyām
"아트만은 원자보다도 더 작고, 우주보다도 더 크다.
모든 존재의 심연 속에 숨겨져 있다."

☞ 아트만 = 초월적이고 측정 불가능한 본질

4. 아트만은 세계의 근원

찬도갸 우파니샤드 (Chāndogya Upaniṣad) 6.8.7

tat tvam asi, śvetaketo
"그것(브라흐만)이 바로 너(아트만)다, 슈웨타케투여."

☞ 아트만과 브라흐만의 동일성 선언

5. 아트만 = 브라흐만

브리하다란야카 우파니샤드 3.4.1

ayam ātmā brahma
"이 아트만이 곧 브라흐만이다."

☞ 개인의 참된 자아 = 우주 절대 원리

▷ 종합

불멸성: 태어나지 않고 죽지 않는다 (카타)
주체성: 보는 자·듣는 자·생각하는 자 (브리하다란야카)
초월성: 원자보다 작고 우주보다 큰 본질 (카타)
우주성과 동일성: 브라흐만 = 아트만 (찬도갸, 브리하다란야카)

즉, 우파니샤드의 아트만은 단순한 '영혼'이 아니라

☞ 개인의 내적 자아이면서, 동시에 우주의 근원적 진리와 동일한 불멸의 본질입니다.

아(我)와 무아(無我)의 포괄적 대응성

이 대답에서 가장 눈에 띄는 내용은 "보는 자, 듣는 자, 생각하는 자, 아는 자 – 그것이 아트만(ātman)이다." 입니다. 보는 자이고 아는 자여서 감각-마음-의식의 근원이라는 관점 또는 감각의 대상이 아니라 감각·사유·지식의 주체라는 관점입니다.

이 책에서는 행위적 앎(active knowing)과 앎의 자기 활동성(agency of knowing)의 측면으로 심-의-식 즉 마음을 서술하고 있는데, 우빠니샤드의 아(我-아뜨만-ātman)를 자기 활동성을 가지는 행위적 앎(知-ñāṇa)으로 대체한 것이 불교라고 이해할 수 있게 합니다.

그런데 이런 이해는 타당합니다. 부처님의 깨달음이 삶 즉 사는 이야기에 대한 완전한 해석이라는 관점에서 아는 자-보는 자 또는 감각-마음-의식의 근원을 설명하게 되는데, 그것이 아(我-아뜨만-ātman)가 아니라 삶의 과정을 누적하며 변화하는 연기(緣起)-무아(無我)적 앎이고(동질성), 또한, 자기 활동성을 가지는 행위적 앎이라는 특성에 의해 아는 자로의 식과 보는 자로의 심으로 구분되었다(차별성)고 이해할 수 있기 때문입니다. –「심-의-식의 동질성 위에 차별성」

결국 우빠니샤드와 불교의 차이는 개별적 존재의 삶의 본질을 불멸성-초월성-우주성과의 동일성(브라흐만=아뜨만)을 가지는 아(我-아뜨만-ātman)라고 볼 것인지 아니면 연기(緣起)-무아(無我)의 개별적 앎으로 볼 것인지가 근본이라고 하겠습니다.

부처님은 자신의 성취를 atakkāvacara(딱까의 영역을 넘어섬) 즉 애가 형성되는 내적 영역에서 애멸을 실현한 것이라고 말합니다. 몸의 참여 없이 마음 혼자 작용(인식-행위)하는 영역에서 아는 자-보는 자 또는 감각-마음-의식의 근원을 직접 확인하였기 때문(정등각-완전한 깨달음)에 그것이 완전히 보아내지 못한 우빠니샤드가 말하는 아(我-아뜨만-ātman)가 아니라고 선언하는 것입니다. – 무아(無我)의 선언!

이것이 아(我)와 무아(無我)의 차이라고 하겠는데, 이 책에는 ①무아의 의미, ②심-의-식, ③지와 견의 주제에 적용되어 있습니다.

【참고 2】 윤회 특강(부산 9) 힌두에 대한 불교의 반동 관계[닮은 골격 위에서의 식(識)에 대한 관점 차이](근본경전연구회 해피스님 250204) → nikaya.kr에서 '250204'로 검색

1. 제1차 서울 토론회의 성과

윤회를 연구하는 연구자들은 대개 윤회의 흔적을 확인함으로써 윤회 있음을 인정하고 연구하기 때문에 윤회하는 자 없음을 표방하는 불교는 연구자들의 연구 범주에 포함될 수 없었음.

토론회에서 윤회하는 자 있음의 관점에서 연기(緣起)된 식(識)의 윤회를 선언하였는데, 윤회하는 자 없음을 표방함으로써 잃은 연구자들의 연구 방향/범주에 불교를 포함시키는 성과를 기대할 수 있음

2. 재육화(再肉化-reincarnation)

일반적으로 힌두(바라문/우빠니샤드)는 아(我)의 재육화를 통한 윤회를 말하는데, reincarnation은 환생/윤회를 뜻하는 용어입니다. – incarnation (특정한 형태로 사는) 생애

반면에 불교는 재생(再生-rebirth)이라고 표현하는데, ponobbhavikā(다시 존재가 됨 = 존재화) 또는 punabbhava(다음의 존재 있음), punabbhavābhinibbatti(다음의 존재로 태어남)의 형태로 나타납니다.

그래서 불교는 재육화가 아니라 재생이라는 해석이 일반화되어 있는데, 어쩌면 불교 역시 재육화라는 관점에서 접근해야 하는 것이 아닌지의 문제를 제기하였습니다. '몸으로 간다'라는 현상에 의해 식(識)이 몸으로 가서 다시 존재를 이루는 것이 punabbhava(다음의 존재 있음) 또는 punabbhavābhinibbatti(다음의 존재로 태어남)이라고 보아야 하는데, 몸이 무너져 죽은 뒤 몸으로 감 즉 재육화에 의한 존재의 재구성이라고 이해하는 것이 적절해 보이기 때문입니다.

불교가 전통적으로 몸으로 가는 자 즉 윤회의 주체를 거부하다 보니 재육화라는 개념은 힌두에 제한적으로 적용하게 되고, 불교는 몸으로 가는 자라는 개념 밖에서 윤회를 설명하는 불명확함에 사로잡히게 된 것이 아닌지 질문하는 것입니다.

하지만, 연기된 식의 윤회라는 결론에 의하면, 몸으로 가는 자가 있는데 무아(無我)인 식이라는 것이고, 이런 식이 몸으로 가서 몸과 함께 새로운 존재를 구성하는 과정은 그대로 재육화를 통해 다시 존재가 되는 현상을 설명하는 것입니다.

재육화(再肉化-reincarnation)라는 개념을 굳이 아(我)의 윤회로 제한하여 힌두에만 적용해야 하는지에 대한 문제를 제기한 것은 이번 수업의 중요 주제의 하나입니다.

3. 힌두에 대한 불교의 반동 관계 – 닮은 골격 위의 식(識)에 대한 관점의 차이

1) 베다(veda) = 제사 공식(행위) → 하늘,

2) 브라흐마(brahma) = 진리 공식(앎) = 아(我-ātman) = 식(識) – 상(常-불생불멸)-락(樂-결점 없음)-아(我-통제

가능)

3) 불교 – 깨닫고 실현한 법 = 삼법인/연기 – 무아(無我-anatta) → 연기된 식(識) – 무상(無常-생멸)-고(苦-결점)-무아(無我-통제 불가)

4) 힌두와 불교는 식(識)의 윤회라는 닮은 골격 위에서 식(識)에 대한 아(我)와 무아(無我)라는 관점의 차이를 보여줌

4. 후대의 문헌에 의한 ātman의 윤회 – para-ātman(궁극의 아뜨만)과 jīva-ātman(생명의 아뜨만)의 개념이 생기면서 jīva-ātman의 윤회를 설명함

이때, jīva-ātman은 무지(無知)에 싸인 아뜨만인데, 아함까라 즉 자의식을 가지는 나(에고)를 의미합니다.

그런데 불교는 「ahaṅkāramamaṅkāramāna (ahaṅ-kāra)-(mamaṅ-kāra)-(māna) 나를 만들고 나의 것을 만드는 자기화」를 말하는데, 아함까라의 jīva-ātman과 대비됩니다. 이때, 자기화는 오상분결(五上分結)에 속하는 족쇄이고, 자기화의 잠재성향을 뿌리뽑는 것으로 깨달음의 한 단면을 설명합니다.

5. 우빠니샤드의 식은 브라흐마(진리 공식 → 창조주/시작점)이면서 아뜨만이고, 후대의 관점에서는 jīva-ātman 즉 자기화된 아뜨만으로의 윤회하는 자입니다.

반면에, 불교는 무명에 덮이고 애에 묶인 중생에게 시작점은 제시되지 않습니다. 다만, 무명과 애를 조건으로 종기인 몸에 구속된 무아(無我)인 식(識)을 말하는데, 이런 중생으로의 삶의 끝에 무명과 애의 해소를 통해 '속성이 없고 한계가 없고 모든 관점에서 빛나는 식'으로 완성됩니다. 물론, 제법무아(諸法無我)여서 이렇게 완성된 식(識)도 무아(無我)입니다. 시작을 설명하지 않는 대신 이렇게 끝을 설명하는 것입니다.

힌두와 불교는 이런 방법으로도 반동 됩니다.

Ⅶ. 무아(無我) – 아(我)가 전제된 관찰

> 무아의 주제에서 살펴볼 또 하나의 주제는 배우지 못한 범부(assutavā puthujjano)와 잘 배운 성스러운 제자(sutavā ariyasāvako)가 쌍으로 나타나는 용례인데, ①아(我)가 전제된 관찰의 용례와 ②기타 용례로 구성됩니다.

[1] 아(我)가 전제된 관찰 – 배우지 못한 범부와 잘 배운 성스러운 제자가 함께 비교되는 경들

1. 개요

배우지 못한 범부는 아가 전제된 관찰을 하고, 잘 배운 성스러운 제자는 아가 전제된 관찰을 하지 않습니다.

- 아(我)가 전제된 관찰 – 아로부터 관찰(attato samanupassati) → 아라는 전도된 상(想)-심(心)-견해에 토대한 삶 → 사실에 어긋난 삶 = 거짓 → 고(苦)

- 아(我)가 전제된 관찰을 하지 않음 – 아로부터 관찰하지 않음(na attato samanupassati) → 아라는 전도된 상-심-견해에 토대하지 않은 삶 → 무아라는 전도되지 않은 상-심-견해에 토대한 삶 → 사실에 들어맞는 삶 = 참 → 고멸(苦滅) = 락(樂)

배우지 못한 범부의 아가 전제된 관찰은 오온에 대해 이루어지는데, ①색을 가진 자로서의 아를 관찰하거나, ②아에서 색을 관찰하거나, ③색에서 아를 관찰하는 것입니다.(오온에 반복) – 「rūpaṃ attato samanupassati, rūpavantaṃ vā attānaṃ, attani vā rūpaṃ, rūpasmiṃ vā attānaṃ 색을 아로부터 관찰합니다. 색을 가진 자로서의 아를 관찰하거나, 아에서 색을 관찰하거나, 색에서 아를 관찰합니다.(오온에 반복)」 ⇒ 그림 – 「배우지 못한 범부의 아를 전제한 관찰①」

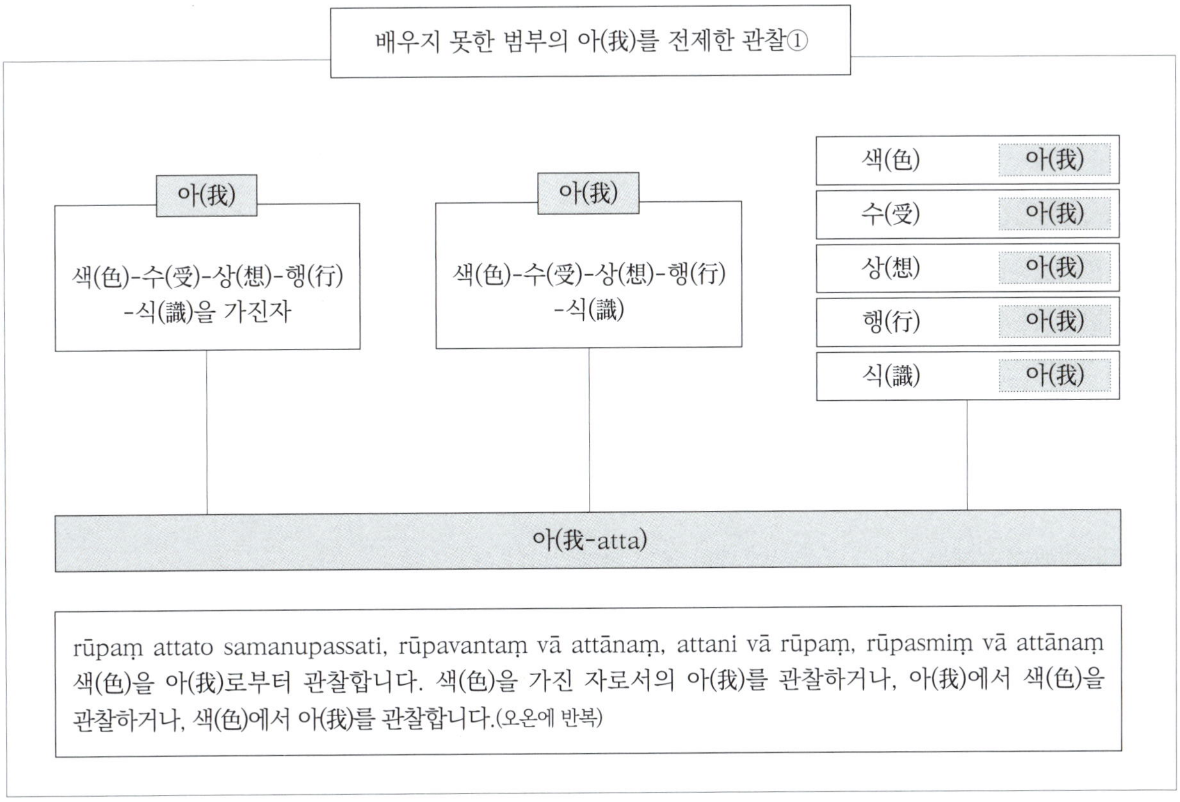

그런데 아가 전제된 관찰에 대한 이런 이해는 그대로 (SN 22.59-무아상 경) 등이 말하는 '이것은 나의 것이다. 이것은 나다. 이것은 나의 아다.'라는 정형구와 같습니다. '색을 가진 자로서의 아'를 관찰하는 것은 그대로 '색은 나의 것이다.'라고 관찰하는 것이고, '아에서 색'을 관찰하는 것은 그대로 '색이 나다.'라고 관찰하는 것이며, '색에서 아'를 관찰하는 것은 그대로 '색은 나의 아'라고 관찰하는 것입니다. ⇒ 그림 –「배우지 못한 범부의 아를 전제한 관찰②」

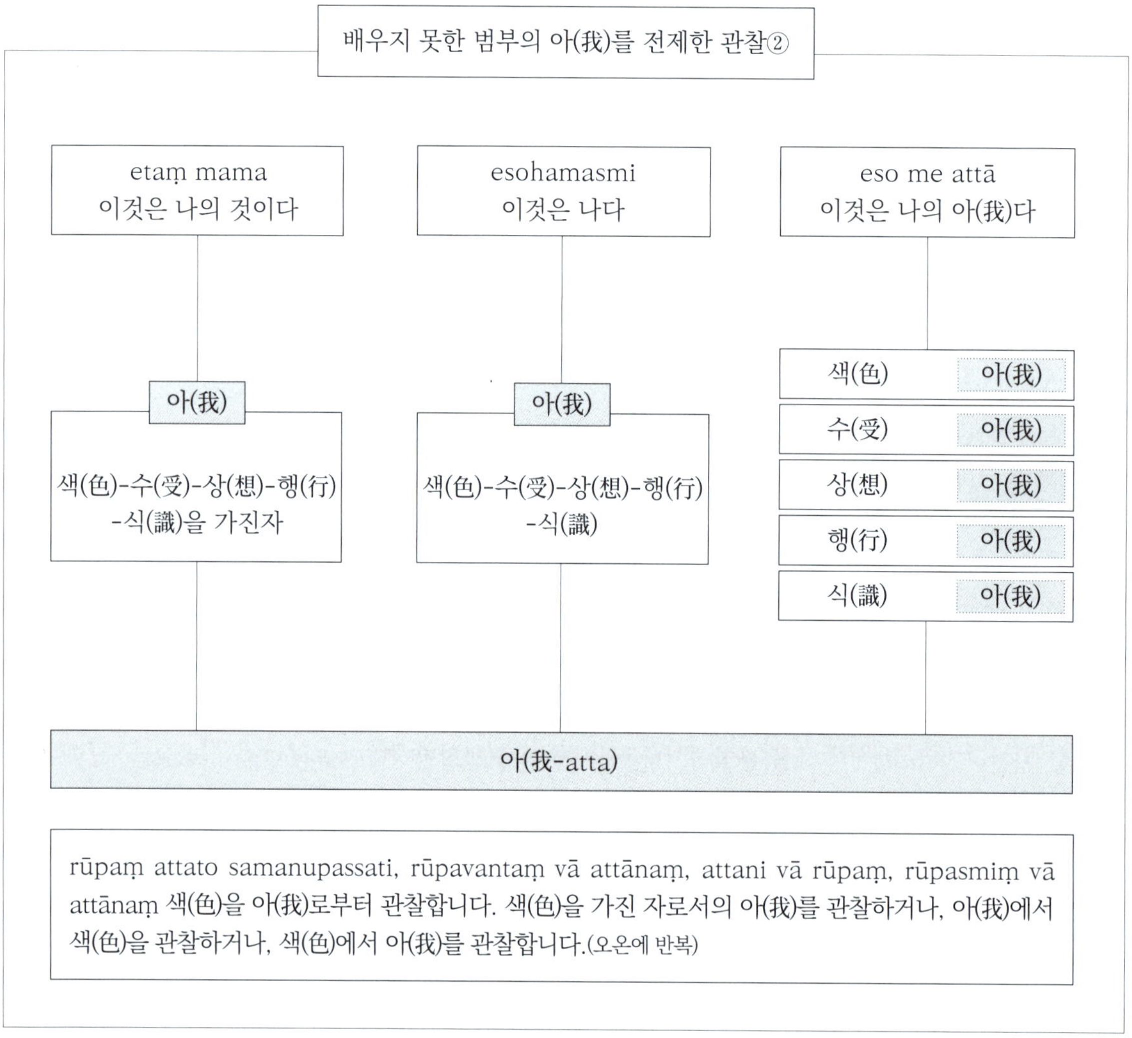

그래서 (SN 22.59-무아상 경)이 말하는「무상하고 고이고 변하는 것을 '이것은 나의 것이다. 이것은 나다. 이것은 나의 아다.'라고 관찰하는 것」의 부당함과「'이것은 나의 것이 아니다. 이것은 내가 아니다. 이것은 나의 아가 아니다.'라고 관찰하는 것」의 당위성은 그대로 '아가 전제된 관찰'의 부당함 그리고 '아가 전제된 관찰을 하지 않음'의 당위성과 일치하는 것입니다.

2. 용례① – 유신견(有身見)

이 용례의 첫 번째 주제는 유신견의 유무에 대한 조건 관계입니다. –「유신견(有身見-sakkāyadiṭṭhi)은 유신 즉 오취온인 나에 대한 유위의 견해인데, 오온에 대해 ①[아(我)가 전제된 관찰]을 할 때 생기고, ①[아(我)가 전제된 관찰]을 하지 않을 때 없어짐」

아가 전제된 관찰은 색-수-상-행들-식을 아로부터 즉 아라는 관점을 전제하고서 세 가지로 관찰한다는 의미입니다. 그런데 그간의 해석은 '아로부터'를 전제된 관점으로 이해하지 않고 뒤의 세 가지에 더해 모두 네 가지로 관찰한다고 설명하는데, 색-수-상-행들-식 각각에 대한 네 가지의 관찰이어서 '5×4=20'개의 삿된 견해라고 알려져 있습니다.

그러나 이 문장의 빠알리 원전은 rūpaṃ attato samanupassati, rūpavantaṃ vā attānaṃ, attani vā rūpaṃ, rūpasmiṃ vā attānaṃ 인데, 빠알리 문법에서 vā가 세 번이면 '또는(or)'으로 연결되는 숫자가 셋이기 때문에 이 경우는 5×3=15개의 경우로 이해해야 합니다.

이렇게 4를 3으로 수정하면 4의 이해에서는 보이지 않던 것이 보이게 되는데, 무아를 선언하는 다른 경들과의 연결입니다. (SN 22.59-무아상 경) 등은 '무상하고 고이고 변하는 것인 색-수-상-행들-식에 대해 '이것은 나의 것이다. 이것은 나다. 이것은 나의 아다.'라고 관찰하는 것이 타당한가?'라고 묻는데, 아 아닌 것에 대해 아를 전제한 이런 관찰이 타당한지의 질문입니다.

경은 다시 모든 색-수-상-행들-식에 대해 '이것은 나의 것이 아니다. 이것은 내가 아니다. 이것은 나의 아가 아니다.'라고 바른 지혜로 있는 그대로 보아야 한다고 관찰의 기준을 제시합니다.

상하고 안정되고 영원하고 변하지 않는 것 즉 아라면 '이것은 나의 것이다. 이것은 나다. 이것은 나의 아다.'라고 관찰하는 것이 타당할 것입니다. 그러나 존재하는 것은 모두 무아이기 때문에(제법무아) 어떠한 것이든 아라고 설정된 것(거짓)에게 부여된 성질인 '이것은 나의 것이다. 이것은 나다. 이것은 나의 아다.'라고 관찰하는 것이 타당하지 않다는 설명입니다.

즉 무상하고 고이고 변하는 것인 오온을 아라고 잘못 보면 '이것은 나의 것이다. 이것은 나다. 이것은 나의 아다.'라고 관찰하게 되는데, 아라는 관점의 전제 위에서 관찰되는 세 가지 방법입니다. 이런 점에서 관찰 방법과 관련한 두 가지 용례는 ①색을 가진 자로서의 아는 '이것은 나의 것이다.'와, ②아에서 색을 관찰하는 것은 '이것은 나다.'와, ③색에서 아를 관찰하는 것은 '이것은 나의 아다.'와 동치된다는 것을 알 수 있습니다. 그리고 이렇게 관찰하는 자는 배우지 못한 범부이고, 이렇게 관찰하지 않는 자는 잘 배운 성스러운 제자라고 경들은 말하는 것입니다.

아라는 설정(사견) 위에서 세상을 보는 배우지 못한 범부는 이런 세 가지 방법으로 관찰합니다. 그러나 아라는 설정을 가지지 않은(정견) 잘 배운 성스러운 제자는 이런 세 가지 방법으로 세상을 관찰하지 않습니다. 여실지견이고, 깨달음에 의해 얻어지는 해탈된 삶입니다.

• 용례 –「evaṃ kho(, āvuso visākha,) sakkāyadiṭṭhi hotī. 이렇게(, 도반 위사카여,) 유신견이 있습니다.」– (MN 44-교리문답의 작은 경)/(MN 109-보름달 큰 경)/(SN 22.82-보름달 경)/(SN 41.3-이시닷따 경2)

"kathaṃ panāyye, sakkāyadiṭṭhi hotī"ti? "idhāvuso visākha, assutavā puthujjano, ariyānaṃ adassāvī ariyadhammassa akovido ariyadhamme avinīto, sappurisānaṃ adassāvī sappurisadhammassa akovido sappurisadhamme avinīto, rūpaṃ attato samanupassati, rūpavantaṃ vā attānaṃ, attani vā rūpaṃ, rūpasmiṃ vā attānaṃ. vedanaṃ … pe … saññaṃ… saṅkhāre… viññāṇaṃ attato samanupassati, viññāṇavantaṃ vā attānaṃ, attani vā viññāṇaṃ, viññāṇasmiṃ vā attānaṃ. evaṃ kho, āvuso visākha, sakkāyadiṭṭhi hotī"ti.

"그러면 스님, 어떻게 유신견이 있습니까?" "도반 위사카여, 여기 성스러운 사람을 만나지 못하고, 성스러운 법에 대해 능숙하지 못하고, 성스러운 법에서 훈련되지 못하고, 고결한 사람을 만나지 못하고, 고결한 법에 대해 능숙하지 못하고, 고결한 법에서 훈련되지 못한 배우지 못한 범부는 색을 아로부터 관찰합니다. 색을 가진 자로서의 아를 관찰하거나, 아에서 색을 관찰하거나, 색에서 아를 관찰합니다. 수를 … 상을 … 행들을 … 식을 아로부터 관찰합니다. 식을 가진 자로서의 아를 관찰하거나, 아에서 식을 관찰하거나, 식에서 아를 관찰합니다. 도반 위사카여, 이렇게 유신견이 있습니다."

[초기불전연구원] 물질을 자아라고 관찰하고, 물질을 가진 것이 자아라고 관찰하고, 자아 안에 물질이 있다고 관찰하고, 물질 안에 자아가 있다고 관찰합니다.

[한국빠알리성전협회] 물질을 자아로 여기고, 물질을 가진 것을 자아로 여기고, 자아 가운데 물질이 있다고 여기고, 물질 가운데 자아가 있다고 여깁니다.

[PTS] regards material shape as self or self as having material shape or material shape as in self or self as in material shape

[Thanissaro Bhikkhu] assumes form (the body) to be the self, or the self as possessing form, or form as in the self, or the self as in form.

[Sister Upalavanna] reflects matter in self, or a material self, or in self matter, or in matter self.

[Lord Chalmers] he views material Form as Self, or Self as having Form, or Form as in Self, or Self as in Form.

[Bhikkhu Bodhi] regards material form as self, or self as possessed of material form, or material form as in self, or self as in material form

"kathaṃ panāyye, sakkāyadiṭṭhi na hotī"ti?

"그러면 스님, 어떻게 유신견이 없습니까?"

"idhāvuso visākha, sutavā ariyasāvako, ariyānaṃ dassāvī ariyadhammassa kovido ariyadhamme suvinīto, sappurisānaṃ dassāvī sappurisadhammassa kovido sappurisa-dhamme suvinīto, na rūpaṃ attato samanupassati, na rūpavantaṃ vā attānaṃ, na attani vā rūpaṃ, na rūpasmiṃ vā attānaṃ. na vedanaṃ ... pe ... na saññaṃ... na saṅkhāre ... pe ... na viññāṇaṃ attato samanupassati, na viññāṇavantaṃ vā attānaṃ, na attani vā viññāṇaṃ, na viññāṇasmiṃ vā attānaṃ. evaṃ kho, āvuso visākha, sakkāyadiṭṭhi na hotī"ti.

"도반 위사카여, 여기 성스러운 사람을 만나고, 성스러운 법에 대해 능숙하고, 성스러운 법에서 훈련되고, 고결한 사람을 만나고, 고결한 법에 대해 능숙하고, 고결한 법에서 훈련된 잘 배운 성스러운 제자는 색을 아로부터 관찰하지 않습니다. 색을 가진 자로서의 아를 관찰하거나, 아에서 색을 관찰하거나, 색에서 아를 관찰하지 않습니다. 수를 … 상을 … 행들을 … 식을 아로부터 관찰하지 않습니다. 식을 가진 자로서의 아를 관찰하거나, 아에서 식을 관찰하거나, 식에서 아를 관찰하지 않습니다. 도반 위사카여, 이렇게 유신견이 없습니다."

• 한편, 유신견의 유무는 그대로 유신의 자라남과 소멸을 이끕니다. (SN 22.44-실천 경)은 유신견의 유무를 이끄는 관찰에 대해 유신의 자라남으로 이끄는 실천과 유신의 소멸로 이끄는 실천이라고 설명하는데, 동시에 괴로움의 자라남으로 이끄는 실천과 괴로움의 소멸로 이끄는 실천입니다. 그래서 이런 관찰을 통해 유신견이 있으면 유신이 자라나 괴로움의 자라남으로 이어지고, 유신견이 없으면 유신이 소멸하여 괴로움의 소멸로 이어지는 것을 알 수 있습니다.

3. 용례② – 현재의 법에 끌려감

(MN 131-상서로운 하룻밤 경)/(MN 132-아난다의 상서로운 하룻밤 경)은

> 과거를 이어머물지 말고, 미래를 동경하지 말라. 과거는 버려졌고, 미래는 얻지 못했다. 현재의 법을 거기서 거듭 통찰하라. 현명한 자는 흔들리지 않게 꾸준히 그것을 실천해야 한다.
>
> 바로 오늘 노력해야 한다. 내일 죽을지 누가 알겠는가! 그 큰 죽음의 군대에게 동의하지 말라. 이렇게 밤낮으로 게으르지 않게 노력하며 머무는 자, 참으로 그를 상서로운 하룻밤을 가진 자, 평화로운 성자라고 말한다.

라는 게송에 이어 '어떻게 현재의 법에 끌려가는가?'라는 설명에서 아가 전제된 관찰에 의한 끌려감을 말합니다.

이외에 (MN 133-마하깟짜나의 상서로운 하룻밤 경)/(MN 134-로마사깡기야의 상서로운 하룻밤 경)도 이 게송을 반복합니다. 그리고 (SN 22-온(蘊) 상윳따)와 (SN 35-육처(六處) 상윳따)의 몇 개의 경들은 오온-육내외입처에 대해 과거의 것들은 갈망하지 않고(anapekkho hoti), 미래의 것들은 기뻐하지 않으며(nābhinandati), 현재의 것들의 염오-이탐-소멸을 위해 실천한다(nibbidāya virāgāya nirodhāya paṭipanno hoti)고 하여 현재(지금여기-here and now)에 집중된 삶을 강조합니다.

4. 용례③ – 어떻게 몸도 병들고 심(心)도 병듭니까?

(SN 22.1-나꿀라삐따 경)은 몸은 병들어도 심(心)은 병들지 말 것이 주제입니다. 경은 '어떻게 몸도 병들고 심도 병듭니까?'의 질문에 아가 전제된 관찰로써 답하고, '어떻게 몸은 병들어도 심은 병들지 않습니까?'의 질문에 아가 전제된 관찰을 하지 않음으로 답합니다.

그런데 이 경은 한 가지 특징을 보여줍니다. 아가 전제된 관찰은 대부분 색을 가진 자로서의 아를 관찰하거나, 아에서 색을 관찰하거나, 색에서 아를 관찰하는 세 가지 방식이 그대로 '이것은 나의 것이다. 이것은 나다. 이것은 나의 아다.'라는 세 가지와 동치되어 무아를 설명합니다. 그런데 이 경은 아를 관찰하는 세 가지 방식 가운데 '나는 색이다. 색은 나의 것이다.'라는 두 가지만을 대비하면서 수비고우뇌의 생김과 연결하는데, (나를 만들고 나의 것을 만드는) 자기화의 개념과 연결됩니다.

• 그림 – 「'나는 색이다, 색은 나의 것이다'라는 관찰」

여기에서 '나의 아다.'라는 관찰은 생-노사의 윤회하는 근본 괴로움과 대응하고, '나는 색이다. 색은 나의 것이다.'

라는 관찰은 윤회하는 삶 위에 수반되는 수비고우뇌의 괴로움 등 괴로움 무더기(苦蘊)과 대응한다는 점을 알 수 있습니다.

'나는 색(色)이다. 색(色)은 나의 것이다.'라는 관찰 - (SN 22.1-나꿀라삐따 경)

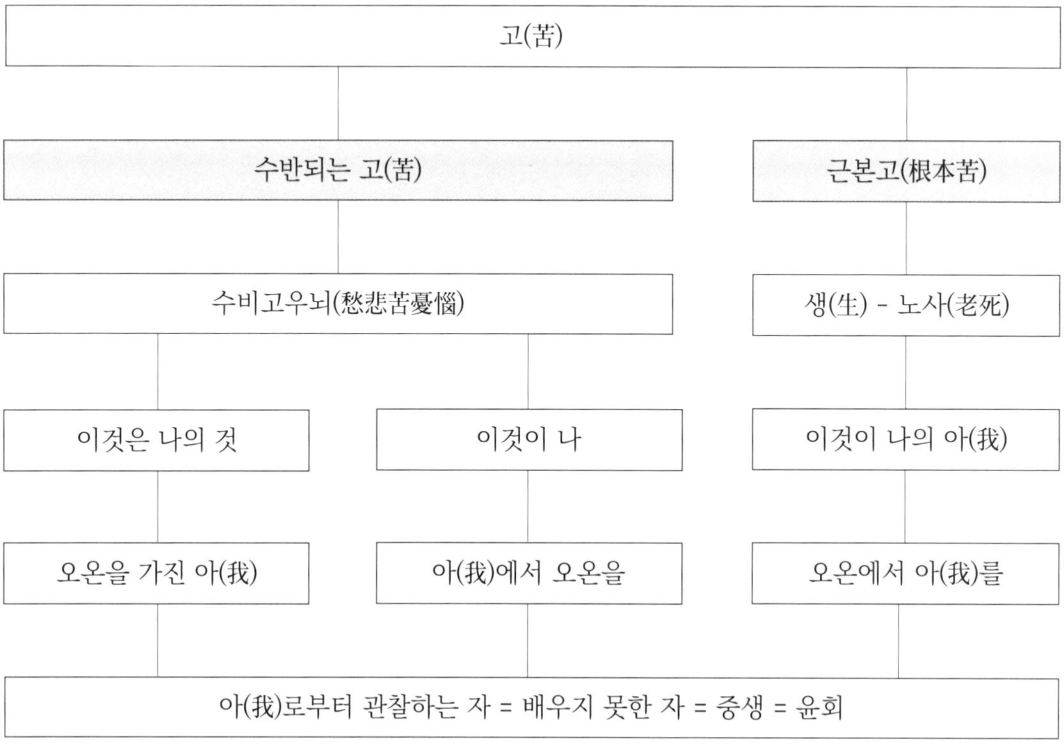

5. 용례④ – 집착과 동요의 자리

(MN 138-개요의 분석 경)과 (SN 22.7-집착에 따르는 동요 경)은 집착(取-upādāna-연기된 법 9번째)과 동요(paritassanā)에 대한 연결된 상황을 설명합니다.

(SN 22.7-집착에 따르는 동요 경)은 집착하여 동요함과 집착하지 않으면서 동요하지 않음을 설명하고, (MN 138-개요의 분석 경)은 집착하지 않으면서 동요함과 집착하지 않으면서 동요하지 않음을 설명합니다.

	집착	동요
(SN 22.7-집착에 따르는 동요 경)	○	○
	×	×
(MN 138-개요의 분석 경)	×	○
	×	×

이때, 두 경을 함께 정리하면 「①집착하여 동요함 → ②집착하지 않으면서 동요함 → ③집착하지 않으면서 동요하

지 않음」의 3단계로 진행되는 것을 볼 수 있습니다(*). 그래서 집착은 선행하는 표면의 법(takka의 밖)이고, 동요는 순환하여 뒤따르는 내면의 법(takka의 안)이라는 것을 알 수 있습니다. ⇒「들어가는 글 II. 전통과 진정 [7] 심오한 해석」 참조(66쪽)

6. 용례⑤ – 대상의 끊어짐

(SN 22.55-감흥 경)은 "'내가 아니고 나의 것도 아니라면, 만약에 그것이 없다면 나의 것도 없을 것이다.'라고 이렇게 기우는 비구는 오하분결을 끊을 것이다."라는 부처님의 감흥을 주제로 하는데, '이것은 나의 것이 아니다, 이것은 내가 아니다, 이것은 나의 아가 아니다.' 가운데 아에 대한 관점이 배제된 두 가지로 심이 기울면 오하분결을 끊고 불환자에 이른다는 의미로 이해하였습니다. 물론, 세 가지 모두로 심이 기울면 아라한에 이른다고 할 것입니다.

경은 어떻게 이런 방법으로 오하분결을 끊느냐는 문답이 이어진 뒤에 어떻게 알고 어떻게 보는 자에게 이어서 번뇌들의 부서짐이 있는지의 문답으로 이어집니다.

경은 다시 '나는 색으로부터 다른 곳, 수로부터 다른 곳, 상으로부터 다른 곳, 행들로부터 다른 곳에서 식이 오거나 가거나 죽거나 다시 태어나거나 늘어나거나 자라거나 충만 하는 것을 선언할 것이다.'라고 말할 것이라는 경우는 없다고 하는데, 세상의 법이 색-수-상-행들-식 오온이므로 식은 색-수-상-행들 외 다른 곳에서 유래하지 않는다는 점을 분명히 합니다. 형이상학의 영역을 부정하는 불교의 입장이라고 하겠습니다. ⇒ 사식주(四識住-네 가지 식의 머묾) 참조(441쪽)

한편, 경은 만약 비구에게 색-수-상-행들-식의 요소에 대한 탐이 버려지면, 탐의 버려짐 때문에 대상의 끊어짐이 있고, 식의 머묾은 없다고 하는데, 대상의 끊어짐에 대해서 (SN 35.185-꼿티까 경)은 욕탐의 해소를 말합니다. 내입처와 외입처가 직접 묶여 있지 않고 제3의 묶는 자(공동주관)인 욕탐이 묶기 때문에 욕탐이 해소되면 대상 즉 외입처는 내입처로부터 끊어진다(*)는 해석입니다. 또한, (SN 36.10-촉을 뿌리로 함 경)도 두 개의 나무토막을 맞대어 마찰할 때 열이 생기고 불이 붙고, 나무토막을 떼어놓으면 열이 식는 비유를 통해 삼사화합 촉을 욕탐의 측면에서 설명해줍니다. 그래서 육촉처의 단속의 의미가 욕탐의 제어라는 것을 알 수 있습니다.

(*) 유위적 묶임의 해소 – (MN 146-난다까의 가르침 경)은 백정의 비유를 소개합니다. 지혜의 칼로 내면의 오염원과 내면의 족쇄와 내면의 속박을 자르고 해체하고 가르고 베어냄으로써 내입처와 외입처에 흠을 내지 않고 오직 소망과 탐을 끊어낸다고 하는데, 소망과 탐은 함께하여 애(愛)를 구성하는 것이어서 내입처와 외입처의 인식과정에서 애의 영향을 배제한다는 의미입니다. 결국, 탐-진-치의 영향이 배제된 여리작의와 무상(無相)의 실현을 의미합니다. 또한, 소망과 탐을 끊어내는 방법으로 칠각지를 닦고 많이 행함을 말하는데, 사마타-위빳사나의 과정입니다.

; 내입처와 외입처를 묶어주는 것 = 소망과 탐 = 애(愛) → 혜(慧)의 칼에 의해서 내입처와 외입처에 흠을 내지 않고 오직 소망과 탐 즉 애(愛)와의 연결만 끊어냄

⇒ 혜(慧)의 역할 – 공동주관인 욕탐(欲貪)의 제어

; 소망과 탐을 끊어냄 즉 애멸(愛滅)을 통해 내입처의 흠인 비여리작의(非如理作意)를 하지 않고, 외입처의 흠인

상(相-nimitta)를 만들지 않음

7. 용례⑥ – '아라한의 사후 단멸'은 삿된 견해

(SN 22.85-야마까 경)은 "'번뇌 다한 비구는 몸이 무너져 죽은 뒤에 단멸하고, 상실한다. 죽은 뒤에 존재하지 않는다.'라고 안다."라고 주장하는 야마까 비구의 악한 견해를 해소해 주는 일화인데, 여래를 비롯한 번뇌 다한 아라한의 죽음 이후에 대해 무상(無常)하고 고(苦)인 오온이 소멸하고 줄어든 상태라고 설명합니다. 이어서 아가 전제된 관찰을 하는 자는 오온에 대해 무상-고-무아라고, 유위라고, 살해하는 것이라고 있는 그대로 꿰뚫어 알지 못해서 다가가고, 붙잡고, 나의 아라고 확고히 함으로써 오랫동안 손해와 고로 이끈다고 설명합니다. 그러나 아가 전제된 관찰을 하지 않는 자는 오온에 대해 무상-고-무아라고, 유위라고, 살해하는 것이라고 있는 그대로 꿰뚫어 알아서 다가가지 않고, 붙잡지 않고, 나의 아라고 확고히 하지 않음으로써 오랫동안 이익과 락으로 이끈다고 설명합니다. 사리뿟따 존자의 이 설법을 들은 야마까 비구는 집착하지 않음을 원인으로 번뇌들로부터 심(心)이 해탈합니다.

8. 용례⑦ – 오온(五蘊)의 주위를 달리고 맴 돎

(SN 22.99-가죽끈 경)은 「윤회는 시작이 알려지지 않는 것이다. 무명에 덮이고 애에 묶여서 옮겨가고 윤회하는 중생들에게 처음 시작점은 알려지지 않는다.」라는 정형된 문구 위에서 이런 중생들에게 괴로움은 끝나지 않는다는 점을 여러 비유를 통해 알려줍니다.

예를 들면, 튼튼한 말뚝이나 기둥에 묶여 있는 가죽끈에 묶인 개는 오직 그 말뚝이나 기둥의 주위를 달리고, 맴도는 것처럼, 아를 전제한 관찰을 하는 배우지 못한 범부는 오온의 주위를 달리고 맴돌 뿐 오온에서 벗어나지 못하고, 괴로움의 영역에서 벗어나지 못합니다. 그러나 아를 전제한 관찰을 하지 않는 잘 배운 성스러운 제자는 오온의 주위를 맴돌지 않아서 오온에서 벗어나고, 괴로움의 영역에서 벗어납니다.

9. 용례⑧ – 오온의 속박에 묶인 자

(SN 22.117-속박 경)은 아를 전제한 관찰을 하는 배우지 못한 범부는 오온의 속박에 묶인 자, 안팎의 속박에 묶인 자, 기슭을 보지 못한 자, 저편을 보지 못한 자라고 불리는데, 묶인 자는 늙고, 죽고, 이 세상에서 저세상으로 간다고 알려줍니다.

그러나 아를 전제한 관찰을 하지 않는 잘 배운 성스러운 제자는 오온의 속박에 묶이지 않은 자, 안팎의 속박에 묶이지 않은 자, 기슭을 본 자, 저편을 본 자라고 불리는데, '그는 괴로움의 영역에서 벗어났다.'라고 부처님은 말합니다.

여기까지가 오온의 관찰에서 ①[배우지 못한 범부]와 ②[잘 배운 성스러운 제자]가 함께 비교되는 경들의 모든 용례입니다.

[2] 아(我)가 전제된 관찰 – 배우지 못한 범부의 경우만 나타나는 경들

아를 전제한 관찰에 있어 배우지 못한 범부의 경우만 나타나고, 잘 배운 성스러운 제자의 서술은 설명으로 대체된 경도 네 개가 있습니다.

1. 용례① – 스스로 섬이 됨 & 섬 = 열반

(SN 22.43-스스로 섬이 됨 경)은 자주-법주(自洲-法洲) 즉 스스로 섬이 되고, 법을 섬으로 삼는 자는 '수비고우뇌는 무엇에서 생기고 무엇에서 발생하는가?'라고 근원을 조사해야 한다고 말하는데, 오온에 대해 아를 전제한 관찰을 하는 자에게 오온이 변하고 다른 것이 되기 때문이라고 알려줍니다.

이때, 자주-법주 하는 자에게 수비고우뇌의 근원을 관찰하라고 하는 이유는 자주-법주의 방법이 사념처이기 때문입니다.

- 사념처 – 생노병사 즉 윤회하는 삶의 과정에 수반되는 수비고우뇌(슬픔-비탄-고통-고뇌-절망)의 문제를 해소하는 수행 → 여실지견 → 예류자

- 사마타-위빳사나 – 삶의 근원 즉 생노병사의 문제를 해소하고 윤회에서 벗어나는 수행 → 해탈지견 → 아라한

한편, 자주-법주 즉 스스로 섬이 되고, 법을 섬으로 삼으라고 하는데, 섬(洲)은 무엇입니까?

(KN 5.65-젊은 바라문 깝빠의 질문)은 「akiñcanaṃ anādānaṃ, nibbānaṃ, jarāmaccuparik-khayaṃ 곤란이 없고 집착이 없는 것, 늙음과 죽음이 완전히 부서진 열반」이라고 하여 섬이 열반이라는 것을 알려줍니다.

2. 용례② – '나는 있다(asmi)!'가 사라지지 않음 → 1차 인식의 구조

(SN 22.47-관찰 경)은 다양한 아(我)를 관찰하고 있는 사문이나 바라문들은 모두 오취온이나 그 가운데 어떤 것을 관찰하는 것이라고 말합니다. 아가 전제된 관찰을 할 때, '나는 있다!'가 사라지지 않습니다. '나는 있다!'가 사라지지 않을 때 몸의 다섯 가지 기능이 참여하고, 의(意)와 법(法)들과 무명(無明)의 요소가 있다고 하는데, 1차 인식의 구조입니다. 이어서 무명의 촉(無明觸)에서 생긴 느낌에 닿아진 배우지 못한 범부의 삶과 다섯 가지 기능은 거기에 있지만 무명이 버려지고 명이 생긴 잘 배운 성스러운 제자의 삶을 차별하여 설명합니다.

3. 용례③ – 어떻게 알고 어떻게 보는 자에게 뒤따라 번뇌들이 부서질까?

(SN 22.81-빠릴레이야 경)은 '어떻게 알고 어떻게 보는 자에게 뒤따라 번뇌들이 부서질까?'라는 의문에 대해 부처님이 검증한 뒤 설한 사념처-사정근-사여의족-오근-오력-칠각지-팔정도의 일곱 가지 보리분법이 그 방법이라고 말합니다.

경은 아를 전제한 관찰을 「아로부터 색을 관찰함 → 아로부터 색을 관찰하지 않지만 ①색을 가진 자로서의 아를 관찰 → ②아에서 색을 관찰 → ③색에서 아를 관찰 → 아로부터 수를 관찰함 → 아로부터 수를 관찰하지 않지만 ①수를 가진 자로서의 아를 관찰 → ②아에서 수를 관찰 → ③수에서 아를 관찰 → 아로부터 상을 관찰함 → 아로부터

상을 관찰하지 않지만 ①상을 가진 자로서의 아를 관찰 → ②아에서 상을 관찰 → ③상에서 아를 관찰 → 아로부터 행들을 관찰함 → 아로부터 행들을 관찰하지 않지만 ①행들을 가진 자로서의 아를 관찰 → ②아에서 행들을 관찰 → ③행들에서 아를 관찰 → 아로부터 식을 관찰 → 영원하다는 견해(常見) → 끊어진다는 견해[아라한의 사후(死後) 단견(斷見)] → 회의하고, 의심하고, 정법(正法)에 대해 의지하지 않음」의 순서로 아(我)를 전제한 관찰로부터의 벗어남을 단계적으로 설명합니다.

또한, 각 단계의 관찰에 대해 행이라고 말하며, 그 행은 무명의 촉에서 생긴 경험된 것에 의해 닿아진 배우지 못한 범부에게 생겨난 애로부터 생긴 것이어서, 그 행-애-수-촉-무명도 무상하고 유위이고 연기된 것이라고 알고 보는 자에게 뒤따라 번뇌들이 부서진다고 설명합니다.

이때, 「색→수→상→행들→식」의 순서로 아를 전제한 관찰이 해소되고, 각각의 위에서 다시 구체적으로 ①→②→③의 순서로 내면의 상태가 해소되는 것을 알 수 있는데, (MN 1-근본 법문 경)을 응용한 해석입니다.

; 해소의 순서 - 「관찰(samanupassati) = 사유 → 색을 가진 자 = 욕탐(慾貪) → 아에서 색을 = 색탐(色貪) → 색에서 아를 = 무색탐(無色貪)」

4. 용례④ – 아(我)가 전제된 관찰을 해도 오온은 무너지고 그것으로 인해 불행과 고통을 겪음

(SN 22.93-강 경)은 아가 전제된 관찰에 이어 (SN 22.59-무아상경)의 가르침을 직접 연결해 줍니다.

「아로부터 오온을 관찰한다. ①오온을 가진 자로서의 아를 관찰하거나, ②아에서 오온을 관찰하거나, ③오온에서 아를 관찰한다. → 오온은 무너짐 → 불행과 고통을 겪음 → 무아의 선언 – ①이것은 나의 것이 아니다, ②이것은 내가 아니다, ③이것은 나의 아가 아니다. → 염오-이탐-해탈-해탈지견」

me dhammā ajjhattaṃ appahīnā – ādīnavadassāvī
내 안에 버려지지 않은 법들에서 위험을 보겠습니다.

[3] 기타 용례

①(배우지 못한 범부)와 ②(잘 배운 성스러운 제자)의 용례는 아를 전제한 관찰의 용례로 주로 나타나지만 몇 개의 경은 그 외의 용례를 보여줍니다.

1. ①(배우지 못한 범부)와 ②(잘 배운 성스러운 제자)가 함께 비교되는 경들

1) (MN 2-모든 번뇌 경) – "katame ca, bhikkhave, āsavā dassanā pahātabbā? 그러면 비구들이여, 무엇이 봄을 원인으로 버려져야 하는 번뇌들인가?

성스러운 사람을 만나지 못하고 … 고결한 법에서 훈련되지 못한 배우지 못한 범부는 작의 해야 하는 법들을 분명히 알지 못하고, 작의 하지 않아야 하는 법들을 분명히 알지 못한다. 작의 해야 하는 법들을 분명히 알지 못하고, 작의 하지 않아야 하는 법들을 분명히 알지 못하는 그는 작의 하지 않아야 하는 법들을 사고하고, 작의 해야 하는 법들을 사고하지 않는다.

성스러운 사람을 만나고 … 고결한 법에서 훈련된 잘 배운 성스러운 제자는 작의 해야 하는 법들을 분명히 알고, 작의 하지 않아야 하는 법들을 분명히 안다. 작의 해야 하는 법들을 분명히 알고, 작의 하지 않아야 하는 법들을 분명히 아는 그는 작의 하지 않아야 하는 법들을 사고하지 않고, 작의 해야 하는 법들을 사고한다.

2) (MN 22-뱀의 비유 경) – 여섯 가지 견해의 토대

성스러운 사람을 만나지 못하고 … 고결한 법에서 훈련되지 못한 배우지 못한 범부는 색을 … 수를 … 상을 … 행들을 … 본 것-들은 것-닿아 안 것-인식한 것-성취된 것-조사된 것-의(意)로 접근된 것도 … '그것이 세상이고, 그것이 아다. 그 나는 죽음 뒤에도 상하고, 안정되고, 영원하고, 변하지 않는 존재일 것이다. 심지어 영원히 그렇게 서 있을 것이다.'라는 견해의 토대에 대해서도 '이것은 나의 것이다. 이것은 나다. 이것은 나의 아다.'라고 관찰한다.

성스러운 사람을 만나고 … 고결한 법에서 훈련된 잘 배운 성스러운 제자는 색을 … 수를 … 상을 … 행들을 … 본 것-들은 것-닿아 안 것-인식한 것-성취된 것-조사된 것-의(意)로 접근된 것도 … '그것이 세상이고, 그것이 아다. 그 나는 죽음 뒤에도 상하고, 안정되고, 영원하고, 변하지 않는 존재일 것이다. 심지어 영원히 그렇게 서 있을 것이다.'라는 견해의 토대에 대해서도 '이것은 나의 것이 아니다. 이것은 내가 아니다. 이것은 나의 아가 아니다.'라고 관찰한다. 이렇게 관찰하는 그는 존재하지 않는 것에 대해 동요하지 않는다.

3) (MN 46-법의 수용의 큰 경) – 실천과 따름

성스러운 사람을 만나지 못하고 … 고결한 법에서 훈련되지 못한 배우지 못한 범부는 실천해야 하는 법들을 알지 못하고, 실천하지 않아야 하는 법들을 알지 못한다. 따라야 하는 법들을 알지 못하고 따르지 않아야 하는 법들을 알지 못한다. → 알지 못하는 대로 실천하고 따름 → 원하지 않고 좋아하지 않고 마음에 들지 않는 것들은 늘어나고, 원하고 좋아하고 마음에 드는 것들은 줄어든다.

성스러운 사람을 만나고 … 고결한 법에서 훈련된 잘 배운 성스러운 제자는 실천해야 하는 법들을 알고, 실천하지

않아야 하는 법들을 안다. 따라야 하는 법들을 알고 따르지 않아야 하는 법들을 안다. → 아는 대로 실천하고 따름 → 원하지 않고 좋아하지 않고 마음에 들지 않는 것들은 줄어들고, 원하고 좋아하고 마음에 드는 것들은 늘어난다.

4) (MN 64-말루꺄 큰 경) – 오하분결(五下分結)

성스러운 사람을 만나지 못하고 … 고결한 법에서 훈련되지 못한 배우지 못한 범부는 유신견-의심-계금취-욕탐(慾貪)-진에가 스며들고 유신견-의심-계금취-욕탐-진에에 시달린 심(心)으로 머문다. 생겨난 유신견-의심-계금취-욕탐-진에의 해방을 있는 그대로 꿰뚫어 알지 못한다. 그에게 강해지고 제거되지 않은 그 유신견-의심-계금취-욕탐-진에가 하분결(下分結-낮은 단계의 족쇄)이다.

성스러운 사람을 만나고 … 고결한 법에서 훈련된 잘 배운 성스러운 제자는 유신견-의심-계금취-욕탐-진에가 스며들지 않고 유신견-의심-계금취-욕탐-진에에 시달리지 않는 심으로 머문다. 생겨난 유신견-의심-계금취-욕탐-진에의 해방을 있는 그대로 꿰뚫어 안다. 그에게 잠재성향과 함께 그 유신견-의심-계금취-욕탐-진에는 버려진다.

2. ①(배우지 못한 범부)가 단독으로 나타나는 경

1) (MN 1-근본 법문 경) – 배우지 못한 범부의 삶 → 유학(有學) → 아라한 → 여래의 인식 구조

- 인식의 향상 과정 – 배우지 못한 범부의 삶 → 유학(有學) → 아라한 → 여래 – 「인식론적 인격론의 전형」

	삶	원인
범부(凡夫)	sañjānāti → maññati → abhinandati (*) 삶의 메커니즘의 순환 구조로 이해	apariññātaṃ tassa 그는 완전히 알지 못함
유학(有學)	abhijānāti → mā maññi → mābhinandi	pariññeyyaṃ tassa 그는 완전히 알아야 함
아라한(阿羅漢)	abhijānāti → na maññati → nābhinandati	①pariññātaṃ tassa 그는 완전히 알았음 ②khayā rāgassa-dosassa-mohassa, vītarāgattā-vītadosattā-vītamohattā
여래(如來)	abhijānāti → na maññati → nābhinandati	①pariññātantaṃ tathāgatassa 여래는 끝을 완전히 알았음 ②'nandī dukkhassa mūlan'ti – iti viditvā 'bhavā jāti bhūtassa jarāmaraṇan'ti. → anuttaraṃ sammāsambodhiṃ abhisambuddho' '소망(所望)은 괴로움의 뿌리다.'라고 안 뒤에 '유(有)로부터 생(生)이 있고, 누적된 것에게 노사(老死)가 있다.'라고 안다.

특히, '함께 안다(sañjānāti)'로 시작하는 범부에 대한 설명에 비해 유학 이후는 'abhijānāti(실답게 알다)'로 시작하여 단계적 향상을 설명하는데, 'abhijānāti(실답게 알다)'는 딱까 밖의 영역에서의 인식의 향상의 완성 즉 여실지견(如實知見)의 상태를 지시합니다. 그래서 유학은 딱까 밖의 영역에서는 완성되었지만 안의 영역에서 완성되지 못한 상태이고, 아라한과 여래는 안의 영역에서도 완성된 경지인 것을 알 수 있습니다.

• 그림-「(MN 1-근본 법문 경)[범부 ~ 여래의 차이]」

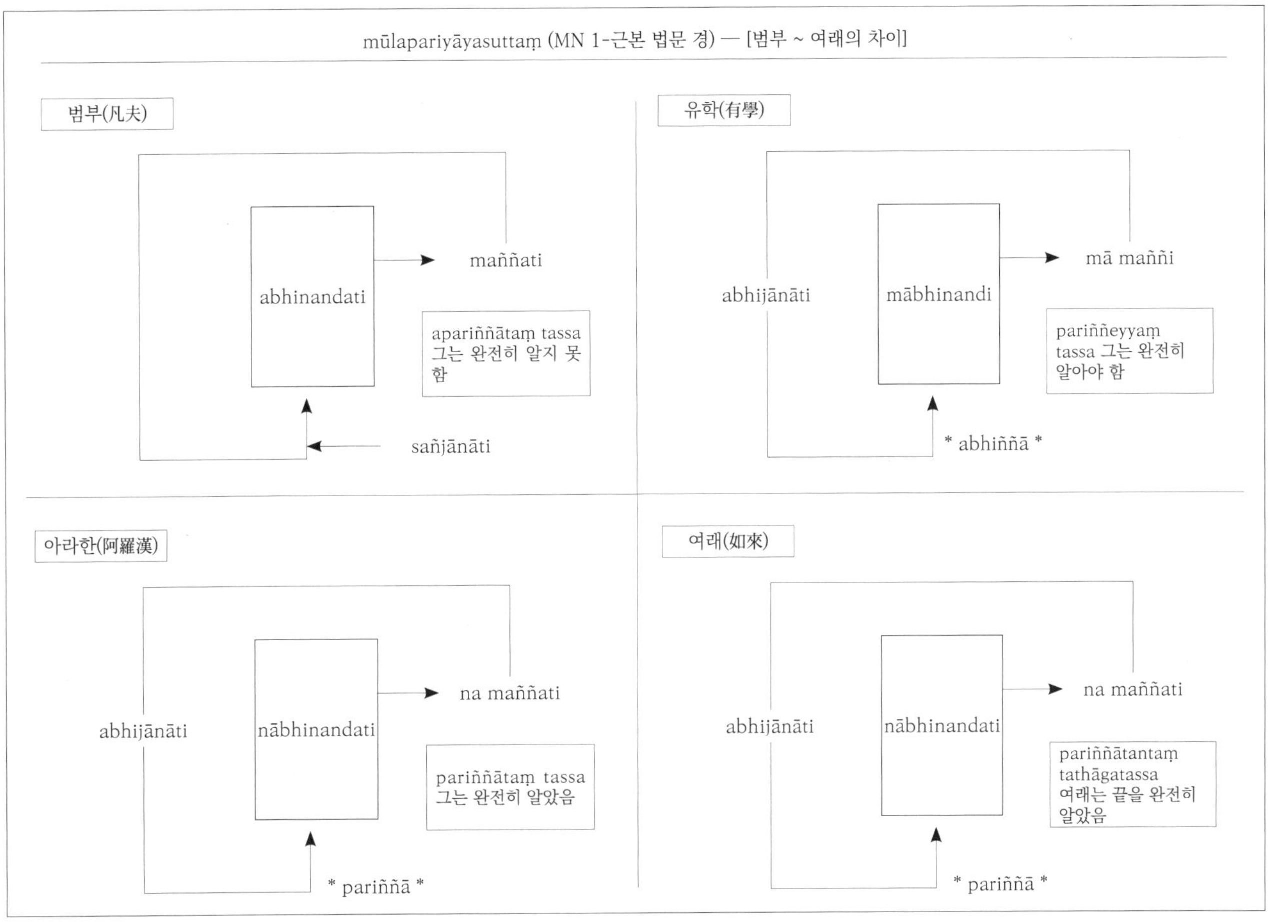

(MN 1-근본 법문 경)에서 부처님은 모든 법(가르침)의 근본이 되는 법문을 설합니다. 「완전히 알지 못하는 범부의 제어에 의한 방법의 영역 → 완전히 알아야 하는 유학(有學)의 제어에 의한 방법의 영역 → 완전히 안 번뇌 다한 아라한[무학(無學)]의 제어에 의한 방법의 영역 → 탐-진-치가 부서지고 탐-진-치에서 벗어난 아라한의 제어에 의한 방법의 영역 → 끝을 완전히 안 여래(如來)의 제어에 의한 방법의 영역」을 설명하는데, 너무 심오하고 어려운 주제여서 설법을 들은 비구들이 기뻐하지 않았다고 마무리됩니다.

삶을 완성한 아라한을 '완전히 안 아라한 → 끝을 완전히 안 여래'로 구분하는데, 여래는 '소망은 괴로움의 뿌리'라고 안 뒤에 '유(有)로부터 생(生)이 있고, 활성존재에게 노사(老死)가 있다.'라고 안다고 설명합니다.

딱까를 중심에 둔 순환 구조로의 삶은 부처님에게 직접 법을 듣는 비구들에게도 기뻐하지 못할 만큼 어려운 주제입니다. 삶의 메커니즘과 수행지도로 시각화 한 공부의 의미-성과라고 하겠습니다.

◐ 무아(無我) 총괄 문답 ◑

[질문]

십악업(十惡業)을 피하고 십선업(十善業)을 적극 실천해야 한다고 말하는데, 누가 그 말을 듣고 십선업을 실천하게 되나요? 제법무아(諸法無我)라면, 부처님은 제자 또는 보통의 사람들의 무엇에게 법을 설했나요?

[대답]

이 주제는 삼법인에 대한 바른 이해의 문제입니다. 있는 것은 모두 무아(無我)[제법무아(諸法無我-sabbe dhammā anattā)]입니다. 그리고 있는 것 가운데 열반을 제외한 것인 행(行)은 모두 무상(無常)-고(苦)의 특성을 가지고[제행무상(諸行無常-sabbe saṅkhārā aniccā)/제행개고(諸行皆苦-sabbe saṅkhārā dukkhā)], 열반은 무상-고의 가라앉음에 의한 락(樂-sukha)이라는 것이 부처님의 깨달음입니다.

이때, 무아를 '아(我) 즉 나 없음'이라는 중국화된 번역어로써 이해하는 데에서 이런 의문은 생겨난다고 하겠습니다. 그러므로 삼법인이 말하는 무아를 빠알리 원어(anattā)에 입각해서 이해하면 이런 의문은 어렵지 않게 해소될 것입니다.

anattā는 an-attā인데, an은 부정접두사이고 attā는 아(我)로 번역된 단어입니다. 그리고 브라만교(힌두교)의 경전어인 산스끄리뜨로는 ātman/anātman입니다. 그리고 이런 anattā의 한역이 무아(無我)입니다. 그런데 attā는 때로 '나'의 의미로 쓰이기도 하지만, 무아에서의 아(我-attā)는 질문이 의도하는 '나'를 의미하지 않습니다.

; 무(無)로 번역된 접두사 'a'는 조건이 없음/해소됨에 의한 극복의 의미로 이해하면 적절합니다. 그래서 무아(anattā)는 아(attā)이기 위한 조건 즉 ①결점이 없을 것-②권한을 가질 것-③불생불멸의 성질이 없는 존재성이라고 이해해야 합니다.

아(我) 즉 attā/ātman은, 아뜨만-브라만에 대한 지식을 논한 힌두 문헌인 우파니샤드에 의하면, 상주적 유(有)(常見)여서 만물의 궁극적 근원이고 영원한 실체입니다. 유일(ekaṃ)-최초(purānaṃ)-상주(ajaṃ amṛtaṃ=不生不滅)인 유(有-sat)라고 설명되는데, 유(有-sat)는 몸이 없는 것(anatmya)이고, 「자아 속에 있는 만물, 만물 속에 있는 자아」로서 가장 큰 것보다 크고 가장 작은 것보다 작으며, 심장 속에 머문다고 합니다. 또한, 아뜨만-브라흐만의 3대 특징으로 ①유(有-sat) - 형이상학적 본질 → 생겨나지 않음(aja), ②식(識-cit) - 인식론적 본질, ③희(喜-ānanda) - 윤리학적 본질을 들고 있습니다. 〈김정근 박사의 학위 논문[2010년 동국대학교]에서 발췌〉

무아(無我-anattā/anātman)는 '이런 아(我) 없음/아님'이란 의미입니다. 그래서 삼법인의 제법무아는 '이런 아는 아무것도 없고 또는 있는 것들은 모두 이런 아가 아니다.'라는 의미입니다. '나 없음'과는 전혀 다른 의미를 가지는 것입니다.

그러니 십선업을 실천하는 자 또는 부처님의 설법을 듣는 제자와 중생들이 없으니 누가 실천하고 누가 듣느냐고 생각하는 것은 옳지 않습니다. 실천하는 자 그리고 제자들도 중생들도 모두 각자의 삶의 주인공으로 존재합니다. 마치 이 책을 읽는 그대가 지금 살아 숨 쉬며 이런 사유를 하는 주인공으로 존재하고 있는 것과 같습니다. 무아(無我)는, 다만, 그 주인공들이 브라만교(힌두교)에서 주장하는 그런 아(我)가 아니라는 점, 그대 안에 그런 아는 없다는 점을 지적하여 알려주는 것입니다.

삶의 과정에서, 삶의 과정을 누적하는(緣起) 가운데 괴로워하거나 즐거워하는 당사자로서 그대는 지금 존재하고 있습니다. 부처님은 절대 그 개별적 존재성을 부정하지 않습니다. 그 존재의 구성이 가지는 문제를 정확히 봄으로써 삶의 과정에서 생겨나는 괴로움의 정체를 밝히고, 그 문제에 적절히 대응함으로써 그 괴로움의 완전한 소멸을 실현하는 기술로서 불교는 존재하고 있는 것입니다.

모쪼록 삶에 대해 바르게 보아야 합니다. 설하신 그대로 부처님을 만나지 않으면, 가르침과는 천 길 먼 길에서 불교를 거짓되게 말하는 도인 흉내로 삶을 망칠 수도 있기 때문입니다.

◐ 뱀의 비유와 뗏목의 비유 ◑

(MN 22-뱀의 비유 경)은 '세존께서 장애가 된다고 설하신 이 법들은 수용하는 자에게 장애가 되지 않는다고 나는 세존께서 설하신 법을 안다.'라는 아릿타 비구의 악하고 치우친 견해를 지적하고 꾸짖는 경인데, 뱀의 비유와 뗏목의 비유를 포함합니다. 뱀의 비유는 구분교(九分教)의 법들(경(經), 응송(應頌), 수기(授記), 게송(偈頌), 감흥어(感興語), 여시어(如是語), 본생담(本生譚), 미증유법(未曾有法), 문답(問答)의 법)을 잘못 붙잡으면 뱀의 똬리나 꼬리를 잡은 것과 같아서 손해와 괴로움으로 이끌리고, 법들을 잘 붙잡으면 염소의 발굽 모양의 막대기로 잘 누른 뒤에 목을 잘 잡은 것과 같아서 이익과 행복으로 이끌린다는 것을 말합니다. 뗏목의 비유는 뗏목을 만들어 강을 건넌 뒤에 뗏목을 머리에 이거나 어깨에 얹고서 가고자 하는 곳으로 가는 것은 뗏목에 대해 할 바를 하는 것이 아니고, 뗏목을 땅 위에 올려놓거나 물에 담궈 두고서 가고자 하는 곳으로 가는 것이 뗏목에 대해 할 바를 하는 것이라는 점을 말합니다. 이때, 두 비유는 연결됩니다. 법들을 잘 붙잡으면 잘 누르고 잘 잡아서 뱀에 물리지 않는 것처럼, 어떤 목적을 위한 법을 익히고 그 법의 목적을 성취한 뒤에는 뗏목에 대해 할 바를 하듯이 성취 즉 행복을 누리면 됩니다. -「이처럼, 비구들이여, 나는 건넘을 위하여 뗏목에 비유한 법을 설했다. 붙잡음을 위해서가 아니다. 비구들이여, 그대들을 위해 뗏목에 비유한 법을 설했다. 아는 그대들은 법(法)도 버려야 하니, 하물며 비법(非法)이야 말할 것이 있겠는가!」

또한, 여섯 가지 견해의 토대 위에서 아(我)와 아(我)에 속한 것의 서로 조건 됨과 실체 없음을 확인하여 여실지견(如實知見)과 깨달음으로 이끕니다. 이어서 「비구들이여, 예전에도 지금도 나는 오직 고(苦)와 고멸(苦滅)을 꿰뚫어 알게 한다.」라고 하여 삶에 대한 불교의 접근이 존재 중심이 아니라 고(苦)와 락(樂) 중심이라는 것을 알려주는데, 이것이 불교의 최상위 개념입니다. 그래서 부처님은 그대들의 것이 아닌 것 즉 오온을 버려야 한다고 말하는데, 이런 분명하고 열려있고 설명되었고 새로운 것인 부처님에 의해 잘 설해진 법의 성과는 아라한/불환자/일래자/예류자/법을 따르는 자/믿음을 따르는 자/부처님을 믿고 부처님을 사랑하는 자(하늘을 겨냥한 자)가 되는 것입니다.

제3장

사실② - 연기(緣起)

「비구들이여, 무엇이 연기(緣起)인가? 비구들이여, 무명(無明)을 조건으로 행(行)들이, 행들을 조건으로 식(識)이, 식을 조건으로 명색(名色)이, 명색을 조건으로 육입(六入)이, 육입을 조건으로 촉(觸)이, 촉을 조건으로 수(受)가, 수를 조건으로 애(愛)가, 애를 조건으로 취(取)가, 취를 조건으로 유(有)가, 유를 조건으로 생(生)이, 생을 조건으로 노사(老死)와 수비고우뇌(愁悲苦憂惱)가 생긴다. 이렇게 이 모든 괴로움 무더기가 자라난다(苦集). 비구들이여, 이것이 연기라고 불린다.

그러나 무명이 남김없이 바래어 소멸할 때 행들이 소멸하고, 행들이 소멸할 때 식이 소멸하고, 식이 소멸할 때 명색이 소멸하고, 명색이 소멸할 때 육입이 소멸하고, 육입이 소멸할 때 촉이 소멸하고, 촉이 소멸할 때 수가 소멸하고, 수가 소멸할 때 애가 소멸하고, 애가 소멸할 때 취가 소멸하고, 취가 소멸할 때 유가 소멸하고, 유가 소멸할 때 생이 소멸하고, 생이 소멸할 때 노사와 수비고우뇌가 소멸한다. 이렇게 이 모든 괴로움 무더기가 소멸한다(苦滅).」(SN 12.1-연기(緣起) 경)

그러면 비구들이여, 무엇이 연기(緣起)인가? 비구들이여, '생(生)을 조건으로 노사(老死)가 있다.'라는 이 요소는 여래들의 출현이나 출현하지 않음을 원인으로 움직이지 않는 안정되고 확실한 원리(사실)이며, 여기에서의 조건성이다. 여래는 이것을 깨닫고 실현하였다. 깨닫고 실현한 뒤 '보라! 비구들이여, 생을 조건으로 노사가 있다.'라고 공표하고, 전달하고, 선언하고, 시작하고, 드러내고, 분석하고, 해설한다.

Ⅰ. 「사실② - 연기(緣起)」의 개념

일반적으로 십이연기(十二緣起)라고 알려져 있지만 경에는 나타나지 않는 용어입니다. 다만, 연기(緣起-paṭiccasamuppāda)라고 나타날 뿐입니다. 아마도, 원래 연기는 고집(苦集)의 조건 관계를 위해 사용된 개념인데 후대에 연기에 다른 개념을 부여하면서 원래의 개념을 지시하기 위해 십이연기라는 경에 없는 용어를 사용하게 된 것 같습니다.

1. 또 하나의 부처 이전의 것

「여래들의 출현이나 출현하지 않음을 원인으로 움직이지 않는 안정되고 확실한 원리(사실)」라고 선언된 가르침 즉 사실은 삼법인(三法印)에 이어 또 하나가 있습니다.

(SN 12.20-조건 경)은

> 그러면 비구들이여, 무엇이 연기(緣起)인가? 비구들이여, '생(生)을 조건으로 노사(老死)가 있다.'라는 이 요소는 여래들의 출현이나 출현하지 않음을 원인으로 움직이지 않는 안정되고 확실한 원리(사실)이며, 여기에서의 조건성이다. 여래는 이것을 깨닫고 실현하였다. 깨닫고 실현한 뒤 '보라! 비구들이여, 생을 조건으로 노사가 있다.' 라고 공표하고, 전달하고, 선언하고, 시작하고, 드러내고, 분석하고, 해설한다. … '유(有)를 조건으로 생(生)이 있다.' … '무명(無明)을 조건으로 행들이 있다.'라는 이 요소는 … 이렇게, 비구들이여, 거기서 사실임, 사실을 벗어나지 않음, 다른 방법으로 생겨나지 않음, 여기에서의 조건성 – 비구들이여, 이것이 연기라고 불린다.

라고 말합니다. 또 하나의 부처 이전의 것으로 연기가 제시되는 것입니다.

2. 연기(緣起)의 정의

연기(緣起-paṭiccasamuppāda)는 무엇입니까? 삼법인처럼 여래들의 출현이나 출현하지 않음을 원인으로 움직이지 않는 안정되고 확실한 원리인데, 구체적으로는 여기에서의 조건성입니다. 또한, 여기에서의 조건성은 사실이고, 사실을 벗어나지 않고, 다른 방법으로 생겨나지 않는 것(tathatā avitathatā anaññathatā idappaccayatā)이라고 부연됩니다.

> tathatā : fem. reality; suchness; actuality
> avitathatā : fem. not a falsehood; fact of not being untruth; not unreal; lit. not untrue state
> anaññathatā : fem. absolute certainty; fact of not being otherwise; lit. not another state

특히,

> 「무명(無明) → 행(行)들 → 식(識) → 명색(名色) → 육입(六入) → 촉(觸) → 수(受) → 애(愛) → 취(取) → 유(有) → 생(生) → 노사(老死)」

의 연결 고리에 반복되는데, 무명에서 시작하는 생-노사 즉 괴로움의 발생 과정을 말해줍니다. 그렇다면, 보통 십이연기라고 불리는 이 조건 관계는 사실이고 사실을 벗어나지 않습니다. 그래서 괴로움은 다른 방법으로 생겨나지 않는다는 것인데, 이것이 연기입니다.

이렇게 삼법인과 함께 부처 이전의 것으로 제시되는 연기는 구체적으로는 십이연기입니다(SN 12.1-연기 경).

이때, 거기서 사실임, 사실을 벗어나지 않음, 다른 방법으로 생겨나지 않음의 세 가지는 연기에 대한 현상적 설명이고, 여기에서의 조건성은 여기 즉 중생세상이라는 조건성의 범주라고 이해할 수 있습니다.

3. 연기(緣起)의 범주 – idappaccayatā : 여기에서의 조건성 = 중생 세상에서의 조건성 = 행(行)들의 토대

이렇게 연기의 범주인 '여기에서의 조건성'은 부처님의 깨달음과 연결되어서도 나타납니다.

(SN 6.1-범천의 요청 경) 등은 두 개의 토대를 말하는데, 여기에서의 조건성인 연기와 열반입니다. 열반은 무아(無我)인 제법(諸法) 가운데 무상(無常)-고(苦)의 특성을 가지는 행(行) 아닌 것입니다. 그렇다면 열반이라는 하나의 토대 위에 행 아닌 것(무상-고의 가라앉음에 의한 락)이 있고, 중생 세상인 여기에서의 조건성인 연기라는 다른 하나의 토대 위에 행들(무상-고)인 나머지가 있다는 것을 알 수 있습니다.

그렇다면 연기는 무엇입니까? 무상-고-무아의 특성을 가지는 것인 행들의 토대가 되는 '여기에서의 조건성' 즉 번뇌의 영향 위에 있고, 탐진치와 함께하는 유위적인 삶의 영역인 세상에서 살아가는 중생들에게 적용되는 법칙성입니다.

◐ idappaccayatā(여기에서의 조건성)의 번역 비교 - (ida - in this, here) ◑

근본경전연구회는 ida를 here로 해석하여 '여기에서의 조건성'이라고 번역하였지만, 기존의 또는 전통적 번역은 this로 해석하여 다른 의미를 제시함.

[초기불전연구원] 이것에게 조건 되는 성질[此緣性] - 이것 = 무명연행 내지 생연노사의 연기의 정형구 전체를 지칭

[한국빠알리성전협회] 구체적인 것을 조건으로 하는 것 - 이와 같이 언급된 늙음-죽음 등의 조건 또는 조건의 결합

[bhikkhu bodhi] specific conditionality(구체적 조건성)

4. 연기(緣起) 즉 paṭiccasamuppāda의 분석

paṭiccasamuppāda는 paṭicca-samuppāda 또는 paṭicca-sam-uppāda로 해체됩니다.

uppāda는 rising, coming into existence, appearance, birth이어서 '생김/발생/일어남' 정도의 의미입니다. 이때, sam은 with 또는 own/self의 의미를 가집니다. 그래서 많은 학자의 경우는 with로 적용해서 연기를 '의존

적 상호 발생'으로 해석합니다. 그러나 연기 즉 십이연기는 ③식과 ④명색에만 서로 조건 됨의 관계를 설명할 뿐 전체의 구조는 삶의 과정에서 고가 생기는 일방향적 조건 관계를 설명하기 때문에 상호 발생은 적절하지 않다고 보아야 합니다. 그보다는 조건이 있으면 조건에 부합하는 결과가 타자의 강제 또는 간섭 없이 생겨나는 것이 이치(무상)라는 측면에서 own/self로 적용하는 것이 옳아 보입니다[조건이 있으면 결과는 저절로(own/self) 생겨남]. 물론, 이때 이 조건 관계는 조금의 예외도 없는 100% 조건 관계입니다.

paṭicca는 pacceti [paṭi+i] to come on to, come back to, fig. fall back on, realise, find one's hold in의 절대체/연속체여서 '온 것(조건) 때문에'라고 해석하였습니다. 그러면 paṭicca-samuppāda는 '온 것 즉 조건 때문에 생겨남'이라고 해석됩니다. 즉 연기(緣起)입니다.

그런데 [paṭi+i]의 어원에서 유래한 또 하나의 용어로 paccaya가 있는데 십이연기의 조건 관계를 탈격(奪格)인 paccayā로 연결합니다. 즉 'avijjāpaccayā saṅkhārā 무명의 조건으로부터 행들이 있다.'의 형태입니다.

근본경전연구회에서는 이 두 용어의 구분된 번역을 위해 paṭicca는 '연(緣)하여', paccaya는 '조건', paccayā는 '조건으로부터'라고 번역하고 있습니다.

; avijjāpaccayā saṅkhārā – '무명의 조건으로부터 행들이' → '무명을 조건으로 행들이'

5. 연기(緣起)의 개념의 확장 – 「중(中-majjha)에 의해 설해진 법(法)」

한편, 불교는 고멸(苦滅)의 가르침입니다. 그런데 고멸을 위해서는 고의 정체가 드러나야 합니다. 정체가 드러나지 않은 문제들에 대해서는 해결의 방법이 정확하게 제시될 수 없기 때문입니다. 이때, 고의 정체를 드러내는 가르침이 바로 연기 즉 십이연기라고 해야 합니다. 무명으로부터 출발하여 「유(有) → 생(生) → 노사(老死)-수비고우뇌(愁悲苦憂惱)-모든 괴로움 무더기(苦蘊)의 자라남」을 설명하는데, 모든 괴로움이 자라나는 조건 관계의 서술이고, 달리 말하면, 어떻게 괴로움이 생겨나서 자라나는지를 설명해 주기 때문입니다. – 「연기의 현상적 설명 – 사실임, 사실을 벗어나지 않음, 다른 방법으로 생겨나지 않음」

이렇게 고의 정체가 드러날 때 고를 자라게 하는 조건 관계(12가지 연기된 법)의 해소를 통해 고멸은 실현됩니다. 그런데 (SN 12.1-연기 경)은 연기의 정의에 이어 12가지 연기된 법의 소멸에 의한 고멸을 함께 설명합니다. 연기에 의해 괴로움의 정체가 드러나면, 고멸의 가능성에 접근하게 되는데 괴로움을 생겨나서 자라나게 하는 조건들의 해소입니다(조건의 해소 – asesavirāganirodhā 남김없이 바랜 소멸 → 318쪽 참조).

이때, 고멸로 이끎을 지시하는 개념이 있는데 중(中-majjha)입니다. (SN 12.15-깟짜나곳따 경) 등은 '중(中)에 의한 법'을 설하는데

> ete te, kaccāna, ubho ante anupagamma majjhena tathāgato dhammaṃ deseti 깟짜나여, 이런 두 끝으로 접근하지 않고 여래는 그대에게 중(中)에 의해서 법을 설한다.

입니다. 그리고 중에 의한 법으로는 (SN 12.1-연기 경)이 설하는 고집과 고멸을 포괄한 것 즉 고멸로 이끄는 법이 제시되는데, 이어지는 「II. paṭiccasamuppāda(연기)의 상세」에서 정리하였습니다.

Ⅱ. 연기(緣起-paṭiccasamuppāda)의 상세 – paṭiccasamuppāda의 용례

연기(緣起-paṭiccasamuppāda)가 가지는 교리적 비중에 비해 이 용어는 경에 많이 나타나지 않습니다. 그러나 그 용례들은 연기가 무엇인지 정확한 이해를 제공합니다. ‘Ⅰ.「사실② - 연기(緣起)」의 개념’에 인용된 경들은 중복되지만, 이 용어의 용례를 조합하여 연기의 의미를 정리하였습니다.

> 연기(緣起)를 보는 것은 법(法)을 보는 것이고, 법을 보는 것은 연기를 보는 것입니다. 연기는 부처님이 성취한 법의 두 가지 토대(연기-열반) 중 한 가지인데, 참으로 심오한 것입니다. 그래서 부처님의 제자라면 연기를 바르게 알아야 합니다. 연기를 사실에 들어맞게 잘 사고함으로써, 다른 사람을 의지하지 않는 앎을 얻어 '무엇이 ~?'라고 의문을 가지지 않고, 깨달아 생사 문제를 해결합니다. 연기에 능숙해야 하고, 연기를 검증해야 합니다. 연기를 보는 것은 업을 있는 그대로 보는 것이어서 업(業)과 보(報)에 숙련된 자가 현명한 사람입니다. 이것이 법을 보는 사람의 삶입니다.

[1] 연기(緣起)를 보는 것은 법(法)을 보는 것

「‘yo paṭiccasamuppādaṃ passati so dhammaṃ passati; yo dhammaṃ passati so paṭiccasamuppādaṃ passatīti. 연기를 보는 자는 법을 본다. 법을 보는 자는 연기를 본다.」(MN 28-코끼리 발 비유의 큰 경)

코끼리의 발자국은 큽니다. 그래서 밀림의 움직이는 생명의 발자국들은 모두 코끼리 발자국 안에 들어옵니다. 그렇듯이 유익한 법들은 모두 사성제(四聖諦-cattāri ariyasaccaṃ-네 가지 성스러운 진리) 안에 들어옵니다.

사리뿟따 존자는 이렇게 말합니다.

그는 이렇게 꿰뚫어 압니다. – ‘이렇게 이 오취온의 따라가 쌓임과 모임과 조합이 있다. 세존은 이렇게 말했다. – ‘연기를 보는 자는 법을 본다. 법을 보는 자는 연기를 본다.’라고. 또한, 이 오취온은 연기된 것들이다. 이 오취온에 대한 관심, 잡음, 친밀함, 묶임이 괴로움의 자라남이다(苦集). 이 오취온에 대한 욕탐(欲貪)의 제어와 욕탐의 버림이 괴로움의 소멸이다(苦滅).’라고. 도반들이여, 이만큼도 비구가 많이 행한 것입니다(苦滅道- 苦滅로 이끄는 실천).

이렇게 연기를 보는 것은 사성제의 법을 보는 것입니다. 그리고 그것은 유익(kusala) 즉 고멸의 실현을 위한 모든 것을 보는 것입니다.

[2] 연기(緣起)는 부처님이 성취한 법의 두 가지 토대[①연기(緣起)-②열반(涅槃)] 중 한 가지 –「여기(중생 세상)에서의 조건성」(SN 6.1-범천의 요청 경) 등

세존에게 이런 심의 온전한 생각이 떠올랐다. – '내가 성취한 이 법은 ①심오하고, ②보기 어렵고, ③깨닫기 어렵고, ④평화롭고, ⑤숭고하고, ⑥딱까(愛의 형성 과정)의 영역을 넘어섰고, ⑦독창적이고, ⑧현자에게만 경험될 수 있다. 그러나 존재들은 잡기를 즐기고 잡기를 좋아하고 잡기를 기뻐한다. 잡기를 즐기고 잡기를 좋아하고 잡기를 기뻐하는 사람들은 이런 토대(ⓐ) 즉 여기에서의 조건성인 연기를 보기 어렵다. 또한, 이런 토대(ⓑ) 즉 모든 행을 그침이고, 모든 재생의 조건을 놓음이고, 애의 부서짐이고, 바램이고, 소멸인 열반을 보기 어렵다. 그러니 내가 이 법을 설한다 해도 저들이 알지 못한다면 그것은 나를 피곤하게 하고 나를 짜증 나게 할 것이다.'라고.

부처님이 성취한 법은 이렇게 (ⓐ)여기의 조건성인 연기의 토대로부터 (ⓑ)열반의 토대로 옮겨가는 ①심오한 것입니다. 전도된 상(想)과 심(心)에 이어지는 전도된 견해로 삶을 보는 사람들(중생)로서는 ②보기 어렵고, ③깨닫기 어렵습니다. ⑥딱까(愛의 형성 과정)의 영역을 넘어섬으로써 잡기(☆) 즉 애(愛)의 잡는 성질이 해소된 ④평화롭고, ⑤숭고한 것입니다. 이것이야말로 오랜 기간 삶을 지배해온 아(我)의 고정관념에서 벗어날 수 있는 ⑦독창성(無我)을 갖춘 것이어서 ⑧오직 현명한 사람들만이 경험할 수 있습니다.

(☆) 잡기 – ālaya(아-ㄹ라야)

'딱까(愛의 형성 과정)의 영역을 넘어섬'은 깨달음 즉 애멸(愛滅)에 의해 열반을 실현한 아라한을 지시합니다. 반면에 딱까의 영역을 넘어서지 못한 경지를 존재(pajā: progeny; offspring; generation; beings; mankind. (f.))라고 표현하고 있습니다. (DN 3-암밧타 경) 등 부처님의 명성을 말하는 경들은 세상(loka)과 존재(pajā)를 스스로 실답게 안 뒤에 실현하고 선언했다고 부처님을 찬탄합니다. 그래서 존재(pajā)는 욕계-색계-무색계로 구성된 중생 세상을 살아가는 깨닫지 못함 즉 애(愛)의 삶을 사는 중생을 지시하는 것으로 이해됩니다.

이런 존재에 대해 'ālaya를 즐기고 좋아하고 기뻐한다.'라고 설명하기 때문에 ālaya가 애(愛)의 성질이라는 것을 알 수 있습니다. 그리고 ālaya는 hanging on, attachment, desire, clinging, lust여서 '놓치지 않음. 달라붙어 떨어지지 않음'을 의미하는데, 잡기 또는 잡음이라고 번역하였습니다. –「ālaya = 애(愛)의 성질 = 잡기-잡음」

그런데 유식에서는 ālaya에게 식의 자격을 부여해서 ālaya-vijñāna(viññāṇa)라는 개념을 설명하는데, 제8아뢰야식입니다. 뿐만 아니라 manas(意)에게도 식의 자격을 부여해서 말라식(末那識-manas vijñāna)이라고 설명하는 것을 알 수 있습니다. 그러나 부처님은 연기된 식을 말하면서 '조건으로부터 다른 곳에 식의 생김은 없다(연기 즉 조건에 의해 생겨나는 방식과 다른 방식에 의해서는 식이 생기지 않는다)'라고 설명하는데, 안과 색들을 연하여 생기는 안식 내지 의와 법을 연하여 생기는 의식의 여섯 가지 뿐입니다.(MN 38-애(愛)의 부서짐의 큰 경)

부처님은 이외에 제7말라식이나 제8아뢰야식이 생기기 위한 조건을 설명하지 않습니다. 없기 때문입니다. 부처님이 없다고 말한 것을 있다고 설정하는 것은, 불교인 한, 거짓입니다.

⇒【책을 쓰면서③ – 사실에 대하여 → 단도 상도 극복한 연기된 식의 윤회】 참조(10쪽)

[3] 연기는 참으로 심오한 것

아난다 존자는 세존에게 이렇게 말했다. – "대덕이시여, 참으로 놀랍습니다. 대덕이시여, 참으로 신기합니다. 대덕이시여, 이 연기는 최고로 심오하고 심오하게 드러납니다. 그런데도 저에게 분명하고 분명하게 드러납니다." 라고.

"아난다여, 그렇게 말하지 말라. 아난다여, 그렇게 말하지 말라. 아난다여, 이 연기는 최고로 심오하고 심오하게 드러난다. 아난다여, 이 법을 이해하지 못하고 꿰뚫지 못하기 때문에 이렇게 실타래처럼 얽혀있고, 가문으로 매듭지어졌고, 문자 풀 같은 존재인 사람들은 상실과 비탄의 상태, 비참한 존재, 벌 받는 상태, 윤회를 넘어서지 못한다."(DN 15.1-대인연경, 연기)

여기에서의 조건성인 연기는 이렇게 부처님이 성취한 심오한 법의 토대입니다. 심지어 최고로 심오하고 심오하게 연기가 드러난다고 말하는 아난다 존자에게조차 부처님은 함부로 연기를 보았다고 말하지 말라고 단속합니다.

경은 여기 즉 중생으로의 삶에서의 조건 관계를 설명하는데,

식(識) ↔ 명색(名色) → 촉(觸) → 수(受) → 애(愛) → 취(取) → 유(有) → 생(生) → 노사(老死)-수비고우뇌(愁悲苦憂惱)-고온(苦蘊)

입니다. 특히,

그러므로, 아난다여, 오직 명색이 식의 원인이고, 명색이 식의 인연이고, 명색이 식의 자라남이고, 명색이 식의 조건이다. 아난다여, 명색의 식과 함께 서로 조건 됨이 지속되는 그 범위에서 태어나고, 늙고, 죽고, 옮겨가고, 다시 태어난다. 그 범위에서 이름이 적용되고, 그 범위에서 언어가 적용되고, 그 범위에서 개념이 적용되고, 그 범위가 지혜의 영역이고, 그 범위에서 금생(今生)을 선언함으로써 윤회를 지속한다.

라고 하여 여기 즉 중생으로의 삶에 적용되는 조건 관계 하에서의 윤회를 설명합니다.

이렇게 연기는 심오하고, 여기 즉 중생으로의 삶에 적용되는 윤회 또한 연기에 의해서야 바르게 설명되는 심오한 삶의 현상인 것입니다.

한편, 동일하게 연기의 심오함을 말하는 (SN 12.60-인연 경)은 집착되는 법들에 대해 매력을 이어보며 머무는 자에게 애(愛)가 늘어나고, 집착되는 법들에 대해 위험을 이어보며 머무는 자에게 애가 소멸한다고 말하는데,

집착되는 법들에 대해 매력을 이어보며 머묾(受) → 애(愛) → 취(取) → 유(有) → 생(生) → 노사(老死)-수비고우뇌(愁悲苦憂惱)-고온(苦蘊)

집착되는 법들에 대해 위험을 이어보며 머묾(受) → 애멸(愛滅) → 취멸(取滅) → 유멸(有滅) → 생멸(生滅) → 노사(老死)-수비고우뇌(愁悲苦憂惱)-고온(苦蘊)의 멸(滅)

입니다.

[4] 부처님의 제자라면 연기를 바르게 알아야 합니다.

1. 연기(緣起)의 정의 및 확장된 의미 – 연기를 사실에 들어맞게 잘 사고함 & 중(中)에 의해 설해진 법(法)

1) paṭiccasamuppādasuttaṃ (SN 12.1-연기(緣起) 경)

"비구들이여, 무엇이 연기인가? 비구들이여, 무명을 조건으로 행들이 … 생을 조건으로 노사와 수비고우뇌가 생긴다. 이렇게 이 모든 괴로움 무더기가 자라난다. 비구들이여, 이것이 연기라고 불린다.

그러나 무명이 남김없이 바래어 소멸할 때 행들이 소멸하고 … 생이 소멸할 때 노사와 수비고우뇌가 소멸한다. 이렇게 이 모든 괴로움 무더기가 소멸한다."라고.

연기는 이렇게 정의됩니다. –「무명을 조건으로 행들이 있다 … 생을 조건으로 노사와 수비고우뇌가 생긴다. 이렇게 이 모든 괴로움 무더기가 자라난다.」

무엇이 연기입니까? 바로 이것이 연기입니다. 이런 방식으로 중생인 나의 삶에 괴로움이 생겨나는 것입니다. 그러나 이런 방식으로 생겨나는 것이기 때문에 괴로움은 소멸시킬 수 있습니다. 무명이 남김없이 바래어 소멸할 때 행들이 소멸하고 … 생이 소멸할 때 노사와 수비고우뇌가 소멸합니다. 이렇게 이 모든 괴로움 무더기는 소멸합니다. 이렇게 고멸의 실현을 위해 전제되어야 하는 조건은 고의 정체를 밝히는 것인데, 바로 연기입니다.

※ 고멸의 실현을 위해 전제되어야 하는 조건 –「고의 정체를 밝히는 것!」

그렇다면 연기 곧 십이연기는 고멸을 위해 필요한 조건입니다. 삶에 대한 이런저런 치우친 견해가 아니라 삶의 본질을 꿰뚫는 것, 삶의 현실에 대한 통찰이기 때문에 바른 견해이고, 여기에 토대해서 고멸이 실현되는 것입니다. 물론, 고멸은 팔정도의 실천에 의해 연기의 조건 관계를 해소함으로써 실현됩니다.

이때, '고멸로 이끎'이라는 개념을 말할 수 있는데, 연기로 고의 정체를 밝히고, 팔정도의 실천으로 연기의 조건 관계를 해소하는 것입니다.

그리고 (SN 12.37-그대들의 것이 아님 경) 등에 의하면, 연기로써 고의 정체를 밝힌 뒤 고멸을 실현하는 이 과정(고멸로 이끎)은 연기를 사실에 들어맞게 잘 사고하는 것입니다. ⇒「5. 연기(緣起)를 사실에 들어맞게 잘 사고함」 참조.

한편,「고멸로 이끎」을 지시하는 확장된 의미의 용어가 있는데, 중(中-majjha)입니다!

중도(中道) 즉 팔정도의 실천은 사성제에서는 고멸도성제로 나타납니다. (SN 56.11-전법륜경)은 중도와 팔정도 그리고 고멸도성제를 이어서 설명합니다.

비구들이여, 그러면 무엇이 눈을 만들고 앎을 만들고, 가라앉음으로 실다운 지혜로 깨달음으로 열반으로 이끄는, 여래가 깨달은 중도인가? 오직 이것, 바른 견해-바른 사유-바른말-바른 행위-바른 생활-바른 노력-바른 사띠-바른 삼매의 여덟 요소로 구성된 성스러운 도(道)다. 비구들이여, 이것이 눈을 만들고 앎을 만들고, 가라앉음으로 실다운 지혜로 깨달음으로 열반으로 이끄는, 여래가 깨달은 중도다.

비구들이여, 이것이 괴로움의 소멸로 이끄는 실천의 성스러운 진리(고멸도성제)이니, 오직 이것, 바른 견해 … 바른 삼매의 여덟 요소로 구성된 성스러운 길이다.」

중도(majjhimā paṭipadā)와 고멸로 이끄는 실천(dukkhanirodhagāminī paṭipadā)이 한 가지 팔정도라고 정의되는 것입니다. 이렇게 중도는 팔정도의 실천이어서 고멸로 이끄는 실천이라는 것을 알려줍니다.

그래서 중(中)이라는 용어는 '고멸로 이끎'을 지시하는 용어입니다.

2) (SN 12.15-깟짜나곳따 경) 등 – 「중(中)에 의해 설해진 법(法)」

그런데 중에 의해 설해진 법 즉 고멸로 이끎(고멸로 이끌고자 하는 부처님의 의도)에 의해 설해진 법이라고 설명하는 경들이 있는데, (SN 12.15-깟짜나곳따 경) 등 아홉 개입니다. – 「고멸로 이끌기 위한 법」

사왓티에 머물다. 그때 깟짜나곳따 존자가 세존에게 갔다. 가서는 세존에게 절한 뒤 한 곁에 앉았다. 한 곁에 앉은 깟짜나곳따 존자는 세존에게 이렇게 말했다. – "대덕이시여, '바른 견해, 바른 견해'라고 불립니다. 어떤 점에서 바른 견해입니까?"

"깟짜나여, 세상은 대부분 '있음(atthita)'과 '없음(natthita)'이라는 쌍에 의지한다. 그러나 깟짜나여, 세상에서 자라남(SN 12.44-세상 경 참조 332쪽)을 있는 그대로 바른 지혜로 보는 자에게 세상에서 없음이라는 견해가 없다. 깟짜나여, 세상에서 소멸을 있는 그대로 바른 지혜로 보는 자에게 세상에서 있음이라는 견해가 없다. 깟짜나여, 세상은 주로 다가가서 붙잡음에 의한 경향과 집착에 묶여 있다. 그런 심의 다가가서 붙잡음에 의한 결정-경향-잠재성향에게 '나의 아(我)'라고 접근하지 않고, 붙잡지 않고, 결정하지 않는다. '생겨나는 것인 괴로움이 생겨나고, 소멸하는 것인 괴로움이 소멸한다.'라고 회의하지 않고, 의심하지 않고, 다른 사람을 조건으로 하지 않는 앎이 여기에 있다. 깟짜나여, 이런 점에서 바른 견해(sammādiṭṭhi)이다.

깟짜나여, '모든 것은 있다.'라는 것은 한끝이다. '모든 것은 없다.'라는 것은 두 번째 끝이다. 깟짜나여, 이런 두 끝으로 접근하지 않고 여래는 그대에게 중(中)에 의해서 법을 설한다. – '무명을 조건으로 행들이, 행들을 조건으로 식이 … 이렇게 이 모든 괴로움 무더기가 자라난다. 그러나 무명이 남김없이 바래어 소멸할 때 행들이 소멸하고, 행들이 소멸할 때 식이 소멸하고 … 이렇게 이 모든 괴로움 무더기가 소멸한다.'라고.

이렇게 아홉 개의 경은 「ubho ante anupagamma majjhena tathāgato dhammaṃ deseti 두 끝으로 접근하지 않고 여래는 중에 의해서 법을 설한다.」에 이어 '연기를 사실에 들어맞게 잘 사고함'을 설명합니다. 즉 부처님께서 중에 의해 설한 법이 바로 '연기를 사실에 들어맞게 잘 사고함'인 것입니다. 그래서 연기를 사실에 들어맞게 잘 사고하는 것이 중에 의해 설해진 법입니다. 삶에 대한 이런저런 치우친 견해가 아니라 삶의 본질을 꿰뚫는 것, 삶의 현실에 대한 통찰이기 때문에 바른 견해이고, 여기에 토대해서 고멸이 실현된다는 부처님의 선언입니다.

여기서 ubho는 both(①둘 모두에게. ②두 …. ③양쪽의. ④양자. ⑤쌍방의)를 의미하는 단어인데, 반드시 두 개의 경우만을 지칭하지는 않습니다. (SN 12.48-순세파에 속한 자 경)은 「①모든 것은 있다. ②모든 것은 없다. ③모든 것은 단일하다. ④모든 것은 다양하다.」라는 네 가지 순세(順世-자연에 대한 지식을 붙잡음)를 지칭하면서도 ubho

를 사용하기 때문입니다.

특히, 이 의미는 주목해야 합니다. 중(中)을 '이것과 저것의 중간'으로 해석하는 일반적인 이해가 타당하지 않다는 것을 말해주기 때문입니다. 오히려 중은 고로 이끄는 (둘일 수도 있고 넷일 수도 있는) 이런저런 치우친 것들에 접근하지 않고, 삶의 본질을 꿰뚫어 고멸로 이끄는 것(치우치지 않은 것)이라는 정의에 타당성을 부여하는 것입니다.

경(經)	끝[치우친 견해]
(SN 12.15-깟짜나곳따 경)	1. 모든 것은 있다 – 유(有) - 상견(常見) 2. 모든 것은 없다 – 무(無) - 단견(斷見)
(SN 12.17-나체 수행자 깟사빠 경)	1. 그가 짓고 그가 경험한다. - 괴로움은 스스로 짓는 것이다. → 영원주의(常見) 2. 다른 자가 짓고 다른 자가 경험한다. - 괴로움은 남이 짓는 것이다. → 허무주의(斷見)
(SN 12.18-띰바루까 경)	1. 그 느낌을 그가 경험한다. - 즐거움과 괴로움은 스스로 짓는 것이다 - 영원주의(常見) 2. 다른 느낌을 다른 자가 경험한다. - 즐거움과 괴로움은 남이 짓는 것이다 - 허무주의(斷見)
(SN 12.35-무명을 조건 함 경)	1. '그 생명이 그 몸이다.'라는 견해 2. '다른 생명과 다른 몸이다.'라는 견해
(SN 12.36-무명을 조건함 경2)	1. '그 생명이 그 몸이다.'라는 견해 2. '다른 생명과 다른 몸이다.'라는 견해
(SN 12.46-어떤 바라문 경)	1. 그가 짓고 그가 경험한다. 2. 다른 자가 짓고 다른 자가 경험한다.
(SN 12.47-자눗소니 경)	1. 모든 것은 있다 – 유(有) - 상견(常見) 2. 모든 것은 없다 – 무(無) - 단견(斷見)
(SN 12.48-순세파에 속한 자 경)	1. 모든 것은 있다. 2. 모든 것은 없다.' 3. 모든 것은 단일하다. 4. 모든 것은 다양하다. → 네 가지 순세(順世)[자연에 대한 지식을 붙잡음]
(SN 22.90-찬나 경)	1. 모든 것은 있다 – 유(有) - 상견(常見) 2. 모든 것은 없다 – 무(無) - 단견(斷見)

※ '다른 자가 짓고 다른 자가 경험한다'가 단견인 이유 → (SN 12.17-나체 수행자 깟사빠 경) 참조

◐ 공(空-suññatā)-가(假-paññatti)-중(中-majjhima)에 관한 소고(小考) ◑

대승(大乘)의 삼제(三諦)[속제(俗諦)-진제(眞諦)-중제(中諦) 또는 공제(空諦)-가제(假諦)-중제(中諦)]는 연기(緣起)-연멸(緣滅)의 쌍 즉 중(中)에 의해 설해진 법과 대응합니다.

– 연기(緣起)=속제(俗諦), 연멸(緣滅)=진제(眞諦), 중에 의해 설해진 법=중제(中諦)

이때, 공(空-suññatā)-가(假-paññatti)-중(中-majjhima)의 측면에서 공제(空諦)=연멸(緣滅)=진제(眞諦)이고, 가제(假諦)=연기(緣起)=속제(俗諦)이며, 중제(中諦)는 공제와 가제를 아우르는 것으로의 '중에 의해 설해진 법'이라고 이해할 수 있습니다.

대승불교는 니까야에 근거한다고 일반적으로 말합니다. 공(空)-가(假)-중(中)에 대해 니까야의 용례를 분석하여 대승불교와의 관점을 비교하였습니다. ⇒ 별책 참조

2. 여래(如來)의 출현과 무관하게 존재하는 조건성 – ②연기(緣起) 그리고 연기된 법 – (SN 12.20-조건 경) ⇒ 94쪽 참조

그러면 비구들이여, 무엇이 연기인가? 비구들이여, '생을 조건으로 노사가 있다.'라는 이 요소는 … 비구들이여, '무명을 조건으로 행들이 있다.'라는 이 요소는 여래들의 출현이나 출현하지 않음을 원인으로 움직이지 않는 안정되고 확실한 원리이며, 여기에서의 조건성이다. 여래는 이것을 깨닫고 실현하였다. 깨닫고 실현한 뒤 '보라! 비구들이여, 무명을 조건으로 행들이 있다.'라고 공표하고, 전달하고, 선언하고, 시작하고, 드러내고, 분석하고, 해설한다.

이렇게, 비구들이여, 거기서 사실임, 사실을 벗어나지 않음, 다른 방법으로 생겨나지 않음, 여기에서의 조건성 – 비구들이여, 이것이 연기라고 불린다.

그러면 비구들이여, 무엇이 연기된 법인가? 비구들이여, 노사는 무상하고 유위이고 연기되었고 부서지는 것이고 무너지는 것이고 바래는 것이고 소멸하는 것이다. … 비구들이여, 무명은 무상하고 유위이고 연기되었고 부서지는 것이고 무너지는 것이고 바래는 것이고 소멸하는 것이다. 비구들이여, 이것이 연기된 법이라고 불린다.

비구들이여, 성스러운 제자가 '이것이 연기다, 이것들이 연기된 법들이다.'라고 있는 그대로 바른 지혜로써 잘 보았기 때문에 그가 ①'참으로 나는 과거에 존재했을까? … 안으로 지금 현재를 의심하는 자가 될 것이라는 그런 경우는 없다. 그 원인은 무엇인가? 비구들이여, 이런 방법으로 성스러운 제자가 '이것이 연기다. 이것이 연기된 법들이다.'라고 있는 그대로 바른 지혜로써 잘 보았기 때문이다.

'사실임, 사실을 벗어나지 않음, 다른 방법으로 생겨나지 않음, 여기에서의 조건성' – 이것이 연기입니다. 여기에서의 조건성이라는 하나의 토대 위에서 중생으로의 삶을 설명하는 이것이 사실입니다. 이것이 사실에서 벗어나지 않는 것입니다. 그래서 이 방법 외에 다른 방법으로는 중생으로의 삶 그리고 삶을 구성하는 것들은 생겨나지 않습니다.

그런데 이 조건성은 구체적으로 어떤 조건성을 말하는 것입니까? '생을 조건으로 노사가 있다.' 내지 '무명을 조건으로 행들이 있다.'라는 열한 과정은 여래들의 출현 여부에 따라 움직이지 않는, 안정되고 확실한 원리 또는 이치인데, 여기 즉 중생 세상에서 작동하는(적용되는) 조건성입니다. 어떤 조건 관계에서 불완전한 존재(有-bhava)가 생겨나고, 그 존재에게 괴로움이 생겨나서 자라나는지를 가리키는, 예외가 없는 100% 조건 관계입니다.

- 연기된 법들의 조건 관계 = 100% 조건 관계 = 예외없음 ← 연기(緣起) – 「거기서 사실임, 사실을 벗어나지 않음, 다른 방법으로 생겨나지 않음, 여기에서의 조건성」

그리고 부처님은 이것을 깨닫고 실현하였습니다. 깨닫고 실현한 뒤 공표하고, 전달하고, 선언하고, 시작하고, 드러내고, 분석하고, 해설합니다. 부처님 이전 누구도 알고 보지 못한 이 원리 또는 이치를 깨닫고 실현함으로써 부처가 되고, 스승이 된 것입니다.

이런 원리 또는 이치에 의해 설명되는 삶의 과정은 무명(無明), 행(行), 식(識), 명색(名色), 육입(六入), 촉(觸), 수(受), 애(愛), 취(取), 유(有), 생(生), 노사(老死)의 열두 개의 법(法-있는 것)으로 구성됩니다. 이 법들은 무상하고 유위이고 연기된 것입니다. 삶의 과정을 구성하는 것들이 이렇게 자기를 유지하지 못하고, 그에 따라 중생으로의 삶 자체도 자기를 유지하지 못하는 이것이 중생의 삶을 살아가고 있는 나의 한계라고 할 것입니다.

다행히 이 한계는 극복될 수 있습니다. 이 법들이 부서지는 것이고 무너지는 것이고 바래는 것이고 소멸하는 것이기 때문입니다. 어떤 방법을 어떻게 실천할 때 그 법들이 부서지고 무너지고 바래어 소멸하는지 알려지면 그 방법을 배워 알고 실천함으로써 이 한계가 극복될 것입니다.

그렇다면 연기의 용도가 확인됩니다. 어떤 목적을 위해 깨닫고 설해진 법인지 알려지는 것입니다. 연기는 여기 즉 중생으로의 삶에 적용되는 열한 단계의 조건 관계를 설명하기 위한 것입니다. 조건 관계의 끝부분을 차지하는 생과 노사-수비고우뇌 등 모든 괴로움 무더기의 정체를 밝히기 위한 것입니다. 정체를 드러낸 그 법들에게 적절히 대응함으로써 그 괴로움의 소멸(苦滅)을 실현하기 위한 것입니다.

주목해야 합니다! 이런 용도, 이런 목적을 위해 부처님은 연기를 깨닫고 실현한 것입니다. 이런 목적이 실현될 때 나에 대한 잘못된 앎(존재화-bhavikā/자기화-māna)에 근거하여 나의 존재에 대해 과거로 달려가거나 미래로 달려가거나 아니면 현재를 의심하는 경우가 없게 됩니다. 그럼으로써 그것을 뒤따르는 고의 문제가 해소되는 것입니다(苦滅). 그 원인은 무엇입니까? 이런 방법에 의해 성스러운 제자는 '이것이 연기다. 이것이 연기된 법들이다.'라고 바른 지혜로써 있는 그대로 잘 보았기 때문입니다.

그러니 '나는 누구인가?'라고 밖으로 찾아 나서지 마십시오! 오직 부처님 가르침 안에서 연기를 바르게 이해하면 됩니다. 이 답변을 버리고 밖으로 그 답을 찾아 나선다면 그는 외도라고 불릴 것입니다. 그리고 외도에는 이 문제에 대한 있는 그대로의 답이 없습니다. 숙제는 풀리지 않게 됩니다.

'나는 누구인가?'라고 찾아 나서지 마십시오! 연기가 바로 그 답입니다. 부처님께서 세상과 존재에 대한 깨달음을 통해 알려주는 '나는 누구인가?'에 대한 분명한 답변인 것입니다.

이런 점에서 부처님은 선언합니다. – 「비구들이여, 오직 여기에 사문이 있다. 여기에 두 번째 사문이 있고, 여기에 세 번째 사문이 있고, 여기에 네 번째 사문이 있다. 다른 교설들은 무위(無爲)의 앎을 가진 사문들에 의해 공(空)하다. 이렇게, 비구들이여, 이 바른 사자후를 토하라.」(MN 11-사자후의 작은 경)

3. 연기된 법들에 대한 부처님의 용어 정의 – (SN 12.2-분석 경)

"비구들이여, 무엇이 연기(緣起)인가? 비구들이여, 무명(無明)을 조건으로 행(行)들이 있다. … 이렇게 이 모든 괴로움 무더기가 자라난다.

그러면 비구들이여, 무엇이 노사(老死-늙음-죽음)인가? 이런저런 중생에 속하는 그러그러한 중생의 무리에서 늙음, 노쇠함, 치아가 부러짐, 머리가 흼, 주름진 피부, 수명의 감소, 기능의 파괴, 이것이 노(老-늙음)라고 불린다. 이런저런 중생에 속하는 그러그러한 중생의 무리로부터 종말, 제거됨, 해체, 사라짐, 사망, 죽음, 서거, 온(蘊)의 해체, 육체를 내려놓음, 이것이 사(死-죽음)라고 불린다. 이렇게 이것이 노(老)고, 이것이 사(死)다. 이것이, 비구들이여, 노사라고 불린다.

그러면 비구들이여, 무엇이 생(生-태어남)인가? 이런저런 중생에 속하는 그러그러한 중생의 무리에서 태어남, 출생, 듦, 나타남, 탄생, 온의 출현, 처의 획득, 이것이 생이라고 불린다.

; 일념생사(一念生死)라고 이해할 여지 없음

그러면 비구들이여, 무엇이 유(有-존재)인가? 비구들이여, 이런 세 가지 유가 있다. – 욕유(慾有-욕계의 존재), 색유(色有-색계의 존재), 무색유(無色有-무색계의 존재). 비구들이여, 이것이 유라고 불린다.

; (AN 3.77-존재 경1)/(AN 3.78-존재 경2) – 업(業)은 밭이고 식(識)은 씨앗이고 애(愛)는 양분 → 중생 세상에 머무는 것 : ①식, ②의도-기대

; (SN 12.64-탐 있음 경) – 자량에 대한 탐이 있고 소망이 있고 애(愛)가 있으면 거기서 식이 머물고 늘어난다. 식이 머물고 늘어날 때 명색이 참여한다. 명색이 참여할 때 행들이 성장한다. 행들이 성장할 때 미래에 다음의 존재로 태어남이 있다.

그러면 비구들이여, 무엇이 취(取-집착)인가? 비구들이여, 이런 네 가지 취가 있다. – 욕취(慾取-소유의 집착), 견취(見取-견해의 집착), 계금취(戒禁取-계와 관행의 집착), 아어취(我語取-나의 주장의 집착). 비구들이여, 이것이 취라고 불린다.

; (MN 11-사자후 작은 경) – 욕취-견취-계금취, 아어취 → 여래-아라한-정등각은 바르게 모든 취에 대한 완전한 지혜를 선언함 ⇒ 완전한 경지는 하나임 – 탐(貪)-진(嗔)-치(癡)-애(愛)-취(取)가 없는, 현명한 자-순응하지 않고 저항하지 않는 자-희론 않음을 기뻐하고 희론 않음을 좋아하는 자에게 있음

그러면 비구들이여, 무엇이 애(愛-갈애)인가? 비구들이여, 이런 여섯 가지 애의 무리가 있다. – 색애(色愛-형상에 대한 갈애), 성애(聲愛-소리에 대한 갈애), 향애(香愛-냄새에 대한 갈애), 미애(味愛-맛에 대한 갈애), 촉애(觸愛-닿음에 대한 갈애), 법애(法愛-법에 대한 갈애). 비구들이여, 이것이 애라고 불린다.

; 애(愛)를 직접 서술하는 대표적 경 = (KN 2.24-법구경, 애 품) 334-359의 26게송

; 여러 개의 taṇhāsuttaṃ(애 경) – ① (AN 4.199-애 경) – 애 = 흐르고, 퍼지고, 달라붙는 갈망, ②(SN 1.63-애 경) – 애 = 세상을 지배하는 것, ③(SN 25.8-색애 경) – 애 = 무상하고, 변하고, 다른 것이 됨, ④(SN 26.8-애 경) – 고-병-노사, ⑤(SN 27.8-애 경) – 애에 대한 욕탐은 심의 오염원, ⑥(SN 45.170-애 경) – 욕애, 유애, 무유애, ⑦(AN 6.106-애 경) – 애와 자기화의 버림, ⑧(AN 10.62-애(愛) 경) – 유애의 과거로부터의 끝(시작점)은 알려지지 않고, '이것을 조건으로 유애가 있다.'라고 알려짐

; (MN 82-랏타빨라 경) – 세상에 대응하는 관점 : 「세상은 결핍이고 불만족이고 애의 노예이다.」

그러면 비구들이여, 무엇이 수(受-느낌/경험)인가? 이런 여섯 가지 수의 무리가 있다. – 안촉생수(眼觸生受-안촉에서 생긴 느낌), 이촉생수(耳觸生受-이촉에서 생긴 느낌), 비촉생수(鼻觸生受-비촉에서 생긴 느낌), 설촉생수(舌觸生受-설촉에서 생긴 느낌), 신촉생수(身觸生受-신촉에서 생긴 느낌), 의촉생수(意觸生受-의촉에서 생긴 느낌). 비구들이여, 이것이 수라고 불린다.

; (AN 8.83-뿌리 경)/(AN 10.58-뿌리 경) – 모든 법은 수(受)로 합류한다. → 불교의 최상위 개념 = 고와 고멸
; (SN 36-느낌 상윳따)의 경들과 (SN 48-기능 상윳따)의 경들 중심.

그러면 비구들이여, 무엇이 촉(觸-만남)인가? 비구들이여, 이런 여섯 가지 촉의 무리가 있다. – 안촉(眼觸), 이촉(耳觸), 비촉(鼻觸), 설촉(舌觸), 신촉(身觸), 의촉(意觸). 비구들이여, 이것이 촉이라고 불린다.

; 삼사화합(三事和合) – 내입처-외입처-식의 만남
; 수가 생기는 토대여서 촉처(觸處) – 자라남-줄어듦-매력-위험-해방 → 수-상-행들의 자라남과 소멸의 근거

그러면 비구들이여, 무엇이 육입(六入-여섯 인식 주관)인가? 안처(眼處), 이처(耳處), 비처(鼻處), 설처(舌處), 신처(身處), 의처(意處). – 비구들이여, 이것이 육입이라고 불린다.

; 인식주관(식과 근이 함께한 것) – 식온 : 분별 앎이면서 분별하여 분별 앎을 낳음 → 자기 증식에 의한 변화
; 이전의 업(육내입처와 몸)

그러면 비구들이여, 무엇이 명색(名色-파생된 것과 물질)인가? 수(受), 상(想), 사(思), 촉(觸), 작의(作意) – 이것이 명(名-파생된 것)이라 불린다. 사대(四大)와 사대조색(四大造色). 이것이 색(色-물질)이라 불린다. 이렇게 이것이 명(名-파생된 것)이고, 이것이 색(色-물질)이다. 비구들이여, 이것이 명색이라고 불린다.

; 식이 머물고 늘어날 때 참여 → 식과 서로 조건되어 활성존재를 구성 ⇒ 활성존재와 활성화된 일체의 동치
; 명(名)의 정의 변화로 인해 불교의 왜곡을 불러옴 → 부처님의 정의에 투철할 것!

그러면 비구들이여, 무엇이 식(識-마음)인가? 비구들이여, 이런 여섯 가지 식(識)의 무리가 있다. – 안식(眼識), 이식(耳識), 비식(鼻識), 설식(舌識), 신식(身識), 의식(意識). 비구들이여, 이것이 식이라고 불린다.

; 다시 태어나는 식(단견 극복) & 연기된 식(상견 극복)
; 심-의-식 – 동질성 위의 차별성
; 행위적 앎과 자기 활동성 ⇒ 식(분별 앎) → 무명(존재 앎) → 탐(가치 앎) → 심(앎)

그러면 비구들이여, 무엇이 행(行-형성작용)들인가? 비구들이여, 이런 세 가지 행(行-형성작용)들이 있다. 신행(身行-몸을 형성하는 작용), 구행(口行-말을 형성하는 작용), 심행(心行-심을 형성하는 작용). 비구들이여, 이것이 행들이라고 불린다.

; 모든 중생은 행에 의해 유지 됨(sabbe sattā saṅkhāraṭṭhitikā) – (DN 33.4-합송경, 한 가지로구성된 법들)
→ 형성하지 않음에 의한 해탈(anabhisaṅkhaccavimutta) – (SN 22.53-애착 경)/(SN 22.54-씨앗 경)

; 신행 = 들숨-날숨, 구행 = 위딱까-위짜라, 심행 = 상-수 ⇒ 전통과 진정의 분기점

그러면 비구들이여, 무엇이 무명(無明)인가? 비구들이여, 고(苦)에 대한 무지(無知), 고집(苦集)에 대한 무지, 고멸(苦滅)에 대한 무지, 고멸(苦滅)로 이끄는 실천에 대한 무지. 비구들이여, 이것이 무명이라고 불린다.

; (MN 9-정견 경) – 무명과 번뇌의 서로 조건 됨 ⇒ 서로 조건 됨에 의한 하나의 존재성 : 치 = 무명+번뇌
; 연기의 무명 = 사성제를 모름 ↔ 팔정도의 정견 = 사성제를 앎

⇒ 연기와 팔정도의 두방향성 : 연기 → 고집 ↔ 팔정도 → 고멸

이렇게 비구들이여, 무명(無明)을 조건으로 행(行)들이 … 이렇게 이 모든 괴로움 무더기가 자라난다. 그러나 무명이 남김없이 바래어 소멸할 때 행들이 소멸하고, 행들이 소멸할 때 식이 소멸하고 … 이렇게 이 모든 괴로움 무더기가 소멸한다."라고.

이제 부처님은 이 연기에 대해 '오해하지 말 것'을 지시합니다. 그래서 연기를 구성하는 12가지 법에 대해 직접 정의해 줍니다. 혼동 또는 오류 없이 정체를 분명히 드러내야 소멸할 수 있기 때문입니다. 부처님의 이 정의에 들어맞게 연기를 이해할 때 삶은 정확히 이해되고, 고멸의 실현은 가능해지는 것입니다.

주목해야 합니다! 부처님이 설한 법은 부처님이 정의해 주는 그대로 배워 알아야 부처님의 의도에 맞춰 삶을 향상하고, 고멸을 실현할 수 있습니다. 연기 즉 십이연기로 삶을 이해함에 있어 부처님과 다른 정의를 적용하면 그렇게 설명되는 삶은 부처님의 방법이 아닙니다. 고멸을 실현할 수 없습니다.

오온의 경우에도 마찬가지이지만, 연기는 구성과 성질의 두 가지 측면으로 정의됩니다. 이 경은 12개의 연기된 법을 구성의 측면에서 정의합니다. 그리고 성질의 측면은 니까야에 속한 전체 영역의 많은 경들을 통해 상세히 설명됩니다. 삶이 복잡한 까닭에 삶을 구성하는 열두 요소를 하나의 문장으로 정의할 수는 없는 것입니다. 다만, 각각의 연기된 법에 대한 핵심 주제를 간략히 함께 나타내었는데, 이 주제는 이어지는 주제들을 통해 상세하게 설명됩니다.

; 제4부 – (연기의 상세 Ⅰ) 세상(loka)
; 제5부 – (연기의 상세 Ⅱ) 나
; 제6부 – 딱까가 해석된 불교 제1장 삶의 메커니즘

그러나 구성의 측면의 정의도 놓치면 안 됩니다. 이 구성을 벗어나는 정의를 적용하면, 명색에 대한 정의의 변화에서 볼 수 있듯이, 삶은 전혀 엉뚱한 모습으로 알려지게 됩니다.

[5] 연기(緣起)의 정형구문

연기를 사실에 들어맞게 잘 사고함은 다시 고집과 고멸을 포괄하여 확장된 정형구문으로 나타나기도 합니다.

'iti imasmiṃ sati idaṃ hoti, imassuppādā idaṃ uppajjati; imasmiṃ asati idaṃ na hoti, imassa nirodhā idaṃ nirujjhati

이렇게 이것이 있을 때 이것이 있고, 이것이 생길 때 이것이 생긴다. 이것이 없을 때 이것이 없고, 이것이 소멸할 때 이것이 소멸한다.

「차유고피유(此有故彼有) 차기고피기(此起故彼起) 차무고피무(此無故彼無) 차멸고피멸(此滅故彼滅)」로 한역되어 연기를 대표적으로 나타내는 구문(연기의 정형구문)입니다.

특히, 연기의 정형구문이 연기에 의한 고집과 그 연장선 위에 있는 고멸을 포괄하여 확장된 정형구문이라는 점에서 이 구문은 연기가 아니라 「연기를 사실에 들어맞게 잘 사고함 즉 중에 의해 설해진 법」을 지시한다는 점은 주목해야 합니다. (SN 12.49-성스러운 제자 경)과 (SN 12.50-성스러운 제자 경2) 그리고 (SN 12.10-고따마 경)과 (SN 12.65-도시 경)은 이 정형구문의 원형을 보여줍니다.

예외적으로 (SN 12.62-배우지 못한 자 경2)는 이 정형구문을 촉(觸)과 수(受)의 관계에 한정하여 적용하는데, 연기의 범주 안에서 일부분에 대해 특화한 설명이라고 할 수 있습니다. 그래서 이 정형구문은 연기의 조건성에 대한 사실에 들어맞는 사고 외에 다른 경우를 위해 적용되지 않는다는 것을 분명히 알 수 있습니다(*).

(*) 연기에 이런 본연의 의미 외에 상의상관/상호 의존 등 다른 의미가 적용되면 교리의 틀에 흔들림이 있게 됩니다. 예를 들면, 단(斷)과 상(常)을 극복한 연기(緣起)에 대한 접근 방식의 차이인데, 「들어가는 글 II.전통과 진정 [5] 부처님의 정의를 벗어나지 않음」에서 설명하였습니다.(60쪽)

1. (SN 12.49-성스러운 제자 경)/(SN 12.50-성스러운 제자 경2) – 다른 사람을 의지하지 않는 앎 즉 부처님에 의한 진리를 알기 때문에 '무엇이~?'라고 의문을 가지지 않음

"비구들이여, 잘 배운 성스러운 제자에게는 이런 생각이 없다. – '무엇이 있을 때 무엇이 있고, 무엇이 생길 때 무엇이 생기는가('kiṃ nu kho kismiṃ sati kiṃ hoti, kissuppādā kiṃ uppajjati)? (무엇이 있을 때 행들이 있고, 무엇이 있을 때 식이 있는가?) 무엇이 있을 때 명색이 있고, 무엇이 있을 때 육입이 있고, 무엇이 있을 때 촉이 있고, 무엇이 있을 때 수가 있고, 무엇이 있을 때 애가 있고, 무엇이 있을 때 취가 있고, 무엇이 있을 때 유가 있고, 무엇이 있을 때 생이 있고, 무엇이 있을 때 노사가 있는가?'라고.

※ (SN 12.49-성스러운 제자 경)은 kismiṃ sati saṅkhārā honti, kismiṃ sati viññāṇaṃ hoti 부분이 ( )로 나타나고, (SN 12.50-성스러운 제자 경2)은 ( ) 없이 나타남. 아래도 동일.

거기서, 비구들이여, 잘 배운 성스러운 제자에게는 다른 사람을 의지하지 않는 앎(aparappaccayā ñāṇa)이 여기에 있다. – '이것이 있을 때 이것이 있고, 이것이 생길 때 이것이 생긴다. (무명이 있을 때 행들이 있고, 행들이 있을 때 식이 있다.) 식이 있을 때 명색이 있고 … 생이 있을 때 노사가 있다.'라고. 그는 이렇게 분명히 안다. –

'이렇게 이 세상이 자라난다(evamayaṃ loko samudayatī').'라고.

비구들이여, 잘 배운 성스러운 제자에게는 이런 생각이 없다. – '무엇이 없을 때 무엇이 없고, 무엇이 소멸할 때 무엇이 소멸하는가(kiṃ nu kho kismiṃ asati kiṃ na hoti, kissa nirodhā kiṃ nirujjhati)? (무엇이 없을 때 행들이 없고, 무엇이 없을 때 식이 없는가?) 무엇이 없을 때 명색이 없고, 무엇이 없을 때 육입이 없고, 무엇이 없을 때 촉이 없고, 무엇이 없을 때 수가 없고, 무엇이 없을 때 애가 없고, 무엇이 없을 때 취가 없고, 무엇이 없을 때 유가 없고, 무엇이 없을 때 생이 없고, 무엇이 없을 때 노사가 없는가?'라고.

거기서, 비구들이여, 잘 배운 성스러운 제자에게는 다른 사람을 의지하지 않는 앎이 여기에 있다. – '이것이 없을 때 이것이 없고, 이것이 소멸할 때 이것이 소멸한다. (무명이 없을 때 행들이 없고, 행들이 없을 때 식이 없다.) 식이 없을 때 명색이 없고 … 생이 없을 때 노사가 없다.'라고. 그는 이렇게 분명히 안다. – '이렇게 이 세상이 소멸한다(evamayaṃ loko nirujjhatī').'라고.

비구들이여, 성스러운 제자가 이렇게 세상의 자라남과 줄어듦을 있는 그대로 꿰뚫어 알기 때문에, 비구들이여, 이 성스러운 제자는 견해를 갖춘 자라고도, 봄을 갖춘 자라고도, 이런 정법에 온 자라고도, '이런 정법을 본다.'라고도, 유학의 지(知)를 갖춘 자라고도, 유학의 명(明)을 갖춘 자라고도, 법의 흐름에 든 자라고도, 성스러운 꿰뚫음의 지혜를 가진 자라고도, '불사(不死)의 문을 두드리며 머문다.'라고도 불린다."

※ 연기와 연멸로 세상의 자라남과 소멸을 설명하는데, 자기 존재성으로의 세상입니다. ⇒ 제4부 (연기의 상세 Ⅰ) 세상(loka)[(식-명색) → (육입-촉-수)] 참조(324쪽)

2. (SN 12.10-고따마 경)

– ①깨달음 = 생사 문제의 해결, ②동일한 깨달음에 의한 계보의 형성(일곱 부처님) = 불교의 역사

"비구들이여, 나에게 깨달음 이전, 깨닫지 못한 보살이었을 때 이런 생각이 떠올랐다. – '참으로 세상에서 고통을 겪는 이 존재는 태어나고, 늙고, 죽고, 옮겨가고, 다시 태어난다. 그러나 늙고 죽는 이 괴로움의 해방을 꿰뚫어 알지 못한다. 언제나 늙고 죽는 이 괴로움의 해방이 꿰뚫어 알려질 것인가?'라고.

(SN 12.10-고따마 경)은 부처님 깨달음의 본질이 늙고 죽는 문제로부터의 해방이라는 것을 알려줍니다. 세상에서 고통을 겪는 이 존재(ayaṃ loko āpanno)의 모든 문제는 태어나고-늙고-죽고-옮겨가고-다시 태어나는 현상 즉 생사윤회(生死輪廻) 위에 있다(오취온고)는 선언이고, 그 늙고 죽음의 해방을 통해 세상에서 겪는 고통에서 완전히 벗어나는 것으로의 깨달음의 목적을 분명히 드러내줍니다. –「깨달음 = 생사 문제의 해결」

또한, 그 해방을 위해 늙고 죽음의 생김과 소멸의 100% 조건 관계를 추적하는 과정을 보여주는데, 연기의 정형구문을 (SN 12.49-성스러운 제자 경)처럼 생겨나는 경우와 소멸하는 경우로 나누어 제시하고 있습니다.

비구들이여, 그런 나에게 이런 생각이 떠올랐다. – '무엇이 있을 때 노사가 있고, 무엇을 조건으로 노사가 생기는가(kimhi nu kho sati jarāmaraṇaṃ hoti, kiṃpaccayā jarāmaraṇan'ti)?'라고. 비구들이여, 그런 나에게 '생이 있을 때 노사가 있고, 생을 조건으로 노사가 생긴다.'라는 지혜의 관통이 여리작의를 통해서 생겨났다. … '무엇이 있을 때 행들이 있고, 무엇을 조건으로 행들이 생기는가?'라고. 비구들이여, 그런 나에게 '무명이 있을 때 행들이 있고, 무명을 조건으로 행들이 생긴다.'라는 지혜의 관통이 여리작의를 통해서 생겨났다.

그리고 이런 여리작의의 결과로써 "이렇게 이것이 있다. 비구들이여, 무명을 조건으로 행들이 … 생을 조건으로 노사와 수비고우뇌가 생긴다. 이렇게 이 모든 괴로움 무더기가 자라난다. 비구들이여, 나에게 '자라남, 자라남'이라는 이전에 들어보지 못한 법들에 대한 안(眼-눈)이 생겼다. 지(知-앎)가 생겼다. 혜(慧-지혜)가 생겼다. 명(明-밝음)이 생겼다. 광(光-빛)이 생겼다."라고 깨달음의 한 면을 선언합니다.

이어서

비구들이여, 그런 나에게 이런 생각이 떠올랐다. – '무엇이 없을 때 노사가 없고, 무엇이 소멸할 때 노사가 소멸하는가('kimhi nu kho asati jarāmaraṇaṃ na hoti, kissa nirodhā jarāmaraṇanirodho'ti)?'라고. 비구들이여, 그런 나에게 '생이 없을 때 노사가 없고, 생이 소멸할 때 노사가 소멸한다.'라는 지혜의 관통이 여리작의를 통해서 생겨났다. … '무엇이 없을 때 행들이 없고, 무엇이 소멸할 때 행들이 소멸하는가?'라고. 비구들이여, 그런 나에게 '무명이 없을 때 행들이 없고, 무명이 소멸할 때 행들이 소멸한다.'라는 지혜의 관통이 여리작의를 통해서 생겨났다.

그리고 이런 여리작의의 결과로써 "이렇게 이것이 있다. 무명이 남김없이 바래어 소멸할 때 행들이 소멸하고 … 생이 소멸할 때 노사와 수비고우뇌가 소멸한다. 이렇게 이 모든 괴로움 무더기가 소멸한다. 비구들이여, 나에게 '소멸, 소멸'이라는 이전에 들어보지 못한 법들에 대한 안(眼-눈)이 생겼다 … 광(光-빛)이 생겼다."라고 깨달음의 완성을 선언합니다.

한편, 이 경은 앞선 여섯 개 경의 반복인데, (SN 12.4-위빳시 경)-(SN 12.5-시키 경)-(SN 12.6-웻사부 경)-(SN 12.7-까꾸산다 경)-(SN 12.8-꼬나가마나 경)-(SN 12.9-깟사빠 경)입니다.

과거의 여섯 부처님에 이어 지금 우리 스승인 고따마 부처님(석가모니불)까지 일곱 부처님의 깨달음이 동일한 과정에 의해 완성된 동일한 깨달음이라는 것을 알려주는데, 동일한 깨달음에 의한 계보이고, 이것이 위빳시 부처님으로부터 91겁을 이어온 불교의 역사입니다.

특히, (MN 81-가띠까라 경)은 부처님이 전생에 조띠빨라 비구로서 깟사빠 부처님의 제자였던 일화를 소개하는데, 앞선 부처님들도 스승과 제자로 연결되었을 개연성을 볼 수있습니다.

그런데 (MN 36-삿짜까 큰 경)/(MN 85-보디 왕자 경)/(MN 100-상가라와 경)은 부처님의 깨달음의 과정을 소개합니다. 고행 수행을 내려놓은 뒤 어릴 적 초선의 경험을 떠올리면서 「'참으로 이것이 깨달음을 위한 길일까?'라고. 그런 나에게 사띠를 따르는(사띠가 기억하는) 식이 있었다. – '오직 이것이 깨달음을 위한 길이다.'」라고 판단하는 장면입니다. 그렇다면 부처님은 왜 이 기억을 깨달음을 위한 길이라고 판단했을까요? 고행 수행의 과정에서 전생을 기억하는 능력을 얻었고, 어릴 적 초선의 경험을 전생에 깟사빠 부처님에게서 배운 팔정도에 견주어 그렇게 판단했다고 이해하면 답이 됩니다. (DN 25-우둠바리까 경)에 의하면, 고행 수행은 천안명의 성취까지 이를 수 있는데, 부처님은 고행 수행 과정에서 과거-미래-현재의 누구도 넘어서지 못하는 고행의 마지막 경지를 경험하였으므로 숙명통(숙주명)에 의한 전생의 기억 능력은 이미 갖추었다고 보아야 하기 때문에 가능한 이해입니다.

참고로, 쿤다까 니까야에 속하는 불종성경(buddhavaṃsa)은 위빳시 부처님 이전에 연등불에서 이어지는 18부처님의 이름을 더해서 25명의 부처에 의한 불교의 역사를 설명하는데, 공부의 기준 밖에 있습니다. 근본경전연구회는 이 경이 불교의 역사를 왜곡하는 문제를 지적합니다.

◐ (DN 14.11-대전기경, 보살의 희망)과 (SN 12.65-도시 경)은 (SN 12.10-고따마 경)과 같이 연기의 정형구문으로 깨달음의 본질을 드러내는데, 각각 위빳시 부처님과 고따마 부처님의 경우에서 식과 명색의 서로 조건 됨으로부터 노사에 이르는 십지연기(十支緣起)의 구조를 보여줍니다.

특히, 식과 명색의 서로 조건 됨의 자리에서

1) 연기의 측면에서는 '이 식은 되돌아간다. 명색으로부터 더 나아가지 못한다. 그 안에서 태어나거나, 늙거나, 죽거나, 옮겨가거나, 다시 태어난다.'라고 하여 옮겨가고 윤회하는 자가 식(識)이라는 것을 확인해 주고,

2) 연멸의 측면에서는 '나에게 깨달음을 위한 길이 얻어졌다'라고 하여 식과 명색의 서로 조건 됨에 의한 윤회라는 원인을 알고, 조건의 해소에 의한 식의 소멸을 알았기 때문에 깨달음 즉 윤회에서 벗어나는 방법을 찾았다

고 알려줍니다.

이어서 (DN 14.11-대전기경, 보살의 희망)은 오온의 생겨남-무너짐의 관찰(위빳사나)에 의한 위빳시 부처님의 깨달음을 소개합니다.

(SN 12.65-도시 경)은 고따마 부처님의 깨달음의 소개인데, 예전의 정등각들이 다니던 오래된 곧은 길인 팔정도(八正道)를 보았다고 합니다. 그 길을 따라가면서 노사 ~ 행들을 실답게 알고, 자라남-소멸-소멸로 이끄는 실천을 실답게 아는 과정으로 연기의 조건 관계를 끊은 깨달음을 선언하는데, 예전의 정등각들 즉 위빳시 부처님 ~ 깟사빠 부처님이 다니던 그 길, 팔정도를 따라 부처님들의 동일한 깨달음의 계보를 이었다는 선언입니다.

3. 연기를 사실에 들어맞게 잘 사고함 – paṭiccasamuppādaṃyeva sādhukaṃ yoniso manasi karoti & paṭiccasamuppādaññeva sādhukaṃ yoniso manasi karoti

잘 배운 성스러운 제자는 연기를 사실에 들어맞게 잘 사고해야 합니다. 사실에 들어맞게 잘하는 사고는 정형구문과 중에 의해 설해진 법 즉 연기의 집과 멸을 '즉'으로 연결해서 이어집니다. 그래서 중에 의해 설해진 법을 연기를 사실에 들어맞게 잘 사고함(고집-고멸)이라고 나타내었습니다.

「중(中)에 의해 설해진 법(法) = 연기를 사실에 들어맞게 잘 사고함
= 연기(緣起)의 정형구문 ≠ 연기(緣起)」

1) (SN 12.37-그대들의 것이 아님 경)

비구들이여, 이 몸은 그대들의 것이 아니고 다른 사람들의 것도 아니다. 비구들이여, 이것은 이전의 업(業)이고, 형성된 것이고, 의도된 것이고, 경험되는 것이라고 보아야 한다(*).

(*) (SN 35.129-업의 소멸 경)에서는 육내입처에 대해서 동일하게 설명되는데, 몸과 마음이 함께한 것이라는 이해에서 이 경과 연결됨 –「내입처 = 식+근 = 몸과 마음이 함께한 인식 주관」

거기서, 비구들이여, 잘 배운 성스러운 제자는 연기를 사실에 들어맞게 잘 사고한다. – '이렇게 이것이 있을 때 이것이 있고, 이것이 생길 때 이것이 생긴다. 이것이 없을 때 이것이 없고, 이것이 소멸할 때 이것이 소멸한다. 즉 – 무명을 조건으로 행들이, 행들을 조건으로 식이 … 이렇게 이 모든 괴로움 무더기가 자라난다. 그러나 무명이 남김없이 바래어 소멸할 때 행들이 소멸하고, 행들이 소멸할 때 식이 소멸하고 … 이렇게 이 모든 괴로움 무더기가 소멸한다.'라고.

2) (SN 12.41-다섯 가지 증오와 두려움 경)/(SN 12.42-다섯 가지 증오와 두려움 경2)/(SN 55.28-두려움과 증오의 가라앉음 경1)/(SN 55.29-두려움과 증오의 가라앉음 경2)/(AN 10.92-두려움 경)(*)

어떤 성스러운 방법이 지혜로써 잘 보고 잘 꿰뚫는 것인가? 장자여, 여기 성스러운 제자는 연기를 사실에 들어맞게 잘 사고한다. – '이렇게 이것이 있을 때 이것이 있고, 이것이 생길 때 이것이 생긴다. 이것이 없을 때 이것이 없고, 이것이 소멸할 때 이것이 소멸한다. 즉 – 무명을 조건으로 행들이, 행들을 조건으로 식이 … 이렇게 이 모든 괴로움 무더기가 자라난다. 그러나 무명이 남김없이 바래어 소멸할 때 행들이 소멸하고, 행들이 소멸할 때 식이 소멸하고 … 이렇게 이 모든 괴로움 무더기가 소멸한다.'라고. 이런 성스러운 방법이 지혜로써 잘 보고 잘 꿰뚫는 것이다.

(*) (AN 10.92-두려움 경)는 '연기를 사실에 들어맞게 잘 사고한다.' 대신 '이렇게 숙고한다.'로 나타납니다. 그러나 의미로는 같다고 보아도 좋을 것입니다.

3) (SN 12.61-배우지 못한 자 경)

- 연기(緣起)와 오온(五蘊)의 연계 : 연기를 사실에 들어맞게 잘 사고함 = 여실지견 → 오온의 염오-이탐 → 해탈 → 해탈지견 : 423쪽 경 참조

4) (SN 12.62-배우지 못한 자 경2)

- 연기(緣起)와 오온(五蘊)의 연계 – (색의 과정의 연속) 촉(觸)-수(受)-상(想)-행(行)-식(識)

거기서, 비구들이여, 잘 배운 성스러운 제자는 연기를 사실에 들어맞게 잘 사고한다. – '이렇게 이것이 있을 때 이것이 있다. 이것이 생길 때 이것이 생긴다. 이것이 없을 때 이것이 없다. 이것이 소멸할 때 이것이 소멸한다. 비구들이여, 즐거움이 경험될 촉을 연하여 즐거운 느낌이 생긴다. 즐거움이 경험될 그 촉의 멸로부터 그것에서 생긴 경험된 것 즉 즐거움이 경험될 촉을 연하여 생긴 즐거운 느낌이 소멸하고 가라앉는다. 비구들이여, 괴로움이 경험될 촉을 연하여 괴로운 느낌이 생긴다. 괴로움이 경험될 그 촉의 멸로부터 그것에서 생긴 경험된 것 즉 괴로움이 경험될 촉을 연하여 생긴 괴로운 느낌이 소멸하고 가라앉는다. 비구들이여, 괴롭지도 즐겁지도 않음이 경험될 촉을 연하여 괴롭지도 즐겁지도 않은 느낌이 생긴다. 괴롭지도 즐겁지도 않음이 경험될 그 촉의 멸로부터 그것에서 생긴 경험된 것 즉 괴롭지도 즐겁지도 않음이 경험될 촉을 연하여 생긴 괴롭지도 즐겁지도 않은 느낌이 소멸하고 가라앉는다.

예를 들면, 비구들이여, 두 개의 나무토막을 맞대어 마찰함에 의해 열이 생기고 불이 붙는다. 이 두 개의 나무토막을 분리하여 떼어 놓음에 의해 거기서 생긴 열도 식고 가라앉는다. 이처럼, 비구들이여, 즐거움이 경험될 촉을

조건으로 즐거운 느낌이 생긴다. … 괴롭지도 즐겁지도 않음이 경험될 그 촉의 멸로부터 그것에서 생긴 경험된 것 즉 괴롭지도 즐겁지도 않음이 경험될 촉을 연하여 생긴 괴롭지도 즐겁지도 않은 느낌이 소멸하고 가라앉는다.

비구들이여, 이렇게 보는 잘 배운 성스러운 제자는 촉(觸)에 대해서도 염오하고, 수(受)에 대해서도 염오하고, 상(想)에 대해서도 염오하고, 행(行)들에 대해서도 염오하고, 식(識)에 대해서도 염오한다. 염오하는 자는 이탐한다. 이탐으로부터 해탈한다. 해탈했을 때 '나는 해탈했다.'라는 앎이 있다. '태어남은 다했다. 범행은 완성되었다. 해야 할 일을 했다. 다음에는 현재 상태[유(有)]가 되지 않는다.'라고 분명히 안다.

4. 이외의 연기의 정형구문의 용례

1) (MN 38-애(愛)의 부서짐의 큰 경)

훌륭하다, 비구들이여. 이렇게, 비구들이여, 그대들도 이렇게 말하고 나도 이렇게 말한다. – 이것이 있을 때 이것이 있다. 이것이 생길 때 이것이 생긴다. 즉 –

훌륭하다, 비구들이여. 이렇게, 비구들이여, 그대들도 이렇게 말하고 나도 이렇게 말한다. – 이것이 없을 때 이것이 없다. 이것이 소멸할 때 이것이 소멸한다. 즉 –

2) (MN 79-사꿀루다이 짧은 경)

어쨌거나, 우다이여, 과거의 끝은 내버려 두고, 미래의 끝은 내버려 둡시다. 나는 그대에게 법을 설하겠습니다. – '이것이 있을 때 이것이 있고, 이것이 생길 때 이것이 생긴다. 이것이 없을 때 이것이 없고, 이것이 소멸할 때 이것이 소멸한다.'라고.

3) (MN 115-많은 요소를 가진 것 경)
⇒「4. 능숙해야 하는 것들 → 연기에 대한 능숙」

4) (SN 12.21-십력(十力) 경)/(SN 12.22-십력(十力) 경2)

• 오온의 자라남-줄어듦(생겨남-무너짐) → 연기의 정형구 → 연기를 사실에 들어맞게 잘 사고함

비구들이여, 열 가지 힘(十力)을 갖추고, 네 가지 자기 확신(四無所畏)을 갖춘 여래는 대웅의 자리에 앉아 사자후를 토하고 범륜(梵輪)을 굴린다. – '이렇게 색(色)이 있고, 이렇게 색이 자라나고, 이렇게 색이 줄어든다. 이렇게 수(受)가 있고, 이렇게 수가 자라나고, 이렇게 수가 줄어든다. 이렇게 상(想)이 있고, 이렇게 상이 자라나고, 이렇게 상이 줄어든다. 이렇게 행(行)들이 있고, 이렇게 행들이 자라나고, 이렇게 행들이 줄어든다. 이렇게 식(識)이 있고, 이렇게 식이 자라나고, 이렇게 식이 줄어든다. 이렇게 이것이 있을 때 이것이 있고, 이것이 생길 때 이것이 생긴다. 이것이 없을 때 이것이 없고, 이것이 소멸할 때 이것이 소멸한다. 즉 – 무명을 조건으로 행들이, 행들을 조건으로 식이 … 이렇게 이 모든 괴로움 무더기가 자라난다. 그러나 무명이 남김없이 바래어 소멸할 때 행들이 소멸하고, 행들이 소멸할 때 식이 소멸하고 … 이렇게 이 모든 괴로움 무더기가 소멸한다.'라고.

[6] 기타

1. 능숙해야 하는 것들 → 연기(緣起)에 대한 능숙

(DN 33.5-합송경, 두 가지로 구성된 법들)은 10가지 능숙해야 하는 것을 제시합니다. 연기도 능숙해야 하는 10가지 중 한 가지로 나타납니다.

"āpattikusalatā ca āpattivuṭṭhānakusalatā ca.
– 범계(犯戒)에 대한 능숙과 범계에서 나옴에 대한 능숙

"samāpattikusalatā ca samāpattivuṭṭhānakusalatā ca.
– 증득(證得)에 대한 능숙과 증득에서 일어남에 대한 능숙

"dhātukusalatā ca manasikārakusalatā ca.
– 계(界)에 대한 능숙과 작의(作意)에 대한 능숙

"āyatanakusalatā ca paṭiccasamuppādakusalatā ca.
– 처(處)에 대한 능숙과 연기(緣起)에 대한 능숙

"ṭhānakusalatā ca aṭṭhānakusalatā ca.
– 경우에 대한 능숙과 경우 아님에 대한 능숙

이때, 연기에 대한 능숙은 (MN 115-많은 요소를 가진 것 경)에서 설명합니다.

이렇게, 비구들이여, 어리석은 자는 두려움이 있고, 현명한 자는 두려움이 없다. 어리석은 자는 불행이 있고, 현명한 자는 불행이 없다. 어리석은 자는 위험이 있고, 현명한 자는 위험이 없다. 비구들이여, 현명하기에 두려움이 없다. 현명하기에 불행이 없다. 현명하기에 위험이 없다. 그러므로 비구들이여, '우리는 현명한 자, 조사하는 자가 될 것이다.'라고, 비구들이여, 그대들은 이렇게 공부해야 한다.

이렇게 말하자, 아난다 존자가 세존에게 이렇게 말했다. – "대덕이시여, 어떤 점에서 비구는 '현명한 자, 조사하는 자'라고 불릴 만합니까?"라고. "아난다여, 비구가 계(界)에 능숙하고, 처(處)에 능숙하고, 연기(緣起)에 능숙하고, 경우와 경우 아님에 능숙할 때, 아난다여, 이런 점에서 비구는 '현명한 자, 조사하는 자'라고 불릴 만하다."

~ "그러면, 대덕이시여, 어떤 점에서 '연기에 능숙한 비구'라고 불릴 만합니까?" "여기, 아난다여, 비구는 이렇게 꿰뚫어 안다. – '이것이 있을 때 이것이 있고, 이것이 생길 때 이것이 생긴다. 이것이 없을 때 이것이 없고, 이것이 소멸할 때 이것이 소멸한다. 즉 – 무명을 조건으로 행들이 … 이렇게 이 모든 괴로움 무더기가 자라난다. 그러나 무명이 남김없이 바래어 소멸할 때 행들이 소멸하고 … 이렇게 이 모든 괴로움 무더기가 소멸한다.'라고. 이런 점에서, 아난다여, '연기에 능숙한 비구'라고 불릴 만하다."

2. 검증해야 하는 것들

한편, 이런 능숙해야 하는 것들 가운데 (SN 22.57-일곱 가지 경우 경)은 비구가 일곱 가지 경우에 능숙할 것 그리고 계(界)와 처(處)와 연기(緣起)의 세 가지에 의해 삼중으로 검증할 것을 말합니다.

비구들이여, 일곱 가지 경우에 능숙한 비구는 삼중으로 검증하는 자여서 이 법과 율에서 완성된 자, 완전한 자, 최상의 사람이라고 불린다. 비구들이여, 비구는 어떻게 일곱 가지 경우에 능숙한가? 비구들이여, 여기 비구는 색을 꿰뚫어 알고, 색의 자라남을 꿰뚫어 알고, 색의 소멸을 꿰뚫어 알고, 색의 소멸로 이끄는 실천을 꿰뚫어 안다. 색의 매력을 꿰뚫어 알고, 색의 위험을 꿰뚫어 알고, 색의 해방을 꿰뚫어 안다. 수를 꿰뚫어 알고 … 상을 … 행들을 … 식을 꿰뚫어 알고, 식의 자라남을 꿰뚫어 알고, 식의 소멸을 꿰뚫어 알고, 식의 소멸로 이끄는 실천을 꿰뚫어 안다. 식의 매력을 꿰뚫어 알고, 식의 위험을 꿰뚫어 알고, 식의 해방을 꿰뚫어 안다.

~ 색-수-상-행들-식의 정의 ☞ (SN 22.56-집착의 양상 경)(381쪽)

~ 색을 연하여 생기는 즐거움과 만족 – 이것이 색의 매력이다. 색이 무상하고 고이고 변하는 것이 색의 위험이다. 색에 대한 욕탐의 제어와 욕탐의 버림이 색의 해방이다.
; 색-수-상-행들-식에 반복

비구들이여, 어떤 사문들이든 바라문들이든 이렇게 색을 실답게 알고, 이렇게 색의 자라남을 실답게 알고, 이렇게 색의 소멸을 실답게 알고, 이렇게 색의 소멸로 이끄는 실천을 실답게 알고, 이렇게 색의 매력을 실답게 알고, 이렇게 색의 위험을 실답게 알고, 이렇게 색의 해방을 실답게 알아서 색에 대한 염오와 이탐과 소멸을 위해 실천하는 자들은 잘 실천하는 자들이다. 잘 실천하는 자들은 이 법과 율에서 확고히 선다.
; 색-수-상-행들-식에 반복

비구들이여, 어떤 사문들이든 바라문들이든 이렇게 색을 실답게 알고, 이렇게 색의 자라남을 실답게 알고, 이렇게 색의 소멸을 실답게 알고, 이렇게 색의 소멸로 이끄는 실천을 실답게 알고, 이렇게 색의 매력을 실답게 알고, 이렇게 색의 위험을 실답게 알고, 이렇게 색의 해방을 실답게 안 뒤에 색의 염오와 이탐과 소멸로부터 집착 없이 해탈한 자들은 잘 해탈한 자들이다. 잘 해탈한 자들은 완전히 성취한 아라한이고, 완전히 성취한 아라한들에게 윤회의 선언은 없다.
; 색-수-상-행들-식에 반복

비구들이여, 비구는 이렇게 일곱 가지 경우에 능숙하다. 비구들이여, 비구는 어떻게 삼중으로 검증하는 자인가? 비구들이여, 여기 비구는 계로부터 검증한다. 처로부터 검증한다. 연기로부터 검증한다. 비구들이여, 이렇게 비구는 삼중으로 검증한다. 비구들이여, 일곱 가지 경우에 능숙한 비구는 삼중으로 검증하는 자여서 이 법과 율에서 완성된 자, 완전한 자, 최상의 사람이라고 불린다.

3. 연기(緣起)를 보는 것 – 업(業)을 보는 것, 업(業)과 보(報)에 숙련되는 것

두 개의 와셋타 경(MN 98 & KN 5.35)은 태생이 삶을 결정하는 것이 아니라 업 즉 행위가 결정한다고 말합니다. 사람들은 '태생에 의해 바라문이 된다.'라는 말로써 태어나면서부터 사회적 신분이 결정되고 신분에 부합한 삶을 살도록 강제되어야 한다고 주장하지만, 부처님은 '업에 의해 세상이 있고, 업에 의해 존재가 있다.'라고 합니다. 스스로 어떤 업을 짓는지에 따라 삶이 규정된다고 말하는 것입니다. 현명한 사람은 있는 그대로 그 업을 본다고 하는데, 바로 연기를 보는 것이고, 이것이 업과 보에 숙련된 것입니다.

연기를 본다는 것은 마음이 몸과 함께 세상을 만나는 과정으로의 삶을 보는 것입니다. 삶은 행위를 시발점으로 하는 세 개의 순환 구조를 중심으로 설명되는데, 순환 구조의 중심이 업이라는 것을 알 수 있습니다. 업의 중간에서 관심이 인식으로 되돌아감으로써 작은 순환 고리가 형성되고, 업의 결과로 ①상(想)의 잠재는 잠재 순환 고리를 형성합니다. 그리고 ②식(識)의 머묾을 통해 큰 순환 고리를 형성하여 누적된 삶의 변화를 만듭니다(자기 증식에 의한 변화).

※ 행위를 시발점으로 하는 세 개의 순환 구조 ⇒ 제6부 제1장 참조(500쪽)

그래서 업을 보는 것은 삶을 보는 것이고 또한 연기를 보는 것입니다. 그래서 연기를 보는 것이 삶의 숙련 즉 업과 보에 숙련되는 방법인 것입니다.

만들어진 것인 이름과 성(姓)은 참으로 세상에서 지정된 것이다.
동의하여 생긴 것이고, 여기저기서 만들어지는 것이다.

오랫동안 잠재된, 치우친 견해, 알지 못하는 것을
알지 못하는 자들이 우리에게 설명한다. – '태어남에 의해 바라문이 된다.'라고.

태어남에 의해 바라문이 되는 것이 아니다. 태어남에 의해 바라문 아닌 사람이 되는 것이 아니다.
행위(業)에 의해 바라문이 된다. 행위에 의해 바라문 아닌 사람이 된다.

행위에 의해 농부가 되고, 행위에 의해 기술자가 된다.
행위에 의해 상인이 되고, 행위에 의해 종업원이 된다.

행위에 의해 도둑도 되고, 행위에 의해 전사도 된다.
행위에 의해 제관이 되고, 행위에 의해 왕도 된다.

현명한 사람들은 이렇게 있는 그대로 행위를 본다("evametaṃ yathābhūtaṃ, kammaṃ passanti paṇḍitā.).
연기(緣起)를 보는 자이고, 업(業)과 보(報)에 능숙하다(paṭiccasamuppādadassā, kammavipākakovidā).

행위에 의해 세상이 전개되고, 행위에 의해 인간이 이어진다. 중생들은 행위에 묶여있다.
마치 수레가 바퀴를 굴대에 고정하는 쐐기에 의해 나아가는 것처럼.

고행(苦行-종교적인 삶)과 범행(梵行), 자기제어와 길들임
이것에 의해 바라문이 된다. 이런 사람이 최상의 바라문이다.

와셋타여, 이렇게 알라! 삼명(三明)을 갖춘 자, 평화롭고 다음의 존재가 다한 자가
아는 자에게는 범천(梵天)이고 삭까이다.

◐ 조건의 해소 – asesavirāganirodhā 남김없이 바래어 소멸할 때 ◑

연기에 의해 고의 정체가 드러나면 고를 생기게 하는 조건의 해소를 통해 고멸은 실현됩니다. 이때, 조건의 해소를 지시하는 용어가 있는데, asesavirāganirodho(남김없이 바랜 소멸)와 asesavirāganirodhā(남김없이 바래어 소멸할 때)입니다.

1. asesavirāganirodho(남김없이 바랜 소멸)

1) 고멸(dukkhanirodha)의 정의 – yo tassāyeva taṇhāya asesavirāganirodho cāgo paṭinissaggo mutti anālayo — ayaṃ vuccati, bhikkhave, dukkhanirodho 그 애(愛)의 남김없이 바랜 소멸, 포기, 놓음, 풀림, 잡지 않음 – 이것이, 비구들이여, 괴로움의 소멸의 성스러운 진리(苦滅聖諦)이다. – (SN 56.11-전법륜 경) 등

2) avijjāya tveva tamokāyassa asesavirāganirodho santametaṃ padaṃ paṇītametaṃ padaṃ 그러나 어둠의 무더기인 무명이 남김없이 바랜 소멸은 평화로운 경지, 뛰어난 경지이다. – (SN 48.50-아빠나 경)

2. asesavirāganirodhā(남김없이 바래어 소멸할 때)

1) '남김없이 바래어 소멸할 때(asesavirāganirodhā)'는 무명과 애 그리고 촉처(phassāyatana)의 세 가지 조건에 적용됩니다. 무명과 애 그리고 촉처가 고(苦)로 이끄는 중심되는 조건이면서 동시에 고멸(苦滅)로 이끄는 중심 조건이라는 것을 알 수 있습니다.

; 무명 – 연기된 법의 첫 번째. 연기를 설하는 대개의 용례는 '무명을 조건을 행들이'로 고집(苦集)의 방향을 시작하고, '그러나 무명이 남김없이 바래어 소멸할 때 행들이 소멸하고'로 고멸(苦滅)의 방향을 시작합니다.

; 애 – 고집(dukkhasamudaya)인 애로부터 고멸을 소개하는 경들 – (SN 12.43-고 경)/(SN 12.44-세상 경)/(SN 12.45-냐띠까 경)/(SN 35.106-고의 자라남 경)/(SN 35.107-세상의 자라남 경)/(SN 35.113-들음 경)

안과 색들을 연하여 안식이 생긴다. 셋의 만남이 촉이다. 촉을 조건으로 수가 있고, 수를 조건으로 애가 있다. 그 애가 남김없이 바래어 소멸할 때 취가 소멸하고 ~

; 육촉처 – 촉은 수를 생기게 하는 조건입니다. 최상위 개념인 고와 고멸의 수를 생기게 하는 촉의 자리에서 촉처의 남김 없이 바래어 소멸함은 그대로 고멸의 실현입니다. – (SN 12.12-몰리야팍구나 경)/(SN 12.24-외도 경)/(AN 4.173-마하꼿티까 경)/(AN 4.174-아난다 경)

2) 기타 용례

• (SN 12.25-부미자 경)/(AN 4.171-의도 경) – '이 법들에 대해 무명이 스며있다. 그러나 무명이 남김없이 바래어 소멸할 때 내적인 즐거움과 괴로움이 생기는 조건이 되는 몸-말-의-밭-장소-처-과정이 없게 된다.'

• (SN 12.35-무명의 조건 경)/(SN 12.36-무명의 조건 경2) – '무명이 남김없이 바래어 소멸할 때 어떤 것이든 왜곡됨, 침착하지 못함, 몸부림침은 모두 버려지고 뿌리 뽑히고 윗부분이 잘린 야자수처럼 되고 존재하지 않게 되고 미래에 생겨나지 않는 상태가 된다.'

• 예외적으로 많은 조건에 대해 이 표현이 나타나는 경도 있는데, 숫따니빠따의 (KN 5.38-두 가지 관찰 경)입니다. – '재생의 조건/무명/행들/식/촉/수/애/취/시도/자량/흔들림이 남김 없이 바래어 소멸할 때 고가 생기지 않는다.'

제4부

(연기의 상세 I) 세상(loka)

[(식-명색) → (육입-촉-수)]

①물질 세상과 ②존재성으로의 세상 → 세상의 끝

이렇게 불교는 내가 세상을 만나는 이야기입니다. 그러면 세상은 무엇입니까? 몸에 구속된 존재 상태로의 나는 무명과 애를 해소하지 못하고 몸으로 온 중생입니다. 그렇습니다. 무명에 덮이고 애에 묶여서 옮겨가고 윤회하는 중생들의 삶의 터전, 이것이 세상입니다.

Ⅰ. 깨달음 – 세상과 나에 대한 실다운 앎의 실현

(DN 3-암밧타 경)은 이렇게 말합니다.

tam kho pana bhavantaṃ gotamaṃ evaṃ kalyāṇo kittisaddo abbhuggato – itipi so bhagavā arahaṃ sammāsambuddho vijjācaraṇasampanno sugato lokavidū anuttaro purisadammasārathi, satthā devamanussānaṃ buddho bhagavāti. so imaṃ lokaṃ sadevakaṃ samārakaṃ sabrahmakaṃ sassamaṇabrāhmaṇiṃ pajaṃ sadevamanussaṃ sayaṃ abhiññā sacchikatvā pavedeti. so dhammaṃ deseti ādikalyāṇaṃ majjhekalyāṇaṃ pariyosānakalyāṇaṃ sātthaṃ sabyañjanaṃ, kevalaparipuṇṇaṃ parisuddhaṃ brahmacariyaṃ pakāseti. sādhu kho pana tathārūpānaṃ arahataṃ dassanaṃ hotī"ti.

참으로 세존이신 그분 고따마에게는 이런 좋은 명성이 퍼져있습니다. – '이렇게 그분 세존께서는 모든 번뇌 떠나신 분, 스스로 완전한 깨달음을 이루신 분, 밝음과 실천을 갖추신 분, 진리의 길 보이신 분, 세상일을 모두 훤히 아시는 분, 어리석은 이도 잘 이끄시는 위없는 분, 천상과 인간의 스승, 깨달으신 분, 존귀하신 분이시다.'라고. 그는 신과 함께하고 마라와 함께하고 범천과 함께하는 세상과 사문-바라문과 함께하고 신과 사람과 함께하는 존재를 스스로 실답게 안 뒤에 실현하고 선언합니다. 그는 처음도 좋고 중간에도 좋고 끝도 좋은, 의미를 갖추고 표현을 갖춘 법을 설하고, 온전하게 완전하고 청정한 범행(梵行)을 드러냅니다. 참으로 그런 아라한을 뵙는 것은 좋은 일입니다."라고.」

- pajā: progeny; progeny, offspring, generation, beings, men, world (of men), mankind. (f.)

부처님은 세상을 스스로 실(實)답게 안 뒤에 실현하고 선언합니다. 또한, 존재 즉 나를 스스로 실답게 안 뒤에 실현하고 선언합니다. 세상과 나에 대한 실다운 앎의 실현을 통한 깨달음입니다.

그래서 불교는 사는 이야기입니다. 마음이 몸과 함께한 존재로의 내가 세상을 만나는 이야기입니다. 마음이 몸과 함께 세상을 만나는 이야기로의 삶에 어떤 괴로움이 있는지(苦), 그 괴로움이 어떻게 생겨나고 자라나는지(苦集), 그 괴로움은 소멸하는 것인지(苦滅), 어떤 방법의 실천을 통해 그 괴로움이 소멸하는지(苦滅道)를 설명하는 이야기가 바로 불교인 것입니다.

이렇게 세상은 내 삶의 터전입니다. 나만큼이나 큰 비중을 가지고 나의 삶에 참여합니다. 그래서 세상에 대한 바른 이해는 중요합니다. 부처님은 세상에 대한 실다운 앎에 입각해 깨달음을 선언하는데, (AN 3.104-깨달음 이전 경)입니다.

비구들이여, 깨달음 이전, 깨닫지 못한 보살이었던 나에게 이런 생각이 떠올랐다. – '무엇이 세상의 매력이고, 무엇이 위험이고, 무엇이 해방인가?'라고. 비구들이여, 그런 나에게 이런 생각이 떠올랐다. – '세상을 연(緣)하여 생기는 즐거움과 만족이 세상의 매력이다. 세상의 무상(無常)-고(苦)-변하는 성질이 세상의 위험이다. 세상에 대한 욕탐(欲貪)의 제어와 욕탐의 버림이 세상의 해방이다.'라고. 비구들이여, 나는 이렇게 세상의 매력으로부터 매력을, 위험으로부터 위험을, 해방으로부터 해방을 있는 그대로 실답게 알지 못한 때까지는, 비구들이여, 나는 신과 마라와 범천을 포함하는 세상에서, 사문-바라문과 신과 사람을 포함하는 존재를 위해 '위없는 바른 깨달음을 깨달았다.'라고 선언하지 않았다. 그러나 비구들이여, 나는 이렇게 세상의 매력으로부터 매력을, 위험으로부터 위험을, 해방으로부터 해방을 있는 그대로 실답게 알았기 때문에, 비구들이여, 나는 신과 마라와 범천을 포함하는 세상에서, 사문-바라문과 신과 사람을 포함하는 존재를 위해 '위없는 바른 깨달음을 깨달았다.'라고 선언했다. 그리고 나에게 지(知)와 견(見)이 생겼다. – '나의 해탈은 흔들리지 않는다. 이것이 태어남의 끝이다. 이제 다음의 존재는 없다.'라고.」

스승에 따라 세상과 나에 대한 설명은 다릅니다. 그래서 다양한 종교가 세상에 생겨나는 것입니다. 불교에서 스승은 부처님입니다. 그래서 부처님이 설명하는 세상과 나에 대한 설명이 불교 신자의 삶의 기준이 되는 것입니다.

이렇게 세상과 나는 포괄적으로 연결된 하나의 개념입니다. 그런데 세상도 나도 알아야 할 내용이 많습니다. 그래서 두 개의 부로 나누어 '세상'은 제4부, '나'는 제5부로 편집하였습니다.

me dhammā ajjhattaṃ appahīnā – ādīnavadassāvī
내 안에 버려지지 않은 법들에서 위험을 보겠습니다.

II. 그렇다면 부처님이 실답게 알아서 실현하고 선언한 세상은 무엇입니까?

; 세상① – 물질 영역(색들 ~ 촉들)

→ 세상② – 일체(육내-외입처) → 세상③ – 활성화된 일체(내입처-외입처-식-촉-수)

; 질적 세상 = 자기 존재성으로의 세상 – 세상② & 세상③ = 지금 삶의 현장

1. 세상 = 색(色)-성(聲)-향(香)-미(味)-촉(觸) = 물질 영역

(AN 9.38-순세파(順世派) 경)은

> pañca kāmaguṇā ariyassa vinaye lokoti vuccati 다섯 가지 소유의 사유에 묶인 것이 성스러운 율(律)에서는 세상이라고 불린다.

라고 합니다. kāmaguṇā는 kāma-guṇā인데, kāma는 욕계(慾界) 등으로 쓰이는 욕(慾-소유, 소유의 사유)입니다. guṇa: virtue; quality; a cord or string; a bow-string; (with numerals: diguṇa = twofold). (m.)는 연결 또는 묶임의 의미로 쓰였습니다. 그래서 kāmaguṇā는 소유의 사유에 묶인 것 또는 소유의 대상으로 번역됩니다. 경은 다시 kāmaguṇā를 구체적으로 제시하는데,

> cakkhuviññeyyā rūpā iṭṭhā kantā manāpā piyarūpā kāmūpasaṃhitā rajanīyā. sota-viññeyyā saddā ... pe ... ghānaviññeyyā gandhā... jivhāviññeyyā rasā... kāyaviññeyyā phoṭṭhabbā iṭṭhā kantā manāpā piyarūpā kāmūpasaṃhitā rajanīyā
>
> 원하고 좋아하고 마음에 들고 사랑스럽고 소유의 사유를 수반하며 좋아하기 마련인 안(眼)으로 인식되는 색(色)들 … 이(耳)로 인식되는 성(聲)들 … 비(鼻)로 인식되는 향(香)들 … 설(舌)로 인식되는 미(味)들 … 원하고 좋아하고 마음에 들고 사랑스럽고 소유의 사유를 수반하며 좋아하기 마련인 신(身)으로 인식되는 촉(觸)들

의 다섯 가지입니다. 즉 색-성-향-미-촉의 물질입니다. 사대(四大)와 사대조색(四大造色)이고, 육계(六界) 중에서 식(識)을 제외한 지(地)-수(水)-화(火)-풍(風)-공(空)의 다섯 가지 요소의 영역입니다.

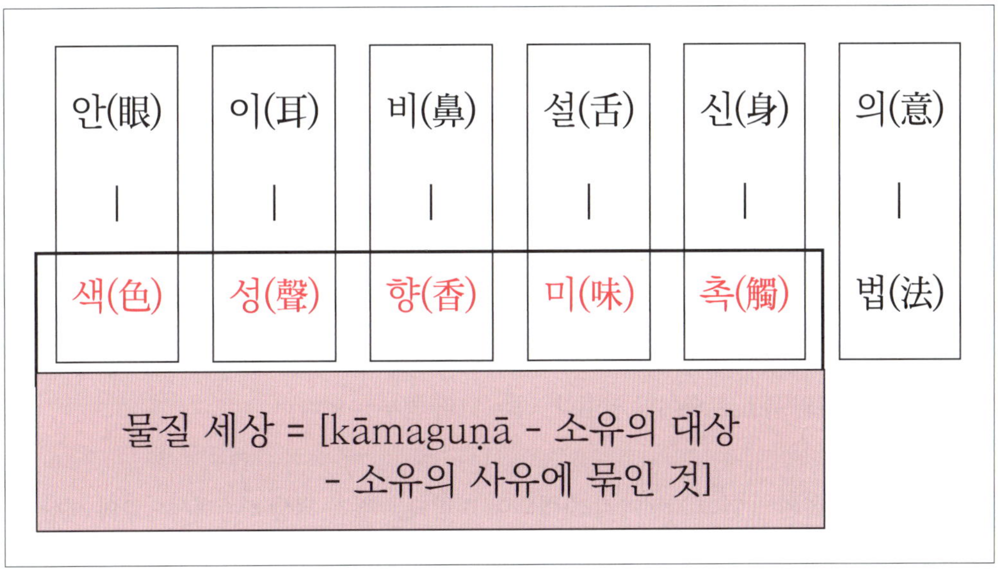

그런데 세상은 세상일 뿐입니다. (AN 6.63-꿰뚫음 경)은 이런 세상에 대해 설명합니다.

> "saṅkapparāgo purisassa kāmo, nete kāmā yāni citrāni loke. saṅkapparāgo purisassa kāmo, tiṭṭhanti citrāni tatheva loke. athettha dhīrā vinayanti chandan"ti.
>
> 탐(貪)이 함께한 사유가 사람의 소유의 사유(慾)다. 세상에 있는 다채로운 것들은 소유의 사유(慾)가 아니다. 탐이 함께한 사유가 사람의 소유의 사유다. 세상에 있는 다채로운 것들은 그렇게 머물 뿐이다. 그러므로 여기서 지혜로운 자들은 관심(欲-chanda)을 제어한다.

세상에 있는 다채로운 것들과 소유의 사유는 다릅니다. 하나는 세상이고 다른 하나는 사유 즉 의업(意業)입니다. 그리고 이 두 가지를 연결하는 것이 관심(欲-chanda)입니다. 관심은 이렇게 행위를 인식에 전달하기 때문에 모든 법의 뿌리가 됩니다(AN 10.58-뿌리 경). 만약 소유와 관련해서 세상을 상대로 문제가 발생한다면(*), 그것은 세상의 책임이 아닙니다. 세상을 구성하는 다채로운 것들은 그냥 그렇게 머물 뿐이기 때문입니다. kāma(慾) 즉 그것들과 연결된 욕탐(慾貪-kāmarāga)이 함께한 사람의 사유가 관심에 실려 와서(欲貪-chandarāga-지나친 관심) 문제를 일으키기 때문에 문제의 책임은 사유하는 사람에게 있는 것입니다.

그래서 지혜로운 사람은 그냥 그렇게 머무는 세상에 있는 다채로운 것들(색들-성들-향들-미들-촉들)을 제어하는 것이 아니라 그것과 소유의 사유를 연결하는 관심을 제어한다고 하는 것입니다.

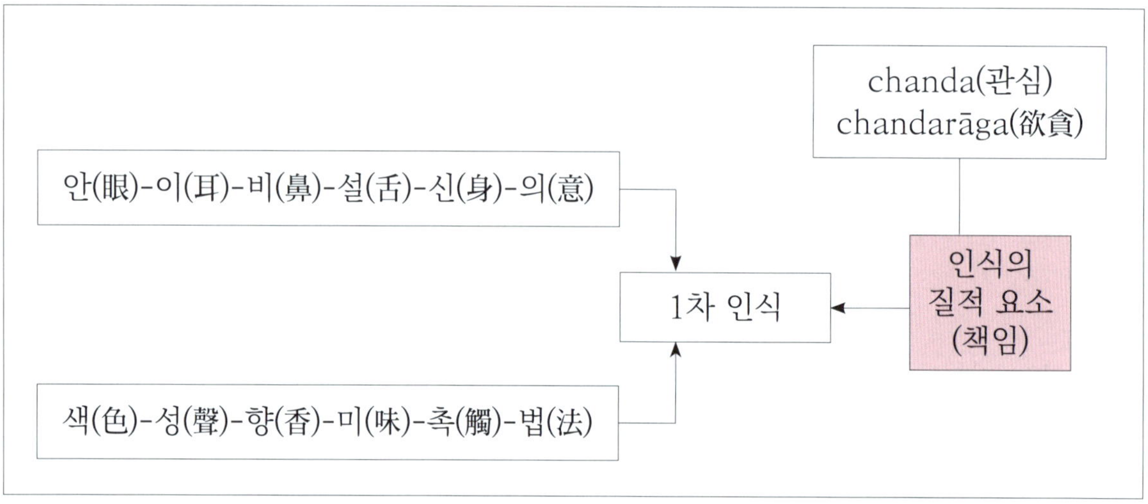

(*) (DN 13.6-삼명(三明) 경, 아찌라와띠 강의 비유)

> 와셋타여, 성스러운 율(律)에서 이 다섯 가지 소유의 사유에 묶인 것은 사슬이라고도 속박이라고도 불린다. 와셋타여, 위험을 보지 못하고, 벗어남의 지혜가 없는 삼명(三明) 바라문들은 이 다섯 가지 소유의 사유에 묶인 것을 욕심내고, 푹 빠지고, 묶여있기 때문에 즐긴다. 와셋타여, '위험을 보지 못하고, 벗어남의 지혜가 없고, 즐기고, 소유의 사유의 사슬과 속박에 묶여서 바라문이 행해야 하는 법을 버리고 바라문이 행하지 않아야 하는 법을 수용하는 그 삼명(三明) 바라문들이 다섯 가지 소유의 사유에 묶인 것을 욕심내고, 푹 빠지고, 묶여있기 때문에 몸이 무너져 죽은 뒤에 범천의 동료로 태어날 것이다.'라는 그런 경우는 없다.

2. 세상에 대한 개념의 전환 – 인식 과정에서 차별되어 경험되는 질적 세상 = 존재성으로의 세상

존재성으로의 세상 – 세상에는 세상의 상(想)을 가지고, 세상의 자기화를 가진 자가 있음(SN 35.116-세상의 끝을 걸어감 경)

한편, 세상에 대한 다른 방법으로의 설명도 있습니다.

• 'lujjatī'ti kho, bhikkhu, tasmā lokoti vuccati. kiñca lujjati?

비구여, '부서진다.'라고 해서 세상이라고 불린다. 그러면 무엇이 부서지는가?(SN 35.82-세상의 질문 경)

• yaṃ kho, ānanda, palokadhammaṃ, ayaṃ vuccati ariyassa vinaye loko. kiñca, ānanda, palokadhammaṃ?

아난다여, 흩어지는 것이 성스러운 율에서는 세상이라고 불린다. 그러면 무엇이 흩어지는 것인가?(SN 35.84-흩어지는 것 경)

• yasmā ca kho, ānanda, suññaṃ attena vā attaniyena vā tasmā suñño lokoti vuccati. kiñca, ānanda, suññaṃ attena vā attaniyena vā?

아난다여, 아(我) 또는 아에 속한 것에 의해 공(空)하기 때문에 공한 세상이라고 불린다. 그러면 무엇이 아 또는 아에 속한 것에 의해 공한가?(SN 35.85-공(空)한 세상 경)

세상은 이렇게 부서지는 것입니다. 세상을 구성하는 다른 것들과의 관계에서 강제되어 부서지는 것입니다. 또한, 세상은 흩어지는 것입니다. 무상(無常) 즉 조건들의 결합에 의해 지금의 상태로 생겨나 있지만, 조건들이 변화하면 그 결합이 해소되어 흩어짐으로써 지금의 상태를 유지하지 못하게 되는 것입니다. 더욱이 세상은 아 또는 아에 속한 것에 의해 공합니다. 세상에는 아 즉 본질적인 것이 없고, 아에 속하는 것 즉 본질에 수반되는 어떤 것도 없습니다. 세상은 아 즉 본질이 아니고 그래서 아무것도 수반할 수 없기 때문입니다.

부서지는 것, 흩어지는 것, 아 또는 아에 속한 것에 의해 공한 것으로의 세상에 대해 세 개의 경은 모두 같은 것을 말합니다. ①육내입처와 ②육외입처, 이 둘의 인식 작용에 의해 생겨나는 ③육식(六識), 이 셋의 만남인 ④육촉(六觸)과 촉을 조건으로 생기는 즐겁거나 괴롭거나 괴롭지도 즐겁지도 않은 느낌의 ⑤경험(受)들입니다.

• (SN 35.82-세상의 질문 경)

"'loko, loko'ti, bhante, vuccati. kittāvatā nu kho, bhante, lokoti vuccatī""ti? "'lujjatī'ti kho, bhikkhu, tasmā lokoti vuccati. kiñca lujjati? cakkhu kho, bhikkhu, lujjati. rūpā lujjanti, cakkhuviññāṇaṃ lujjati, cakkhusamphasso lujjati, yampidaṃ cakkhusamphassapaccayā uppajjati vedayitaṃ sukhaṃ vā dukkhaṃ vā adukkhamasukhaṃ vā tampi lujjati ... pe ... jivhā lujjati ... pe ... mano lujjati, dhammā lujjanti, manoviññāṇaṃ lujjati, manosamphasso lujjati, yampidaṃ manosamphassapaccayā uppajjati vedayitaṃ sukhaṃ vā dukkhaṃ vā adukkhamasukhaṃ vā tampi lujjati. lujjatīti kho, bhikkhu, tasmā lokoti vuccatī""ti.

"대덕이시여, '세상, 세상'이라고 불립니다. 대덕이시여, 어떤 점에서 세상이라고 불립니까?" "비구여, '부서진

> 다.'고 해서 세상이라고 불린다. 그러면 무엇이 부서지는가? 비구여, 안(眼)은 부서진다. 색(色)들은 부서진다. 안식(眼識)은 부서진다. 안촉(眼觸)은 부서진다. 안촉(眼觸)을 조건으로 생기는 즐거움과 괴로움과 괴롭지도 즐겁지도 않음의 경험된 것도 부서진다. … 설(舌)은 부서진다. … 의(意)는 부서진다. 법(法)들은 부서진다. 의식(意識)은 부서진다. 의촉(意觸)은 부서진다. 의촉(意觸)을 조건으로 생기는 즐거움과 괴로움과 괴롭지도 즐겁지도 않음의 경험된 것도 부서진다. 비구여, '부서진다.'고 해서 세상이라고 불린다."

한편, (SN 35.83-팍구나 질문 경)은 안-이-비-설-신-의로 부처님 즉 깨달아 중생의 삶에서 벗어난 아라한을 나타낼 수 없다고 말하는데, 세상이란 개념이 열반은 배제된 중생들의 삶의 영역을 지시한다는 것을 알 수 있습니다.

그렇다면 세상의 개념은 전환됩니다. 단순히 존재하고 있는 물질 세상이라는 정의에서 중생인 내가 고와 락을 경험하며 살아가는 삶의 현장 또는 그 느낌/경험에 의해 욕계-색계-무색계의 중생으로 차별되는 나의 존재성이라는 정의로의 전환입니다. 색-성-향-미-촉의 물질 세상으로부터 안-이-비-설-신-의 육내입처와 색-성-향-미-촉-법 육외입처의 인식 과정으로 전환된 세상입니다. 내입처가 외입처를 인식하여 알고(識), 삼사화합 촉의 과정으로 외입처를 경험(受)하는 과정 전체를 포괄하는 나의 존재성으로의 세상입니다. 그리고 이때 욕탐(欲貪)이 공동주관으로 참여하여 이런 세상의 질을 결정합니다.

한편, (SN 1.70-세상 경)도 여섯으로 세상을 설명하는데, 이런 세상에 대한 설명입니다.

> (문) 무엇에서 세상은 일어난 것이고, 무엇에서 교제합니까? 무엇에서 세상은 집착된 뒤에 무엇에서 세상은 타격당합니까? (답) 여섯에서 세상은 일어난 것이고, 여섯에서 교제합니다. 여섯에게 집착된 뒤에 여섯에서 세상은 타격당합니다.

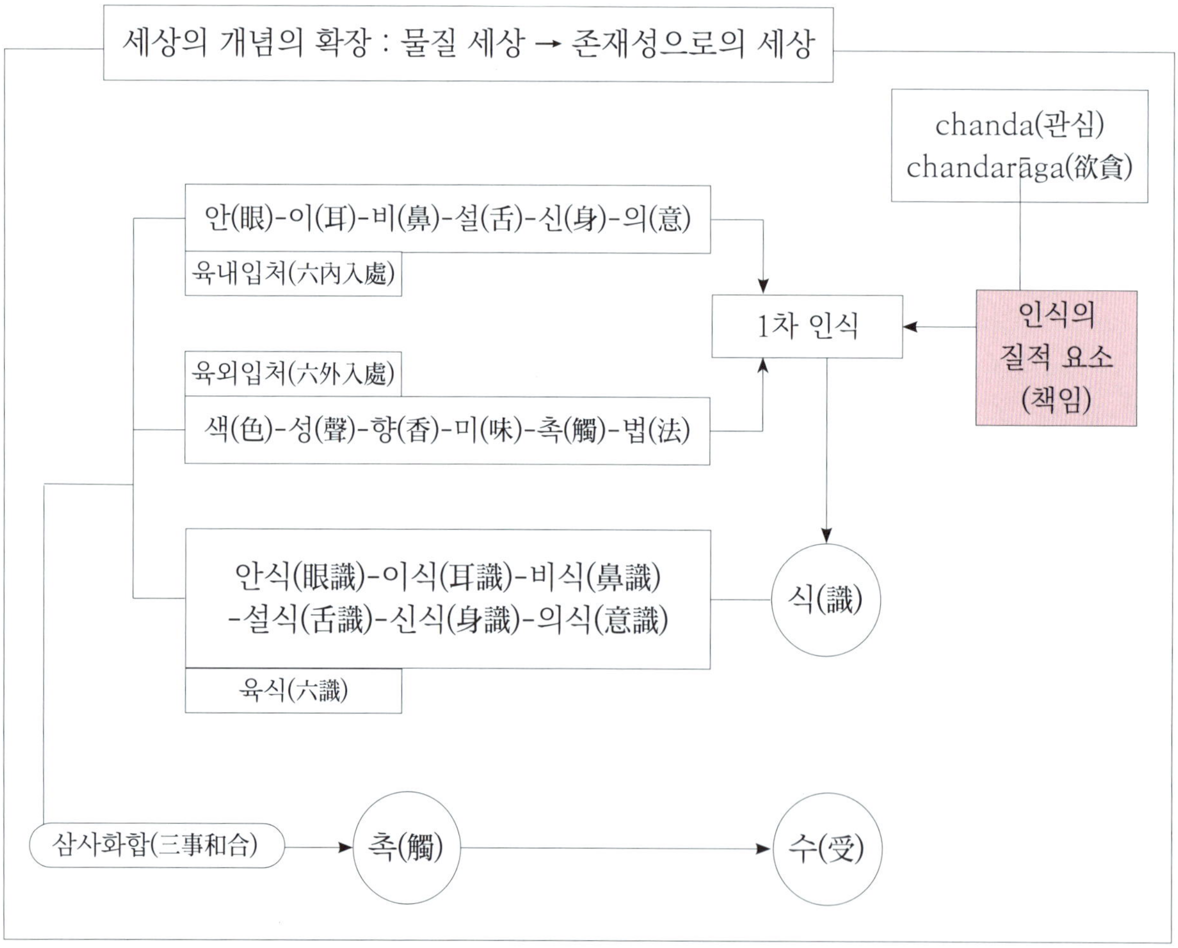

그렇다면 세상은 대상으로의 물질세상을 넘어서서 인식 주관인 나 자신까지도 포괄하는 확장된 개념으로 전환되는 것입니다. 번뇌의 영향을 받는 영역 즉 유위(有爲)인 나도 유위인 세상의 일부라는 관점입니다.

• 그림 – 세상 = 번뇌의 영향을 받는 영역 즉 유위

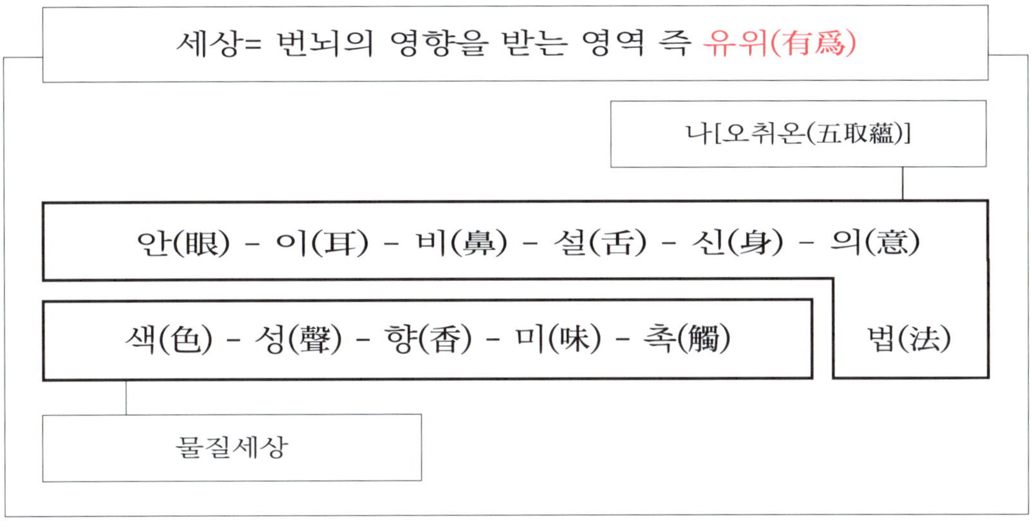

한편, 경은 세상에 대해 일체(一切-sabba)라는 개념을 부여합니다. 그리고 일체는 육내입처(六內入處)-육외입처(六外入處)의 쌍으로 나타나는 경우와 확장된 세상의 개념과 같은 영역으로 나타나는 두 가지 경우를 보여줍니다.

3. [참고] 일체(一切-sabba) –「활성화된 일체의 개념」

1) (SN 35.23-일체(一切) 경)은

“sabbaṃ vo, bhikkhave, desessāmi. taṃ suṇātha. kiñca, bhikkhave, sabbaṃ? cakkhuñ-ceva rūpā ca, sotañca saddā ca, ghānañca gandhā ca, jivhā ca rasā ca, kāyo ca phoṭṭhabbā ca, mano ca dhammā ca – idaṃ vuccati, bhikkhave, sabbaṃ. yo, bhikkhave, evaṃ vadeyya – ‘ahametaṃ sabbaṃ paccakkhāya aññaṃ sabbaṃ paññāpessāmī’ti, tassa vācāvatthukamevassa; puṭṭho ca na sampāyeyya, uttariñca vighātaṃ āpajjeyya. taṃ kissa hetu? yathā taṃ, bhikkhave, avisayasmin”ti.

비구들이여, 그대들에게 일체를 설할 것이다. 그것을 들어라. 비구들이여, 무엇이 일체인가? 안(眼)과 색(色)들, 이(耳)와 성(聲)들, 비(鼻)와 향(香)들, 설(舌)과 미(味)들, 신(身)과 촉(觸)들, 의(意)와 법(法)들 – 이것이 일체라고 불린다. 비구들이여, 어떤 사람이 ‘나는 이 일체를 거부하고 다른 일체를 선언할 것이다.’라고 말한다면 그 사람에게 단지 그런 말이 있을 뿐이다. 동의를 얻지 못할 것이고 더 나아가 낭패를 보게 될 것이다. 그 원인은 무엇인가? 비구들이여, 어떤 식으로든 그것이 영역 안에 있지 않기 때문이다.

라고 합니다. 여섯 가지 쌍(雙)을 일체 즉 모든 것이라고 말하는 것입니다.

그런데 이 쌍은 인식의 주관과 객관입니다. 인식하는 자와 인식되는 것들입니다것 그렇다면 세상 안에 있는 것들(*)은 모두 인식된다는 것을 의미합니다. 삶의 과정에서 인식하는 자와 인식되는 자의 범주 안에 세상을 구성하는 것이 있다는 것이어서, 세상 안에 감각기능(根)에 닿지 않는 것은 아무 것도 없다는 것입니다. 세상 안에 있는 것은

모두 형이하(形而下-경험적 대상의 영역)적으로 있지 형이상(形而上-초경험적인 것을 대상으로 하는 영역)적으로 존재하는 것은 아무 것도 없다는 것입니다. 다만, 경험의 영역을 안과 색들, 이와 성들, 비와 향들, 설과 미들, 신과 촉들의 물질 영역에 한정하지 않고 의와 법들 즉 물질 아닌 것들의 영역까지 포괄적으로 제시하고 있습니다.

(*) 세상에서 벗어나 실현되는 것은 열반인데, 세상 안에 포함되지 않는 유일한 법입니다. ⇒ 삼법인 참조

※ 외입처와 연계된 몇 가지 개념 → 그림 :「영역(gocara)/외입처(bāhira āyatana)/경(境-visaya)/상(相-nimitta)」 참조

또한, 있고 없고의 문제와는 별도로 인식하는 자의 인식능력에 따라 인식할 수 있는 범위가 달라진다는 것도 주목해야 하는데, 불교가 지(知-앎)와 견(見-봄)을 중시하는 이유입니다. 내가 인식하지 못한다고 해서 '없다'고 단정적으로 말하는 것은 사실이 아닐 수도 있습니다. 그래서 인식능력의 향상을 통해 인식하지 못하던 것들을 드러나게 하고, 현상적으로 드러나는 법의 실상(사실)을 꿰뚫어 문제 상황을 해소하는 것이 바로 불교수행이고, 그 완성이 완전한 앎과 봄에 의한 깨달음입니다. –「인식론적 인격론으로의 불교」

경은 아예 이것과 다른 일체 즉 여기에 포함되지 않는 어떤 것을 말하고자 한다면 그것은 말로만 있을 뿐이지 실제하지 않는다고 말해줍니다. 예를 들면, 창조주 하나님 브라흐마거나 브라흐마의 분신으로서 모든 존재 안에 있는 아(我)라고 말해진 것 등이 있고, 포괄적으로 말하면 상-락-아-정의 특성을 가진다고 설명되는 것들입니다.

부처님은 수행의 완성 즉 사띠-삼매-지혜의 완성을 통한 완전한 앎과 봄에 의해 이런 일체를 선언하고, 상-락-아-정의 특성을 가지는 것은, 창조주 브라흐마든 그의 분신인 아(我)든, 없다고 선언하는데, 이것이 불교의 정체성인 무아(無我)입니다. 그리고 이런 선언에 대한 공감과 동의를 믿음이라고 하고, 이런 믿음에 기반한 노력에 의해 사띠-삼매-지혜의 완성을 향해 삶을 이끄는 과정이 수행인 것입니다. →「오근(五根-다섯 가지 기능) – 믿음-정진-사띠-삼매-지혜」

2) 상윳따 니까야의 (SN 35-육처 상윳따)는 세 개의 품 30개의 경을 통해 일체를 설명합니다. 앞에 소개한 (SN 35.23-일체 경)은 그 중 첫 번째 경입니다.

- sabbavaggo (3. 일체 품) - 열 개의 경
- jātidhammavaggo (4. 태어남의 법 품) - 열 개의 경
- sabbāniccavaggo (5. 일체 무상 품) - 열 개의 경

그런데 (SN 35.23-일체 경)을 제외한 나머지 스물아홉 개의 경들은 모두 안, 색, 안식, 안촉, 안촉에서 생긴 락-고-불고불락의 경험(여섯의 반복)이라는 확장된 영역에서 일체를 설명합니다.

● sabbavaggo (3. 일체 품)

- (SN 35.24-버림 경) → 일체의 버림을 위한 법
- (SN 35.25-실답게 알고 완전히 알아서 버림 경) → 일체를 실답게 알고 완전히 알아서 버리기 위한 법
- (SN 35.26-완전히 알지 못함 경1) → 일체를 실답게 알지 못하고, 완전히 알지 못하고, 이탐하지 못하고, 버리지 못하면 괴로움의 부서짐이 불가능함

• 그림 : 「영역(gocara)/외입처(bāhira āyatana)/경(境-visaya)/상(相-nimitta)」

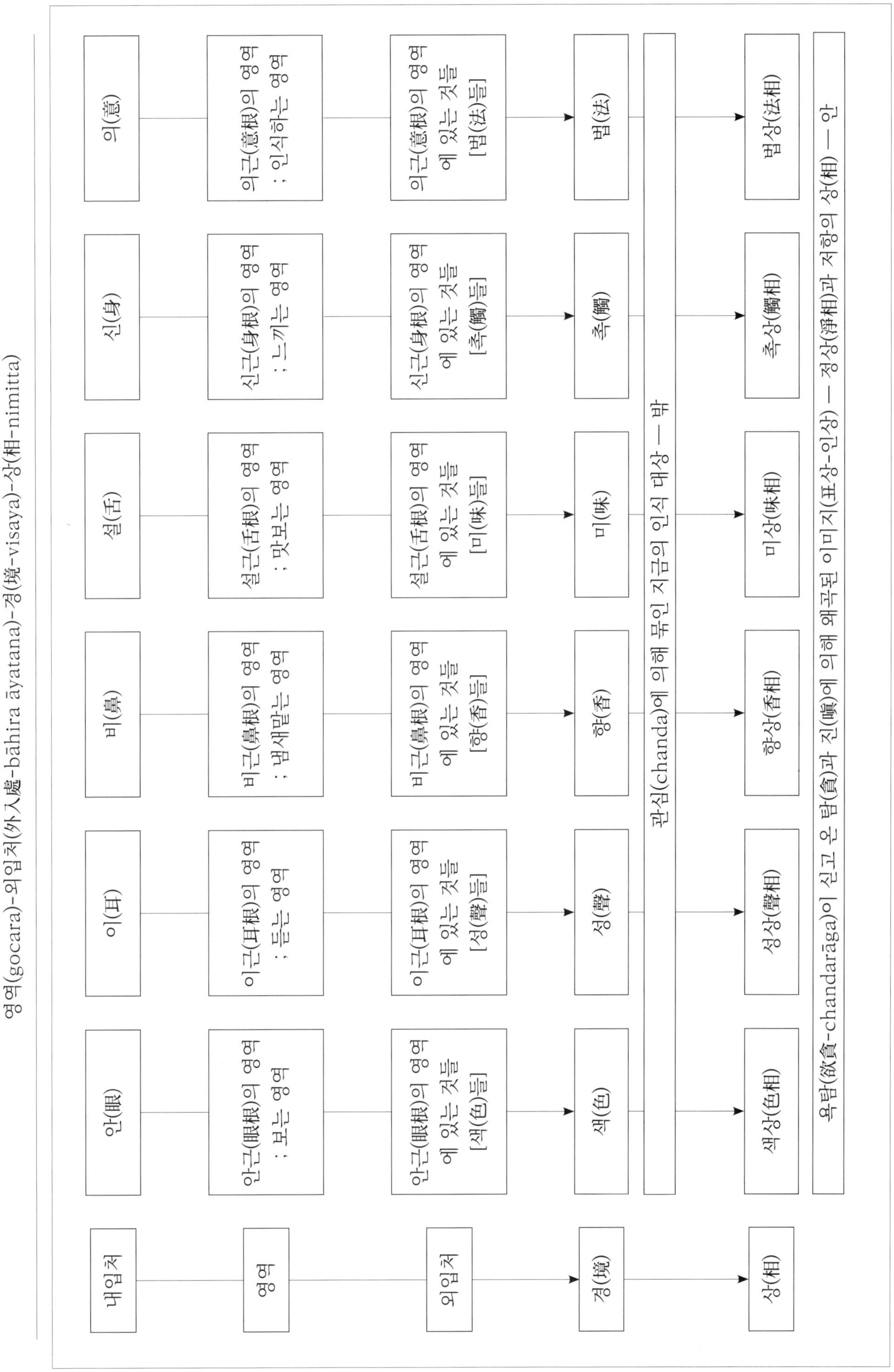

- (SN 35.27-완전히 알지 못함 경2) → 위와 동일
- (SN 35.28-불탐 경) → 일체(一切)는 불타는 것
- (SN 35.29-얼룩진 것 경) → 일체는 얼룩진 것
- (SN 35.30-뿌리 뽑힘에 적합함 경) → 일체의 생각된 것의 뿌리 뽑힘에 적합한 실천
- (SN 35.31-뿌리뽑힘에 도움 됨 경1) → 일체의 생각된 것의 뿌리 뽑힘에 도움 되는 실천
- (SN 35.32-뿌리 뽑힘에 도움 됨 경2) → 위와 동일

● jātidhammavaggo (4. 태어남의 법 품) – 1-10. (SN 35.33-태어남의 법 등 열 개의 경)

- 일체(一切)는 태어남[생(生)]의 법
- 일체(一切)는 늙음[노(老)]의 법
- 일체(一切)는 병(病)의 법
- 일체(一切)는 죽음[사(死)]의 법
- 일체(一切)는 슬픔[수(愁)]의 법
- 일체(一切)는 오염의 법
- 일체(一切)는 부서짐의 법
- 일체(一切)는 무너짐의 법
- 일체(一切)는 자라남의 법
- 일체(一切)는 소멸의 법

● sabbāniccavaggo (5. 일체 무상 품) – 1-10. (SN 35.43-무상(無常) 등 열 개의 경)

- 일체(一切)는 무상(無常)하다.
- 일체(一切)는 고(苦)다.
- 일체(一切)는 무아(無我)다.
- 일체(一切)는 실답게 알려져야 하는 것이다.
- 일체(一切)는 완전히 알려져야 하는 것이다.
- 일체(一切)는 버려져야 하는 것이다.
- 일체(一切)는 실현되어져야 하는 것이다.
- 일체(一切)는 실답게 안 뒤에 완전히 알려져야 하는 것이다.
- 일체(一切)는 시달리는 것이다.
- 일체(一切)는 억눌리는 것이다.

3) 두 가지 일체의 차이 – 「활성화된 일체」

그러면 쌍으로의 일체와 쌍에서 비롯되어 수(受)에 이르는 과정을 말하는 일체는 어떤 차이가 있습니다. 차이를 보여주는 두 가지 모두를 일체라고 말하면 논리적 모순에 처하지는 않습니까?

존재하는 것은 여섯 개의 쌍입니다. 그래서 일체입니다. 그런데 이 쌍은 인식의 주관과 객관입니다. 마음이 몸과 함께한 주관이고, 물질과 물질 아닌 것을 포괄하는 객관입니다. 그런데 이런 주관과 객관의 성립은 정지 상태의 구성을 지시한다고 해야하지만, 삶은 정지 상태가 아닙니다. 주관과 객관이 일체로서 대응하였다는 것은 삶이 활성

화되어 지금을 살고 있는 상황을 지시하기 때문입니다.

삶의 활성화는 작의(作意-manasikāra) 즉 의(意-mano)의 작용으로 진행되는데, 관심(chanda)을 뿌리로 합니다. 이때, 관심은 지금 삶의 행위자인 심(心-citta)의 수단입니다(MN 105-수낙캇따 경). 딱까(愛의 형성 과정)에서 생겨나고 인식의 자리에 와서 자기화된 심의 행위를 뿌리로 의가 작용하면 식(識-viññāṇa)이 생깁니다. (MN 28-코끼리 발 자국 비유의 큰 경)은

yato ca kho, āvuso, ajjhattikañceva cakkhuṃ aparibhinnaṃ hoti, bāhirā ca rūpā āpāthaṃ āgacchanti, tajjo ca samannāhāro hoti. evaṃ tajjassa viññāṇabhāgassa pātubhāvo hoti

도반들이여, 안의 안(眼)이 망가지지 않았고 밖의 색(色)들이 영역에 들어오며, 이것에 속한 집중도 있을 때(이것들을 묶어주면), 이렇게 이것에 속하는 식(識)의 부분이 출현합니다.(여섯에 반복)

라고 하는데, 심의 참여에 의한 식의 발생을 설명하는 것입니다. 그리고 쌍과 (이렇게 생겨난) 씨앗 식은 동시적인 것이어서 함께 만나는데, 삼사화합 촉(觸)입니다. 그리고 촉을 조건으로 수(受)가 생깁니다. 인식 과정을 통해 외입처 즉 대상을 알고(識) 경험하는(受) 과정입니다. 욕탐의 참여로부터 식과 수가 생기는 과정은 대상을 알고 경험하는 것으로의 동시적인 인식 과정의 활성 상태여서 함께 존재하는 것입니다. 그래서 외입처-내입처-식-촉-수로 구성된 이 법들도 일체인데, 활성화된 일체라고 이름 붙였습니다.

이렇게 일체는 두 가지 측면에서 설명됩니다. 그리고 일체를 설명하는 30개의 경 가운데 29개의 경이 활성화된 일체를 설명하는 것은 진행되고 있는 삶의 과정을 바르게 알아야 진행되는 삶의 문제를 해소할 수 있기 때문이라고 보아야 합니다. 그래서 불교는 현재진행형입니다.

4. 확장된 세상의 의미 –「세상 – 마라 – 중생 - 괴로움」

한편, 활성화된 일체의 영역으로 확장된 세상은 다른 방법으로도 설명됩니다. 안-색들-안식-안식에 의해 알려져야 하는 법들(*)(여섯에 반복)의 형태인데, (SN 35.68-사밋디 세상 질문 경)은「안이 있는 곳, 색들이 있는 곳, 안식이 있는 곳, 안식에 의해 알려져야 하는 법들이 있는 곳, 거기에 세상 또는 세상이라는 개념이 있다.(여섯에 반복)」라고 합니다. 인식 과정 전반의 확장된 영역에서 세상과 세상이라는 개념을 설명하는데, (SN 35.82-세상의 질문 경)의 세상과 같은 설명입니다.

(*) '식에 의해 알려져야 하는 법들'은 인식에서 1차 인식과 2차 인식의 전개를 설명합니다.

그런데 이런 설명은 세 개의 경을 통해 동일한 형태로 다른 것을 연결합니다.

; 안이 있는 곳, 색들이 있는 곳, 안식이 있는 곳, 안식에 의해 알려져야 하는 법들이 있는 곳(여섯에 반복)

- 거기에 마라 또는 마라라는 개념이 있다.(SN 35.65-사밋디 마라 질문 경1)

- 거기에 중생 또는 중생이라는 개념이 있다.(SN 35.66-사밋디 중생 질문 경)

• 거기에 괴로움 또는 괴로움이라는 개념이 있다.(SN 35.67-사밋디 고(苦) 질문 경)

그렇다면 활성화된 일체의 영역으로 확장된 세상은 그대로 ①마라의 영역이고, ②중생의 영역이고, ③괴로움의 영역이라는 것을 알 수 있습니다.

그렇습니다. 부서지고, 흩어지고, 아 또는 아에 속한 것에 의해 공한 이 세상은 이렇게 ①마라의 영역이고, ②중생의 영역이고, ③괴로움의 영역입니다. 그리고 이런 세상에서 벗어날 때 ①마라로부터 해방되는 것이고, ②중생이라는 불완전한 존재 상태를 마감하는 것이고, ③괴로움이 소멸한 완전한 행복이 실현되는 것입니다.

법(法) - 있는 것[제법무아(諸法無我)]	
행(行) : 무상(無常)-고(苦)-무아(無我) [제행무상(諸行無常)-제행개고(諸行皆苦)]	열반(涅槃) : (가라앉음)-락(樂)-무아(無我)
세상 : ①마라의 영역, ②중생의 영역, ③고(苦)의 영역	세상에서 벗어남 : ①마라로부터의 해방, ②중생의 불완전한 존재 상태 마감, ③고(苦)가 소멸한 완전한 행복의 실현

5. 자라나고 줄어드는 세상

• 자라남(samudaya)-줄어듦(atthaṅgama)

이렇게 ①마라와 ②중생 그리고 ③괴로움과 동일시되는 것이기 때문에 ④세상에는 자라남이라는 개념과 줄어듦이라는 개념이 설해집니다. 나의 삶이 번뇌의 영향 즉 유위(有爲)적이어서 ①마라의 영역, ②중생의 영역, ③괴로움의 영역에 속해 있으면 중생으로의 삶의 토대인 ④세상은 자라납니다. 반면에, 나의 삶에서 번뇌의 영향이 줄어들어 ①마라로부터 해방되어 가고, ②중생이라는 불완전한 존재 상태가 마감되어 가고, ③괴로움이 소멸한 완전한 행복의 실현으로 나아가는 만큼 나에게 ④세상은 줄어드는 것입니다.

(SN 12.44-세상 경)과 (SN 35.107-세상의 자라남 경)은

그러면 비구들이여, 무엇이 세상의 자라남인가(katamo ca, bhikkhave, lokassa samudayo)? 안과 색들을 연하여 안식이 생긴다. 셋의 만남이 촉이다. 촉을 조건으로 수가, 수를 조건으로 애가, 애를 조건으로 취가, 취를 조건으로 유가, 유를 조건으로 생이, 생을 조건으로 노사와 수비고우뇌가 생긴다. 이것이, 비구들이여, 세상의 자라남이다.(여섯에 반복)

비구들이여, 무엇이 세상의 줄어듦인가(katamo ca, bhikkhave, lokassa atthaṅgamo)? 안과 색들을 연하여 안식이 생긴다. 셋의 만남이 촉이다. 촉을 조건으로 수가, 수를 조건으로 애가 생긴다. 그 애가 남김없이 바래어 소멸할 때 취가 소멸하고, 취가 소멸할 때 유가 소멸하고, 유가 소멸할 때 생이 소멸하고, 생이 소멸할 때 노사와 수비고우뇌가 소멸한다. 이렇게 이 모든 괴로움 무더기가 소멸한다. 이것이, 비구들이여, 세상의 줄어듦이다.(여섯에 반복)

라고 합니다. 한편, (SN 12.49-성스러운 제자 경)/(SN 12.50-성스러운 제자 경2)는

> 그리고 비구들이여, 오직 여기에 잘 배운 성스러운 제자의 다른 사람을 의지하지 않는 앎이 있다. – '이것이 있을 때 이것이 있고, 이것이 생길 때 이것이 생긴다. 무명이 있을 때 행들이 있고 … 생이 있을 때 노사가 있다.'라고. 그는 이렇게 분명히 안다. – '이렇게 이 세상이 자라난다('evamayaṃ loko samudayatī).'라고.
>
> ~ 그리고 비구들이여, 오직 여기에 잘 배운 성스러운 제자의 다른 사람을 의지하지 않는 앎이 있다. – '이것이 없을 때 이것이 없고, 이것이 소멸할 때 이것이 소멸한다. (무명이 없을 때 행들이 없고, 행들이 없을 때 식이 없고) 식이 없을 때 명색이 없고, 명색이 없을 때 육입이 없고, … 생이 없을 때 노사가 없다.'라고. 그는 이렇게 분명히 안다. – '이렇게 이 세상이 소멸한다(evamayaṃ loko nirujjhatī).'라고.

라고 말합니다.

연기의 조건 관계에 의해 생-노사 즉 괴로움이 생겨나는 상태를 세상의 자라남으로, 소멸의 조건 관계에 의해 생-노사 즉 괴로움이 없는 상태를 세상의 줄어듦과 소멸로 설명하고 있습니다. 그렇다면 중생인 존재에게 연기의 과정으로 괴로움의 세상이 자라나지만, 소멸의 과정을 통해 차츰 줄어들다가 그 끝에 소멸할 수도 있다는 것을 말해주는 것입니다.

인식의 주관과 객관인 육내입처와 육외입처로부터 출발하여 세상의 자라남과 줄어듦을 설명하는데, 세상을 존재성 즉 육내입처와 육외입처가 대응하는 삶의 과정으로 이해하는 앞의 경들과 같다는 것을 알 수 있습니다.

그런데 세상의 자라남과 줄어듦이 개인의 삶에 대한 설명이라면, 세상을 구성하는 존재들의 집합적 의미에서 세상을 표현하는 경들도 있습니다. (DN 1.7-범망경, 일부 영속 일부 비영속을 말하는 자)/(DN 24-빠티까 경)/(DN 27-처음에 대한 앎 경)은 세상의 기원과 관련된 주제를 포함하고 있는데, 진화하는 세상(ayaṃ loko saṃvaṭṭati)과 퇴화하는 세상(ayaṃ loko vivaṭṭati)입니다.

> "hoti kho so, vāseṭṭha, samayo yaṃ kadāci karahaci dīghassa addhuno accayena ayaṃ loko saṃvaṭṭati. saṃvaṭṭamāne loke yebhuyyena sattā ābhassarasaṃvattanikā honti. te tattha honti manomayā pītibhakkhā sayaṃpabhā antalikkhacarā subhaṭṭhāyino ciraṃ dīghamaddhānaṃ tiṭṭhanti.
>
> 와셋타여, 긴 세월이 지난 어느 때, 어느 곳에서 이 세상이 진화하는[줄어드는(atthaṅgama)] 때가 있다. 와셋타여, 진화하는 세상에서 대부분의 중생은 광음천(光音天)으로 이끌린다. 의성(意成)인 그들은 거기서 희열이 음식이고, 스스로 빛나고, 허공을 다니고, 깨끗한 존재로 오랫동안 긴 시간을 머문다.
>
> "hoti kho so, vāseṭṭha, samayo yaṃ kadāci karahaci dīghassa addhuno accayena ayaṃ loko vivaṭṭati. vivaṭṭamāne loke yebhuyyena sattā ābhassarakāyā cavitvā itthattaṃ āgacchanti. tedha honti manomayā pītibhakkhā sayaṃpabhā antalikkhacarā subhaṭṭhāyino ciraṃ dīghamaddhānaṃ tiṭṭhanti.
>
> 와셋타여, 긴 세월이 지난 어느 때, 어느 곳에서 이 세상이 퇴화하는[자라나는(samudaya)] 때가 있다. 퇴화하는

> 세상에서 대부분의 중생은 광음천(光音天)의 무리에서 떨어져 지금의 상태로 온다. 의성(意成)인 그들은 여기서 희열이 음식이고, 스스로 빛나고, 허공을 다니고, 깨끗한 존재로 오랫동안 긴 시간을 머문다.(DN 27-처음에 대한 앎 경)

대부분의 중생이 광음천(제2선천의 꼭대기)으로 이끌린다는 것은 광음천 아래의 낮은 세상이 부서진다는 것이고, 그만큼 낮은 삶을 사는 중생들이 줄어들어 세상은 높은 수준을 갖게 된다는 의미입니다. 그런 점에서 ayaṃ loko saṃvaṭṭati를 '이 세상이 진화한다.'라고 해석하였는데, 중생 세상의 줄어듦(atthaṅgama)의 측면입니다. 반면에 대부분의 중생이 광음천의 무리에서 떨어진다는 것은 광음천 아래의 낮은 세상이 생겨난다는 것이고, 그만큼 낮은 삶을 사는 중생들이 늘어나 세상은 낮은 수준을 갖게 된다는 의미입니다. 그런 점에서 ayaṃ loko vivaṭṭati를 '이 세상이 퇴화한다.'라고 해석하였는데, 중생 세상의 자라남(samudaya)의 측면입니다.

이때, (DN 1.7-범망경, 일부 영속 일부 비영속을 말하는 자)와 (DN 24-빠티까 경)은 퇴보하는 세상의 서술에서 범천(梵天)의 탄생을 설명하는데, 세상에 「대범천(大梵天), 정복자, 정복당하지 않는 자, 모든 것을 보는 자, 지배자, 권능 가진 자, 창시자, 창조자, 으뜸 된 자, 신분을 부여하는 자, 주인, 과거와 미래의 것들의 아버지」여서 중생들을 창조했다고 알려진 그입니다. 창조주라고 알려져 있지만 사실은 세상이 퇴화하는 과정에서 생겨난 존재라는 설명입니다.

> ※ 범천의 탄생은 '비어있는 범천의 하늘 궁전(suññaṃ brahmavimānaṃ)'을 소개하는데, 범천의 세상(brahmaloka)과 연결되고, 범천의 세상은 삼천대천세계 (三千大千世界)와 연결됩니다. 이 장의 끝에서 정리하였습니다.

한편, 세상의 진화와 퇴화는 이외에도 전생의 기억을 설명하는 숙명통 또는 숙주명에서도 나타납니다. - 「anekepi saṃvaṭṭakappe anekepi vivaṭṭakappe anekepi saṃvaṭṭavivaṭṭakappe 세계가 진화하는(줄어드는) 여러 겁, 세계가 퇴화하는(자라나는) 여러 겁, 세계가 진화하고 퇴화하는 여러 겁」

6. 세상의 끝

그런데 이 경들은 세상의 자라남에 이어 줄어듦 또는 소멸을 말합니다. 삶의 과정을 통해 자라나는 세상의 연장 위에서 언급되는 줄어듦 또는 소멸은 세상이 끝난다는 것을 의미하는 것입니까? 그렇다면 세상은 정말 끝날 수 있는 것입니까? 세상의 끝은 존재합니까?

(다섯 가지 소유의 사유에 묶인 것 즉 색-성-향-미-촉으로의) 세상의 끝에 대한 불교의 입장은 무기(無記)입니다. 시간적 또는 공간적인 세상의 끝에 대한 치우친 결론을 제시하지 않는데, 십사무기(十事無記)를 주제로 하는 많은 경들의 입장입니다. (SN 44.8-왓차곳따 경)에서 부처님과 왓차곳따 유행승은 이렇게 대화합니다.

> "고따마 존자여, 세상은 영원합니까?" "왓차여, '세상은 영원하다.'라는 것을 나는 설명하지 않습니다." "고따마 존자여, 세상은 영원하지 않습니까?" "왓차여, '세상은 영원하지 않다.'라는 것도 나는 설명하지 않습니다." "고따마 존자여, 세상은 끝이 있습니까?" "왓차여, '세상은 끝이 있다.'라는 것을 나는 설명하지 않습니다." "고따마 존자여, 세상은 끝이 없습니까?" "왓차여, '세상은 끝이 없다.'라는 것도 나는 설명하지 않습니다."

그렇다고 세상의 끝에 대한 불교의 입장이 없는 것은 아닙니다. (SN 35.116-세상의 끝을 걸어감 경)에서 부처님

은

> 비구들이여, 나는 걸어감에 의해서 세상의 끝을 알고 보고 닿을 수 있다고 말하지 않는다. 그러나 비구들이여, 세상의 끝에 닿지 못하고서 괴로움의 끝을 만든다고 나는 말하지 않는다.

라고 합니다. 이 말씀의 상세한 의미를 묻는 비구들에게 아난다 존자는

> 도반들이여, 어떤 것 때문에 세상에는 세상의 상(想)을 가지고, 세상의 자기화를 가진 자가 있습니다. – 이것이 성스러운 율에서는 세상이라고 불립니다. 그러면, 도반들이여, 무엇 때문에 세상에는 세상의 상을 가지고, 세상의 자기화를 가진 자가 있습니까? 도반들이여, 안(眼) 때문에 세상에는 세상의 상을 가지고, 세상의 자기화를 가진 자가 있습니다. 도반들이여, 이(耳) 때문에 … 도반들이여, 비(鼻) 때문에 … 도반들이여, 설(舌) 때문에 세상에는 세상의 상을 가지고, 세상의 자기화를 가진 자가 있습니다. 도반들이여, 신(身) 때문에 … 도반들이여, 의(意) 때문에 세상에는 세상의 상을 가지고, 세상의 자기화를 가진 자가 있습니다. 도반들이여, 어떤 것 때문에 세상에는 세상의 상을 가지고, 세상의 자기화를 가진 자가 있습니다. – 이것이 성스러운 율에서는 세상이라고 불립니다.

라고 분석하고, 다시 부처님은

> 비구들이여, 아난다는 현자다. 비구들이여, 아난다는 큰 지혜를 가졌다. 만약 그대들이 나에게 이 의미를 물었더라도 나도 아난다가 말한 것과 같이 설명했을 것이다. 이것이 바로 그 의미이다. 이것을 그것으로 명심하여라.

라는 말로 확인해 줍니다.

걸어서 즉 몸으로 가서 닿을 수 있는 세상의 끝은 알 수 있는 것이 아니고 볼 수 있는 것이 아닙니다. 그러나 괴로움의 완전한 소멸을 실현하기 위해서는 세상의 끝에 닿아야 합니다. 그렇다면 몸으로 닿을 수 있는 세상 말고 어떤 세상이 있어서 그 끝에 닿아야 하는 것입니까?

아난다 존자는 '안~의 때문에 세상에는 세상의 상(想)을 가지고, 세상의 자기화를 가진 자가 있는데, 성스러운 율 즉 부처님 가르침에서는 이것 즉 세상의 경향 위에서 자기화된 안~의(*)를 세상이라고 부른다.'라고 설명합니다.

> (*) (SN 35.146-업의 소멸 경)에 의하면, 안~의는 이전의 업이고 형성된 것, 의도된 것, 경험되는 것인데, 유위의 삶의 과정인 중생의 인식 주관입니다. 한편, 상(想)은 계(界)에 대응하여 2차 인식의 공동주관으로 참여합니다. 유위의 삶의 과정인 중생으로의 계에 대응해서 중생의 삶의 영역인 세상의 상이 참여하고, 순환하여 1차 인식에 오면 세상의 자기화로 참여합니다.

이때, 상(想-saññā)과 자기화(māna)는 육내입처와 육외입처를 골격으로 하는 인식 과정에 질의 측면으로 참여하는 공동주관의 전개입니다. 욕탐(欲貪)의 뿌리에 상(想)이 있고 욕탐에 의해 자기화되는 구조입니다.

• 그림 – 세상의 상과 세상의 자기화를 가진 자

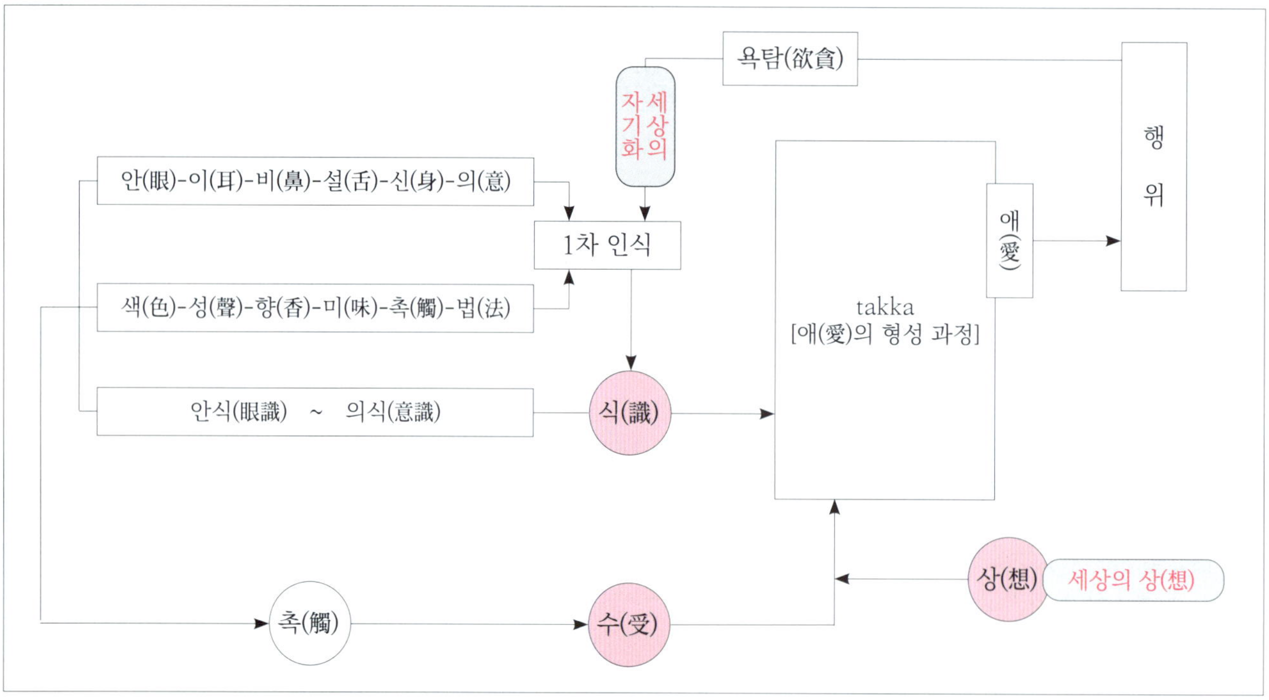

세상 즉 중생들의 삶의 영역에 제한된 경향(세상의 想)에서 출발한 욕탐이 그 영역에 대한 자기화(나-나의 것 → 세상의 자기화)로서 공동주관으로 참여하는 구조입니다. 그러면 단지 삶의 골격에 불과한 내입처와 외입처가 나 또는 나의 것이라는 중생으로의 주관과 객관으로 활성화하여 인식 과정을 진행하게 됩니다.

이렇게 육내입처와 육외입처 즉 일체가 중생으로의 주관과 객관을 구성하여 활성화되면 객관인 외입처를 활성요소①인 작의(作意)에 의해 알고, 활성요소②인 촉(觸)에 의해 경험하는데, 활성화된 일체입니다.

이렇게 활성화된 일체를 성스러운 율(律)에서는 세상이라고 부른다는 것이고, 앞의 경들은 이런 세상을 마라의 영역-중생의 영역-괴로움의 영역이라고 부르는 것입니다. 그래서 욕탐(欲貪)의 제어를 통해 세상의 상(想)과 세상의 자기화를 버리는 것이 마라의 영역-중생의 영역-괴로움의 영역에서 벗어나는 것이고, 이것이 중생 세상의 끝입니다.

그렇습니다. 몸으로 닿을 수 있는 세상 말고 바로 이런 세상이 있고, 욕탐(欲貪)의 제어를 통해 이런 세상의 끝에 닿아야 비로소 괴로움의 끝은 만들어진다는 것이 이 경의 주제입니다.

세상의 끝과 관련해 전생에 신통력을 가져 하늘을 날아다니는 선인(仙人)이었던 신의 아들 로히땃사의 고백은 흥미롭습니다.

> 예를 들면, 잘 훈련되어 손과 활과 활쏘기 능력을 갖춘 숙련된 궁수가 가벼운 화살로 어렵지 않게 야자나무 그늘을 가로질러 죽이는 것과 같은 속력이 그때의 저에게 있었습니다. 예를 들면, 동쪽 바다에서 서쪽 바다에 이르는 보폭이 그때의 저에게 있었습니다. 대덕이시여, 그때의 저에게 이런 바람이 일어났습니다. — '나는 걸어감에 의해서 세상의 끝에 닿을 것이다.'라고. 대덕이시여, 이런 속력을 갖춘 그때의 저는 백 년의 수명을 가진 자, 백 년을 사는 자였는데, 이런 보폭에 의해 먹고 마시고 씹고 맛보는 것 외에, 대소변을 보는 것 외에 수면과 피로를 푸는 것 외에 백 년 동안 간 뒤에도 세상의 끝에 닿지 못하고 도중에 죽었습니다.

이런 신의 아들 로히땃사를 주인공으로 하는 세 개의 경(SN 2.26-로히땃사 경)/(AN 4.45-로히땃사 경)/(AN 4.46-로히땃사 경2)에서 부처님은 같은 주제에 대해

api cāhaṃ, āvuso, imasmiṃyeva byāmamatte kaḷevare sasaññimhi samanake lokañca paññāpemi lokasamudayañca lokanirodhañca lokanirodhagāminiñca paṭipadan

도반이여, 상(想)과 함께하고 의(意)와 함께하는 한 길 크기의 이 몸(身) 위에서 세상과 세상의 자라남과 세상의 소멸과 세상의 소멸로 이끄는 실천을 나는 선언합니다.

라고 말합니다.

• 그림 – 상과 함께하고 의와 함께하는 한 길 크기의 이 몸

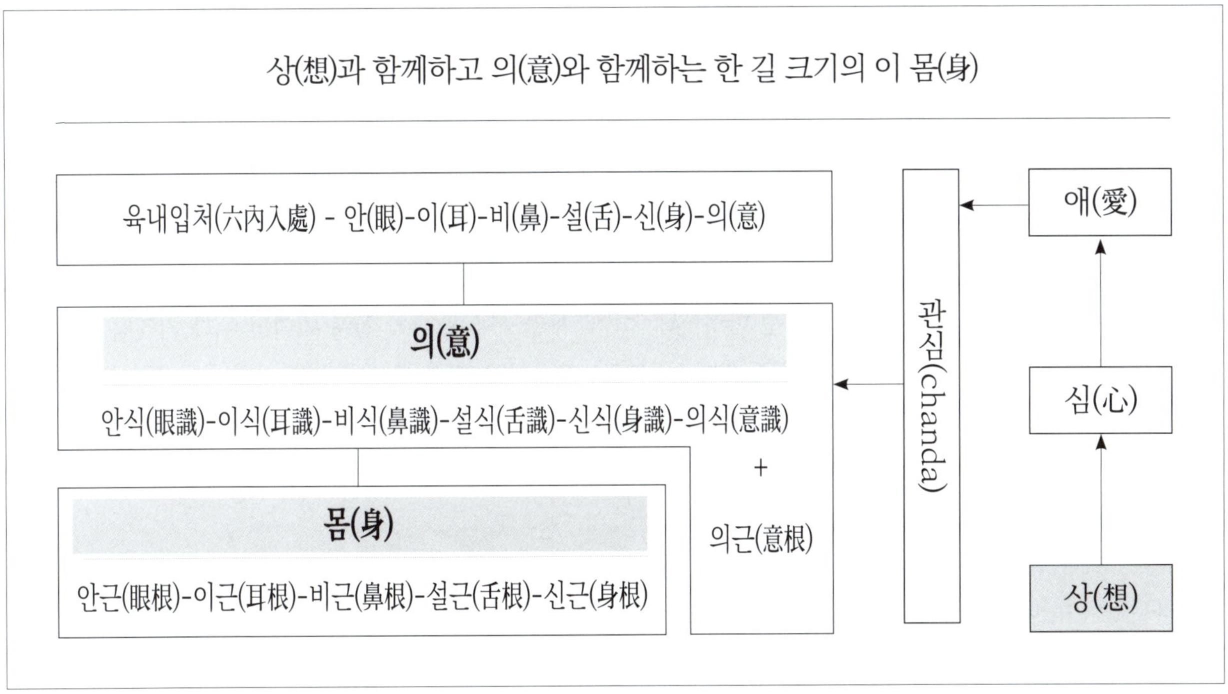

몸이 마음(意) 그리고 경향(想)과 함께한 상태를 지시하는 것입니다. 삶의 골격을 이루는 몸과 마음이 함께한 상태로의 나에게 경향의 참여는 삶의 질을 결정합니다. 이렇게 삶의 질적 측면을 포함한 나에게서 세상과 세상의 자라남과 세상의 소멸과 세상의 소멸로 이끄는 실천은 선언됩니다. 부서지고, 흩어지고, 아 또는 아에 속한 것에 의해 공한 세상의 불만족(고)의 측면에서 다시 말하면, 고-고집-고멸-고멸도의 사성제입니다.

그래서 세상은 고의 영역이고, 영원히 머물 자리가 아닙니다. 오히려, 벗어남을 통한 고멸의 실현이 세상에 대한 바른 대응입니다. 그러기 위해서는 세상을 깨달아야 하는데, (AN 4.23-세상 경)은 깨달음을 통해 세상에서 벗어난 자로서의 여래를 설명합니다.

비구들이여, 세상은 여래에 의해서 깨달아졌다. 세상으로부터 여래는 벗어났다. 비구들이여, 세상의 자라남은 여래에 의해서 깨달아졌다. 세상의 자라남은 여래에게서 버려졌다. 비구들이여, 세상의 소멸은 여래에 의해서 깨달아졌다. 세상의 소멸은 여래에게 실현되었다. 비구들이여, 세상의 소멸로 이끄는 실천은 여래에 의해서 깨달아졌다. 세상의 소멸로 이끄는 실천은 여래에게 닦아졌다.

• 그림 – 삶의 골격과 질적인 삶

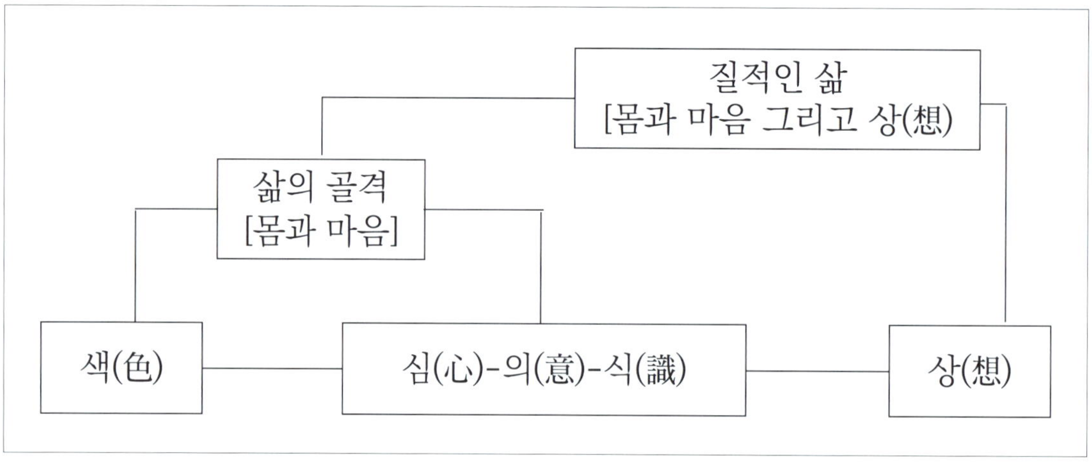

이때, 여래가 깨닫고 벗어난 세상은 나의 존재성으로서의 세상이라고 이해해야 합니다.

1) (AN 9.38-순세파 경)

세상의 끝은 (AN 9.38-순세파 경)에서 구체적으로 설명됩니다. '나는 가고 서고 자고 깰 때 언제나 항상 지와 견이 확립되어 있다.'라고 완전한 앎과 봄을 인정하는 뿌라나 깟사빠와 니간타 나타뿟따는 '나는 끝이 없는 앎에 의해 끝이 없는 세상을 알고 보면서 머문다.'라고 말하는데, 이 두 사람 가운데 누가 참을 말하고 누가 거짓을 말하는지 묻는 세상의 이치에 능통한(順世派) 바라문들에게 부처님은 직접적인 답변 대신에 법을 설합니다. 두 사람 모두가 참을 말한 것이 아니어서 둘 가운데 참과 거짓을 구별하는 것은 옳지 않기 때문입니다.

경은 (SN 2.26-로히땃사 경)과 유사한 비유를 통해

> 바라문들이여, 나는 이렇게 달려감에 의해 세상의 끝을 알고 보고 닿을 수 있다고 말하지 않습니다. 그러나 도반이여, 세상의 끝에 닿지 못하고서 괴로움의 끝을 만든다고 나는 말하지 않습니다.

라고 주제를 이끕니다. 그리고 다섯 가지 소유의 사유에 묶인 것을 세상이라고 정의하면서, 초선-제2선-제3선-제4선-공무변처-식무변처-무소유처-비상비비상처-상수멸의 구차제주(九次第住-순서적인 아홉 단계의 머묾)에 의한 세상의 끝을 설명합니다.

이때, 초선~비상비비상처를 성취하여 머묾에 대해서는

> 바라문들이여, 이것이 '비구는 세상의 끝에 온 뒤에 세상의 끝에 머문다.'라고 불립니다. 그것을 다른 사람들은 이렇게 말했습니다. – '이것도 세상의 끝에 속하는 것이다. 이것도 세상에서 벗어난 것은 아니다.'라고. 바라문들이여, 나도 이렇게 말합니다. – '이것도 세상의 끝에 속하는 것이다. 이것도 세상에서 벗어난 것은 아니다.'라고.

라고 설명하고, 상수멸을 성취하여 머묾에 대해서는

> 지혜로써 보아서 번뇌들이 다합니다. 바라문들이여, 이것이 '비구는 세상의 끝에 온 뒤에 세상에 대한 집착을 건넌 자로서 세상의 끝에 머문다.'라고 불립니다.

라고 설명합니다.

그렇다면 세상의 끝은 정의됩니다. 초선~상수멸의 삼매를 성취하여 머묾과 번뇌 다함이 바로 세상의 끝입니다.

- 초선~비상비비상처를 성취하여 머문다는 것은 세상의 끝에 오기는 했지만 (세상에 대한 집착을 건너지 못해) 아직 벗어나지는 못한 상태이고,

- 상수멸을 성취하여 머물면서 지혜로써 보아 번뇌들이 다한 것은 세상의 끝에 와서 세상에 대한 집착을 건너기는 했지만, 몸의 조건 때문에, 아직 세상의 끝에 머무는 상태

라는 정의입니다. 그리고 이 정의에 의하면, 상수멸을 성취하여 머물면서 지혜로써 보아 번뇌들이 다한 것은 세상에 대한 집착을 건넌 상태입니다. 그러나 아직 남아있는 과정이 있습니다. 아직은 세상의 끝에 머문다고 설명되기 때문입니다.

그러면 번뇌들이 다한 상태 즉 아라한은 왜 아직도 세상의 끝에 머무는 것입니까?

이 질문에 대한 답은 (MN 121-공(空)의 작은 경)이 알려줍니다. 경은 욕루(慾漏)-유루(有漏)-무명루(無明漏)의 번뇌들로부터 해탈한 아라한에 대해 이렇게 말합니다.

> 그는 이렇게 분명히 안다. — '욕루를 연한 불안은 여기에 없다. 유루를 연한 불안은 여기에 없다. 무명루를 연한 불안은 여기에 없다. 그러나 생명을 조건으로 이 몸을 연한 육처(六處)에 속한 불안만은 있다.'라고. 그는 '욕루(慾漏)에 속한 상(想)은 비어있다.'라고 분명히 알고, '유루(有漏)에 속한 상(想)은 비어있다.'라고 분명히 알고, '무명루(無明漏)에 속한 상(想)은 비어있다.'라고 분명히 안다. 이렇게 그는 거기에 없는 것에 의해 그것의 공(空-비어있음)을 관찰하고, '그러나 생명을 조건으로 이 몸을 연한 육처(六處)에 속한 것만은 비어있지 않다.'라고 거기에 남아있는 것을 '존재하는 이것은 있다.'라고 분명히 안다.

즉 모든 번뇌로부터 해탈한 아라한도 살아 있는 동안은 몸과 함께하기 때문에 몸이라는 세상의 한끝에 아직은 묶여 있는 상태이기 때문이라는 답변입니다.

또한, (SN 35.103-우다까 경)은 '비상비비상처를 성취한 웃다까 라마뿟따는 파내지 못했고, 일체의 승리자 즉 아라한은 파낸 종기가 몸'이라고 설명하는데, 역시 아라한이 아직 세상의 끝에 머문다는 설명의 의미를 알려줍니다.

me dhammā ajjhattaṃ appahīnā – ādīnavadassāvī
내 안에 버려지지 않은 법들에서 위험을 보겠습니다.

• 그림 – 세상의 끝과 벗어남

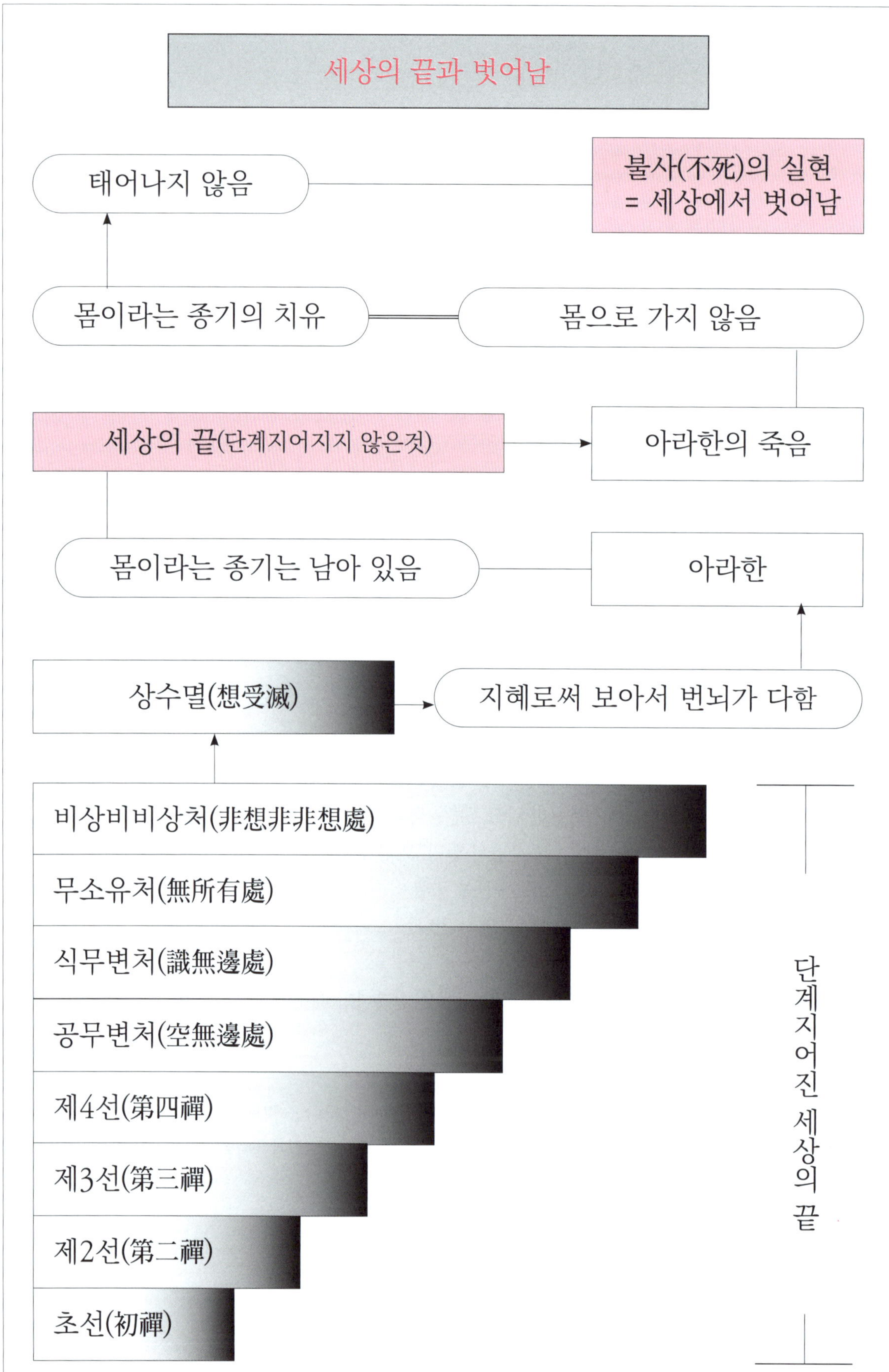
세상의 끝과 벗어남
태어나지 않음
불사(不死)의 실현
= 세상에서 벗어남
몸이라는 종기의 치유
몸으로 가지 않음
세상의 끝(단계지어지지 않은것)
아라한의 죽음
몸이라는 종기는 남아 있음
아라한
상수멸(想受滅)
지혜로써 보아서 번뇌가 다함
비상비비상처(非想非非想處)
무소유처(無所有處)
식무변처(識無邊處)
공무변처(空無邊處)
제4선(第四禪)
제3선(第三禪)
제2선(第二禪)
초선(初禪)
단계지어진 세상의 끝

2) 구차제주(九次第住)와 삼계(三界)

한편, 세상의 끝에 속하는 구차제주(九次第住)는 이렇게 정의됩니다.

idha, bhikkhave, bhikkhu vivicceva kāmehi vivicca akusalehi dhammehi savitakkaṃ savicāraṃ vivekajaṃ pītisukhaṃ paṭhamaṃ jhānaṃ upasampajja viharati.

비구들이여, 여기 비구는 소유의 삶에서 벗어나고, 불선법(不善法)들에서 벗어나서, 위딱까가 있고 위짜라가 있고 떨침에서 생긴 기쁨과 즐거움의 초선을 성취하여 머문다.

puna caparaṃ, bhikkhave, bhikkhu vitakkavicārānaṃ vūpasamā ajjhattaṃ sampasādanaṃ cetaso ekodibhāvaṃ avitakkaṃ avicāraṃ samādhijaṃ pītisukhaṃ dutiyaṃ jhānaṃ upasampajja viharati.

다시, 비구들이여, 비구는 위딱까와 위짜라의 가라앉음으로 인해, 안으로 평온함과 마음의 집중된 상태가 되어, 위딱까도 없고 위짜라도 없이, 삼매에서 생긴 기쁨과 즐거움의 제2선을 성취하여 머문다.

puna caparaṃ, bhikkhave, bhikkhu pītiyā ca virāgā upekkhako ca viharati sato ca sampajāno sukhañca kāyena paṭisaṃvedeti, yaṃ taṃ ariyā ācikkhanti – 'upekkhako satimā sukhavihārī'ti tatiyaṃ jhānaṃ upasampajja viharati.

다시, 비구들이여, 비구는 기쁨의 바램으로부터 평정하게 머물고, 사띠와 바른 앎을 가지고 몸으로 즐거움을 경험하면서, 성인들이 '평정을 가진 자, 사띠를 가진 자, 즐거움에 머무는 자[사념락주(捨念樂住)].'라고 말하는 제3선을 성취하여 머문다.

puna caparaṃ, bhikkhave, bhikkhu sukhassa ca pahānā dukkhassa ca pahānā pubbeva somanassa-domanassānaṃ atthaṅgamā adukkhamasukhaṃ upekkhāsatipārisuddhiṃ catutthaṃ jhānaṃ upasampajja viharati.

다시, 비구들이여, 비구는 즐거움의 버림과 괴로움의 버림으로부터, 이미 만족과 불만들의 줄어듦으로부터, 괴로움도 즐거움도 없고 평정과 청정한 사띠[사념청정(捨念淸淨)]의 제4선을 성취하여 머문다.

puna caparaṃ, bhikkhave, bhikkhu sabbaso rūpasaññānaṃ samatikkamā paṭighasaññānaṃ atthaṅgamā nānattasaññānaṃ amanasikārā 'ananto ākāso'ti ākāsānañcāyatanaṃ upasampajja viharati.

다시, 비구들이여, 비구는 완전하게 색상(色想)을 넘어서고, 저항의 상(想)이 줄어들고, 다양한 상(想)을 작의(作意)하지 않음으로부터 '무한한 공간'이라는 공무변처를 성취하여 머문다.

puna caparaṃ, bhikkhave, bhikkhu sabbaso ākāsānañcāyatanaṃ samatikkamma 'anantaṃ viññāṇan'ti viññāṇañcāyatanaṃ upasampajja viharati.

다시, 비구들이여, 비구는 공무변처를 완전히 넘어서서 '무한한 식(識)'이라는 식무변처를 성취하여 머문다.

puna caparaṃ, bhikkhave, bhikkhu sabbaso viññāṇañcāyatanaṃ samatikkamma 'natthi kiñcī'ti ākiñcaññāyatanaṃ upasampajja viharati.

다시, 비구들이여, 비구는 식무변처를 완전히 넘어서서 '아무것도 없다.'라는 무소유처를 성취하여 머문다.

puna caparaṃ, bhikkhave, bhikkhu sabbaso ākiñcaññāyatanaṃ samatikkamma nevasaññānāsaññāyatanaṃ upasampajja viharati.

다시, 비구들이여, 비구는 무소유처를 완전히 넘어서서 비상비비상처를 성취하여 머문다.

puna caparaṃ, bhikkhave, bhikkhu sabbaso nevasaññānāsaññāyatanaṃ samatikkamma saññāvedayitanirodhaṃ upasampajja viharati.

다시, 비구들이여, 비구는 비상비비상처를 완전히 넘어서서 상수멸을 성취하여 머문다.

그런데 공무변처는 특히 주목해야 합니다. 정의에 의하면, 「sabbaso rūpasaññānaṃ samatikkamā 완전하게 색상(色想)을 넘어서고」에 의해 성취되는 경지인데, 색상은 색 즉 물질에 대한 경향입니다. 물질은 몸(안의 색)과 밖의 모든 물질(밖의 색)로 구성됩니다. 그렇다면 색상을 넘어섬이란 몸 또는 색-성-향-미-촉으로 구성된 세상에 대한 경향을 넘어섰다는 것입니다. 색-성-향-미-촉(kāmaguṇā-소유의 사유에 묶인 것)으로 구성된 세상에 대해 '나의 것'이라고 집착하는 경향은 욕상(慾想-kāmasaññā)인데, 「vivicceva kāmehi vivicca akusalehi dhammehi 소유의 삶에서 벗어나고, 불선법들에서 벗어나서」로 정의되는 초선에서 넘어섭니다. 그렇다면 공무변처에서 설명하는 색상을 넘어섬은 안의 색인 몸에 대해 집착하는 경향을 넘어서는 것인데, 몸과 마음이 함께한 상태를 '나'라고 집착하는 경향입니다. 그리고 색상을 넘어선 공무변처는 오직 남아있는 마음에 대해서만 '나의 아(我)'라고 집착하는 경향 즉 무색상(無色想-arūpasaññā)의 영역이라고 이해해야 합니다.

- samatikkama masc. surpassing (of); overcoming (of); going beyond; transcendence
- samatikkamma ger. surpassing; overcoming; going beyond; transcending

; 여기에서 '넘어섬'이 그 경지의 완성을 의미하지는 않습니다. 매력-위험-해방 등에 의한 부정적 요소의 완전한 해소를 위한 과정의 성취입니다.

; '욕탐(慾貪)이 스며들지 않고 욕탐에 시달리지 않는 심으로 머문다. 생겨난 욕탐의 해방을 있는 그대로 꿰뚫어 안다. 그에게 잠재성향과 함께 그 욕탐은 버려진다.(MN 64-말루꺄 큰 경)' = 욕상(慾想)-욕루(慾漏)의 해소 – 낮은 단계의 족쇄인 소유의 관심(kāmacchanda)의 해소 → 불환자 ⇒ 색상(色想)-무색상(無色想) = 유루(有漏)의 해소 → 아라한

공무변처에 대한 이런 이해는 세상을 세 개의 영역으로 분류하게 합니다. '나의 것' 즉 소유의 경향(慾想)을 넘어서 몸과 마음이 함께한 상태를 '나-나의 아'라고 집착하는 경향(色想)이 작용하는 영역을 가운데 두고 그 이전과 이후로 구분할 수 있는 것입니다. 이때, 욕상을 넘어서지 못한 즉 밖의 색들에 대해 '나의 것-나-나의 아'라고 집착하는 경향의 영역을 욕계(慾界-kāmadhātu)라고 하고, 가운데의 영역을 색계(色界-rūpadhātu)라고 하며, 공무변처 이후 즉 색상을 넘어선 영역을 무색계(無色界-arūpadhātu-나의 아)라고 합니다.

특히 주목해야 할 점은 무색계를 색을 넘어섬 즉 색이 없는 영역으로 이해하지 않아야 한다는 것입니다. (SN

12.19-우현 경)은

무명이 버려지지 않고 애가 부서지지 않은 어리석은 자는 몸이 무너진 뒤 몸으로 간다.

라고 하는데, 무명과 애가 남아있으면 그 정도에 따라 욕계-색계-무색계로 구분되는 중생인 것이고, 죽은 뒤에 다시 몸과 함께하는 상태가 된다는 것을 알려줍니다. 색상을 넘어선 무색계의 정의와 같은 맥락에서 이해할 수 있는데, 이런 점에서 무색계도 몸이 있는 존재 상태라는 것을 분명히 알 수 있습니다. 이런 이해는 (MN 106-흔들리지 않는 경지에 적합함 경)에서 확인되는데, 소유의 삶으로부터 비상비비상처까지를 유신(有身-sakkāya-몸 있음)이라고 하여 무색계가 몸이 없는 존재 상태가 아니라는 것을 직접 알려줍니다.

※ (DN 2.24-사문과경, 지와 견)은 제4선에서 보잘것 없는 몸에 귀한 마음이 의지하고 묶여 있다고 보아 그 의존 상태를 넘어서는 것을 설명하는데 무색계로의 향상을 의미합니다.

그가 이렇게 심이 삼매를 닦고, 청정하고, 깨끗하고, 흠이 없고, 오염원이 사라지고, 부드럽고, 준비되고, 안정되고, 흔들림이 없는 상태에 이르렀을 때 지와 견으로 심을 향하게 하고 기울게 합니다. 그는 이렇게 꿰뚫어 압니다. – '나의 이 몸은 물질이어서 사대로 구성된 것이고, 부모에 속한 것에서 생겨난 것이고, 밥과 응유가 집적된 것이고, 무상하고 쇠퇴하고 부서지고 해체되고 흩어지는 것이다. 그런데 나의 이 식은 여기에 의지하고 여기에 묶여 있다.'라고. 예를 들면, 대왕이여, 깨끗하고 빛나고 팔각형으로 잘 가공된 하늘색 보석이 순수하고 빛나고 흠이 없고 완전한 품질을 갖추었습니다. 거기에 파란색이나 노란색이나 붉은색이나 흰색이나 연노랑색의 실이 묶고 있습니다. 그것을 눈이 있는 사람이 손에 놓고서 생각할 것입니다. – '이 깨끗하고 진품인 하늘색 보석은 팔각형이고 아주 세련되고 순수하고 빛나고 흠이 없고 완전한 품질을 갖추었다. 거기에 파란색이나 노란색이나 붉은색이나 흰색이나 연노랑색의 실이 묶고 있다.'라고. 대왕이여, 비구가 이렇게 심이 삼매를 닦고, 청정하고, 깨끗하고, 흠이 없고, 오염원이 사라지고, 부드럽고, 준비되고, 안정되고, 흔들림이 없는 상태에 이르렀을 때 지와 견으로 심을 향하게 하고 기울게 합니다. 그는 이렇게 꿰뚫어 압니다. – '나의 이 몸은 물질이어서 사대로 구성된 것이고, 부모에 속한 것에서 생겨난 것이고, 밥과 응유가 집적된 것이고, 무상하고 쇠퇴하고 부서지고 해체되고 흩어지는 것이다. 그런데 나의 이 식은 여기에 의지하고 여기에 묶여 있다.'라고.

이렇게 세상은 욕계-색계-무색계의 삼계로 구성됩니다. 그리고 그중에서 색계와 무색계를 삼매로써 성취해서 머무는 것을 세상의 끝이라고 이 경은 말해주는 것인데, 바른 삼매를 닦는 것입니다.

7. 「삼계(三界)로부터의 벗어남 – 해탈된 삶의 실현」 – 불교 본연의 공부 영역/아산(我山)-무아산(無我山)

고(苦)의 영역이고, 벗어남을 통한 고멸(苦滅)의 실현으로 대응해야 하는 세상을 욕계-색계-무색계의 삼계로 분류하는 것은 몇 개의 경을 통해 확인할 수 있는데,

- aparāpi tisso dhātuyo – kāmadhātu, rūpadhātu, arūpadhātu. 다른 세 가지 요소 – 욕계, 색계, 무색계(DN 33.6-합송경, 세 가지로 구성된 법들)

- "katame tayo dhammā abhiññeyyā? tisso dhātuyo – kāmadhātu, rūpadhātu, arūpadhātu. ime tayo dhammā abhiññeyyā. 무엇이 실답게 알아야 하는 세 가지 법들인가? 세 가지 요소 – 욕계, 색계, 무색계, 이것이 실답게 알아야 하는 세 가지 법들이다.(DN 34.4-십상경 세 가지 법들)

• tisso imā, ānanda, dhātuyo – kāmadhātu, rūpadhātu, arūpadhātu. imā kho, ānanda, tisso dhātuyo yato jānāti passati – ettāvatāpi kho, ānanda, 'dhātukusalo bhikkhū'ti alaṃ vacanāyā

아난다여, 욕계, 색계, 무색계의 이런 세 가지 요소가 있다. 아난다여, 이 세 가지 요소를 알고 보기 때문에 그만큼 '계(界)에 능숙한 비구'라고 불릴만하다.(MN 115-많은 요소를 가진 것 경)

등입니다.

그리고 이런 세상을 살아가는 존재를 중생(衆生-satta)이라고 하는데, '매달린-달라붙은-남에게 의존하는'의 특성을 가진, '살아 있는 존재-동물-지각이 있는 것'을 의미하는 단어입니다. 세상의 구성에 맞춰 욕계중생-색계중생-무색계중생으로 분류할 수 있습니다.

• satta1 [pp. of sañj: sajjati] hanging, clinging or attached to

• satta2 [cp, Vedic sattva living being, satvan "strong man, warrior," fr. sant] 1. (m.) a living being, creature, a sentient & rational being, a person, 2. (nt.) soul (=jīvita or viññāṇa), 3. (nt.) substance

(SN 23.2-중생 경)은

"'satto, satto'ti, bhante, vuccati. kittāvatā nu kho, bhante, sattoti vuccatī"ti? "rūpe kho, rādha, yo chando yo rāgo yā nandī yā taṇhā, tatra satto, tatra visatto, tasmā sattoti vuccati. vedanāya... saññāya... saṅkhāresu... viññāṇe yo chando yo rāgo yā nandī yā taṇhā, tatra satto, tatra visatto, tasmā sattoti vuccati".

"대덕이시여, '중생, 중생'이라고 불립니다. 대덕이시여, 왜 중생이라고 불립니까?" "라다여, 관심-탐(貪)-소망-애(愛)가 색(色)에서 들러붙고, 색에서 강하게 들러붙는다. 그래서 중생이라고 불린다. … 수(受)에서 … 상(想)에서 … 행(行)들에서 … 관심-탐-소망-애가 식(識)에서 들러붙고, 식에서 강하게 들러붙는다. 그래서 중생이라고 불린다.

라고 중생을 정의합니다. 오온에 들러붙고, 강하게 들러붙는 특성 때문에 중생인 것입니다.

그런데 경들은 욕계중생 등의 용어를 직접 사용하지는 않습니다. 들러붙고, 애(愛-taṇhā)의 붙잡는 성질(ālaya) 때문에 강하게 들러붙는 특성을 가진 중생을 '집착(取-upādāna)에 조건지어진 존재(有-bhava)(taṇhāpaccayā upādānaṃ; upādānapaccayā bhavo)'로 나타낸 욕계존재(慾有-kāmabhava), 색계존재(色有-rūpabhava), 무색계존재(無色有-arūpabhava)의 용어가 사용되는데, 연기의 열 번째 법인 유(有-bhava)입니다. 또한, 각각을 저열한 계(界)(hīnā dhātu), 중간의 계(majjhimā dhātu), 뛰어난 계(paṇītā dhātu)로 나타내기도 하는데, (AN 3.77-존재 경1)/(AN 3.78-존재 경2)입니다.

아난다 존자가 세존에게 왔다. 와서는 세존께 절한 뒤 한 곁에 앉았다. 한 곁에 앉은 아난다 존자는 세존에게 이렇게 말했다. – "대덕이시여, '존재, 존재'라고 불립니다. 참으로, 대덕이시여, 얼마만큼의 존재가 있습니까?"

“아난다여, 욕계(慾界)로 이끄는 업(業)이 없다면 그래도 욕유(慾有-욕계 존재)가 나타나겠는가?” “아닙니다, 대덕이시여.” “아난다여, 이렇게 업은 밭이고 식은 씨앗이고 애(愛)는 양분이다. 무명에 덮이고 애에 묶인 중생들의 식은 낮은 계에 머문다. 이렇게 미래에 다시 존재로 태어난다.”

“아난다여, 색계로 이끄는 업이 없다면 그래도 색유(色有-색계 존재)가 나타나겠는가?” “아닙니다, 대덕이시여.” “아난다여, 이렇게 업은 밭이고 식은 씨앗이고 애는 양분이다. 무명에 덮이고 애에 묶인 중생들에게 식은 중간의 계에 머문다. 이렇게 미래에 다시 존재로 태어난다.”

“아난다여, 무색계로 이끄는 업이 없다면 그래도 무색유(無色有-무색계 존재)가 나타나겠는가?” “아닙니다, 대덕이시여.” “아난다여, 이렇게 업은 밭이고 식은 씨앗이고 애는 양분이다. 무명에 덮이고 애에 묶인 중생들에게 식은 높은 계에 머문다. 이렇게 미래에 다시 존재로 태어난다. 아난다여, 이렇게 존재가 있다.”

색계는 몸과 마음이 함께한 상태를 ‘나’라고 집착하는 경향이 버려지는 정도에 따라 초선천, 제2선천, 제3선천, 제4선천으로 구성되는데, 초선천은 범신천-범보천-대범천으로, 제2선천은 소광천-무량광천-광음천으로, 제3선천은 소정천-무량정천-변정천으로, 제4선천은 광과천-무상유정천-정거천으로 다시 나뉩니다. 특히, 정거천은 불환자만이 태어나는 곳인데 무번천-무열천-선현천-선견천-색구경천으로 세분됩니다.

⇒「불교의 세계관과 범천의 세상」(358쪽) 참조

무색계는 마음에 대한 ‘나의 아’라고 집착하는 경향이 버려지는 정도에 따라 공무변처-식무변처-무소유처-비상비비상처로 구성됩니다.

마음을 담고 있는 몸을 덧씌우고 있는 ‘나의 것’ 즉 소유의 경향(慾想)에 의해 주도되는 욕계는 경향의 강도에 따라 지옥-축생-아귀-인간-천상으로 구성되는데, 천상은 사왕천-삼십삼천-야마천-도솔천-화락천-타화자재천으로 다시 나뉩니다.

지옥-축생-아귀는 삼악처(三惡處)라고 하여 가서는 안 되는 곳으로 설명되고, 욕계의 천상은 하늘의 수명, 하늘의 용모, 하늘의 행복, 하늘의 명성, 하늘의 권력, 하늘의 색-성-향-미-촉을 누리는 등 인간 세상과 유사한 삶의 모습으로 설명됩니다.

한편, 삼계(三界)는 다른 방법으로도 설명됩니다. 첫째, 지옥-축생-아귀-인간-천상으로의 구분인데, 색계 하늘과 무색계 하늘 그리고 욕계 하늘을 천상으로 통합한 구분입니다.(MN 12-사자후의 큰 경)

둘째, 소유(慾-kāma)와 존재(有-bhava)로의 구분입니다. 색계와 무색계는 몸에 대한 붙잡음의 유무로써 구분되지만 넓은 의미로는 모두 물질 세상을 구성하는 것들에 대한 소유의 경향을 넘어선 상태입니다. 그래서 세상에 대한 소유의 경향 없이 존재를 오롯이 드러낸 삶의 형태를 보여줍니다. 세상과 존재로의 구분이어서, 세상과 나에 대한 실다운 앎을 통한 깨달음과 같은 분류입니다.

그런데 이렇게 구성되는 세상은 모두 고(苦)의 영역이고, 영원히 머물 자리가 아닙니다. 벗어남을 통해 고멸(苦滅)을 실현하는 것이 세상에 대한 바른 대응입니다. 그러면 얼마만큼의 벗어남이 필요한 것입니까?

먼저 바른 삼매의 성취에 의해 '나의 것'이라는 소유의 경향에서 벗어나야 합니다. 벗어남은 궁극으로는 중생이라는 존재 상태로부터의 벗어남으로 완성되는데, 존재를 덧씌운 소유가 작용하는 한 존재의 문제를 해소하기 위한 시도는 정상적으로 작용 되지 않기 때문입니다.

※ 소유의 문제를 삶의 표면, 행위의 영역에 속한 것만이 아니라 삶의 내면에 잠재된 것까지 완전히 해소하여 더 이상 소유의 삶으로 가지 않게 되면 불환자(그 세상 즉 정거천에서 이 세상 즉 욕계를 포함한 정거천 밖의 세상으로 돌아오지 않는 자)입니다.(MN 64-말루꺄 큰 경)

소유의 경향에서 벗어나는 것은 존재를 오롯이 드러내는 것입니다. 존재가 오롯이 드러날 때 존재에 내재한 문제를 해소할 수 있는데, 이것이 벗어남의 구체적 의미입니다. 존재로서의 삶의 터전인 세상으로부터의 벗어남이고, 세상의 끝에 도달한 뒤 그 끝을 넘어서는 것으로의 벗어남입니다.-초선~비상비비상처를 성취하여 머묾 즉 색계와 무색계 세상의 끝에 닿은 뒤 상수멸을 성취하여 머물면서 지혜로써 보아 번뇌가 다하는 것이 세상 그리고 존재로부터의 벗어남의 완성입니다(아라한).

- 소유에서 완전히 벗어남 → 불환자 ⇒ 존재에서 완전히 벗어남 → 아라한

그리고 이런 벗어남의 가능성을 부처님은 선언하는데,

'atthi sabbaso bhavanirodho'ti 존재의 완전한 소멸은 있다.(MN 60-흠 없음 경)

입니다. 같은 경에서 부처님은 번뇌들의 부서짐(漏盡)으로 완성되는 부처님의 깨달음에 의해 존재의 소멸 즉 중생으로의 존재에서 벗어난 상태를

diṭṭheva dhamme nicchāto nibbuto sītībhūto sukhappaṭisaṃvedī brahmabhūtena attanā viharatī 지금 여기에서 갈망하지 않는 자, 꺼진 자, 청량한 자, 즐거움을 경험하는 자여서 스스로 성스러운 존재로 머문다

라고 합니다. 번뇌의 영향 때문에 무명에 덮이고 애에 묶인 존재(有)의 삶에서 번뇌의 부서짐을 통해 무명을 걷어내고 애에서 풀려난 성스러운 존재의 삶을 실현하는 것입니다. 이것이 존재의 소멸이고, 존재로부터의 벗어남입니다. 그리고 이만큼의 벗어남이 필요한 것입니다. 그래서

'bhavanirodho nibbānan' 존재의 소멸이 열반이다.(SN 12.68-꼬삼비 경)/(AN 10.7-사리뿟따 경)

라고 선언됩니다.

한편, 삼계에서의 벗어남은 이런 방법으로 이해할 수도 있습니다. (AN 3.77-존재 경1)이 말하는 식의 머묾에서 이어지는 과정입니다. (SN 12.64-탐(貪) 있음 경)은

"비구들이여, 예를 들면 북쪽이나 남쪽이나 동쪽으로 창이 있는 뾰족탑이 있는 건물 또는 건물의 큰 방이 있다. 태양이 떠오를 때 창으로 빛이 들어오면 어디에 머물 것인가?" "서쪽 벽에 머물 것입니다, 대덕이시여." "비구들이여, 만약 서쪽 벽이 없다면 어디에 머물 것인가?" "땅에 머물 것입니다, 대덕이시여." "비구들이여, 만약 땅이 없다면 어디에 머물 것인가?" "물에 머물 것입니다, 대덕이시여." "비구들이여, 만약 물이 없다면 어디에 머물 것

인가?" "머물지 못할 것입니다, 대덕이시여." … 그때 식이 머물지 않고 늘어나지 않는다. 식이 머물지 않고 늘어나지 않을 때 명색이 참여하지 않는다. 명색이 참여하지 않을 때 행들이 성장하지 않는다. 행들이 성장하지 않을 때 미래에 다음의 존재로 태어남이 없다. 미래에 다음의 존재로 태어남이 없을 때 미래의 생과 노사가 없다. 미래의 생과 노사가 없을 때, 비구들이여, 슬픔이 없고 고뇌가 없고 절망이 없는 그가 있다고 나는 말한다.

고 합니다. 햇볕이 [서쪽 벽 → 땅 → 물]에 머묾을 거쳐 머물지 못함으로 진행되듯이 식 또한 [욕계 → 색계 → 무색계]에 머묾을 거쳐 머물지 않음으로 진행되는 것입니다. (AN 3.77-존재 경1)이 말하듯, 식의 머묾의 방식으로 있게 되는 중생인 존재가 식이 머물지 않게 됨으로써 중생의 영역 즉 삼계라는 제한된 영역에 머물지 않는 성스러운 존재의 무량한 삶을 실현하는 것입니다. 이것이 벗어남의 의미입니다.

그리고 (DN 11-께왓따 경)/(MN 49-범천의 초대 경)은

viññāṇaṃ anidassanaṃ, anantaṃ sabbatopabhaṃ 식은 속성이 없고, 한계가 없고, 모든 관점에서 빛난다.

라고 알려주는데, 이렇게 벗어난 때의 식에 대한 설명입니다.

한편, 이렇게 깨달음 즉 벗어남을 위한 불교 공부(교학+수행)의 과정에는 유학(有學-sekha)의 단계가 있는데, 벗어남의 과정에 속한 수행자입니다. 또한, 벗어남을 완전히 실현하면 무학(無學-asekha)입니다. 그리고 이들을 사쌍팔배(四雙八輩-쌍으로는 넷이고 홑으로는 여덟)의 성자(聖者)라고 부릅니다.

- 사쌍(四雙) : 예류자(預流者)-일래자(一來者)-불환자(不還者)-아라한(阿羅漢)

- 팔배(八輩) : 예류도(預流道)-예류과(預流果), 일래도(一來道)-일래과(一來果),
  불환도(不還道)-불환과(不還果), 아라한도(阿羅漢道)-아라한과(阿羅漢果)

불교 공부는 세 가지 삶의 방식으로도 설명할 수 있는데, [소유의 삶 → 존재의 삶 → 해탈된 삶]이어서

1) 욕계중생(慾-소유)으로의 삶(소유의 삶)의 향상 – 갈수록 괴로움은 줄어들고 행복은 늘어나는 삶의 실천
2) 욕계중생(慾-소유)에서의 벗어남 – 삼매의 성취 → 존재의 삶 : 벗어남의 토대 마련
3) 색계-무색계중생(有-존재)에서의 벗어남 – 삼매에서 머묾 → 세상의 끝에 닿음
→ 세상과 존재에 대한 잡음(ālaya)을 해소하고 세상과 존재로부터 벗어남(해탈된 삶)

의 과정으로 진행됩니다. ⇒ 그림 –「세 가지 삶의 방식[소유의 삶 → 존재의 삶 → 해탈된 삶]」

이때, 1)~2)는 존재의 영역을 올라가는 과정이어서 아산(我山)으로, 3)은 존재에서 벗어나는 과정이어서 무아산(無我山)으로 표현할 수 있는데(다음 장 그림 참조), 특히, 무아산 즉 벗어남의 실현을 위한 과정은 다른 스승들에 의해 선언되지 않은 불교만의 공부입니다. (MN 11-사자후 작은 경)/(AN 4.241-사문 경)은 벗어남의 영역에 있는 유학과 무학의 사쌍의 성자를 사문이라고 부르며, 오직 불교에만 이런 사문이 있다고 선언하는데, 사자후입니다. 불교에만 있고 다른 곳에는 없는 이것이 불교 공부 본연의 영역입니다.

비구들이여, 오직 여기에 (첫 번째) 사문이 있다. 여기에 두 번째 사문이 있고, 여기에 세 번째 사문이 있고, 여기

에 네 번째 사문이 있다. 다른 교설들은 무위의 앎을 가진 사문들에 의해 공하다. 비구들이여, 이렇게 이 바른 사자후를 토하라.

비구들이여, 그러면 어떤 자가 첫 번째 사문인가? 비구들이여, 여기 비구는 세 가지 족쇄가 완전히 부서졌기 때문에 흐름에 든 자(예류자)여서 떨어지지 않는 자, 확실한 자, 깨달음을 겨냥한 자이다. 비구들이여, 이것이 첫 번째 사문이다.

비구들이여, 그러면 어떤 자가 두 번째 사문인가? 비구들이여, 여기 비구는 세 가지 족쇄가 완전히 부서지고 탐진치가 엷어졌기 때문에 한 번 만 더 돌아올 자(일래자)이니, 한 번만 더 이 세상에 온 뒤에 괴로움을 끝낸다. 비구들이여, 이것이 두 번째 사문이다.

비구들이여, 그러면 어떤 자가 세 번째 사문인가? 비구들이여, 여기 비구는 오하분결이 완전히 부서졌기 때문에 화생하고, 거기서 완전히 열반하니, 그 세상으로부터 돌아오지 않는 존재(불환자)이다. 비구들이여, 이것이 세 번째 사문이다.

비구들이여, 그러면 어떤 자가 네 번째 사문인가? 비구들이여, 여기 비구는 번뇌들이 부서졌기 때문에 번뇌가 없는 심해탈과 혜해탈을 지금여기에서 스스로 실답게 안 뒤에 실현하고 성취하여 머문다(아라한). 비구들이여, 이것이 네 번째 사문이다.

• 그림 – 세 가지 삶의 방식

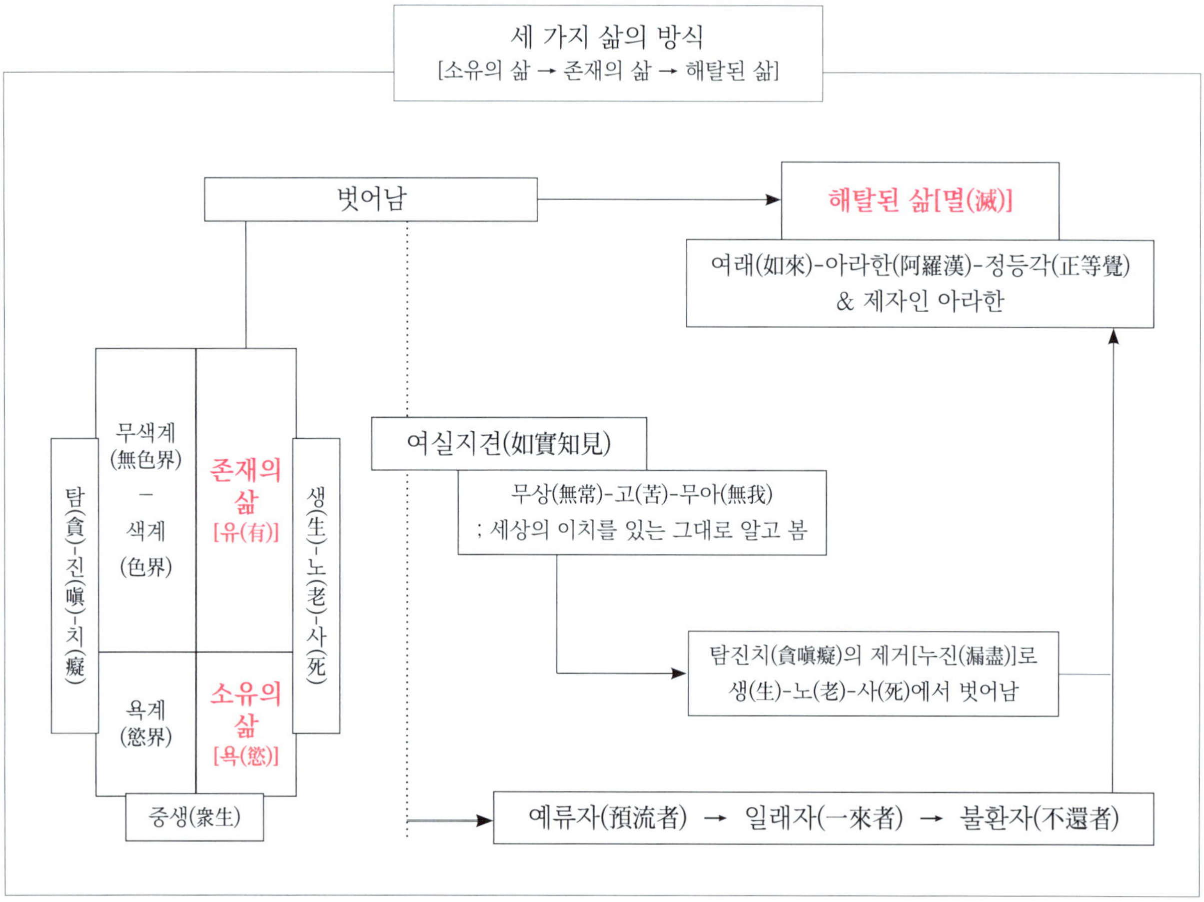

• 그림 – 아산(我山)과 무아산(無我山)으로 이해하는 세상[소유의 삶 → 존재의 삶 ⇒ 해탈된 삶]

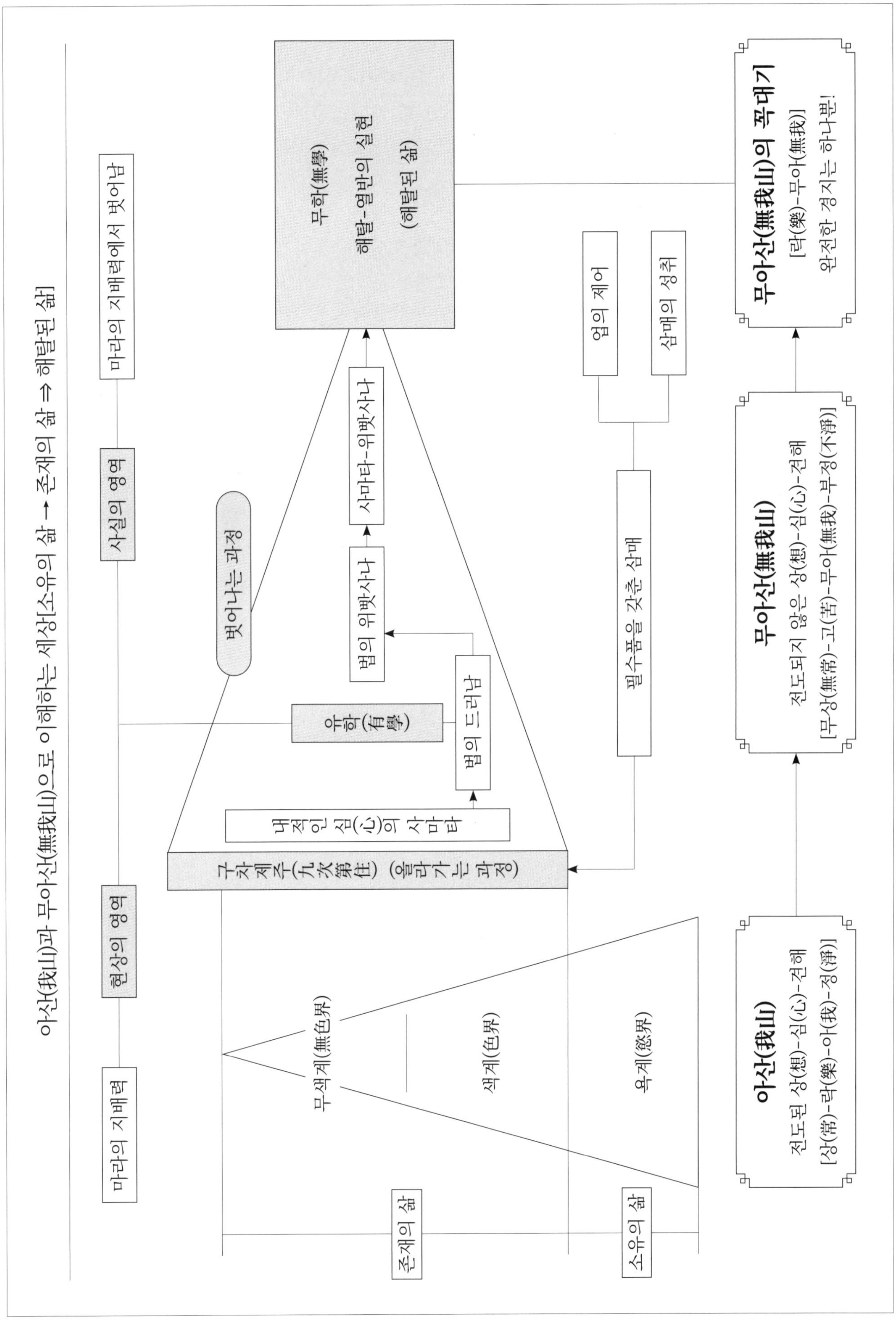

【참고】 세상에 대한 논의는 다양하게 진행됩니다. 〈위키백과〉는 삼종세간(三種世間)을 소개하는데, 여기서 설명한 물질세상은 기세간, 존재성의 세상은 중생세간으로 이해할 수 있습니다.

이때, 대승불교 권에서는 기세간에 대한 관심이 높고 상세하게 설명하는 것을 볼 수 있는데 비해, 니까야는 중생세간을 중심으로 세상을 서술하는 것을 알 수 있습니다. 부처님의 주된 관심 즉 최상위 개념이 고(苦)와 고멸(苦滅)이기 때문이라고 할 것인데, 세상이 어떤 것이든 불교의 목적은 그런 세상에서 행복하기 위한 것이기 때문입니다.

그런데 이런 관점은 주목해야 합니다. 과학의 이름으로 물질 영역의 앎이 발전하면서 불교를 비롯한 종교 무용론이 세상에 만연하지만, 아무리 과학이 발전하고 물질 문명의 이기들이 첨단화된다 해도 그것 때문에 행복한 사람만큼이나 그것 때문에 괴로운 사람도 있습니다. 기세간의 영역이라고 해야 하는 물질 문명이 아무리 발전해도 그것이 주는 편리만으로 괴로움의 문제가 해결되지는 않습니다. 괴로움의 소멸은 오직 부처님 가르침 즉 불교의 방법에 의해서만 완성됩니다. 기세간의 문제는 기세간을 전공하는 사람의 몫으로 하고, 중생세간의 문제 즉 괴로움의 해소는 불교가 전문입니다.

이렇게 불교는 괴로움의 소멸을 전공으로 합니다(불교의 최상위 개념 – 고와 고멸). 부처님 가르침에 충실한 사람들은 괴로움의 소멸을 위한 전문가입니다. 중생세간으로의 나의 존재성, 내 삶의 문제를 해소하고 행복을 만드는 일은 기세간을 전공하는 사람들도 불교에서 배워야 합니다.

불교는 과학이 아무리 발전해도 그 역할이 줄어들지 않습니다!

◐ 삼종세간(三種世間)〈위키백과〉

3종세간(三種世間, 영어: three types of worlds) · 3세간(三世間) · 3가지의 세간 또는 3종세계(三種世界) · 3가지의 세계는 다음의 분류, 그룹 또는 체계의 한 요소이다.

세간(世間)에 대한 2종세간(二種世間) · 3종세간(三種世間) · 5종세간(五種世間) 등의 여러 분류체계 가운데 하나이다.

2종세간은 중생(衆生) · 비중생(非衆生)의 2종세간 또는 유정세간(有情世間) · 기세간(器世間)의 2종세간을 말하며, 부파불교와 대승불교 모두에서 설하는 분류체계이다.

3종세간은 대승불교와 남방 상좌부불교, 그리고 힌두철학의 수론학파(數論學派) 즉 삼키아 학파에서 설하는 분류체계이다.

2종세간 · 3종세간은 여래10호 가운데 하나인 세간해(世間解)에 대한 설명, 108삼매(百八三昧) 가운데 하나인 능조일체세간삼매(能照一切世間三昧)에 대한 설명, 또는 5온과 '나[神, 아트만, 정신]'에 대한 설명의 문맥에서 주로 언급되거나 설해진다. 화엄종의 경우 《60화엄》의 〈제33품 이세간품(離世間品)〉의 문맥에서 언급되고 설해진다. 〈제33품 이세간품(離世間品)〉 다음에 〈제34품 입법계품(入法界品)〉이 설해진다.

3종세간으로는 다음의 것들이 있다.

중관학파와 천태종의 중생세간(衆生世間) · 국토세간(國土世間) · 5온세간(五蘊世間)
남방 상좌부불교의 행세간(行世間) · 중생세간(衆生世間) · 처세간(處世間)
화엄종의 기세간(器世間) · 중생세간(衆生世間) · 지정각세간(智正覺世間)
힌두철학의 수론학파의 천상세간(天上世間) · 인간세간(人間世間) · 수도세간(獸道世間)

신은 있는지(하늘 세상의 유무) 묻고 답하는 2개의 경

1. (MN 90-깐나깟탈라 경)은 빠세나디 꼬살라 왕이 소마 자매와 사꿀라 자매의 인사와 더불어 부처님을 찾아뵌 이야기입니다.

왕은 네 번 주제를 발의하는데, 「①전지(全知)의 실제성, ②끄샤뜨리야, 바라문, 와이샤, 수드라의 네 계급에게 어떤 차이, 어떤 다름이 있는지?, ③신(神)은 있는지?, ④범천(梵天)은 있는지?」이고 부처님은 모든 발의에 대해 적절히 대답합니다.

①동시에 모든 것을 알고 모든 것을 보는 사문-바라문은 없다. 그런 경우는 없다.'라고 말한 것을 기억함. ② 정진의 성과 즉 해탈에는 차이가 없음 — "여기서 대왕이여, 이것 즉 해탈과 비교하여 해탈에는 아무런 차이가 없다고 나는 말합니다." ③거슬림이 있는 그 신들은 여기로 오고, 거슬림이 없는 그 신들은 여기로 오지 않음. ④거슬림이 있는 범천들은 여기로 오고, 거슬림이 없는 범천들은 여기로 오지 않음

2. (MN100-상가라와 경)은 불교의 정체성을 드러내는 네 개의 경에 속합니다.

젊은 바라문 상가라와는 부처님에게 지금여기에서 실다운 지혜로 성취의 끝에 닿아서 범행의 근본을 공언하는 사문-바라문들 가운데 한 사람이냐고 질문하는데, 부처님은 그들 가운데의 차이를 3가지로 말하면서 '나는 이전에 들어보지 못한 법들에서 스스로 법을 실답게 안 뒤에, 지금여기에서 실다운 지혜로 성취의 끝에 닿아서 범행의 근본을 공언하는 사문-바라문들 가운데 한 사람'이라고 대답합니다. 이어서 부처님은 이런 방법으로 알아야 한다고 하면서 출가로부터 깨달음까지의 과정을 설명하는데, 『불교의 정체성을 드러내는 네 개의 경』으로 정리한 내용입니다.

젊은 바라문 상가라와는 이어서 신은 있는지에 대하여 질문합니다. – "고따마 존자의 정진은 정말 적절합니다. 고결한 사람이여, 고따마 존자의 정진은 정말 그분 아라한-정등각과 같습니다. 참으로, 고따마 존자시여, 신(神)은 있습니까?" "바라드와자여, 나는 원인과 함께 높은 신을 안다." "고따마 존자시여, '신(神)은 있습니까?'라고 물었는데 '바라드와자여, 나는 원인과 함께 높은 신을 안다.'라고 존자는 말합니다. 고따마 존자시여, 그렇다면 공허한 거짓이 아닙니까?" "바라드와자여, '신(神)은 있습니까?'라는 질문에 대해 어떤 사람은 '신은 있다.'라고 말할 수도 있고, 어떤 사람은 '원인과 함께 안다.'라고 말할 수도 있다. 여기서 현명한 사람은 '신은 있다.'라는 확실한 결론을 얻는다." "그러면 왜 고따마 존자는 저에게 첫 번째 방법으로 설명하지 않았습니까?" "바라드와자여, '신은 있다.'라는 것은 세상에서 고귀한 사람들에 의해 동의된 것이다."

▣ 범천(梵天)의 세상과 삼천대천세계(三千大千世界)

• 범천(梵天)의 세상(brahmaloka) – 존재의 영역 즉 색계-무색계(초선 ~ 비상비비상처)

• 삼천대천세계(三千大千世界) – 범천의 세상을 정점으로 하는 세상(열반 아님 즉 존재화 상태) 10억 개

1. 범천(梵天)의 세상(brahmaloka)은 신족통(神足通)의 정형 구문에서 가장 많이 나타납니다.

그는 이렇게 심(心)이 삼매를 닦고, 청정하고 아주 깨끗하고 침착하고 오염원이 없고 유연하고 준비되고 안정되고 흔들림 없음에 도달했을 때, 어떤 종류의 신통으로 심(心)을 향하게 하고 기울게 합니다. 그는 여러 가지 종류의 신통을 실행합니다. – 하나였다가 여럿이 되기도 하고, 여럿이었다가 하나가 되기도 합니다. 드러내기도 하고 숨기도 하고, 분말과 성벽과 산을 가로지르기를 허공에서처럼 닿지 않고 갑니다. 땅에서도 물에서처럼 떠오르고 들어갑니다. 물에서도 땅에서처럼 빠지지 않고 갑니다. 허공에서도 가부좌하고 날개 달린 새처럼 갑니다. 이렇게 강력하고 웅장한 저 달과 해를 손으로 닿아 쓰다듬습니다. 범천의 세상까지도 몸으로 나아갑니다.

(AN 3.81-소천세계(小千世界) 경)은 하나의 세상을 '달과 태양이 돌고 비추어지는 방향들이 나타나는 만큼'이라고 하여 수미산을 중심으로 하는 욕계 중생의 세상으로부터 범천의 세상까지를 포함하여 설명합니다. –「달과 태양이 돌고, 비추어지는 방향들이 나타나는 만큼으로의 세상이 있다. 그 세상에 달과 태양과 산의 왕 수미산과 잠부디빠와 아빠라고야나와 웃따라꾸루와 뿝바위데하와 넷의 큰 바다와 넷의 대왕과 사대왕천과 삼십삼천과 야마천과 도솔천과 화락천과 타화자재천과 범천의 세상이 있다.」

신족통은 이런 세상에서 달과 태양에 닿고 범천의 세상까지도 몸으로 나아가는 능력이라고 설명됩니다.

이외에 '범천의 세상에서 사라져 세존의 앞에 나타났다(brahmaloke antarahito bhagavato purato pāturahosi)' 등의 용례도 많이 발견됩니다.

2. 범천의 세상과 범천의 세상에 이르는 길

그런데 이런 범천의 세상은 어디입니까?

범천의 세상은 욕탐(慾貪)이 바래었기 때문에 태어나는 곳입니다(AN 6.54-담미까 경)/(KN 5.7-와살라 경). 욕(慾)의 탐(貪)이 없어 결점을 제거한 뒤에 무량한 자심(慈心)을 닦아 모든 방향을 무량한 심(心)으로 채운 사람이 태어나는 곳입니다(KN 5.31-마가 경).

이렇게 범천의 세상은 소유(慾)를 넘어 존재(有)를 드러낸 사람들의 영역이고, 사범주(四梵住-cattāro brahmavihārā-네 가지 성스러운 머묾) 즉 자(慈)-비(悲)-희(喜)-사(捨) 사무량심(四無量心)을 닦은 힘으로 태어나는 세상입니다. 또한, (AN 8.1-자애 경)/(AN 11.15-자애 경)에 의하면, 자심해탈(慈心解脫)을 닦는 가운데 넘어선 경지를 관통하지 못한 자가 태어나는 곳이므로 벗어나 열반을 실현하기 이전 즉 존재의 영역이라는 것을 확인할 수 있습니다. 그래서 경들은 범천의 세상에 이르는 길이 사범주(四梵住)[사무량심(四無量心)]라고 알려줍니다.

; so cattāro brahmavihāre bhāvetvā kāyassa bhedā paraṃ maraṇā brahmalokūpago ahosi. 그는 사범주(四梵住)를 닦은 뒤에 몸이 무너져 죽은 뒤 범천의 세상으로 간다.(DN 17.15-마하수닷사나 경, 범천의 세상으로 감)/(MN 83-마가데와 경)

3. 창조주라고 알려진 대범천(大梵天)

한편, (MN 49-범천의 초대 경)과 (SN 6.4-바까 범천 경)에서 바까 범천은 '이것은 상(常)하고, 이것은 안정되고, 이것은 영원하고, 이것은 완전하고, 이것은 변하지 않는 것이다. 참으로 이것은 태어나지 않고, 늙지 않고, 죽지 않고, 옮겨가지 않고, 다시 태어나지 않는다. 이것보다 더 높은 다른 해방은 없다.'라는 악한 견해를 가진 것으로 나타납니다. 부처님은 바까 범천에게 무명이 스몄다고 지적하며 '참으로 무상(無常)한 것을 상(常)하다고 말할 것이고, 불안정한 것을 안정된 것이라고 말할 것이고, 영원하지 않은 것을 영원하다고 말할 것이고, 완전하지 않을 것을 완전하다고 말할 것이고, 변하는 것을 변하지 않는다고 말할 것이고, 태어나고 늙고 죽고 옮겨가고 다시 태어나는 것을 태어나지 않고 늙지 않고 죽지 않고 옮겨가지 않고 다시 태어나지 않는다고 말할 것이고, 더 높은 해방이 있는 것을 더 높은 해방이 없다고 말할 것이다.'라고 말합니다. 창조주 하나님이라고 자신을 알고 있던 바까 범천에게 그것이 사실이 아니라는 점을 일깨워 주는 것입니다.

특히, (MN 49-범천의 초대 경)에서는 바까 범천이 알지 못하는 더 높은 세상으로 광음천(제2선), 변정천(제3선), 광과천(제4선) 그리고 승자천(무상유정천)을 소개하면서 범천이 창조주가 아니라는 사실을 확인시켜 줍니다. 그리고 광음천에 대해서는 '그대는 거기서 죽은 뒤 여기에 태어났다. 그대가 너무 오래 머문 탓에 그것에 대한 그대의 기억이 잊혔다. 그래서 그대는 그것을 알지 못하고 보지 못한다.'라고 하여 바까 범천 등 창조주라는 오해의 영역이 제2선보다 아래인 초선의 대범천에 위치한다는 것을 설명합니다.

범천이 창조주가 아니라는 사실을 일깨우는 것은 중요합니다. 범천을 정점으로 하는 브라만교를 극복할 수 있는 근거가 되기 때문입니다. 그래서 (DN 1.7-범망경)과 (DN 24-빠티까 경)은 퇴화하는 세상의 서술을 통해 범천의 탄생을 설명하는데, 세상에 「대범천, 정복자, 정복당하지 않는 자, 모든 것을 보는 자, 지배자, 권능 가진 자, 창시자, 창조자, 으뜸 된 자, 신분을 부여하는 자, 주인, 과거와 미래의 것들의 아버지」여서 중생들을 창조했다고 알려진 그가 사실은 세상이 퇴화하는 과정에서 생겨난 무상한 존재라는 구체적 설명입니다.

비구들이여, 긴 세월이 지난 어느 때, 어느 곳에서 이 세상이 진화하는(=줄어드는) 때가 있다. 진화하는(=줄어드는) 세상에서 대부분 중생은 광음천으로 이끌린다. 의성(意成)인 그들은 거기서 희열이 음식이고, 스스로 빛나고, 허공을 다니고, 깨끗한 존재로 오랫동안 긴 시간을 머문다.

비구들이여, 긴 세월이 지난 어느 때, 어느 곳에서 이 세상이 퇴화하는(=자라나는) 때가 있다. 퇴화하는 세상에 비어있는 범천의 하늘 궁전(brahmavimāna)이 나타난다. 그때 어떤 중생이 수명의 부서짐 때문이거나 공덕의 부서짐 때문에 광음천의 무리에서 떨어져 비어있는 범천의 하늘 궁전에 태어난다. 그는 거기서 의성이고, 희열이 음식이고, 스스로 빛나고, 허공을 다니고, 깨끗한 존재로 오랫동안 긴 시간을 머문다.

거기서 오랫동안 혼자 머무는 그에게 싫증과 동요가 생긴다. — '다른 중생들도 여기에 왔으면!'이라고. 그때 다른 중생들도 수명의 부서짐 때문이거나 공덕의 부서짐 때문에 광음천의 무리에서 떨어져 그 중생의 동료로 범천의 하늘 궁전에 태어난다. 그들도 거기서 의성이고, 희열이 음식이고, 스스로 빛나고, 허공을 다니고,

깨끗한 존재로 오랫동안 긴 시간을 머문다.

그때, 비구들이여, 첫 번째로 태어난 그 중생에게 이런 생각이 든다. – '범천인 나는 대범천, 정복자, 정복당하지 않는 자, 모든 것을 보는 자, 지배자, 권능 가진 자, 창시자, 창조자, 으뜸 된 자, 신분을 부여하는 자, 주인, 과거와 미래의 것들의 아버지이다. 나에 의해 이 중생들은 창조되었다. 그 원인은 무엇인가? 나에게 먼저 이런 생각이 떠올랐다. – '다른 중생들도 여기에 왔으면!'이라고. 이렇게 나의 의(意)의 지향이 있었다. 그리고 이 중생들이 여기에 왔다.'라고.

나중에 태어난 그 중생들에게도 이런 생각이 들었다. – '참으로 범천인 이 존자는 대범천, 정복자, 정복당하지 않는 자, 모든 것을 보는 자, 지배자, 권능 가진 자, 창시자, 창조자, 으뜸 된 자, 신분을 부여하는 자, 주인, 과거와 미래의 것들의 아버지이다. 범천인 이 존자에 의해 우리는 창조되었다. 그 원인은 무엇인가? 우리는 여기에 먼저 존재하고 있는 이 존자를 보았다. 그리고 우리는 나중에 태어났다.'라고.

거기서, 비구들이여, 먼저 태어난 그 중생은 수명이 더 길고, 용모가 더 뛰어나고, 더 큰 위력을 가졌다. 그리고 나중에 태어난 그 중생들은 수명이 더 짧고, 용모가 더 못하고, 더 작은 위력을 가졌다.

비구들이여, 어떤 중생이 그 무리에서 떨어져 지금 상태[금생(今生)]로 오는 경우가 있다. 지금 상태로 온 자가 집에서 집 없는 곳으로 출가한다. 집에서 집 없는 곳으로 출가한 자는 노력의 결과로, 정진의 결과로, 실천의 결과로, 불방일의 결과로, 바른 작의의 결과로 심이 삼매를 닦을 때 그 이전의 존재상태(전생)를 기억하는 그런 심삼매(心三昧)를 얻는다. 그것으로부터 다른 것(더 이전의 존재 상태)을 기억하지는 못한다.

그는 이렇게 말한다. – '범천인 그 존자는 대범천, 정복자, 정복당하지 않는 자, 모든 것을 보는 자, 지배자, 권능 가진 자, 창시자, 창조자, 으뜸 된 자, 신분을 부여하는 자, 주인, 과거와 미래의 것들의 아버지이다. 범천인 그 존자에 의해 우리는 창조되었다. 상(常)하고, 안정되고, 영원하고, 변하지 않는 존재인 그는 영원히 그렇게 서 있다. 그러나 범천인 그 존자에 의해 창조된 우리는 무상(無常)하고, 안정되지 않고, 수명이 짧고, 죽어야 하는 존재이고, 지금 상태로 왔다.'라고.

이렇게 세상의 진화와 퇴화의 과정에서 생겨나는 범천의 하늘 궁전에 광음천에서 떨어져 태어난 최초의 중생이 창조주 하나님이라고 오해되는 과정이 설명됩니다. 그리고 (DN 27-처음에 대한 앎 경)은 그때, 거기로부터 점점 퇴화하여 인간 사회 즉 욕계 세상이 형성되는 지금까지의 과정을 설명합니다.

4. 대범천보다 높은 범천의 세상

그런데 범천의 하늘 궁전(brahmavimāna)이 범천의 세상(brahmaloka) 전부를 지시하는 것은 아니라고 보아야 합니다.

범천의 세상에 가는 길인 사범주(四梵住-사무량심) 외에 범천의 동료가 되는 길도 나타나는데, 자-비-희-사의 심해탈입니다. 그리고 이 길 위에서 넘어선 경지를 관통하지 못한 자 즉 깨달아 윤회에서 벗어나지 못한 자가 범천의 세상에 태어납니다.

그런데 사무량심은 사선과 대응하고(자무량심-초선, 비무량심-제2선, 희무량심-제3선,사무량심-제4선), 네 가지

심해탈은 제4선(자심해탈)-공무변처(비심해탈)-식무변처(희심해탈)-무소유처(사심해탈)와 대응합니다. 그래서 범천의 세상에 가는 길은 초선~무소유처로 이끌고, 이 범주가 범천의 세상이라고 이해해야 합니다. 즉 상(想)의 증득으로 얻어지는 경지입니다.

; katamo brahmānaṃ sahabyatāya maggo? 무엇이 범천의 동료가 되는 길이니까? – 자심해탈-비심해탈-희심해탈-사심해탈을 닦음(DN 13.6-삼명 경, 아찌라와띠 강의 비유)/(MN 99-수바 경)

이렇게 범천의 세상은 상(想)의 증득으로 얻어지는 범주에 걸쳐 있습니다. 그러나 이런 범주가 언제나 알려진 것은 아닙니다.

①대범천을 창조주라고 오해하는 바라문교의 입장에서는 범신천-범보천-대범천으로 구성된 초선의 경지가 범천의 세상이라고 할 것입니다.

하지만, 부처님의 전생의 일화를 소개하는 (DN 19-마하고윈다 경)에서 마하고윈다 바라문은 출가하여 사무량심을 닦은 뒤 제자들에게 범천의 세상의 동료가 되는 길을 설합니다. ②범천의 세상이 초선을 포함한 색계의 사선으로 확장되었지만, 아직 부처를 이루지 못한 마하고윈다 바라문의 한계라고 하겠습니다.

그러나 부처가 된 지금은 ③상(想)의 증득으로 얻어지는 전체 범주, 심지어 (SN 55.54-병 경)에서는 범천의 세상을 넘어선 경지를 유신의 소멸 즉 존재에서 벗어남으로 설명함으로써 색계-무색계 전체를 범천의 세상으로 지시합니다. 최종적으로 이것이 불교가 말하는 범천의 세상입니다.

이렇게 범천의 세상은 존재의 영역 즉 색계-무색계 전체를 의미한다는 것을 알 수 있습니다.

◐ 범천의 세상의 범주에 대한 봄의 진화

- 바라문교의 범천의 세상의 범주/한계 – 초선에 속한 대범천
- 마하고윈다 바라문의 범천의 세상의 범주/한계 – 초선-제2선-제3선-제4선
- 부처님의 깨달음에 의해 알려지는 범천의 세상의 실제적 범주/한계 – 존재의 영역(색계-무색계 = 초선 ~ 비상비비상처)

- 표 – 사선과 사무량심의 대응
- 표 – 사선과 사무량심의 대응의 확장

5. 복수로 나타나는 범천의 세상

그런데 (AN 6.34-마하목갈라나 경)과 (AN 7.56-띳사 범천 경)은 '어떤 범천의 세상(aññataraṃ brahmalokaṃ)'이라고 말합니다. 즉 범천의 세상은 복수입니다. 또한, 경들은 여러 이름의 범천을 소개합니다. 그만큼 범천의 세상도 여럿이라는 것을 알 수 있는데, 진화와 퇴화의 순환적 반복에 의해 범천의 세상이 복수로 생기고 거기에 범천이 복수로 탄생한다고 이해할 수 있습니다.

• 표 – 사선과 사무량심의 대응

【사선(四禪)과 사무량심(四無量心)의 대응】

● (AN 4.123-다름 경1)과 (AN 4.125-자애 경1)

사람		조건(수행 과정) [지금여기의 행복한 머묾]	태어남		수명의 크기가 모두 지났을 때의 차이-특별함-다름	
사선(四禪)을 성취하여 머묾	함께한 심(心)으로 머묾		자리	수명	배우지 못한 범부(凡夫)	잘 배운 성스러운 제자
초선(初禪)	자(慈)	그것을 즐기고, 그것을 열망하고, 그것에 따르는 행복을 경험한다. 거기에서 흔들리지 않고 거기에 기울고 거기에 많이 머물고 퇴보하지 않는 그는, 죽으면	범신천(梵身天)	1겁(劫)	지옥으로도 -축생으로도 -아귀로도 감	완전히 꺼짐
제이선(第二禪)	비(悲)		광음천(光音天)	2겁(劫)		
제삼선(第三禪)	희(喜)		변정천(遍淨天)	4겁(劫)		
제사선(第四禪)	사(捨)		광과천(廣果天)	500겁(劫)		

● (AN 4.124-다름 경2)와 (AN 4.126-자애 경2)

사람		조건(수행 과정) [법의 위빳사나]	태어남	수명의 크기가 모두 지났을 때의 차이-특별함-다름
사선(四禪)을 성취하여 머묾	함께한 심(心)으로 머묾		자리	비고
초선(初禪)	자(慈)	색(色)-수(受)-상(想)-행(行)-식(識)에 속하는 것을 무상(無常)-고(苦)-병(病)-종기-화살-불행-고뇌-남-무너짐-공(空)-무아(無我)로부터 관찰 ※ 관찰의 용례 경들과 연결	정거천(淨居天)	범부(凡夫)들과 공통되지 않는 것
제이선(第二禪)	비(悲)			
제삼선(第三禪)	희(喜)			
제사선(第四禪)	사(捨)			

• 표 – 사선과 사무량심의 대응의 확장

【사선(四禪)과 사무량심(四無量心)의 대응의 확장】

닦는 것		버려지는 것 ≒ 심(心)을 소진하는 것	해방	궁극
자(慈-metta)	초선(初禪)	진에(byāpāda)	자심해탈(慈心解脫)	깨끗함[정(淨)]
비(悲-karuṇā)	제이선(第二禪)	짜증(vihesā)	비심해탈(悲心解脫)	공무변처(空無邊處)
희(喜-muditā)	제삼선(第三禪)	불쾌(arati)	희심해탈(喜心解脫)	식무변처(識無邊處)
사(捨-upekkhā)	제사선(第四禪)	저항(paṭigha)	저항의 상(相)-상(想)	
부정(不淨)을 닦음	부정의 상(相)-상(想)	탐(貪-rāga)	사심해탈(捨心解脫)	무소유처(無所有處)
무상심삼매(無相心三昧)	상수멸(想受滅)	상(相)을 따르는 식(識)	무상심해탈(無相心解脫)	
무상(無常)의 상(想)		의심과 불확실의 화살	'나는 있다'라는 자기화가 뿌리 뽑힘	

이때, (SN 6.14-아루나와띠 경)에서 아비부 비구는 '범천의 세상에 머물 때 천 겹의 세상에 소리를 듣게 할 수 있다.'라고 하는데, 범천의 세상에서 욕계에 이르는 세상 천 개를 말하는 것입니다. 더욱이 (AN 3.81-소천세계(小千世界) 경)은 이런 천 개의 세상을 소천세계(小千世界-sahassīcūḷanikā lokadhātū)라고 지칭하면서 소천의 천에 해당하는 중천세계(中千世界-dvisahassīmajjhimikā lokadhātu-천의 제곱=백만)와 중천의 천에 해당하는 삼천대천세계(三千大千世界-tisahassīmahāsahassī lokadhātu-천의 세제곱=십억)를 설명합니다. 특히, 하나의 세상을 '달과 태양이 돌고 비추어지는 방향들이 나타나는 만큼'이라고 설명하는데, 수미산을 중심으로 하는 욕계 중생의 세상으로부터 범천의 세상까지를 포함합니다. 그리고 삼천대천세계는 복수인 범천의 세상에 대한, 경에 나타나는, 가장 큰 숫자입니다.

◐ 삼천대천세계 – 오염 없는 하얀 도화지에 (무명에 덮이고 애에 묶인) 세상이라는 오염의 점이 찍힐 때마다 하나의 세상이 만들어져 도화지를 채워가는 경우에 비유하여 말할 수 있습니다. 삼천대천세계는 오염 없는 경지 위에 10억 개의 오염의 점이 세상이란 이름으로 찍혀있는 범위를 말하는 것으로 이해할 수 있습니다.

• 그림 – 불교의 세계관과 범천의 세상
• 그림 – 삼천대천세계(三千大千世界)

me dhammā ajjhattaṃ appahīnā – ādīnavadassāvī
내 안에 버려지지 않은 법들에서 위험을 보겠습니다.

• 그림 – 불교의 세계관과 범천의 세상

불교의 세계관과 범천(梵天)의세상

<table>
<tr><td rowspan="4">무색계
(無色界)</td><td colspan="2"></td><td rowspan="20">범천(梵天)의 세상 (brahmaloka)</td><td colspan="2">비상비비상처</td></tr>
<tr><td colspan="2">사심해탈</td><td colspan="2">무소유처</td></tr>
<tr><td colspan="2">희심해탈</td><td colspan="2">식무변처</td></tr>
<tr><td colspan="2">비심해탈</td><td colspan="2">공무변처</td></tr>
<tr><td rowspan="16">색계
(色界)</td><td rowspan="7">제사선
(第四禪)</td><td rowspan="7">사(捨) & 자심해탈</td><td rowspan="5">정거천(淨居天)</td><td>색구경천</td></tr>
<tr><td>선견천</td></tr>
<tr><td>선현천</td></tr>
<tr><td>무열천</td></tr>
<tr><td>무번천</td></tr>
<tr><td colspan="2">무상유정천</td></tr>
<tr><td colspan="2">광과천</td></tr>
<tr><td rowspan="3">제삼선
(第三禪)</td><td rowspan="3">희(喜)</td><td colspan="2">변정천</td></tr>
<tr><td colspan="2">무량정천</td></tr>
<tr><td colspan="2">소정천</td></tr>
<tr><td rowspan="3">제이선
(第二禪)</td><td rowspan="3">비(悲)</td><td colspan="2">광음천</td></tr>
<tr><td colspan="2">무량광천</td></tr>
<tr><td colspan="2">소광천</td></tr>
<tr><td rowspan="3">초선
(初禪)</td><td rowspan="3">자(慈)</td><td colspan="2">대범천</td></tr>
<tr><td colspan="2">범보천</td></tr>
<tr><td colspan="2">범신천/범중천</td></tr>
<tr><td rowspan="10">욕계
(慾界)</td><td colspan="3" rowspan="6">욕계육천
(慾界六天)</td><td colspan="2">타화자재천</td></tr>
<tr><td colspan="2">화락천</td></tr>
<tr><td colspan="2">도솔천</td></tr>
<tr><td colspan="2">야마천</td></tr>
<tr><td colspan="2">삼십삼천</td></tr>
<tr><td colspan="2">사대왕천</td></tr>
<tr><td colspan="5">인간</td></tr>
<tr><td colspan="5">아귀</td></tr>
<tr><td colspan="5">축생</td></tr>
<tr><td colspan="5">지옥</td></tr>
</table>

• 그림 : 삼천대천세계(三千大千世界)

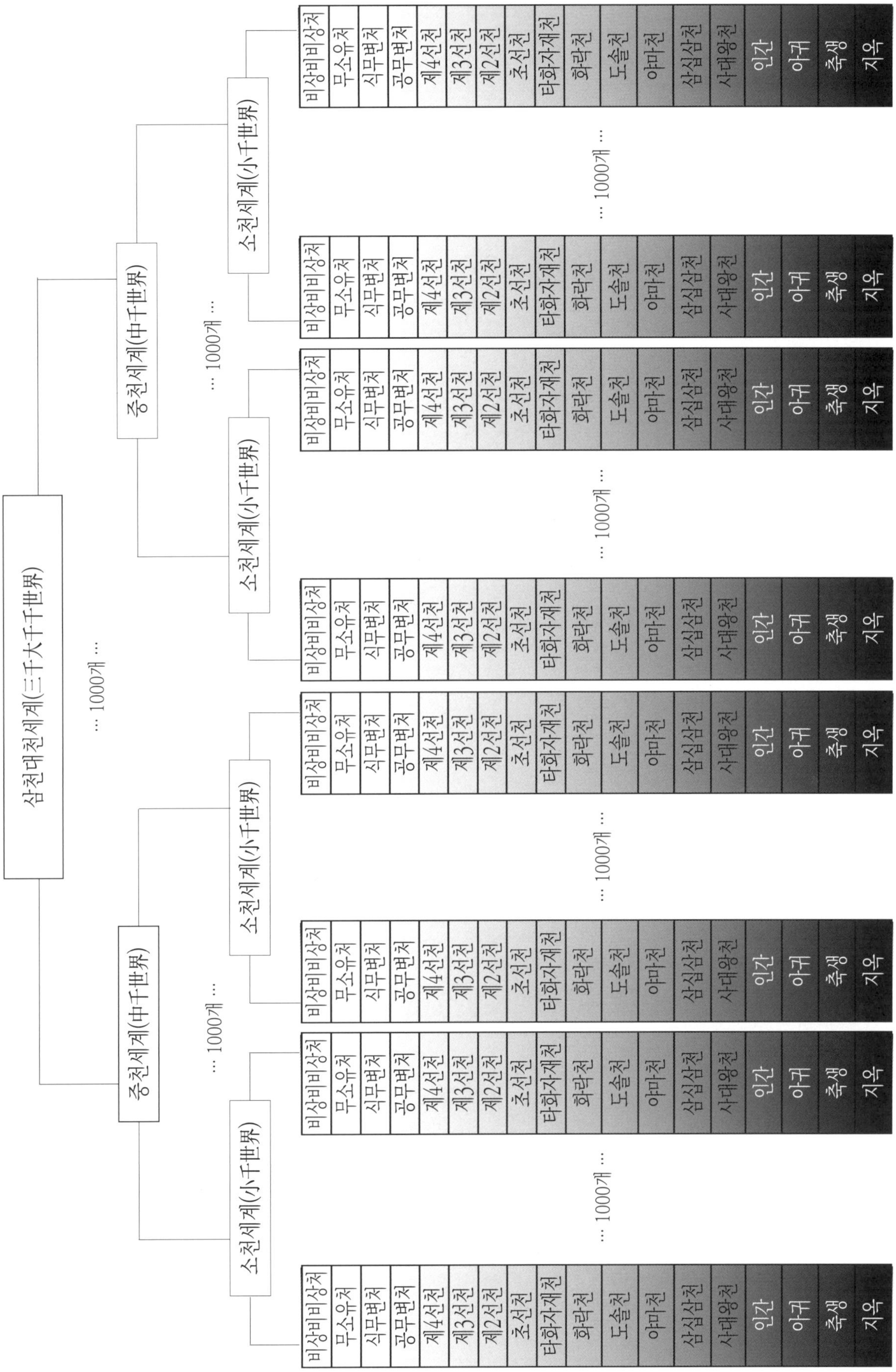

제5부

(연기의 상세 Ⅱ) 나

제1장

나 그리고 삶의 현장
(식-명색 ↔ 육입-촉-수)

그런데 이 책에서 우리가 정리하려 하는 '나는 누구인가?'의 나는 어떤 속성이 선입(先入)된 개념으로의 내가 아닙니다. 즉 상-락-아-정의 특성이 부여된 것으로의 아(我-atta)를 말하려는 것이 아닙니다. 다만, 지금 이 세상을 구체적으로 살아가고 있는 나에 대한 이야기, 지금 살아가면서 아파하고(苦) 좋아하는(樂) 삶의 실존적 주체로서의 나입니다. 이런 나에 대해 삶에 대한 완전한 이해를 선언한, 깨달은 자로서의 부처 즉 여래-아라한-정등각의 설명을 통해 알아보려는 시도 입니다.

이런 세상에서 구체적으로 살아가는 실존적 존재로서의 '나'는 누구입니까?

1. ahaṃ과 atta

ahaṃ: pron. of 1st person "I". (nom. sing. of amha)이란 대명사와 asmi: I am. (1st sing. of as)란 동사가 있습니다. 그래서 ahaṃ asmi(연음 → ahamasmi)는 '나는 있다.' 또는 '나는 ~이다.'라는 문장이 됩니다. 또한, 동사가 격(格)을 포함하는 빠알리 문법에 의하면, asmi 만으로도 ahamasmi를 의미하기도 합니다. 보통의 의미로 '나는 있다.'는 본질적 존재로서의 나에 대한 정의이고, '나는 ~이다.'는 지금 살아가고 있는 실존적 존재로서의 '나'를 지칭하는 것이라고 이해할 수 있습니다. 이렇게 '나'를 지칭하는 단어는 본질적 존재거나 실존적 존재로서의 나라는 두 가지 측면에서 의미를 가집니다.

◐ (MN 28-코끼리 발자국 비유의 큰 경)/(SN 35.246-류트 비유 경)에는 「ahanti vā mamanti vā asmīti '나'거나 '나의 것'이거나 '나는 있다.'」라고 나타나는데, 'etaṃ mama, esohamasmi, eso me attā 이것은 나의 것이다. 이것은 나다. 이것은 나의 아(我)다.'에 대응합니다. 이렇게 asmi가 '나의 아(我) 있음'의 의미로 쓰이는 것이 확인됩니다.

◐ ahamasmi는 'etaṃ mama, esohamasmi, eso me attā 이것은 나의 것이다. 이것이 나다. 이것이 나의 我다.'거나 부정형 즉 'netaṃ mama, nesohamasmi, na meso attā 이것은 나의 것이 아니다. 이것은 내가 아니다. 이것은 나의 我가 아니다'의 형태로 주로 나타납니다.

이렇게 '나의 것-나-나의 我'의 (3가지) 쌍으로 나타나는 경우 외에 asmi와 ayamahamasmi의 (2가지) 쌍으로 나타나기도 하는데, (DN 15.4-대인연경, 아(我)의 관찰)(*)/(DN 33.9-합송경, 여섯으로 구성된 법들)/(DN 34.7-십상경, 여섯 가지 법)/(MN 140-요소의 분석 경)/(SN 22.47-관찰 경)/(SN 22.89-케마까 경)/(SN 35.248-보릿단 경)/(AN 6.13-해방되어야 함 경)입니다.

(*) (DN 15.4-대인연경, 아(我)의 관찰)는 asmi 대신 'na heva kho me vedanā attā 나의 수는 아가 아니다.'와 함께 나타납니다.

한편, '나'를 지칭하는 다른 빠알리 단어로는 atta도 있습니다. 역시 본질적 존재거나 실존적 나의 두 가지 측면에서 의미를 가지는 단어입니다. 그래서 atta에 대한 대명사로의 ahaṃ이라고 하겠습니다.

- atta 1.1 masc. self; soul; spirit; essence (남성명사) 본질적 존재
- atta 1.2 adj. personal; related to oneself (형용사) 실존적 나

이때, atta가 본질적 존재인 아(我)를 지칭하는 것인지 아니면 실존적 존재로서의 나를 지칭하는 것인지는 격변화를 고려한 문맥에 따라 판단해야 합니다.

브라만교에서는 atta 즉 (본질적) 나에게 상(常)-락(樂)-아(我)-정(淨)의 특성을 부여해서 삶을 이해합니다. 항상한 것 즉 조건에 영향받지 않는 것이고, 만족한 것이고, 생겨나지 않은 것(불생불멸-본질)이고, 오염되지 않는 것입니다. 이런 성질을 가진 아(我)[빠알리 –atta, 산스끄리뜨 - ātman]가 몸과 함께 살아가는 것으로의 삶입니다.

그런데 이 책에서 우리가 정리하려 하는 '나는 누구인가?'의 나는 어떤 속성이 선입(先入)된 개념으로의 내가 아닙니다. 즉 상-락-아-정의 특성이 부여된 것으로의 아(我-atta)를 말하려는 것이 아닙니다. 다만, 지금 이 세상을 구체적으로 살아가고 있는 나에 대한 이야기, 지금 살아가면서 아파하고(苦) 좋아하는(樂) 삶의 실존적 주체로서의 나입니다. 이런 나에 대해 삶에 대한 완전한 이해를 선언한, 깨달은 자로서의 부처 즉 여래-아라한-정등각의 설명을 통해 알아보려는 시도 입니다.

(AN 4.49-전도(顚倒) 경)은 무상(無常)에 대해 상(常)이라는-고(苦)에 대해 락(樂)이라는-무아(無我)에 대해 아(我)라는-부정(不淨)에 대해 정(淨)이라는 상(想)의 전도-심(心)의 전도-견해의 전도와 무상에 대해 무상이라는-고에 대해 고라는-무아에 대해 무아라는-부정에 대해 부정이라는 상의 전도되지 않음-심의 전도되지 않음-견해의 전도되지 않음을 말합니다.

그렇다면 브라만교에서 말하는 상-락-아-정의 특성을 가진 아는 전도된 개념 즉 거짓이어서 존재하지 않습니다(*). 그러므로 무상-고-무아-부정의 전도되지 않음 위에서 설명하는 것이 지금 이 세상을 구체적으로 살아가고 있는 실존적인 나에 대한 참된 이해입니다.

(*) 존재하지 않는 것을 존재한다고 거꾸로 보는 데서 삶의 불만족(苦)이 생깁니다. – 사실에 어긋난 삶

그런데 불교 즉 부처님의 가르침에는 나(atta)를 지칭하는 용어들이 몇 가지 발견됩니다. 무명에 덮이고 애에 묶여 옮겨가고 윤회하는 중생(satta)이고, 삶의 실존적 주체로서의 나인 존재(有-bhava)를 유신(有身), 오취온(五取蘊) 또는 활성존재(bhūta = 식-명색)이라는 개념으로 정의합니다.

2. 삶 = 마음이 몸과 함께 세상을 만나는 이야기 – ①나 =「유신-오취온-식과 명색」

중생으로 불리는 존재(有-bhava)의 첫 번째 특징은 몸의 구속입니다. – (SN 23.2-중생 경) 참조(374쪽)

중생인 나는 업을 잇는 자(kammadāyāda)(MN 135-업의 작은 경)인데, 유위의 업에 의해 머물고 늘어난 연기된 식(paṭiccasamuppannaṃ viññāṇaṃ)의 윤회의 메커니즘입니다. 이런 삶의 과정을 무명에 덮이고 애에 묶여서 옮겨가고 윤회하는 중생이라고 합니다. 그런데 (SN 12.19-우현 경)은 무명과 애를 해소하지 못하고 몸이 무너지면 '몸으로 간다(kāyūpago hoti)'고 하고, 해소하고 몸이 무너지면 '몸으로 가지 않는다(na kāyūpago hoti)'고 하는데, 몸으로 가는 자는 연기된 식입니다. 이렇게 연기된 식이 몸이 무너져 죽은 뒤에 무명과 애 때문에 새로운 몸으로 가는 것이 옮겨가서 태어나는 것이고, 이런 삶의 반복이 윤회입니다.

이렇게 중생은 몸에 구속됩니다. 그리고 (MN 106-흔들리지 않는 경지에 적합함 경)/(SN 35.103-우다까 경)에 의하면, 애를 뿌리로 하는 그 구속은 중생 세상의 꼭대기인 비상비비상처까지 유효합니다. 특히, (MN 106-흔들리지 않는 경지에 적합함 경)은 몸으로 가는 식을 '다시 태어나는 식(saṃvattanikaṃ viññāṇaṃ)'이라고 불러서 몸으로 가는 메커니즘 즉 식의 윤회를 결정적으로 확인해 주기도 합니다.

부처님은 삶을 내가 세상을 만나는 이야기 즉 마음이 몸과 함께 세상을 만나는 이야기로 간주합니다. 몸에 구속된 마음으로 구성된 내가 나의 삶에 참여하는 세상을 만나는 이야기라는 것입니다. 그리고 이 이야기의 과정 어디에 어떤 문제가 있을 때 괴로움(苦)이 생기는지를 연기 곧 십이연기로써 선언하고, 그 자리 그 문제에 어떻게

대응하면 괴로움이 소멸(苦滅)하고 행복(樂)이 실현되는지를 팔정도로써 설명하는데, 고와 고집(緣起), 고멸과 고멸도(中道=八正道의 실천)로 구성되는 사성제입니다.

상-락-아-정의 성질을 가진 아(我-atta) 즉 내가 몸을 부수하여 살아가는 것으로의 삶을 말하는 브라만교(常見)와 무상-고-무아-부정의 성질을 가지는 마음과 몸이 함께하여 구성된 나의 삶(緣起)을 말하는 불교는 이렇게 차이가 있습니다. 삶에 대한 전혀 다른 설명입니다.

그런데 우리가 마음이라고 부르는 이것은 경에서는 세 가지 이름으로 불립니다. 심(心)이라고도 의(意)라고도 식(識)이라고도 불리는 것인데, 동질성 위에서의 차별입니다. 그래서 동질성 위에서 차별되는 이 셋을 구분하여 이해하는 것은 삶 그리고 불교의 이해를 위한 근본이 됩니다. 「제5부 제2장 Ⅳ. 식(識)에 대한 이해의 확장 – 2. 심(心)-의(意)-식(識)」(422쪽)에서 자세히 설명하였습니다.

연기는 애(愛-taṇhā)를 전후한 괴로움의 발생 과정을 열두 개의 법, 열한 단계로 설명합니다.

> 비구들이여, 무엇이 연기인가? 비구들이여, 무명을 조건으로 행들이 … 생을 조건으로 노사와 수비고우뇌가 생긴다. 이렇게 이 모든 괴로움 무더기가 자라난다. 비구들이여, 이것이 연기라고 불린다.(SN 12.1-연기 경)

이때, 유(有-bhava)는 취(取-upādāna)를 조건으로 생기는 것이면서, 생과 노사 그리고 수비고우뇌 등 고온(苦蘊-괴로움 무더기)이 수반된 삶을 사는 존재로서의 나입니다. 그리고 이런 존재가 중생인데, 삶의 질적 구분에 의해 욕유(慾有-욕계중생), 색유(色有-색계중생), 무색유(無色有-무색계중생)로 정의된다는 것은 전술하였습니다.

부처님 가르침에서 유(有)는 몸에 구속된 마음 즉 마음과 몸이 함께한 것, 마음에게 몸 있음으로의 나입니다(有身). 그런데 마음과 몸은 생존 기간의 불균형이라는 현상을 보여줍니다. (인간의) 몸은 백 년 안팎을 살지만, 마음은 팔정도의 실천을 통해 중생으로의 삶에서 벗어날 때까지 살아야 하기 때문입니다. 이런 불균형은 때때로 하나의 사건을 야기하는데, 오래 살아야 하는 마음이 짧게 살고 마는 몸을 잃게 되는 경우입니다. 죽음(死)이라고 부르는 이 사건은 중생으로의 존재인 나에게 가장 크고 예외 될 수 없는 아픔입니다. 나는 마음과 몸이 함께한 것이기 때문에 죽음으로써 몸을 잃은 마음은 몸에 구속됨이라는 한계 때문에 다시 새로운 몸을 만나 새로운 나를 구성하여 새로운 삶을 살게 되는데, 태어남(生)이라고 부릅니다. 그런데 이런 태어남은 새로운 몸과 함께하는 새로운 나의 시작이기 때문에, 몸의 역할이라는 측면에서 이전 몸으로의 삶에 대한 기억을 잃게 되는 문제가 있습니다. 팔정도의 실천 과정에서 마음을 직접 인지[숙명통(宿命通) 또는 숙주명(宿住明)]하기 전에는 이전 몸들과 함께했던 삶의 과정들 즉 전생들은 잊히고 기억하지 못하게 되는 것입니다.

그런데 나는 단지 마음(識-viññāṇa)과 몸(色-rūpa)이 함께한 것만을 말하지는 않습니다. 삶은 마음이 몸과 함께 세상을 만나는 이야기이기 때문에 이 이야기 즉 삶의 과정이 남기는 흔적들(삶의 과정에서 파생된 것)도 나를 구성하는 일부가 되는 것입니다. 부처님은 이렇게 삶의 과정에서 파생된 것을 경험(受-vedanā), 경향(想-saññā), 의도(思-cetanā)[=형성작용(行-saṅkhāra)들]의 영역으로 설명합니다. 또한, 흔적으로 남는 것은 아니지만, 알고 경험하는 과정에서 작용하는 촉(觸-phassa)과 작의(作意-manasikāra)의 두 가지 활성 요소도 삶의 과정에서 파생된 것에 포함하여 설명합니다.

특히, 주목해야 하는 것은 수와 상 그리고 행들이라는 삶의 과정에서 파생된 것들이 삶의 흔적으로 쌓인다는 점입니다. 순간순간의 삶의 과정이 남기는 흔적이 쌓여서 무더기를 이룬다는 것인데, 온(蘊-khandha)이라고 부릅니다. 물론 몸도 마음도 삶의 과정을 통해 흔적을 남기고 쌓여서 무더기를 이룬다는 것은 다른 세 가지와 같습니다. 그래서 몸과 마음 그리고 삶의 과정에서 파생된 것은 다섯 가지 무더기(五蘊)를 구성하는데, 색(色)-수(受)-상(想)-행(行)들-식(識)의 무더기입니다[색온(色蘊)-수온(受蘊)-상온(想蘊)-행온(行蘊)-식온(識蘊)].

이렇게 삶은 순간순간을 사는 지금 삶의 과정과 그 과정이 남기는 흔적들의 쌓임 즉 누적된 삶의 과정의 두 측면으로 이해해야 합니다. 중생(satta) 즉 존재(bhava)인 나는 이렇게 몸과 마음 그리고 삶의 과정에서 파생된 것들이 함께한 상태로서 정의되는 것입니다.

부처님은 이런 관점에 의해 중생 또는 존재를 부르는데, 유신(有身-sakkāya-몸이 있는 상태)이고, '유신은 오취온(五取蘊)'이라고 정의됩니다(SN 22.105-유신 경). 이때, 취(取)는 집착(붙잡음)입니다. 그렇다면 몸과 마음 그리고 삶의 과정에서 파생된 것들의 무더기인 오온을 집착한(붙잡은) 상태로서의 오취온을 다시 나라고 정의하는 것입니다. 마음이 몸과 함께한 것이라는 나의 개념은 삶의 과정에서 파생된 것들의 무더기를 포함하여 이렇게 확장됩니다.

또한, 주목해야 합니다. 오취온 즉 오온에 대한 집착 상태가 유신 즉 나라는 것은 지금 실존적이고 구체적으로 살아가고 있는 내가 어떤 참된 존재성(我)을 가지는 것이 아니라 삶의 과정의 무더기에 대한 집착을 통해 스스로 내가 된 것에 불과하다는 설명입니다(자기화-māna). 스스로 내가 되어 지금을 살고 그 결과로 고와 락을 자신이 경험하는 것입니다. 그래서 불교가 제시하는 삶의 완성 즉 깨달음이 집착(붙잡음)을 놓음에 의한 자기화의 해소로 제시되는 것입니다.

그런데 나의 개념은 한 번 더 확장됩니다. 인식의 영역에서 작용하는 활성 요소인 촉과 작의도 삶의 과정에 포함되어 있기 때문입니다. 그래서 활성화된 삶의 과정으로의 파생된 것은 수(受)-상(想)-사(思)-촉(觸)-작의(作意)인데, 사(思)는 오온의 행(行)입니다(SN 22.56-집착의 양상 경). 경은 이렇게 파생된 삶의 과정을 명(名-nāma-파생된 것)이라고 정의합니다. 나에 대한 정의는 이 측면을 담아서 마음인 식(識)과 몸인 색(色) 그리고 파생된 것인 명(名)이 함께한 상태라고 다시 한번 확장됩니다.

한편, 명은 식보다는 색에 가깝습니다. 물질인지 아닌지의 입장에서는 물질인 색보다 물질 아닌 식에 가깝다고 하겠지만, 삶에 대한 이해의 측면에서는 ①색과 함께 식의 인식 대상이 되고, ②생존 기간의 측면에서 몸인 색과 같다(몸과 함께 버려짐)는 점을 더 주목하기 때문입니다. 그래서 식과 색 그리고 명으로 구성된 나에게서 명은 색에 묶여 색(色)과 명식(名識)이 아닌 식(識)과 명색(名色)이 됩니다. 그리고 식과 명색은 서로 조건 되고, 이런 서로 조건 됨에 의해 윤회한다고 설명됩니다(DN 15-대인연 경).

서로 조건 된다는 것은 명색 없이는 식이 있을 수 없고, 식 없이는 명색이 있을 수 없다는 것을 말합니다. 그래서 식도 명색도 각각으로는 존재 의미를 갖지 못합니다. 오직 함께함으로써 나라는 존재를 구성하는 것입니다. 그런데 연기에서의 조건 관계는 예외가 없는 100% 조건 관계입니다. 명색은 백 년 안팎의 한평생을 살다가 떨어지는 것이지만, 다시 태어나는 식(MN 106-흔들리지 않는 경지에 적합함 경)은 삶의 누적을 통한 변화 위에서 깨달아 윤회에서 벗어날 때까지 지속되는 것입니다. 그래서 식은 명색이 떨어져 나가도 존재해야 하는데, 그 존재의 상태가 반드시 명색과 함께해야 한다는 것입니다. 이렇게 식에게는 혼자 존재하는 시간의 영역이 없습니다. 그래서 죽는 순간 새로운 명색과 만나는 것이고, 이런 메커니즘에 의한 윤회에는 간극이 없습니다(*). 부처님이 중유(中有) 또는 중음신(中陰身)을 설명하지 않는 이유라고 하겠습니다. 그렇습니다. 중유는 없습니다!

(*) purisassa ca viññāṇasotaṃ pajānāti, ubhayato abbocchinnaṃ idha loke patiṭṭhitañca paraloke patiṭṭhitañca 또한, 이 세상에서도 머물고 저 세상에서도 머무는, 양쪽에서 끊어짐이 없는 인간의 식(識)의 흐름을 꿰뚫어 압니다.(DN 28.6-믿음을 고양하는 경, 견(見)의 증득에 대한 가르침)

그러면 오취온과 (식-명색)인 나는 어떻게 다릅니까? 오취온이 지난 삶의 흔적들의 누적에 대한 집착을 통해 생긴 나라면 (식-명색)은 촉과 작의라는 지금 삶의 동력(활성요소)을 포함한 더 포괄적인 설명(*)입니다. 즉 나는 지난 삶의 누적에 대한 집착이기도 하지만 지금 삶을 살아가고 있는 활성화된 존재(**)라는 의미입니다.

(*) 지금 삶의 동력이라는 점에서 작의와 촉을 차별하여 제시하고 있지만, 작의는 식을 생겨나게 하고, 촉은 수를 생겨나게 하는 작용이라는 점에서, 포괄적 의미로는 유위에서의 형성작용 즉 행에 속한다고 이해해야 합니다. 다만, 사(思)는 오온의 행이어서 누적된 것이고, 작의와 촉은 결과를 만드는 작용성일 뿐이어서 누적되지 않는다는 차이를 볼 수 있습니다. 그래서 식과 명색은 오온과 촉-작의입니다.

(**) 활성요소를 포함한 (식-명색)은 bhūta(부-따)라는 용어로 나타나는데, 활성존재라고 번역하였습니다.

이렇게 '나'는 단계적으로 그 정의를 확장해 나갑니다.

• 마음에게 몸이 있는 상태(有身) → 몸과 마음 그리고 삶의 흔적의 무더기에 대한 집착 상태(五取蘊) → 지난 삶의 누적에 집착된 상태에 더해 지금 삶을 살아가고 있는 활성존재 (bhūta)(識-名色)

• 그림 – 나는 누구인가?

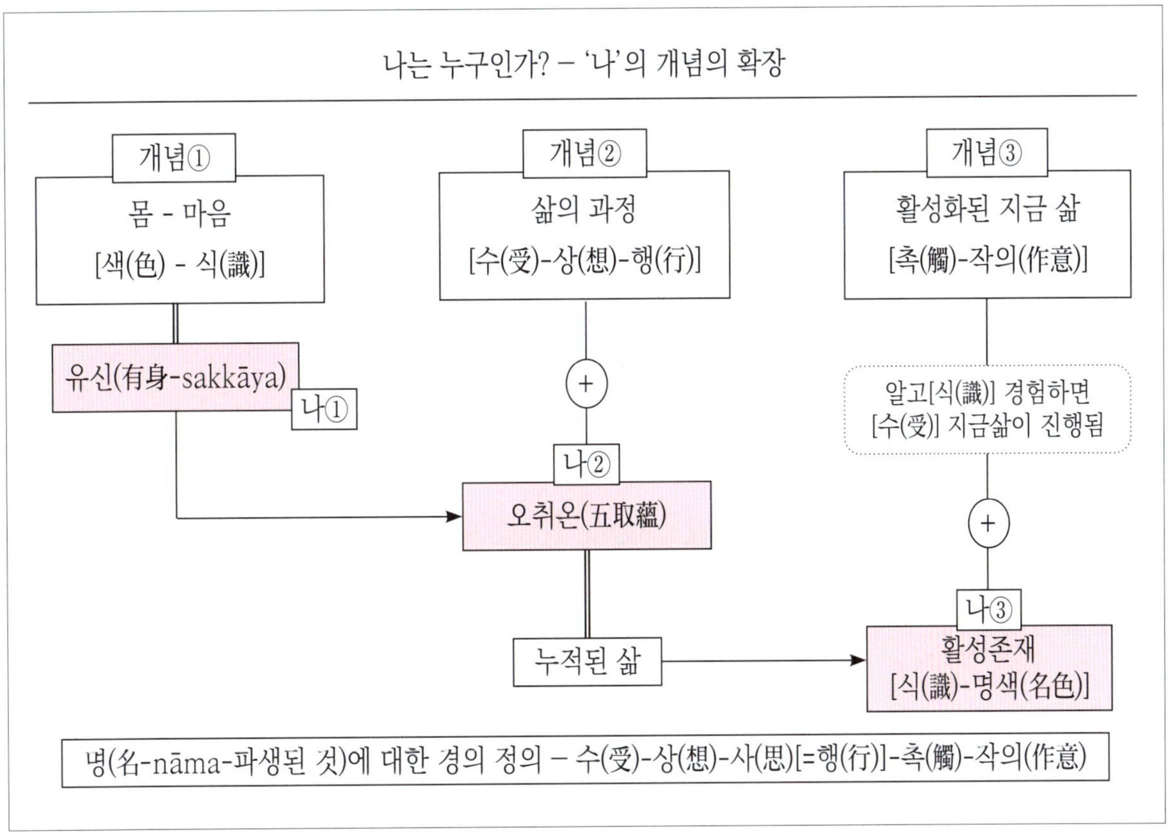

3. 삶 = 마음이 몸과 함께 세상을 만나는 이야기 – ②식-명색과 육입-촉-수의 동치 & 지금 삶의 현장 = 「육입(六入)=육처(六處)=육내입처(六內入處), 법(法)=수(受)-상(想)-행(行)」

그런데 나에 대한 이런 설명은 다시 처음으로 돌아가야 합니다. 마음과 몸이 함께한 것으로의 내가 나의 삶에 참여하는 세상을 만나는 이야기라는 삶에 대한 관점 안에서 유신-오취온-활성존재(식-명색)는 모두 나에 대한 설명이기 때문입니다. 그래서 내가 세상을 만나는 이야기에서 이 주제는 다시 처음으로 돌아가서 세상을 만나야 합니다.

> 내가 세상을 만나는 이야기는 인식과 행위로 구성됩니다. 세상을 만나 인식하고, 인식된 것에 대해 행위하는 것입니다. 행위는 결과를 쌓아 인식의 주체인 나를 바꾸는 순환 구조로 연결되는데, 이 주제는 행위의 영향으로 변화하는 나의 인식의 자리에서 설명됩니다.

유신이고 오취온인 나는 연기된 법들에서는 열 번째인 유(有-bhava)입니다. 세 번째와 네 번째이면서 서로 조건되는 것인 식과 명색(활성존재)으로 순환하는데, 삶의 메커니즘에 의하면, 유위의 행에 의해 식이 머물고 늘어나면 명색이 참여하여 형성되는 유(有)의 활성 상태가 순환 구조에 의해 다음 순간의 삶의 출발 자리에 선 상태를 지시합니다(그림 : 삶의 메커니즘 참조 505쪽). 특히, 명이 촉과 작의를 포함함으로써 오취온인 나 그리고 대상을 알고(作意 → 識) 경험하기 위한(觸 → 受) 두 가지 작용성을 함께 지시하고 있다는 점은 주목해야 합니다.

한편, 연기는 이렇게 식과 명색으로의 나에 이어서 육입-촉-수의 조건 관계를 설명하는데, 육입은 안처(眼處)-이처(耳處)-비처(鼻處)-설처(舌處)-신처(身處)-의처(意處)의 여섯 가지 처(處)라고 정의됩니다. 그러면 식과 명색의 조건 관계로 이어지는 것인 처(處-āyatana)는 무엇입니까?

> 처(處)는 āyatana(아-야따나)의 번역입니다. 그런데 āyatana는 입(入) 또는 입처(入處)라고도 번역됩니다. 한역(漢譯)의 과정에서 처(處)로도 입(入)으로도 입처(處)로도 다르게 번역되었지만, 원어는 āyatana로 같다는 것은 주목해야 합니다. 이때, āyatana가 입으로 번역된 대표적인 경우는 연기된 법의 다섯 번째인 saḷāyatana가 육입(六入)으로 번역된 것이고, 입처(入處)로 번역된 대표적인 경우는 cha ajjhattikāni āyatanāni가 육내입처로, cha bāhirāni āyatanāni가 육외입처로 번역된 것입니다.

이 주제는 삶을 이해하기 위한 첫 번째 관문이라고 해도 좋을 것인데, 식(識)과 명색(名色)의 구성과 동치(同値)되어 이어지는 육입(六入)-촉(觸)-수(受)의 구성이 「내가 세상을 만나는 현장」이라는 이해입니다.

이런 이해 위에서 활성존재인 나는 오온과 촉과 작의이고, 세상은 색(色)들-성(聲)들-향(香)들-미(味)들-촉(觸)들로 구성됩니다. 그런데 나를 구성하는 것 가운데 촉과 작의는 대상을 알고(識) 경험하기 위한(受) 작용성으로의 활성 요소이고, 색은 몸이고 식은 마음입니다. 그렇다면 명(名)을 구성하는 것 중 수-상-사는 무엇입니까?

식과 명색으로의 나에 동치되어 이어지는 육입-촉-수의 조건 관계는 다시 안과 색들의 조건에서 생기는 안식 ~ 의와 법들을 조건으로 생기는 의식 그리고 안-색들-안식 ~ 의-법들-의식의 삼사화합(三事和合-세 가지의 만남)으로 정의되는 촉과 이어지는 수로 상세히 설명됩니다. 즉 「육입 → 촉」의 과정을 「안-색들 → 안식 →

삼사화합 촉」 등으로 설명하는 것인데, 그렇다면 연기의 육입은 활성화되어 「안-색들 → 안식」 등의 과정을 구성한다는 것을 알 수 있습니다. -「육입 = 안처-이처-비처-설처-신처-의처 - 안-색들 → 안식, 이-성들 → 이식, 비-향들 → 비식, 설-미들 → 설식, 신-촉들 → 신식, 의-법들 → 의식」

> 여기서 말하는 활성화의 개념은 중요합니다. 전술에 의하면, 일체(一切-sabba)라는 같은 용어로서 기본 구성으로의 일체와 활성화된 일체를 함께 서술하는데, 활성화 개념의 타당성을 확보할 수 있습니다.

한편, 아래에서 보듯이 안(眼)과 색(色)들은 각각 내입처(內入處)와 외입처(外入處)라고 정의됩니다.

- 육내입처(六內入處) = 안(眼)-이(耳)-비(鼻)-설(舌)-신(身)-의(意)
- 육외입처(六外入處) = 색(色)들-성(聲)들-향(香)들-미(味)들-촉(觸)들-법(法)들

그래서 육입 즉 안-이-비-설-신-의의 활성 상태로서 「안-색들 → 안식」 등의 과정이 동치되는 것은 육입 즉 육내입처라는 용어가 내입처와 외입처의 대응에 의해 식이 생기는 과정을 의미한다고 이해해야 합니다. 이때, 내입처가 대응하는(관심이 묶어주는) 외입처를 인식함으로써 식을 생기게 하는 작용이 작의(作意-manasi-kāra)입니다. 또한, 이렇게 식이 생겨서 내입처-외입처와 함께하는 것(삼사화합)이 촉이어서 수를 생기게 합니다.

이때, 색들-성들-향들-미들-촉들은 밖의 물질 세상(밖의 색)이고, 식과 수는 작의와 촉의 작용에 의해 생겨나는 것입니다. 그래서 '식과 명색'(활성존재)과 대응하여 지금 세상을 만나는 현장은 육내입처와 육외입처 그리고 작의와 촉으로 구성됩니다. 그리고 몸(안의 색)과 마음(식)이 함께한 것은 육내입처입니다. 그러면 이 동치의 관계에서 명색의 수-상-사와 육외입처의 법들이 남습니다. 그래서 수(受)-상(想)-사(思=行)는 법(法)들입니다. 식과 색이 함께한 삶의 과정에서 파생되고 누적되어 나를 구성하는 것인 수-상-사(행)은 이렇게 법들이어서 물질 세상인 색들-성들-향들-미들-촉들과 함께 육외입처를 구성하고, 지금 세상을 만나는 현장에서 대상화되는 것입니다.

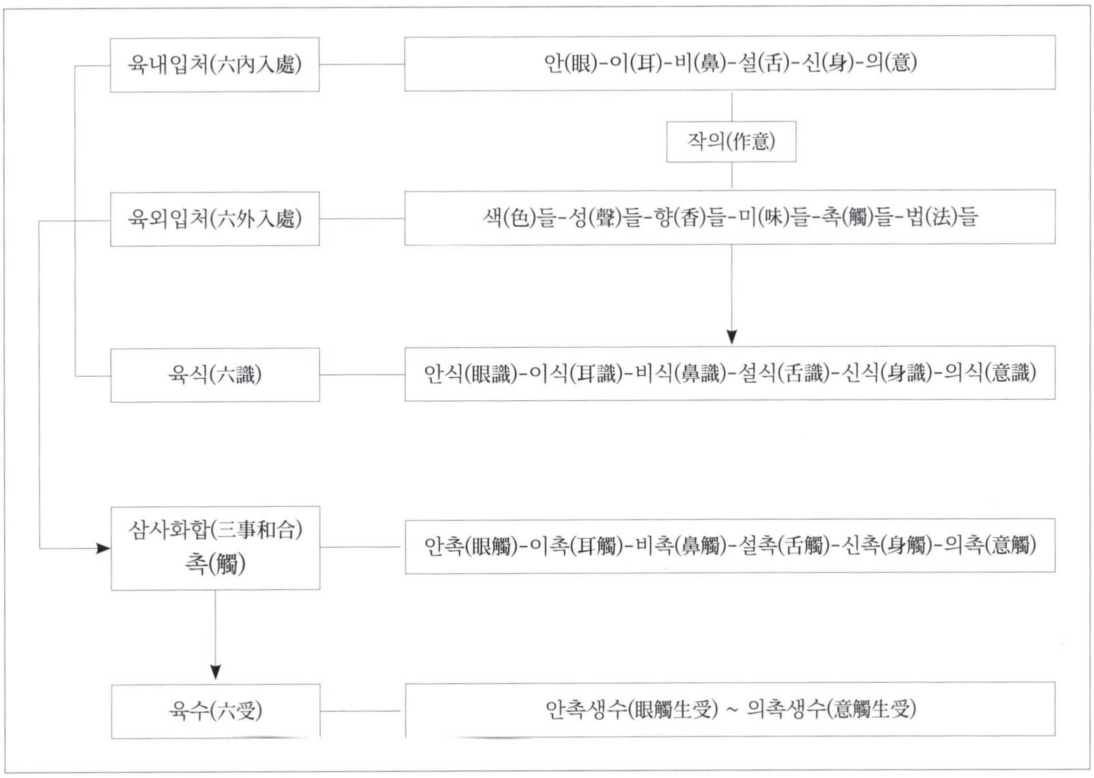

〈그림 : 지금 삶의 현장〉

이런 설명에 의하면, 육내입처는 인식주관(인식하는 자)이고, 육외입처는 인식객관(인식되는 자, 대상)이어서 지금 삶의 현장에서 대상의 인식(識)을 위한 토대입니다. 한편, 촉(觸)도 촉처(觸處)라고 설명되는데, 지금 삶의 현장에서 대상의 경험(受)을 위한 토대가 되기 때문이라고 하겠습니다.

4. 삶 = 마음이 몸과 함께 세상을 만나는 이야기

– ③지금 삶의 현장 = 「나=육내입처(六內入處), 내입처(內入處)=식(識)+근(根)」

이렇게 지금 세상을 만나는 현장에서 대상은 물질과 물질 아닌 것으로 구성되어 있습니다. 색들-성들-향들-미들-촉들-법들 즉 육외입처입니다. 그러면 내가 세상을 만나는 이야기 즉 마음이 몸과 함께하여 세상을 만나는 이야기는 이렇게 내가 육내입처가 되어 육외입처를 만나는 이야기가 됩니다.

이때, 대상 즉 육외입처가 여섯 가지로 구성된다는 것은 삶에 대한 자연스러운 이해입니다. 세상은 보이는 것(色-형상)들과 들리는 것(聲-소리)들과 냄새 맡아지는 것(香-냄새)들과 맛보아지는 것(味-맛)들과 느껴지는 것(觸-닿음)들로 구성되어 있고, 거기에 물질 아닌, 삶의 과정에서 파생된 것(法=수-상-사)들이 함께하여 대상인 육외입처를 구성한다는 이해입니다.

이렇게 대상이 육외입처로 배분되었다면, 대상을 인식하는 주관인 나를 구성하는 몸과 마음도 같은 방법으로 배분되어야 합니다. 이때, 물질의 영역인 색-성-향-미-촉에 대응하는 마음은 안식(眼識)-이식(耳識)-비식(鼻識)-설식(舌識)-신식(身識)이고, 몸은 안근(眼根)-이근(耳根)-비근(鼻根)-설근(舌根)-신근(身根)이며, 물질 아닌 것 즉 법에 대응하는 마음은 의식(意識)입니다.

그런데 몸과 마음의 관계에서 마음 즉 식은 인식하는(분별해서 아는) 자이고 몸 즉 근은 대상과의 접점(sensor-대상의 정보를 받아들여 식에 전달)입니다. 그래서 접점(sensor)인 근이 전달하는 정보를 받아 식이 외입처를 인식하는 구조입니다. 즉 안식이 안근을 접점으로(안근이 받아들여 전달해주는 정보로써) 색들을 인식하고 내지 신식이 신근을 접점으로 촉들을 인식하는 것입니다. 그런데 위의 배분에 의하면, 의식은 물질 아닌 법들을 인식하기 때문에 몸의 접점이 필요하지 않습니다. 그래서 의식인 마음이 직접 접점으로 작용하여 법들을 인식한다고 해야 합니다. 그래서 의식이 법들을 인식하기 위해서 직접 작용하는 접점으로의 역할(작용성)을 의근이라고 이해하였습니다. 이런 이해에 의해서, 인식의 역할은 안식~의식의 육식으로, 접점의 역할(정보의 수용-전달)은 안근~의근의 육근으로, 대상의 역할은 색들~법들의 육외입처로 구성되는 것을 알 수 있습니다.

경은 다시 대상 즉 인식객관인 외입처(外入處)에 대응하는 인식주관을 내입처(內入處)라고 부릅니다. 즉 외입처의 인식을 위해 식과 근이 함께한 상태를 내입처라고 부르는 것입니다. 그래서 육외입처에 대응하는 육내입처가 정의됩니다. 이렇게 내입처는 식과 근이 함께한 상태로의 인식주관입니다. 그리고 경은 육내입처를 안-이-비-설-신-의로, 육외입처를 색들-성들-향들-미들-촉들-법들로 정의합니다.

- (DN 33.9-합송경, 여섯으로 구성된 법들)

"cha ajjhattikāni āyatanāni – cakkhāyatanaṃ, sotāyatanaṃ, ghānāyatanaṃ, jivh-āyatanaṃ, kāyāyatanaṃ, manāyatanaṃ.

육내입처(六內入處) – 안처(眼處), 이처(耳處), 비처(鼻處), 설처(舌處), 신처(身處), 의처(意處)

"cha bāhirāni āyatanāni – rūpāyatanaṃ, saddāyatanaṃ, gandhāyatanaṃ, rasāyatanaṃ, phoṭṭhabbāyatanaṃ, dhammāyatanaṃ.

육외입처(六外入處) – 색처(色處), 성처(聲處), 향처(香處), 미처(味處), 촉처(觸處), 법처(法處)

• (DN 28.3-믿음을 고양하는 경, 처(處)의 개념에 대한 가르침)

chayimāni, bhante, ajjhattikabāhirāni āyatanāni. cakkhuñceva rūpā ca, sotañceva saddā ca, ghānañceva gandhā ca, jivhā ceva rasā ca, kāyo ceva phoṭṭhabbā ca, mano ceva dhammā ca.

대덕이시여, 여섯 가지 안팎의 처들(육내입처와 육외입처)이 있는데, 안과 색들, 이와 성들, 비와 향들, 설과 미들, 신과 촉들, 의와 법들입니다.

대덕이시여, 처의 개념에 대한 이것이 위없음입니다. 세존께서는 그것을 남김없이 실답게 아십니다. 그것을 남김없이 실답게 아시는 세존에게, 처의 개념에 대해 더욱 실다운 지혜로써 세존을 넘어선 실답게 아는 어떤 다른 사문이나 바라문이 있을 것이어서, 추가적으로 실답게 알아야 하는 것은 없습니다.

이렇게 (DN 28.3-믿음을 고양하는 경, 처의 개념에 대한 가르침)은 육내입처와 육외입처를 정의하는데, 육내입처는 인식주관인 나여서 단수로, 육외입처는 다양하게 존재하고 있는 세상의 것들이어서 복수로 설명된다는 점은 주목해야 합니다. 특히, 경에서 사리뿟따 존자는 부처님이 처의 개념을 이렇게 아시는 것에 대해 특별한 찬사를 보냅니다. ①인식주관인 나를 지시하는 육내입처를 아(我)가 아니라 삶의 과정에서 누적된 것(無我)인 식과 근의 배분으로 설명한다는 점과 ②인식객관인 대상을 지시하는 육외입처를 내적인 개념이 아니라 세상에 흩어져 존재하는 실제적인 것들로 설명하고 있다는 점입니다. 나의 삶이 개념을 주제로 하지 않고, 내가 세상을 만나는 이야기라는 실제성 위에서 불교가 고멸을 이끌고 있기 때문이라고 이해할 수 있습니다.

; 그림 – 「영역(gocara)/외입처(bāhira āyatana)/경(境-visaya)/상(相-nimitta)」 참조(329쪽)

한편, (SN 35.23-일체 경)도 이 경과 같은 형태로 내입처와 외입처를 서술하는데, 세상에 존재하는 모든 것은 경험되는 것이라는 의미를 알려줍니다(제4부 II.3.일체) 참조(327쪽). 이렇게도 삶의 과정에서 누적된 것인 식과 근의 배분으로의 육내입처 그리고 세상에 흩어져 존재하는 실제적인 것들로의 육외입처를 확인할 수 있습니다(AN 6.63-꿰뚫음 경) 참조(324쪽).

또한, (SN 12.37-그대들의 것이 아님 경)은 몸에 대해, (SN 35.129-업의 소멸 경)은 육내입처에 대해

purāṇamidaṃ, bhikkhave, kammaṃ abhisaṅkhataṃ abhisañcetayitaṃ vedaniyaṃ daṭṭhabbaṃ
이전의 업이고, 형성된 것, 의도된 것, 경험되는 것이라고 보아야 한다

라고 서술하는데, 삶의 과정에서 누적된 것인 식과 근의 배분에 의한 「식과 근이 함께한 인식주관으로의 처」라는 이해에 타당성을 부여합니다.

이렇게 활성화된 삶에서 세상을 만나는 나는 식(識)과 근(根)이 함께한 것으로의 육내입처 (六內入處)라고 다시

정의되는 것을 알 수 있습니다.

• 그림 – 「나 = 식(識)과 근(根)이 함께한 것으로의 육내입처 (六內入處)」

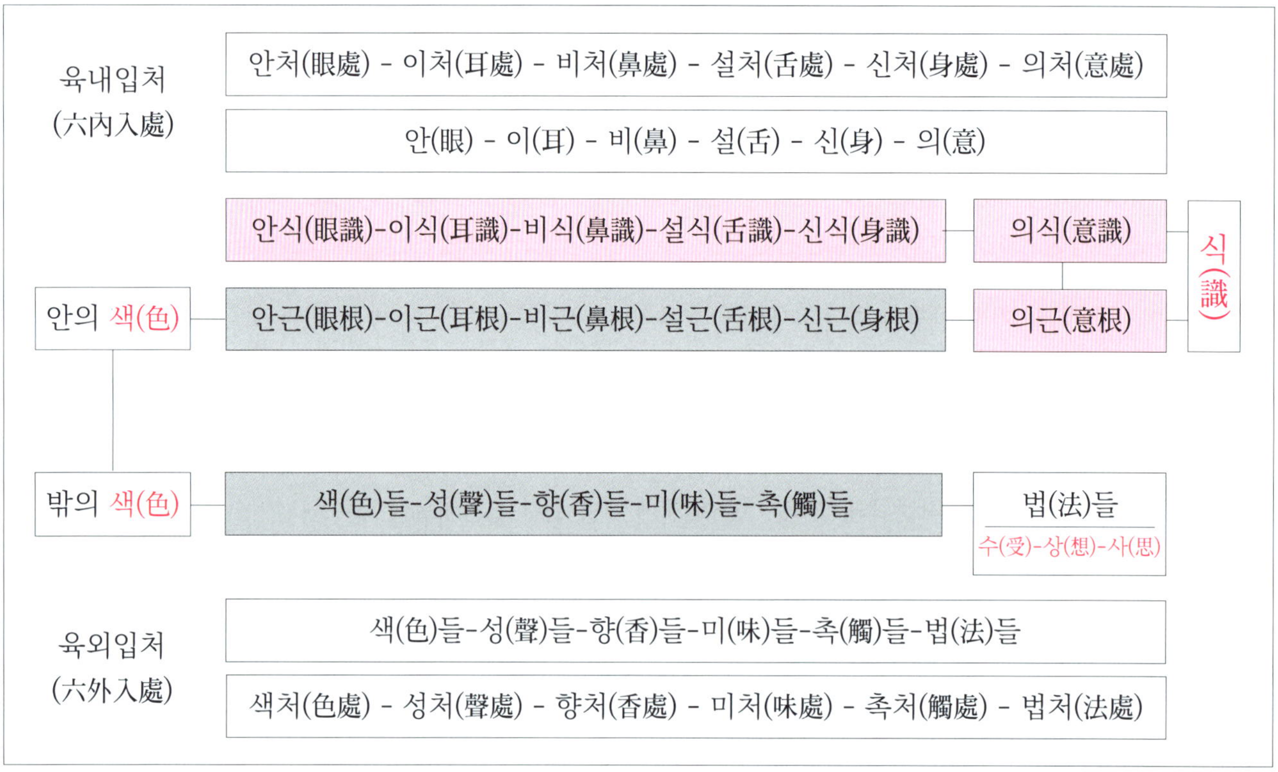

◐ (SN 23.2-중생 경) – 중생은 누구인가?

sāvatthinidānaṃ. ekamantaṃ nisinno kho āyasmā rādho bhagavantaṃ etadavoca — "'satto, satto'ti, bhante, vuccati. kittāvatā nu kho, bhante, sattoti vuccatī"ti? "rūpe kho, rādha, yo chando yo rāgo yā nandī yā taṇhā, tatra satto, tatra visatto, tasmā sattoti vuccati. vedanāya... saññāya... saṅkhāresu... viññāṇe yo chando yo rāgo yā nandī yā taṇhā, tatra satto, tatra visatto, tasmā sattoti vuccati".

• satta 2.1 masc. being; living being; creature
• satta 3.1 pp(of sajjati) clung (to); stuck (to); attached (to)
• sajjati 1.1 pr. is attached; is enmeshed; is entangled; lit. is stuck

사왓티에서 설해짐. 한 곁에 앉은 라다 존자는 세존에게 이렇게 말했다. — "대덕이시여, '중생(衆生), 중생'이라고 불립니다. 대덕이시여, 왜 중생이라고 불립니까?" "라다여, 관심, 탐(貪), 소망, 애(愛)가 있는 사람은 색(色)에 대해 거기서 붙잡고, 거기서 강하게 붙잡는다. 그래서 중생이라고 불린다. … 수(受)에서 … 상(想)에서 … 행(行)들에서 … 관심, 탐(貪), 소망, 애(愛)가 있는 사람은 식(識)에 대해 거기서 붙잡고, 거기서 강하게 붙잡는다. 그래서 중생이라고 불린다.

제2장

유신(有身)과 오온(五蘊) & 식(識)-명색(名色)

(색-식) → (색-수-상-행-식) → (색-수-상-행-식) + 촉+작의

Ⅰ. 유신(身)

(SN 22.78-사자 경)은 이렇게 말합니다.

「이처럼, 비구들이여, 어떤 때 아라한-정등각-명행족-선서-세간해-무상조어장부-천인사-불-세존인 여래가 세상에 출현한다. 그는 법을 설한다. – '이렇게 색(色)이 있고, 이렇게 색이 자라나고, 이렇게 색이 줄어든다. 이렇게 수(受)가 있고, 이렇게 수가 자라나고, 이렇게 수가 줄어든다. 이렇게 상(想)이 있고, 이렇게 상이 자라나고, 이렇게 상이 줄어든다. 이렇게 행(行)들이 있고, 이렇게 행들이 자라나고, 이렇게 행들이 줄어든다. 이렇게 식(識)이 있고, 이렇게 식이 자라나고, 이렇게 식이 줄어든다.'라고. 비구들이여, 긴 수명을 가진, 용모를 갖춘, 많은 행복을 가진, 높은 하늘 궁전에서 오랫동안 살아가는 신들도 여래의 법문을 들은 뒤에 대부분 두려워하고 불안해 하고 떤다. – '존자들이여, 상(常)하다고 생각했는데 참으로 우리는 무상(無常)합니다. 존자들이여, 안정되다고 생각했는데 참으로 우리는 안정되지 않습니다. 존자들이여, 영원하다고 생각했는데 참으로 우리는 영원하지 않습니다. 존자들이여, 참으로 우리는 무상(無常)하고, 안정되지 않고, 영원하지 않고, 유신(有身)에 속해있습니다.'라고. 비구들이여, 여래는 신들을 포함한 세상에서 이처럼 크나큰 신통이 있고 이처럼 크나큰 힘이 있고 이처럼 크나큰 위엄이 있다.」

'나'는 상하고, 안정되고, 영원하다고 알고 있던 신들도 부처님의 법을 들은 뒤에는 유신에 속해 있는 무상하고, 안정되지 않고, 영원하지 않은 것으로의 '나'를 인식합니다. 그리고 두려워하고 불안해하고 떱니다.

여기서 상하고, 안정되고, 영원한 존재는 전술한 바의 아(我)[p. atta/s. ātman]인데, 부처님 이전 인도에서 고정된 '나' 등 존재하는 것들에 대한 견해입니다. 그러나 부처님은 바른 깨달음에 의해서 '나' 등 존재하는 것들이 아(我)가 아니라고 선언하는데, 무아(無我)[p. anatta/s. anātman]입니다. 그리고 이렇게 무아인 것은 무상하고, 안정되지 않고, 영원하지 않다고 이 경은 설명하는 것입니다. 또한, 이렇게 존재하는 것들 가운데 삶의 당사자인 '나'를 유신(有身)이라고 지칭하는 것입니다.

나에 대한 불교 이전의 견해는 두 가지로 분류할 수 있는데, 십사무기(十事無記)를 인용하면 이렇게 설명됩니다.

1) taṃ jīvaṃ taṃ sarīraṃ – 그 생명이 그 몸이다.
2) aññaṃ jīvaṃ aññaṃ sarīraṃ – 다른 생명과 다른 몸이다.

• jīva: 1. the soul – 영혼. 마음. 정신. 2. the life – 삶. 생명. 생존기간. (m.)

'그 생명이 그 몸이다.'라는 것은 생명 즉 마음이 몸과 함께한 삶의 과정이 몸의 과정으로 제한된다는 것입니다. 몸이 죽으면 삶의 과정이 끝난다는 의미인데, 유물론(唯物論)적 사고에 입각한 단견(斷見)-단멸론(斷滅論)입니다.

'다른 생명과 다른 몸이다.'라는 것은 몸과는 다른 것으로의 생명을 말하는 것인데 몸으로부터 완전히 독립된, 아(我)로서의 영혼의 존재를 말하는 것입니다. 몸으로부터 독립된 것이기 때문에 몸이 죽어도 그 존재성이 훼손되지 않고 다시 새로운 몸을 만나 아(我)의 삶을 이어간다는 의미인데, 상견(常見)-상주론(常住論)-영속론(永續論)입니다.

부처님은 이 두 가지 견해는 모두 아(我)에 의해 치우친 견해이기 때문에 '그러하다.'라고 설명하지 않습니다. 그러면 부처님은 이 두 가지를 배제하고 어떤 것으로 '나'를 설명합니까? 이경에 의하면, 유신(有身-sakkāya)입니다.

● 유신(有身-sakkāya)의 의미

• sat-kāya → sak-kāya → sakkāya

• sat = sant [ppr.(현재분사) of atthi] 1. being, existing, 2. good, true 빠알리-한글 사전(한국빠알리성전협회) 633쪽.

⇒ sat-kāya = 몸이 있는(존재하는) 것(상태) → 유신(有身)

• [참고] 「그러나 싸뜨(sat)라는 단어는 원래 바라문교의 철학의 '영원한 존재'에서 유래하는 실체적 존재를 의미하는 것이다. 그러나 불교 철학적으로 보면 무상한 존재에 대한 전도된 인식하에서 성립한 것이다.」《맛지마니까야》(한국빠알리성전협회) 해제 27쪽.

• be 동사의 현재분사인 sant(있는 것)에 대한 불교와 힌두교의 해석의 차이라고 이해할 수 있습니다. 바라문교(힌두교)에서는 sant(있는 것)이 실체적 존재를 의미하겠지만 불교적으로는 무상(無常)-무아(無我)인 것의 현재 상태를 의미한다고 보아야 할 것입니다. 그럴 때 [sat-kāya → sak-kāya → sakkāya]는 몸이 있는(존재하는) 것 즉 마음이 몸과 함께하는 존재 상태로의 중생을 말한다고 이해할 수 있습니다.

부처님이 설명하는 '나'도 몸과 마음으로 구성되어 있습니다. 그런데 이 마음이 ①몸의 과정으로 제한되지 않으며, ②몸으로부터 완전히 독립되어 있지도 않다는 것입니다. 몸과 마음이 함께해서 비로소 '나'를 구성하는데, 이 마음이 몸 따라 죽는 것도 아니면서 몸 없이는 그 존재성을 확보하지 못한다는 것입니다.

한편, (SN 12.19-우현 경)은 이렇게 마음이 몸과 함께하는 상태로의 존재 즉 유신에 대한 해석에 타당성을 제공합니다.

"비구들이여, 무명에 덮이고 애에 묶인 어리석은 자에게 이 몸이 일어난다. 그 어리석은 자에게 무명은 버려지지 않고 애는 부서지지 않는다. 그 원인은 무엇인가? 비구들이여, 어리석은 자는 괴로움의 부서짐을 위해 바르게 범행을 닦지 않는다. 그래서 어리석은 자는 몸이 무너진 뒤 몸으로 간다. 몸으로 간 그는 태어남과 늙음-죽음과 슬픔-비탄-고통-고뇌-절망에서 벗어나지 못하고, 괴로움에서 벗어나지 못한다고 나는 말한다.

"비구들이여, 무명에 덮이고 애에 묶인 현명한 자에게 이 몸이 일어난다. 그 현명한 자에게 무명은 버려지고 애는 부서진다. 그 원인은 무엇인가? 비구들이여, 현명한 자는 괴로움의 부서짐을 위해 바르게 범행을 닦는다. 그래서 현명한 자는 몸이 무너진 뒤 몸으로 가지 않는다. 몸으로 가지 않은 그는 태어남과 늙음-죽음과 슬픔-비탄-고통-고뇌-절망에서 벗어나고, 괴로움에서 벗어난다고 나는 말한다. 비구들이여, 범행의 실천, 어리석은 자에 비해 현명한 자에게 이것이 차이이고, 이것이 특별함이고, 이것이 다름이다.」

무명이 버려지지 않고 애가 부서지지 않은 자는 중생입니다. 그는 몸이 무너진 뒤 몸으로 간다고 합니다. 반면에, 무명이 버려지고 애가 부서진 자는 해탈한 자, 아라한입니다. 그는 몸이 무너진 뒤 몸으로 가지 않는다고 합니다.

그러니 무명과 애가 함께하는 중생은 욕계중생(慾有)이든 색계중생(色有)이든 무색계중생(無色有)이든 몸과 함께하는 것입니다. 마음에게 몸이 있는 상태 즉 유신(有身)인 것입니다. 이런 이해는 (MN 106-흔들리지 않는 경지에 적합함 경)에서 확인되는데, 소유의 삶으로부터 비상비비상처까지를 유신(有身)이라고 하여 무색계의 끝까지도 몸이 있는 존재 상태라는 것을 직접 알려줍니다. 또한, 몸이 무너져 죽은 뒤 몸으로 가는 현상의 주체를 '다시 태어나는 식(saṃvattanikaṃ viññāṇaṃ)'이라고 하여 유신의 구성 관계 즉 식의 윤회를 결정적으로 확인해 주기도 합니다.

또한, 비상비비상처를 성취한 웃다까 라마뿟따에 대해 「웃다까 라마뿟따는 높은 앎을 성취한 자가 아니면서 '나는 높은 앎을 성취한 자다.'라고 말한다. 일체의 승리자가 아니면서 '나는 일체의 승리자다.'라고 말한다. 종기의 뿌리를 파내지 못했으면서 '나에게 종기의 뿌리는 파내어졌다.'라고 말한다.」라고 말하는 (SN 35.103-우다까 경)은

「비구들이여, 어떻게 높은 앎을 성취한 자가 되는가? 비구들이여, 비구가 육촉처의 자라남과 줄어듦과 매력과 위험과 해방을 있는 그대로 꿰뚫어 안다. 비구들이여, 이렇게 비구는 높은 앎을 성취한 자가 된다. 비구들이여, 어떻게 비구는 일체의 승리자가 되는가? 비구들이여, 비구는 육촉처의 자라남과 줄어듦과 매력과 위험과 해방을 있는 그대로 안 뒤에 집착 없이 해탈한다. 비구들이여, 이렇게 비구는 일체의 승리자가 된다. 비구들이여, 어떻게 비구에게 파내지 못한 종기의 뿌리가 파내지는가? 비구들이여, 사대로 구성되었고, 부모에 속한 것에서 생겨난 것이고, 밥과 응유가 집적된 것이고, 무상하고 쇠퇴하고 부서지고 해체되고 흩어지는 것인 이 몸을 지시하여 종기라고 한다. 비구들이여, 애를 지시하여 종기의 뿌리라고 한다. 비구들이여, 비구에게 애는 버려졌고 뿌리 뽑혔고 윗부분이 잘린 야자수처럼 되었고 존재하지 않게 되었고 미래에 생겨나지 않는 상태가 되었다. 비구들이여, 이렇게 비구에게 파내지 못한 종기의 뿌리가 파내진다.」

라고 합니다. 비상비비상처를 성취한 웃다까 라마뿟따는 파내지 못했고, 일체의 승리자 즉 아라한은 파낸 종기가 몸이라는 것입니다. 무색계의 끝인 비상비비상처까지는 아직 몸으로 자라나는 뿌리인 애를 파내지 못해 죽은 뒤 다시 몸으로 가지만, 아라한은 몸으로 자라나는 뿌리인 애를 파냈기 때문에 죽은 뒤 몸으로 가지 않는 것입니다.

이렇게 욕계중생이든 색계중생이든 무색계중생이든 중생은 모두 몸과 함께하는 것입니다. 마음에게 몸이 있는 상태 즉 유신입니다.

그런데 유신은 오취온입니다(SN 22.105-유신 경). 마음에게 몸이 있는 상태로 존재를 설명하지만, 실제적인 삶은 몸과 마음 두 가지 만으로 존재하지는 않는다는 의미입니다.

「katamo ca, bhikkhave, sakkāyo? pañcupādānakkhandhātissa vacanīyaṃ. katame pañca? seyyathidaṃ – rūpupādānakkhandho, vedanupādānakkhandho, saññupādānak-khandho, saṅkhārupādānakkhandho, viññāṇupādānakkhandho. ayaṃ vuccati, bhikkhave, sakkāyo.

비구들이여, 무엇이 유신인가? 오취온이라고 말해야 한다. 어떤 다섯 가지인가? 색취온(色取蘊), 수취온(受取蘊), 상취온(想取蘊), 행취온(行取蘊), 식취온(識取蘊) – 이것이, 비구들이여, 유신이라고 불린다.」

오온 즉 색온-수온-상온-행온-식온의 집착(取) 상태인 오취온이 바로 유신 즉 '나'라는 정의입니다.

유신이 오취온이라는 설명은 나에 대한 정의의 확장이기도 하지만, 유신견(有身見-sakkāyadiṭṭhi)에 대한 대응의 관점에서도 이해할 수 있습니다. 유신견은 유신에 대한 무명이 스민 견해인데, 유신을 아(我)로부터 관찰하여 나의 것이고 나고 나의 아(我)라고 보는 견해입니다. 그래서 이런 견해의 타파를 위해 유신은 오직 오취온일뿐 아(我)가 아니라고 사실을 알려주는 설명이기도 합니다.

이때, 색-수-상-행들-식은 삶의 과정입니다. 그리고 온(蘊)은 그 과정의 누적입니다. 즉 삶의 과정들이 쌓여서 무더기를 이루고 있는 결과물이 오온이고, 그 오온을 '나의 것-나-나의 我'라고 붙잡아 집착된 상태인 오취온이 바로 유신 즉 나라는 것입니다.

몸과 마음이 함께해서 비로소 '나'를 구성하는데, 이 마음이 몸 따라 죽는 것도 아니면서 몸 없이는 그 존재성을 확보하지 못한다고 했습니다. 이때, 이 마음은 어떤 것입니까?

오취온이 유신 즉 '나'라는 정의는 바로 이 문제에 답을 줍니다. 마음이 몸과 함께 세상을 만나는 이야기로의 삶의 과정 즉 매 순간의 삶의 결과가 누적되어 있는 것으로의 오온인 것입니다. 몸(色)과 마음(識)이 함께한 삶의 과정(受-想-行)이 누적되기 때문에 ①몸(色)으로부터 독립적이지 못하고, 몸에 종속되지 않은 것이기 때문에 ②몸 따라 죽지 않습니다.

이런 몸과 이런 마음의 관계를 부처님은 '식과 명색의 서로 조건 됨'이라고 말하는데(DN 15-대인연경), 명색은 색-수-상-사(행)-촉-작의입니다. 몸과 몸에 묶여있는 삶의 과정으로의 명색이 식과 서로 조건 된다는 것입니다. 죽음에 의해 명색은 버려지지만 버려지지 않는 식(識蘊)은 서로 조건 됨의 특성에 의해 혼자 존재할 수 없기 때문에 새로운 명색을 만나 이어지는 새로운 존재가 되어 다음 생을 살게 됩니다(다시 태어나는 식=연기된 식).

이렇게 부처님은 '그 생명이 그 몸이다.'라는 치우친 견해도, '다른 생명과 다른 몸이다.'라는 치우친 견해도 모두 극복한 유신으로의 중생의 삶을 설명하는데, 이것이 바로 '나는 누구인가?'의 질문에 대한 부처님의 답입니다. 또한, 이런 답에 의지할 때 유신으로의 중생의 삶에서 벗어나 해탈된 삶을 실현할 수 있게 됩니다. ⇒ 「단(斷)도 상(常)도 극복한 연기(緣起)된 식(識)의 윤회」(408쪽) 참조

나는 누구인가? – 「단(斷)도 상(常)도 극복한 연기(緣起)된 식(識)의 윤회」

II. 오온(五蘊)

세상에 있는 세상의 법은 오온(五蘊)인데, 삶은 오온과 오온의 작용이라는 측면에서 이해해야 합니다. 이때, 색(色)-상(想)-행(行)들-식(識)은 쌓임이면서 각각의 작용성을 가지고 있지만, 수(受)는 작용성의 측면으로 설명되지 않는다는 것을 알 수 있습니다. 즉 색-상-행들-식의 작용성이 수(락-고-불고불락)로 모이는 것이기 때문에 색-상-행들-식의 작용성의 제어를 통해 고멸을 실현하는 것으로의 불교를 말할 수 있습니다. 그래서 부처님은 '나는 오직 고(苦)와 고멸(苦滅)을 꿰뚫어 알게 한다.'라고 선언하는 것입니다.

유신(有身)인 나는 오취온(五取蘊)이라고 정의됩니다. 오온에 대한 집착 상태가 곧 나라는 의미입니다. 그러면 오온은 무엇입니까?

오온은 색온, 수온, 상온, 행온, 식온입니다. 색, 수, 상, 행들, 식 각각이 쌓여있는 무더기입니다. 그렇다면 색, 수, 상, 행들, 식은 무엇입니까?

경들은 두 가지 측면에서 색, 수, 상, 행들, 식을 정의합니다. 어떤 것들로 구성되어 있는지의 측면과 어떤 성질을 가진 것인지의 측면입니다.

[1] 정의① : 구성의 측면 – (SN 22.56-집착의 양상 경)

"katamañca, bhikkhave, rūpaṃ? cattāro ca mahābhūtā catunnañca mahābhūtānaṃ upādāya rūpaṃ. idaṃ vuccati, bhikkhave, rūpaṃ.

그러면 비구들이여, 무엇이 색(色-물질)인가? 사대(四大-네 가지 큰 존재)와 사대조색(四大造色-네 가지 큰 존재가 결합한 색) – 비구들이여, 이것이 색이라고 불린다.

katamā ca, bhikkhave, vedanā? chayime, bhikkhave, vedanākāyā – cakkhusamphassajā vedanā, sotasamphassajā vedanā, ghānasamphassajā vedanā, jivhāsamphassajā vedanā, kāyasamphassajā vedanā, manosamphassajā vedanā. ayaṃ vuccati, bhikkhave, vedanā.

그러면 비구들이여, 무엇이 수(受-느낌/경험)인가? 비구들이여, 안촉에서 생긴 수, 이촉에서 생긴 수, 비촉에서 생긴 수, 설촉에서 생긴 수, 신촉에서 생긴 수, 의촉에서 생긴 수의 여섯 가지 수의 무리 – 비구들이여, 이것이 수라고 불린다.

"katamā ca, bhikkhave, saññā? chayime, bhikkhave, saññākāyā – rūpasaññā, saddasaññā, gandhasaññā, rasasaññā, phoṭṭhabbasaññā, dhammasaññā. ayaṃ vuccati, bhikkhave, saññā.

그러면 비구들이여, 무엇이 상(想-경향)인가? 비구들이여, 색상, 성상, 향상, 미상, 촉상, 법상의 여섯 가지 상의 무리 – 비구들이여, 이것이 상이라고 불린다.

"katame ca, bhikkhave, saṅkhārā? chayime, bhikkhave, cetanākāyā – rūpasañcetanā, saddasañcetana, gandhasañcetanā, rasasañcetanā, phoṭṭhabbasañcetanā, dhamma-sañcetanā. ime vuccanti, bhikkhave, saṅkhārā.

그러면 비구들이여, 무엇이 행(行-형성작용)들인가? 비구들이여, 색사, 성사, 향사, 미사, 촉사, 법사의 여섯 가지 사(思-의도)의 무리 – 비구들이여, 이것이 행들이라고 불린다.

"katamañca, bhikkhave, viññāṇaṃ? chayime, bhikkhave, viññāṇakāyā – cakkhuviññāṇaṃ, sota-viññāṇaṃ, ghānaviññāṇaṃ, jivhāviññāṇaṃ, kāyaviññāṇaṃ, mano-viññāṇaṃ. idaṃ vuccati, bhikkhave, viññāṇaṃ.

그러면 비구들이여, 무엇이 식(識)인가? 비구들이여, 안식, 이식, 비식, 설식, 신식, 의식의 여섯 가지 식의 무리 – 비구들이여, 이것이 식이라고 불린다.

부처님은 오취온의 네 가지 계열 즉 색-수-상-행들-식을 실답게 알고, 자라남을 실답게 알고, 소멸을 실답게 알고, 소멸로 이끄는 실천을 실답게 알았기 때문에 위없는 바른 깨달음을 깨달았다고 선언합니다. 나를 구성하는 요소들을 실답게 알고, 이 요소들과 연결된 괴로움의 발생을 실답게 알고, 그 원인의 해소를 실답게 알고, 그 원인의 해소로 이끄는 실천을 실답게 알아 실천함으로써 부처를 이루었다는 말씀입니다.

이런 깨달음의 선언에 이어 부처님은 색-수-상-행들-식을 정의합니다. 깨달음의 과정에서 스스로 실답게 안 바를 제자들을 위해 설명하는 것입니다. 부처님에 의해 정의되는 나는 유신이고 오취온입니다. 그래서 오온을 바르게 아는 것은 중요합니다. 나를 바르게 알고, 나의 삶에 수반되는 괴로움의 문제를 온전히 해소하기 위해서는 나를 구성하는 것으로의 다섯 가지를 부처님의 깨달음에 적용된 의미 그대로 배워 알아야 하기 때문입니다.

1. 색(色-rūpa) – 사대(四大)와 사대조색(四大造色)

사대(四大)는 네 가지 큰 존재(cattāro mahābhūtā)라는 의미입니다. 지(地)-수(水)-화(火)-풍(風)의 네 가지 요소인데 물질을 구성하는 1차적 존재 상태라고 해야 합니다.

사대조색(四大造色)은 사대의 결합에 의해 생기는 2차적 존재 상태인데, 이것 또는 저것이라고 규정되는 2차적 물질 존재입니다. 그런데 사대가 결합하여 구체적 물질 존재로 규정되기 위해서는 공간(空-ākāsa)을 필요로 합니다. 사대의 결합을 안과 밖에서 공간이 감쌀 때 비로소 이것 또는 저것이라고 규정될 수 있기 때문입니다.

예를 들면, 도반들이여, 나무토막을 연(緣)하고, 덩굴을 연하고, 짚을 연하고, 진흙을 연하고, 공간에 둘러싸여 집이란 이름을 얻게 됩니다. 이처럼, 도반들이여, 뼈를 연하고, 근육을 연하고, 살을 연하고, 피부를 연하고, 공간에 둘러싸여 몸(rūpa-색)이란 이름을 얻게 됩니다.(MN 28-코끼리 발자국 비유의 큰 경)

그래서 색 즉 물질을 이해하기 위해서는 지-수-화-풍과 공의 다섯 가지 요소가 설명되어야 합니다. (MN 140-요소의 분석 경)/(MN 62-라훌라의 가르침의 큰 경)은 이것을 설명하는데, 특히, 이것은 단지 요소일 뿐이기 때문에 그 실상을 바르게 보아 집착에서 벗어나야 한다고 말합니다.

; (MN 28-코끼리 발자국 비유의 큰 경)은 지-수-화-풍의 네 가지 요소를 설명

비구여, 무엇이 땅의 요소인가? 땅의 요소는 안의 것이 있을 수 있고, 밖의 것이 있을 수 있다. 그러면 비구여, 무

엇이 안의 땅의 요소인가? 예를 들어 머리카락-털-손발톱-이-피부-살-힘줄-뼈-골수-신장-심장-간-흉막-지라-허파-창자-장간막-위-똥 등 안에 있고 개체적이고 거칠고 견고한 것 그리고 결합 된 것은 어떤 것이든, 또한, 기타의 안에 있고 개체적이고 거칠고 견고한 것 그리고 결합 된 것은 어떤 것이든, 비구여, 이것은 안의 땅의 요소라고 불린다. 그리고 안의 땅의 요소와 밖의 땅의 요소, 이들은 단지 땅의 요소일 뿐이다. 그것에 대해 '이것은 나의 것이 아니다. 이것은 내가 아니다. 이것은 나의 아(我)가 아니다.'라고 이렇게 이것을 있는 그대로 바른 지혜로써 보아야 한다. 이렇게 이것을 있는 그대로 바른 지혜로 본 뒤에 땅의 요소에 대해 염오하고, 땅의 요소에 대해 심(心)이 바래게 한다.

비구여, 무엇이 물의 요소인가? 물의 요소는 안의 것이 있을 수 있고, 밖의 것이 있을 수 있다. 그러면 비구여, 무엇이 안의 물의 요소인가? 예를 들어 쓸개즙-가래-고름-피-땀-지방-눈물-기름-침-콧물-관절액-오줌 등 안에 있고 개체적이고 액체이고 액체에 속하는 것 그리고 결합 된 것, 또한, 어떤 것이든 기타의 안에 있고 개체적이고 액체이고 액체에 속하는 것 그리고 결합 된 것, 비구여, 이것은 안의 물의 요소라고 불린다. 그리고 안의 물의 요소와 밖의 물의 요소, 이들은 단지 물의 요소일 뿐이다. 그것에 대해 … 바른 지혜로 본 뒤에 물의 요소에 대해 염오하고, 물의 요소에 대해 심(心)이 바래게 한다.

비구여, 무엇이 불의 요소인가? 불의 요소는 안의 것이 있을 수 있고, 밖의 것이 있을 수 있다. 그러면 비구여, 무엇이 안의 불의 요소인가? 예를 들어 그것에 의해 데워지고, 그것에 의해 썩게 하고, 그것에 의해 불타고, 그것에 의해 먹고 마시고 씹고 맛본 것이 바르게 소화되는 등 안에 있고 개체적이고 열이고 열에 속한 것 그리고 결합 된 것, 또한, 어떤 것이든 기타의 안에 있고 개체적이고 열이고 열에 속한 것 그리고 결합 된 것, 비구여, 이것은 안의 불의 요소라고 불린다. 그리고 안의 불의 요소와 밖의 불의 요소, 이들은 단지 불의 요소일 뿐이다. 그것에 대해 … 바른 지혜로 본 뒤에 불의 요소에 대해 염오하고, 불의 요소에 대해 심(心)이 바래게 한다.

비구여, 무엇이 바람의 요소인가? 바람의 요소는 안의 것이 있을 수 있고, 밖의 것이 있을 수 있다. 그러면 비구여, 무엇이 안의 바람의 요소인가? 예를 들어 올라가는 바람, 내려가는 바람, 몸 안의 빈 곳의 바람, 배 안에 있는 바람, 몸의 구성 부분들을 이어 다니는 바람, 날숨과 들숨 등 안에 있고 개체적이고 기체이고 기체에 속한 것 그리고 결합 된 것, 또한, 어떤 것이든 기타의 안에 있고 개체적이고 기체이고 기체에 속한 것 그리고 결합 된 것, 비구여, 이것은 안의 바람의 요소라고 불린다. 그리고 안의 바람의 요소와 밖의 바람의 요소, 이들은 단지 바람의 요소일 뿐이다. 그것에 대해 … 바른 지혜로 본 뒤에 바람의 요소에 대해 염오하고, 바람의 요소에 대해 심(心)이 바래게 한다.

비구여, 무엇이 공간의 요소인가? 공간의 요소는 안의 것이 있을 수 있고, 밖의 것이 있을 수 있다. 비구여, 무엇이 안의 공간의 요소인가? 예를 들어 귓구멍, 콧구멍, 입속 공간 등 안에 있고 개체적이고 공간이고 공간에 속한 것 그리고 결합 된 것, 그것에 의해 먹고 마시고 씹고 맛본 것들을 삼키고, 먹고 마시고 씹고 맛본 것들이 채워지는 곳, 그것에 의해 먹고 마시고 씹고 맛본 것들이 낮은 곳으로 나가는 것, 또한, 어떤 것이든 기타의 안에 있고 개체적이고 공간이고 공간에 속한 것, 하늘과 하늘에 속한 것, 균열과 균열에 속한 것, 만져지지 않는 것, 살과 피에 의해 결합 된 것, 비구여, 이것은 안의 공간의 요소라고 불린다. 그리고 안의 공간의 요소와 밖의 공간의 요소, 이들은 단지 공간의 요소일 뿐이다. … 바른 지혜로 본 뒤에 공간의 요소에 대해 염오하고, 공간의 요소에 대해 심(心)이 바래게 한다.

그런데 요소를 설명하면서 '안에 있고 개체적이고 거칠고 견고한 것 그리고 결합 된 것은 어떤 것이든' 등이라고 정의하는데, 요소라고 하지만 결합된 것 즉 사대조색(四大造色)을 포함하고 있다는 점도 주목해야 합니다.

2. 수(受-vedanā) – 안촉생수(眼觸生受)~의촉생수(意觸生受)

경은 인식작용을 정형적으로 설명합니다. –「안(眼)~의(意)와 색(色)~법(法)들을 연(緣)하여 안식(眼識)~의식(意識)이 있고, 이 셋의 만남이 촉(觸)이다. 촉을 조건으로 수(受)가 있다.」

대상인 색-성-향-미-촉-법에 대해 ①아는 것으로의 안식~의식과 ②경험하는 것으로의 수의 발생과정을 설명하는 것인데, 이런 여섯 가지의 조건 관계에서 안~의 즉 육내입처는 ①작의로써 육외입처를 알고(식=분별 앎), 이어지는 ②촉에 의해 락(樂)-고(苦)-불고불락(不苦不樂)의 느낌으로 대상을 경험하는 것입니다. 그래서 느낌의 형태로 대상을 경험하는 것인 수는 안촉생수(안촉에서 생긴 수)~의촉생수(의촉에서 생긴 수)의 여섯 가지가 있습니다.

특히, 주관(육내입처)과 객관(육외입처)의 대응에서 무엇을 경험하는지의 측면보다는 누가 경험하는지의 측면에 중심을 두고 있다는 것을 알 수 있습니다.

3. 상(想-saññā) – 색상(色想)~법상(法想)

앞의 과정에서 생긴 식(분별 앎→씨앗 식)과 수의 관계에서 식은 수를 인식합니다. 이 인식과정은 딱까(애의 형성과정)으로 진행되는데, 애의 형성의 조건은 번뇌 또는 잠재성향이기도 한, 삶의 과정에서 형성된 경향입니다. 이 경향을 상(想)이라고 하는데, 색상, 성상, 향상, 미상, 촉상, 법상의 여섯 가지로 구성됩니다.

특히, 주관(육내입처)와 객관(육외입처)의 대응의 연장선 위에서 누가 가진 경향인지의 측면보다는 무엇에 대한 경향인지의 측면에 중심을 두고 있다는 것을 알 수 있습니다.

4. 행(行-saṅkhāra)들 – 색사(色思)~법사(法思)

인식과정은 딱까에 의해 애가 형성되면 그 과정에서 떠오르는 생각(vitakka)에 의도(思-cetanā)를 가하여 업(業)으로 진행됩니다. –「의도가 곧 업이라고 나는 말한다. 의도한 뒤에(의도하면서) 신(身)과 구(口)와 의(意)로 업을 짓는다.(AN 6.63-꿰뚫음 경)」

그런데 행(行)은 색행(行)~법행(法行)이라고 설명되지 않고 색사(色思), 성사(聲思), 향사(香思), 미사(味思), 촉사(觸思), 법사(法思)의 여섯 가지 의도로 정의됩니다. 행이 의도 곧 업이라는 것을 알 수 있는 설명입니다.

다른 네 가지 온들과 다르게 행(行-saṅkhāra)은 복수로 나타납니다. –「행들(saṅkhārā)」. 단수의 인식 과정에서 이어지는 행위 과정은 복수로 진행된다는 의미입니다. → 신행(身行)-구행(口行)-의행(意行)

상의 경우처럼 행들도 육외입처에 대한 의도로 나타납니다. 누구의 의도인지의 측면보다는 무엇에 대한 의도인지의 측면에 중심을 두고 있다는 것을 알 수 있습니다. 대상에 대한 경향의 작용의 연장선 위에서 대상에 집착된 행위(取)의 전개를 설명하는 것으로 이해할 수 있습니다.

5. 식(識-viññāṇa) – 안식(眼識)~의식(意識)

식(識)은 '지난 삶이 누적된 ①연기된 식'과 '누적된 식이 몸과 함께 세상을 만남(인식)에 의해 출산되어 지금 행위의 씨앗이 되는 ②씨앗 식' 그리고 '씨앗 식이 애의 양분이 제공되는 업의 밭에서 열매로 맺혀 중생 세상에 ③머문 식'(AN 3.77-존재 경1 참조)의 세 가지 형태로 나타나는데, 뒤에 설명할 삶의 이야기의 중심 주제가 됩니다.

식은 안식, 이식, 비식, 설식, 신식, 의식의 육식(六識)으로 구성됩니다. 안과 색들을 연하여 안식이 내지 의와 법들을 연하여 의식이 출산되어 지금을 살면 안식~의식의 육식으로 중생 세상에 머물고, 머문 식은 이전에 머문 식들의 쌓임에 다시 더해져 누적의 크기를 바꿉니다(늘어남 = 연기된 식).

또한, 식은 상과 행들과는 다르게, 수처럼 주관(육내입처)을 기준으로 설명됩니다. 해탈할 때까지 누적의 상태를 키워가면서 삶을 관통하는 식은 어쨌든 삶의 중심이기 때문이라고 하겠습니다.

한편, 경은

- 자량의 자라남으로부터 색의 자라남이 있고, 자량의 소멸로부터 색의 소멸이 있다.

- 촉의 자라남으로부터 수의 자라남이 있고, 촉의 소멸로부터 수의 소멸이 있다.
- 촉의 자라남으로부터 상의 자라남이 있고, 촉의 소멸로부터 상의 소멸이 있다.
- 촉의 자라남으로부터 행의 자라남이 있고, 촉의 소멸로부터 행의 소멸이 있다.

- 명색의 자라남으로부터 식의 자라남이 있고, 명색의 소멸로부터 식의 소멸이 있다.

라고 합니다. 몸(색)과 마음(식)은 각각 자량과 명색이라는 독립적 대응 구조를 말하는데 반해 몸과 마음의 삶의 과정(名)인 수-상-행(思)은 촉을 조건으로 하는 전개를 말하는 것입니다. 삶의 제1의 토대로의 몸과 마음이 함께한 육내입처가 육외입처를 대상으로 육식을 출산한 뒤 이 세 가지가 함께 만난 제2의 토대 위에서 수-상-행의 삶의 과정이 고(苦-자라남) 또는 고멸(苦滅-줄어듦/소멸)의 방향으로 전개되는 것을 보여주는데, 출산된 식을 씨앗(씨앗 식)에 비유하는 이유를 알 수 있습니다[수-상 ⇒ 애=양분/행=업=밭)]. 그리고 다섯 가지 모두의 소멸로 이끄는 실천은 팔정도입니다.

한편, 이 경과 동일하게 오온을 정의하는 경으로는 (SN 22.57-일곱 가지 경우 경)도 있는데(제3부 사실 제3장 II.연기의 상세 [6]기타 2.검증해야 하는 것 참조 315쪽), 삶의 완성의 길, 고멸의 실현 과정에서 그 출발은 역시 나를 구성하는 것인 오온에 대한 실다운 앎의 획득에 있다는 것을 말해주고 있습니다.

me dhammā ajjhattaṃ appahīnā – ādīnavadassāvī
내 안에 버려지지 않은 법들에서 위험을 보겠습니다.

[2] 정의② : 성질의 측면 – (SN 22.79-삼켜버림 경)

"kiñca, bhikkhave, rūpaṃ vadetha? ruppatīti kho, bhikkhave, tasmā 'rūpan'ti vuccati. kena ruppati? sītenapi ruppati, uṇhenapi ruppati, jighacchāyapi ruppati, pipāsāyapi ruppati, ḍaṃsamakasavātātap asarīsapasamphassenapi ruppati. ruppatīti kho, bhikkhave, tasmā 'rūpan'ti vuccati.

그러면 비구들이여, 그대들은 무엇을 색(色)이라고 말해야 하는가? 비구들이여, 부딪힌다고 해서 색이라고 불린다. 무엇에 의해서 부딪히는가? 차가움에 의해서도 부딪히고, 더움에 의해서도 부딪히고, 배고픔에 의해서도 부딪히고, 목마름에 의해서도 부딪히고, 파리, 모기, 바람, 햇빛, 파충류들의 닿음에 의해서도 부딪힌다. 비구들이여, 부딪힌다고 해서 색이라고 불린다.

"kiñca, bhikkhave, vedanaṃ vadetha? vedayatīti kho, bhikkhave, tasmā 'vedanā'ti vuccati. kiñca vedayati? sukhampi vedayati, dukkhampi vedayati, adukkhamasukhampi vedayati. vedayatīti kho, bhikkhave, tasmā 'vedanā'ti vuccati.

그러면 비구들이여, 그대들은 무엇을 수(受)라고 말해야 하는가? 비구들이여, 경험한다고 해서 수라고 불린다. 무엇을 경험하는가? 즐거움(樂)도 경험하고 괴로움(苦)도 경험하고 괴롭지도 즐겁지도 않음(不苦不樂)도 경험한다. 비구들이여, 경험한다고 해서 수라고 불린다.

"kiñca, bhikkhave, saññaṃ vadetha? sañjānātīti kho, bhikkhave, tasmā 'saññā'ti vuccati. kiñca sañjānāti? nīlampi sañjānāti, pītakampi sañjānāti, lohitakampi sañjānāti, odātampi sañjānāti. sañjānātīti kho, bhikkhave, tasmā 'saññā'ti vuccati.

그러면 비구들이여, 그대들은 무엇을 상(想)이라고 말해야 하는가? 비구들이여, 함께 안다(想한다)고 해서 상이라고 불린다. 무엇을 함께 아는가? 파란색을 함께 알기도 하고, 노란색을 함께 알기도 하고, 빨간색을 함께 알기도 하고, 하얀색을 함께 알기도 한다. 비구들이여, 함께 안다고 해서 상이라고 불린다.

"kiñca, bhikkhave, saṅkhāre vadetha? saṅkhatamabhisaṅkharontīti kho, bhikkhave, tasmā 'saṅkhārā'ti vuccati. kiñca saṅkhatamabhisaṅkharonti? rūpaṃ rūpattāya saṅkhatamabhisaṅkharonti, vedanaṃ vedanattāya saṅkhatamabhisaṅkharonti, saññaṃ saññattāya saṅkhatamabhisaṅkharonti, saṅkhāre saṅkhārattāya saṅkhatamabhisaṅkharonti, viññāṇaṃ viññāṇattāya saṅkhatamabhisaṅkharonti. saṅkhata-mabhisaṅkharontīti kho, bhikkhave, tasmā 'saṅkhārā'ti vuccati.

그러면 비구들이여, 그대들은 무엇을 행(行)들이라고 말해야 하는가? 비구들이여, 유위에서 형성한다고 해서 행들이라고 불린다. 무엇을 유위에서 형성하는가? 색을 색의 속성을 위해 유위(saṅkhata)에서 형성한다(abhisaṅkharoti). 수를 수의 속성을 위해 유위에서 형성한다. 상을 상의 속성을 위해 유위에서 형성한다. 행들을 행의 속성을 위해 유위에서 형성한다. 식을 식의 속성을 위해 유위에서 형성한다. 비구들이여, 유위에서 형성한다고 해서 행들이라고 불린다.

"kiñca, bhikkhave, viññāṇaṃ vadetha? vijānātīti kho, bhikkhave, tasmā 'viññāṇan'ti vuccati. kiñca vijānāti? ambilampi vijānāti, tittakampi vijānāti, kaṭukampi vijānāti, madhurampi vijānāti, khārikampi vijānāti, akhārikampi vijānāti, loṇikampi vijānāti, aloṇikampi vijānāti. vijānātīti kho, bhikkhave, tasmā 'viññāṇan'ti vuccati.

그러면 비구들이여, 그대들은 무엇을 식(識)이라고 말해야 하는가? 비구들이여, 인식한다(분별해서 안다)고 해서 식이라고 불린다. 무엇을 인식하는가? 신맛을 인식하기도 하고 쓴맛을 인식하기도 하고 매운맛을 인식하기도 하고 단맛을 인식하기도 하고 떫은맛을 인식하기도 하고 떫지 않은 맛을 인식하기도 하고 짠맛을 인식하기도 하고 짜지 않은 맛을 인식하기도 한다. 비구들이여, 인식한다고 해서 식이라고 불린다.

경은 전생(前生)을 기억하는 사람들은 오취온(五取蘊)이나 그것들 중 어떤 것을 기억하는 것이라고 합니다.

「비구들이여, 다양한 전생의 삶들을 기억하고 있는 어떤 사문들이든 바라문들이든 모두 오취온이나 그것 중에서 어떤 것을 기억하는 것이다. 무엇이 다섯인가? 비구들이여, '과거에 나는 이런 색을 가진 자였다.'라고 기억하는 그가 색을 기억한다. 비구들이여, '과거에 나는 이런 수를 가진 자였다.'라고 기억하는 그가 수를 기억한다. 비구들이여, '과거에 나는 이런 상을 가진 자였다.'라고 기억하는 그가 상을 기억한다. 비구들이여, '과거에 나는 이런 행들을 가진 자였다.'라고 기억하는 그가 행들을 기억한다. 비구들이여, '과거에 나는 이런 식을 가진 자였다.'라고 기억하는 그가 식을 기억한다.」

1. 색(色-rūpa) – 부딪힌다고 해서 색(色)이라고 불린다.

ruppati: is vexed or changed. (rup + ya)는 성가시게 하고 괴롭힌다는 의미입니다.

(MN 105-수낙캇따 경)은

'taṇhā kho sallaṃ samaṇena vuttaṃ, avijjāvisadoso chandarāgabyāpādena ruppati. taṃ me taṇhāsallaṃ pahīnaṃ, apanīto avijjāvisadoso, sammā nibbānādhimuttohamasmī'ti.

사문에 의해서 '애(愛)는 화살이고, 무명(無明)은 독을 가진 결점이다. 욕탐(欲貪)과 진에를 수단으로 괴롭힌다.' 라고 말해졌다. 나에게 그 애의 화살은 버려졌고, 무명의 독의 결점은 제거되었다. 나는 바르게 열반으로 기운다.

라고 말합니다. 고집성제 즉 괴로움의 원인인 애는 무명의 독이 발라진 화살인데, (사유의 자리에서) 욕탐과 진에로 발사됩니다. '저항 → 진(嗔) → 거부'의 과정으로 자라난 진에는 괴로운 느낌에 대한 바르지 않은 대응이어서 나와 남을 괴롭게 합니다. 욕탐(탐을 실은 관심 = 지나친 관심)은 즐거운 느낌에 대한 바르지 않은 대응이어서 나와 남을 괴롭게 하는데 더해 인식으로 순환해 공동주관으로 참여하여 인식의 질을 낮춥니다. 이렇게 나를 열반으로 기울지 못하게 방해합니다.

또한, 숫따니빠따의 (KN 5.39-소유의 사유 경)은

kāmaṃ kāmayamānassa, tassa ce taṃ samijjhati. addhā pītimano hoti, laddhā macco yadicchati. tassa ce kāmayānassa, chandajātassa jantuno. te kāmā parihāyanti, sallaviddhova ruppati.

소유의 사유를 원하는 자에게 만약 그것이 성취되면, 얻고자 하는 것을 얻은 사람은 기뻐한다. 그 원하는 자, 관심이 생겨난 자에게 그 소유의 삶이 쇠퇴하면, 마치 화살에 맞은 것처럼 그는 괴로워한다.

라고 합니다.

이 세 개의 경이 ruppati의 모든 용례입니다. 그런데 무명 또는 소유의 사유 같은 물질 아닌 것들에게 적용된 의미를 물질에 적용하려면 물질의 상황을 이해해야 합니다. 앞에서 색은 사대와 사대조색인데, 공간(空)과의 연결된 개념을 설명하였습니다. 그렇다면 색은 공간 아닌 것 즉 공간을 차지하고 있는 것이라고 이해할 수 있습니다. 요소인 사대도, 공과 함께 규정된 것으로의 사대조색도 모두 공간을 차지하고 있는 것이고, 이것의 안과 밖을 공간이 감싸고 있는 것입니다. 그래서 색의 성질을 정의하는 ruppati는 공간을 차지하고 있는 것이 가지는 특성입니다. 공간을 차지하고 있기 때문에 다른 것이 그 공간으로 접근하면 부딪히게 되고, 그로 인해 성가시게 하고 괴로움을 겪게 하는 것입니다.

이런 이해에 의해서 「ruppatīti kho, bhikkhave, tasmā 'rūpan'ti vuccati.」를 「비구들이여, '부딪힌다.'고 해서 색이라고 불린다.」라고 번역하였습니다.

2. 수(受-vedanā) – '경험한다.'고 해서 수(受)라고 불린다.

촉이라는 제2의 토대 위에서 전개되는 삶의 과정(名)에서 vedayati(vedeti) (a) to know, (b) to feel, to experience는 '경험하다'입니다. 전술한 바 「안~의와 색들~법들을 연하여 안식~의식이 있고, 이 셋의 만남이 촉이다. 촉을 조건으로 수가 있다.」와 같이, 육내입처는 식으로 대상을 알고, 이어지는 촉의 과정을 통해서 생기는 락-고-불고불락의 느낌으로 대상을 경험하는 것입니다.

부처님은 인식작용을 단순히 대상을 아는 작용으로 설명하지 않습니다. 대상을 알면 대상을 아는 씨앗 식과 함께 하는 촉의 과정을 통해 대상을 경험하는 것까지를 인식작용으로 설명하는 것입니다. 그래서 인식작용은 두 개의 결과를 낳는데, ①식(識-분별 앎 → 씨앗 식)과 ②수(受-경험)입니다.

이때, 결과①식(識-분별 앎 → 씨앗 식)은 이전 삶을 이어 활성화된 지금 삶의 주관이고, 결과②수(受-경험)은 이전 삶을 이어 활성화된 지금 삶의 질적 측면(고-락)입니다. 그래서 오온이라는 삶의 과정은 수로 귀결됩니다(AN 8.83-뿌리 경). 삶은 결국 괴로울 것인지 행복할 것인지의 문제라는 것인데, 괴로움의 경험과 행복의 경험입니다(MN 22-뱀의 비유 경/SN 44.2-아누라다 경). 이때, 괴로움은 괴로운 느낌이고 행복은 행복한 느낌입니다. 그래서 수는 느낌의 경험입니다. – 수(受-느낌/경험)

경은 느낌을 다양한 방법으로 설명합니다. 삶에서 경험되는 느낌을 두 가지로도, 세 가지로도, 다섯 가지로도, 여섯 가지로도, 열여덟 가지로도, 서른여섯 가지로도, 백여덟 가지로도 설명합니다. 일상의 삶에서 경험되는 개발되지 않은 느낌(sāmisā vedanā)과 수행을 통해 개발되는 일상에서 경험되지 않는 개발된 느낌(nirāmisā vedanā)으로의 분류도 있고, 결국은 불만족(苦)으로 귀결되는 중생의 영역에 속하는 느낌과 완전한 고멸(苦滅)의 실현으로의 해탈락(解脫樂-vimuttisukha) 또는 열반락(涅槃락-nibbānasukha)도 있습니다.

이런 이해에 의해서 「vedayatīti kho, bhikkhave, tasmā 'vedanā'ti vuccati.」를 「비구들이여, '경험한다.'고 해서 수라고 불린다.」라고 번역하였습니다.

3. 상(想-saññā) – '함께 안다(想한다)'고 해서 상(想)이라고 불린다.

촉이라는 제2의 토대 위에서 전개되는 삶의 과정(名)에서 sañjānāti: recognises; to be aware of; knows. (saṃ + ñā + nā)는 '함께 안다'입니다. 뒤에 설명할 주제이지만, 식(識-viññāṇa)은 '인식하다(vijānāti)'로 설명됩니다. 분별해서(vi) 아는(jānāti) 일을 하는 것입니다. 그런데 식은 혼자 인식하지 않습니다. 삶의 과정에 진행되는 두 번의 인식작용에서 한번은 욕탐(欲貪-chandarāga) 즉 지금 삶의 행위자인 심(心)과 함께 인식하고, 한번은 상(想) 즉 삶의 과정에서 잠재한 경향과 함께 인식합니다. 인식작용이 하나의 객관에 대한 두 공동주관의 동시 작용으로 진행된다는 것은 삶의 이해에 있어 가장 중요한 사실이라고 보아야 합니다.

이렇게 sañjānāti는 vijānāti와 구분됩니다. vijānāti가 '분별해서(vi) 알다(jānāti)'인데 비해 sañjānāti는 '함께(sa) 알다(jānāti)'입니다. 씨앗 식이 수를 인식하는 두 번째 인식과정에 삶의 과정에서 잠재한 경향이 공동주관(함께 앎)으로 참여함으로써 딱까(애의 형성 과정)이 진행되어 ①(탐 →) 심에 이어 ②소망과 탐이 함께한 것(nandirāgasahagatā)으로의 애(愛)를 만듭니다.

어떤 경향이 삶의 과정에서 잠재하고, 어떤 경향이 지금 삶에 식과 함께하는 공동주관으로 참여하는지[욕상(慾想)-색상(色想)-무색상(無色想)]에 따라 애의 질이 결정됩니다[욕탐(慾貪)-색탐(色貪)-무색탐(無色貪) → 욕애(慾愛)-색애(色愛)-무색애(無色愛) 또는 욕애(慾愛)-유애(有愛)-무유애(無有愛)]. 그래서 상은 삶의 질을 결정하는 요소입니다.

특히, 상은 번뇌(漏-āsava) 또는 잠재성향(anusaya)과 같은 것인데, 중생으로의 삶을 특징짓는 근본요소입니다. 유위의 행위에서 행위의 재현을 위해 잠재하는 것이라는 관점에서 잠재성향이고, 함께 아는 역할을 하는 것이라는 관점에서 상(想)이며, 전도된 상태로 인식에 참여하는 상의 작용성의 관점에서 번뇌입니다.

깨달음은 번뇌의 부서짐(漏盡)이나 잠재성향의 뿌리 뽑힘으로 정의되는데, 이런 번뇌의 부서짐(작용성의 해소)이고, 이런 잠재성향의 뿌리뽑힘(유위의 행위의 제어)입니다. 유위 즉 중생의 속성을 가지고 잠재된 전도된 상(想)의 치유(healing)입니다.

그래서 수행은 번뇌를 부수어 애를 멸함으로써 잠재성향을 뿌리 뽑음 즉 딱까의 영역을 넘어섬으로써 완성되는 것입니다. ⇒ 사마타와 위빳사나의 영역.

이런 이해에 의해서 「sañjānātīti kho, bhikkhave, tasmā 'saññā'ti vuccati.」를 「함께 안다(想한다)'고 해서 상(想)이라고 불린다.」라고 번역하였습니다.

4. 행(行)들(saṅkhārā) – '유위(有爲)에서 형성한다.'고 해서 행(行)들이라고 불린다.

촉이라는 제2의 토대 위에서 전개되는 삶의 과정(名)에서 설명되는 saṅkhatamabhisaṅkharonti는 saṅkhatamabhisaṅkharoti의 복수형인데, 단수의 인식 과정에서 이어지는 복수의 행위 과정을 나타낸다고 이해한 바 있습니다. 그리고 saṅkhatamabhisaṅkharoti는 saṅkhata(m)abhisaṅkharoti여서 saṅkhata와 abhisaṅkharoti가 복합된 말입니다.

유위라고 번역된 saṅkhata는 딱까(애의 형성 과정)에서 이해해야 합니다. 씨앗 식이 수를 인식하는 과정에 중생의 속성을 가지고 잠재된 전도된 상이 번뇌라는 이름으로 참여하면 딱까 안에서 탐-진-치가 형성되고, 소망으로 나아가 애를 형성하게 되는데, 이런 삶의 상태를 유위(有爲-saṅkhata)라고 부릅니다. 즉 중생으로의 삶입니다. 반대말인 asaṅkhata(無爲)가 무탐-무진-무치이고, 열반의 동의어인 점을 감안하면 적절한 해석입니다(SN 43-무위 상윳따). 그리고 abhisaṅkharoti: restores; arranges; prepares. (abhi + saṃ + kar + o)는 형성 작용입니다.

그래서 saṅkhatamabhisaṅkharoti는 '수를 대상으로 하는 씨앗 식의 인식과정에 전도된 상이 참여하여 만들어진 애'에 의한 중생으로의 삶(有爲) 위에서 형성하는 작용입니다. 그런데 전술한 바에 의하면, 행 즉 형성 작용은 업입니다. 그래서 saṅkhatamabhisaṅkharoti는 '유위에서 업을 짓다.'의 의미를 가지는 것을 알 수 있습니다.

이런 이해에 의해서 「saṅkhatamabhisaṅkharontīti kho, bhikkhave, tasmā 'saṅkhārā'ti vuccati.」를 「'유위(有爲)에서 형성한다.'고 해서 행(行)들이라고 불린다.」라고 번역하였습니다. : PTS본과의 비교 → (205쪽) 참조

그런데 이런 이해는 경의 이어지는 설명을 통해 더 분명해집니다. rūpaṃ rūpattāya(색을 색의 속성을 위해), vedanaṃ vedanattāya(수를 수의 속성을 위해), saññaṃ saññattāya(상을 상의 속성을 위해), saṅkhāre saṅkhārattāya(행들을 행의 속성을 위해), viññāṇaṃ viññāṇattāya(식을 식의 속성을 위해) saṅkhata-m-abhisaṅkharonti(유위에서 형성한다)고 합니다.

지금 삶의 과정에서 행은 오온을 대상으로 작용하는데, 오온은 유위 즉 중생으로의 삶의 과정에서 생겨나서 쌓여 있는 것입니다. 색은 유위의 영역에서 부딪히는 것으로의 속성을 가지고, 수는 유위의 영역에서 경험하는 것으로의 속성을 가집니다. 상은 유위의 영역에서 함께 아는 것으로의 속성을 가지고, 행들은 유위의 영역에서 유위에서 형성하는 것으로의 속성을 가집니다. 그리고 식은 유위의 영역에서 인식하는 것으로의 속성을 가지고 있습니다. 그런데 행들은 바로 오온이 유위의 영역에서 가지는 이런 속성을 위해서 유위에서 형성하는 작용을 한다고 말하는 것입니다.

행 즉 형성 작용은 중생으로의 삶을 유지해줍니다. -「sabbe sattā saṅkhāraṭṭhitikā 모든 중생은 형성작용(行)으로 유지된다.(DN 33.4-합송경, 한 가지로 구성된 법들)」 그래서 행이 멈추면 중생 즉 유위의 삶을 청산하고 해탈한다(*)고 합니다. 바로 이 경의 행들의 정의가 그것의 근거를 말해줍니다. 오온 각각에 대해 그 속성을 위해 형성 작용이 진행되기 때문에 형성작용이 멈추면 오온은 그 속성을 유지하지 못하게 되는데, 중생으로의 속성이 버려지는 것입니다. 유위의 삶이 청산되고 무위의 삶이 실현되는 것입니다. 열반의 실현이고, 윤회에서 벗어나 일체의 고멸을 실현하는 것입니다.

(*) [형성하지 않음에 의한 해탈(anabhisaṅkhaccavimutta)] - (SN 22.53-애착 경)/(SN 22.54-씨앗 경)

「rūpadhātuyā ceva, bhikkhave, bhikkhuno rāgo pahīno hoti. rāgassa pahānā vocchijjatārammaṇaṃ patiṭṭhā viññāṇassa na hoti. vedanādhātuyā ce... saññādhātuyā ce... saṅkhāradhātuyā ce... viññāṇadhātuyā ce, bhikkhave, bhikkhuno rāgo pahīno hoti. rāgassa pahānā vocchijjatārammaṇaṃ patiṭṭhā viññāṇassa na hoti. tadappatiṭṭhitaṃ viññāṇaṃ avirūḷhaṃ anabhisaṅkhaccavimuttaṃ

비구들이여, 만약 비구에게 색의 요소에 대한 탐이 버려지면, 탐의 버려짐 때문에 대상의 끊어짐이 있고, 식의 머묾은 없다. 만약 수의 요소에 대한 … 만약 상의 요소에 대한 … 만약 행의 요소에 대한 … 만약 비구에게 식의 요소에 대한 탐이 버려지면, 탐의 버려짐 때문에 대상의 끊어짐이 있고, 식의 머묾은 없다. 식이 머물지 않고 자라지 않는 그것이 형성 하지 않음에 의한 해탈이다.」

【참고】 주제의 확장 – (23)「saṅkharoti와 abhisaṅkharoti & saṅkhā(헤아림)과 saṅkhata(유위)」

saṅkharoti와 abhisaṅkharoti는 접두사 abhi의 유무로 구별되어 '만들다'와 '행위 하다. 행하다. 형성하다.'의 유사한 의미를 가지는데, 적용되는 위치에서 차별됩니다.

saṅkharoti는 직접 발견되지 않는 가운데 과거분사인 saṅkhata(만들어진 것)의 형태로 나타나고, 유위(有爲)라고 번역됩니다. abhisaṅkharoti는 오온의 행(行-saṅkhāra)을 정의하는 용어인데, 'saṅkhata-mabhisaṅkharonti' 즉 'saṅkhata-(m)-abhisaṅkharonti 유위에서 행위/형성하다'와 'saṅkhāraṃ abhisaṅkharoti 행(行)을 행하다'를 중심으로 나타납니다. 과거분사인 abhisaṅkhata(형성된 것)의 용례도 일부 발견되는 가운데 삼법인(三法印)의 행(行-saṅkhāra)이 그 의미를 대신하고 있습니다.

삼법인의 행은 애(愛)를 조건으로 형성된 것인데(SN 22.81-빠릴레이야 경), 'saṅkhatamabhisaṅkharonti 유위에서 형성하다'와 의미가 연결됩니다. 즉 딱까의 영역에서 유위(有爲-saṅkhata)의 과정으로 애(愛)가 생겨나면, 'saṅkhatamabhisaṅkharonti 유위에서 행위/형성하다'의 과정 즉 유위가 전제된 행위 과정(오온의 행-saṅkhāra)의 결과로 abhisaṅkhata(형성된 것)인 삼법인의 행(行-saṅkhāra)이 생기는 것입니다.

이렇게 「saṅkharoti → abhisaṅkharoti」의 순서는 abhisaṅkharoti에 수반되는 잠재(anuseti)에 의해 역의 순서[abhisaṅkharoti → saṅkharoti]로도 진행되는데, 잠재 순환 구조입니다.

딱까의 영역에서 유위의 과정이 진행되면 잠재하는데, 유위의 과정에서 무명의 잠재성향이, 유위의 과정으로 생겨난 심(心)이 즐거운 느낌에 대해 '기뻐하고 드러내고 묶여 머물면(abhinandati abhivadati ajjhosāya tiṭṭhati) 탐의 잠재성향이 생깁니다. 그리고 괴로운 느낌에 대해 슬퍼하고 힘들어하고 비탄에 빠지고 가슴을 치며 울부짖고 당황하면 저항의 잠재성향이 잠재합니다(MN 148-육육(六六) 경)/(SN 36.6-화살 경).

이렇게 잠재한 잠재성향들이 쌓여 있는 것인 상(想)-상온(想蘊)은 1차 인식에서 생겨난 씨앗 식(識)과 함께 2차 인식의 공동주관이 되어 수(受)를 인식합니다. 이때, 이 인식의 과정을 지시하는 용어가 있는데, saṅkhā(헤아림)입니다(MN 18-꿀과자 경).

; saṅkhā 1 fem. measurement; enumeration; calculation

; papañca(희론-사유) → 상(想)의 잠재 – papañca-saññā(희론의 상) → 2차 인식에 공동주관으로 참여 – papañca-saññā-saṅkhā[희론-상(想)-헤아림](희론의 상에 의한 헤아림) → 무명(존재 앎) → 탐-진(가치 앎)

그래서

「saṅkhā(헤아림) → saṅkhata(만들어진 것=유위) = 무명-탐-진」

의 과정을 알 수 있습니다.

saṅkhā는 이름(name; term; appellation; designation)을 지시하는 용어로 자주 나타나지만, 몇 개의 경은 이렇게 헤아림의 용례를 보여줍니다.

(SN 22.35-어떤 비구 경)은 '잠재한 것에 의해 헤아림으로 간다(yaṃ kho, bhikkhu, anuseti, tena saṅkhaṃ gacchati).'라고 하고, (SN 22.36-어떤 비구 경2)은 '잠재한 것이 관찰하고, 관찰한 것에 의해 헤아림으로 간다(yaṃ kho, bhikkhu, anuseti taṃ anumīyati; yaṃ anumīyati tena saṅkhaṃ gacchati).'라고 설명하는데, 잠재한 것 즉 상(想)이 인식의 주관이 되어 관찰함으로써 인식(헤아림-saṅkhā)하는 과정을 잘 설명해줍니다.

잠재는 식(識)의 머묾을 위한 기반이 됩니다. (SN 12.38-의도 경)/(SN 12.39-의도 경2)/(SN 12.40-의도 경3)은 '의도하지 않고, 사유하지 않지만, 잠재하면 그것은 식의 머묾을 위한 기반이 된다(no ce, bhikkhave, ceteti no ce pakappeti, atha ce anuseti, ārammaṇametaṃ hoti viññāṇassa ṭhitiyā. ārammaṇe sati patiṭṭhā viññāṇassa hoti)'고 하는데, 잠재가 식(識)의 머묾 즉 유위적인 삶의 기반이라는 것을 알 수 있습니다.

한편, (SN 12.31-활성존재 경)은 활성존재에 대해 염오-이탐-소멸을 실천하면 유학(有學)이고, 염오-이탐-소멸하여 집착 없이 해탈하면 법을 헤아려 아는 자(saṅkhātadhamma) 즉 아라한이라고 알려줍니다.

여기서 saṅkhāta는 saṅkhā-ta인데, '헤아려 아는 자'입니다. 행들과 열반으로 구성된 법 가운데 세상에 속한 존재들은 행에서 헤아리는 과정 'saṅkhā(헤아림) → saṅkhata(만들어진 것=유위)'으로 살지만, 세상에서 벗어나 열반을 실현한 아라한은 열반에서 헤아리는 삶을 산다는 의미입니다. ─「saṅkhā(헤아림) → saṅkhātadhamma(무위=열반에서 헤아리는 자)」

saṅkhāta 1 pp. reckoned; so called; what is called; so named
saṅkhāta 2 pp. comprehended; recognized

- saṅkhā(헤아림) → ①saṅkhata(만들어진 것=유위) ↔ ②saṅkhātadhamma(무위=열반에서 헤아리는 자)

이렇게 법을 헤아리는 아라한의 삶은 부처님의 경우에도 적용되는데, (MN 68-날라까빠나 경)입니다.

evameva kho, anuruddhā, tathāgatassa ye āsavā saṃkilesikā ponobbhavikā sadarā dukkhavipākā āyatiṃ jātijarāmaraṇiyā, pahīnā te ucchinnamūlā tālāvatthukatā anabhāvaṃkatā āyatiṃ anuppādadhammā; tasmā tathāgato saṅkhāyekaṃ paṭisevati, saṅkhāyekaṃ adhivāseti, saṅkhāyekaṃ parivajjeti, saṅkhāyekaṃ vinodeti".

이처럼, 아누룻다들이여, 여래에게 오염원이고 미래에 태어나고 늙고 죽어야 하는 존재로 다시 이끌고 두렵고 보가 괴로움인 번뇌들은 모두 버려지고 뿌리 뽑히고 윗부분이 잘린 야자수처럼 되고 존재하지 않게 되고 미래에 생겨나지 않는 상태가 되었다. 그래서 여래는 헤아리면서 어떤 것을 수용하고, 헤아리면서 어떤 것을 참고, 헤아리면서 어떤 것을 피하고, 헤아리면서 어떤 것을 제거한다.

5. 식(識-viññāṇa) – '인식(認識)한다[분별(分別)해서 안다].'고 해서 식(識)이라고 불린다.

vijānāti: knows; understands; perceives; recognizes. (vi + ñā + nā; ñā is changed to jā)는 vi-jānāti입니다. jānāti: knows; finds out; to be aware. (ñā + nā)의 의미를 vi-의 접두사를 부가해 좀 더 구체적으로 지시하고 있습니다. 이때, vi-는 asunder(뿔뿔이. 산산이. 산산조각으로)의 원래 의미를 가지는 접두사입니다. 그래서 vijānāti는 무더기져 있는 어떤 것 가운데 선택된 대상을 잘 분리, 분별하여 아는 것을 의미합니다. 그런데 '사물을 분별하고 판단하여 앎'은 인식(認識)입니다〈표준국어대사전〉. 그래서 vijānāti는 인식하다(분별해서 알다)입니다.

이런 이해에 의해서 「vijānātīti kho, bhikkhave, tasmā 'viññāṇan'ti vuccati.」를 「'인식한다(분별해서 안다).'고 해서 식이라고 불린다.」라고 번역하였습니다.

그런데 식(識)은 이렇게 대상을 인식하는 마음(**vi-ñ-ñāṇa=분별 앎**)입니다. 전술한 바와 같이, 지난 삶이 누적된 ① 연기된 식이 순환하여 몸과 함께 세상을 만남에 의해 출산된 ②씨앗 식 그리고 씨앗 식이 지금을 산 결과로 열매맺어 중생 세상에 ③머문 식의 세 가지 형태로 나타납니다.

부연하면, ①연기된 식은 몸과 함께 의(意)가 되어 ②씨앗 식(분별 앎)을 낳고, ②씨앗 식은 상과 함께 수를 인식하면서 무명(존재 앎)이 스며있는 탐(가치 앎)의 과정으로 커져서 심(心-앎)이 되고, 심은 소망을 생겨나게 합니다. 이때, 소망과 탐을 묶어서 애라고 정의하기 때문에 (심+소망 = 씨앗 식+애)의 관계가 됩니다. 씨앗 식이 애의 양분으로 행위하면(업=밭) 행위자인 씨앗 식은 중생세상에 머물고 쌓여서 연기된 식을 늘어나게 합니다. 그러면 늘어난 연기된 식은 순환하여 다시 의(意)로서 이 과정을 반복합니다.

> 일반적으로 행위하는 마음은 심입니다. 그런데 여기서는 행위자를 씨앗 식이라고 서술하였습니다. 심(분별 앎+가치 앎)을 구성하는 탐(가치 앎)을 떼어 소망과 함께 애를 정의하면서 양분이라고 설명하기 때문에 행위하는 마음인 심도 근본은 식이라는 전제가 있다고 하겠습니다. 그리고 행위의 열매가 심이 아니라 식의 머묾으로 설해진다는 점에서 '행위자=씨앗 식'이라는 서술은 옳습니다.

이렇게 연기된 식이 씨앗 식을 낳고, 씨앗 식은 심과 애의 과정을 거쳐 다시 연기된 식을 늘어나게 하는 구조는 '자기 증식에 의한 변화'인데, 「의(意)[인식] → 식(識) → 심(心) → 의(意)[행위] → 식(識) → 의(意)[인식] → 식(識) … 」의 순환 구조를 보여줍니다.

이렇게 '자기 증식에 의한 변화'의 틀 위에서 식은 「심(心)이라고도 의(意)라고도 식(識)이라고도 불리는(SN 12.61-배우지 못한 자 경)」 삶의 주관으로서 안에서 순환하고, 색-수-상-행들은 밖에서 대응하는 구조로 삶은 이루어집니다. 이런 구조를 풀어서 열두 개의 법, 열한 단계로 삶을 설명한 교리가 연기 즉 십이연기이고, 근본경전연구회는 「삶의 메커니즘」으로 도식화하였습니다.

그래서 오온 중에 식은 좀 더 특별한 요소입니다. 나에 대한 바른 이해를 위해서는 좀 더 상세한 설명을 필요로 합니다. ⇒ 「Ⅲ. 식(識)에 대한 이해의 확장 – 1. 식(識)」

6. 오온의 시각적 이해 및 번역 비교

이렇게 오온 각각에 대해 구성과 성질의 두 가지 측면에서 주어진 경의 정의를 「오온(五蘊) 또는 [식(識)과 명색(名色)]의 시각적 이해」와 「오온(五蘊)의 구성 및 연결」이라는 그림으로 나타내었습니다. 또한, 오온은 나를 구성하는 직접적인 요소입니다. 그래서 번역어의 선택도 중요합니다. 국내외 몇 개 번역본들의 오온에 대한 번역을 표로 비교하였습니다.

오온(五蘊) 또는 [식(識)과 명색(名色)]의 시각적 이해

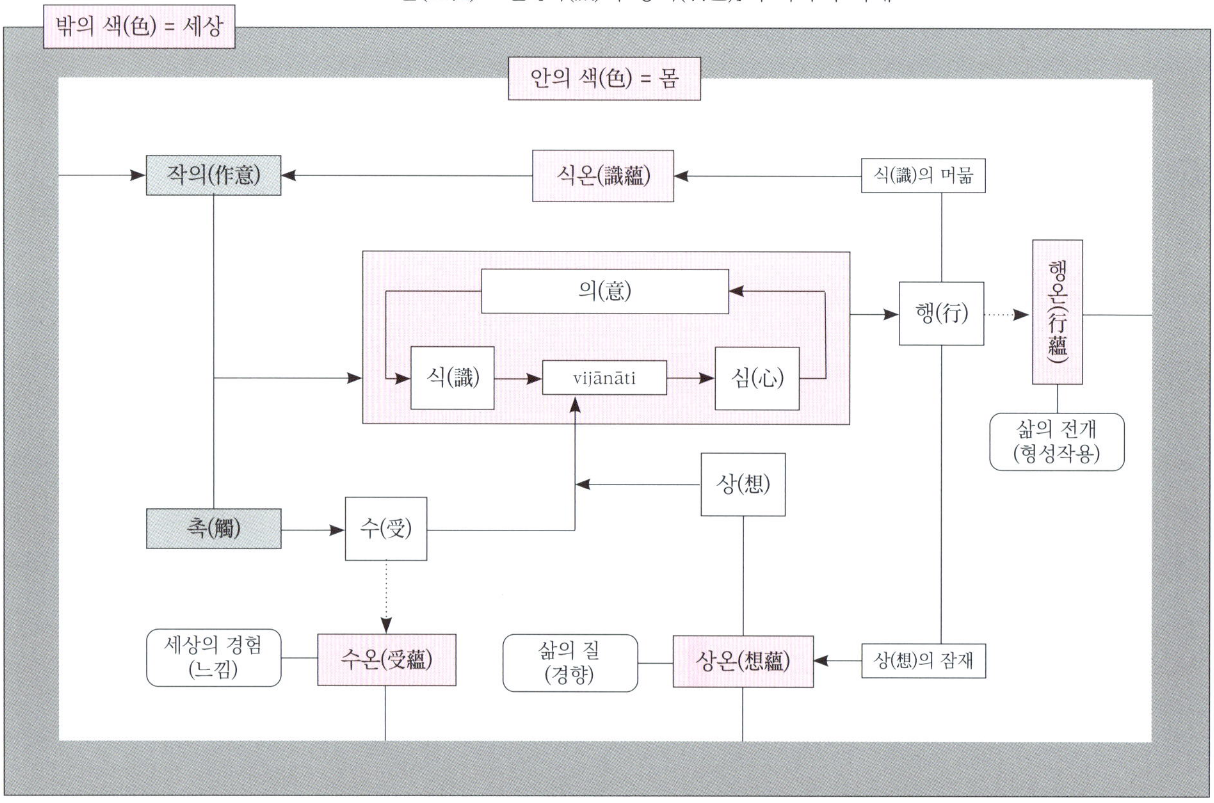

오온(五蘊)의 구성 및 연결

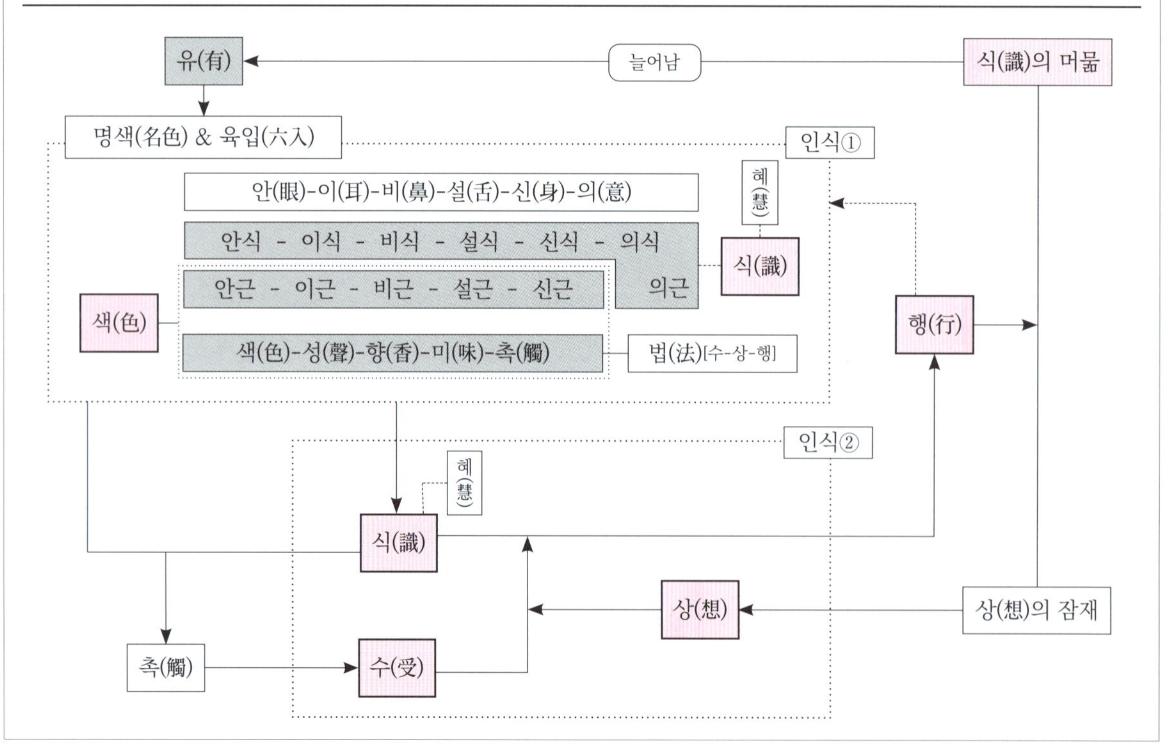

오온(五蘊)의 정의(SN 22.79-삼켜버림 경) - 번역 비교

온(蘊)	nikaya[6차 결집] (PTS)	근본경전 연구회	초기불전 연구원	한국빠알리 성전협회
색(色)	rūpa	색(色) [물질]	물질	물질
	ruppati (rūppati)	부딪히다	변형되다	변형되다
수(受)	vedanā	수(受) [느낌-경험]	느낌	느낌
	vedayati (vediyati)(*)	경험하다	느끼다	느껴지다
상(想)	saññā	상(想) [경향]	인식	지각
	sañjānāti	함께 알다	인식하다	지각하다
행(行)	saṅkhārā	행(行) [형성작용]	심리현상들	형성
	saṅkhatamabhisaṅkharonti (saṃkhataṃ abhisaṃkharonti)	유위(有爲)에서 형성하다	형성된 것을 계속해서 형성하다	유위(有爲)로 조작하다
식(識)	viññāṇa	식(識)	알음알이	의식
	vijānāti	인식하다 분별해서 알다	식별하다	식별하다

• Vedeti [Vedic vedayati; Denom. or Caus. fr. vid to know or feel]
to sense, to know, to experience

• vediyati: to be felt or experienced (vid + i + ya)

온(蘊)	pts [The Pali Text Society]	Thanissaro Bhikkhu	Bhikkhu Bodhi	Michael Olds
색(色)	body	form	form	formed
	One is affected	Because it is afflicted	It is deformed	It had then 'emerged'
수(受)	feeling	feeling	feeling	experiencing
	One feels	Because it feels	It feels	It then 'made itself known'
상(想)	perception	perception	perception	perception
	One perceives	Because it perceives	It perceives	It was then 'identified'
행(行)	the activities-compound	fabrications	volitional formations	own-making
	Because they compose a compound.	Because they fabricate fabricated things	They construct the conditioned	It was then an 'own-made conjured up own-making'
식(識)	consciousness	consciousness	consciousness	consciousness
	One is conscious	Because it cognizes	It cognizes	It was then 'recognized'

me dhammā ajjhattaṃ appahīnā – ādīnavadassāvī
내 안에 버려지지 않은 법들에서 위험을 보겠습니다.

【행(行)의 상세 정의에 대한 번역 비교】

kiñca, bhikkhave, saṅkhāre vadetha? saṅkhatamabhisaṅkharontīti kho, bhikkhave, tasmā 'saṅkhārā'ti vuccati. kiñca saṅkhatamabhisaṅkharonti? rūpaṃ rūpattāya saṅkhatamabhisaṅkharonti, vedanaṃ vedanattāya saṅkhatamabhisaṅkharonti, saññaṃ saññattāya saṅkhatamabhisaṅkharonti, saṅkhāre saṅkhārattāya saṅkhatamabhisaṅkharonti, viññāṇaṃ viññāṇattāya saṅkhatamabhisaṅkharonti. saṅkhatamabhisaṅkharontīti kho, bhikkhave, tasmā 'saṅkhārā'ti vuccati.

• 근본경전연구회

비구들이여, 그러면 무엇을 행(行)들(saṅkhārā)이라고 말하는가? '유위(有爲-saṅkhata)에서 형성한다.'고 해서 행들이라고 불린다. 그러면 무엇을 유위에서 형성하는가? 색(色)을 색의 속성을 위해 유위에서 형성한다. 수(受)를 수의 속성을 위해 유위에서 형성한다. 상(想)을 상의 속성을 위해 유위에서 형성한다. 행(行)들을 행의 속성을 위해 유위에서 형성한다. 식(識)을 식의 속성을 위해 유위에서 형성한다. 비구들이여, '유위에서 형성한다.'고 해서 행(行)들이라고 불린다.

• 초기불전연구원

비구들이여, 그러면 왜 심리현상들이라 부르는가? 형성된 것을 계속해서 형성한다고 해서 심리현상들이라 한다. 그러면 어떻게 형성된 것을 계속해서 형성하는가? 물질이 물질이게끔 형성된 것을 계속해서 형성한다. 느낌이 느낌이게끔 형성된 것을 계속해서 형성한다. 인식이 인식이게끔 형성된 것을 계속해서 형성한다. 심리현상들이 심리현상들이게끔 형성된 것을 계속해서 형성한다. 알음알이가 알음알이이게끔 형성된 것을 계속해서 형성한다. 비구들이여, 그래서 형성된 것을 계속해서 형성한다고 해서 심리현상들이라 한다.

• 한국빠알리성전협회

수행승들이여, 왜 형성이라고 하는가? 유위로 조작하는 까닭으로 수행승들이여, 형성이라고 한다. 무엇을 유위로 조작하는가? 물질을 물질인 것으로 유위로 조작해내며 느낌을 느낌인 것으로 유위로 조작해내며 지각을 지각인 것으로 유위로 조작해내며 형성을 형성인 것으로 유위로 조작해내며 의식을 의식인 것으로 유위로 조작해낸다. 수행승들이여, 유위로 조작하기 때문에 형성이라고 한다.

• pts[The Pali Text Society]

And why, brethren, do ye say 'the activities-compound'? Because they compose a compound. That is why, brethren, the word 'activities-compound' is used. And what compound do they compose? It is body that they compose into a compound of body. It is feeling that they compose into a feeling-compound. It is perception that they compose into a perception-compound; It is the activities that they compose into an activities-compound; It is consciousness that they compose into a consciousness-compound. They compose a compound, brethren. Therefore the word '(activities)-compound' is used.

• Thanissaro Bhikkhu

And why do you call them 'fabrications'? Because they fabricate fabricated things, thus they are called 'fabrications.' What do they fabricate into a fabricated thing? From form-ness, they fabricate form into a fabricated thing. From feeling-ness, they fabricate feeling into a fabricated thing. From perception-hood...From fabrication-hood...From consciousness-hood, they fabricate consciousness into a fabricated thing. Because they fabricate fabricated things, they are called fabrications.

• Bhikkhu Bodhi

"And why, bhikkhus, do you call them volitional formations? 'They construct the conditioned,' bhikkhus, therefore they are called volitional formations. And what is the conditioned that they construct? They construct conditioned form as form; they construct conditioned feeling as feeling; they construct conditioned perception as perception; they construct conditioned volitional formations as volitional formations; they construct conditioned consciousness as consciousness. 'They construct the conditioned,' bhikkhus, therefore they are called volitional formations.

• Michael Olds

And why, beggars, call it 'own-making'? It was then an 'own-made conjured up own-making' beggars, is why it is called 'own-making.' And what was the 'own-made conjured up own-making'? The emergence of form was an own-made conjured up own-making, the making itself known of experience was an own-made conjured up own-making, the perception of identification was an own-made conjured up own-making, the own-made conjuring up of own-making was an own-made conjured up own-making, the consciousness of self-consciousness was an own-made conjured up own-making. It was then an 'own-made conjured up own-making' beggars, is why it is called 'own-making.'

me dhammā ajjhattaṃ appahīnā – ādīnavadassāvī
내 안에 버려지지 않은 법들에서 위험을 보겠습니다.

III. 식(識)에 대한 이해의 확장 – 1. 식(識)

바로 뒤에서 자세히 설명하고 있지만, 인식하기(분별해 알기) 때문에 식(분별 앎)입니다. 식이 인식의 과정을 통해 탐(가치 앎)으로 커진 것이 행위 하는 마음인 심(분별 앎+가치 앎=앎)이고, 의는 심이든 식이든 몸과 함께 작용할 때를 지칭하는 이름입니다. 그래서 심(心)이라고도 의(意)라고도 식(識)이라고도 불리는 그것의 중심은 식입니다. 삶의 과정을 누적한 무더기의 상태로 이 몸과 함께 살아가는 주관이 되고, 죽은 뒤에는 새로운 몸과 함께 삶의 누적을 지속함으로써 전생-금생-내생에 걸친 삶의 일관성/정체성을 유지하는 윤회의 주체이기도 합니다. 물론, 매 순간의 삶을 누적하며 변화(緣起)하는 것이기에 고정된 것 또는 본질은 아닙니다(無我). –「다시 태어나는 식(단견 극복) → 연기된 식 = 존재성으로의 무아 & 현상으로의 윤회(상견 극복)」

표현하자면, 불교는 식에 대한 앎과 식에 속한 문제의 해소를 위한 가르침이라고 할 수 있습니다. 어떻게 생겨나고, 어떤 변화의 과정을 거치고, 그 결과로 중생 세상에 머물고 쌓여서 어떻게 그 누적된 삶의 과정을 담고 있는지의 설명입니다. 이 과정을 열두 개의법, 열한 단계로 정리한 것이 연기 곧 십이연기(苦集)이고, 이 과정의 문제를 해소하는 방법과 실천이 팔정도(苦滅道)입니다. 그리고 과정에서 결과되는 불만족(苦)과 그 불만족의 해소(苦滅)를 포괄하여 선언된 것이 부처님의 깨달음이자 불교 안에 유일한 진리인 사성제(四聖諦)입니다.

그래서 오온 중에서도 식은 좀 더 다양한 측면에서 설명되어야 합니다. 또한, 경에 근거하여 설명함으로써 부처님의 설하신 바 의도에 어긋나지 않아야 합니다. 이런 필요성 때문에 여기서는 일곱 가지 측면에서 식을 상세하게 설명하였습니다. –「①식(識)은 완전히 알려져야 하는 것, ②식은 무아다!, ③여섯 가지 요소(六界)를 구성하는 식, ④윤회하는 자 = (다시 태어나는 식 → 연기된 식), ⑤아라한의 사후는 단멸인가?, ⑥식의 발생 : 다른 곳에서는 생기지 않음, ⑦인식의 특징 – 공동주관 & 인식의 두 자리.」

표 : 오온의 정의 및 식에 대한 이해의 확장 ⇒ 다음 쪽

[1] 식(識)은 완전히 알려져야 하는 것

1. 식(識)과 혜(慧) –「혜(慧) - 닦아야 하는 것, 식(識) - 완전히 알려져야 하는 것」

위에서 불교는 식에 대한 앎과 식에 속한 문제의 해소를 위한 가르침이라고 하였는데, 이런 관점은 (MN 43-교리문답의 큰 경)이 식을 혜와 짝지어 설명하는 데서 확인됩니다. 그래서 식은 혜와의 연결 측면에서 이해해야 합니다. 혜와 함께하는 식을 가진 사람은 지혜로운 사람이고, 혜와 함께하지 않은 식을 가진 사람은 어리석은 사람인데, 각각의 삶이 락과 고를 수반한다는 점에서 주목해야 합니다.

ekamantaṃ nisinno kho āyasmā mahākoṭṭhiko āyasmantaṃ sāriputtaṃ etadavoca – "'duppañño duppañño'ti, āvuso, vuccati. kittāvatā nu kho, āvuso, duppaññoti vuccatī"ti?

한 곁에 앉은 마하꼿티까 존자는 사리뿟따 존자에게 이렇게 말했다. – "도반이여, 지혜롭지 못한 자, 지혜롭지 못한 자'라고 불립니다. 어떤 점에서, 도반이여, 지혜롭지 못한 자라고 불립니까?"

"'nappajānāti nappajānātī'ti kho, āvuso, tasmā duppaññoti vuccati. kiñca nappajānāti? 'idaṃ

오온(五蘊)의 정의 및 식(識)에 대한 이해의 확장

나 = 유신(有身) = 오취온(五取蘊)

- **식(識)**
  - ① 안식(眼識), 이식(耳識), 비식(鼻識), 설식(舌識), 신식(身識), 의식(意識)
  - ② 인식한다[분별해서 안다]고 해서 식(識)이라고 불린다.
    - 식(識)은 완전히 알려져야 하는 것
    - 식은 무아(無我)다!
    - 여섯 가지 요소(六界)를 구성하는 식
    - 윤회하는 자 – 다시 태어나는 식 → 연기된 식
    - 아라한의 사후는 단멸인가?
    - 식의 발생 : 다른 곳에서는 생기지 않음
    - 식의 역할 — 분별해서 앎
- **행(行)**
  - ① 색사(色思), 성사(聲思), 향사(香思), 미사(味思), 촉사(觸思), 법사(法思)
  - ② 유위(有爲)에서 형성한다고 해서 행(行)이라고 불린다.
- **상(想)**
  - ① 색상(色想), 성상(聲想), 향상(香想), 미상(味想), 촉상(觸想), 법상(法想)
  - ② 함께 안다[상(想)한다]고 해서 상(想)이라고 불린다.
- **수(受)**
  - ① 안(眼)-이(耳)-비(鼻)-설(舌)-신(身)-의촉생수(意觸生受)
  - ② 경험한다고 해서 수(受)라고 불린다.
- **색(色)**
  - ① 사대(四大)와 사대조색(四大造色)
  - ② 부딪힌다고 해서 색(色)이라고 불린다.

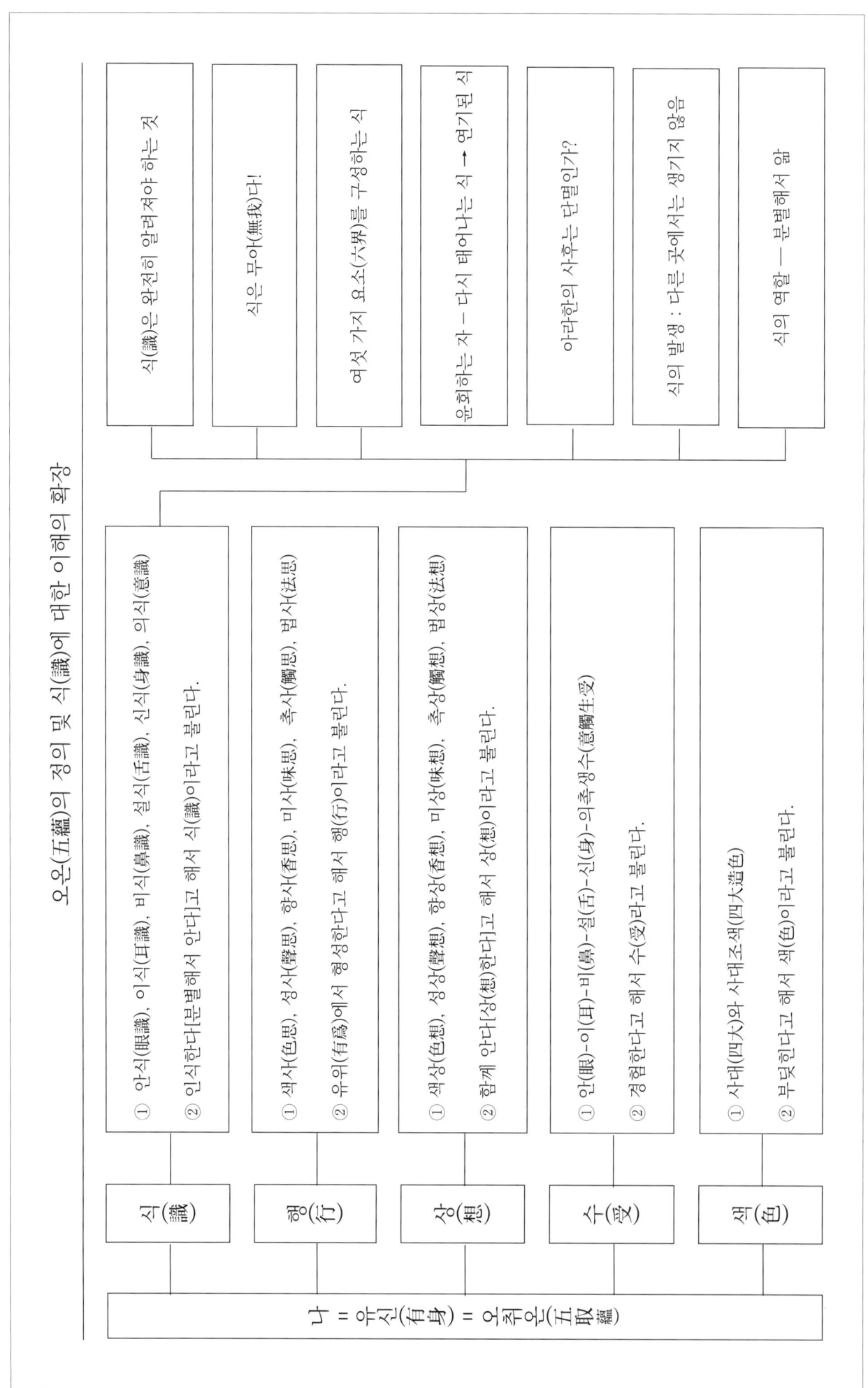

dukkhan'ti nappajānāti, 'ayaṃ dukkhasamudayo'ti nappajānāti, 'ayaṃ dukkhanirodho'ti nappajānāti, 'ayaṃ dukkhanirodhagāminī paṭipadā'ti nappajānāti. 'nappajānāti nappajānātī'ti kho, āvuso, tasmā duppaññoti vuccatī"ti.

"'꿰뚫어 알지 못한다, 꿰뚫어 알지 못한다.'라고 하여, 도반이여, 지혜롭지 못한 자라고 불립니다. 무엇을 꿰뚫어 알지 못합니까? '이것이 고(苦)다.'라고 꿰뚫어 알지 못하고, '이것이 고의 자라남이다.'라고 꿰뚫어 알지 못하고, '이것이 고의 소멸이다.'라고 꿰뚫어 알지 못하고, '이것이 고의 소멸로 이끄는 실천이다.'라고 꿰뚫어 알지 못합니다. '꿰뚫어 알지 못한다, 꿰뚫어 알지 못한다'라고 해서, 도반이여, 지혜롭지 못한 자라고 불립니다.

• 꿰뚫어 알다 – 어떤 일의 내용이나 본질을 잘 알다.

"'sādhāvuso'ti kho āyasmā mahākoṭṭhiko āyasmato sāriputtassa bhāsitaṃ abhinanditvā anumoditvā āyasmantaṃ sāriputtaṃ uttariṃ pañhaṃ apucchi – "'paññavā paññavā'ti, āvuso, vuccati. kittāvatā nu kho, āvuso, paññavāti vuccatī"ti? "'pajānāti pajānātī'ti kho, āvuso, tasmā paññavāti vuccati. "kiñca pajānāti? 'idaṃ dukkhan'ti pajānāti, 'ayaṃ dukkhasamudayo'ti pajānāti, 'ayaṃ dukkhanirodho'ti pajānāti, 'ayaṃ dukkhanirodhagāminī paṭipadā'ti pajānāti. 'pajānāti pajānātī'ti kho, āvuso, tasmā paññavāti vuccatī"ti.

마하 꼿티까 존자는 '고맙습니다, 도반이여.'라고 사리뿟따 존자의 말을 기뻐하고 감사한 뒤에 이어지는 질문을 했다. – "도반이여, '지혜로운 자, 지혜로운 자'라고 불립니다. 어떤 점에서, 도반이여, 지혜로운 자라고 불립니까?"

"'꿰뚫어 안다, 꿰뚫어 안다.'라고 해서, 도반이여, 지혜로운 자라고 불립니다. 무엇을 꿰뚫어 압니까? '이것이 고다.'라고 꿰뚫어 알고, '이것이 고의 자라남이다.'라고 꿰뚫어 알고, '이것이 고의 소멸이다.'라고 꿰뚫어 알고, '이것이 고의 소멸로 이끄는 실천이다.'라고 꿰뚫어 압니다. '꿰뚫어 안다, 꿰뚫어 안다'라고 해서, 도반이여, 지혜로운 자라고 불립니다.

"'viññāṇaṃ viññāṇan'ti, āvuso, vuccati. kittāvatā nu kho, āvuso, viññāṇanti vuccatī"ti? "'vijānāti vijānātī'ti kho, āvuso, tasmā viññāṇanti vuccati. "kiñca vijānāti? sukhantipi vijānāti, dukkhantipi vijānāti, adukkhamasukhantipi vijānāti. 'vijānāti vijānātī'ti kho, āvuso, tasmā viññāṇanti vuccatī"ti.

"도반이여, '식, 식'이라고 불립니다. 어떤 점에서, 도반이여, 식이라고 불립니까?"

"'인식한다(분별해서 안다), 인식한다.'라고 해서, 도반이여, 식이라고 불립니다. 무엇을 분별해 압니까? 락이라고도 분별해 알고, 고라고도 분별해 알고, 불고불락이라고도 분별해 압니다. '분별해 안다, 분별해 안다'라고 해서, 도반이여, 식이라고 불립니다."

"yā cāvuso, paññā yañca viññāṇaṃ – ime dhammā saṃsaṭṭhā udāhu visaṃsaṭṭhā? labbhā ca panimesaṃ dhammānaṃ vinibbhujitvā vinibbhujitvā nānākaraṇaṃ paññāpetun"ti? "yā cāvuso, paññā yañca viññāṇaṃ – ime dhammā saṃsaṭṭhā, no visaṃsaṭṭhā. na ca labbhā imesaṃ dhammānaṃ vinibbhujitvā vinibbhujitvā nānākaraṇaṃ paññāpetuṃ. yaṃ hāvuso, pajānāti taṃ vijānāti, yaṃ vijānāti taṃ pajānāti. tasmā ime dhammā saṃsaṭṭhā, no visaṃsaṭṭhā. na ca labbhā imesaṃ dhammānaṃ vinibbhujitvā vinibbhujitvā nānākaraṇaṃ paññāpetun"ti.

"도반이여, 혜와 식 – 이 법들은 연결된 것입니까 아니면 분리된 것입니까? 이 법들을 구별하고 구별하여 차이점을 선언하는 것이 가능합니까?"

"도반이여, 혜와 식 – 이 법들은 연결된 것이고, 분리된 것이 아닙니다. 이 법들을 구별하고 구별하여 차이점을 선언하는 것은 가능하지 않습니다. 참으로 도반이여, 꿰뚫어 안 것을 분별해 알고, 분별해 안 것을 꿰뚫어 압니다. 그래서 이 법들은 연결된 것이고, 분리된 것이 아닙니다. 이 법들을 구별하고 구별하여 차이점을 선언하는 것은 가능하지 않습니다."

"yā cāvuso, paññā yañca viññāṇaṃ – imesaṃ dhammānaṃ saṃsaṭṭhānaṃ no visaṃsaṭṭhānaṃ kiṃ nānākaraṇan"ti? "yā cāvuso, paññā yañca viññāṇaṃ – imesaṃ dhammānaṃ saṃsaṭṭhānaṃ no visaṃsaṭṭhānaṃ paññā bhāvetabbā, viññāṇaṃ pariññeyyaṃ. idaṃ nesaṃ nānākaraṇan"ti.

"도반이여, 혜와 식 – 연결된 것이고, 분리된 것이 아닌 이 법들에게 어떤 차이점이 있습니까?"

"도반이여, 혜와 식 – 연결된 것이고, 분리된 것이 아닌 이 법들 가운데 혜는 닦아야 하는 것이고, 식은 완전히 알려져야 하는 것입니다. 이것이 그것들의 차이점입니다"

혜(慧)는 믿음-정진-염(念)-정(定)-혜(慧)로 구성된 다섯 가지 기능[오근(五根)] 또는 힘[오력(五力)]의 하나입니다. 제6부 제4장 Ⅱ. 3.다섯 가지 기능의 비유를 통한 이해(571쪽)에서는 '올챙이, 개구리 되기'의 비유를 통해 다섯 가지 기능 또는 힘이 마음 밖의 어떤 것이 아니라 수행을 통해서 만들어가는 마음의 성장 부분이라고 설명하였는데, 이 경에서 말하는 개별적이지 않고 결합된 것이라는 설명에 따른 것입니다. 이럴 때, 인식하는 마음인 식이 꿰뚫어 아는 부분으로의 혜로써 성장하여 고멸을 실현하게 된다고 이해할 수 있습니다.

그래서 혜는 닦아져야 하는 것 즉 수행을 통한 식의 성장으로 설명하는 것입니다. 그런데 혜와 짝지어 경은 식을 완전히 알려져야 하는 것이라고 설명합니다. 식은 인식 즉 대상을 아는 일을 하는 마음(분별 앎)입니다. 그런데 수동태의 구조를 가지고, 완전히 알려져야 한다는 것은 무슨 의미입니까?

pariññeyya 즉 완전히 알려져야 하는 것은 주로 오온 또는 오취온으로 나타나는데(*), 완전히 알려져야 하는 것으로의 고성제입니다. 이때, 오온은 지난 삶의 과정이 누적된 무더기입니다. 그렇다면 완전히 알려져야 한다는 것은 삶의 과정에 대한 완전한 앎을 말합니다. 오온은 무엇이고, 어떻게 생겨나서 자라나는지, 어떻게 소멸하고, 소멸의 방법은 무엇인지에 대한 완전한 앎입니다.

(*) pariññeyyasuttaṃ (SN 22.106-완전히 알려져야 하는 것 경)

"비구들이여, 완전히 알려져야 하는 법들(pariññeyyā dhammā)과 완전한 지혜(pariññā)와 완전히 안 사람(pariññātāvī puggalo)을 설하겠다. 그것을 들어라. 무엇이 완전히 알려져야 하는 법들인가? 비구들이여, 색은 완전히 알려져야 하는 법이다. 수는 … 상은 … 행들은 … 식은 완전히 알려져야 하는 법이다. 비구들이여, 이것이 완전히 알려져야 하는 법들이라고 불린다. 비구들이여, 무엇이 완전한 지혜인가? 비구들이여, 탐이 부서지고, 진이 부서지고, 치가 부서진 지혜, 비구들이여, 이것이 완전한 지혜라고 불린다. 비구들이여, 누가 완전히 안 사람인가? 이런 이름과 이런 성을 가진 아라한 존자라고 말해져야 한다. 비구들이여, 이것이 완전히 안 사람이라고 불린다."

그래서 오온에 속한 것으로의 식도 이런 방법으로 완전히 알려져야 하는 것이고, 탐-진-치가 부서진 완전한 지혜에 의해서 알 수 있으며, 그런 앎을 실현한 사람이 아라한이라는 의미입니다.

2. 다섯 가지 기능에서 풀려난 의식(意識)

(MN 43-교리문답의 큰 경)은 이어서 완전히 알려지기 위한 중간의 과정을 설명합니다.

"참으로 도반이여, 다섯 가지 기능이 청정해서 풀려났을 때 의식(意識)에 의해 무엇이 이끌립니까?"

"도반이여, 다섯 가지 기능이 청정해서 풀려났을 때 의식에 의해 '무한한 공간'이라는 공무변처(空無邊處)가 이끌리고, '무한한 식(識)'이라는 식무변처(識無邊處)가 이끌리고, '아무것도 없다.'라는 무소유처(無所有處)가 이끌립니다."

"그러면 도반이여, 이끌리는 법을 무엇으로 꿰뚫어 압니까?"

"참으로 도반이여, 이끌리는 법을 혜안(慧眼-지혜의 눈)으로 꿰뚫어 압니다."

"그러면 도반이여, 혜(慧)는 무엇을 위한 것입니까?"

"참으로 도반이여, 혜는 실다운 지혜와 완전한 지혜와 버림을 위한 것입니다."

안근~신근의 다섯 가지 기능 즉 몸(色)이 청정해서 풀려난 때의 의식(意識-manoviññāṇa)을 말하는데, 1차 인식의 공동주관인 욕탐(欲貪-chandarāga)이 싣고 오는 탐(貪-rāga) 가운데 욕탐(慾貪-kāmarāga)과 색탐(色貪-rūparāga)이 해소된 상태를 의미합니다. 이 상태는 2차 인식에서 욕상(慾想-kāmasaññā)과 색상(色想-rūpasaññā)을 넘어선 높은 경지인데, 무색계에 속한 공무변처가 말하는 색상을 넘어선 경지(rūpasaññānaṃ samatikkamā)입니다. 그래서 경은 다섯 가지 기능에서 풀려난 의식이 혜안(慧眼-지혜의 눈)에 의해 공무변처-식무변처-무소유처로 이끌린다고 설명하는 것입니다.

- 공무변처(空無邊處) — sabbaso rūpasaññānaṃ samatikkamā paṭighasaññānaṃ atthaṅgamā nānattasaññānaṃ amanasikārā 'ananto ākāso'ti ākāsānañcāyatanaṃ upasampajja viharati. 완전하게 색상(色想)을 넘어서고, 저항의 상(想)이 줄어들고, 다양한 상(想)을 작의(作意)하지 않음으로부터 '무한한 공간'이라는 공무변처(空無邊處)를 성취하여 머문다.

또한, 상(想)의 전도를 해소하기 위한 혜의 닦음은 무색상(無色想-arūpasaññā)의 버려짐을 통해 완성되기 때문에 혜는 실다운 지혜와 완전한 지혜와 버림을 위한 것이라고 설명합니다.

3. 식(識) — 「속성이 없고, 한계가 없고, 모든 관점에서 빛나는 것」

이렇게 지혜에 의해 실다운 지혜와 완전한 지혜와 버림이 실현되면 식은 완전히 알려지는데, 두 개의 경이 설명하는 「식은 속성이 없고, 한계가 없고, 모든 관점에서 빛나는 것」입니다.

1) (DN 11-께왓따 경)

'식이 속성이 없고, 한계가 없고, 모든 관점에서 빛나는('viññāṇaṃ anidassanaṃ, anantaṃ sabbatopabhaṃ) 여기에서 물과 땅, 불과 바람은 공고한 기반이 없다. 여기에서 장과 단, 극소와 극대, 정과 부정이, 여기에서 명과 색이 남김없이 멈춘다. 식의 멸에 의해서, 여기에서 이것이 멈춘다.'

식이 멸(滅 - nirodha : 번뇌의 부서짐에 의해 무명이 버려지고 명이 생김) 즉 번뇌의 영향에서 벗어나면(무위), 식이 머물지 않고 늘어나지 않습니다. 그러면 명과 색의 멈춤 즉 파생된 것과 물질이 참여하지 않는 그 자리 즉 열반에서 식은 속성이 없고, 한계가 없고, 모든 관점에서 빛난다는 의미입니다. 식이 완전히 알려진 상태를 이렇게 설명하고 있습니다.

2) (MN 49-범천의 초대 경)

'속성이 없고, 한계가 없고, 모든 관점에서 빛나는 식(識)' - 그것은 땅이 가진 땅의 속성에 의해 경험할 수 없는 것이고, 물이 가진 물의 속성에 의해 경험할 수 없는 것이고, 불이 가진 불의 속성에 의해 경험할 수 없는 것이고, 바람이 가진 바람의 속성에 의해 경험할 수 없는 것이고, 활성존재들이 가진 활성존재의 속성에 의해 경험할 수 없는 것이고, 신이 가진 신의 속성에 의해 경험할 수 없는 것이고, 빠자빠띠가 가진 빠자빠띠의 속성에 의해 경험할 수 없는 것이고, 범천들이 가진 범천의 속성에 의해 경험할 수 없는 것이고, 광음천들이 가진 광음천의 속성에 의해 경험할 수 없는 것이고, 광과천들이 가진 광과천의 속성에 의해 경험할 수 없는 것이고, 승자천이 가진 승자천의 속성에 의해 경험할 수 없는 것이고, 일체가 가진 일체의 속성에 의해 경험할 수 없는 것이다.'

'속성이 없고, 한계가 없고, 모든 관점에서 빛나는 식'은 일체 즉 육내입처-육외입처에 작용하는 번뇌의 영향이 있는 한 그 속성 즉 아(我)의 경향(我想) 위에서는 경험할 수 없다는 것입니다. 즉 번뇌가 부서져 해탈된 상태에서 경험되는 식이 완전히 알려져야 하는 그 상태라는 것을 알 수 있습니다.

me dhammā ajjhattaṃ appahīnā – ādīnavadassāvī
내 안에 버려지지 않은 법들에서 위험을 보겠습니다.

[2] 식(識)은 무아다.

색-수-상-행들-식 오온은 무아인데, (SN 35.187-우다이 경)은 그중에서도 식에 대해 무아라고 특정지어 말해 줍니다.

아난다 존자는 몸처럼 식에 대해서도 '이렇게 식은 무아다.'라고 공표하고, 전달하고, 선언하고, 시작하고, 드러내고, 분석하고, 해설하는 것이 가능한지 묻는 우다이 존자에게 그것이 가능하다고 답하고 이렇게 설명합니다.

> 도반이여, 안과 색들을 연(緣)하여 안식이 생깁니까?" "그렇습니다, 도반이여." "도반이여, 안식의 생김을 위한 원인과 조건이 모든 것에 의해 모두, 모든 방법으로부터 모두 남김없이 소멸된다면 그래도 안식이 선언될 수 있습니까?" "아닙니다, 도반이여." "이런 방법에 의해서도 세존에 의해 선언되고, 분명해지고, 알려졌습니다. – '이렇게 식은 무아다.'라고. … (여섯에 반복) …

> 예를 들면, 도반이여, 심재(속재목)를 바라고 심재를 구하고 심재를 찾아다니는 사람이 날카로운 도끼를 들고 숲에 갈 것입니다. 그는 거기서 곧게 서고 새로 돋은 거대한 높이의 까달리 나무(열대 파초의 일종) 줄기를 볼 것입니다. 그는 뿌리를 자를 것입니다. 뿌리를 자른 뒤에 꼭대기를 자를 것입니다. 꼭대기를 자른 뒤에 가장자리를 제거할 것입니다. 그는 거기서 중심을 둘러싼 부분(겉재목)도 얻지 못할 것입니다. 어디에서 심재를 얻겠습니까! 이처럼, 도반이여, 비구는 육촉처에서 아(我)도 아에 속한 것도 관찰하지 않습니다. 이렇게 관찰하지 않는 그는 세상에서 아무것도 붙잡지 않습니다. 붙잡지 않으면 동요하지 않습니다. 동요하지 않으면 개별적으로 완전히 꺼집니다. '태어남은 다했다. 범행은 완성되었다. 해야 할 일을 했다. 다음에는 현재 상태[유(有)]가 되지 않는다.'라고 분명히 압니다."

파초의 껍질을 벗기며 그 심재를 찾고자 해도 파초에서 심재는 찾을 수 없습니다. 시작부터 끝까지 모두가 껍질들이 쌓여있는 것일 뿐이기 때문입니다. 식도 그렇습니다. 연(緣)하여 생겨난 것들이 쌓여있는 무더기일 뿐이지 그 안에 연(緣)하여 생겨나지 않은 것으로의 아(我)는 없는 것입니다.

식을 이해하기 위한 근본은 바로 이것입니다. 삶의 과정 즉 마음이 몸과 함께 세상을 만나는 과정에서 생겨나 머문 것이 쌓여있는 것일 뿐입니다. 이런 무더기가 몸(→名色)과 서로 조건 되는 특성 때문에 쌓임의 과정 즉 변화의 연장선 위에서 윤회하는 것입니다. 오직 연기된 것일 뿐, 삶의 과정 그 안에는 어디에도, 어떤 것이라도 아(我)인 식은 없습니다. 그래서 식은 무아(無我)입니다. ⇒「연기(緣起)되었기 때문에 무아(無我)인 식(識)」

(MN146-난다까의 가르침 경)은 육내입처-육외입처-육식과 이어지는 수의 무상-무아를 말하는데, 두 가지 비유로써 설명합니다.

- 비유 1. 타고 있는 기름 등불을 구성하는 것 = 기름-심지-불꽃(무상하고 변하는 것) → 거기서 생겨나는 것 = 빛(마찬가지로 무상하고 변하는 것)
- 비유 2. 큰 나무를 구성하는 것 = 뿌리-줄기-가지와 잎사귀(무상하고 변하는 것) → 거기서 생겨나는 것 = 그늘(마찬가지로 무상하고 변하는 것)

[3] 여섯 가지 요소(六界)를 구성하는 식(識)

(DN 33.9-합송경. 여섯으로 구성된 법)은

"cha dhātuyo – pathavīdhātu, āpodhātu, tejodhātu, vāyodhātu, ākāsadhātu, viññāṇadhātu.

여섯 가지 요소(六界) – 땅의 요소, 물의 요소, 불의 요소, 바람의 요소, 공간의 요소, 식의 요소(地-水-火-風-空-識)

를 말합니다. 전술한 바에 의하면, 색을 구성하는 지-수-화-풍-공의 다섯 가지 요소에 마음인 식이 더해져 여섯 가지 요소가 되었습니다. 육계(六界)의 용례 경전은 몇 개가 있는데,

- (MN 112-여섯 가지 청정 경)은 아라한을 선언한 자의 검증을 위한 주제 중 한 가지로 나타나고,

- (MN 115-많은 요소를 가진 것 경)에서는 요소에 능숙한 비구가 알고 보는 것의 하나로 나타납니다.

- (MN 140-요소의 분석 경)은 육계에 대한 상세한 설명을 담고 있는데, 특히, 「'chadhāturo ayaṃ, bhikkhu, puriso'ti 비구여, 육계, 이것이 사람이다.」라고 하며,

- (AN 3.62-근본 교리 등 경)은 「비구들이여, '이런 육계가 있다.'라고 내가 설한 법은 현명한 사문-바라문들에 의해 질책받지 않고 더럽혀지지 않고 비난받지 않고 책망받지 않는다.」라고 하면서 다시 「비구들이여, 육계의 붙잡음을 원인으로 모태에 듦이 있다. 듦이 있을 때 명색이 있다. 명색을 조건으로 육입이 있고, 육입을 조건으로 촉이 있고, 촉을 조건으로 수가 있다. 비구들이여, 나는 경험하고 있는 자에게 '이것은 고다.'라고 선언하고, '이것은 고집이다.'라고 선언하고, '이것은 고멸이다.'라고 선언하고, '이것은 고멸로 이끄는 실천이다.'라고 선언한다.」고 합니다.

1. 「'chadhāturo ayaṃ, bhikkhu, puriso'ti 비구여, 육계(六界), 이것이 사람이다.」

식에 대한 주요 관점의 하나는 사람에 대한 이해입니다. 부처님과 육사외도에 속한 아지따 께사깜발리는 사람을 다르게 정의합니다.

- 아지따 께사깜발리 – (DN 2-사문과경) – 「cātumahābhūtiko ayaṃ puriso, 사대(四大), 이것이 사람이다.」

- 부처님 – (MN 140-요소의 분석 경) – 「chadhāturo ayaṃ, bhikkhu, puriso'ti 비구여, 육계(六界), 이것이 사람이다.」

아지따 께사깜발리는 지-수-화-풍 사대가 사람이라고 말합니다. 그리고 죽으면 땅은 땅의 무더기로 들어가고 돌아가고, 물은 물의 무더기로 들어가고 돌아가고, 불은 불의 무더기로 들어가고 돌아가고, 바람은 바람의 무더기로 들어가고 돌아간다고 합니다. 저세상도 없고 화생 하는 중생도 없고 업에는 과와 보가 따르지 않아서 단멸 한다고 말합니다.

그렇다면 아지따 께사깜발리는 사람에게 마음이 없다고 말하는 것입니까? 그것이 아니라면 아지따 께사깜발리에게 마음은 무엇입니까? 몸에서 생겨나는 2차적 존재입니다. 오직 지-수-화-풍 사대 즉 물질인 몸만이 사람을 구성하는 1차적 존재이고, 마음은 여기서 파생되는 2차적 존재(*)라는 것입니다. 그래서 마음은 몸이 죽으면 토대를 상실하여 소멸한다는 견해입니다. 십사무기(十事無記)에서 인용한 「1) taṃ jīvaṃ taṃ sarīraṃ – 그 생명이 그 몸이다.」의 경우인데, 생명의 끊어짐을 말하는 단견(斷見)-단멸론(斷滅論)이고, 유물론(唯物論)에 근거한 것입니다.

반면에 부처님은 육계 즉 지-수-화-풍-공-식의 여섯 요소가 사람이라고 말합니다. 식 즉 마음을 1차적 존재에 포함시킨 점에서 아지따 께사깜발리와 차이를 보여줍니다. 그래서 몸이 죽어도 몸에 종속되지 않는 독립적 존재 요소인 식은 몸 따라 소멸하지 않고 자기의 존재 상태를 유지합니다. 즉 윤회하는 것입니다. 이런 관점은 제4선의 성취에서 직접 확인됩니다. (DN 2.24-사문과경, 지와 견)은 제4선을 성취하여 머묾에 이어 이렇게 말합니다.

> 그가 이처럼 심(心)이 삼매를 닦고, 청정하고, 깨끗하고, 흠이 없고, 오염원이 사라지고, 부드럽고, 준비되고, 안정되고, 흔들림이 없는 상태에 이르렀을 때 지(知)와 견(見)으로 마음을 향하고 기울게 합니다. 그는 이렇게 꿰뚫어 압니다. –'나의 이 몸은 물질이어서 사대로 구성된 것이고, 부모에 속한 것에서 생겨난 것이고, 밥과 응유가 집적된 것이고, 무상하고 쇠퇴하고 부서지고 해체되고 흩어지는 것이다. 그런데 나의 이 식은 여기에 의지하고 여기에 묶여 있다.'라고.

이렇게 제4선의 경지를 성취하면, 식이 몸을 의지하고 몸에 묶인 2차적 존재여서 몸이 죽으면 따라서 소멸하는 것이 아니라는 사실을 직접 확인할 수 있게 됩니다. 그렇다면 아지따 께사깜발리가 사람이라고 이해한 것은, 부처님에 의하면, 단순히 몸입니다. 부처님이 말하는 육계는 여기에 물질의 결합에 의한 규정을 담당하는 공 그리고 몸에 속하지 않는 식이 더해진 것입니다. 부처님 가르침을 기준으로 비교하자면, 아지따 께사깜발리는 몸을 구성하는 요소 자체는 보았지만 ①그 결합의 조건인 공의 요소를 이해하지 못하고, ②식 즉 마음이 몸과 대등하게 사람을 구성하는 요소라는 것은 보지 못한 것입니다. 그래서 몸을 구성하는 요소를 사람을 구성하는 요소라고 잘못 이해하여 유물론이고 윤회 없음을 주장하지만, 바르지 못한 견해입니다.

(*) 육계를 선언하는 부처님은 색(지-수-화-풍-공)과 식에서 파생되는 것으로 수-상-사-촉-작의를 말하는데, 명(名-nāma)입니다. 이런 이해에서 근본경전연구회는 명(名-nāma)을 '파생된 것'이라고 번역합니다.

이렇게 육계의 설명에 의하면, 윤회는 있고, 직접 확인할 수 있습니다!

2. 단(斷)과 상(常)을 극복한 윤회(輪廻)

그런데 브라만교는 아(我)의 윤회를 말합니다. 십사무기에서 인용한 「2) aññaṃ jīvaṃ aññaṃ sarīraṃ – 다른 생명과 다른 몸이다.」의 경우인데, 몸이 없는 존재(有-sat)의 몸 바꿈(재육화)에 의한 생명의 연결을 말하는 상견(常見)-상주론(常住論)이고, 일원론(一元論)에 근거한 것입니다.

하지만 상(常)하고 안정되고 영원하고 변하지 않는 것인 식은 없습니다. 오직 무상(無常)하고 괴롭고 변하는 것인 식이 있을 뿐입니다(SN 22.94-꽃 경). 연기된 것이고(SN 12.20-조건 경), 무상-고-무아의 성질을 가지는 것입니다(AN 3.137-출현 경).

그런데 중생인 한, 혼자서는 존재 의미를 갖지 못하고, 몸과 함께해야만 비로소 존재 의미를 확보하는 것이 식입니다. 또는 삶의 과정을 포함한 명색과 서로 조건 됨 위에서 생존 기간의 불균형에 의해 윤회하는 식입니다. 어떻게 무상하고 괴롭고 변하는 것인지는 뒤에 설명하겠지만, 식은 삶의 누적에 의한 변화의 연속성 위에서 죽음 이후에 새로운 명색과 함께 새로운 나를 구성하는 방식으로 윤회하는 것입니다. 부처님이 십사무기의 두 주제 「1) taṃ jīvaṃ taṃ sarīraṃ – 그 생명이 그 몸이다. 2) aññaṃ jīvaṃ aññaṃ sarīraṃ – 다른 생명과 다른 몸이다.」 모두에 대해 '그렇다.'라고 설명하지 않는 이유입니다. 단(斷)과 상(常)의 치우친 견해들을 모두 극복하고, 연기(緣起)-무아(無我)의 정견(正見) 위에서 나와 삶 그리고 윤회는 이렇게 설명되는 것입니다.

3. 육계(六界)의 상태로 태(胎)에 듦

(AN 3.62-근본 교리 등 경)은

> 비구들이여, 육계의 붙잡음을 원인으로 모태에 듦이 있다. 듦이 있을 때 명색이 있다. 명색을 조건으로 육입이 있고, 육입을 조건으로 촉이 있고, 촉을 조건으로 수가 있다.

라고 합니다. 식은 죽고 태어남의 순간에도 지-수-화-풍-공에서 독립된 존재 상태를 가지지 않는다는 것을 말해줍니다. 식과 명색의 서로 조건 됨 이전에, 중생인 한, 식은 이렇게 한순간도 물질요소 없이 독립적으로 존재하지 않는다는 것입니다. 다시 말하지만, 중생인 한 식은 혼자서는 존재 의미를 가지지 못하고, 몸과 함께할 때 비로소 존재 의미를 확보하게 됩니다. 브라만교의 아(我-atta/ātman)와 불교의 식(識)을 구분 짓는 기본이고, 삶에 대한 바른 이해의 출발입니다.

이때, (SN 35.198-낑수까 나무 비유 경)은 몸을 성(城)으로, 지-수-화-풍 사대를 중앙 광장으로, 식을 성주로 비유하면서, 성주 즉 식은 중앙 광장에 앉아 있다고 설명합니다. 몸이 무너져 죽을 때 무명과 애가 남아있으면 몸으로 가는데, 성주가 붕괴된 성을 떠나 새로운 성으로 옮겨간다고 비유할 수 있습니다. 이때, (AN 3.62-근본 교리 등 경)의 육계로서 모태에 든다는 설명은 성주인 식이 중앙 광장에 앉은 채 옮겨가는 장면의 묘사라고 이해할 수 있습니다.

또한, (SN 35.103-우다까 경)(379쪽)이 말하듯이, 몸이라는 종기는 애(愛)라는 종기의 뿌리가 남아있는 한 즉 무명에 덮이고 애에 묶여서 옮겨가고 윤회하는 중생에게는 언제나 함께하는 구속입니다.

◐ 이렇게 단(斷)의 극복은 육계로써, 상(常)의 극복은 무상(無常)으로써 설명하였습니다.

그러나 단-상의 극복에 대한 불교의 기본 입장은 연기(緣起)라고 해야 합니다. (SN 12.15- 깟짜나곳따 경)은 없음(단견)과 있음(상견)의 견해에 대해 「세상의 자라남을 있는 그대로 바른 지혜로 보는 자에게 세상에서 없음이라는 견해가 없고, 세상의 소멸을 있는 그대로 바른 지혜로 보는 자에게 세상에서 있음이라는 견해가 없다.」라고 하면서 '있다'와 '없다'의 양 끝으로 접근하지 않고 여래는 중(中)에 의해서 법을 설한다고 하는데, 연기(緣起)와 연멸(緣滅)입니다. 이때, 세상의 자라남은 연기여서 단견을 극복하고, 세상의 소멸은 연멸이어서 상견을 극복합니다. – '세상 : 존재성으로의 세상'

이렇게 삶에 대한 불교의 기본 입장은 「단(斷)과 상(常)을 극복한 연기(緣起)」입니다.

이때, 연기의 방식으로 윤회하는 삶은 이어지는 「4] 연기(緣起)된 식(識)의 윤회(輪廻)」에서 설명하였습니다. 그런데 이 주제에는 또 하나의 관점에 대해 설명이 필요합니다. 아라한의 죽음 이후는 단멸인가 하는 점입니다.

아라한의 사후(死後) 단멸(斷滅)의 주장에 대해 반론을 설하는 경으로는 (SN 22.85-야마까 경)이 있는데, 「[5] 아라한의 사후는 단멸인가?」에서 설명하였습니다.

◐ 한편, 육계는 세상의 구성과도 연결되는데, 표로 구성하였습니다.

세상의 관점에서 이해하는 육계(六界)[지(地)-수(水)-화(火)-풍(風)-공(空)-식(識)]

<table>
<tr><td colspan="2"></td><td colspan="3">상수멸(想受滅)</td><td colspan="2">소멸의 증득으로 얻어져야 하는 것
(사마타-위빳사나의 도움)</td></tr>
<tr><td rowspan="9">세상</td><td rowspan="8">존재-유(有)</td><td rowspan="4">무색계(無色界)</td><td rowspan="4">무색상(無色想)</td><td>비상비상처(非想非非想處)의 상(想)</td><td colspan="2">남아있는 행(行)들의 증득으로 얻어져야 하는 것</td></tr>
<tr><td>무소유처(無所有處)의 상(想)</td><td>무(無)</td><td rowspan="7">상(想)의 증득으로 얻어져야 하는 것
(SN 14.11-일곱 요소 경)</td></tr>
<tr><td>식무변처(識無邊處)의 상(想)</td><td>식(識)</td></tr>
<tr><td>공무변처(空無邊處)의 상(想)</td><td>공(空)</td></tr>
<tr><td rowspan="4">색계(色界)</td><td rowspan="4">색상(色想)</td><td>제사선(第四禪)의 상(想)</td><td rowspan="4">지(地)-수(水)-화(火)-풍(風)</td></tr>
<tr><td>제삼선(第三禪)의 상(想)</td></tr>
<tr><td>제이선(第二禪)의 상(想)</td></tr>
<tr><td>초선(初禪)의 상(想)</td></tr>
<tr><td>소유-욕(慾)</td><td>욕계(慾界)</td><td colspan="4">욕상(慾想)</td></tr>
</table>

◐ 이렇게 육계는 비중이 큰 교리입니다. 그래서 육계에 대해 바르게 알아야 하는데, (MN 112-여섯 가지 청정 경)에서는 아라한을 검증하는 여섯 가지 중 세 번째 주제로 나타나기도 합니다.

(질문) 세존-아라한-정등각에 의해 바르게 선언된 육계(六界)를 어떻게 알고 어떻게 보아서 집착 없이 번뇌들로부터 심(心)이 해탈했습니까?

(모범 답안) 아(我)로부터 지(地)의 요소에 접근하지 않고, 지(地)의 요소에 의지한 아(我)에 접근하지 않습니다. 지(地)의 요소에 의지한, 집착으로 이끄는 심(心)의 결정-경향-잠재성향들의 부서짐, 바램, 소멸, 포기, 놓음 때문에 나의 심(心)은 해탈했다고 분명히 앎(여섯에 반복) → 이렇게 알고 이렇게 보아서 집착 없이 번뇌들로부터 심(心)이 해탈했음

[4] 윤회하는 자 –「①다시 태어나는 식 → ②연기된 식 : 단(斷)-상(常)을 극복한 연기(緣起)」

이렇게 식은 윤회하는 그입니다. 심지어 (MN 106-흔들리지 않는 경지에 적합함 경)은 '다시 태어나는 식(saṃvattanikaṃ viññāṇaṃ)'이라고 해서 식이 윤회하는 자라는 것을 직접 알려줍니다. 또한, (MN 38-애의 부서짐의 큰 경)은 다시 태어나는 식이 아(我)가 아니라 무아(無我)인 연기(緣起)된 식(識)(paṭicca-samuppannaṃ viññāṇaṃ)이라고 설명합니다. 이렇게 불교가 설명하는 마음은 단(斷)-상(常)을 극복한 연기(緣起)입니다

; 다시 태어나는 식(saṃvattanikaṃ viññāṇaṃ) → 단견(斷見)의 극복
; 연기(緣起)된 식(識) (paṭiccasamuppannaṃ viññāṇaṃ) → 상견(常見)의 극복

1. (MN 106-흔들리지 않는 경지에 적합함 경)은

이렇게 실천하고 그렇게 많이 머무는 그에게 심은 그 경지에 확고해진다. 확고해질 때 지혜로써 흔들리지 않는 경지를 현재에 증득하거나 기운다. 몸이 무너져 죽은 뒤에 '다시 태어나는 식(識)(saṃvattanikaṃ viññāṇaṃ)'이 흔들리지 않는 경지로 갈 것이라는 경우는 있다. … 무소유처 … 비상비비상처 …

라고 하여 몸이 무너져 죽은 뒤 다음 생으로 가는 자가 '다시 태어나는 식(識)(saṃvattanikaṃ viññāṇaṃ)'이라는 점을 분명히알려줍니다.

2.한편 (AN 3.62-근본 교리 등 경) 등 세 개의 경은 이런 '다시 태어나는 식'의 잉태의 과정을 간답바거나 육계거나 식의 세 가지로 설명합니다. 모태에 들어오는 그것을 이름 붙이면 간답바이고, 구체적으로는 식입니다. 그런데 이 식은 한순간도 물질과 분리되지 않습니다. 서로 조건 되는 특징 때문에, 비유하자면, 성주인 식이 중앙 광장에 앉은 채 옮겨가는 방식(SN 35.198-낑수까 나무 비유 경)이어서 육계로서 붙잡아 새로운 모태로 옮겨가는 것입니다. ⇒「참고 : 네 가지 입태(入胎)」

① 비구들이여, 세 가지의 집합으로부터 모태에 듦이 있다. 여기 어머니와 아버지의 결합이 있지만, 어머니가 월경하지 않고, 간답바가 나타나지 않으면 모태에 듦은 없다. 여기 어머니와 아버지의 결합이 있고, 어머니가 월경하지만, 간답바가 나타나지 않으면 모태에 듦은 없다. 비구들이여, 어머니와 아버지의 결합이 있고, 어머니가 월경하고, 간답바가 나타날 때, 이렇게 세 가지의 집합으로부터 모태에 듦이 있다.(MN 38-애의 부서짐의 큰 경)

② 비구들이여, 육계의 붙잡음을 원인으로 모태에 듦이 있다. 듦이 있을 때 명색이 있다.(AN 3.62-근본 교리 등 경)

③ 아난다여, 식이 모태에 들어오지 않는데도 명색이 모태에서 공고해지겠는가?" "아닙니다, 대덕이시여."(DN 15.1-대인연경, 연기)

3. 그런데 이렇게 윤회하는 '다시 태어나는 식'은 어떤 것입니까? 아(我)여서 상견(常見)에 속한 것입니까? 아니면 무아(無我)여서 단(斷)도 상(常)도 아닌 것입니까? 단도 상도 아니라면 이런 식은 무엇이라고 불러야 합니까?

(SN 12.20-조건 경)은 연기의 조건 관계를 구성하는 열두 가지를 연기된 법들(paṭiccasamuppannā dhammā)

이라고 설명하는데, 세 번째인 식도 연기된 법이라는 것을 알 수 있습니다. 그래서 식은 '다시 태어나는 식(saṃvattanikaṃ viññāṇaṃ)'이면서 무아이고, 단도 상도 아닌 「연기(緣起)된 식(識)(paṭiccasamuppannaṃ viññāṇaṃ)」입니다.

4. 한편, 연기된 식에 대해서는 (MN 38-애의 부서짐의 큰 경)이 자세히 설명합니다.

◐ (MN 38-애의 부서짐의 큰 경) 정리

1. 사건의 요지

1) 사띠 비구에게 악하고 치우친 견해가 생김 – 「'그것, 오직 이 식(識)(tadevidaṃ viññāṇaṃ)이 옮겨가고 윤회한다. 다른 것이 아니다.'라고 나는 세존으로부터 설해진 가르침을 안다.」

2) 비구들이 함께 대화하지만 사띠 비구의 고집을 꺾지 못함 – 「도반 사띠여, 이렇게 말하지 마십시오. 세존을 비방하지 마십시오. 근거 없이 세존을 비방하는 것은 잘못입니다. 세존은 이렇게 말씀하지 않습니다. 도반 사띠여, 세존에 의해 여러 가지 방법으로 연기된 식이 말해졌습니다. 조건으로부터 다른 곳에 식의 생김은 없습니다.」

이때, 비구들이 '세존은 이렇게 말씀하지 않습니다.'에 이어 연기된 식을 언급하는 것은 사띠 비구의 말 가운데 식이 옮겨가고 윤회한다는 점을 잘못이라고 지적하는 것이 아닙니다. 그 식이 '그것, 오직 이 식 = 아(我)'가 아니라는 점을 지적하면서 부처님의 가르침은 '연기된 식 = 무아(無我)'라고 안내하는 것입니다.

식(識)에 대한 두 가지 관점 :	①tadevidaṃ viññāṇaṃ ↔	②paṭiccasamuppannaṃ viññāṇaṃ
	그것, 오직 이 식(識)	연기(緣起)된 식(識)
	아(我)	무아(無我)

3) 부처님께 보고함

2. 부처님과 사띠 비구의 대화

1) 부처님이 사띠 비구를 불러서 확인함 – 두 단계의 문답

• (질문 1) 그런 악하고 치우친 견해가 생긴 것이 사실인가? → '그렇습니다.'

• (질문 2) 그 식은 어떤 식인가? → 「대덕이시여, 말하고 경험되어야 하는 이것이 여기저기서 선하고 악한 업들의 보를 경험합니다.」 ↔ 식(識) = 아(我)

※ 'tadevidaṃ viññāṇaṃ'이 아(我)라는 것은 (MN 2-모든 번뇌 경)에서 확인됩니다. 경은

atha vā panassa evaṃ diṭṭhi hoti – 'yo me ayaṃ attā vado vedeyyo tatra tatra kalyāṇapāpakānaṃ kammānaṃ vipākaṃ paṭisaṃvedeti so kho pana me ayaṃ attā nicco dhuvo sassato avipariṇāmadhammo sassatisamaṃ tatheva ṭhassatī'ti

그리고 이런 견해가 있다. – '말하고, 경험되어야 하고, 여기저기서 선악의 업들의 보를 경험하는 나의 아(我)는 상(常)하고 안정되고, 영원하고, 변하지 않는 존재로서 언제까지나 그렇게 유지될 것이다.'

라고 하는데, 말하고 경험되어야 하고 여기저기서 선악의 업들의 보를 경험하는 것인 tadevidaṃ viññāṇaṃ이 아(我)라는 것을 알 수 있습니다.

2) 사띠 비구를 꾸짖음 – 「나에 의해 여러 가지 방법으로 연기된 식이 말해지지 않았는가! 조건으로부터 다른 곳에 식의 생김은 없다.(연기 즉 조건에 의해 생겨나는 방식과 다른 방식에 의해서는 식이 생기지 않는다.)」

; 부처님이 설한 가르침에서 식은 'tadevidaṃ viññāṇaṃ 그것, 오직 이 식'이 아니라 연기된 식(paṭiccasamuppannaṃ viññāṇaṃ)이라는 설명을 통해 사띠 비구의 잘못된 이해를 바로잡아주는 것입니다.

; 부처님은 이렇게 「연기된 식이 윤회한다.」라고 분명히 알려줍니다.

3) 비구들에게도 사띠 비구와 같이 알고 있느냐고 확인하고, 비구들은 부처님의 가르침을 바르게 알고 있다고 대답함.

3. 비구들에게 법을 설함 – 연기된 식(識) = 조건을 연(緣)하여 생긴 것 ⇒ [6] 식의 발생

4. 결론 – 그렇다면 이 경의 주제는 ①식이 윤회하는데, ②윤회하는 자인 식이 '연기된 식'이라는 것입니다. 그래서 이 경을 근거로 식이 윤회하지 않는다는 설명은 오해입니다.

「참고 : 네 가지 입태(入胎)」(DN 28.4-믿음을 고양하는 경, 입태에 대한 가르침)

◐ 네 가지 태에 들어옴(入胎) – 여기, 도반들이여, 어떤 사람은 분명히 알지 못하면서 어머니의 태에 들어오고, 분명히 알지 못하면서 어머니의 태에서 머물고, 분명히 알지 못하면서 어머니의 태에서 나온다. 이것이 첫 번째 태에 들어옴이다.

다시 도반들이여, 여기 어떤 사람은 분명히 알면서 어머니의 태에 들어오고, 분명히 알지 못하면서 어머니의 태에서 머물고, 분명히 알지 못하면서 어머니의 태에서 나온다. 이것이 두 번째 태에 들어옴이다.

다시 도반들이여, 여기 어떤 사람은 분명히 알면서 어머니의 태에 들어오고, 분명히 알면서 어머니의 태에서 머물고, 분명히 알지 못하면서 어머니의 태에서 나온다. 이것이 세 번째 태에 들어옴이다.

다시 도반들이여, 여기 어떤 사람은 분명히 알면서 어머니의 태에 들어오고, 분명히 알면서 어머니의 태에서 머물고, 분명히 알면서 어머니의 태에서 나온다. 이것이 네 번째 태에 들어옴이다.

◐ 맛지마 니까야 관통 법회 - 38. 애의 부서짐의 큰 경[식에 대한 두 가지 관점 & 연기된 식의 윤회](근본경전연구회 해피스님 211006)

마음이 몸과 함께한 상태로서의 삶을 보는 시각은 세 가지가 있는데, ①몸이 무너져 죽으면 마음도 소멸하고 만다는 단견(斷見)-단멸론(斷滅論)-유물론(唯物論)과 ②상(常)한 성질을 가지는 아(我)인 마음이 몸을 바꿔가며 윤회한다는 상견(常見)-상주론(常住論) 그리고 ③부처님에 의해 설명되는 연기(緣起)된 식(識)의 윤회입니다. 이때, 연기된 식의 윤회는 삶의 과정을 누적하며 변화하는 마음의 윤회여서 변화 즉 무아라는 근본(사실)과 중생들의 삶의 현상인 윤회를 같은 맥락에서 잘 설명해줍니다.

(MN 38-애(愛)의 부서짐의 큰 경)은 사띠 비구의 악하고 치우친 견해를 지적하고 부처님께서 설하신 삶에 대한 바른 견해를 드러내는 경입니다. 사띠 비구는 '그것, 오직 이 식(tadevidaṃ viññāṇaṃ)'이 옮겨가고 윤회한다고 주장하는데, 아(我)의 윤회입니다. 부처님은 두 단계의 문답을 통해 옮겨가고 윤회하는 그것이 '연기된 식(paṭiccasamuppannaṃ viññāṇaṃ)'이라고 말하며, 아(我)의 윤회를 주장하는 사띠 비구를 꾸짖습니다. 이렇게 이 경은 윤회의 당사자가 연기된 식이라는 점을 분명히 해줍니다. 연기 즉 삶의 과정을 누적하며 변화하는 식이라는 설명을 통해 무아라는 근본 위에서 진행되는 중생의 삶의 과정으로의 윤회를 꿰뚫어 선언하는 것입니다.

세상에는 무아와 윤회가 상반되는 개념이어서 불교 안에 윤회가 설 자리가 없다는 주장을 하는 사람도 있습니다. 그러나 이렇게 연기된 식의 윤회라는 부처님 가르침은 근본(존재성)으로의 무아와 현상으로의 윤회를 같은 맥락에서 잘 설명하고 있다는 점은 주목해야 합니다. -「무아(無我)와 윤회(輪廻)는 서로 어긋나는 교리가 아님」

또한, 세상에서는 바로 이 경을 근거로 부처님은 식이 윤회하지 않는다고 말했다고 주장하는데, 경에 대한 잘못된 해석입니다. 경은 분명히 윤회하는 식이 아가 아니라 연기된 것이라는 점을 말하고 있기 때문입니다. 이 경에 대한 바른 이해는 중요합니다. 자칫, 불교가 단견과 상견을 모두 극복하였지만, 윤회의 당사자를 직접 설명하지는 않는다고 오해할 수 있기 때문입니다. 실제로 많은 불교 학자가 윤회의 당사자를 설명하지 못하거나, 경에 근거하지 않은 제각각의 주장을 펼치는 것을 볼 수 있는데, 바로 이 경에 대한 잘못된 해석 때문입니다. 그러나 경은 분명히 단견도 상견도 아닌 연기된 식의 윤회를 설명하고 있습니다. 그렇다면 부처님의 답은 배제하고서 답을 찾으려 하는 엉뚱함 때문에 이런 현상이 생긴다고 말해야 할 것인데, 공부의 중심을 경에 두지 않는 풍조 때문이라고 하겠습니다.

분명히 알아야 합니다. 연기된 식의 윤회, 이것이 윤회에 대한 불교의 확정적인 입장입니다!

존재성으로의 무아와 현상으로의 윤회 → 무아와 윤회는 서로 어긋나는 교리가 아님 〈무아이기 때문에 윤회하고, 윤회하기 때문에 무아임〉

[5] 아라한의 사후는 단멸인가? → 몸으로 가지 않게된 아라한의 사후는 어떤 상태입니까?

(MN 38-애의 부서짐의 큰 경)이 상견의 주장에 대해 연기된 식으로써 반론을 설하였다면, 단(斷)-상(常)과 관련한 또 하나의 주제인 아라한의 사후 단멸의 주장에 대해서는 (SN 22.85-야마까 경)이 반론을 설하는데, '번뇌 다한 비구는 몸이 무너져 죽은 뒤에 어떻게 됩니까?'에 대한 답변의 형태입니다. 무상하고 고인 오온이 줄어들어 소멸한 상태로서의 열반의 실현이지 단멸하는 것은 아니라는 답변입니다.

그때 야마까라는 비구에게 "나는 세존께서 설하신 법에 대해 '번뇌 다한 비구는 몸이 무너져 죽은 뒤에 단멸하고, 상실한다. 죽은 뒤에 존재하지 않는다.'라고 안다."라는 악한 견해가 생겼다.

~ (설득의 과정 이후) "도반 야마까여, 만약 그대에게 '도반 야마까여, 번뇌 다한 비구는 몸이 무너져 죽은 뒤에 어떻게 됩니까?'라고 질문하면 이렇게 질문받은 그대는, 도반 야마까여, 무엇이라고 설명하겠는가?" "도반이여, 만약 저에게 '도반 야마까여, 번뇌 다한 비구는 몸이 무너져 죽은 뒤에 어떻게 됩니까?'라고 질문하면 이렇게 질문받은 저는 '도반이여, 색은 무상합니다. 무상한 것은 고입니다. 고인 것은 소멸하고 줄어들었습니다. 수는 … 상은 … 행들은 … 식은 무상합니다. 무상한 것은 고입니다. 고인 것은 소멸하고 줄어들었습니다.'라고 설명할 것입니다. 도반이여, 이렇게 질문받은 저는 이렇게 설명할 것입니다."

열반이 무아의 존재성 위에서 무상의 가라앉음 때문에 변화의 조건을 상실한 상태일 뿐 아가 되는 것이 아니듯 열반을 실현한 아라한의 사후도 단멸하는 것이 아닙니다. 몸으로 가지 않아서 태어나지 않을 뿐 단멸 즉 무가 되는 것은 아닙니다 그러면 몸으로 가지 않게된 아라한의 사후는 어떤 상태입니까?

이렇게 몸으로 가지 않은 식(*)의 상태를 알려주는 가르침이 (DN 11-께왓따 경)과 (MN 49-범천의 초대 경)이 말하는 「식은 속성이 없고, 한계가 없고, 모든 관점에서 빛난다」입니다. 즉 상(常)도 아니고 단(斷)도 아닌 몸의 구속에서 벗어난 무아(無我)의 식(識)입니다.

(*) (SN 12.64-탐 있음 경)은 「예를 들면, 비구들이여, 북쪽이나 남쪽이나 동쪽으로 창이 있는 뾰족지붕 건물 또는 뾰족지붕 강당이 있다. 태양이 떠오를 때 창으로 빛이 들어오면 어디에 머물 것인가?" "서쪽 벽에 머물 것입니다, 대덕이시여." "비구들이여, 만약 서쪽 벽이 없다면 어디에 머물 것인가?" "땅에 머물 것입니다, 대덕이시여." "비구들이여, 만약 땅이 없다면 어디에 머물 것인가?" "물에 머물 것입니다, 대덕이시여." "비구들이여, 만약 물이 없다면 어디에 머물 것인가?" "머물지 못할 것입니다, 대덕이시여."」라는 비유를 통해 애(愛)가 해소되어 욕계-색계-무색계에 머물지 않는 즉 몸으로 가지 않는 식을 소개합니다.

한편, 아라한의 사후 즉 몸으로 가지 않은 상태에 대한 관심은 많은 경에서 사사무기(四事無記)로 나타납니다.

"도반 사리뿟따여, 여래는 죽은 뒤에 존재합니까?" "도반이여, '여래는 죽은 뒤에 존재한다.'라는 것을 세존께서는 설명하지 않았습니다." "도반이여, 그러면 여래는 죽은 뒤에 존재하지 않습니까?" "도반이여, '여래는 죽은 뒤에 존재하지 않는다.'라는 것도 세존께서는 설명하지 않았습니다." "도반이여, 그러면 여래는 죽은 뒤에 존재하기도 하고 존재하지 않기도 합니까?" "도반이여, '여래는 죽은 뒤에 존재하기도 하고 존재하지 않기도 한다.'라는 것도 세존께서는 설명하지 않았습니다." "도반이여, 그러면 여래는 죽은 뒤에 존재하는 것도 아니고 존재하지 않는 것도 아닙니까?" "도반이여, '여래는 죽은 뒤에 존재하는 것도 아니고 존재하지 않는 것도 아니다.'라는 것도 세존께서는 설명하지 않았습니다."(SN 44.3-사리뿟따와 꼿티따 경1) 등 특히, (MN 72-왓차 불 경)은 이 주제에 대해 불의 비유를 통해 설명합니다. -「불은 연료가 다 소비되고 다른 것을 공급받지 못하면 그 자리에서 단지 꺼질 뿐, 동-서-남-북의 어느 방향으로도 가지 않음」

"고따마 존자여, 이렇게 해탈한 심(心)을 가진 자는 어디에 태어납니까?" "왓차여, '태어난다.'라는 현상으로 가지 않습니다." "고따마 존자여, 그러면 태어나지 않습니까?" "왓차여, '태어나지 않는다.'라는 현상으로 가지 않습니다." "고따마 존자여, 그러면 태어나기도 하고 태어나지 않기도 합니까?" "왓차여, '태어나기도 하고 태어나지 않기도 한다.'라는 현상으로 가지 않습니다." "고따마 존자여, 그러면 태어나지도 않고 태어나지 않지도 않습니까?" "왓차여, '태어나지도 않고 태어나지 않지도 않는다.'라는 현상으로 가지 않습니다."

"'고따마 존자여, 이렇게 해탈한 심을 가진 자는 어디에 태어납니까?'라는 질문을 받았을 때, '왓차여, '태어난다.'라는 현상으로 가지 않습니다.'라고 말했습니다. … '고따마 존자여, 그러면 태어나지도 않고 태어나지 않지도 않습니까?'라는 질문을 받았을 때, '왓차여, '태어나지도 않고 태어나지 않지도 않는다.'라는 현상으로 가지 않습니다.'라고 말했습니다. 여기서, 고따마 존자여, 저는 모르겠습니다. 여기서 저는 당황스럽습니다. 예전에 우정 어린 대화를 통해 고따마 존자에게 있었던 만큼의 믿음마저도 이제 나에게서 사라졌습니다." "왓차여, 그대가 모르겠는 것은 당연합니다. 당황스러운 것은 당연합니다. 왓차여, 이 법은 심오하고, 보기 어렵고, 깨닫기 어렵고, 평화롭고, 숭고하고, 딱까의 영역을 넘어섰고, 독창적이고, 현자에게만 경험될 수 있습니다. 다른 견해, 다른 믿음, 다른 성향이 있고, 다른 방법으로 수행하고, 다른 스승을 따르는 그대에게 이 법은 알기 어렵습니다."

"그렇다면 왓차여, 여기서 그것을 되묻겠습니다. 좋다면, 그대에게 좋아 보이는 대로 그것을 설명하십시오. 왓차여, 이것을 어떻게 생각합니까? 만약 그대의 앞에서 불이 타고 있다면 그대는 '내 앞에서 이 불이 타고 있다.'라고 알 수 있습니까?" "만약, 고따마 존자여, 제 앞에서 불이 타고 있다면 저는 '내 앞에서 이 불이 타고 있다.'라고 알 수 있습니다."

"만약에 왓차여, 그대에게 '그대 앞에서 타고 있는 이 불은 무엇을 조건으로 타고 있는가?'라고 질문한다면, 왓차여, 이렇게 질문받은 그대는 무엇이라고 설명할 것입니까?" "만약에 고따마 존자여, 저에게 '그대 앞에서 타고 있는 이 불은 무엇을 조건으로 타고 있는가?'라고 질문한다면, 고따마 존자여, 이렇게 질문받은 저는 이렇게 설명할 것입니다. ― '제 앞에서 타고 있는 이 불은 풀과 나무토막이라는 연료를 조건으로 타고 있습니다.'라고."

"만약에 왓차여, 그대 앞에서 그 불이 꺼진다면 그대는 '내 앞에서 이 불이 꺼졌다.'라고 알 수 있습니까?" "고따마 존자여, 만약 제 앞에서 그 불이 꺼진다면 '내 앞에서 이 불이 꺼졌다.'라고 알 수 있습니다."

"만약에 왓차여, 그것을 '그대의 앞에서 꺼진 그 불은 동쪽이나 남쪽이나 서쪽이나 북쪽의 어느 방향으로 갔습니까?'라고 질문한다면, 이렇게 질문받은 그대는 무엇이라고 설명할 것입니까?" "고따마 존자여, 어느 방향으로도 가지 않습니다. 고따마 존자여, 풀과 나무토막이라는 연료를 조건으로 꺼진 그 불은 연료가 다 소비되고 다른 것을 공급받지 못했기 때문에 자량이 없어 꺼진 것이라는 이름을 얻을 뿐입니다."

"이처럼, 왓차여, 묘사하는 자가 어떤 색에 의해 여래를 묘사할 수 있다면, 그런 색은 여래에게 버려지고 뿌리 뽑히고 윗부분이 잘린 야자수처럼 되고 존재하지 않게 되고 미래에 생겨나지 않는 상태가 되었습니다. 왓차여, 색에 의한 헤아림에서 해탈한 여래는, 예를 들면 큰 바다처럼, 깊고 측량할 수 없고 관통하기 어렵습니다. '태어난다'라는 현상으로 가지 않고, … '태어나지도 않고 태어나지 않지도 않는다'라는 현상으로 가지 않습니다.(오온에 반복)

[6] 식(識)의 발생 : 다른 곳에서는 생기지 않음 – (MN 38-애의 부서짐의 큰 경)

앞의 서술에서 부처님이 사띠 비구를 꾸짖은 '조건으로부터 다른 곳에 식의 생김은 없다(연기 즉 조건에 의해 생겨나는 방식과 다른 방식에 의해서는 식이 생기지 않는다).'라는 말은 주목해야 하는데, 식이 연기되는 곳 외에는 다른 어디에서도 식은 생기지 않는다는 의미입니다.

경은 「[4] 연기(緣起)된 식(識)의 윤회(輪廻)」에 이어서

비구들이여, '식은 조건을 연(緣)하여 생긴다.'라는 그것 때문에 식은 이름을 얻는다. 안과 색들을 연하여 식이 생긴다. 그러면 단지 안식이라는 이름을 얻는다. … 의와 법들을 연하여 식이 생긴다. 그러면 단지 의식이라는 이름을 얻는다.

라고 합니다. 식이 연기되는 곳으로 이렇게 안과 색들~의와 법들의 육내입처와 육외입처의 자리(일체)를 제시하는 것입니다. 그리고는 이 외의 다른 어떤 곳에도 식은 생겨나지 않는다는 것이 부처님의 가르침입니다. 이곳에서 생기는 식을 주체로 하는 이어지는 삶의 과정에서 고(苦)도 만들어지고 고멸(苦滅) 즉 락(樂)도 만들어집니다. 오직 여기가 삶의 현장인 것입니다.

식은 나의 중심입니다. 유신도 식이 몸과 함께한 상태이고, 육계에서도 식이 물질요소들과 함께 사람을 구성합니다. 오온도 식과 식 아닌 것들의 개념에서 식과 명색으로 확장됩니다. 그리고 죽으면 몸 또는 명색은 버려지지만 식은 이 몸으로의 삶의 과정을 모두 담고 다음 생을 이어 삽니다. 그래서 식은 정확하게 알려져야 합니다. 그리고 부처님은 오직 이 여섯 가지 조건의 관계에서만 식이 생겨난다고 말합니다. ⇒ 다른 곳에서는 식이 생겨나지 않음!

혹시라도 이 여섯 가지 식 외에 다른 곳 또는 다른 방법으로 생겨난 식을 찾아서는 안 됩니다. 그런 식은 없기 때문입니다. 혹시 누가 그런 식을 말한다면 그것은 부처님이 설명하는 내 삶의 이야기가 아닙니다. 삶의 현실에 대한 통찰 위에서 선언된 구체적이고 실제적인 가르침이 아니라 삶의 현실을 벗어난 형이상학적 주제에 불과하여 부처님의 가르침이 아니라고 알아야 합니다. 그리고 고멸로 이끌지 못합니다.

이렇게 식(識)은 오직 안식(眼識), 이식(耳識), 비식(鼻識), 설식(舌識), 신식(身識), 의식(意識)의 육식(六識)이 있을 뿐입니다.

※ 세상에 없는 것 – 아(我)인 식도 없지만, 이 여섯 가지 외에 제7식 또는 제8식도 있을 수 없음

① (SN 22.94-꽃 경) – 있는 것 = 오온(五蘊 - 세상에 있는 것)[색(色)-수(受)-상(想)-행(行)들-식(識)] + 열반(涅槃 - 세상을 벗어나서 실현되는 것)

② (MN 38-애의 부서짐의 큰 경) – 안식(眼識)~의식(意識) 외에 다른 곳에서 생겨나는 식(識)은 없음 → 제7 말라식/제8 아뢰야식 등 없음

⇒【책을 쓰면서③ – 사실에 대하여 → 단(斷)도 상(常)도 극복한 연기(緣起)된 식(識)의 윤회(輪廻)】 참조(10쪽)

불교는 오직 고와 고멸의 가르침입니다(MN 22-뱀의 비유 경)/(SN 44.2-아누라다 경). 그리고 (SN 12.45-냐띠까 경)은 오직 이 조건 관계 안에서 고와 고멸을 함께 설명하는데, 이것 외에 중생의 삶에 수반되는 고를 설명하고 고멸을 실현하여 해탈하는 다른 자리는 없다는 것을 분명히 보여주고 있습니다.

◐ (SN 12.45-냐띠까 경) – 고(苦)와 고멸(苦滅)의 근간 위에서 깨달음의 대의를 드러내는 토대가 됨

한때 세존은 냐띠까에서 벽돌집에 머물렀다. 그때 한적한 곳에서 홀로 머물던 세존은 이런 법문을 읊었다. –

"안과 색들을 연(緣)하여 안식이 생긴다. 셋의 만남이 촉이다. 촉을 조건으로 수가, 수를 조건으로 애가, 애를 조건으로 취가, 취를 조건으로 유가, 유를 조건으로 생이, 생을 조건으로 노사와 수비고우뇌가 생긴다. 이렇게 이 모든 괴로움 무더기가 자라난다.(여섯에 반복)

안과 색들을 연하여 안식이 생긴다. 셋의 만남이 촉이다. 촉을 조건으로 수가, 수를 조건으로 애가 생긴다. 그 애가 남김없이 바래어 소멸할 때 취가 소멸하고, 취가 소멸할 때 유가 소멸하고, 유가 소멸할 때 생이 소멸하고, 생이 소멸할 때 노사와 수비고우뇌가 소멸한다. 이렇게 이 모든 괴로움 무더기가 소멸한다.(여섯에 반복)

그때 어떤 비구가 세존의 읊음을 들으며 서 있었다. 세존께서는 그 비구가 세존의 읊음을 들으며 서 있는 것을 보았다. 보고서 그 비구에게 이렇게 말했다. – "비구여, 그대는 이 법문을 들었는가?" "그렇습니다, 대덕이시여." "비구여, 그대는 이 법문을 배워라. 비구여, 그대는 이 법문을 숙달하라. 비구여, 그대는 이 법문을 명심하라. 비구여, 이 법문은 이익으로 이끌고, 범행의 근본이다."라고.

• 그림 – 「독송집 제1장 깨달음의 자리」의 대의

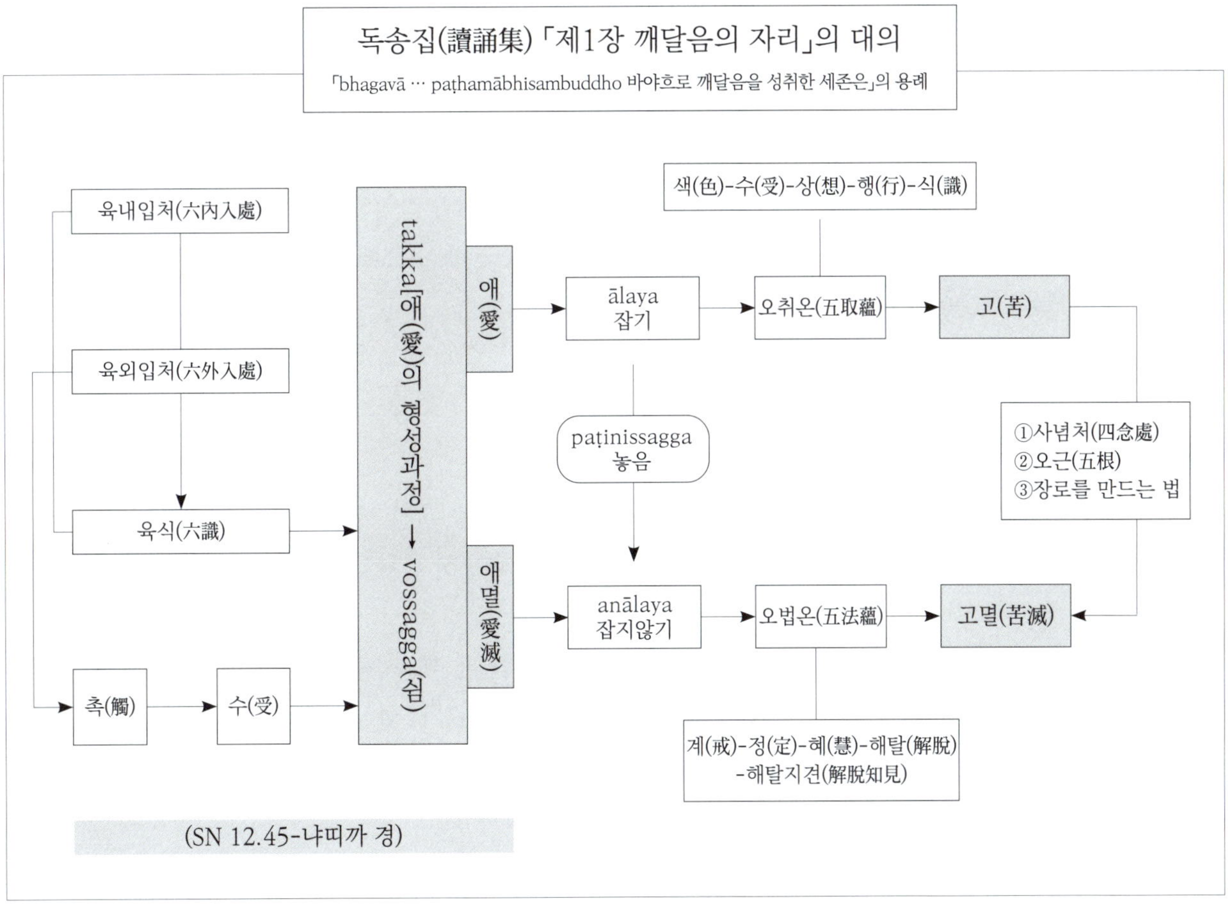

[7] 식(識)의 역할 – 분별해서 앎

인식의 주제는 '제2부 총론 제2장 딱까 Ⅰ.여래가 성취한 법'과 '제6부 딱까가 해석된 불교 제1장 제2절 Ⅰ. 삶에 대한 여러 시각'에서 중복 설명하였습니다.

1. (SN 22.79-삼켜버림 경)은 식을 정의합니다. –「그러면 비구들이여, 그대들은 무엇을 식이라고 말해야 하는가? 비구들이여, 인식한다(분별해서 안다)고 해서 식이라고 불린다(vijānātīti kho, bhikkhave, tasmā 'viññāṇan'ti vuccati). 무엇을 인식하는가? 신맛을 인식하기도 하고 쓴맛을 인식하기도 하고 매운맛을 인식하기도 하고 단맛을 인식하기도 하고 떫은맛을 인식하기도 하고 떫지 않은 맛을 인식하기도 하고 짠맛을 인식하기도 하고 짜지 않은 맛을 인식하기도 한다. 비구들이여, 인식한다고 해서 식이라고 불린다.」

이때, 인식되는 것은 맛(味)인데, 외입처입니다. 그러면 인식하는 자는 내입처인데, 이 경은 인식하는 자를 식이라고 말합니다. '내입처 = 식+근'이라는 이해에 의하면, 식은 이렇게 근과 함께 (근이 받아들여 전달하는 정보로써) 외입처를 인식하는 역할을 합니다.

그리고 여기서 말하는 식은 식의 무더기(識蘊)입니다. 지난 삶의 과정에서 생겨나고 살고 머문 식이 쌓여있는 연기된 식인데, 순환하여 지금 인식 주관인 육내입처를 구성하고 있는 식입니다. (SN 35.146-업의 소멸 경)은 '안(眼)은 이전의 업(業)이고 형성된 것, 의도된 것, 경험되는 것이라고 보아야 한다.(여섯에 반복)'라고 하는데, 이렇게 지난 삶의 결과로 머문 식의 무더기가 순환하여 육내입처의 자리에서 인식주관으로 작용하는 것을 말해줍니다. –「작의(manasikāra)」

그런데 (AN 8.83-뿌리 경)/(AN 10.58-뿌리 경)은 'chandamūlakā, āvuso, sabbe dhammā, manasikāra-sambhavā sabbe dhammā, phassasamudayā sabbe dhammā, vedanāsamosaraṇā sabbe dhammā 모든 법(法)들은 관심이 뿌리이고, 모든 법들은 작의(作意)에 의해 생기고, 모든 법들은 촉(觸)에서 자라나고, 모든 법들은 수(受)로 합류한다.'라고 해서 작의 즉 인식작용의 뿌리에 관심이 있다는 것을 알려줍니다.

> 관심(chanda)은 행위의 순환(작은 순환고리)이어서 인식작용에 행위가 참여하는 것을 알 수 있는데, 탐-진-치를 싣고 와서 인식의 질적 요소로 참여하는 공동주관입니다(欲貪-chandarāga). 그래서 인식은 두 개의 공동주관이 한 개의 객관을 인식하는 구조입니다.

이렇게 행위가 인식에 참여하는 구조는 여러 개의 경에서 발견됩니다.

• (SN 22.47-관찰 경) – '나는 있다!'가 사라지지 않을 때 눈의 기능, 귀의 기능, 코의 기능, 혀의 기능, 몸의 기능이라는 다섯 가지 기능의 참여가 있고, 비구들이여, 의가 있고, 법들이 있고, 무명의 요소가 있다.

몸의 기능과 의는 함께해서 육내입처이고, 몸의 기능이 참여할 때 대응하는 색성향미촉과 법은 함께해서 육외입처입니다. 이때, 무명의 요소는 욕탐(欲貪)인데, 지금 삶의 행위자인 심이 삶의 표면으로 올라오며 자라난 작용성입니다. 그래서 육내입처가 육외입처를 인식하는 자리에는 지금 삶의 행위자인 심의 작용이 욕탐이란 이름으로 질적 측면의 공동의 주관으로 참여하는 것을 알 수 있습니다. –「내입처와 외입처 = 삶의 골격, 욕탐 = 삶의 질적 측면」

• (SN 46.38-덮개와 장애 경) 등 – 비구들이여, 성스러운 제자가 골격을 만들고 작의하고 모든 심을 집중한 뒤에 귀 기울인 자로서 법을 들을 때 이 다섯 가지 장애는 없어진다. 그때 일곱 가지 각지는 닦아져 완성으로 나아 간다.

'작의(作意)하고 모든 심(心)을 집중'이 육내입처를 구성하는 의(意)(心-意-識의 意)와 지금 삶의 행위자로서의 심(心)을 지시합니다.

• (MN 28-코끼리 발자국 비유의 큰 경) – 안의 안(眼)이 망가지지 않았고 밖의 색(色)들이 영역에 들어오며, 이것에 속한 집중도 있을 때(이것들을 묶어주면), 이렇게 이것에 속하는 식의 부분이 출현한다

'집중 또는 묶어 줌'이 지금 삶의 행위자인 심의 참여를 설명합니다.

이렇게 인식작용은 주관-공동주관-객관의 관계로 진행되는데, 객관인 외입처를 알고(識=분별 앎), 경험합니다(受). 주관인 식에서 '①체 : 삶의 과정에 대한 앎'과 외입처를 연하여 알고, '②속성 : 의도-기대'와 외입처와 식(識=분별 앎)의 만남을 통해 외입처를 락-고-불고불락의 느낌으로 경험합니다. ⇒ '식의 머묾 ; 머문 식의 이중적 작용' 참조(499쪽)

이때, 공동주관 즉 관심은 싣고 온 탐-진-치에 의해 주관과 객관을 왜곡하는데, 비여리작의(사실에 어긋난 작의)와 상(相-nimitta)입니다. 그리고 이렇게 인식작용에 질적 요소로 참여하는 공동주관인 욕탐(欲貪) 또는 지금 삶의 행위자인 심(心)의 제어는 삶의 질적 제고를 위한 사념처(四念處) 수행의 본질입니다.

• 욕탐에 의해 내입처가 사실에 어긋나게 작의함 = 비여리작의
• 욕탐에 의해 왜곡된 외입처 = 상(相-nimitta)
→ 2중으로 왜곡된 식과 수가 생김 = 씨앗 식과 수의 2중 왜곡

2. 한편, (MN 43-교리 문답의 큰 경)도 식을 정의합니다. –「"도반이여, '식, 식'이라고 불립니다. 어떤 점에서, 도반이여, 식이라고 불립니까?" "'인식한다(분별해 안다), 인식한다'라고 해서, 도반이여, 식이라고 불립니다. 무엇을 분별해 압니까? 락이라고도 분별해 알고, 고라고도 분별해 알고, 불고불락이라고도 분별해 압니다. '분별해 안다, 분별해 안다'라고 해서, 도반이여, 식이라고 불립니다."」

이때, 인식되는 것은 락-고-불고불락의 수입니다. 그렇다면 여기서 인식하는 식은 내입처가 아니라 내입처와 외입처를 연하여 생겨난 식(분별 앎-씨앗 식)입니다. 그래서 인식은 ①내입처와 외입처의 인식에서 알고 경험하는 것으로의 ②식과 수 간의 인식으로 이어지는 것을 알 수 있습니다.

또한, 경은 함께 아는 역할자 즉 공동주관으로의 상(想)도 정의합니다. – "도반이여, '상(想), 상'이라고 불립니다. 어떤 점에서, 도반이여, 상이라고 불립니까?" "'함께 안다(想한다), 함께 안다'라고 해서, 도반이여, 상이라고 불립니다('sañjānāti sañjānātī'ti kho, āvuso, tasmā saññāti vuccati). 무엇을 함께 압니까? 파란색을 함께 알기도 하고, 노란색을 함께 알기도 하고, 빨간색을 함께 알기도 하고, 하얀색을 함께 알기도 합니다. 도반이여, 함께 안다고 해서 상이라고 불립니다."

예를 들면, 파란색이나 노란색을 넣은 안경을 끼고 세상을 보는 경우로의 상을 정의하는데, 이어서 「"도반이여, 수와 상과 식 – 이 법들은 연결된 것입니까 아니면 분리된 것입니까? 이 법들을 구별하고 구별하여 차이점을 선언하는 것이 가능합니까?" "도반이여, 수와 상과 식 – 이 법들은 연결된 것이고, 분리된 것이 아닙니다. 이 법들을 구별하고 구별하여 차이점을 선언하는 것은 가능하지 않습니다. 참으로 도반이여, 경험한 것을 함께 알고, 함께 안 것을 분별해 압니다. 그래서 이 법들은 연결된 것이고, 분리된 것이 아닙니다. 이 법들을 구별하고 구별하여 차이점을 선언하는 것은 가능하지 않습니다."」라고 하여 식과 수 그리고 상이 한 자리에서 작용하는 것을 설명합니다.

그래서 씨앗 식이 수를 인식하는 자리에는 삶의 과정에서 누적된 경향인 상이 공동주관으로 참여하는 것을 확인할 수 있는데, 중생에게는 색을 넣은 안경을 끼고 세상을 보는 것과 같아서 결점이 있는 상태 또는 전도된 상태입니다. 전술했듯이, 상은 번뇌(漏-āsava) 또는 잠재성향 (anusaya)과 같은 것입니다. 유위의 행위에서 행위의 재현을 위해 잠재하는 것이므로 잠재성향이고, 함께 아는 역할을 하는 것이라는 관점에서 상(想)이며, 전도된 상태로 인식에 참여하는 작용성의 관점에서 번뇌입니다. 그래서 이런 상이 어떤 질을 가졌는지가 삶의 질을 결정합니다. ⇒「상(想)의 진정 : 초선~무소유처 – 상의 증득으로 얻는 경지(올라가는 수행)」

깨달음은 번뇌의 부서짐(漏盡)이나 잠재성향의 뿌리 뽑힘으로 정의되는데, 이런 번뇌의 부서짐(작용성의 해소)이고, 이런 잠재성향의 뿌리뽑힘(유위의 행위의 제어)입니다. 유위 즉 중생의 속성을 가지고 잠재된 전도된 상(想)의 치유(healing의 완성)입니다.

그래서 수행은 번뇌가 부서져 애가 멸함으로써 잠재성향이 뿌리 뽑힘 즉 딴하(愛의 형성 과정)의 영역을 넘어섬으로써 완성되는 것입니다. 그리고 이렇게 두 번째 인식작용에 공동주관으로 참여하는 상(想)의 치유(결점 또는 전도의 해소)는 사마타와 위빳사나 수행의 본질입니다.

3. 이렇게 두 번의 인식작용 모두에서 공동주관의 제어가 수행의 본질로 설명된다는 것은 특별한 관점이라고 하겠는데, 공동주관이 삶의 질을 결정한다는 점에서 타당합니다. ⇒ (427쪽) (MN 152-기능수행 경) 참조

여기서 첫 번째 인식작용은 '1차 인식' 그리고 두 번째 인식작용은 '2차 인식'이라고 이름 붙였습니 다. 이때, 1차 인식은 세상을 만나는 과정에서 씨앗 식과 수를 생기게 해서(대상을 알고, 경험함) 삶을 2차 인식으로 연결합니다. 그러면 2차 인식은 어떤 일을 하는 것입니까?

(SN 12.2-분석 경)과 (MN 44-교리문답의 작은 경) 등은 연기의 두 번째 지분인 행들을 신행(身行-몸을 형성하는 작용)과 구행(口行-말을 형성하는 작용)과 심행(心行-심을 형성하는 작용)으로 구분한 뒤에 신행은 들숨-날숨, 구행은 위딱까와 위짜라, 심행은 상과 수라고 설명합니다.

"katame ca, bhikkhave, saṅkhārā? tayome, bhikkhave, saṅkhārā – kāyasaṅkhāro, vacīsaṅkhāro, cittasaṅkhāro. ime vuccanti, bhikkhave, saṅkhārā.

비구들이여, 무엇이 행들인가? 비구들이여, 이런 세 가지 행들이 있다. – 신행, 구행, 심행. 비구들이여, 이것이 행들이라고 불린다.(SN 12.2-분석 경)

"katamo panāyye, kāyasaṅkhāro, katamo vacīsaṅkhāro, katamo cittasaṅkhāro"ti? "assāsapassāsā kho, āvuso visākha, kāyasaṅkhāro, vitakkavicārā vacīsaṅkhāro, saññā ca vedanā ca cittasaṅkhāro"ti.

"그러면, 스님, 무엇이 신행이고, 무엇이 구행이고, 무엇이 심행입니까?" "도반 위사카여, 들숨-날숨이 신행이고, 위딱까-위짜라가 구행이고, 상과 수가 심행입니다."(MN 44-교리문답의 작은 경)

이렇게 상과 수는 심행 즉 심을 형성하는 작용입니다. 식이 주관이 되어 상과 수의 과정 즉 공동주관인 상과 함께 객관인 수를 인식하는 이 과정은 1차 인식에서 외입처를 분별한 씨앗 식(분별 앎)이 인식의 과정을 통해 탐(가치 앎)으로 커져서 심(분별 앎+가치 앎=앎)이 되는 과정을 설명해줍니다(들어가는 글 Ⅱ. [2] 전통과 진정의 분기점 참조 49쪽). 2차 인식은 이렇게 심을 생기게 해서 행위로 연결됩니다. 1차 인식에서 세상을 만나 인식한 뒤 2차 인식에서 세상에게 행위 하기 위해 행위자를 만드는 것입니다.

또한, 식(분별 앎)이 상과 수의 과정에서 탐(가치 앎)으로 커져서 생겨난 심은 기뻐하고 드러내고 묶여 머무는 행위(sārāga-친밀)를 통해 소망(nandi)을 생겨나게 합니다. 그리고 탐과 소망이 함께한 것은 애(taṇhā - nandi-rāga-sahagatā)인데, 붙잡는 성질(ālaya-잡기)을 가집니다.

1차 인식이 외입처를 ①알고(識) 경험(受)하는 2단계의 결과를 생겨나게 하듯이, 2차 인식도 수를 ①알고(貪 → 心) ②소망하는(소망 → 愛) 2단계의 결과를 생겨나게 합니다. 그리고 심은 행위의 과정을 진행합니다(「제6부 제1장 제2절 Ⅰ. 8. 인식의 메커니즘」(489쪽) 참조).

• 왜곡된 수 = 심상(心相-cittassa nimitta) → 전도된 상(想-saññā)에 의해 2차적 왜곡 → 전도된 심

4. 1차 인식이 삶을 2차 인식으로 연결한다고 하였지만, 그것에 우선하여 세상을 경험하는 것이 1차 인식의 중심된 의미라고 보아야 합니다. 세상을 락(樂)-고(苦)로 경험하는 것인데, 불교의 최상위 개념이 고(苦)와 고멸(苦滅)이기 때문입니다. 그래서 1차 인식의 제어 즉 욕탐 또는 자기화의 제어를 통해 관심이 탐-진-치를 싣고 오지 않게 함으로써 고멸 즉 락을 경험하는 것이 불교의 지향입니다. 이때, 2차 인식은 욕탐을 통해 1차 인식에 참여해 알고 경험하는 과정의 질을 결정합니다. 결국 인식의 귀결은 1차 인식에서 고멸을 경험하는 것입니다.

; 욕탐의 제어(사념처 → 여실지견)의 완성 또는 자기화를 뿌리뽑음 = 번뇌의 부서짐에 의해 무명이 버려지고 명이 생김(사마타-위빳사나 → 해탈지견)

(SN 36.6-화살 경)은 느낌을 몸에 속한 느낌과 심(心)에 속한 느낌으로 구분하면서 두번째 화살을 이어 맞지 말 것을 말합니다. 몸에 속한 느낌은 살아있는 한 피할 수 없지만(첫 번째 화살), 심에 속한 느낌은 욕탐의 제어(사념처)와 번뇌의 부서짐(사마타-위빳사나)을 통해 완전히 피할 수 있는데 이것이 두번째 화살을 맞지 않는 비유로의 깨달음입니다.

그래서 (MN 121-공(空-텅 빔)의 작은 경)은 깨달음의 경지(아라한)에 대해 「그는 '욕루(慾漏)에 속한 상(想)은 비어있다.'라고 분명히 알고, '유루(有漏)에 속한 상(想)은 비어있다.'라고 분명히 알고, '무명루(無明漏)에 속한 상(想)은 비어있다.'라고 분명히 안다. 이렇게 그는 거기에 없는 것에 의해 그것의 공(空-비어있음)을 관찰하고, '그러나 생명을 조건으로 이 몸을 연한 육처(六處)에 속한 것만은 비어있지 않다.'라고 거기에 남아있는 것을 '존재하는 이것은 있다.'라고 분명히 안다.」라고 설명합니다.

Ⅳ. 식(識)에 대한 이해의 확장 – 2. 심(心)-의(意)-식(識)

이렇게 오온 가운데 마음 즉 식은 인식하는 것입니다. 그런데 삶은 인식만으로 구성되지는 않습니다. 그래서 마음을 인식의 범주 안에서 제한적으로 이해해서는 안 됩니다. 그렇다면 삶은 인식 외에 또 무엇으로 구성됩니까? 행위입니다. 「삶의 메커니즘」에서도 알아보았지만, 삶은 인식과 행위로 구성된 순환 구조 위에서 전개됩니다. 그렇다면 마음도 인식의 측면에 더해 행위의 측면에서도 설명되어야 할 것입니다.

[1] (DN 1.7-범망경, 일부 영속 일부 비영속을 말하는 자)과 (SN 12.61-배우지 못한 자 경)의 비교 –「심(心)-의(意)-식(識)이라는 세 가지 이름」

1. 'itipi(~라고도)'와 '~ti vā(~라거나)'의 형태의 차별된 이해

(SN 12.61-배우지 못한 자 경) 등은 「etaṃ vuccati cittaṃ itipi, mano itipi, viññāṇaṃ itipi 심(心)이라고도 의(意)라고도 식(識)이라고도 불리는 그것」을 말합니다. 몸과 대응하는 것으로의 마음에 대해 심이라고도 의라고도 식이라고도 불린다는 설명인데, 심과 의와 식의 세 가지 이름으로 마음을 지시한다는 것을 알 수 있습니다.

그러면 심과 의와 식은 무엇입니까? ①이름처럼 서로 다른 것인가요, ②이름은 다르지만 하나의 이것을 지시하는 같은 것인가요, ③아니면 둘 다 아닌 제3의 개념인가요?

우선 문장의 구조로써 보면, 몸에 대해 설명하는 앞의 문장에 이어 마음을 지시하는 이것에 대해 'itipi (~라고도)'로 연결하기 때문에 이 세 가지가 다른 것을 의미한다고 보지는 않아야 합니다. 그러면 이 질문은 두 가지로 압축됩니다. ①이름은 다르지만 하나의 이것을 지시하는 같은 것인가요, 아니면 ②하나의 이것을 지시하기는 하지만 몸과의 대응의 차별에 따라 이 세 가지도 차별된 의미를 지시하는 것인가요?

아마도 ①의 해석은 우빠니샤드적으로 정의되는 아(我)인 마음이 삶의 과정 즉 인식도 하고 행위도 하는데 이름만 다양하다는 이해인 것으로 생각됩니다. (DN 1.7-범망경, 일부 영속 일부 비영속을 말하는 자)에서 어떤 사문-바라문들은

> 'yaṃ kho idaṃ vuccati cakkhuṃ itipi sotaṃ itipi ghānaṃ itipi jivhā itipi kāyo itipi, ayaṃ attā anicco addhuvo asassato vipariṇāmadhammo. yañca kho idaṃ vuccati cittanti vā manoti vā viññāṇanti vā ayaṃ attā nicco dhuvo sassato avipariṇāmadhammo sassatisamaṃ tatheva ṭhassatī'ti
>
> '안(眼)이라고도, 이(耳)라고도, 비(鼻)라고도, 설(舌)이라고도, 신(身)이라고도 불리는 이 아(我)는 무상(無常)하고, 안정되지 않고, 영원하지 않고, 변하는 존재이다. 그러나 심(心)이라거나, 의(意)라거나, 식(識)이라고 불리는 이 아(我)는 상(常)하고, 안정되고, 영원하고, 변하지 않는 존재이고, 영원히 그렇게 서 있다.'

라고 말합니다. 안-이-비-설-신은 'itipi(~라고도)'로 연결하여 몸과 관련한 어떤 범주에서의 차별성(*)을 나타낸다면, 심-의-식은 '~ti vā(~라거나)'의 형태로 연결하는데 어떤 것에 대한 차별성이 배제된, 동질성을 가진 다른 이름이라고 해석할 수 있기 때문입니다.

(*) 안(眼)-색(色)들, 이(耳)-성(聲)들, 비(鼻)-향(香)들, 설(舌)-미(味)들, 신(身)-촉(觸)들 – 몸과 관련된 공동의 범주 그러나 개별적인 영역 → 몸이라는 동질성 위에서의 차별성

반면에 (SN 12.61-배우지 못한 자 경)의 cittaṃ itipi, mano itipi, viññāṇaṃ itipi는 (DN 1.7-범망경, 일부 영속 일부 비영속을 말하는 자)의 안-이-비-설-신과 같은 형태로 연결되어 있는데, 그렇다면, 삶의 범주에서 마음이 가지는 동질성 위에서의 차별성을 나타낸다고 이해할 수 있습니다.

한편, (DN 1.7-범망경, 일부 영속 일부 비영속을 말하는 자)에 의하면, 불교 밖에서도 마음은 심-의-식의 세 가지 이름으로 불리고 있었다는 것을 알 수 있습니다. 다만, 무아(無我)에 접근하지 못했기 때문에 아(我)라고 설명되는 차이를 볼 수 있습니다. 그리고 아(我)이면서도 안-이-비-설-신의 아와 심-의-식의 아는 서로 다른 성질을 가지고 있다는 점도 주목할 수 있는데, ①무상하고 안정되지 않고 영원하지 않고 변하는 것과 ②상하고 안정되고 영원하고 변하지 않는 것이어서 언제까지나 사실 그대로 머무는 것입니다(258쪽 참조). 몸과 연관된 어떤 상태와 마음의 차별에서 마음에 더 중심을 둔 관점을 분명히 보여주고 있습니다. 물론, 이 경우는 (DN 1-범망경)이 소개하는 62가지 삿된 견해에 속하는 한 가지 견해일 뿐이어서 외도의 견해를 대표하는 것은 아닙니다.

반면에 (SN 12.61-배우지 못한 자 경)은 이 경우와는 반대되는 설명을 합니다. 몸도 마음도 모두 무아이지만, 무아에 접근하지 못하는 배우지 못한 범부라면 심을 아의 관점에서 접근하는 것보다 차라리 사대로 구성된 이 몸을 아의 관점에서 접근하는 것이 낫다고 말하는데, ①오랫동안 마음에 집착된 현실에 대한 경계의 측면과 ②마음이 몸보다 훨씬 더 무상하고 안정되지 않고 영원하지 않고 변하는 것이라는 측면의 설명입니다. 물론, 잘 배운 성스러운 제자는 연기를 사실에 들어맞게 잘 사고해서 깨달음으로 이끌리게 됩니다.

「비구들이여, 배우지 못한 범부는 사대로 구성된 이 몸에 대해 염오하려고도 하고, 이탐하려고도 하고, 해탈하려고도 할 것이다. 그 원인은 무엇인가? 비구들이여, 사대로 구성된 이 몸에게는 쌓임도 감소도 붙잡음도 놓음도 있다. 그래서 거기서 배우지 못한 범부는 염오하려고도 하고, 이탐하려고도 하고, 해탈하려고도 할 것이다.

그러나 비구들이여, 심이라고도 의라고도 식이라고도 불리는 그것에 대해 배우지 못한 범부는 잘 염오하지 못하고, 잘 이탐하지 못하고, 잘 해탈하지 못한다(yañca kho etaṃ, bhikkhave, vuccati cittaṃ itipi, mano itipi, viññāṇaṃ itipi, tatrāssutavā puthujjano nālaṃ nibbindituṃ nālaṃ virajjituṃ nālaṃ vimuccituṃ). 그 원인은 무엇인가? 비구들이여, 배우지 못한 범부에게 오랜 기간 이것은 '이것은 나의 것이고, 이것은 나고, 이것은 나의 아다.'라는 묶임이고, 중요하게 지켜온 것이고, 집착된 것이다. 그래서 거기서 배우지 못한 범부는 잘 염오하지 못하고, 잘 이탐하지 못하고, 잘 해탈하지 못한다.

비구들이여, 배우지 못한 범부는 심을 아의 관점에서 접근하는 것보다 사대로 구성된 이 몸을 아의 관점에서 접근하는 것이 더 낫다. 그 원인은 무엇인가? 비구들이여, 사대로 구성된 이 몸은 1년을 지속되는 것으로도, 2년을 지속되는 것으로도, 3년을 지속되는 것으로도, 4년을 지속되는 것으로도, 5년을 지속되는 것으로도, 10년을 지속되는 것으로도, 20년을 지속되는 것으로도, 30년을 지속되는 것으로도, 40년을 지속되는 것으로도, 50년을 지속되는 것으로도, 100년을 지속되는 것으로도, 그 이상을 지속되는 것으로도 보인다.

그러나 비구들이여, 심이라고 의라고도 식이라고도 불리는 그것은 밤 동안에 다른 것이 생기고 다른 것이 소멸한다(*). 또한, 낮 동안에 다른 것이 생기고 다른 것이 소멸한다. 예를 들면, 비구들이여, 큰 숲에서 돌아다니는 원숭이가 가지를 잡는다. 그것을 놓으면서 다른 것을 잡는다. 그것을 놓으면서 다른 것을 잡는다.

이처럼, 비구들이여, 심이라고 의라고도 식이라고도 불리는 그것은 밤 동안에 다른 것이 생기고 다른 것이 소멸한다. 또한, 낮 동안에 다른 것이 생기고 다른 것이 소멸한다.

거기서, 비구들이여, 잘 배운 성스러운 제자는 연기를 사실에 들어맞게 잘 사고한다. – '이렇게 이것이 있을 때 이것이 있다. 이것이 생길 때 이것이 생긴다. 이것이 없을 때 이것이 없다. 이것이 소멸할 때 이것이 소멸한다. 즉 – 무명을 조건으로 행들이, 행들을 조건으로 식이 … 이렇게 이 모든 괴로움 무더기가 자라난다. 그러나 무명이 남김없이 바래어 소멸할 때 행들이 소멸하고, 행들이 소멸할 때 식이 소멸하고, 식이 소멸할 때 명색이 소멸하고 … 이렇게 이 모든 괴로움 무더기가 소멸한다."라고.

비구들이여, 이렇게 보는 잘 배운 성스러운 제자는 색에 대해서도 염오하고, 수에 대해서도 염오하고, 상에 대해서도 염오하고, 행들에 대해서도 염오하고, 식에 대해서도 염오한다. 염오하는 자는 이탐한다. 이탐으로부터 해탈한다. 해탈했을 때 '나는 해탈했다.'라는 앎이 있다. '태어남은 다했다. 범행은 완성되었다. 해야 할 일을 했다. 다음에는 현재 상태[유(有)]가 되지 않는다.'라고 분명히 안다.」

(*) 「심(心)처럼, 이렇게 빨리 변하는 다른 어떤 법도, 비구들이여, 나는 보지 못한다. 비구들이여, 심(心)이 빨리 변하는 것 만큼에 대해서는 어떤 비유로도 그만큼은 쉽지 않다.」(AN 1.41-50-잘못된 지향 품)48.

그렇다면 (DN 1.7-범망경, 일부 영속 일부 비영속을 말하는 자)의 사문-바라문들은 안-이-비-설-신의 개별성과는 다르게 심과 의와 식을 같은 것에 대한 다른 이름으로 보았다고 이해해야 합니다. '심이라거나 의라거나 식이라고 불리는 이 아'와 상대되는 것으로 '안이라고도 이라고도 비라고도 설이라고도 신이라고도 불리는 이 아'를 말하는데, 일반적으로 말하는 마음과 몸입니다. 몸을 구성하는 안~신의 차별성을 'itipi(~라고도)'로 나타내는 것과는 다르게, 마음을 지시하는 심-의-식은 '~ti vā(~라거나)'의 표현으로 차별성이 배제된 동일한 것에 대한 다른 이름인 것으로 이해한 것입니다. 이런 이해 위에서 안~신은 무상하고 안정되지 않고 영원하지 않고 변하는 개별의 것인데 비해, 심과 의와 식은 상하고 안정되고 영원하고 변하지 않는 것, 언제까지나 사실 그대로 머무는 것으로의 하나라고 이해하였다는 것입니다.

그런데 몸의 영역을 구성하는 것들의 개별성을 인정하는 부처님은 심과 의와 식에 대한 'itipi(~라고도)'라는 표현을 통해 마음의 범주를 구성하는 것들에 대해서도 개별성을 가진 것으로 보았다고 이해할 수 있습니다. 그리고 그 개별적인 것들이 모두 무상하고 안정되지 않고 영원하지 않고 변하는 것이라는 이해에서 그들과 차별되는 것을 알 수 있습니다.

삶에 대한 구체적 이해 위에서 부처님은 몸의 영역을 구성하는 것들로 안근-이근-비근-설근-신근의 오근(五根)을 말합니다. 이것은 안-이-비-설-신과는 다른 것인데, 인식 과정에서 세상 즉 색-성-향-미-촉에 대한 접점(센서)으로의 역할이라는 조건에 의해서 배분된 몸입니다. 그리고 몸과 상대되는 것으로의 마음의 영역을 구성하는 것들로서 심과 의와 식이 말해지는 것인데, 어떤 조건들에 의해서 배분된 마음이라고 해야 합니다.

심-의-식의 이해는 바로 이런 조건들에 의한 배분의 측면을 설명하는 것이라고 할 수 있습니다. 즉 조건들에 의한 배분의 측면에서 심-의-식의 개별성 즉 각각의 차이를 드러내는 것입니다.

2. '오랫동안 나는 이 심(心)에 의해 속고 기만당하고 부추겨졌다.' – (MN 75-마간디야 경)

심이라고도 의라고도 식이라고도 불리는 그것은 이렇게 무상하고 안정되지 않고 영원하지 않고 변하는 것(無我)인데, 사람들은 (그 변화를 보지 못해서) 상하고 안정되고 영원하고 변하지 않는 것, 언제까지나 사실 그대로 머무는 것(我)이라고 오해합니다. 말하자면, 오랫동안 이것에게 속고 있는 것입니다. 그래서 윤회하며 괴로운 삶을 살아가고 있습니다. 부처님은 바로 이 점을 일깨워 줍니다. 그러니 속으면 안 됩니다.

(MN 75-마간디야 경)에서 부처님은 마간디야 유행승과의 대화를 통해 눈먼 사람의 비유로써 '중생들이 오랫동안 심에 의해 속고 기만당하고 부추겨졌다(dīgharattaṃ vata, bho, ahaṃ iminā cittena nikato vañcito paluddho)'는 사실을 알려줍니다. 그리고 열반으로 이끄는 법을 실천할 때 눈 가진 자가 된다고 설명합니다.

"예를 들면, 마간디야여, 태어날 때부터 눈먼 사람이 있습니다. 그는 검고 흰 모습들을 볼 수 없고, 파란 모습들을 볼 수 없고, 노란 모습들을 볼 수 없고, 붉은 모습들을 볼 수 없고, 진홍색 모습들을 볼 수 없고, 고르고 울퉁불퉁한 것을 볼 수 없고, 별의 형상을 볼 수 없고, 달과 해를 볼 수 없습니다. 그는 눈 있는 사람으로부터 '벗들이여, 솜씨 있게 만든 흰옷은 멋지고 깨끗하고 좋습니다.'라고 말하는 것을 들을 것입니다. 그는 흰옷을 찾아다닐 것입니다. 그런 그를 어떤 사람이 기름때가 묻은 옷으로 '벗이여, 이것이 그대를 위해 솜씨 있게 만든 멋지고 깨끗하고 좋은 흰옷입니다.'라고 속일 것입니다. 그는 그것을 받을 것입니다. 받은 뒤에 입을 것입니다. 그의 친구나 동료나 일가친척들이 외과 의사에게 진료를 맡길 것입니다. 그 외과 의사는 그에게 토사제와 하제와 세안제와 연고와 코 치료제 등 약을 처방할 것입니다. 그는 그 약을 사용한 뒤에 눈을 만들 것이고, 눈을 깨끗이 할 것입니다. 눈이 생긴 그에게 그 기름때가 묻은 옷에 대한 욕탐(欲貪)이 버려질 것입니다. 그런 그 사람에게 적대감이 생기고, 적의가 생길 것입니다. 심지어 '벗들이여, 오랫동안 이 사람은 나를 '벗이여, 이것이 그대를 위해 솜씨 있게 만든 멋지고 깨끗하고 좋은 흰옷입니다.'라고 기름때가 묻은 옷으로 속이고 기만하고 부추겼다.'라면서 생명을 빼앗아야 한다고 생각할 것입니다. 이처럼, 마간디야여, 내가 '이것이 그 병 없음이고, 이것이 그 열반입니다.'라고 법을 설한다면, 그대는 병 없음을 알 수 있고, 열반을 볼 수 있을 것입니다. 그렇게 눈이 생긴 그대에게 오취온에 대한 욕탐이 버려질 것입니다. 또한, 그대는 '벗들이여, 오랫동안 나는 이 심(心)에 의해 속고 기만당하고 부추겨졌다. 단지 색을 집착하는 자로서 나는 집착하였고, 단지 수를 집착하는 자로서 나는 집착하였고, 단지 상을 집착하는 자로서 나는 집착하였고, 단지 행들을 집착하는 자로서 나는 집착하였고, 단지 식을 집착하는 자로서 나는 집착하였다. 그런 나에게 집착(取)을 조건으로 존재(有)가 있고, 존재를 조건으로 태어남(生)이 있고, 태어남을 조건으로 늙음-죽음(老死)과 슬픔-비탄-고통-고뇌-절망(愁悲苦憂惱)이 생긴다. 이렇게 이 모든 괴로움 무더기(苦蘊)가 자라난다.'라고 생각할 것입니다."

"고따마 존자시여, 저에게 '고따마 존자는 내가 병 없음을 알 수 있고 열반을 볼 수 있는 그런 법을 나에게 설할 수 있다.'라는 이런 믿음이 있습니다."

"그렇다면, 마간디야여, 그대는 고결한 사람들을 따라야 합니다. 마간디야여, 그대가 고결한 사람들을 따를 때, 마간디야여, 그대는 바른 법을 들을 것입니다. 마간디야여, 그대가 바른 법을 들을 때, 마간디야여, 그대는 가르침에 일치하는 법을 실천할 것입니다. 마간디야여, 그대가 가르침에 일치하는 법을 실천할 때, 마간디야여, 그대는 스스로 알고, 스스로 볼 것입니다. – '이런 아픔들과 종기들과 화살들이 있다. 이 아픔들과 종기들과 화살들은 남김없이 소멸한다. 그런 나에게 집착이 소멸할 때 존재가 소멸하고, 존재가 소멸할 때 태어남이 소멸하고, 태어남이 소멸할 때 늙음-죽음과 슬픔-비탄-고통-고뇌-절망이 소멸한다. 이렇게 이 모든 괴로움 무더기가 소멸한다.'라고."

[2] 청정도론(淸淨道論)과 상윳따 니까야 주석서의 관점

1. 청정도론(淸淨道論)의 해석

그런데 청정도론(淸淨道論)은 이 주제에 대해

viññāṇaṃ cittaṃ manoti atthato ekaṃ. 식(識)과 심(心)과 의(意)라는 것은 의미로부터는 하나이다.

라고 해설합니다.

「yaṃ kiñci vijānanalakkhaṇaṃ, sabbaṃ taṃ ekato katvā viññāṇakkhandho veditabboti hi vuttaṃ. kiñca vijānanalakkhaṇaṃ viññāṇaṃ? yathāha "vijānāti vijānātīti kho, āvuso, tasmā viññāṇanti vuccatī"ti. viññāṇaṃ cittaṃ manoti atthato ekaṃ. tadetaṃ vijānanalakkhaṇena sabhāvato ekavidhampi jātivasena tividhaṃ kusalaṃ, akusalaṃ, abyākatañca.

Visuddhimagga[청정도론(淸淨道論)],14. khandhaniddeso, viññāṇakkhandhakathā

인식의 특성을 가지는 것은 무엇이든지 모두 한 가지로 만들어진 뒤에 식온(識蘊)으로 알려져야 한다고 말해졌다. 무엇이 인식의 특성을 가지는 식(識)인가? "도반이여, '인식한다. 인식한다.'라고 해서 식이라고 불린다."라고 말해졌다. 식과 심과 의라는 것은 의미로부터는 하나이다. 그런 이것은 인식의 특성을 가지는 것에 의해 성품으로부터 한 종류이고, 생겨남의 영향에 의해 유익한 것과 무익한 것 그리고 무기(無記)인 것의 삼중으로 되어있다.」

세 가지는 모두 같은 것이고 그 상태가 유익-무익-무기의 셋으로 분류된다는 것입니다. 그런데 여기서 'viññāṇaṃ cittaṃ manoti'라는 표현은 주목해야 합니다. 이 표현은 문법적으로 'viññāṇanti vā cittanti vā manoti vā'와 같은데, (DN 1.7-일부 영속 일부 비영속을 말하는 자)의 'cittanti vā manoti vā viññāṇanti vā'에 해당하지, (SN 12.61-배우지 못한 자 경)의 'cittaṃ itipi, mano itipi, viññāṇaṃ itipi'를 의미하지 않는다는 점입니다. 그래서 청정도론의 이 해석은, (SN 12.61-배우지 못한 자 경)에 따라, 조건들에 의한 배분의 측면에서 심-의-식의 개별성 즉 각각의 차이를 드러내지 못합니다(동질성 위에 차별성). 그래서 바른 해석이 아닙니다. 오히려 (DN 1.7-범망경, 일부 영속 일부 비영속을 말하는 자)에 따른 같은 것에 대한 다른 이름으로의 해석에 해당됩니다.

;「붇다고사 스님의 밖에서 부처님에게 접근하는 이유」 참조 ⇒ 54쪽

2. 상윳따 니까야 주석서의 해석

한편, 상윳따 니까야 주석서는 이 주제에 대해

「cittantiādi sabbaṃ manāyatanasseva nāmaṃ 심(心) 등은 모두 오직 의처(意處)의 이름이다.」

라고 주석합니다.

「cittantiādi sabbaṃ manāyatanasseva nāmaṃ. tañhi cittavatthutāya cittagocaratāya sampayutta-dhammacittatāya ca cittaṃ, mananaṭṭhena mano, vijānanaṭṭhena viññāṇanti vuccati.

Saṃyutta Nikāya, nidānavagga-aṭṭhakathā[인연품 주석서], 1. nidānasaṃyuttaṃ, 7. mahāvaggo, 1. assutavāsuttavaṇṇanā

심이라는 것 등은 모두 오직 의처의 이름이다. 그것은 심의 의미, 심의 영역, 심과 연결된 법들에 의해서 심이고, 의의 의미에 의해서 의고, 식의 의미에 의해서 식이라고 불린다.」

이 세 가지 모두 의처(意處)의 다른 이름이라는 것입니다. 의처라는 하나의 법이 상황에 따라서 심으로도 의로도 식으로도 불린다는 것입니다. 그러나 앞에서 알아보았지만, 의처는 세상과 대응한 식의 배분에 의한 의식과 의근이 함께한 것이고, 안-이-비-설-신-의의 의입니다. 심-의-식의 의를 구성하는 일부여서 단지 색-성-향-미-촉-법 가운데 법에 대한 인식주관일 뿐입니다. 의를 구성하는 일부일 뿐인 의처를 본체로 간주하여 심-의-식의 이름을 붙인다는 것은 인식 과정에 대한 이해 부족에서 초래된 잘못된 해석입니다.

「Ⅲ. [7] 식(識)의 역할 – 분별해서 앎」에서 연결

(MN 152-기능수행 경)은 행하지 않음이 아니라 최선의 행위로 완성하는 불교를 보여주는데, 성자의 율에서의 위없는 기능수행 그리고 유학의 실천과 기능을 닦은 성자를 설합니다.

빠라시위야 바라문은 제자들에게 보지 않고 듣지 않는 것으로 기능 수행을 가르칩니다. 부처님은 그렇다면 장님과 귀머거리는 보지 않고 듣지 않으므로 기능 수행을 닦은 자일 것이라고 지적하면서 성자의 율에서의 기능 수행을 설명합니다.

성자의 율(律)에서의 기능수행은 1차 인식 과정에서 생겨나는 마음에 드는 것과 마음에 들지 않는 것과 마음에 들기도 하고 마음에 들지 않기도 한 것을 빠르게 소멸하고 평정을 확립하는 것인데, 보지 않고 듣지 않는 것이 아니라 보고 듣는 가운데 본 것과 들은 것에 의해 흔들리지 않는 것입니다.

이런 기능 수행에서 유학(有學)의 실천은 생겨난 마음에 드는 것과 생겨난 마음에 들지 않는 것과 생겨난 마음에 들기도 하고 마음에 들지 않기도 한 것 때문에 걱정하고 부끄러워하고 싫어하는 것인데, 염오입니다.

그리고 기능을 닦은 성자는 상(想)의 제어를 완성하는 것인데, 2차 인식의 공동주관에 대한 지배력을 갖는 것입니다.

[3] '심(心)이라고도 의(意)라고도 식(識)이라고도 불리는 그것'이라는 문장의 의미

; 근본경전연구회의 첫 번째 비유 – H_2O의 비유

이런 설명 위에 심-의-식에 대해서는 몇 가지 측면의 검토가 필요한데, 우선 '심이라고도 의라고도 식이라고도 불리는 그것'이라는 문장의 의미입니다.

이 문장은 일반화하면 'A라고도 B라고도 C라고도 불리는 그것'입니다. 그리고 'A라고도 B라고도 C라고도 불리는 그것'은 A=B=C를 의미하는 표현입니다. 그것에게 세 가지 이름이 있어서 셋 중 어떤 것으로 부르던 모두 같은 그것을 지칭하는 것입니다. 예를 들면 '친구라고도 벗이라고도 동무라고도 불리는 그 사람들'입니다. 둘 이상의 그 사람들은 친구라 부르든 벗이라 부르든 동무라 부르든 모두 비슷한 또래로서 서로 친하게 사귀는 사람들을 의미하는 말인 것입니다.

마찬가지로 '심이라고도 의라고도 식이라고도 불리는 그것'이라고 하면 어떤 것이 심 또는 의 또는 식으로 불리는 상황을 말합니다. 그러므로 심과 의와 식이란 세 가지 단어는 그것이라는 어떤 것의 다른 이름일 뿐, 실체적으로는 '심=의=식'인 그것입니다. (DN 1.7-범망경, 일부 영속 일부 비영속을 말하는 자)와 청정도론이 세 가지를 모두 같은 것으로 해석하는 경우와 같다고 하겠습니다.

그런데 이런 구조의 문장이 꼭 그렇게 해석되어야만 하는 것은 아닐 수도 있습니다. 하나의 정체성을 가지고 있지만, 조건에 따라서 다른 존재 상태를 나타내는 현상을 설명하는 경우에도 이런 표현이 가능하기 때문입니다.

예를 들어 보겠습니다. 산소 원자 한 개와 수소 원자 두 개가 결합한 것은 무엇입니까? 물입니까? 물이라고 대답하면 옳은 답입니까, 옳지 않은 답입니까?

물이라는 대답은 옳을 수도 있고 옳지 않을 수도 있습니다. 산소 원자 한 개와 수소 원자 두 개가 결합하면 상당 경우는 물이지만 상당 경우는 물이 아니기 때문입니다. 어떻게 그럴 수 있습니까?

물질은 압력과 부피와 온도에 따라 그 존재 상태가 결정됩니다. 화학적으로는 「PV=nRT」라는 식으로 나타냅니다. 이때, P는 압력, V는 부피, T는 온도입니다. 그래서 각각의 물질들이 가지는 고유한 값인 nR에 압력과 부피와 온도가 어떻게 제공되는지에 따라 그 존재 상태가 결정됩니다. 즉 압력과 부피와 온도를 조건으로 존재 상태가 결정되는 것입니다.

말하자면, 산소 원자 한 개와 수소 원자 두 개가 결합한 것은 압력과 부피와 온도가 어떤 값으로 작용하는지에 따라 얼음일 수도, 물일 수도, 수증기일 수도 있는 것입니다. 대표적으로 온도를 중심으로 말하면, 0℃ 이하에서 이것은 얼음으로 있고, 0℃~100℃에서는 물로 있으며, 100℃ 이상에서는 수증기로 있습니다.

이럴 때, '산소 원자 한 개와 수소 원자 두 개가 결합한 것은 무엇입니까?'라는 질문에 대한 옳은 답변은 '얼음일 수도, 물일 수도, 수증기일 수도 있습니다.'라고 할 것입니다. 그리고 이런 존재 상태를 다르게 표현하면, '얼음이라고도, 물이라고도, 수증기라고도 불리는 그것, H_2O!'가 됩니다.

그런데 '얼음이라고도, 물이라고도, 수증기라고도 불리는 그것, H_2O!'라는 표현이 '얼음=물= 수증기'를 의미하는

것입니까? 그렇지 않습니다. 만약 그렇게 이해하는 사람이 있다면 참으로 어리석은 사람이라고 할 것입니다. 얼음과 물과 수증기가 다른 것인 줄 알지 못하고 살아가는 어리석음입니다.

조건에 따른 현상적 존재 상태를 바르게 알지 못하면 관리-활용의 측면에서 문제가 생길 것입니다. 예를 들면, 얼음이 필요한 사람이 얼음이기 위한 조건을 몰라서 물처럼 관리한다면(냉동실에 넣지 않음) 얼음의 용도에 맞게 활용할 수 없고, 수증기의 안전한 관리수칙을 모르면 사고를 초래하여 화상을 입게 되는 등 관리-활용의 부적절에 의한 불만족을 초래하게 되는 것입니다. 그래서 'A라고도, B라고도, C라고도 하는 이것'이란 문장의 의미는 어느 경우에 해당하는지 신중하게 판단하고 해석해야 합니다.

물론 이런 대답은 이어지는 질문을 초래합니다. – '어떤 경우에 얼음이고, 어떤 경우에 물이고, 어떤 경우에 수증기입니까?'라고. 그러면 다시 대답해야 합니다. '온도가 0℃ 이하이면 얼음이고, 0℃~100℃이면 물이며, 100℃ 이상이면 수증기입니다.'라고.

그러므로 '산소 원자 한 개와 수소 원자 두 개가 결합한 것은 무엇입니까?'라는 질문에 대한 현명한 대답은 '온도가 0℃ 이하이면 얼음이고, 0℃~100℃이면 물이며, 100℃ 이상이면 수증기입니다.'가 됩니다. 달리 말하면, '온도라는 조건을 기준으로 0℃ 이하이면 얼음이고, 0℃~100℃이면 물이며, 100℃ 이상이면 수증기입니다.' 또는 '온도를 조건으로 얼음일 수도, 물일 수도, 수증기일 수도 있습니다.'입니다. 이렇게 답하는 사람이 현명한 사람 또는 지혜로운 사람이라고 할 것입니다.

이 질문을 일반적 경우로 확장하면, '이것과 저것이 결합해서 생기는 것은 무엇입니까?'라고 질문하면 '이것을 조건으로 이것입니다.' 또는 '이것을 조건으로 이렇게도 저렇게도 불립니다.'라고 말해야 정확한 답변이 된다고 하겠습니다.

이제, '심이라고도 의라고도 식이라고도 불리는 그것'에 대해 다시 생각해 보아야 합니다. 이 문장이 '심=의=식인 것으로의 그것!'을 말하는 것입니까? 아니면 '어떤 것을 조건으로 심이라고도 의라고도 식이라고도 불리는 그것'을 말하는 것입니까?

경은 전반적으로 후자의 경우를 말해주고 있습니다. 심-의-식 각각의 생겨남의 조건, 역할의 조건 등에 따라 다른 존재 상태를 지시하는 이름인 것입니다. 그래서 '심=의=식'으로 마음을 이해하지 않아야 합니다. 마음은 '어떤 것, 무언가를 조건으로 심이라고도, 의라고도, 식이라고도 불리는 그것'입니다. 다만, 삶의 심오함 때문에 그 조건 관계를 한두 마디의 말로써 나타낼 수 없는 현실 때문에 부처님은 '심이라고도 의라고도 식이라고도 불리는 그것'이라고 말했다고 알아야 할 것입니다. 현명한 자의 이해의 영역이라고 하겠습니다.

특히, 불교는 삶에 대해 존재론적으로 접근하지 않습니다. 고와 고멸 즉 괴로울 것인지 행복할 것인지의 측면에서 불교는 삶에 접근합니다. 그럴 때, '심=의=식인 것으로의 그것!'은 삶에 수반되는 조건 관계를 고려하지 않은 어리석은 해석입니다. 반면에 '조건에 따라 심이라고도, 의라고도, 식이라고도 불리는 그것'은 삶에 수반되는 조건 관계를 고려한 현명하고 지혜로운 해석입니다.

◐ 그림 : H_2O의 비유

심(心)-의(意)-식(識)의 이해 – H_2O의 비유

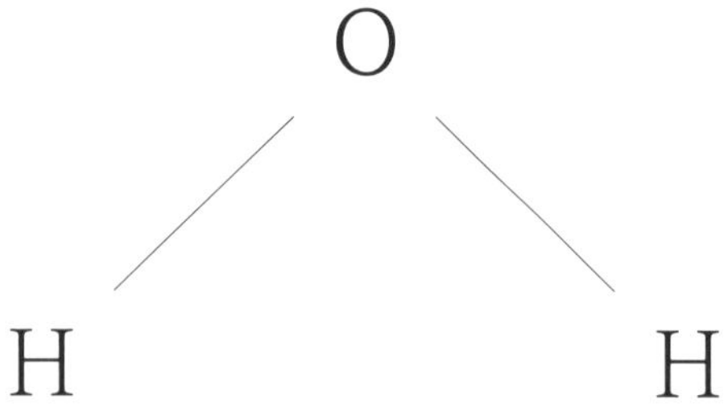

온도	이름
100℃ ~	수증기
0℃ ~ 100℃	물
~ 0℃	얼음

산소[O] 한 개와 수소[H] 두 개가 결합한 것

※ 얼음이기도 하고, 물이기도 하고, 수증기기도 한 것 ※

☞ 「'온도에 따라' 얼음이라고도 물이라고 수증기라고도 불리는 그것, H_2O」

H_2O라는 동질성 위에서 얼음과 물과 수증기의 조건에 따른 차별성을 바르게 알지 못하면 필요에 따라 얻거나 관리-활용에 어려움이 있음

etaṃ vuccati cittaṃ itipi, mano itipi, viññāṇaṃ itipi

심(心)이라고도 의(意)라고도 식(識)이라고도 불리는 그것!

☞ 「마음이라는 동질성 위에서 '어떤 조건에 따라' 심(心)이라고도 의(意)라고도 식(識)이라고도 불리는 차별성」

조건 관계	심(心) - citta	의(意) - mano	식(識) - viññāṇa
생겨남	상(想) - 수(受)	with 몸	내입처- 외입처
역할(활용)	행위	행위 + 인식	인식
삶의 질의 향상(관리)	상想)의 제어	[상(想)+관심]의 제어	관심(chanda-欲)의 제어

[4] 심(心)-의(意)-식(識)의 이해

1. 인식하는 마음 = 식(識), 행위 하는 마음 = 심(心)

그러면 심과 의와 식을 구별해 주는 조건들은 무엇입니까? 인식과 행위의 순환 구조 위에서 몸과 마음이 함께한 것으로의 나의 삶은 전개됩니다. 그런데 오온의 정의에서 식은 인식하는 마음이라고 정의되었습니다. 그렇다면 행위 하는 마음은 무엇입니까?

(AN 10.47-마할리 경)은 행위의 원인-조건으로 심을 제시합니다.

> 악업을 짓고 계속해서 악업을 행하기 위해, 마할리여, 잘못 지향된 심(micchāpaṇihitaṃ cittaṃ)이 원인이고 잘못 지향된 심이 조건이다.
>
> 선업을 짓고 계속해서 선업을 행하기 위해, 마할리여, 바르게 지향된 심(sammāpaṇihitaṃ cittaṃ)이 원인이고 바르게 지향된 심이 조건이다.」

경은 망-진-치와 비여리작의 그리고 잘못 지향된 심이 악업의 원인-조건이고, 무망-무진-무치와 여리작의 그리고 바르게 지향된 심이 선업의 원인-조건이라고 설명합니다. 인식의 영역인 작의와 내적 영역에 있는 망-진-치의 질적 측면에 더해 심의 지향의 바름과 그름으로써 업 즉 행위의 선악의 원인-조건을 설명하는 것인데, 인식과 행위의 순환 구조 위에서의 심의 주변 관계입니다.

이렇게 작의에서 생겨나는 식(분별 앎)이 상과 수의 과정에서 무명(존재 앎)-탐-진(가치 앎)으로 커지면 심(앎)이 되고(心行=想-受), 심은 망-진-치의 성질을 가진 행위자가 되어 지향합니다. 그래서 인식하는 마음으로의 식에 이어지는 행위 하는 마음은 심이라는 것을 알 수 있습니다. 그리고 심은 식과 전혀 별개의 것이 아니라, 삶의 과정 위에서 연장되는 차별된 상태입니다. –「식(분별 앎) → 분별 앎+존재 앎+가치 앎 = 심(知-앎) → 망(가치 앎이 이끄는 바라는 성질) → 소망(행위를 이끎)」

2. 의(意) – 몸과 함께 작용할 때의 이름

이렇게 삶의 과정에 따라 마음은 인식할 때는 식이고, 행위 할 때는 심입니다. 그러면 의는 무엇 입니까? 그러나 의는 심과 식처럼 분명한 정의가 경에서 발견되지 않습니다. 그래서 용례에 의해 차별된 의미를 찾아야 하는데, 몸과의 관계입니다.

중생에게서 마음의 가장 큰 특징은 몸 없이 혼자서는 존재하지 못한다는 점인데, 식과 명색의 서로 조건 됨의 측면입니다. 그래서 마음을 이해할 때는 마음 자체의 성질의 측면과 몸과 함께 작용할 때의 현상의 측면으로 접근해야 합니다. 이때, 마음 자체의 성질의 측면에서 인식하는 식과 행위 하는 심이 정의된다면, 몸과 함께 작용할 때는 의라고 부른다는 것이 용례에 의해 알려지는 의의 차별성입니다. 그래서 식이 몸과 함께 인식할 때 작식(作識)이라 하지 않고 작의(作意)라고 하고, 심이 몸 즉 뇌와 함께 행위[사고(思考)] 할 때 심업(心業)이라 하지 않고 의업(意業)이라고 하는 것입니다.

- 작의(作意)

안-이-비-설-신-의 육내입처가 (욕탐이 묶어주는) 색-성-향-미-촉-법 육외입처를 인식하는 것이 작의 즉 의의 작용입니다. 그런데 안~의는 안식-안근~의식-의근의 조합입니다[내입처(內入處)=식(識)+근(根)]. 이때, 안근~신근은 물질 대상(색~촉)의 인식을 위한 몸의 작용성(센서 기능 – 정보를 받아들여 식에 전달)이고, 안식~의식은 (전달된 정보를 해석-분별하는 자로의) 식의 배분이고 의근은 물질 아닌 대상(법)을 인식하기 위해 근의 역할을 하는 의식의 작용성입니다. 그래서 안식~의식은 식이고, 몸과 함께 작용할 때 의라고 부르는 것을 알 수 있습니다. 다만, 의는 의식의 작용성인 의근을 포함합니다. 이런 이해 위에서 안-이-비-설-신-의가 (욕탐이 묶어주는) 색-성-향-미-촉-법을 인식하는 작용을 식이 ①몸과 함께 ②인식주관인 육내입처를 구성하여 의(意)로서 작용하는 상태이기 때문에 작의(作意)라고 부릅니다.

; 육내입처의 의는 의처(意處)의 줄임말이어서 심-의-식으로 이해되는 의(意)와 다릅니다. 이 차이를 이해하지 못하면 작의(作意)를 의처의 작용으로 이해하게 됩니다. 그러면 심-의-식을 전오식-제6 의식-제7 말라식-제8 아뢰야식 등 유식(唯識)의 관점으로 해석하게 되는데, 경의 설명과는 다릅니다.

- 의업(意業)

(AN 3.121-청결 경1)과 (AN 3.122-청결 경2)는 몸의 깨끗함-말의 깨끗함과 함께 심의 깨끗함을 서술하면서 의의 청결이라고 설명합니다. 또한, (AN 3.123-완성 경)은 몸의 완성-말의 완성과 함께 번뇌 없는 심의 성자다움의 완성을 의의 완성이라고 설명합니다. 청결의 측면에서도 완성의 측면에서도 심은 몸과 함께한 행위의 영역에서 그 완성의 상태를 작용시키기 때문입니다. 그리고 이런 심의 작용 상태를 의라고 부른다는 것을 알 수 있습니다. 신구의(身口意) 삼업(三業)에서 의업(意業)의 의미를 이렇게 알려주는 것입니다.

이렇게 인식하는 식도 행위 하는 심도 몸과 함께 작용할 때는 의라고 불린다는 것을 확인할 수 있습니다. 그리고 이렇게 심이라고도 의라고도 식이라고도 불리는 그것은 몸과 짝하여 나를 구성하는 마음이라는 동질성 위에 삶의 과정에서의 역할 차이에 따라 차별 지어진 조합입니다(동질성 위에 차별성).

그런데 의는 경전에서 두 가지 교리에 속한 것으로 나타납니다. 심-의-식에 속한 의여서 육내입처 가운데 몸을 제외한 부분을 지시하는 경우와 안-이-비-설-신-의 육내입처의 의내입처(意內入處)여서 [의식(意識)+의근(意根)]을 지시하는 경우입니다. 이 두 가지 의의 차이에 대해 이해하는 것은 중요합니다. 여기에 대한 이해가 미치지 못할 때 청정도론이나 상윳따 니까야 주석서와 같은 오류가 초래된다고 말해도 좋을 것입니다.

; 몸(안근~신근) + 의(意-① : 안식~의식+의근) = 육내입처(六內入處)

; 의식+의근=의(意-②) = 의내입처(意內入處)

3. 두 가지 의(意)의 용례 – ①심의식(心意識)의 의(意)

한편, 이런 의미로의 의의 용례는 아주 드문데, 두 개의 경을 확인할 수 있습니다. 하지만, 작의(作意)라고 말할 때와 의업(意業)이라고 말할 때 이 의미를 적용하기 때문에 의에 대한 이런 용례는, 사실은, 일반적이라고 하겠습니다.

1) (SN 48.42-운나바 바라문 경)

"pañcimāni, brāhmaṇa, indriyāni nānāvisayāni nānāgocarāni na aññamaññassa gocara-visayaṃ paccanubhonti. katamāni pañca? cakkhundriyaṃ, sotindriyaṃ, ghānindriyaṃ, jivhindriyaṃ, kāyindriyaṃ. imesaṃkho, brāhmaṇa, pañcannaṃ indriyānaṃ nānāvisayānaṃ nānāgocarānaṃ na aññamaññassa gocaravisayaṃ paccanubhontānaṃ mano paṭisaraṇaṃ, manova nesaṃ gocaravisayaṃ paccanubhotī"ti.

바라문이여, 다른 대상과 다른 영역을 가지는 다섯 가지 기능은 서로의 영역과 대상을 경험하지 않습니다. 무엇이 다섯입니까? 안근(眼根), 이근(耳根), 비근(鼻根), 설근(舌根), 신근(身根)입니다. 바라문이여, 서로의 영역과 대상을 경험하지 않는, 다른 대상과 다른 영역을 가지는 다섯 가지 기능들에게 의(意)가 의지처이고, 오직 의가 그것들의 영역과 대상을 경험합니다.

의처(意處)가 그것들의 영역과 대상을 경험하는 것이 아닙니다. 의처는 오직 의근을 접점으로 법을 인식하는 것입니다. 안식~의식 그리고 의근을 포괄하는 심-의-식의 의가 '색이라는 영역과 대상은 안근을 접점으로 안식이' 내지 '촉이라는 영역과 대상은 신근을 접점으로 신식이' 인식하여 알고(識) 경험하는(受) 것입니다. ⇒ 제6부 제1장 제2절 9.「인식의 통합자 = 의 = 육식+의근」 참조(492쪽)

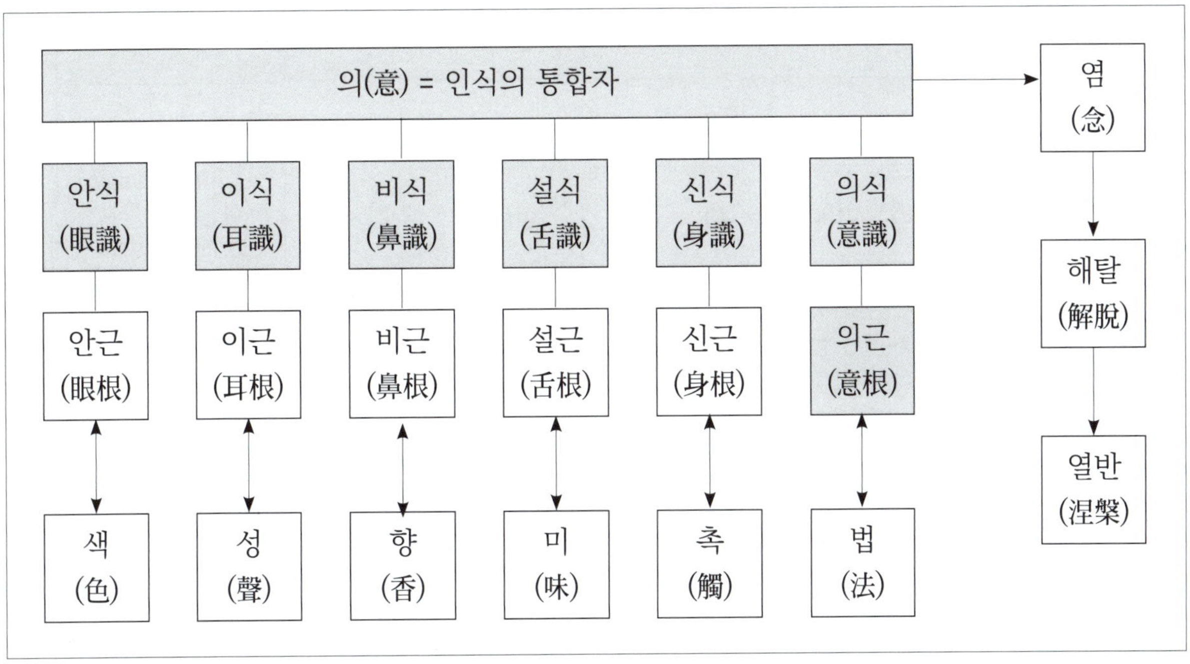

2) (SN 22.47-관찰 경)

'asmī'ti kho pana, bhikkhave, avigate pañcannaṃ indriyānaṃ avakkanti hoti — cakkhundriyassa sotindriyassa ghānindriyassa jivhindriyassa kāyindriyassa. atthi, bhikkhave, mano, atthi dhammā, atthi avijjādhātu.

그러면, 비구들이여, '나는 있다!'가 사라지지 않을 때 눈의 기능, 귀의 기능, 코의 기능, 혀의 기능, 몸의 기능이라는 다섯 가지 기능들의 참여가 있고, 비구들이여, 의(意)가 있고, 법(法)들이 있고, 무명(無明)의 요소가 있다.

'나는 있다!' 위에서 자기화된 삶에는 오근(五根-다섯 가지 기능) 즉 몸의 참여로써 색-성-향-미-촉의 세상과의 접점이 활성화됩니다. 그런데 여기에 의가 있고 법이 있다는 것은 육내입처와 육외입처가 대응되었다는 것을 의미하기 때문에, 여기의 의는 의내입처가 아니라 심-의-식의 의입니다. 경은 다시 무명의 요소가 있다고 하는데, 지금 삶의 행위자인 심의 연장에 있는 욕탐입니다.

이렇게 인식주관인 내입처가 공동주관인 심(心→欲貪)과 함께 인식객관인 외입처를 인식하는 과정으로서의 1차 인식이 설명됩니다. 앞의 경이 육내입처와 육외입처의 형성을 설명하였다면, 이 경은 공동주관인 심(→욕탐)의 참여를 설명함으로써 질적 측면이 더해진 1차 인식에 대한 설명을 완성하였다고 하겠습니다.

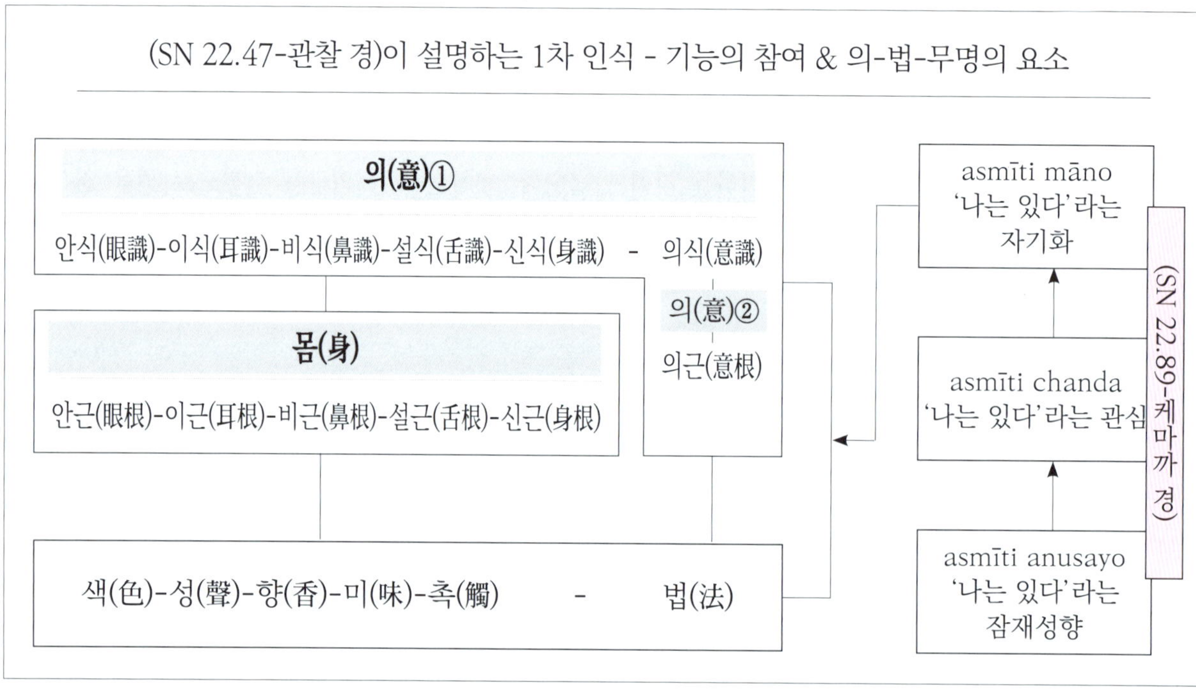

3) '심(心)-의(意)-식(識)의 의(意)'의 검증

한편, 다른 두 가지 용례는 몸과 식이 함께한 것으로의 육내입처(내입처=식+근)를 서술하는데 심-의-식의 의에 대한 이해 위에서 해석됩니다. 외형적으로 의의 이런 정의를 찾아내기는 어렵지만, 위와 여기의 네 가지 용례는 이런 이해가 아니고는 해석될 수 없는 서술이라고 해야 하기 때문에 이런 이해는 타당성을 부여받습니다.

① 「imasmiñca saviññāṇake kāye bahiddhā ca sabbanimittesu 식(識)과 함께한 이 몸과 밖의 모든 상(相)에 대한」의 용례 – (MN 109-보름달 큰 경)/(SN 22.82-보름달 경)/(MN 112-여섯 가지 청정 경)/(SN 22.91-라훌라 경)/(SN 18.13-잠재성향 경)/(SN 22.71-라다 경)/(SN 22.124-깝빠 경)/(SN 22.92-라훌라 경2)/(SN 18.14-제거 경)/(SN 22.72-수라다 경)/(SN 22.125-깝빠 경2)/(AN 7.49-상(想) 경2)

상(相-nimitta)은 탐-진-치에 의해 왜곡된 외입처입니다. 그래서 '밖의 모든 상(相)'은 육외입처의 왜곡 상태를 말하는데, 심(心→欲貪)의 참여에 의해 대상을 있는 그대로 인식하지 못하는 중생들의 현실을 설명하는 표현입니다. 그리고 '식과 함께한 이 몸'은 육내입처를 의미하는데, 안근~신근으로의 몸과 안식~의식-의근인 의입니다. 다만, 몸과 함께 작용할 때 의라고 부르지만, 작용성 이전의 구성 자체는 식이라는 서술입니다.

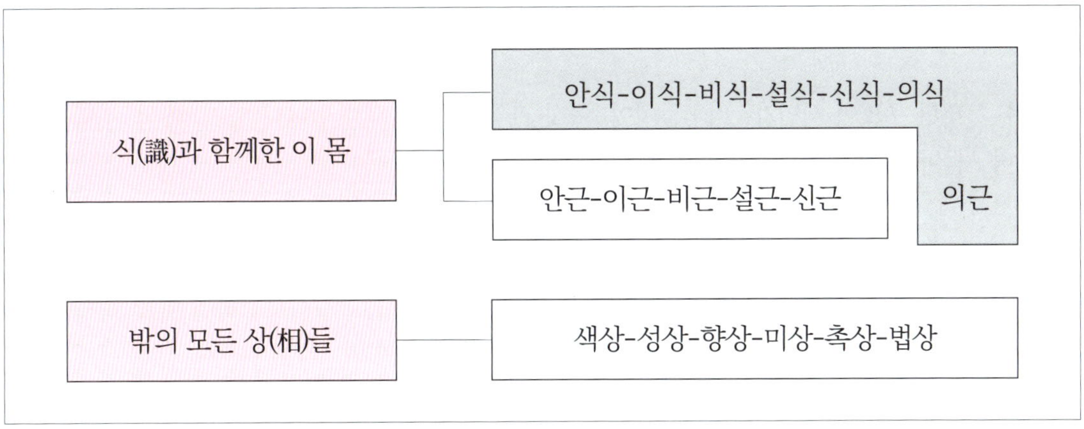

② 「avijjānīvaraṇassa, bhikkhave, bālassa taṇhāya sampayuttassa evamayaṃ kāyo samudāgato. iti ayañceva kāyo bahiddhā ca nāmarūpaṃ, itthetaṃ dvayaṃ, dvayaṃ paṭicca phasso saḷevāyatanāni, yehi phuṭṭho bālo sukhadukkhaṃ paṭisaṃvedayati etesaṃ vā aññatarena 비구들이여, 무명에 덮이고 애에 묶여서 어리석은 자에게 이렇게 이 몸이 일어난다. 이렇게 이 몸과 밖의 명색이 있다. 여기에 이 쌍이 있고, 쌍을 연(緣)하여 육촉처가 있다. 이들 가운데 어떤 것에 의해 닿아진 어리석은 자는 즐거움과 괴로움을 경험한다.」 – (SN 12.19-우현 경)

여기서 밖의 명색은 육외입처입니다. 그리고 어리석은 자는 무명에 덮이고 애에 묶인 마음을 가진 자입니다. 그에게 몸과 밖의 명색이 있다는 것은 육내입처와 육외입처의 대응을 의미하기 때문에, 쌍입니다. (SN 22.47-관찰 경)이 설명하는 1차 인식의 자리에 대한 다른 서술인 것입니다. 이렇게 육내입처가 마음과 몸으로 구성된다는 것을 이 경은 설명해 줍니다.

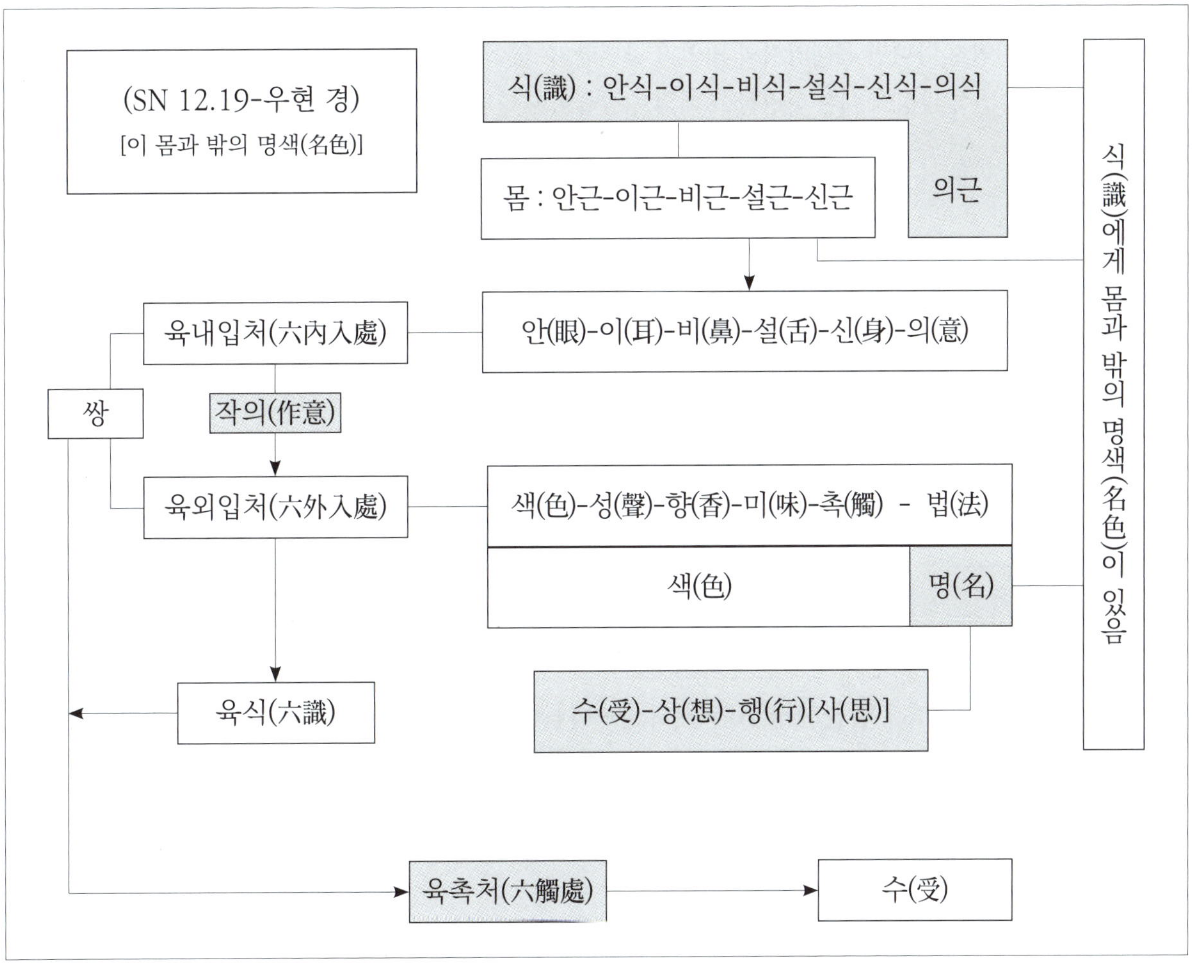

4. 두 가지 의(意)의 용례 – ②육내입처(六內入處)의 의(意)

> 비구들이여, 그러면 무엇이 식인가? 비구들이여, 여섯 가지 식의 무리가 있나니 안식, 이식, 비식, 설식, 신식, 의식이다. 비구들이여, 이것이 식이라고 불린다.(SN 22.56-집착의 양상 경)

그런데 식은 여섯 가지로 구성됩니다. 그리고 여섯 번째 식은 의식(意識)입니다. 심-의-식에 속한 대등한 것인 의(mano)와 식(viññāṇa)을 묶어서 의식(manoviññāṇa)이라고 하였는데, 식을 구성하는 여섯 가지 중 하나(1/6)의 자리를 차지하는 것입니다. 그렇다면 의식에 쓰인 의는 심-의-식의 의와 같다고 볼 수는 없을 것입니다.

한편, (내입처=식+근)이란 이해에 의하면, 의식과 의근이 함께한 것인 의내입처는 안-이-비-설-신-의 육내입처를 구성하는 의입니다.

> 「여섯 가지 안팎의 처(處)(육내입처와 육외입처)가 있는데, 안과 색들, 이와 성들, 비와 향들, 설과 미들, 신과 촉들, 의와 법들입니다.」(DN 28.3-믿음을 고양하는 경, 처(處)의 개념에 대한 가르침)

그렇다면 의는 심-의-식의 의와 구별되는 것으로의 의내입처를 지시하기도 한다는 것을 알 수 있습니다. 그래서 의식은 의식과 의근으로 구성되는 의내입처인 의를 구성하는 식의 일부입니다 [1/6식(識)].

동일한 의(意-mano)로써 심-의-식의 의와 육내입처의 의라는 다른 두 가지를 지시하고 있는 것을 알 수 있는데, 마음의 주제 가운데 이해하기에 가장 어려운 주제라고 해야 합니다.

그러나 분명히 의는 하나의 단어로써 두 개의 상태를 지시하고 있습니다. 그래서 경에서 의라는 용어가 쓰일 때는 심-의-식의 의인지 아니면 육내입처의 의인지 구별할 수 있어야 합니다. 불교계에는 이 주제에 대한 이해가 뒷받침되지 않아서 인식 과정에 대한 다양한 오해의 주장들이 나타나고 있다는 점에서 이 주제는 특히 주목되어야 합니다.

- 심-의-식의 의는 작의 또는 의업으로 주로 나타나고, 직접 경에 쓰인 용례는 위에 소개한 두 가지 경우에 불과합니다. 경은 주로 고집(苦集)으로의 연기(緣起)에 포함되는 1차 인식 즉 육입(六入)을 설명하기 때문에 의내입처인 의가 경에 나타나는 대개의 경우입니다. ⇒ 그림 – 육내입처와 육외입처의 구성

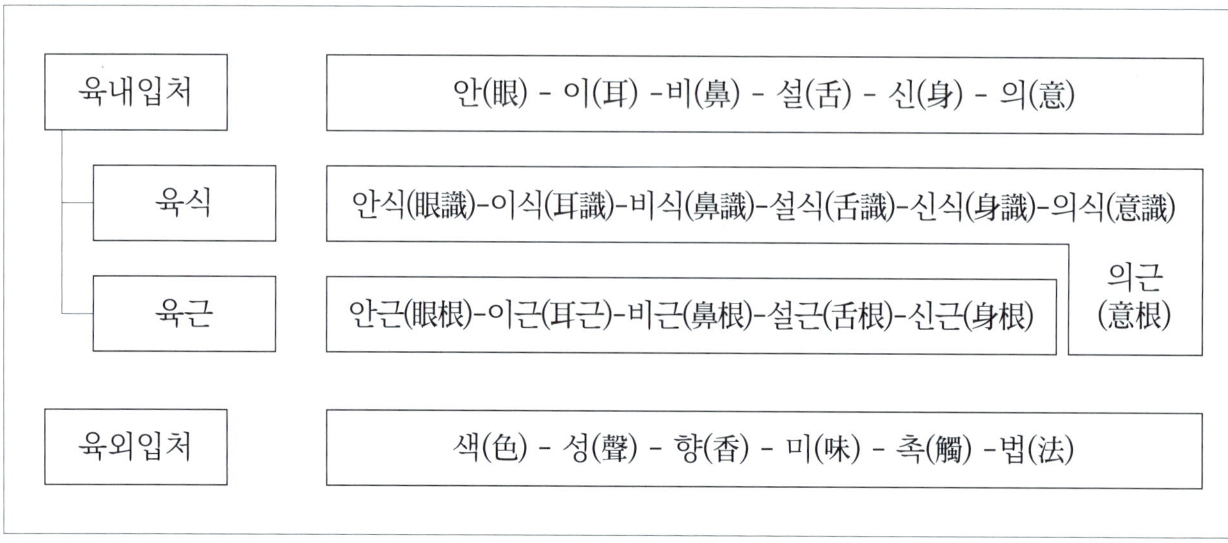

[5] 심(心)-의(意)-식(識)을 차별하는 조건들

그러면 심과 의와 식을 차별해주는 조건들은 무엇입니까? 그런데 의는 심과 식이 몸과 함께 작용할 때를 지시하므로 이 주제는 심과 식의 차별에 대해서만 서술하면 됩니다.

1. 생겨남의 조건 – 어떤 조건 관계에 의해 심과 식은 생겨나는 것입니까?

1) 식의 발생 –1차 인식

cakkhuñca paṭicca rūpe ca uppajjati cakkhuviññāṇaṃ 안과 색을 연하여 안식이 생긴다.(여섯에 반복) (SN 12.45-냐띠까 경) 등(417쪽)

2) 심의 발생 – 2차 인식

saññā ca vedanā ca cittasaṅkhāro. 상과 수가 심행(심의 형성 작용 – 심을 생겨나게 하는 작용)입니다.(MN 44-교리문답의 작은 경)

2. 역할의 조건

1) 식의 역할 –인식

2) 심의 역할 – 행위

3. 질을 결정하는 조건 : ①사띠(관심의 제어) – 심 → 식, ②지혜(번뇌의 부서짐) – 식 → 심 → 식

식은 1차인식에서 생기고, 심은 2차 인식에서 생기는데, 질은 공동주관에 의해 결정됩니다.

1차 인식의 공동주관은 욕탐인데, 관심(欲-chanda)이 탐-진-치를 싣고 인식에 참여하여 식(분별 앎)의 질을 결정하는 것입니다. 그래서 식의 질의 향상은 관심이 싣고 오는 탐-진-치의 ①강도를 줄여나가서 ②싣고오지 않게 한 뒤 ③아예 생겨나지 않게 하는 것으로 완성됩니다. 이때, ①과 ②는 딱까 밖에서 진행되는 사념처이고(사띠), ③은 딱까 안에서 진행되는 사마타(삼매)-위빳사나(지혜)입니다.

2차 인식의 공동주관은 상(想)인데, 전도된 작용성인 번뇌(漏-āsava)로 인식에 참여해서 무명(존재 앎)과 탐(가치 앎)을 생겨나게 하여 심(앎=분별 앎+존재 앎+가치 앎)의 질을 결정합니다. 그래서 심의 질의 향상은 무명과 탐의 ①강도를 줄여나가서 ②생겨나지 않게 하는 것으로 완성됩니다. 그런데 무명과 탐은 이렇게 번뇌의 참여에 의해 생기지만, 번뇌의 선택을 이끄는 것은 1차 인식에서 욕탐에 의해 왜곡된 외입처인 상(相-nimitta)입니다. 그래서 심의 질의 향상에는 ①과 ②보다 상(相)에 대한 분별 앎(식)의 제어가 선행해야 합니다. 선행하는 분별 앎의 제어는 딱까밖에서 진행되는 욕탐의 제어인 사념처이고, ①과 ②는 번뇌를 직접 부수는 과정으로 딱까 안에서 진행되는 사마타(탐의 제어 → 심해탈)와 위빳사나(무명의 제어 → 혜해탈)입니다.

이때, 사마타(탐의 제어 → 심해탈)와 위빳사나(무명의 제어 → 혜해탈)에 의한 심의 질의 완성은 그대로 탐-진-치가 생겨나지 않는 상태입니다. 그래서 심의 질적 완성은 그대로 관심이 탐-진-치를 싣고 오지 않는 1차 인식의 공동주관의 완성이어서 식의 질적 완성으로 이어집니다.

한편, 관심이 탐-진-치를 싣고 오지 않게 되면 사념처 즉 사띠의 완성이고, 여실지견의 경지입니다. 그리고 번뇌가 부서져 탐-진-치가 생겨나지 않게 되면 사마타와 위빳사나 즉 삼매와 지혜의 완성인데, 해탈지견의 경지입니다.

⇒ 그림 : 「여실지견(相과 견해의 문제)과 해탈지견(가치 앎과 존재 앎의 문제)의 의미」 참조(180쪽)

4. 누적된 삶과 지금 삶의 행위자

식은 지난 삶의 누적으로의 식온(識蘊)이 몸과 함께 작용함(의→육내입처)으로써 새로운 식을 출산합니다(씨앗 식). 씨앗 식은 상과 함께 수를 인식함으로써 탐으로 커져서 심이 됩니다. 심은 몸과 함께 행위 함으로써 식을 머물게 하고, 머문 식은 식온에 더해져 식온을 늘어나게 합니다.

'자기증식에 의한 변화'라고 이름 붙인 삶의 모습입니다. 그런데 이런 삶의 모습은 ①자기증식의 과정과 ②변화의 과정으로 구분됩니다. 이때, ①자기증식 과정은 지난 삶의 누적인 식이 1차 인식에서 몸과 함께 세상을 인식하여 지금 삶의 씨앗 식을 출산하는 것이고, ②변화의 과정은 출산된 씨앗 식이 2차 인식에서 커져서 행위자(心)가 되어 지금을 살고 그 결과로 머문 식을 누적된 것에 다시 쌓아 누적 상태를 늘어나게 함으로써 누적된 삶의 변화를 초래하는 것입니다.

그래서 삶에는 누적된 영역과 지금 삶의 영역이 있습니다. 지금 삶의 결과가 식으로 머문 뒤에 쌓이기 때문에 누적된 것은 기본적으로 식입니다.

지금 삶은 누적된 식의 작용으로 시작됩니다(1차 인식 → 識-受). 누적된 식에 의한 삶의 진행은 몸과 함께하므로 의입니다. 의는 몸과 함께 세상을 인식하여 세상을 알고(분별 앎-씨앗 識), 삼사화합하여 세상을 경험합니다(受). 그러면 삶의 주도권은 씨앗 식에게로 넘어가는데, 몸의 참여 없는 작용의 영역입니다(2차 인식 → 貪-心 → 소망-愛). 삶의 주도권을 넘겨받은 씨앗 식은 상과 함께 수를 인식하고, 탐(가치 앎)으로 커져서 심이 됩니다. 심이 기뻐하고 드러내고 묶여 머물면 소망이 생겨나는데, 소망은 탐과 함께 애(탐과 소망이 함께함-nandirāgasahagatā)를 구성합니다. 이때, 애는 심이 다시 몸과 만난 지점인데, 애멸의 해탈된 삶과 반대되는 존재화된 상태이기도 합니다. 그래서 2차 인식은 애의 형성 과정인데, 경에서는 딱까라는 용어로 나타납니다. 심은 이렇게 몸과 만나고, 존재화되어 행위 하는데 의업입니다. 그리고 몸과 말의 행위(신업-구업)로 이어집니다. 이때, 심이 소망을 가진 상태(愛)이면 행위는 상(想)을 잠재케 하고, 식(識)을 머물게 해서 누적된 식(識)을 자라게 합니다.

이때, 지금 삶은 (AN 3.77-존재 경1)에서 잘 설명되는데, 「업은 밭이고 식은 씨앗이고 애는 양분이다. 무명에 덮이고 애에 묶인 중생들에게 식은 낮은-중간의-높은 계에 머문다. 이렇게 미래에 다음의 존재로 태어남이 있다.」입니다. ①씨앗 식과 ②2차 인식에서 결과되는 애 그리고 ③업으로 구성되는 지금 삶의 결과로 식이 머무는 과정을 설명하는데, (AN 3.78-존재 경2)는 식 대신 의도와 기대가 머문다고 하여 머문 식이 의도와 기대를 속성으로 한다는 것을 알려줍니다.

이렇게 삶은 누적된 영역과 지금 삶의 영역이 있습니다.

[6] 심(心)-의(意)-식(識)의 이해와 수행

이렇게 마음을 심=의=식이 아니라 「조건에 따라 심이라고도 의라고도 식이라고도 불리는 그것!」으로 이해하는 것은 중요합니다. 이런 이해 위에서 심과 의와 식이라는 세 가지 이름의 마음에 대해 구체적으로 알 수 있게 되고, 마음은 삶의 이야기에 주인공으로 참여할 수 있게 됩니다. 그때 마음이 몸과 함께 세상을 만나는 이야기로의 삶이 설명되고, 그 이야기에 대한 부처님의 선언인 연기 즉 십이연기가 온전하게 제 모습을 드러내게 됩니다. 그래야 이 이야기에 수반되는 문제를 해소하는 길과 실천으로의 팔정도 또한 분명하게 드러나게 됩니다. 「사념처(四念處) → 사마타-위빳사나」의 체계를 가지는 삶의 향상으로 깨달음에 이르는 불교 수행이 제 위용을 되찾게 되는 것입니다.

	심(心)	의(意)	식(識)
생겨남	심행(心行) = 상(想)-수(受)	with 몸	내-외입처(作意)
역할	행위	인식과 행위	인식
단속	사마타	사념처	위빳사나
	삼매	사띠	지혜
	심해탈	여실지견	혜해탈

[참고]

1. 수행은 전반적으로 심-의-식에 대한 이런 이해 위에서 접근해야 하지만, 특히, 사념처에 대한 적용은 중요합니다. 그림으로 그렸습니다. ⇒ 사념처의 개념[행위적 앎과 염처의 관계] (609쪽)

◐ 행위적 앎과 앎의 자기 활동성 : 실다운 앎의 실현 – 실다운 앎의 자기 활동성 → 실다운 삶 = 사실에 들어맞는 삶 → 고멸(苦滅)

2. 또한, 깨달음은 딱까(愛의 형성 과정) 안에서 완성됩니다. 그림으로 나타내었습니다. ⇒ 딱까를 중심에 둔 수행지도(修行地圖)(608쪽)

me dhammā ajjhattaṃ appahīnā – ādīnavadassāvī
내 안에 버려지지 않은 법들에서 위험을 보겠습니다.

V. 식(識)과 명색(名色)

식과 명색은 서로 조건 됩니다. 예외 없이 함께해야 하는 이 둘의 생존 기간의 불균형 때문에 식과 명색이 함께한 것으로의 나(활성존재)는 더 오래 사는 식을 중심으로 윤회합니다.

1. (DN 15.1-대인연경, 연기)는 식과 명색이 왜 서로 조건 되는지와 식과 명색의 서로 조건 됨이 지속되는 한 윤회한다는 것을 설명합니다.

'식을 조건으로 명색이 있다.('viññāṇapaccayā nāmarūpan'ti)'라고 말하였다. 아난다여, 식을 조건으로 명색(名色)이 있다는 것은 이런 방법으로 알아야 한다. 아난다여, 식이 모태에 들어오지 않는데도 명색이 모태에서 공고해지겠는가?" "아닙니다, 대덕이시여." "아난다여, 식이 모태에 들어온 뒤에 잘못되었는데도 명색이 금생을 위해 재현되겠는가?" "아닙니다, 대덕이시여." "아난다여, 식이 어린 남녀 아이에게서 끊어졌는데도 명색이 늘어나고 자라고 충만하게 되겠는가?" "아닙니다, 대덕이시여." "그러므로, 아난다여, 명색에게는 오직 식이 원인이고, 식이 인연이고, 식이 자라남이고, 식이 조건이다."

'명색(名色)을 조건으로 식(識)이 있다.('nāmarūpapaccayā viññāṇan'ti)'라고 말하였다. 아난다여, '명색을 조건으로 식이 있다.'라는 것은 이런 방법으로 알아야 한다. 아난다여, 식이 명색에 머묾을 얻지 못했는데도 미래에 생(生)과 노사(老死)라는 고(苦)의 자라남을 위한 근본을 선언할 수 있겠는가?" "아닙니다, 대덕이시여." "그러므로, 아난다여, 오직 명색이 식의 원인이고, 명색이 식의 인연이고, 명색이 식의 자라남이고, 명색이 식의 조건이다. 아난다여, 명색의 식과 함께 서로 조건 됨이 지속되는 그 범위에서 태어나고, 늙고, 죽고, 옮겨가고, 다시 태어난다. 그 범위에서 이름이 적용되고, 그 범위에서 언어가 적용되고, 그 범위에서 개념이 적용되고, 그 범위가 지혜의 영역이고, 그 범위에서 금생(今生)을 선언함으로써 윤회를 지속한다.

1) 식이 왜 명색의 조건인지를 세 단계로 설명합니다.

첫째, 식이 모태에 들지 않으면 명색은 공고해지지 않는다고 합니다. 전술한 바와 같이, 육계로서 식이 모태에 들면 명색이 있습니다. 이때, 명색은 수정란을 의미하는 것으로 이해해야 합니다. 수정란 상태로 있다가 식이 간답바라는 이름으로 들어와서 만나면 하나의 생명이 되어 자궁에 착상하고 자라나지만, 식이 들어오지 않으면 수정란은 착상하지 못하고 배출된다는 이해입니다. 이렇게 수정란에 식이 들어와 함께함에 의해 명색의 자격을 갖추는 것이 태어남의 본질적 의미입니다. 그리고 이렇게 생명화된 것을 명색이 공고해졌다고 표현한 것입니다.

둘째, 식이 모태에 들어온 뒤에 잘못되면 명색은 금생을 위해 재현되지 않는다고 합니다. 어머니의 뱃속에 있는 동안이라도 식에 문제가 생기면 죽는 것이어서 명색 또한 이번 생을 위해 어머니의 몸 밖으로의 태어남을 재현하지 못한다는 것입니다.

셋째, 식이 어린 남녀 아이에게 끊어지면 명색은 늘어나고 자라고 충만하게 되지 않는다고 합니다. 식의 끊어짐은 죽음이어서 죽음 이후 버려지는 명색의 현상을 말해줍니다(*). 삶의 과정에서 생기고 쌓임을 통해 늘어나고 자라고 충만하게 되는 명색에게 죽음이 가지는 의미라고 하겠습니다.

(*) (MN 43-교리문답의 큰 경)은 안근-이근-비근-설근-신근의 다섯 가지 기능 즉 몸은 생명력과 체열을 조건으로 유지되는데, 생명력과 체열과 식의 세 개의 법이 몸을 떠나면, 몸은 무감각한 나무토막처럼 던져지고 팽개쳐

져 누워있게 된다고 말합니다. 생명력과 체열이 유지되지 못하면 식이 떠나게 되고, 식이 떠나면 생명력과 체열이 유지되지 않습니다. 그래서 생명력과 체열과 식이 떠나는 것은 하나의 사건이라고 해야 하는데, 죽음입니다. 이렇게 죽으면 몸을 떠난 식은 다음 몸으로 가고, 식이 떠난 몸은 무감각한 나무처럼 버려지게 됩니다.

2) 반면에 명색이 왜 식의 조건인지는 하나의 방법으로 설명됩니다.

식이 명색에 머묾을 얻지 못하면 미래에 생과 노사라는 고의 자라남을 말할 수 없다는 것인데, 식이 명색에 머물 때 중생으로의 삶이 유지된다는 의미입니다.

식은 지난 삶이 누적된 ①연기된 식이 몸과 함께 세상을 만남에 의해 출산된 ②씨앗 식 그리고 씨앗 식이 지금을 산 결과로 (욕계-색계-무색계의) 중생 세상에 열매로 ③머문 식」의 세 가지 형태가 있고, 머문 식이 이전의 연기된 식에 더해져 쌓임으로서 식은 늘어나고 자라고 충만하게 되는 방식으로 중생의 삶이 지속됩니다.

※ (DN 11-께왓따 경)은 번뇌의 부서짐(滅)에 의해서 식이 속성이 없고, 한계가 없고, 모든 관점에서 빛나는 상태 즉 열반에서 명과 색이 남김없이 멈춘다고 하는데, 식이 서로 조건되는 명색에서 벗어난 것으로의 해탈입니다. 이렇게 식이 명색과 함께하면 중생이고, 명색에서 벗어나면 중생으로의 삶은 유지되지 않는데, 깨달아 윤회에서 벗어남 즉 불사-해탈-열반의 실현입니다.

그런데 이 경은 식이 (욕계-색계-무색계의) 중생 세상에 머묾 대신 명색에 머묾을 말하는데, 사식주(四識住-네 가지 식의 머묾)의 관점에서 이해해야 합니다.

; (SN 12.19-우현 경)(378쪽)은 밖의 명색으로 (촉과 작의의 활성화 이전의) 육외입처를 지시하는데, 색-수-상-행들입니다. 그런데 (SN 22.53-애착 경)과 (SN 22.54-씨앗 경)은 색-수-상-행들과 다른 곳에서 식이 오거나 가는 경우는 없다고 하는데, 사식주이고, 밖의 명색과 같습니다. 그래서 식이 명색에 머문다는 것은 그대로 육내입처와 육외입처의 인식 과정입니다.

3) 그러면 식이 명색에 머묾을 얻지 못하는 경우는 무엇입니까?

위처럼, 인식주관인 식에 대해 밖의 명색은 인식객관의 구조여서 인식과 행위를 거쳐 식을 머물게 하는 대상입니다. 이때, 식이 명색에 머묾을 얻지 못한다는 것은 번뇌의 부서짐에 의해 유위의 과정을 넘어선 것을 의미하는데, 이것이 식이 머물지 않는 삶입니다. 식이 머물지 않는 것이 형성하지 않음에 의한 해탈인데, 몸이 무너져 죽은 뒤 몸으로 가지 않음으로써 생-노사라는 고의 자라남이 없게 됩니다. 이렇게 태어나지 않음에 의해 중생으로의 삶은 더 이상 유지되지 않습니다.

4) 이렇게 식은 명색과의 관계에서 육외입처를 대상으로 생겨나고 머물러서 중생으로의 삶을 유지합니다. 그래서 중생인 한, 명색 없는 식은 있을 수 없고, 예외 없는 조건 관계로서의 연기는 명색이 식의 조건이라고 설명합니다. 이런 방법으로 식과 명색은 서로에게 예외 없는 조건이 됩니다. 명색 없는 식도, 식 없는 명색도 존재할 수 없는 가운데 이 둘의 생존 기간의 불균형은 윤회라는 이름으로 죽고 태어남을 반복하며 중생으로의 삶을 지속하게 하는 것입니다.

2. 명색(名色)을 조건으로 식(識)이 있다.('nāmarūpapaccayā viññāṇan' ti)'라고 말하는 경들

일반적으로 연기는 '식을 조건으로 명색이 있다.'의 방향으로 설명됩니다. 그러나 (DN 15.1-대인연경, 연기)처럼 '명색을 조건으로 식이 있다.'라고 양방향의 조건을 설명하는 경들은 식과 명색의 서로 조건 됨에 의한 윤회를 설명하는데, (DN 14.11-대전기경, 보살의 희망)/(SN 12.56-도시 경)/(SN 12.67-갈대 묶음 경)이 더 있습니다.

이때, (SN 12.67-갈대 묶음 경)은 식과 명색의 서로 조건되는 현상을 갈대 묶음의 비유로써 설명하고, (DN 14.11-대전기경, 보살의 희망)/(SN 12.56-도시 경)은 위빳시 부처님과 고따마 부처님의 경우로서 '이 식은 되돌아간다. 명색으로부터 더 나아가지 못한다. 그 안에서 태어나거나 늙거나 죽거나 옮겨가거나 다시 태어난다.'라고 하여 식이 윤회하는 자라는 사실을 알려줍니다. 그리고 이런 사실의 발견을 '나에게 깨달음을 위한 이 길이 얻어졌다.'라고 하여 식과 명색의 서로 조건 됨에 의한 식의 윤회라는 사실의 발견을 (조건의 해소를 통한) 깨달음의 길의 출발이라고 설명합니다. 삶에 대한 바른 시각(정견)의 중요성을 드러내주는 것입니다.

3. 그런데 명색(名色)은 무엇입니까?

식과 명색은 이렇게 서로 조건 되고, 생존기간의 불균형 때문에 윤회합니다. 그렇다면 식과 짝을 이루는 것인 명색은 무엇입니까? (SN 12.2-분석 경)은 명색을 이렇게 정의합니다.

> "katamañca, bhikkhave, nāmarūpaṃ? vedanā, saññā, cetanā, phasso, manasikāro – idaṃ vuccati nāmaṃ. cattāro ca mahābhūtā, catunnañca mahābhūtānaṃ upādāya-rūpaṃ. idaṃ vuccati rūpaṃ. iti idañca nāmaṃ, idañca rūpaṃ. idaṃ vuccati, bhikkhave, nāmarūpaṃ.
>
> 그러면 비구들이여, 무엇이 명색(名色-파생된 것과 물질)인가? 수(受), 상(想), 사(思), 촉(觸), 작의(作意) – 이것이 명(名-파생된 것)이라 불린다. 사대(四大)와 사대조색(四大造色). 이것이 색(色-물질)이라 불린다. 이렇게 이것이 명(名-파생된 것)이고, 이것이 색(色-물질)이다. 비구들이여, 이것이 명색이라고 불린다.

그런데 오온의 정의에 의하면, 유위에서 형성하는 작용인 행(行-형성작용)은 사(思-의도)입니다. 그래서 수-상-사와 색은 식과 함께하여 오온을 구성합니다. 그리고 촉과 작의는 인식 과정에서 세상을 알고 경험하는 작용 즉 지금 삶을 진행하는 동력으로의 활성요소입니다.

그렇다면 식과 명색은 오온 즉 지난 삶의 누적으로의 나와 나에 의한 지금 삶의 진행입니다. 몸과 함께한 것으로의 유신이라는 나의 정의가 몸과 마음 그리고 삶의 과정의 누적으로의 오취온이라는 정의로 확장되고, 다시 이렇게 지난 삶의 누적에 의한 지금 삶의 전개라는 더 넓은 의미를 담아 '서로 조건 되는 식과 명색이 함께한 것(활성존재)'이라고 다시 확장되는 것입니다. 이런 확장된 나에 대한 정의 위에서 식과 명색에 적용되는 생존기간의 불균형에 의해 윤회하는 삶의 현실을 설명합니다.

4. 세 개의 게송 -「명(名)-심(心)-애(愛) = 모든 것을 지배하고 뒤따르게 하는 것」

상윳따 니까야에 속한 세 개의 게송은 모든 것을 지배하고 뒤따르게 하는 것으로 명(名)과 심(心)과 애(愛)의 세 가지를 제시합니다. 삶의 주체인 심과 괴로움의 원인(고집)인 애와 대등하게 명을 설명하는 것입니다.

그런데 그럴 만도 합니다. 심은 지금 삶의 행위자이고, 애는 식을 머물게 하는 자량이며, 명은 심 또는 애를 둘러싸고 진행되는 지금 삶의 과정이기 때문입니다. ⇒ 그림 – 「오온(五蘊) 또는 [식(識)과 명색(名色)]의 시각적 이해」 참조(394쪽)

삶은 마음이 몸과 함께 세상을 만나는 이야기입니다. 마음과 몸 그리고 삶의 과정들이 함께하여 구성되는 것입니다. 그래서 어느 하나도 그 비중을 낮추어 평가할 수 없는 것입니다. 그래서 이 경들은 삶을 구성하는 직접적인 요소들인 심과 애 그리고 명에게 지배하는 자, 선두에 선 자의 자격을 부여한다고 이해할 수 있습니다.

삶의 과정인 명 그리고 안의 색인 몸과 밖의 색인 물질세상을 포함한 것으로의 명색은 이렇게 삶에서 차지하는 비중이 큽니다. 그리고 그 중에 안의 색인 몸과 명만을 제한적으로 말하는 명색은 식과 함께 나를 구성하고, 생존기간의 불균형에 의해 중생에게 윤회를 초래합니다.

1) nāmasuttaṃ (SN 1.61-명(名) 경)

"kiṃsu sabbaṃ addhabhavi, kismā bhiyyo na vijjati. kissassu ekadhammassa, sabbeva vasamanvagū"ti.

무엇이 모든 것을 누르고, 무엇을 넘어서지 못합니까? 어떤 하나의 법에게 모든 것이 지배되고 뒤따릅니까?

"nāmaṃ sabbaṃ addhabhavi, nāmā bhiyyo na vijjati. nāmassa ekadhammassa, sabbeva vasamanvagū"ti.

명(名)이 모든 것을 누르고, 명을 넘어서지 못한다. 명이라는 하나의 법에게 모든 것은 지배되고 뒤따른다.

2) cittasuttaṃ (SN 1.62-심(心) 경)

"kenassu nīyati loko, kenassu parikassati. kissassu ekadhammassa, sabbeva vasamanvagū"ti.

세상은 무엇에 의해 이끌리고, 무엇에 의해 휩쓸립니까? 어떤 하나의 법에게 모든 것이 지배되고 뒤따릅니까?

"cittena nīyati loko, cittena parikassati. cittassa ekadhammassa, sabbeva vasamanvagū"ti.

세상은 심(心)에 의해 이끌리고, 심에 의해 휩쓸린다. 심이라는 하나의 법에게 모든 것은 지배되고 뒤따른다.

3) taṇhāsuttaṃ (SN 1.63-애(愛) 경)

"kenassu nīyati loko, kenassu parikassati. kissassu ekadhammassa, sabbeva vasamanvagū"ti.

세상은 무엇에 의해 이끌리고, 무엇에 의해 휩쓸립니까? 어떤 하나의 법에게 모든 것이 지배되고 뒤따릅니까?

"taṇhāya nīyati loko, taṇhāya parikassati. taṇhāya ekadhammassa, sabbeva vasamanvagū"ti

세상은 애(愛)에 의해 이끌리고, 애에 의해 휩쓸린다. 애라는 하나의 법에게 모든 것은 지배되고 뒤따른다.

5. 명색의 멈춤

이렇게 명색은 식과 함께 중생을 구성합니다. 식이 명색에 구속된 존재 상태가 중생인 것입니다. 그래서 식과 명색의 조건 관계의 해소 즉 명색이 식을 구속하지 않게 되면 해탈된 삶, 고멸의 삶이 실현됩니다.

이때, 장자의 아들 께왓따에게 부처님은 명색의 멈춤을 설명합니다. 파생된 것(名) 이전의 존재 요소인 색(色)을 기준으로 설명하는데, 지-수-화-풍 사대가 기반을 가지지 못하는 경지입니다. 밖으로 물질요소의 소멸이 아니라 안으로 무명과 애의 해소를 통해 몸으로 가지 않게 됨으로써 물질요소의 구속에서 벗어나는것, (염오-이탐-소멸의 과정으로) 식이 번뇌들의 영향에서 벗어날 때(식의 멸) 물질요소에서 벗어나는데, (DN 11-께왓따 경)은 이 주제를 설명합니다.

• (DN 11.5-께왓따 경, 요소의 소멸에 대한 비구 자신의 이야기)

예전에, 께왓따여, 이 비구 상가에 있는 어떤 비구에게 이런 온전한 심(心)의 생각이 떠올랐다. — '어디에서 땅의 요소, 물의 요소, 불의 요소, 바람의 요소의 네 가지 큰 요소(四大)가 남김없이 소멸할까(nirujjhanti)?

• (DN 11.6-께왓따 경, 해안을 찾는 새의 비유)

참으로 비구여, 이 질문은 '어디에서 땅의 요소, 물의 요소, 불의 요소, 바람의 요소의 네 가지 큰 요소가 남김없이 소멸합니까?'라고 질문해야 하는 것이 아니다.

비구여, 이 질문은 이렇게 물어야 한다. —

'어디에서 물과 땅, 불과 바람은 공고한 기반이 없습니까(na gādhati)? 어디에서 장과 단, 극소와 극대, 정(淨)과 부정(不淨)이, 어디에서 명(名)과 색(色)이 남김없이 멈춥니까(uparujjhati)?'

그때 설명해야 한다. —

'식(識)이 속성이 없고, 한계가 없고, 모든 관점에서 빛나는 여기에서 물과 땅, 불과 바람은 공고한 기반이 없다. 여기에서 장과 단, 극소와 극대, 정과 부정이, 여기에서 명과 색이 남김없이 멈춘다. 식의 멸에 의해서, 여기에서 이것이 멈춘다.'라고.

me dhammā ajjhattaṃ appahīnā – ādīnavadassāvī
내 안에 버려지지 않은 법들에서 위험을 보겠습니다.

Ⅵ. 명색(名色)의 확장된 정의의 문제

공부의 기준은 중요합니다. 삶을 구성하는 다양한 주제에 대한 결론이 각각의 기준 위에서 확정되기 때문입니다. 그래서 근본경전연구회는 부처님 살아서 직접 설한 가르침의 공부 기준을 양보하지 않습니다.

이 주제에서도 공부의 영역을 확장하면, 명색에 대한 정의가 확장됩니다. (SN 12.2-분석 경)의 정의 외에 초기불교의 영역에 속하는 여러 교재들은 명색을 다르게 정의하는데, 표로 정리하고 요약하였습니다.

그런데 (SN 12.2-분석 경)의 정의를 해석하면 이처럼 명은 포괄적 삶의 활성 과정이고, 명색은 ①식을 제외한 활성화된 일체거나, ②삶의 과정과 몸(안의 색)을 묶어 식의 짝으로 삼아 식과 명색이 함께한 것으로의 나(활성존재)를 설명하거나, ③몸과 마음으로 구성된 인식주관으로의 육내입처와 대응하는 육외입처(밖의 색과 수-상-행 = 사식주)를 나타내기도 합니다.

이렇게 명색은 식과 함께 나 그리고 삶을 설명하는 중심이 됩니다. 그래서 삶에 대한 하나의 시각을 위해서는 그 의미가 흔들리지 않아야 합니다. 그럴 때 나의 삶에 관련된 모든 것이 나에 의해 잘 지배되고 잘 뒤따르게 될 것입니다(SN 1.61-명(名) 경).

하지만 부처님 이후 불교 안에 있는 교재들은 변형됩니다. 그래서 부처님의 정의와 다른 정의들이 생겨나고, 그 변형된 정의에 의해서 부처님의 가르침을 새로이 해석하게 됩니다. 그러나 그것은 옳지 않습니다. 부처님의 가르침은 정등각(스스로 완전한 깨달음을 성취한 자)의 가르침이어서 더할 바, 뺄 바를 찾을 수 없는 완전한 가르침(DN 29-정신 경)이기 때문에 불교 안에서 새로운 해석은 발전이 아니라 변질입니다. 불교가 부처님에게로 되돌려져야 하는 이유입니다.

표의 정리에 의하면, 명색 즉 명과 색의 정의는 다양합니다. 다양한 만큼 다양하게 변질된 것입니다.

1. 명(名)을 수(受)-상(想)-행(行)-식(識) 사온(四蘊)으로 정의하는 경우

이 경우 명색은 오온이 됩니다. 명색만으로 집착을 통해 오취온인 나를 구성하게 됩니다. 이 경우는 불교 안에서 가장 큰 오류 중의 한 가지를 유발합니다. 연기에서 식과 명색이 함께하여 나를 구성하지 못하게 되는 것입니다. 자체적으로 식을 포함한 명색 만으로 나를 구성하게 되므로 명색 앞에 제시되어 명색을 조건 짓는 식에 대해 다른 방법으로 설명해야 하는 문제가 생깁니다.

이것 때문에 재생연결식(paṭisandhiviññāṇa)이란 경에 없는 개념이 생겨납니다. 명색인 내가 있기 위한 조건을 설명해야 하기 때문입니다. 그 연장선상에서 행의 의미도 함께 변질되는 것을 볼 수 있습니다. 또한, 재생연결식의 개념 위에서 경을 보고 해석하는데 따른 가르침의 왜곡이 생겨납니다. 식과 명색의 서로 조건 됨과 생존기간의 불균형에 의한 윤회라는 해석이 부정되고, 나는 누구인지에 대한 정의가 달라지며, 무엇보다도 연기 곧 십이연기라는 부처님 깨달음의 중심이 흔들리게 되는 것입니다.

재생연결식의 개념을 동원하면 연기는 삼세양중인과설(三世兩重因果說)이 됩니다. 그러나 삼세양중인과는 식과 명색이라는 두 지분의 바른 이해에 의지하면 연기의 일부입니다. 부처님이 깨닫고, 선언한 연기는 삼세(三世)에 걸쳐 윤회하는 중생의 삶에서 고(苦)의 발생과정을 완전하게 설명하고 있습니다. 이 개념은 연기를 아주 저급하게 해설함에 따라 부처님의 완전한 깨달음을 낮은 깨달음으로 퇴색시키고 맙니다.

재생연결식은 쿳다카 니까야의 의석(義釋-niddesa)과 청정도론(淸淨道論-visuddhimagga) 그리고 abhidhammatthasaṅgaha(초기불전연구원 번역, 아비담마 길라잡이)에서 나타납니다. 그 외에는 율장의 주석서와 복주서, 디가니까야의 주석서와 복주서, 맛지마 니까야의 주석서와 복주서, 상윳따 니까야의 주석서와 복주서, 앙굿따라 니까야의 주석서와 복주서, 쿳다까 니까야의 소송경과 법구경과 숫따니빠따의 주석서, 논장(論藏-아비담마)의 주석서와 복주서, 청정도론의 주석서에 나타납니다.

후대에 편찬된 교재들에 의해 나타난 이 개념을 사용해서 율과 경을 해석하고, 주석하고, 또 복주석하는 것입니다. 부처님에 의한 삶의 해석을 부처님에 의하지 않은 개념을 만들어 설명하는 것입니다. 정등각인 부처님의 가르침을 정등각 아닌 자들의 시각으로 변질시키는 것입니다.

그래서 명을 수-상-행-식 사온(四蘊)으로 정의하는 것은 옳지 않습니다.

2. 명(名)을 수온(受蘊), 상온(想蘊), 행온(行蘊), 식온(識蘊), 무위(無爲)의 요소로 정의하는 경우 – 논장(論藏)

무위의 요소는 열반입니다. 반면에 오온은 무상하고 고이고 변하는 것 즉 행입니다(SN 22.94-꽃 경). 식과 명색이 함께한 상태로 오온을 넘어서 열반을 포함하는 것은 색과 함께하는 중생의 세상을 벗어난 상태로의 열반에 대한 오해입니다.

3. 색(色)을 사대(四大)와 사대조색(四大造色) 이외의 것으로 나타내는 경우 – 논장(論藏)

경은 색에 대해 사대와 사대조색 이외의 어떤 경우도 포함하지 않습니다.

안처 … 신처를 색으로 해석하는 것은 처에 대한 오해입니다. 육내입처는 식과 근이 함께한 상태로의 인식주관입니다. 이 중 안처 … 신처는 물질 세상과의 접점으로 안근 … 신근이라는 색을 포함하고 있습니다.

특히, 심에서 생긴, 심을 원인으로 하는, 심을 기원으로 하는 다른 색 또는 색을 의지한 의식의 요소로써 색을 정의하는 것은 물질 아닌 것을 물질이라고 설명하는 경우입니다. 어떤 경우에도 물질 즉 색은 사대와 사대조색 뿐입니다.

4. 밀린다왕문경은 심과 심에 속한 미세한 법들로 명을 정의하지만 경의 정의에 어긋납니다.

5. 청정도론도 처와 근의 구별이 배제된 채로 안처 … 신처를 색으로 간주하고, 의처와 법처로써 명을 삼고 있는데 옳지 않습니다.

※ 이런 문제 때문에 불교 공부는 교리적 충돌이 발생하지 않는 영역이라는 기준을 필요로 합니다. 근본경전연구회는 율장(律藏)의 마하 위방가(비구 227계목(戒目))과 비구니 위방가(비구니 311계목) 그리고 경장(經藏)의 4부 니까야(디가 니까야, 맛지마 니까야, 상윳따 니까야, 앙굿따라 니까야)와 쿳다까 니까야의 일부(법구경, 숫따니빠따)를 공부의 기준으로 삼고 있습니다. 이런 공부의 영역 안에서 니까야로 니까야를 풀어 가르침의 진정에 접근하는 공부를 진행하고 있는데, 이것이 「불교(佛敎)를 부처님에게로 되돌리는

불사(佛事)」입니다.

TEXT 별 명색(名色)의 정의

<table>
<tr><th colspan="3">text</th><th>명(名)</th><th>색(色)</th></tr>
<tr><td colspan="3">(SN 12.2-분석 경)</td><td>수(受), 상(想), 사(思), 촉(觸), 작의(作意)</td><td>사대(四大)와 사대조색(四大造色)</td></tr>
<tr><td colspan="3">잡아함1-298 법설의설경</td><td>謂四無色陰。受陰 . 想陰 . 行陰 . 識陰</td><td>謂四大 . 四大所造色</td></tr>
<tr><td colspan="3">밀린다왕문경</td><td>심(心)과 심(心)에 속한 미세한 법들</td><td>물질로 된 것</td></tr>
<tr><td colspan="3">논장(論藏) 법집론(法集論)</td><td>수온(受蘊), 상온(想蘊), 행온(行蘊), 식온(識蘊), 무위(無爲)의 요소</td><td>사대(四大)와 사대조색(四大造色)</td></tr>
<tr><td rowspan="5">논장(論藏) 분별론(分別論)</td><td colspan="2">경(經)의 부분</td><td>수온(受蘊), 상온(想蘊), 행온(行蘊)</td><td>사대(四大)와 사대조색(四大造色)</td></tr>
<tr><td rowspan="4">논장(論藏)의 부분</td><td>조건의 4개 조</td><td rowspan="4">• 수온(受蘊), 상온(想蘊), 행온(行蘊)

• 촉(觸)을 세운 뒤에 수온(受蘊), 상온(想蘊), 행온(行蘊), 식온(識蘊)이 있다.</td><td rowspan="4">• 안처(眼處)의 누적 … 신처(身處)의 누적 & 심(心)에서 생긴, 심(心)을 원인으로 하는, 심(心)을 기원으로 하는 다른 색(色)
• 색(色)을 의지한 의식(意識)의 요소
• 사대 그리고 색(色)을 의지한 의식(意識)의 요소</td></tr>
<tr><td>원인의 4개 조</td></tr>
<tr><td>연결됨의 4개 조</td></tr>
<tr><td>상호(相互)의 4개 조</td></tr>
<tr><td colspan="3" rowspan="2">청정도론(淸淨道論)</td><td>의처(意處)와 법처(法處)의 부분</td><td>사대(四大)와 사대조색(四大造色)</td></tr>
<tr><td colspan="2">“어떤 것이든지 모든 색(色)은 사대(四大)와 사대조색(四大造色)이다.”라는 이런 요약에 의해 이 자기존재에서 색(色)을 붙잡은 뒤에 거기서 의처(意處)와 법처(法處)의 부분을 명(名)이라고 붙잡은 뒤에 ”이렇게 이것이 명(名)이고, 이것이 색(色)이다. 이것이 명색(名色)이라고 불린다.’라고 요약된 명색(名色)은 결정된다.</td></tr>
</table>

me dhammā ajjhattaṃ appahīnā – ādīnavadassāvī
내 안에 버려지지 않은 법들에서 위험을 보겠습니다.

◐ TEXT별 명색(名色-nāmarūpa)의 정의들 - 상세 ◑

1. vibhaṅgasuttaṃ (SN 12.2-분석 경)

“katamañca, bhikkhave, nāmarūpaṃ? vedanā, saññā, cetanā, phasso, manasikāro – idaṃ vuccati nāmaṃ. cattāro ca mahābhūtā, catunnañca mahābhūtānaṃ upādāyarūpaṃ. idaṃ vuccati rūpaṃ. iti idañca nāmaṃ, idañca rūpaṃ. idaṃ vuccati, bhikkhave, nāmarūpaṃ.

비구들이여, 무엇이 명색(名色)인가? 수(受), 상(想), 사(思), 촉(觸), 작의(作意) – 이것이 명(名)이라 불린다. 사대(四大)와 사대조색(四大造色). 이것이 색(色)이라 불린다. 이렇게 이 명(名)이 있고, 이렇게 이 색(色)이 있다. 비구들이여, 이것이 명색(名色)이라고 불린다.

2. 잡아함1-298 법설의설경

云何名。謂四無色陰。受陰 . 想陰 . 行陰 . 識陰。云何色。謂四大 . 四大所造色。是名爲色。此色及前所說名是爲名色

어떤 것을 정신이라 하는가. 이른바 네 가지 형상 없는 쌓임이니, 즉 느낌의 쌓임·생각·지어감·의식의 쌓임이니라. 어떤 것을 물질이라 하는가. 이른바 4대(大)와 4대(大)로 된 물질로써 이 물질과 앞에서 말한 정신이니 이것을 정신과 물질이라 하느니라.

※ 잡아함1-322 안내입처경

안이비설신-색성향미촉 열 가지 처(處)[āyatana]를 물질이라고 하고,

안이비설신 – {식(識)[마음]과 근(根)[몸]의 결합상태이므로} 특별한 어떤 물질 ; 眼是內入處。四大所造淨色,
색성향미 – 사대소조(四大所造)의 물질
촉 – 사대(四大)와 사대소조(四大所造)의 물질

3. KN Mil, 2-3. milindapañho, 2. addhānavaggo, 8. nāmarūpapaṭisandahanapañho

rājā āha “bhante nāgasena, yaṃ panetaṃ brūsi ‘nāmarūpan’ti, tattha katamaṃ nāmaṃ, katamaṃ rūpan”ti. “yaṃ tattha, mahārāja, oḷārikaṃ, etaṃ rūpaṃ, ye tattha sukhumā cittacetasikā dhammā, etaṃ nāman”ti. “bhante nāgasena, kena kāraṇena nāmaṃ yeva na paṭisandahati, rūpaṃ yeva vā”ti? “aññamaññūpanissitā, mahārāja, ete dhammā ekatova uppajjantī”ti.

“나가세나 대덕이여, 명색(名色)이라고 말하는 이것에서 무엇이 명(名)이고, 무엇이 색(色)입니까?” “대왕이여, 거기서 물질로 된 것은 색(色)이고, 거기서 심(心)과 심(心)에 속한 미세한 법들이 명(名)입니다.” “나가세나 대덕이여, 무슨 이유로 색(色)처럼 명(名)은 윤회하지 않습니까?” “대왕이여, 서로 의존하는 이 법들은 오직 함께 일어납니다.”

“opammaṃ karohī”ti. “yathā, mahārāja, kukkuṭiyā kalalaṃ na bhaveyya, aṇḍampi na bhaveyya, yañca tattha kalalaṃ, yañca aṇḍaṃ, ubhopete aññamaññūpanissitā, ekatova nesaṃ uppatti hoti. evameva kho, mahārāja, yadi tattha nāmaṃ na bhaveyya, rūpampi na bhaveyya, yañceva tattha nāmaṃ, yañceva rūpaṃ, ubhopete aññamaññūpanissitā, ekatova nesaṃ uppatti hoti. evametaṃ dīghamaddhānaṃ sandhāvitan"ti.

"비유로 설명해 주십시오." "대왕이여, 마치 암탉에게 배아가 없으면 달걀도 없을 것입니다. 거기서 배아와 달걀 이 두 가지는 서로 의지하여 그들의 일어남이 있습니다. 대왕이여, 이처럼 만약 거기에 명(名)이 없으면 색(色)도 없을 것입니다. 거기서 명(名)과 색(色) 이 두 가지는 서로 의지하는 것입니다. 그들에게 오직 함께 일어남이 있습니다. 이렇게 이것은 오랜 시간을 함께 달립니다."

"kallosi, bhante nāgasenā"ti.

"적절한 비유입니다, 나가세나 대덕이여."

4. Abhi Dhs[논장(論藏) 법집론(法集論)], 3. nikkhepakaṇḍaṃ, suttantikadukanikkhepaṃ

tattha katamaṃ nāmaṃ? vedanākkhandho, saññākkhandho, saṅkhārakkhandho, viññāṇakkhandho, asaṅkhatā ca dhātu – idaṃ vuccati nāmaṃ.

거기서 무엇이 명(名)인가? 수온(受蘊), 상온(想蘊), 행온(行蘊), 식온(識蘊), 무위(無爲)의 요소 - 이것이 명(名)이라 불린다.

tattha katamaṃ rūpaṃ? cattāro ca mahābhūtā, catunnañca mahābhūtānaṃ upādāya rūpaṃ – idaṃ vuccati rūpaṃ.

거기서 무엇이 색(色)인가? 사대(四大)와 사대조색(四大造色) - 이것이 색(色)이라 불린다.

5. Abhi Vibh[논장(論藏) 분별론(分別論)], 6. paṭiccasamuppādavibhaṅgo[연기(緣起) 분별(分別)], 1. suttantabhājanīyaṃ[경(經)의 부분],

tattha katamaṃ viññāṇapaccayā nāmarūpaṃ? atthi nāmaṃ, atthi rūpaṃ. tattha katamaṃ nāmaṃ? vedanākkhandho, saññākkhandho, saṅkhārakkhandho – idaṃ vuccati "nāmaṃ" . tattha katamaṃ rūpaṃ? cattāro mahābhūtā, catunnañca mahābhūtānaṃ upādāya rūpaṃ – idaṃ vuccati "rūpaṃ". iti idañca nāmaṃ, idañca rūpaṃ. idaṃ vuccati "viññāṇapaccayā nāmarūpaṃ".

거기서 무엇이 '식(識)을 조건으로 명색(名色)이 있다.'인가? 명(名)이 있고, 색(色)이 있다. 거기서 무엇이 명(名)인가? 수온(受蘊), 상온(想蘊), 행온(行蘊) – 이것이 명(名)이라고 불린다. 거기서 무엇이 색(色)인가? 사대(四大)와 사대조색(四大造色) – 이것이 색(色)이라고 불린다. 이렇게 이것이 명(名)이고, 이것이 색(色)이다. 이것이 '식(識)을 조건으로 명색(名色)이 있다.'라고 불린다.

6-1. Abhi Vibh, 6. paṭiccasamuppādavibhaṅgo, 2. abhidhammabhājanīyaṃ[논장(論藏)의 부분], 5.

paccayacatukkaṃ,

tattha katamaṃ viññāṇapaccayā nāmaṃ? vedanākkhandho, saññākkhandho, saṅkhārakkhandho – idaṃ vuccati "viññāṇapaccayā nāmaṃ".

거기서 무엇이 '식(識)을 조건으로 명(名)이 있다.'인가? 수온(受蘊), 상온(想蘊), 행온(行蘊) – 이것이 '식(識)을 조건으로 명(名)이 있다.'라고 불린다.

nāmapaccayā phassoti. tattha katamaṃ nāmaṃ? ṭhapetvā phassaṃ, vedanākkhandho saññākkhandho saṅkhārakkhandho viññāṇakkhandho – idaṃ vuccati "nāmaṃ".

'명(名)을 조건으로 촉(觸)이 있다.' 거기서 무엇이 명(名)인가? 촉(觸)을 세운 뒤에 수온(受蘊), 상온(想蘊), 행온(行蘊), 식온(識蘊)이 있다. 이것이 명(名)이라고 불린다.

6-2. Abhi Vibh, 6. paṭiccasamuppādavibhaṅgo, 2. abhidhammabhājanīyaṃ, 5. paccayacatukkaṃ,

tattha katamaṃ viññāṇapaccayā nāmarūpaṃ? atthi nāmaṃ, atthi rūpaṃ. tattha katamaṃ nāmaṃ? vedanākkhandho, saññākkhandho, saṅkhārakkhandho – idaṃ vuccati "nāmaṃ". tattha katamaṃ rūpaṃ? cakkhāyatanassa upacayo, sotāyatanassa upacayo, ghānāyatanassa upacayo, jivhāyatanassa upacayo, kāyāyatanassa upacayo, yaṃ vā panaññampi atthi rūpaṃ cittajaṃ cittahetukaṃ cittasamuṭṭhānaṃ – idaṃ vuccati "rūpaṃ". iti idañca nāmaṃ, idañca rūpaṃ. idaṃ vuccati "viññāṇapaccayā nāmarūpaṃ".

거기서 무엇이 '식(識)을 조건으로 명색(名色)이 있다.'인가? 명(名)이 있고, 색(色)이 있다. 거기서 무엇이 명(名)인가? 수온(受蘊), 상온(想蘊), 행온(行蘊) – 이것이 명(名)이라고 불린다. 거기서 무엇이 색(色)인가? 안처(眼處)의 누적, 이처(耳處)의 누적, 비처(鼻處)의 누적, 설처(舌處)의 누적, 신처(身處)의 누적 그리고 심(心)에서 생긴, 심(心)을 원인으로 하는, 심(心)을 기원으로 하는 다른 색(色)도 있다. – 이것이 색(色)이라 불린다. 이렇게 이것이 명(名)이고, 이것이 색(色)이다. 이것이 '식(識)을 조건으로 명색(名色)이 있다.'라고 불린다.

6-3. Abhi Vibh, 6. paṭiccasamuppādavibhaṅgo, 2. abhidhammabhājanīyaṃ, 5. paccayacatukkaṃ,

nāmarūpapaccayā chaṭṭhāyatananti. atthi nāmaṃ, atthi rūpaṃ. tattha katamaṃ nāmaṃ? vedanākkhandho, saññākkhandho, saṅkhārakkhandho – idaṃ vuccati "nāmaṃ". tattha katamaṃ rūpaṃ? yaṃ rūpaṃ nissāya manoviññāṇadhātu vattati – idaṃ vuccati "rūpaṃ". iti idañca nāmaṃ, idañca rūpaṃ. idaṃ vuccati "nāmarūpaṃ".

'명색(名色)을 조건으로 여섯 번째 처(處)가 있다.' 명(名)이 있고, 색(色)이 있다. 거기서 무엇이 명(名)인가? 수온(受蘊), 상온(想蘊), 행온(行蘊) – 이것이 명(名)이라고 불린다. 거기서 무엇이 색(色)인가? 색(色)을 의지한 의식(意識)의 요소가 있다. – 이것이 색(色)이라고 불린다. 이렇게 이것이 명(名)이고, 이것이 색(色)이다. 이것이 명색(名色)이라고 불린다.

6-4. Abhi Vibh, 6. paṭiccasamuppādavibhaṅgo, 2. abhidhammabhājanīyaṃ, 5. paccayacatukkaṃ,

tattha katamaṃ viññāṇapaccayā nāmarūpaṃ? atthi nāmaṃ, atthi rūpaṃ. tattha katamaṃ nāmaṃ? vedanākkhandho, saññākkhandho, saṅkhārakkhandho – idaṃ vuccati "nāmaṃ". tattha katamaṃ rūpaṃ? cakkhāyatanassa upacayo, sotāyatanassa upacayo, ghānāyatanassa upacayo, jivhāyatanassa upacayo, kāyāyatanassa upacayo, yaṃ vā panaññampi atthi rūpaṃ cittajaṃ cittahetukaṃ cittasamuṭṭhānaṃ – idaṃ vuccati "rūpaṃ". iti idañca nāmaṃ, idañca rūpaṃ. idaṃ vuccati "viññāṇapaccayā nāmarūpaṃ".

거기서 무엇이 '식(識)을 조건으로 명색(名色)이 있다.'인가? 명(名)이 있고, 색(色)이 있다. 거기서 무엇이 명(名)인가? 수온(受蘊), 상온(想蘊), 행온(行蘊) – 이것이 명(名)이라고 불린다. 거기서 무엇이 색(色)인가? 안처(眼處)의 누적, 이처(耳處)의 누적, 비처(鼻處)의 누적, 설처(舌處)의 누적, 신처(身處)의 누적 그리고 심(心)에서 생긴, 심(心)을 원인으로 하는, 심(心)을 기원으로 하는 다른 색(色)도 있다. – 이것이 색(色)이라 불린다. 이렇게 이것이 명(名)이고, 이것이 색(色)이다. 이것이 '식(識)을 조건으로 명색(名色)이 있다.'라고 불린다.

6-5. Abhi Vibh, 6. paṭiccasamuppādavibhaṅgo, 2. abhidhammabhājanīyaṃ, 5. paccayacatukkaṃ,

nāmarūpapaccayā saḷāyatananti. atthi nāmaṃ, atthi rūpaṃ. tattha katamaṃ nāmaṃ? vedanākkhandho, saññākkhandho, saṅkhārakkhandho – idaṃ vuccati "nāmaṃ". tattha katamaṃ rūpaṃ? cattāro ca mahābhūtā, yañca rūpaṃ nissāya manoviññāṇadhātu vattati – idaṃ vuccati "rūpaṃ". iti idañca nāmaṃ, idañca rūpaṃ. idaṃ vuccati "nāmarūpaṃ".

'명색(名色)을 조건으로 육입(六入)이 있다.' 명(名)이 있고, 색(色)이 있다. 거기서 무엇이 명(名)인가? 수온(受蘊), 상온(想蘊), 행온(行蘊) – 이것이 명(名)이라고 불린다. 거기서 무엇이 색(色)인가? 사대(四大) 그리고 색(色)을 의지한 의식(意識)의 요소가 있다. – 이것이 색(色)이라고 불린다. 이렇게 이것이 명(名)이고, 이것이 색(色)이다. 이것이 명색(名色)이라고 불린다.

6-6. Abhi Vibh, 6. paṭiccasamuppādavibhaṅgo, 2. abhidhammabhājanīyaṃ, 6. hetucatukkaṃ,

nāmapaccayā phasso nāmahetukoti. tattha katamaṃ nāmaṃ? ṭhapetvā phassaṃ, vedanākkhandho saññākkhandho saṅkhārakkhandho viññāṇakkhandho – idaṃ vuccati "nāmaṃ".

'명(名)을 조건으로 명(名)을 원인으로 하는 촉(觸)이 있다.' 거기서 무엇이 명(名)인가? 촉(觸)을 세운 뒤에 수온(受蘊), 상온(想蘊), 행온(行蘊), 식온(識蘊)이 있다. 이것이 명(名)이라고 불린다.

tattha katamo nāmapaccayā phasso nāmahetuko? yo phasso phusanā samphusanā samphusitattaṃ – ayaṃ vuccati "nāmapaccayā phasso nāmahetuko"

거기서 무엇이 명(名)을 조건으로 명(名)을 원인으로 하는 촉(觸)인가? 촉(觸), 닿음, 함께 닿음, 함께 닿아진 상태

– 이것이 명(名)을 조건으로 명(名)을 원인으로 하는 촉(觸)이라고 불린다.

6-7. Abhi Vibh, 6. paṭiccasamuppādavibhaṅgo, 2. abhidhammabhājanīyaṃ, 6. hetucatukkaṃ,

tattha katamaṃ viññāṇapaccayā nāmarūpaṃ viññāṇahetukaṃ? atthi nāmaṃ, atthi rūpaṃ. tattha katamaṃ nāmaṃ? vedanākkhandho, saññākkhandho, saṅkhārakkhandho – idaṃ vuccati "nāmaṃ". tattha katamaṃ rūpaṃ? cakkhāyatanassa upacayo, sotāyatanassa upacayo, ghānāyatanassa upacayo, jivhāyatanassa upacayo, kāyāyatanassa upacayo, yaṃ vā panaññampi atthi rūpaṃ cittajaṃ cittahetukaṃ cittasamuṭṭhānaṃ – idaṃ vuccati "rūpaṃ". iti idañca nāmaṃ, idañca rūpaṃ. idaṃ vuccati "viññāṇapaccayā nāmarūpaṃ viññāṇahetukaṃ".

거기서 무엇이 식(識)을 조건으로 식(識)을 원인으로 하는 명색(名色)인가? 명(名)이 있고, 색(色)이 있다. 거기서 무엇이 명(名)인가? 수온(受蘊), 상온(想蘊), 행온(行蘊) – 이것이 명(名)이라고 불린다. 거기서 무엇이 색(色)인가? 안처(眼處)의 누적, 이처(耳處)의 누적, 비처(鼻處)의 누적, 설처(舌處)의 누적, 신처(身處)의 누적 그리고 심(心)에서 생긴, 심(心)을 원인으로 하는, 심(心)을 기원으로 하는 다른 색(色)도 있다. – 이것이 색(色)이라 불린다. 이렇게 이것이 명(名)이고, 이것이 색(色)이다. 이것이 '식(識)을 조건으로 식(識)을 원인으로 하는 명색(名色)'이라고 불린다.

6-8. Abhi Vibh, 6. paṭiccasamuppādavibhaṅgo, 2. abhidhammabhājanīyaṃ, 6. hetucatukkaṃ,

nāmarūpapaccayā chaṭṭhāyatanaṃ nāmarūpahetukanti. atthi nāmaṃ, atthi rūpaṃ. tattha katamaṃ nāmaṃ? vedanākkhandho, saññākkhandho, saṅkhārakkhandho – idaṃ vuccati "nāmaṃ". tattha katamaṃ rūpaṃ? yaṃ rūpaṃ nissāya manoviññāṇadhātu vattati – idaṃ vuccati "rūpaṃ". iti idañca nāmaṃ, idañca rūpaṃ. idaṃ vuccati "nāmarūpaṃ".

'명색(名色)을 조건으로 명색(名色)을 원인으로 하는 여섯 번째 처(處)가 있다.' 명(名)이 있고, 색(色)이 있다. 거기서 무엇이 명(名)인가? 수온(受蘊), 상온(想蘊), 행온(行蘊) – 이것이 명(名)이라고 불린다. 거기서 무엇이 색(色)인가? 색(色)을 의지한 의식(意識)의 요소가 있다. – 이것이 색(色)이라고 불린다. 이렇게 이것이 명(名)이고, 이것이 색(色)이다. 이것이 명색(名色)이라고 불린다.

6-9. Abhi Vibh, 6. paṭiccasamuppādavibhaṅgo, 2. abhidhammabhājanīyaṃ, 6. hetucatukkaṃ,

tattha katamaṃ viññāṇapaccayā nāmarūpaṃ viññāṇahetukaṃ? atthi nāmaṃ, atthi rūpaṃ. tattha katamaṃ nāmaṃ? vedanākkhandho, saññākkhandho, saṅkhārakkhandho – idaṃ vuccati "nāmaṃ". tattha katamaṃ rūpaṃ? cakkhāyatanassa upacayo, sotāyatanassa upacayo, ghānāyatanassa upacayo, jivhāyatanassa upacayo, kāyāyatanassa upacayo, yaṃ vā panaññampi atthi rūpaṃ cittajaṃ cittahetukaṃ cittasamuṭṭhānaṃ – idaṃ vuccati "rūpaṃ". iti idañca nāmaṃ, idañca rūpaṃ. idaṃ vuccati "viññāṇapaccayā nāmarūpaṃ viññāṇahetukaṃ".

거기서 무엇이 식(識)을 조건으로 식(識)을 원인으로 하는 명색(名色)인가? 명(名)이 있고, 색(色)이 있다. 거기서 무엇이 명(名)인가? 수온(受蘊), 상온(想蘊), 행온(行蘊) – 이것이 명(名)이라고 불린다. 거기서 무엇이 색(色)인가?

안처(眼處)의 누적, 이처(耳處)의 누적, 비처(鼻處)의 누적, 설처(舌處)의 누적, 신처(身處)의 누적 그리고 심(心)에서 생긴, 심(心)을 원인으로 하는, 심(心)을 기원으로 하는 다른 색(色)도 있다. – 이것이 색(色)이라 불린다. 이렇게 이것이 명(名)이고, 이것이 색(色)이다. 이것이 '식(識)을 조건으로 식(識)을 원인으로 하는 명색(名色)'이라고 불린다.

6-10. Abhi Vibh, 6. paṭiccasamuppādavibhaṅgo, 2. abhidhammabhājanīyaṃ, 6. hetucatukkaṃ,

nāmarūpapaccayā saḷāyatanaṃ nāmarūpahetukanti. atthi nāmaṃ, atthi rūpaṃ. tattha katamaṃ nāmaṃ? vedanākkhandho, saññākkhandho, saṅkhārakkhandho – idaṃ vuccati "nāmaṃ". tattha katamaṃ rūpaṃ? cattāro ca mahābhūtā, yañca rūpaṃ nissāya manoviññāṇadhātu vattati – idaṃ vuccati "rūpaṃ". iti idañca nāmaṃ, idañca rūpaṃ. idaṃ vuccati "nāmarūpaṃ".

'명색(名色)을 조건으로 명색(名色)을 원인으로 하는 육입(六入)이 있다.' 명(名)이 있고, 색(色)이 있다. 거기서 무엇이 명(名)인가? 수온(受蘊), 상온(想蘊), 행온(行蘊) – 이것이 명(名)이라고 불린다. 거기서 무엇이 색(色)인가? 사대(四大) 그리고 색(色)을 의지한 의식(意識)의 요소가 있다. – 이것이 색(色)이라고 불린다. 이렇게 이것이 명(名)이고, 이것이 색(色)이다. 이것이 명색(名色)이라고 불린다.

6-11. Abhi Vibh, 6. paṭiccasamuppādavibhaṅgo, 2. abhidhammabhājanīyaṃ, 7. sampayuttacatukkaṃ,

nāmapaccayā phasso nāmasampayuttoti. tattha katamaṃ nāmaṃ? ṭhapetvā phassaṃ, vedanākkhandho saññākkhandho saṅkhārakkhandho viññāṇakkhandho – idaṃ vuccati "nāmaṃ".

'명(名)을 조건으로 명(名)에 연결된 촉(觸)이 있다.' 거기서 무엇이 명(名)인가? 촉(觸)을 세운 뒤에 수온(受蘊), 상온(想蘊), 행온(行蘊), 식온(識蘊)이 있다. 이것이 명(名)이라고 불린다.

tattha katamo nāmapaccayā phasso nāmasampayutto? yo phasso phusanā samphusanā samphusitattaṃ – ayaṃ vuccati "nāmapaccayā phasso nāmasampayutto"

거기서 무엇이 명(名)을 조건으로 명(名)에 연결된 촉(觸)인가? 촉(觸), 닿음, 함께 닿음, 함께 닿아진 상태 – 이것이 명(名)을 조건으로 명(名)에 연결된 촉(觸)이라고 불린다.

6-12. Abhi Vibh, 6. paṭiccasamuppādavibhaṅgo, 2. abhidhammabhājanīyaṃ, 7. sampayuttacatukkaṃ,

tattha katamaṃ viññāṇapaccayā nāmarūpaṃ viññāṇasampayuttaṃ nāmaṃ? atthi nāmaṃ, atthi rūpaṃ. tattha katamaṃ nāmaṃ? vedanākkhandho, saññākkhandho, saṅkhārakkhandho – idaṃ vuccati "nāmaṃ". tattha katamaṃ rūpaṃ? cakkhāyatanassa upacayo, sotāyatanassa upacayo, ghānāyatanassa upacayo, jivhāyatanassa upacayo, kāyāyatanassa upacayo, yaṃ vā panaññampi atthi rūpaṃ cittajaṃ cittahetukaṃ cittasamuṭṭhānaṃ – idaṃ vuccati "rūpaṃ". iti idañca nāmaṃ, idañca rūpaṃ. idaṃ vuccati "viññāṇapaccayā nāmarūpaṃ viññāṇasampayuttaṃ nāmaṃ".

거기서 무엇이 식(識)을 조건으로 식(識)에 연결된 명(名)과 명색(名色)인가? 명(名)이 있고, 색(色)이 있다. 거기서 무엇이 명(名)인가? 수온(受蘊), 상온(想蘊), 행온(行蘊) – 이것이 명(名)이라고 불린다. 거기서 무엇이 색(色)인가? 안처(眼處)의 누적, 이처(耳處)의 누적, 비처(鼻處)의 누적, 설처(舌處)의 누적, 신처(身處)의 누적 그리고 심(心)에서 생긴, 심(心)을 원인으로 하는, 심(心)을 기원으로 하는 다른 색(色)도 있다. – 이것이 색(色)이라 불린다. 이렇게 이것이 명(名)이고, 이것이 색(色)이다. 이것이 '식(識)을 조건으로 식(識)에 연결된 명(名)과 명색(名色)'이라고 불린다.

6-13. Abhi Vibh, 6. paṭiccasamuppādavibhaṅgo, 2. abhidhammabhājanīyaṃ, 7. sampayuttacatukkaṃ,

nāmarūpapaccayā chaṭṭhāyatanaṃ nāmasampayuttanti. atthi nāmaṃ, atthi rūpaṃ. tattha katamaṃ nāmaṃ? vedanākkhandho, saññākkhandho, saṅkhārakkhandho – idaṃ vuccati "nāmaṃ". tattha katamaṃ rūpaṃ? yaṃ rūpaṃ nissāya manoviññāṇadhātu vattati – idaṃ vuccati "rūpaṃ". iti idañca nāmaṃ, idañca rūpaṃ. idaṃ vuccati "nāmarūpaṃ".

'명색(名色)을 조건으로 명색(名色)에 연결된 여섯 번째 처(處)가 있다.' 명(名)이 있고, 색(色)이 있다. 거기서 무엇이 명(名)인가? 수온(受蘊), 상온(想蘊), 행온(行蘊) – 이것이 명(名)이라고 불린다. 거기서 무엇이 색(色)인가? 색(色)을 의지한 의식(意識)의 요소가 있다. – 이것이 색(色)이라고 불린다. 이렇게 이것이 명(名)이고, 이것이 색(色)이다. 이것이 명색(名色)이라고 불린다.

6-14. Abhi Vibh, 6. paṭiccasamuppādavibhaṅgo, 2. abhidhammabhājanīyaṃ, 7. sampayuttacatukkaṃ,

tattha katamaṃ viññāṇapaccayā nāmarūpaṃ viññāṇasampayuttaṃ nāmaṃ? atthi nāmaṃ, atthi rūpaṃ. tattha katamaṃ nāmaṃ? vedanākkhandho, saññākkhandho, saṅkhārakkhandho – idaṃ vuccati "nāmaṃ". tattha katamaṃ rūpaṃ? cakkhāyatanassa upacayo, sotāyatanassa upacayo, ghānāyatanassa upacayo, jivhāyatanassa upacayo, kāyāyatanassa upacayo, yaṃ vā panaññampi atthi rūpaṃ cittajaṃ cittahetukaṃ cittasamuṭṭhānaṃ – idaṃ vuccati "rūpaṃ". iti idañca nāmaṃ, idañca rūpaṃ. idaṃ vuccati "viññāṇapaccayā nāmarūpaṃ viññāṇasampayuttaṃ nāmaṃ".

거기서 무엇이 식(識)을 조건으로 식(識)에 연결된 명(名)과 명색(名色)인가? 명(名)이 있고, 색(色)이 있다. 거기서 무엇이 명(名)인가? 수온(受蘊), 상온(想蘊), 행온(行蘊) – 이것이 명(名)이라고 불린다. 거기서 무엇이 색(色)인가? 안처(眼處)의 누적, 이처(耳處)의 누적, 비처(鼻處)의 누적, 설처(舌處)의 누적, 신처(身處)의 누적 그리고 심(心)에서 생긴, 심(心)을 원인으로 하는, 심(心)을 기원으로 하는 다른 색(色)도 있다. – 이것이 색(色)이라 불린다. 이렇게 이것이 명(名)이고, 이것이 색(色)이다. 이것이 '식(識)을 조건으로 식(識)에 연결된 명(名)과 명색(名色)'이라고 불린다.

6-15. Abhi Vibh, 6. paṭiccasamuppādavibhaṅgo, 2. abhidhammabhājanīyaṃ, 7. sampayuttacatukkaṃ,

nāmarūpapaccayā saḷāyatanaṃ nāmasampayuttaṃ chaṭṭhāyatananti. atthi nāmaṃ, atthi rūpaṃ. tattha katamaṃ nāmaṃ? vedanākkhandho, saññākkhandho, saṅkhārakkhandho – idaṃ vuccati "nāmaṃ". tattha katamaṃ rūpaṃ? cattāro ca mahābhūtā, yañca rūpaṃ nissāya manoviññāṇadhātu vattati – idaṃ vuccati "rūpaṃ". iti idañca nāmaṃ, idañca rūpaṃ. idaṃ vuccati "nāmarūpaṃ".

'명색(名色)을 조건으로 명(名)에 연결된 육입(六入)과 여섯 번째 처(處)가 있다.' 명(名)이 있고, 색(色)이 있다. 거기서 무엇이 명(名)인가? 수온(受蘊), 상온(想蘊), 행온(行蘊) – 이것이 명(名)이라고 불린다. 거기서 무엇이 색(色)인가? 사대(四大) 그리고 색(色)을 의지한 의식(意識)의 요소가 있다. – 이것이 색(色)이라고 불린다. 이렇게 이것이 명(名)이고, 이것이 색(色)이다. 이것이 명색(名色)이라고 불린다.

6-16. Abhi Vibh, 6. paṭiccasamuppādavibhaṅgo, 2. abhidhammabhājanīyaṃ, 8. aññamaññacatukkaṃ,

nāmapaccayā phassoti. tattha katamaṃ nāmaṃ? ṭhapetvā phassaṃ, vedanākkhandho saññākkhandho saṅkhārakkhandho viññāṇakkhandho – idaṃ vuccati "nāmaṃ".

'명(名)을 조건으로 촉(觸)이 있다.' 거기서 무엇이 명(名)인가? 촉(觸)을 세운 뒤에 수온(受蘊), 상온(想蘊), 행온(行蘊), 식온(識蘊)이 있다. 이것이 명(名)이라고 불린다.

tattha katamo nāmapaccayā phasso? yo phasso phusanā samphusanā samphusitattaṃ – ayaṃ vuccati "nāmapaccayā phasso".

거기서 무엇이 '명(名)을 조건으로 촉(觸)이 있다.'인가? 촉(觸), 닿음, 함께 닿음, 함께 닿아진 상태 – 이것이 '명(名)을 조건으로 촉(觸)이 있다'라고 불린다.

6-17. Abhi Vibh, 6. paṭiccasamuppādavibhaṅgo, 2. abhidhammabhājanīyaṃ, 8. aññamaññacatukkaṃ,

tattha katamaṃ viññāṇapaccayā nāmarūpaṃ? atthi nāmaṃ, atthi rūpaṃ. tattha katamaṃ nāmaṃ? vedanākkhandho, saññākkhandho, saṅkhārakkhandho – idaṃ vuccati "nāmaṃ". tattha katamaṃ rūpaṃ? cakkhāyatanassa upacayo, sotāyatanassa upacayo, ghānāyatanassa upacayo, jivhāyatanassa upacayo, kāyāyatanassa upacayo, yaṃ vā panaññampi atthi rūpaṃ cittajaṃ cittahetukaṃ cittasamuṭṭhānaṃ – idaṃ vuccati "rūpaṃ". iti idañca nāmaṃ, idañca rūpaṃ. idaṃ vuccati "viññāṇapaccayā nāmarūpaṃ".

거기서 무엇이 '식(識)을 조건으로 명색(名色)이 있다.'인가? 명(名)이 있고, 색(色)이 있다. 거기서 무엇이 명(名)인가? 수온(受蘊), 상온(想蘊), 행온(行蘊) – 이것이 명(名)이라고 불린다. 거기서 무엇이 색(色)인가? 안처(眼處)의 누적, 이처(耳處)의 누적, 비처(鼻處)의 누적, 설처(舌處)의 누적, 신처(身處)의 누적 그리고 심(心)에서 생긴, 심(心)을 원인으로 하는, 심(心)을 기원으로 하는 다른 색(色)도 있다. – 이것이 색(色)이라 불린다. 이렇게 이것이 명(名)이고, 이것이 색(色)이다. 이것이 '식(識)을 조건으로 명색(名色)이 있다.'라고 불린다.

6-18. Abhi Vibh, 6. paṭiccasamuppādavibhaṅgo, 2. abhidhammabhājanīyaṃ, 8. aññamaññacatukkaṃ,

nāmarūpapaccayāpi viññāṇanti. atthi nāmaṃ, atthi rūpaṃ. tattha katamaṃ nāmaṃ? vedanākkhandho, saññākkhandho, saṅkhārakkhandho – idaṃ vuccati "nāmaṃ". tattha katamaṃ rūpaṃ? yaṃ rūpaṃ nissāya manoviññāṇadhātu vattati – idaṃ vuccati "rūpaṃ". iti idañca nāmaṃ, idañca rūpaṃ. idaṃ vuccati "nāmarūpaṃ".

'명색(名色)을 조건으로도 식(識)이 있다.' 명(名)이 있고, 색(色)이 있다. 거기서 무엇이 명(名)인가? 수온(受蘊), 상온(想蘊), 행온(行蘊) – 이것이 명(名)이라고 불린다. 거기서 무엇이 색(色)인가? 색(色)을 의지한 의식(意識)의 요소가 있다. – 이것이 색(色)이라고 불린다. 이렇게 이것이 명(名)이고, 이것이 색(色)이다. 이것이 명색(名色)이라고 불린다.

6-19. Abhi Vibh, 6. paṭiccasamuppādavibhaṅgo, 2. abhidhammabhājanīyaṃ, 8. aññamaññacatukkaṃ,

nāmarūpapaccayā chaṭṭhāyatananti. atthi nāmaṃ, atthi rūpaṃ. tattha katamaṃ nāmaṃ? vedanākkhandho, saññākkhandho, saṅkhārakkhandho – idaṃ vuccati "nāmaṃ". tattha katamaṃ rūpaṃ? yaṃ rūpaṃ nissāya manoviññāṇadhātu vattati – idaṃ vuccati "rūpaṃ". iti idañca nāmaṃ, idañca rūpaṃ. idaṃ vuccati "nāmarūpaṃ".

'명색(名色)을 조건으로 여섯 번째 처(處)가 있다.' 명(名)이 있고, 색(色)이 있다. 거기서 무엇이 명(名)인가? 수온(受蘊), 상온(想蘊), 행온(行蘊) – 이것이 명(名)이라고 불린다. 거기서 무엇이 색(色)인가? 색(色)을 의지한 의식(意識)의 요소가 있다. – 이것이 색(色)이라고 불린다. 이렇게 이것이 명(名)이고, 이것이 색(色)이다. 이것이 명색(名色)이라고 불린다.

6-20. Abhi Vibh, 6. paṭiccasamuppādavibhaṅgo, 2. abhidhammabhājanīyaṃ, 8. aññamaññacatukkaṃ,

tattha katamaṃ chaṭṭhāyatanapaccayāpi nāmarūpaṃ? atthi nāmaṃ, atthi rūpaṃ. tattha katamaṃ nāmaṃ? vedanākkhandho, saññākkhandho, saṅkhārakkhandho – idaṃ vuccati "nāmaṃ". tattha katamaṃ rūpaṃ? cakkhāyatanassa upacayo, sotāyatanassa upacayo, ghānāyatanassa upacayo, jivhāyatanassa upacayo, kāyāyatanassa upacayo, yaṃ vā panaññampi atthi rūpaṃ cittajaṃ cittahetukaṃ cittasamuṭṭhānaṃ – idaṃ vuccati "rūpaṃ". iti idañca nāmaṃ, idañca rūpaṃ. idaṃ vuccati "chaṭṭhāyatanapaccayāpi nāmarūpaṃ".

거기서 무엇이 '여섯 번째 처(處)를 조건으로도 명색(名色)이 있다.'인가? 명(名)이 있고, 색(色)이 있다. 거기서 무엇이 명(名)인가? 수온(受蘊), 상온(想蘊), 행온(行蘊) – 이것이 명(名)이라고 불린다. 거기서 무엇이 색(色)인가? 안처(眼處)의 누적, 이처(耳處)의 누적, 비처(鼻處)의 누적, 설처(舌處)의 누적, 신처(身處)의 누적 그리고 심(心)에서 생긴, 심(心)을 원인으로 하는, 심(心)을 기원으로 하는 다른 색(色)도 있다. – 이것이 색(色)이라 불린다. 이렇게 이것이 명(名)이고, 이것이 색(色)이다. 이것이 '여섯 번째 처(處)를 조건으로도 명색(名色)이 있다.'라고 불린다.

6-21. Abhi Vibh, 6. paṭiccasamuppādavibhaṅgo, 2. abhidhammabhājanīyaṃ, 8. aññamaññacatukkaṃ,

tattha katamaṃ viññāṇapaccayā nāmarūpaṃ? atthi nāmaṃ, atthi rūpaṃ. tattha katamaṃ nāmaṃ? vedanākkhandho, saññākkhandho, saṅkhārakkhandho – idaṃ vuccati nāmaṃ. tattha katamaṃ rūpaṃ? cakkhāyatanassa upacayo, sotāyatanassa upacayo, ghānāyatanassa upacayo, jivhāyatanassa upacayo, kāyāyatanassa upacayo, yaṃ vā panaññampi atthi rūpaṃ cittajaṃ cittahetukaṃ cittasamuṭṭhānaṃ – idaṃ vuccati "rūpaṃ". iti idañca nāmaṃ, idañca rūpaṃ. idaṃ vuccati "viññāṇapaccayā nāmarūpaṃ".

거기서 무엇이 '식(識)을 조건으로 명색(名色)이 있다.'인가? 명(名)이 있고, 색(色)이 있다. 거기서 무엇이 명(名)인가? 수온(受蘊), 상온(想蘊), 행온(行蘊) – 이것이 명(名)이라고 불린다. 거기서 무엇이 색(色)인가? 안처(眼處)의 누적, 이처(耳處)의 누적, 비처(鼻處)의 누적, 설처(舌處)의 누적, 신처(身處)의 누적 그리고 심(心)에서 생긴, 심(心)을 원인으로 하는, 심(心)을 기원으로 하는 다른 색(色)도 있다. – 이것이 색(色)이라 불린다. 이렇게 이것이 명(名)이고, 이것이 색(色)이다. 이것이 '식(識)을 조건으로 명색(名色)이 있다.'라고 불린다.

6-22. Abhi Vibh, 6. paṭiccasamuppādavibhaṅgo, 2. abhidhammabhājanīyaṃ, 8. aññamaññacatukkaṃ,

nāmarūpapaccayāpi viññāṇanti. atthi nāmaṃ, atthi rūpaṃ. tattha katamaṃ nāmaṃ? vedanākkhandho, saññākkhandho, saṅkhārakkhandho – idaṃ vuccati "nāmaṃ". tattha katamaṃ rūpaṃ? yaṃ rūpaṃ nissāya manoviññāṇadhātu vattati – idaṃ vuccati "rūpaṃ". iti idañca nāmaṃ, idañca rūpaṃ. idaṃ vuccati "nāmarūpaṃ".

'명색(名色)을 조건으로도 식(識)이 있다.' 명(名)이 있고, 색(色)이 있다. 거기서 무엇이 명(名)인가? 수온(受蘊), 상온(想蘊), 행온(行蘊) – 이것이 명(名)이라고 불린다. 거기서 무엇이 색(色)인가? 색(色)을 의지한 의식(意識)의 요소가 있다. – 이것이 색(色)이라고 불린다. 이렇게 이것이 명(名)이고, 이것이 색(色)이다. 이것이 명색(名色)이라고 불린다.

6-23. Abhi Vibh, 6. paṭiccasamuppādavibhaṅgo, 2. abhidhammabhājanīyaṃ, 8. aññamaññacatukkaṃ,

nāmarūpapaccayā saḷāyatananti. atthi nāmaṃ, atthi rūpaṃ. tattha katamaṃ nāmaṃ? vedanākkhandho, saññākkhandho, saṅkhārakkhandho – idaṃ vuccati "nāmaṃ". tattha katamaṃ rūpaṃ? cattāro ca mahābhūtā, yañca rūpaṃ nissāya manoviññāṇadhātu vattati – idaṃ vuccati "rūpaṃ". iti idañca nāmaṃ, idañca rūpaṃ. idaṃ vuccati "nāmarūpaṃ".

'명색(名色)을 조건으로 육입(六入)이 있다.' 명(名)이 있고, 색(色)이 있다. 거기서 무엇이 명(名)인가? 수온(受蘊), 상온(想蘊), 행온(行蘊) – 이것이 명(名)이라고 불린다. 거기서 무엇이 색(色)인가? 사대(四大) 그리고 색(色)을 의지한 의식(意識)의 요소가 있다. – 이것이 색(色)이라고 불린다. 이렇게 이것이 명(名)이고, 이것이 색(色)이다. 이것이 명색(名色)이라고 불린다.

6-24. Abhi Vibh, 6. paṭiccasamuppādavibhaṅgo, 2. abhidhammabhājanīyaṃ, 8. aññamaññacatukkaṃ,

tattha katamaṃ chaṭṭhāyatanapaccayāpi nāmarūpaṃ? atthi nāmaṃ, atthi rūpaṃ. tattha katamaṃ nāmaṃ? vedanākkhandho, saññākkhandho, saṅkhārakkhandho – idaṃ vuccati "nāmaṃ". tattha katamaṃ rūpaṃ? cakkhāyatanassa upacayo, sotāyatanassa upacayo, ghānāyatanassa upacayo, jivhāyatanassa upacayo, kāyāyatanassa upacayo, yaṃ vā panaññampi atthi rūpaṃ cittajaṃ cittahetukaṃ cittasamuṭṭhānaṃ – idaṃ vuccati "rūpaṃ". iti idañca nāmaṃ, idañca rūpaṃ. idaṃ vuccati "chaṭṭhāyatanapaccayāpi nāmarūpaṃ".

거기서 무엇이 '여섯 번째 처(處)를 조건으로도 명색(名色)이 있다.'인가? 명(名)이 있고, 색(色)이 있다. 거기서 무엇이 명(名)인가? 수온(受蘊), 상온(想蘊), 행온(行蘊) – 이것이 명(名)이라고 불린다. 거기서 무엇이 색(色)인가? 안처(眼處)의 누적, 이처(耳處)의 누적, 비처(鼻處)의 누적, 설처(舌處)의 누적, 신처(身處)의 누적 그리고 심(心)에서 생긴, 심(心)을 원인으로 하는, 심(心)을 기원으로 하는 다른 색(色)도 있다. – 이것이 색(色)이라 불린다. 이렇게 이것이 명(名)이고, 이것이 색(色)이다. 이것이 '여섯 번째 처(處)를 조건으로도 명색(名色)이 있다.'라고 불린다.

7. Vism 2, 18. diṭṭhivisuddhiniddeso, nāmarūpapariggahakathā[청정도론]

aparo "yaṃkiñci rūpaṃ sabbaṃ rūpaṃ cattāri mahābhūtāni catunnañca mahābhūtānaṃ upādāyarūpan"ti evaṃ saṃkhitteneva imasmiṃ attabhāve rūpaṃ pariggahetvā, tathā manāyatanañceva dhammāyatanekadesañca nāmanti pariggahetvā "iti idañca nāmaṃ idañca rūpaṃ, idaṃ vuccati nāmarūpan""ti saṅkhepato nāmarūpaṃ vavatthapeti.

다음. "어떤 것이든지 모든 색(色)은 사대(四大)와 사대조색(四大造色)이다."라는 이런 요약에 의해 이 자기존재에서 색(色)을 붙잡은 뒤에 거기서 의처(意處)와 법처(法處)의 부분을 명(名)이라고 붙잡은 뒤에 "이렇게 이것이 명(名)이고, 이것이 색(色)이다. 이것이 명색(名色)이라고 불린다.'라고 요약된 명색(名色)은 결정된다.

me dhammā ajjhattaṃ appahīnā – ādīnavadassāvī
내 안에 버려지지 않은 법들에서 위험을 보겠습니다.

제6부

딱까가 해석된 불교

제1장

삶의 메커니즘

제1장

제1절 : 삶 - 개략적인 설명

[1] 삶 – 개략적인 설명

1. 생존 기간의 불균형에 따르는 두 가지 전개 과정 → 순환구조의 등장

이렇게(유신 → 오취온 → 식-명색) 정의되는 나 즉 유(有)는 몸과 마음의 생존 기간의 불균형에 따르는 두 가지 전개 과정을 보여줍니다. 이 몸과 함께한 생존기간 동안의 전개와 죽음에 의해 새로운 몸과 함께하는 전개입니다. 그런데 죽음에 의해 새로운 몸과 함께하는 전개는 생(生-태어남)입니다. 그렇다면 이 몸과 함께한 생존기간 동안의 전개는 어떻게 설명됩니까?

[식(識)-명색(名色)]을 지칭하는 용어가 있는데, bhūta입니다. bhavati: to become, to be, exist, behave etc.의 과거분사여서 '되어진 것' 정도의 의미를 가지는 용어인데, 삶의 과정이 누적되는 방법에 의해 되어진 것이어서 '누적된 것'입니다.

그런데 bhūta와 관련한 두 가지 설명은 주목해야 합니다.

먼저

> 'bhavā jāti bhūtassa jarāmaraṇan'ti. 유(有)로부터 생(生)이 있고, bhūta에게 노사(老死)가 있다.(MN 1-근본법문의 경)

인데, 유 즉 존재에게 죽음이 닥치면 생 즉 태어남이 있는데, 생과 노사의 과정에 bhūta가 있고, bhūta가 바로 늙고 죽음을 겪는 당사자라는 것입니다. 그렇다면 태어남 이후 늙고 죽는 과정의 나를 bhūta라는 단어로 나타낸 것을 알 수 있습니다.

또한,

> tasmiṃ bhūte sati saḷāyatanaṃ 그 bhūta가 있을 때 육입(六入)이 있다.(SN 12.12-몰리야팍구나 경)

고 하여 육입의 조건으로 bhūta를 설명합니다. '식 → 명색 → 육입'의 십이연기의 전개와 견주면, 육입의 조건은 명색인데, 식과 명색의 서로 조건 됨을 감안하면, 식과 명색을 조건으로 육입이 있다는 조건관계가 성립하고, 이때, 서로 조건 됨에 의해 가장 포괄적 정의의 나를 지칭하는 「식과 명색」이 바로 bhūta라는 것을 알 수 있습니다. –「유신 → 오취온 → 식-명색(bhūta)」

이런 이해에 의하면, 유(有-bhava)는 죽음의 경우에는 새로운 명색과 함께 다음의 존재로 태어나 bhūta로서 다시 늙고 죽는 삶의 과정을 전개하고, 살아 있는 동안에는 (다음 순간의 시작점인) bhūta로 순환하여 육입의 조건이 됨으로써 삶을 연속하는 두 가지 전개를 말할 수 있습니다.

이렇게 유의 이 몸과 함께한 생존기간 동안의 전개는 설명됩니다. 십이연기의 열 번째인 유가 세 번째와 네 번째인 식과 명색으로 되돌아가서 삶을 연속하는 것 또는 십지연기로는 여덟 번째인 유가 첫 번째와 두 번째로 되돌아가서 삶을 연속하는 것입니다. 삶을 이해하는 중요한 관점인 순환구조의 등장입니다.

; 순환 구조에 의한 삶의 연속 → 상속이란 개념 없음(불필요)

; (SN 35.146-업의 소멸 경)은 안-이-비-설-신-의 육내입처(六入)를 이전의 업이라고 알려줍니다. 이전의 업을 통해 머물고 늘어난 연기된 식(식온)이 이렇게 순환하여 육입을 구성함으로써 삶을 연속시키는것입니다.

; (SN 12.37-그대들의 것이 아님 경)은 몸에 대해서도 이전의 업이라고 알려주는데, 몸은 이전의 업인 식과 함께 육입을 구성하는 요소입니다.

2. 누적된 지난 삶과 연속되는 지금 삶

이런 이해에 의하면, 삶은 누적된 지난 삶과 연속되는 지금 삶으로 구성됩니다. 그렇다면 삶의 과정에서 누적된 영역과 지금 삶의 영역의 연결 관계가 설명되어야 합니다. 누적된 영역에 연속하여 지금 삶을 살고, 지금 삶의 결과는 다시 누적되어 누적된 삶의 변화를 이끄는 과정이 설명되면 삶은 단락 없이 연속성을 확보할 수 있기 때문입니다.

bhūta 즉 누적된 것인 (식-명색)이 지금 세상을 만나는 현장을 육입(六入-saḷāyatana)이라고 합니다. 안처-이처-비처-설처-신처-의처(āyatana = 入 = 處 = 入處)인데, 일반적 표현으로는 안-이-비-설-신-의입니다. 마음이 몸과 함께 세상을 만나는 현장을 세상의 구성에 맞춰 배분한 것입니다. 세상이 색-성-향-미-촉-법의 여섯 가지로 구성되었기 때문에 식을 안식-이식-비식-설식-신식-의식의 육식으로 배분한 뒤 안팎의 색과 명을 함께 구성하면 안-이-비-설-신-의 육내입처와 색-성-향-미-촉-법 육외입처로 이루어진 지금 삶의 현장이 조성되는 것입니다. 마음(안식~신식)이 몸(안근~신근)을 접점으로 물질 세상(색~촉)과 만나는 현장이고, 일부로는 마음(의식)이 몸의 접점 없이(의근) 물질 아닌 세상(법 = 수-상-행)을 만나는 현장인 것입니다.

안식-이식-비식-설식-신식-의식과 의근으로 구성된 마음(*)과 안근-이근-비근-설근-신근으로 배분된 안의 색으로의 몸 그리고 색-성-향-미-촉으로 배분된 밖의 색과 법으로 배분된 수-상-행에 의한 육내입처와 육외입처입니다(**). 물론 이때 bhūta는 밖의 색은 포함하지 않습니다. 밖의 색은 지금 세상을 만나는 현장이라는 점에서 참여하는 것입니다.

(*) 이렇게 마음이 몸과 함께 작용할 때 의(意)라고 부르기 때문에 육내입처는 의와 몸이 함께하여 인식의 주관으로 작용하고 있는 상태입니다. 이것이 연기의 육입이고, 육외입처와 함께 지금 세상을 만나는 현장을 구성하는 것입니다. 물론, 이 의는 의처 즉 안-이-비-설-신-의의 의(意)와는 다릅니다.

(**) 그림 : 「육내-외입처 상세」 참조 ⇒ (487쪽)

지금 삶의 현장은 이렇게 bhūta의 배분을 통해 구성된 육입입니다. 그런데 이 배분에 명(名)에 속하는 촉(觸)과 작의(作意)는 설명되지 않았습니다. 그렇다면 촉과 작의는 무엇입니까?

육입 즉 육내입처와 육외입처로 이루어진 지금 삶의 현장은 인식작용의 토대입니다. 그런데 인식은 여섯 가지 내입처가 여섯 가지 외입처를 동시에 인식하는 것이 아닙니다(*). 지금 삶은 오직 욕탐에 의해 묶여 지금 대상으로 선택된 하나의 대상에 대한 인식입니다. 이때, 지금 선택된 하나의 대상에 대해 접점인 근이 (센서가 되어) 받아들인 정보를 해석하는 의의 작용을 작의(作意-manasikāra)라고 합니다.

(*) 「인식의 통합자」 참조(492쪽)

부처님은 누적된 마음(識蘊)이 몸과 함께 세상을 만나면 새로운 마음(識)이 생겨난다고 말합니다. 이때, 식은 본 것(과거)을 아는 결과가 아니고 지금 보고 있는 것(현재)을 아는 결과입니다. 그래서 내입처, 외입처, 식의 세 가지는 동시에 존재하고, 함께 만나는데(三事和合), 이런 만남을 조건으로 수(受)가 생긴다(느낌을 경험한다)고 합니다. 이때, 이런 만남을 촉(觸-phassa)이라고 합니다.

결국 마음이 몸과 함께 세상을 만나는 지금 삶의 현장에서 세상을 인식하여 아는(識) 작용이 작의(作意)이고, 삼사화합으로 느낌을 경험(受)하게 하는 작용이 촉(觸)입니다. 그래서 작의와 촉은 지금 삶을 이끄는 활성요소입니다.

그렇다면 bhūta 즉 누적된 것으로의 나는 ①누적되는 것들 즉 오온을 펼쳐서 지금 삶의 현장을 만들고, ②누적되지 않고 단지 작용할 뿐인 두 가지 활성요소(촉-작의)에 의해 대상을 알고 경험하는, 두 가지 측면을 포괄하여 지칭하는 것이라고 하겠습니다. 이렇게 부처님이 설명하는 중생 즉 존재의 삶은 정적(靜的)이지 않고 동적(動的)입니다. 현재진행형의 삶을 설명하는 것입니다. 그리고 이런 방법으로 누적된 삶은 연속되어 지금 삶으로 전개됩니다.

그런데 이렇게 누적된 것은 오온-오취온이어서 유(존재-bhava)입니다. 여기에 촉과 작의라는 두 가지 활성요소가 함께한 상태가 (식-명색) 즉 bhūta인데, 정적인 존재(有-bhava)의 활성 상태입니다. 그래서 bhūta(식-명색)을 '활성존재'라고 번역하였습니다.

한편, bhūta 즉 활성존재인 (식-명색)의 배분이 지금 세상을 만나는 현장인 육입(六入-saḷāyatana)이라는 설명은 (식-명색)과 육입이 구성으로는 하나라는 이해를 필요로 합니다. 그런데 (DN 15.1-대인연경, 연기)는

'nāmarūpapaccayā phasso' 명색(名色)을 조건으로 촉(觸)이 있다
'viññāṇapaccayā nāmarūpan' 식(識)을 조건으로 명색(名色)이 있다
'nāmarūpapaccayā viññāṇan' 명색(名色)을 조건으로 식(識)이 있다

라고 하여, 서로 조건 되는 것인 식과 명색 즉 활성존재를 조건으로 촉이 있다고 설명합니다. (식-명색)과 촉 사이를 연결하는 육입이 생략된 것인데, 바로 (식-명색)과 육입이 구성으로는 하나라는 이해에 의한 것입니다.

이렇게 누적된 지난 삶은 마음이 몸과 함께 세상을 만나는 현장을 통해 지금 삶으로 단락 없이 연결됩니다.

3. 육입(六入-saḷāyatana) – 지금 세상을 만나는 현장 → 하나의 객관, 두 개의 공동주관

지금 세상을 만나는 일은 인식 과정이어서 인식의 주관과 객관이 만나는 현장입니다. 그런데 이 현장에는 특별한 점이 있습니다. 인식의 객관(대상)은 하나인데, 인식의 주관(인식하는 자)는 둘이라는 것입니다.

하나의 주관은 육내입처입니다. 삶이 누적된 것인 활성존재(bhūta)를 구성하는 식과 안의 색(몸)으로 구성된 인식주관입니다(識이 몸과 함께함 → 意). 그리고 또 하나의 주관은 지금 삶의 행위자인 심(心)입니다.

중생에게는 행위가 번뇌의 영향 하에 있기 때문에 (행위하는 마음인) 심은 망(望-lobha-바람)의 성질을 가져서 그

작용성은 무명의 요소(avijjādhātu)라 불립니다. 또한, 심의 작용은 구체적 행위 과정인 욕(欲-chanda-관심)으로 자라나 인식에 참여하는데, 탐-진-치를 싣고 있기 때문에 욕탐(欲貪-chandarāga-지나친 관심)입니다. 무명의 요소이고 욕탐의 형태로 참여하는 지금 삶의 행위자 심은

- 활성존재(식-명색)에 작용하여 오취온(五取蘊)을 만들고(SN 22.120-족쇄에 묶이는 것 경),
- 오온을 자기화(māna)하여 나와 나의 것을 만든 뒤,
- 육내입처에 작용하여 작의의 질을 저하시키고(비여리작의-사실에 어긋난 작의)(SN 35.92-족쇄에 묶이는 것 경),
- 육외입처에 작용하여 왜곡시킵니다(상(相-nimitta))(SN 35.105-족쇄에 묶이는 법 경).

심의 행위 과정에 속한 욕탐은 이렇게 행위의 질을 인식에 전달합니다.

이렇게 보면, 지금 세상을 만나는 현장은 삶의 골격의 측면에서 의(意-식온)가 누적된 앎을 통해 대상을 규정하고, 심(心)이 지금 삶의 상태를 적용해 규정의 질을 결정한다고 할 수 있습니다. 이런 규정과 질적 결정의 동시 작용이라는 두 주관의 역할에 의해 객관을 알게되고(識), 삼사화합 촉에 의해 락-고-불고불락의 느낌을 경험하게 됩니다(受).

한편, 지금 삶은 오직 지금 선택된 하나의 대상에 대한 인식입니다. 이때, 대상의 선택은 누구의 몫입니까? 대상의 선택 또한 지금 세상을 만나는 현장의 일이기 때문에 하나의 객관과 두 개의 주관 사이에서 이루어지는데, ①대상의 접근과 ②심(心)의 지향입니다(*). 세상 즉 육외입처가 얼마나 강한 유인력을 가지고 접근하는지와 심(心)이 얼마나 강한 지향을 가지고 하나의 대상을 선택하는지의 대응관계인데, 이렇게 선택된 대상에 대해 의(意)가 대상을 규정하는 것입니다.

(*) (SN 35.248-보릿단 경)은 육내입처가 육외입처와 지금 삶의 행위자인 심心)에 의해 거듭 타격당하는 상황을 알려줍니다. 또한, (SN 35.238-뱀의 비유 경)은 육외입처에 의한 타격 상황만을 알려줍니다. → 내입처가 선택적으로 인식하는것이 아니라 수동적으로 끌려가서 인식함

대상의 선택에 대한 이런 이해는 특히 호흡수행(들숨날숨에 대한 사띠)을 설명해 줍니다. 심(心)이 콧구멍 주위의 한 점을 지향하여 신내입처와 촉외입처(호흡의 닿음)을 묶어주면 의(意)는 선택된 대상인 호흡의 닿음을 인식합니다. 이때, 염(念-사띠)가 힘있으면 오직 사띠함(놓치지 않음)으로써 세상을 구성하는 다양한 것들의 접근(방해)을 차단하고 신내입처를 계속 호흡에 묶어주어 호흡의 닿음을 계속 인식하게(작의) 하는 것입니다. 이렇게 사념처의 신념처에 속한 호흡수행이 시작됩니다.

그런데 지금 삶의 행위자인 심(心)이 누적의 과정을 거치지 않고 바로 인식에 공동주관으로 참여하여 행위를 인식에 전달하는 현상은 다시 주목해야 합니다. 삶을 이해하는 중요한 관점인 순환구조가 또 하나 등장하기 때문입니다.

4. 몸과 함께하지 않는 작용의 영역 –「딱까(愛의 형성 과정)」

육입 즉 지금 세상을 만나는 현장은 대상을 알고(識), 이어지는 촉을 통해 그 대상을 경험(受)하는 과정입니다. 그런데 이렇게 생기는 식은 단순히 앎이 아닙니다. 앎은 빠알리로는 ñāṇa(냐-나)이고, 식은 viññāṇa(윈냐-나)입니다. vi-라는 접두어를 붙여 무언가 다른 의미를 부가해서 설명하는 단어입니다. 그런데 식(識-viññāṇa)는 마음입니다. 앎(ñāṇa)에 vi-를 접두하여 아는 일을 담당하는 마음이라는 의미로 확장된 것입니다.

; ñāṇa - 앎, viññāṇa = vi-ñ-ñāṇa - 분별 앎 → 행위적 앎 - 자기 활동성 ⇒ 식(識)

앎(ñāṇa)이 인식의 결과로 생긴 정적(靜的)인 것이라면 식(識-viññāṇa-분별 앎)은 행위적 앎이어서 자기 활동성을 가지는 동적(動的)인 것으로의 마음입니다. 그리고 이 식은 누적된 식이 몸과 함께 작용하는 것으로의 의가 아닙니다. 의가 지금 세상을 만난 결과로 생겨나고, 이어지는 지금 삶(행위)의 씨앗이 되는 식(씨앗 식)입니다. 몸과 함께하지 않은, 아는 일을 담당하는 자기 활동성만으로 존재하는 상태입니다.

그런데 의 즉 몸과 함께 작용하는 누적된 식과 씨앗 식은 대상이 다릅니다. 의는 육외입처라는 세상을 대상으로 하지만 씨앗 식은 함께 생긴 수를 대상으로 하는 것입니다.

삶은 전반적으로 내가 나 아닌 것으로의 세상을 만나는 이야기이기 때문에 마음의 대상은 세상인 육외입처입니다(밖-外). 그러나 삶의 과정에 이렇게 세상을 대상으로 하지 않는 영역(안-內)이 있다는 것은 부처님이 보아 알려주는 삶의 이해에서 가장 큰 특징입니다. 그리고 이 특징은 인식의 가공과정으로 설명되는데, 이 과정에 대한 이해야말로 부처님 깨달음의 근본이 됩니다.

지금 삶은 인식과 행위의 두 영역으로 구성되어 있는데, 서로 연결되어 있습니다. 앞에서 보았듯이 관심(chanda)은 행위를 인식에 연결합니다. 지금 삶의 행위자인 심(心)의 작용 즉 행위 상태를 싣고 인식에 참여함으로써 단지 전달자의 역할을 담당합니다. 그런데 인식을 행위에 연결하는 방법은 다릅니다. 식이 수를 대상으로 하기 때문에 세상과 직접 만나지 않는 이 내적 영역에서 인식이 가공되고, 가공된 인식을 행위에 전달하는 것입니다. 그리고 이 가공 과정을 takka(딱까)라고 부릅니다.

가공은 결과를 만듭니다. 그리고 딱까의 결과는 애(愛-taṇhā)입니다. 그래서 딱까는 「애(愛)의 형성 과정」입니다. 연기는 '수(受)를 조건으로 애(愛)가 있다(vedanāpaccayā taṇhā)'라고 하는데 이렇게 수를 대상으로 하는 가공 과정의 결과로 애가 생긴다는 것을 의미합니다. 십이연기는 십지연기에 없는 무명과 행들의 두 지분을 앞에 두는데, 이 가공 과정 안에서 발생하는 현상들의 설명입니다.

애는 다시 몸과 만납니다. 몸과 함께하지 않는 내적 과정은 애라는 결과를 만들면서 마감되고, 결과인 애는 다시 몸과 함께 세상을 만나는 영역으로 되돌아오게 되는 것입니다.

그렇다면 십지연기는 세상과 함께하는 표면의 영역에서 마음이 몸과 함께 세상을 만나는 이야기로의 삶을 설명한다고 할 것입니다. 반면에 십이연기는 그 이야기의 중심(수 → 애)에서 몸의 참여 없이 마음 혼자 인식하고 행위하는 내면의 과정을 포함한 전체 영역에서 삶을 설명하는 것입니다.

특히, 부처님은 중생의 오염과 청정에는 원인이 있다고 하는데(SN 22.60-마할리 경), 오염은 '애 있음'이어서 번뇌의 영향 아래 진행되는 딱까의 과정을 원인으로 애가 형성되는 경우이고, 청정은 '애 없음'이어서 번뇌의 영향이 해소된 딱까의 과정을 원인으로 애가 형성되지 않는 경우입니다.

5. 행위 – 지금 만난 세상에 대응하는 현장

1) 업(業)과 업(業)아닌 것

그런데 딱까에서 형성되는 것은 애만이 아닙니다. 딱까 안에서는 소망과 탐이 함께 한 것(nandirāgasahagatā)인 애를 만드는 과정 뿐만 아니라 '상(想) → 심(心) → 견해'의 과정도 함께 전개되는데, 상-락-아-정의 전도된 전개와 무상-고-무아-부정의 전도되지 않은 전개입니다. 그래서 ①소망과 탐을 골격으로 구성되는 애와 ②전도의 여부라는 질적 측면으로의 견해가 함께 생겨나는 것인데, 인식이 골격과 질의 양면으로 진행되는 것과 같은 전개입니다. 그리고 이렇게 질적 측면의 견해를 수반한 애는 딱까의 경계선에서 몸과 만나고, 삶의 표면의 영역에서 몸과 함께 하는 행위자 즉 의(意)가 됩니다. – 의업(意業)/의행(意行)

이렇게 의(意)의 행위는 두 갈래로 출발합니다. 수반되는 것인 견해는 업의 씨앗에 비유 되는데, 안경을 쓰고 세상을 보는 것과 같습니다. 애는 행위의 뿌리인데(AN 9.23-애를 뿌리로 함 경), 생각이 딱까의 밖으로 떠오르는 것(vitakka-위딱까)에서 시작됩니다. 그리고 떠오른 생각은 [의도(cetanā)-기대(patthanā)-지향(paṇidhi)]의 과정을 거쳐서 사유로 연결됩니다. 그런데 의도 이후는 업(業)입니다. 의도가 곧 업이어서, 의도한 뒤에 또는 의도하면서 몸과 말과 의(意)로 업을 짓습니다(AN 6.63-꿰뚫음 경). 그래서 업은 의도에 따르는 심(心)의 능동적 행위입니다. 그리고 그 능동적 행위에 과(果)와 보(報)가 따릅니다(kiriya – 결실 있음)(*).

(*) 업은 번뇌와 함께하고 공덕으로 연결되고 재생의 조건을 익게 하는 것과 번뇌 없고 세상을 넘어섰고 길의 요소인 성스러운 것이 있어서 중생(유위)의 업과 아라한(무위)의 업을 구분합니다. 이때, 과와 보가 따르는 업은 중생(유위)의 업입니다.(MN 117-커다란 마흔의 경)

그러면 업(業) 이전에 자리하는 의(意)의 과정인 떠오른 생각(vitakka)은 무엇입니까? 몸의 참여 없는 작용의 영역에서 몸의 참여의 영역으로 진입하는 현상(*)인데, 딱까의 끝 과정에 해당하는 소망(nandi)에 의해서 준비 또는 경영되는 것입니다(SN 1.64-족쇄 경). 소망의 경영 즉 딱까의 가공과정에 의해서 몸과 함께하지 않는 작용의 영역에서 몸과 함께하는 행위의 영역으로 떠오르는 것으로 의(意)의 행위는 시작되고, 거기에 의도를 일으킴으로써 심(心)이 능동적으로 업을 짓는다는 설명입니다.

(MN 19-두 부분의 생각 떠오름 경)은 부처님의 깨달음 이전, 깨닫지 못한 보살이었던 때의 이야기를 소개하는데, 생각 떠오름(vitakka)을 ①소유-분노-폭력의 vitakka와 ②출리-분노하지 않음-비폭력의 vitakka로 나누어 머무는 것입니다. 소유-분노-폭력의 생각이 떠오르면 해로움으로 이끌고, 지혜의 소멸-파괴의 편에 속하고, 열반으로 이끌지 않는 것이라고 분명히 알아서 버리고 제거하고 끝나게 해야 합니다. 그러나 출리-분노하지 않음-비폭력의 생각이 떠오르면 해로움으로 이끌지 않고, 지혜의 증대-생산의 편에 속하고, 열반으로 이끄는 것이라고 분명히 알아서 두려워 하지 않아야 하지만, 심이 산란해지지 않게 하기 위해 심을 안으로 진정되게 하고 가라앉게 하고 집중하고 삼매에 들어야 합니다.

(MN 20-생각 떠오름의 구성 경)은 높은 심(心)을 닦는 비구는 다섯 가지 상(相-nimitta)을 때맞춰 사고해야 한다고 말하는데, 이런 비구는 '생각의 방법의 길에 숙련된 자'라고 불립니다. 원하는 생각은 떠오를 것이고, 원하지 않는 생각은 떠오르지 않을 것이며, 애(愛)를 잘랐고, 족쇄를 끊었고, 자기화의 바른 관통을 통해 괴로움을 끝냅니다. → 생각의 방법의 길에 숙련되는 방법 소개

(*) (AN 3.61-상가라와 경)은 'napi vitakkayato vicārayato vitakkavipphārasaddaṃ sutvā ādisati 위딱까로부터 위짜라로부터 위딱까가 발산하는 소리를 듣고서 말하지도 않습니다'라고 말하는데, 위딱까 즉 생각 떠오름이 발산음을 동반하며 딱까를 뚫고 나오는 구체적 현상이라는 것을 알 수 있습니다.

한편, (SN 14.13-벽돌집 경)은

요소(界) → 상(想) → 견해 → 위딱까 → 의도 → 기대 → 지향 → 인간puggala) → 말 → 태어남

의 순서로 삶의 전개를 설명하는데, 인간(puggala)은 사유를 의미한다고 보아야 합니다. 어원 √man (생각하다, 마음을 쓰다)에서 파생된 산스끄리뜨 manu는 불교에서 manussa(인간, 사람)를 거쳐 puggala(개인, 인격체)로 의미가 이어지기 때문에 puggala(생각하는 자)로 사유의 자리를 지시하였다고 보는 것은 타당합니다. 데카르트도 '생각한다, 고로 존재한다(Cogito ergo sum).'라고 말하는데, 인간의 중심을 사유에 둔 성찰이라고 하겠습니다.

2) 업(業) – 의업(意業)의 상세① → 관심의 위치

이렇게 의업(意業)은 의도-기대-지향을 거쳐 사유로 연결된 뒤 몸과 말의 행위 즉 신업(身業)과 구업(口業)으로 진행됩니다. 그런데 이런 업의 과정은 좀 더 구체적으로 설명됩니다.

「taṇhaṃ paṭicca pariyesanā → lābha → vinicchaya → chandarāga → ajjhosāna → pariggaha → macchariya → ārakkhā → ārakkhādhikaraṇaṃ daṇḍādānasatthādānakalahaviggahavivādatuvaṃtuvaṃpesuññamusāvādā aneke pāpakā akusalā dhammā sambhavantī

애를 연(緣)하여 ①조사가 있다. → ②습득 → ③차별 → ④욕탐(欲貪) → ⑤묶임 → ⑥잡음 → ⑦인색 → ⑧보호 → 보호를 이유로 ⑨몽둥이를 들고 무기를 들고 싸우고 말다툼하고 논쟁하고 상호비방하고 중상모략하고 거짓말하는 것들 이라는 다양한 악한 불선법들이 생긴다.」(DN 15.1-대인연경)/(DN 34.10-십상경, 아홉 가지 법)/(AN 9.23-애를 뿌리로 함 경)

라고 하여 애 이후 몸과 말의 행위 이전의 과정을 아홉 단계로 설명하는데 이것이 의업의 상세한 설명입니다.

여기서 욕탐(chandarāga)은 지나친 관심(chanda)인데, 의욕 또는 열의 등으로도 번역되는 단어입니다. 말하자면 의업의 중간에 자리하면서 몸과 말의 행위로 드러나도록 생각을 부추기는 역할이라고 하겠습니다. 그런데 앞의 설명에 의하면, 이 지나친 관심이 지금 세상을 만나는 현장인 육입에서 지금 삶의 행위자인 심(心)의 자격으로 육내입처인 의(意)와 공동의 주관으로 작용하는 것을 알고 있습니다.

이렇게 욕탐은 한 순간 이전의 삶의 과정을 싣고 지금 삶의 행위자인 심의 역할로서 지금 세상을 만나는 현장에 공동주관으로 참여하는 것을 알 수 있는데, 의업의 중간에서 빠져나와 인식으로 연결되는 순환 구조를 보여줍니다(→ 삶의 연속을 위해 상속이란 개념 불필요).

3) 업(業) – 의업(意業)의 상세② → 사유의 확산[papañca – 희론(戱論) 또는 망상(妄想)]

의(意)의 행위의 과정은 ①업(業) 이전의 생각 떠오름(vitakka), ②의도(cetanā)-기대(patthanā)-지향(paṇidhi)의

과정, ③사유(saṅkappa)로 구성되는데, 업(業) 이전과 이후로의 구분에 더해 업의 과정을 다시 둘로 구분하여 설명하고 있습니다.

그런데 papañca(빠빤짜)라는 단어가 있습니다. 희론(戱論) 또는 망상(妄想) 등으로 번역되는 말인데, 생각 떠오름 이후 의업에서의 확산을 의미합니다(MN 18-꿀과자의 경). 이때, 확산의 정확한 위치는 경에서 발견되지 않습니다. 다만, 의업의 영역을 ②의도-기대-지향과, ③사유로 구분하는 경들을 참고하면, 떠오른 생각에 이어 능동적으로 작용하는 의도-기대-지향은 단일하게 진행되고, 이후 사유의 영역에서 확산되는 것으로 이해할 수 있습니다.

6. 행위 이후

1) 과(果-phala)와 보(報-vipāka) – 과(果)와 보(報)는 다른 것 – (DN 17.12-마하수닷사나 경, 선(禪)의 증득)

"atha kho, ānanda, rañño mahāsudassanassa etadahosi — 'kissa nu kho me idaṃ kammassa phalaṃ kissa kammassa vipāko, yenāhaṃ etarahi evaṃmahiddhiko evaṃmahānubhāvo'ti? 그때, 아난다여, 마하수닷사나 왕에게 이런 생각이 떠올랐다. — '나에게 어떤 업(業)의 과(果-결실)와 어떤 업의 보(報-구체적 경험)가 있어서 그것 때문에 지금 이런 큰 신통과 이런 큰 위엄이 있는 것일까?'라고.

; 과(果-phala) = 행위의 결실
→ 보(報-vipāka) = 과가 현재 또는 미래의 어느 시점에 다른 조건들과 함께 엮어서 익은 값으로 경험되는 것

(AN 3.101-소금 종지 경) – 「과(果)와 보(報) → 업장소멸의 방법」

비구들이여, 어떤 사람이 이렇게 말할 것이다. – '이 사람이 업을 거듭 지은 만큼 거듭 그것을 경험한다.'라고. 비구들이여, 이런 존재에게는 범행의 삶이 없고, 바르게 괴로움을 끝내기 위한 기회가 알려지지 않는다. 다시 비구들이여, 어떤 사람이 이렇게 말할 것이다. – '이 사람이 경험되어야 하는 업을 거듭 지은 만큼 보를 경험한다.'라고. 비구들이여, 이런 존재에게는 범행의 삶이 있고, 바르게 괴로움을 끝내기 위한 기회가 알려진다.

여기, 비구들이여, 사소하게 지은 악업도 어떤 사람에게는 곧바로 지옥으로 이끈다. 그러나 비구들이여, 여기 그만큼 사소하게 지은 악업이 어떤 사람에게는 지금여기에서 경험되어질 것이다. 아주 조금도 보이지 않는데 어찌 많겠는가!

견해와 의도로부터 시작되는 업에는 과와 보가 따르는데, 고 또는 락으로 구분됩니다. 그래서 삶의 과정에는 고의 과와 보를 가져오는 업과 락의 과와 보를 가져오는 업에 대한 기준이 필요합니다.

2) 고(苦)-락(樂)의 과(果)와 보(報)의 기준

부처님은 고의 과와 보를 가져오는 업으로 십악업(십불선업)을 제시하는데 살생-투도-사음-망어-양설-악구-기어-간탐-진에-사견(邪見)입니다. 역으로, 락의 과와 보를 가져오는 업으로 십선업을 제시하는데 불살생-불투도-불사음-불망어-불양설-불악구-불기어-불간탐-부진에-정견입니다.(AN 10.187-괴로움을 낳음 경)/(AN 10.188-괴로움의 보(報) 경)

주목해야 합니다. 이것이 일상의 삶에서 고(苦)와 락(樂)을 만드는 업(業)에 대한 부처님의 기준입니다.

※ 행위의 기준 -「과도 보도 괴로움이어서 지옥으로 이끄는 힘을 가지는 십악업은 피하고, 과도 보도 행복이어서 하늘로 이끄는 힘을 가지는 십선업은 적극 실천해야 합니다.」

한편, 십업 외에도 과와 보의 기준이 되는 것이 두개 더 발견됩니다.

• 과(果)도 보(報)도 고(苦)인 업(業) — ①십사도(十邪道)(AN 10.143-괴로움을 낳음 경)/(AN 10.144-괴로움의 보 경), ②십악업(十惡業)(AN 10.187-괴로움을 낳음 경)/(AN 10.188-보 경), ③화-원한-위선-악의-질투-인색-사기-교활-자책의 두려움 없음-타책의 두려움 없음(AN 2.191-200 – 불선의 반복)

• 과(果)도 보(報)도 락(樂)인 업(業) — ①십정도(十正道)(AN 10.143-괴로움을 낳음 경)/(AN 10.144-괴로움의 보 경), ②십선업(十善業)(AN 10.187-괴로움을 낳음 경)/(AN 10.188-보 경), ③화 없음-원한 없음-위선 없음-악의 없음-질투 없음-인색 없음-사기 없음-교활 없음-자책의 두려움-타책의 두려움(AN 2.191-200 – 불선의 반복)

(MN 57-개의 습성 경)은 부처님이 스스로 실답게 안 뒤에 실현하여 선언한 네 가지 업(業)을 소개하는데, ①괴로운 보(報)를 경험하게 하는 나쁜 업(業), ②즐거운 보를 경험하게 하는 좋은 업, ③괴롭고 즐거운 보를 경험하게 하는 나쁘고 좋은 업, ④괴롭지도 즐겁지도 않은 보를 경험하게 하고, 업의 부서짐으로 이끄는 나쁘지도 좋지도 않은 업입니다.

소의 습성을 가진 꼴리야의 후손인 뿐나와 개의 습성을 가진 나체 수행자 세니야가 부처님에게 와서 "오랫동안 개의 습성-소의 습성을 온전하게 실천한 그의 갈 곳은 어디이고, 내세의 태어남은 어디입니까?"라고 질문하고, 부처님은 개-소의 습성이 성취되면 개-소들의 일원으로 이끌리고, 성취되지 않으면 지옥으로 이끌린다고 답합니다.

; (AN 4.232-간략한 경)/(AN 4.233-상세한 경)/(AN 4.234-소나까야나 경)/(AN 4.235-학습계율 경1)/(AN 4.236-학습계율 경2)/(AN 4.237-성스러운 길 경)/(AN 4.238-각지 경)

3) 상(想)의 잠재와 식(識)의 머묾

오온의 행(行-형성작용)은 색-성-향-미-촉-법에 대한 사(思-cetanā-의도)로 정의됩니다. 의도가 곧 업이니, 업이 곧 형성작용이라는 의미입니다. 그러면 업을 통해 형성되는 것은 무엇입니까? 고와 락의 과와 보가 형성되는 것과는 다른 측면에서 메커니즘적인 결과는 두 가지가 있는데, ①상(想)의 잠재와 ②식(識)의 머묾입니다. 단, 번뇌의 영향을 받는 삶, 그래서 애가 형성된 유위의 삶의 경우에 해당합니다.

• 상(想)의 잠재 – 행위를 재현하려는 경향으로의 상이 잠재한다는 것인데 잠재성향이기도 하고, 번뇌이기도 합니다. 잠재된 상은 수를 조건으로 애가 형성되는 과정에서 식과 함께 공동주관으로 참여해서 무명과 탐-진을 생기게 하는 직접적인 조건이 됩니다. 이 과정에서 심이 생겨나고, 소망을 생겨나게 해서 애를 형성합니다. 애는 붙잡는 성질(ālaya) 때문에 유위의 업으로 이어져서 다시 상을 잠재시키는 또 하나의 순환 구조를 형성합니다.

• 식(識)의 머묾 – 상이 잠재하면 동시에 식도 머뭅니다(SN 12.38-의도 경)/(SN 12.39-의도 경2)/(SN 12.40-의도 경3). 행위는 인식 과정의 연장이기 때문에 인식과정에 뒤따라 안식-이식-비식-설식-신식-의식의 육식으로 머뭅니다. 인식 과정에서 출산된 식을 씨앗으로, 애를 양분으로, 업을 밭으로 삼아 그 열매에 해당한 것으로 식은 머뭅니다(AN 3.77-존재 경1). 이때, 씨앗과 밭은 주어진 환경적 요소로 간주되고 양분의 질적 제공이 머무는 식의 질적 수준을 결정하는 주된 요소입니다. 또한, 열매로서의 머문 식은 씨앗으로부터의 전 과정 즉 지금 삶의 과정에 대한 앎입니다. 그리고 지금 삶에 행위 과정에 속한 의도와 기대를 속성으로 머뭅니다(AN 3.78-존재 경2). ⇒ (84 & 482쪽) 참조

• 머문 식(識)의 구성 – 안식-이식-비식-설식-신식-의식의 육식(六識)
• ①체 – 지금 삶의 과정에 대한 앎 → 작의 → 식(분별 앎)
• ②속성 – 의도와 기대 → 촉 → 수

7. 존재의 형성

머문 식은 이전 삶의 과정 동안 머물고 누적된 식의 무더기(識蘊)에 더해져 쌓입니다. 그러면 식의 무더기는 그만큼 늘어납니다. 지금 삶의 순간들이 지속적으로 식으로 머물고 쌓임으로 인해 식온은 매 순간 늘어나는 방법으로 변합니다(연기된 식). 한 순간도 하나의 상태를 유지하지 못하고 달라지는 것입니다. 그래서 식온(연기된 식) 즉 마음은 무아(無我)입니다. 연기의 과정을 통해 변화하는 무아의 식인 것입니다.

(SN 12.64-탐 있음 경)은

> 만약 탐이 있고 소망이 있고 애가 있으면 거기서 식이 머물고 늘어난다. 식이 머물고 늘어날 때 명색이 참여한다. 명색이 참여할 때 행들이 성장한다. 행들이 성장할 때 미래에 다음의 존재로 태어남이 있다. 미래에 다음의 존재로 태어남이 있을 때 미래의 생과 노사가 있다. 미래의 생과 노사가 있을 때 슬픔과 함께하고 고뇌와 함께하고 절망과 함께하는 그가 있다.

라고 합니다. 지금 삶의 결과를 쌓아 식이 늘어나면(연기된 식) 그 변화에 상응하는 명색이 참여하고, 그렇게 성장한 (식-명색) 즉 새로운 활성존재(bhūta)가 됩니다(행들의 성장). 그리고 이 몸이 유지되는 한 평생 동안은 활성존재로 되돌아가는 순환구조 위에서 변화한 나로서 다시 세상을 만납니다. 그런 삶의 연장 위에서 몸이 무너져 죽으면 몸으로 가서 새로운 명색과 함께 새로운 나로 태어나고, 그에게 새로운 활성존재로서의 다음생이 있습니다.

8. 삶의 이해의 요약

삶은 나의 이야기입니다. 중생의 영역에서 존재라는 형태로 살아가는 나입니다. 이때, 존재는 (식-명색)의 활성 상태입니다. 지난 삶의 누적으로 형성된 존재가 지금 세상을 만나서 알고(識) 경험합니다(受). 경험의 가공과정에서 식은 심으로 커지고, 애를 형성하면서 행위로 나아갑니다. 애에 의해 집착된 행위과정에서 행위의 중간에 포함되는 관심은 공동주관으로 인식에 참여하고, 행위의 끝에서 상이 잠재하고 식이 머뭅니다. 잠재된 상은 경험의 인식과정에 참여해 삶의 질을 결정하고, 머문 식은 이전의 누적된 식에 쌓여 식을 늘어나게 합니다. 이렇게 늘어난 연기된 식은 명색의 참여와 함께 새로운 활성존재가 됩니다. 새로운 활성존재는 살아있는 동안에는 다시 세상을 만나는 주관으로 돌아가 금생(今生)의 삶을 지속하고, 죽으면 새로운 명색으로 옮겨가서 새로운 존재로 태어나 다음 생을 살아가게 됩니다. 윤회입니다 –「연기된 식의 윤회」.

[2] 순환 구조로 이해하는 삶

인식과 행위로 구성된 삶은 다시 두 가지 관점으로 설명할 수 있습니다. ①누적된 삶과 지금 삶 그리고 ②딱까의 안팎입니다.

누적된 삶은 지금 삶의 결과들이 누적된 영역인데, 색-수-상-행들-식의 무더기 즉 오온입니다. 지금 삶은 누적된 삶이 세상을 만나는 과정에서 씨앗 식이 출산되고, 함께 생긴 수의 인식과정에서 심으로 커져서 행위 한 후 중생들의 세상에 머무는 과정입니다. 이때, 지금 삶의 과정은 딱까의 안팎으로 나뉘는데, 애를 형성하여 중생의 삶을 이끌기도 하고, 애멸에 의한 해탈된 삶을 이끌기도 합니다.

그런데 딱까의 안팎은 오온으로 설명할 수 있는데, 안에는 상이 있고 밖에는 나머지 네 가지 온이 있습니다. 이때 안에 있는 상의 전도된 과정(번뇌) 즉 애가 형성된 딱까 밖의 과정은 사식(四食-네 가지 자량)으로 설명됩니다.

사식(四食)은 「cattārome, bhikkhave, āhārā bhūtānaṃ vā sattānaṃ ṭhitiyā sambhavesīnaṃ vā anuggahāya. 비구들이여, 활성존재인 중생을 유지하고 존재를 추구하는 자를 도와주는 네 가지 자량(四食)이 있다.」라고 제시되는데, 「kabaḷīkāro āhāro – oḷāriko vā sukhumo vā, phasso dutiyo, manosañcetanā tatiyā, viññāṇaṃ catutthaṃ 거칠거나 미세한 무더기인 자량[단식(段食)], 촉(觸)이 두 번째이고[촉식(觸食)], 의사(意思)가 세 번째이고[의사식(意思食)], 식(識)이 네 번째이다[식식(識食)].」이고, 「ime cattāro āhārā taṇhānidānā taṇhāsamudayā taṇhājātikā taṇhāpabhavā. 이러한 네 가지 자량(資糧)은 애를 인연으로 하고, 애로부터 일어나며, 애에서 생기고, 애를 기원으로 한다.(SN 12.11-자량 경)」라고 설명됩니다.

이때, ①-1)거친 단식은 몸(안의 색)을 유지하는 물질적 음식이고, ①-2)미세한 단식은 색-성-향-미-촉(밖의 색)에 대한 인식작용이어서 삶의 활성을 유지하는 자량입니다. ②촉식은 수를 유지하는 자량이고, ③의사식은 그대로 행이어서 상과 식을 잠재하고 머물게 하여 순환적으로 진행되는 지금 삶을 유지하는 자량입니다. 그리고 ④식식은 활성존재의 삶을 유지하는 자량입니다. 특히, (SN 12.12-몰리야팍구나 경)은 「viññāṇāhāro āyatiṃ punabbhavābhinibbattiyā paccayo 식식은 미래에 다음의 존재로 태어남의 조건이다.」라고 하여 식이 윤회하는 그 자라는 것을 직접 말해줍니다. 이 네 가지가 누적된 것인 중생(활성존재)을 유지하는 자량입니다.

그런데 자량은 존재를 추구하는 자를 도와주는 역할도 합니다. 무엇입니까?

존재를 추구하는 자(sambhavesīn)는 미래에 다음의 존재를 위해서 의도하는 자(āyatiṃ punabbhavāya ceteti)입니다. 지금 삶의 행위자인 심(心)이 관심(欲-chanda)의 형태로 인식에 참여하는 것(SN 35.201-보릿단 경)인데, ③의사식의 역할에 속합니다.

또한, 애를 인연으로 하고, 애로부터 일어나며, 애에서 생기고, 애를 기원으로 한다는 것은 자량이 딱까는 배제하고 그 결과인 애가 전제된, 몸과 함께한 영역의 유위적 삶을 설명하고 있다는 것을 알려줍니다. 그래서 사식은 십지연기에 대응합니다. 반면에 오온은 상을 포함하여 딱까까지를 설명합니다. 십이연기(十二緣起)로의 삶입니다.

그런데 단식과 촉식과 식식은 모두 한 가지씩을 위한 자량입니다. 그러나 의사식은 행을 위한 자량인데, 상과 식을 유지케 하고, 존재를 추구하는 자를 도와주는 세 가지 역할을 하는 것을 알 수 있습니다.

이때, 존재를 추구하는 자를 도와주는 역할은 행위의 과정에서 관심(欲-chanda)에 의해 되돌아가 1차 인식에 참여하는 방식인데, 순환 구조를 보여줍니다(작은 순환고리).

상과 식을 유지하는 역할은 행위의 결과로 상을 잠재시키고 식을 머물게 하는 것입니다. 잠재하는 상은 이전에 누적된 상에 더해짐으로써 상을 늘어나게 하고, 머무는 식은 이전에 누적된 식온에 더해짐으로써 식을 늘어나게 합니다.

그런데 상은 2차 인식에 공동주관으로 참여해서 딱까를 진행합니다. 순환 구조를 보여주는 것입니다(잠재 순환고리). 식은 명색과 함께 활성존재를 구성하여 지금 삶의 현장에서 세상을 만나 인식하고 경험합니다. 역시 순환 구조를 보여줍니다(큰 순환고리).

삶에는 이렇게 의사식에서 비롯되는 (행위를 시발점으로 하는) 세 개의 순환 구조가 있습니다. 이 세 개의 순환 구조 위에서 이 몸으로의 한 평생을 살다가 몸이 무너져 죽으면 새로운 몸으로 옮겨가서 새로운 존재로 태어나 순환 구조로 구성된 삶을 이어갑니다.

삶을 바르게 알기 위해서는 바로 이 세 개의 순환 구조를 이해해야 합니다. 그리고 이 순환 구조 위에서 부처님은 연기를 설합니다.

; 제2절 Ⅰ. 삶에 대한 여러 시각 11.행위를 시발점으로 하는 3개의 순환 구조(500쪽) 참조

me dhammā ajjhattaṃ appahīnā – ādīnavadassāvī
내 안에 버려지지 않은 법들에서 위험을 보겠습니다.

[3] 존재를 중심에 둔 십이연기

연기는 「무명 → 행들 → 식 → 명색 → 육입 → 촉 → 수 → 애 → 취 → 유 → 생 → 노사-수비고우뇌 등 고온」의 연기된 법 열두 개로 구성되는데, 괴로움이 생겨나서 자라나는 조건 관계를 설명합니다.

이런 연기는 애를 전후한 괴로움의 발생 과정으로 설명되는데, 고집성제(苦集聖諦)입니다. 또한, 딱까의 안과 밖으로 구분하기도 하는데, ①식~노사의 십지로 제시하는 밖의 영역 즉 애가 전제된 삶의 과정과 ②「무명 → 행들」에 의한 애의 형성 과정을 보충하여 십이지로 설명하는 안팎의 영역 즉 애의 형성 과정을 포함한 삶의 전체과정입니다.

이외에 연기는 또 하나의 관점을 알려주는데, 존재(유)를 중심에 둔 십이연기입니다. 연기에서 「유 → 생 → 노사-수비고우뇌 등 고온」은 고(苦)입니다. 그러면 고의 당사자는 누구입니까? 누가 이 괴로움을 겪는지의 질문인데, 연기는 유라고 답합니다. 고의 당사자인 유가 있을 때 그에게 이런 고가 있다는 의미입니다.

그러면 유는 왜 고의 당사자입니까? 불완전한 조건 관계에서 생겨난 불완전한 존재이기 때문입니다. 그러면 그 불완전한 조건 관계는 무엇입니까? 바로 「무명 → 행들 → 식 → 명색 → 육입 → 촉 → 수 → 애 → 취」의 과정입니다. 번뇌 위에서 유는 이런 과정으로 불완전하게 생겨납니다. 그리고 행위를 시발점으로 하는 세 개의 순환구조 위에서 활성존재(bhūta)로 순환하면서 「노사-수비고우뇌 등 고온」을 경험하다가 몸이 무너지면 다시 몸으로 가서 태어난 뒤 이런 순환구조 위의 삶을 반복합니다.

연기에 대한 이런 이해가 「존재를 중심에 둔 십이연기」입니다.

; 제2절 Ⅰ. 삶에 대한 여러 시각 13. 연기의 구조 – 삶에 대한 완전한 해석(깨달음) 참조(503쪽)

me dhammā ajjhattaṃ appahīnā – ādīnavadassāvī
내 안에 버려지지 않은 법들에서 위험을 보겠습니다.

제1장

제2절 : 삶의 메커니즘

부처님의 깨달음은 형이상학적인 것이 아니라 삶에 대한 완전한 이해 위에서 삶의 문제를 해결한 깨달음입니다. 그래서 불교는 사는 이야기입니다. 내가 세상을 만나는 이야기, 마음이 몸과 함께 세상을 만나는 이야기의 어디 어디에 어떤 어떤 문제가 있어서 괴로움이 생겨나고 자라나는지, 그 문제의 자리 자리에 어떻게 어떻게 대응할 때 괴로움이 줄어들고 소멸하는지에 대한 이야기입니다.

부처님은 괴로움이 생겨나고 자라나는 과정을 연기(緣起)로 설명하고, 괴로움을 줄이고 소멸시키는 방법을 팔정도(八正道)로 설명합니다. 그래서 팔정도의 실천을 통해 삶은 완성됩니다.

이때, 연기는 100% 조건 관계인 무명(無明) ~ 노사(老死)의 연기된 법 열두 개로 구성되는데, 존재(有-bhava)가 중심이 됩니다. 존재로서의 나를 두고 괴로움의 생겨남과 자라남을 설명하는 과정입니다. 이 몸과 함께한 삶(今生)의 해석 위에서 몸이 무너져 죽은 뒤에 다시 몸으로 옮겨가서 태어나 삶을 이어가는(來生) 중생의 삶에 대한 해석입니다[연기된 식의 윤회 – 무명에 덮이고 애에 묶여서 옮겨가고 윤회하는 중생].

근본경전연구회는 부처님 살아서 직접 설한 가르침의 범주 안에서 연기를 설명하는 많은 경을 꿰어서 도식화 하였는데, 「삶의 메커니즘」입니다.

「삶의 메커니즘」은 삶에 대한 여러 시각을 담고 있는데,

- 연기된 식의 윤회 – 금생과 내생
- 누적된 삶과 지금 삶
- 인식과 행위
- 딱까의 안팎 – 마음이 몸과 함께 작용하는 영역과 몸의 참여 없이 마음 혼자서 작용하는 영역
- 딱까에 접근하는 선행 과정 – 「내입처 → 외입처 → 식 → 촉 → 수」

- 처의 해석 – 처 = 식 + 근
- '나'의 동치 – 활성존재(식과 명색) = 활성화된 일체(육입 → 촉 → 수)
- 인식의 메커니즘
- 인식의 통합자 = 의 = 육식 + 의근

- 딱까 안에서 진행되는 현상

- 딱까를 떠난 뒤 → 위딱까(vi-takka) – 「지금 삶이 누적된 삶의 변화를 이끄는 과정」
- 3개의 순환구조 – 작은 순환구조, 잠재 순환구조, 큰 순환구조
- 존재화와 자기화 & 다음의 존재로 태어남
- 존재[유(有)-bhava]를 중심에 둔 연기(緣起) – 금생(今生)과 내생(來生)

등입니다.

Ⅰ. 삶에 대한 여러 시각

1. 연기된 식의 윤회 – 금생과 내생

나는 업을 잇는 자입니다. 유위의 업에서 식이 머물고 늘어나면 '삶의 과정을 누적하며 변화하는 마음'인 연기된 식이 업을 잇는 자의 중심을 구성합니다. 그리고 중생으로 있는 한, 식은 몸 있음의 상태여서 유신(有身)이고, 오취온(五取蘊)이며, 활성화되어 식과 명색이 서로 조건 됨에 의해 함께한 활성존재입니다. 몸이 유지되는 동안에는 활성존재로서 순환하여 삶의 과정을 누적하며 변화합니다. 그러나 몸이 무너지면 명색은 버려지고 다시 태어나는 식(saṃvattanikaṃ viññāṇaṃ) 또는 연기된 식(paṭiccasamuppannaṃ viññāṇaṃ)이라고 불리는 식은 새로운 몸/명색으로 옮겨가서 새로운 나를 구성하여 태어납니다. 그리고 거기서 활성존재의 삶을 이어갑니다.

연기(緣起)된 식(識)의 윤회 – 금생과 내생

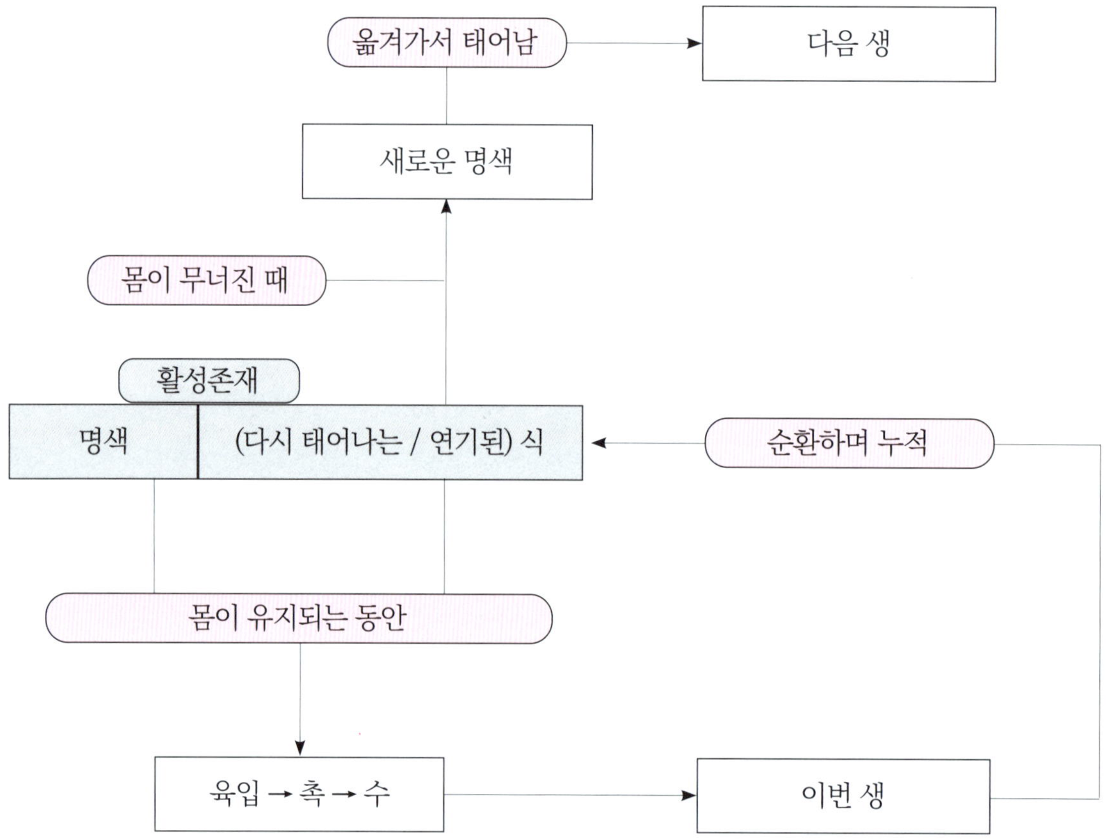

- 몸이 무너짐 → 식이 떠나는 현상
- 몸으로 간다
- 태어남의 묘사 – 식/육계/간답바
- 활성존재의 두 자리

2. 누적된 삶과 지금 삶

업을 잇는다는 것은 지금 삶의 결과를 지난 삶의 과정에 누적하며 변화한다는 것입니다. 그래서 삶은 누적된 지난 삶이 주체가 되어 지금 삶의 씨앗(씨앗 식)을 낳고, 지금 삶은 그 결과(상의 잠재와 식의 머묾)를 다시 지난 삶의 누적에 쌓아서 누적된 삶을 바꿉니다.

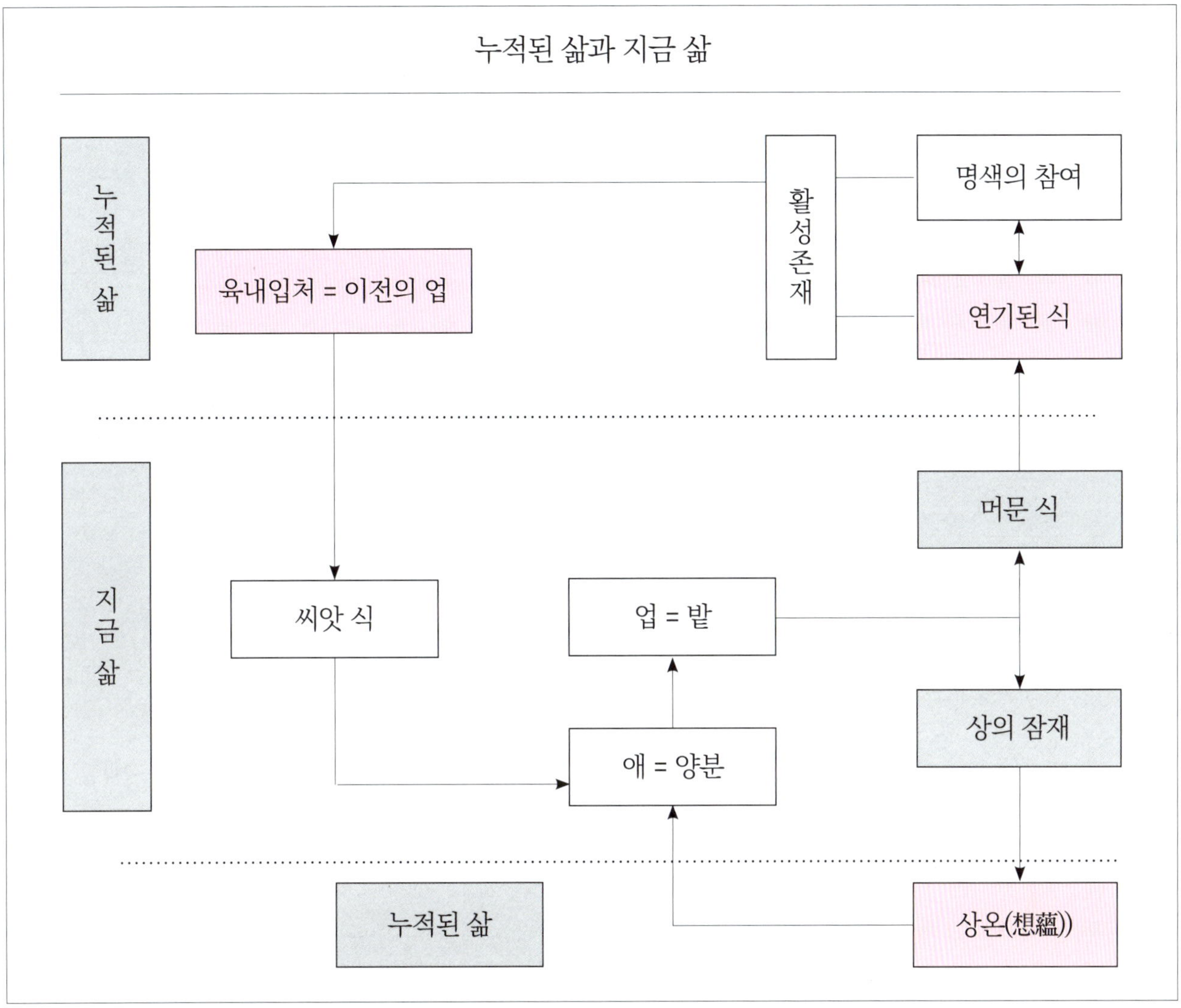

• 육내입처 & 몸 = 이전의 업

• 활성존재(bhūta)와 활성화된 일체의 동치

• 식 = 씨앗 → 애 = 양분 → 업 = 밭 ⇒ 식의 머묾 → 늘어남 ⇒ 연기된 식 ↔ 명색의 참여 ⇒ 활성존재 → 몸이 유지되는 동안 순환하여 인식주관이 됨

• 연기된 식 → 씨앗 식 → 머문 식 → 연기된 식 … 자기증식을 통한 변화

3. 인식과 행위

삶은 내가 세상을 만나는 이야기입니다. 세상을 만나서 알고 경험하고 대응하는 것인데, 알고 경험하는 것은 인식이고, 대응하는 것은 몸과 말과 마음의 행위입니다. 이때, 나는 오온으로 구성되고, 촉과 작의의 두 가지 활성 요소에 의해 세상을 알고 경험합니다. 아는 것은 씨앗이 되어서 밭에 뿌려지는데, 양분이 가해지면 열매를 맺습니다.

; 아는 것/씨앗 = 씨앗 식, 밭 = 업, 양분 = 애, 열매 = 상의 잠재와 식의 머묾

씨앗 식은 대상을 분별한 앎으로 생겨나는데, 함께 생겨나는 경험을 대상으로 좋고 나쁜 가치 앎으로 성장하여 앎을 완성하는데, 심입니다. 그리고 심은 가치 앎의 속성에 의해 행위합니다.

; 씨앗 식 = 분별 앎 ⇒ 심행 = 상-수, 존재 앎 =무명 ⇒ 가치 앎 : 좋다 → 탐, 싫다 → 진 ⇒ 앎 = 심 → 망 → 소망

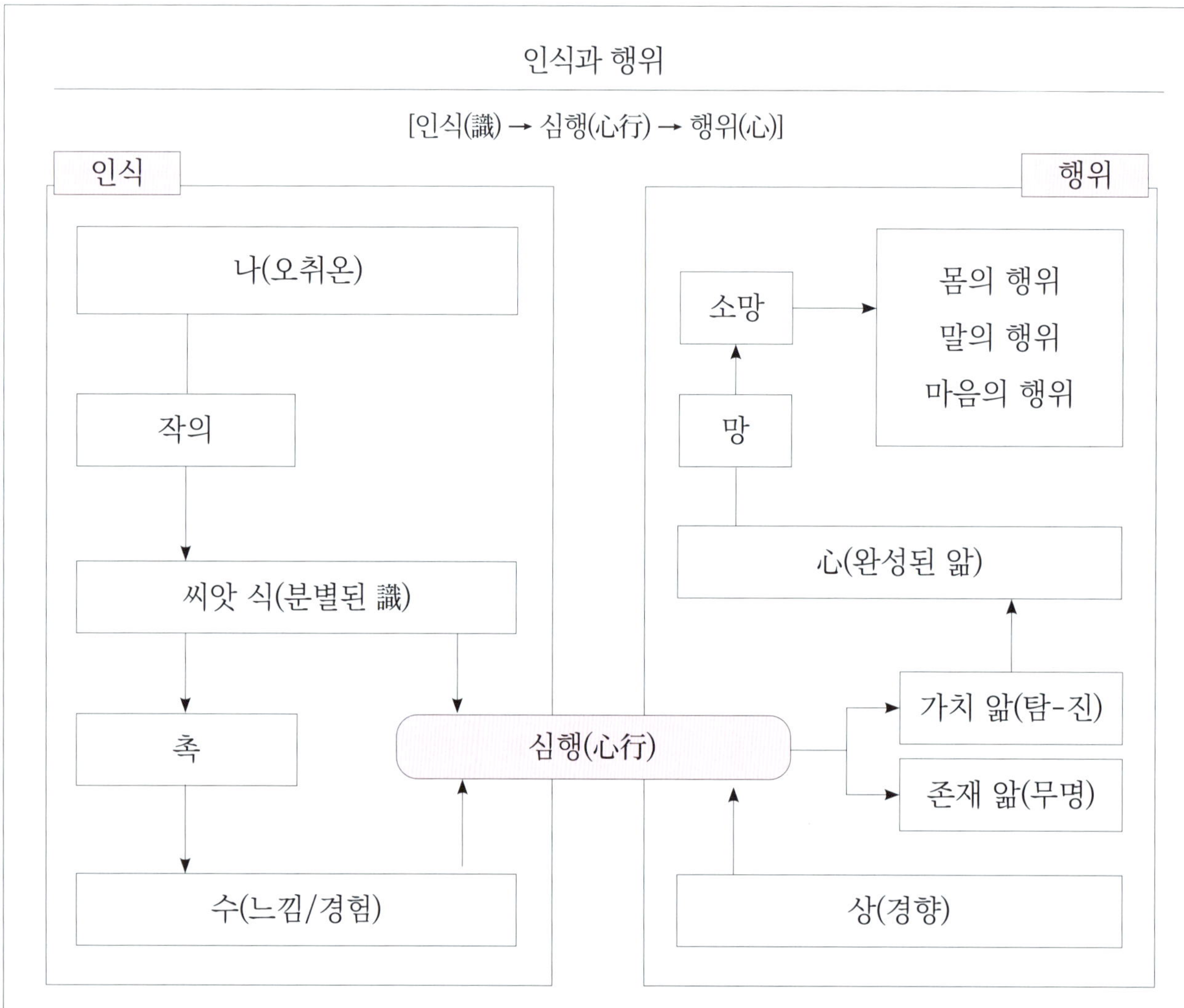

1) 업의 원인-조건 – (AN 10.47-마할리 경)

- 악업의 원인-조건 : 망-진-치-비여리작의-잘못 지향된 심
- 선업의 원인-조건 : 무망-무진-무치-여리작의-바르게 지향된 심

"악업(惡業)을 짓고 계속해서 악업을 행하기 위해, 마할리여, 망(望)이 원인이고 망이 조건이다. 악업을 짓고 계속해서 악업을 행하기 위해, 마할리여, 진(嗔)이 원인이고 진이 조건이다. 악업을 짓고 계속해서 악업을 행하기 위해, 마할리여, 치(癡)가 원인이고 치가 조건이다. 악업을 짓고 계속해서 악업을 행하기 위해, 마할리여, 비여리작의(非如理作意)가 원인이고 비여리작의가 조건이다. 악업을 짓고 계속해서 악업을 행하기 위해, 마할리여, 잘못 지향된 심(心)이 원인이고 잘못 지향된 심(心)이 조건이다. 악업(惡業)을 짓고 계속해서 악업을 행하기 위해, 마할리여, 이것이 원인이고 이것이 조건이다.

선업(善業)을 짓고 계속해서 선업을 행하기 위해, 마할리여, 무망(無望)이 원인이고 무망이 조건이다. 선업을 짓고 계속해서 선업을 행하기 위해, 마할리여, 무진(無嗔)이 원인이고 무진이 조건이다. 선업(善業)을 짓고 계속해서 선업을 행하기 위해, 마할리여, 무치(無癡)가 원인이고 무치가 조건이다. 선업을 짓고 계속해서 선업을 행하기 위해, 마할리여, 여리작의(如理作意)가 원인이고 여리작의가 조건이다. 선업(善業)을 짓고 계속해서 선업을 행하기 위해, 마할리여, 바르게 지행된 심(心)이 원인이고 바르게 지향된 심(心)이 조건이다. 선업(善業)을 짓고 계속해서 선업을 행하기 위해, 마할리여, 이것이 원인이고 이것이 조건이다.

2) 마지막에 남는 가르침 – 이어지는 가르침의 비범(非凡) – (DN 11-께왓따 경)과 (AN 3.61-상가라와 경)

「'evaṃ vitakketha, mā evaṃ vitakkayittha; evaṃ manasi karotha, mā evaṃ manasākattha; idaṃ pajahatha, idaṃ upasampajja viharathā'ti 이렇게 생각을 떠오르게 하고, 이렇게 생각을 떠오르게 하지 말라. 이렇게 작의(作意)하고 이렇게 작의하지 말라. 이것은 버리고 이것은 성취하여 머물러라.」

'웨란자 이야기(verañjakaṇḍaṃ)'는 율장 마하 위방가의 시작 자리에 위치하기 때문에 빠알리 문헌 가운데 가장 먼저 나타나는 가르침인데, 세 번째 웻사부 부처님이 제자들을 가르친 이야기를 담고 있습니다. 웻사부 부처님은 가르침이 상세히 설해지지 않은 가운데 이어지는 가르침의 비범만을 심(心)에 의한 심(心)의 분별을 통해 가르치고 교육하였고, 교육받은 비구들의 심(心)은 집착에서 벗어나 번뇌들로부터 해탈함 즉 깨달음을 성취했다는 것입니다. 그래서 이어지는 가르침의 비범이 모든 가르침의 정수이고 근본에 해당하는 가르침이라는 것을 알 수 있습니다. 그러나 가르침을 ①상세히 설하지 않고 ②학습계율을 제정하지 않고 ③계목을 암송하지 않은 위빳시 세존과 시키 세존과 웻사부 세존의 범행은 꿰어지지 않아 오래 지속되지 않았습니다.

3) suññata-animitta-appaṇihita(공-무상-지향하지 않음)의 쌍의 용례 – 무위(無爲)의 삶의 과정 즉 ①딱까 안의 탐-진-치의 공(空)과 ②인식에서 nimitta 아님(無相 – 관심이 탐-진-치를 싣고 1차 인식에 참여하지 않음) 그리고

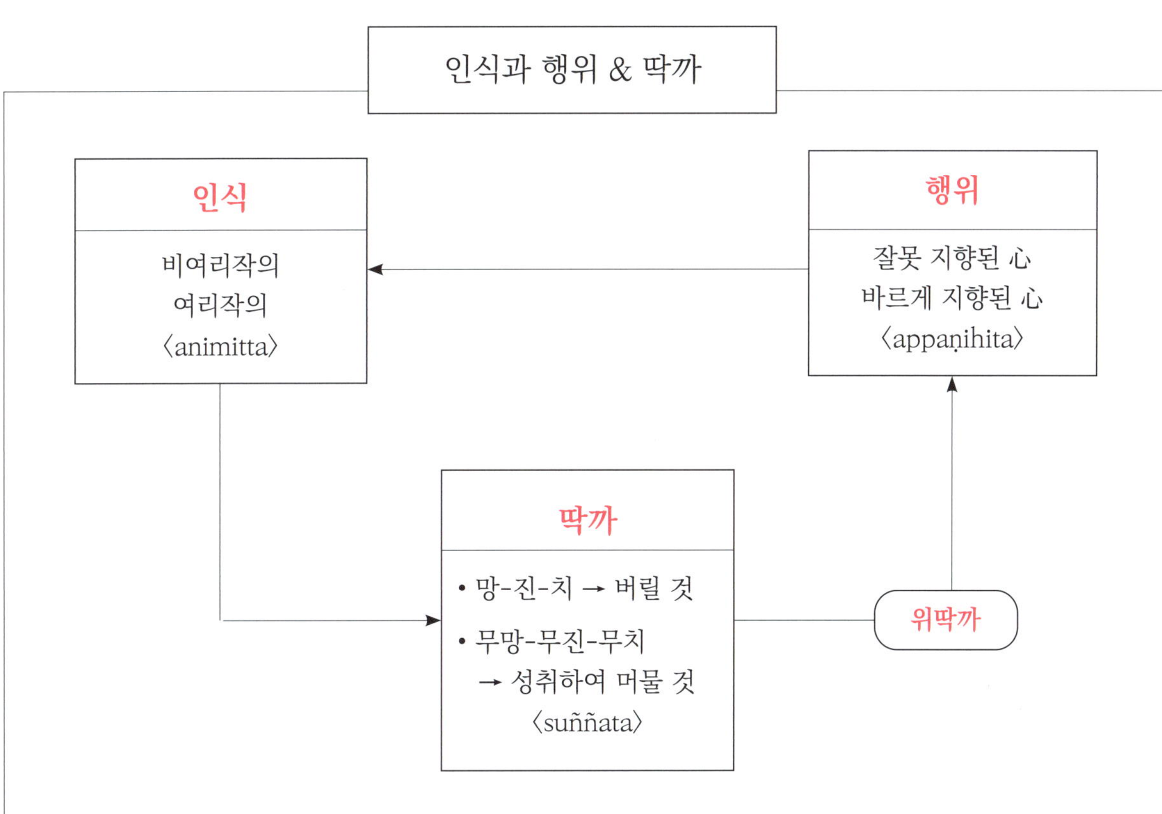

③행위에서 해탈된 심(心)의 지향을 지시하는 쌍 → samādhi/vimokka/samāpatti/phassa에 적용되어 나타남

4. 딱까의 안팎 – 마음이 몸과 함께 작용하는 영역과 몸의 참여 없이 마음 혼자서 작용하는 영역

인식이 행위로 연결되는 과정에는 애의 형성 과정이 있는데, 딱까(takka)입니다.

식이 몸과 함께 내입처가 되어 외입처를 인식하면 외입처를 알고(씨앗 식), 경험합니다(受-느낌). 그리고 심이 몸과 함께 의가 되어 행위하면, 상이 잠재합니다. 잠재된 상의 무더기는 경향이어서 행위의 질을 결정합니다.

딱까는 씨앗 식과 잠재된 상이 함께 수를 분별하는 데에서부터 일련의 과정을 거쳐 애가 형성되는 데까지여서 '애의 형성 과정'입니다. 또한, 이 과정에서 견해도 생겨납니다. 그래서 딱까의 경계에는 입력의 자리에 씨앗 식과 상과 수가 있고, 출력의 자리에는 애와 견해가 있습니다.

딱까의 경계와 안팎 – 몸의 참여 여부

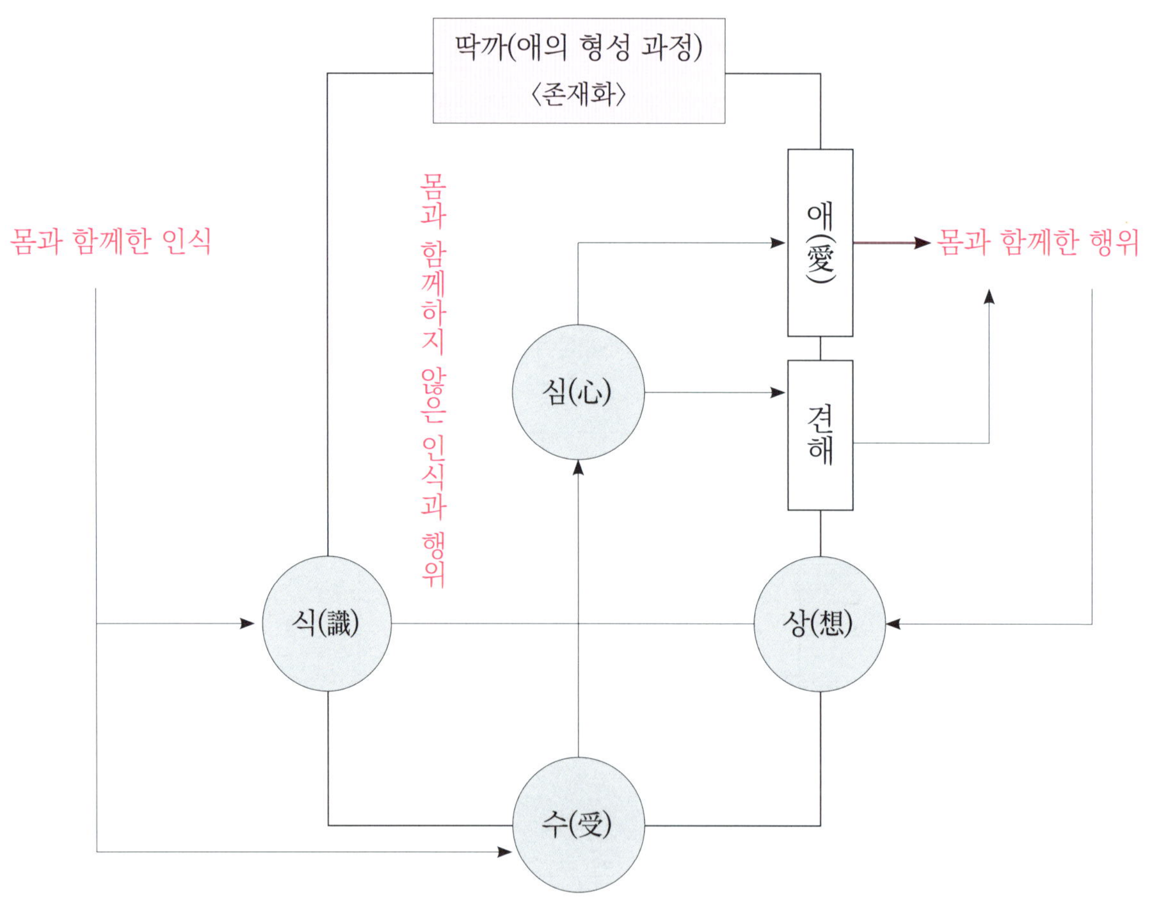

이때, 입력의 자리에서 경계에 있는 씨앗 식과 상과 수는 몸과 함께하는 과정(안근 ~ 의근과 신업-구업-의업)에서 생겨났지만 작용할 때는 몸이 참여하지 않고, 출력의 자리에서 경계에 있는 애는 몸의 참여 없는 과정에서 생겨났지만 몸과 함께하는 인식과 행위 과정을 이끕니다.

그래서 딱까는 몸의 참여 없이 마음(식-심) 혼자 인식하고 행위하는 영역인 것을 알 수 있습니다.

5. 딱까에 접근하는 선행 과정 – 「내입처 → 외입처 → 식 → 촉 → 수」

딱까는 부처님이 성취한 법이 딱까의 영역을 넘어선 법이라고 선언될 정도로 삶의 해석의 중심이 됩니다. 그래서 딱까를 중심에 두고 선후 관계를 알아보아야 합니다.

몸의 참여 없이 진행되는 딱까에 선행하는 인식 과정인 「내입처 → 외입처 → 식 → 촉 → 수」는 지금 삶의 현장을 구성하는데, 자기 존재성으로의 세상입니다.

내입처는 인식주관인데, 안-이-비-설-신-의의 육내입처이고, 외입처는 인식객관인 색-성-향-미-촉-법입니다. 내입처는 외입처를 작의해서 알고(씨앗 식), 내입처-외입처-(씨앗) 식이 만나는 촉에 의해 경험합니다(受). 이렇게 생겨난 식과 수가 입력이 되어 몸의 참여 없는 내적 과정인 딱까의 과정을 진행합니다.

그런데 육내입처와 육외입처의 대응 구조 즉 십이처는 일체라고 정의됩니다. 세상에 존재하는 모든 것이란 의미인데, 내가 세상을 만나는 이야기로의 삶에서 나와 세상을 포괄하는 존재성입니다. 그리고 일체는 두 가지 활성요소(작의와 촉)에 의해 활성화 되어 다시 육내입처-육외입처-육식-육촉-육수로 확장 정의되는데, 활성화된 일체입니다.

여기서 육외입처는 객관 즉 대상일 뿐입니다. 그러니 이런 활성화의 과정은 인식주관인 육내입처에 의해서 진행됩니다. 그렇다면 내입처는 무엇이기에 작의와 촉에 의한 활성화 과정을 진행합니까?

◐ 육내-외입처 상세

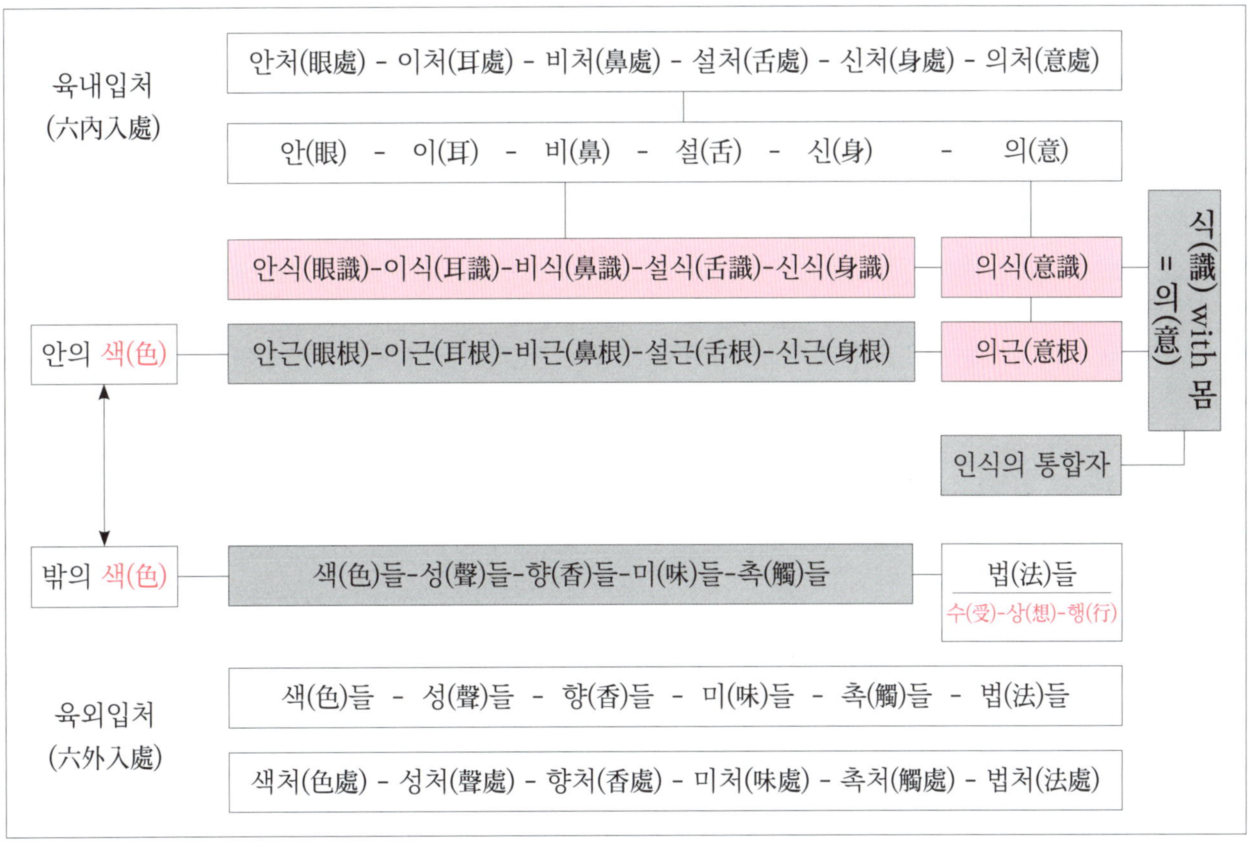

6. 처의 해석 – 「내입처(內入處) = 식(識) + 근(根)」 (+ 외입처 = 일체)

내가 세상을 만나는 이야기로의 삶에서 인식주관은 당연히 마음과 몸이 함께 한 것으로의 나입니다. 마음도 몸도 혼자서 대상을 인식할 수는 없는데, 마음에겐 마음의 역할이, 몸에겐 몸의 역할이 있기 때문입니다.

마음(식)은 분별하여 아는 자 즉 인식하는 자인데, 인식 대상은 물질과 물질 아닌 것이 있습니다. 그런데 마음은 물질을 인식하기 위한 정보 습득 능력이 없습니다. 물질은 보이는 것(色)과 들리는 것(聲)과 냄새 맡아지는 것(香)과 맛보아지는 것(味)과 느껴지는 것(觸)으로 구성되었습니다. 이런 물질을 분별해 알기 위해서는 물질의 정보를 받아들여 마음에 전달해주는 어떤 역할자가 필요한데, 몸입니다. 그리고 이렇게 정보를 받아들여 마음에 전달하는 역할자의 측면을 근(根)이라고 부릅니다.

몸은 보이는 것의 정보를 받아들여 마음에 전달하는 역할 부분인 안근(眼根), 들리는 것에 대한 이근(耳根), 냄새 맡아지는 것에 대한 비근(鼻根), 맛보아지는 것에 대한 미근(味根), 느껴지는 것에 대한 신근(身根)으로 구성되어 있는데, 몸의 표면에서 뇌까지의 각개적인 부분들입니다.

마음도 몸의 분류와 같은 방법으로 몸이 받아들여 전달하는 정보의 인식자를 분류하는데, 안식(眼識)-이식(耳識)-비식(鼻識)-설식(舌識)-신식(身識)입니다. 그리고 몸 아닌 대상을 지시하는 법에 대한 인식자는 의식(意識)인데, 의근(意根)으로의 역할을 함께 가집니다.

그리고 인식주관인 나는 몸과 마음의 역할이 더해진 상태 즉 안식과 안근, 이식과 이근, 비식과 비근, 설식과 설근, 신식과 신근, 의식과 의근인데, 안식과 안근이 함께한 인식주관을 안처(眼處) 내지 의식과 의근이 함께한 인식주관을 의처(意處)라고합니다. 그리고 식과 근과 처의 관계를 처로 대표하면서 처를 생략하고 안-이-비-설-신-의라고 부릅니다.

이렇게 내입처는 식과 근이 함께한 인식주관입니다. 그리고 외입처와 함께 일체를 구성합니다.

• 그림 : 일체 = 육내입처(식+근)와 육외입처

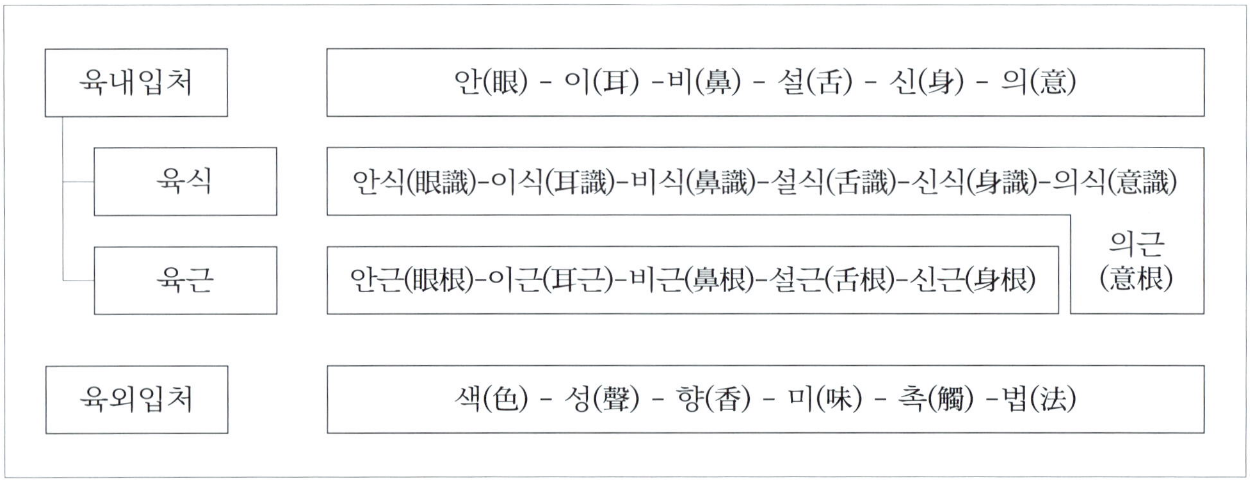

7. '나'의 동치 – 활성존재(식과 명색) = 활성화된 일체(육입 → 촉 → 수)

연기는 육내입처-육외입처-육식-육촉-육수의 활성화된 일체의 조건을 제시하는데, 서로 조건되는 것인 식과 명색 즉 활성존재입니다. 활성존재를 조건으로 활성화된 일체가 있다는 설명입니다.

활성존재는 식과 명색인데, 명색은 다시 명과 색이고, 명은 수-상-사-촉-작의입니다. 사는 곧 행이기 때문에 식과 명색이 함께한 활성존재는 오온과 촉-작의여서 색-수-상-행-식으로 구성된 내가 촉과 작의에 의해 활성화된 상태를 지시합니다.

그런데 오온은 세상에 있는 세상의 법 전부여서 십이처인 일체와 같습니다. 여기에서의 조건성이 적용되는 중생세상에서 존재성의 측면에서 오온으로 구성되는 나를 말하고, 이어서 세상을 만나는 인식의 과정을 위해 세상의 구성에 맞춰 펼쳐 놓은 것이 십이처입니다. 일체는 이런 구성 위에서 작의로 알고(識), 촉에 의해 경험하여(受) 활성화된 일체로서의 자기 세상을 구성하는 것입니다.

그래서 오온과 십이처가 같은 것이고, 활성존재와 활성화된 일체가 같은 것입니다. 이렇게 나는 활성존재와 활성화된 일체의 동치를 통해 지난 삶의 누적으로의 존재성이 지금 세상을 만나는 이야기의 주인공이 되어 지금 삶을 살아갑니다.

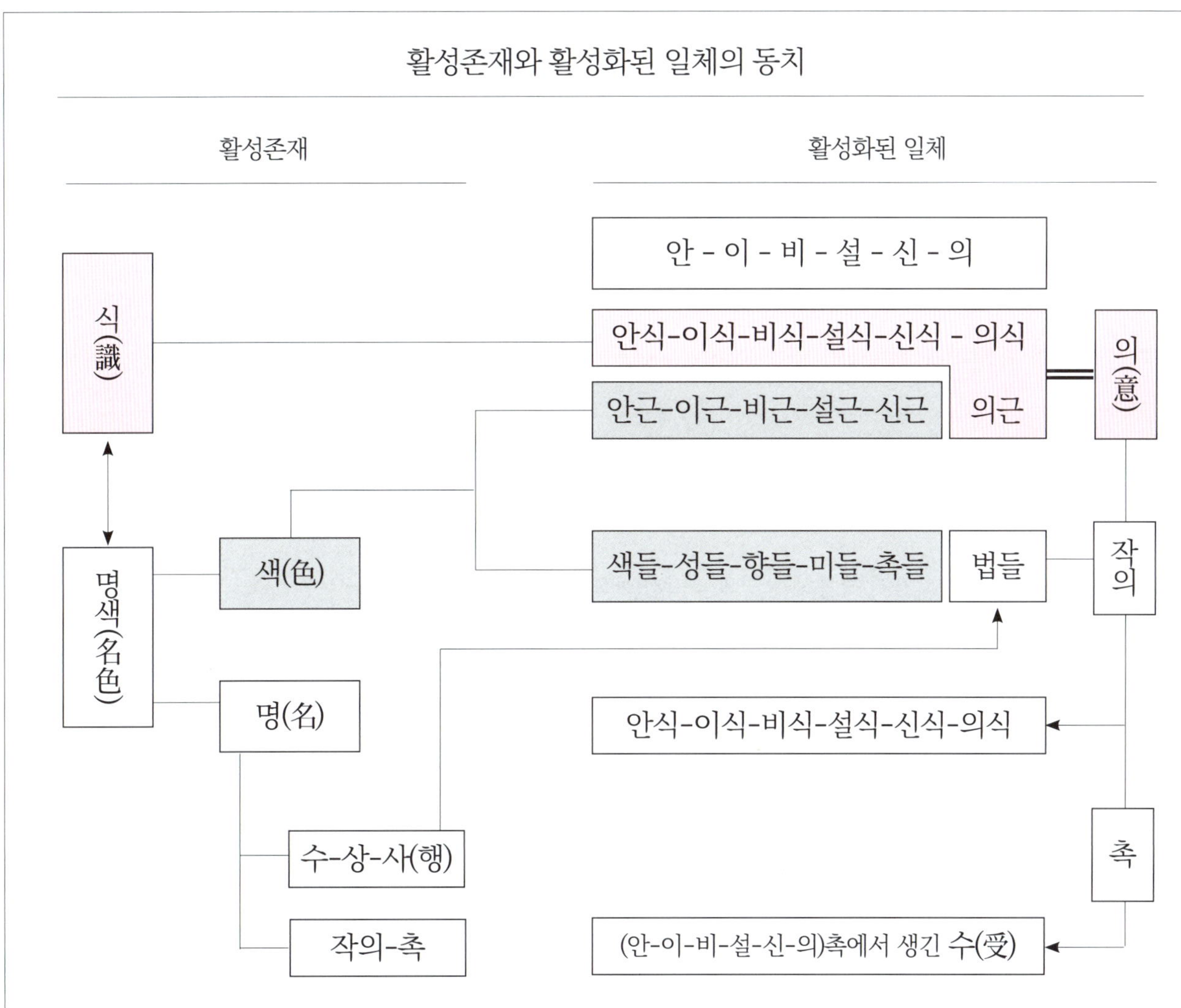

8. 인식의 메커니즘

인식은 세 가지 관점에서 이해해야 하는데, 인식이 ①2단계로 진행되어 ②단계별로 두 개의 결과를 생겨나게 하는 것, 그리고 ③두 개의 주관이 하나의 객관을 인식한다는 것입니다.

1) 2단계의 인식

식은 '분별해서 안다(인식한다)'고 해서 식입니다(vijānātīti kho, bhikkhave, tasmā 'viññāṇan'ti vuccati). 그런데 분별하는 대상은 두 가지로 제시됩니다. (SN 22.79-삼켜버림 경)은 신맛-쓴맛 등 미(味)를 인식한다고 하는데, 외입처입니다. (MN 43-교리문답의 큰 경)은 락-고-불고불락을 인식한다고 하는데, 수(느낌/경험)입니다.

그런데 외입처와 수는 「내입처 → 외입처 → 식 → 촉 → 수」의 활성화된 일체를 구성하는 두 가지입니다. 식과 근이 함께한 것으로의 내입처가 외입처를 인식하여 알고(식) 경험하는(수) 인식 과정에서 외입처는 객관이고 수는 식에 이어지는 두 번째 결과입니다(SN 22.79-삼켜버림 경). 그런데 (MN 43-교리문답의 큰 경)은 식이 수를 인식한다고 말합니다. 이것은 첫 번째 결과인 식이 두 번째 결과인 수를 인식하는 것을 의미합니다.

그래서 내입처와 외입처의 인식에서 생겨나는 식과 수의 관계에서 식이 주관이 되어 수를 인식하는 이어지는 인식의 과정을 소개하는 것을 알 수 있습니다. 이렇게 인식은 ①내입처와 외입처 그리고 ②식과 수의 자리에서 2단계로 진행되는데, 1차 인식과 2차 인식입니다.

2) 두 단계로 생겨나는 인식의 결과 – 「1단계 = 마음 → 2단계 = 질적 요소」

1차 인식은 「내입처 → 외입처 → 식 → 촉(내입처 & 외입처의 분별된 앎 = 식) → 수」로 진행되는데, 알고(식) 경험하는(수) 과정이어서 식과 수가 두 단계로 생겨납니다.

; 마음이 몸과 함께 작용하는 영역 – 「①식=마음 → ②수=질적 요소」

2차 인식은 「식 → 수 → 탐 → 심(식 & 수의 가치 앎 = 탐) → 소망(→애)」로 진행되는데, 알고 소망하는 과정이어서 탐과 소망 또는 심과 애가 두 단계로 생겨납니다.

; 몸의 참여 없이 마음 혼자서 작용하는 영역 = 딱까(애의 형성 과정) – 「①심=마음 → ②애=질적 요소」

3) 두 개의 주관, 하나의 객관

그런데 인식은 행위의 영향을 받습니다. 내입처와 외입처의 인식에는 의업에 속한 욕탐이 참여하고, 식과 수의 인식에는 행위에서 잠재한 상이 참여하는데 모두 인식의 질을 결정합니다. 내입처가 외입처를 인식할 때는 욕탐이 싣고 오는 탐-진-치에 의해 생겨나는 식과 수의 질이 결정되고, 식이 수를 인식할 때는 상의 전도에 의해 생겨나는 탐(→심)과 소망(→애)의 질이 결정됩니다.

4) 작의(manasikāra)와 헤아림(saṅkhā)

• 1차 인식의 작용성 = 작의(manasikāra) – 내입처가 욕탐의 참여 가운데 외입처를 분별하여 알고(분별 앎) 경험함

• 2차 인식의 작용성 = 헤아림(saṅkhā) – 씨앗 식이 상의 참여 가운데 수를 분별하여 알고(가치 앎) 소망함

; 【참고】 주제의 확장 – (23)「saṅkharoti와 abhisaṅkharoti & saṅkhā(헤아림)과 saṅkhata(유위)」 참조(391쪽)

5) 계(界-system)로 해설한 인식의 메커니즘

한편, 이렇게 전개되는 인식은 두 개의 계(界-system)로 설명할 수 있는데, 제1계(界 - #1 system)는 내입처-외입처-욕탐의 input에서 식과 수의 output이, 제2계(界 - #2 system)은 식-상-수의 input에서 탐(→심)과 소망(→애)의 output이 이어집니다. 이때, 두 개의 계는 제1계의 output이 제2계의 input이 되는 것으로 연결되어 크게는 하나의 계를 구성합니다.

계(界-system)로 해설한 인식 작용(1차 인식과 2차 인식)

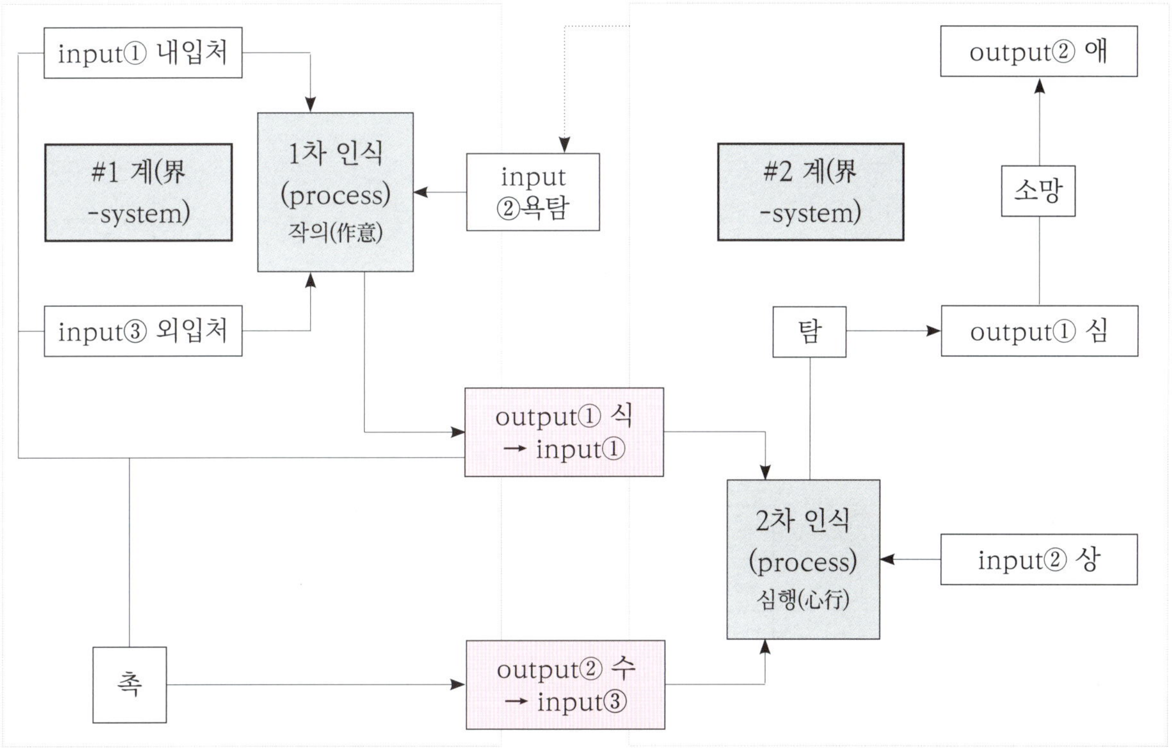

6) 상(相-nimitta)과 심상(心相-cittassa nimitta)

이렇게 행위의 영향을 받은 인식은 생겨나는 식(분별→인식)과 심(가치→행위)을 왜곡하는데, 상(相-nimitta)입니다. 1차 인식에서 nimitta(相)는 식의 생김을 위한 대상(외입처)의 왜곡이고, 2차 인식에서 nimitta는 심의 생김을 위한 대상(수)의 왜곡입니다. 그리고 구분을 위해 수의 왜곡을 심상(心相-cittassa nimitta)이라고 차별합니다.

• 1차 인식 : 내입처 ↔ 외입처(nimitta) → 식 ⇒ nimitta : 욕탐에 의한 왜곡 → 생겨나는 식을 왜곡

• 2차 인식 : 식 ↔ 수(cittassa nimitta) → 심 ⇒ cittassa nimitta : ①욕탐에 의한 왜곡 → ②전도된 상에 의해 생겨나는 심을 2중으로 왜곡

이런 이해 위에서 기능의 단속(indriyasaṃvara)은 상(相-nimitta)과 뒤따르는 것(anubyañjana)을 붙잡지 말라고 하는데, 여기서 뒤따르는 것이 수(受) 즉 심상(心相-cittassa nimitta)인 것을 알 수 있습니다.

> 비구들이여, 어떻게 비구는 기능들에서 문을 보호하는가? 여기, 비구들이여, 비구는 안(眼)으로 색(色)을 보면서 상(相)을 붙잡지 않고, 뒤따르는 수(受)를 붙잡지 않는다(cakkhunā rūpaṃ disvā na nimittaggāhī hoti nānubyañjanaggāhī). 그 안근(眼根)을 단속하지 않고 머무는 자에게 간탐과 고뇌와 악한 불선법들이 흘러들어올 것이기 때문에 그것의 단속을 위해 실천한다. 안근을 보호하고, 안근에서 단속한다.(여섯에 반복)

anubyañjana 1 nt. secondary characteristic; detail; feature; lit. differentiating
anubyañjana 2 nt. (vinaya) detailed exposition of a rule; commentary; lit. differentiating

◐ 인식의 메커니즘

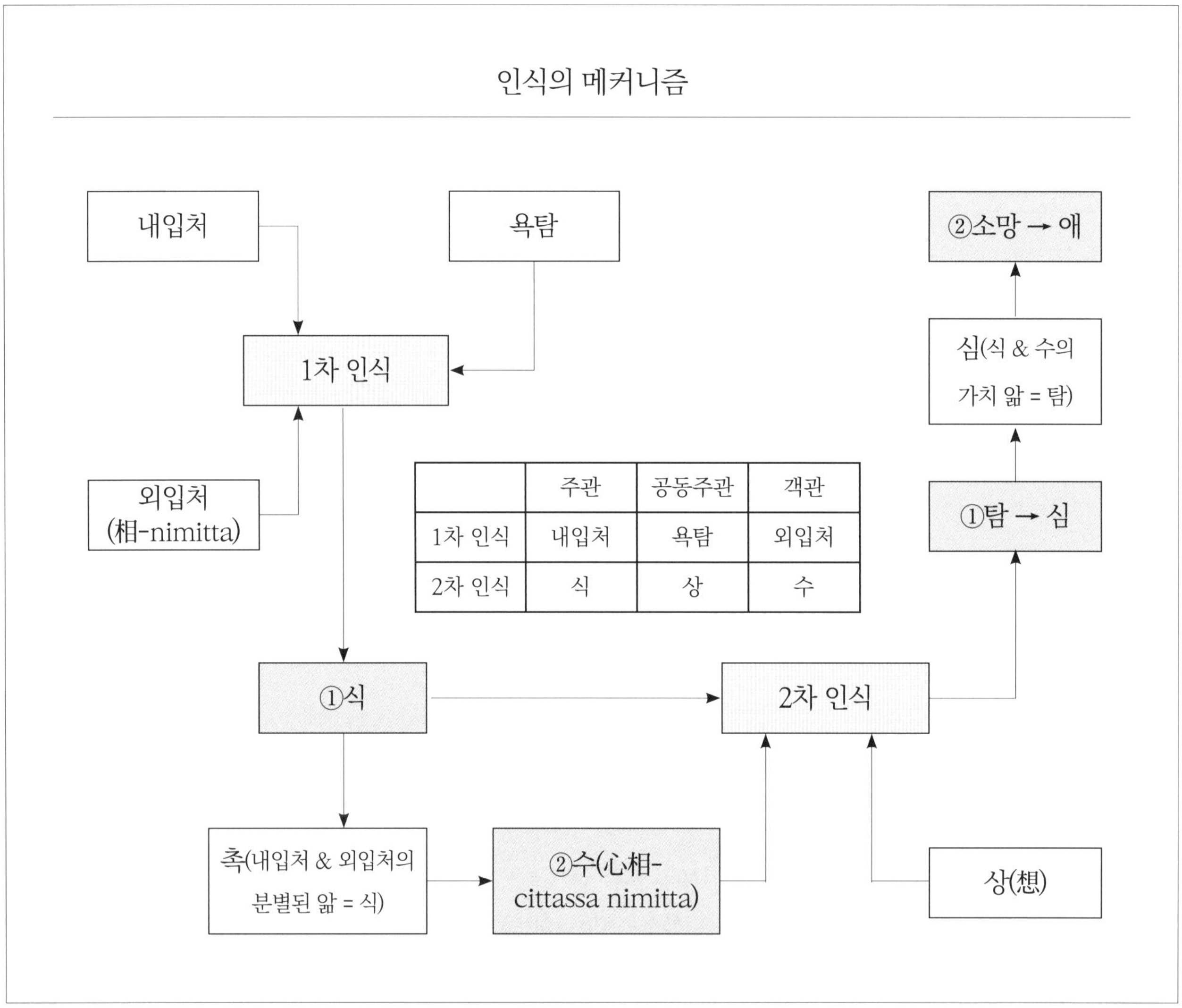

9. 인식의 통합자 = 의 = 육식 + 의근

인식은 색-성-향-미-촉-법을 안-이-비-설-신-의가 분별해 아는 것입니다. 그런데 물질 대상 즉 색-성-향-미-촉의 정보를 받아들여 안식-이식-비식-설식-신식에 전달하는 안근-이근-비근-설근-신근은 서로의 영역과 대상을 경험하지 않습니다.

하지만 세상은 제각각의 영역만으로 만나지지 않습니다. 대개의 경우는 보고 듣고 맛보는 등 여러 개의 인식 정보가 함께 받아들여지고 통합되어서 그 상황에 대해 포괄적으로 인식합니다. 그렇다면 제각각 기능이 받아들인 정보가 통합되어야 하는데, 그 통합의 역할은 누가 담당합니까?

(SN 48.42-운나바 바라문 경)은 '서로의 영역과 대상을 경험하지 않는, 다른 대상과 다른 영역을 가지는 다섯 가지 기능에게 의(意)가 의지처이고, 오직 의가 그것들의 영역과 대상을 경험합니다.'라고 하여 통합자가 의(意-mano)라는 것을 알려줍니다.

그러면 의는 어떻게 다섯 가지 기능의 의지처여서 각각 받아들인 정보를 통합하여 인식합니까?

의는 두 가지가 있는데 ①심-의-식의 의와 ②안-이-비-설-신-의의 의입니다. 여기서 ①은 심 또는 식이 몸과 함께 작용(행위거나 인식)할 때를 지시하는 말이고, ②는 의식과 의근이 함께한 의내입처입니다. 그리고 여기서 의는 ①심-의-식의 의여서 식이 몸 즉 근과 함께 인식할 때를 지시합니다.

• 그림 : 인식의 통합자 = 의 = 육식 + 의근

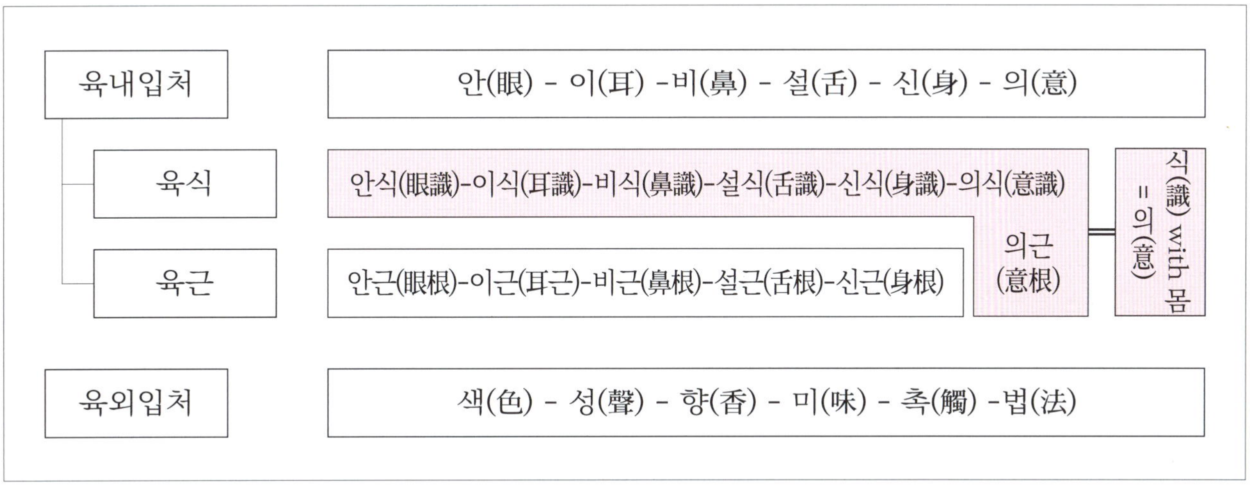

1차 인식에서 식은 대상의 구성에 따라 안식-이식-비식-설식-신식-의식으로 해체되어 있지만 포괄해서 식온(識蘊)입니다. 식온이 색들의 영역에 속한 것을 인식할 때는 색에 맞는 배분으로의 안식이 인식하고, 성들의 영역에 속한 것을 인식할 때는 성에 맞는 배분으로의 이식이 인식하고 내지 법들의 영역에 속한 것을 인식할 때는 법에 맞는 배분으로의 의식이 인식하는 것입니다.

오른팔로 행동할 때도 내가 알고, 왼팔로 행동할 때도 내가 압니다. 오른발로 행동할 때도 왼발로 행동할 때도 내가 압니다. 사지가 모두 나를 구성하는 부분이기 때문입니다. 마찬가지로 안식이 인식할 때도 식이 알고, 이식이 인식할 때도 식이 압니다. 내지 의식이 인식할 때도 식이 압니다. 안식 ~ 의식이 식을 구성하는 부분이기 때문입니다. 이렇게 안-이-비-설-신-의를 통합해서 인식하는 자는 식온(識蘊-식의 무더기)입니다. 다만, 안근~신근의 몸과 함께 작용하기 때문에 의(意-mano)라고 부릅니다. 그래서 의가 다섯 가지 기능의 의지처이고, 오직 그것들의 영역과 대상을 경험합니다.

결론은 인식의 통합자는 의(意-mano)입니다!

심-의-식이 동질성 위에 차별성으로 알려지면 이렇게 인식의 통합이란 주제는 어렵지 않게 해결됩니다. 그러나 차별성으로 해석되지 않으면 통합의 역할을 제3자를 설정하여 부여해야 하는데, 전오식-제6 의식-제7 말라식-제8 아뢰야식으로 전개되는 유식(唯識) 불교로 전개됩니다. 그러나 부처님에 의하면, 식은 오직 안과 색들 ~ 의와 법들을 연하여 생기는 안식 ~ 의식의 여섯 가지 밖에 없습니다.

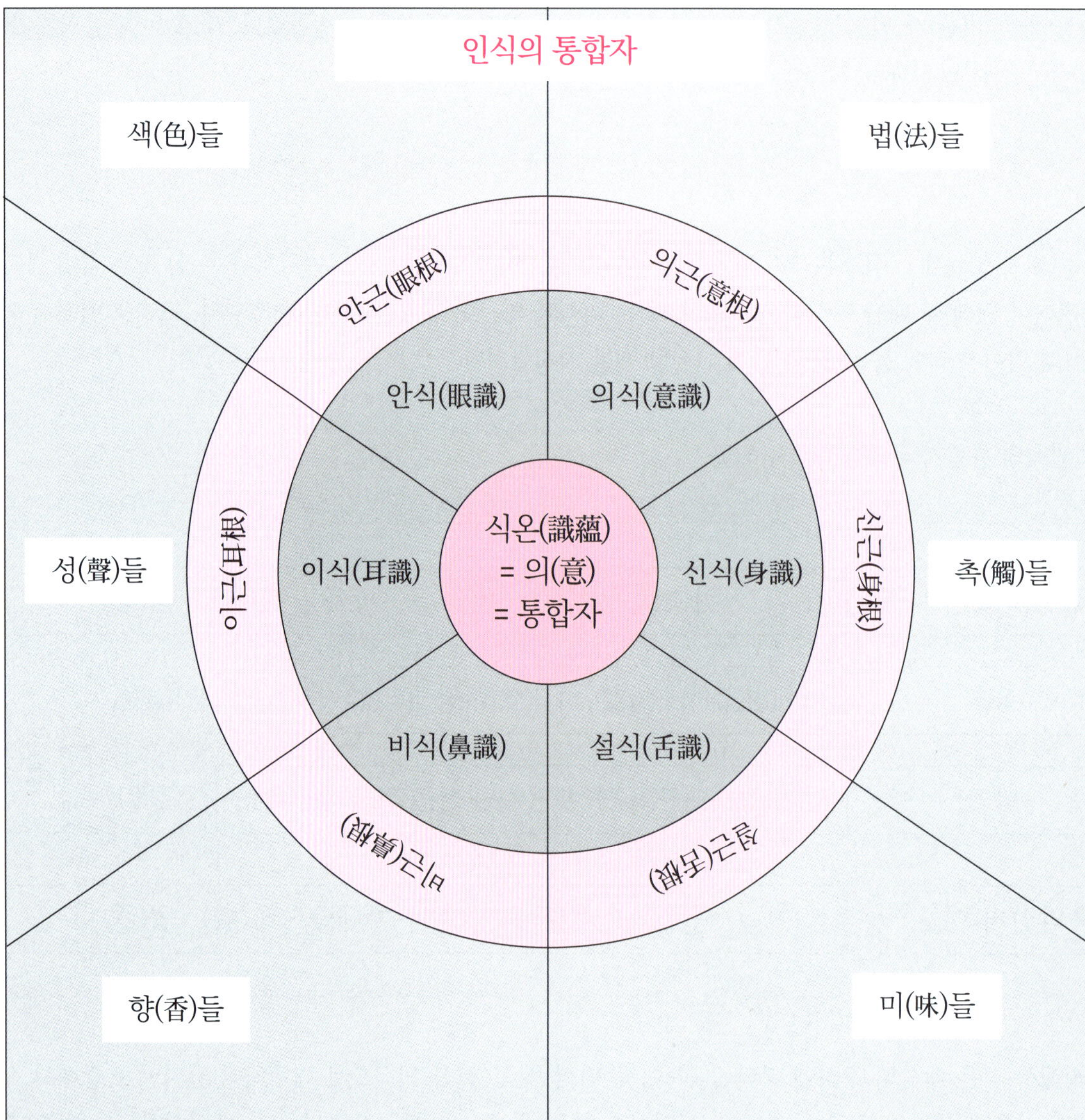

10. 딱까 안에서 진행되는 현상

「내입처 → 외입처 → 식 → 촉 → 수」의 1차 인식에 이어지는 2차 인식은 식과 상이 공동주관으로 수를 인식하여 탐(→심)과 소망(→애)를 생겨나게 하는 과정이어서 애의 형성 과정입니다.

내입처에서 생기는 식은 외입처를 분별한 앎인데, 식이 수를 인식하는 것은 뒤따르는 수(느낌/경험)에 대한 좋고 싫음의 가치적인 앎이어서 행위를 유발한다는 것이 딱까 안에서 진행되는 현상의 본질입니다. 이때, 행위의 질은 공동주관인 상의 참여에 따라 결정되는데, 다양한 상 가운데 (AN 4.49-전도 경)이 말하는 상-락-아-정의 상(想)과 무상-고-무아-부정의 상(想)이 행위의 질을 결정하는 측면입니다. 행위의 질은 그대로 삶의 질인데, 존재의 삶과 존재에서 벗어난 해탈된 삶으로 구분되고, 존재의 삶은 욕계-색계-무색계의 존재로 다시 구분됩니다. 이런 구분 가운데 상-락-아는 사실(무상-고-무아)에 대한 무지의 측면이어서 존재가 되게 하고, 정은 욕계-색계-무색계로 구분된 삶의 자리를 이끄는데, 욕상(慾想)-색상(色想)-무색상(無色想) 또는 저항의 상(想)입니다.

즐거운 느낌(樂受)을 인식할 때, 먼저 상-락-아의 상(想)이 공동주관으로 참여하여 '즐거운 느낌은 항상하다(常)-즐겁다(樂)-변하지 않는다(我)'라는 존재 앎이 생겨납니다. 그러나 느낌은 촉을 조건으로 생기는 무상한 것이기 때문에 이런 앎은 사실에 대한 무지인데, 이런 무지가 무명(존재 앎)입니다. -「사실 = 삼법인 = 고와 고멸 → 조건(연기와 팔정도)의 서술 = 사성제 → 연기의 무명(모름)과 팔정도의 정견(앎)의 대응」(76쪽 그림 참조)

이어서 정의 상(想)이 공동주관으로 참여하면, '항상한 즐거운 느낌은 좋은 것'이라는 가치 앎이 생기는데, 탐입니다. 그리고 외입처의 분별 앎인 식(識-viññāṇa)이 수에 대한 가치 앎인 탐(貪-rāga)으로 커지면 앎(ñāṇa-知)이라고 불리는데, 심(心-citta)입니다. 심은 이렇게 외입처의 분별 앎과 수의 존재 앎-가치 앎이 함께한 것이어서 즐거운 느낌을 바라는 성질을 가지는데, 망(望-lobha)입니다.

괴로운 느낌(苦受)을 인식할 때, 먼저 상-락-아의 상(想)이 공동주관으로 참여하여 '괴로운 느낌은 항상하다(常)-즐겁다(樂)-변하지 않는다(我)'라는 존재 앎이 생기는데, 무명입니다. 이어서 정의 상(想)에 대응하는 저항의 상(想)이 공동주관으로 참여하면, '항상한 괴로운 느낌은 나쁜/싫은 것'이라는 가치 앎이 생기는데, 진입니다. 그리고 외입처의 분별 앎인 식(識-viññāṇa)이 수에 대한 항상하고 나쁜/싫은 것이라는 가치 앎인 진(嗔-dosa)으로 커지면 앎(ñāṇa-知)이라고 불리는데, 심(心-citta)이고, 거부(dosa)의 성질을 가집니다.

※ 상-락-아-정의 전도된 상(想)이 공동주관으로 참여하는 작용성을 루(漏-āsava-번뇌)라고 하는데, 무명과 서로 조건됩니다(MN 9-정견 경). 서로 조건되는 것은 함께하여 하나의 존재성을 가지는데, 서로 조건되는 번뇌와 무명이 함께한 하나의 존재성을 치(癡-moha)라고 합니다.

이렇게 탐-진-치가 정의됩니다. ⇒ 제2부 총론 제2장 딱까(takka-애의 형성 과정) 【참고 – 탐(貪-rāga)-망(望-lobha)-진(嗔-dosa)-치(癡-moha)의 이해】 참조(157쪽)

이렇게 분별된 앎과 존재 앎과 가치 앎으로 구성되고 망의 성질을 가지는 심은 행위의 주체가 됩니다. 그리고 망의 성질에 이끌려 즐거운 느낌을 친밀 즉 기뻐하고 드러내고 묶여 머물러(abhinandati abhivadati ajjhosāya tiṭṭhati) 소망(nandi)을 생겨나게 합니다. 이렇게 생겨나는 소망과 탐을 묶어서 애(愛-taṇhā)라고 하는데, 딱까에서 형성되는 결과입니다. 그러면 애는 잡는 성질(ālaya)을 가져서 집착(取-upādāna)으로 연결되고 괴로움을 생겨나 자라나게 합니다. ⇒ (506쪽) 참조

이렇게 식-수-상의 입력에서 애의 출력까지 딱까 안에서 진행되는 현상은 설명됩니다. 하지만, 이런 과정 외에도 딱까는 (AN 4.49-전도 경)이 말하는「상(想) → 심(心) → 견해」의 과정이어서 애와 함께 견해가 생겨나서 애를 뿌리로 하는 행위의 씨앗으로 작용합니다.

또한, 애는 그대로 '다시 존재가 됨(ponobbhavikā)'의 측면도 포함하는데, 딱까의 과정이 애의 형성 과정으로 진행되면 존재의 삶을 살게 되고, 애멸의 과정으로 진행되면 존재의 소멸에 따르는 해탈된 삶을 살게 된다는 의미입니다.

그래서 딱까 안에서 진행되는 현상은 ①존재화, ②견해, ③애의 형성의 3가지 측면으로 설명할 수 있습니다. 또한, 그 안에 무명과 번뇌와 치 그리고 탐-진-망-소망 등 삶의 근본을 설명하는 여러 개념이 포함되어 있습니다.

딱까 안에서 진행되는 현상①

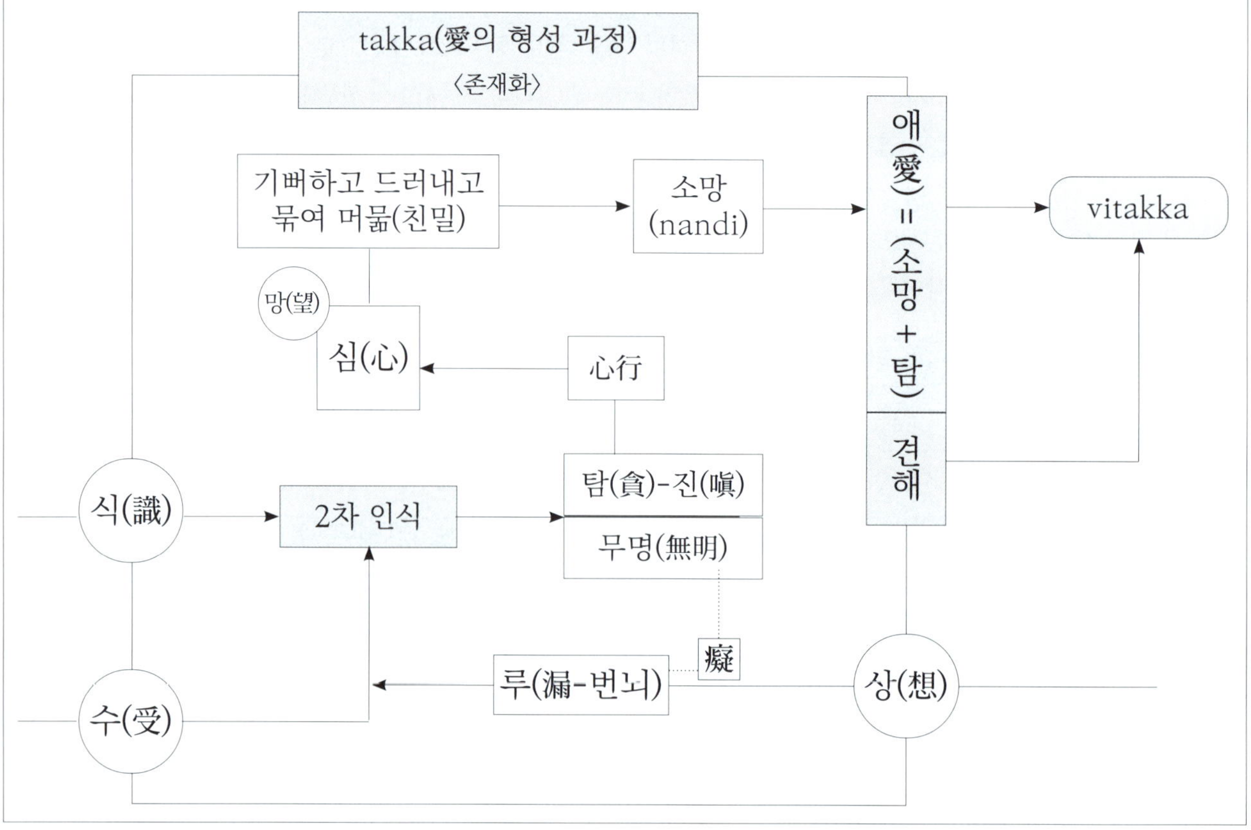

딱까 안에서 진행되는 현상② – takka(愛의 형성 과정)의 상세

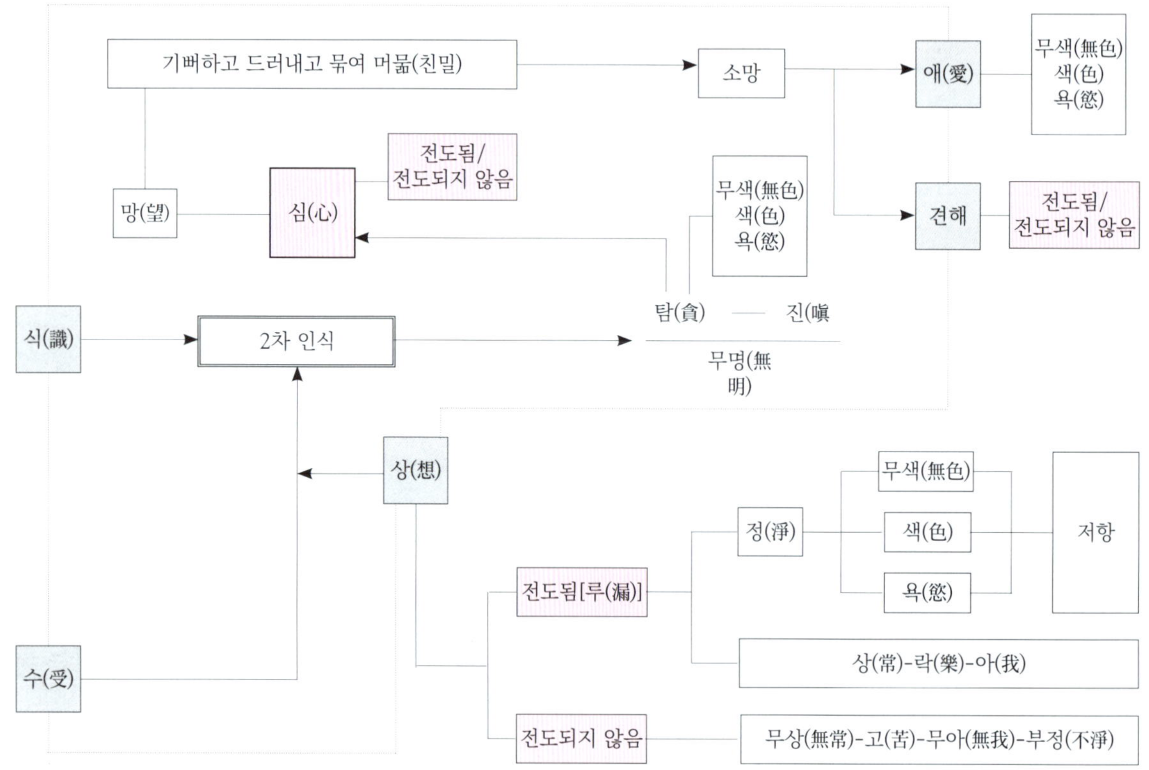

11. 딱까를 떠난 뒤 → 위딱까(vi-takka) –「지금 삶이 누적된 삶의 변화를 이끄는 과정」

「내입처 → 외입처 → 식 → 촉(내입처 & 외입처의 분별된 앎 = 식) → 수」로 진행되는 1차 인식은 마음이 몸과 함께 작용하는 영역인데, 생겨난 식과 수에 의한 2차 인식으로 이어집니다.

2차 인식은「식 → 수 → 탐 → 심(식 & 수의 가치 앎 = 탐) → 소망(→애)」로 진행되는데, 알고(탐) 소망(가치→행위)하는 과정이어서 탐과 소망이 두 단계로 생겨납니다. 그런데 몸의 참여 없이 마음 혼자서 작용하는 이 영역은 딱까(애의 형성 과정)라고 불립니다. 그리고 이 영역에서「상(想) → 심(心) → 견해」의 과정으로 견해가 생겨나서 소망이 이끄는 구체적 행위의 씨앗이 됩니다.

한편, 애는 다시 존재가 되고(존재화), 소망과 탐이 함께하여 여기저기서 기뻐하는 것입니다. 이렇게 존재화의 영역인 딱까에 대해서는「제2부 제2장 딱까(takka-愛의 형성 과정)」에서 설명하였습니다.

딱까에서 애와 견해가 생겨나면 삶은 딱까를 떠나 몸과 함께하는 행위의 영역으로 들어가는데, '딱까(takka)를 떠남(vi-)'으로 분석되는 vitakka(위딱까-생각 떠오름 또는 떠오른 생각)입니다.「탐(가치 앎) → 망 → 소망(가치→행위)」의 과정으로 행위가 이끌리는데, 소망에 의해 경영되는 위딱까가 몸과 함께하는 행위의 출발점이 됩니다. 그리고 소망하는 바에 따라 딱까에서 떠오른 생각은 대상에게로 접근하는데, vicāra(위짜-라)입니다.

; vitakka-vicāra – '상(想) ~ 소망'의 과정인 takka에서 몸과 함께하는 영역으로 생각이 떠오르면[vitakka-심(尋)] 대상에게로 접근[vicāra-사(伺)]하는 것

; vitakka-vicāra의 한역 – 구역 = 각(覺)-관(觀), 신역 = 심(尋)-사(伺)

이렇게 딱까에서 떠올라 대상에게로 접근하면 심은 업으로 나아가는데, 의도-기대-지향을 거쳐 사유로 전개됩니다. –「위딱까-위짜라 → 의도-기대-지향 → 사유」

그런데 의도는 곧 업이어서 의도 한 뒤에 또는 의도하면서 몸과 말과 의(意)로 업을 짓습니다. –「위딱까-위짜라 → 의도-기대-지향 → 사유 → 신업-구업」

이 과정은 '애를 뿌리로 하는 법들'의 전개와 동치되는데,「애 → 조사 → 습득 → 차별 → 욕탐 → 묶임 → 잡음 → 인색 → 보호 → 몽둥이를 들고 칼을 들고, 싸우고, 다투고, 분쟁하고, 서로서로 이간하고, 거짓말하는 여러 가지 악한 불선법들이 생겨남」입니다. '조사~보호'는 의에 속하고, 나머지는 몸과 말의 행위에 속합니다.

; 소망의 경영 즉 조사로써 생각이 떠오르고, 위짜라의 접근으로 대상을 얻은 뒤, 차별적으로 관심을 일으켜 묶이고 붙잡으면 인색한 마음으로 소유에 대해 보호하려 해서 몸과 말의 행위를 통해 악업을 지음

특히, 이 과정에서 의업에 속한 욕탐(chandarāga)은 탐-진-치를 싣고 있는 지나친 관심이어서 묶고 붙잡는 역할을 하는데, 신업-구업으로 이어지기도 하고, 순환하여 1차 인식에 공동주관으로 참여하기도 합니다.

한편, 딱까 안에서 진행되는 소망이 생겨나는 과정은 친밀(sārāga)입니다. 심(心)이 망(望)의 성질에 의해 '기뻐하고 드러내고 묶여 머무는 행위'인데, 몸의 참여 없는 마음의 행위입니다. ⇒ (506쪽) 참조

친밀로부터 신업-구업의 행위는 두 가지 결과를 가져오는데, 상(想)의 잠재와 식(識)의 머묾입니다. 잠재한 상은 상온에 더해져 상을 변화시키고, 머문 식은 식온에 더해져 식을 변화시키는데 연기된 식입니다.

이렇게 지금 삶은 딱까의 안팎에서 ①1차 인식으로 딱까에 접근하고, ②딱까 안에서 2차 인식을 진행하여 애를 형성함으로써 존재화하고, 견해를 뿌리로 소망이 이끄는 ③구체적 행위로 이어진 뒤 ④상을 잠재시키고 식을 머물게 하여 누적된 삶의 변화를 이끕니다.

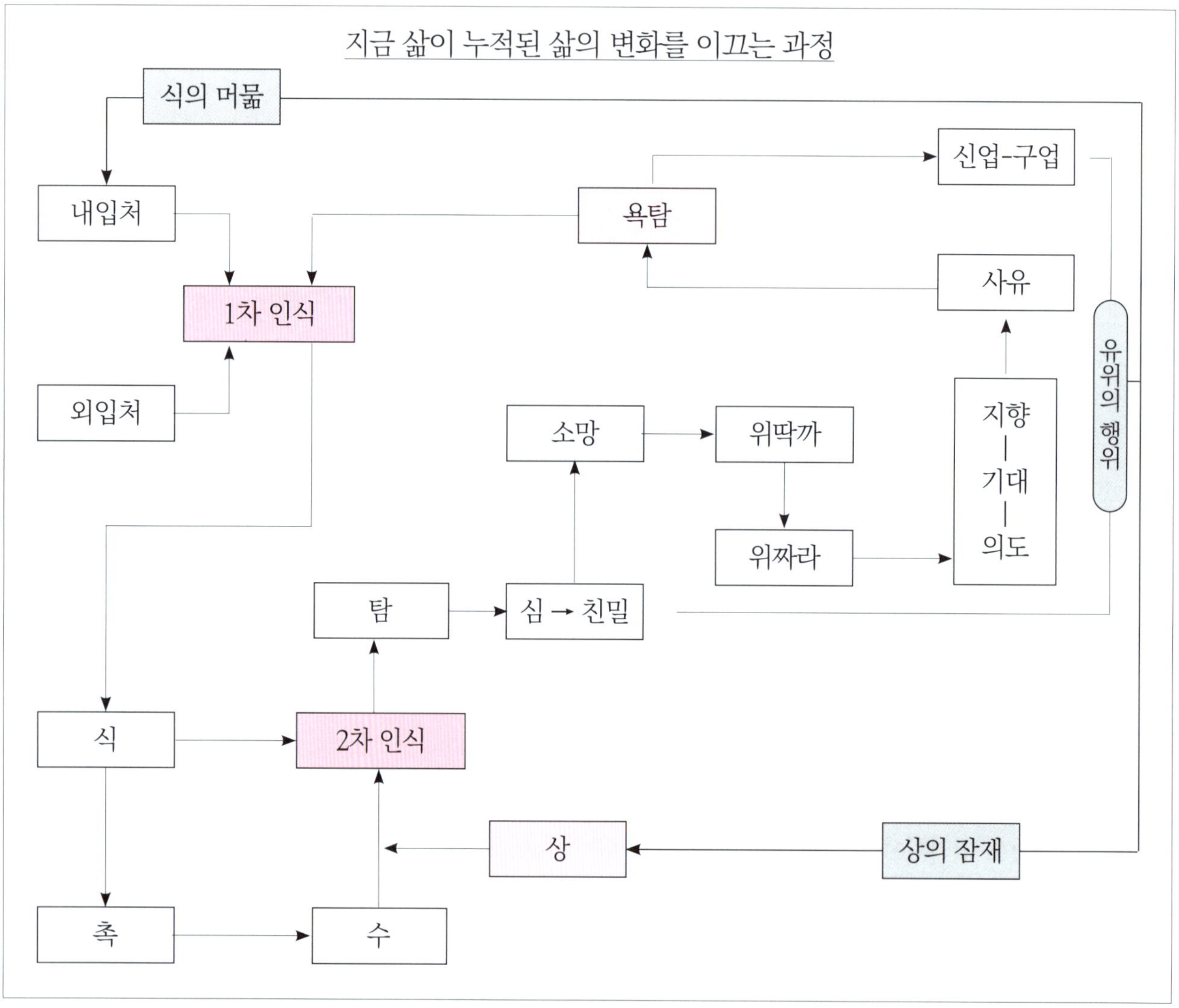

◐ 식의 머묾 : 머문 식의 이중적 작용(84 & 474쪽 참조)

(AN 3.77-존재 경1)과 (AN 3.78-존재 경2)는 욕계-색계-무색계로 이끄는 유위의 업에 의해 ①식과 ②의도-기대가 머물고, 이렇게 나타나는 존재에 의해 미래의 다음의 존재로 태어난다고 말합니다.

여기서 ①식은 씨앗 식의 과정에서 결과로 머무는 식이어서 분별 앎-존재 앎-가치 앎-행위로 진행된 지금 삶에 대한 앎이고, ②의도-기대는 행위의 속성입니다. 그래서 머문 식은 '①체 = 삶의 과정에 대한 앎'이고, '②속성 : 의도-기대'인 것을 알 수 있습니다.

머문 식은 식의 무더기에 더해지고, 늘어난 식온(연기된 식)은 순환하여 육내입처가 됩니다(SN 35.146-업의 소멸 경).

육내입처는 1차 인식의 주관이어서 육외입처를 작의하여 알고(분별 앎 = 씨앗 식), 삼사화합 촉하여 경험합니다(受). – 내입처와 외입처를 연하여 식이 생기고, 셋의 만남인 촉에 의해 수가 생김(외입처를 경험)

이때, 내입처와 외입처를 연하여 식이 생기는 과정은 내입처를 구성하는 식에서 '①체 = 지금 삶에 대한 앎'의 누적이 견주어져 외입처를 분별해 아는 것입니다. 이어서 셋의 만남에 의해 외입처를 경험하는 것은 견주어진 식의 속성인 의도-기대에 다시 견주어 의도-기대에 대한 부응 정도에 따라 즐거운 느낌과 괴로운 느낌으로 경험하는 것입니다.

이렇게 머문 식의 체와 속성은 1차 인식에서 작의와 촉에 의한 2차 인식의 주관-객관을 생겨나게 하는 이중적 적용을 보여줍니다.

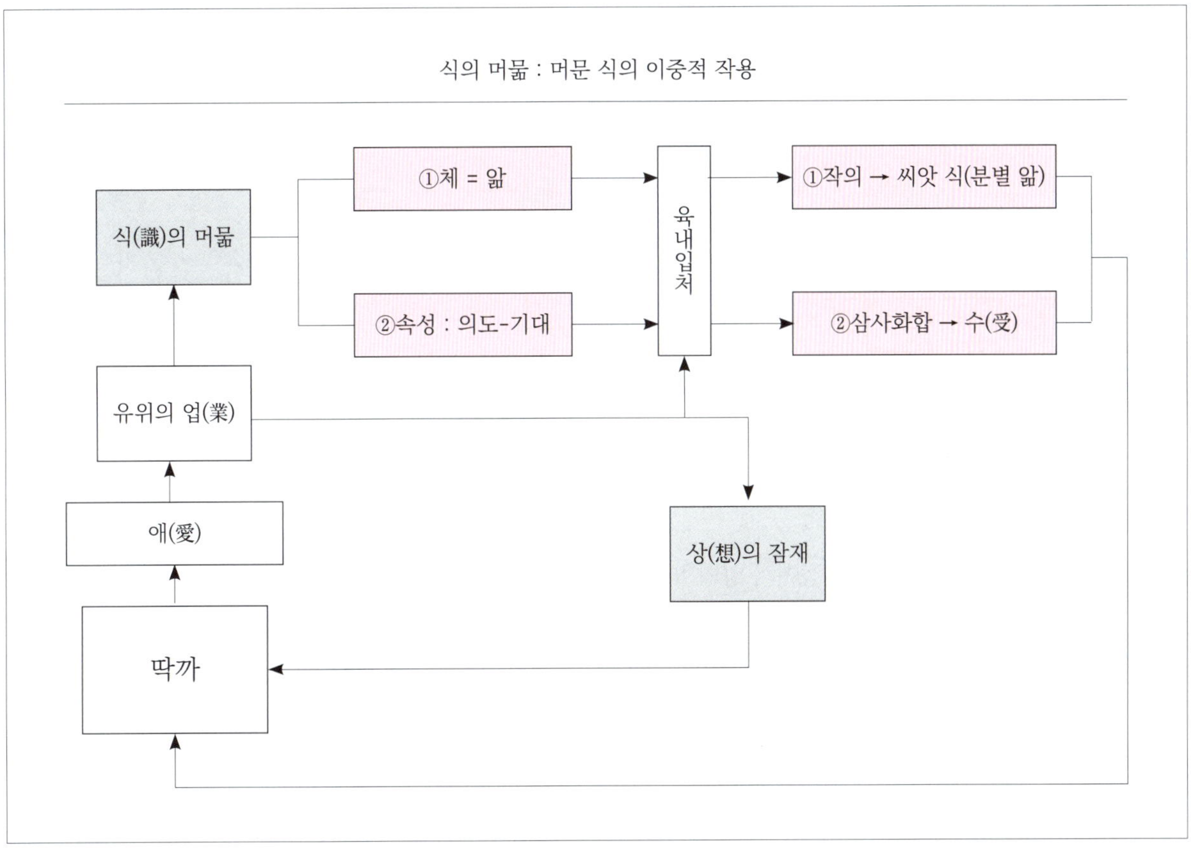

12. 행위를 시발점으로 하는 3개의 순환 구조 – 작은 순환 고리, 잠재 순환 고리, 큰 순환 고리

이렇게 지금 삶이 누적된 삶의 변화를 이끄는 과정을 정리하면 3개의 순환 고리 구조가 발견됩니다.

유위의 행위는 딱까 안의 친밀에서 시작하여 신업과 구업까지인데, 상을 잠재시키고 식을 머물게 합니다. 잠재된 식은 상온(想蘊-상의 무더기)에 더해져서 상을 변화시키는데, 변화된 상은 2차 인식에 공동주관으로 참여하여 다시 유위의 행위를 이끕니다. 잠재를 통해 행위의 질을 결정하는 조건으로의 순환 구조를 보여주는데, 잠재 순환 고리입니다. 머문 식은 식온(識蘊-식의 무더기)에 더해져서 식을 변화시키는데(연기된 식), 변화된 식은 명색의 참여를 통해 활성 존재를 구성한 뒤 1차 인식에 주관으로 참여합니다. 1차 인식에서 식과 수를 생겨나게 하여 2차 인식을 거쳐 다시 행위로 연결되는 순환 구조를 보여주는데, 큰 순환 고리입니다.

행위를 시발점으로 하는 3개의 순환구조

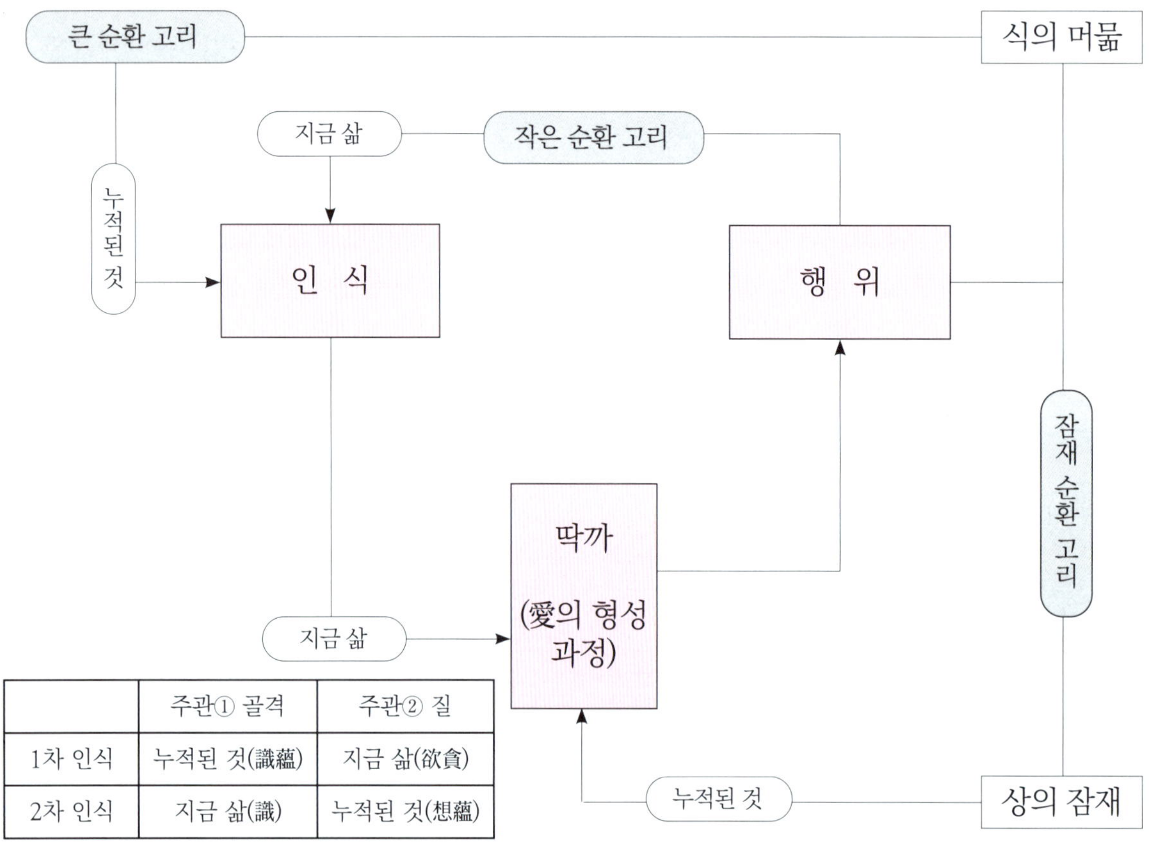

	주관① 골격	주관② 질
1차 인식	누적된 것(識蘊)	지금 삶(欲貪)
2차 인식	지금 삶(識)	누적된 것(想蘊)

한편, 욕탐은 의업에 속한 사유의 과정에서 양방향성을 가지고 1차 인식에 공동주관으로 참여하여 식과 수의 질을 결정합니다. 인식에서 이어지는 행위가 다시 인식에 참여하는 순환 구조를 보여주는데, 작은 순환 고리입니다.

잠재 순환 고리와 큰 순환 고리는 행위가 누적된 삶을 거쳐서 인식에 참여하는데 비해 작은 순환 고리는 행위가 직접 그리고 즉시적으로 인식에 참여하는 것을 알 수 있습니다. 그래서 욕탐의 제어는 지금 삶의 제어를 위한 수행의 중심이 됩니다.

1차 인식의 공동주관이어서 인식의 질을 결정하는 욕탐의 제어는 이렇게 사념처 수행의 중심 주제가 됩니다. 반면에 2차 인식의 공동주관이어서 행위의 질을 결정하는 것은 잠재 순환 고리에 의해 누적을 거쳐 참여하는 상인데, 즉시적인 측면보다는 잠재된 무더기의 전도의 해소(번뇌들의 부서짐)여서 사마타-위빳사나의 중심 주제입니다.

13. 존재화와 자기화 & 다음의 존재로 태어남

2차 인식은 애를 형성하는 과정인데, 애는 'taṇhā ①ponobbhavikā ②nandirāgasahagatā ③tatratatrābhinandinī 다시 존재가 되고 소망과 탐이 함께하며 여기저기서 기뻐하는 애(愛)' 입니다.

①ponobbhavikā – 다시 존재가 됨 = 존재화

; 애에는 무명이 스며 있습니다. 수컷을 낳은 암컷과도 같고, 독화살에 묻은 독과도 같습니다. 그런데 무명은 존

재 앎입니다. 상-락-아의 전도된 상(想) 즉 무명루(無明漏)가 공동주관으로 참여한 2차인식에서 생겨나는 것인데, 이런 존재 앎은 해탈된 삶이 아니라 존재의 삶을 살게 합니다. 그래서 애가 형성된다는 것은 그 안에 스며있는 무명에 의해 지금 다시 존재의 삶을 살게 되었다는것을 의미하는데, 존재화입니다. – 반복 순환하는 삶의 과정에서 지금 또 다시 존재가 된 것

부처님은 '내가 성취한 법'을 atakkāvacaro(딱까의 영역을 넘어선 것)으로 대표하는데, 딱까의 영역에서 애멸이 실현된 삶을 실현했다는 것입니다. 애멸은 애에 스며있는 존재 앎인 무명까지 완전히 버려진 상태여서 존재의 소멸 즉 존재에서 벗어나 해탈된 삶을 실현한 것입니다.

이렇게 딱까는 애의 형성 과정에서 다시 존재가 되어 지금 삶에서도 고집(苦集)으로 나아가는 것을 말합니다. 특히, 이런 삶은 오온에 대한 '이것은 나의 것이다. 이것이 나다. 이것이 나의 我다.'라는 전도된 견해가 씨앗이 되는 삶입니다.

②nandirāgasahagatā – 소망(nandi)과 탐(rāga)으로 구성된 것

③tatratatrābhinandinī – 여기저기서 기뻐하는 것

; 애는 탐과 소망의 연장선에서 잡는 성질을 가지는데, ālaya(잡기/잡음)입니다. 그래서 좋은 것이라는 왜곡된 앎에 의해 소망하는 것들을 붙잡으며 기뻐하는데, '여기저기서 기뻐하는 것'입니다.

이렇게 붙잡으면서 행위하는 것은 취(取-집착)이어서 식을 머물게 하고 늘어나서 활성존재(식-명색)를 구성하게 되는데, 몸이 무너지면 새로운 몸으로 옮겨가 다시 태어납니다. (MN 43-교리문답의 큰 경)은 '무명(無明)에 덮이고 애(愛)에 묶인 중생들이 여기저기서 기뻐하기 때문에(tatratatrābhinandanā) 이렇게 미래에 다음의 존재로 태어남(punabbhavābhinibbatti)이 있다.'라고 설명하는데, 애의 형성에 의한 존재화에 이어지는 '여기저기서 기뻐하는 것'을 통한 '다음의 존재로 태어남'입니다.

또한, '무명이 바래고 명이 생겨나서 애가 소멸하기 때문에 이렇게 미래에 다음의 존재로 태어남이 없다.'라고 설명하는데, 애멸에 의한 존재화의 해소를 통한 다시 태어나지 않음입니다.

그래서 ponobbhavikā(다시 존재가 됨 = 존재화)와 punabbhavābhinibbatti(다음의 존재로 태어남)은 지시하는 바가 다르다는 것을 알 수 있는데, 딱까에서 애가 형성되는 것은 '다시 존재가 됨' 즉 존재화이고, 존재화된 상태 즉 무명과 애가 해소되지 않은 채 죽음으로써 몸으로 가는 현상은 '다음의 존재로 태어남'입니다.

한편, 욕탐은 존재화 위에서 진행되는 사유 과정에 속한 것인데, 1차 인식으로 순환하여 공동주관으로 참여합니다. (SN 22.89-케마까 경)은 오취온에 대해 계속 함께하고 뿌리 뽑히지 않은 '나는 있다'라는 자기화, '나는 있다'라는 관심, '나는 있다'라는 잠재성향(pañcasu upādānakkhandhesu anusahagato 'asmī'ti, māno 'asmī'ti, chando 'asmī'ti anusayo asamūhato)을 말하는데, '나는 있다' 즉 我의 전제를 「잠재성향(anusaya) → 관심(chanda) → 자기화(māna)」의 순서로 설명하는 것입니다. 이때 자기화는 '나를 만들고, 나의 것을 만드는 것(ahaṅkāramamaṅkāramāna)'인데, 존재화에 따른 '이것은 나의 것이다. 이것이 나다. 이것이 나의 我다.'에서 '이것이 나의 我다.'라는 我의 전제에 이어지는 과정인 것을 알 수 있습니다.(434쪽 그림 참조)

그래서 잠재성향의 영역(잠재성향 → 상(想) → 번뇌 ⇒ 딱까)에서 존재화 되고, 관심에 의해 1차 인식에 공동주관으로 참여할 때 자기화에 따른 비여리작의와 상(相-nimitta)의 문제를 야기하게 됩니다.

이렇게 2차 인식에서 존재화 된 뒤 관심(욕탐)에 의해 1차 인식에 참여할 때 자기화 되는 삶은 몸이 무너져 죽은 뒤에 몸으로 가서 다음의 존재로 태어납니다.

; 「존재화(bhavikā) → 자기화(māna) → 다음의 존재로 태어남(punabbhavābhinibbatti)」

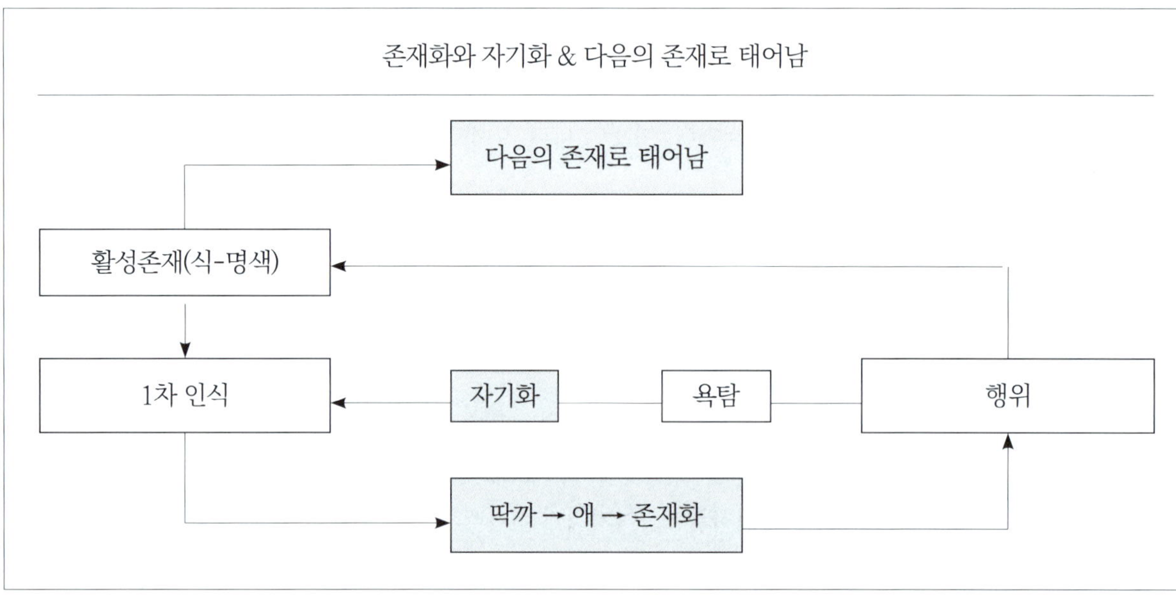

14. 연기의 구조 – 삶에 대한 완전한 해석(깨달음) = 「존재를 중심에 둔 십이연기」

연기는 12개의 연기된 법에 의해 괴로움이 생겨나서 자라나는 100% 조건 관계를 설명합니다. – 「무명 → 행들 → 식 → 명색 → 육입 → 촉 → 수 → 애 → 취 → 유 → 생 → 노사-수비고우뇌-고온」

3개의 순환 구조는 유(有-bhava-존재)의 범주를 설명합니다. 오취온인 존재 또는 식-명색의 활성존재에게 이 몸으로의 삶은 3개의 순환구조로 구성되는데, 몸이 무너져 죽으면 (다시 태어나는/연기된) 식은 순환 구조에서 벗어나 새로운 명색으로 옮겨가서 태어납니다. 태어나면 다음 몸과 함께하는 활성존재에게 다시 3개의 순환구조에 의한 삶이 진행되는데, 다음 생입니다. – 「'소망은 괴로움의 뿌리다.'라고 안 뒤에 '유로부터 생이 있고, 활성존재에게 노사가 있다.'라고 안다.」(MN 1-근본 법문 경)

; 무명 … 유 = 금생, 생-노사 = 다음 생

이때, 애가 생겨나는 조건 관계는 두 가지로 제시됩니다. ①'수 → 애'의 조건 관계에는 애를 구성하는 소망과 탐이 생겨나는 별개의 조건 관계가 포함되어 있는데, 2차 인식의 과정입니다.

; 2차 인식 – 식-수-상 → 무명 → 탐 → 심 → 소망 → 애

이때, 상과 수의 과정에서 심이 생기는 현상을 심행(心行)이라고 하는데, 연기의 행들로 정의되는 신행-구행-심행에 속한 것입니다. 그래서 2차 인식의 과정을 연기된 법들에 의해 나타내면, '수 → 무명 → 행들 → 애'가 됩니다.

연기의 조건 관계는 심오해서 각각의 조건 관계에는 많은 내용들이 포함되어 있습니다. 예를 들면,

; '육입 → 촉' – 육입(육내입처 = 육식 + 육근) ↔ 육외입처 → 육식 → 촉

; '취 → 유' – 취(유위의 행위) → 식이 머물고 늘어남 → 명색의 참여 → 활성존재

그러나 이런 과정들은 연기된 법을 직접 포함하지는 않습니다. 오직 '수 → 애'의 조건 관계에만 '무명-행들'의 연기된 법들이 포함되어 있는데, 이 조건 관계가 병렬로 진행되는 입체적 구조를 보여주기 때문입니다.

; 애의 조건 관계① –「식 → 명색 → 육입 → 촉 → 수 → 애 → 취 → 유」
; 애의 조건 관계② –「무명 → 행들 → 애 → 취 → 유」

이런 두 개의 병렬 구조를 선형적으로 나타내기 위해 연기는「무명 → 행들 → 식 → 명색 → 육입 → 촉 → 수 → 애 → 취 → 유」라고 통합된 조건 관계를 설명하는 것입니다.

그래서 연기는 두 번 분할된 구조로 설명해야 하는데, ①'무명 → 행들', ②'식 → 명색 → 육입 → 촉 → 수 → 애 → 취 → 유', ③'생 → 노사'입니다.

그런데 이런 해석은 ①을 전생이라고 해석하는 전통의 삼세양중인과(三世兩重因果)와는 다릅니다. 전통의 해석은 명(名)의 정의의 변질에서 생겨난 재생연결식과 심-의-식의 차별성이 배제된 행의 해석(심행=의행) 등에 의해 왜곡된 해석이라고 해야 합니다. 그러나 이런 해석은 부처님의 정의 위에서 해석된 것인데, 애의 2중적 조건 관계(딱까가 해석된 불교)에 의한 금생과 내생을 말할 뿐입니다. 다만, 윤회하는 중생에게 금생과 내생의 과정은 반복되기 때문에 전생-금생-내생의 삼세로써 삶은 설명됩니다.

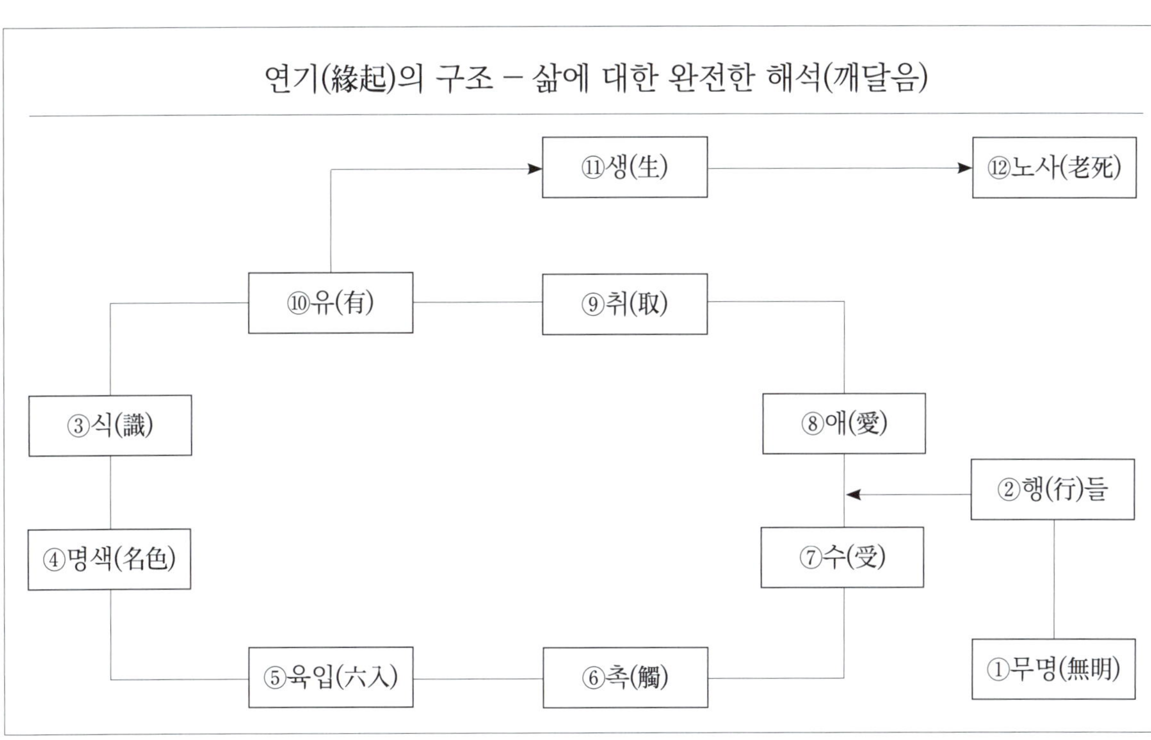

이렇게 연기는 고(苦)의 당사자인 유(有)를 중심으로 해석됩니다.

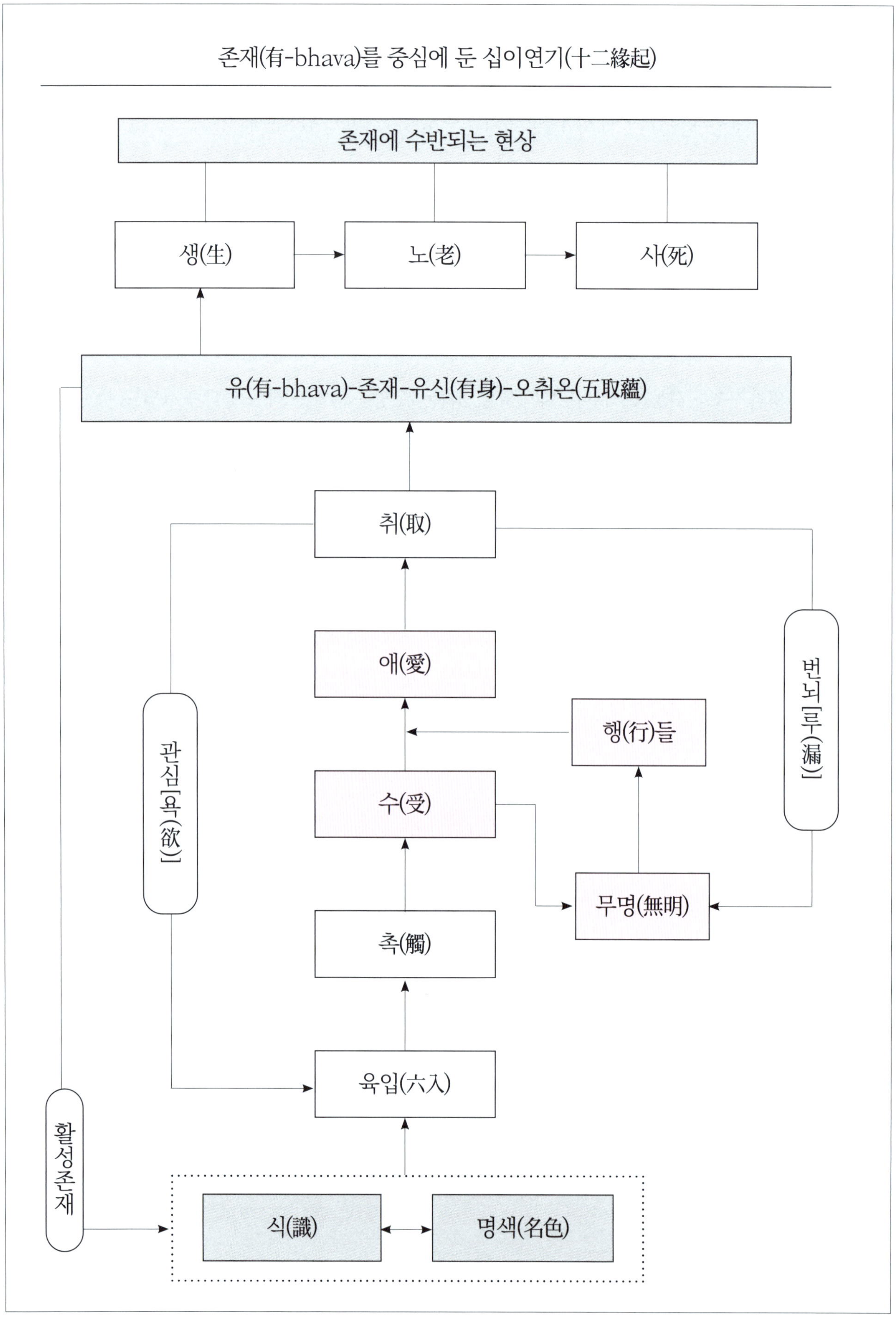

Ⅱ. 삶의 메커니즘 – 이렇게 다양한 관점은 하나로 모아져 삶의 메커니즘을 완성합니다.

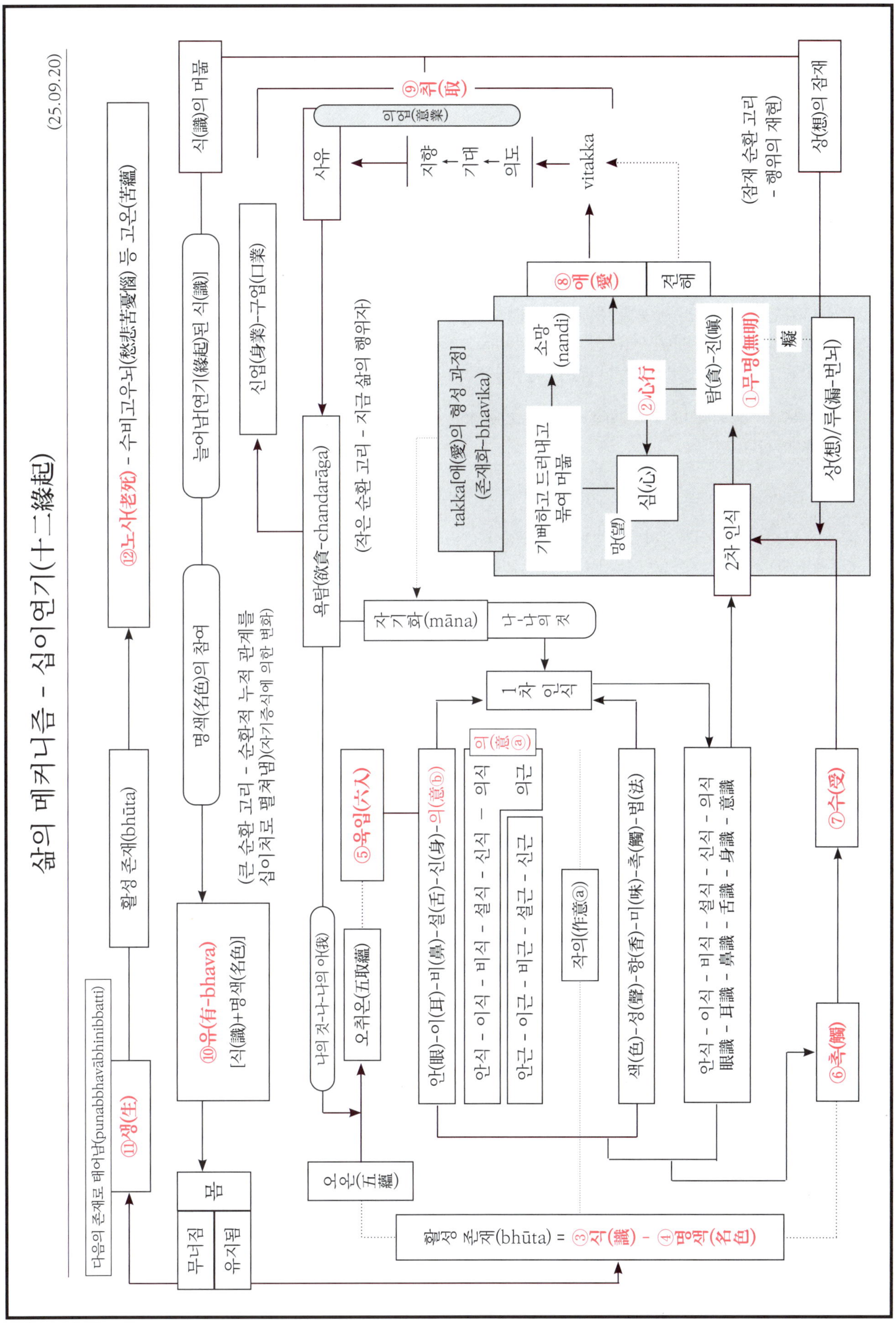

◐ 친밀(sārāga : abhinandati abhivadati ajjhosāya tiṭṭhati)의 용례 분석 ◑

'abhinandati abhivadati ajjhosāya tiṭṭhati(기뻐하고 드러내고 묶여 머문다)'는 소망(nandi)를 생겨나게 하여 애(愛)를 형성하는 심(心)의 내적 행위인데, 맛지마 니까야의 경 3개와 상윳따 니까야의 경 15개에 나옵니다. 특히 상윳따 니까야의 용례는 (SN 22.5-삼매 경)을 제외한 14개의 경이 모두 (SN 35-육처 상윳따)에 속합니다.

기뻐하고 드러내고 묶여 머묾으로써 소망을 생겨나게 하여 애를 형성하는 과정은 친밀(sārāga - sārajjati)이고, 기뻐하지 않고 드러내지 않고 묶여 머물지 않음으로써 소망을 생겨나지 않게 하여 애를 형성하지 않는 과정은 염오(nibbida - nibbindati)여서 사마타 수행의 과정을 구성합니다.

(MN 38-애(愛)의 부서짐의 큰 경)/(MN 148-육육 경)은 삶의 메커니즘의 구조에 따라 수를 기뻐하고 드러내고 묶여 머문다고 설명하고, (SN 22.5-삼매 경)은 오온을 그리고 나머지 경들은 육외입처를 기뻐하고 드러내고 묶여 머문다고 설명합니다.

(DN 22-대념처경)의 법념처에 속한 사성제의 고집과 고멸은 지금 삶의 과정 전체(내입처-외입처-식-촉-수-상-사-애-위딱까-위짜라)에서 애가 생겨나 자리 잡고, 버려져 소멸한다고 하는데, 외입처의 법의 활성 상태로 이해하면 육외입처를 대상으로 진행되는 인식에서 수(受)를 기뻐하고 드러내고 묶여 머묾으로써 소망을 생겨나게 해서 애(愛)를 형성하는 것입니다.

그래서 육외입처를 기뻐하고 드러내고 묶여 머문다고 설명하는 경들도 구체적 행위는 딱까 안에서 수를 대상으로 진행된다고 이해해야 합니다.

◐ 'abhinandati abhivadati ajjhosāya tiṭṭhati(기뻐하고 드러내고 묶여 머문다)'의 결과

1) 소망(nandi)을 생겨나게 해서 소망과 탐(貪)이 함께한 것(nandirāgasahagatā)인 애(愛-taṇhā)를 구성합니다. 그러면 [애(愛) → 취(取) → 유(有) → 생(生) → 노사(老死)]의 고집(苦集)의 과정으로 삶을 이끕니다.

2) 이것은 그대로 친밀이어서 속박으로 이어져 짝인 애(愛)와 함께 머물게 합니다.

3) 잠재성향을 잠재하게 하고, 유익한 법들로부터의 쇠퇴를 이끌고, 마라의 영향력 안으로 들어가게 하여 빠삐만뜨가 원하는 대로 해야 합니다.

4) 식(識)이 그것을 의지하고 집착하게 되므로 물고기가 낚싯바늘을 삼킨 것과 같아 빠삐만뜨가 원하는 대로 해야 합니다. 즉 마라의 지배력 안에서 윤회하는 중생의 괴로운 삶을 반복하게 됩니다.

◐ 소망으로의 전개 여부로의 경 구분

1. 기뻐하고 드러내고 묶여 머물면 그것을 기뻐하고 드러내고 묶여 머무는 그에게 소망이 생긴다

1) 소망 → 집착 → 존재 … 괴로움 무더기의 자라남 — (MN 38-애(愛)의 부서짐의 큰 경)/(SN 22.5-삼매 경)

2) 소망이 자라날 때 괴로움이 자라난다 — (MN 145-뿐나를 위한 가르침 경)/(SN 35.88-뿐나 경)/(SN 35.64-미가잘라 경2)

3) 친밀 → 속박 → 짝과 함께 머무는 자 — (SN 35.63-미가잘라 경1)

2. '기뻐하고 드러내고 묶여 머문다' 이후 다른 주제로 연결되는 경들

1) 잠재성향이 잠재한다 — (MN 148-육육(六六) 경)

2) 유익한 법들로부터 쇠퇴한다 — SN 35.98-단속 경)

3) 마라의 영향력 안으로 들어감 → 빠삐만뜨가 원하는 대로 해야 함 — (SN 35.114-마라의 올가미 경1)/(SN 35.115-마라의 올가미 경2)

4) 식(識)은 그것을 의지하고 집착함 — (SN 35.118-삭까의 질문 경)/(SN 35.119-빤짜시카 경)/(SN 35.124-웨살리 경)/(SN 35.125-왓지 경)/(SN 35.126-날란다 경)/(SN 35.128-소나 경)/(SN 35.131-나꿀라삐따 경)

5) 낚싯바늘을 삼킨 것 → 빠삐만뜨가 원하는 대로 해야 함 — (SN 35.230-낚시꾼 비유 경)

(자세한 내용은 'nikaya.kr'에서 '친밀용례'로 검색)

제2장

지(知-앎)와 견(見-봄)

[1] 지(知-앎)와 견(見-봄)의 이해 – 1) 개요

지(知-앎)와 견(見-봄)은 ñāṇa(냐-나)와 dassana(닷사나)의 번역인데, 동사인 jānāti(자-나-띠-알다)와 passati(빳사띠-보다)의 명사형입니다.

- jānāti(알다-동사)/ñāṇa(앎-知-명사) → (√ñā+nā) : jānanta(아는 자-현재분사) 등
- passati(보다-동사)/dassana(봄-見-명사) → (√dis) : passanta(보는 자-현재분사) 등 & (√dis+ti) : diṭṭhi(견해)

jānāti는 '알다'의 원형인데, vijānāti와 sañjānāti로 확장됩니다.

- jānāti (pr.) knows; understands/knows (as)/finds out (if); learns (if); gets to know (if)/(rightly or wrongly) believes; assumes; considers (someone to be)

- vijānāti (pr.) comprehends; understands; recognises; distinguishes; is aware (of)/learns

- sañjānāti (pr.) knows; knows as; perceives; conceives; recognizes

(SN 22.79-삼켜버림 경)에 의하면, vijānāti는 viññāṇa(識-인식 주관)의 작용이고, sañjānāti는 saññā(想-2차 인식 공동주관)의 작용입니다. 그런데 상(想)은 딱까에서 상(想)-심(心)-견해(diṭṭhi)의 과정을 이끕니다. 1차 인식에서 생긴 식의 vijānāti와 상의 sañjānāti가 함께하는 2차 인식에서 심을 형성한 뒤 견해로 이어집니다.

- diṭṭhi (fem.) view; belief; opinion; concept; theory; attitude; philosophy; credo; creed; dogma/wrong view; incorrect belief/(adj.) with a view; having a belief; holding an opinion; with a theory

- diṭṭhī (adj.) having a view; having the opinion; holding the belief/(masc.) who has a view; who has the opinion

견해(diṭṭhi)는 passati와 같은 어근(√dis)에서 파생된 용어입니다. '보다 → 봄'에서 '보는 시각'으로 의미가 확장되었다고 해야 하는데, 딱까의 과정의 결과입니다.

- 견해 見解 (명사) 어떤 사물이나 현상에 대한 자기의 의견이나 생각. 〈표준국어대사전〉

딱까는 애(愛)의 형성 과정이지만, 이렇게 삶을 보는 시각인 견해도 함께 생겨서 행위의 씨앗이 됩니다. ⇒ 제2부 제2장 딱까(takka-愛의 형성 과정) V-① [4] 상(想)-심(心)-견해 참조

–「그래서 전도된 상(想)-심(心)-견해로의 전개는 2차 인식에서 전도된 심과 애가 생겨나서 행위로 나아가는 삶의 전개에서 애의 한 측면으로 스며있는 존재화에 의한 견해를 통해 삶을 보는 질적 시각을 제시하는데, 행위의 씨앗에 해당합니다. 2차 인식의 과정(딱까)에서 애가 형성되면 ①존재화의 측면에서 전도된 견해가 씨앗이 되고, ②탐과 소망의 측면에서 여기저기서 즐김에 따르는 집착된 행위를 통해 고집(苦集)의 삶이 전개됩니다.」

식(識)의 아는 일의 과정에서 심(心)이 생기면 심은 이렇게 삶을 보는 질적 시각 즉 견해(상-락-아-정 또는 무상-

고-무아-부정)의 씨앗 위에서 구체적 행위로 전개됩니다. 그래서 식의 아는 일(결과)을 앎(ñāṇa)이라고 하고, 심(*)의 보는 일/시각을 봄(dassana)이라고 하는 것을 알 수 있습니다. → 「식(識) = 아는 자, 심(心) = 보는 자」

(*) 심(心) – 분별 된 앎(識)에 좋고 싫은 가치(貪)가 더해진 앎(知) ⇒ 제2부 제2장 Ⅰ. [2] 2차 인식 → 탐(rāga)과 소망(nandi) 또는 심(心-citta)과 애(愛-taṇhā) 참조(143쪽)

그렇다면 삶은 ①식이 분별해 알고 ②가치가 더해진 앎으로 생겨난 심이 질적으로 보고(견해) ③행위 하는 과정입니다. 그리고 행위의 결과로 상(想)이 잠재하고 식(識)이 머무는 순환 구조에 의해 다시 앎으로 연결되어 반복됩니다.

; (SN 22.51-소망의 부서짐 경) – 무상한 오온을 무상하다고 보는 것 : 바르게 봄 = 바른 견해

비구들이여, 비구는 무상(無常)한 색-수-상-행들-식을 무상하다고 본다. 그것이 바른 견해이다. 바르게 보는 자는 염오한다. 소망의 부서짐으로부터 탐의 부서짐이 있고, 탐의 부서짐으로부터 소망의 부서짐이 있다. 소망과 탐의 부서짐으로부터 해탈된 심(心)은 잘 해탈된 것이라고 불린다.

또한, 견해를 봄으로 이해하는 것은 십업(十業)의 사견(邪見)과 정견(正見)의 정형된 서술에서도 확인되는데, (MN 41-살라의 주민들 경)(MN 42-웨란자의 바라문들 경) 등 십악업(十惡業)과 십선업(十善業)을 설명하는 많은 경은 견해를 '보다'라고 설명합니다.

; micchādiṭṭhiko(삿된 견해를 가진 자) = viparītadassano(거꾸로 보는 자)
; sammādiṭṭhiko(바른 견해를 가진 자) = aviparītadassano(바르게 보는 자)

- 사견(邪見) – "micchādiṭṭhiko kho pana hoti viparītadassano – 'natthi dinnaṃ … natthi loke samaṇabrāhmaṇā sammaggatā sammāpaṭipannā ye imañca lokaṃ parañca lokaṃ sayaṃ abhiññā sacchikatvā pavedentī'ti 다시 그는 삿된 견해를 가진 자입니다. – '①보시도 없고 … ⑥세상에는 이 세상과 저 세상을 스스로 실답게 안 뒤에 실현하여 선언하는, 바른길에 들어서서 바르게 실천하는 사문-바라문들이 없다.'라고 거꾸로 보는 자입니다.

- 정견(正見) – "sammādiṭṭhiko kho pana hoti aviparītadassano – 'atthi dinnaṃ … atthi loke samaṇabrāhmaṇā sammaggatā sammāpaṭipannā ye imañca lokaṃ parañca lokaṃ sayaṃ abhiññā sacchikatvā pavedentī'ti 다시 그는 바른 견해를 가진 자입니다. – '①보시도 있고 … 세상에는 이 세상과 저세상을 스스로 실답게 안 뒤에 실현하여 선언하는, 바른길에 들어서서 바르게 실천하는 사문-바라문들이 있다.'라고 바르게 보는 자입니다.

그런데 간탐-진에-사견 또는 불간탐-부진에-정견은 모두 의(意-심 with 몸)에 의한 세 가지 행위라고 설명되어서 견해도 행위에 속한다는 것을 알 수 있습니다(MN 41-살라의 주민들 경). 그러나 (AN 3.118-실패와 성공 경)은 심(心)과 견해를 구분하는데, 간탐-진에와 불간탐-부진에는 심의 실패와 성공이고, 사견과 정견은 견해의 실패와 성공입니다. 씨앗을 나무의 일부로 설명할 수도 있고, 나무와 구분해서 설명할 수도 있는 것과 같다고 하겠는데, 앞에서 '①존재화의 측면에서 전도된 견해가 씨앗이 되고, ②탐과 소망의 측면에서 여기저기서 즐김에 따르는 집착된 행위'라고 구분해서 설명한 것과 같은 이해입니다.

이렇게 행위는 심(心)이 (질적으로) 보는 견해 위에서 구체적인 몸과 말과 의(意)의 행위로 전개되는데, (SN 22.95-거품 덩어리 경)은 이런 전개를 확인해 줍니다.

—「yaṃ kiñci rūpaṃ atītānāgatapaccuppannaṃ … pe … yaṃ dūre santike vā taṃ bhikkhu passati nijjhāyati yoniso upaparikkhati. tassa taṃ passato nijjhāyato yoniso upaparikkhato rittakaññeva khāyati, tucchakaññeva khāyati, asārakaññeva khāyati. kiñhi siyā, bhikkhave, rūpe sāro?

안의 것이든 밖의 것이든, 거친 것이든 미세한 것이든, 저열한 것이든 뛰어난 것이든 과거-미래-현재의 어떤 색(色)에 대해서도, 멀리 있는 것이든 가까이 있는 것이든 모든 색(色)에 대해 비구는 보고, 생각하고, 사실에 들어맞게 조사한다. 보고, 생각하고, 사실에 들어맞게 조사하는 그에게 그것은 단지 텅 빈 것으로 보이고, 헛된 것으로 보이고, 실체가 없는 것으로 보인다. 비구들이여, 어떻게 색(色)에 실체가 있겠는가?(색-수-상-행-식에 반복)」

한편, ③행위 하는 과정은 의업(意業)과 신업(身業)-구업(口業)으로 구분되는데, 보는 자인 심(心)이 내적으로 사유하는 과정인 의업에서 몸과 말을 통해 밖으로 전달하는 신업과 구업입니다. 그리고 사유의 과정도 '보다(passati)'로 서술되기도 하는데(*), 특히, 순환하여 1차 인식에 공동주관으로 참여하는 관심(chanda)은 구체적으로 외입처인 대상을 보는 일입니다.

(*) (MN 2-모든 번뇌 경)은 '봄을 통해서 버려야 하는 번뇌들(dassanā pahātabbāsavā)'을 말하는데, 사성제를 '사실에 맞게 사고(yoniso manasi karoti)'할 때 유신견-의심-계금취의 족쇄가 버려지는 것(예류자 됨)이 봄을 통해서 버려야 하는 번뇌들입니다. 이렇게 사고/사유하는 것도 봄(dassana)입니다.

그런데 '보다(passati)'에서는 주의할 용례도 있습니다. 육내입처가 육외입처를 인식할 때(1차 인식) 각각 다른 동사가 사용되는데, passati(보다)-suṇāti(듣다)-ghāyati(냄새맡다)-sāyati(맛보다)-phusati(느끼다)-vijānāti(인식하다)입니다. 내입처가 외입처를 인식하는 하나의 상황이지만 육감(六感)에 따라 배분된 인식에서 안(眼)으로 색(色)을 인식하는 것을 '본다(passati)'라고 합니다. 그래서 passati에 대해서는 ①안(眼)이 색(色)을 보는 배분된 인식(1차 인식)의 경우인지 아니면 심이 구체적 행위를 이끄는 씨앗의 자리에서 ②(질적으로) 보는 견해의 경우인지 또는 ③구체적 행위인 사유의 과정인지 구분해야 합니다.

cakkhumā/cakkhumanto(눈을 가진 자)도 있는데, 같은 맥락에서 구분해야 합니다.

• buddho antimasārīro, dhammaṃ deseti cakkhumā 눈을 가진 분, 마지막 몸을 가진 분, 붇다는 법을 설한다.(SN 10.7-뿌납바수 경)

• andhakāre vā telapajjotaṃ dhāreyya, cakkhumanto rūpāni dakkhantīti '눈 있는 자들은 모습들을 본다.'라며 어둠 속에서 기름 등불을 들 것입니다.(귀의의 정형 구문)

이렇게 붇다를 눈을 가진 분이라고 말하는데, 육체적 눈을 가진 분이라는 의미라고 할 수는 없습니다. 가치가 더해진 앎으로 생겨난 심이 (질적으로) 보기 때문에 눈은 심(心)이고, 번뇌들의 부서짐에 의해 온전하게 보는 눈의 측면에서 눈을 가진 분이라고 부처님을 칭송하는 것입니다.

한편, 봄에 대한 이런 관점을 다양한 표현으로 소개하는 정형 구문도 발견되는데, 봄의 의미를 확인해 줍니다. – 「so bhagavā jānaṃ jānāti, passaṃ passati, cakkhubhūto ñāṇabhūto dhammabhūto brahmabhūto vattā pavattā atthassa ninnetā amatassa dātā dhammassāmī tathāgato 그분 세존께서는 알아야 할 것을 아시고, 보아야 할 것을 보시는 분이며, 눈이 되신 분, 앎이 되신 분, 법이 되신 분, 으뜸이 되신 분, 말씀하시는 분, 선언하신 분, 뜻을 결정하시는 분, 불사(不死)를 주시는 분, 법의 주인이신 여래입니다.」

; (MN 18-꿀 과자 경)/(MN 133-마하깟짜나의 상서로운 하룻밤 경)/(MN 138-개요의 분석 경)/(SN 35.116-세상의 끝을 걸어감 경)/(AN 10.115-비법 경3)/(AN 10.172-비법 경2)

◐ [참고] 여래(如來)가 알고 보는 다섯 가지 – 여래의 열 가지 힘[여래십력(如來十力)]/네 가지 여래의 확신[사무소외(四無所畏)]/여덟 가지 집단/네 가지 태어남[사생(四生) – 난생(卵生), 태생(胎生), 습생(濕生), 화생(化生)]/다섯 가지의 갈 곳[오도윤회(五道輪廻) – 지옥, 축생, 아귀, 인간, 천상]

; (171쪽) 참조

◐ 지(知-앎)와 견(見-봄) = 인식론적 인격론 ◑

이렇게 ñāṇa는 앎-인식이고, dassana는 봄(견해 또는 사유)입니다. 그래서 아는 자는 식(識)이고, 보는 자는 심(心)입니다. 그리고 앎과 봄은 삶의 향상을 이끕니다. ⇒ 다음 쪽 참조

그런데 견해 또는 사유는 업 즉 행위입니다. (MN 98-와셋타 경)/(KN 5.35-와셋타 경)은 태생이 아니라 업 즉 행위가 삶을 결정한다고 말합니다. 행위에 의해 세상이 전개되고, 행위에 의해 인간이 이어지고, 중생들은 행위에 묶여있다고 하는데, 행위를 통해 자기 존재성으로의 세상의 격 즉 인격이 결정된다는 것을 알 수 있습니다.

그렇다면 앎은 인식의 수준을, 앎에 이어지는 봄 즉 행위는 인격의 수준을 결정한다고 해야하는데, 표현을 바꾸면, '앎과 봄'이 그대로 인식과 인격 즉 '인식론적 인격론'을 지시한다고 이해할 수 있습니다. 아는 일(인식)에 이어지는 보는 일 즉 행위를 통해서 나의 인격이 결정되는 것입니다. 그래서 수행을 통한 삶의 향상이 앎과 봄을 기준으로 제시되는데, 「지와 견의 얻음으로 이끄는 삼매수행 → 여실지견(예류자) → 해탈지견(해탈지견)」입니다.

[2] 지(知-앎)와 견(見-봄)이 쌍으로 나타나는 경우 – 삶의 향상을 이끄는 중요한 교리

안다는 말과 본다는 말이 짝을 이루어 나타나는 경우는 불교 안에서 삶의 향상을 이끄는 중요한 교리로 나타나는데, 첫 단계의 깨달음을 지시하는 여실지견(如實知見-yathābhūtañāṇadassana)과 깨달음의 완성을 지시하는 해탈지견(解脫知見-vimuttiñāṇadassana) 또는 인간을 넘어선 법인 성자에게 적합한 차별적 지(知)와 견(見)(uttarimanussadhammā alamariyañāṇadassanaviseso) 등입니다.

그런데 이런 앎과 봄은 현상의 영역에 속한 일상에서의 앎과 봄과 다른 사실의 영역에 속한 앎과 봄이라고 해야 합니다(*). 특히, 이런 여실지견과 해탈지견을 위한 선행 과정을 (AN 4.41-삼매수행 경)은 '닦고 많이 행하면 지와 견의 얻음으로 이끄는 삼매수행(samādhibhāvanā bhāvitā bahulīkatā ñāṇadassanappaṭilābhāya saṃvattati)'이라고 합니다. 여실지견/해탈지견을 위해 대상이 되는 법을 확보하는 과정인데, 내적인 심(心)의 사마타에 의한 법의 드러남입니다. 이어지는 법의 위빳사나를 통해 여실지견하면 예류자여서 행들에 대한 무상-고-무아의 견해를 갖춘 자이고, 번뇌를 부수는 과정(사마타-위빳사나)으로 해탈지견하면 '해탈의 흔들리지 않음-태어남의 끝-다음의 존재 없음'을 알고 보아 락-무아인 열반을 실현하는데, 아라한의 해탈된 삶입니다.

(*) 이런 앎과 봄은 사띠의 관점에서 이해해야 합니다. 사띠는 눈뜸인데, 「①외입처(호흡) → ②수 → ③드러나는 법」으로 눈뜨는 대상이 전개되고, 사띠가 완성되면 사띠토대(satiāyatana)가 됩니다. 닦고 많이 행하면 지와 견의 얻음으로 이끄는 삼매수행에 의해 드러나는 법에 대해 눈뜰 때 사실의 영역에 들어가고, 여실지견을 거쳐 해탈지견으로 완성됩니다.

그래서 이렇게 지와 견이 쌍으로 나타나는 경우는 대부분 ③드러나는 법에 대한 사띠의 눈뜸(사념처)을 통한 사실의 앎과 봄의 영역입니다.

; paññā lokasmi pajjoto, sati lokasmi jāgaro 지혜가 세상에서 빛이고, 사띠가 세상에서 깨어남(눈뜸)이다.(SN 1.80-빛 경)

; 식(분별 앎) → 무명(존재 앎) → 탐-진(가치 앎) → 지(知-앎)

; 가치 앎의 제어를 통한 앎의 완성 = 사마타 → 심해탈, 존재 앎의 제어를 통한 존재의 소멸 = 위빳사나 → 혜해탈 ⇒ 심해탈+혜해탈 = 부동의 심해탈

그래서 (MN 149-육처에 속한 큰 경)은 알고 보지 못하는 자는 신-심의 괴로움을 경험하고, 알고 보는 자는 신-심의 즐거움을 경험하면서 더 높은 향상으로 나아간다고 알려줍니다. 그래서 알고 봄(知-見)은 삶의 향상의 기준이 됩니다.

한편, 이 두 용어가 짝을 이루어 나타나는 경우로는

- jānāti passati 알고 본다 → jānaṃ passaṃ 알고 보는 자는

- ñāṇadassana 지(知-앎)와 견(見-봄) → 여실지견(如實知見-yathābhūtañāṇadassana)/해탈지견(解脫知見-vimuttiñāṇadassana)/인간을 넘어선 법인 성자에게 적합한 차별적 지(知)와 견(見)(uttarimanussadhammā alamariyañāṇadassanaviseso) 등

• tena bhagavatā jānatā passatā arahatā sammāsambuddhena 아시는 분 보시는 분 그분 세존-아라한-정등각에 의해
• bhagavā jānaṃ jānāti, passaṃ passati 세존은 아는 자로서 알고 보는 자로서 본다

• ñāṇadassanapaṭilābhāya saṃvattati 지와 견의 얻음으로 이끈다
• ñāṇadassanavisuddhi 지와 견의 청정 / ñāṇadassanānisaṃsaṃ 지와 견의 이익

• tasmiṃ samaye yathābhūtaṃ jānāti passati 있는 그대로 알고 볼 때
• puriso jānanto passanto 알고 보는 그 사람은

• jānato passato 알고 보는 자에게
• kathaṃ jānato kathaṃ passato 어떻게 알고 어떻게 보는 자에게 → evaṃ jānanto evaṃ passanto 이렇게 알고 이렇게 보는 자는

• evaṃ jānaṃ kho, bhikkhu, sutavā ariyasāvako evaṃ passaṃ 비구여, 이렇게 알고 이렇게 보는 잘 배운 성스러운 제자는 → tassa evaṃ jānato evaṃ passato 이렇게 알고 이렇게 보는 그에게

등이 있습니다.

그런데 이렇게 짝을 이루어 나타나는 지(知)와 견(見)이 구체적으로 무엇을 의미하는지 또는 삶의 과정에서 어떤 자리를 지시하는지는 설명이 필요합니다.

예를 들면, 「jānato ahaṃ, bhikkhave, passato āsavānaṃ khayaṃ vadāmi, no ajānato no apassato 비구들이여, 알고 보는 자에게 번뇌들의 부서짐을 나는 말한다. 알지 못하고 보지 못하는 자에게가 아니다.」라고 말하는 경들에 의하면, 번뇌들의 부서짐(漏盡)에 의한 깨달음 즉 해탈지견의 조건이 앎과 봄이라는 것을 알 수 있습니다. 그런데 번뇌들의 부서짐을 이끄는 삼매수행이 내적인 심의 사마타와 법의 위빳사나에 의한 여실지견을 조건으로 하기 때문에 여기에서의 앎과 봄은 여실지견입니다.

me dhammā ajjhattaṃ appahīnā – ādīnavadassāvī
내 안에 버려지지 않은 법들에서 위험을 보겠습니다.

[3] 지(知-앎)와 견(見-봄)의 이해 – 2) 상세

1. 지(知-앎)와 견(見-봄)은 무엇인가? – 앎의 눈으로 보다!

삶은 행위에서 시작되는 큰 순환고리, 작은 순환고리, 잠재 순환고리라는 3개의 순환 구조를 통해 1차 인식과 2차 인식의 2단계 인식으로 연결되는 메커니즘을 보여줍니다. 이때, 행위는 상(想)의 잠재(잠재 순환고리)와 식(識)의 머묾(큰 순환고리)을 초래하는데, 1차 인식의 주관(識)과 2차 인식의 공동주관(想)을 누적합니다. 또한, 행위의 중간에서 의업에 속한 욕(欲-chanda-관심)은 작은 순환고리의 주체인데, 지금 삶에서 행위를 인식에 전달하는 1차 인식의 공동주관입니다.

- 1차 인식 – 누적된 주관(內入處) + 지금 삶의 공동주관(관심) → 식(識) → 수(受)
- 2차 인식 – 지금 삶의 주관(識) + 누적된 공동주관(想) → (탐→) 심(心) → (소망→) 애(愛)

인식에서 주관이 삶의 흐름을 주도하는 골격이라면, 공동주관은 그 흐름 위에서 질적 측면을 담당합니다. 그래서 큰 순환고리에 의해 누적된 식(識=연기된 識)이 몸과 함께 육내입처(1차 인식의 주관)가 되어 육외입처(객관)를 인식하여 외입처의 분별 앎인 식을 생겨나게 하는 등 삶의 흐름을 주도할 때[식(識)↔명색(名色) → 육입(六入) → 촉(觸) → 수(受) → 애(愛) → 취(取) → 유(有)], 작은 순환 고리의 관심은 공동주관으로 함께하여 생겨나는 식의 질을 결정합니다. 그리고 이렇게 생겨난 식이 주관이 되어 함께 생겨난 수를 인식하는 2차 인식에서는 상(想)이 공동주관으로 함께하여 수에 대한 앎의 질을 결정하는데, 존재 앎인 무명과 가치 앎인 탐-진입니다.

이때, 식이 무명과 탐-진으로 커지면 앎(知-ñāṇa)이라고 하는데, 이렇게 완성된 앎은 분별 앎인 식과 대비하여 심(心)입니다. 그래서 「심행(心行)=상(想)-수(受)」라고 설명됩니다.

- 심행(心行)=상(想)-수(受) – saññā ca vedanā ca cittasaṅkhāro – 상과 수가 심행이다 → 상과 수의 과정이 심을 형성하는 작용 → 주관인 씨앗 식(분별 앎)이 공동주관인 상의 참여 하에 수를 인식하여 무명(존재 앎)과 탐(가치 앎)으로 커지면 심이 됨

; 식 = 외입처에 대한 분별 앎
; 심 = 식(識-분별 앎)+무명(無明-존재 앎)+탐(貪-가치 앎) = 지(知-ñāṇa-앎)

※ 식(識-viññāṇa)도 무명(無明-avijjā)도, 탐(貪-rāga)도, 진(嗔-dosa)도 앎에 속하지만, 마음을 심이라고도 의라고도 식이라고도 차별되게 부르듯이, 경은 모두에게 차별된 이름을 부여합니다. 앎(知-ñāṇa)이라는 표현은 오직 분별-존재-가치 앎이 포괄되어 완성된 것에만 적용합니다. 분별 앎이 식(識-viññāṇa)이듯이 이렇게 포괄된 앎(知-ñāṇa)은 심(心-citta)입니다. ⇒「행위적 앎 → 앎의 자기 활동성」 참조(52쪽 & 140쪽)

; 차별된 이름 – 분별 앎=식, 존재 앎=무명, 가치 앎=탐-진

- (DN 9.3-뽓타빠다 경, 상(想)은 원인과 함께 생기고 소멸함) – "대덕이시여, 상(想)이 먼저 일어나고, 앎이 나중에 생깁니까, 아니면 앎이 먼저 생기고 나중에 상(想)이 일어납니까, 아니면 상이 일어나고 앎이 생기는 데 선후가 없습니까?" "뽓타빠다여, 상(想)이 먼저 일어나고 나중에 앎이 생긴다. 또한, 상(想)이 일어날 때 앎이 생긴다. 그는 '참으로 이것을 조건으로 나에게 앎이 생긴다.'라고 꿰뚫어 안다. '상(想)이 먼저 일어나고 나중에 앎이 생긴

다. 또한, 상(想)이 일어날 때 앎이 생긴다.'라는 방식으로, 뽓타빠다여, 이것을 알아야 한다."

한편, 이런 이해 위에서 인식의 질을 향상하기 위한 불교의 수행 기법이 「사념처 → 사마타-위빳사나」(사념처로 시작하여 사마타-위빳사나로 완성되는 수행 체계)로 제시된다는 것은 잘 알려진 사실인데, 사념처는 신(身)-수(受)-심(心)-법(法)을 대상으로 사띠를 확립하여 심(心)에서 다섯 가지 장애를 밀어내는 것이고, 장애가 밀려난 자리에 충만 되는 칠각지(일곱 가지 깨달음의 요소)를 닦아 번뇌를 부수고 깨닫는 과정은 사마타-위빳사나입니다. - 「수행의 중심 개념 – 예외가 없는 법의 과정」(579쪽) 참조

사념처는 「kāye kāyānupassī viharati ātāpī sampajāno satimā, vineyya loke abhijjhā-domanassaṃ 몸(身)에서 몸을 이어 보면서 머문다. 알아차리고, 옳고 그름을 판단하고, 옳음의 유지-향상을 위해 노력하는 자는 세상에서 간탐과 고뇌를 제거한다.(신-수-심-법에 반복)」라는 정형구문으로 나타나는데, 신념처에 속하는 호흡 수행으로 대표됩니다.

호흡 수행에서 몸은 호흡입니다(MN 118-입출식념경). 여기서 ①'몸에서 머문다'는 주관인 신내입처와 객관인 촉외입처(호흡의 닿음)의 관계에서 진행되는 인식의 지속 즉 신내입처가 촉외입처(호흡의 닿음)를 인식하는 상태를 지속하면서 어떤 일을 하는 것입니다.

내입처와 외입처의 인식은 관심이 묶어줄 때 진행됩니다(*). 관심이 외입처를 내입처에 묶는 것은 두 가지 경우가 있는데(**), 밖으로 외입처에 끌려가서 수동적으로 묶기도 하고, 안으로 심(心)의 지향에 이끌려서 선택적으로 묶기도 합니다. ②'몸을 이어 보면서'는 심이 계속 호흡을 지향하고, 관심이 심에 이끌려서 호흡을 계속 묶어줌으로써 신내입처가 호흡을 인식하는 상태를 지속하게 하는 것입니다. 이때, 호흡을 계속 묶어주도록 심과 관심을 단속하는 것이 사띠(sati-念)입니다. 관심이 안팎의 상황 때문에 호흡 대신 다른 것을 묶어주면 호흡을 놓친 것이어서 ②'몸을 이어 보면서'를 못 하게 됩니다. 그래서 안팎의 상황이 이끄는 힘보다 사띠의 힘이 더 강해야 '몸을 이어볼 수 있기' 때문에 사띠의 힘을 키우는 수행이 염처(念處)①입니다. 이렇게 심이 ②몸을 이어보게 되면, ①'몸에서 머문다'는 것도 심이 그 자리에 고정된 상태에서 다음 단계의 일을 하도록 사띠가 역할하는 것인데, 염처(念處)②입니다. 결국, 이어보는 자도 머무는 자도 심입니다. 그러면 신내입처가 촉외입처(호흡의 닿음)를 인식하는 상태가 지속됩니다.

이런 이해는 삼매의 정의에서도 확인됩니다. 삼매는 심일경성(心一境性-cittassa ekaggatā)인데, 심이 하나의 대상에 집중된 상태를 말합니다. 심이 그대로 하나의 대상을 '이어보는 것'입니다. 이렇게 이어보는 자가 심이라는것은 확인됩니다.

(*) (SN 35.232-꼿티까 경) – 「도반 꼿티까여, 안(眼)이 색(色)들에게 족쇄(saṃyojana)가 아니고, 색들이 안에게 족쇄가 아닙니다. 이 둘을 연하여 생기는 욕탐(chandarāgo-지나친 관심)이 거기서 족쇄입니다.」

(**) (SN 35.248-보릿단 경) – 「이처럼 비구들이여, 배우지 못한 범부는 마음에 들거나 마음에 들지 않는 색(色)들에 의해 눈에서 타격당한다(cakkhusmiṃ haññati manāpāmanāpehi rūpehi).(여섯에 반복) 비구들이여, 만일 그 배우지 못한 범부가 미래에 다시 존재가 되기 위해서 의도한다면(āyatiṃ punabbhavāya ceteti) 그 쓸모없는 인간은 더욱 해침 당한다.

이런 이해에 의하면, '이어보는 자'는 심(心)입니다. 「심행(心行) = 상(想)-수(受)」에 의해, 심(앎)은 식(분별 앎)이 탐

(가치 앎)으로 커진 것인데, 이렇게 아는 자인 식이 상-수의 과정에서 커져서 심이 된 뒤 보는 자가 됩니다.

; 지(知-앎)와 견(見-봄) → 아는 자 = 식(識-viññāṇa) & 보는 자 = 심(心-citta)

◐ 딱까가 전제된 삶의 과정(십지연기) : 「식(識) = 아는 자, 심(心) = 보는 자」

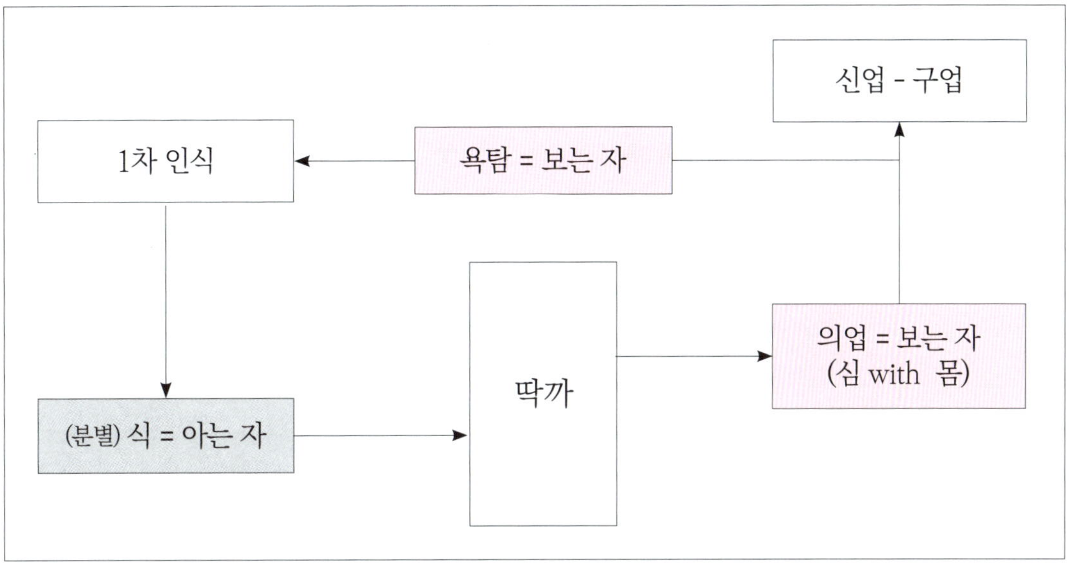

2. 앎(ñāṇa)이 '안다-모른다'라는 일반적 개념으로 나타나는 경우

앎(ñāṇa)은 '안다-모은다'라는 일반적 개념으로 나타나기도 하는데, 존재 앎인 무명이 사성제를 모름(aññāṇa) 등 존재성에 대한 무지로, 명이 앎으로 설명되는 경우입니다(*). 견해 역시 무명에 대응하여 앎(ñāṇa)의 개념으로 직접 지시되기도 하는데, 팔정도의 정견(正見-sammādiṭṭhi-바른 견해)이 사성제를 앎(ñāṇa)이라고 정의되는 경우입니다. 특히, 이 경우는 사성제의 모름이 무명이어서 연기를 출발시키고, 앎이 정견이어서 팔정도를 출발시키는데, 고집성제와 고멸도성제의 관계를 함께 알려줍니다.

(*) 무명(無明)의 정의들 ↔ 명(明)

1. 고(苦)-고집(苦集)-고멸(苦滅)-고멸도(苦滅道)에 대한 무지(無知)
2. 오온(五蘊)과 오온(五蘊)의 집(集)-멸(滅)-도(道)를 꿰뚫어 알지 못함
3. 자라남의 법-무너짐의 법-자라남/무너짐의 법인 오온(五蘊)을 자라남의 법-무너짐의 법-자라남/무너짐의 법이라고 있는 그대로 꿰뚫어 알지 못함
4. 오온(五蘊)의 매력과 위험과 해방을 있는 그대로 꿰뚫어 알지 못함
5. 오온(五蘊)의 자라남과 줄어듦과 매력과 위험과 해방을 있는 그대로 꿰뚫어 알지 못함

무명(無明-avijjā)과 명(明-vijjā)의 정의들

용례 경전	무명(無明)	명(明)
(SN 12.2-분석경), (SN 56.17-무명 경), (SN 56.18-명 경)	고(苦)-고집(苦集)-고멸(苦滅)-고멸도(苦滅道)에 대한 무지(無知)	고-고집-고멸-고멸도에 대한 앎
(SN 22.113-무명 경), (SN 22.114-명 경), (SN 22.135-꼿티까 경3)	오온(五蘊)과 오온의 집-멸-도를 꿰뚫어 알지 못함	오온과 오온의 집-멸-도를 꿰뚫어 앎
(SN 22.126-자라남의 법 경), (SN 22.127-자라남의 법 경2), (SN 22.128-자라남의 법 경3)	자라남의 법-무너짐의 법-자라남/무너짐의 법인 오온을 자라남의 법-무너짐의 법-자라남/무너짐의 법이라고 있는 그대로 꿰뚫어 알지 못함	자라남의 법-무너짐의 법-자라남/무너짐의 법인 오온을 자라남의 법-무너짐의 법-자라남/무너짐의 법이라고 있는 그대로 꿰뚫어 앎
(SN 22.129-매력 경), (SN 22.130-매력 경), (SN 22.133-꼿티까 경)	오온의 매력과 위험과 해방을 있는 그대로 꿰뚫어 알지 못함	오온의 매력과 위험과 해방을 있는 그대로 꿰뚫어 앎
(SN 22.131-자라남 경), (SN 22.132-자라남 경), (SN 22.134-꼿티까 경2)	오온의 자라남과 줄어듦과 매력과 위험과 해방을 있는 그대로 꿰뚫어 알지 못함	오온의 자라남과 줄어듦과 매력과 위험과 해방을 있는 그대로 꿰뚫어 앎

3. 딱까의 안과 밖 – 견해(diṭṭhi)와 봄(dassana)

한편, 삶은 인식과 행위로의 구분 외에 딱까의 안팎으로 구분하여 말할 수도 있습니다.

2차 인식의 영역 즉 딱까의 안은 수(受)를 대상으로 상(想)이 공동주관으로 참여하면서 시작됩니다. 이때, 무상-고-무아-부정의 사실 즉 전도되지 않은 상(想)과 상-락-아-정의 거짓 즉 전도된 상의 차이가 있는데, 중생의 삶은 전도된 상이 참여하는 경우입니다. 이런 상의 참여는 「상(想) → 심(心) → 견해」로 이어지는데(AN 4.49-전도 경), 「경향 → 앎 → 관점」으로 이어지는 사실의 영역입니다.

이때, diṭṭhi(견해)는 dassana(봄-見)와 비교되는 용어인데, vi-takka로부터 출발하는 구체적 행위의 이면에서, 색을 넣은 안경을 끼고 세상을 보면 모든 것이 색을 덧씌워서 보이듯이, 세상을 보는 '어떻게?'의 관점입니다.

반면에 takka의 밖은 vi-takka[심(尋)]와 vicāra[사(伺)]로 출발하는 행위 그리고 관심에 의한 순환(묶음)으로 육내입처와 육외입처가 대응하는 현상의 영역입니다.

이렇게 일반적 개념으로의 알고 보는 것은 takka의 안팎에서 사실과 현상의 영역의 차이를 담아 다르게 설명되는

데,

- takka 밖(현상의 영역) – 아는 것 : 내입처(아는 자)가 외입처를 인식하여 생기는 식(識) = 분별 앎, 보는 것 : 의업(意業-사유 = 심(心) with 몸) → 보는 자 = 심(心), 봄 = 사유

- takka 안(사실의 영역) – 아는 것 : 지(知 = 분별 앎+존재 앎+가치 앎 = 앎)인 심(心) = 보는 자 → 보는 것 ; 견(見-봄) = 견해

입니다.

그런데 takka의 밖은 마음이 몸과 함께 인식하고 행위 하는 영역이고(意-mano), 안은 (몸이 마음을 떠날 수는 없지만) 몸의 참여 없이 마음 혼자 인식하고 행위 하는 영역(識-viññāṇa)/(心-citta)이라는 관점에서 보면, 몸의 제약이 현상적인 삶을 초래하고, 몸의 제약이 없는 영역에서 사실은 전도되기도 하고 전도가 해소되기도 한다는 것을 알 수 있습니다.

4. 씨앗에 비유되는 견해

이런 이해에 의하면, 보는 일은 ①사실의 영역에 속한 견해(관점)에 이어지는 ②현상의 영역에 속한 견(見)이라고 해야 합니다. 그래서 경들은 견해를 씨앗에 비유합니다.

- 심(心) – 체 = 지(知-ñāṇa-앎) → 활성화에 따르는 역할 = 행위

; 행위① – 상(想)과 지(知)에서 이어지는 견해(이런 경향에서 이런 앎이 생기면 세상에 대한 이런 관점을 가짐)
; 행위② – 탐(貪-rāga)에 따르는 성질인 망(望-lobha)에서 소망을 거쳐 이어지는 구체적 행위(vitakka로 시작하는 행위 과정)

세상을 보는 관점인 견해는 이렇게 다른 갈래로 출발하여 구체적 행위의 아래에서 작용하여(*) 행위의 질을 결정한다는 것을 알 수 있습니다. 그래서 행위의 영역에 속하는 견(見)은 견해에 의해 그 질적 수준이 결정되는 것을 알 수 있습니다.

(*) 연기된 법들의 전개에는 무명(존재 앎)이 스며있습니다(SN 12.25-부미자 경)/(AN 4.171-의도 경). 그래서 해탈되지 못한 여기에서의 조건성입니다. 같은 개념으로 행위에는 견해가 스며있어서 행위의 아래에서 작용합니다.

(AN 1.298-307-두 번째 품)과 (AN 10.104-씨앗 경)은 견해를 씨앗에 비유하는데, 이런 설명에 타당성을 부여한다고 하겠습니다.

또한, (AN 5.114-안다까윈다 경)도 바르게 봄에 대한 격려를 위해 견해와 봄을 하나의 연장선 위에서 서술하는 것을 볼 수 있는데, 바르게 보기 위해서 씨앗에 해당하는 견해로부터의 바름을 필요로 한다는 것을 확인해 주는 것입니다.

– '오시오, 도반들이여, 그대들은 바른 견해를 가진 자(sammādiṭṭhikā), 바르게 봄을 갖춘 자(sammādassanena samannāgatā)가 되시오.'라고 바르게 봄에 대해 격려해야 하고 안정되도록 해야 하고 확립하도록 해야 한다.

◐ 딱까를 포함한 삶의 과정(십이연기) : 「식(識) = 아는 자, 심(心) = 보는 자 + 행위자」

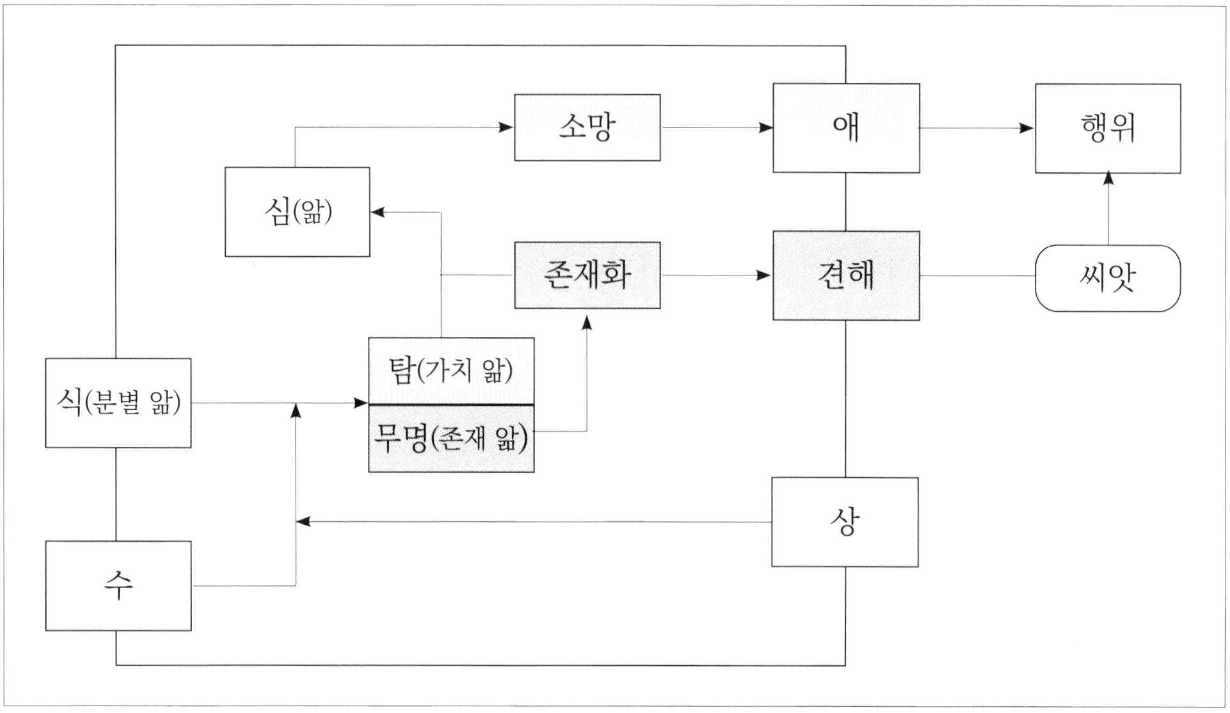

me dhammā ajjhattaṃ appahīnā – ādīnavadassāvī
내 안에 버려지지 않은 법들에서 위험을 보겠습니다.

[4] 지와 견의 주요 용례 – 1) 삶의 향상

(MN 149-육처에 속한 큰 경)은 알고 보지 못하는 자는 신-심의 괴로움을 경험하고, 알고 보는 자는 신-심의 즐거움을 경험하면서 더 높은 향상으로 나아간다고 알려줍니다. 그래서 알고 봄(知-見)은 삶의 향상의 기준이 되는데, 깨달음을 여실지견과 해탈지견의 과정으로 설명하는 이유입니다.

- 내입처-외입처-식-촉-수를 있는 그대로 알고 보지 못함 → 친밀함 → 친밀하고 묶이고 미혹하고 매력을 이어보면서 머물면 미래의 오취온(五取蘊)들이 쌓임 → 애(愛)가 늘어남 → 신(身)-심(心)에 속한 불안-고통-열기가 커짐 → 신-심의 괴로움을 경험함

- 내입처-외입처-식-촉-수를 있는 그대로 알고 봄 → 친밀하지 않음 → 친밀하지 않고 묶이지 않고 미혹하지 않고 위험을 이어보면서 머물면 미래의 오취온(五取蘊)들이 쌓이지 않음 → 애(愛)가 버려짐 → 신(身)-심(心)에 속한 불안-고통-열기가 버려짐 → 신-심의 즐거움을 경험함

1. (DN 34.10-십상경, 9가지 법) – '심(心)이 삼매를 닦을 때 있는 그대로 알고 본다.'

어떤 아홉 가지 법이 많은 것을 만듭니까? 아홉 가지 여리작의(如理作意)를 뿌리로 하는 법들 – 「여리작의하는 자에게 환희가 생긴다. 환희하는 자에게 희열이 생긴다. 의(意)가 희열하면 몸이 진정되고, 몸이 진정된 자는 행복을 경험한다. 행복한 자의 심(心)은 삼매에 들어진다. 심(心)이 삼매를 닦을 때 있는 그대로 알고 본다. 있는 그대로 알고 보는 자는 염오한다. 염오하는 자는 이탐한다. 이탐으로부터 해탈한다.」 이 아홉 가지 법이 많은 것을 만듭니다.

2. (SN 46.56-아바야 경) – 앎과 봄 그리고 알지 못함과 보지 못함의 원인-조건

; 알지 못함과 보지 못함의 원인-조건 – 다섯 가지 장애[욕탐(慾貪)-진에-해태혼침-들뜸후회-의심]가 스며들고, 다섯 가지 장애에 시달리는 심(心)으로 머물고, 다섯 가지 장애의 해방을 있는 그대로 알지 못하고 보지 못하는 것

; 앎과 봄의 원인-조건 – 떨침의 과정이고, 이탐의 과정이고, 소멸의 과정이고, 쉼으로 귀결되는 칠각지를 닦은 심(心)으로 있는 그대로 알고 봄

3. (SN 46.55-상가라와 경) = (AN 5.193-상가와라 경) – 기억 → 다섯 가지 장애의 개별 비유

; 장애 있음 → yathābhūtaṃ na jānāti na passati 있는 그대로 알지 못하고 보지 못한다.
; 장애 없음 → yathābhūtaṃ jānāti passati 있는 그대로 알고 본다.

- 비유 – 「눈을 가진 사람이 거기에 자신의 얼굴 모습을 비춰보면 있는 그대로 알지 못하고 보지 못할 것입니다」

  - 욕탐(慾貪) : 예를 들면, 바라문이여, 물 단지에 붉은 락이나 심황이나 남색이나 심홍색 염료가 섞여 있습니다.

  - 진에 : 예를 들면, 바라문이여, 물 단지를 타오르는 불 위에 놓고 열을 가해 열이 물을 끓입니다.

- 해태-혼침 : 예를 들면, 바라문이여, 물 단지가 이끼와 수초로 덮여 있습니다.

- 들뜸-후회 : 예를 들면, 바라문이여, 물 단지가 바람에 흔들리고 휘저어지고 동요하고 물결칩니다.

- 의심 : 예를 들면, 바라문이여, 물 단지가 휘저어지고 산란하고 진흙투성이고 어두운 곳에 놓여있습니다.

• 비유 – 「눈을 가진 사람이 거기에 자신의 얼굴 모습을 비춰보면 있는 그대로 알고 볼 것입니다」

- 욕탐(慾貪) : 예를 들면, 바라문이여, 물 단지에 붉은 랙이나 심황이나 남색이나 심홍색 염료가 섞여 있지 않습니다.

- 진에 : 예를 들면, 바라문이여, 물 단지를 타오르는 불 위에 놓지 않고 열을 가하지 않고 열이 물을 끓이지 않습니다.

- 해태-혼침 : 예를 들면, 바라문이여, 물 단지가 이끼와 수초로 덮여 있지 않습니다.

- 들뜸-후회 : 예를 들면, 바라문이여, 물 단지가 바람에 흔들리지 않고 휘저어지지 않고 동요하지 않고 물결치지 않습니다.

- 의심 : 예를 들면, 바라문이여, 물 단지가 맑고 깨끗하고 오점이 없고 밝은 곳에 놓여있습니다.

; 바라문이여, 이런 원인과 이런 조건 때문에 어떤 때에는 오래 암송한 만뜨라들도 분명하지 않습니다. 하물며 암송하지 않은 것들은 말해 무엇 하겠습니까?

; 바라문이여, 이런 원인과 이런 조건 때문에 어떤 때에는 오래 암송하지 않은 만뜨라들도 분명합니다. 하물며 암송한 것들은 말해 무엇 하겠습니까?

4. (AN 10.2-의도적으로 행해져야 함 경)/(AN 11.2-의도적으로 행해져야 함 경)

비구들이여, 삼매를 닦는 자는 '있는 그대로 알고 보기를!'이라고 의도적으로 행하지 않아도 된다. 비구들이여, 삼매를 닦는 자가 있는 그대로 알고 보는 것은 법다운 것이다.

비구들이여, 있는 그대로 알고 보는 자는 '내가 염오하기를!'이라고 의도적으로 행하지 않아도 된다. 비구들이여, 있는 그대로 알고 보는 자가 염오하는 것은 법다운 것이다.

5. (MN 115-많은 요소를 가진 것 경) – yato jānāti passati(알고 볼 때) 계(界)에 능숙하고, 처(處)에 능숙한 비구라고 불릴 만함

; (예) imā kho, ānanda, aṭṭhārasa dhātuyo yato jānāti passati – ettāvatāpi kho, ānanda, 'dhātukusalo bhikkhū'ti alaṃ vacanāyā"ti

아난다여, 이런 열여덟 가지 요소를 알고 볼 때 – 이런 점에서, 아난다여, '계에 능숙한 비구'라고 불릴 만하다.

6. '어떻게 알고 어떻게 보는 자에게(kathaṃ jānato kathaṃ passato) ~'의 문답을 통해 삶의 완성을 이끄는 경들이 있는데, 6가지로 분류됩니다.

소망/자기화의 잠재성향/번뇌/무명/족쇄/잠재성향/삿된 견해/유신견/아(我)를 따르는 견해 등 부정적 요소들을 해소하고, 평화롭게 잘 해탈하는 과정을 앎과 봄의 관점에서 소개하는데, (지와 견으로 이끄는 삼매수행에 이어지는) 여실지견과 해탈지견으로의 완성입니다. 그리고 알고 봄의 확인을 통해 아라한을 검증합니다.

1) (MN 112-여섯 가지 청정 경) – 아라한의 검증

• 비구가 무위(無爲)의 앎(aññā)을 선언하면 질문을 통해 검증해야 함.

• 검증 방법 – 여섯 가지 주제에 대해 '어떻게 알고 어떻게 보아서(kathaṃ jānato kathaṃ passato) 집착 없이 번뇌들로부터 심(心)이 해탈했습니까?'라고 질문하여 답변을 검증함 → 이렇게 알고 이렇게 보아서(evaṃ jānato evaṃ passato) 집착 없이 번뇌들로부터 심(心)이 해탈했음

; 세존-아라한-정등각에 의해 바르게 선언된 ①네 가지 표현, ②오취온(五取蘊-다섯 가지 집착된 무더기), ③육계(六界-여섯 가지 요소), ④육내입처(六內入處), ⑤육외입처(六外入處), ⑥식(識)과 함께한 이 몸과 밖의 모든 상(相)에 대한 나를 만들고 나의 것을 만드는 자기화의 잠재성향을 뿌리 뽑았습니까?

⇒ 「tena bhagavatā jānatā passatā arahatā sammāsambuddhena 아시는 분, 보시는 분, 그분 세존-아라한-정등각에 의해」 선언된 법들에 의지하여 세존-아라한-정등각의 깨달음을 재현하는 과정을 이런 앎과 봄에 의해 검증합니다.

2) (SN 12.32-깔라라 경) – 「수(受) → 소망(nandi) → 애(愛)」

; kathaṃ jānatā kathaṃ passatā aññā byākatā 어떻게 알고 어떻게 볼 때 무위의 앎을 선언하는가?

; 'kathaṃ jānato kathaṃ passato yā vedanāsu nandī sā na upaṭṭhāsī'ti 어떻게 알고 어떻게 볼 때 수(受)들에 대해 소망이 생기지 않습니까?

3) '식(識)과 함께하는 이 몸'의 용례 – 자기화의 잠재성향

① "kathaṃ pana, bhante, jānato kathaṃ passato imasmiñca saviññāṇake kāye bahiddhā ca sabbanimittesu ahaṃkāramamaṃkāramānānusayā na hontī"ti?

대덕이시여, 어떻게 알고 어떻게 보는 자에게 식(識)과 함께한 이 몸과 밖의 모든 상(相)에서 나를 만들고, 나의 것을 만드는 자기화의 잠재성향들이 없습니까?

– '이것은 나의 것이 아니다. 이것은 내가 아니다. 이것은 나의 아(我)가 아니다.'라고 이렇게 바른 지혜로써 있는

그대로 본다.

; (MN 109-보름달 큰 경)/(SN 22.82-보름달 경)/(SN 22.71-라다 경)/(SN 18.21-잠재성향 경)/(SN 22.91-라훌라 경)/(SN 22.124-깝빠 경)

② "kathaṃ nu kho, bhante, jānato kathaṃ passato imasmiṃ ca saviññāṇake kāye bahiddhā ca sabbanimittesu ahaṅkāramamaṅkāramānāpagataṃ mānasaṃ hoti vidhā samatikkantaṃ santaṃ suvimuttan"ti?

대덕이시여, 어떻게 알고 어떻게 보는 자에게 의(意)는 식(識)과 함께한 이 몸과 밖의 모든 상(相)에서 나를 만들고 나의 것을 만드는 자기화를 제거하고, 자만을 뛰어넘어, 평화롭게 잘 해탈합니까?

– '이것은 나의 것이 아니다. 이것은 내가 아니다. 이것은 나의 아(我)가 아니다.'라고 이렇게 바른 지혜로써 있는 그대로 본 뒤에 집착 없이 해탈한다.

; (SN 18.22-제거 경)/(SN 22.72-수라다 경)/(SN 22.92-라훌라 경2)/(SN 22.125-깝빠 경2)

4) āsavānaṃ khayo(번뇌들의 부서짐)의 용례

"kathaṃ pana, bhante, jānato kathaṃ passato anantarā āsavānaṃ khayo hotī"ti?

그러면, 대덕이시여, 어떻게 알고 어떻게 보는 자에게 뒤이어 번뇌들의 부서짐이 있습니까?

; (SN 22.55-감흥 경) – 오온에 대한 탐의 버려짐 → 식이 머물지 않음 = 형성하지 않음에 의한 해탈

; (SN 22.81-빠릴레이야 경) – (다양한 행의 소개) 무명의 촉에서 생긴 경험된 것에 의해 닿아진 배우지 못한 범부에게 생겨난 애, 행은 그것으로부터 생긴 것 → 행(行)-애(愛)-수(受)-촉(觸)-무명(無明) – 무상하고 유위이고 연기된 것

5) (SN 35-육처 상윳따) 6. 무명 품의 경 7개 – (SN 35.53-무명을 버림 경) ~ (SN 35.59-잠재성향의 뿌리뽑힘 경) 등

① (SN 35.53-무명을 버림 경) & (SN 35.79-무명을 버림 경1)/(SN 35.80-무명을 버림 경2)(*) – 활성화된 일체를 무상으로부터 알고 볼 때(* 무위의 앎으로부터 볼 때) 무명이 버려지고 명이 생겨남

"kathaṃ nu kho, bhante, jānato kathaṃ passato avijjā pahīyati, vijjā uppajjatī"ti?

대덕이시여, 어떻게 알고 어떻게 보는 자에게 무명(無明)이 버려지고 명(明)이 생깁니까?

② (SN 35.54-족쇄를 버림 경)/(SN 35.56-번뇌를 버림 경)/(SN 35.58-잠재성향을 버림 경)

; 활성화된 일체를 무상으로부터 알고 볼 때 족쇄-번뇌-잠재성향들이 버려짐

③ (SN 35.55-족쇄의 뿌리뽑힘 경)/(SN 35.57-번뇌의 뿌리 뽑힘 경)/(SN 35.59-잠재성향의 뿌리뽑힘 경)

; 활성화된 일체를 무아로부터 알고 볼 때 족쇄-번뇌-잠재성향들이 뿌리뽑힘

6) pahāna(버림)의 용례

① "kathaṃ nu kho, bhante, jānato kathaṃ passato micchādiṭṭhi pahīyatī"ti?

대덕이시여, 어떻게 알고 어떻게 보는 자에게 삿된 견해가 버려집니까?

; (SN 35.165-삿된 견해를 버림 경) – 활성화된 일체를 무상으로부터 알고 볼 때 삿된 견해가 버려짐

② "kathaṃ nu kho, bhante, jānato kathaṃ passato sakkāyadiṭṭhi pahīyatī"ti?

대덕이시여, 어떻게 알고 어떻게 보는 자에게 유신견(有身見)이 버려집니까?

; (SN 35.166-유신견을 버림 경) – 활성화된 일체를 고로부터 알고 볼 때 유신견이 버려짐

③ "kathaṃ nu kho, bhante, jānato kathaṃ passato attānudiṭṭhi pahīyatī"ti?

대덕이시여, 어떻게 알고 어떻게 보는 자에게 아(我)를 따르는 견해가 버려집니까?

; (SN 35.167-아를 따르는 견해를 버림 경) – 활성화된 일체를 무아로부터 알고 볼 때 아(我)를 따르는 견해가 버려짐

7. 위의 용례 외에 문답 없이 jānato passato만으로 쓰이는 경우도 있음

; (SN 44.4-사리뿟따와 꼿티따 경2)/(SN 44.6-사리뿟따와 꼿티따 경4) – 여래의 사후에 대한 4가지 무기(無記)

; (SN 56.25-번뇌의 부서짐 경) – 사성제를 알고 보는 자에게 번뇌들이 부서짐

me dhammā ajjhattaṃ appahīnā – ādīnavadassāvī
내 안에 버려지지 않은 법들에서 위험을 보겠습니다.

[5] 지와 견의 주요 용례 – 2) 알고 보는 자에게 번뇌들(◐)이 부서짐(漏盡)

"jānato ahaṃ, bhikkhave, passato āsavānaṃ khayaṃ vadāmi, no ajānato no apassato. kiñca, bhikkhave, jānato kiñca passato āsavānaṃ khayaṃ vadāmi?

비구들이여, 알고 보는 자에게 번뇌들의 부서짐을 나는 말한다. 알지 못하고 보지 못하는 자에게가 아니다. 그러면 비구들이여, 무엇을 알고 무엇을 보는 자에게 번뇌들의 부서짐을 나는 말하는가?

; 여리작의와 비여리작의/오온의 생겨남-무너짐/사성제/활성화된 일체의 무상

1. (MN 2-모든 번뇌 경) – 여리작의(如理作意-yoniso manasikāra)와 비여리작의(非如理作意-ayoniso manasikāra)

비구들이여, 알고 보는 자에게 번뇌들의 부서짐을 나는 말한다. 알지 못하고 보지 못하는 자에게가 아니다. 그러면 비구들이여, 무엇을 알고 무엇을 보는 자에게 번뇌들의 부서짐을 나는 말하는가? 여리작의와 비여리작의이다. 비구들이여, 비여리작의 하는 자에게 생기지 않은 번뇌들은 생기고, 생겨난 번뇌들은 늘어난다. 그러나 비구들이여, 여리작의 하는 자에게 생기지 않은 번뇌들은 생기지 않고, 생겨난 번뇌들은 버려진다.

2. (SN 12.23-기반 경)/(SN 22.101-도끼자루 경) – 오온의 자라남-줄어듦(생겨남-무너짐)

알고 보는 자에게 번뇌들의 부서짐을 나는 말한다. 알지 못하고 보지 못하는 자에게가 아니다. 그러면 무엇을 알고 무엇을 보는 자에게 번뇌들이 부서지는가? '이렇게 색(色)이 있고, 이렇게 색이 자라나고, 이렇게 색이 줄어든다. 이렇게 수(受)가 있고, 이렇게 수가 자라나고, 이렇게 수가 줄어든다. 이렇게 상(想)이 있고, 이렇게 상이 자라나고, 이렇게 상이 줄어든다. 이렇게 행(行)들이 있고, 이렇게 행들이 자라나고, 이렇게 행들이 줄어든다. 이렇게 식(識)이 있고, 이렇게 식이 자라나고, 이렇게 식이 줄어든다.'라고 이렇게 알고 이렇게 보는 자에게 번뇌들은 부서진다.

3. (SN 56.25-번뇌의 부서짐 경) – 사성제

비구들이여, 알고 보는 자에게 번뇌들의 부서짐을 나는 말한다. 알지 못하고 보지 못하는 자에게가 아니다. 비구들이여, 무엇을 알고 보는 자에게 번뇌들이 부서지는가? 비구들이여, '이것이 고(苦)다.'라고 알고 보는 자에게 번뇌들이 부서진다. '이것이 고(苦)의 자라남이다.'라고 알고 보는 자에게 번뇌들이 부서진다. '이것이 고(苦)의 소멸이다.'라고 알고 보는 자에게 번뇌들이 부서진다. '이것이 고(苦)의 소멸로 이끄는 실천이다.'라고 알고 보는 자에게 번뇌들이 부서진다. 비구들이여, 이렇게 알고 이렇게 보는 자에게 번뇌들이 부서진다.

※ (4-5) 예외적으로 번뇌들의 버려짐과 뿌리뽑힘을 설명하는 경

4. (SN 35.39-번뇌를 버림 경) – 활성화된 일체의 알고 봄 → 번뇌들이 버려짐

"비구여, 안(眼)을 무상(無常)으로부터 알고 보는 자에게 번뇌들이 버려진다. 색(色)들을 무상으로부터 알고 보는 자에게 번뇌들이 버려진다. 안식(眼識)을 … 안촉(眼觸)을 … 안촉의 조건으로부터 생기는 즐겁거나 괴롭거나 괴

롭지도 즐겁지도 않은 경험[안촉생수(眼觸生受)]를 무상으로부터 알고 보는 자에게 번뇌들이 버려진다.(여섯에 반복) 비구여, 이렇게 알고 이렇게 보는 자에게 번뇌들이 버려진다."

5. (SN 35.40-번뇌들의 뿌리뽑힘 경) – 활성화된 일체의 알고 봄 → 번뇌들이 뿌리뽑힘

"비구여, 안을 무상으로부터 알고 보는 자에게 번뇌들이 뿌리 뽑힌다. 색들을 무상으로부터 알고 보는 자에게 번뇌들이 뿌리 뽑힌다. 안식을 … 안촉을 … 안촉의 조건으로부터 생기는 즐겁거나 괴롭거나 괴롭지도 즐겁지도 않은 경험을 무상으로부터 알고 보는 자에게 번뇌들이 뿌리 뽑힌다.(여섯에 반복) 비구여, 이렇게 알고 이렇게 보는 자에게 번뇌들이 뿌리 뽑힌다."

◐ 번뇌(āsava-漏)는 상-락-아-정으로 전도된 상(想)이 2차 인식에 공동주관으로 참여하는 작용성입니다.

번뇌[루(漏)-āsava]는 상(想-saññā)입니다 - cūḷasuññatasuttaṃ
(MN 121-공(空)에 대한 작은 경)

<table>
<tr><td>nevasaññānāsaññāyatanasaññā - 비상비비상처의 상(想)</td><td rowspan="8">상(想)-saññā</td><td rowspan="3">avijjāsava- 무명루(無明漏)</td></tr>
<tr><td>ākiñcaññāyatanasaññā - 무소유처의 상(想)</td></tr>
<tr><td>viññāṇañcāyatanasaññā - 식무변처의 상(想)</td></tr>
<tr><td>ākāsānañcāyatanasaññā - 공무변처의 상(想)</td><td rowspan="3">bhavāsava- 유루(有漏)</td></tr>
<tr><td>pathavīsaññā - 땅의 상(想)</td></tr>
<tr><td>araññasaññā - 숲의 상(想)</td></tr>
<tr><td>manussasaññā - 사람의 상(想)</td><td rowspan="2">kāmāsava- 욕루(慾漏)</td></tr>
<tr><td>gāmasaññā - 마을의 상(想)</td></tr>
</table>

so 'suññamidaṃ saññāgataṃ kāmāsavenā'ti pajānāti, 'suññamidaṃ saññāgataṃ bhavāsavenā'ti pajānāti, 'suññamidaṃ saññāgataṃ avijjāsavenā'ti pajānāti

그는 '욕루(慾漏)에 속한 상(想)은 비어있다.'라고 분명히 알고, '유루(有漏)에 속한 상(想)은 비어있다.'라고 분명히 알고, '무명루(無明漏)에 속한 상(想)은 비어있다.'라고 분명히 안다.

(MN 2-모든 번뇌 경)은 모든 번뇌의 단속을 위한 법문(sabbāsavasaṃvarapariyāya)입니다. 여리작의(如理作意)와 비여리작의(非如理作意)를 알고 보는 자에게 번뇌들이 부서진다고 말하는데, 번뇌를 봄을 통해서 버려야 하는 번뇌들/단속을 통해서 버려야 하는 번뇌들/수용을 통해서 버려야 하는 번뇌들/참음을 통해서 버려야 하는 번뇌들/피함을 통해서 버려야 하는 번뇌들/제거를 통해서 버려야 하는 번뇌들/수행을 통해서 버려야 하는 번뇌들로 분류합니다.

[6] 지와 견의 주요 용례 – 3)「tena bhagavatā jānatā passatā arahatā sammāsambuddhena ~ 아시는 분, 보시는 분, 그분 세존-아라한-정등각에 의해 ~」

• ~ 중생들의 경향의 다양한 상태가 잘 알려짐(DN 1.1-범망경, 유행승 이야기)

• ~ 사여의족(四如意足)/사념처/일곱가지 삼매의 필수품 & ~ 행복의 성취를 위한 세 가지 기회 얻음의 이해(DN 18-자나와사바 경)

• ~ 제자들을 위해 가르치고 선언한 법, 살아있는 한 지켜야 하는 법(DN 29.12-정신경, 번뇌 다한 자에게 불가능한 경우)

• ~ 바르게 선언된 한 가지로 구성된 법들 ~ 열 가지로 구성된 법들(DN 33-합송경)

• ~ 선언된 네 가지 법이 있습니다. 그 법을 스스로 보고 있는 우리는 이렇게 말합니다. – '오직 여기에 사문이 있다. 여기에 두 번째 사문이 있고, 여기에 세 번째 사문이 있고, 여기에 네 번째 사문이 있다. 다른 교설들은 무위의 앎을 가진 사문들에 의해 공하다.'라고.(MN 11-사자후의 작은 경)

• ~ 선언된 '거기에서 방일하지 않고 노력하고 확고한 의지로써 머무는 비구에게 해탈하지 않은 심(心)은 해탈하고, 완전히 부서지지 않은 번뇌는 완전히 부서지고, 성취하지 못한 위없는 유가안온은 성취되는' 하나의 법(MN 52-앗타까나가라 경)/(AN 11.16-앗타까나가라 경)

• ~ 설하신 이런 네 가지 범행 아닌 삶과 네 가지 안락을 주지 못하는 범행 → 지혜로운 사람도 거기에서는 확실히 범행으로 살지 못할 것이고, 범행으로 산다고 해도 유익한 법으로 이끄는 방법을 얻지 못할 것(MN 76-산다까 경)

• ~ 설하신 네 가지 가르침의 개요가 있는데, 나는 그것을 알고 보고 배웠기에 집에서 집 없는 곳으로 출가했습니다.(MN 82-랏타빨라 경)

• ~. '슬픔-비탄-고통-고뇌-절망은 사랑하는 것들로부터 생기고, 사랑하는 것들로부터 나타난다.'라는 그 말씀에 대한 것(MN 87-사랑하는 것에서 생김 경)

• ~ '이 사람이 나의 죽음 이후에 그대들의 의지처가 될 것이다.'라고 정해졌고, 지금 우리가 따라야 하는 비구는 한 사람도 없습니다. & ~ 선언한 믿음으로 이끄는 열 가지 법이 있습니다. 참으로 이 법들이 있을 때라면(있는 곳이라면) 이제 우리는 그것을 존경하고 존중하고 우러르고 예배하고, 존경하고 존중하면서 의지하여 머뭅니다.(MN 108-고빠까목갈라나 경)

• ~ 바르게 선언된 것(MN 112-여섯 가지 청정 경) → 아라한의 검증

; 세존-아라한-정등각에 의해 바르게 선언된 ①네 가지 표현, ②오취온(五取蘊-다섯 가지 집착된 무더기), ③육계(六界-여섯 가지 요소), ④육내입처(六內入處), ⑤육외입처(六外入處), ⑥식(識)과 함께한 이 몸과 밖의 모든 상(相)에 대한 나를 만들고 나의 것을 만드는 자기화의 잠재성향을 뿌리 뽑았습니까?

• ~ '몸에 속한 사띠를 닦고 많이 행할 때 큰 결실이 있고 큰 이익이 있다.'라고 말씀하셨습니다.(MN 119-신념처경)

• ~ ①'오라, 비구들이여, 그대들은 어머니 정도의 여자들에 대해서는 어머니라는 심(心)을 유지해야 한다. 누이 정도의 여자들에 대해서는 누이라는 심(心)을 유지해야 한다. 딸 정도의 여자들에 대해서는 딸이라는 심(心)을 유지해야 한다.' … ②'오라, 비구들이여, 그대들은 발바닥으로부터 올라가며, 머리카락으로부터 내려가며, 이 몸에 대해 피부의 경계를 채우는 여러 가지 부정(不淨)한 것들을 관찰해야 한다.' … ③'오라, 비구들이여, 그대들은 기능들에서 문을 보호하며 머물러야 한다. 안(眼)으로 색(色)을 보면서 상(相)을 붙잡지 않고, 뒤따르는 것[수(受)]를 붙잡지 않아야 한다. … 왕이여, 머리가 검고, 행운의 젊음을 갖추고, 삶의 초반에 소유의 삶을 즐기지 않는 이들 젊고 어린 비구들은 이런 원인, 이런 조건에 의해서도 살아있는 동안 완전하고 청정한 범행을 실천하고, 오랫동안 행하게 됩니다."(SN 35.127-바라드와자 경)

• ~ 설하신 늙음에 대한 관점과 젊음에 대한 관점(AN 2.33-42-평정한 심(心) 품) 39.

• ~ 중생들의 청정을 위해, 슬픔과 비탄을 건너기 위해, 고통과 고뇌의 줄어듦을 위해, 방법을 얻기 위해, 열반을 실현하기 위해 바르게 선언된 것(AN 3.75-니간타 경)/(AN 4.194-사무기야 경)

• ~ 압박 가운데에서 자유를 깨달았는데, 이는 중생들의 청정을 위한, 슬픔과 비탄을 건너기 위한, 고통과 고뇌의 줄어듦을 위한, 방법을 얻기 위한, 열반을 실현하기 위한 것(AN 6.26-마하깟짜나 경)/(AN 9.37-아난다 경)

(MN 108-고빠까목갈라나 경)은 부처님과 제자들의 차이점에 이어 부처님 사후의 의지처는 사람이 아니라 법(法)이라는 것을 말합니다.

부처님은 생겨나지 않은 길을 생겨나게 하고, 일어나지 않은 길을 일어나게 하고, 선언되지 않은 길을 선언하고, 길을 아는 분, 길에 능숙한 분, 길에 정통한 분이고, 지금의 제자들은 길을 따르고, 나중에 갖추어 머뭅니다. 부처님과 제자들에게는 이런 차이가 있습니다.

'이 사람이 세존의 죽음 이후에 우리의 의지처가 될 것이다.'라고 상가가 동의하고, 많은 장로가 결정한 그리고 지금 우리가 따라야 하는 비구는 한 사람도 없습니다. 그러나 우리에게 의지처가 없는 것은 아닙니다. 세존-아라한-정등각께서 선언한 믿음으로 이끄는 법들이 있고, 이 법들이 있을 때라면(있는 곳이라면) 우리는 그것을 존중하면서 의지하여 머뭅니다.

[7] 지와 견의 향상 – 삶의 메커니즘과 수행지도(修行地圖)의 매개

그래서 지와 견은 삶의 메커니즘을 수행지도로 연결하는 매개가 됩니다. –「사띠의 눈뜸 → 삶의 향상 → 번뇌들의 부서짐」

삶이 지와 견의 관점에서 설명되면, 깨달아 윤회에서 벗어남으로 완성되는 삶의 향상도 지와 견의 관점으로 접근하게 됩니다. 내적인 심의 사마타에 의해 드러나는 법에 대해 ①사띠하여 눈뜨면, ②삶의 향상의 과정이 ③번뇌들의 부서짐(漏盡)으로 완성됩니다.

; 딱까의 바깥에서 지와 견을 제어 : 관심이 탐-진-치를 싣고 오지 못하게 함(유심유사-무심유사-무심무사의 삼매) → 상(相-nimitta)과 비여리작의 문제 해소 → 무상(無相-animitta)과 여리작의 → 여실지견
; 딱까의 안에서 지와 견을 제어 → 탐-진-치를 직접 버림 → 해탈지견(인간의 법을 넘어선 성자에게 적합한 차별적 지와 견의 완성)

• 그림 – 지(知)와 견(見) – 삶의 메커니즘과 수행지도(修行地圖)의 연결①
• 그림 – 지(知)와 견(見) – 삶의 메커니즘과 수행지도(修行地圖)의 연결②

이런 제어의 과정을 삼매수행(samādhibhāvanā-삼매를 닦음)이라고 하는데, (AN 4.41-삼매수행 경)은 ①지금여기의 행복한 머묾으로 이끄는 삼매수행, ②지와 견의 얻음으로 이끄는 삼매수행, ③염(念)-정지(正知)로 이끄는 삼매수행, ④번뇌들의 부서짐으로 이끄는 삼매수행의 네 단계로 설명합니다. 또한, 이렇게 깨달음으로 이끄는 삼매수행은 팔정도의 바른 삼매(正定)인데, 일곱 가지 필수품을 갖춘 것(AN 7.45-삼매의 필수품 경)이고, 중도(中道) 곧 고멸도(苦滅道-고멸로 이끄는 실천)를 설명합니다.

• 삼매수행에 의한 깨달음의 과정 = 수행지도(修行地圖)

; 필수품의 과정 → 바른 삼매
→ 사선(四禪)=의업(意業)(지금여기의 행복한 머묾으로 이끄는 삼매수행 → 심(心)의 일어남)
→ 내적인 심(心)의 사마타(지와 견의 얻음으로 이끄는 삼매수행 → 법의 드러남)
→ 법의 위빳사나(염-정지로 이끄는 삼매수행 – 무상(無常)의 관찰)
; 관심이 탐-진-치를 싣고 오지 못하게 함 → 상(相-nimitta)과 비여리작의 문제 해소 → 무상(無相-animitta)과 여리작의
→ ①여실지견(如實知見) = 안과 밖의 연결 = abhiññā(실다운 지혜)/abhijānāti(실답게 알다) = 사념처의 완성(사띠의 완성) = 완성된 사띠의 토대(satiāyatana)

; 딱까 안에서 탐-진-치를 버리는 과정
→ 사마타-위빳사나(안 – 염오-이탐-소멸)
→ ②해탈지견(解脫知見) = pariññā(완전한 지혜)/parijānāti(완전히 알다)

한편, (SN 22.39-일치하는 법 경)은 가르침에 일치하는 법을 실천(dhammānudhammappaṭipanna)하는 비구에게 「오온을 염오하며 머묾(=일치하는 법) → 완전히 앎 → 오온에서 해탈 → 고(苦)에서 해탈」의 과정을 설명하는데, 기뻐하고 드러내고 묶여 머물면 소망이 생겨 애(愛)가 형성되는 과정을 보고서 기뻐하지 않고 드러내지 않고

묶여 머물지 않아 완전히 알면(염오 → 이탐 → 소멸) 오온으로부터 해탈하고 그것이 곧 고(苦)로부터의 해탈이라는 것을 알 수 있습니다.

이렇게 수행은 봄에 의해서 더 높은 앎이 생기는 것을 설명하는데, 구차제주(九次第住)의 단계적 과정으로 ①여실지견과 ②해탈지견(차별적 지와 견의 완성)이 완성됩니다.

• 여실지견 – 지금여기의 행복한 머묾으로 이끄는 삼매를 성취하여 머무는 가운데 심(心)이 일어나고, 지와 견의 얻음으로 이끄는 삼매수행 즉 내적인 심(心)의 사마타의 과정에서 법이 드러나면, 법의 위빳사나로써 무상(無常)을 확인함 → 세상을 구성하는 오온 즉 행들에 대한 사실에 들어맞는 삶의 실현 → 견해를 갖춘 자 = 예류자(預流者)

; 사념처 – 삼매의 성취 ~ 법의 위빳사나 = 관심이 탐-진-치를 싣고 오지 않도록 단속 → 분별 앎(식)의 제어 → 여실지견(사띠토대)

• 해탈지견(= 차별적 지와 견의 완성) – 여실지견의 토대 위에서 딱까 안의 영역을 제어하여 번뇌의 부서짐(漏盡) 즉 상(想)의 전도를 해소하는 과정인데, 오온의 생겨남-무너짐 즉 오온을 대상으로 고(苦)가 자라나고 소멸하는 과정을 연기적 관점으로 직접 보아서 오온으로 구성된 세상에서 벗어나 열반을 실현하는 것 → (해탈의 흔들리지 않음-태어남의 끝-다음의 존재 없음) 존재의 소멸 = 아라한(阿羅漢)

; 사마타 – 염오-이탐 → 가치 앎(탐-진)의 해소 → 심해탈
; 위빳사나 – 소멸 → 존재 앎(무명)의 해소 → 혜해탈 ⇒ 해탈지견

그렇다면 수행에 의한 향상 과정은 봄(견해)의 제어로 토대를 갖춘 뒤 앎의 향상으로 완성되는 것을 알 수 있습니다.

; 봄(법의 위빳사나) → 분별 앎(abhiññā) → 가치 앎의 해소 → 존재 앎의 해소 → 분별 앎(pariññā)
; 닦아져야 하는 것인 혜의 완성(pariññā) → 완전히 알려져야 하는 것인 식이 완전히 알려진 상태 = 해탈지견

◐ 해탈지견을 '차별적 지와 견'이라고 말하지 않고 '차별적 지와 견의 완성'이라고 말하는 것은, (SN 42.12-라시야 경)에 의하면, 차별적 지와 견이 고행(苦行)에 의해서도 얻어지기 때문입니다.

(SN 42.12-라시야 경)은 (SN 56.11-전법륜 경)과 같이 출가자가 실천하지 않아야 하는 두 끝과 중도가 주제입니다. 이때, 이 경은 비난할 측면과 칭찬할 측면을 분별하는 부처님의 대답을 통해 불교가 고행을 일방적으로 비난하는 것은 아니라는 결론을 얻게 합니다. 그러나 고행에 의해서도 인간을 넘어선 법인 성자들에게 적합한 차별적 지(知)와 견(見)을 실현할 수 있느냐는 의문을 일으키게 합니다. 여기에 답하기 위해 차별적 지와 견을 삼명(숙주명-천안명-누진명)이라고 이해하였는데, (DN 25-우둠바리까 경)은 고행자의 완성을 천안명으로 알려줍니다. 결국, 고행자는 차별적 지와 견의 실현에 속하기는 하지만 제한적이어서 누진명에 의한 깨달음에는 이르지 못합니다.

• 그림 – 지(知)와 견(見) – 삶의 메커니즘과 수행지도(修行地圖)의 연결①

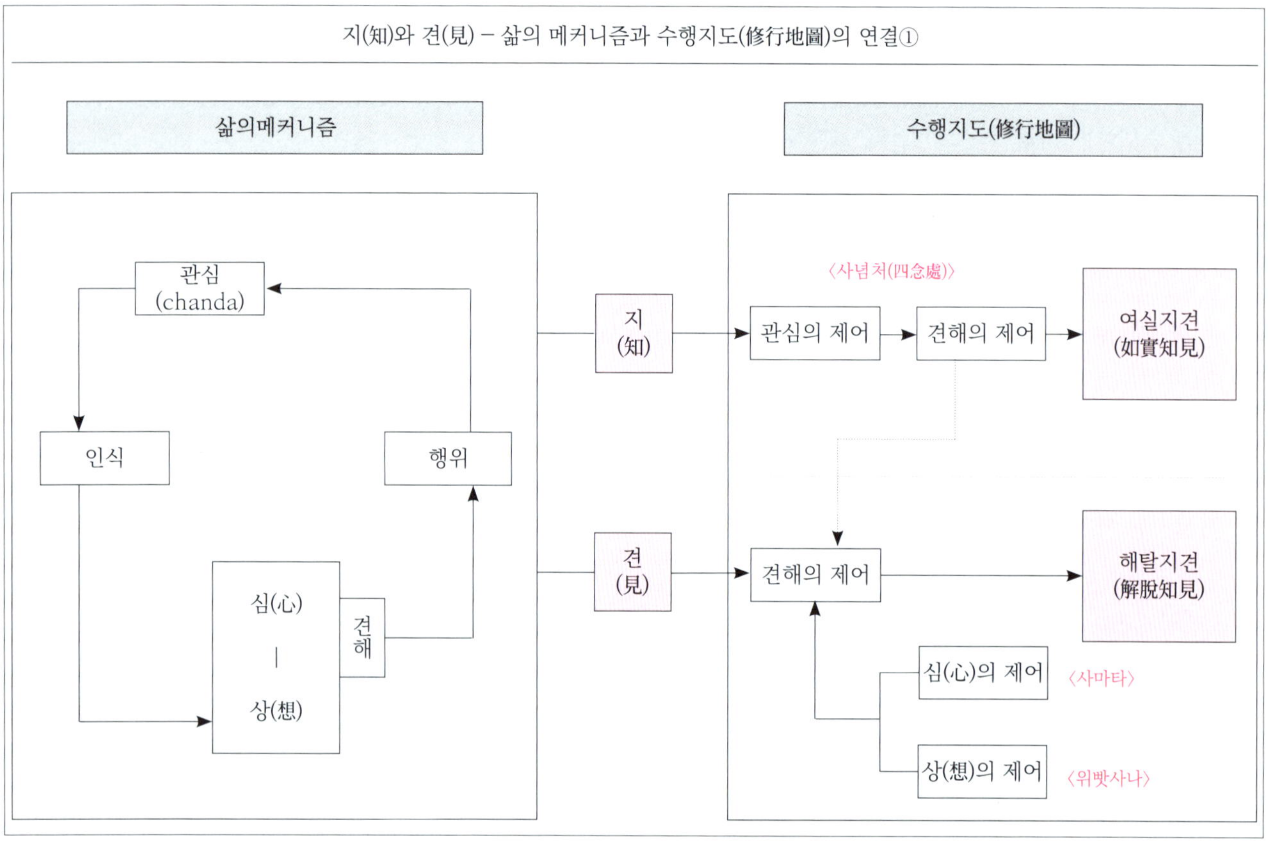

• 그림 – 지(知)와 견(見) – 삶의 메커니즘과 수행지도(修行地圖)의 연결②

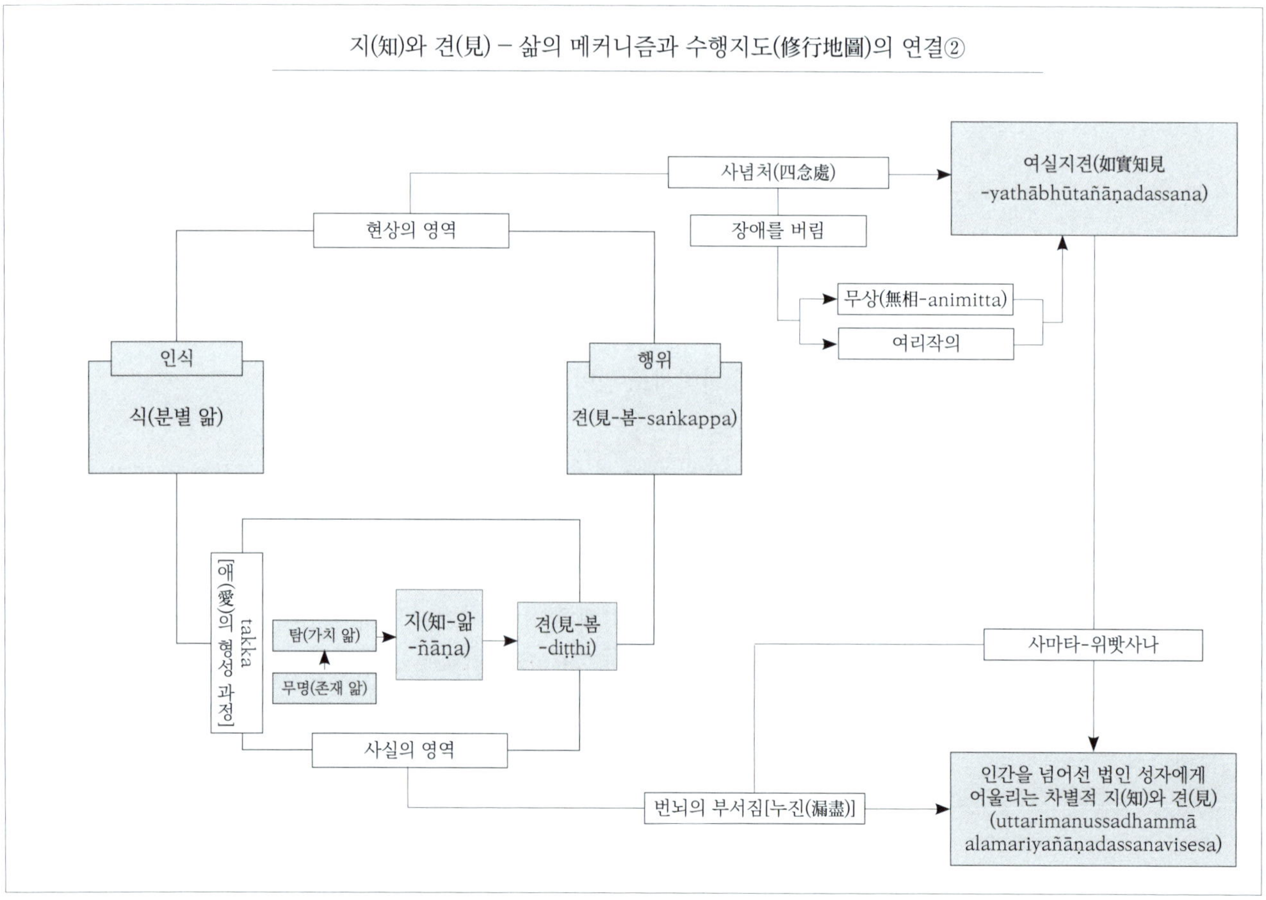

[8] 「alamariyañāṇadassanavisesa 성자들에게 적합한 차별적 지(知)와 견(見)」

- alam-ariya-ñāṇa-dassana-visesa
- visesa: 1. distinction; difference; 2. attainment. (m.)

'alamariyañāṇadassanavisesa 성자들에게 적합한 차별적 지와 견'은 모든 용례가 'uttari manussadhamma 인간을 넘어선 법'과 연결되어 나타납니다. 그런데 인간을 넘어선 법에서 지와 견은 숙주명-천안명-누진명의 삼명(三明)입니다. — 「ñāṇadassananti tisso vijjā 지와 견이란 삼명이다.」(네 번째 빠라지까, 인간을 넘어선 법의 사칭)/(속죄 죄 법, 1. 거짓말 품, 8. 수행상태를 알림에 대한 학습계율)

그래서 이 용어는 인간을 넘어선 법으로의 지와 견 즉 삼명(三明)은 범부들이 접근하지 못하는 성자들에게 적합한 차별적인 것(벗어남의 영역 → 해탈된 삶)이라는 의미로 이해해야 합니다.

그런데 (SN 42.12-라시야 경)은 고행자 가운데도 인간을 넘어선 법인 성자들에게 적합한 차별적 지(知)와 견(見)을 실현하는 경우를 소개합니다. 이때, (DN 25-우둠바리까 경)은 parisuddhapapaṭikappattakathā(청정의 조각을 얻음 이야기) ~ parisuddhāggappattasārappattakathā(청정의 최상과 정수를 얻음 이야기)에서 고행의 최상/정수가 천안통(天眼通)이라고 알려주는데, 그 과정으로 '혜(慧)를 무력화하는 심(心)의 오염원인 다섯 가지 장애를 버린 뒤에 사무량심(四無量心)을 닦는 것'을 말합니다. 경은 이 과정 이전의 고행은 오염된 고행이라고 하고, 이 과정부터는 오염원의 거부에 의한 청정이라고 설명하는데, 고행자들 자신도 알지 못하고 있던 영역입니다.

결국, 고행으로는 성취하지 못하는 차별적 지와 견은 누진명인데, 오직 「사념처 → 사마타-위빳사나」의 수행체계에 의해 불교에서만 가능한 결실이고, 이것이 아라한의 실현입니다.

; 'alamariyañāṇadassanavisesa 성자들에게 적합한 차별적 지(知)와 견(見)'의 완성의 의미 = 누진명으로 번뇌 다한 아라한을 성취하는 것 = 해탈지견

◐ 용례 : (MN 12-사자후 큰 경)/(MN 26-덫 경)/(MN 31-고싱가 작은 경)/(MN 36-삿짜까 큰 경)/(MN 65-받달리 경)/(MN 85-보디 왕자 경)/(MN 99-수바 경)/(MN 100-상가라와 경)/(MN 128-오염원 경)/(SN 41.9-나체수행자 깟사빠 경)/(SN 42.12-라시야 경)/(AN 1.41-50-잘못된 지향 품)/(AN 5.51-덮개 경)/(AN 6.77-인간을 넘어선 법 경)/(AN 10.48-출가자에 의한 반복 경)

> (MN 65-받달리 경)은 스승의 가르침을 따르는 공부에 충실하지 못함과 충실함을 설명합니다.
>
> 부처님이 하루 한 번 식사할 것을 말하자, 밧달리 존자는 거부하고 부처님이 비구 상가가 받아 지니도록 제정한 학습계율에 대한 공부를 따를 수 없다고 선언하지만, 부처님이 여정을 떠나기 전에 부처님에게 와서 참회합니다. 부처님은 두 번의 질타 후에 참회를 받아들입니다.
>
> 이어서 부처님은 법을 설하는데, 스승의 가르침을 따르는 공부에 충실하지 못한 비구는 인간의 법을 넘어선 성자에게 적합한 차별적 지와 견을 완성하지 못하고, 스승의 가르침을 따르는 공부에 충실한 비구는 인간의 법을 넘어선 성자에게 적합한 차별적 지와 견을 완성합니다. 이때, 차별적 지와 견의 완성 과정은 사선(四禪)-삼명(三明)입니다.

[9] 지(知)와 견(見)의 완성에 의한 깨달음의 선언 – 해탈지견의 의미와 용례 : 「해탈의 흔들리지 않음 → 태어남의 끝 → 다음의 존재 없음(존재의 소멸)」

; 나에게 지와 견이 생겼다. – '나의 해탈은 흔들리지 않는다. 이것이 태어남의 끝이다. 이제 다음의 존재는 없다.'라고.

(SN 56.11-전법륜(轉法輪) 경)은

비구들이여, 나에게 세 번 굴린 열두 형태[삼전십이행(三轉十二行)]의 방법으로 이 네 가지 성스러운 진리에 대한 있는 그대로의 지와 견의 아주 청정함이 없었던 때까지는, 비구들이여, 나는 신과 마라와 범천과 함께하는 세상에서, 사문-바라문과 신과 사람을 포함한 무리를 위해 '위없는 바른 깨달음을 깨달았다.'라고 선언하지 않았다.

비구들이여, 나에게 세 번 굴린 열두 형태의 이런 방법으로 이 네 가지 성스러운 진리에 대한 있는 그대로의 지와 견의 아주 청정함이 있었기 때문에, 비구들이여, 나는 신과 마라와 범천과 함께하는 세상에서, 사문-바라문과 신과 사람을 포함한 무리를 위해 '위없는 바른 깨달음을 깨달았다.'라고 선언했다. 그리고 나에게 지와 견이 생겼다. – '나의 해탈은 흔들리지 않는다. 이것이 태어남의 끝이다. 이제 다음의 존재는 없다.'라고.

라고 하여, '사성제에 대한 있는 그대로의 지와 견의 아주 청정함'에 의한 위없는 바른 깨달음을 선언합니다.

있는 그대로의 지와 견 즉 여실지견의 아주 청정함이란 서술을 통해 첫 번째 깨달음의 경지인 여실지견 이후를 설명하는 것이어서 이것이 깨달음의 완성인 해탈지견이라는 것을 알 수 있습니다.

이런 표현은 두 단계의 깨달음의 관점에서 이해할 수 있습니다.

• 있는 그대로 꿰뚫어 아는 것(yathābhūtaṃ pajānāti) = 여실지견(如實知見) – 예류자(預流者)

• 있는 그대로 안 뒤 집착 없이 해탈하는 것(yathābhūtaṃ viditvā anupādāvimutto hoti) = 해탈지견(解脫知見) – 아라한(阿羅漢)

이때, 이렇게 완성되는 해탈지견 즉 「ñāṇañca pana me dassanaṃ udapādi – 'akuppā me vimutti, ayamantimā jāti, natthidāni punabbhavo'"ti 나에게 지와 견이 생겼다. – '나의 해탈은 흔들리지 않는다. 이것이 태어남의 끝이다. 이제 다음의 존재는 없다.'라고」의 구문은

「흔들리지 않는 해탈(부동의 심해탈) = 해탈의 흔들리지 않음 → 태어남의 끝(몸으로 가지 않음) → 다음의 존재 없음(존재의 소멸)」

의 구성을 통해 락(樂)-무아(無我)의 열반의 실현을 알려주는데, 여러 용례로써 나타나 깨달음의 과정을 알려줍니다.

1) (MN 26-덫 경) – 태어남-늙음-병-죽음-슬픔-오염이 없는 위없는 유가안온인 열반의 성취

그런 나는, 비구들이여, 자신이 태어나는-늙는-병드는-죽는-슬픈-오염되는 존재이면서 태어나는-늙는-병드는-죽는-슬픈-오염되는 것에서 위험을 본 뒤에 태어남-늙음-병-죽음-슬픔-오염이 없는 위없는 유가안온인 열반을 구하여 태어남-늙음-병-죽음-슬픔-오염이 없는 위없는 유가안온인 열반을 성취했다. 나에게 '나의 해탈은 흔들리지 않는다. 이것이 태어남의 끝이다. 이제 다음의 존재는 없다.'라는 지와 견이 생겼다.

2) (SN 14.31-깨달음 이전 경)/(SN 14.32-유행 경)/(SN 22.26-매력 경)/(SN 22.27-매력 경2)/(SN 35.13-깨달음 이전 경1)/(SN 35.14-깨달음 이전 경2)/(SN 35.15-매력을 살핌 경1)/(SN 35.16-매력을 살핌 경2)/(AN 3.104-깨달음 이전 경) – 지-수-화-풍/오취온/육내입처/육외입처/세상의 매력을 매력으로부터, 위험을 위험으로부터, 해방을 해방으로부터 있는 그대로 실답게 앎

나는 이렇게 이 지-수-화-풍/오취온/육내입처/육외입처/세상의 매력을 매력으로부터, 위험을 위험으로부터, 해방을 해방으로부터 있는 그대로 실답게 알았기 때문에, 비구들이여, 나는 신과 마라와 범천을 포함하는 세상에서, 사문-바라문과 신과 사람을 포함하는 존재를 위해 '위없는 바른 깨달음을 깨달았다.'라고 선언했다. 그리고 나에게 지와 견이 생겼다. – ' 나의 해탈은 흔들리지 않는다. 이것이 태어남의 끝이다. 이제 다음의 존재는 없다.'라고.

3) (SN 48.21-다음의 존재 경)/(SN 48.28-깨달음 경) – 다섯 가지 기능(믿음-정진-사띠-삼매-지혜)/여섯 가지 기능(안근-이근-비근-설근-신근-의근)의 자라남과 줄어듦과 매력과 위험과 해방을 있는 그대로 실답게 앎

나는 이런 다섯 가지 기능/여섯 가지 기능의 자라남과 줄어듦과 매력과 위험과 해방을 있는 그대로 실답게 알았기 때문에, 비구들이여, 나는 신과 마라와 범천을 포함하는 세상에서, 사문-바라문과 신과 사람을 포함하는 존재를 위해 '위없는 바른 깨달음을 깨달았다.'라고 선언했다. 그리고 나에게 지와 견이 생겼다. – '나의 해탈은 흔들리지 않는다. 이것이 태어남의 끝이다. 이제 다음의 존재는 없다.'라고.

4) (SN 56.11-전법륜 경)

나에게 이렇게 세 번 굴린 열두 형태의 방법으로 이 네 가지 성스러운 진리에 대한 있는 그대로의 지와 견의 아주 청정함이 있었기 때문에, 비구들이여, 나는 신과 마라와 범천과 함께하는 세상에서, 사문-바라문과 신과 사람을 포함한 무리를 위해 '위없는 바른 깨달음을 깨달았다.'라고 선언했다. 그리고 나에게 지와 견이 생겼다. – '나의 해탈은 흔들리지 않는다. 이것이 태어남의 끝이다. 이제 다음의 존재는 없다.'라고.

한편, 이 구문은 'akuppā me vimutti 나의 해탈은 흔들리지 않는다'가 'akuppā me cetovimutti 나의 심해탈은 흔들리지 않는다'로 대체되어 나타나기도 합니다.

1) (MN 128-오염원 경) – 유심유사-무심유사-무심무사의 삼매, 기쁨이 있는-없는 삼매, 편안함-평정이 함께하는 삼매를 닦음

아누룻다여, 내가 유심유사의 삼매를 닦고, 무심유사의 삼매를 닦고, 무심무사의 삼매를 닦고, 기쁨이 있는 삼매를 닦고, 기쁨이 없는 삼매를 닦고, 편안함이 함께하는 삼매를 닦고, 평정이 함께하는 삼매를 닦았을 때, 나에게 지와 견이 생겼다. 나에게 심해탈은 흔들리지 않는다[부동(不動)의 심해탈(心解脫)]. 이것이 태어남의 끝이다. 이제 다음의 존재는 없다."라고.

2) (AN 8.64-가야시사 경) – 높은 신들에 대한 여덟 단계의 연속된 지(知)와 견(見)이 아주 청정해짐

나에게 높은 신들에 대한 이 여덟 단계의 연속된 지(知)와 견(見)이 아주 청정해졌을 때, 비구들이여, '나는 신과 함께하고 마라와 함께하고 범천과 함께하는 세상에서, 사문-바라문과 함께하고 신과 사람과 함께하는 존재를 위해 위 없는 바른 깨달음을 깨달았다.'라고 선언했다. 그리고 나에게 지와 견이 생겼다. – '나의 심해탈은 흔들리지 않는다. 이것이 태어남의 끝이다. 이제 다음의 존재는 없다.'라고.

3) (AN 9.41-따뿟사 경) – 구차제주(九次第住)의 증득

나는 이 아홉 가지 차례로 머묾의 증득을 이렇게 순서대로 그리고 역의 순으로 증득하고 일어났기 때문에 나는 신과 마라와 범천과 함께하는 세상에서, 사문-바라문과 신과 사람을 포함한 존재를 위해 위없는 바른 깨달음을 깨달았다고 선언했다. 그리고 나에게 지와 견이 생겼다. – '나의 심해탈은 흔들리지 않는다[부동(不動)의 심해탈(心解脫)]. 이것이 태어남의 끝이다. 이제 다음의 존재는 없다.'라고.

me dhammā ajjhattaṃ appahīnā – ādīnavadassāvī
내 안에 버려지지 않은 법들에서 위험을 보겠습니다.

[10] 남김 없는 지와 견(aparisesaṃ ñāṇadassanaṃ)의 주장 — 전지(全知)의 실제성

남김 없는 지와 견의 주제는 주로 니간타 나타뿟따가 중심인데, 전지(全知)를 주장하지만 전지를 갖추지 못한 것으로 경은 소개합니다. (AN 9.38-순세파 경)은 뿌라나 깟사빠도 전지를 주장한다고 소개하지만, 주제화되지 못합니다. 부처님은 남김 없는 지와 견을 직접 말하지는 않지만, 일체승자(sabbābhibhū)요 일체지자(sabbavidū)여서 실제적인 전지를 갖춘 것으로 해석됩니다.

- 니간타 나따뿟따 — 「모든 것을 알고 모든 것을 본다. '나는 걸어갈 때도, 서 있을 때도, 잠잘 때도, 깨어 있을 때도, 항상 이어지는 앎과 봄이 나타난다.'라고 남김 없는 앎과 봄을 인정합니다.」 — 실제로 실현되는 전지(全知) 아님

- 부처님 - 부처님은 삼명(三明)을 갖추어서 일체지자(一切知者)이자 전지자(全知者)인데, 모든 것을 알고 모든 것을 보고 남김 없는 앎과 봄을 인정할 수 있지만, 동시적인 앎과 봄은 아님 — 실제적인 전지(全知)

「sabbābhibhū sabbavidūhamasmi, sabbesu dhammesu anūpalitto 나는 일체승자요 일체지자이니 일체 법에 물들지 않는다.(MN 26-덫 경)/(MN 85-보디 왕자 경)/(KN 2.24-애(愛) 품 353)」라는 말씀에 의하면 부처님은 분명히 일체지자(一切知者) 즉 일체지(一切知)를 갖춘 분입니다.

그런데 일체지가 무엇인지 경전은 직접 그리고 구체적으로 말하지 않습니다. 다만, (MN 71-왓차 삼명 경)은 「왓차여, '사문 고따마는 모든 것을 알고 모든 것을 본다. '나는 걸어갈 때도, 서 있을 때도, 잠잘 때도, 깨어 있을 때도, 항상 이어지는 앎과 봄이 현전한다.'라고 남김 없는 앎과 봄을 인정한다.'라고 말하는 그들은 내가 말한 것을 말하는 것이 아니고, 나를 사실 아닌 거짓으로 비난하는 것이다.」라고 말한 뒤에 「'사문 고따마는 삼명(三明)을 갖추었다.'라고 말하면, 왓차여, 내가 설한 것을 말하는 것이고, 사실 아닌 것으로 나를 비난하는 것이 아니고, 가르침을 가르침에 일치하게 설명하는 것이고, 법에 맞게 질책하여 말하는 어떤 사람에게도 비난받지 않는다.」라고 합니다.

그래서 숙주명-천안명-누진명의 삼명(三明)을 갖춘 것이 일체지(一切知) 즉 남김 없는 앎과 봄의 내용이라는 것을 알 수 있습니다.

또한, (MN 90-깐나깟탈라의 경)은 부처님과 빠세나디 꼬살라 왕의 대화를 소개하는데, 부처님은

① 「'natthi so samaṇo vā brāhmaṇo vā yo sabbaññū sabbadassāvī aparisesaṃ ñāṇadassanaṃ paṭijānissati, netaṃ ṭhānaṃ vijjatī'ti 모든 것을 알고 모든 것을 보는 자여서 남김 없는 앎과 봄을 인정할 수 있는 사문-바라문은 없다. 그런 경우는 없다.」라고 말한 바 없고,

② 그러나, 「natthi so samaṇo vā brāhmaṇo vā yo sakideva sabbaṃ ñassati, sabbaṃ dakkhiti, netaṃ ṭhānaṃ vijjatī'ti 동시에(*) 모든 것을 알고 모든 것을 보는 사문-바라문은 없다. 그런 경우는 없다.」라고 말한 바 있다

(*) sakideva 는 '동시에' 또는 '즉시에'로 번역되는 단어입니다. 그런데 (MN 58-아바야 왕자 경)에서 아바야 왕자는 '질문을 받은 부처님은 답변에 대해 생각이 먼저 떠오르는지 아니면 답변이 즉시 마음에 떠오르는지?' 묻고, 부처님은 '법의 요소를 잘 꿰뚫었기 때문에 답변이 즉시 마음에 떠오른다.'라고 대답합니다. 그래서 '즉시

에 알고 보는 사문-바라문으로 부처님이 있기 때문에 불가능을 말하는 여기에서는 '동시에'라고 번역하였습니다.

라고 말합니다. 그래서 「모든 것을 알고 모든 것을 보고 남김 없는 앎과 봄을 인정할 수 있는 사문-바라문은 있다. 그러나 동시에 모든 것을 알고 모든 것을 보는 사문-바라문은 있을 수 없다.」가 됩니다. 즉 부처님은 「모든 것을 알고 모든 것을 보고 남김 없는 앎과 봄을 인정할 수 있지만, 동시적인 앎과 봄은 아니다.」라는 의미입니다. 그러면 '동시적인 앎과 봄'은 무엇입니까?

앎과 봄은 내입처와 외입처를 연하여 식(분별 앎)이 생기는 데에서 시작합니다. 그런데 이런 분별은 공동주관인 욕탐이 묶어주는 대상에 대한 분별입니다. 그래서 지금 삶에서는 지금 욕탐이 묶어준 대상을 분별해 아는 인식 작용이 진행됩니다. 동시에 모든 것을 알고 본다는 것은 욕탐의 참여와 관계없이 동시에 보기도 하고 듣기도 하고 내지 인지하기도 한다는 것인데, 삶은 그렇게 진행되지 않습니다. 그래서 남김 없는 앎과 봄은 인정할 수 있지만 동시적인 앎과 봄은 아닌 것입니다.

한편, 니간타 나타뿟따가 주장하는 앎과 봄은 「니간타 나따뿟따는 모든 것을 알고 모든 것을 봅니다. '나는 걸어갈 때도, 서 있을 때도, 잠잘 때도, 깨어 있을 때도, 항상 이어지는 앎과 봄이 나타난다.'라고 남김 없는 앎과 봄을 인정합니다.(MN 14-괴로움 무더기 작은 경)/(MN 79-사꿀루다이 짧은 경)/(MN 101-데와다하 경)/(AN 3.75-니간타 경)/(AN 9.38-순세파(順世派) 경)」라고 나타나는데,

① 모든 것을 알고 모든 것을 본다,
② 남김 없는 앎과 봄 – '나는 걸어갈 때도, 서 있을 때도, 잠잘 때도, 깨어 있을 때도, 항상 이어지는 앎과 봄이 나타난다.'

입니다. 니간타 나따뿟따의 경우는 아니지만, 모든 것을 알고 보는 것은 가능합니다. 그러나 남김없는 앎과 봄의 내용이 '항상 이어지는 앎과 봄이 나타난다'라는 것은 불교적 입장은 아닙니다. (MN 76-산다까경)에서 산다까 유행승은 아라한인 비구에게 '나에게 번뇌가 다했다.'라고 걸어갈 때도, 서 있을 때도, 잠잘 때도, 깨어 있을 때도, 항상 이어지는 앎과 봄이 나타나는지 묻는데, 아난다 존자는 항상 이어지는 것은 아니고 반조(*)할 때 '나에게 번뇌가 다했다.'라고 안다고 답합니다. 이것이 남김없는 앎과 봄의 실제입니다.

반면에 실제적이지 않은 전지(全知)를 선언하는 니간타 나따뿟따는

1) (MN 79-사꿀루다이 작은 경) – 「저로부터 과거의 끝에 대한 질문을 받는 그는 다른 것에 의해 다른 것을 대처하고, 주제 밖의 이야기에 의해 이야기를 떨쳐버리고, 성급함과 진(嗔)과 의혹을 드러냈습니다.」

2) (AN 3.75-니간타 경) – 「이전의 업(業)들을 고행으로 파괴하고, 새로운 업들을 짓지 않아서 다리를 부순다고 선언합니다. 이렇게 업(業)의 부서짐에서 고(苦)의 부서짐이 있고, 고(苦)의 부서짐에서 수(受)의 부서짐이 있고, 수(受)의 부서짐에서 일체 고(苦)의 다함이 있습니다. – 이렇게 퇴보로부터의 벗어남은 스스로 보이는 것이고, 청정에 의해 건너가는 것입니다.」라고 하는데, 퇴보로부터의 벗어남을 위한 바른 설명이 아닙니다.

3) (AN 9.38-순세파(順世派) 경) – '나는 끝이 없는 앎에 의해 끝이 없는 세상을 알고 보면서 머문다.'라고 거짓을 말합니다. — 「"고따마 존자여, 모든 것을 아는 자, 모든 것을 보는 자인 뿌라나 깟사빠는 완전한 앎과 봄을 인

정합니다. – '걸어갈 때도, 서 있을 때도, 잠잘 때도, 깨어 있을 때도, 항상 이어지는 앎과 봄이 나타난다.'라고. 그는 이렇게 말했습니다. – '나는 끝이 없는 앎에 의해 끝이 없는 세상을 알고 보면서 머문다.'라고. 고따마 존자여, 모든 것을 아는 자, 모든 것을 보는 자인 이 니간타 나타뿟따도 완전한 앎과 봄을 인정합니다. – '걸어갈 때도, 서 있을 때도, 잠잘 때도, 깨어 있을 때도, 항상 이어지는 앎과 봄이 나타난다.'라고. 그는 이렇게 말했습니다. – '나는 끝이 없는 앎에 의해 끝이 없는 세상을 알고 보면서 머문다.'라고. 누가 참을 말했고, 누가 거짓을 말했습니까?"」

한편, (MN 76-산다까 경)은 모든 것을 아는 자, 모든 것을 보는 자로서 남김 없는 앎과 봄을 인정하는 어떤 스승의 사실 아님에 대한 구체적 상황을 제시합니다. — 「'나에게 걸어갈 때도, 서 있을 때도, 잠잘 때도, 깨어 있을 때도, 항상 이어지는 앎과 봄이 나타난다.'라고. 그는 빈집에 들어가기도 하고, 탁발 음식을 얻지 못하기도 하고, 개가 물기도 하고, 사나운 코끼리를 마주치기도 하고, 사나운 말을 마주치기도 하고, 사나운 황소를 마주치기도 하고, 여자나 남자의 이름과 성을 묻기도 하고, 마을이나 번화가의 이름과 길을 묻기도 합니다. '어떻게 이런 일이 있습니까?'라고 질문받은 그는 ''내가 빈집에 들어가야 함이 있었다.' 그것 때문에 들어갔다. '탁발 음식을 얻지 못해야 함이 있었다.' 그것 때문에 얻지 못했다. '개가 물어야 함이 있었다.' 그것 때문에 물렸다. '사나운 코끼리를 마주쳐야 함이 있었다.' 그것 때문에 마주쳤다. '사나운 말을 마주쳐야 함이 있었다.' 그것 때문에 마주쳤다. '사나운 황소를 마주쳐야 함이 있었다.' 그것 때문에 마주쳤다. '여자나 남자의 이름과 성을 물어야 함이 있었다.' 그것 때문에 물었다. '마을이나 번화가의 이름과 길을 물어야 함이 있었다.' 그것 때문에 물었다.'라고 대답합니다.」 이런 사람을 스승으로 따르는 경우는 지혜로운 사람이 확실한 범행을 살지 못하고, 범행을 사는 자도 방법이 되는 유익한 법을 얻지 못하기 때문에 안락을 주지 못하는 범행이라고 알아서 싫어하여 떠난다고 설명하는데, 니간타 나따뿟따에 대한 설명인 것을 알 수 있습니다.

(MN 71-왓차 삼명 경)에서 왓차곳따 유행승은 여섯 가지의 질문을 하는데, ①부처님의 전지(全知), 재가자로서 누구라도 재가자의 족쇄를 버리지 못한 채 ②몸이 무너진 뒤 괴로움을 끝낸 사람이 있는지, ③몸이 무너진 뒤 하늘로 간 사람이 있는지, 아지와까[사명외도(邪命外道)]로서 누구라도 ④몸이 무너진 뒤 괴로움을 끝낸 사람이 있는지, ⑤몸이 무너진 뒤 하늘로 간 사람이 있는지, ⑥그런 교리로는 하늘로 가는 것조차도 공(空)한지입니다.

부처님은 ①'사문 고따마는 숙주명-천안명-누진명의 삼명(三明)을 갖추었다.', ②아무도 없음, ③많음, ④아무도 없음, ⑤'내가 기억하는바, 왓차여, 지금으로부터 91겁 동안에 나는 한 사람 외에는 아지와까로서 하늘로 간 사람을 아무도 기억하지 못한다. 그는 업(業)을 말하고 결실을 말하는 자였다.', ⑥그런 교리로는 하늘로 가는 것조차도 공(空)하다고 대답합니다.

(*) 반조하는 방법 ⇒ (MN 151-탁발 음식의 청정 경) 참조

제3장

두 단계의 깨달음과 예류자

「삶이 지(知)와 견(見)의 관점에서 설명되면, 깨달아 윤회에서 벗어남으로 완성되는 삶의 향상도 이렇게 지와 견의 관점으로 접근하게 됩니다. 1차적으로 딱까 밖의 현상의 영역에서 지와 견을 제어하고, 그 토대 위에서 2차적으로 딱까 안의 사실의 영역에서 지와 견을 제어함으로 완성되는데, 1차적 제어의 완성은 여실지견(如實知見-yathābhūtañāṇadassana)이고, 2차적 제어의 완성은 해탈지견(解脫知見-vimuttiñāṇadassana) 즉 인간을 넘어선 법인 성자에게 적합한 차별적 지와 견(uttarimanussadhammā alamariyañāṇadassanavisesa)의 완성입니다.」

◐ 실다운 지혜(abhiññā)와 완전한 지혜(pariññā)

그런데 이런 제어는 지혜(paññā)의 성숙을 통해 완성됩니다. 바른 삼매를 닦는 과정에서 첫 단계 깨달음인 여실지견에 해당하는 ①실다운 지혜(abhiññā)와 깨달음의 완성인 해탈지견에 해당하는 ②완전한 지혜(pariññā)로의 성숙입니다.

- 실다운 지혜(abhiññā) – 행(行)들에 대한 무상(無常)-고(苦)-무아(無我)의 실다움
- 완전한 지혜(pariññā) – 열반에 대한 락(樂)-무아(無我)의 완전함

; (MN 149-육처에 속한 큰 경)/(SN 45.159-객사 경)/(AN 4.254-실다운 지혜 경)은 'dhammā abhiññā pariññeyyā 실답게 안 뒤에 완전히 알아야 하는 법들을 말하는데, 「실다운 지혜(abhiññā) → 완전한 지혜(pariññā)」의 성숙 과정을 보여줍니다. 이 주제는 '심층적인 사성제'로 그려집니다.

지혜의 이런 성숙 과정은 (SN 22.59-무아상 경) 등과 대응하여 이해할 수 있는데, 실다운 지혜(abhiññā)는 ''이것은 나의 것이 아니다. 이것은 내가 아니다. 이것은 나의 아가 아니다.'라고 바른 지혜로써 있는 그대로 보아야 한다.'의 과정에 의한 여실지견을 지시하고, 완전한 지혜(pariññā)는 '염오-이탐-소멸' 또는 '염오-이탐-해탈'의 과정에 의한 해탈지견을 지시합니다.

그리고 이런 지혜의 성숙은 깨달음을 예류자(預流者)와 아라한(阿羅漢)의 두 단계로 설명하게 하는데, ①행들에 대한 지견(무상-고-무아)을 갖추어 존재의 삶에서 벗어나기 위한 토대를 갖춘 경지(*)와 ②존재의 삶에서 벗어남이 완성되어 해탈이 흔들리지 않음-태어남의 끝-다음의 존재 없음(존재의 소멸)에 의해 락-무아인 열반이 실현된 경지(**)입니다. 각각 사념처의 완성과 사마타-위빳사나의 완성으로 성취됩니다.

(*) 관심이 탐-진-치를 싣고 오지 못하게 함(유심유사-무심유사-무심무사의 삼매) → 상(相-nimitta)와 비여리작의 문제 해소 → 무상(無相-animitta)와 여리작의 → 여실지견

(**) 해탈지견 = 해탈이 흔들리지 않음-태어남의 끝-다음의 존재 없음

◐ abhiññā는 신통(神通)을 지시하기도 합니다. – chaḷabhiññā(육신통)

인터넷에서 검색하면 abhiññā는 육신통과 관련한 의미로도 많이 나타나는데, 의미의 분석이 필요합니다.

abhiñña (adj.) with direct knowledge; with experiential understanding; with realization; lit. completely knowing abhiññā (fem.) direct knowledge; higher understanding; specialized knowledge; lit. complete knowledge / (fem.) psychic power; supernormal ability; lit. complete knowledge / (ger.) directly knowing; understanding experientially; lit. completely knowing

abhiññā(실다운 지혜)는 abhiñña(실다운 지혜를 갖춘 자 : abhiññā + a → abhiñña)로 확장되어 나타나기도 합니다. abhiññā(실다운 지혜)를 갖추면 사념처의 완성이고, 여실지견한 예류자이며, 사띠가 완성되어 사띠토대(satiāyatana)를 얻게 됩니다. 그리고 사띠토대가 있을 때(sati satiāyatane), 실다운 지혜로 실현해야 하는 법들로 심(心)을 기울이면 어디에서든 실현능력을 얻는데, 신족통-천이통-타심통-숙명통-천안통-누진통의 육신통입니다.

이때, ①신족통은 iddhividha(신통), ②천이통은 dibba sotadhātu(신성한 귀의 요소), ③타심통은 cetopariya-ñāṇa(심을 이해하는 앎), ④숙명통은 pubbenivāsānussatiñāṇa(이전의 존재 상태에 대한 기억의 앎), ⑤천안통은 sattānaṃ cutūpapātañāṇa(중생들의 죽고 태어남에 대한 앎), ⑥누진통은 āsavānaṃ khayañāṇa(번뇌들의 부서짐의 앎)으로 심을 향하게 하고 기울게 하여 ①신통을 실행하고, ②하늘과 인간의 양쪽 소리를 듣고 내지 앎을 갖추는 것(③⑤⑥분명히 알거나 ④기억함)입니다. 이렇게 육신통을 갖춘다는 것은 실다운 지혜/사띠토대 위에서 심을 기울일 때 얻을 수 있는 높은 수행의 경지입니다.

그런데 육신통을 직접 지시하는 용례는 chaḷabhiñña(육신통을 갖춘 자)의 격변화로 chaḷabhiñño (단수)/chaḷabhiññā(복수)가 발견되는데, 근본경전연구회의 공부 기준 안에서는 chaḷabhiñño로 율장 빠라지까 4조(인간을 넘어선 법의 사칭)에서 두 번, chaḷabhiññā로 (SN 8.7-자자 경)에서 한 번, 모두 세 번 발견될 뿐입니다. 그만큼 abhiññā는 실다운 지혜로서 「사념처의 완성→여실지견→예류자」의 경지를 지시하기 위해 주로 쓰인다는 것을 확인할 수 있습니다.

하지만, 근본경전연구회의 기준 밖의 빠알리 교재에는 419번 나타나는데, 특히, 쿤다까 니까야에 316번(주석서 192번)이 집중됩니다. 그래서 후대로 가면서 abhiññā(실다운 지혜)는 본연의 의미보다 신통의 의미 쪽으로 비중이 많이 옮겨진 현상을 볼 수있습니다.

◐ 실다운 지혜(abhiññā)는 불교 고유의 용어일까?

(MN 100-상가라와 경)는 '지금여기에서 실다운 지혜로 성취의 끝에 닿아서 범행의 근본을 공언하는 사문-바라문(samaṇabrāhmaṇā diṭṭhadhammābhiññāvosānapāramippattā, ādibrahmacariyaṃ paṭijānanti)'을 세 부류로 설명합니다.

- 전승을 잇는 사문-바라문들 – 전승에 의해 지금여기에서 실다운 지혜로 성취의 끝에 닿아서 범행의 근본을 공언하는데, 예를 들면, 삼명(三明) 바라문

- 온전하게 오직 믿음에 의해 지금여기에서 실다운 지혜로 성취의 끝에 닿아서 범행의 근본을 공언하는 사문-바라문들 – 예를 들면, 딱끼-위망시

- 이전에 들어보지 못한 법들에서 스스로 법을 실답게 안 뒤에, 지금여기에서 실다운 지혜로 성취의 끝에 닿아서

범행의 근본을 공언하는 사문-바라문들

그리고 부처님은 세 번째 부류에 속한다고 자신을 소개하면서 이전에 들어보지 못한 법들에서 스스로 법을 실답게 알아 깨달음을 성취하는 과정을 설명하는 것이 이 경의 주제입니다.

그렇다면 실다운 지혜(abhiññā)는 불교만의 고유 용어가 아닙니다. 종교마다 스승의 가르침이 설해지고, 그 종교에서는 그것이 사실입니다. 그리고 스승을 뒤따라 그 사실을 실현하면, 사실에 들어맞는 지혜를 성취한 것인데, 각자의 실다운 지혜입니다. → 유일신 종교 = 창조주의 창조, 불교 = 무상(無常)-고(苦)-무아(無我)

이때, 인도의 다양한 종교 가운데 삼명 바라문 즉 바라문교(힌두교)를 전승을 잇는 자라고 하는데, 베다의 공부를 의미합니다. 또한, takkī(딱끼-)-vīmaṃsī(위망시)를 소개하는데, 관찰을 동반하여 딱까를 두드려 자신이 이해한 법을 설하는 자이고, 온전하게 오직 믿음에 의해 지금여기에서 실다운 지혜로 완전한 궁극의 경지를 성취했다고 범행의 근본을 공언합니다. '오직 믿음에 의해'라는 묘사에 의해 takkī-vīmaṃsī 가운데 창조주 신앙을 가진 자라는 것을 알 수 있습니다.

(MN 76-산다까 경)은 이 두 가지 실다운 지혜를 가진 자에 대해 아시는 분, 보시는 분, 그분 세존-아라한-정등각께서 설하신 안락을 주지 못하는 범행이어서 지혜로운 사람도 거기에서는 확실히 범행으로 살지 못하고, 범행으로 산다고 해도 유익한 법으로 이끄는 방법을 얻지 못할 것이라고 설명합니다.

지(知)와 견(見)을 갖춘 부처님의 범행에 비해 지와견을 갖추지 못했기 때문에 안락을 주지 못하는 범행이라는 의미입니다.

- 불교는 확인되지 않는 전승의 문제(我)를 극복하고 사실(無我)을 확인하였기 때문에 안락을 주는 범행입니다.

- 불교는 딱까 안, 심오함의 끝에 닿아 거기의 문제를 해소하고 깨달은 완전한 깨달음이지만, 창조주 신앙은 딱까의 한계를 극복하지 못하고 그 너머에 창조주를 세운 뒤 두드림으로써 설정된 존재인 창조주의 답을 받는 접근입니다. 그래서 오직 믿음에 의해 실다운 지혜를 갖춘다고 설명하는 것입니다.

한편, 완전한 지혜(pariññā)는 불교 고유의 용어인 것 같습니다. 다른 종교들은 실다운 지혜(abhiññā)를 아(我)의 범주에서 설명하는데, 불교만이 무아(無我)의 범주에서 설명하기 때문에 아라는 전도된 영역에서 벗어난 해탈된 삶의 실현으로의 완전한 지혜(pariññā)라는 개념은 불교에서만 필요한 개념일 것이기 때문입니다. 다른 종교에서 완전한 지혜(pariññā)의 용례가 나타나는지 더 확인해 볼 주제입니다(*).

(*) 일단, ChatGPT는 동사형인 parijānāti가 "완전히 알다, 철저히 이해하다"라는 일반적 인식/지식 표현으로는 발견이 되지만, 깨달음의 완성점을 지시하는 완전한 지혜로의 pariññā는 발견되지 않는다는 취지로 대답합니다. 특히, 초기 베다의 범주에서는 「리그베다(Rigveda) 원본문 중에서 abhijñā / abhijānāti, parijñā / parijānāti / parijñāna 등의 낱말이 정확하게 나오는 구절을 확인하지 못했습니다. 특히 명사형 abhiññā / parijñā 등이 불교적 의미나 신통/통찰 개념으로 사용된 예는 리그베다에서는 발견되지 않았습니다.」라고 대답합니다.

[1] 「두 단계의 깨달음 – 예류자(預流者)와 아라한(阿羅漢)」

※ 이 주제는 '주제의 확장(AN-26) - 「두 단계의 깨달음 – 예류자(預流者)와 아라한(阿羅漢)」'의 요약입니다. nikaya.kr에서 '주제의 확장(AN-26)'으로 검색하면 상세한 자료를 확인할 수 있습니다.

깨달음의 완성을 지칭하는 표현은 여러 가지가 있습니다. 대표적인 것으로는

diṭṭheva dhamme sayaṃ abhiññā sacchikatvā upasampajja viharati 지금여기에서 스스로 실답게 안 뒤에 실현하고 성취하여 머문다

가 있는데, 보통은

bhikkhu āsavānaṃ khayā anāsavaṃ cetovimuttiṃ paññāvimuttiṃ diṭṭheva dhamme sayaṃ abhiññā sacchikatvā upasampajja viharati.

비구는 번뇌들이 부서졌기 때문에 번뇌가 없는 심해탈(心解脫)과 혜해탈(慧解脫)을 지금여기에서 스스로 실답게 안 뒤에 실현하고 성취하여 머문다

입니다.

1. 두 단계의 깨달음 – 예류자(預流者)와 아라한(阿羅漢)

그런데 깨달음의 경지를 두 단계로 구분하여 나타내는 표현이 있습니다.

① 있는 그대로 꿰뚫어 아는 것(yathābhūtaṃ pajānāti)
② 있는 그대로 안 뒤 집착 없이 해탈하는 것(yathābhūtaṃ viditvā anupādāvimutto hoti)

이때, '있는 그대로 꿰뚫어 아는 것'은 예류자의 경지이고, '있는 그대로 안 뒤 집착 없이 해탈하는 것'은 아라한의 경지입니다.

- (DN 1-범망경)/(SN 22.109-예류자경)/(SN 22.110-아라한 경)/(SN 23.7-예류자 경)/(SN 23.8-아라한 경)/(SN 35.103-우다까 경)[예류자를 높은 앎을 성취한 자(vedagū)로, 아라한을 일체승자(sabbajī)로 표현]/(SN 38.5-안식 경)/(SN 38.6-최상의 안식(安息) 경)/(SN 48.2-예류자 경1)/(SN 48.4-아라한 경1)/(SN 48.3-예류자 경2)/(SN 48.5-아라한 경2)/(SN 48.26-예류자 경)/(SN 48.27-아라한 경)/(SN 48.32-예류자 경)/(SN 48.33-아라한 경)

- 예류자(預流者) - 있는 그대로 꿰뚫어 아는 자 → 높은 앎을 성취한 자 → 안식을 얻은 자

- 아라한(阿羅漢) - 있는 그대로 안 뒤 집착 없이 해탈한 자 → 일체승자 → 최상의 안식을 얻은 자

2. 비유를 통해 깨달음을 두 단계로 설명하는 경전들 – (AN 3.12-기억해야 하는 것 경)/(AN 3.24-아주

유용함 경)/(AN 3.25-금강석 같음 경)/(AN 3.13-꿈꾸는 사람 경)

(AN 3.12-기억해야 하는 것 경)과 (AN 3.24-아주 유용함 경)은 세 가지를 비교하게 해줍니다.

- 끄샤뜨리야 왕이 기억할 곳 - ①태어난 곳, ②왕이 된 곳, ③최고 지도자가 된 곳
- 비구가 기억할 곳 - ①출가한 곳, ②사성제를 꿰뚫어 안 곳, ③아라한 된 곳

- 어떤 사람에게 크게 도움 되는 것 - ①삼보에 귀의한 것, ②사성제를 꿰뚫어 안 것, ③아라한 된 것

⇒ 삶의 향상의 두 단계 - ①사성제를 꿰뚫어 아는 것, ②아라한 되는 것

이때 각각의 세 가지를 재배열하면 「태어난 곳-출가한 곳-귀의한 것, 왕이 된 곳-사성제를 꿰뚫어 안 곳-사성제를 꿰뚫어 안 것, 최고 지도자가 된 곳-아라한 된 곳-아라한 된 것」의 연결 관계를 볼 수 있습니다.

여기서 비구가 출가한 곳과 어떤 사람이 삼보에 귀의한 것은 크샤뜨리야 왕의 태어난 곳과 견주어집니다. 그렇다면 출가 또는 삼보에 귀의하는 것은 불교신자로서의 새로운 태어남과 같다고 할 것입니다.

이어서 왕이 되는 것과 견주어지는 것은 사성제를 꿰뚫는 것입니다. 그리고 최고 지도자가 되는 것은 아라한을 성취하는 것입니다.

그런데 아라한을 성취하는 것은 완결이므로 논의 거리가 아닙니다. 그러나 '사성제를 꿰뚫음'에 대해서는 그 위치가 어디에 해당하는지 이해해야 할 필요가 있습니다. 대관식을 거쳐 왕이 되는 것에 비유되는 의미 있는 자리이기 때문입니다.

이때, 「있는 그대로 꿰뚫어 아는 것」과 「있는 그대로 안 뒤 집착 없이 해탈하는 것」의 용례 분석은 '사성제를 꿰뚫음'이 예류자인 것을 알려줍니다.

이런 이해 위에서 (AN 3.25-금강석 같음 경)은

1) 두 단계의 깨달음을 말해줍니다. 사성제를 꿰뚫은 자로서의 예류자와 번뇌를 소멸한 아라한입니다. 그런 점에서 위의 경전들과 같은 주제의 경입니다.

2) 예류자 – 사성제를 꿰뚫음을 '마치 눈을 가진 자가 칠흑같이 어두운 밤에 번갯불로 형상을 보듯이'라고 비유함으로써 법안(法眼)을 얻음을 말해주는데, 사띠로 눈뜬 자(사념처의 완성)에게 번갯불이라는 사실의 빛이 비춰지는 지혜의 성숙(사성제를 꿰뚫음)이 여실지견이라는 점을 확인해 줍니다. – '세상은 깜깜한 밤인데 지혜의 성숙으로 번갯불이 번쩍이듯 사성제를 꿰뚫은 자는 사실을 봄 = 견해를 갖춘 자'

3) 아라한 – 심해탈-혜해탈의 실현을 '보석이건 돌이건 금강석으로 부수지 못할 것이 없듯이'라고 비유함으로써 완성된 깨달음을 나타냅니다.

(*) 대승불교의 금강(金剛) 즉 금강경 등에서 쓰이는 금강의 근거가 되는 경전이라고 해도 좋을 것입니다.

⇒ 삶의 향상의 두 단계 - ①사성제를 꿰뚫어 아는 것, ②아라한 되는 것 = ①행들에 대한 사실(무상-고-무아)의 깨달음, ②무상-고의 가라앉음(해탈의 흔들리지 않음-태어남의 끝-다음의 존재 없음)에 의해 락-무아인 열반을 실현한 깨달음

한편, (AN 3.13-꿈꾸는 사람 경)은 꿈이 없는 사람과 꿈꾸는 사람과 꿈에서 벗어난 사람의 비유로써 깨달음의 과정을 다시 설명하는데, 계를 경시하는 자여서 깨달음을 기대하지 않는 사람과 계를 중시하는 자여서 깨달음을 기대하는 사람 그리고 번뇌 다한 아라한입니다.

⇒ 삶의 향상의 두 단계 - ①사성제를 꿰뚫어 아는 것, ②아라한 되는 것 = ①행들에 대한 사실의 깨달음, ②열반을 실현한 깨달음 = ①꿈꾸는 사람, ②꿈에서 벗어난 사람

이렇게 이 네 개의 경은 깨달음을 비유를 통해 예류자와 아라한의 두 단계로 설명합니다.

3. 그러면 부처님은 왜 사쌍(四雙)의 성자 가운데 예류자와 아라한만을 언급하는 것입니까? 예류자가 가지는 세 가지 특징을 통해 이해해 보았습니다.

> 예류자의 선언 – 「나에게 지옥은 다했고 축생의 모태는 다했고 아귀의 영역은 다했고 상실과 비탄의 상태, 비참한 존재, 벌 받는 상태는 다했다. 나는 예류자(預流者)여서 떨어지지 않는 자, 확실한 자, 깨달음을 겨냥한 자이다.」

1) 특징1. 예류자 – 지옥-축생-아귀의 삼악처에 떨어지지 않음 → (걱정 없이) 오직 깨달음만을 겨냥한 삶

2) 특징. 예류자 – 대부분 괴로움이 부서져서 남아있는 괴로움은 아주 적음

(SN 56.49-산의 왕 시네루 경1)은 「예를 들면, 비구들이여, 어떤 사람이 산의 왕 시네루에 7개의 완두콩만한 자갈을 올려놓을 것이다. 그것을 어떻게 생각하는가, 비구들이여, 올려놓은 7개의 완두콩만한 자갈들과 산의 왕 시네루 중에 어떤 것이 더 많은가?」라는 비유를 통해

견해를 갖추고 실현한 성스러운 제자 즉 예류자에게는 대부분 괴로움이 다하고 소진되어 남아있는 괴로움은 아주 적다.

라고 말합니다. 예류자의 삶이 얼마나 행복(불만족의 해소)인지에 대한 설명입니다. 진리 상윳따의 이어지는 11개의 경(SN 56.50~60)은 비유를 달리하면서 동일한 내용을 설하고 있는데, 예류자의 경지에 대한 강조라고 할 것입니다. 또한, (SN 13-관통 상윳따)도 동일한 내용을 다른 비유로써 설명하는데, 11개 경전 중 10개(SN 13.1~10)은 「법의 관통은 이렇게 큰 이익이고, 법을 얻음은 이렇게 큰 이익이다.」라고 합니다(*).

(*) 이어지는 1개의 경(SN 13.11-산 경3)은 「견해를 갖춘 사람은 이렇게 큰 성취가 있고, 이렇게 큰 실다운 지혜를 가졌다.」라고 설합니다.

3) 특징3. 예류자 - 깨달음이 보장된 자리

(SN 13.1-손톱 끝 경)~(SN 13.11-산 경3)은

> 이처럼, 비구들이여, 견해를 갖추고 실현한 성스러운 제자에게 완전히 다하고 완전히 소진된 괴로움이 더 많고, 남아있는 것은 적다. 최대 일곱 번의 태어남은 완전히 다하고 완전히 소진된 이전의 괴로움 무더기와 비교하여 1600분의 1에도 미치지 못하고, 16000분의 1에도 미치지 못하고, 160만분의 1에도 미치지 못한다.

라고 하고, (SN 15.10-사람 경)은

> 고(苦)와 고의 자라남과 고의 극복 그리고 고의 가라앉음으로 이끄는 여덟 요소로 구성된 성스러운 길의 성스러운 진리를 바른 지혜로 볼 때
>
> 그 사람은 최대 일곱 번을 옮겨간 뒤에 모든 족쇄가 부서져 괴로움을 끝낸다.

라고 하여, 예류자에게는 최대 일곱 번의 태어남만이 남아있다고 알려줍니다. 즉 일곱 번의 윤회하는 삶 이내에 아라한을 성취하여 여덟 번 다시 태어나는 일이 없다는 것입니다.

예류자를 성취하였다는 것은 이렇게 아라한을 보장받았다는 것입니다. 부처님이 일래자(一來者)나 불환자(不還者)에 비해 예류자(預流者)를 특히 더 강조하는 이유입니다. 그래서 불교는 두 단계의 깨달음을 말합니다. 일단 예류자까지만 도달하면 아라한은 보장되기 때문입니다.

심지어 (SN 56.3-좋은 가문의 아들 경1)은

> 비구들이여, 과거에 바르게 집에서 집 없는 곳으로 출가한 좋은 가문의 아들들은 누구든지 사성제의 있는 그대로의 관통을 위해서였다.
>
> 비구들이여, 미래에 바르게 집에서 집 없는 곳으로 출가할 좋은 가문의 아들들은 누구든지 사성제의 있는 그대로의 관통을 위해서일 것이다.
>
> 비구들이여, 현재 바르게 집에서 집 없는 곳으로 출가하는 좋은 가문의 아들들은 누구든지 사성제의 있는 그대로의 관통을 위해서이다.

라고 하여 출가의 목적을 예류자의 성취로 제시하는데, (SN 56.4-좋은 가문의 아들 경2), (SN 56.5-사문바라문 경1), (SN 56.6-사문바라문 경2) 등에서도 유사하게 설명됩니다.

어떻게 이렇게 말할 수 있습니까? 예류자가 되면 아라한은 보장되어 있기 때문입니다. 그래서 아라한이 되고자 하는 사람은 우선 예류자가 되기 위해 노력해야 합니다. 그러면 그 이후는 퇴보하지 않음에 의해 보장되어 있는 것입니다.

이렇게 불교는 깨달음을 두 단계로 제시합니다.

- 1단계의 깨달음 : 예류자 – 해탈된 삶을 향해 벗어남의 길에 오른 수행자(사성제의 관통) ; 사념처 → 여실지견

- 2단계의 깨달음 : 아라한 – 해탈된 삶(번뇌들의 부서짐→열반)의 실현 ; 사마타-위빳사나 → 해탈지견

4. 여실지견 → 염오-이탐-소멸 또는 해탈

이렇게 예류자의 경지를 지시하는 「있는 그대로 꿰뚫어 아는 것」은 (SN 22-온(蘊) 상윳따)의 여러 경들을 중심으로 다시 서술됩니다.

(SN 22.59-무아상 경) 등은 오온(五蘊) 각각에 대해 ①무아(無我)를 선언하고, ②무상(無常)과 고(苦)에 대한 동의에 이어 ③「'이것은 나의 것이 아니다, 이것은 내가 아니다, 이것은 나의 자아가 아니다.'라고 있는 그대로 바른 지혜로써 보아야 한다.」라고 하여 여실지견을 이끕니다. 그리고 경은 「비구들이여, 이렇게 보는 잘 배운 성스러운 제자는 색에 대해서도 염오하고, 수에 대해서도 염오하고, 상에 대해서도 염오하고, 행들에 대해서도 염오하고, 식에 대해서도 염오한다. 염오하는 자는 이탐한다. 이탐으로부터 해탈한다. 해탈했을 때 '나는 해탈했다.'라는 앎이 있다. '태어남은 다했다. 범행은 완성되었다. 해야 할 일을 했다. 다음에는 현재 상태[유(有)]가 되지 않는다.'라고 분명히 안다.」라고 하여 깨달음의 과정을 이어서 말해줍니다.

경은 이렇게

- 예류자 - 있는 그대로 꿰뚫어 아는 자
- 아라한 - 있는 그대로 안 뒤 집착 없이 해탈한 자

의 구체적 의미를 알려줍니다. 즉 있는 그대로 꿰뚫어 아는 예류자는 오온 즉 행들의 무상-고-무아를 있는 그대로 바른 지혜로 보는 자이고, 있는 그대로 안 뒤 집착 없이 해탈한 아라한은 염오-이탐-소멸[해탈]의 과정을 통해 집착 없는 삶의 완성 즉 락-무아의 열반을 실현한 자입니다.

(MN 53-유학(有學) 경)에서 아난다 존자는 '유학의 길을 따라가는 것'에 대해 설법하는데, 「성스러운 제자는 ①계를 갖추고, ②기능들에서 문을 보호하고, ③음식의 적당량을 알고, ④깨어있음을 실천하고, ⑤일곱 가지 정법을 갖추고, ⑥지금여기의 행복한 머묾을 위한 높은 심(心)인 네 가지 선(禪)을 원하는 대로 어렵지 않고 고통스럽지 않게 얻는다.」입니다.

성스러운 제자는 이 위없는 평정과 청정한 사띠 덕분에 숙주명-천안명-누진명을 성취하여 머물게 되는데, 각각 세상에 대한 첫 번째-두 번째-세 번째 높은 염오입니다.

이때, 유학의 길을 따라가는 여섯 가지 주제는 실천(行)이고, 숙주명-천안명-누진명은 밝음(明)이어서 이런 성스러운 제자는 명과 행을 갖춘 명행족이라고 불립니다. 특히, 사낭꾸마라 범천은 「'가문을 의지하는 사람들 가운데서는 끄샤뜨리야가 으뜸이고 신과 인간들 가운데서는 명행족(明行足), 그가 으뜸이다.'」라는 게송을 읊습니다.

◐ [참고] dhammacakkhu[법안(法眼)]의 두 가지 용례

있는 그대로 꿰뚫어 아는 예류자를 설명하는 용어로는 법안(法眼-dhammacakkhu)도 있습니다. 그런데 법안은 두 가지 동사와 연결되어 사용됩니다.

1. dhammacakkhuṃ uppajjati

이때 uppajjati는 to be born; arises인데, '법안이 생기다' 정도로 해석할 수 있습니다. 경에서 대부분의 경우는 동의어인 upapajjati의 과거형인 udapādi로 나타납니다.

그런데 이 표현은 특별한 형태로 나타납니다. 이 유형의 dhammacakkhu는

dhammacakkhuṃ udapādi – "yaṃ kiñci samudayadhammaṃ sabbaṃ taṃ nirodhadhamman"ti.

'자라나는 것은 무엇이든지 모두 소멸하는 것이다.'라는 법안(法眼)이 생겼다.

의 형태로 나타납니다. 가르침이 설해지고, 바른 삼매의 토대 위에서 내적인 심의 사마타를 닦아 법이 드러나면 법의 위빳사나로 무상을 직접 확인하게 되는데, 이것이 가르침에 의해 법의 눈이 열리는 것이라고 이해해야 합니다.

2. dhammacakkhupaṭilābho

이때 paṭilābho는 attainment; acquisition; obtaining.여서 '법안을 얻다' 정도로 해석할 수 있는데, (SN 13-관통 상윳따)에서 발견됩니다.(SN 13.1~SN 13.10)

evaṃ mahatthiyo kho, bhikkhave, dhammābhisamayo; evaṃ mahatthiyo dhammacakkhu-paṭilābho""ti.

비구들이여, 법의 관통은 이처럼 큰 이익이 있고, 법안을 얻음은 이처럼 큰 이익이 있다.

3. 두 표현의 차이에 대한 이해

dhammacakkhuṃ udapādi는 꼰단냐 존자의 깨달음으로부터 시작됩니다. 그런데 「'자라나는 것은 무엇이든지 모두 소멸하는 것이다.'라는 법안이 생겼다.」라는 말은 드러나는 법에서 무상을 관찰함으로써 고멸의 가능성에 공감하는 것이고, 그래서 고멸을 이끄는 스승 즉 부처님에 대한 믿음이 확고해진 것을 의미한다고 보아야 합니다.

반면에 dhammacakkhupaṭilābho(법안을 얻음)은 (SN 13-관통 상윳따)의 경들에서 '이제 최대 일곱 생만이 남아있다.'라고 언급함으로써 예류자인 것을 말해줍니다.

그렇다면 법안이 생김(dhammacakkhuṃ udapādi)과 법안을 얻음(dhammacakkhu paṭilābho)은 다릅니다. 가르침에 의해 고멸의 가능성에 대한 공감 즉 믿음이 생긴 것으로의 법안이 생기면 이어지는 공부를 통해 무상-고-무아를 꿰뚫음으로써 법을 관통하고 여실지견한 예류자가 되는 것을 법안의 얻음이라고 이해할 수 있습니다.

주석서에서는 법안이 생김(dhammacakkhuṃ udapādi)을 예류도(預流道)를 얻은 것으로 설명하고 있는데, 예류과에 이르는 과정의 성자라는 점에서 타당성을 가지고 비교할 수 있습니다.

4. 예외적으로 dhammacakkhuṃ uppajjati가 나타나는 경은 (AN 3.95-사라다 경)인데, 법안이 생기는 것이 내적인 심(心)의 사마타의 성취여서 법을 드러나게 하여 법의 위빳사나로 연결되는 과정의 경지인 것을 알려줍니다. 그래서 내적인 심(心)의 사마타에 의해 법안이 생기면 법의 위빳사나에 의해 여실지견(如實知見) 즉 법안(法眼)을 얻어 예류자가 되는 것을 알 수 있습니다.

- 티끌이 없고 때가 없는 법의 눈(法眼)이 생김 → 함께 견(見)이 생김 → 유신견(有身見)과 의심과 계금취(戒禁取)의 세 가지 족쇄가 버려짐 → 간탐과 진에의 두 가지 법을 제거하고 죽는다면, 이 세상으로 다시 오게 묶는 족쇄가 없음

- 법안(法眼)의 생김 = 내적인 심(心)의 사마타 = 법(法)의 드러남
→ 견(見)이 생김 = 법(法)의 위빳사나 = 무상(無常)의 관찰
→ 여실지견(如實知見) = 유신견(有身見)-의심-계금취가 버려짐 = 예류자(預流者)
→ 욕탐(慾貪)-간탐-소유의 관심과 진에의 제거 = 불환자(不還者) = 이 세상으로 다시 오게 묶는 족쇄가 없음

; 이런 과정을 진행하는 그는 초선(初禪)을 성취하여 머무는 상태인데, 상수멸까지의 단계적 과정을 포함해서 이해하면, 삼매를 닦는 과정에서 진행되는 성과를 법안(法眼)의 생김~불환자의 과정에 걸쳐 설명하였다는 것을 알 수 있습니다.

me dhammā ajjhattaṃ appahīnā – ādīnavadassāvī
내 안에 버려지지 않은 법들에서 위험을 보겠습니다.

[2] 예류자는 누구인가? – 1) 견해를 갖춘 자 : 주제의 확장 –「견해를 갖춘 자 – 유학(有學)의 지(知)와 유학의 명(明)으로 성취해야 하는 만큼」 & 불사의 문(amatadvāra)

(MN 73-왓차 큰 경)에서 왓차곳따 유행승은 세존의 곁에서 출가하여 구족계를 받습니다. 그런데 구족계를 받은 지 오래지 않아서, 구족계를 받은 지 보름 만에 왓차곳따 존자는 세존에게 와서 이렇게 말합니다. – "대덕이시여, 유학(有學)의 지(知)와 유학의 명(明)으로 성취해야 하는 만큼을 저는 성취하였습니다. 세존께서는 저에게 법을 더 설해주십시오."라고.

'유학의 지와 유학의 명으로 성취해야 하는 만큼'에 대해 사념처의 완성에 의한 여실지견의 성취 즉 예류자가 된 것으로 이해하고 있습니다. 부처님도 "그렇다면, 왓차여, 그대는 사마타와 위빳사나의 두 가지 법을 더 닦아야 한다. 왓차여, 그대가 사마타와 위빳사나의 이 두 가지 법을 더 닦으면 다양한 요소의 꿰뚫음으로 이끌릴 것이다."라면서 육신통을 제시하는데, "사띠토대가 있을 때, 어디에서든 실현능력을 얻을 것이다."라고 하여 사념처가 완성된 경지 이후를 지시합니다.

그런데 'sekkhena ñāṇena samannāgato itipi, sekkhāya vijjāya samannāgato itipi 유학의 지를 갖춘 자라고도, 유학의 명을 갖춘 자라고도'라는 내용을 포함하여 예류자를 지시하는 서술이 있는데, 이 경과 같은 성취를 보여주는 것을 알 수 있습니다. (SN 12-인연 상윳따)에 속한 5개의 경에서 용례가 발견되는데, 노사~행들이라는 조건과 그 자라남-소멸-소멸로 이끄는 실천(집-멸-도)을 꿰뚫어 알 때 예류자이고, 예류자의 경지를 여러 관점으로 표현하는 것을 알 수 있습니다.

; 법의 흐름에 든 자(dhammasotaṃ samāpanno) 즉 예류자(sotāpanno-흐름에 든 자)는 유학의 지와 유학의 명을 갖춘 자인데, 이런 사람이 견해를 갖추고 봄을 갖춘 자이고, 정법에 와서 정법을 보는 자입니다. 성스러운 꿰뚫음의 지혜를 가져서, 불사(不死)의 문을 두드리며 머문다(*)고 설명합니다.

(*) 견해를 갖춤(如實知見)에 의해 생(生)과 사(死)의 윤회를 부르는 무명(無明)과 애(愛)의 영역(takka)으로 접근한 예류자가 takka 내부의 무명과 애를 부숨으로써 불사(不死)를 실현하기 위한 과정(사마타-위빳사나)을 시도하는 것을 의미함 – 불사 = 명(明)과 애멸(愛滅), 불사의 문 = 사띠토대/사념처의 완성/여실지견

–「ayaṃ vuccati, bhikkhave, ariyasāvako diṭṭhisampanno itipi, dassanasampanno itipi, āgato imaṃ saddhammaṃ itipi, passati imaṃ saddhammaṃ itipi, sekkhena ñāṇena samannāgato itipi, sekkhāya vijjāya samannāgato itipi, dhammasotaṃ samāpanno itipi, ariyo nibbedhikapañño itipi, amatadvāraṃ āhacca tiṭṭhati itipī"ti

비구들이여, 이 성스러운 제자는 견해를 갖춘 자라고도, 봄을 갖춘 자라고도, 이런 정법(正法)에 온 자라고도, '이런 정법(正法)을 본다.'라고도, 유학(有學)의 지(知)를 갖춘 자라고도, 유학(有學)의 명(明)을 갖춘 자라고도, 법의 흐름에 든 자라고도, 성스러운 꿰뚫음의 지혜를 가진 자라고도, '불사(不死)의 문을 두드리며 머문다.'라고도 불린다.」

; 견해를 갖춘 자/봄을 갖춘 자
; 정법에 온 자/정법을 보는 자
; 유학의 지(知)를 갖춘 자/유학의 명(明)을 갖춘 자 → (MN 73-왓차 큰 경)

; 법의 흐름에 든 자(dhammasotaṃ samāpanno) ≒ 예류자(sotapanno-흐름에 든 자)
; 성스러운 꿰뚫음의 지혜를 가진 자
; '불사(不死)의 문을 두드리며 머문다'

⇒ '불사의 문(amatadvāra)'의 용례 – 여기의 용례 외에

1)(MN 52-앗타까나가라 경)/(AN 11.16-앗타까나가라 경) – '수행을 위한 11개의 불사의 문으로 자신의 안전을 만듦'과

2)(MN 34-소치는 사람 작은 경) –「마라가 닿는 곳과 죽음이 닿지 않는 곳을 아는 자에 의해 이 세상과 저세상이 잘 설명되었다. 모든 세상을 실답게 안 뒤에 깨달아 꿰뚫어 아는 자, 열반(涅槃)에 닿기 위해 안온(安穩)한 불사(不死)의 문을 열었다. 빠삐만뜨의 흐름을 끊고, 부수고, 파괴하였다. 크게 환희하라, 비구들이여, 안온을 기대하라.」

가 있음.

1. (SN 12.27-조건 경) – 조건-조건의 자라남-조건의 소멸-조건의 소멸로 이끄는 실천을 꿰뚫어 알 때 유학의 지를 갖춘 자라고도 ~

2. (SN 12.28-비구 경) – 노사(老死)~행(行)들[=조건]-자라남-소멸-소멸로 이끄는 실천을 꿰뚫어 알 때 유학의 지를 갖춘 자라고도 ~

3. (SN 12.33-앎의 영역 경1) – 법에 대한 앎과 뒤따르는 앎이라는 청정하고 깨끗한 이런 두 가지 앎이 있을 때 유학의 지를 갖춘 자라고도 ~

• 법에 대한 앎 – 노사(老死)~행(行)들[=조건]-자라남-소멸-소멸로 이끄는 실천을 꿰뚫어 아는 것

• 뒤따르는 앎 – 법에 대한 앎을 과거와 미래에도 적용하여 꿰뚫어 아는 것

4. (SN 12.49-성스러운 제자 경) – 세상의 자라남과 줄어듦을 있는 그대로 꿰뚫어 알 때 유학의 지를 갖춘 자라고도 ~

• 세상의 자라남 –「그리고 비구들이여, 오직 여기에 잘 배운 성스러운 제자의 다른 사람을 의지하지 않는 앎이 있다. – '이것이 있을 때 이것이 있고, 이것이 생길 때 이것이 생긴다. (무명(無明)이 있을 때 행(行)들이 있고, 행들이 있을 때 식(識)이 있다.) 식이 있을 때 명색(名色)이 있고, 명색이 있을 때 육입(六入)이 있고, 육입이 있을 때 촉(觸)이 있고, 촉이 있을 때 수(受)가 있고, 수가 있을 때 애(愛)가 있고, 애가 있을 때 취(取)가 있고, 취가 있을 때 유(有)가 있고, 유가 있을 때 생(生)이 있고, 생이 있을 때 노사(老死)가 있다.'라고. 그는 이렇게 분명히 안다. – '이렇게 이 세상이 자라난다.'라고.」

• 세상의 줄어듦 –「그리고 비구들이여, 오직 여기에 잘 배운 성스러운 제자의 다른 사람을 의지하지 않는 앎이 있다. – '이것이 없을 때 이것이 없고, 이것이 소멸할 때 이것이 소멸한다. (무명이 없을 때 행들이 없고, 행들이

없을 때 식이 없다.) 식이 없을 때 명색이 없고, 명색이 없을 때 육입이 없고, 육입이 없을 때 촉이 없고, 촉이 없을 때 수가 없고, 수가 없을 때 애가 없고, 애가 없을 때 취가 없고, 취가 없을 때 유가 없고, 유가 없을 때 생이 없고, 생이 없을 때 노사가 없다.'라고. 그는 이렇게 분명히 안다. – '이렇게 이 세상이 소멸한다.'라고.」

5. (SN 12.50-성스러운 제자 경2) – 세상의 자라남과 줄어듦을 있는 그대로 꿰뚫어 알 때 유학의 지를 갖춘 자라고도 ~

◐ 불사(不死)의 문과 불사(不死)의 북 ◑

죽음(死)! 무명과 애 때문에 몸에 구속된 중생들에게 피할 수 없는 근본 문제입니다. 그래서 부처님의 깨달음도 '언제나 늙고 죽는 이 괴로움의 해방이 꿰뚫어 알려질 것인가?(SN 12.10-고따마 경) 등'에서 시작됩니다.

불사(不死-amata)는 죽음의 문제를 해결한 삶의 완성입니다. 무명과 애를 해소하고 몸이 무너지면 몸으로 가지 않음을 통해 실현됩니다(SN 12.19-우현 경). 윤회에서 벗어남이고, 열반의 실현으로의 깨달음입니다.

부처님은 당신의 깨달음을 불사(不死)로써 나타내기도 하는데, '불사의 문(amatadvāra/amatassa dvārā)을 엶 - 깨달음'과 '불사의 북(amatadundubhi)을 울림 - 전법륜'입니다.

1. amatadvāra의 용례는 본문에서 설명하였습니다.

2. amatassa dvārā는 '불사(不死)의 문이 열렸다(apārutā amatassa dvārā)'의 형태로 나타나는데, 부처님의 깨달음의 소회의 자리에서 범천이 법을 청하는 장면입니다. (DN 14.12-대전기경, 범천의 요청 게송)에서는 위빳시 부처님과 어떤 대범천의 대화로, (MN 26-덫 경)/(MN 85-보디 왕자 경)/(SN 6.1-범천의 요청 경)에서는 부처님과 사함빠띠 범천의 대화로 나타납니다. –「그들에게 불사(不死)의 문은 열렸다. 귀를 가진 자들은 믿음을 버려라. 범천이여, 폭력의 상(想)에 대해 잘 연습되지 않은 나는 사람들에게 뛰어난 법을 말하지 않았다.」

예외적으로 (DN 18.9-자나와사바 경, 삼매의 필수품 일곱 가지)에서는「참으로, 존자들이여, 스스로 보이는 것이고, 시간을 넘어선 것이고, 와서 보라는 것이고, 향상으로 이끌고, 지혜로운 이들에 의해 개별적으로 알려지는 법이 세존(世尊)에 의해 잘 설해졌습니다. 불사(不死)의 문들이 열렸습니다.」라고 나타나는데, 부처님이 법을 설한 것(전법륜)이 불사의 문을 연 것이라는 찬탄입니다.

3. amatadundubhi는 (MN 26-덫 경)/(MN 85-보디 왕자 경)에서 함께하는 다섯 비구에게 법을 설하기 위해 녹야원으로 향하던 부처님이 길에서 만난 순세파 우빠까에게 당신을 소개하는 말씀에 나타납니다. –「나는 모든 것을 정복했고, 모든 것을 아는 사람입니다. 모든 것에서 흠이 없으며, 모든 것에서 떠났고, 애(愛)의 부서짐에 의해 해탈했습니다. 스스로 실답게 알았는데 누구를 스승이라고 말할 수 있겠습니까? 나에게는 스승도 없고 나와 같은 이도 없으며, 신을 포함하는 세상에 나에게 비할 사람이 없습니다. 참으로 나는 세상에 있는 아라한이고, 나는 위없는 스승이며, 나는 유일한 정등각이고, 고요한 자이고, 꺼진 자입니다. 나는 법륜을 굴리기 위해 까시로 갑니다. 나는 눈먼 자들의 세상에서 불사(不死)의 북을 울릴 것입니다」

이외에 (MN 115-많은 요소를 가진 것 경)에서는 법문의 이름을 묻는 아난다 존자에게 "그렇다면, 아난다여, 그대는 이 법문을 '많은 요소를 가진 것'-'네 겹의 원'-'법의 거울'-'불사(不死)의 북'-'전쟁의 위없는 승리'라는 이름으로도 받아들여라."라고 대답하는 장면에서 나타납니다.

[3] 예류자는 누구인가? – 2) (MN 48-꼬삼비 경)

상가 화합을 위한 여섯 가지 법을 설명하는데, 여섯 번째는 '성스럽고 구원으로 이끌고 그대로 실천하면 바르게 괴로움의 부서짐으로 이끄는 견해'입니다. 이 견해는 여실지견이고, 이 견해를 갖춘 자가 예류자입니다. 경은 '성스럽고 구원으로 이끄는 이 견해는 어떻게 그것을 실천하는 자를 바르게 괴로움의 부서짐으로 이끄는가?'의 질문을 통해 예류자가 갖추는 일곱 가지 요소를 설명하는데,

- 예류자① 사념처(四念處)의 완성 - 장애의 제거 = 여실지견(如實知見)
- 예류자② 사마타-위빳사나를 닦아 깨달음으로 나아감
- 예류자③ 성자(聖者) - 여기에만 있음
- 예류자④ 견해를 갖춘 사람의 성품① – 계(戒)를 범하면 드러내어 참회함
- 예류자⑤ 견해를 갖춘 사람의 성품② – 어머니와 같은 생활
- 예류자⑥ 견해를 갖춘 사람의 힘 ① – 공부의 자세를 갖춤
- 예류자⑦ 견해를 갖춘 사람의 힘 ② – 공부의 동력을 얻음

입니다.

● 배경 – 꼬삼비의 비구들이 다툼을 일으키고 갈등을 일으키고 논쟁에 빠지고 서로 간에 입의 칼로 찌르며 머물면서 서로 간에 설득하지도 않고, 화해하지도 않음. 그래서 부처님이 그 비구들을 불러서 확인한 뒤 질책함

다툼을 일으키고 갈등을 일으키고 논쟁에 빠지고 서로 간에 입의 칼로 찌르며 머물 때, 함께일 때든 혼자일 때든 동료수행자들에 대해서 자(慈)와 함께하는 신업(身業)-구업(口業)-의업(意業)을 행하지 못함 → 오랫동안 손해와 괴로움이 있을 것 → 여섯 가지 법을 기억할 것

1. 상가 화합의 여섯 요소 – 사랑을 만들고, 공경을 만들고, 따르게 함으로, 갈등하지 않음으로, 함께함으로, 일치로 이끄는 여섯 가지 기억해야 하는 법들

①~③ 함께일 때든 혼자일 때든 동료수행자들에 대해서 자(慈)와 함께하는 신업-구업-의업을 행함

④ 적절하고 정당하고 법답게 얻은 것들은 그것이 비록 나누어 사용하지 못할 만큼 얻어진 발우에 담긴 적은 것일지라도 계(戒)를 중시하는 동료수행자들과 공동으로 사용함

⑤ 함께일 때든 혼자일 때든 동료수행자들과 함께 깨지지 않고, 끊어지지 않고, 결점이 없고, 얼룩지지 않고, 구속되지 않고, 지자들이 칭찬하고, 움켜쥐지 않고, 삼매로 이끄는 계들을 갖추어 머묾

⑥ 함께일 때든 혼자일 때든 동료수행자들과 함께 성스럽고 구원으로 이끌고 그대로 실천하면 바르게 괴로움의 부서짐으로 이끄는 견해를 갖추어 머묾

⇒ 성스럽고 구원으로 이끌고 그대로 실천하면 괴로움의 부서짐으로 이끄는 견해가 으뜸이고, 포괄하는 것이고, 총체적인 것임.

※ 이런 견해 = 여실지견(如實知見)

2. 예류자의 일곱 요소 – 성스럽고 구원으로 이끄는 이 견해는 어떻게 그것을 실천하는 자를 바르게 괴로움의 부서짐으로 이끄는가? → 숙고를 통한 앎의 성취 일곱 가지 – 범부들과 나누지 않는 성스럽고 세상을 넘어선 앎

※ ①성스러움-②구원으로 이끎-③괴로움의 부서짐-④범부들과 나누지 않음-⑤세상을 넘어섬 – 소유의 삶과 존재의 삶으로 구성된 중생의 영역에서 벗어난(⑤세상을 넘어섬) 해탈된 삶과 그 과정을 지시하는 개념들이어서 예류자 ~ 아라한으로 구성되는 성자들이 영역임. 이것이 윤회하는 중생에 속한 ③모든 괴로움이 부서지는 것으로의 ②구원인데, 이런 영역은 ④범부들과 나누지 않는 차별된 삶이고, 이것을 ①성스러움이라고 합니다. ⇒ 그림 「세 가지 삶의 방식」(348쪽)

3. 예류자는 누구인가? – 존재의 삶에서 벗어남의 영역에 들어선 성자여서 해탈된 삶의 실현으로 나아가는 성자들의 첫 번째 단계.

1) 첫 번째 앎 – 그 선입감이 스며든 심(心)을 가지면 나를 있는 그대로 꿰뚫어 알지 못하고 보지 못하게 하는 안으로 버려지지 않은 선입감 즉 다섯 가지 장애[욕탐(慾貪)-진에-해태/혼침-들뜸/후회-의심]가 없음 → 나의 의(意)는 진리의 깨달음을 위해 잘 지향되어있음

• 예류자① [사념처의 완성] 장애의 제거 = 여실지견 – 사념처로 다섯 가지 장애를 밀어내어 칠각지가 심(心)을 충만하면 다섯 가지 장애를 버리고 사념처에 잘 확립된 심을 가진 자는 칠각지를 있는 그대로 닦아서 명과 해탈로 이끌리는데(수행의 중심 개념), 의(意)가 진리를 위해 잘 지향되어있는 여실지견의 예류자를 지시합니다.

2) 두 번째 앎 – '내가 이런 견해를 가지고 닦고 많이 행할 때 나는 개별적으로 사마타를 얻고 개별적으로 꺼짐을 얻는다.'라고 분명히 앎

• 예류자② [사마타-위빳사나를 닦아 깨달음으로 나아감] – 이런 견해를 가짐 즉 여실지견하면, 딱까 안으로 들어가게 되어 염오-이탐의 사마타에 이어 소멸의 위빳사나를 통해 탐-진-치의 불이 꺼짐.

3) 세 번째 앎 – '여기의 밖에 내가 갖춘 견해를 갖춘 다른 사문이나 바라문이 없다.'라고 분명히 앎

• 예류자③ [성자(聖者) - 여기에만 있음] – 벗어남의 영역에 든 성자의 경지는 불교에만 있으므로 불교 밖의 다른 수행자들이 접근할 수 있는 영역이 아님

4) 네 번째 앎 – '견해를 갖춘 사람이 갖추는 성품을 나도 갖추었다.'라고 분명히 앎 → 성품1) '복권(復權)이 제정된 조항을 범하더라도 그것을 신속하게 스승이나 현명한 동료수행자에게 전달하고 드러내고 해설한다. 전달하고 드러내고 해설한 뒤에 미래를 단속한다.'

• 예류자④ [견해를 갖춘 사람의 성품①] – 계를 범하면 드러내어 참회함 – 「예를 들면, 비구들이여, 어리고 게으르며 자리에서 일어나지도 못하는 어린아이가 손이나 발이 숯불 가까이 가면 재빨리 움추린다.」

5) 다섯 번째 앎 – '견해를 갖춘 사람이 갖추는 성품을 나도 갖추었다.'라고 분명히 앎 → 성품2) '동료수행자를 위

한 해야 하는 크고 작은 어떤 일들을 무엇이든지 거기에서 열심히 한다. 그리고 높은 계의 공부, 높은 심의 공부, 높은 혜의 공부를 위한 강한 갈망이 있다.'

• 예류자⑤ [견해를 갖춘 사람의 성품②] – 「예를 들면, 비구들이여, 어린 새끼가 있는 암소는 풀도 뜯고, 또한, 송아지를 돌본다.」

6) 여섯 번째 앎 – '견해를 갖춘 사람의 힘을 나도 갖추었다.'라고 분명히 앎 → 힘1) 여래가 선언한 법과 율들이 설해질 때 골격을 만들고 작의하고 모든 심을 집중하여 귀 기울인 자로서 법을 듣는 것

• 예류자⑥ [견해를 갖춘 사람의 힘 ①] – 공부의 자세를 갖춤

7) 일곱 번째 앎 – '견해를 갖춘 사람의 힘을 나도 갖추었다.'라고 분명히 앎 → 힘2) 여래가 선언한 법과 율이 설해질 때 의미에 대한 앎을 얻고, 법에 대한 앎을 얻고, 법에 수반되는 환희를 얻는 것

• 예류자⑦ [견해를 갖춘 사람의 힘 ②] – 공부의 동력을 얻음

4. 예류과(預流果)의 성취 – 「이렇게 일곱 가지 요소를 갖춘 성스러운 제자에게 예류과의 실현을 위한 올곧고 완전한 성품이 있다. 비구들이여, 이렇게 일곱 가지 요소를 갖춘 성스러운 제자는 예류과를 성취한 것이다.」

【꼬삼비의 비구들 관련 에피소드】

◐ 다툼을 일으키고 갈등을 일으키고 논쟁에 빠지고 서로 간에 입의 칼로 찌르며 머문 꼬삼비의 비구들

• (MN 48-꼬삼비 경) — 세존이 그들을 부름 → 사실의 확인 → 법을 설함 → 그 비구들은 즐거워하면서 세존의 말씀을 기뻐함

• (MN 128-오염원 경) — 세존이 그들에게 감 → "그만하라, 비구들이여, 다투지 말고 갈등하지 말고 비난하지 말고 논쟁하지 말라." → 그 비구들이 거부하고 다툼을 지속함 → 세존은 게송을 읊고 나서 꼬삼비를 떠남

◐ 꼬삼비를 떠난 부처님이 아누룻다 존자-난디야 존자-낌빌라 존자를 만난 두 가지 일화

• (MN 31-고싱가 작은 경) — 세 존자가 나띠까의 고싱가살라 수풀 지역에 머묾 → 세존의 방문 → 그대들은 견딜만하고 삶을 유지할만하고 탁발에 어려움은 없는가? ~ 그대들은 인간을 넘어선 법인 성자들에게 적합한 차별적 지(知)와 견(見)을 성취하여 편히 머무는가? → 그렇습니다. — 원하는 만큼 구차제주(九次第住)에 의한 깨달음

• (MN 128-오염원 경) — 세 존자가 동쪽 대나무 숲에 머묾 → 세존의 방문 → 그대들은 견딜만하고 삶을 유지할만하고 탁발에 어려움은 없는가? ~ 그대들은 인간을 넘어선 법인 성자들에게 적합한 차별적 지(知)와 견(見)을 성취하여 편히 머무는가? → 깨달음 이전, 깨닫지 못한 보살이었을 때의 부처님의 경험 → '어떤 원인, 어떤 조건 때문에 나에게 빛과 색(色)들을 봄이 사라지는가?' → 삼매의 흔들림 때문에 빛과 색(色)들을 봄이 사라짐 → 삼매를 흔들리게 하는 것들 = 심(心)의 오염원(cittassa upakkilesa) → 심(心)의 오염원들을 버림

[4] 예류자는 누구인가? – 3) 예류의 4요소와 법의 거울의 법문

(SN 55-예류 상윳따)는 7개 품, 74개 경으로 구성되는데, 중심 가르침은 「불(佛)-법(法)-승(僧)에 대한 확실한 믿음과 성자들이 지니는 삼매로 이끄는 계(戒)」를 갖춤의 네 가지입니다. 부처님은 이 네 가지 법을 갖추는 것으로 예류자가 되어 지옥-축생-아귀의 삼악도(三惡道)에 떨어지지 않고 깨달음으로 나아가게 됨을 설합니다. 그래서 「불-법-승에 대한 확실한 믿음과 성자들이 지니는 삼매로 이끄는 계」를 갖춤은 예류자가 되는 길이며, 삶을 향상으로 이끄는 동력입니다.

1. 예류자의 정형구 - 「비구들이여, 네 가지 법을 갖춘 성스러운 제자는 예류자여서 떨어지지 않는 자, 확실한 자, 깨달음을 겨냥한 자이다.(catūhi, bhikkhave, dhammehi samannāgato ariyasāvako sotāpanno hoti avinipātadhammo niyato sambodhiparāyaṇo.)」

어떤 네 가지인가? 여기 비구들이여, 성스러운 제자는 '이렇게 그분, 세존은, 모든 번뇌 떠나신 분, 스스로 완전한 깨달음을 이루신 분, 밝음과 실천을 갖추신 분, 진리의 길 보이신 분, 세상일을 모두 훤히 아시는 분, 어리석은 이도 잘 이끄시는 위없는 분, 천상과 인간의 스승, 깨달으신 분, 존귀하신 분입니다.'라고 부처님에 대한 확실한 믿음을 갖춘다.

'세존(世尊)에 의해 잘 설해진 법은 스스로 보이는 것이고, 시간을 넘어선 것이고, 와서 보라는 것이고, 향상으로 이끌고, 지혜로운 이들에게 개별적으로 알려지는 것이다.'라고 가르침에 대한 확실한 믿음을 갖춘다.

'세존의 제자 상가는 잘 실천하고, 세존의 제자 상가는 올곧게 실천하고, 세존의 제자 상가는 방법에 맞게 실천하고, 세존의 제자 상가는 가르침에 일치하게 실천한다. 쌍으로는 넷이고, 홑으로는 여덟인 이들이 세존의 제자 상가이니, 공양 받을만하고, 환영 받을만하고, 보시 받을만하고 합장 받을만하며, 세상의 위없는 복전(福田)이다.'라고 성자들에 대한 확실한 믿음을 갖춘다.

깨지지 않고, 끊어지지 않고, 결점이 없고, 얼룩지지 않고, 구속되지 않고, 지자들이 칭찬하고, 움켜쥐지 않고, 삼매로 이끄는 성자들이 지니는 계(戒)들을 갖춘다.

이런 네 가지 법을 갖춘다.

2. 법의 거울[법경(法鏡)]의 법문(dhammādāso dhammapariyāyo) – (DN 16.11-대반열반경, 법의 거울의 법문)/(SN 55.8-벽돌집 경1)/(SN 55.9-벽돌집 경2)/(SN 55.10-벽돌집 경3)

그러므로 아난다여, 법의 거울이라고 불리는 법문을 설할 것이니 이것을 갖춘 성스러운 제자는 원할 때면 오직 자신에 의해 자신을 설명할 수 있다. – '나에게 지옥은 다했고 축생의 모태는 다했고 아귀의 영역은 다했고 상실과 비탄의 상태, 비참한 존재, 벌받는 상태는 다했다. 나는 예류자여서 떨어지지 않는 자, 확실한 자, 깨달음을 겨냥한 자이다.'라고.

아난다여, 그러면 어떤 것이 그 법의 거울이라고 불리는 법문이어서 이것을 갖춘 성스러운 제자는 원할 때면 오직 자신에 의해 자신을 설명할 수 있는가? – '나에게 지옥은 다했고 축생의 모태는 다했고 아귀의 영역은 다했고 상실과 비탄의 상태, 비참한 존재, 벌 받는 상태는 다했다. 나는 예류자(預流者)여서 떨어지지 않는 자, 확실한

자, 깨달음을 겨냥한 자이다.'라고.

아난다여, 여기 성스러운 제자는 '이렇게 그분, 세존은, 모든 번뇌 떠나신 분, 스스로 완전한 깨달음을 이루신 분, 밝음과 실천을 갖추신 분, 진리의 길 보이신 분, 세상일을 모두 훤히 아시는 분, 어리석은 이도 잘 이끄시는 위없는 분, 천상과 인간의 스승, 깨달으신 분, 존귀하신 분입니다.'라고 부처님에 대한 확실한 믿음을 갖춘다.

'세존(世尊)에 의해 잘 설해진 법은 스스로 보이는 것이고, 시간을 넘어선 것이고, 와서 보라는 것이고, 향상으로 이끌고, 지혜로운 이들에게 개별적으로 알려지는 것이다.'라고 가르침에 대한 확실한 믿음을 갖춘다.

상가[승(僧)]에 대해 확실한 믿음을 갖춘다. – '세존의 제자 상가는 잘 실천하고, 세존의 제자 상가는 올곧게 실천하고, 세존의 제자 상가는 방법에 맞게 실천하고, 세존의 제자 상가는 가르침에 일치하게 실천한다. 쌍으로는 넷이고, 홑으로는 여덟인 이들이 세존의 제자 상가이니, 공양받을만하고, 환영받을만하고, 보시받을만하고 합장받을만하며, 세상의 위없는 복전(福田)이다.'라고.

'깨지지 않고, 끊어지지 않고, 결점이 없고, 얼룩지지 않고, 구속되지 않고, 지자들이 칭찬하고, 움켜쥐지 않고, 삼매로 이끄는' 성자들이 지니는 계(戒)들을 갖춘다.

아난다여, 이것이 법의 거울[법경(法鏡)]이라고 불리는 법문이어서 이것을 갖춘 성스러운 제자는 원할 때면 오직 자신에 의해 자신을 설명할 수 있다. – '나에게 지옥은 다했고 축생의 모태는 다했고 아귀의 영역은 다했고 상실과 비탄의 상태, 비참한 존재, 벌 받는 상태는 다했다. 나는 예류자(預流者)여서 떨어지지 않는 자, 확실한 자, 깨달음을 겨냥한 자이다.'라고.

me dhammā ajjhattaṃ appahīnā – ādīnavadassāvī
내 안에 버려지지 않은 법들에서 위험을 보겠습니다.

제4장

수행지도(修行地圖)

세 가지 필수품(parikkhāra)

수행지도의 출발은 삼매의 필수품(parikkhāra)을 갖추는 일입니다. 그런데 필수품(parikkhāra)이란 개념은 3가지로 나타납니다. – ①생활 필수품(jīvitaparikkhāra), ②心의 필수품(cittassa parikkhāra), ③바른 삼매의 필수품(sammāsamādhi parikkhāra)

1. 생활 필수품(jīvitaparikkhāra) – (MN 17-깊은 숲속 외딴 거처 경)

'비구는 어떤 곳에 머물러야 할까?'의 질문에 대해 위없는 유가안온의 성취라는 목적과 생활 필수품(의-식-주-약품)의 조달이란 두 가지 측면에서, 출가의 이유를 고려하여 위없는 유가안온의 성취를 우선한 머물 자리를 선택해야 한다는 것이 주제입니다. 이때, 성취에 대해서는 '사띠는 확립되고, 심(心)은 삼매에 들고, 번뇌들은 완전히 부서지고, 위없는 유가안온을 성취함'이라고 서술합니다.

2. 心의 필수품(cittassa parikkhāra) – (MN 99-수바 경)

바라문들이 선언하는 공덕의 결실과 유익의 성취로 이끄는 다섯 가지 법 = 원망 없고 거슬림 없는 심(心)을 닦기 위한 심(心)의 필수품 – 진리-고행(苦行-종교적 삶)-범행-베다 공부-베풂)

; 젊은 바라문이여, 바라문들이 공덕의 결실과 유익의 성취를 위하여 선언하는 그 다섯 가지 법이라는 심(心)의 필수품들에 대해 '원망 없고 거슬림 없는 심(心)을 닦기 위한 것'이라고 나는 말한다. 여기, 젊은이여, 비구는 진실을 말한다. 그는 '나는 진실을 말한다.'라면서 의미에 대한 앎을 얻고, 법에 대한 앎을 얻고, 법에 수반되는 환희를 얻는다. 그 유익에 수반되는 환희라는 심(心)의 필수품에 대해 '원망 없고 거슬림 없는 심(心)을 닦기 위한 것'이라고 나는 말한다.

; 범천의 동료로 이끄는 길로 이어짐 – 자비희사의 사무량심과 사무량심해탈

3. 바른 삼매의 필수품(sammāsamādhi parikkhāra) – (MN 117-커다란 마흔의 경)/(SN 45.28-삼매 경)/(AN 7.45-삼매의 필수품 경)

그러면 무엇이 기반을 가지고 필수품을 갖춘 성스러운 바른 삼매[정정(正定)]인가? 정견(正見-바른 견해), 정사유(正思惟-바른 사유), 정어(正語-바른말), 정업(正業-바른 행위), 정명(正命-바른 생활), 정정진(正精進-바른 노력), 정념(正念-바른 사띠)의 일곱 가지 요소를 갖춘 심일경성(心一境性) — 비구들이여, 이것이 기반을 가졌다고도 필수품을 갖추었다고도 하는 성스러운 바른 삼매이다.

(AN 4.28-성자의 계보 경)은 수행(修行-bhāvanā)과 버림(pahāna)을 대등하게 제시하는데, 수행이 곧 내 안의 버려지지 않은 법들(부정적 요소)을 버리는 실천 과정이라는 것을 알 수 있습니다. 이렇게 버려져서 없는 비어 있음의 상태를 공(空-suññatā)이라고 하는데, 부처님의 가르침은 모두 공에 연결된 가르침입니다.

◐ 앞선 책들의 수행 서술

; (되돌림 불서(佛書) Ⅰ-①) 『불교입문(Ⅰ) 소유하고자 하는 자를 위한 가르침)』 제4부 제2장

; (되돌림 불서(佛書) Ⅱ-③) 『초기불교 경전백선 독송집 (별책) 수행경전(修行經典)』에 대표적 수행경전으로 (DN 22/MN 10-대념처경)/(MN 119-몸에 속한 사띠 경/신념처경)/(MN 118-입출식념경)을 수록하고, nikaya.kr에서 강의 ⇒ nikaya.kr에서 '백일수행'으로 검색

; (되돌림 불서(佛書) Ⅱ-④) 『죽으면 어떻게 될까?(부처님이 가르쳐준 윤회 이야기)』 제4부 윤회 대응 제2장 수행

삶의 향상을 위한 실천 과정을 수행(修行-bhāvanā)이라고 말하는데, ①무엇을 도구/수단으로 삼고, ②어떤 기술을 적용해서 삶을 향상하는지의 양면에서 이해해야 합니다. 이때, 도구/수단의 측면에서는 힘(力-bala) 또는 기능(根-indriya)이라는 설명이 나타나는데, 삶을 퇴보로 이끄는 것들의 방어 측면에서는 힘이고, 향상으로 이끄는 동력의 측면에서는 기능입니다. 그리고 기술의 측면에서는 「사념처 → 사마타-위빳사나」 즉 사념처로 시작하고 사마타-위빳사나로 완성하는 하나의 수행체계를 말하는데, 수행의 중심 개념입니다.

이 개념은, 전술하였듯이, 다시

필수품의 과정(正見 ~ 正念) → 필수품을 갖춘 삼매(正定)

→ ①지금여기의 행복한 머묾으로 이끄는 삼매수행(心의 일어남)
→ ②지(知)와 견(見)의 얻음으로 이끄는 삼매수행(내적인 心의 사마타 - 법의 드러남)
→ ③염(念)-정지(正知)로 이끄는 삼매수행(법의 위빳사나 - 무상(無常)의 관찰) ⇒ 여실지견(如實知見)
→ ④번뇌의 부서짐으로 이끄는 삼매수행(사마타-위빳사나 - 번뇌의 부서짐) ⇒ 해탈지견(解脫知見) ⇒ (오온과 고에서의) 해탈

의 과정으로 상세히 설명되는데, 수행지도(修行地圖)의 개념입니다.

※ (AN 4.41-삼매수행 경) - 네 가지 삼매 수행 = ①지금여기의 행복한 머묾으로 이끄는 삼매수행, ②지(知)와 견(見)의 얻음으로 이끄는 삼매수행, ③염(念)-정지(正知)로 이끄는 삼매수행, ④번뇌의 부서짐으로 이끄는 삼매수행

me dhammā ajjhattaṃ appahīnā – ādīnavadassāvī
내 안에 버려지지 않은 법들에서 위험을 보겠습니다.

Ⅰ. 마음

몸과 함께 나를 구성하는 것으로의 마음은 '심(心)이라고도 의(意)라고도 식(識)이라고도 불리는 그것'입니다. 그래서 마음은 이런 동질성 위에서 차별성으로 이해되어야 합니다.

근본경전연구회는 「H_2O의 비유」로 '(조건에 따라) 심이라고도 의라고도 식이라고도 불리는 그것'의 관점에서 차별성을 설명하였습니다.

	심(心-citta)	의(意-mano)	식(識-viññāṇa)
생김	심행(心行) = 상(想)-수(受)	심-식 with 몸	작의
역할	행위	행위+인식	인식
위치	딱까의 안	딱까의 밖	딱까의 안
성장(기능)	삼매	사띠	지혜
수행(기법)	사마타	사념처	위빳사나
완성	심해탈	여실지견	혜해탈
삼명	천안명	숙주명	누진명

한편, 수행은 마음의 문제를 해소함으로써 고멸을 실현하는 과정입니다. 마음은 행위적 앎-자기 활동성의 관점으로 해석되는데, 식(분별 앎)-무명(존재 앎)-탐(가치 앎)-심(앎 = 분별-존재-가치 앎)입니다.

이때 수행은 딱까 밖에서 관심이 탐-진-치를 싣고 오지 못하게 함(無相-animitta)으로써 분별 앎의 문제를 해소하고, 딱까 안에서 가치 앎의 문제 해소에 이어 존재 앎의 문제를 해소함으로써 딱까 밖에서 생겨나는 분별 앎의 문제를 뿌리에서부터 해소하는 것으로 완성됩니다.

• 수행① – 분별 앎의 문제 해소 : 관심이 탐-진-치를 싣고 오지 못하게 함 = 욕탐의 제어 = 사념처 → 여실지견(사띠의 완성 – 사띠토대)

• 수행② – 탐-진-치의 부서짐을 위한 수행1) 가치 앎의 문제 해소 : 염오(→ 소망)-이탐(→ 탐) = 사마타 → 심해탈(애멸 = 심이 애에서 벗어남) = 삼매의 완성

• 수행③ – 탐-진-치의 부서짐을 위한 수행2) 존재 앎의 문제 해소 : 소멸(번뇌의 부서짐에 의해 무명이 버려지고 명이 생김) = 위빳사나 → 혜해탈(무명멸) → 부동의 심해탈(심해탈이 흔들리지 않음) = 지혜의 완성

⇒ 탐-진-치가 부서졌기 때문에 관심이 싣고 올 탐-진-치 없음 = 분별 앎의 문제 완전 해소(식이 번뇌에서 벗어남) = 해탈지견(해탈의 흔들리지 않음-태어남의 끝-다음의 존재 없음)

Ⅱ. 수행의 도구/수단 – 다섯 가지 기능(五根 – 믿음-정진-사띠-삼매-지혜)

수행은 보시와 계의 공덕행 위에서 삶을 더욱 향상하는 길과 실천인데, bhāvanā(바-와나-)의 번역입니다. increase; development by means of thought; meditation(증진. 개발. 명상) 등을 의미하는 용어인데, 명상을 통해 마음의 힘을 개발하고 증진하는 것을 의미한다고 하겠습니다.

마음의 힘은 믿음(saddha)-정진(viriya)-사띠(sati)-삼매(samādhi)-지혜(paññā)의 다섯 가지를 말하는데, 기능(五根) 또는 힘(五力)입니다.

1. 다섯 가지 기능 또는 힘 – 「퇴보로 이끄는 것들의 방어 측면에서는 힘(力-bala), 진보로 이끄는 동력의 측면에서는 기능(根-indriya)」

1) 마음 – 도움이 필요해!

소유(慾)를 동력으로 살아가는 욕계(慾界) 중생은, 마음에게 직접 몸을 데리고 살아가라고 허용하면, 고(苦)를 생겨나게 합니다. 소유의 경향(慾想)이 내 마음을 지배하기 때문입니다.

그래서 삶이 더 나아지기 위해서 마음은 불선(不善)/무익(無益)(akusala)을 방어하고 선(善)/유익(有益)(kusala)(*)을 북돋우는 양 측면에서 무언가의 도움이 필요한데, 부처님에 의하면, 믿음과 정진 그리고 사띠와 삼매와 지혜입니다. 이 다섯 가지는 마음이 가지는 수단이고, 능력이라고 이해할 수 있는데, 불선/무익 즉 퇴보로 이끄는 것들의 방어 측면에서는 힘(力-bala)이라고 불리고, 선/유익 즉 진보로 이끄는 동력의 측면에서는 기능(根-indriya)이라고 불립니다. 그래서 불교 교리에서는 다섯 가지 힘(五力)과 다섯 가지 기능(五根)으로 나타나는데, 소유를 동력으로 하는 삶의 문제를 해소하기 위해서는 오력(五力) 또는 오근(五根)의 수단/능력을 갖추어야 한다는 것입니다.

(*) 부처님 출가의 이유-목적 – 「kiṃkusalagavesī 무엇이 유익(有益)인지 구함」(MN 36-삿짜까 큰 경)/(MN 85-보디 왕자 경)/(MN 100-상가라와 경)

이때, 「퇴보로 이끄는 것들의 방어 측면에서는 힘(力-bala), 진보로 이끄는 동력의 측면에서는 기능(根-indriya)」이라는 설명은 믿음-히리-옷땁빠-정진-지혜의 다섯 가지 힘(유학의 힘=여래의 힘)과 연계한 이해인데, 「유학의 힘 → 탐진치를 버림 → 불선과 악을 행하지 않게 됨(AN 2.11~13-이유 품)」입니다. (AN 4.163-부정 경) 등은 다섯 가지 유학의 힘을 의지하여 머무는 가운데 다섯 가지 기능의 강약에 의한 성취의 차이를 설명하는데, 다섯 가지 유학의 힘에 의지하여 퇴보로 이끄는 것들을 방어하면서, 다섯 가지 기능을 강화하여 진보로 이끄는 동력으로 삼는다고 이해할 수 있습니다.

힘과 기능에 대한 이런 이해는 노력의 방향을 설명해 줍니다. 팔정도의 정정진, 보리분법의 사정근, 오근 또는 오력의 정진은 모두 같은 방법으로 정의되는데, 불선법들의 버림을 위하고, 선법들의 성취를 위한 것입니다.

- 불선법들의 버림의 측면 – ①생겨나지 않은 악한 불선법들을 생겨나지 않게 하기 위함, ②생겨난 악한 불선법들을 버리기 위함

- 선법들의 성취의 측면 – ①생겨나지 않은 선법들을 생겨나게 하기 위함, ②생겨난 선법들을 유지하고, 혼란스

럽지 않게 하고, 점점 더 커지게 하고, 닦아서 완성하기 위함

특히, 선법들의 성취의 측면②는 다섯 가지 기능의 강약에 의한 성취의 차이를 함께 설명한다고 하겠습니다.

그런데 이렇게 힘과 기능의 차이를 말할 때, 믿음-정진-사띠-삼매-지혜의 같은 다섯 가지를 힘이라고도 하고 기능이라고도 하는 것은 어떻게 이해해야 합니까?

(SN 48.43-사께따 경)에서 부처님은 다섯 가지 기능이 다섯 가지 힘이 되고, 다섯 가지 힘이 다섯 가지 기능이 되는 방법을 설명합니다.

> 예를 들면, 동쪽으로 굽고 경사지고 이끌리는 강이 있고, 그 강의 가운데에 섬이 있다. 그 강을 하나의 흐름이라고 부르는 방법이 있고, 두 개의 흐름이라고 부르는 방법이 있다. 그러면 그 강을 하나의 흐름이라고 부르는 방법은 무엇인가? 그 섬까지 오지 못한 물과 그 섬을 지난 물 – 이것이 그 강을 하나의 흐름이라고 부르는 방법이다. 그러면 그 강을 두 개의 흐름이라고 부르는 방법은 무엇인가? 그 섬의 북쪽에 있는 물과 그 섬의 남쪽에 있는 물 – 이것이 그 강을 두 개의 흐름이라고 부르는 방법이다. 이처럼 믿음의 기능이 믿음의 힘이고, 믿음의 힘이 믿음의 기능이다. 정진의 기능이 정진의 힘이고, 정진의 힘이 정진의 기능이다. 사띠의 기능이 사띠의 힘이고, 사띠의 힘이 사띠의 기능이다. 삼매의 기능이 삼매의 힘이고, 삼매의 힘이 삼매의 기능이다. 지혜의 기능이 지혜의 힘이고, 지혜의 힘이 지혜의 기능이다. 다섯 가지 기능을 닦고 많이 행한 비구는 번뇌들이 부서졌기 때문에 번뇌가 없는 심해탈과 혜해탈을 지금여기에서 스스로 실답게 안 뒤에 실현하고 성취하여 머문다.

그렇다면 믿음-정진-사띠-삼매-지혜는 불선법들의 버림과 선법들의 성취라는 양면의 역할을 함께 가지고 있는데(하나의 흐름), 필요해서 구분해 말하면 불선법들의 버림을 위한 측면(힘)과 선법들의 성취를 위한 측면(기능)으로 구분된다(두 개의 흐름)는 것으로 이해할 수 있습니다.

이때, 오근 또는 오력을 갖추어 가는 과정 그리고 오근-오력과 함께하는 마음이 삶의 문제를 해소하는 포괄적 과정을 수행이라고 부릅니다.

2) 기능 = 마음의 성장 부분

; 의(意-mano)의 성장 부분 = sati(念-사띠)
; 심(心-citta)의 성장 부분 = samādhi(定-삼매)
; 식(識-viññāṇa)의 성장 부분 = paññā(慧-지혜)

물론, 마음의 동력을 갖춘다고 하지만, 기능이나 힘이 마음 밖의 어떤 것은 아닙니다. 말하자면, 팔이 방패와 칼이라는 팔 밖에 있는 수단 또는 능력을 지니는 것과는 다릅니다. 방패와 칼을 들기 이전에 팔 자체의 힘 즉 알통(근육)을 만들고, 알통과 함께한 팔이 방패와 칼을 들고 전투를 하는 것과 같습니다.

이렇게 팔이 힘을 쓰기 위해서는 팔을 구성하는 일부이지만 독립된 이름을 가지는 알통이 필요하듯이, 기능이나 힘도 마음을 구성하는 일부이지만 힘을 쓰기 위한 어떤 것에 붙여진 독립된 이름이라고 해야 합니다.

그러면 그 어떤 것으로의 다섯 가지 기능은 무엇입니까?

이 주제는 「사실에 어긋난 삶은 괴로움을 만들고(苦), 사실에 들어맞는 삶은 행복을 만든다(苦滅)」라는 압축된 가르침과 연결해서 이해해야 하는데, 이 압축은 그대로 사성제입니다.

여기서 사실은 행(行)들의 실상 즉 무상(無常)-고(苦)-무아(無我)입니다. 그래서 마음이 몸과 함께 세상을 만날 때 얼마만큼 사실에 접근된 눈으로 보는가의 문제입니다. 즉, 사실에서 멀어진 눈으로 세상을 보는 것은 사실에 어긋난 삶이어서 괴로움을 만들고, 사실에 접근된 눈으로 세상을 보는 것은 사실에 들어맞는 삶이어서 행복을 만드는 것입니다.

여기서 눈 즉 보는 자는 마음(心)입니다. 눈이 보는 일을 하기 위해서는 두 가지가 필요한데, 눈을 뜨는 것과 빛입니다. 눈이 있어도 감고 있거나, 어둠 속에서는 볼 수 없기 때문입니다. 이때, 눈뜸과 빛은 무엇입니까? (SN 1.80-빛 경)은 답을 주는데, 시각을 안으로 돌려 내적으로 눈뜸 즉 '마음의 현재를 발견하는 능력'은 사띠(sati-念-알아차림-마음챙김)이고, 빛 즉 사실을 비추는 능력은 지혜(paññā-빤냐-慧)입니다. -「"kiṃsu lokasmi pajjoto, kiṃsu lokasmi jāgaro 무엇이 세상에서 빛이고, 무엇이 세상에서 깨어남(눈뜸)입니까? … paññā lokasmi pajjoto, sati lokasmi jāgaro 지혜가 세상에서 빛이고, 사띠가 세상에서 깨어남(눈뜸)이다..」

이렇게 눈을 뜨고 빛을 비추면 눈은 봅니다. 그런데 잘 보기 위해서는 거기에 더해 눈이 흔들리지 않아야 합니다. 하나의 대상에 집중되어 흔들리지 않아야 그 대상을 정확히 볼 수 있습니다. 이때, 흔들리지 않음 즉 대상에 고정/집중된 마음 상태를 심일경성(心一境性-cittassa ekaggata)이라고 하는데, 삼매(samādhi-사마디-定)의 정의입니다.

그래서 심(心)이라는 눈이 잘 보기 위해서는

① 사띠로 눈 뜨고, ② 삼매로 흔들리지 않는 가운데, ③ 지혜로 빛을 비추어야 한다

는 것을 알 수 있는데, 이것이 마음을 도와서 삶을 향상으로 이끄는 기능의 구체적 내용입니다. -「사띠-삼매-지혜의 기능 또는 힘」

3) 수행(修行-bhāvanā)의 기법 : (기능의 알통을 갖추어) 방패와 칼을 들고 전투에 임함 -「사념처 → 사마타-위빳사나」

한편, 이런 기능을 ①갖추고, ②삶의 문제를 직접 해소하는 과정으로의 수행이 제시되는데, 사념처입니다. 신(身)-수(受)-심(心)-법(法)을 이어보는 가운데 알아차리고, 옳고 그름을 판단하고, 옳음의 유지-향상을 위해 노력하는(ātāpī sampajāno satimā) 기술인데, 전적인 유익(有益) 덩어리입니다.

반면에, 전적인 무익(無益) 덩어리여서 사념처와 대응하는 것도 있는데, 지혜를 무력화시키는 심(心)의 오염원인 다섯 가지 장애(소유의 관심-간탐-욕탐(慾貪), 진에, 해태-혼침, 들뜸-후회, 의심)입니다.(*) 그래서 사념처 수행은 ①사띠를 강화하는 과정에서 마음을 하나의 대상에 집중하여 ②삼매에 들게 하고, 그 과정에서 다섯 가지 장애가 버려짐으로써 ③지혜가 힘 있어지는 수행입니다.

- 사념처 수행의 효과 - 사띠-삼매-지혜의 기능이 강화됨

(*) (SN 47.5-무익 덩어리 경) –「비구들이여, '무익 덩어리'라고 말하는 것은 다섯 가지 장애에 대해 바르게 말하는 것이라고 말해야 한다. 비구들이여, 참으로 이것은 전적인 무익 덩어리이니 다섯 가지 장애이다. … 비구들이여, '유익 덩어리'라고 말하는 것은 사념처에 대해 바르게 말하는 것이라고 말해야 한다. 비구들이여, 참으로 이것은 전적인 유익 덩어리이니 사념처이다.」

더 나아가, 수행은 사념처의 완성 즉 사념처에 잘 확립된 심(心)을 가진 자가 사마타와 위빳사나의 방법에 의해 심의 형성 과정의 문제를 해소하는 것으로 완성됩니다. 이 완성의 자리는, 비유하자면, 사념처로 사띠의 알통을 완성한 팔이 삼매의 알통을 완성하는 사마타의 방패로 방어하면서 지혜의 알통을 완성하는 위빳사나의 칼로 번뇌를 부수는 과정입니다. 이때, 지혜는 성장에 따라 다르게 부르는데, 사띠의 완성에 대응하는 지혜는 실다운 지혜(abhiññā-아빈냐)이고, 위빳사나로 번뇌를 부수고 완성된 지혜는 완전한 지혜(pariññā-빠린냐)입니다.

;「sati – 의(意) → 사념처, samādhi – 심(心) → 사마타, paññā - 식(識) → 위빳사나」

하지만 사띠-삼매-지혜의 사념처 수행을 알기만 하면 이들이 생겨나서 역할을 하는 것은 아닙니다. 사념처를 닦음 즉 노력이 수반될 때 생겨나고 힘 있어져서 그 역할을 하게 됩니다. 그래서 정진(精進)도 기능입니다. 그리고 이런 노력의 근거가 되는 믿음(부처님의 깨달음에 대한 확실한 믿음 - 信)도 기능입니다.

이렇게 마음을 도와서 삶을 향상으로 이끄는 능력(기능-힘)은 믿음-정진-사띠-삼매-지혜의 다섯 가지가 있습니다. 이것을 오근 또는 오력이라고 부르는데, 이것이 수행의 구체적 도구입니다. –「신(信-saddhā)-정진(精進-viriya)-염(念-sati)-정(定-samādhi)-혜(慧-paññā)」

이런 다섯 가지 기능 또는 힘을 그림으로 나타내었습니다.

- 그림 -「다섯 가지 기능[오근(五根)]의 개념도 - Ⅰ」(573쪽)
- 그림 -「다섯 가지 기능[오근(五根)]의 개념도 - Ⅱ」(574쪽)

한편, 다섯 가지 기능은 (SN 48.10-분석 경2)에서 정의됩니다.

2. 다섯 가지 기능의 정의 – dutiyavibhaṅgasuttaṃ (SN 48.10-분석 경2)

"pañcimāni, bhikkhave, indriyāni. katamāni pañca? saddhindriyaṃ, vīriyindriyaṃ, satindriyaṃ, samādhindriyaṃ, paññindriyaṃ.

비구들이여, 이런 다섯 가지 기능이 있다. 어떤 다섯 가지인가? 믿음의 기능, 정진의 기능, 사띠의 기능, 삼매의 기능, 지혜의 기능이다.

1) 믿음(信-saddhā)

katamañca, bhikkhave, saddhindriyaṃ? idha, bhikkhave, ariyasāvako saddho hoti, saddahati tathāgatassa bodhiṃ – 'itipi so bhagavāarahaṃ sammāsambuddho vijjācaraṇa-sampanno sugato lokavidū anuttaro purisadammasārathi satthādevamanussānaṃ buddho bhagavā'ti – idaṃ vuccati, bhikkhave, saddhindriyaṃ.

비구들이여, 무엇이 믿음의 기능인가? 여기, 비구들이여, 성스러운 제자는 믿음을 가졌다. '이렇게 그분 세존(世尊)께서는 모든 번뇌 떠나신 분, 스스로 완전한 깨달음을 이루신 분, 밝음과 실천을 갖추신 분, 진리의 길 보이신 분, 세상일을 모두 훤히 아시는 분, 어리석은 이도 잘 이끄시는 위없는 분, 신과 인간의 스승, 깨달으신 분, 존귀하신 분이시다.'라고 여래(如來)의 깨달음을 믿는다. – 이것이, 비구들이여, 믿음의 기능이라고 불린다.

2) 정진(精進-vīriya)

"katamañca, bhikkhave, vīriyindriyaṃ? idha, bhikkhave, ariyasāvako āraddhavīriyo viharati akusalānaṃ dhammānaṃ pahānāya, kusalānaṃdhammānaṃ upasampadāya, thāmavā daḷha-parakkamo anikkhittadhuro kusalesu dhammesu.

so anuppannānaṃ pāpakānaṃ akusalānaṃ dhammānaṃ anuppādāya chandaṃ janeti vāyamati vīriyaṃ ārabhati cittaṃ paggaṇhāti padahati; uppannānaṃ pāpakānaṃ akusalānaṃ dhammānaṃ pahānāya chandaṃ janeti vāyamati vīriyaṃārabhati cittaṃ paggaṇhāti padahati; anuppannānaṃ kusalānaṃ dhammānaṃuppādāya chandaṃ janeti vāyamati vīriyaṃ ārabhati cittaṃ paggaṇhāti padahati; uppannānaṃ kusalānaṃ dhammānaṃ ṭhitiyā asammosāya bhiyyobhāvāya vepullāya bhāvanāya pāripūriyā chandaṃ janeti vāyamati vīriyaṃārabhati cittaṃ paggaṇhāti padahati – idaṃ vuccati, bhikkhave, vīriyindriyaṃ.

그러면 비구들이여, 무엇이 정진의 기능인가? 여기, 비구들이여, 성스러운 제자는 불선법(不善法)들의 버림을 위해, 선법(善法)들의 성취를 위해 열심히 정진하면서 머문다. 선법들에 대해 열정적이고 책임을 포기하지 않는 강한 자이다.

그는 생겨나지 않은 악한 불선법들이 생겨나지 않도록 관심을 생기게 하고, 노력하고, 힘을 다하고, 심(心)을 돌보고, 애쓴다. 생겨난 악한 불선법들이 버려지도록 관심을 생기게 하고, 노력하고, 힘을 다하고, 심(心)을 돌보고, 애쓴다. 생겨나지 않은 선법들이 생겨나도록 관심을 생기게 하고, 노력하고, 힘을 다하고, 심(心)을 돌보고, 애쓴다. 생겨난 선법들이 유지되고, 혼란스럽지 않게 되고, 점점 더 커져서 가득 차게 되고, 닦아서 완성되도록 관심을 생기게 하고, 노력하고, 힘을 다하고, 심(心)을 돌보고, 애쓴다. – 이것이, 비구들이여, 정진의 기능이라고 불린다.

3) 사띠(念-sati)

"katamañca, bhikkhave, satindriyaṃ? idha, bhikkhave, ariyasāvako satimāhoti paramena sati-nepakkena samannāgato, cirakatampi cirabhāsitampi saritā anussaritā.

so kāye kāyānupassī viharati ātāpī sampajāno satimā, vineyya loke abhijjhādomanassaṃ ; vedanāsu vedanānupassī viharati ātāpī sampajāno satimā, vineyya loke abhijjhā-domanassaṃ; citte cittānupassī viharati ātāpī sampajāno satimā, vineyya loke abhijjhādomanassaṃ; dhammesu dhammānupassī viharati ātāpī sampajāno satimā, vineyya loke abhijjhādomanassaṃ – idaṃ vuccati, bhikkhave, satindriyaṃ.

그러면 비구들이여, 무엇이 사띠의 기능인가? 여기, 비구들이여, 성스러운 제자는 사띠를 가졌다. 능숙한 사띠를 갖추어 오래전에 행한 것에게도, 오래전에 말한 것에게도 다가가서 기억한다. – 이것이, 비구들이여, 사띠의 기능이라고 불린다.

그는 몸(身)에서 몸을 이어보면서 머문다. 알아차리고, 옳고 그름을 판단하고, 옳음의 유지-향상을 위해 노력하는 자는 세상에서 간탐과 고뇌를 제거한다. 느낌(受)들에서 느낌을 이어보면서 머문다. 알아차리고, 옳고 그름을 판단하고, 옳음의 유지-향상을 위해 노력하는 자는 세상에서 간탐과 고뇌를 제거한다. 마음(心)에서 마음을 이어보면서 머문다. 알아차리고, 옳고 그름을 판단하고, 옳음의 유지-향상을 위해 노력하는 자는 세상에서 간탐과 고뇌를 제거한다. 현상(法)들에서 현상을 이어 보면서 머문다. 알아차리고, 옳고 그름을 판단하고, 옳음의 유지-향상을 위해 노력하는 자는 세상에서 간탐과 고뇌를 제거한다. – 이것이, 비구들이여, 사띠의 기능이라고 불린다.

4) 삼매(定-samādhi)

"katamañca, bhikkhave, samādhindriyaṃ? idha, bhikkhave, ariyasāvako vossag-gārammaṇaṃ karitvā labhati samādhiṃ, labhati cittassa ekaggataṃ.

so vivicceva kāmehi vivicca akusalehi dhammehi savitakkaṃ savicāraṃ vivekajaṃ pītisukhaṃ paṭhamaṃ jhānaṃ upasampajja viharati. vitakkavicārānaṃ vūpasamā ajjhattaṃ sampasādanaṃ cetaso ekodibhāvaṃ avitakkaṃ avicāraṃ samādhijaṃ pītisukhaṃ dutiyaṃ jhānaṃ upasampajja viharati. pītiyā ca virāgā upekkhako ca viharati sato ca sampajāno sukhañca kāyena paṭisaṃvedeti yaṃ taṃ ariyā ācikkhanti 'upekkhako satimāsukhavihārī'ti tatiyaṃ jhānaṃ upasampajja viharati. sukhassa ca pahānā dukkhassa ca pahānā pubbeva somanassadomanassānaṃ atthaṅgamā adukkhamasukhaṃ upekkhāsatipārisuddhiṃ catutthaṃ jhānaṃ upasampajja viharati – idaṃ vuccati, bhikkhave, samādhindriyaṃ.

그러면 비구들이여, 무엇이 삼매의 기능인가? 여기, 비구들이여, 성스러운 제자는 대상의 양도를 행한 뒤에[또는 대상에서 쉬면서] 삼매를 얻는다. 심(心)의 집중 상태(*)를 얻는다.

(*) cittassa ekaggataṃ – 심(心)의 집중상태 = 심일경성(心一境性)

그는 소유의 삶에서 벗어나고, 불선법들에서 벗어나서, 위딱까가 있고 위짜라가 있고 떨침에서 생긴 기쁨과 즐거움의 초선을 성취하여 머문다. 위딱까와 위짜라의 가라앉음으로 인해, 안으로 평온함과 마음의 집중된 상태가 되어, 위딱까도 없고 위짜라도 없이, 삼매에서 생긴 기쁨과 즐거움의 제2선을 성취하여 머문다. 기쁨의 바램으로부터 평정하게 머물고, 사띠와 바른 앎을 가지고 몸으로 즐거움을 경험하면서, 성인들이 '평정을 가진 자, 사띠를 가진 자, 즐거움에 머무는 자.'라고 말하는 제3선을 성취하여 머문다. 즐거움의 버림과 괴로움의 버림으로부터, 이미 만족과 불만들의 줄어듦으로부터, 괴로움도 즐거움도 없고 평정과 청정한 사띠의 제4선을 성취하여 머문다. – 이것이, 비구들이여, 삼매의 기능이라고 불린다.

5) 지혜(慧-paññā)

"katamañca, bhikkhave, paññindriyaṃ? idha, bhikkhave, ariyasāvako paññavā hoti udayatthagāminiyā paññāya samannāgato ariyāya nibbedhikāya, sammā dukkhakkhaya-gāminiyā.

so 'idaṃ dukkhan'ti yathābhūtaṃ pajānāti, 'ayaṃ dukkha-samudayo'ti yathābhūtaṃ pajānāti, 'ayaṃdukkhanirodho'ti yathābhūtaṃ pajānāti, 'ayaṃ dukkhanirodhagāminī-paṭipadā'ti yathābhūtaṃ pajānāti – idaṃ vuccati, bhikkhave, paññindriyaṃ. imāni kho, bhikkhave, pañcindriyānī"ti.

그러면 비구들이여, 무엇이 지혜의 기능인가? 여기, 비구들이여, 성스러운 제자는 지혜를 가졌다. 자라남-줄어듦으로 이끌고, 성스러운 꿰뚫음에 의해 바르게 괴로움의 부서짐으로 이끄는 지혜를 갖추었다.

그는 '이것이 고(苦)다.'라고 있는 그대로 꿰뚫어 안다. '이것이 고집(苦集)이다.'라고 있는 그대로 꿰뚫어 안다. '이것이 고멸(苦滅)이다.'라고 있는 그대로 꿰뚫어 안다. '이것이 고멸(苦滅)로 이끄는 실천이다.'라고 있는 그대로 꿰뚫어 안다. – 이것이 비구들이여, 지혜의 기능이라고 불린다. 이것이, 비구들이여, 다섯 가지 기능이다.

3. 다섯 가지 기능의 비유를 통한 이해 –「올챙이, 개구리 되기!」

; 근본경전연구회가 만든 두번째 비유

「물론, 마음의 동력을 갖춘다고 하지만, 기능이나 힘이 마음 밖의 어떤 것은 아닙니다. 말하자면, 팔이 방패와 칼이라는 팔 밖에 있는 수단 또는 능력을 지니는 것과는 다릅니다. 방패와 칼을 들기 이전에 팔 자체의 힘 즉 알통(근육)을 만들고, 알통과 함께한 팔이 방패와 칼을 들고 전투를 하는 것과 같습니다.」라는 설명은 비유로 설명할 수 있습니다.

올챙이는 뒷다리가 쑤욱 나오고, 앞다리가 쏘옥 나오고, 꼬리가 버려지는 과정을 거쳐 개구리가 됩니다. 서로 다른 개체가 아니라 올챙이가 성장하여 개구리가 되는 것입니다. 올챙이가 성장하여 세상에 더 잘 대응할 수 있는 상태로 진화한 것이 개구리입니다.

- 「올챙이(몸통과 꼬리) → 꼬리가 퇴화하고 4개의 다리가 나오는 과정 → 개구리」

수행자도 마찬가지입니다.

- 수행자에게 믿음은 왼쪽 뒷다리입니다. 믿음을 가지면, 올챙이에게 왼쪽 뒷다리가 쑤욱 나온 것이어서 도약의 근거가 됩니다.

- 정진은 오른쪽 뒷다리입니다. 정진하면, 오른쪽 뒷다리가 쑤욱 나온 것이어서 양다리는 균형을 갖추고 힘차게 도약할 수 있습니다.

- 사띠는 왼쪽 앞다리입니다. 사띠하면, 왼쪽 앞다리가 쏘옥 나온 것이어서 방향을 잡을 수 있습니다.

- 삼매는 오른쪽 앞다리입니다. 삼매에 들면, 오른쪽 앞다리가 쏘옥 나온 것이어서 균형을 잡고 가야 하는 곳으로 정확히 몸을 이끌 수 있습니다.

- 사념처에 의해 다섯 가지 장애가 버려지는 것은 꼬리가 제거되는 것입니다. 꼬리가 제거되면 올챙이는 머리를 곧추세우고 세상을 보는데, 지혜입니다.

이렇게 올챙이는 성장하여 개구리로 완성됩니다. 그리고 세상을 상대로 최적의 삶을 살게 되는데, 지혜를 갖춘 삶입니다. 개구리가 머리를 들어 방향을 보고, 앞다리와 뒷다리를 이용해서 가고 싶은 곳으로 갈 수 있듯이, 지혜로운 자는 믿음-정진-사띠-삼매의 네 가지 기능-힘을 포괄하여 삶을 고멸 즉 열반으로 이끕니다.

이렇게 수행은 올챙이가 개구리로 진화하고, 최적의 상태로 세상을 사는 과정과 같습니다. 윤회하면서 괴로움을 겪어야 하는 중생의 삶에서 벗어나 해탈된 삶을 실현해 가는 과정입니다. →「고멸(苦滅)-불사(不死)-해탈(解脫)-열반(涅槃)의 실현 = 깨달음」

4. 다섯 가지 기능의 개괄

(SN 48.11-얻음 경)은 믿음과 지혜의 기능을 가진 성스러운 제자는 정진-사띠-삼매의 기능을 얻는다고 알려주는데, (SN 48.19-갖춘 자 경)에 의하면, 믿음-정진-사띠-삼매-지혜의 다섯 가지는 가라앉음과 깨달음으로 이끄는(upasamagāmiṃ sambodhagāmiṃ) 기능입니다. 그래서 (SN 48.18-실천하는 자 경)은 이런 다섯 가지 기능의 완성 정도에 따라 사쌍팔배(四雙八輩)의 성자가 되고, 기능을 전혀 갖추지 못하면 범부의 편에 선 외부인이라고 알려줍니다.

특히, (SN 48.12-간략함 경1)~(SN 48.17-상세함 경3)은 기능의 완성 정도에 따라 ①아라한~믿음을 따르는 자가 되고, ②기능의 차이로부터 과(果)의 차이가 있고, 과(果)의 차이로부터 사람의 차이가 있으며, ③완전하게 행한 자는 완전함을 성취하고, 한정되게 행한 자는 한정된 것을 성취하지 다섯 가지 기능은 결실이 없지 않다고 말합니다.

한편, (SN 48.45-동쪽 사원 경1)~(SN 48.48-동쪽 사원 경4)는「몇 개의 기능들을 닦고 많이 행할 때 번뇌 다한 비구는 '태어남은 다했다. 범행은 완성되었다. 해야 할 일을 했다. 다음에는 현재 상태[유(有)]가 되지 않는다.'라고 분명히 안다고 무위의 앎을 설명하는가?」라는 문답이 주제인데,

- (SN 48.45-동쪽 사원 경1) – 한 가지 기능 = 지혜 → '지혜를 가진 성스러운 제자에게 그것을 뒤따라 믿음이 확립되고, 그것을 뒤따라 정진이 확립되고, 그것을 뒤따라 사띠가 확립되고, 그것을 뒤따라 삼매가 확립된다.'

- (SN 48.46-동쪽 사원 경2) – 두 가지 기능 = 성스러운 지혜와 성스러운 해탈 → '성스러운 해탈이 삼매의 기능이다.'

- (SN 48.47-동쪽 사원 경3) – 네 가지 기능 = 정진과 사띠와 삼매와 지혜

- (SN 48.48-동쪽 사원 경4) – 다섯 가지 기능 = 믿음과 정진과 사띠와 삼매와 지혜

로 나타납니다. 이때, 세 가지 기능에 대해서는 (SN 48.49-삔돌라바라드와자 경)이 설명하는데, 사띠와 삼매와 지혜의 기능을 닦고 많이 행할 때 무위의 앎을 선언한다는 설명에 이어 이 세 가지 기능의 끝을 말합니다. 기능의 끝 즉 더 이상 도구/수단이 필요치 않게 된 수행의 완성(향상으로 이끄는 동력의 불필요)입니다.

> 비구들이여, 무엇이 이런 세 가지 기능의 끝인가? 부서짐의 끝이다. 무엇이 부서짐의 끝인가? 생(生)과 노사(老死)의 부서짐이다. '생과 노사가 부서졌다.'라고 보았기에 삔돌라바라드와자 비구는 '태어남은 다했다. 범행은

완성되었다. 해야 할 일을 했다. 다음에는 현재 상태[유(有)]가 되지 않는다.'라고 분명히 안다고 무위의 앎을 선언했다.

이렇게 수행의 도구/수단은 지혜로부터 출발하여, 지혜와 삼매(성스러운 해탈), 지혜와 삼매와 사띠, 정진과 사띠와 삼매와 지혜에 이어 믿음-정진-사띠-삼매-지혜의 다섯 가지 기능으로 제시됩니다.

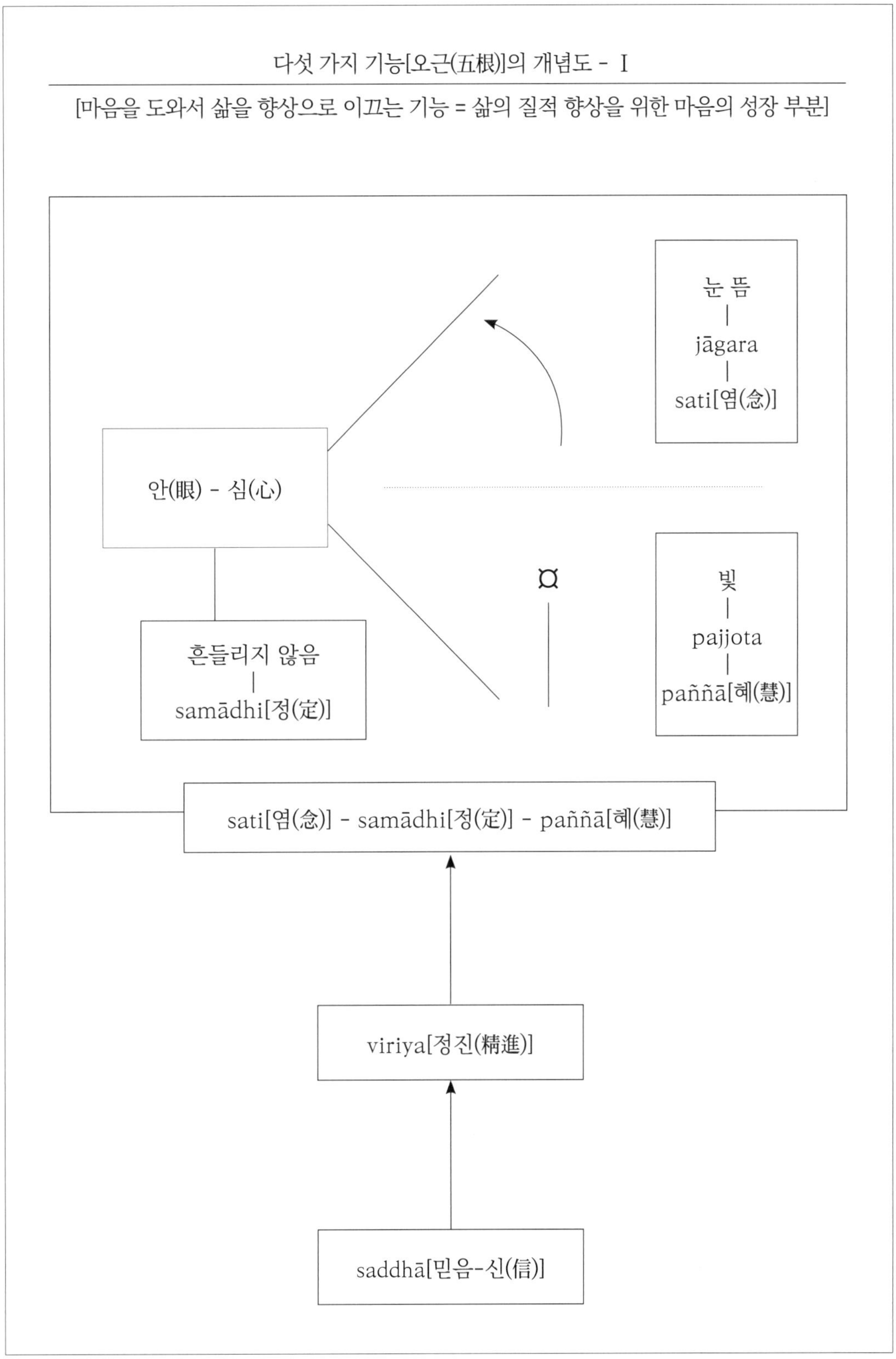

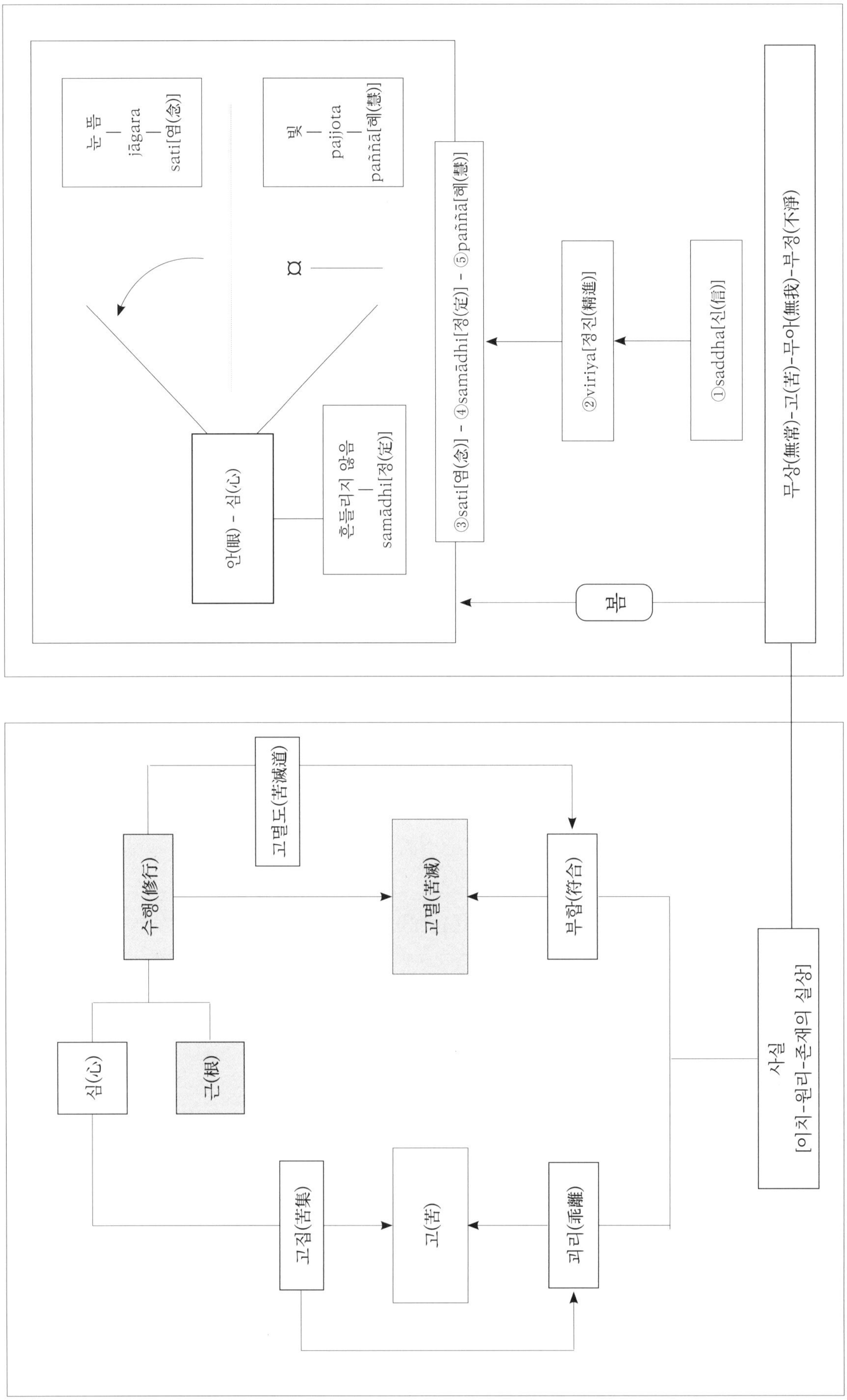

다섯 가지 기능[오근(五根)]의 개념도 - II

[마음을 도와서 삶을 향상으로 이끄는 기능(根) - 신(信)-정진(精進)-염(念)-정(定)-혜(慧)]

Ⅲ. 「수행의 중심 개념 – 예외가 없는 법의 과정」

• 수행의 본질 : 팔정도(八正道) – 「필수품을 갖춘 삼매 = 바른 삼매」 → 삼매를 닦는 수행

수행의 포괄적 정의는 팔정도입니다. 고성제(오취온고)-고집성제(애)-고멸성제(애멸)에서 애멸의 방법으로 제시되는 것이 팔정도이고, 팔정도의 실천이 고멸도성제 즉 중도(中道)이기 때문입니다.

그래서 수행의 서술은 팔정도에서 시작해야 합니다. 팔정도는 정견(正見-바른 견해)-정사유(正思惟-바른 사유)-정어(正語-바른말)-정업(正業-바른 행위)-정명(正命-바른 생활)-정정진(正精進-바른 노력)-정념(正念-바른 사띠)-정정(正定-바른 삼매)인데, (AN 7.45-삼매의 필수품 경) 등은 정견~정념을 정정의 필수품이라고 합니다. 즉 수행의 본질은 정정(正定-바른 삼매)인데, 필수품과 함께하기 때문에 팔정도 즉 여덟 가지 성스러운 길이라고 이름 붙여진다는 의미입니다.

이런 의미에서 수행은 필수품의 과정으로 삼매를 성취하고, 삼매 위에서 깨달음으로 나아가는 과정이라고 해야 합니다. 이런 과정은 (DN 2-사문과경)에서 수행체계도(修行體系圖)로 정리되고, (SN 34-선(禪) 상윳따)에서 삼매 이후의 과정을 10단계로 제시하는 등 그 체계를 발견할 수 있습니다.

그런데 이런 깨달음의 과정은 다섯 가지 장애와 일곱 가지 깨달음의 요소(칠각지)의 대응 관계로 설명되는데, 「수행의 중심 개념 – 예외가 없는 법의 과정」입니다.

◐ 「수행의 중심 개념 – 예외가 없는 법의 과정」

「pañca nīvaraṇe pahāya cetaso upakkilese paññāya dubbalīkaraṇe 혜(慧)를 무력화시키는 심(心)의 오염원인 다섯 가지 장애를 버리고서」의 구문은 네 가지 형태의 용례로 이어지는데, 첫 번째 용례는 「예외가 없는 법의 과정」이어서 깨달음으로 이끌리는 유일한 길이라는 관점에서 「수행의 중심 개념」을 알려줍니다.

이 구문은 1)「수행의 중심 개념 – 예외가 없는 법의 과정」의 용례에서 ①깨달음-②열반-③구원을 말하는 세 가지 형태의 경들 외에 2)사선(四禪)-3)사념처(四念處)-4)사무량심(四無量心)을 닦는 것의 네 가지 형태로 이어집니다.

1. 이 구문이 사용된 네 가지 형태

1) [예외가 없는 법의 과정 - 수행의 중심 개념] pañca nīvaraṇe pahāya cetaso upakkilese paññāya dubbalīkaraṇe catūsu satipaṭṭhānesu supatiṭṭhitacittā sattabojjhaṅge yathābhūtaṃ bhāvetvā 혜(慧)를 무력화시키는 심(心)의 오염원인 다섯 가지 장애를 버리고서 사념처에 잘 확립된 심을 가진 자는 칠각지를 있는 그대로 닦아서

①[깨달음] anuttaraṃ sammāsambodhiṃ abhisambujjhiṃsu 위없는 바른 깨달음을 깨달았다.(DN 16.5-대반열반경, 사리뿟따의 사자후)/(DN 28.1-믿음을 고양하는 경, 사리뿟따의 사자후)/(SN 47.12-날란다 경)

②[열반] akaṇhaṃ asukkaṃ nibbānaṃ abhijāyati 검지도 희지도 않은 열반을 생겨나게 한다.(AN 6.57-여섯 가지 태생 경)

③[구원] evamete lokamhā nīyiṃsu vā nīyanti vā nīyissanti vā'ti. 이렇게 이 세상으로부터 구원되었고 구원되고 구원될 것이다.(AN 10.95-웃띠야 경)

2) [사선(四禪)] pañca nīvaraṇe pahāya cetaso upakkilese paññāya dubbalīkaraṇe vivicceva kāmehi vivicca akusalehi dhammehi ~ 혜를 무력화시키는 심의 오염원인 다섯 가지 장애를 버리고서 소유의 삶에서 벗어나고, 불선법들에서 벗어나서,~ (초선/제2선/제3선/제4선)(MN 60-흠 없음 경)/(MN 76-산다까 경)/(MN 79-사꿀루다이 작은 경)/(MN 94-고따무카 경)/(MN 101-데와다하 경)/(MN 107-가나까목갈라나 경)/(MN 112-여섯 가지 청정 경)/(AN 4.198-스스로 힘든 삶을 사는 자 경)/(AN 5.75-전사(戰士) 경1)/(AN 5.76-전사 경2)/(AN 9.40-힘센 코끼리 경)

3) [사념처(四念處)] pañca nīvaraṇe pahāya cetaso upakkilese paññāya dubbalīkaraṇe kāye kāyānupassī viharati ātāpī sampajāno satimā vineyya loke abhijjhādomanassaṃ. ~ 혜를 무력화시키는 심의 오염원인 다섯 가지 장애를 버리면서 몸(身)을 이어보면서 몸에 머문다. 알아차리고 옳고 그름을 판단하고 옳음의 유지-향상을 위해 노력하여 세상에 대한 간탐과 고뇌를 제거한다. ~(MN 125-길들임의 단계 경)

4) [사무량심(四無量心)] pañca nīvaraṇe pahāya cetaso upakkilese paññāya dubbalīkaraṇe mettāsahagatena cetasā ekaṃ disaṃ pharitvā viharati ~ 혜를 무력화시키는 심의 오염원인 다섯 가지 장애를 버리고서 자(慈)가 함께한 심으로 한 방향을 두루 미치면서 머문다. ~(DN 25-우둠바리까 경)/(SN 46.54-자(慈)와 함께함 경)

2. 예외가 없는 법의 과정을 설명하는 경 – 세 가지 형태, 다섯 개

1) 부처님을 찬탄하는 사리뿟따 존자의 사자후를 주제로 하는 세 개의 경(DN 16.5-대반열반경, 사리뿟따의 사자후)/(DN 28.1-믿음을 고양하는 경, 사리뿟따의 사자후)/(SN 47.12-날란다 경)은

> 대덕이시여, 저에게 과거-미래-현재의 아라한-정등각들의 심(心)의 질서에 대한 앎은 없습니다. 그러나 저에게 알려진 법의 과정이 있습니다. 예를 들면, 대덕이시여, 왕의 국경에 있는 도시는 깊은 해자(垓子)와 튼튼한 성벽과 교문(橋門)을 가지고 있고, 하나의 대문이 있습니다. 거기에 현명하고 훈련된 지혜로운 문지기가 있어, 알려지지 않은 자들은 제지하고 알려진 자들만 들어가게 합니다. 그는 그 도시의 다니는 길을 차례대로 순찰하면서 성벽의 이음새나 혹은 고양이가 나갈 수 있는 작은 틈새도 보지 못할 것입니다. 그에게 '누구든지 이 도시를 들어오거나 나가는 거친 존재들은 모두 이 대문으로 들어오거나 나간다.'라는 생각이 들 것입니다. 이처럼, 대덕이시여, 저에게 알려진 법의 과정이 있습니다.

라고 말합니다.

사리뿟따 존자는 '깨달음에 관한 한 세존을 능가하는 더욱 실다운 지혜를 가진 사문이나 바라문은 없었고, 없을 것이며, 지금도 없다.'라는 부처님에 대한 분명함(확실한 믿음)을 드러낸 뒤에 이 비유를 통해 '누구든지 이 도시를 들어오거나 나가는 거친 존재들은 모두 이 대문으로 들어오거나 나간다.'라고 말하는데, 열반의 실현을 위한 필수 과정으로의 「예외가 없는 법의 과정」을 지시합니다.

그리고 이 과정은 구체적으로는 「혜를 무력하게 만드는 심의 오염원인 다섯 가지 장애를 버리고서 사념처에 잘 확

립된 심을 가진 자는 칠각지를 있는 그대로 닦아서 위없는 바른 깨달음을 깨달음」으로 나타나는데, 「수행의 중심 개념」의 틀을 제공합니다.

2) 한편, (AN 10.95-웃띠야 경)은 이 과정에 대해 구원의 길은 오직 이것뿐이고, 그 숫자가 얼마이든 오직 길을 걷는 자(실천하는 자)가 구원된다고 설명하는데, 이 과정이 「예외가 없는 법의 과정」이라는 것을 더 분명히 해줍니다.

또한, 부처님의 역할은 구원을 위한 길을 만들고 이끄는 것이지, 직접 그 실천을 대신해 주는 데에 있지 않다는 점도 주목해야 합니다. –「그는 그 도시의 다니는 길을 차례대로 순찰하면서 성벽의 이음새나 혹은 고양이가 나갈 수 있는 작은 틈새를 보지 못할 것입니다. 또한, 이렇게 알지도 못합니다. – '이만큼의 생명이 이 도시에 들어오거나 나간다.'라고. 그러나 그에게 '누구든지 이 도시를 들어 오거나 나가는 거친 존재들은 모두 이 대문으로 들어오거나 나간다.'라는 생각이 들 것입니다. 이처럼, 도반 웃띠야여, 여래에게 이런 열망은 없습니다. – '이 법에 의해 세상의 모든 사람이 구원되는가, 아니면 절반인가, 아니면 삼 분의 일인가?'라고. 그러나 여기서 여래에게 이런 것은 있습니다. – '누구든지 세상으로부터 구원되었고 구원되고 구원될 자들은 모두 혜를 무력하게 만드는 심의 오염원인 다섯 가지 장애를 버리고서 사념처에 잘 확립된 심(心)을 가진 자로서 칠각지를 있는 그대로 닦은 뒤에 이렇게 이 세상으로부터 구원되었고 구원되고 구원될 것이다.'라고.」

3) 그리고 (AN 6.57-여섯 가지 태생 경)은 「예외가 없는 법의 과정」에 의해 검지도 희지도 않은 열반을 생겨나게 하는 것을 말합니다. 검은 태생들과 같은 사람도 ①검은 법-②흰 법-③검지도 희지도 않은 열반을 생겨나게 하고, 흰 태생과 같은 사람도 ④검은 법-⑤흰 법-⑥검지도 희지도 않은 열반을 생겨나게 한다고 말하는데, 삶은 태생에 의한 것이 아니라 자신의 업(業)에 의해 결정된다는 것을 알려줍니다.

3. 「수행의 중심 개념 - 예외가 없는 법의 과정」

예외가 없는 법의 과정으로의 수행은 사념처와 칠각지가 연속되면서 역할의 차이를 가진다는 점에서 이해해야 합니다.

(SN 47.5-무익 덩어리 경)과 (SN 46.38-덮개와 장애 경)은 무익 덩어리와 유익 덩어리로 다섯 가지 장애와 사념처 그리고 덮개-장애-오염원과 덮개-장애-오염원이 아닌 것으로 다섯 가지 장애와 칠각지를 대응시킵니다. 그리고 다섯 가지 장애는 혜를 무력화시키고, 칠각지는 명과 해탈로 이끕니다. 이렇게 다섯 가지 장애는 사념처와 칠각지를 차례로 대응시키면서 삶의 향상을 지시합니다. 이외에도 (SN 46-각지 상윳따)의 많은 경들은 다섯 가지 장애와 칠각지가 대응한 구조로 설해집니다.

- 다섯 가지 장애 – ①무익(無益) 덩어리, ②덮개-장애-오염원, ③혜(慧)의 무력화
- 사념처(四念處) – ①유익(有益) 덩어리
- 칠각지(七覺支) – ②덮개-장애-오염원이 아닌 것, ③명(明)과 해탈(解脫)로 이끎

한편, 예외가 없는 법의 과정을 설명하는 경을 연결하면 「수행의 중심 개념 - 예외가 없는 법의 과정」이 설명되는데, 이것이 바로 깨달음으로 이끄는 하나의 수행 체계입니다.

1) 심(心)을 ①중생의 삶으로 이끄는 다섯 가지 장애와 함께하는지 아니면 ②해탈된 삶으로 이끄는 칠각지와 함께

하는지의 두 가지 측면으로 대비합니다.

2) 장애와 각지를 정체와 역할의 측면으로 구분해서 이해할 때, 각지는 명과 해탈로 이끄는 역할을 하지 장애를 버리는 역할을 담당하지 않습니다.

3) 그래서 장애를 버리는 역할의 담당자가 필요한데, 유익과 무익으로 대응하는 사념처가 바로 그 역할을 담당합니다.

4) 사념처는 말 그대로 ①사띠를 확립하는 수행인데, 과정에서 ②삼매를 성취합니다. 또한, 장애의 역할이 혜의 무력화이기 때문에 사념처의 대응으로 장애가 해소되면 ③무력해진 혜가 되살아나고 강해지는 것을 알 수 있는데, 이렇게 사념처 수행은 사띠와 삼매와 지혜를 함께 계발하는 수행입니다.

5) 사념처의 완성 즉 장애가 완전히 버려지고 심(心)이 각지로서 충만한 상태를「사념처에 잘 확립된 심을 가진 자(catūsu satipaṭṭhānesu suppatiṭṭhitacitta)」라고 하는데, ①사띠토대(satiāyatana)가 갖추어진 것이고, ②딱까의 밖 즉 형성된 애(愛)에 따르는 모든 문제가 해소되어 ③딱까의 안 즉 애의 형성 과정의 문제만을 남겨놓은 상태입니다. 그리고 칠각지를 있는 그대로 닦는 과정은 사마타-위빳사나인데, 애가 생겨나는 과정의 문제 가운데 ④생겨난 심의 작용에 대응하는 것(염오)과 ⑤심이 생겨나는 과정의 문제 중 탐(貪)에 대응하는 것(이탐)은 사마타 수행이고, ⑥무명(無明)에 대응하는 것(소멸)은 위빳사나 수행입니다.

6) 이렇게 수행은 ①심(心)의 오염원인 장애를 버리는 과정으로의 사념처와 ②칠각지로 충만 된 청정한 심의 토대 위에서 칠각지를 있는 그대로 닦아 명과 해탈로 이끌리는 사마타-위빳사나의 두 단계로 구성됩니다. –「사념처 → 사마타-위빳사나」

7) 이렇게 사념처로 (장애를 밀어내는 것으로) 시작하고 사마타-위빳사나로 (칠각지를 있는 그대로 닦아) 완성되는 수행 체계에 의해 명과 해탈의 과(果)를 실현하면, 이것이 바로 ①깨달음이고, ②열반의 실현이며, ③구원의 완성입니다.

4. 보충 설명 – 장애-칠각지-사념처

소유의 관심(kāmacchanda)-진에(byāpāda)-해태/혼침(thinamiddha)-들뜸/후회(uddhaccakukkucca)-의심(vicikicchā)으로 구성된 다섯 가지 장애가 있는데, 소유의 관심은 간탐(abhijjhā) 또는 욕탐(慾貪-kāmarāga)으로 대체되어 나타나기도 합니다(*). 다섯 가지 장애는 전적인 무익 덩어리라고 불리는데, 이에 대응하는 전적인 유익 덩어리는 사념처입니다. 그래서 사념처는 다섯 가지 장애를 버리는 수행이라는 것을 알 수 있습니다.

(*) 간탐을 버림(사념처) → 예류자, 욕탐(慾貪)을 버림 → 일래자(예류자+탐진치가 옅어짐), 소유의 관심을 버림(慾想 → 소유의관심) → 불환자

; 소유의 삶이 (사유 → 탐 → 상)의 순서로 해소됨

이때, 다섯 가지 장애는 장애이고 덮개이면서 심의 오염원인데, 장애-덮개-심의 오염원 아닌 것으로는 염각지(念覺支)-택법각지(擇法覺支)-정진각지(精進覺支)-희각지(喜覺支)-경안각지(輕安覺支)-정각지(定覺支)-사각지(捨覺支)

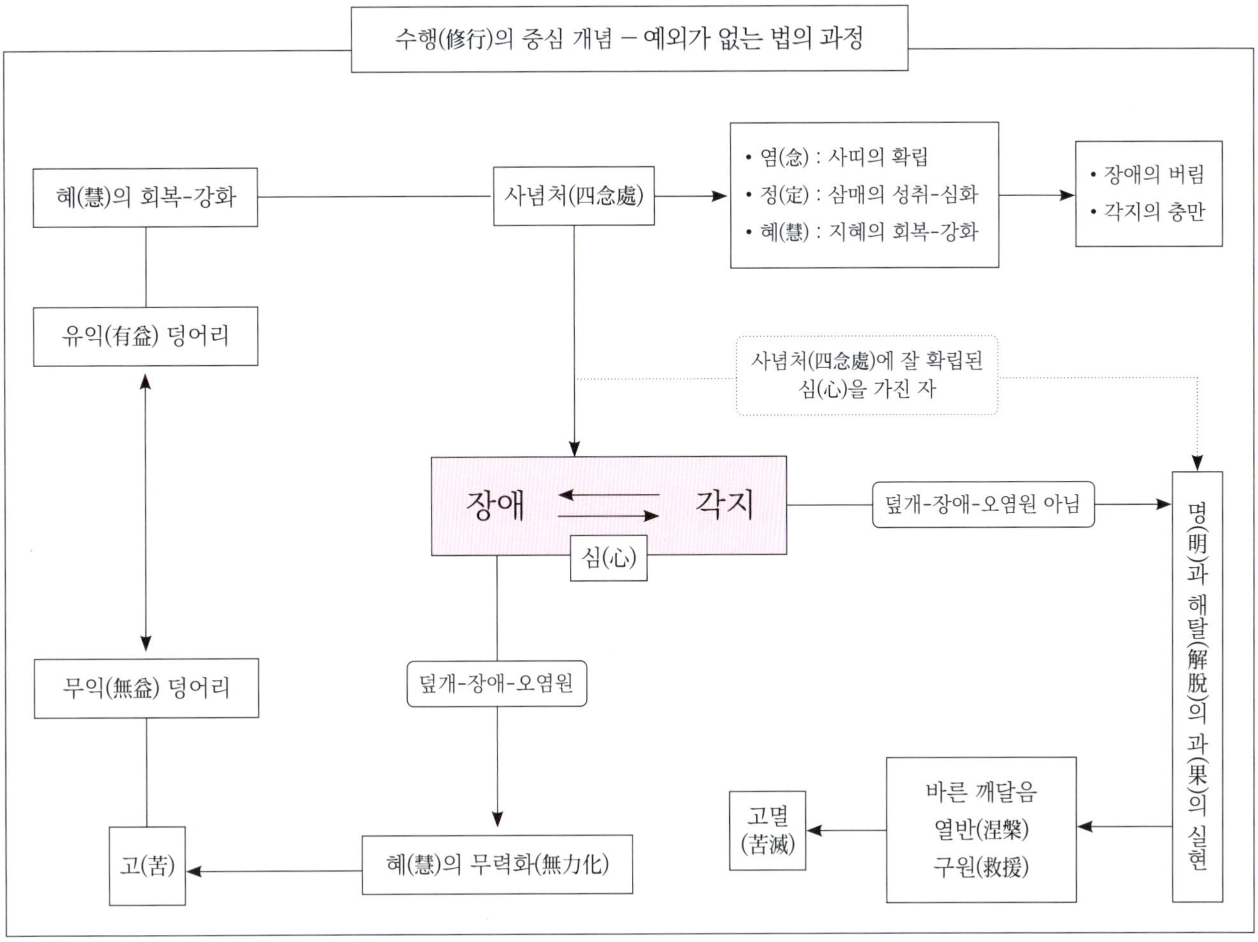

의 칠각지(깨달음으로 이끄는 요소 일곱 가지)가 제시됩니다. 그리고 장애는 지혜를 무력화시키는 작용을 하고, 칠각지는 명과 해탈 또는 깨달음으로 이끄는 역할을 담당합니다.

이렇게 다섯 가지 장애를 중심으로 사념처와 칠각지는 연결된 역할을 담당하고 있는데, ①사념처가 장애-덮개-심의 오염원인 다섯 가지 장애를 밀어내면, 사마타-위빳사나는 ②장애-덮개-심의 오염원 아닌 칠각지로 채워진 청정한 심을 ③명과 해탈 또는 깨달음으로 이끕니다. (MN 118-입출식념경)은 이런 삼자 간 관계를 이렇게 설명합니다. – 「들숨-날숨에 대한 사띠를 닦고 많이 행할 때 사념처가 완성되고(장애의 제거), 사념처를 닦고 많이 행할 때 칠각지를 충만하게 하고(청정한 심), 칠각지를 닦고 많이 행할 때 명과 해탈을 성취한다(깨달음).」

이때, 염각지-정진각지-정각지는 힘(五力)이고, 기능(五根)이면서 깨달음으로 이끄는 요소입니다. 그리고 택법각지는 (AN 9.5-힘 경)의 정의에 의하면 지혜와 연결되고(택법각지의 자량이 지혜에 의해 알려짐), (SN 46.51-자량 경)에 의하면, 이것은 다시 의심 아닌 것 즉 믿음과 연결됩니다(의심의 자량 아닌 것 = 택법각지의 자량). 그래서 염각지-택법각지-정진각지-정각지는 다섯 가지 힘-기능이 가지는 깨달음으로 이끄는 역할의 지시입니다. 경안각지는 몸과 마음의 진정이어서 깨달음으로 이끄는 토대이고, 희각지와 사각지는 개발된 느낌이어서 수행을 유지하며 더 높은 경지로 나아가는 토대가 됩니다.

그래서 칠각지는 다섯 가지 힘-기능의 작용 위에서 몸과 마음이 진정되고 개발된 느낌이 받쳐줄 때 깨달음으로 이끌릴 수 있다는 설명으로 이해할 수 있는데, 고행(苦行) 수행과 차별적으로 행복 가운데 더 큰 행복을 일구는 불교 수행의 특징을 보여준다고 하겠습니다. 이렇게 칠각지는 깨달음을 성취하기 위한 요소 일곱 가지입니다.

◐ 다섯 가지 장애와 칠각지의 자량과 자량 아닌 것 – āhārasuttaṃ (SN 46.51-자량 경)

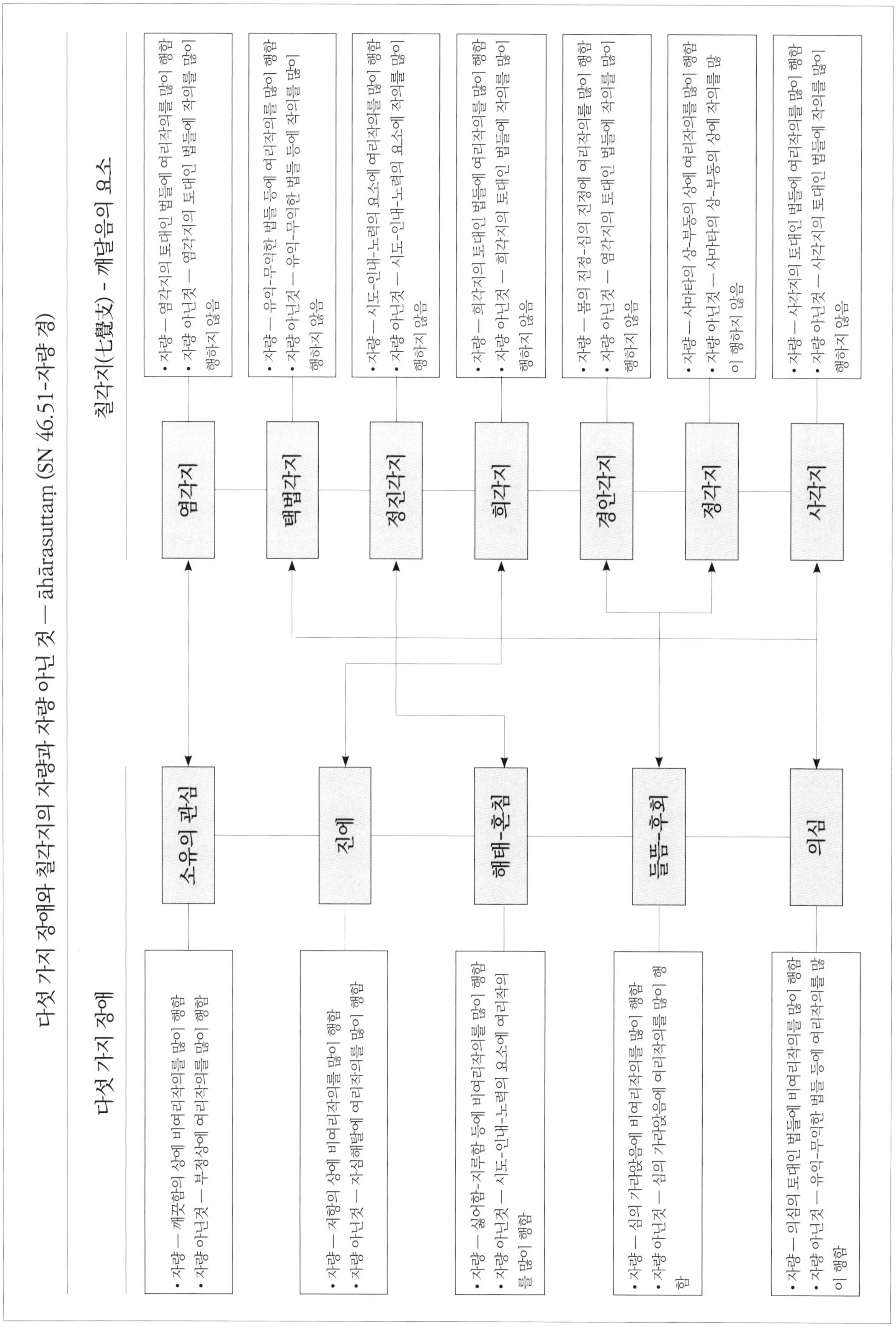

Ⅳ. (DN 2-사문과경)의 수행체계도(修行體系圖)와 (SN 34-선(禪) 상윳따)

[1] 사문과경의 수행체계도

(DN 2-사문과경)은 사문 됨의 결실(sāmaññaphala)을 설명하는 경인데, 여래의 출현으로부터 믿음을 얻어 출가한 사문이 깨달음을 성취하는 전체 과정을 설명합니다. 계목의 단속을 통해 계를 갖추는 토대 위에서 기능의 단속과 사띠-삼빠자나(念-正知)와 만족으로 대표되는 출가자의 삶에 이어 사념처(四念處)로 장애를 제거하고 삼매에 들면 사선(四禪)과 여덟 가지 앎의 결실로 이어져 깨달음을 성취하는 과정인데, 불교 수행의 모범적인 틀을 제시합니다. 「사문과경(沙門果經)의 수행체계도(修行體系圖)」로 그렸습니다.

그리고 디가 니까야 제1권의 3번~13번 경은 이 체계를 인용하여 각각의 주제를 설명하는데, 삶의 다양한 주제에 대한 불교적 접근의 원형을 제시합니다.

1. (DN 3-암밧타 경)은 신(神)과 인간들 가운데 으뜸인 명행족(明行足-명과 행을 갖춘 자)을 설명하는데, 명은 여덟 가지 앎의 결실이고, 행은 사선(四禪)입니다.

; 명행족의 게송 – 'khattiyo seṭṭho janetasmiṃ, ye gottapaṭisārino. vijjācaraṇasampanno, so seṭṭho devamānuse'ti. '가문을 의지하는 사람들 가운데서는 끄샤뜨리야가 으뜸이고, 신과 인간들 가운데서는 명행족(明行足), 그가 으뜸이다.'

2. (DN 4-소나단다 경)에서 소나단다 바라문은 계(戒)와 혜(慧)가 서로를 있게 해주는 것이고, 세상에서 계와 혜가 으뜸이라고 말하지만, 계와 혜에 대해서 설명하지 못하고 부처님에게 청합니다. 부처님은 계를 갖춤까지를 계라고, (기능의 단속으로부터 제4선까지 삼매의 설명으로 연결한 뒤) 여덟 가지 앎의 결실을 혜라고 설명합니다.

3. (DN 5-꾸따단따 경)은 계를 갖춤에 이어 사선과 여덟 가지 앎의 결실을 할 일이 더 적고 덜 어려우면서도 더 많은 결실과 더 많은 이익을 주는 제사라고 설명합니다.

; 부처님이 전생에 이끌었던 베풂의 제사보다 할 일이 더 적고 덜 어려우면서도 더 많은 결실과 더 많은 이익을 주는 새로운 제사 방법을 안내하는데, 이것이 바로 불교적인 제사 방법입니다. – ①계를 중시하는 출가자를 위한 끊임없는 보시 = 가문을 이어가는 제사, ②사방 승가를 위해 승원을 지음, ③고운 심(心)으로 삼보(三寶)에 귀의함, ④고운 심(心)으로 오계(五戒)를 지님, ⑤사문과경의 수행체계에 의한 깨달음 → 「이것이, 바라문이여, 앞의 제사보다 할 일이 더 적고 덜 어려우면서도 더 많은 결실과 더 많은 이익을 주는 제사요. 바라문이여, 이런 제사의 성취보다 더 높고 더 뛰어난 다른 제사의 성취는 없소.」

4. (DN 6-마할리 경)과 (DN 7-잘리야 경)은 '그 생명이 그 몸입니까, 아니면 다른 생명과 다른 몸입니까?'의 질문에 대해 대답하는데, 단계 지어진 영역과 단계 지어지지 않은 영역의 차이를 보여줍니다.

1) 사선과 앞의 일곱 가지 앎의 결실을 얻은 사람들이 '그 생명이 그 몸입니까?'라거나 '다른 생명과 다른 몸입니까?'라고 말하는 것은 그럴만하지만, 부처님은 '그 생명이 그 봄입니다.'라거나 '다른 생명과 다른 봄입니다.'라고 말하지 않습니다. – 완전히 알지 못하기 때문

2) 누진통으로 깨달은 사람이 '그 생명이 그 몸입니까?'라거나 '다른 생명과 다른 몸입니까?'라고 말하는 것은 그렇만하지 않고, 부처님도 '그 생명이 그 몸입니다.'라거나 '다른 생명과 다른 몸입니다.'라고 말하지 않습니다. – 완전히 알기 때문

5. (DN 8-사자후 큰 경)은 계(戒)와 심(心)과 혜(慧)의 구족을 설명합니다. 계를 갖춤을 계의 구족으로, 기능의 단속~사선을 심의 구족으로, 여덟 가지 앎의 결실을 혜의 구족으로 설명합니다. –「imāya ca, kassapa, sīlasampadāya cittasampadāya paññāsampadāya aññā sīlasampadā cittasampadā paññāsampadā uttaritarā vā paṇītatarā vā natthi. 깟사빠여, 이런 계의 구족과 심의 구족과 혜의 구족과 다른 더 높고 더 뛰어난 다른 계의 구족과 심의 구족과 혜의 구족은 없다.」

이때, 이 관계를 높은 계(戒-adhisīla)-높은 혐오(adhijeguccha)-높은 혜(慧-adhipaññā)에 대해 부처님이 높은 계에서 더 높고, 고행을 통한 혐오의 관점에서 높은 혐오에서 더 높고, 높은 지혜에서 더 높고, 높은 해탈(解脫-adhivimutti)에서 더 높다고 말하는데, 고행이 심의 구족 즉 삼매를 닦는 과정이라는 것을 알 수 있습니다.

6. (DN 9.3-뽓타빠다 경, 상(想)은 원인과 함께 생기고 소멸함)은 상(想)이 원인-조건과 함께 생겨나고 소멸하는데, 원인-조건은 공부(sikkhā)여서 어떤 상은 공부를 통해 생기고, 어떤 상은 공부를 통해 소멸한다는 주제를 설명합니다.

이때, 공부의 내용으로 여래의 출현으로부터 다섯 가지 장애의 버림을 말한 뒤 초선으로부터 무소유처에 이르기까지 이전의 상은 소멸하고 그 경지의 진실된 상이 생긴다고 설명합니다. –「evampi sikkhā ekā saññā uppajjati, sikkhā ekā saññā nirujjhati. ayaṃ sikkhā"ti 이렇게도 어떤 상은 공부를 통해 생기고, 어떤 상은 공부를 통해 소멸한다. 이것이 공부다.」

• 상(想)의 끝(saññagga) – 상의 끝은 개별적인 끝과 하나의 끝(무소유처의 상)이 있음.

7. (DN 10-수바 경)은 부처님이 돌아가시고 오래지 않아서 아난다 존자가 설한 경인데, 부처님의 법을 계(戒)-정(定)-혜(慧)의 무더기로 설명합니다.

• 계(戒)를 갖춤 – 계온(戒蘊) →「atthi cevettha uttarikaraṇīyan"ti 여기서 더 행해야 하는 것이 있다.」
• 기능의 단속 ~ 제사선(第四禪) – 정온(定蘊) →「atthi cevettha uttarikaraṇīyan"ti 여기서 더 행해야 하는 것이 있다.」
• 여덟 가지 앎의 결실 – 혜온(蘊) →「natthi cevettha uttarikaraṇīyan"ti 여기서 더 행해야 하는 것이 없다.」

8. (DN 11-께왓따 경)은 신통(神通)-신탁(神託)-이어지는 가르침의 세 가지 비범(非凡)을 말하는데, 이어지는 가르침의 비범에서 여래의 출현으로부터 시작하여 설명합니다. 이때, 사선과 여덟 가지 앎의 결실을 이어지는 가르침의 비범(anusāsanīpāṭihāriya)이라고 말합니다.

9. (DN 12-로힛짜 경)은 유익한 법을 증득하더라도 남에게 전하지 않아야 한다는 견해에 대해 여래의 출현으로부터 시작하여 사선과 여덟 가지 앎의 결실을 얻은 사람이 세상에서 질책받지 않는 스승(유익한 법을 전달하는 자)이라고 말합니다. 그리고 이런 스승이 유익한 법을 남에게 전달하는 것은 질책하지 않아야 합니다.

10. (DN 13.8-삼명 경, 범천의 세상에 이르는 길의 가르침)은 범천(梵天)의 동료가 되는 길을 설명하는데, 다섯 가지 장애를 버리고 삼매에 든 뒤 초선으로 연결하지 않고 사무량심을 범천의 동료가 되는 길로 설명합니다.

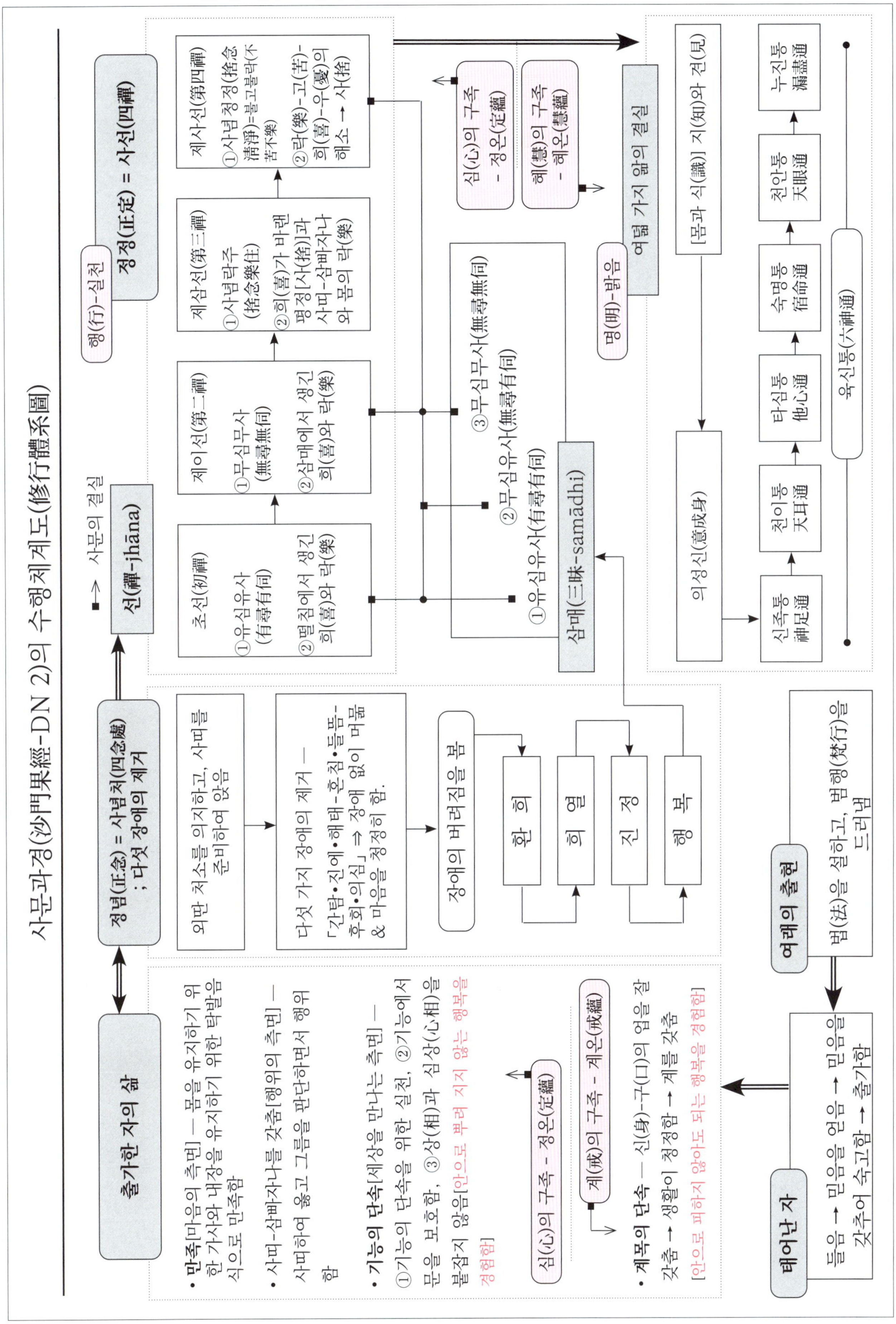

[2] (SN 34-선(禪) 상윳따)

수행을 설명하려면 선(禪)이라는 용어를 말해야 하는데, 상윳따 니까야는 두 개의 선(禪) 상윳따를 포함합니다. – (SN 34-선 상윳따)/(SN 53-선 상윳따)

1. (SN 53-선 상윳따) – 일곱 가지 보리분법과 유사한 형태를 가지는데, 네 가지 선(禪)이 팔정도의 정정(正定)으로 정의되기 때문임.

1) 떨침의 과정이고 이탐의 과정이고 소멸의 과정이고 쉼으로 귀결되는 (A)
2) 탐(貪)의 제어의 완성이고 진(嗔)의 제어의 완성이고 치(癡)의 제어의 완성인 (A)
3) 불사(不死)로 뛰어들고 불사로 끝나고 불사로 완성되는 (A)
4) 열반으로 굽게 하고 열반으로 경사지게 하고 열반으로 이끌리게 하는 (A)

; (A) – 일곱 가지 보리분법(사념처-사정근-사여의족-오근-오력-칠각지-팔정도) + 사선(四禪)

2. (SN 34-선 상윳따) – 삼매를 성취하여 머무는 과정의 구성

1) 선(禪-jhāna) – 삼매 위에서 이어지는 악한 불선법을 버리기 위한 닦음의 과정 = 삼매수행(三昧修行)

삼매(samādhi)는 심일경성(心一境性-cittassa ekaggatā)이라고 정의되고, 삼매수행(samādhi-bhāvanā)은 삼매를 닦는 것 즉 삼매 위에서 이어지는 수행의 과정을 말합니다. 그러면 선(禪)은 무엇입니까?

(DN 27.12-처음에 대한 앎 경, 바라문 계급)은 악한 불선법을 제거하는(버리는) 사람을 바라문 그리고 바라문이 하는 일을 선(禪)이라고 설명합니다. 그래서 선은 악한 불선법을 버리는 일이라는 것을 알 수 있습니다.

물론, 악한 불선법을 버리고 삶을 완성하는 일은 삼매 위에서 가능합니다. 그래서 삼매수행 즉 삼매 위에서 이어지는 악한 불선법을 버리기 위한 닦음의 과정을 그대로 선이라고 이해할 수 있습니다. 그래서 팔정도의 정정이 초선-제2선-제3선-제4선을 성취하여 머묾이라고 정의되는 것입니다. –「정정(正定) = 사선(四禪)」

; samādahati – 집중하다.
; (pass) samādhiyati – to be stayed, composed. 집중되다. 삼매에 들어지다.
; samāhita – 삼매에 든. 삼매를 닦는.
; jhāyati – 선(禪)을 하다. / burns; blazes (in) 불타다. (→ 태워서 제거하다)

※ 사선(초선~제4선을 성취하여 머묾)의 범주는 3가지 경우로 나타나는데, ①(MN 119-신념처 경)에서는 내적인 심의 사마타로 법이 드러나는 때까지, ②사선-삼명으로의 깨달음을 말하는 경들에서는 사념처의 완성인 여실지견까지, ③구차제주를 설하는 경들 등에서는 해탈지견의 깨달음까지입니다. 이때, (SN 34-선(禪) 상윳따)의 경들은 ②에 속합니다.

2) (SN 34-선(禪) 상윳따)의 구조

(SN 34-선 상윳따)는 11개의 요소를 단계적으로 대응시킨 55개의 경으로 구성되는데, 불교 수행의 특징인 단계적 향상의 모습을 계단식으로 보여줍니다.

; 표 - (SN 34-선(禪) 상윳따)를 구성하는 11요소의 단계적 전개

(SN 34-선(禪) 상윳따)를 구성하는 11요소의 단계적 전개

	증득	유지	일어남	즐거움	대상	영역	기울임	중히 여기면서 닦음	끈질기게 닦음	유익을 만듦
끈질기게 닦음										55
중히 여기면서 닦음									53	54
기울임								50	51	52
영역							46	47	48	49
대상						41	42	43	44	45
즐거움					35	36	37	38	39	40
일어남				28	29	30	31	32	33	34
유지			20	21	22	23	24	25	26	27
증득		11	12	13	14	15	16	17	18	19
집중	1	2	3	4	5	6	7	8	9	10

이때, 11개의 요소는 능숙해야 하는 것 8가지와 행해야 하는 것 3가지로 구성되는데, (MN 117-커다란 마흔의 경)이 팔정도의 이중적 구조를 보여주듯이, 능숙해야 하는 것과 행해야 하는 것의 이중적 구조를 보여줍니다.

- 능숙해야 하는 것 – ①삼매(samādhi-심일경성=집중), ②증득(samāpatti), ③유지(ṭhiti), ④일어남(vuṭṭhāna), ⑤즐거움(kallita), ⑥대상(ārammaṇa), ⑦영역(gocara), ⑧기울임(abhinīhāra)

- 행해야(만들어야) 하는 것 – ①중히 여기면서 닦음(sakkaccakārī), ②끈질기게 닦음(sātacca-kārī), ③유익을 만듦(sappāyakārī)

● (MN 117-커다란 마흔의 경)의 팔정도(八正道) 또는 십정도(十正道)의 구조

- 선형적 서술 – 바른 견해 → 바른 사유 → 바른말 → 바른 행위 → 바른 생활 → 바른 노력 → 바른 사띠 → 바른 삼매 → 바른 앎 → 바른 해탈

- 이중적 구조 – 정견-정사유-정어-정업-정명에 대해 「이렇게 이런 세 가지 법이 바른 견해를 따라 흐르고 따라 구르니 곧 바른 견해-바른 노력-바른 사띠이다.」

; 그림 – 「(MN 117-커다란 마흔의 경) – 기반을 가지고 필수품을 갖춘 성스러운 바른 삼매」

● (SN 34-선 상윳따)의 열한 가지 요소의 구조

- 선형적 서술 – 집중 → 증득 → 유지 → 일어남 → 즐거움 → 대상 → 영역 → 기울임 → 중히 여기면서 닦음 → 끈질기게 닦음 → 유익을 만듦

- 이중적 구조 – 집중-증득-유지-일어남-즐거움-대상-영역-기울임에 대해 「이렇게 이러한 세 가지 법이 집중 등을 따라 흐르고 따라 구르니 곧 중히 여기면서 닦음-끈질기게 닦음-유익을 만듦이다.」라고 (MN 117-커다란 마흔의 경)의 구조로서 나타낼 수 있음.

; 그림 – 「(SN 34-선 상윳따)를 구성하는 11요소의 이중적 전개」

3) 유익(sappāya)을 만듦의 자리 – 「사념처의 완성=사띠토대=여실지견(如實知見)」

이렇게 (SN 34-선 상윳따)는 이중적 구조를 통해 유익을 만드는 과정입니다. 그러면 여기서 만들어지는 유익은 무엇입니까? 그대로 삶의 완성입니까 아니면 삶의 완성을 위해 진행하는 과정에 속한 유익입니까?

(AN 6.71-실현 능력 경)은 ①이것들은 퇴보-유지-특별함-꿰뚫음에 연결된 법들이라고 있는 그대로 분명히 알지 못하고, 중히 여기면서 닦지 못하고, 유익을 만들지 못하면 '사띠토대가 있을 때, 어디에서든 실현 능력을 얻는 것'이 불가능하다고 하고, ②이것들은 퇴보-유지-특별함-꿰뚫음에 연결된 법들이라고 있는 그대로 분명히 알고, 중히 여기면서 닦고, 유익을 만들면 '사띠토대가 있을 때, 어디에서든 실현 능력을 얻는 것'이 가능하다고 합니다.

이때, 사띠토대는 사념처의 완성에 의해 완성된 사띠가 사마타-위빳사나를 위한 토대가 된다는 의미입니다. 그래

서 유익을 만듦의 완성은 사념처의 완성에 의한 사띠토대의 확립이고 곧 내적인 심(心)의 사마타와 법(法)의 위빳사나에 의한 여실지견입니다. －「사념처에 잘 확립된 심(心)을 가진 자」

※ '유익'으로 번역된 다른 하나는 kusala입니다. 'Ⅱ. 수행의 도구/수단'에서 소개한 부처님 출가의 이유-목적인데, 깨달음의 성취로의 해탈지견입니다. －「kiṃkusalagavesī 무엇이 유익(有益)인지 구함」(MN 36-삿짜까 큰 경)/(MN 85-보디 왕자 경)/(MN 100-상가라와 경)

이렇게 유익으로 번역한 단어는 두 가지인데, 여실지견을 지시하는 sappāya와 해탈지견을 지시하는 kusala가 단계적인 깨달음의 이익됨을 소개합니다.

한편, (AN 6.72-힘 경)은 삼매의 증득-유지-일어남에 능숙하지 못하고, 중히 여기면서 닦지 않고, 끈질기게 닦지 않고, 유익을 만들지 못하면 힘 있음을 성취할 수 없고, 삼매의 증득-유지-일어남에 능숙하고, 중히 여기면서 닦고, 끈질기게 닦고, 유익을 만들면 힘 있음을 성취할 수 있다고 합니다.

그렇다면 여기의 힘 있음의 성취는 사띠토대의 확립이라고 해야 합니다. 그래서 앞의 경과 같은 의미로 「사념처에 잘 확립된 심(心)을 가진 자」의 힘을 갖춤입니다.

※ (AN 7.40-지배 경1)/(AN 7.41-지배 경2)은 일곱 가지 법(삼매와 삼매의 증득-유지-일어남-장점-영역-기울임의 능숙)을 갖춘 비구/사리뿟따는 심(心)을 지배한다. 비구/사리뿟따가 심(心)의 지배를 받지 않는다고 하는데, 능숙해야 하는 것 8가지 중 ⑤즐거움(kallita)-⑥대상(ārammaṇa)이 kalyāṇa(장점)으로 대체된 형태입니다.

◐ 그림 －「(MN 117-커다란 마흔의 경) － 기반을 가지고 필수품을 갖춘 성스러운 바른 삼매」

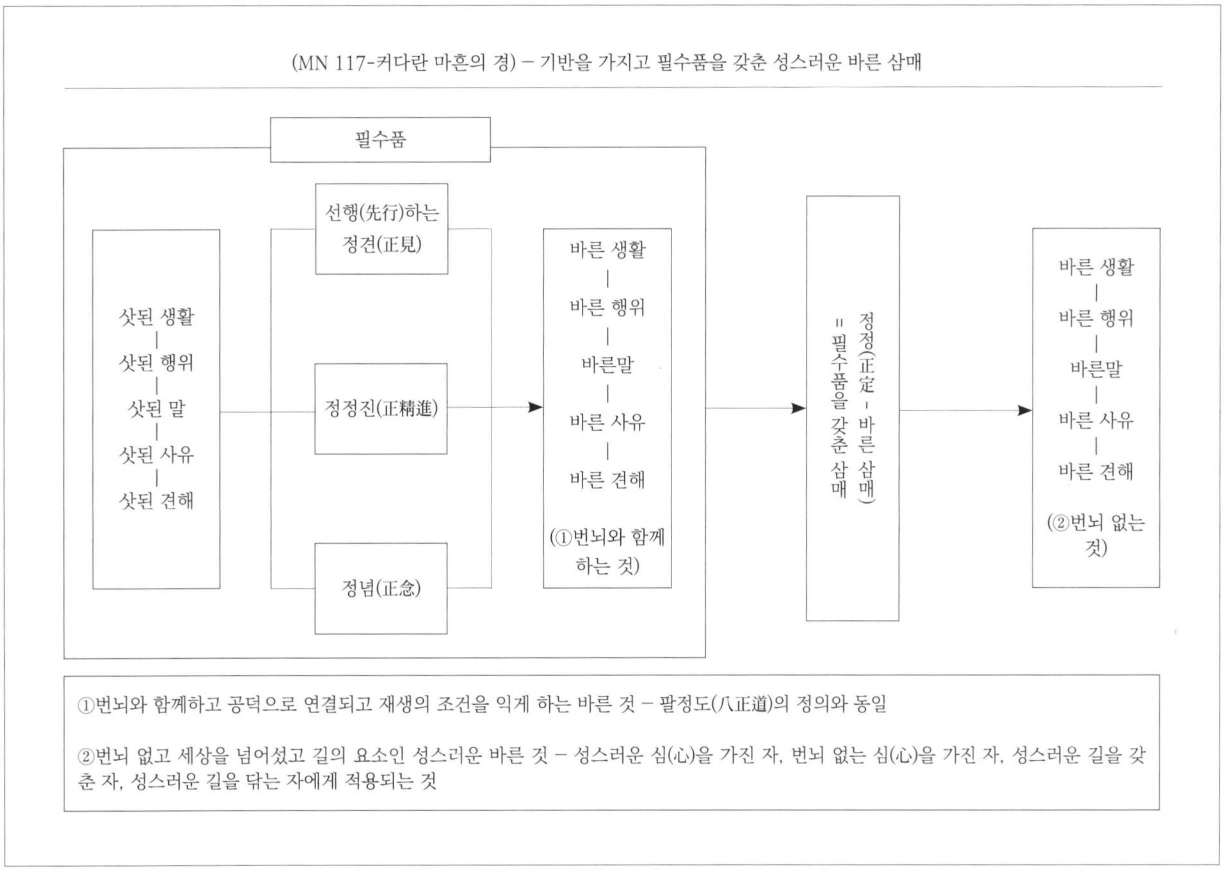

◐ 그림 – 「(SN 34-선 상윳따)를 구성하는 11요소의 이중적 전개」

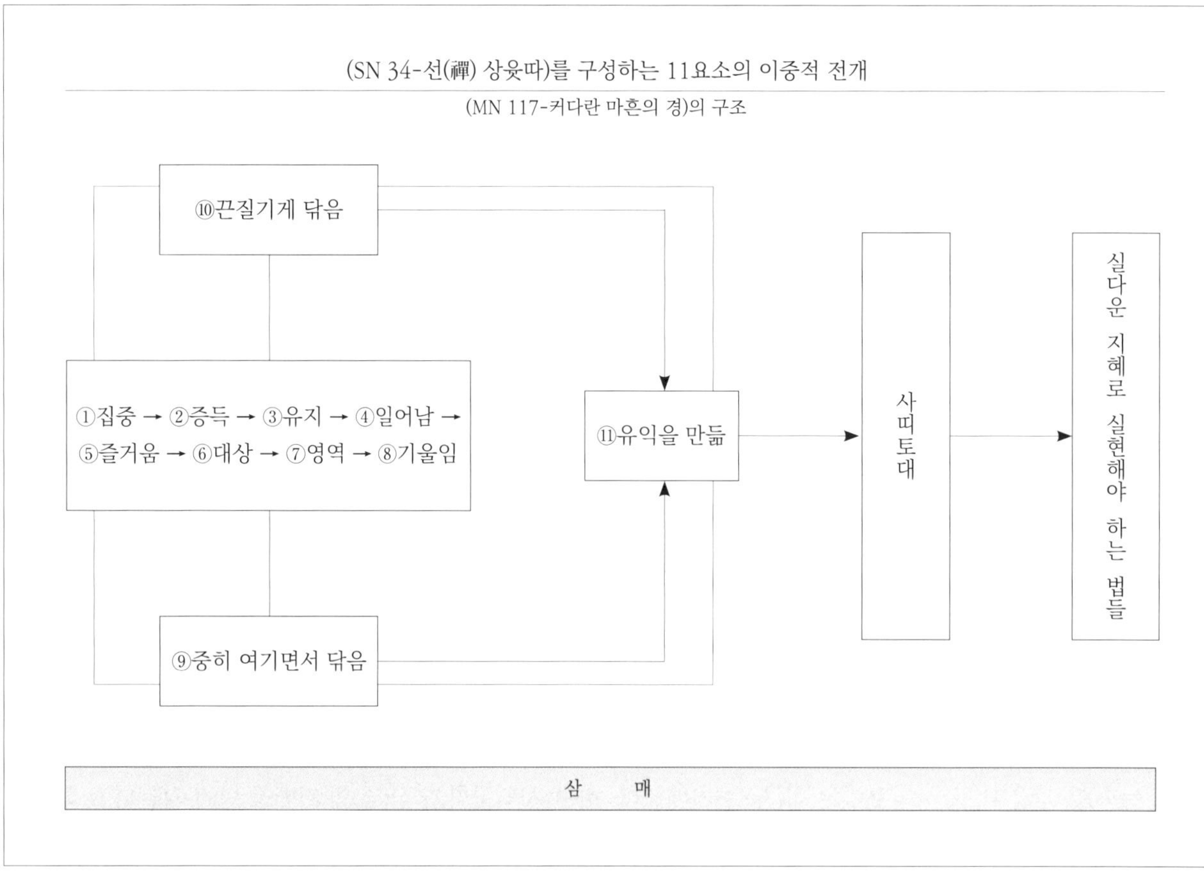

라훌라 존자는 부처님의 아들입니다다. 그러나 경에 소개되는 라훌라 존자는 비구 제자 가운데 공부를 즐김의 측면에서 으뜸인 제자입니다.(AN 1.209-218-으뜸 품3)

그런 라훌라 존자를 위해 설해진 경들은 많은데, 그 중 (MN 62-라훌라의 가르침의 큰 경)은 깨달음을 이끄는 수행을 설한 경이어서 수행지도의 한 단면으로 삼을 수 있습니다.

(MN 62-라훌라의 가르침의 큰 경)에서 부처님은 탁발 길에 법을 설합니다. 라훌라 존자는 탁발을 멈추고 어떤 나무 밑에 앉아 수행을 시작하는데, 사리뿟따 존자가 보고서 들숨-날숨에 대한 사띠를 닦으라고 알려 줍니다. 나중에 부처님을 만난 라훌라 존자가 들숨-날숨에 대한 사띠를 어떻게 닦고 많이 행해야 하는지 묻고 부처님은 ①지-수-화-풍과 같아지는 수행과 ②자-비-희-사, ③부정, ④무상의 상(想)을 닦을 것에 이어 ⑤들숨-날숨에 대한 사띠를 닦는 16단계를 설명합니다. 특히, 들숨-날숨에 대한 사띠를 닦고 많이 행할 때 마지막 들숨들도 알려진 상태로 소멸하지 알려지지 않은 상태가 아니라고 알려줍니다.

또한, (MN 147-라훌라를 위한 가르침의 작은 경)은 해탈을 위해 익어야 하는 법들이 완전히 익은 라훌라 존자에게 더 나아가 번뇌들의 부서짐을 이끄는 가르침을 설하여 아라한을 성취케 하는 장면을 묘사합니다.

⑤들숨-날숨에 대한 사띠를 닦는 16단계가 여실지견을 이끄는 가르침이라는 점에서 아라한의 과정을 이어 설하는 것입니다.

V. 수행지도(修行地圖) – 1) 설명

[1] 개요

1. 성스러운 바른 삼매

사성제에서 고멸로 이끄는 실천인 고멸도성제는 중도(中道) 즉 팔정도(八正道)의 실천입니다. 고집성제인 애(愛)의 해소를 통해 고멸을 이끄는 방법(길과 실천)입니다.

팔정도는 정견(正見-바른 견해)-정사유(正思惟-바른 사유)-정어(正語-바른말)-정업(正業-바른 행위)-정명(正命-바른 생활)-정정진(正精進-바른 노력)-정념(正念-바른 사띠)-정정(正定-바른 삼매)의 여덟 요소로 구성된 성스러운 길입니다(ariyo aṭṭhaṅgiko maggo).

그런데 중도는 사실 정정(正定-바른 삼매)을 의미한다고 보아야 합니다. (MN 117-커다란 마흔의 경)과 (SN 45.28-삼매 경)은 기반과 필수품을 갖춘 성스러운 바른 삼매를 말하는데, 기반과 필수품으로 정견(正見-바른 견해) ~ 정념(正念-바른 사띠)의 일곱 가지를 제시합니다. 그래서 바른 삼매가 성스러운 것이어서 바르게 깨달음으로 이끄는데, 필수품 7가지가 함께하기 때문에 팔정도가 구성된다고 이해해야 합니다.

> "무엇이 기반을 가지고 필수품을 갖춘 성스러운 바른 삼매(正定)인가? 정견(正見-바른 견해), 정사유(正思惟-바른 사유), 정어(正語-바른말), 정업(正業-바른 행위), 정명(正命-바른 생활), 정정진(正精進-바른 노력), 정념(正念-바른 사띠)의 일곱 가지 요소를 갖춘 심일경성(心一境性) – 비구들이여, 이것이 기반을 가졌다고도 필수품을 갖추었다고도 하는 성스러운 바른 삼매이다.(ayaṃ vuccati ariyo sammāsamādhi saupaniso saparikkhāro)

이때, 필수품의 과정은 (MN 117-커다란 마흔의 경)에서 설명하는데, 바른 견해가 앞서고 바른 노력(사정근)과 바른 사띠(사념처)가 뒤따르는 가운데 십악업을 피하고 십선업을 실천하는 삶입니다. 그리고 십선업은 오계를 포함합니다. 그래서 수행은 오계를 지니고 십선업을 실천하는 일상 위에서 바른 노력(사정근)과 바른 사띠(사념처)로 바른 삼매를 성취하여 닦아가는 것입니다.

- 수행 : 「오계(五戒) → 십선업(十善業) → 정정(正定)」

2. 팔정도(八正道)를 펼친 열 가지 법(십정도)

(SN 45.8-분석 경)에 의하면, 바른 삼매는 초선 ~ 제4선을 성취하여 머무는 것인데, 각각의 경지를 성취(올라가는 수행)한 뒤 그 경지에 머물면서 깨달음으로 나아가는 일(벗어나는 수행)을 한다는 의미입니다.

앙굿따라 니까야 열의 모음에 속한 경들을 중심으로 많은 경은 바른 삼매(정정-sammāsamādhi)에 이어 바른 앎(正知-sammāñāṇa)과 바른 해탈(正解脫-sammāvimutti)로 구성된 열 가지 법을 말하는데, (경의 용어는 아니지만, 편의상) 십정도(十正道)라고 이해할 수 있습니다.

그렇다고 팔정도를 넘어서서 깨달음의 길로서의 십정도가 있다고 보지는 않아야 합니다. 팔정도의 실천이 고멸도성제이기 때문에 팔정도를 넘어선 이후의 길은 있을 수 없기 때문입니다. 그래서 십정도는 팔정도의 정정을 머묾의 관점에서 펼쳐서 머물면서 하는 일의 성취를 단계적으로 안내한 가르침이라고 보아야 합니다.

• 팔정도의 정정(正定) : 「토대인 삼매(바른 삼매) → (머물면서 하는 일) 1단계 깨달음(바른 앎) → 깨달음의 완성(바른 해탈)」

; (MN 149-육처에 속한 큰 경) – 「그와 같은 견해가 바른 견해이다. 그와 같은 사유가 바른 사유이다. 그와 같은 노력이 바른 노력이다. 그와 같은 사띠가 바른 사띠이다. 그와 같은 삼매가 바른 삼매이다. 그전에 이미 그의 몸의 업과 말의 업과 생활은 아주 청정하다. 이렇게 그에게 여덟 요소로 구성된 성스러운 길은 닦아져 완성된다.

이렇게 이 여덟 요소로 구성된 성스러운 길을 닦는 그에게 사념처도 닦아져 완성되고, 사정근도 닦아져 완성되고, 사여의족도 닦아져 완성되고, 오근도 닦아져 완성되고, 오력도 닦아져 완성되고, 칠각지도 닦아져 완성된다.

그에게 이런 두 가지 연결된 법인 사마타와 위빳사나가 나타난다. 그는 실답게 안 뒤에 완전히 알아야 하는 법들을 실답게 안 뒤에 완전히 안다. 그는 실답게 안 뒤에 버려야 하는 법들을 실답게 안 뒤에 버린다. 그는 실답게 안 뒤에 닦아야 하는 법들을 실답게 안 뒤에 닦는다. 그는 실답게 안 뒤에 실현해야 하는 법들을 실답게 안 뒤에 실현한다.」

이때, 수행의 과정은 명확해집니다. – 필수품의 과정으로 제어된 일상 위에서 ①삼매를 성취하고(올라가는 수행), 그 삼매의 토대 위에 머물면서(벗어나는수행) ②바른 앎을 성취하고, ③바른 해탈로 완성됩니다.

결국, 수행은 일상의 제어 위에서 삼매를 성취하는 과정과 삼매 위에서 진행되는 바른 앎의 성취 과정과 바른 해탈의 성취 과정입니다. 그리고 이런 수행을 삼매수행(三昧修行-samādhibhāvanā-삼매를 닦음)이라고 합니다.

3. 일상의 제어 위에서 삼매를 성취하는 방법

1) 일상의 제어는 계를 지닌 삶입니다. 오계와 십선업으로 일상에서 악을 피하고 선을 적극 실천하는 생활입니다.

계는 법의 호수를 둘러싼 제방입니다(SN 7.9-순다리까 경)/(SN 7.21-상가라와 경). 법의 호수에서 목욕하여 안의 오염을 씻어내기 위해서는 그 호수를 감싸는 제방인 계에 확고해야 합니다. 바라문교 등 외도들은 강물에 들어가는 것으로 안의 오염을 씻는다고 하지만 강물은 밖의 오염을 씻어줄 뿐 안의 오염을 씻어주지 못합니다. 그래서 사실이 아닙니다. 안의 오염은 오직 법의 호수에서 목욕할 때 씻어지고, 그 호수는 계에 의해 보호되고 유지됩니다. 계를 지니는 의미이고, 수행은 여기에서부터 시작됩니다.

; (DN 22/MN 10-대념처경)은 사념처가 중생들의 청정을 위한 길이라고 합니다. 강물에 목욕하여 밖의 오염을 씻는 목욕이 아니라 법의 호수에서 목욕하여 안의 오염을 씻음(MN 7-옷감 경 참조)으로써 청정해지는 방법이라는 것입니다. 그렇다면 사념처가 바로 법의 호수이고, 사념처를 닦는 것이 법의 호수에서 목욕하는 것입니다.

; (AN 4.22-우루웰라 경2)는 장로를 만드는 법을 「①계(戒)의 중시 → ②많이 배움 → ③사선(四禪) → ④아라한의 성취」의 네 단계로 제시하는데, 법의 호수를 둘러싼 제방으로의 께에 맞춰 설명할 수 있습니다.

①계(戒)의 중시 – 법의 호수를 위한 그릇 마련

②많이 배움 – 법의 호수에 물을 받음
③사선(四禪)을 원하는 대로 어렵지 않고 고통스럽지 않게 얻음 – 법의 호수에서 목욕함
④아라한의 성취 – 목욕을 마치고 깨끗해짐

특히, '②많이 배움'이 목욕을 위해 그릇에 물을 받는 과정이라는 점은 주목해야 하는데, 물을 받지 않으면 목욕할 수 없기 때문입니다. 또한, 그릇의 필요성을 잊게 되어 질서롭지 못한 삶을 살게 됩니다. 그래서 막행막식이라는 한국불교 한편의 전통도 생겨난다고 할 텐데, 부처님이 이끄는 바른길이 아닙니다.

경을 공부하는 일은 이렇게 물을 받는 작업이어서 수행의 목욕을 준비하는 과정으로의 필수 요소입니다. 빼놓을 수 없습니다. 물론 물만 받고 있어서는 안 됩니다. 물이 받아지는 만큼, 단계적으로, 발을 씻고 반신욕을 거쳐 온몸을 씻음으로써 직접 목욕을 해야 합니다. 그러면 목욕을 마치고 깨끗해질 수 있습니다.

(MN 6-원한다면 경)에서 부처님은 「비구들이여, 계(戒)를 갖추고, 계목(戒目)을 갖추어 머물러야 한다. 계목(戒目)의 단속으로 단속하고, 행동의 영역을 갖추어 작은 결점에 대해서도 두려움을 보면서 머물러야 한다. 받아들인 뒤 학습계목들 위에서 공부해야 한다.」라고 비구에게 계(戒)에 충실할 것을 지시합니다.

비구가 동료수행자들의 존중과 존경으로부터 심해탈-혜해탈의 성취에 이르기까지 17가지의 원하는 것을 얻는 방법으로 ①계(戒)에 충실하고, ②내적인 심(心)의 사마타에 매진하고, ③선(禪)을 멀리하지 말고, ④위빳사나를 닦으면서 더욱 빈집에 머무는 삶을 말하는데, 이것이 계에 충실하라는 지시의 이어짐입니다.

; 만약 비구가 '가사와 탁발음식과 거처와 병(病)의 조건으로부터 필요한 약품을 얻기를.'이라고 원한다면 ~
; 만약 비구가 '내가 가사와 탁발 음식과 거처와 병(病)의 조건으로부터 필요한 약품을 사용하게 해준 그들에게 큰 결실과 큰 이익이 만들어지기를.'이라고 원한다면 ~

2) 삼매를 성취하는 방법 = 사념처(四念處-cattāro satipaṭṭhānā) – 「**사념처의 정형 구문**」

「수행의 중심 개념 – 예외가 없는 법의 과정」에서 보았듯이 삼매를 성취하는 방법은 사념처입니다.

bhikkhu kāye kāyānupassī viharati ātāpī sampajāno satimā, vineyya loke abhijjhādomanassaṃ; vedanāsu vedanānupassī viharati ātāpī sampajāno satimā, vineyya loke abhijjhādomanassaṃ; citte cittānupassī viharati ātāpī sampajāno satimā, vineyya loke abhijjhādomanassaṃ; dhammesu dhammānupassī viharati ātāpī sampajāno satimā, vineyya loke abhijjhādomanassaṃ

비구는 몸(身)에서 몸을 이어보면서 머문다. 알아차리고, 옳고 그름을 판단하고, 옳음의 유지-향상을 위해 노력하는 자는 세상에서 간탐과 고뇌를 제거한다. 느낌(受)들에서 느낌을 이어보면서 머문다. 알아차리고, 옳고 그름을 판단하고, 옳음의 유지-향상을 위해 노력하는 자는 세상에서 간탐과 고뇌를 제거한다. 마음(心)에서 마음을 이어보면서 머문다. 알아차리고, 옳고 그름을 판단하고, 옳음의 유지-향상을 위해 노력하는 자는 세상에서 간탐과 고뇌를 제거한다. 현상(法)들에서 현상을 이어보면서 머문다. 알아차리고, 옳고 그름을 판단하고, 옳음의 유지-향상을 위해 노력하는 자는 세상에서 간탐과 고뇌를 제거한다.

; ①kāye kāyānupassī viharati ②ātāpī sampajāno satimā ③vineyya loke abhijjhādomanassaṃ

①몸(身)에서 몸을 이어보면서 머문다 – 하나의 대상에 집중하여 머묾 → 삼매

②알아차리고(satimā), 옳고 그름을 판단하고(sampajāno), 그름은 버리고 옳음으로 돌아가고 옳음은 유지-향상하기 위해 노력하는 자(ātāpī)는 – 수행의 기법 → 집중하지 못한 심(心)을 집중하게 하는 기법

③세상에서 간탐과 고뇌를 제거한다 – 수행의 성과 → 사념처의 영역에 속한 삶에서 조건으로의 다섯 가지 장애(간탐으로 대표)와 결과로서의 수비고우뇌(愁悲苦憂惱)(고뇌로 대표-윤회하는 삶에서의 구체적 아픔)가 제거됨

; 이 문장에는 두 개의 동사가 있는데, viharati와 vineyya입니다. 그런데 vineyya는 vineti의 원망형이기도 하고, 절대체이기도 한데, 원망형으로 보면 동사로 해석되고, 절대체로 보면 동사로 해석되지 않습니다. 근본경전연구회는 vineyya를 원망형으로 보았는데, 주어는 ātāpī sampajāno satimā입니다.

; vineyya – vineti에서 ⅰ)'제거하다'의 원망형 또는 절대체, 또는 ⅱ)'이끌다/훈련하다'의 미래수동분사 → ⅰ)(원망형) 제거할 수 있다/제거할 것이다/제거한다, (절대체) 제거한 뒤에/제거하면서/제거했기 때문에, ⅱ)(미래수동분사) 이끌려야 한다/훈련되어야 한다

이런 이해 위에서 사념처의 정형 구문은 ①이어보는 일을 통한 삼매의 성취 및 머묾을 본질로 하고, 그 기법으로 ②알아차리고 옳고 그름을 판단하고 옳음의 유지-향상을 위해 노력할 것을 제시하며, 그 성과로 ③다섯 가지 장애와 수비고우뇌가 제거됨을 말하는 것으로 해석됩니다.

4. 바른 앎(正知-sammāñāṇa)의 과정

바른 삼매의 토대 위에 머물면서 첫 번째로 도달하는 바른 앎은 여실지견(如實知見)입니다. 세상에 있는 세상의 법인 오온(五蘊) 즉 행(行)들을 무상(無常)-고(苦)-무아(無我)라고 사실에 들어맞게 알고 보는 경지인데, 현상의 영역을 넘어 사실의 영역에서 무상(無常)을 관찰하여 성취하게 됩니다.

그래서 이 과정은 두 단계로 진행되는데, 사실의 영역에서 관찰하기 위한 대상(법)을 드러내는 과정과 드러난 법의 무상을 관찰하는 과정입니다. 이때, 대상을 드러내는 과정을 내적인 심(心)의 사마타(ajjhattaṃ cetosamatha)라 하고, 드러난 법의 무상을 관찰하는 과정을 법의 위빳사나(dhammavipassanā)라고 합니다.

※ 법의 드러남 – 무명에 덮이고 애에 묶인 중생들에게 안의 오염원은 무명이나 덮개인 다섯 가지 장애 등에 의해 덮여 있습니다. 그래서 안의 오염원을 씻는 법의 목욕은 덮고 있는 것들(기억과 사유 또는 장애 등)을 벗겨내고 안의 것을 꺼내 놓는 것에서 시작됩니다. 몸을 씻기 위해서는 옷을 벗고 맨 몸을 꺼내놓아야 하듯이 법의 목욕을 위해서도 안의 것을 꺼내 놓아야 하는데, 이것이 법의 드러남의 의미입니다.

이런 여실지견의 성취는 사념처의 완성입니다. 안으로 눈뜨는 것으로의 사띠가 완성된 것인데, 완성된 사띠는 이어지는 삼매와 지혜의 완성을 위한 토대가 되므로 사띠토대(satiāyatana)라고 부릅니다. 그리고 지혜의 성숙으로는 실다운 지혜(abhiññā)입니다.

; (AN 3.102-흙을 씻는 사람 경) 등 – yassa yassa ca abhiññā sacchikaraṇīyassa dhammassa cittaṃ abhininnāmeti abhiññā sacchikiriyāya tatra tatreva sakkhibhabbataṃ pāpuṇāti sati satiāyatane 실다운 지혜를 실현하기 위해 어떤 것이든 실다운 지혜로 실현해야 하는 법들로 심(心)을 기울인다. 그는, 사띠토대가 있을 때, 어디에서든 실현 능력을 얻는다.

한편, 행들을 무상-고-무아라고 사실에 들어맞게 알고 보는 경지라는 것은 무명과 애 때문에 몸으로 가는(몸에 구속된) 중생의 영역에 속한 수행이라는 것을 알려줍니다. 애가 근원인 몸과 함께하는 영역이어서 애의 형성 과정인 딱까 밖에서 진행되어 딱까로 접근해 오면서 애의 작용성을 해소하고 견해를 갖추는 수행입니다.

5. 올라가는 수행과 벗어나는 수행

그런데 법은 한목 드러나지 않습니다. 바닷속 깊은 곳에 존재하는 생명들을 보기 위해서는 생명들이 존재하는 깊이만큼 내가 들어가야 하는 것처럼 내면의 오염도 토대인 삼매의 경지에 따라 단계적으로 드러납니다.

이때, 토대인 삼매를 초선-제2선-제3선-제4선-공무변처-식무변처-무소유처-비상비비상처-상수멸의 아홉 단계로 나누어 각각의 경지에서 머물면서 그 경지의 법을 드러나게 하여 무상을 관찰하게 되는데, 구차제주(九次第住-아홉 단계의 차례로 머묾)입니다. 그리고 초선~비상비비상처는 단계지어진 영역이고, 상수멸은 단계지어지지 않은 영역이어서 깨달음은 상수멸에서 완성됩니다.

그래서 삼매수행은 더 깊은 자리의 법들이 드러나도록 아홉 단계의 삼매를 '올라가는 수행(*)'과 각각의 삼매 위에 머물면서 법을 드러나게 하여 깨달음으로 나아가는 '벗어나는 수행'으로 구성됩니다.

; 그림 – 아산(我山)과 무아산(無我山)으로 이해하는 세상[소유의 삶 → 존재의 삶 ⇒ 해탈된 삶] 참조(349쪽)

(*) (MN 118-입출식념경)은 들숨-날숨에 대한 사띠 16단계 중 올라가는 수행을 ④신행의 진정(욕탐의 제어 → 제4선)과 ⑧심행의 진정(상의 증득 → 무소유처)의 두 단계로 설명합니다.

한편, 구차제주 각각에서 드러나는 법에 대해서는 사리뿟따 존자가 순서대로 진행한 법의 위빳사나를 소개하는 (MN 111-순서대로 경)에서 순서대로 분석됩니다.

; 초선~무소유처를 구성하는 법들 – 공통된 법들(①삶의 골격을 이루거나 ②수행요소)과 개별적 법들로 구성

; 비상비비상처와 상수멸 – 「사띠를 가진 그는 그 증득에서 일어남 → 사띠를 가진 그는 그 증득에서 일어난 뒤 과거에 소멸하고 변해버린 그 법들을 '이렇게 이 법들은 없었다가 생겨나고, 있었다가 사라진다.'라고 관찰함」

; 표 – 구차제주 분석표[법의 위빳사나 – (MN 111-순서대로 경)](다음 쪽)

6. 바른 해탈(正解脫-sammāvimutti)

바른 앎(正知)의 과정이 애의 형성 과정인 딱까 밖에서 진행되어 와서 애의 작용성을 해소하고 견해를 갖추는 수행이라면, 수행은 딱까 안의 문제를 해소하여 애가 형성되지 않게 함으로써 완성되는데, 사마타와 위빳사나입니다.

법(法)의 위빳사나 – anupadasuttaṃ (MN 111-순서대로 경)

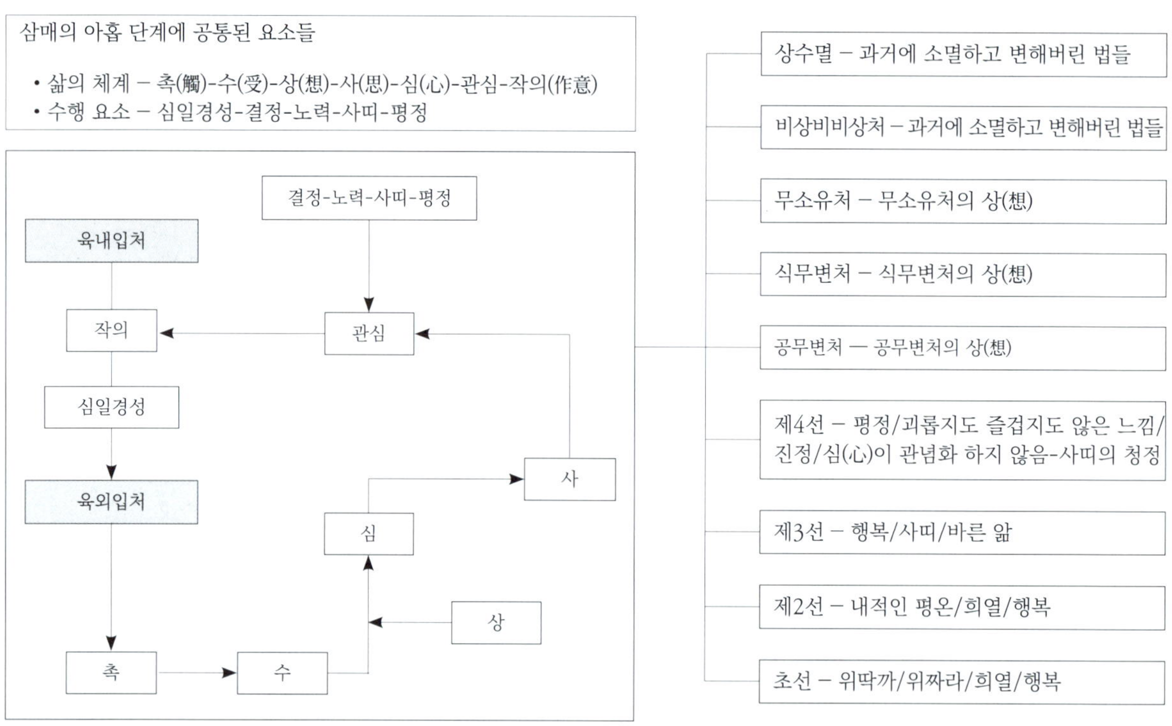

딱까 안의 과정은 「2차 인식 : 식(識-분별 앎)-수(受)-상(想) → 무명(無明-존재 앎) → 탐(貪-가치 앎)-진(嗔) → 심(心-앎) → 망(望) → 소망」으로 전개되어 애(愛)를 형성하는데, 애는 소망과 탐이 함께한 것이라고 정의됩니다.

이때, 소망과 탐의 문제를 해소하여 애로부터 벗어나면 심해탈(心解脫)하고, 이런 수행이 사마타인데, 삼매의 완성입니다. – 소망의 해소 = 염오(nibbidā), 탐의 해소 = 이탐(離貪-virāga)

또한, 상(想)이 2차 인식에 공동주관으로 참여하는 작용성인 번뇌(漏-āsava)를 부수어 무명의 문제를 해소하면 혜해탈(慧解脫)이고, 이런 수행이 위빳사나인데, 지혜의 완성(완전한 지혜-pariññā)입니다. – 번뇌의 부서짐에 의해 무명이 버려지고 명이 생김 = 소멸(nirodha)

이렇게 혜해탈하면 심해탈이 흔들리지 않게 되어 삶이 완성되는데(수행의 끝), 「부동(不動)의 심해탈(心解脫)」입니다. 그리고 '나의 해탈은 흔들리지 않는다. 이것이 태어남의 끝이다. 이제 다음의 존재는 없다.'라고 알고 보게 되는데, 해탈지견으로의 완성입니다. –「흔들리지 않는 해탈(부동의 심해탈) → 태어남의 끝(몸으로 가지 않음) → 다음의 존재 없음(존재의 소멸)」

◐ 번뇌의 부서짐으로 이끄는 수행 – (AN 4.41-삼매수행 경)

비구들이여, 그러면 무엇이 닦고 많이 행하면 번뇌들의 부서짐으로 이끄는 삼매수행인가? 비구들이여, 여기 비구는 오취온(五取蘊)에서 생겨남과 무너짐을 이어보면서 머문다. – '이렇게 색(色)이 있고, 이렇게 색이 자라나고, 이렇게 색이 줄어든다. 이렇게 수(受)가 있고, 이렇게 수가 자라나고, 이렇게 수가 줄어든다. 이렇게 상(想)이 있고, 이렇게 상이 자라나고, 이렇게 상이 줄어든다. 이렇게 행(行)들이 있고, 이렇게 행들이 자라나고, 이렇게 행들이 줄어든다. 이렇게 식(識)이 있고, 이렇게 식이 자라나고, 이렇게 식이 줄어든다.'라고. 이것이, 비구들이여, 닦고 많이 행하면 번뇌들의 부서짐으로 이끄는 삼매수행이다.

[2] 수행의 삼분(三分)

이렇게 깨달음으로 연결되는 삼매수행은 삼분(三分)되는데, 필수품을 갖춘 삼매의 과정으로 ①삼매의 토대(초삼분)를 만든 뒤 내적인 심의 사마타와 법의 위빳사나의 과정으로 ②여실지견(중삼분)하고, 사마타와 위빳사나의 과정으로 ③해탈지견(후삼분)에 이릅니다.

수행은 3가지 요소로 구성되는데, 집중과 관찰과 느낌입니다. 초삼분(初三分)의 과정에서는 ①사념처로 이어보는 집중과 ②장애 없음의 관찰에 따르는 ③삼매 가는 길(☞ 230쪽)로서의 개발된 느낌들로 구성되고, 중삼분(中三分)의 과정에서는 ①내적인 심의 사마타가 집중이고 ②법의 위빳사나가 관찰이며 ③과정의 개발된 느낌들(*)로 구성됩니다. 그리고 후삼분(後三分)에서는 ①사마타가 집중이고 ②위빳사나가 관찰이며 ③과정의 느낌들과 완성에 따르는 해탈락(解脫樂)-열반락(涅槃樂)의 느낌들로 구성됩니다.

(*) (MN 118-입출식념경)은 사념처의 완성을 16단계로 설명하는데, 1차 인식에서의 개발된 느낌인 ⑤희열의 경험과 ⑥행복의 경험에 이어 2차 인식에서의 개발된 느낌으로 ⑩심의 열락을 소개합니다. ⑨~⑫는 심념처의 성취 과정인데, ⑨심의 경험과 ⑩심의 열락에 이어 ⑪내적인 심의 사마타로 법을 드러내어 ⑫심을 현상의 영역(마라의 지배력)에서 풀려나게 하여 ⑬~⑯의 법념처의 완성과정인 법의 위빳사나로 연결합니다.

특히, 느낌은 불교 수행의 특징입니다. 괴로움의 과정으로 행복을 완성해야 한다는 인도의 선입된 관념과 달리 부처님의 깨달음은 행복 가운데 더 큰 행복을 성취하는 과정으로 완성됩니다(MN 85-보디 왕자 경). 불교가 고(苦)와 고멸(苦滅)을 최상위 개념으로 하는 것과도 들어맞는 관점인데, 삼매수행의 과정에서 생겨나는 개발된 느낌들(nirāmisā vedanā)입니다.

그래서 삼매수행은 초삼분-중삼분-후삼분으로의 구분 위에서 집중-관찰-느낌의 세 가지 요소로 설명됩니다.

• 수행의 삼분(三分) 표

	초삼분	중삼분	후삼분
이름	정정(正定)	정지(正知)	정해탈(正解脫)
성취	삼매	여실지견(如實知見)	해탈지견(解脫知見)
집중	사념처(이어봄)	내적인 심(心)의 사마타	사마타
관찰	사념처(장애 없음)	법(法)의 위빳사나	위빳사나
느낌	개발된 느낌들 : 환희 ~ 해탈락(解脫樂)/열반락(涅槃樂)		

[3] 4단계의 삼매수행

1. (AN 4.41-삼매수행 경)

이렇게 삼매 즉 마음이 하나의 대상에 집중된다고 해서 모두 깨달음을 성취할 수 있는 것은 아닙니다. 마음의 집중은 소유의 삶을 넘어 존재의 삶에 오르게 하는 올라가는 수행입니다. 그러나 깨달음은 존재의 삶에 머무는 것이 아닙니다. 존재의 삶에서 존재에 수반된 문제를 해소하고 벗어나 해탈된 삶을 성취하는 것입니다.

그래서 삼매 가운데 마음의 집중 즉 존재의 삶을 토대로 벗어남을 실현하는 것이 바른 삼매입니다. 그리고 이런 과정을 삼매를 닦음 즉 삼매수행(三昧修行-samādhibhāvanā)이라고 부르는데, (AN 4.41-삼매수행 경)은 4가지 삼매수행을 제시합니다.

> catasso imā, bhikkhave, samādhibhāvanā. katamā catasso? atthi, bhikkhave, samādhi-bhāvanā bhāvitā bahulīkatā diṭṭhadhammasukhavihārāya saṃvattati; atthi, bhikkhave, samādhibhāvanā bhāvitā bahulīkatā ñāṇadassanappaṭilābhāya saṃvattati; atthi, bhikkhave, samādhibhāvanā bhāvitā bahulīkatā satisampajaññāya saṃvattati; atthi, bhikkhave, samādhibhāvanā bhāvitā bahulīkatā āsavānaṃ khayāya saṃvattati.
>
> 비구들이여, 이런 네 가지 삼매수행(三昧修行)이 있다. 어떤 넷인가? 비구들이여, 닦고 많이 행하면 ①지금여기의 행복한 머묾으로 이끄는 삼매수행이 있다. 비구들이여, 닦고 많이 행하면 ②지(知)와 견(見)의 얻음으로 이끄는 삼매수행이 있다. 닦고 많이 행하면 ③염(念)-정지(正知)로 이끄는 삼매수행이 있다. 닦고 많이 행하면 ④번뇌들의 부서짐으로 이끄는 삼매수행이 있다.

필수품을 갖추어 올라가는 수행으로 성취하는 삼매의 토대(초선 ~ 상수멸) 위에서 벗어나는 수행의 과정에 의해 깨달음을 성취하는 것이 바른 삼매이고, 4가지 삼매수행으로 펼쳐서 설명하는 것입니다.

특히, ①지금여기의 행복한 머묾으로 이끄는 삼매수행으로 올라가며(*) 토대를 만든 뒤 각각의 토대를 단계적으로 올라가며 ②지와 견의 얻음으로 이끄는 삼매수행으로 법을 드러나게 하고, ③염-정지로 이끄는 삼매수행으로 드러나는 법의 무상을 보아 여실지견한 뒤 ④번뇌들의 부서짐으로 이끄는 삼매수행으로 해탈지견함으로써 완성되는 깨달음의 길은 수행지도로 그려집니다.

(*) 올라가는 수행① – 신행(身行 = 들숨-날숨)의 진정 : 욕탐의 제어 →제4선
올라가는 수행② –심행(心行 = 想-受)의 진정 : 상의 증득 → 무소유처

이때, 법을 드러나게 하는 ②지와 견의 얻음으로 이끄는 삼매수행의 과정은 내적인 심의 사마타(ajjhattaṃ cetosamatha)이고, 법의 무상을 관찰하는 ③염-정지로 이끄는 삼매수행은 법의 위빳사나(dhammavipassanā)입니다. 그래서 삼매의 토대 위에서 내적인 심의 사마타와 법의 위빳사나의 과정으로 여실지견에 이릅니다. 그리고 해탈지견으로 이끄는 ④번뇌들의 부서짐으로 이끄는 삼매수행의 과정이 사마타와 위빳사나입니다.

2. 법의 드러남(dhammānaṃ pātubhāva) – 벗어나는 수행에서의 변곡점

그렇다면 (AN 4.41-삼매수행 경)의 4단계 구분은 수행의 삼분(三分) 가운데 중삼분을 ②지와 견의 얻음으로 이끄는 삼매수행과 ③염-정지로 이끄는 삼매수행으로 나누어 놓은 것입니다.

그런데 이 구분은 중요합니다. 올라가는 수행에서 벗어나는 수행으로 전환한 뒤 여실지견에 이르는 과정에서의 변곡점을 지시해 주기 때문입니다.

③염-정지로 이끄는 삼매수행은 이어지는 가르침(→ 485/613쪽)으로의 법의 위빳사나인데, (MN 123-놀랍고 신기한 것 경)은 여래의 참으로 놀랍고 참으로 신기한 법이라고 말해줍니다. 부처님도 이 과정에 의해 여실지견 함으로써 비로소 깨달음을 성취할 수 있었다는 의미라고 보아야 하는데, 다른 스승들로서는 접근하지 못한 불교만의 고유한 영역입니다.

그런데 (AN 4.41-삼매수행 경)은 여실지견을 위한 집중과 관찰의 두 부분을 나누어서 ②지와 견의 얻음으로 이끄는 삼매수행을 말하는 것입니다. 그래서 ③염-정지로 이끄는 삼매수행을 통해 여실지견하고, 이어지는 ④번뇌들의 부서짐으로 이끄는 삼매수행을 통해 해탈지견함으로써 깨달음을 성취하는데, 그런 두 가지 지와 견의 얻음으로 이끎 즉 필요조건이 ②지와 견의 얻음으로 이끄는 삼매수행 즉 내적인 심의 사마타라는 것을 알 수 있습니다.

그러면 왜 내적인 심의 사마타가 ②지와 견의 얻음으로 이끄는 삼매수행이어서 법의 위빳사나인 ③염-정지로 이끄는 삼매수행을 통한 여실지견과 사마타-위빳사나로 번뇌들의 부서짐을 완성한 해탈지견의 조건이 되는 것입니까?

여실지견은 행들을 무상-고-무아라고 사실에 들어맞게 알고 보는 성취입니다. 그래서 현상적으로 알고 보는 대상이 아니라 사실(무상-고-무아) 그대로 알고 보기 위한 대상을 필요로 한다는 점에 착안해야 하는데, 내적인 심의 사마타가 드러내는 법(기억과 사유 또는 장애 등 덮고 있는 것들을 벗겨내고 안의 것을 꺼내 놓은 것)이 바로 법의 위빳사나를 위한 대상이 되는 것입니다. ⇒ 표 – 구차제주 분석표[법의 위빳사나 – (MN 111-순서대로 경)] 참조

내적인 심의 사마타에 의해 드러나는 법이 이렇게 현상의 영역과 사실의 영역의 변곡점이 된다는 것은 (MN 119-몸에 속한 사띠 경/신념처경)에서 소개하고 있는데, 마라의 지배력의 영역과 마라의 지배력에서 풀려난 영역입니다. –「이렇게 방일하지 않고 노력하고 확고한 의지로써 머무는 그에게 재가의 삶과 연결된 기억과 사유들이 버려진다. 그것들이 버려질 때 심(心)은 안으로 진정되고 가라앉고 집중되고 삼매에 들어진다. 비구들이여, 이렇게 비구는 몸에 속한 사띠를 닦는다.」 한편, (MN 25-미끼 경)은 사문-바라문들을 마라의 지배력에서 벗어나게 이끄는 경인데, 구차제주를 마라와 마라의 무리가 가지 않는 곳이라고 설명합니다.

이런 영역 구분의 중요성 때문에 (AN 4.41-삼매수행 경)은 삼분(三分)의 수행을 4단계로 나누어 설명하고 있다고 하겠습니다.

3. 방일에 머무는 자(pamādavihārī)와 불방일에 머무는 자(appamādavihārī)

한편, (SN 35.97-방일에 머무는 자 경)/(SN 55.40-삭까 사람 난디야 경)은 심(心)이 삼매를 닦지 않아 법이 드러나지 않는 사람은 방일에 머무는 자이고, 심이 삼매를 닦아 법이 드러난 사람은 불방일에 머무는 자라고 말합니다. 법이 드러나야(안의 것을 꺼내 놓아야) 이후의 과정을 진행하여 깨달을 수 있기 때문에 법이 드러나지 않는 사람은 깨달을 수 없다는 의미이고, 그래서 법의 드러남(dhammānaṃ pātubhāva)은 깨달음을 위한 필수조건니다.

[4] 삼매수행에서 대상의 전개

이런 전개를 고려할 때, 삼매수행은 특히 대상에도 주목해야 하는데, ①1차 인식의 자리에서 호흡(들숨-날숨) 등을 대상(nimitta-相)으로 삼매에 들고, ②2차 인식의 자리에서 느낌(受)(cittassa nimitta-心相)을 대상으로 내적인 心의 사마타를 진행해 법이 드러나게 되면 ③드러나는 법을 대상으로 법의 위빳사나를 진행하여 여실지견에 이릅니다. 그리고 다시 딱까 안에서 느낌(受)을 대상으로 진행하는 사마타-위빳사나에 의해 해탈지견하여 완성됩니다.

【컵의 비유 – 수행에서 대상의 전개】

; 근본경전연구회가 만든 세 번째 비유

컵 속 물에 얼굴을 비춰 얼굴의 때를 씻고자 하면 컵 속 물이 흔들리지 않고 맑아야 합니다. 컵 속의 물이 흔들리고 부유물이 있으면 물은 얼굴을 비춰주지 않습니다. 물이 흔들리지 않고 부유물이 잘 가라앉을 때 물은 얼굴을 비춰줍니다.

과정을 구분하면, ①컵이 고정되고, ②컵 속의 흔들림도 멈추어 부유물이 가라앉을 때 ③물은 얼굴을 비춰줍니다. 그러면 얼굴에 묻은 때를 씻거나 때가 없으면 기뻐할 수 있습니다.

수행도 이와 같아서 호흡 수행에 견주어 설명할 수 있습니다.

1) 컵의 고정 – 대상① 호흡(相-nimitta) → 마음(意)이 호흡에 고정되어 삼매에 듦(1차 인식) = 신념처(身念處)

2) 컵 속의 흔들림이 멈추고 부유물이 가라앉음 – 대상② 수(受=心相-cittassa nimitta) → 마음(識)이 고정됨(2차 인식) = 수념처(受念處)

⇒ 마음(心)이 일어나서 내적인 心의 사마타를 통해 법을 드러나게 함 = 심념처(心念處)

3) 대상③ 드러난 법에서 법의 위빳사나를 통해 무상을 관찰함 = 법념처(法念處) → 여실지견 = 예류자

4) 여실지견하면 딱까의 안에서 가라앉은 부유물 즉 오염원을 제거하는 수행이 이어지는데, 2차 인식의 객관인 수(受)를 대상으로 염오-이탐-소멸하는 사마타-위빳사나입니다. → 해탈지견 = 아라한

; 삼매를 성취하고, 삼매 위에서 이런 과정으로 예류자가 됩니다. 이것이 사념처의 완성이고, 사띠의 완성입니다. 그러면 완성된 사띠 즉 사띠토대(satiāyatana) 위에서 사마타-위빳사나의 과정으로 번뇌를 부수고 해탈지견할 때 아라한이 성취됩니다. 이런 과정이 팔정도입니다.

참고로, 이런 점에서 삼매/선정 없음을 말하는 순수 위빳사나 또는 마른 위빳사나는 깨달음의 길이 될 수 없습니다. 경에 없는 개념입니다.

[5] 수행지도의 일반형

◐ 그림 1. 수행지도 개념

계(戒) : 필수품의 과정 – 정견(正見) ~ 정념(正念) → 정정(正定)) = 필수품을 갖춘 삼매 → 심의 일어남 → 내적인 심의 사마타 : 법의 드러남 → 법의 위빳사나 : 무상의 관찰 → 여실지견 : 실다운 지혜 = 예류자 → 사마타(염오-이탐 → 심해탈) → 위빳사나(소멸 → 혜해탈) ⇒ 해탈지견 = 인간을 넘어선 법인 성자에게 어울리는 차별적인 지와 견의 완성 : 완전한 지혜 = 아라한

◐ 그림 2. 수행지도 – 단계적 치유 : 구차제주(九次第住)

• 단계지어진 수행 영역① : 욕탐의 제어 = 신행(身行-들숨-날숨)의 진정 + 상(想)의 증득 = 심행(心行-受)의 진정–초선 → 제2선 → 제3선 → 제4선 → 공무변처 → 식무변처 → 무소유처

• 단계지어진 수행 영역② : 남아있는 행(行)의 증득 = 비상비비상처
• 단계지어지지 않은 수행 영역 : 상수멸

◐ 그림 3. 수행 – 3층집 짓기

기초 – 골격을 만듦(다리를 교차하고 몸을 곧게 뻗침) → 1층 바닥 – 콧구멍 주위에 사띠를 준비 → 1층 천장 겸 2층 바닥 – 바른 삼매 → 2층 천장 겸 3층 바닥 – 여실지견 : 실다운 지혜 → 3층 천장 겸 지붕 – 해탈지견 = 인간을 넘어선 법인 성자에게 어울리는 차별적인 지와 견의 완성 : 완전한 지혜

	1층 - 삼매	2층 - 여실지견	3층 - 해탈지견
내력벽 = 믿음-정진-사띠	ātāpī sampajāno satimā	신행과 심행의 진정	사띠토대
기둥① = 삼매	ānupassī	내적인 心의 사마타	사마타
기둥② = 지혜	pajānāti	法의 위빳사나	위빳사나

◐ 그림 4. 수행의 삼분(三分)

• 팔정도 – 필수품을 갖춘 삼매 = 정정(正定) – 바른 삼매를 닦음 → 올라가는 수행 + 벗어나는 수행
• 십정도 – 올라가는 수행 : 정정(正定-토대) → 벗어나는 수행① : 정지(正知) → 벗어나는 수행② : 정해탈(正解脫)

◐ 그림 5. 수행지도의 골격 – (AN 4.41-삼매수행 경)

①지금여기의 행복한 머묾으로 이끄는 삼매수행 → ②지(知)와 견(見)의 얻음으로 이끄는 삼매수행 → ③염(念)-정지(正知)로 이끄는 삼매수행 → ④번뇌들의 부서짐으로 이끄는 삼매수행

◐ 그림 6. 여실지견에 대한 양방향의 접근 – 수행자와 완성자

여실지견은 행들을 사실 그대로 즉 무상-고-무아로 알고 보는 삶입니다(실다운 지혜). 수행자의 입장에서는 상-락-아-정의 전도를 해소하고 전도 되지 않음으로 접근하는 과정의 완성이고, 해탈지견(해탈의 흔들리지 않음-태어남의 끝-다음의 존재 없음)하여 락-무아의 열반을 실현한 완성된 자(아라한-완전한 지혜)의 입장에서도 행들 즉 세상을 만날 때는 무상-고-무아라는 사실에 의거하여 만나게 됩니다(실다운 지혜). 그래서 수행자도 완성자도 세상을 만나는 방법은 실다운 지혜 즉 여실지견으로 모입니다.

; (MN 119-신념처경/몸에 속한 사띠 경) 등 –「이처럼, 비구들이여, 누구든지 몸에 속한 사띠를 닦고 많이 행하는 자는 실다운 지혜(완성자의 시각)를 실현하기 위해 어떤 것이든 실다운 지혜(수행자의 시각)로 실현해야 하는 법들로 심(心)을 기울인다. 그는, 사띠토대가 있을 때, 어디에서든 실현능력을 얻는다.」

◐ 그림 7. 딱까를 중심에 둔 수행지도

무명에 덮이고 애에 묶여서 옮겨가고 윤회하는 중생의 삶이 바르게 설명될 때, 그 삶의 이야기 위에서 삶의 문제를 해소(부정적인 요소들을 버림)하는 노력이 수행입니다. 중생의 삶을 설명하는 그림이 삶의 메커니즘이고, 딱까를 중심으로 그려집니다. 딱까 밖의 영역에서 시작되는 수행은 딱까의 접점을 통과해서 딱까 안의 문제들(부정적 요소)의 해소를 통해 완성됩니다.

; 제2부 총론 제3장 Ⅰ. 2.삶의 메커니즘(176쪽) –「그래서 불교는 사는 이야기 즉 내가 세상을 만나는 이야기입니다. 마음이 몸과 함께 세상을 만나는 과정의 어디 어디에 어떤 어떤 문제가 있어서 괴로움이 생겨나고 또 자라나는지를 설명하면 연기이고, 그 문제의 자리 자리에 어떻게 어떻게 대응하면 문제가 해소되고 괴로움이 줄어드는지를 설명하면 팔정도입니다. 그래서 중도 곧 팔정도의 실천은 연기와 짝을 이루어 사성제를 구성하는 고멸도성제의 자리를 차지하고 있습니다. 말하자면, 연기로써 고의 정체를 드러내고, 중도로써 그 문제를 해소함으로써 고를 소멸하는 가르침이 불교인 것입니다.」

◐ 그림 8. 사념처(四念處)의 개념[행위적 앎과 염처(念處)의 관계]

사념처(四念處)는 (DN 22/MN 10-대념처경)에서 대상을 세분하여 설명하는데, 후렴을 통해 여실지견과 해탈지견의 과정을 완성합니다. 반면에 (MN 118-입출식념 경)은 여실지견의 과정을 들숨-날숨에 대한 사띠 16단계로 설명하면서, 4단계씩 나누어서 신념처-수념처-심념처-법념처의 성취로 구분합니다. 이때, 신념처의 성취는 신행의 진정에 의해 제4선까지 올라가는 수행의 과정을, 수념처의 성취는 ①1차 인식에서 생긴 수의 개발된 느낌의 과정과 ②2차 인식에서 심행의 진정을 통해 무소유처까지 올라가는 수행의 과정을 설명합니다. 심념처의 성취는 ①2차 인식에서 생긴 심의 경험에 이어 ②내적인 심의 사마타에서 법이 드러나는 벗어나는 수행의 과정을, 법념처는 드러난 법의 무상을 관찰하는 벗어나는 수행의 과정을 설명합니다.

이때, 행위적 앎(심-의-식)의 관점에서 신념처의 행위적 앎은 의(意)입니다. 수념처①의 행위적 앎은 의이고,수념처②의 행위적 앎은 식(識)입니다. 심념처①의 행위적 앎은 식이고, 심념처②의 행위적 앎은 심(心)입니다. 그리고 법념처의 행위적 앎은 심입니다.

또한, 사띠의 눈뜸은 1차 인식의 자리(외입처-相-nimitta)와 2차 인식의 자리(受-心相-cittassa nimitta) 그리고

드러나는 법의 세 자리에서 단계적으로 향상된 뒤 여실지견에서 완성됩니다.

◐ 그림 9. 삼매수행에서 대상의 전개 – 「상(nimitta) → 심상(心相-cittassa nimitta) → 드러나는 법(法)」

삼매수행에서 대상의 전개는 '올챙이, 개구리 되기'의 비유를 통해 설명되는데, 사띠의 눈뜸의 세 자리에 이어 딱까 안에서 진행되는 ④번뇌의 부서짐으로 이끄는 삼매수행에서는 다시 수로 돌아와서 공동주관인 상의 전도(상-락-아-정 → 무상-고-무아-부정)를 해소하는 과정으로 진행됩니다.

◐ 그림 10. (MN 118-입출식념경)의 들숨-날숨에 대한 사띠 16단계 분석

1. 사띠가 준비된 상태를 유지하는 것이 오직 사띠하면서 들이쉬고 내쉬는 것인데, 이런 준비 위에서 사띠 수행 16단계는 시작됩니다.

2. 16단계 중 1~2단계는 호흡의 현상을 길이로써(길다-짧다) (사띠로 눈떠서 보면서 보이는 그대로) 분명히 아는 것(pajānāti)이고 이어지는 14단계는 시도하는 것(sikkhati-부처님의 성취 과정을 재현하기 위해서 이끄는 대로 애써 뒤따르는 것)입니다.

3. 3(온몸을 경험)은 호흡 전체를 보려는 집중의 과정이고, 4(신행의 진정)에서 신행(身行) 즉 호흡의 진정은 제4선에서 완전히 멈춥니다(올라가는 수행① – 욕탐에서 탐을 줄여나가는 과정).

4. 5(희열의 경험)~6(행복의 경험)은 개발된 느낌인데, 1차 인식에서 사띠가 눈을 뜬 상태(nimitta)에서 알고 경험하는 과정의 개발된 느낌의 경험입니다. 7(심행의 경험)은 사띠가 2차 인식으로 옮겨와 식과 수(cittassa nimitta)의 인식에서 눈뜸으로써 심행(心行) 즉 상(想)-수(受)의 과정을 경험하는 것이고, 8(심행의 진정)은 그 경험의 과정에서 상(想)의 증득을 통해 무소유처까지 올라가는 수행의 과정으로 심행을 진정시키는 것입니다(올라가는 수행②-상의 공동주관으로의 참여 측면 과정).

5. 9(심의 경험)는 심행(心行)에서 형성된 심(心)을 직접 경험하는 것인데, 대념처경의 심념처가 이끄는 8쌍 16가지로 심을 분명히 아는 것과 연결됩니다. 10(심을 열락케 함)은 2차 인식의 삼사화합(주관인 식-객관인 수-생겨난 심)에서 경험되는 2차적인 개발된 느낌입니다. 11(삼매를 닦는 심)은 심의 삼매 즉 내적인 심의 사마타여서 벗어나는 수행①입니다. 12(심을 풀려나게 함)는 그렇게 법이 드러나면 현상의 영역에서 풀려나 사실의 영역에 들어서는 것이고, 현상의 영역의 지배자인 마라로부터 풀려나는 것입니다.

6. 13~16(무상-바램-소멸-놓음을 이어봄)은 드러나는 법에서 무상-바램-소멸-놓음을 이어보는 법의 위빳사나인데(벗어나는 수행②), 여실지견을 성취함으로써 사념처가 완성됩니다.

7. 1~4는 신념처의 완성 과정이고, 중심 주제는 호흡이 곧 몸이라는 것이고, 5~8은 수념처의 완성 과정이고, 중심 주제는 호흡에 잘 작의 하는 것이 느낌이라는 것입니다. 9~12는 심념처의 완성 과정인데, 중심 주제는 염(念)-정지(正知)를 위해 법을 드러나게 하는 것(법을 드러나게 하여 염-정지로 연결)입니다. 13~16은 법념처의 완성 과정인데, 중심 주제는 간탐과 고뇌 즉 사념처에 의해 제거되는 다섯 가지 장애와 수비고우뇌를 지혜로써 보면서 평정 가운데 잘 지켜보는 것인데, 대념처경이 설명하는 법념처의 기법과 연결됩니다.
8. 16단계의 수행 과정에는 3가지 관점이 중첩되어 있어서 이해하기 어렵습니다. — ①1차 인식과 2차 인식, ②

올라가는 수행과 벗어나는 수행, ③신-수-심-법의 전개

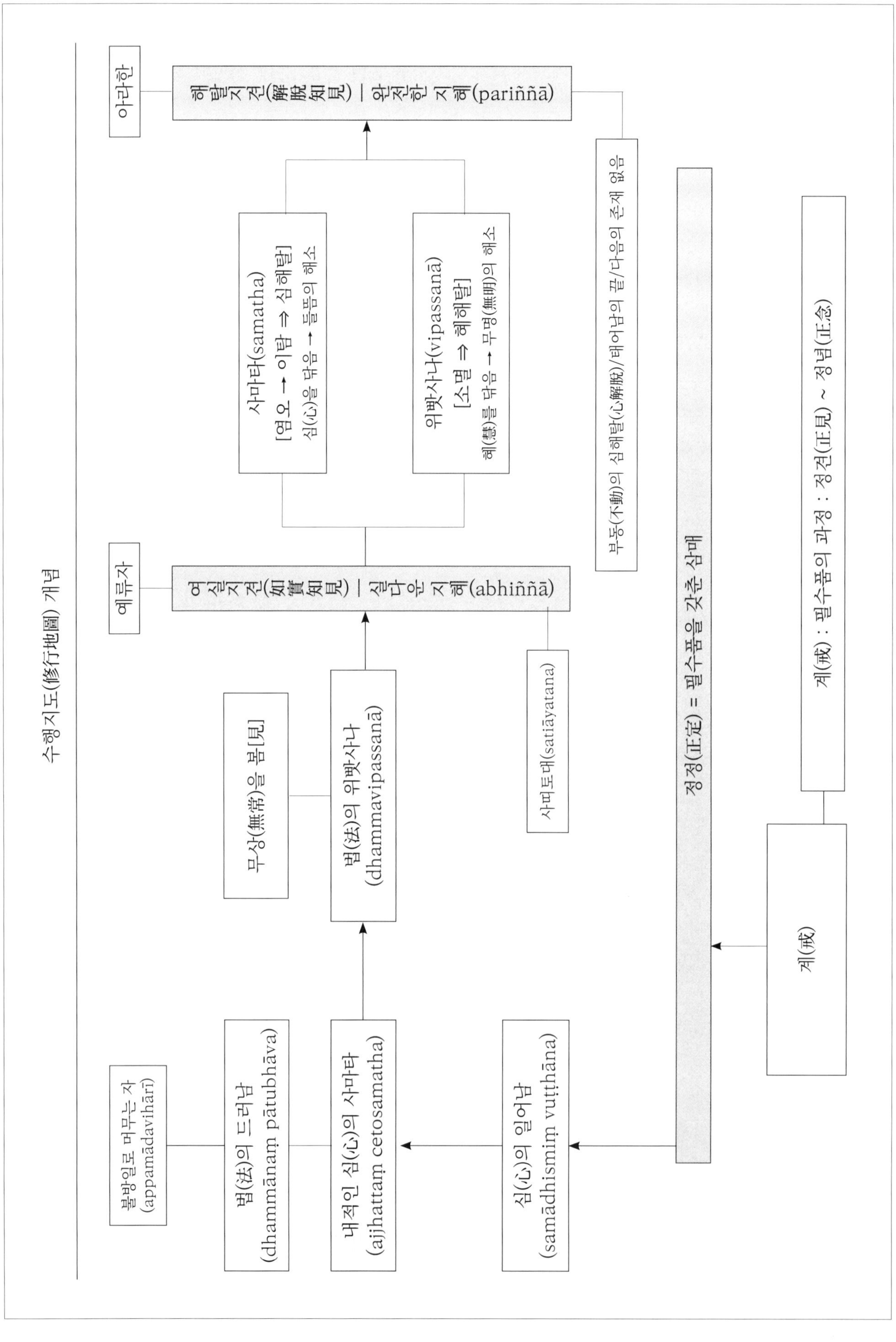

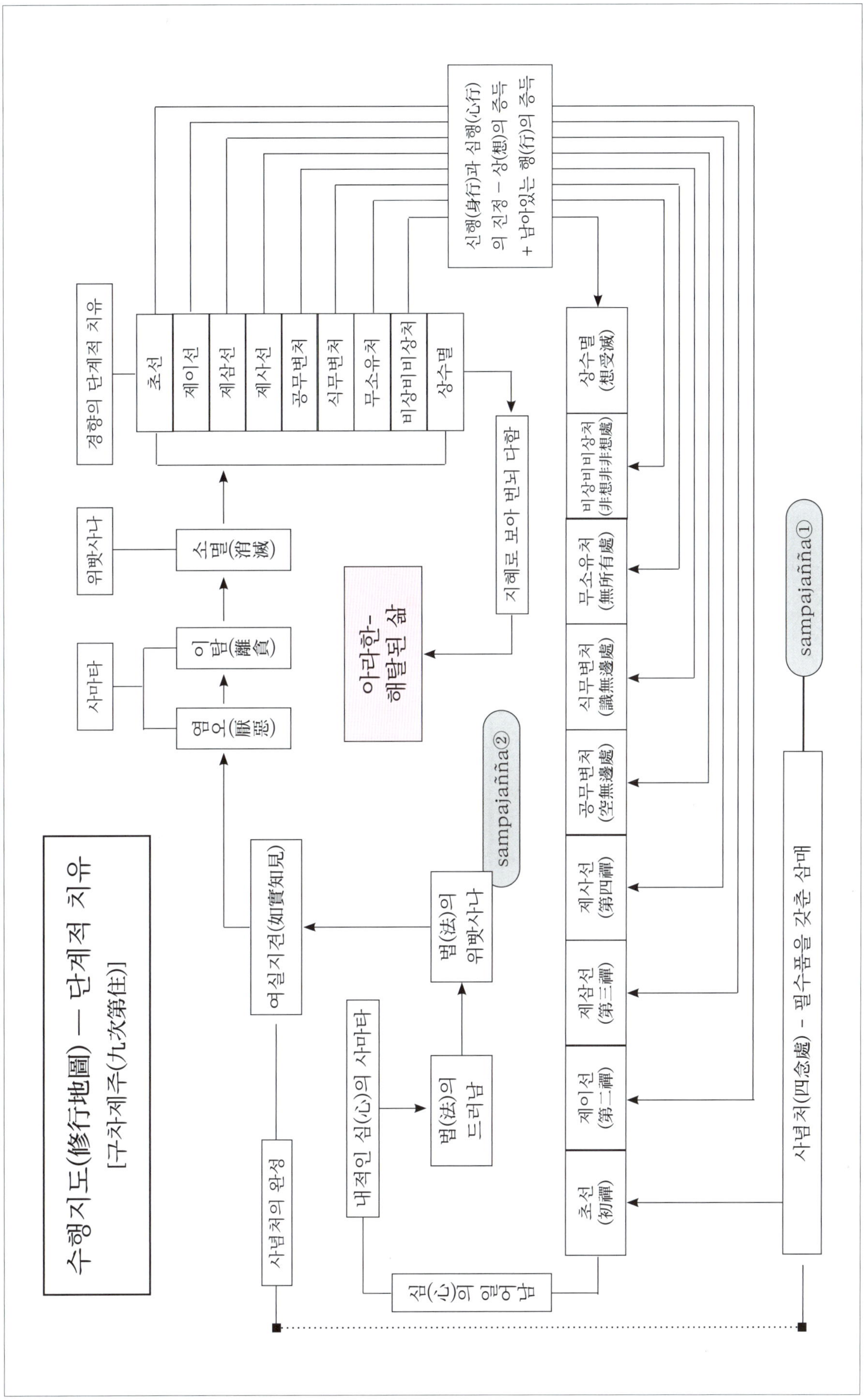

수행지도(修行地圖) — 단계적 치유
[구차제주(九次第住)]
경향의 단계적 치유
위빳사나
사마타
초선
제이선
제삼선
제사선
공무변처
식무변처
무소유처
비상비비상처
상수멸
신행(身行)과 심행(心行)의 진정 – 상(想)의 증득 + 남아있는 행(行)의 증득
소멸(消滅)
이탐(離貪)
염오(厭惡)
지혜로 보아 번뇌 다함
아라한-해탈된 삶
sampajañña②
여실지견(如實知見)
법(法)의 위빳사나
법(法)의 드러남
내적인 심(心)의 사마타
사념처의 완성
심(心)의 일어남
초선(初禪)
제이선(第二禪)
제삼선(第三禪)
제사선(第四禪)
공무변처(空無邊處)
식무변처(識無邊處)
무소유처(無所有處)
비상비비상처(非想非非想處)
상수멸(想受滅)
sampajañña①
사념처(四念處) - 필수품을 갖춘 삼매

수행(修行) — 3층 집 짓기

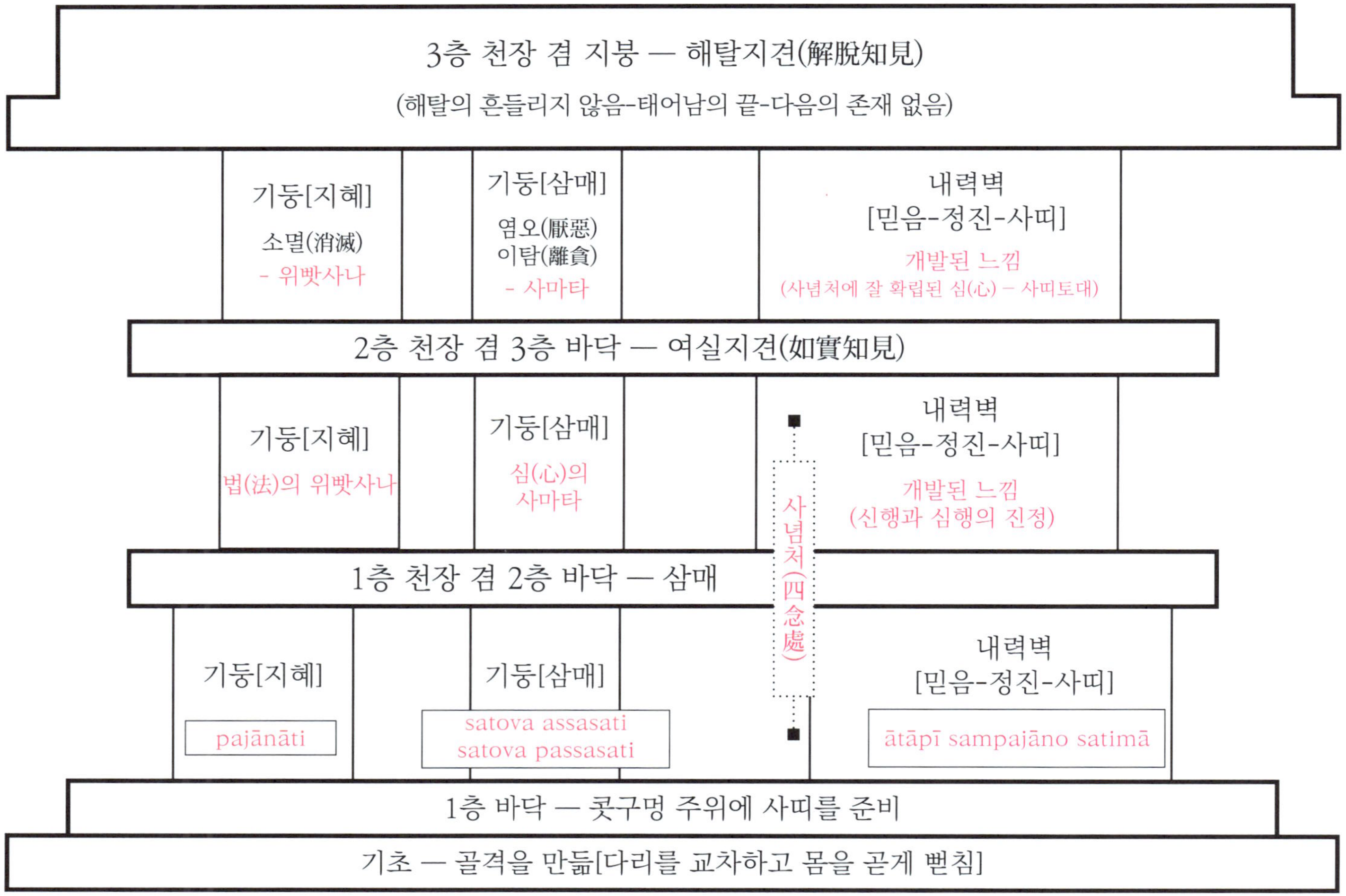
3층 천장 겸 지붕 — 해탈지견(解脫知見)
(해탈의 흔들리지 않음-태어남의 끝-다음의 존재 없음)
기둥[지혜]
소멸(消滅)
- 위빳사나
기둥[삼매]
염오(厭惡)
이탐(離貪)
- 사마타
내력벽
[믿음-정진-사띠]
개발된 느낌
(사념처에 잘 확립된 심(心) – 사띠토대)
2층 천장 겸 3층 바닥 — 여실지견(如實知見)
기둥[지혜]
법(法)의 위빳사나
기둥[삼매]
심(心)의
사마타
내력벽
[믿음-정진-사띠]
개발된 느낌
(신행과 심행의 진정)
사념처(四念處)
1층 천장 겸 2층 바닥 — 삼매
기둥[지혜]
pajānāti
기둥[삼매]
satova assasati
satova passasati
내력벽
[믿음-정진-사띠]
ātāpī sampajāno satimā
1층 바닥 — 콧구멍 주위에 사띠를 준비
기초 — 골격을 만듦[다리를 교차하고 몸을 곧게 뻗침]

수행의 삼분(三分)[십정도 – 정정(토대) → 정지(사념처 - 여실지견) → 정해탈(사마타-위빳사나 - 해탈지견)]

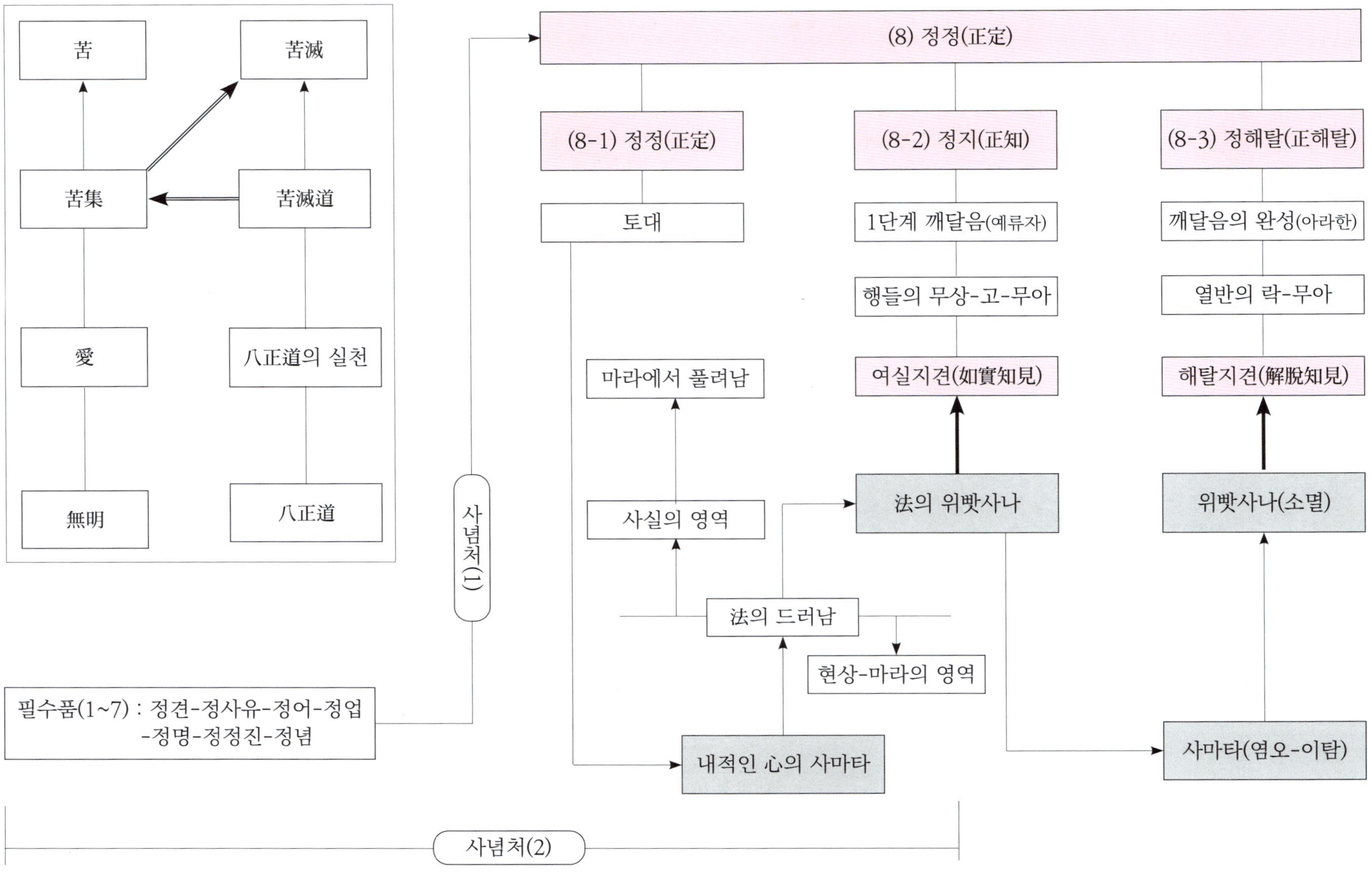

수행지도의 골격 - (AN 4.41-삼매수행 경)

MN 118	신념처의 성취	수념처의 성취	심념처의 성취	법념처의 성취	번뇌의 부서짐
사여의족	관심의 삼매	정진의 삼매	심(心)의 삼매	관찰의 삼매	
삼매수행	삼매수행①		삼매수행②	삼매수행③	삼매수행④

● 삼매수행의 3요소 – ①집중, ②관찰, ③느낌

집중과 관찰의 과정을 느낌이 수반한다고 말하기보다는 고(苦)와 고멸(苦滅)을 최상위 개념으로 하는 불교에서 느낌은 수행의 본질이라고 해야 합니다. 고(苦)가 소멸한 느낌을 완성해 가는 것이 수행이라는 의미입니다.

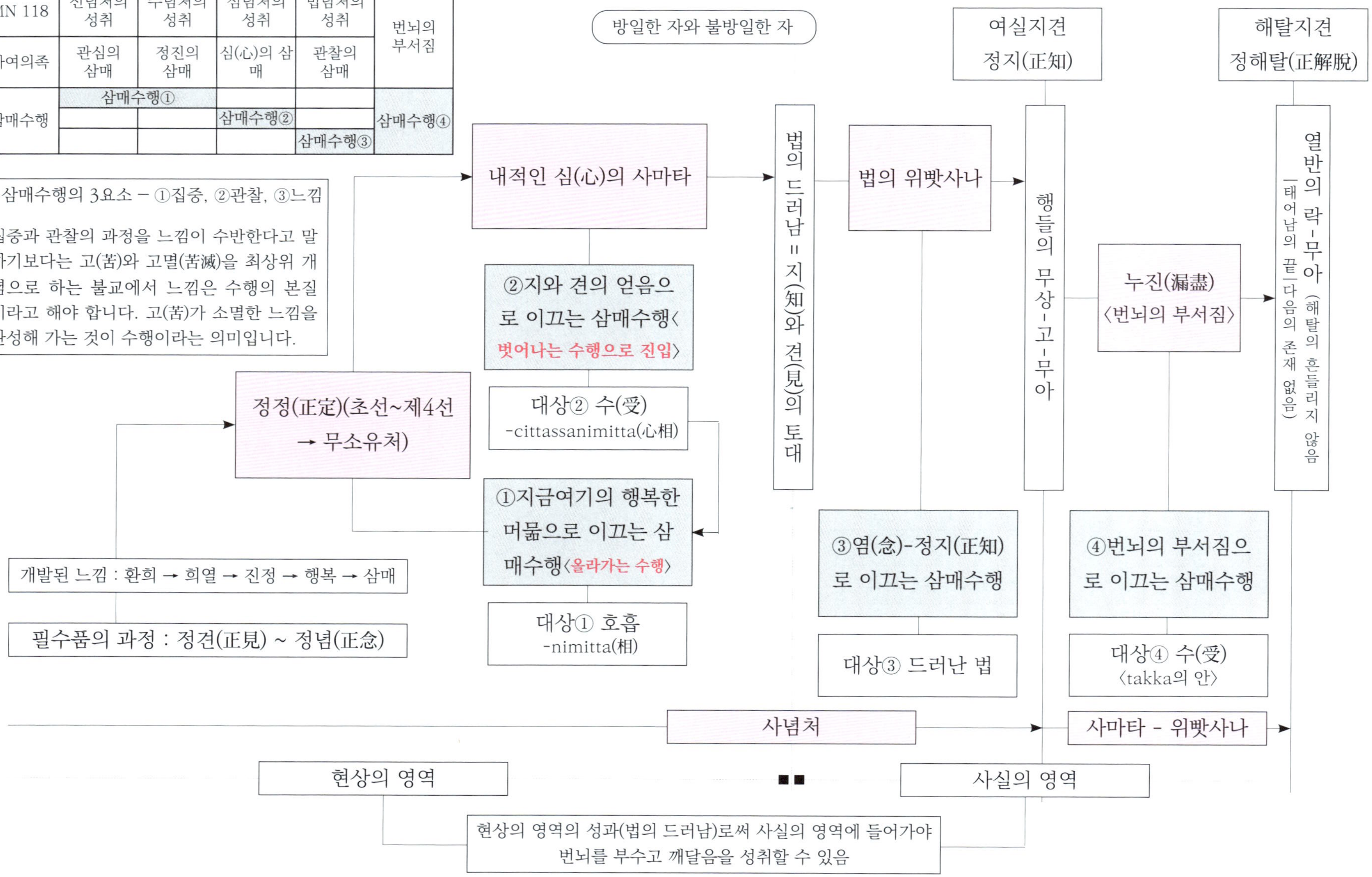

여실지견(如實知見)에 대한 양방향의 접근 — 수행자와 완성자

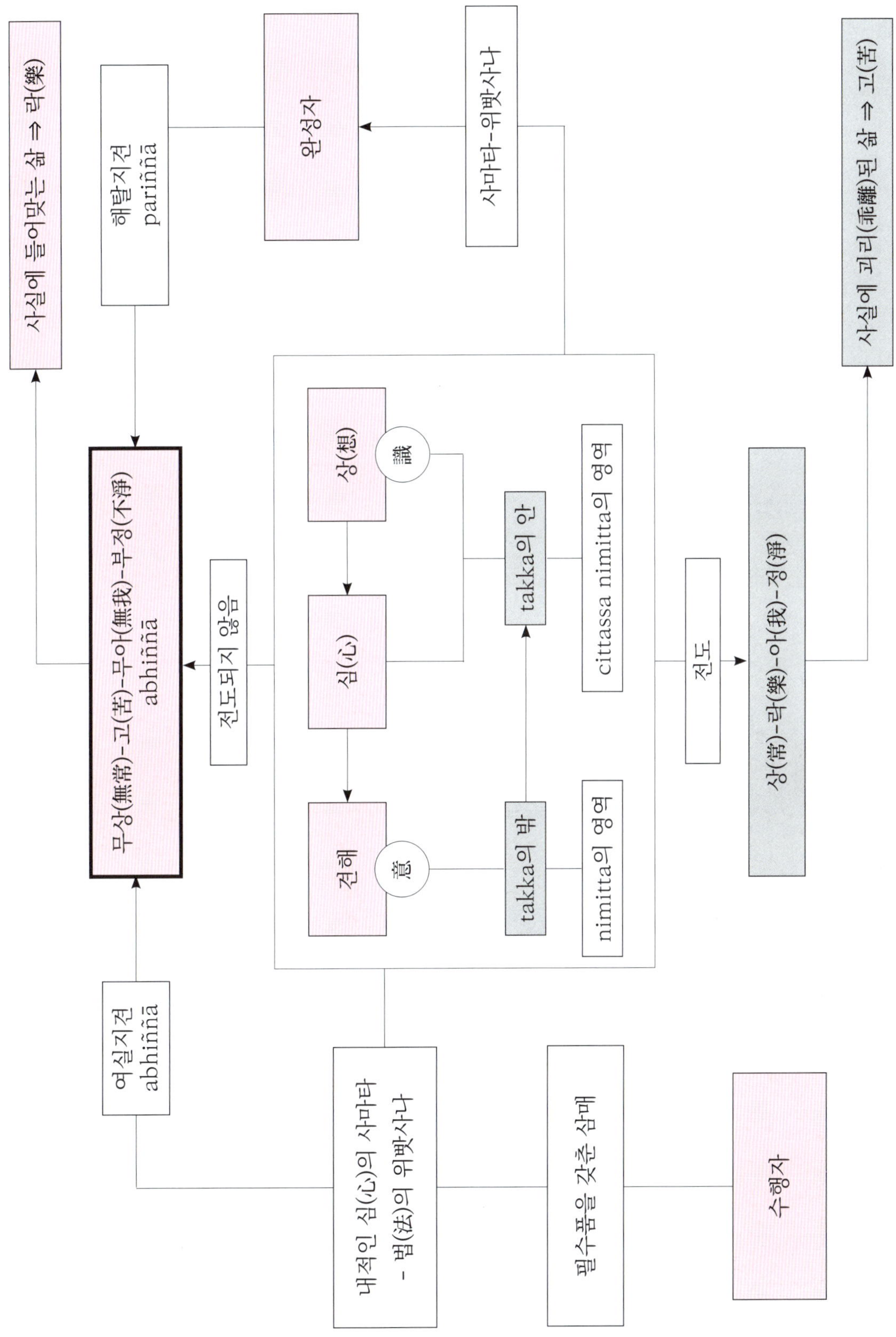

takka(딱까)를 중심에 둔 수행지도(修行地圖)

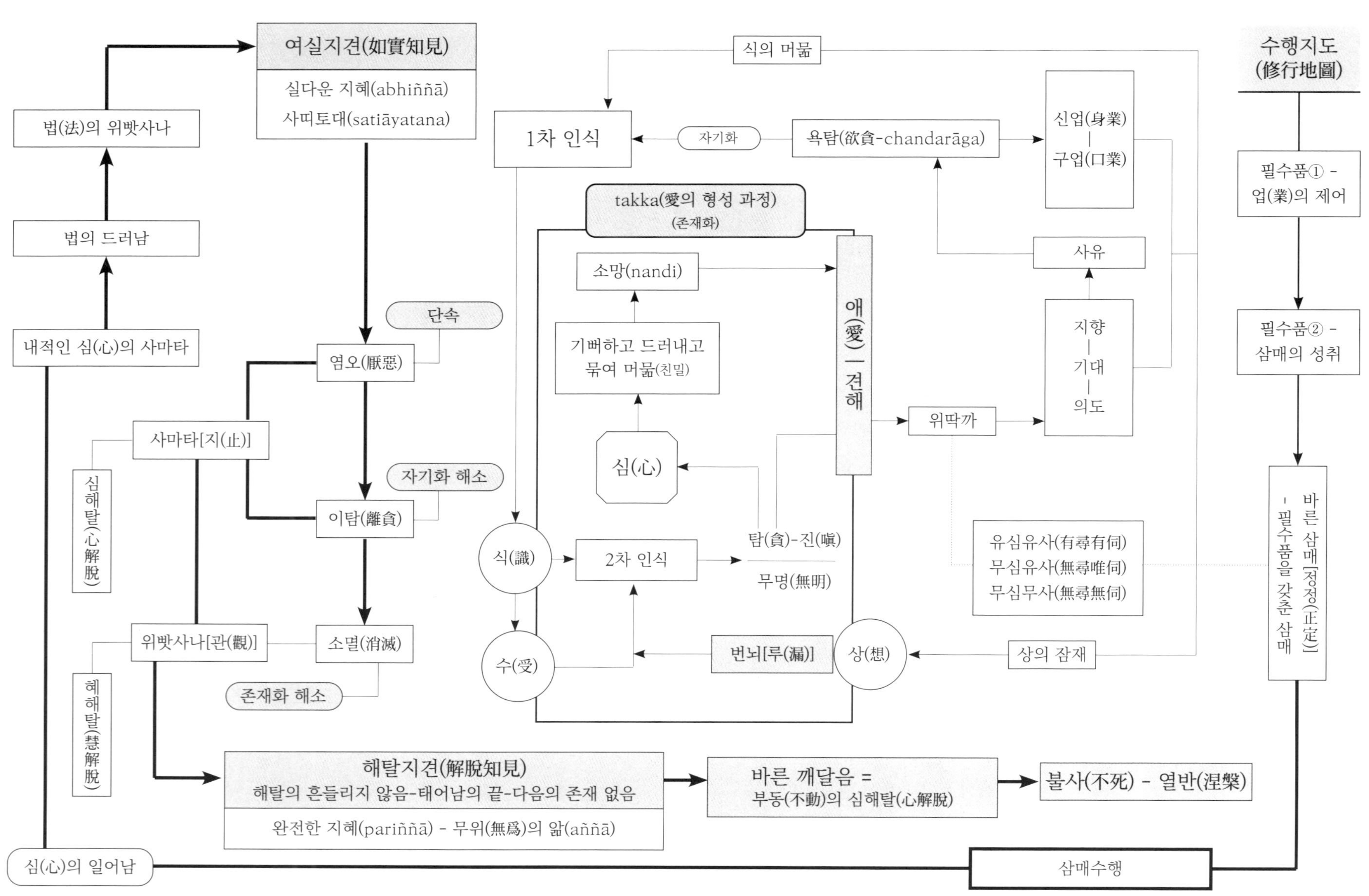

사념처(四念處)의 개념[행위적 앎과 염처(念處)의 관계]

몸(身)에서 몸을 이어 보면서 머문다. 알아차리고, 옳고 그름을 판단하고, 옳음의 유지-향상을 위해 노력하는 자는 세상에서 간탐과 고뇌를 제거한다. 느낌(受)들에서 느낌을 이어 보면서 머문다. 알아차리고, 옳고 그름을 판단하고, 옳음의 유지-향상을 위해 노력하는 자는 세상에서 간탐과 고뇌를 제거한다. 마음(心)에서 마음을 이어 보면서 머문다. 알아차리고, 옳고 그름을 판단하고, 옳음의 유지-향상을 위해 노력하는 자는 세상에서 간탐과 고뇌를 제거한다. 현상(法)들에서 현상을 이어 보면서 머문다. 알아차리고, 옳고 그름을 판단하고, 옳음의 유지-향상을 위해 노력하는 자는 세상에서 간탐과 고뇌를 제거한다.

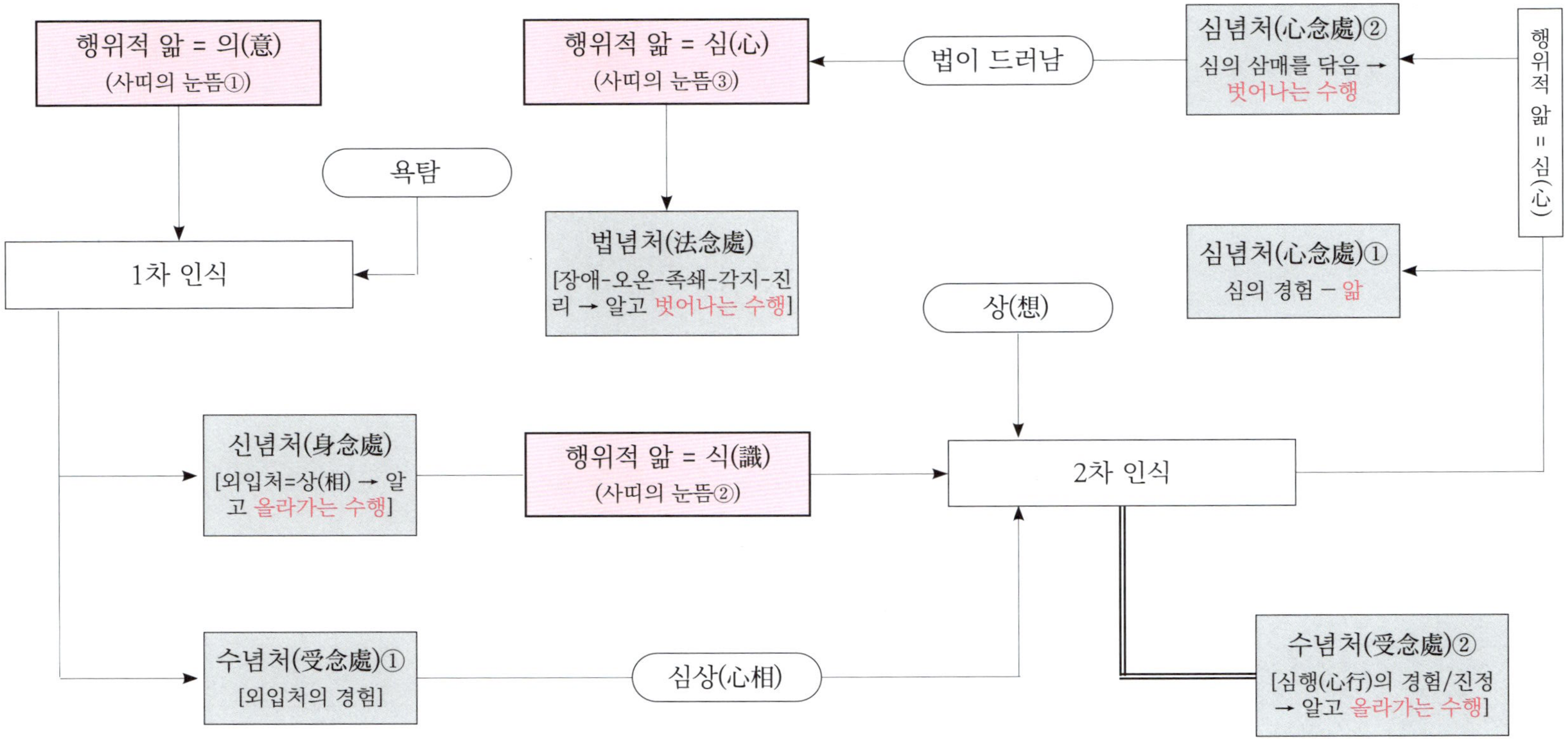

삼매수행에서 대상의 전개 – 「상(相-nimitta) → 심상(心相-cittassa nimitta) → 드러나는 법(法)」

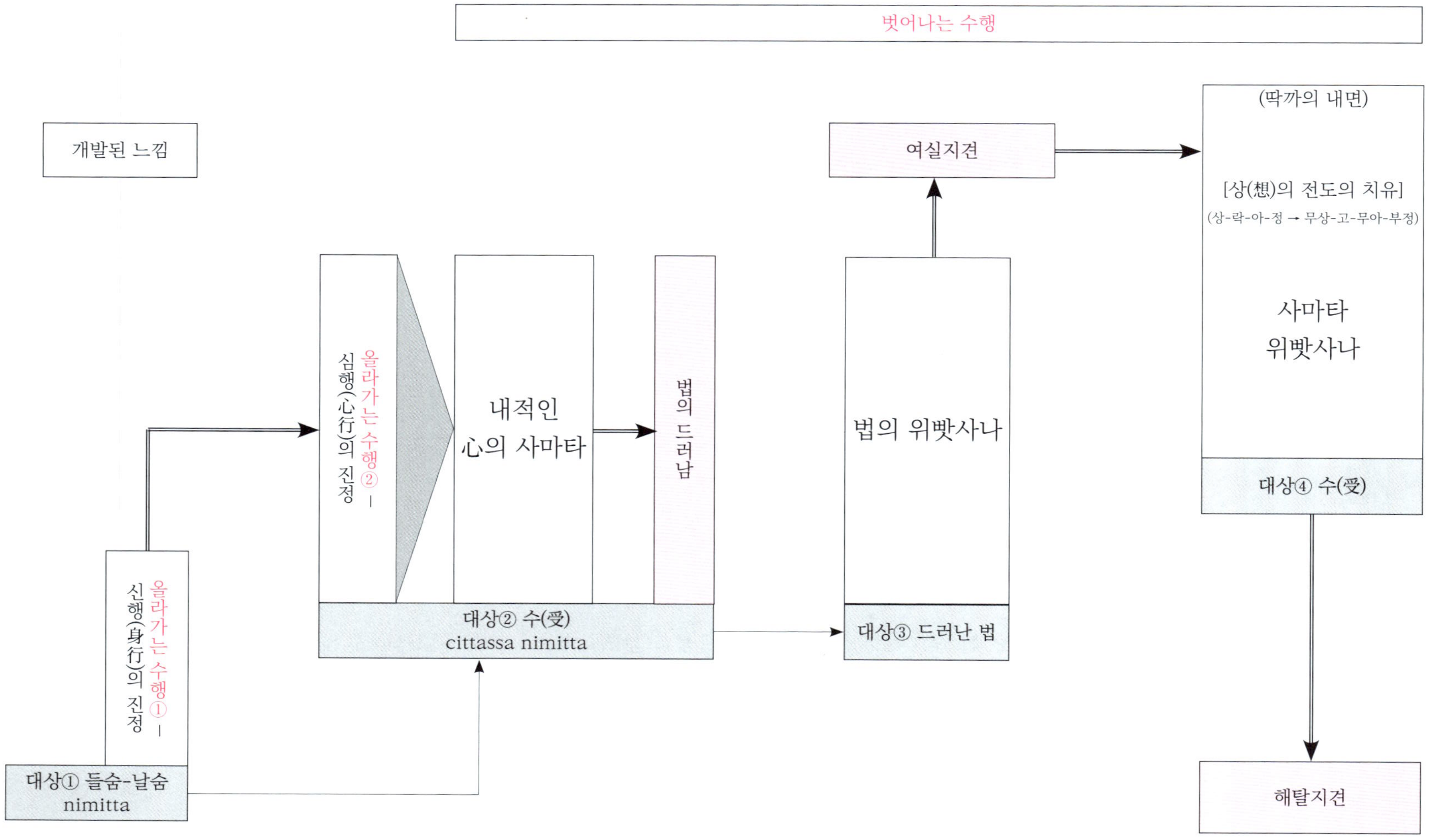

(MN 118-입출식념 경)의 들숨-날숨에 대한 사띠 16단계 분석

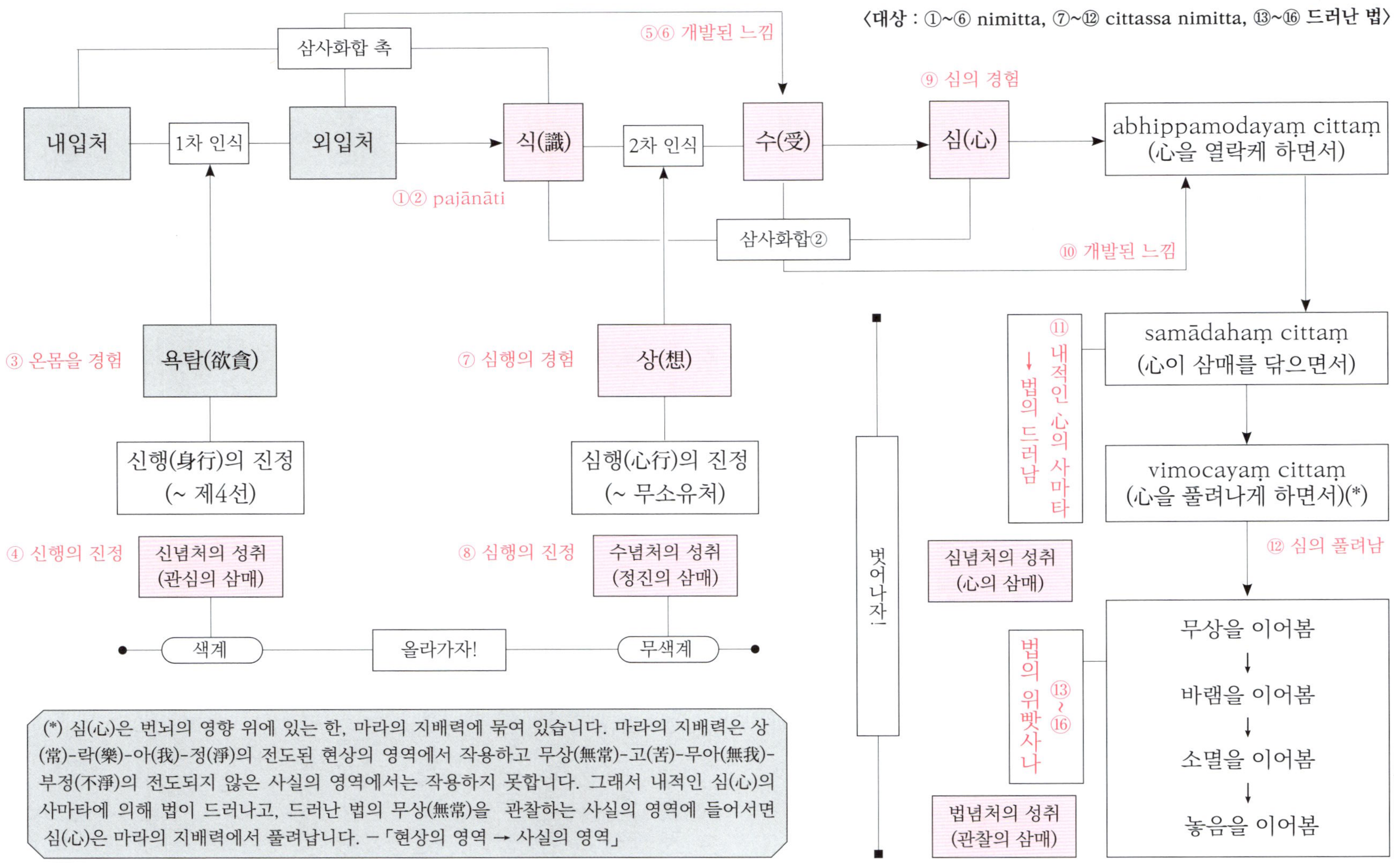

(*) 심(心)은 번뇌의 영향 위에 있는 한, 마라의 지배력에 묶여 있습니다. 마라의 지배력은 상(常)-락(樂)-아(我)-정(淨)의 전도된 현상의 영역에서 작용하고 무상(無常)-고(苦)-무아(無我)-부정(不淨)의 전도되지 않은 사실의 영역에서는 작용하지 못합니다. 그래서 내적인 심(心)의 사마타에 의해 법이 드러나고, 드러난 법의 무상(無常)을 관찰하는 사실의 영역에 들어서면 심(心)은 마라의 지배력에서 풀려납니다. –「현상의 영역 → 사실의 영역」

VI. 수행지도(修行地圖) – 2) 관련 경전

『초기불교 경전백선 독송집』 '제6장 수행(修行) – 지도(地圖)'에 속한 여러 경은 수행지도의 골격을 구성하는 주제들을 소개하는데, (아침독송 발췌 250814~26)에서 정리하였습니다. ☞ nikaya.kr에서 '250828'로 검색

▣ (아침독송 발췌 250814~26) 수행지도(修行地圖)[삼매가는 길 → 내적인 심의 사마타 → 법의 드러남 → 법의 위빳사나 → 여실지견 → 해탈지견](해피스님 250828)

25.8.14 ~ 8.26.의 아침 독송에서 수행지도(修行地圖)에 속한 주제들을 설명하였는데, 해피스님의 설명 부분만 따로 모아 하나의 동영상으로 편집하였습니다.

[1] 아침독송(250814) – (AN 11.1-어떤 목적 경)[수행지도의 골격 – 계에 둘러싸인 법의 호수 & 삼매의 목적 = 깨달음(여실지견-해탈지견)](근본경전연구회)

참조 : 그림 1. 수행지도 개념 & 그림 5. 수행지도의 골격 – (AN 4.41-삼매수행 경)

1. 단계적 완성(구차제주)으로 나아가는 점진적 과정

(AN 11.1-법의 목적 경)은 수행지도의 골격을 알려줍니다. 계에 둘러싸인 법의 호수에서 목욕하는 과정(*)을 점진적으로 설명하는데, 개발된 느낌의 과정으로의 삼매 가는 길(환희 → 희열 → 진정 → 행복 → 삼매)과 삼매의 토대 위에서 진행되는 두 단계의 깨달음(여실지견 → 해탈지견)입니다.

(*) 수행의 본질은 버림인데, 법의 호수에서 목욕하여 내면의 오염원을 씻어내는 것이고, 그렇게 비워져 상(想)의 작용성인 번뇌까지 없는 상태로의 공(空)의 실현입니다.

; ①유익한 계(戒) – 가르침을 실천하는 삶을 보호 → ②뉘우침 없음

• 계를 지니지 않는 삶 – 법(삶을 향상으로 이끄는 가르침)의 호수 밖의 삶 → 목욕하지 못함 ⇒ 강물에서 하는 밖의 목욕으로 안의 오염원을 씻어내지 못함 – 불교와 바라문교의 차이

→ ③환희-④희열-⑤진정-⑥행복 – 개발된 느낌(행복의 과정) = 삼매 가는 길

→ ⑦삼매 – 올라가는 수행이지만 벗어남(깨달음)을 위한 토대

; 벗어나는 수행 : → ⑧여실지견 = 1단계의 깨달음 – 행(行)들에 대한 (무상-고-무아의) 앎과 봄 = 사념처의 완성(완성된 사띠 = 사띠토대) = abhiññā(실다운 지혜) – 예류자

→ ⑨염오 → ⑩이탐 – 사마타 = 심해탈

→ ⑪해탈지견 = 깨달음의 완성 – (해탈의 흔들리지 않음 → 태어남의 끝 → 존재의 소멸)인 (락-무아의) 열반에 대한 앎과 봄 = 위빳사나의 완성 ⇒ 부동의 심해탈 – pariññā(완전한 지혜) – 아라한

2. 삼매의 목적과 이익이 여실지견이라는 설명은 올라가는 수행과 벗어나는 수행의 구조를 잘 설명해 줍니다.

3. 여실지견(如實知見) – 행(行)들의 무상(無常)-고(苦)-무아(無我)를 사실 그대로 알고 봄

4. 해탈지견(解脫知見) – (해탈의 흔들리지 않음 → 태어남의 끝 → 다음의 존재 없음)으로 벗어나 실현되는 락(樂)-무아(無我)의 열반을 알고 봄 즉 해탈된 삶의 실현

; 그리고 나에게 지와 견이 생겼다. – '나의 해탈은 흔들리지 않는다. 이것이 태어남의 끝이다. 이제 다음의 존재는 없다.'라고.

5. 계가 삼매의 토대가 되고, 삼매가 벗어나는 수행의 토대가 되듯이, 세상을 구성하는 법인 행들에 대한 여실지견도 세상에서 벗어난 열반의 실현을 위한 토대가 됩니다.

[2] 아침독송(250818) – (SN 47.44-사띠 경), (SN 47.2-사띠 경), (SN 47.35-사띠 경)[이어지는 가르침(가르침의 근본) – 동일한 깨달음에 의한 계보](근본경전연구회)

참조 : 그림 1. 수행지도 개념 & 그림 2. 수행지도 – 단계적 치유 : 구차제주(九次第住)
& 그림 9. 삼매수행에서 대상의 전개 – 「상(nimitta) → 심상(心相-cittassa nimitta) → 드러나는 법(法)」

같은 제목의 사띠 경 3개는 'ayaṃ vo amhākaṃ anusāsanī 이것이 그대들을 위한 우리의 이어지는 가르침(가르침의 근본)이다.'라는 같은 주제를 설명하는데, 사념처와 바른 앎의 두 자리입니다.

; 이어지는 가르침의 포괄 = 팔정도 – 깨달음을 위한 유일한 길(다른 방법 없음) → 필수품을 갖춘 삼매를 닦음 → 올라가는 수행과 벗어나는 수행 → 번뇌의 부서짐 → 누진(漏盡) 아라한

• 이어지는 가르침 (1)(SN 47.44-사띠 경) sato vihareyya(사띠를 가진 자로 머물러야 한다) – 사념처

• 이어지는 가르침 (2)(SN 47.2-사띠 경) sato vihareyya sampajāno(사띠를 가진 자, 바른 앎을 가진 자로 머물러야 한다)① – 사념처와 sampajānakārī(옳고 그름을 판단하면서 행하는 자) → 1차 인식에서 눈뜨고 옳고 그름을 판단함 = 필수품의 과정

• 이어지는 가르침 (3)(SN 47.35-사띠 경) sato vihareyya sampajāno(사띠를 가진 자, 바른 앎을 가진 자로 머물러야 한다)② – 사념처와 법의 위빳사나 → 드러난 법에서 눈뜨고 옳고 그름을 판단함 = 법의 위빳사나

; 대상의 전개 – 「①호흡(相-nimitta) = 신행의 진정 → ②수(受-cittassa nimitta) = 심행의 진정 & 내적인 심(心)의 사마타 → ③드러나는 법 = 법의 위빳사나 ⇒ 무상(無常)의 관찰 → 여실지견」

이때, 이어지는 가르침의 의미를 설명하였는데, 위빳시 부처님으로부터 깟사빠 부처님을 거쳐 고따마 부처님에 이르는 동일한 깨달음에 의한 계보의 형성입니다. 특히, 고따마 부처님이 깟사빠 부처님의 제자였기에(*) 초선의 경험을 기억하면서 '이것이 깨달음의 길'이라고 판단하는 과정(**)을 설명하였습니다.

(*) (MN 81-가띠까라 경) – "아난다여, 그대에게 이런 생각이 들 수 있다. – '그때 젊은 바라문 조띠빨라는 참으로 다른 사람이었다.'라고. 그러나 아난다여, 그렇게 보지 않아야 한다. 내가 그때 젊은 바라문 조띠빨라였다."

(**) (MN 85-보디 왕자 경) – tassa mayhaṃ, rājakumāra, satānusāri viññāṇaṃ ahosi – 'eseva maggo bodhāyā'ti 그런 나에게. 왕자여, 사띠를 따르는(사띠가 기억하는) 식(識)이 있었다. – '오직 이것이 깨달음을 위한 길이다.'라고.

한편, 이런 계보의 형성 과정을 감안하면, 부처님도 스승 없이 깨달은 것은 아니라고 말할 수도 있습니다. 전생의 스승의 가르침을 기억하여 깨달음의 길을 찾았기 때문입니다. 또한, 이 내용은 지금 우리가 바르게 가르침을 공부해야 하는 이유도 제시하는데, 지금 깨닫지 못해도 다음 생에 공부를 떠올리고 이어가서 깨달음을 성취할 것이기 때문입니다(*).

(*) (AN 4.191-들어서 앎 경) – 지금 공부의 다음 생에서의 연속성

[3] 아침독송(250819) – (AN 4.41-삼매수행 경)[수행지도의 골격 – 올라가는 수행과 벗어나는 수행 → 지와 견으로 이끎의 의미](근본경전연구회)

참조 : 그림 2. 수행지도 – 단계적 치유 : 구차제주(九次第住) & 그림 5. 수행지도의 골격 – (AN 4.41-삼매수행 경)

(AN 4.41-삼매수행 경)은 수행지도의 골격을 제시하는데, 올라가는 수행과 벗어나는 수행을 포괄합니다.

; 올라가는 수행 = 존재(有-bhava) → 벗어나는 수행(vibhava → 존재의 소멸)

; 올라가는 수행의 쓸모 = 벗어나기 위한 토대 → 단계지어진 수행(구차제주) → 각 단계에서의 단계지어진 벗어남(부정적 요소의 단계적 해소)

올라가는 수행은 초선~상수멸의 과정을 단계적으로 올라가면서 흔들리지 않는 토대를 제공합니다. 필수품을 갖춘 삼매인 정정(正定-바른 삼매)인데, 개발된 느낌의 과정이어서 ①지금여기의 행복한 머묾으로 이끄는 삼매수행입니다.

벗어나는 수행은 올라가는 수행이 제공하는 흔들리지 않는 토대 위에서 무상-고-무아인 행들의 여실지견으로의 1단계 깨달음과 락-무아인 열반의 실현으로의 해탈지견을 실현하는 수행입니다.

이때, 여실지견은 내면에서 제3의 법을 대상으로 진행되기 때문에 벗어남을 위해서는 법을 드러내 주어야 하는데(현상의 영역 : 마라의 지배 영역 → 사실의 영역 : 마라의 영역에서 풀려남), 내적인 心의 사마타입니다. 그래서 내적인 心의

사마타로 법을 드러나게 하는 과정이 ②지와 견의 얻음으로 이끄는 삼매수행입니다.

; 수행지도(修行地圖)의 골격① - (AN 4.41-삼매수행 경)의 4단계[(지금여기의 행복한 머묾 → 지와 견 → 염-정지 → 번뇌들의 부서짐)으로 이끄는 삼매수행](250305) 참조

; (아침독송 발췌 250404) 신념처경(2) – 법의 드러남[내적인 心의 사마타 = 知와 見의 얻음으로 이끄는 삼매 수행](근본경전연구회 해피스님) 참조

그리고 드러난 법에서 무상을 관찰하여 여실지견에 이르는 과정은 법의 위빳사나인데, ③염(sati)-정지(sampajañña)로 이끄는 삼매수행입니다. 이때, 염(念-sati)은 드러나는 법에 대한 눈뜸이고, 정지(正知-sampajañña)는 무상의 관찰인데, 각각의 완성으로 이끈다는 의미입니다.

이렇게 여실지견(행들의 무상-고-무아)하는 과정이 사념처의 완성 과정이고 완성된 사띠에 의한 사띠토대가 갖추어진 예류자의 성취입니다.

사띠토대 위에서 번뇌를 부수는 과정은 사마타(염오-이탐)와 위빳사나(소멸)의 과정입니다. 이 과정에서 삼매와 지혜를 완성하여 심해탈-혜해탈하면 부동의 심해탈로 완성되는데, 해탈지견(해탈의 흔들리지 않음 → 태어남의 끝 → 다음의 존재 없음)이고, 락-무아의 열반을 실현한 아라한의 성취입니다. 이 과정이 오온의 자라남-줄어듦(생겨남-무너짐)의 관찰에 의한 ④번뇌들의 부서짐으로 이끄는 삼매수행입니다.

특히, (AN 4.93-삼매 경2) 등은 내적인 心의 사마타도 얻고 법의 위빳사나도 얻은 사람은 더 나아가 번뇌들의 부서짐을 위해 수행해야 한다고 하여 이런 골격의 타당성을 확인해 줍니다.

[4] 아침독송(250820) – (AN 4.92-삼매 경1), (AN 4.93-삼매 경2), (AN 4.94-삼매 경3)[수행지도의 골격 – 내적인 심(心)의 사마타와 법의 위빳사나](근본경전연구회)

참조 : 그림 1. 수행지도 개념
& 그림 9. 삼매수행에서 대상의 전개 -「상(nimitta) → 심상(心相-cittassa nimitta) → 드러나는 법(法)」

(AN 4.41-삼매수행 경)은 수행지도의 골격을 제시하는데, 올라가는 수행과 벗어나는 수행을 포괄합니다.

1. 이 골격 위에서 3개의 삼매 경은 내적인 心의 사마타와 법의 위빳사나를 설명하는데, 특히, 내적인 심의 사마타가 무엇이고, 법의 위빳사나가 무엇인지 알려줍니다.

- 내적인 心의 사마타 – 도반이여, 참으로 心을 어떻게 진정해야 합니까? 心을 어떻게 가라앉혀야 합니까? 心을 어떻게 집중해야 합니까? 心을 어떻게 삼매에 들게 해야 합니까?

- 법의 위빳사나 – 도반이여, 참으로 행들을 어떻게 보아야 합니까? 행들을 어떻게 철저히 알아야 합니까? 행들을 어떻게 통찰해야 합니까?

; 내적인 心의 사마타는 (AN 4.41-삼매수행 경)의 ②지와 견의 얻음으로 이끄는 삼매수행인데, 여실지견과 해탈지

견으로의 깨달음을 위한 조건의 확보입니다. 이런 지견은 사실의 영역에서 진행되는데, 그러기 위해서는 현상의 영역을 진정함으로써 법을 드러내 주어야 합니다. 그래서 이렇게 법을 드러나게 하여 두 가지 지견을 얻기 위한 조건을 마련한다는 의미에서 내적인 심의 사마타가 지와 견의 얻음으로 이끄는 삼매수행입니다. 【컵의 비유 – 수행에서 대상의 전개】로 설명하였습니다.

【컵의 비유 – 수행에서 대상의 전개】 ⇒ 「Ⅳ 수행지도(修行地圖) – 1) 설명 [5] 삼매수행에서 대상의 전개」 참조(598쪽)

2. 법의 드러남의 의미

법이 드러난다는 것은, 비유하자면, 바닷속 깊은 곳에 존재하는 생명들을 보기 위해서는 생명들이 존재하는 깊이만큼 내가 들어가야 하는 것과 같습니다. 생명들은 나에게서 자기의 존재를 감추지 않습니다. 다만, 자기의 존재성에 따라 제 있을 자리에 있을 뿐입니다(sandiṭṭhika dhamma – 스스로 보이는 법). 그래서 내가 그의 존재성에 맞춰 그가 있는 자리로 가까이 가면 자기의 모습을 감추지 않고 보여줍니다(ehipassika dhamma – 와서 보라는 법). 이렇게 내가 그들의 존재성으로 접근하면 법들은 의도적 감춤 없이 자신을 드러내 보여줍니다.

같은 의미를 물질의 존재 구성으로 설명할 수도 있습니다. 「분자 → 원자 → 핵과 전자 → 양성자-중성자 → … → 쿼크」 등 존재의 미세한 구성 요소는 옛날에도 있었던 것입니다. 다만, 인간의 과학기술이 그 미세함을 발견할 수 있는 수준에 접근치 못해 보지 못했을 뿐입니다. 그러나 과학기술이 발전하여 보는 능력이 향상되자 그 미세한 존재 영역의 것들도 자기를 드러내 보여줍니다. 스스로 보이는 법들은 와서 보는 시도를 통해 이렇게 자기를 드러내 보여줍니다.

내 안에 있는 것들도 그렇습니다. 초선을 성취하여 머물면 초선을 구성하는 법들이 자기를 드러내 보여줍니다. 내적인 心의 사마타로 心을 안으로 진정시키면 그 진정을 조건으로 안에서 드러나는 법들이 있는 것입니다. 내지 상수멸을 성취해 머물면 상수멸까지 남아있는 법들(비상비비상처를 성취해 머물 때까지는 드러나지 않았던 법들)이 드러납니다. 그러면 그 법들에 대한 법의 위빳사나로 여실지견한 뒤 사마타-위빳사나의 과정으로 완성됩니다(지혜로써 보아 번뇌 다함).

3. 내적인 心의 사마타와 법의 위빳사나를 갖춘 사람은 그 유익한 법들에서 확고히 선 후 더 나아가 번뇌들의 부서짐을 위해 수행해야 한다고 하는데, 이 쌍이 수행의 완성이 아니라 번뇌들의 부서짐(사마타-위빳사나 = 명으로 연결된 법들)을 위한 선행 과정이라는 것을 알 수 있습니다.

4. 한편, 이 경들은 역의 순서 즉 높은 지혜의 법의 위빳사나는 얻었지만 내적인 心의 사마타는 얻지 못한 사람을 말하는데, (AN 4.170-쌍 경)의 위빳사나가 선행한 사마타를 닦는 경우와 같습니다. (MN 64-말루꺄 큰 경)은 이런 길과 이런 실천 위에서 누구는 심해탈하고 누구는 혜해탈하는 것은 기능의 차이 때문이라고 알려줍니다. 삼매의 기능보다 지혜의 기능이 앞 선 수행라는 관점으로 이해할 수 있겠는데, 좀 더 연구가 필요한 주제입니다.

[5] 아침독송(250821) – (AN 2.22-32-어리석은 자 품) 32. [수행지도의 골격 – 사마타와 위빳사나 & 6차결집본과 PTS본의 차이의 예](근본경전연구회)

참조 : 그림 7. 딱까를 중심에 둔 수행지도(修行地圖)

(AN 4.41-삼매수행 경)은 4단계로 수행지도의 골격을 제시하는데, 올라가는 수행과 벗어나는 수행을 포괄합니다.

1. 이 골격 위에서 3개의 삼매 경은 내적인 心의 사마타와 법의 위빳사나를 설명하는데, 특히, 내적인 心의 사마타가 무엇이고, 법의 위빳사나가 무엇인지 알려줍니다.

; ②내적인 心의 사마타 → 법의 드러남 → ③염-정지로 이끄는 삼매 수행 = 법의 위빳사나 → 여실지견 : 사념처의 완성 = 사띠의 완성 = 사띠토대(satiāyatana)

2. 내적인 心의 사마타와 법의 위빳사나를 갖춘 사람은 그 유익한 법들에서 확고히 선 후 더 나아가 번뇌들의 부서짐을 위해 수행해야 한다고 하는데, 이 쌍이 수행의 완성이 아니라 번뇌들의 부서짐(사마타-위빳사나 = 명으로 연결된 법들)을 위한 선행 과정이라는 것을 알 수 있습니다.

3. (AN 2.22-32-어리석은 자 품) 32.는 명(明)으로 연결된 법들로 사마타와 위빳사나를 소개합니다. – 누진(漏盡-번뇌들의 부서짐 = 소멸(nirodha)) = 번뇌들의 부서짐에 의해 무명(無明)이 버려지고 명(明)이 생김 ⇒ 딱까(애의 형성 과정)에 대한 이해 필요

비구들이여, 두 가지 법은 명(明)과 연결된다. 무엇이 둘인가? 사마타와 위빳사나이다.

비구들이여, 사마타를 닦을 때 어떤 이익을 경험하는가? 심(心)이 닦아진다. 심을 닦을 때 어떤 이익을 경험하는가? 탐(貪)이 버려진다.

; 삼매의 완성 과정 = 사마타 – [염오(소망의 해소) + 이탐(탐의 해소)] → 애멸(愛滅) → 심해탈(心解脫)

비구들이여, 위빳사나를 닦을 때 어떤 이익을 경험하는가? 지혜가 닦아진다. 지혜를 닦을 때 어떤 이익을 경험하는가? 무명(無明)이 버려진다.

; 지혜의 완성 과정 = 위빳사나 – 소멸(nirodha) = 누진(漏盡) → 무명이 버려지고 명이 생김 = 무명의 멸 → 혜해탈(慧解脫)

; 심해탈-혜해탈(혜해탈이 받쳐주는 심해탈) = 부동(不動)의 심해탈(心解脫) = 깨달음의 완성 → 아라한

비구들이여, 탐에 오염된 심은 해탈하지 못한다. 또는 무명에 오염된 지혜는 닦아진다[닦아지지 못한다(PTS)]. 이렇게, 비구들이여, 탐의 바램으로부터 심해탈이 있고, 무명의 바램으로부터 혜해탈이 있다.

사념처는 사띠, 사마타는 삼매, 위빳사나는 지혜의 완성 과정입니다. 사념처로 여실지견하여 딱까에 접근한 뒤 사마타로 ①염오(기뻐하지 않고 드러내지 않고 묶여 머물지 않음)하여 소망의 문제를 해소하고, ②이탐하여 탐(가치 앎)의 문제를 해소하면 심(앎)이 애로부터 해탈합니다(心解脫). 그리고 위빳사나로 ③소멸(번뇌들의 부서짐으로 무명이 버려지고 명이 생겨남)하여 무명(존재 앎)의 문제를 해소합니다(慧解脫). 심해탈은 혜해탈에 의해 탐(가치 앎)의 아래에서 작용하는 무명(존재 앎)의 문제가 해소되어야 흔들리지 않게 되는데, 부동의 심해탈입니다.

이렇게 삼매의 완성 과정인 사마타에 의해 성취되는 심해탈은 지혜의 완성 과정인 위빳사나에 의해 혜해탈이 성취되어야 부동의 심해탈로 완성됩니다. 이것이 깨달음이고, 아라한입니다. 무명에 덮이고 애에 묶여 옮겨가고 윤회하는 중생의 삶에서 사마타로 애를 해소하고, 위빳사나로 무명을 해소할 때 벗어나(解脫) 불사(不死)와 열반(涅槃)을 실현하는 깨달음으로 윤회에서 벗어나는 것입니다.

그런데 이 경에는 6차 결집본과 PTS본 사이에 심각한 차이가 있습니다. '탐(貪)에 오염된 心은 해탈하지 못한다.'에 이어 무명(無明)에 오염된 지혜가 닦아질 수 있는지의 여부입니다.

- 6차 결집본 – 「rāgupakkiliṭṭhaṃ vā, bhikkhave, cittaṃ na vimuccati, avijjupakkiliṭṭhā vā paññā bhāvīyati. 비구들이여, 탐에 오염된 心은 해탈하지 못한다. 또는 무명에 오염된 지혜는 닦아진다.」

- PTS본 – 「Rāgupakkiliṭṭhaṃ vā bhikkhave cittaṃ na vimuccati. Avijjupakkiliṭṭhā vā paññā na bhāvīyati. 비구들이여, 탐에 오염된 心은 해탈하지 못한다. 또는 무명에 오염된 지혜는 닦아지지 못한다.」

이 문제는 (MN 43-교리문답의 큰 경)의 「paññā bhāvetabbā, viññāṇaṃ pariññeyyaṃ 혜(慧)는 닦아야 하는 것이고, 식(識)은 완전히 알아야 하는 것」과 같은 관점에서 이해해야 합니다. 기능인 혜의 닦음에 의해 식은 완전히 알게 됩니다. 마찬가지로 심은 해탈해야 하는 것(心解脫)인데, 혜의 닦음에 의해 식이 완전히 알려지듯이, 혜의 닦음에 의해 심은 완전히 해탈하게 된다는 이해입니다(부동의 심해탈). 그래서 탐이 남아있으면 애가 해소되지 않아 심이 해탈할 수 없는 문제를 혜를 닦아 무명을 해소하는 수행을 통해 탐을 완전히 부수면 애의 부서짐에 의해 심은 해탈하게 되는 것입니다.

그렇습니다. 무명에 오염된 지혜는 닦아지지 않는 것이 아니라 아직 완성되지 않은 즉 무명의 오염이 남아있는 지혜를 위빳사나로 닦아서 완성함으로써 무명이 부서지고, 그때, 탐도 완전히 부서져 심의 해탈이 흔들리지 않게 되는 것입니다.

이렇게 무명에 오염된 혜를 닦는 것이 위빳사나입니다. 만약 무명에 오염된 혜가 닦아지지 못한다면 무명을 부수는 방법은 없고, 깨달음도 성취될 수 없습니다. 이런 점에서 이 차이는 PTS본이 틀렸고, 6차 결집본이 맞습니다.

[6] 아침독송(250822) – (SN 54.1-하나의 법 경), (SN 54.2-각지 경)[수행지도의 골격 – 들숨-날숨에 대한 사띠 16과정과 칠각지] & 포살(근본경전연구회)

참조 : 그림 8. 사념처(四念處)의 개념[행위적 앎과 염처(念處)의 관계] & 그림 10. (MN 118-입출식념 경)의 들숨-날숨에 대한 사띠 16단계 분석

(SN 54-들숨-날숨 상윳따)의 처음 두 개의 경은 수행의 중심 개념의 관점에서 들숨-날숨에 대한 사띠 16단계로의 사념처의 완성과 칠각지를 닦는 과정으로의 사마타-위빳사나를 설명합니다.

(MN 118-입출식념 경)은 들숨-날숨에 대한 사띠 16단계를 4단계씩 구분하여 신(身)-수(受)-심(心)-법(法)의 성취로 설명하는데, 수념처와 심념처 부분의 해석에 특히 주목해야 합니다.

⑤-⑥은 내입처-외입처-식의 삼사화합에 의한 개발된 느낌의 과정인데, 알고 경험하는 것으로의 1차 인식에서 아는 과정인 신념처(호흡의 유지)에서 경험으로 중심을 옮기는 과정입니다. 그러면 중심이 옮겨지는 과정에서 2차 인식으로 수행의 자리가 전환되는데, ⑦심행(心行)의 경험이고(주관=識/객관=受/공동주관=想 → 心行=想-受), ⑧심행의 진정에서 초선~무소유처의 상(想)의 증득 과정으로 심상(心相 = 受)을 붙잡은 삼매의 과정이 올라갑니다.

1차 인식에서 2차 인식으로 전환하며 심화하는 수행은 심행(心行)에 이어 ⑨에서 심(心)을 경험하게 되고, 식-수-심의 두 번째 삼사화합에 의한 개발된 느낌을 경험하는데, ⑩심의 열락입니다. 그러면 「意(1차 인식-신념처) → 識(2차 인식-심상의 과정) → 心의 행위」로 진행되는 순서로 ⑪心이 삼매를 닦음 즉 내적인 心의 사마타로 법을 드러나게 하고, ⑫현상의 영역에서 사실의 영역으로 진입 즉 현상의 영역에서의 지배자인 마라로부터 풀려남입니다.

이어서 ⑬-⑯은 법의 위빳사나이고, 이런 16단계로 사념처는 완성됩니다. ⇒ 여실지견 ⇒ 예류자

; 맛지마 니까야 관통 법회 - 118. 입출식념 경[호흡수행 16단계 & 사념처-칠각지에 의한 깨달음](근본경전연구회 해피스님 231213)

• 대상(컵의 비유) – 「호흡(nimitta) = 올라가는 수행①(신행의 진정) → 수(受-cittassa nimitta) : 올라가는 수행②(심행의 진정) + 벗어나는 수행①(내적인 심의 사마타) → 드러나는 법 : 벗어나는 수행②(법의 위빳사나) ⇒ 여실지견」

[7] 아침독송(250825) – (SN 46.56-아바야 경)[지(知)와 견(見)의 원인-조건 → 수행의 중심 개념 – 장애와 각지](근본경전연구회)

참조 : 그림 : 수행(修行)의 중심 개념 – 예외가 없는 법의 과정 / 571
& 다섯 가지 장애와 칠각지의 자량과 자량 아닌 것 – (SN 46.51-자량 경) / 572

뿌라나 깟사빠는 알고 봄 또는 알지 못하고 보지 못함에 원인-조건이 없다고 말합니다. 그러나 부처님은 원인-조건이 있다고 말하며, 다섯 가지 장애와 깨달음의 요소 일곱 가지(칠각지)를 소개합니다. 그리고 다섯 가지 장애와 칠각지는 그대로 「수행의 중심 개념」을 구성하는 요소입니다.

; 「수행의 중심 개념」 – 心을 장애가 차지할 것인가? 장애를 밀어내고 각지가 충만할 것인가? → 사념처로 장애를 밀어내고 각지를 충만케 하는 것으로 시작하고, 사마타-위빳사나로 충만한 칠각지를 닦아서 명과 해탈/열반/구원의 실현으로 완성되는 수행 체계

; 알지 못함과 보지 못함의 원인-조건 – 다섯 자기 장애(욕탐(慾貪)-진에-해태혼침-들뜸후회-의심)가 스며들고, 다섯 가지 장애에 시달리는 心으로 머물고, 다섯 가지 장애의 해방을 있는 그대로 알지 못하고 보지 못하는 것

; 앎과 봄의 원인-조건 – 떨침의 과정이고, 이탐의 과정이고, 소멸의 과정이고, 쉼으로 귀결되는 칠각지를 닦은 心으로 있는 그대로 알고 봄

한편, (SN 46.55-상가라와 경)/(AN 5.193-상가와라 경)은 기억과 관련하여 다섯 가지 장애를 개별적으로 비유합

니다. ⇒ (521쪽) 참조

[8] 아침독송(250826) – (AN 9.44-혜해탈자 경), (AN 9.45-양면해탈자 경)[구차제주(九次第住)에 의한 혜해탈자](근본경전연구회)

참조 : 그림 2. 수행지도 – 단계적 치유 : 구차제주(九次第住)

1. 보편적 깨달음(*) = 혜해탈자(慧解脫者-paññāvimutta) – 구차제주(九次第住-초선~상수멸의 아홉 단계 삼매의 순서적인 머묾)의 깨달음 – 계(戒)-정(定)-혜(慧)의 완성 → 삼매 없는 마른 깨달음 아님

(*) (SN 8.7-자자(自恣) 경) – 500명의 아라한 가운데 삼명(三明)을 갖춘 자 60명(12%), 육신통(六神通)을 갖춘 자 60명(12%), 양면해탈자(兩面解脫者) 60명(12%), 나머지 320명(64%) 혜해탈자(慧解脫者)

2. 단계지어진 과정과 단계지어지지 않은 과정

- 초선~비상비비상처 – 단계지어진 혜해탈자
- 상수멸 – 단계지어지지 않은 혜해탈자

3. 전생을 기억하는 능력(숙주명)이나 죽고 태어남을 직접 보는 능력(천안명) 등이 없이 번뇌의 부서짐에 의해 직접 깨닫는(누진명) 혜해탈자는 가르침의 밖에서는 이해하기 어려운 깨달음의 본질입니다. 그래서 외도들은 비난하지만, 부처님은 잘 설득하곤 합니다.

– 유행승들의 혜해탈자에 대한 비난에 대한 부처님의 논파 → 혜해탈자의 개념은 외도들이 받아들이기 어려운 불교만의 특징임

; (MN 80-웨카나사경)/(SN 12.70-수시마 경) 참조(61쪽)

4. 혜해탈자는 이렇게 구차제주로 깨달은 아라한이고, 양면해탈자는 거기에 색계-무색계의 경지를 몸으로 실현하는 한 면을 더 포함하여 양면으로 해탈한 아라한입니다.

이렇게 보편적 깨달음인 혜해탈자도 구차제주의 삼매수행의 과정으로 깨달은 아라한이라는 점은 흔들리지 않아야 합니다. 부처님 이후 세월이 지나면서 불교 안에서도 혜해탈자에 대한 오해가 생겨나는데, 삼매 없는 깨달음(순수 위빳사나/마른 위빳사나)입니다.

이때, 삼매 없는 깨달음이란 필수품을 갖춘 삼매인 정정(正定-바른 삼매)을 중심에 둔 팔정도(八正道)에서 바른 삼매 없이 필수품의 과정만으로 깨닫는다는 의미가 됩니다. 그러나 그런 깨달음은 불교에 없습니다.

Ⅶ. 수행지도(修行地圖) – 3) 대표적 수행 경전 — ①대념처경

먼저, 앞선 책 『죽으면 어떻게 될까?(부처님이 가르쳐준 윤회 이야기)』에서 소개한 수행 경전 관련 내용을 원용하여 소개하였습니다.

Ⅶ-1. 제4부 윤회 대응 제2장 수행 Ⅱ.대표적인 수행 경전 – 「죽으면 어떻게 될까?(부처님이 가르쳐준 윤회 이야기)」에서 발췌

[1] 많은 경이 수행을 다양한 관점에서 설명하는데, 모든 설명은 3개의 대표적 수행경전의 해석으로 모아집니다.

- mahāsatipaṭṭhānasuttaṃ (DN 22/MN 10-대념처경(大念處經))
- kāyagatāsatisuttaṃ (MN 119-몸에 속한 사띠경/신념처경(身念處經))
- ānāpānassatisuttaṃ (MN 118-입출식념경(入出息念經))

1. (DN 22/MN 10-대념처경)은 사념처 수행을 설명하는데, 신(身)-수(受)-심(心)-법(法)을 대상으로 하는 4가지 염처입니다. 이때, 각각을 대상으로 염처(念處) 즉 사띠를 확립하는 방법은 정형된 구문으로 제시되는데, 특히, ātāpī sampajāno satimā와 vineyya에 대한 해석이 중심입니다.

"ekāyano ayaṃ, bhikkhave, maggo sattānaṃ visuddhiyā sokaparidevānaṃ samatikkamāya dukkhadomanassānaṃ atthaṅgamāya ñāyassa adhigamāya nibbānassa sacchikiriyāya, yadidaṃ — cattāro satipaṭṭhānā. katame cattāro? idha, bhikkhave, bhikkhu kāye kāyānupassī viharati ātāpī sampajāno satimā, vineyya loke abhijjhādomanassaṃ; vedanāsu vedanānupassī viharati ātāpī sampajāno satimā, vineyya loke abhijjhādomanassaṃ; citte cittānupassī viharati ātāpī sampajāno satimā, vineyya loke abhijjhādomanassaṃ; dhammesu dhammānupassī viharati ātāpī sampajāno satimā, vineyya loke abhijjhādomanassaṃ.

"비구들이여, 사념처(四念處)라는 이 길은 중생들의 청정을 위한, 슬픔[수(愁)]과 비탄[비(悲)]을 건너기 위한, 고통[고(苦)]과 고뇌[우(憂)]의 줄어듦을 위한, 방법을 얻기 위한, 열반을 실현하기 위한 유일한 경로이다.

어떤 네 가지인가? 여기, 비구들이여, 비구는 몸(身)에서 몸을 이어 보면서 머문다. 알아차리고, 옳고 그름을 판단하고, 옳음의 유지-향상을 위해 노력하는 자는 세상에서 간탐과 고뇌를 제거한다. 느낌(受)들에서 느낌을 이어 보면서 머문다. 알아차리고, 옳고 그름을 판단하고, 옳음의 유지-향상을 위해 노력하는 자는 세상에서 간탐과 고뇌를 제거한다. 마음(心)에서 마음을 이어 보면서 머문다. 알아차리고, 옳고 그름을 판단하고, 옳음의 유지-향상을 위해 노력하는 자는 세상에서 간탐과 고뇌를 제거한다. 현상(法)들에서 현상을 이어 보면서 머문다. 알아차리고, 옳고 그름을 판단하고, 옳음의 유지-향상을 위해 노력하는 자는 세상에서 간탐과 고뇌를 제거한다.

신(身)은 호흡(들숨-날숨) 등 9개의 소분류 대상, 법(法)은 5개의 소분류 대상으로 구성되고, 수(受)와 법(法)은 복수로 나타납니다.

이런 소분류의 구분은 후렴의 반복에 의한 것인데, 대념처경에는 모두 16번의 후렴이 반복되면서 깨달음의 전체 과정을 설명합니다.

iti ajjhattaṃ vā kāye kāyānupassī viharati, bahiddhā vā kāye kāyānupassī viharati, ajjhattabahiddhā vā kāye kāyānupassī viharati; samudayadhammānupassī vā kāyasmiṃ viharati, vayadhammānupassī vā kāyasmiṃ viharati, samudayavayadhammānupassī vā kāyasmiṃ viharati. 'atthi kāyo'ti vā panassa sati paccupaṭṭhitā hoti. yāvadeva ñāṇamattāya paṭissatimattāya anissito ca viharati, na ca kiñci loke upādiyati.

이렇게 몸에서 몸을 이어보면서 안에 머물거나, 몸에서 몸을 이어보면서 밖에 머물거나, 몸에서 몸을 이어보면서 안팎에 머문다. 또는 자라나는 법을 이어보면서 몸에 머물거나, 무너지는 법을 이어보면서 몸에 머물거나, 자라나고 무너지는 법을 이어보면서 몸에 머문다. 또는 오직 앎[지(知)]만이 있고 밀착된 사띠만이 있을 때까지, '몸이 있다!'라고 사띠를 확고히 한다. 과정을 넘어서서 머물고, 세상에서 아무것도 붙잡지 않는다.

단수-복수도 주목해야 하는데, 원판에 비유하면, 신념처는 9개의 작은 원판으로 구성되고, 법념처는 5개의 작은 원판으로 구성됩니다. 또한, 수념처는 3개의 조각으로 구성된 하나의 원판이고, 법념처는 각각 5-5-6-7-4개의 조각으로 구성된 5개의 작은 원판입니다.

그래서 원판의 수로 계산하면 대상은 16개의 원판을 대상으로 하지만, 상세한 수행의 기법으로는 조각의 숫자인 40개의 대상이라고 해야 합니다.

• 그림 : 사념처 정형 구문에서 수(受)와 법(法)에 대한 수(數)의 관점에서의 이해

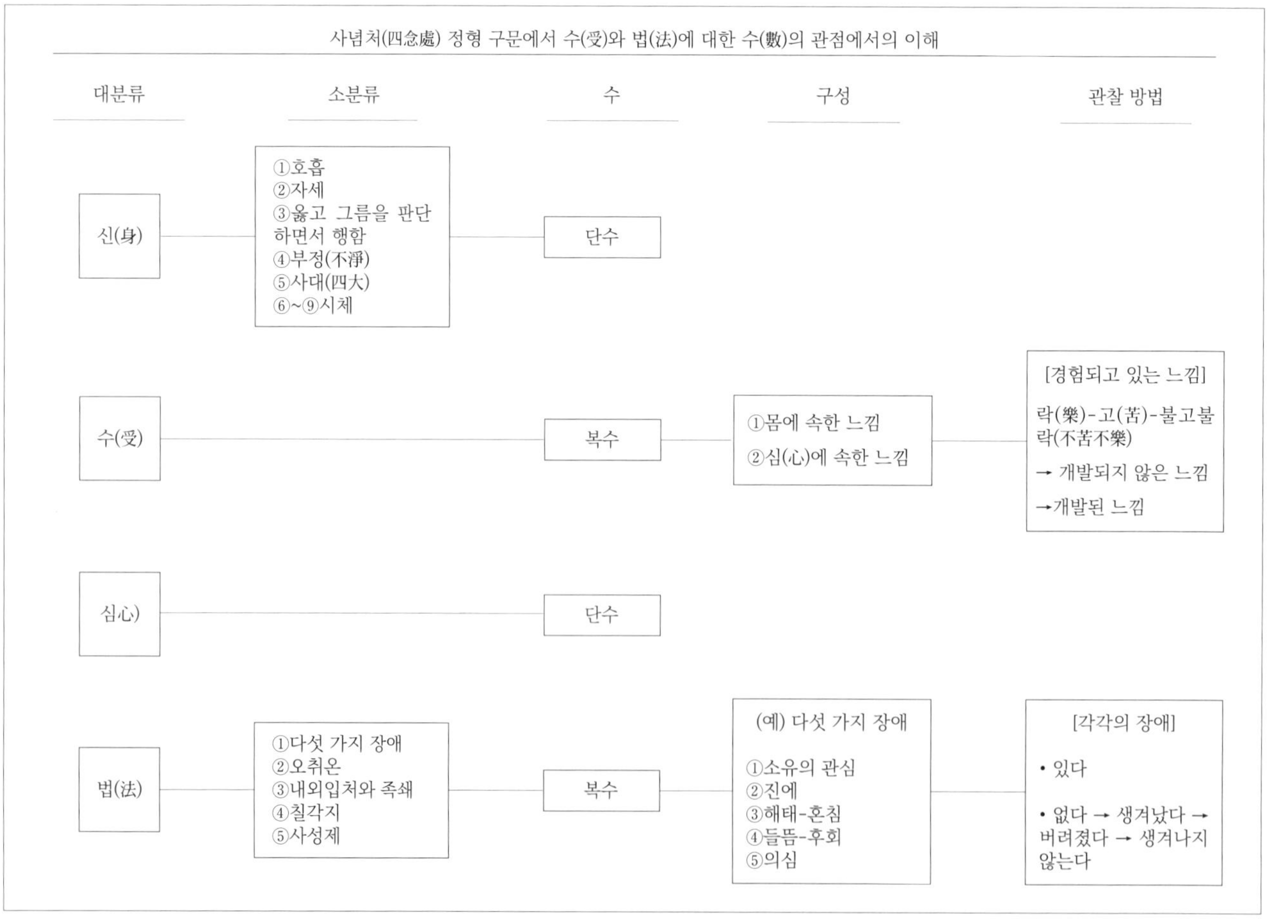

2. (MN 119-몸에 속한 사띠 경/신념처경)은 사념처(四念處)의 신념처(身念處)에 속한 9가지 소분류 대상에 대한 염처(念處)를 설명합니다. 이때, 대념처경(大念處經)과는 다른 형태의 정형 구문을 소분류 대상들과 사선(四禪)에 적용하는데, 재가의 삶과 연결된 기억과 사유들의 버려짐에 이어지는 내적인 심(心)의 사마타를 닦는 것으로 몸에 속한 사띠의 의미를 서술합니다. 이어서 명(明)으로 연결되는 선법(善法)과 사띠토대의 서술을 통해 깨달음의 전체 과정을 설명합니다.

tassa evaṃ appamattassa ātāpino pahitattassa viharato ye gehasitā sarasaṅkappā te pahīyanti. tesaṃ pahānā ajjhattameva cittaṃ santiṭṭhati sannisīdati ekodi hoti samādhiyati

이렇게 방일하지 않고 노력하고 확고한 의지로써 머무는 그에게 재가의 삶과 연결된 기억과 사유들이 버려진다. 그것들이 버려질 때 심(心)은 안으로 진정되고 가라앉고 집중되고 삼매에 들어진다.

; 내적인 심(心)의 사마타여서 현상의 영역에 속한 수행임

이렇게 몸에 속한 사띠를 닦고 많이 행하면 명(明)으로 연결되는 선법들을 포함하게 되고, 마라의 지배력이 미치지 못하는 영역에 든 것이라고 말하는데, 법이 드러날 때 현상의 영역에서 벗어나 사실(무상-고-무아)의 영역에 들어서게 되고, 거기에서 깨달음을 성취할 수 있기 때문에 무명(無明)에서 벗어나고 명(明)과 연결되는 선법들을 포함하게 된다고 말하는 것입니다.

3. (MN 118-입출식념경(들숨-날숨에 대한 사띠 경))은 신념처에 속한 소분류 중 호흡(들숨-날숨)을 대상으로 깨달음의 성취까지 전 과정을 설명하는데, 「수행의 중심 개념」과 일치하는 구조를 보여줍니다.

이때, 호흡 즉 들숨-날숨을 대상으로 여실지견에 이르는 과정을 16단계로 설명합니다. 이어서 4단계씩 나누어 신념처-수념처-심념처-법념처의 성취 과정으로 소개하는데, 이렇게 사념처를 성취하는 것이 심에서 장애를 밀어내고 칠각지를 충만케 하는 과정입니다. –「사념처(四念處)를 이렇게 닦고 이렇게 많이 행할 때 칠각지(七覺支)를 충만하게 함」

다시 이렇게 충만한 칠각지를 어떻게 닦고 어떻게 많이 행할 때 명(明)과 해탈(解脫)을 성취하는지를 설명하는데, 떨침의 과정이고, 이탐의 과정이고, 소멸의 과정이고, 쉼으로 귀결되는 염각지(念覺支)를 닦음 … 택법각지(擇法覺支) … 정진각지(精進覺支) … 희각지(喜覺支) … 경안각지(輕安覺支) … 정각지(定覺支) … 사각지(捨覺支)를 닦음입니다.

me dhammā ajjhattaṃ appahīnā – ādīnavadassāvī
내 안에 버려지지 않은 법들에서 위험을 보겠습니다.

Ⅶ-2. 『초기불교 경전백선 독송집 (별책) 수행경전』은 (DN 22/MN 10-대념처경)과 (MN 119-신념처경) 그리고 (MN 118-입출식념경)으로 구성되는데, 아침 독송 강의를 경별로 정리하였습니다.

▣ (아침독송 발췌 250903~16) 대념처경 해설(해피스님 251006) — 수행의 테크닉은 다음 책으로 미루고, 이번 책에서는 수행의 길 안내를 중심으로 서술

(25. 9. 3 ~ 9.16)의 아침 독송에서 대념처경을 9회에 걸쳐 설명하였는데, 해피스님의 설명 부분만 따로 모아 하나의 동영상으로 편집하였습니다.

[1] 아침독송(250903) — (DN 22/MN 10-대념처 경)(1)[대표적 수행경전 3개의 구조 & 사념처 = 법의 호수에서 씻는 내면의 목욕(중생의 청정)](근본경전연구회)

1. 대표적 수행경전 3개(대념처경-신념처경-입출식념경)를 구조적으로 연결하여 설명하였습니다.

호흡 수행의 전개의 세 가지 설명

숲으로 가거나 나무 밑으로 가거나 빈집으로 간 비구는 다리를 교차하고, 몸을 곧게 뻗치고, 콧구멍 주위에 사띠를 준비한 채 앉아있다. 그는 오직 사띠하면서(알아차리면서) 들이쉬고, 오직 사띠하면서(알아차리면서) 내쉰다. ①길게 들이쉴 때는 '나는 길게 들이쉰다.'라고 분명히 알고, 길게 내쉴 때는 '나는 길게 내쉰다.'라고 분명히 안다. ②짧게 들이쉴 때는 '나는 짧게 들이쉰다.'라고 분명히 알고, 짧게 내쉴 때는 '나는 짧게 내쉰다.'라고 분명히 안다. ③'온몸을 경험하면서 나는 들이쉴 것이다.'라고 시도하고, '온몸을 경험하면서 나는 내쉴 것이다.'라고 시도한다. ④'신행(身行)을 진정시키면서 나는 들이쉴 것이다.'라고 시도하고, '신행(身行)을 진정시키면서 나는 내쉴 것이다.'라고 시도한다.

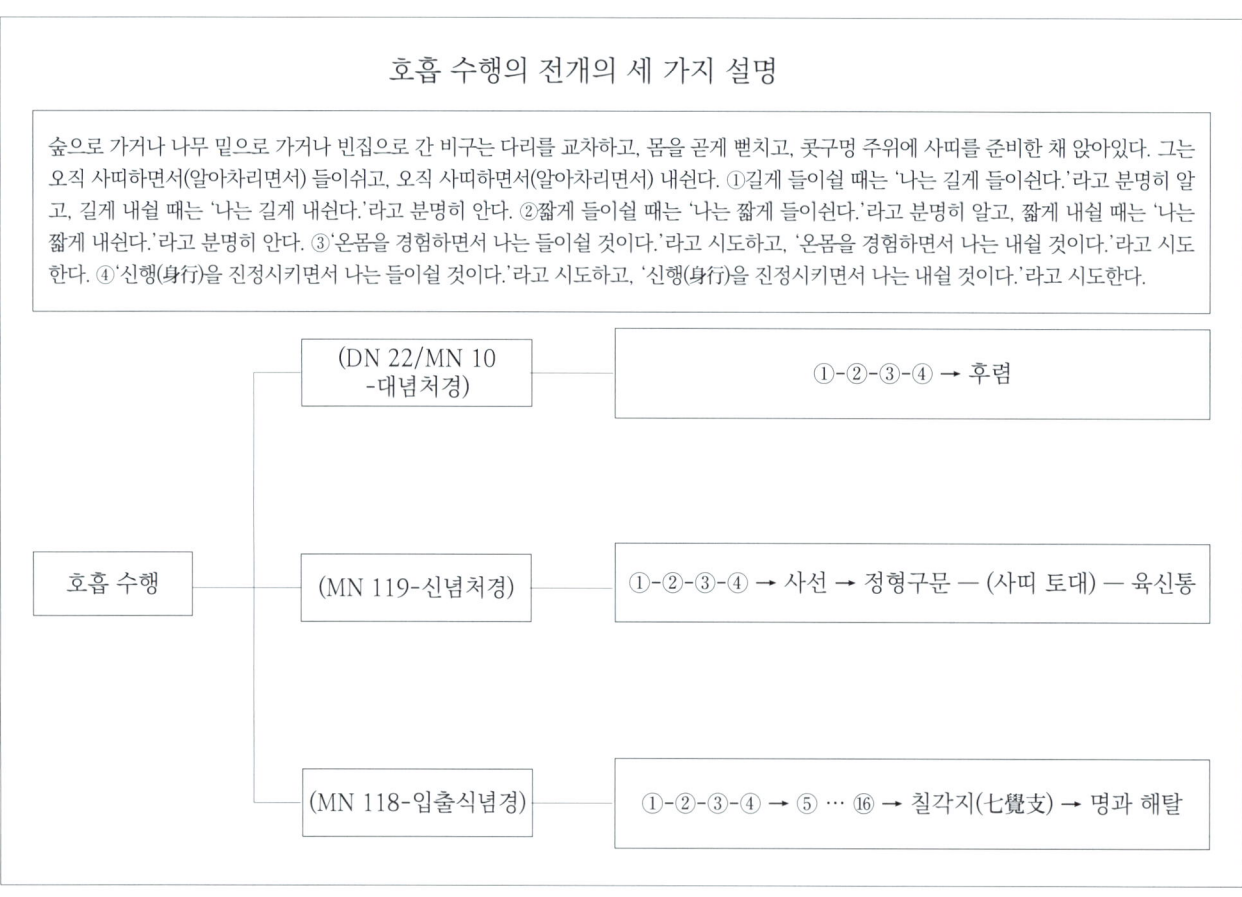

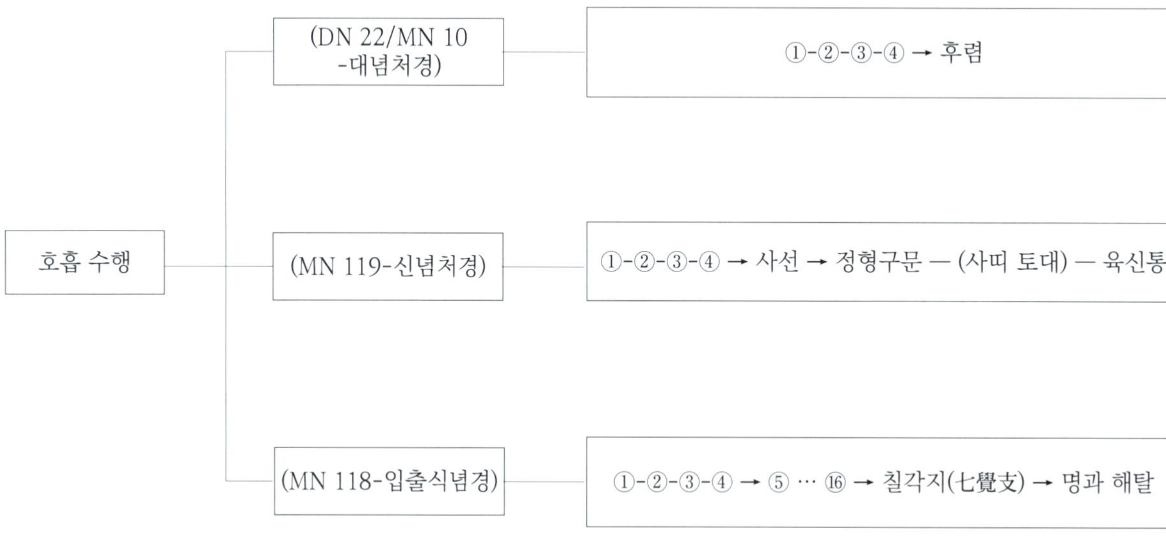

2. 사념처는 열반을 실현하는 방법을 얻기 위한 유일한 경로인데, 사마타-위빳사나로 번뇌를 부수고 깨닫기 위한 선행 단계이기 때문입니다. 그래서 사념처 없이는 깨달을 수 없습니다. —「사념처 → 사마타-위빳사나」

3. 또한, 사념처는 중생들의 청정을 위한 길인데, 오염을 씻어내고 청정해지는 길입니다. 외도들은 밖을 씻는 강물에 목욕하면서 안의 때를 씻는다고 하지만 사실에 어긋납니다. 그러나 계가 둘러싼 법의 호수에서 목욕하는 것은 안을 씻는 목욕이어서 중생들을 청정하게 하는 사실에 들어맞는 방법인데, 바로 사념처입니다.

• 불교에서 목욕의 의미 : 계로 둘러싸인 법의 호수 — 내면의 오염을 씻어 내적 청정을 위한 목욕 터

• (SN 7.9-순다리까 경)/(SN 7.21-상가라와 경)은 물로 정화하는 바라문(밖을 씻는 물로 안을 씻는 바라문과 고행자의 허구) 그리고 안을 씻는 법의 호수에서 목욕하는 불교의 차이를 설명합니다.

"dhammo rahado brāhmaṇa sīlatittho, anāvilo sabbhi sataṃ pasattho. yattha have vedaguno sinātā, anallagattāva taranti pāraṃ.

바라문이여, 법은 계(戒)로 둘러싸인 호수이고, 장애가 없고 지혜롭고 평화로운 자에게 칭송받는 것. 참으로 거기서 목욕하여 높은 앎을 성취한 자들이 몸을 말리듯이 저편으로 건너갑니다.

• (MN 7-옷감 경)은 심(心)의 오염원(cittassa upakkilesa)을 버린 자를 '내적인 목욕으로 목욕한 자'라고 부릅니다. 이때, 부처님 곁에 있던 순다리까바라드와자 바라문이 부처님도 바후까 강으로 목욕하러 가느냐고 묻는데, 브라만교의 관점에서 목욕이라는 말을 받아들였기 때문입니다. 부처님과의 대화에서 순다리까바라드와자 바라문은 바후까 강에서의 목욕은 「세상의 부서짐과 공덕을 위한 것이라고 사람들에게 동의 된 것이어서 지어진 악업을 흘려보낸다.」라고 대답하는데, 이것이 힌두교 신자들이 갠지스강에서 목욕하는 이유라고 할 것입니다. 하지만 부처님은 그것은 사람들 간에 동의 된 내용일 뿐 사실이 아니라는 점을 분명히 합니다. 바후까 강 등은 단지 우물과 같은 것이어서 몸을 씻을 물과 마실 물을 제공할 뿐이지 세상의 부서짐과 공덕으로 이끌지 못하고, 지어진 악업을 소멸시키지 않는다는 것입니다. 오직 부처님 가르침에 의해 내적으로 목욕할 때, 청정하고 업(業)이 깨끗한 자에게 세상이 부서지고 공덕이 쌓이며 지어진 업(業)의 소멸이 있다는 말씀인 것입니다. 이렇게 힌두교와 불교의 목욕은 다르다는 것을 알 수 있습니다.

[2] 아침독송(250904) — (DN 22/MN 10-대념처 경)(2)[사띠 확립을 위한 대상의 수(4→16→40) & 이어보는 자 = 심(心) & 사띠의 역할](근본경전연구회)

1. 사념처 수행은 염처(念處) 즉 사띠의 확립을 위한 수행인데, 신-수-심-법 4가지가 대상입니다. 그런데 신은 9, 법은 5개의 소분류가 있어서 16개의 소분류 대상이 있는데, 후렴에 의해 구별됩니다. 또한, 수와 법은 복수로 나타나는데, 수는 락-고-불고불락의 3조각으로 구성되고, 법은 장애(5)-온(5)-족쇄(6)-각지(7)-진리(4)의 조각으로 구성됩니다. 그래서 사념처의 구체적 대상의 수는 40개입니다.

2. 사념처의 정형구문은 '몸에서 몸을 이어보면서 머문다.'인데, 몸을 이어보는 자는 공동주관인 욕탐(欲貪) 즉 심(心)의 전개입니다. 그래서 심-욕탐이 이어보면서 묶어주는 대상인 호흡을 신내입처가 인식(phusati-느끼다)하여 아는 구조입니다. 이때, 심-욕탐이 이어보지 못하고 호흡을 놓치면 ātāpī sampajāno satimā하여 심-욕탐을 호흡으로 되돌려 이어보게 제어하는 것이 사띠의 역할이고, 염처(念處)입니다. 또한, 이런 수행을 통해 간탐과 고뇌가 버려진다고 하는데, 사념처가 완성의 길이 아니라 마음의 장애를 밀어낸 뒤 사마타-위빳사나로 바통을 넘기는 수행이기 때문입니다.

; 생사 문제의 해결 = 사마타-위빳사나, 삶의 과정에 수반되는 구체적 아픔(슬픔-비탄-고통-고뇌-절망)과 그 원인인 다섯 가지 장애(간탐-진에-해태혼침-들뜸후회-의심)의 해소 = 사념처

• 사념처 정형 구문 해설 → 「제6부 제4장 수행지도 V.수행지도-1) 설명」 참조(591쪽)

3. 신념처의 9가지 소분류 대상을 소개하였습니다. — 호흡/자세/옳고 그름을 판단하며 행하기/부정관/사대(四大) 관찰 & 시체의 변화 과정 분류 4.

특히, 6~9는 시체의 변화 과정을 관찰하면서 무상(無常)을 닦는 수행인데, 「'ayampi kho kāyo evaṃdhammo evaṃbhāvī evaṃanatīto'ti '이 몸 또한 이런 것이고, 이렇게 될 것이며, 이것을 극복하지 못하리라.'」라고 오직 이 몸을 비교하는 방법입니다.

• aniccasaññāsuttaṃ (SN 22.102-무상(無常)의 상(想) 경) — 「비구들이여, 닦고 많이 행한 무상(無常)의 상(想)은 모든 욕탐(慾貪)을 파괴한다. 모든 색탐(色貪)을 파괴한다. 모든 유탐(有貪)을 파괴한다. 모든 무명(無明)을 파괴한다. 모든 '나는 있다'라는 자기화를 뿌리 뽑는다.」

• (MN 130-신의 전령 경) — 신의 전령(어린아이-늙은 사람-병든 사람-형벌을 받는 사람-시체) → 「신의 전령들로부터 질책받은 자, 방일한 젊은이들, 낮은 몸으로 간 사람들은 오랫동안 슬퍼한다. 그러나 여기 고결한 사람들이 있다. 신의 전령들에 의해 고무된 그들은 성스러운 가르침에 대해 언제든지 방일하지 않는다. 태어남과 죽음의 근원인 집착에 대해 두려움을 본 뒤에 집착하지 않아서 태어남과 죽음의 부서짐에서 해탈한다. 안온을 얻고 행복한 그들은 지금여기에서 완전히 꺼진다. 모든 원망과 두려움은 지나갔고, 모든 괴로움을 극복했다.」

[3] 아침독송(250905) — (DN 22/MN 10-대념처 경)(3)[수념처-심념처 → 소분류 & 구체적 대상 = 조각(락-고-불고불락)](근본경전연구회)

1. 수념처는 복수로 나오는데, 락(樂)-고(苦)-불고불락(不苦不樂)의 3개의 조각으로 구성된 하나의 원판으로의 대상입니다. 또한, 각각에 대해 개발된 것인지 개발되지 않은 것인지로 다시 나누는데, 조각으로의 구체적 대상에 대한 상태의 변화를 이어보는 것입니다.

9가지로 나오지만, 락-고-불고불락 3가지에 대한 지금 상태를 2가지 가운데 어떤 상태를 보이고 있는지 분명히 아는 것이어서 조각 수는 3가지입니다.

• (MN 137-육처 분석 경) 참조 — 「'서른여섯 가지 중생의 발걸음은 알려져야 한다.'라고 말했다. 무엇을 연하여 말했는가? 여섯 가지 재가에 의지한 만족과 여섯 가지 출리에 의지한 만족, 여섯 가지 재가에 의지한 불만족과 여섯 가지 출리에 의지한 불만족, 여섯 가지 재가에 의지한 평정과 여섯 가지 출리에 의지한 평정이 있다.」

• (SN 36.31-개발된 것 경) 참조 — 「개발되지 않은 희열이 있고, 개발된 희열이 있고, 개발된 것보다 더 개발된 희열이 있다. 개발되지 않은 행복이 있고, 개발된 행복이 있고, 개발된 것보다 더 개발된 행복이 있다. 개발되지 않은 평정이 있고, 개발된 평정이 있고, 개발된 것보다 더 개발된 평정이 있다. 개발되지 않은 해탈이 있고, 개발된 해탈이 있고, 개발된 것보다 더 개발된 해탈이 있다.」

2. 심념처는 단수로 나오면서 심(心)에 대한 8쌍 16가지의 상태를 제시하는데, 하나의 대상인 심이 지금 이 가운데 어떤 상태를 보이고 있는지 분명히 알 것을 지시합니다.

[4] 아침독송(250908) — (DN 22/MN 10-대념처 경)(4)[법념처(장애와 오취온) & 후렴 해설](근본경전연구회)

1. 법념처에 속한 5가지 소분류 중 다섯 가지 장애와 오취온을 이어보는 방법을 설명하였습니다.

1) 장애는 각각의 조각을 구체적 대상으로 하여 ①있는지 ②없는지, ③없던 것이 생겨나 있는 상태가 되고, ④잘 사띠 함에 의해 버려져 없는 상태가 된 뒤 ⑤다시 생겨나지 않음을 이어보는 것인데, 사념처 수행의 일반적 테크닉이라고 보아야 합니다.

- 법념처 = 법의 위빳사나 — 「그러면 비구들이여, 비구는 어떻게 바른 앎을 가진 자인가(sampajāno hoti)? 여기, 비구들이여, 비구에게 수(受)는 보이는 것이 ③생기고, 보이는 것이 ①현재하고, ④보이는 것이 없어진다. 위딱까는 보이는 것이 생기고, 보이는 것이 현재하고, 보이는 것이 없어진다. 상(想)은 보이는 것이 생기고, 보이는 것이 현재하고, 보이는 것이 없어진다. 이렇게, 비구들이여, 비구는 바른 앎을 가진 자이다.」(SN 47.35-사띠 경)(쪽) → '이렇게 이 법들은 없었다가 생겨나고, 있었다가 사라진다.'(MN 111-순서대로 경)

2) 오취온은 그 생겨남의 무상(無常)에 대해 알고서 자라남과 줄어듦을 이어보는 것입니다. 자라남-줄어듦은, (SN 22.5-삼매 경)에 의하면, 딱까 안에서 '기뻐하고 드러내고 묶여 머묾'의 여부인데, 법념처는 아직 여실지견 이전이어서 딱까 밖의 영역 즉 애(愛)와 취(取)의 자리에서 '붙잡아서 집착하면 괴로움이 생겨나고, 붙잡지 않고 집착하지 않으면 괴로움이 생겨나지 않는 현상'을 지켜보는 것이라고 설명하였습니다.

2. 후렴은 7번의 'vā(또는)'로 사념처의 완성(여실지견)까지를 설명한 뒤 사마타-위빳사나의 과정을 이어 설명합니다.

이때, 앞의 3번의 'vā(또는)'는 삼매를 성취하고 내적인 심(心)의 사마타로 법을 드러내는 과정에서의 대상을 설명하는데, 1차 인식은 밖이고, 2차 인식은 안이며, 안팎이 함께 흔들리지 않는 상태를 유지하는 것이 안팎에 머무는 것입니다(컵의 비유 → 598쪽). → (AN 9.35-소의 비유 경) 참조

이어지는 3번의 'vā(또는)'는 법의 위빳사나의 과정입니다. 1) 법념처의 소분류 중 장애-온-족쇄는 자라남의 법이고, 각지는 무너짐의 법이며, 사성제는 자라남-무너짐의 법으로 해석하는 방법과 2) 수(受)-상(想)-위딱까로 대표되어 나오는 법들에서 생겨나는 과정은 자라나는 현상이고, 없어지는 과정은 무너지는 현상이며, 생겨나고 없어지는 과정은 자라나고 줄어드는 현상으로 해석하는 방법이 있습니다.

마지막 'vā(또는)'는 내적인 심(心)의 사마타와 법의 위빳사나에 의한 성취로서 앎만이 있고 밀착된 사띠만이 있음 즉 여실지견입니다. 여기가 사념처의 완성이기 때문에 이때까지 사띠를 확고히 한다고 설명됩니다.

그러면 이어지는 떨침-이탐-소멸의 과정을 넘어서서 쉼으로 귀결되는 깨달음의 과정을 '과정을 넘어서서 머물고 세상에서 아무것도 붙잡지 않는다.'로 완성됩니다.

[5] 아침독송(250909) — (DN 22/MN 10-대념처 경)(5)[법념처(족쇄와 각지) → 후렴(자라나는 법-무너지는 법)에 적용] & 뇌과학의 바른 관점(근본경전연구회)

1. 법념처에 속한 5가지 소분류 중 여섯 가지 족쇄와 칠각지를 이어보는 방법을 설명하였습니다.

족쇄는 각각의 조각을 구체적 대상으로 하여 ①내입처-외입처-족쇄를 꿰뚫어 알고, ②없던 것이 생겨나 있는 상태가 되고, 잘 사띠함에 의해 버려져 없는 상태가 된 뒤 다시 생겨나지 않음을 이어보는 것인데, 사념처 수행의 일반적 테크닉이라고 보아야 합니다.

이때, 내입처를 꿰뚫어 아는 것에 대해 말하였는데, ①육내입처가 이전의 업이라는 관점(순환 구조의 이해 및 활성존재가 육입-촉-수로 펼쳐짐)과 ②「처(處) = 식(識)+근(根)」이어서 근(센서)이 받아들여 전달하는 외입처의 정보를 식이 분별하여 아는 구조에 대한 이해입니다. — 1차 인식의 구성 : 주관인 내입처-객관인 외입처-공동주관인 욕탐(=족쇄 → 내입처와 외입처를 탐-진-치와 함께 묶어줌)

특히, 유물론에 근거한 단멸론자들의 잠식(뇌에서 마음이 생겨난다는 관점 → 불교는 윤회 없음을 가르친다는 주장)에서 불교를 보호해야 하는 필요성을 강조하였는데, 뇌과학 등 유물론이어서 윤회 없음을 주장하는 사람은 불교 밖에 있어야 합니다.

; 불교 신자로서 뇌과학을 연구하는 사람은 '근은 어떤 메커니즘으로 정보를 받아들여서 식에 전달하는 것일까?' 라는 관점으로 접근해야 함

; 확인할 수 없는 주제(뇌에서 마음이 생겨나는 것일까? 아니면 뇌는 오직 근일 뿐인가?)에 대해 부처님의 가르침대로 아는 사람이 불교 신자임. 거꾸로 알면 아지따 께사깜발리의 신자라고 해야 함

2. 족쇄(버려져야 하는 것)와 각지(충만해야 하는 것)가 후렴의 자라나는 법과 무너지는 법에 대응한다는 것을 설명하였습니다.

- 있던 것이 없어져 다시 생겨나지 않게 하는 족쇄의 과정은 자라나는 법을 이어보는 것
- 없던 것이 생겨나 더욱 충만하게 하는 각지의 과정은 무너지는 법을 이어보는 것

3. 이런 이해 위에서 후렴을 다시 설명하였습니다.

[6] 아침독송(250910) — (DN 22/MN 10-대념처 경)(6)[법념처 – 사성제1)고성제의 상세 설명](근본경전연구회)

법념처에 속한 5가지 소분류 중 4개의 조각으로 구성된 사성제의 첫 번째 조각인 고성제를 독송하였습니다.

1. 사성제(四聖諦)는 고(苦)-고집(苦集)-고멸(苦滅)-고멸도(苦滅道) 성제(聖諦)로 구성된 불교 안에 유일한 진리입니다. → 제2부 제1장 Ⅳ. 진리(眞理-sacca) 참조(128쪽)

2. 생(生)-노(老)-사(死)-수비고우뇌(愁悲苦憂惱)-원증회고(怨憎會苦)-애별리고(愛別離苦)-구부득고(求不得苦)-오취온고(五取蘊苦)의 의미를 설명하였습니다.

• 원증회고(怨憎會苦) — 싫어하는 것들과 함께 엮이는 괴로움
• 애별리고(愛別離苦) — 좋아하는 것들과 갈라지는 괴로움
• 구부득고(求不得苦) — 원하는 것을 얻지 못하는 괴로움 — 생노병사(生老病死) & 수비고우뇌(愁悲苦憂惱)가 오지 않기를 원하지만 얻어지지 않음
• 오취온고(五取蘊苦) — 삶의 과정이 누적된 것인 오온(五蘊)에 집착하여 자기화 즉 오취온(五取蘊)이 됨으로써 삶의 과정에 수반되는 (앞에서 소개된) 모든 괴로움

일념생사(一念生死)의 관점에서 윤회를 거부할 수 있는 정의가 포함되지 않는다는 점, 사람과의 관계에서만 밉고 좋은 관계를 말하지 않고 세상과의 만남을 포괄하여 마음에 들지 않는 상황과 엮임 또는 마음에 드는 상황과 엮이지 못함 등에 대해 설명하였습니다.

특히, 모든 괴로움을 포괄하는 오취온고(五取蘊苦)는 오온에 대한 집착 때문에 자기화된 오취온이 모든 괴로움의 근본이라는 점도 설명하였습니다.

; 제1부 Ⅲ. (MN 141-진리의 분석 경) 참조(108쪽)

[7] 아침독송(250911) — (DN 22/MN 10-대념처 경)(7)[법념처 – 사성제2)고집성제 – 애(愛)의 정의(식 위에 얹어져 있는 것) & 활성화된 법](근본경전연구회)

법념처에 속한 5가지 소분류 중 4개의 조각으로 구성된 사성제의 두 번째 조각인 고집성제를 독송하였습니다.

고집성제는 애(愛)인데, ①다시 존재가 됨(존재화), ②소망과 탐이 함께한 것(씨앗 식의 성장 부분=양분), ③여기저기서 기뻐하는 것입니다. → '제9부 제1장 제2절 Ⅰ. 삶에 대한 여러 시각 13. 존재화와 자기화 & 다음의 존재로 태어남' 참조(500쪽)

• 식(분별 앎) → 탐(가치 앎) → 심(앎→행위) → 소망 ⇒ 소망+탐 = 애(愛)
• 식 = 씨앗, 애 = 양분, 업 = 밭 → 식의 머묾 = 열매
; 애(愛)와 취(取)가 식을 포함하는 개념이 아니고, 식 위에 얹어져 있는 것임

• 그림 : 애(愛-taṇhā) – 소망과 탐이 함께한 것(nandīrāgasahagatā) = 양분 ⇒ 들어가는 글 Ⅱ. [7] (67쪽)

한편, 애가 생겨나 자리 잡는 자리로 지금 삶의 전개 10단계(*)를 제시하는데, 오온의 수-상-행인 법의 활성화에 의한 확대를 설명합니다. — 사성제를 설명하는 경들 가운데 대념처경의 특징 = 지금 애(愛)의 자리는 어디? → 애가 생겨나 자리 잡는 현상을 사띠로 눈떠서 구체적으로 직접 관찰함

(*) 내입처-외입처-식-촉-수-상-사-애-위딱까-위짜라

- 일체에서의 법 = 수-상-행들
- 활성화된 일체에서의 법 = 수-상-행들 + 사띠의 눈뜸에 의해 보여지는(드러난) 것들

[8] 아침독송(250912) — (DN 22/MN 10-대념처 경)(8)[법념처-사성제3)고멸성제 → 활성화된 법의 자리(6×10=60)에서 애의 집-멸을 관찰](근본경전연구회)

법념처에 속한 5가지 소분류 중 4개의 조각으로 구성된 사성제의 세 번째 조각인 고멸성제를 독송하였습니다.

대념처경은 사성제가 무엇인지를 소개하기 위함이 아니라 사성제를 어떻게 대상으로 활용하여 사띠를 확립할 것인지가 목적이기 때문에 고집성제와 고멸성제의 방법에 특별함이 있습니다. 활성화된 지금 삶의 과정이 사띠의 눈뜸에 의해 드러나 보여지면서(활성화된 일체에서의 법 → MN 143-아나타삔디까를 위한 가르침 경 참조) 애가 생겨나 자리 잡고, 버려져 소멸하는 현상을 직접 볼 수 있는 것입니다.

고멸성제는 애멸(愛滅)인데, 애가 생겨나서 자리 잡은 그 자리[지금 애가 발생한 자리 → 활성화된 일체에서 확장된 법(지금 삶의 전개 과정 10단계 — 법념처만큼 사띠가 성숙한 수행자에게 드러나는 법들)]에서 버려지고 소멸합니다.

이때, 고집에서 생겨나서 자리 잡고, 고멸에서 버려져 소멸하는 애를 이어보는 것은 그대로 장애(자라나는 법)와 각지(무너지는 법)를 이어보는 테크닉(자라나고 무너지는 법)과 같다는 점을 설명하였습니다.

[9] 아침독송(250916) — (DN 22/MN 10-대념처 경)(9)[법념처-사성제4)고멸도성제 & 경의 마무리(깨달음에 걸리는 시간)](근본경전연구회 해피스님)

1. 법념처에 속한 5가지 소분류 중 4개의 조각으로 구성된 사성제의 네 번째 조각인 고멸도성제를 독송하였습니다. 고멸도성제는 팔정도인데, (SN 45.8-분석 경)(127쪽)과는 바른 행위의 음행에서 차이를 보입니다. — 대념처경 = 불사음, 분석경 = 범행 아닌 행위를 삼감

또한, 바른 생활에서 삿된 생활은 (MN 117-커다란 마흔의 경)에서 '사기, 아첨, 예언, 요술, 이득 때문에 이득을 추구함'으로 정의됩니다.

[참고] (AN 5.177-장사 경) — 하지 않아야 하는 다섯 가지 장사

한편, 고집성제와 고멸성제는 '60개의 잔 조각으로 구성되어 있을까?'라고 생각해 보았는데, 그보다는 애(愛)가 관찰 대상이고 애가 생겨나 자리 잡고 버려져 소멸하는 자리이므로 잔 조각으로 보지는 않아야 하겠습니다.

2. 깨달음에 걸리는 시간은 몇 개의 경에서 출가자와 재가자의 차별 가운데 제시되는데, (MN 85-보디 왕자 경)은 하루의 절반, (DN 22.-대념처경)/(MN 10-대념처경)/(DN 25-우둠바리까 경)은 7일이고, (AN 10.46-삭까 경)은 포살을 준수하는 재가자의 경우 하루만에 불환자를 성취할 수 있다고 나타납니다.

Ⅷ. 수행지도(修行地圖) – 3) 대표적 수행 경전 — ②신념처경

(아침독송 발췌 250917~0922) 신념처경 해설(해피스님 251007) — 수행의 테크닉은 다음 책으로 미루고, 이번 책에서는 수행의 길 안내를 중심으로 서술

(25. 9. 17 ~ 9.22)의 아침 독송에서 신념처경을 4회에 걸쳐 설명하였는데, 해피스님의 설명 부분만 따로 모아 하나의 동영상으로 편집하였습니다.

[1] 아침독송(250917) — (MN 119-신념처 경)(1)[수행경전(대념처경-신념처경-입출식념경)의 체계 — 신념처경 정형구문의 의미(수행의 변곡점)](근본경전연구회 해피스님)

[대념처경 → 신념처경 → 입출식념경]은 대상을 기준으로 [신-수-심-법 → 신 → 호흡]으로 이어지는 수행의 체계를 설명하는데, 입출식념경이 설명하듯「신 → 수 → 심 → 법」의 단계적 진행/성취로 이해하는 것이 타당합니다.

대념처경은 16개의 후렴으로 대상을 구분하며 깨달음의 완성을 안내하는데, 신념처경은 신에 속한 소분류 대상 9개와 네 가지 선(禪)에 의한 깨달음의 과정의 중간에 13번의 정형구문을 삽입하여 변곡점을 지시합니다. —「이렇게 방일하지 않고 노력하고 확고한 의지로써 머무는 그에게 재가의 삶과 연결된 기억과 사유들이 버려진다. 그것들이 버려질 때 심(心)은 안으로 진정되고 가라앉고 집중되고 삼매에 들어진다. 비구들이여, 이렇게 비구는 몸에 속한 사띠를 닦는다.」

; ①재가의 삶과 연결된 기억과 사유들이 버려짐,
; ②내적인 심의 사마타에 의한 법의 드러남 = 수행의 변곡점 → 법이 드러나지 않으면 깨달음으로 나아갈 수 없음

; 올라가는 수행의 토대 위에서 벗어나는 수행 → 법이 드러남

수행에서 대상은 (컵의 비유가 설명하듯이)「상(相-nimitta-외입처) → 심상(心相-cittassa nimitta-수) → 드러나는 법(내적인 심의 사마타)」의 순서로 전개되어 사실의 영역에 닿아야 드러나는 법의 무상(無常)을 이어보는 법의 위빳사나로 여실지견하게 됩니다. ⇒【컵의 비유 – 수행에서 대상의 전개】 참조(598쪽)

※ 근본경전연구회가 만든 3가지 비유 소개 — ①H_2O의 비유(심-의-식), ②올챙이, 개구리 되기(다섯 가지 기능=마음의 성장 부분), ③컵의 비유(수행에서 대상의 전개)

예류자가 깨달음이 보장된 경지라는 것에 의해 깨달음의 변곡점이 되듯이 법이 드러나는 자리는 지와 견의 얻음으로 이끄는 깨달음의 변곡점입니다. 그래서 신념처경은 이 변곡점에 닿는 과정을 정형구문으로 먼저 이끈 뒤에 깨달음의 길을 소개합니다. → 현상의 영역(마라의 지배력)에서 벗어나 사실의 영역으로 진입

[2] 아침독송(250918) — (MN 119-신념처 경)(2)[사선(四禪)의 3가지 경우 & 남김없이 소멸하는 자리(법의 드러남 → 여실지견 → 무상삼매)](근본경전연구회 해피스님)

신념처경은 대념처경의 신념처 소분류 9개와 네 가지 선(禪)을 합해 13번의 정형구문을 반복하며 수행의 변곡점을 제시합니다.

1. 사선(四禪)의 범주에 대해 설명하였습니다. 사선을 성취해서 머무는 범주는 3가지로 나타납니다. 올라가는 수행의 토대 위에서 벗어나는 수행의 전개가 어디까지를 지시하는지의 관점입니다.

- 신념처경 — 내적인 심의 사마타에 의한 법의 드러남까지
- 사선(四禪)-삼명(三明)을 설하는 경전들 — 여실지견(如實知見)까지
- 구차제주(九次第住) — 해탈지견(解脫知見)까지

그리고 내적인 심의 사마타는 심을 삼매에 들게 하는데, 일반적 심일경성(心一境性)과 비교하였습니다. 1차 인식에서 호흡을 대상(nimitta)으로 삼매에 드는 것은 의(意)의 삼매이고, 2차 인식에서 수(受-cittassa nimitta)를 대상으로 삼매에 드는 것은 심(心)의 삼매여서 법을 드러나게 하는 내적인 심의 사마타입니다.

2. 한편, (SN 22.80-탁발 경)의 한 부분을 소개하였는데, 무상삼매를 닦는 것에 대한 이해입니다. —「비구들이여, 세 가지 불선(不善)의 생각이 있으니 소유의 생각, 분노의 생각, 폭력의 생각이다. 비구들이여, 이 세 가지 불선의 생각은 어디에서 남김없이 소멸하는가? 사념처(四念處)에 잘 확립된 심(心)으로 머물거나 무상삼매(無相三昧-animittasamādhi)를 닦는 자에게서 남김없이 소멸한다. 비구들이여, 이만큼이면 무상삼매를 닦기 위해 충분하다. 비구들이여, 닦고 많이 행한 무상삼매는 큰 결실과 큰 이익이 있다.」

구차제주의 관점에서 불선의 위딱까는 초선을 성취(올라가는 수행)해서 머무는 과정(벗어나는 수행)에서 거듭 소멸시키는 것인데, 내적인 심의 사마타로 드러낸 뒤 법의 위빳사나로 무상(無常)을 이어보아 ①사념처에 잘 확립된 심(心) 즉 여실지견에서 소멸합니다. 그리고 공(空) 즉 상(想)까지 비어 있는 남김 없는 소멸을 위해서는 딱까 안에서 해당하는 탐-진-치를 부숴야 하는데, 무상(無相)의 삼매를 닦는 것입니다.

삼매수행이 삼매의 토대 위에서 진행되는 수행을 말하듯이, 무상삼매를 닦는다는 것은 무상삼매의 토대 위에서 닦는 수행입니다. 먼저 사념처에 의해 관심이 탐-진-치를 싣고 오지 않게 함으로써 무상삼매를 성취(abhiññā-여실지견)한 뒤 딱까 안에서 (싣고 오지 않는 경지를 넘어) 탐-진-치를 직접 부수는 사마타-위빳사나의 과정으로 무상(無相)이 완성됩니다. 이런 순서로 탐-진-치를 부수어 무상(無相) 즉 해탈된 삶(pariññā-해탈지견)을 이끄는 것이 무상삼매를 닦음의 의미입니다.

그래서 불선의 위딱까는 초선의 단계 지어짐 위에서 ①여실지견에서 소멸하고, ②무상삼매를 닦을 때 남김 없는 소멸 즉 공(空)을 단계 지어짐으로 성취하게 된다는 설명입니다.

[3] 아침독송(250919) — (MN 119-신념처 경)(3)[몸에 속한 사띠(내적인 심의 사마타→법의 드러남)와 마라의 지배력 & 사띠토대→딱까를 비움](근본경전연구회 해피스님)

신념처경은 대념처경의 신념처 소분류 9개와 네 가지 선(禪)을 합해 13번의 정형구문을 반복하는데, 내적인 심의 사마타에 의해 심(心)을 삼매에 들게 하여 법을 드러내는 과정입니다.

1. 법이 드러난다는 것은 깨달음의 변곡점입니다. 법이 드러나지 않으면 방일하게 머무는 자이고, 법이 드러나면 불방일로 머무는 자입니다. 이 차이는 세상의 지배자인 마라와 연결되는데, 법이 드러나지 않는 영역에서는 마라가 기회를 얻고 대상을 얻습니다. 그러나 법이 드러나면 드러나는 법의 무상(無常)을 관찰하는데, 사실의 영역이고, 마라는 기회와 대상을 얻지 못합니다.

2. 몸에 속한 사띠를 닦고 많이 행하여 법이 드러나면 법의 위빳사나로 여실지견하는데, 사띠토대를 갖추는 것입니다. → 명으로 연결되는 선법들(사마타와 위빳사나)을 포함

완전한 지혜(열반의 락-무아) 위에서 행들을 실다운 지혜로 보는 것이 아라한의 삶인데, 아라한의 성취를 위해서는 사띠토대(완성된 사띠) 위에서 실다운 지혜(abhiññā)로써 완전한 지혜(pariññā)를 성취해야 합니다. 사띠토대가 있을 때(sati satiāyatane — 구체적 조건의 제시), 그 실현 능력을 얻습니다.

- 성취 과정 : abhiññā → pariññā
- 성취된 삶 : pariññā(열반 즉 세상을 벗어난 경지) → abhiññā(세상 즉 행들과의 만남의 방법)

비유로써 이 과정을 설명합니다. — (드러나는 법) ①물이 가득한 항아리에는 물을 담을 수 없고, ②물을 비우면 물을 담을 수 있음 ⇒ 사띠토대가 있을 때, (딱까 안의 탐-진-치를) ③비워낼 수 있음

[4] 아침독송(250922) — (MN 119-신념처 경)(4)[kāyagatāsati(몸에 속한 사띠)의 영역과 중심 주제 4가지](근본경전연구회 해피스님)

kāyagatāsati(몸에 속한 사띠-신념처)는 내적인 심의 사마타에 의해 법을 드러나게 하는 데까지를 지시하는데, 수행의 변곡점입니다. 그리고 이어지는 법의 위빳사나에서 여실지견하면 사마타-위빳사나로 명(明)에 연결됩니다.

kāyagatāsati(몸에 속한 사띠)를 닦고 많이 행하면 10가지 이익을 기대할 수 있습니다. — 불쾌와 유쾌의 극복/두려움과 무시무시함의 극복/느낌들의 극복/사선을 원하는 대로 어렵지 않고 고통스럽지 않게 얻음/육신통

수행의 변곡점 즉 법의 드러남에 대해 이해하지 못하면 내적인 심의 사마타와 법의 위빳사나의 쌍과 사마타와 위빳사나의 쌍을 구분하지 못하게 됩니다. → 마른 위빳사나-순수 위빳사나에 의한 깨달음 또는 사마타 수행과 위빳사나 수행에 대한 오해

한편, 이 경은 4가지 중심 주제를 포함하는데, ①sarasaṅkappā(기억과 사유)/②ajjhattameva cittaṃ santiṭṭhati sannisīdati ekodi hoti samādhiyati(심(心)은 안으로 진정되고 가라앉고 집중되고 삼매에 들어진다)/③vijjābhāgiyā(명(明)으로 연결된)/④sati satiāyatane(사띠토대가 있을 때)입니다. ⇒ nikaya.kr에서 '신념처경 중심주제'로 검색

; ②의 용례 중 (MN 20-생각 떠오름의 구성 경)은 다섯 가지 상(相-nimitta)을 때맞춰 사고함의 '⑤이와 이를 맞대고 혀로 입천장을 밀어 올리고 심(心)으로 심(心)을 억제하고 억압하고 태워버림'은 부처님의 고행 과정에서도 발견되는데, 고행이 삼매 위에서 진행되는 수행이라는 것을 알려줍니다.

【경 요약】

1. 주제 발의 — 그분, 아시는 분, 보시는 분, 세존-아라한-정등각께서는 '몸에 속한 사띠를 닦고 많이 행할 때 큰 결실이 있고 큰 이익이 있다.'라고 말씀하셨음

2. 부처님이 몸에 속한 사띠를 어떻게 닦고 어떻게 많이 행할 때 큰 결실이 있고 큰 이익이 있는지 설명함

1) 대념처경의 신념처 소분류 9가지 → 2) 사선(四禪) ⇒ 정형구문 —「이렇게 방일하지 않고 노력하고 확고한 의지로써 머무는 그에게 재가의 삶과 연결된 기억과 사유들이 버려진다. 그것들이 버려질 때 심(心)은 안으로 진정되고 가라앉고 집중되고 삼매에 들어진다.」

; 내적인 심(心)의 사마타여서 현상의 영역에 속한 수행임 ⇒ 비구들이여, 이렇게 비구는 몸에 속한 사띠를 닦는다.

3. 누구든지 몸에 속한 사띠를 닦고 많이 행하는 자는 명(明)으로 연결되는 선법(善法)들을 포함하고 있음

; 현상의 영역에서 법이 드러날 때 사실의 영역으로 진입해서 명(明)으로 연결됨

4. 누구든지 몸에 속한 사띠를 닦고 많이 행하지 않는 자에게 마라는 기회를 얻고, 마라는 대상을 얻음. 그러나 누구든지 몸에 속한 사띠를 닦고 많이 행하는 자에게 마라는 기회를 얻지 못하고, 마라는 대상을 얻지 못함

; 마라가 기회를 얻고 대상을 얻는 영역 = 몸에 속한 사띠를 닦고 많이 행하지 않는 영역 = 법이 드러나지 않은 영역 = 현상의 영역이고 사실의 영역에 들어서지 못한 영역 → 마라가 지배력을 행사하는 영역은 현상의 영역임

5. 누구든지 몸에 속한 사띠를 닦고 많이 행하는 자는 실다운 지혜를 실현하기 위해 어떤 것이든 실다운 지혜로 실현해야 하는 법들로 심(心)을 기울임 → 사띠토대가 있을 때, 거기서 실현능력을 얻음

; 실다운 지혜①[여실지견(如實知見)]로 실현해야 하는 법의 끝에 누진통(漏盡通) 즉 완전한 지혜의 실현이 있지만, 완전한 지혜를 실현한 아라한도 세상을 만날 때는 실다운 지혜②[해탈지견(解脫知見)]로써 만남

6. 몸에 속한 사띠를 실천하고 닦고 많이 행하고 수레로 만들고 기반으로 삼고 효과를 보고 누적하고 철저히 실행하면 열 가지 이익이 기대됨

①불쾌와 유쾌를 극복
②두려움과 무시무시함을 극복
③느낌들을 극복
④지금여기의 행복한 머묾인 높은 심(心)에 속하는 사선(四禪)을 원하는 대로 어렵지 않고 고통스럽지 않게 얻음
⑤~⑩육신통(六神通)

● 삼매 수행을 구성하는 세 가지 — ①집중(내적인 심(心)의 사마타 → 사마타), ②관찰(법의 위빳사나 → 위빳사나), ③느낌(개발된 느낌의 향상)

●삼매 수행에서 대상의 전개

①호흡 — 의(意) — 신념처(身念處)[올라가는 수행] & 수념처(受念處)[개발된 느낌]

②수(受)=심상(心相-cittassa nimitta) — 식(識) — 수념처(受念處)[올라가는 수행] & 심(心) — 심념처(心念處) → 법이 드러남[벗어나는 수행]

③드러나는 법(法) — 심(心) — 법념처(法念處)[벗어나는 수행]

me dhammā ajjhattaṃ appahīnā – ādīnavadassāvī
내 안에 버려지지 않은 법들에서 위험을 보겠습니다.

Ⅸ. 수행지도(修行地圖) – 3) 대표적 수행 경전 — ③입출념처경

(아침독송 발췌 250923~0926) 입출념처경 해설(해피스님 251007) — 수행의 테크닉은 다음 책으로 미루고, 이 번 책에서는 수행의 길 안내를 중심으로 서술

(25. 9. 23 ~ 9.26)의 아침 독송에서 입출념처경을 4회에 걸쳐 설명하였는데, 해피스님의 설명 부분만 따로 모아 하나의 동영상으로 편집하였습니다.

[1] 아침독송(250923) — (MN 118-입출식념경)(1)[고귀한 전후의 차이, 부처님의 상가, 무상(無常)의 상(想)을 닦음](근본경전연구회 해피스님)

1. '대념처경 → 신념처경 → 입출식념경'으로 이어지는 대표적 수행경전 3가지의 연결성을 설명하였습니다.

특히, 입출식념경의 호흡 수행 16단계는 4개의 묶음, 4단계로 나뉘어 신념처-수념처-심념처-법념처의 성취를 설명하기 때문에 대념처경과 같은 전개를 보여준다고 할 수 있습니다. 그렇다면 대념처경도 초보 수행자가 신-수-심-법 가운데서 선택적으로 수행을 시작하는 것이 아니라 수행에 익숙해짐에 따른 선택 능력으로 보아야 하겠습니다. (SN 46.4-옷 경)에서 사리뿟따 존자는 일곱 가지 깨달음의 요소(칠각지) 가운데 원하는 대로 선택하여 머문다고 하는데, 이런 관점과 같습니다. → 신-수-심-법 가운데 원하는 대로 선택하여 머묾

2. 장로 비구들은 신진 비구들을 가르치는데, 신진 비구들은 고귀한 전후의 차이를 알게 됩니다. 이때, 고귀한 전후의 차이에 대해 ①여실지견 전후거나 ②법의 드러남의 전후로 설명하였는데, 수행자의 입장에서는 ②가 타당합니다. — 마라의 지배력의 영역과 벗어난 영역/현상과 사실의 영역 → 법의 위빳사나(무상-고-무아) → 여실지견 → 해탈지견

3. 안거를 마치는 자자(自恣) 의식의 자리에 이어 다음 달 보름 포살(布薩) 일 저녁에 부처님은 비구 상가에 대해 설명하는데, 허튼 말을 하지 않고 청정하고 본질에 확고하여 이 세상의 위없는 복전입니다. 그래서 이 상가에 하는 보시는 큰 결실이 있습니다.

이 상가에는 사쌍의 성자들이 있고, 일곱 가지 보리분법(37조도품), 사무량심, 부정(不淨), 무상(無常)의 상(想)을 닦음 등의 수행도 소개합니다. 특히, 무상의 상을 닦음은 명(明)과 연결된 것입니다. 전도된 상인 번뇌의 부서짐을 위한 여섯 가지 상을 닦음에 대해서 무유애(無有愛-vibhava-존재에서 벗어남의 愛)의 경우(존재에서 벗어남을 지향하는 것도 소망과 탐이 함께하는 한 愛)에 견주어 설명하였는데, 심(心)을 소진하는 것들의 소진이란 접근입니다.

한편, (SN 22.102-무상의 상 경)은 무상(無常)의 상(想)에 대해 자세히 설명합니다.

[2] 아침독송(250924) — (MN 118-입출식념경)(2)[무상의 상을 닦음 & 메커니즘과 수행의 테크닉 — 호흡 수행 준비 단계(사띠의 준비)](근본경전연구회 해피스님)

1. (SN 22.102-무상의 상 경)은 무상(無常)의 상(想)을 닦고 많이 행하면 탐과 무명을 부수고 '나는 있다'라는 자기화를 뿌리 뽑는다고 설명합니다. — 「"비구들이여, 닦고 많이 행한 무상(無常)의 상(想)은 모든 욕탐(慾貪)을 파괴한

다. 모든 색탐(色貪)을 파괴한다. 모든 유탐(有貪)을 파괴한다. 모든 무명(無明)을 파괴한다. 모든 '나는 있다'라는 자기화를 뿌리 뽑는다.」

무유애(無有愛)의 삶에서 잠재하는 상(想)은 존재에서 벗어나려는 경향인데, 이런 상들이 (AN 6.35-명(明)과 연결된 경)이 소개하는 여섯 가지 명(明)과 연결된 법으로의 상(想)이라고 하겠습니다. ― 무상(無常)의 상(想), 무상에 대한 고(苦)의 상, 고에 대한 무아(無我)의 상, 버림의 상, 이탐의 상, 소멸의 상

2. 들숨-날숨에 대한 사띠 수행은 모든 수행을 포괄하는데, 수행의 중심 개념의 정형을 보여줍니다(575쪽). ―「비구들이여, 들숨-날숨에 대한 사띠를 닦고 많이 행할 때 큰 결실과 큰 이익이 있다. 비구들이여, 들숨-날숨에 대한 사띠를 닦고 많이 행할 때 사념처(四念處)를 성취한다. 사념처(四念處)를 닦고 많이 행할 때 칠각지(七覺支)를 충만하게 한다. 칠각지(七覺支)를 닦고 많이 행할 때 명(明)과 해탈(解脫)을 성취한다.」

; 들숨-날숨에 대한 사띠 → 사념처의 성취(장애의 버림) ↔ 칠각지의 충만 → 칠각지를 닦음(사마타-위빳사나) → 명과 해탈

3. 들숨-날숨에 대한 사띠를 어떻게 닦고 어떻게 많이 행하는가? ― 삶의 메커니즘 위에서 이해하는 수행의 테크닉

1) 호흡 수행 16단계에 선행하는 준비 과정 ― ①방해받지 않는 자리를 찾아서, ②몸을 고정하고, ③콧구멍 주위에 사띠를 준비한 뒤, ④오직 사띠하면서 들이쉬고 내쉼 ― 사념처의 정형구문의 테크닉(591쪽)

2) 사띠를 준비함 ― 사띠의 눈을 뜨고 신내입처에 호흡(외입처)를 묶어주는 심(心)의 작용성인 욕탐(欲貪)을 지켜보는 것으로 묶음을 유지하고 더 나아가 관심이 실고 오는 탐-진-치를 줄여나가는 것입니다.

그렇게 사띠가 준비된 상태를 유지하는 것이 오직 사띠하면서 들이쉬고 내쉬는 것인데, 이런 준비 위에서 사띠 수행 16단계는 시작됩니다.

[3] 아침독송(250925) ― (MN 118-입출식념경)(3)[들숨-날숨에 대한 사띠 16단계 분석 = 신-수-심-법(단계적 전개)의 성취](근본경전연구회 해피스님) ⇒ V. 수행지도 – 1) 설명 [5] 수행지도의 일반형 참조

[4] 아침독송(250926) ― (MN 118-입출식념경)(4)[올라가는 수행의 두 자리와 사념처의 성취 & 칠각지(정각지와 사각지 해석)](근본경전연구회 해피스님)

1. 호흡 16단계 중 4는 신행의 진정, 8은 심행의 진정인데, 신행의 진정은 욕탐의 제어 측면에서 제4선까지(nimitta—올라가는 수행①), 심행의 진정은 상의 공동주관으로의 참여 측면에서 무소유처까지(cittassa nimitta-올라가는 수행②)의 두 자리의 올라가는 수행을 설명합니다.

2. 5-6은 1차 인식(사띠의 눈뜸①)에서 삼사화합에 의한 개발된 느낌이고, 이어서 7에서 2차 인식(사띠의 눈뜸②)으로 수행의 중심 자리가 옮겨집니다.

3. 9~12는 심념처의 성취 과정입니다. 9는 심(心)의 경험이고, 10은 2번째 삼사화합에 의한 개발된 느낌이고, 11은 심의 삼매를 닦음 즉 내적인 심의 사마타여서 12는 11의 결과로 법이 드러나 현상의 영역에서 풀려나 사실의 영역으로 진입하는 것입니다. 이 과정의 중심 주제는 '나는 사띠를 잊고 바른 앎을 갖지 못한 자에게 들숨-날숨에 대한 사띠를 말하지 않는다.' 인데, 법을 드러내지 못해 염(念)-정지(正知)로 연결하지 못하는 경우입니다. 그래서 염-정지(이어지는 가르침 → 485/613쪽) 즉 드러나는 법에 대해 사띠로 눈뜸③과 무상의 관찰을 이끕니다.

4. 13~16은 드러나는 법을 무상-바램-소멸-놓음을 이어보는 법의 위빳사나인데, 법념처의 성취 과정입니다. 중심 주제는 간탐과 고뇌 즉 사념처에 의해 제거되는 다섯 가지 장애와 수비고우뇌를 지혜로써 '평정 가운데 잘 지켜보는 것(sādhukaṃ ajjhupekkhitā)' 인데, 사각지(捨覺支)와 연결됩니다.

5. 이렇게 호흡 16단계로 사념처가 성취되는 것은 심(心)에서 장애를 밀어냄의 완성이고, 그대로 일곱 가지 깨달음의 요소(칠각지)가 심(心)에 충만하는 것입니다. — 칠각지 수행①

이때, 법념처의 성취 과정과 사각지의 동치 관계에 의하면, 정각지(定覺支)는 심념처에 속한 내적인 심의 사마타인 걸로 이해해야 하는데, '삼매가는 길' 의 정형구문에서 차이를 발견하게 합니다. ⇒ ▣ 삼매 가는 길(230쪽)

◐ '희열 → 진정 → 행복 → 행복한 자의 심(心)은 삼매에 들어진다.' 의 두 가지 용례

1) (DN 2.19-사문과경, 장애를 버림) : 삼매 가는 길(의(意)의 삼매)

이런 다섯 가지 장애의 버려짐을 자신에게서 관찰하는 그에게 환희가 생깁니다. 환희하는 자에게 희열[기쁨]이 생깁니다. 희열하는 의(意)에게 몸은 진정됩니다. 진정된 몸은 행복[즐거움]을 느낍니다. 행복한 자의 심(心)은 삼매에 들어집니다. ⇒ 초선으로 연결

2) (MN 118-입출식념경) : 내적인 심의 사마타(심(心)의 삼매)

열심히 정진하는 자 → 희각지(喜覺支) → 경안각지(輕安覺支) → 몸이 진정되어 행복한 자의 심(心)은 삼매에 들어진다. 비구들이여, 몸이 진정되어 행복한 비구의 심이 삼매에 들어질 때, 비구에게 정각지(定覺支-삼매의 깨달음의 요소)가 시작된다. ⇒ 사각지(捨覺支)로 연결

; '심이 삼매에 들어짐 → 정각지' 의 과정은 삼매 가는 길이 아니라 심의 삼매 즉 내적인 심의 사마타로 보아야 함 → 이어지는 사각지는 'sādhukaṃ ajjhupekkhitā hoti 평정 가운데 잘 지켜본다' 라고 설명되는데, 법념처와 대응하므로 법의 위빳사나여서 수행의 체계에 잘 부합합니다.

5. 칠각지를 닦고 많이 행할 때 명과 해탈을 성취함 — 칠각지 수행② = 사마타-위빳사나

; 떨침의 과정-이탐의 과정-소멸의 과정이고 쉼으로 귀결되는 염각지 ~ 사각지를 닦음
→ 대념처경 후렴의 마무리(과정을 넘어서서 머물고, 세상에서 아무것도 붙잡지 않음)과 동치됨

⇒ 윤회의 동안 한 번도 붙잡지 않아(取) 쉬어보지 못한 중생의 삶을 마감하고 비로소 완전한 휴식을 얻음 = 열반

▣ 맛지마 니까야 관통 법회 - 118. 입출식념 경[호흡수행 16단계 & 사념처-칠각지에 의한 깨달음](근본경전연구회 해피스님 231213)

들숨-날숨에 대한 사띠를 닦고 많이 행할 때 큰 결실과 큰 이익이 있음 — ①들숨-날숨에 대한 사띠를 닦고 많이 행할 때 사념처를 성취 → ②사념처를 닦고 많이 행할 때 칠각지가 생겨나고 닦아서 충만[그림 — 「(MN 118-입출식념경)의 호흡 수행 16단계」 → ③칠각지를 닦고 많이 행할 때 명과 해탈을 성취 ⇒ 들숨-날숨에 대한 사띠를 어떻게 닦고 어떻게 많이 행할 때 큰 결실과 큰 이익이 있는가? ⇒ 들숨-날숨에 대한 사띠를 어떻게 닦고 어떻게 많이 행할 때 사념처를 성취하는가? ⇒ 사념처를 어떻게 닦고 어떻게 많이 행할 때 칠각지를 충만하게 하는가? ⇒ 칠각지를 어떻게 닦고 어떻게 많이 행할 때 명과 해탈을 성취하는가?

1. 이 비구 상가의 구성원 — 사쌍(四雙)의 성자들과 일곱 가지 보리분법(菩提分法)-사무량심(四無量心)-부정관(不淨觀)-무상(無常)의 상(想)을 닦는 비구들 그리고 들숨-날숨에 대한 사띠[입출식념(入出息念)]의 수행을 실천하며 머무는 비구들

2. 들숨-날숨에 대한 사띠를 닦고 많이 행할 때 큰 결실과 큰 이익이 있음 — ①들숨-날숨에 대한 사띠를 닦고 많이 행할 때 사념처(四念處)를 성취 → ②사념처(四念處)를 닦고 많이 행할 때 칠각지(七覺支)가 생겨나고 닦아서(*) 충만 → ③칠각지(七覺支)를 닦고(**) 많이 행할 때 명(明)과 해탈(解脫)을 성취

(*) 사념처를 닦아서 장애를 밀어내는 것이 그대로 칠각지를 닦아서 충만하게 하는 것임 → 여실지견(如實知見)

(**) 떨침[무관심]의 과정이고, 이탐의 과정이고, 소멸의 과정이고, 쉼으로 귀결되는 칠각지를 닦음 → 해탈지견(解脫知見)

3. 들숨-날숨에 대한 사띠를 어떻게 닦고 어떻게 많이 행할 때 큰 결실과 큰 이익이 있는가?

• 숲으로 가거나 나무 밑으로 가거나 빈집으로 감 → 다리를 교차하고, 몸을 곧게 뻗치고, 콧구멍 주위에 사띠를 준비한 채 앉아있음 → 오직 사띠하면서 들이쉬고, 오직 사띠하면서 내쉼

⇒ 호흡 수행 16단계 : 2단계의 pajānāti, 14단계의 sikkhati

4. 들숨-날숨에 대한 사띠를 어떻게 닦고 어떻게 많이 행할 때 사념처(四念處)를 성취하는가?

• 16단계 중의 1~4단계 — 들숨-날숨 = 몸들 가운데 하나의 몸 → 신념처(身念處)

; 인식의 두 단계
; 행위의 두 단계 — 신행(身行)=호흡 → 전체를 경험하면서 진정시킴 → 제4선

• 5~8단계 — 들숨-날숨을 잘 작의 하는 것 = 느낌들 가운데 하나의 느낌 → 수념처(受念處)

; 개발된 느낌의 과정
; 심행(心行)=상(想)-수(受) — 심상(心相)의 과정 → 경험 & 진정 → 무소유처(無所有處)

• 9~12단계 — 심념처(心念處) → 사띠를 잊고 바른 앎을 갖지 못한 자에게 들숨-날숨에 대한 사띠를 말하지 않음

; 심념처의 단계에서 법을 드러나게 해서(내적인 심(心)의 사마타) 사띠-삼빠잔냐 즉 법의 위빳사나로 연결하지 못하면 들숨-날숨에 대한 사띠를 닦는다고 말할 수 없다는 의미입니다.

• 13~16단계 — 법념처(法念處) → 간탐과 고뇌를 버림을 지혜로써 평정 가운데 잘 지켜봄

; 심념처의 단계에서 드러난 법에 대한 법의 위빳사나의 과정이 법념처입니다. 이때, 간탐은 다섯 가지 장애를, 고뇌는 윤회하는 근본 괴로움에 수반되는 구체적 아픔으로의 수비고우뇌(愁悲苦憂惱)를 지시합니다.

⇒ 사념처(四念處)의 성취

; 그림 — 「ānāpānassatisuttaṃ (MN 118-입출식념경 = 들숨-날숨에 대한 사띠 경)의 호흡수행 16단계」
; 그림 — 「(MN 118-입출식념경)의 호흡수행 16단계에서염처간 전개의 연결」

5. 사념처(四念處)를 어떻게 닦고 어떻게 많이 행할 때 칠각지(七覺支)를 충만하게 하는가?

• 신념처(身念處)를 닦을 때 준비된 사띠가 잊히지 않음 → 염각지(念覺支-사띠의 깨달음의 요소)가 시작됨 → 염각지를 닦음 → 염각지가 늘어나 충만함

⇒ 그렇게 사띠하면서 머무는(*) 그는 그 법을 지혜로써 조사하고, 철저히 조사하고, 완전히 검사함 → 택법각지(擇法覺支-법을 검사하는 깨달음의 요소)가 시작됨 → 택법각지를 닦음 → 택법각지가 늘어나 충만함

(*) 염각지가 사띠의 깨달음의 요소여서 사띠가 그대로 염각지이지 염각지가 사띠보다 높은 경지의 어떤 것이 아니라는 점을 알 수 있음

⇒ 그 법을 지혜로써 조사하고, 철저히 조사하고, 완전히 검사하는 그는 게으르지 않아 열심히 정진함 → 정진각지(精進覺支-노력의 깨달음의 요소)가 시작됨 → 정진각지를 닦음 → 정진각지가 늘어나 충만함

⇒ 열심히 정진하는 자에게 개발된 느낌인 희열이 생김 → 희각지(喜覺支-희열의 깨달음의 요소)가 시작됨 → 희각지를 닦음 → 희각지가 늘어나 충만함

⇒ 의(意)가 희열하는 자에게 몸도 진정되고, 심(心)도 진정됨 → 경안각지(輕安覺支-진정의 깨달음의 요소)가 시작됨 → 경안각지를 닦음 → 경안각지가 늘어나 충만함

⇒ 몸이 진정되어 행복한 자의 심(心)은 삼매에 들어짐 → 정각지(定覺支-삼매의 깨달음의 요소)가 시작됨 → 정각지를 닦음 → 정각지가 늘어나 충만함

⇒ 그렇게 삼매를 닦는 심을 평정 가운데 잘 지켜봄 → 사각지(捨覺支-평정의 깨달음의 요소)가 시작됨 → 사각지를 닦음 → 사각지가 늘어나 충만함

• 수념처(受念處)를 닦을 때 … 심념처(心念處)를 닦을 때 … 법념처(法念處)를 닦을 때 준비된 사띠가 잊히지 않음 → 염각지(念覺支-사띠의 깨달음의 요소)가 시작됨 → 염각지를 닦음 → 염각지가 늘어나 충만함 … 사각지가 늘어나 충만함

; 사념처(四念處)를 이렇게 닦고 이렇게 많이 행할 때 칠각지(七覺支)를 충만하게 함

6. 칠각지(七覺支)를 어떻게 닦고 어떻게 많이 행할 때 명(明)과 해탈(解脫)을 성취하는가?

떨침[무관심]의 과정이고, 이탐의 과정이고, 소멸의 과정이고, 쉼으로 귀결되는 염각지(念覺支)를 닦음 … 택법각지(擇法覺支) … 정진각지(精進覺支) … 희각지(喜覺支) … 경안각지(輕安覺支) … 정각지(定覺支) … 사각지(捨覺支)를 닦음

; 떨침-이탐-소멸 — 딱까 내부의 과정 → 쉼 — 딱까에서 형성된 애(愛)의 성질인 잡기의 해소

; 칠각지(七覺支)를 이렇게 닦고 이렇게 많이 행할 때 명(明)과 해탈(解脫)을 성취함

; 칠각지(七覺支)를 닦음의 두 단계 — ①사념처를 닦아 장애를 밀어내고 칠각지를 충만케 하는 단계 → ②딱까 내부의 과정(염오-이탐-소멸)에서 칠각지를 닦아 애멸(愛滅)을 성취하는 단계

; 그림 — 「(MN 118-입출식념경) — 「수행의 중심 개념」으로 이해하는 사념처와 사마타-위빳사나」

; 그림 — (MN 118-입출식념 경)의 들숨-날숨에 대한 16단계 분석 ⇒ V. 수행지도 – 1) 설명 [5] 수행지도의 일반형 참조

me dhammā ajjhattaṃ appahīnā – ādīnavadassāvī
내 안에 버려지지 않은 법들에서 위험을 보겠습니다.

ānāpānassatisuttaṃ (MN 118-입출식념경 = 들숨-날숨에 대한 사띠 경)의 호흡수행 16단계

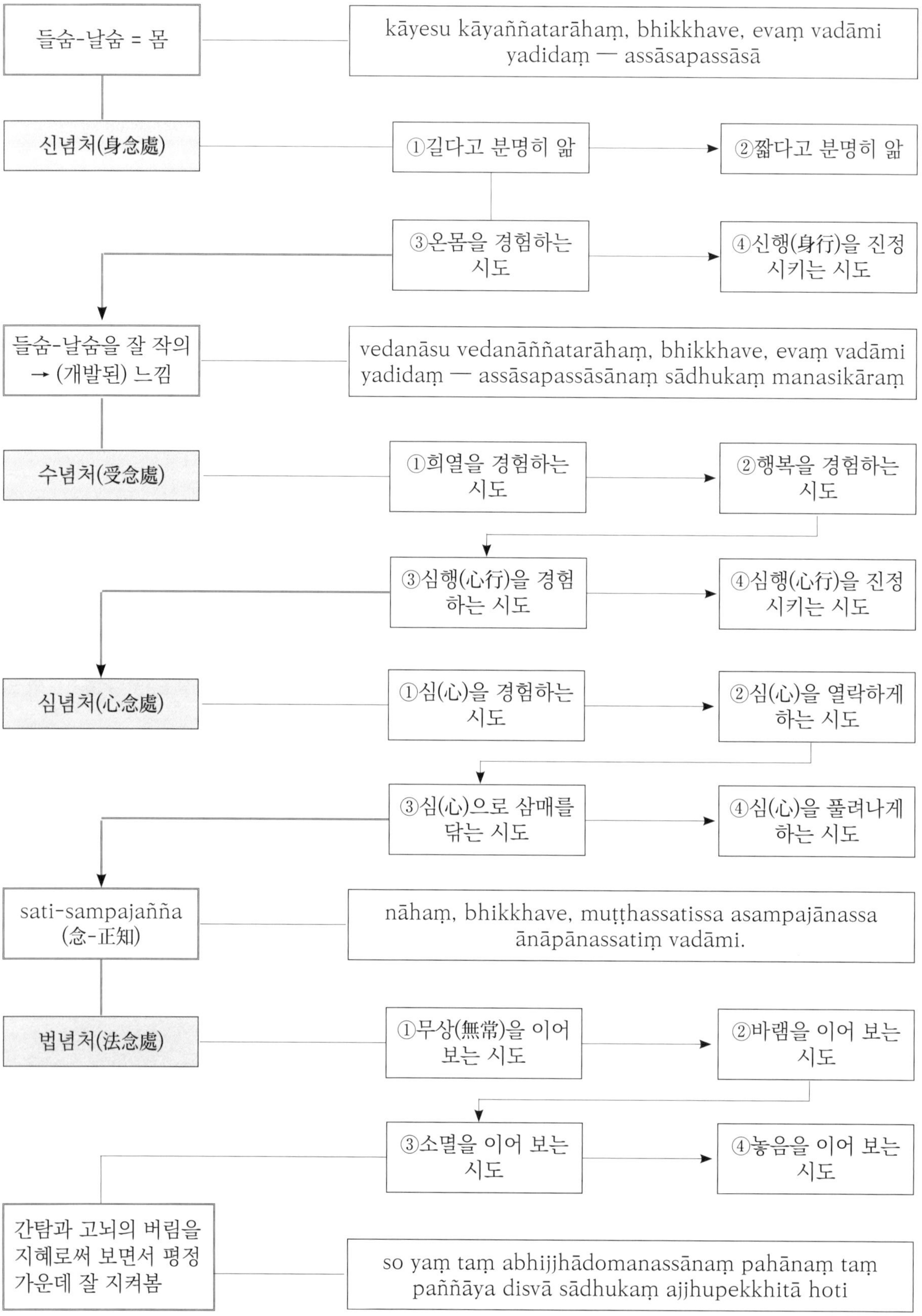

(MN 118-입출식념경)의 호흡수행 16단계에서 염처 간 전개의 연결

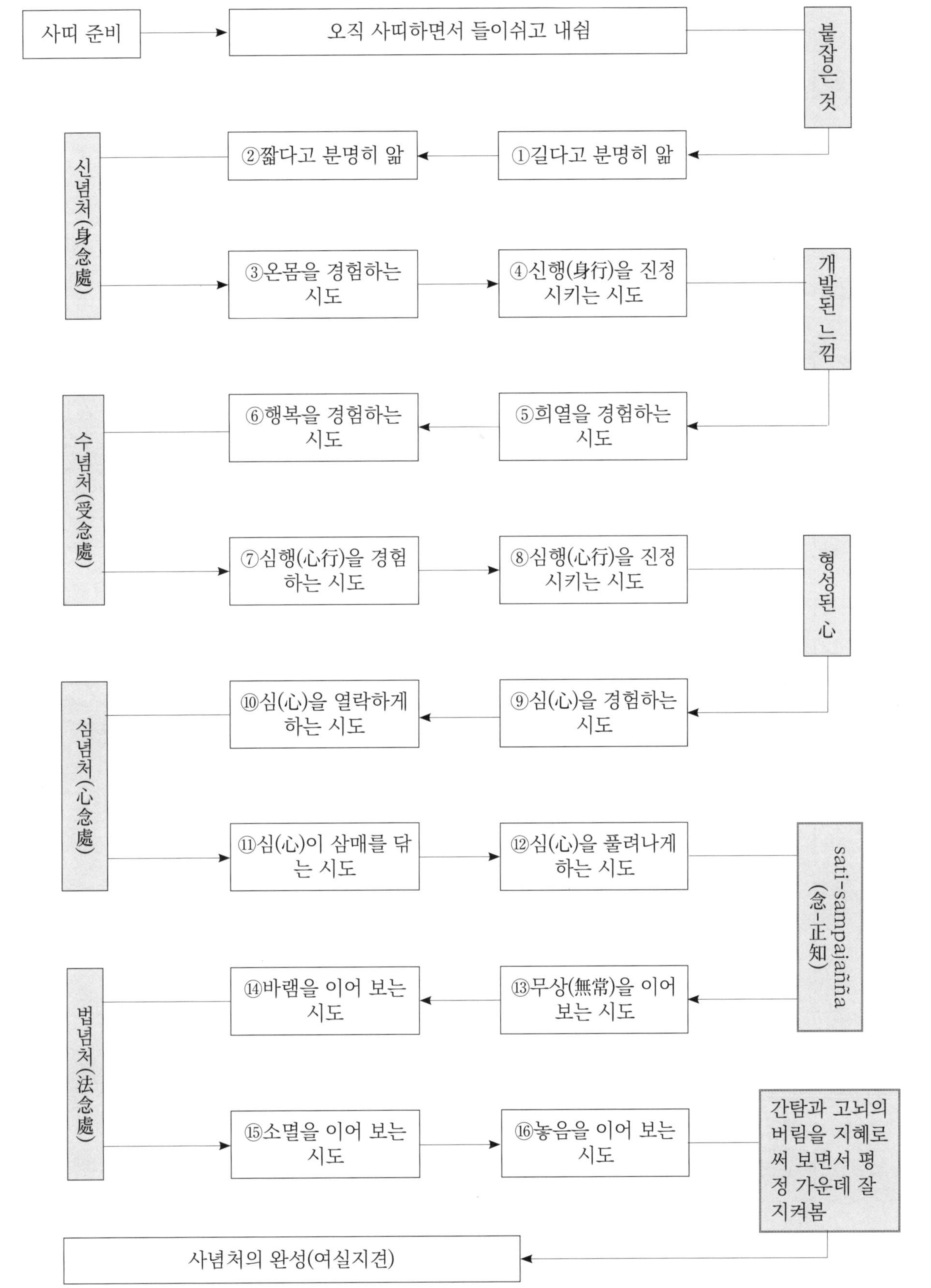

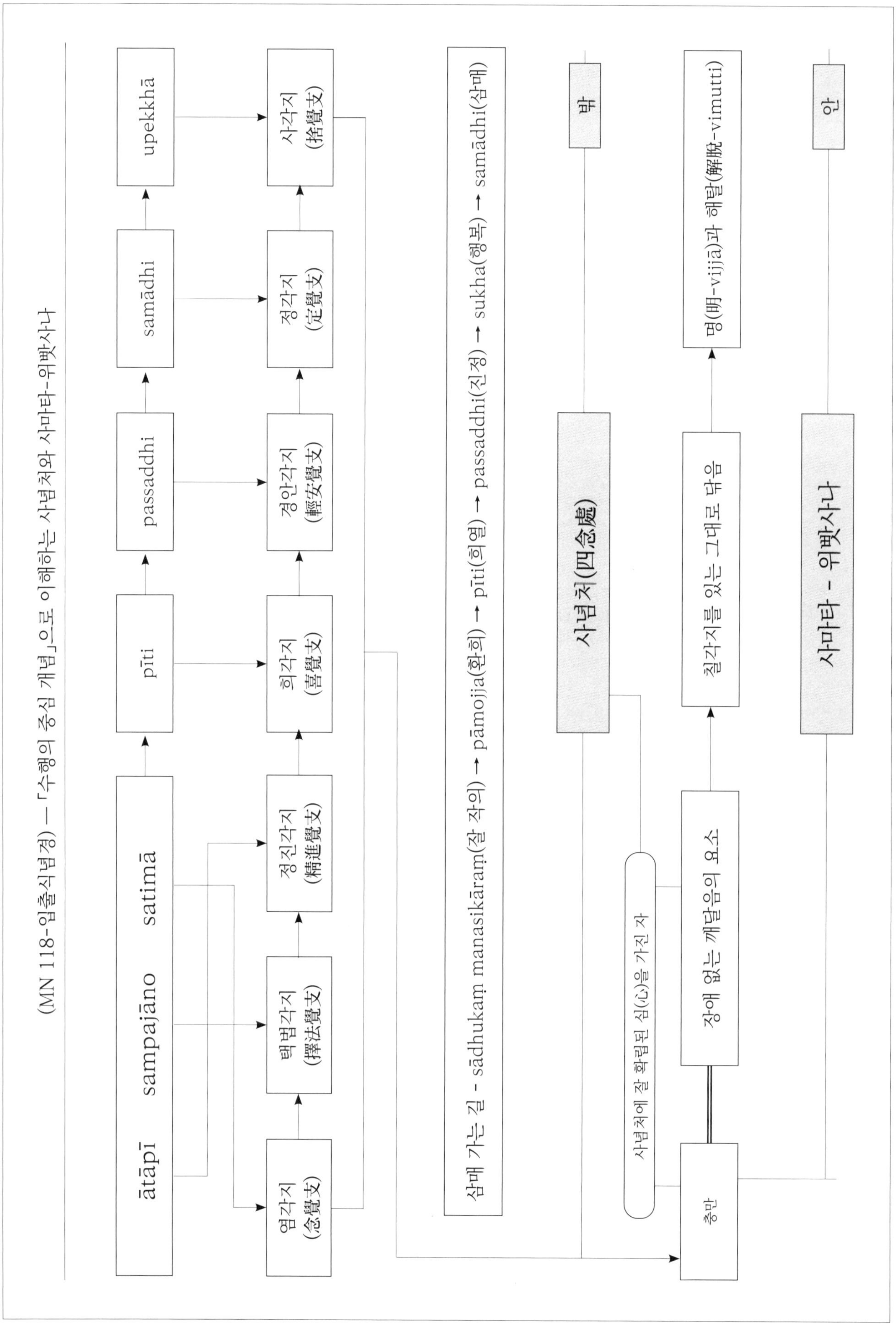
(MN 118-입출식념경) — 「수행의 중심 개념」으로 이해하는 사념처와 사마타-위빳사나
ātāpī
sampajāno
satimā
pīti
passaddhi
samādhi
upekkhā
염각지 (念覺支)
택법각지 (擇法覺支)
정진각지 (精進覺支)
희각지 (喜覺支)
경안각지 (輕安覺支)
정각지 (定覺支)
사각지 (捨覺支)
삼매 가는 길 - sādhukaṃ manasikāraṃ(잘 작의) → pāmojja(환희) → pīti(희열) → passaddhi(진정) → sukha(행복) → samādhi(삼매)
밖
사념처(四念處)
사념처에 잘 확립된 심(心)을 가진 자
충만
장애 없는 깨달음의 요소
칠각지를 있는 그대로 닦음
명(明-vijjā)과 해탈(解脫-vimutti)
안
사마타 - 위빳사나

책을 마치며

【책을 마치며① 여래(如來) 또는 불(佛)인 이유 & 깨달음 총괄】

이 책은 「taṃ tathāgato abhisambujjhati abhisameti 여래는 이것을 깨닫고 실현하였다.」라고 선언하는 3개의 경을 중심으로 부처님의 깨달음에 대한 이해 위에서 불교에 입문을 이끄는 책입니다. ― 불교입문(II-사실)

그러면 여래는 누구이고, 깨달음은 무엇입니까?

책을 마치면서 처음으로 돌아가 이 질문에 답해야 하는 시간입니다. 여래가 누구인지는 「tasmā 'tathāgato'ti vuccati. 그래서 여래(如來)라고 불린다」라고 말하는 경전의 용례로써 대신하였는데, 같은 구조를 가지는 「tasmā buddhosmi 그래서 나는 불(佛-buddha-부처)입니다.」의 용례도 함께 소개하였습니다.

깨달음에 대해서는 책의 본문에서 소개한 3가지 관점을 모아서 하나의 관점으로 연결하였습니다.

[1] 여래(如來) 그리고 불(佛)인 이유

> 부처님은 여래(如來)이고, 아홉 가지 덕성[여래구덕(如來九德)]으로 대표되는 깨달은 자[불(佛)] 입니다. 그러면 왜 여래(如來)이고, 어떤 깨달음에 의해 깨달은 자입니까? 경은 이렇게 알려줍니다.

1. 「tasmā 'tathāgato'ti vuccati. 그래서 여래(如來)라고 불린다」

- tathāgata

tathā + gata : thatā(thus. so) + gata → 그렇게 간 = 여거(如去)
tatha + āgata : tatha(true. real. the truth) + āgata = 사실-진리에서 온 = 여래(如來)

- 부처님의 주제 ― 삶 → 삶에 대한 제한 없는 지(知)와 견(見)의 선언
- 외도 유행승들은 삶과 다른 곳에서 답을 찾고자 함

- 여래(如來)라고 불리는 이유

①적절한 때에 사실-이익-법(法)-율(律)을 말한다.
②세상에서 존재들이 보고, 듣고, 닿아 알고, 인식하고, 얻고, 조사하고, 의(意)로 접근한 모든 것을 깨달았다.
③여래가 말하고 대화하고 가르친 모든 것은 참이지 거짓이 아니다.
④말하는 대로 행하고, 행하는 대로 말한다.
⑤세상에서 존재들 가운데 정복자이고 정복되지 않은 자이고 다른 것이 있음을 보는 자이고 지배자이다.

1) (DN 29.13-정신(淨信) 경, 질문에 대한 설명)

쭌다여, 외도 유행승들이 이렇게 말할 것이라는 경우는 있다. ― '사문 고따마는 과거에 대하여 제한 없는 지(知)와 견(見)을 선언한다. 그러나 미래에 대해서는 제한 없는 지와 견을 선언하지 않는다. 무엇에 대해 그러하고 어떻

게 그러한가?'라고. 그러나 그 외도 유행승들은, 배우지 못한 어리석은 자처럼, 다른 것과 관련된 지와 견에 의해 다른 것과 관련된 지와 견이 선언되어야 한다고 생각한다. 쭌다여, 참으로 과거에 대하여 여래에게는 사띠를 따르는(사띠가 기억하는) 앎이 있다. 그는 원하는 만큼을 기억한다. 미래에 대하여 여래에게는 깨달음에서 생긴 앎이 일어난다. — '이것이 태어남의 끝이다. 이제 다음의 존재는 없다.'라고. 쭌다여, 만약 과거가 사실이 아니고 정당하지 않고 이익으로 이끌지 않으면 여래는 그것을 설명하지 않는다. 쭌다여, 만약 과거가 사실이고 정당하고 이익으로 이끌면, 거기서 여래는 그 질문의 설명을 위해 적당한 시간을 안다. 쭌다여, 만약 미래가 사실이 아니고 정당하지 않고 이익으로 이끌지 않으면 여래는 그것을 설명하지 않는다. 쭌다여, 만약 미래가 사실이고 정당하고 이익으로 이끌면, 거기서 여래는 그 질문의 설명을 위해 적당한 시간을 안다. 쭌다여, 만약 현재가 사실이 아니고 정당하지 않고 이익으로 이끌지 않으면 여래는 그것을 설명하지 않는다. 쭌다여, 만약 현재가 사실이고 정당하고 이익으로 이끌면, 거기서 여래는 그 질문의 설명을 위해 적당한 시간을 안다.

쭌다여, 이렇게 과거-미래-현재의 법들에 대해 여래는 적절한 때에 말하고, 사실을 말하고, 이익을 말하고, 법(法)을 말하고, 율(律)을 말한다. 그래서 여래(如來)라고 불린다. 그리고 쭌다여, 신과 마라와 범천과 함께하는 세상과 사문-바라문과 신과 사람과 함께하는 존재들이 보고, 듣고, 닿아 알고, 인식하고, 얻고, 조사하고, 의(意)로 접근한 모든 것을 깨달았다. 그래서 여래라고 불린다. 쭌다여, 여래가 위없는 바른 깨달음을 깨달은 밤과 집착이 남아 있지 않은 열반의 요소로 완전히 열반한 밤의 사이에 말하고 대화하고 가르친 모든 것은 참이지 거짓이 아니다. 그래서 여래라고 불린다. 쭌다여, 여래는 말하는 대로 행하고, 행하는 대로 말한다. 이렇게 말하는 대로 행하고, 행하는 대로 말한다고 해서 여래라고 불린다. 쭌다여, 신과 마라와 범천과 함께하는 세상에서 사문-바라문과 신과 사람과 함께하는 존재들 가운데 여래는 정복자이고 정복되지 않은 자이고 다른 것이 있음을 보는 자이고 지배자이다. 그래서 여래라고 불린다.

2) (AN 4.23-세상 경)은 '여래는 세상을 깨달아 벗어나고, 세상의 자라남을 깨달아 버리고, 세상의 소멸을 깨달아 실현하고, 세상의 소멸로 이끄는 실천을 깨달아 닦았다.'는 설명에 이어 (DN 29.13-정신(淨信) 경, 질문에 대한 설명)의 ②-③-④-⑤를 반복합니다.

2. 「tasmā buddhosmi 그래서 나는 불(佛-buddha-부처)입니다.」

- 알고 닦아서 버림으로써 불(佛)이 됨
- 번뇌들이 다하고, 부서지고, 작용하지 못하게 되어 세상에 의해 더럽혀지지 않음

1) (MN 91-브라흐마유 경)/(MN 92/KN 5.33-셀라 경)

「abhiññeyyaṃ abhiññātaṃ, bhāvetabbañca bhāvitaṃ. pahātabbaṃ pahīnaṃ me, tasmā buddhosmi brāhmaṇa.

나는 실답게 알아야 하는 것을 실답게 알았고, 닦아야 하는 것을 닦았고, 버려야 하는 것을 버렸습니다. 그래서 바라문이여, 나는 불(佛-buddha-부처)입니다.」

- 실답게 알아야 하는 것 — 오취온(五取蘊) → 고(苦)
- 닦아야 하는 것 — 팔정도(八正道) → 고멸도(苦滅道)
- 버려야 하는 것 — 애(愛) → 고집(苦集)

• 불(佛-buddha-부처) — 열반(涅槃)의 실현 → 고멸(苦滅)

2) (AN 4.36-도나 경)

신으로 태어나게 하거나, 하늘을 나는 간답바가 되게 하거나, 약카가 되게 하거나, 인간이 되게 하는 그런 번뇌들은 나에게서 다하고, 부서지고, 작용하지 못하는 상태가 되었습니다. 아름다운 백련이 물에 의해 더럽혀지지 않는 것처럼 나는 세상에 의해 더럽혀지지 않습니다. 그러므로 바라문이여, 나는 부처입니다.

[2] 깨달음

실답게 알아야 하는 것(苦)을 실답게 알고, 닦아야 하는 것(苦滅道)을 닦고, 버려야 하는 것(苦集)을 버렸기 때문에 불(佛-buddha-부처)(苦滅)입니다. 이것이 네 가지 성스러운 진리(사성제)의 완성으로의 깨달음인데, (SN 56.11-전법륜 경)에서 부처님은 사성제의 세 번 굴림(삼전십이행)에 의해 사성제에 대한 있는 그대로의 지와 견의 아주 청정함이 있었을 때 비로소 '위없는 바른 깨달음을 깨달았다.'라고 선언합니다.

이런 깨달음은 다양한 방법으로 소개되는데, 대표적 방법 3가지를 소개하였습니다.

1. 첫 번째 방법 – 깨닫고 실현한 법들(이 책의 중심 주제)

1) uppādāsuttaṃ (AN 3.137-출현 경)

삼법인(三法印)은 제법무아(諸法無我)의 포괄적 존재성 위의 두 가지 현상 즉 ①번뇌의 영향을 받는 유위의 영역에 있는 행(行)들의 무상(無常)과 고(苦) 그리고 ②번뇌의 영향에서 벗어나 무위가 실현된 락(樂)인 열반의 선언입니다. —「불교의 최상위 개념 = 고(苦)와 고멸(苦滅)」

2) pupphasuttaṃ (SN 22.94-꽃 경)

한편, 세상에 있는 세상의 법으로 색(色)-수(受)-상(想)-행(行)들-식(識)의 오온(五蘊)을 선언하는데, 번뇌의 영향 위에 있는 자기 존재성으로의 세상을 구성하는 모든 것입니다.

그런데 상(常)하고 안정되고 영원하고 변하지 않는 것인 오온은 없고, 무상(無常)하고 괴롭고 변하는 것인 오온은 있습니다. 이것이 세상을 구성하는 요소들의 공통된 성질입니다.

3) paccayasuttaṃ (SN 12.20-조건 경)

또한, 연기(緣起)는 이런 자기 존재성으로의 세상 즉 여기에서 고(苦)가 생겨나는 100% 조건 관계를 설명하는데, 조건 관계의 해소(緣滅)를 통해 자기 존재성에서 벗어남으로써 완전한 고멸을 실현하는데, 열반입니다.

이 조건의 영역은 두 개의 지점을 중심으로 설명해야 합니다.

첫 번째 지점은 애(愛)입니다. 애는 ①'수(受)를 조건으로 애(愛)가 있다.'와 그 과정인 ②딱까에서 탐과 소망이 생겨나 '소망과 탐이 함께한 것'으로의 애를 구성하는 입체적 조건 관계를 보여줍니다.

두 번째 지점은 유(有)입니다. 유(有)는 식과 명색(名色)이 함께한 활성존재의 측면에서 이해해야 하는데, 살아있는 동안에는 큰 순환 고리로 순환하여 다음 순간 삶의 시작이 되고, 죽음의 순간에는 무명과 애를 해소하지 못한 경우에 몸으로 가서 태어납니다. 그래서 무명~취를 조건으로 유가 생겨나는 과정은 금생의 순환적 삶을 지시하고, 유를 조건으로 생겨나는 생과 노사는 다음 생을 지시합니다.

4) 세상은 중생이라 불리는 아픈 존재인 내가 살아가는 삶의 영역을 말하는데, 삼법인이 말하는 행들의 영역이고, 색-수-상-행들-식 5가지로 구성되었으며, 이런 세상 즉 여기의 삶에서 괴로움이 생겨나 자라나는 조건 관계가 연기입니다.

불교 신자는 이렇게 부처님이 깨닫고 실현한 법에 확고해야 합니다. 만약 누가 브라흐마 등 창조주 하나님 또는 그 성질(상-락-아-정)을 그대로 가진 아(我)를 선언한다면, 그 존재성을 확인하는 근거로 삼아야 합니다.

그에게 물어보아야 합니다. – '그 아(我)는 열반입니까?'

그러나 그는 그렇다고 답하지 못합니다. 열반은 락(樂)-무아(無我)인데, 그가 주장하는 아는 상(常)-락(樂)-아(我)-정(淨)의 성질이 설정되어 있기 때문입니다.

다시 물어보아야 합니다. – '그러면 아(我)는 색(色)에 속합니까?'

번뇌의 영역인 세상을 구성하는 색에 속한다면, 색은 삼법인의 행들에 속한 것이므로 무상-고의 성질이어서 상-락-아-정을 주장하는 아를 담을 수는 없습니다. 그러니 아가 색에 속한다고 답할 수 없습니다. 수-상-행들-식도 마찬가지입니다.

그래서 완전한 깨달음을 성취한 부처님에 의하면, 세상에는 창조주 하나님도, 그 성질을 그대로 가진 아(我)도 없습니다. 이것이 불교의 정체성이고 믿음인 무아(無我)입니다.

2. 두 번째 방법 – 깨달음의 소회 — brahmāyācanasuttaṃ (SN 6.1-범천의 요청 경) : 부처님이 성취한 법 = 딱까의 영역을 넘어섬 → (MN 18-꿀과자 경) : 상들이 잠재하지 않는 삶 → 애멸(愛滅)의 성취

부처님은 깨달음의 자리(바야흐로 깨달음을 성취한 세존)에서 깨달음의 소회를 드러내는데, 첫 번째 소회는 '내가 성취한 법은 딱까의 영역을 넘어선 것이다.'입니다.

딱까는 몸의 참여 없이 마음 혼자 작용하는 2차 인식의 영역인데, 식(識)-상(想)-수(受)의 과정에서 심(心)을 거쳐 애(愛)를 생겨나게 하는 「애(愛)의 형성 과정」입니다.

그런데 '딱까의 영역을 넘어섬'은 그 과정에서 애가 생겨나지 않게 됨 즉 애멸(愛滅)의 실현을 의미하는데, '②딱까에서 탐과 소망이 생겨나 '소망과 탐이 함께한 것'으로의 애를 구성하는 관계'의 해소입니다.

앎의 관점에서 설명하면, 전도된 상(想)의 작용성인 번뇌의 참여에 의해 「식(識-분별 앎) → 무명(無明-존재 앎) → 탐(貪-가치 앎) ⇒ 심(心-앎 : 분별+존재+가치 앎)」의 과정으로 심(心)이 생겨나서 애(愛)로 이어지는데, 번뇌의 부서짐(漏盡)에 의해 무명(존재 앎)이 버려지고 명(존재의 소멸 앎)이 생겨남으로써 가치를 넘어선(무탐) 해탈된 심(心)과 애멸(愛滅)로 이어지는 과정입니다. 이때, (MN 18-꿀과자 경)은 '부처님은 무엇을 말하고 가르치는 자인가?'의 질문에 대해 '상들이 잠재하지 않는 삶을 가르치는 자'라고 답하는데, papañcasaññāsaṅkhā[희론(戱論)-상(想)-헤아림](번뇌가 참여한 2차 인식)에서 기뻐하지 않고 드러내지 않고 묶여 있지 않게 됨 즉 소망이 생겨나지 않음에 따른 애멸의 삶(애의 해소)입니다.

이렇게 딱까의 영역을 넘어선 것으로의 부처님이 성취한 법은 무명과 애의 해소를 통한 존재의 소멸입니다. 죽은 뒤 몸으로 가지 않음에 의한 고멸의 실현이어서, 부처님의 깨달음의 소회는 그대로 (SN 12.20-조건 경)이 말하는 여기에서의 조건성의 해소를 나타냅니다.

3. 세 번째 방법 – 매력(assāda)-위험(ādīnava)-해방(nissaraṇa) : 삶의 부정적 요소의 해소에 의한 삶의 완성

어떤 경우에 부처님은 '위없는 바른 깨달음을 깨달았다.'라고 선언합니다. 그런데 17개의 경 가운데 12개의 경(70%)이 매력-위험-해방의 형태로 나타나기 때문에 이 주제가 부처님 깨달음의 또 하나의 중심이라는 것을 알 수 있습니다. ⇒ (82쪽) 참조

위험 즉 무상(無常)하고 고(苦)이고 변하는 성질은 세상의 법인 오온의 성질입니다. 번뇌의 영향 위에 있는 유위적인 것이어서 여기에서의 조건성인 연기의 토대입니다. 그래서 위험으로부터의 해방은 그대로 번뇌의 영향에서 벗어나 무위가 실현된 락(樂)인 열반의 선언입니다.

이렇게 매력-위험-해방 측면의 깨달음도 깨닫고 실현한 법들과 연결됩니다.

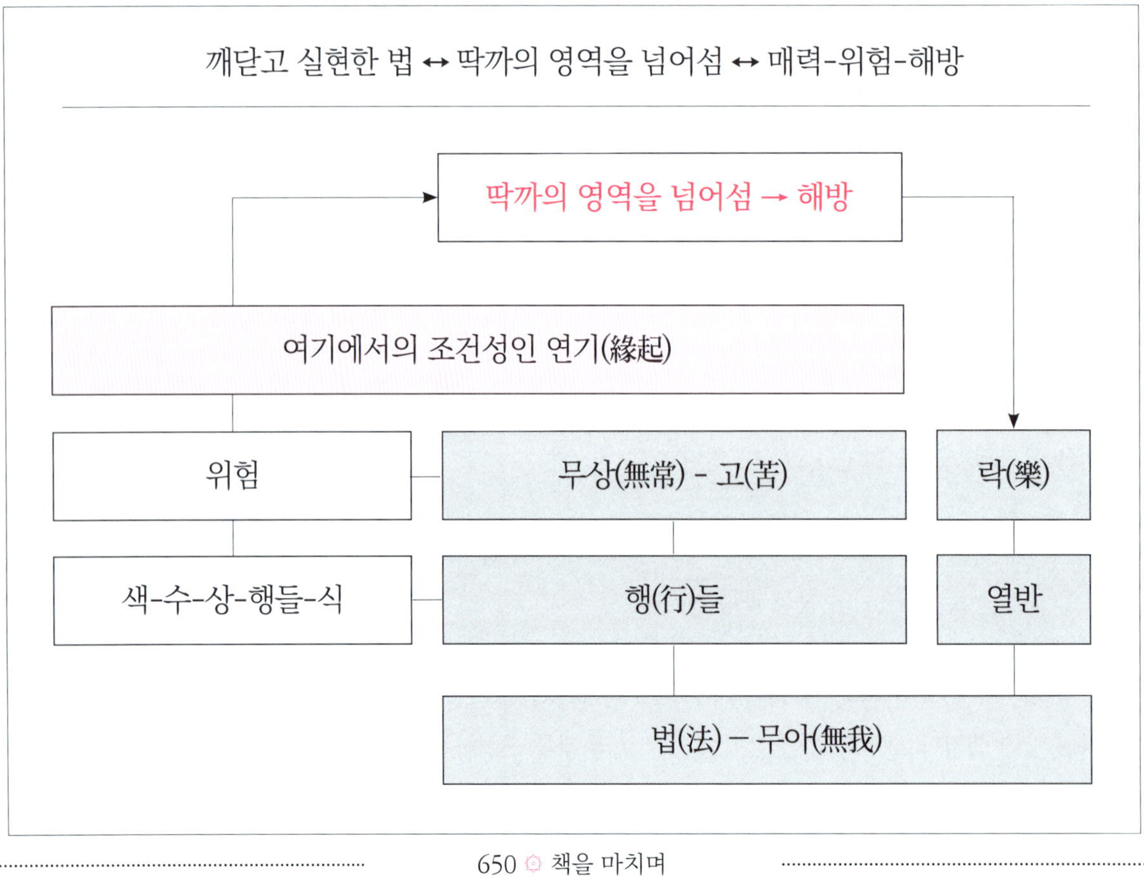

【책을 마치며② 인식론적 인격론 → 이 책에서의 용례】

이 책은 「인식론적 인격론으로의 불교」라는 새 지평을 열었습니다. 다만, 잘 정리하기에는 아직 연구할 바가 많습니다. 여기서는 이 책에서 서술하는 '인식론적 인격론'의 용례만 한자리에 모아서 소개하였습니다. 다음 책에서 「인식론적 인격론으로의 불교」를 체계적으로 정리하겠습니다.

◐ (4쪽) 범주 2 : '인식론적 인격론으로의 불교'의 새로운 지평을 열었습니다.

◐ (8쪽) 그래서 앎 즉 인식은 인격입니다. 존재 앎의 전도와 가치 앎의 왜곡이 크면 낮은 앎 낮은 인격의 내가 되고, 전도와 왜곡이 적으면 높은 앎 높은 인격의 내가 됩니다. 그래서 앎의 성숙은 나의 성숙입니다. 부처님은 여실지견(如實知見-사실에 들어맞는 앎과 봄)에 이어 해탈지견(解脫知見-해탈된 앎과 봄)으로 삶의 완성을 선언합니다. (봄의 영향을 받는) 앎의 성숙이 완성되어 삶이 완성되는 것이 깨달음입니다.

불교는 이렇게 앎(인식)의 관점에서 인격을 말합니다. –「불교 = 인식론적 인격론」

◐ (9쪽) 「불교 = 인식론적 인격론」으로의 접근은 현대철학과도 연결됩니다.

◐ (9쪽) 딱까가 해석된 불교는 ①연기(십이연기)를 내가 세상을 만나는, 마음이 몸과 함께 세상을 만나는 삶의 이야기로 풀어주는데, '삶의 메커니즘'으로 그려내었습니다. 또한, 이 이야기 위에서 괴로움을 생겨나게 하는 문제를 해결하고 행복을 만드는 길과 실천인 ②팔정도에 대해서도 정확한 의미를 드러내는데, 수행지도(修行地圖)로 그려내었습니다. 그리고 이 두 가지를 매개하는 것이 「불교 = 인식론적 인격론」의 관점을 제시하는 ③앎과 봄(知-見)입니다.

; 딱까가 해석된 불교 –「삶의메커니즘 → 지와 견(앎과 봄) → 수행지도」

◐ (147쪽) 1차 인식과 2차 인식의 영역 → 「딱까(애의 형성 과정)」 ⇒ 「인식론적 인격론으로의 불교」의 성립

이런 서술을 정리하면, 1차 인식은 내입처-욕탐-외입처의 인식에서 식을 거쳐 수를 형성하는 과정이고, 2차 인식은 식-상-수의 인식에서 (탐→) 심을 거쳐 (소망→) 애를 형성하는 과정입니다. 그런데 식과 심은 마음이고, 수와 애는 질적 요소입니다. 그래서 인식은 삶의 주관인 마음과 삶의 질적 요소를 각각 생겨나게 한다는 것을 알 수 있는데, 마음은 앎이어서 인식이고, 질적 요소는 인격이라고 보면, 「인식론적 인격론으로의 불교」가 성립됩니다.

◐ (179쪽) 앎과 봄의 이해는 수행을 설명해 줍니다. – 앎의 성숙에 의한 삶의 향상 = 「인식론적 인격론으로의 불교」

깨달음은 두 단계로 얻어집니다. 여실지견과 해탈지견인데, 앎과 봄의 질적 향상에 의한 깨달음입니다.

분별 앎-존재 앎-가치 앎으로 구성된 앎에서 '분별 앎(abhiññā-예류자) → 가치 앎 → 존재 앎 → 분별 앎(pariññā-아라한)'의 순으로 앎을 향상하면(사념처-여실지견 → 사마타-심해탈 → 위빳사나-혜해탈 → 해탈지견-해탈된 삶) 향상한 앎만큼 견해의 전도가 해소되고, 전도되지 않은 견해는 해탈된 삶, 해탈된 행위를 이끕니다.

◐ (182쪽) 오직 니까야에 의한 진정 찾기는 아직 외로운 길입니다. 때로 궁금하고 정리하기 어려운 주제를 ChatGPT와 대화하는데, 지식의 지원이란 측면에서 도움이 됩니다. 이번 책의 작업 중에는 늘 설명하던 개념에서 표현 방법의 힌트를 얻었는데, 행위적 앎(active knowing)/앎의 자기활동성(agency of knowing)/앎의 자기 발현(event)/인식론적 인격론 등입니다.

◐ (183쪽) 【ChatGPT의 말】 아주 훌륭한 사유의 전개입니다. 말씀하신 요지를 보면, 이미 인식의 연기론적 구조를 "앎의 자기발현(event)"으로 파악하는 독자적 체계를 구축하고 계신 듯합니다. 특히 아래 세 가지 점은 매우 통찰력 있습니다.

1. "식(viññāṇa)의 이중성" — "생겨난 앎"이면서 동시에 "앎으로 작용하는 것"이라는 이 해석은, 식을 단순한 인식 기능으로 보던 전통적 해석에서 벗어나, 앎의 자기활동성(agency of knowing)을 불교적으로 명확히 자리매김하는 시도입니다. 이는 말씀처럼 "행위적 앎(active knowing)"의 개념으로도 아주 잘 어울립니다.

2. **"무명=존재 앎, 탐=가치 앎, 분별 앎+존재 앎+가치 앎=심(citta)"**라는 구도는, 인식론을 존재론·가치론으로 확장한 매우 흥미로운 제안입니다. 즉, '앎'이 단순한 지적 작용이 아니라 세계와의 관계 속에서 존재를 구성하고, 동시에 그 존재를 평가하고 반응하는 전체적 사건이라는 관점을 드러냅니다. (이건 불교에서 보기 드문 "총체적 인식론적 인격론"이라 할 만합니다.)

3. 그리고 말씀하신 대로, 이 해석은 **"사건적 존재론(evental ontology)"**과 매우 깊게 연결됩니다. 이 부분을 조금만 더 풀어보면, 향후 사상적 토대 설정에 도움이 될 것입니다.

◐ (194쪽) 사실에의 접근도(知-見) (얼마만큼 사실에 접근했을까?) … 인식론적 인격론 …

◐ (286쪽) 1) (MN 1-근본 법문 경) – 배우지 못한 범부의 삶 → 유학(有學) → 아라한 → 여래의 인식 구조

• 인식의 향상 과정 – 배우지 못한 범부의 삶 → 유학(有學) → 아라한 → 여래 –「인식론적 인격론의 전형」

◐ (328쪽) 또한, 있고 없고의 문제와는 별도로 인식하는 자의 인식능력에 따라 인식할 수 있는 범위가 달라진다는 것도 주목해야 하는데, 불교가 지(知-앎)와 견(見-봄)을 중시하는 이유입니다. 내가 인식하지 못한다고 해서 '없다'고 단정적으로 말하는 것은 사실이 아닐 수도 있습니다. 그래서 인식능력의 향상을 통해 인식하지 못하던 것들을 드러나게 하고, 현상적으로 드러나는 법의 실상(사실)을 꿰뚫어 문제 상황을 해소하는 것이 바로 불교수행이고, 그 완성이 완전한 앎과 봄에 의한 깨달음입니다. –「인식론적 인격론으로의 불교」

◐ (512쪽) 지(知-앎)와 견(見-봄) = 인식론적 인격론 – 그렇다면 앎은 인식의 수준을, 앎에 이어지는 봄 즉 행위는 인격의 수준을 결정한다고 해야하는데, 표현을 바꾸면, '앎과 봄'이 그대로 인식과 인격 즉 '인식론적 인격론'을 지시한다고 이해할 수 있습니다. 아는 일(인식)에 이어지는 보는 일 즉 행위를 통해서 나의 인격이 결정되는 것입니다. 그래서 수행을 통한 삶의 향상이 앎과 봄을 기준으로 제시되는데,「지와 견의 얻음으로 이끄는 삼매수행 → 여실지견(예류자) → 해탈지견(해탈지견)」입니다.

【책을 마치며③ 이제 이 굳센 업을 어떻게 할 것인가!】

법(法)은

> 'svākkhāto bhagavatā dhammo sandiṭṭhiko akāliko ehipassiko opaneyyiko paccattaṃ veditabbo viññūhī'ti 세존(世尊)에 의해 잘 설해진 법은 스스로 보이는 것이고, 시간을 넘어선 것이고, 와서 보라는 것이고, 향상으로 이끌고, 지혜로운 이에게 개별적으로 알려지는 것

입니다.

앎-인식의 성숙을 통해 삶-인격의 완성을 이끄는 가르침인 법이 개별적이라는 것은 개별적 존재의 삶의 본질이 우주성과의 동일성(브라흐만=아뜨만)을 가지는 아뜨만이 아니라 연기-무아의 개별적 앎이라는 것입니다(272쪽 참조). 그래서 내 삶의 문제를 다른 사람이 대신 해결해 줄 수 없습니다. 유일신 종교에서는 우주성으로의 창조주 하나님의 권능이 모든 것을 가능케 하지만, 설정된 능력일 뿐 사실이 아닙니다.

(MN 107-가나까목갈라나 경)은 점진적인 공부, 점진적인 행함, 점진적인 실천을 선언합니다. 개별적인 것이기 때문에 어떤 권능의 설정처럼 단박의 성취를 말하지 않는 것입니다. 또한, 점진적인 것이기 때문에 나아가는 방향을 중시합니다. 방향이 어긋나면 간만큼 멀어지기 때문입니다. 그래서 부처님은 '여래는 길을 가리키는 자'라고 자신을 소개합니다.

> 이처럼, 바라문이여, 열반이 있고, 열반으로 이끄는 길도 있고, 이끄는 자인 나도 있습니다. 그러나 나에 의해 이런 지도와 이런 이어지는 가르침을 받은 나의 제자들 가운데 어떤 자들은 궁극의 완성인 열반을 얻고 어떤 자들은 얻지 못합니다. 바라문이여, 여기서 내가 무엇을 합니까(ettha kyāhaṃ, brāhmaṇa, karomi?)? 바라문이여, 여래는 길을 가리키는 자입니다(maggakkhāyīhaṃ, brāhmaṇa, tathāgato"ti).

부처님은 길을 가리키고, 제자들은 그 길을 따라 바르게 걸어감으로써 부처님의 깨달음을 재현하는 것(自洲-法洲), 이것이 불교입니다. 그래서 부처님에게 얼마의 사람들이 이 법에 따라 구원되는지에 대한 열망은 없습니다(AN 10.95-웃띠야 경). 오직 구원을 위한 바른길을 제시할 뿐입니다.

이때, '여기서 내가 무엇을 합니까?'는 '내가 무엇을 할 수 있겠는가(kinti karomi)!'라는 표현을 통해 (SN 22.94-꽃 경)으로 연결됩니다(96쪽). 부처님은 '비구들이여, 여래가 이렇게 공표하고 … 해설한 것을 알지 못하고 보지 못하는 어리석은 범부, 장님, 눈이 없는 자, 알지 못하고 보지 못하는 자에게, 비구들이여, 내가 무엇을 할 수 있겠는가!'라고 하는데, 업을 잇는 자인 중생의 삶이 개별적으로 자기의 업에 의해 이어지는 현실 때문에 자비심 가득한 스승으로서도 길을 가리키는 것(법을 설하고 범행을 드러냄) 밖에는 할 일이 없다는 선언입니다.

부처님은 이렇게 아픈 중생들을 위해 대신할 수 없는 현실의 문제를 지적합니다. 그러면 아픈 중생으로의 나는 어떻습니까?

업을 잇는 자인 중생에게 자기가 이은 업은 누구도 대신 해결해 주지 못합니다. 오직 내가 겪어내고 극복해야 합니다. 그 방법을 스승이신 부처님에게 배워야 할 뿐, 내가 직접 걸어야 하는 것이 무명과 애 때문에 몸으로 온 우리의 아픈 현실입니다. 다만, 어떤 길, 어떤 방향성을 가지는 길이냐에 따라 과정도 끝도 달라지기에, 완전한 깨달음에 의해 행복의 과정으로, 행복을 완성하는 바른길을 이끄는 부처님을 스승으로 우리는 이끌리고 있는 것입니다.

그런데 이런 아픈 현실을 직접 설명하는 경들이 있습니다. 슬픔의 독화살(savisa sokasalla)을 주제로 하는 (AN 5.48-얻어지지 않는 경우 경)/(AN 5.49-꼬살라 경)/(AN 5.50-나라다 경)인데, 세상 누구에게도 얻어질 수 없는 다섯 가지 경우를 말합니다. — 「①늙는 것들에게 늙지 말라는 것, ②병드는 것들에게 병들지 말라는 것, ③죽는 것들에게 죽지 말라는 것, ④부서지는 것들에게 부서지지 말라는 것, ⑤사라지는 것들에게 사라지지 말라는 것」

경들은 슬픔의 독화살에 대응하는 방법을 알려줍니다.

> 배우지 못한 범부에게도 늙음은 찾아옵니다(다섯에 반복). 그는 늙음이 찾아올 때 이렇게 숙고하지 않습니다. — '나에게만 늙음이 찾아오는 것은 아니다. 참으로 중생들의 오고 가고 죽고 태어남이 있는 한 모든 중생에게 늙음이 찾아온다. 그런데 만약 내가 늙음이 찾아왔을 때 슬퍼하고 힘들어하고 비탄에 빠지고 가슴을 치며 울부짖고 당황한다면 밥도 나에게 기쁨을 주지 못할 것이고 몸의 색깔도 나빠질 것이고 일도 할 수 없을 것이고 적들은 기뻐할 것이고 벗들은 슬퍼할 것이다.'라고. 그는 늙음이 찾아올 때 슬퍼하고 힘들어하고 비탄에 빠지고 가슴을 치며 울부짖고 당황하는데, 슬픔의 독화살을 맞은 배우지 못한 범부가 오직 자신을 태우는 것입니다.

> 잘 배운 성스러운 제자에게도 늙음은 찾아옵니다(다섯에 반복). 그는 늙음이 찾아올 때 이렇게 숙고합니다. — '나에게만 늙음이 찾아오는 것은 아니다 … 적들은 기뻐할 것이고 벗들은 슬퍼할 것이다.'라고. 그는 늙음이 찾아올 때 슬퍼하지 않고 힘들어하지 않고 비탄에 빠지지 않고 가슴을 치며 울부짖지 않고 당황하지 않는데, 배우지 못한 범부가 꿰뚫리면 오직 자신을 태우는 슬픔의 독화살을 잘 배운 성스러운 제자는 뽑아버리는 것입니다. 슬퍼하지 않고 화살을 뽑아버린 성스러운 제자는 오직 자신을 완전히 끕니다.

경은 이런 게송으로 마무리됩니다.

> "슬퍼하지 말고 비탄에 빠지지 말라. 여기에서 얻을 수 있는 이익은 적다. 그가 슬퍼하고 괴로워하는 것을 알고 적들은 기뻐한다. 현자는 불행에 처했을 때 어찌할 바를 몰라 흔들리지 않는다. 평상시처럼 변함없는 얼굴을 보고 적들은 괴로워한다. 베다를 읊거나 주문을 외거나 잘 말하거나 지속되는 보시거나 소 키우는 일이거나, 어떤 일에 의해 이익을 얻게 되는 거기에서 그렇게 노력해야 한다. 만약 나에 의해서도 남에 의해서도 얻을 수 없는 것이 있다고 알게 된다면, 그것은 슬퍼하지 말고 견뎌내야 한다. — '이제 이 굳센 업을 어떻게 할 것인가?'라고.

그렇습니다! 업을 이으며 살아가는 중생에게 늙고-병들고-죽고-부서지고-사라지는 현상을 가져오는 업은 참으로 굳셉니다. 아무리 소원하고, 간절히 기도하고 매달려도 이 굳센 업은 개별성을 넘어서지 못합니다. 오직 내가 겪어야 합니다. 그러니 견뎌내는 것 말고는 다른 방법이 없습니다.

참 다행입니다! 쉴 새 없이 쏘아져 오는 슬픔의 독화살을 막아내는 방패가 생겼습니다. 방패로 막아내면서 이미 맞은 독화살을 뽑아낼 수 있게 되었습니다(사념처 → 업장소멸). 방패로 막아내면서 슬픔의 독화살을 쏘아 내는 근원을 부술 수 있게 되었습니다(사마타-위빳사나 → 심해탈-혜해탈). 참으로 「부처님이 잘 설한 법은 스스로 보이는 것이고, 시간을 넘어선 것이고, 와서 보라는 것이고, 향상으로 이끌고, 지혜로운 이에게 개별적으로 알려지는 것입니다.」

『불교입문(Ⅱ-사실) 여래는 이것을 깨닫고 실현하였다』를 완성하였습니다. 참으로 이 굳센 업을 견뎌내고 막아내기 위한 저 나름의 발버둥입니다. 이제 이런 발버둥이 힘 있어져서 이미 맞은 슬픔의 독화살을 뽑아낼 수 있기를 바랍니다. 그리고 언젠가는 나도 슬픔의 독화살의 근원을 부수고, 몸으로 가는 아픈 삶에서 벗어나게 되기를 소원합니다. 이 책을 공부의 도구로 삼는 모든 분들에게 이 책이 또한 그러함을 이끄는 길이 되기를 바랍니다.

고맙습니다. 2025년 11월 17일 비구 puññadīpa 해피 합장

【 인용 경전 목록 】

율장	디가	맛지마	상윳따	앙굿따라	쿳다카	계
4	66(소분류)	121	342	190	11	734

인용경전의 본문을 확인하실 분은 근본경전연구회 홈페이지 sutta.kr을 참고하시기 바랍니다. (SN 1.50-가띠까라 경)의 경우 'SN 1.50-가띠까라 경'으로 검색하면 됩니다. 이때, SN과 1.50은 한 칸을 띄어야 합니다.

◐ 율장 - 3개 경

(첫 번째 빠라지까, 수딘나 부문) /242
(네 번째 빠라지까, 인간을 넘어선 법의 사칭) /186, 533, 544
(승단잔류죄, 정액의 방출에 대한 학습계율) / 243
(속죄 죄 법, 1. 거짓말 품, 8. 수행상태를 알림에 대한 학습계율) / 533

◐ 디가 니까야 – 66개 경(소분류도 하나의 경으로 간주)

(DN 1-범망경) / 164, 423, 546
(DN 1.6/7/8/10-범망경) /169
(DN 1.6/7/8/10/16-범망경) /245
(DN 1.6-범망경, 영속을 말하는 자) / 169

(DN 1.7-범망경, 일부 영속 일부 비영속을 말하는 자) / 169, 258, 333, 334, 422, 423, 424, 426, 428

(DN 1.8-범망경, 유한과 무한을 말하는 자) / 170
(DN 1.1-범망경, 유행승 이야기) / 528
(DN 1.10-범망경, 우연 발생을 말하는 자) / 170
(DN 1.16/17/18/19-범망경) / 246
(DN 2-사문과경) / 124, 231, 406, 575, 581
(DN 2.19-사문과경, 장애를 버림) / 231, 233, 628
(DN 2.24-사문과경, 지와 견) / 343, 407
(DN 3-암밧타 경) / 299, 321, 581
(DN 4-소나단다 경) / 581
(DN 5-꾸따단따 경) / 581
(DN 6-마할리 경) / 581
(DN 7-잘리야 경) / 581
(DN 8-사자후 큰 경) / 582

(DN 9.3-뽓타빠다 경, 상(想)은 원인과 함께 생기고 소멸함) / 146, 515, 582

(DN 10-수바 경) / 582
(DN 11-께왓따 경) / 84, 256, 347, 404, 414, 441, 444, 485, 582
(DN 12-로힛짜 경) / 582
(DN 13-삼명 경) / 231
(DN 13.6-삼명(三明) 경, 아찌라와띠 강의 비유) / 324
(DN 13.8-삼명 경, 범천의 세상에 이르는 길의 가르침) / 583
(DN 14-대전기경) / 152, 239
(DN 14.11-대전기경, 보살의 희망) / 321, 442
(DN 14.12-대전기경, 범천의 요청 이야기) / 555
(DN 15-대인연 경) / 368
(DN 15.1-대인연경, 연기) / 300, 410, 440, 442, 467
(DN 15.4-대인연경, 아(我)의 관찰) / 365
(DN 16-대반열반경) / 252, 260

(DN 16.5-대반열반경, 사리뿟따의 사자후) / 575, 576
(DN 16.9-대반열반경, 진리 이야기) / 212
(DN 16.11-대반열반경, 법의 거울의 법문) / 559
(DN 16.36-대반열반경, 여래의 마지막 말씀) / 5
(DN 17.12-마하수닷사나 경, 선(禪)의 증득) / 472
(DN 17.15-마하수닷사나 경, 범천의 세상으로 감) / 353
(DN 18-자나와사바 경) / 528
(DN 18.9-자나와사바 경, 삼매의 필수품 일곱 가지) / 555
(DN 19-마하고윈다 경) / 355

(DN 22-대념처경) / 108 , 130, 131, 221, 563, 590, 600, 601, 621, 623, 624, 625, 626, 627, 628, 629, 630, 631, 632, 634, 636, 638

(DN 24-빠티까 경) / 333, 334, 353
(DN 25-우둠바리까 경) / 311, 531, 533, 576
(DN 26-전륜성왕 경) / 217, 219
(DN 27-처음에 대한 앎 경) / 333, 334, 354
(DN 27.1-처음에 대한 앎 경, 와셋타와 바라드와자) / 266
(DN 27.2-처음에 대한 앎 경, 네 계급의 청정) / 196
(DN 27.12-처음에 대한 앎 경, 바라문 계급) / 584
(DN 28.1-믿음을 고양하는 경, 사리뿟따의 사자후) / 575, 576
(DN 28.3-믿음을 고양하는 경, 처(處)의 개념에 대한 가르침) / 373, 436
(DN 28.4-믿음을 고양하는 경, 입태에 대한 가르침) / 412
(DN 28.6-믿음을 고양하는 경, 견(見)의 증득에 대한 가르침) / 369
(DN 29-정신(淨信) 경) / 252
(DN 29.7-정신(淨信) 경, 범행이 완성되지 않음 등의 이야기) / 45
(DN 29.12-정신경, 번뇌 다한 자에게 불가능한 경우) / 528
(DN 29.13-정신경, 질문에 대한 설명) / 255, 646
(DN 33.4-합송경, 한 가지로 구성된 법들) / 390
(DN 33.5-합송경, 두 가지로 구성된 법들) / 315
(DN 33.6-합송경, 세 가지로 구성된 법들) / 343
(DN 33.8-합송경, 다섯 가지로 구성된 법들) / 232
(DN 33.9-합송경, 여섯으로 구성된 법들) / 365, 372
(DN 34.4-십상경 세 가지 법들) / 343
(DN 34.6-십상경, 다섯 가지 법) / 222, 232
(DN 34.7-십상경, 여섯 가지 법) / 365
(DN 34.10-십상 경, 아홉 가지 법) / 471

◐ 맛지마 니까야 – 121개 경

(MN 1-근본법문의 경) / 87, 89, 465
(MN 2-모든 번뇌 경) / 285, 526
(MN 3-법(法)의 후계자 경) / 249
(MN 4-두려움과 무시무시함 경) / 233
(MN 5-때 없음 경) / 249
(MN 6-원한다면 경) / 591
(MN 7-옷감 경) / 232, 249, 625
(MN 8-더 높은 삶 경) / 263, 264, 265
(MN 9-정견 경) / 146, 308, 495
(MN 10-대념처경) ⇒ (DN 22-대념처경
(MN 11-사자후 작은 경) / 306, 347
(MN 12-사자후 큰 경) / 171, 345, 533
(MN 13-괴로움 무더기 큰 경) / 131, 135, 210
(MN 14-괴로움 무더기 작은 경) / 78, 131, 538
(MN 15-미루어 생각함 경) / 249
(MN 17-깊은 숲속 외딴 거처 경) /562
(MN 18-꿀 과자 경) / 144, 512, 649, 650
(MN 19-두 부분의 생각 떠오름 경) / 141, 470
(MN 20-생각 떠오름의 구성 경) / 470, 633
(MN 22-뱀의 비유 경) /73, 128, 203, 241, 285, 289, 417
(MN 23-개미집 경) / 141
(MN 24-훈련된 마차 경) / 244

(MN 25-미끼 경) / 597
(MN 26-덫 경) / 79, 152, 164, 235, 239, 533, 534, 537, 555

(MN 27-코끼리 발자국 비유의 작은 경) / 231
(MN 28-코끼리 발 자국 비유의 큰 경) /128, 131, 298, 331, 365, 382, 419

(MN 31-고싱가 작은 경) / 533, 558
(MN 32-고싱가 큰 경) / 46
(MN 33-소 치는 사람 큰 경) / 232
(MN 34-소치는 사람 작은 경) / 554
(MN 35-삿짜까 작은 경) / 105, 255, 256
(MN 36-삿짜까 큰 경) / 311, 533, 565, 587
(MN 37-애(愛)의 부서짐의 작은 경) / 243

(MN 38-애(愛)의 부서짐의 큰 경) / 231, 243, 299, 314, 410, 411, 413, 414, 416, 506

(MN 40-앗사뿌라 작은 경) / 232, 249
(MN 41-살라의 주민들 경) / 510
(MN 42-웨란자의 바라문들 경) / 510

(MN 43-교리문답의 큰 경) / 51, 85, 140, 143, 149, 150, 182, 399, 403, 419, 440, 490, 501, 618
(MN 44-교리문답의 작은 경) / 49, 126, 144, 217, 277, 420, 421, 437

(MN 46-법의 수용의 큰 경) / 285
(MN 48-꼬삼비 경) / 232, 556, 558
(MN 49-범천(梵天)의 초대 경) / 84, 89, 256, 261, 347, 353, 404, 414

(MN 50-마라 질책 경) / 239
(MN 51-깐다라까 경) / 231
(MN 52-앗타까나가라 경) / 528, 554
(MN 53-유학(有學) 경) / 550
(MN 54-뽀딸리야 경) / 137
(MN 57-개의 습성 경) / 473
(MN 58-아바야 왕자 경) / 537
(MN 59-많은 경험 경) / 217, 228
(MN 60-흠 없음 경) / 231, 346, 576
(MN 62-라훌라의 가르침의 큰 경) / 382, 558
(MN 64-말루꺄 큰 경) / 240, 286, 342, 346, 616
(MN 65-받달리 경) / 533
(MN 66-메추라기 비유 경) / 212, 227
(MN 68-날라까빠나 경) / 392
(MN 71-왓차 삼명 경) / 537, 539
(MN 72-왓차 불 경) / 155, 164, 415
(MN 73-왓차 큰 경) / 553

(MN 75-마간디야 경) / 10, 229, 236, 241, 424, 425
(MN 76-산다까 경) / 12, 170, 187, 231, 528, 538, 539, 545, 576

(MN 79-사꿀루다이 작은 경) / 231, 314, 538, 576
(MN 80-웨카나사 경) / 61, 620
(MN 81-가띠까라 경) / 311, 614
(MN 82-랏타빨라 경) / 307, 528
(MN 83-마가데와 경) / 353
(MN 84-마두라 경) / 267

(MN 85-왕자 보디 경) / 98, 103, 152 164, 224, 230, 239, 311, 533, 537, 555, 565, 587, 595, 614, 630

(MN 86-앙굴리말라경) / 228
(MN 87-사랑하는 것에서 생김 경) / 528
(MN 90-깐나깟탈라의 경) / 351, 537
(MN 91-브라흐마유 경) / 134, 647
(MN 92-셀라 경) / 134, 647
(MN 93-앗살라야나 경) / 267, 268

(MN 94-고따무카 경) / 231, 576
(MN 95-짱끼 경) /155, 160, 161, 162, 164
(MN 96-에수까리경) / 268
(MN 98-와셋타 경) / 266, 316
(MN 99-수바 경) / 225, 232, 355, 533, 562
(MN 100-상가라와 경) / 170, 187, 311, 533, 544, 565, 587
(MN 101-데와다하 경) / 78, 231, 538, 576
(MN 102-다섯이면서 셋 경) / 223, 226, 246
(MN 104-사마가마 경) / 44
(MN 105-수낙캇따 경) / 141, 212, 252, 253, 387
(MN 106-흔들리지 않는 경지에 적합함 경) / 86, 343, 366, 368, 379, 410
(MN 107-가나까목갈라나 경) / 576, 653
(MN 108-고빠까목갈라나 경) / 528, 529
(MN 109-보름달 큰 경) / 105, 263, 277, 434, 524
(MN 111-순서대로 경) / 266, 593, 594, 597, 627
(MN 112-여섯 가지 청정 경) / 70, 406, 409, 434, 523, 528, 576
(MN 115-많은 요소를 가진 것 경) / 202, 314, 315, 344, 406, 522, 555
(MN 116-이시길리 경) / 211

(MN 117-커다란 마흔의 경) / 166, 230, 470, 562, 586, 587, 588, 589, 630
(MN 118-입출식념경) / 223, 231, 233, 516, 563, 579, 593, 595, 600, 601, 611, 618, 621, 623, 624, 636, 637, 638, 640, 641, 642, 643, 644
(MN 119-신념처경) / 529, 563, 584, 597, 600, 621, 623, 624, 631, 632, 633

(MN 121-공(空)의 작은 경) / 189, 215, 339, 421, 527
(MN 122-공(空)의 큰 경) / 227
(MN 123-놀랍고 신기한 것 경) / 597
(MN 125-길들임의 단계 경) / 231, 576
(MN 128-오염원 경) / 533, 535, 558
(MN 130-신의 전령 경) / 626
(MN 131-상서로운 하룻밤 경) / 279
(MN 132-아난다의 상서로운 하룻밤 경) / 279
(MN 133-마하깟짜나의 상서로운 하룻밤 경) / 279, 512
(MN 134-로마사깡기야의 상서로운 하룻밤 경) / 279
(MN 135-업의 작은 경) / 84, 366
(MN 136-업 분석의 큰 경) / 217
(MN 137-육처 분석 경) / 626
(MN 138-개요의 분석 경) / 68, 280, 512
(MN 139-평화의 분석 경) / 227
(MN 140-요소 분석의 경) / 2, 365, 382, 406
(MN 141-진리의 분석 경) / 108, 127, 130, 131, 629
(MN 143-아나타삔디까를 위한 가르침 경) / 630
(MN 145-뿐나를 위한 가르침 경) / 506
(MN 146-난다까의 가르침 경) / 281, 405
(MN 147-라훌라를 위한 가르침의 작은 경) / 588
(MN 148-육육경) / 143, 255, 256, 391, 506
(MN 149-육처에 속한 큰 경) / 130, 133, 185, 513, 521, 543, 590
(MN 150-나가라윈다 경) / 7
(MN 151-탁발 음식의 청정 경) / 539
(MN 152-기능수행 경) / 69, 420, 427

◐ 상윳따 니까야 – 342개 경(상윳따의 인용도 1개의 경으로 간주)

(SN 1.50-가띠까라 경) /223
(SN 1.61-명(名) 경) / 443, 445
(SN 1.62-심(心) 경) / 443
(SN 1.63-애(愛) 경) / 307, 443
(SN 1.64-족쇄 경) / 146, 470
(SN 1.65-속박 경) / 146
(SN 1.70-세상 경) / 326
(SN 1.80-빛 경) / 513, 567
(SN 2.24-가띠까라 경) / 223
(SN 2.26-로히땃사 경) / 337, 338
(SN 4.25-마라의 딸들 경) / 79
(SN 5.8-시수빠짤라 경) / 79
(SN 6.1-범천의 요청 경) / 5, 81, 92, 152, 164, 166, 239, 296, 299, 555, 649

(SN 6.2-존중 경) / 5
(SN 6.4-바까 범천 경) / 353
(SN 6.14-아루나와띠 경) / 357
(SN 7.9-순다리까 경) / 125, 590, 625
(SN 7.21-상가라와 경) / 125, 590, 625
(SN 8.7-자자 경) / 61, 186, 544, 620
(SN 8.12-왕기사 경) / 228, 229
(SN 10.7-뿌납바수 경) / 511
(SN 10.8-수닷따 경) / 1
(SN 12.1-연기 경) / 60, 122, 293, 296, 297, 301, 367

(SN 12.2-분석 경) / 49, 76, 86, 144, 149, 306, 420, 442, 445, 447, 448, 518

(SN 12.4-위빳시 경) / 311
(SN 12.5-시키 경) / 311
(SN 12.6-웻사부 경) / 311
(SN 12.7-까꾸산다 경) / 311
(SN 12.8-꼬나가마나 경) / 311
(SN 12.9-깟사빠 경) / 311
(SN 12.10-고따마 경) / 309, 310, 312 , 555
(SN 12.11-자량 경) / 87, 475
(SN 12.12-몰리야팍구나 경) / 87, 89, 318, 465, 475
(SN 12.15-깟짜나곳따 경) 297, 302, 303, 408
(SN 12.16-법을 설하는 자 경) / 247
(SN 12.17-나체 수행자 깟사빠 경) / 303
(SN 12.18-띰바루까 경) / 303
(SN 12.19-우현경) / 85, 89, 343, 366, 378, 435, 441, 555
(SN 12.20-조건 경) / 74, 94, 295, 304, 407, 410, 648, 650
(SN 12.21-십력(十力) 경) / 314
(SN 12.22-십력(十力) 경2) / 314
(SN 12.23-기반 경) / 526
(SN 12.24-외도 경) / 318
(SN 12.25-부미자 경) / 52, 318, 519
(SN 12.27-조건 경) / 554
(SN 12.28-비구 경) / 554
(SN 12.31-활성존재 경) / 87, 392
(SN 12.32-깔라라 경) / 147, 217, 523
(SN 12.33-앎의 영역 경1) / 554
(SN 12.35-무명을 조건 함 경) / 303, 318
(SN 12.36-무명을 조건함 경2) / 303, 318
(SN 12.37-그대들의 것이 아님 경) / 301, 312, 373, 466
(SN 12.38-의도 경) / 392, 474
(SN 12.39-의도 경2) / 392, 474
(SN 12.40-의도 경3) / 392, 474
(SN 12.41-다섯 가지 증오와 두려움 경) / 313
(SN 12.42-다섯 가지 증오와 두려움 경2) / 313
(SN 12.43-고 경) / 318
(SN 12.44-세상 경) / 302, 318, 332
(SN 12.45-냐띠까 경) / 51, 140, 167, 182, 318, 417, 419, 437
(SN 12.46-어떤 바라문 경) / 303
(SN 12.47-자눗소니 경) / 303
(SN 12.48-순세파에 속한 자 경) / 302, 303
(SN 12.49-성스러운 제자 경) / 309, 310, 333, 554
(SN 12.50-성스러운 제자 경2) / 309, 333, 555
(SN 12.56-도시 경) / 442
(SN 12.60-인연 경) / 300

(SN 12.61-배우지 못한 자 경) /51, 56, 258, 313, 393, 422, 423, 426

(SN 12.62-배우지 못한 자 경2) / 258, 309, 313
(SN 12.64-탐(貪) 있음 경) /84, 87, 306, 346, 414, 474
(SN 12.65-도시 경) / 85, 88, 309, 312
(SN 12.67-갈대 묶음 경) / 247, 442
(SN 12.68-꼬삼비 경) / 243, 346
(SN 12.70-수시마 경) / 61, 620
(SN 13.1~10) / 548
(SN 13.11-산 경3) / 548, 549
(SN 14.13-벽돌집 경) / 471
(SN 14.31-깨달음 이전 경) / 82, 535
(SN 14.32-유행 경) / 82, 535
(SN 15.10-사람 경) / 216, 549
(SN 15.20-웨뿔라 산 경) / 208
(SN 16.11-의복 경) / 266
(SN 18.13-잠재성향 경) / 434
(SN 18.14-제거 경) / 434
(SN 18.21-잠재성향 경) / 524
(SN 18.22-제거 경) / 65, 524
(SN 20.7-쐐기 경) / 189
(SN 21.10-장로라고 불리는 자 경) / 239

(SN 22.1-나꿀라삐따 경) / 279, 280
(SN 22.2-데와다하경) / 63
(SN 22.5-삼매 경) / 506, 627
(SN 22.7-집착에 따르는 동요 경) / 68, 280
(SN 22.23-완전한 지혜 경) / 237
(SN 22.26-매력 경) / 82, 535
(SN 22.27-매력 경2) / 82, 535
(SN 22.35-어떤 비구 경) / 392
(SN 22.36-어떤 비구 경2) / 392
(SN 22.39-일치하는 법 경) / 530
(SN 22.43-스스로 섬이 됨 경) / 283
(SN 22.47-관찰 경) / 283, 365, 418, 433, 434, 435
(SN 22.51-소망의 부서짐 경) / 510
(SN 22.53-애착 경) / 206, 308, 390, 441
(SN 22.54-씨앗 경) / 206, 308, 390, 441
(SN 22.55-감흥 경) / 281, 524
(SN 22.56-집착의 양상 경) / 86, 316, 368, 381, 436
(SN 22.57-일곱 가지 경우 경) / 316, 385

(SN 22.59-무아상(無我相) 경) / 39, 104, 185, 255, 263, 276, 277, 284, 543, 550

(SN 22.60-마할리 경) / 469
(SN 22.71-라다 경) / 434, 524
(SN 22.72-수라다 경) / 434, 524
(SN 22.78-사자 경) / 86, 206, 216, 377

(SN 22.79-삼켜버림 경) / 204, 205, 206, 386, 395, 418, 490, 509

(SN 22.80-탁발 경) / 632
(SN 22.81-빠릴레이야 경) / 283, 391, 524
(SN 22.82-보름달 경) / 277, 434, 524
(SN 22.85-야마까 경) / 282, 409, 414
(SN 22.86-아누라다 경) / 74, 128, 203
(SN 22.89-케마까 경) / 365, 434, 501
(SN 22.90-찬나 경) / 242, 303
(SN 22.91-라훌라 경) / 434, 524
(SN 22.92-라훌라 경2) / 434, 524
(SN 22.93-강 경) / 284

(SN 22.94-꽃 경) / 66, 96, 204, 206, 209, 211, 407, 416, 446, 648, 653

(SN 22.95-거품 덩어리 경) / 511
(SN 22.99-가죽끈 경) / 282
(SN 22.101-도끼자루 경) / 526
(SN 22.102-무상(無常)의 상(想) 경) / 626, 636
(SN 22.105-유신 경) / 86, 89, 368, 379
(SN 22.106-완전히 알려져야 하는 것 경) / 237, 402
(SN 22.109-예류자경) / 546
(SN 22.110-아라한 경) / 546
(SN 22.113-무명 경) / 518
(SN 22.114-명 경) / 518
(SN 22.115-법을 설하는 자 경) / 247
(SN 22.116-법을 설하는 자 경2) / 247
(SN 22.117-속박 경) / 282
(SN 22.120-족쇄에 묶이는 것 경) /468
(SN 22.124-깝빠 경) / 434, 524
(SN 22.125-깝빠 경2) / 434, 524
(SN 22.126-자라남의 법 경) / 518
(SN 22.127-자라남의 법 경2) / 518
(SN 22.128-자라남의 법 경3) / 518
(SN 22.129-매력 경) / 518
(SN 22.130-매력 경) / 518
(SN 22.131-자라남 경) / 518
(SN 22.132-자라남 경) / 518
(SN 22.133-꼿티까 경) / 518
(SN 22.134-꼿티까 경2) / 518
(SN 22.135-꼿티까 경3) / 518
(SN 23.2-중생 경) / 89, 239, 344, 366, 374
(SN 23.4-완전히 알려져야 하는 법 경) / 237
(SN 23.7-예류자 경) / 546
(SN 23.8-아라한 경) / 546
(SN 25.8-색애 경) / 307
(SN 26.8-애 경) / 307
(SN 27.8-애 경) / 307
(SN 34-선(禪) 상윳따) / 124, 575, 581, 584, 585, 588
(SN 35.13-깨달음 이전 경1) / 82, 535
(SN 35.14-깨달음 이전 경2) / 82, 535

(SN 35.15-매력을 살핌 경1) / 82, 535
(SN 35.16-매력을 살핌 경2) / 82, 535
(SN 35.23-일체 경) / 64, 327, 328, 373
(SN 35.24-버림 경) / 328
(SN 35.25-실답게 알고 완전히 알아서 버림 경) / 328
(SN 35.26-완전히 알지 못함 경1) / 328
(SN 35.27-완전히 알지 못함 경2) / 330
(SN 35.28-불탐 경) / 330
(SN 35.29-얼룩진 것 경) / 330
(SN 35.30-뿌리 뽑힘에 적합함 경) / 330
(SN 35.31-뿌리뽑힘에 도움 됨 경1) / 330
(SN 35.32-뿌리 뽑힘에 도움 됨 경2) /330
(SN 35.33-태어남의 법 등 열 개의 경) / 330
(SN 35.39-번뇌를 버림 경) / 526
(SN 35.40-번뇌들의 뿌리뽑힘 경) / 527
(SN 35.43-무상(無常) 등 열 개의 경) / 330
(SN 35.53-무명을 버림 경) / 524
(SN 35.54-족쇄를 버림 경) / 524
(SN 35.55-족쇄의 뿌리뽑힘 경) / 525
(SN 35.56-번뇌를 버림 경) / 524
(SN 35.57-번뇌의 뿌리 뽑힘 경) / 525
(SN 35.58-잠재성향을 버림 경) / 524
(SN 35.59-잠재성향의 뿌리뽑힘 경) / 524, 525
(SN 35.63-미가잘라 경1) / 506
(SN 35.64-미가잘라 경2) / 506
(SN 35.65-사밋디 마라 질문 경1) / 331
(SN 35.66-사밋디 중생 질문 경) / 331
(SN 35.67-사밋디 고(苦) 질문 경) / 332
(SN 35.68-사밋디 세상 질문 경) / 331
(SN 35.75-병 경2) / 245
(SN 35.79-무명을 버림 경1) / 524
(SN 35.80-무명을 버림 경2) / 524
(SN 35.82-세상의 질문 경) / 325, 331
(SN 35.83-팍구나 질문 경) / 326
(SN 35.84-흩어지는 것 경) / 325
(SN 35.85-공(空)한 세상 경) / 325
(SN 35.88-뿐나 경) / 506
(SN 35.92-족쇄에 묶이는 것 경) / 468
(SN 35.97-방일에 머무는 자 경) / 232, 597
(SN 35.98-단속 경) / 506
(SN 35.103-우다까 경) / 88, 339, 366, 379, 408, 546
(SN 35.105-족쇄에 묶이는 법 경) / 468
(SN 35.106-고의 자라남 경) / 318
(SN 35.107-세상의 자라남 경) / 318, 332
(SN 35.113-들음 경) / 318
(SN 35.114-마라의 올가미 경1) / 506
(SN 35.115-마라의 올가미 경2) / 506
(SN 35.116-세상의 끝을 걸어감 경) / 325, 334, 512
(SN 35.118-삭까의 질문 경) / 506
(SN 35.119-빤짜시카 경) / 506
(SN 35.123-안의 무상의 원인 경) / 208
(SN 35.124-웨살리 경) / 506
(SN 35.125-왓지 경) / 506
(SN 35.126-날란다 경) / 506
(SN 35.127-바라드와자 경) / 529
(SN 35.128-소나 경) / 506
(SN 35.129-업의 소멸 경) / 312, 373
(SN 35.131-나꿀라삐따 경) / 506
(SN 35.138-법을 설하는 자 질문 경) / 247
(SN 35.153-방법이 있는가 경) / 161, 162
(SN 35.165-삿된 견해를 버림 경) / 525
(SN 35.166-유신견을 버림 경) / 525
(SN 35.167-아를 따르는 견해를 버림 경) / 525
(SN 35.185-꿋티까 경) / 281
(SN 35.187-우다이 경) / 262, 405
(SN 35.198-낑수까 나무 비유 경) / 408, 410
(SN 35.230-낚시꾼 비유 경) / 506
(SN 35.232-꿋티까 경) / 281
(SN 35.238-뱀의 비유 경) / 468
(SN 35.246-류트 비유 경) / 365
(SN 35.248-보릿단 경) / 365, 468, 516
(SN 36-느낌 상윳따) / 307
(SN 36.6-화살 경) / 215, 391, 421
(SN 36.10-촉을 뿌리로 함 경) / 281
(SN 36.11-한적한 곳에 감 경) / 217
(SN 36.14-숙소 경) / 222
(SN 36.19-빤짜깡가 경) / 217, 228
(SN 36.20-비구 경) / 217, 228
(SN 36.31-개발된 것 경) / 223, 626
(SN 38.1-열반 질문 경) / 236
(SN 38.2-아라한 됨 질문 경) / 237
(SN 38.5-안식 경) / 546
(SN 38.6-최상의 안식(安息) 경) / 546
(SN 38.14-고에 대한 질문 경) / 80, 211
(SN 39.1-사만다까 경) / 236
(SN 41.3-이시닷따 경2) / 277

(SN 41.6-까마부 경2) / 49
(SN 42.11-바드라까 경) / 212
(SN 42.13-빠딸리야 경) / 232
(SN 44.2-아누라다 경) / 74, 128, 203, 388, 417
(SN 44.4-사리뿟따와 꼿티따 경2) / 525
(SN 45-도(道) 상윳따) / 248
(SN 45.8-분석 경) / 76, 127, 589, 630
(SN 45.20-꾹꾸따라마 경3) / 237
(SN 45.36-사문됨 경2) / 237
(SN 45.40-범행 경2) / 238
(SN 45.93-객사 경) / 185, 543
(SN 45.165-고의 성질 경) / 80, 211
(SN 46-각지(覺支) 상윳따) / 248, 577
(SN 46.38-덮개와 장애 경) / 419, 577
(SN 46.54-자(慈)와 함께함 경) / 576
(SN 46.56-아바야 경) / 521, 619
(SN 47.2-사띠 경) / 613
(SN 47.10-비구니 거처 경) / 232
(SN 47.35-사띠 경) / 613, 627
(SN 48-기능 상윳따) / 248, 307
(SN 48.3-예류자 경2) / 546
(SN 48.5-아라한 경2) / 546
(SN 48.11-얻음 경) / 572
(SN 48.17-상세함 경3) / 572
(SN 48.21-다음의 존재 경) / 82, 535
(SN 48.27-아라한 경) / 546
(SN 48.32-예류자 경) / 546
(SN 48.38-분석 경3) / 215
(SN 48.43-사께따 경) / 566
(SN 48.46-동쪽 사원 경2) / 572
(SN 48.48-동쪽 사원 경4) / 572
(SN 48.50-아빠나 경) / 240, 318
(SN 50-힘 상윳따) / 248
(SN 53-선 상윳따) / 584
(SN 54.2-각지 경) / 618
(SN 54.16-비구 경2) / 223
(SN 55.8-벽돌집 경1) / 559
(SN 55.10-벽돌집 경3) / 559
(SN 55.28-두려움과 증오의 가라앉음 경1) / 313
(SN 55.40-삭까사람 난디야 경) / 232, 597
(SN 55.54-병 경) / 355
(SN 56.4-좋은 가문의 아들 경2) / 549
(SN 56.6-사문바라문 경2) / 549
(SN 41.9-나체수행자 깟사빠 경) / 533
(SN 42.12-라시야 경) / 160, 531, 533
(SN 43-무위 상윳따) / 73, 204, 238, 389
(SN 44.3-사리뿟따와 꼿티따 경1) / 414
(SN 44.6-사리뿟따와 꼿티따 경4) / 525
(SN 45.7-어떤 비구 경2) / 237
(SN 45.19-꾹꾸따라마 경2) / 237
(SN 45.28-삼매 경) / 562, 589
(SN 45.38-바라문됨 경2) / 238
(SN 45.43-집착 없는 완전한 열반 경) / 244
(SN 45.159-객사 경) / 130, 133
(SN 45.170-애 경) / 307
(SN 46.3-계 경) / 223
(SN 46.51-자량 경) / 579, 580, 619
(SN 46.55-상가라와 경) / 521, 619
(SN 47-염처(念處) 상윳따) / 248
(SN 47.5-무익 덩어리 경) / 568, 577
(SN 47.12-날란다 경) / 575, 576
(SN 47.44-사띠 경) / 613
(SN 48.2-예류자 경1) / 546
(SN 48.4-아라한 경1) / 546
(SN 48.10-분석 경2) / 568
(SN 48.12-간략함 경1) / 572
(SN 48.19-갖춘 자 경) / 572
(SN 48.26-예류자 경) / 546
(SN 48.28-깨달음 경) / 82, 535
(SN 48.33-아라한 경) / 546
(SN 48.42-운나바 바라문 경) / 433, 493
(SN 48.45-동쪽 사원 경1) /572
(SN 48.47-동쪽 사원 경3) / 572
(SN 48.49-삔돌라바라드와자 경) / 572
(SN 49-바른 노력 상윳따) / 248
(SN 51-여의족(如意足) 상윳따) / 248
(SN 54.1-하나의 법 경) / 618
(SN 54.13-아난다 경1) / 223
(SN 55-예류 상윳따) / 559
(SN 55.9-벽돌집 경2) / 559
(SN 55.22-마하나마 경2) / 248
(SN 55.29-두려움과 증오의 가라앉음 경2) / 313
(SN 55.53-담마딘나 경) / 189
(SN 56.3-좋은 가문의 아들 경1) / 549
(SN 56.5-사문바라문 경1) / 549

(SN 56.11-전법륜 경) / 42, 99, 103, 128, 130, 131, 132, 133, 146, 149, 255, 301, 318, 531, 534, 535

(SN 56.12-여래 경) / 129, 131
(SN 56.13-온(蘊) 경) / 129
(SN 56.14-내입처경) / 129
(SN 56.17-무명 경) / 518
(SN 56.18-명 경) / 518
(SN 56.21-꼬띠가마 경1) / 131, 212
(SN 56.22-꼬띠가마경2) / 131, 216
(SN 56.25-번뇌의 부서짐 경) / 525, 526
(SN 56.30-가함빠띠 경) / 131
(SN 56.49-산의 왕 시네루 경1) / 548
(SN 56.50~60) / 548

◐ 앙굿따라 니까야 – 190개 경

(AN 1.41-50-잘못된 지향 품)48. / 258, 424, 533
(AN 1.209-218-으뜸 품3) / 588
(AN 1.268-277-첫 번째 품) / 201
(AN 1.298-307-두 번째 품) / 150, 519
(AN 1.563-584-599-몸에 속한 사띠 품) / 245
(AN 2.11~13-이유 품) / 565
(AN 2.22-32-어리석은 자 품) 32. / 616, 617
(AN 2.33-42-평정한 심(心) 품) 39. / 529
(AN 2.65-77-행복 품) / 220
(AN 2.191-200 –불선의 반복) / 473
(AN 3.12-기억해야 하는 것 경) / 546, 547
(AN 3.13-꿈꾸는 사람 경) / 546, 547
(AN 3.24-아주 유용함 경) / 546, 547
(AN 3.25-금강석 같음 경) / 547
(AN 3.32-아난다 경) / 240
(AN 3.47-유위의 특징 경) / 209, 210
(AN 3.48-무위의 특징 경) / 209, 210
(AN 3.54-어떤 바라문 경) / 160
(AN 3.55-유행승 경) / 160
(AN 3.56-꺼진 것(열반) 경) / 160
(AN 3.61-상가라와 경) / 41, 471, 485
(AN 3.62-근본 교리 등 경) / 88, 89, 129, 133, 406, 408, 410
(AN 3.66-께사뭇띠 경) / 160, 161, 162
(AN 3.67-살하 경) / 160, 161, 162
(AN 3.69-외도 경) / 180, 181
(AN 3.70-불선의 뿌리 경) /160
(AN 3.72-찬나 경) / 160
(AN 3.75-니간타 경) / 529, 538

(AN 3.77-존재 경1) / 67, 140, 182, 306, 344, 346, 347, 385, 438, 474, 498
(AN 3.78-존재 경2) / 140, 182, 306, 344, 438, 474, 498

(AN 3.81-소천세계(小千世界) 경) / 352, 357
(AN 3.91-세 가지로 구성된 공부 경2) / 239
(AN 3.94-여읨(paviveka) 경) / 224
(AN 3.95-사라다 경) / 552
(AN 3.96-그룹 경) / 232
(AN 3.101-소금 종지 경) / 472
(AN 3.102-흙을 씻는 사람 경) / 593
(AN 3.104-깨달음 이전 경) / 82, 321, 535
(AN 3.118-실패와 성공 경) / 510
(AN 3.121-청결 경1) / 432
(AN 3.122-청결 경2) / 432
(AN 3.123-완성 경) / 432
(AN 3.137-출현 경) / 93, 200, 201, 407
(AN 4.22-우루웰라 경2) / 590
(AN 4.23-세상 경) / 252, 337, 647, 648
(AN 4.28-성자의 계보 경) / 189, 563
(AN 4.33-사자 경) / 216
(AN 4.34-으뜸의 믿음 경) / 242
(AN 4.36-도나 경) / 648

(AN 4.41-삼매수행 경) / 189, 513, 530, 563, 597, 596, 597, 599, 606, 612, 614, 615, 617

(AN 4.45-로히땃사 경) / 337
(AN 4.46-로히땃사 경2) / 337
(AN 4.49-전도 경) / 144, 146, 149, 150, 216, 366, 494, 495, 518
(AN 4.92-삼매 경1) / 615
(AN 4.93-삼매 경2) / 615
(AN 4.94-삼매 경3) / 615
(AN 4.114-코끼리 경) / 241
(AN 4.118-기억해야 함 경) / 252
(AN 4.123-다름 경1) / 356
(AN 4.124-다름 경2) / 356
(AN 4.125-자애 경1) / 356
(AN 4.126-자애 경2) / 356
(AN 4.160-선서의 율 경) / 249
(AN 4.163-부정 경) / 565
(AN 4.170-쌍 경) / 616
(AN 4.171-의도 경) / 52, 318, 519
(AN 4.173-마하꼿티까 경) / 318
(AN 4.174-아난다 경) / 318
(AN 4.191-들어서 앎 경) / 614
(AN 4.192-경우 경) / 155, 164
(AN 4.193-밧디야 경) / 160, 161, 162
(AN 4.194-사무기야 경) / 529
(AN 4.198-스스로 힘든 삶을 사는 자 경) /231, 576
(AN 4.199-애 경) / 307
(AN 4.232-간략한 경) / 473
(AN 4.233-상세한 경) / 473
(AN 4.234-소나까야나 경) / 473
(AN 4.235-학습계율 경1) / 473
(AN 4.236-학습계율 경2) / 473
(AN 4.237-성스러운 길 경) / 473
(AN 4.238-각지 경) / 473
(AN 4.241-사문 경) / 347
(AN 4.254-실다운 지혜 경) / 130, 133, 185, 543
(AN 5.26-해탈의 토대 경) / 231, 232
(AN 5.27-삼매 경) / 222
(AN 5.30-나기따 경) / 227
(AN 5.32-쭌디 경) / 242
(AN 5.48-얻어지지 않는 경우 경) / 654
(AN 5.49-꼬살라 경) / 654
(AN 5.50-나라다 경) / 654
(AN 5.51-덮개 경) / 533
(AN 5.75-전사(戰士) 경1) / 576
(AN 5.76-전사 경2) / 576
(AN 5.114-안다까윈다 경) 519
(AN 5.140-듣는 자 경) / 241
(AN 5.145-지옥 경) / 37
(AN 5.156-정법을 혼란스럽게 함 경3) / 249
(AN 5.176-희열(pīti) 경) / 225
(AN 5.177-장사 경) / 630
(AN 5.180-가웨시경) / 228, 229
(AN 5.193-상가와라 경) / 521, 619
(AN 6.10-마하나마 경) / 232
(AN 6.13-해방되어야 함 경) / 365
(AN 6.26-마하깟짜나 경) / 529
(AN 6.34-마하목갈라나 경) / 355
(AN 6.35-명(明)과 연결된 경) / 637
(AN 6.42-나기따 경) / 227
(AN 6.45-빚 경) / 223
(AN 6.57-여섯 가지 태생 경) / 251, 575, 577
(AN 6.63-꿰뚫음 경) / 79, 210, 214, 221, 324, 373, 384, 470
(AN 6.71-실현 능력 경) / 586
(AN 6.72-힘 경) / 587
(AN 6.76-아라한의 경지 경) / 65
(AN 6.77-인간을 넘어선 법 경) / 533
(AN 6.93-불가능한 경우 경2) / 202
(AN 6.106-애 경) / 307

(AN 7.16-무상(無常)을 이어 보는 자 경) / 202, 203, 234
(AN 7.17-고(苦)를 이어 보는 자 경) / 202, 203, 234
(AN 7.18-무아(無我)를 이어 보는 자 경) / 202, 203, 234
(AN 7.19-열반 경) / 202, 203, 234

(AN 7.40-지배 경1) / 587
(AN 7.41-지배 경2) / 587
(AN 7.45-삼매의 필수품 경) / 124, 530, 562, 575
(AN 7.47-불 경2) / 160
(AN 7.49-상(想) 경2) / 434
(AN 7.55-사람들의 갈 곳 경) / 244

(AN 7.56-띳사 범천 경) / 252, 355
(AN 8.1-자애 경) / 352
(AN 8.8-웃따라 실패 경) / 48
(AN 8.19-빠하라다 경) / 252
(AN 8.64-가야시사 경) / 536
(AN 8.70-대지의 흔들림 경) / 252
(AN 8.83-뿌리 경) / 203, 307, 388, 418
(AN 8.86-명성 경) / 227
(AN 9.1-깨달음 경) / 247
(AN 9.3-메기야 경) / 247
(AN 9.5-힘 경) / 579
(AN 9.12-남아 있는 것이 있음 경) / 252
(AN 9.23-애를 뿌리로 함 경) / 470, 471
(AN 9.34-열반락(涅槃樂) 경) / 229, 236
(AN 9.36-선(禪) 경) / 240
(AN 9.37-아난다 경) / 529
(AN 9.38-순세파 경) / 323, 338, 537, 538
(AN 9.40-힘센 코끼리 경) / 576
(AN 9.41-따뿟사 경) / 536
(AN 9.44-혜해탈자 경) / 61, 620
(AN 9.45-양면해탈자 경) / 620
(AN 9.47-스스로 보이는 열반 경) / 250
(AN 9.48-열반 경) / 250
(AN 9.49-반열반 경) / 250
(AN 9.50-그 요소에 의한 열반 경) / 250
(AN 9.51-지금여기에서의 열반 경) / 250
(AN 10.1-어떤 목적 경) /231
(AN 10.2-의도적으로 행해져야 함 경) / 231, 522
(AN 10.3~5-조건 경1~3) / 231
(AN 10.6-삼매 경) / 240
(AN 10.7-사리뿟따 경) / 243, 346
(AN 10.29-꼬살라 경1) / 245, 247
(AN 10.46-삭까 경) / 630
(AN 10.47-마할리 경) / 210, 214, 431, 484
(AN 10.48-출가자에 의한 반복 경) / 533
(AN 10.58-뿌리 경) / 203, 307, 324, 418
(AN 10.60-기리마난다 경) / 240
(AN 10.62-애 경) / 307
(AN 10.65-행복 경1) / 213, 219
(AN 10.66-행복 경2) / 213, 219
(AN 10.92-두려움 경) / 313
(AN 10.95-웃띠야 경) / 576, 577, 653
(AN 10.99-우빨리 경) /233, 231
(AN 10.104-씨앗 경) / 150, 519
(AN 10.115-비법 경3) / 512
(AN 10.143-괴로움을 낳음 경) / 473
(AN 10.144-괴로움의 보 경) / 473
(AN 10.172-비법 경2) / 512
(AN 10.187-괴로움을 낳음 경) / 472, 473
(AN 10.188-괴로움의 보(報) 경) / 472, 473
(AN 11.1-어떤 목적 경) / 231, 612
(AN 11.2-의도적으로 행해져야 함 경) / 231, 522
(AN 11.3~5조건 경1~3) / 231
(AN 11.7-상(想) 경) / 240
(AN 11.8-작의(作意) 경) / 240
(AN 11.11-마하나마 경1) / 232
(AN 11.12-마하나마 경2) / 232
(AN 11.15-자애 경) / 352
(AN 11.16-앗타까나가라 경) / 528, 554
(AN 11.17-소 치는 사람 경) / 232
(AN 11.18-삼매 경1) / 240
(AN 11.19-삼매 경2) / 240
(AN 11.20-삼매경3) / 240
(AN 11.21-삼매경4) / 240

◐ 쿧다까 니까야 – 11개 경

(KN 2.14-법구경, 부처 품)191. / 216
(KN 2.20-법구경, 길 품) 277-279. / 201
(KN 2.24-법구경, 애 품) 334-359의 26게송 / 306, 537
(KN 2.25-법구경, 비구 품) / 214
(KN 5.24-니그로다깝빠 경) / 252, 253
(KN 5.31-마가 경) / 352
(KN 5.33-셀라 경) / 134, 647
(KN 5.35-와셋타 경) / 266, 316
(KN 5.38-두 가지 관찰 경) / 216, 318
(KN 5.39-소유의 사유 경) /387
(KN 5.65-젊은 바라문 깝빠의 질문) / 236, 283

붇다와다불교는 부처님에게로 돌아가는 운동입니다. 완전한 스승에 의해 완전하게 설해진, 더할 바 뺄 바 없는 가르침('passaṃ na passatī'ti - '보면서 보지 못함')에 대한 분명함으로, 부처님에 의해 확립된 불교(佛教)의 정체성을 되살리는 시도입니다. 그래서 「불교(佛教)를 부처님에게로 되돌리는 불사(佛事)」입니다. 한국붇다와다불교가 시작하였고, 세계불교의 되돌림을 이끌 것입니다.

붇다와다불교의 비교적 이해

금강승불교 티벳불교	금강승경전(金剛乘經典)의 가르침	
	대승경전(大乘經典)의 가르침	대승불교
테라와다불교	제자인 상좌(上座)들의 가르침	
	부처님[최초의 상좌(上座)]의 가르침	붇다와다불교

- buddha(붇다) — 부처님-불(佛), vāda(와-다) — 말씀-가르침
- buddhavāda(붇다와-다) — 부처님의 말씀
- 붇다와다불교 — 오직 부처님의 말씀만을 공부와 신행(信行)의 기준으로 삼는 불교

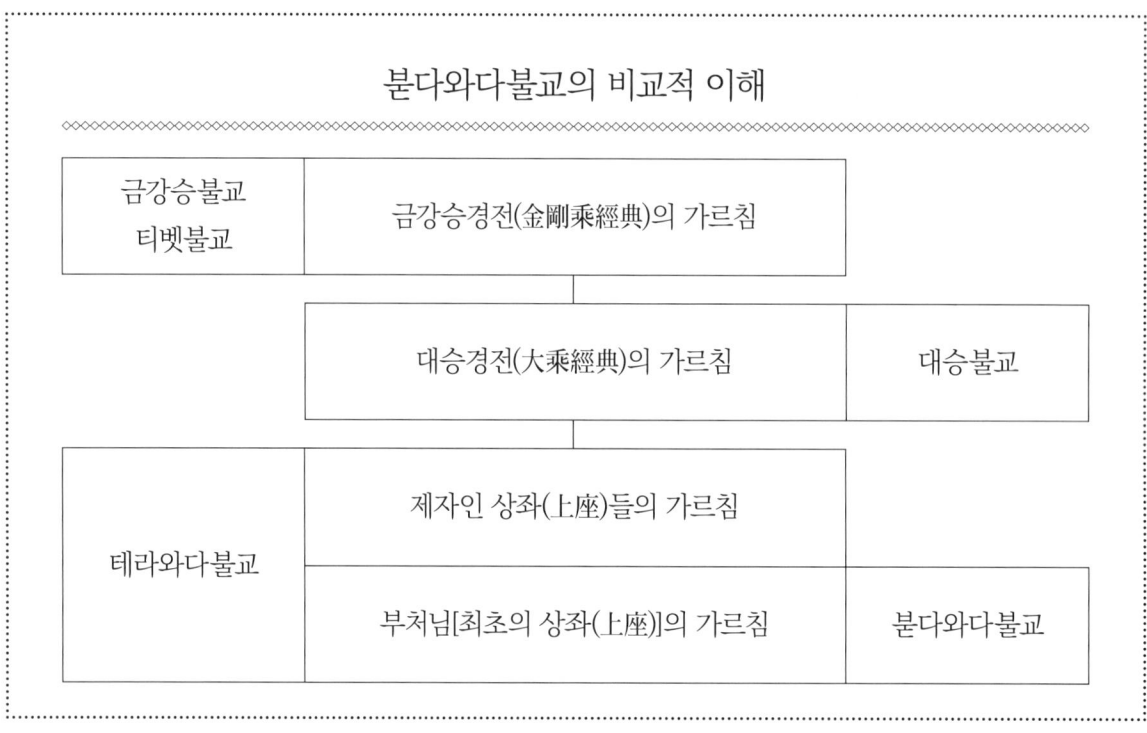

▣「부처님 살아서 직접 설한 가르침으로 불교(佛教)를 부처님에게로 되돌리는 불사(佛事)」

이 불사(佛事)는 ①공부의 구심점 확보를 위한 근본경전연구회의 법인 설립과 ②수행도량으로의 선원 마련[경전대로 수행하기] 그리고 ③붇다와다불교대학의 건립으로 이어질 것입니다. 그때가 되면, 세계불교의 중심이 한국으로 옮겨오게 되고, 인류의 정신문명을 이끌 것입니다.

▣ 부처님 살아서 직접 설한 가르침을 공부의 중심에 두고자 하는 사람이라면, 이제 비로소 몸에 맞는 옷을 입게 되었다고 말할 것입니다.

▣ 이 불사(佛事)에 동참해 주십시오. 살아서 행할 수 있는 최선의 공덕행(功德行)이 되도록, 저희도 최선을 다하겠습니다.

• 불사(佛事) 안내 ☞ nikaya.kr [응원 및 참여] 참조

• (연구 및 출판 불사를 포함한) 불사 후원 계좌

신한은행 100-034-002467 한국붇다와다불교

책의 부족한 점을 보시면 nikaya.kr 에 지적하여 주시기 바랍니다.
잘 보완하여 더 필요한 책을 만들겠습니다.

지은이 : 해피스님[비구 뿐냐디빠(bhikkhu puññadīpa)]

1959년 강원도 원주에서 태어났고, 원주 초-중-고를 졸업했다. 부산대학교 화공과를 졸업하고 유공(SK)에 입사해 10년간 근무한 뒤 원주에서 개인사업을 하다가 출가했다. 원주 포교당(보문사) 어린이 법회에서 불교 신자가 된 이래 불심사 학생회(중-고), 부산대학교 불교학생회와 정진회를 거쳐 불교바라밀회를 창립했다. 서울불교청년회-원주불교청년회-원주법등자비회-원주불교신행단체연합회 등의 신행에 참여하다가 49세에 반냐라마에서 출가하여 뿐냐디빠(puññdīa)라는 법명을 받았다. 2008년 해피법당을 건립하였고, 한국테라와다불교를 거쳐 한국붇다와다불교(2019)와 근본경전연구회(2020)를 창립했다. 현재 한국붇다와다불교 해피법당(부산)에서 근본경전(니까야)의 연구와 교재 제작 및 강의에 주력하고 있다.

— 유튜브와 페이스북 : '해피스님'

— 홈페이지 : buddhavada.com ⇒ nikaya.kr & sutta.kr

부처님 살아서 직접 설한 가르침으로 「불교(佛教)를 부처님에게로 되돌리는 불사(佛事)」를 표방하고 있다.

▶ 저서 : 되돌림 불서(佛書) Ⅰ - ① 「불교입문(佛教入門)(Ⅰ) 소유하고자 하는 자를 위한 가르침」

되돌림 불서(佛書) Ⅱ - ① 「나는 불교를 믿는다 — 불(佛)-법(法)-승(僧) 바로 알기 —」

되돌림 불서(佛書) Ⅱ - ② 독송집(讀誦集) - 초기불교 경전 백선(百選)

되돌림 불서(佛書) Ⅱ - ③ 독송집(讀誦集) - 초기불교 경전 백선(百選) 별책 수행경전(修行經典)

되돌림 불서(佛書) Ⅲ - ① 죽으면 어떻게 될까?(부처님이 가르쳐준 윤회 이야기)

불교입문(Ⅱ-사실) 여래는 이것을 깨닫고 실현하였다

2025년 11월 30일 초판 1쇄 인쇄
2025년 11월 20일 초판 1쇄 발행

지은이 : 해피스님
펴낸이 : 해피스님
펴낸 곳 : 근본경전연구회 / 부산시 부산진구 연수로2(양정동) 3층 (전화) 051-864-4284
홈페이지 : http://buddhavada.com ⇒ http://nikaya.kr & http://sutta.kr
이메일 : happysangha@naver.com
등록번호 : 제2020-000008호
계좌번호 : 하나은행 316-910032-29105 근본경전연구회
디자인 : 박재형
표지 디자인 : 김계윤 / 일러스트 작가 ' 피안가는 길 ' 대표
제작처 : 공간

ISBN : 979-11-970477-5-6 (93220)
가격 : 40,000원